國家古籍工作規劃項目

本書出版得到國家古籍整理出版專項經費資助

2023年度國家社科基金冷門絕學團隊項目"古代六書學文獻整理與研究暨數據庫建設"（23VJXT004）前期研究成果之一

國家社科基金後期資助重點項目"《説文解字》新訂"（20FYYA004）階段性成果

中國古代語言學基本典籍叢書

説文解字繫傳

〔南唐〕徐　鍇　撰

陶生魁　點校

中　華　書　局

圖書在版編目(CIP)數據

説文解字繫傳/(南唐)徐鍇撰;陶生魁點校. —北京:中華書局,2024.5
(中國古代語言學基本典籍叢書)
ISBN 978-7-101-16594-4

Ⅰ.説…　Ⅱ.①徐…②陶…　Ⅲ.《説文》-注釋　Ⅳ.H161

中國國家版本館 CIP 數據核字(2024)第 067320 號

書　　名	説文解字繫傳
撰　　者	〔南唐〕徐　鍇
點 校 者	陶生魁
叢 書 名	中國古代語言學基本典籍叢書
責任編輯	張　可
責任印製	陳麗娜
出版發行	中華書局
	（北京市豐臺區太平橋西里 38 號　100073）
	http://www.zhbc.com.cn
	E-mail:zhbc@zhbc.com.cn
印　　刷	三河市中晟雅豪印務有限公司
版　　次	2024 年 5 月第 1 版
	2024 年 5 月第 1 次印刷
規　　格	開本/920×1250 毫米　1/32
	印張 38　插頁 2　字數 1000 千字
印　　數	1-3000 册
國際書號	ISBN 978-7-101-16594-4
定　　價	198.00 元

前　言

　　語言文字是人們進行思維、交流思想的工具，是人類文化的載體。我國傳統文化博大精深，要研究、傳承她，首先要掃清語言文字方面的障礙，因爲“六經皆載於文字者也，非聲音則經之文不正，非訓詁則經之義不明”。我國傳統的語言文字學又稱小學，兩千多年來，前人留下了大量寶貴的小學著作，研究它們是研究中國文化的基礎工作。有鑒於此，我們計劃出版《中國古代語言學基本典籍叢書》，以整理最基本的小學典籍，向讀者提供一套可靠而方便使用的通行讀本，對文本加以斷句和標點及精要的校勘（關乎對文意理解），而不以繁瑣的考證、校勘爲務。

　　《説文解字》是中國語言文字學史上的經典，歷代研究綿延不斷，從而形成了專門之學——“説文學”。《説文》原本久已不傳，唐末宋初，徐鉉、徐鍇兄弟分別校訂《説文》，形成了不同的《説文》校訂本。徐鍇爲弟，所撰《説文解字繫傳》先成，世稱“小徐本”。

　　徐鍇（920—974），字楚金，廣陵人。仕南唐，初爲祕書郎，後遷集賢殿學士，終於内史舍人。鍇平生著述頗豐，除《説文解字繫傳》外，尚有《説文解字篆韻譜》十卷存世。《説文解字繫傳》凡八篇，共四十卷，卷一至卷三十爲《通釋》，注釋闡發《説文》正文，爲全書主幹。其基本體例是先出《説文》原文，然後逐一注釋，而以“臣鍇曰、臣鍇按”標識，末附朱翱反切。卷三十一至卷三十二爲《部敘》，推闡《説文》五百四十部據形聯系、次序排列的意義。卷三十三至卷三十五爲《通論》，闡發文字構形的含義。卷三十六爲《袪妄》，駁斥李陽冰臆説。卷三十七爲《類聚》，列舉同類名物之字，如“數類、詞類、六府、地類、人類、羽族、水族、獸類、禾竹、干支”等，説明其取象之由。卷三十八爲《錯

綜》，從人事以推闡古人造字意旨。卷三十九爲《疑義》，論列《説文》所闕之字及字形與小篆不合之字。卷四十爲《系述》，説明各篇的著述旨趣。

《説文解字繫傳》是《説文》的最早注本和系統研究著作。徐鍇推崇《説文》，認爲"文字之義，無出《説文》"（見《祛妄》），乃取法於《易》傳，比之爲經，而以自己的解釋爲傳，因名"繫傳"。《通釋》是《繫傳》的主體部分，重點在於疏證古義與詮釋名物，在這方面徐鍇十分重視訓釋的方法，一方面因襲漢唐以來的訓詁方法，援引群書以證古義；一方面又大膽創新，用今語解釋古語。在探求字義方面，徐鍇特別注意"因聲求義"，或從諧聲字出發溝通字義，或從聲韻的相同、相近出發説明字義的相類。這些都成爲後世訓詁家遵守的通例。除此，《繫傳》在疏證中還注重説明古書用字中的假借字與古今字，説明詞的引申義[1]。在文字學理論方面，徐鍇提出了著名的"六書三耦"説，對後世有很大的啟示作用。《繫傳》的缺點也很明顯，作者過於注重會意，而忽略形聲，往往把形聲字解釋爲會意，或者解釋爲會意兼形聲。另外，《繫傳》引書多憑記憶，或文字支離，或違背原書，或書名參錯，給閱讀帶來了不便。

《説文解字繫傳》有三種版本流傳：一爲清乾隆閒汪啟淑刻本，一爲馬俊良《龍威秘書》本，一爲道光閒祁寯藻刻本。三者中以祁刻本最爲精善，是本據清顧千里所藏的影宋抄本和汪士鐘所藏宋槧殘本付刊，又經承培元等人手校，附有《校勘記》三卷。中華書局1987年據此本印行，此次整理即以該影印本爲底本。參校本有《四部叢刊》影印述古堂本、文淵閣《四庫全書》本，四庫本的收字與字序與底本多有不同，不在本次校勘之内。

本次整理的重點之一是運用歷代文獻援引的《説文》異文糾正今傳本中較爲明顯的錯誤，如"歉"下云"歉食不滿"，據唐寫

---

[1] 　參周祖謨《徐鍇的説文學》，《問學集》下，頁843，中華書局2004年。

干字也。二，上字也。至於言、童、龍、音、章等，皆從辛之聲，所以云皆從上。詳而察之，皆出於辛字也。

páng

旁（旁）旁　溥也。從二方，聲闕。**臣鍇按**：許慎《解·敘》云："於其所不知，蓋闕如也。"此旁字雖知從上，不知其所以從，不得師授，故云"闕"，若言以俟知者也。臣鍇試妄言之，以爲自上而下，旁達四方也。李陽冰云"丩、厂，旁達之形"，此言得矣。薄茫反。

旁旁　古文旁。**臣鍇以爲**：從下也。

旁旁　亦古文旁。**臣鍇按**：此則前所謂古文上者皆爲一是也。

旁旁　籀文。**臣鍇以爲**：此亦象旁達之形。

xià

丅丅　底也。從反丄爲丅。**臣鍇曰**：《易》曰："窮上反丅也。"謂王者丄徹天道，則反丅謀民事也。霞假反。

下下　篆文下①。

文四　重六

shì

示示　天垂象，見吉凶，所以示人也。從二。三巫，日、月、星也，觀乎天文，以察時變。示，神事也。凡示之屬皆從示。**臣鍇曰**：二，上字也。左畫爲日，右畫爲月，中爲星也。畫縱者，但取其光，下垂示人也。示亦神事也，故凡宗廟，社、神、祇皆從示。稷取其種植，種植當勤之在人，故直從禾而不從示。孟子所謂"無罪歲"、《左傳》"勤而不匱"之義也。時至反。

示示　古文示。**臣鍇曰**：義具帝字。

hù

祜祜　上諱。**臣鍇按**：此字後漢安帝名，臣不可議君父之名，故言上諱。又按：前漢諸廟諱，慎皆議而不闕，此蓋彼時之制，臣所不能測知。按《爾雅》"祜，福也"，臣以爲從示古聲。胡故反。

jǐ

禮禮　履也，所以事神致福也。從示從豊，豊亦聲。**臣鍇曰**：

---

① 下，依例當作"丅"。

《通論》備矣。**力體反**。

𧴪𣬽 古文禮。**臣鍇以爲**：乙，始也，禮之始也。又乙者，所以記識也。《禮》曰：若在其丄，若在其丅。祭如神在，明則禮樂，幽則鬼神，乙以記識之。乙又表著也。

【校】其丅，當作“其左右”。

zhēn
祯 禛 ① 以真受福也。從示，真聲。**職鄰反**。

xī
禧 禧 禮吉也。從示，喜聲。**許疑反**。

lù
禄 祿 福也。從示，录聲。**臣鍇曰**：禄之言録也，若言省録之也。**勒谷反**。

sī
禠 禠 福也。從示，虒聲。**辛兹反**。

zhēn
祯 禎 祥也。從示，貞聲。**臣鍇曰**：禎者，貞也。貞，正也。人有善，天以符瑞正告之也。《周禮》曰：祈永貞。**微清反（zhēng）**。

【校】祈永貞，祈，《周禮》作“求”，此疑鈔寫之誤。按：古今經傳文多不同，以説經家各有師承也，兹準以今定本。其爲古今異文者，則曰“今某書作某”；其疑涉鈔寫誤者，則曰“某書作某”。

xiáng
祥 祥 福也。從示，羊聲。**臣鍇按**：《禮》説：羊，祥也。從羊亦有取焉。祥之言詳也，天欲降以禍福，先以吉凶之兆詳審告悟之也，故有吉祥。禎則正告貞兆而已，若言善已正矣。**似良反**。

【校】“羊聲”下鉉有“一云善”三字。○“故有”以下詞意不憭，今正之。當作“故羊言爲善，善者吉祥也。禎則正告貞兆而已，未若祥之詳盡也”。按：此蓋竄易之譌，鉉本“一云善”即采鍇説爲之。鍇説之不憭，或刪改之也。鍇之書先鉉而成，後鉉而出，鉉以鍇書爲藍本，多采其説以屬入許書。次立校刊鍇書，復依鉉本增改，故有意義複沓及詞語迷繆者，今就可正者正之。以下言“轉轉竄易之譌”者放此。

zhǐ
祉 祉 福也。從示，止聲。**臣鍇曰**：祉之言止也，福所止不移也。**敕里反（chǐ）**。

---

① 四部叢刊本小篆作禶。

福 福　備也。從示，畐聲。**臣鍇曰**：五福皆備，故《洪範》“五行”先述寒、暘、燠、風、雨五者來備則曰佳徵，下總以考終命等五事相因而至也。又《西都賦》曰“仰福帝居”，福從衣，非此字。**夫木反。**

【校】佳，當作“休”。〇《西都》，當作“《西京》”。

祐 祠　助也。從示，右聲。**延救反。**

祺 禥　吉也。從示，其聲。**臣鍇按**：《爾雅》郭璞注：祺，吉之見也。臣以爲祺之言期也，天將與之福，先見其兆，與之爲期也。《詩》曰：“受天之祺。”**虔離反。**

【校】受天之祺，按：《信南山篇》“祺”作“祜”。《行葦篇》“壽考維祺”，《周頌》“維周之禎”，禎，古本作“祺”。此蓋肊記之譌也。言部“誾”引《論語》，美部“僕”引《左傳》，其繆尤甚，非古今書傳之有異也。以下言“肊記之譌”者放此。

　　禥 禥　籀文從基。**臣鍇曰**：基聲也。

祇 祗　敬也。從示，氏聲。**旨移反。**

禔 禔　安福也①。從示，是聲。《易》曰：“禔既平。”**臣鍇按**：《史記》司馬相如云“中外禔福”是也。禔既平，《易》坎卦九五爻辭，是則安之。**辰之反。**

【校】是則安之，當作“禔則安也”。

神 神　天神，引出萬物者也。從示，申聲。**臣鍇曰**：申即引也，疑多聲字。天主降氣以感萬物，故言引出萬物也。**是鄰反。**

【校】申聲，鉉無“聲”字，用鍇說删之也。按：以下凡有不當言“聲”及當言“亦聲”者，鍇皆有辨，鉉即用以增删許書。次立依鉉改鍇，遂删鍇說。今不能悉正，舉此爲例。

---

① 《經典釋文》（以下稱《釋文》）第二《周易·習》“祇”字下、司馬貞《史記索隱》卷二十六《司馬相如列傳》“禔福”條、李善《文選注》卷六十陸士衡《弔魏武帝文》注三引《説文》皆云：“禔，安也。”則許書古本如是。

祇 祗 地祇，提出萬物者也。從示，氏聲。巨支切。
<small>qí</small>

祕 祕 神也。從示，必聲。臣鍇曰：祕，不可宣也，祕之言閉也。悲利反。
<small>bì</small>

齋 齋 戒潔也。從示，齊聲。臣鍇曰：《通論》詳矣。側皆反。
<small>zhāi</small>

　　齋 齋 籀文齋從鼕省。

禋 禋 潔祀也；一曰精意以享爲禋。從示，垔聲。伊倫反（yún）。
<small>yīn</small>

　　窼 窼 籀文從宀。臣鍇曰：亦宗廟之祭。宀，屋也。伊鄰反。

【校】"伊鄰反"三字衍，重文例無切音，此誤增也。

祭 祭 祭祀也。從示，以手持肉。子例反。
<small>jì</small>

祀 祀 祭無已也。從示，巳聲。臣鍇按：《老子》曰"子孫祭祀不輟"是也。祠此反。
<small>sì</small>

　　禩 禩 祀或從異。臣鍇曰：異聲也。

祡 祡 燒柴燎以祭天神[1]。從示，此聲。《虞書》曰："至于岱宗，祡。"士佳反。
<small>chái</small>

【校】今《書》作"柴"。

　　禶 禶 古文祡從隋省。

禷 禷 以事類祭天神[2]。從示，類聲。戀位反。
<small>lèi</small>

祪 祪 祔、祪，祖也。從示，危聲。臣鍇曰："祔，祖也"，《爾雅·釋詁》之文。郭璞曰："祪，毀也。"附新廟毀舊廟也。句委反。
<small>guǐ</small>

【校】祔祖也，"祔"下當有"祪"字。

祔 祔 後死者合食於先祖。從示，付聲。臣鍇〔曰〕：按郭璞
<small>fù</small>

---

① 《釋文》第二十九《爾雅·釋天第八》"柴"下云："《説文》作祡，云：燒柴燎祭天也。"此當許書古本。今本衍"神"字。
② 《藝文類聚》（以下稱《類聚》）卷三十八《禮部上·祭祀》："《説文》曰：以事類祭神曰禷。"《初學記》卷十三"祭祀第二"："《説文》曰：以類祭神爲禷。"據此，許書古本"神"上當無"天"字，今本衍。

《爾雅》義，則此多聲字，傳寫謬誤[①]。扶遇反。

祖 祖　始廟也。從示，且聲。作覩切。

鬃（bēng）鬃　門内祭，先祖所以彷徨[②]。從示，彭聲。《詩》曰："祝祭于鬃。"北行反。

　　祊 祊　鬃或從方。臣鍇曰：方，旁也。逋萌反。

　　【校】逋萌反，衍。

祰（kǎo）祰　告祭也。從示，告聲。刻保反。

祏（shí）祏　宗廟主也。《周禮》有郊、宗、石室。一曰大夫以石爲主。從示、石，石亦聲。臣鍇按：《左傳》"衞孔悝使許公爲反祏"是也。時即反。

祉（bǐ）祉　以豚祠司命。從示，比聲。漢律曰："祠祉司命。"并止反。

祠（cí）祠　春祭曰祠，品物少，多文詞也。從示，司聲。仲春之月，祠不用犧牲，用圭、璧及皮幣。臣鍇曰：祠之言詞也，多文詞也。涎兹反。

【校】祠不用，祠，今《禮》作"祀"。〇及皮，"及"〔當〕作"更"。

礿（yuè）礿　夏祭也。從示，勺聲。以灼反。

禘（dì）禘　諦祭也。從示，帝聲。《周禮》曰："五歲一禘。"臣鍇按：《禮記》"禘祭所以審昭穆"，故曰諦也。狄例反。

祫（xiá）祫　大合祭先祖親疏遠近也。從示，合聲。《周禮》曰："三歲一祫。"臣鍇〔曰〕：詳此義，則誤多聲字也。侯夾反。

祼（guàn）祼　灌祭也。從示，果聲。臣鍇按：《周禮》祼字多借果字，

---

① 郭璞《爾雅注》："祔，付也，付新死於祖廟。"

② 《釋文》第六《詩經・小雅・楚茨》"于祊"條、第二十九《爾雅・釋宮第五》"閍"字條皆引《說文》作"門内祭，先祖所彷徨也"，皆無"以"字，有"也"字。"所彷徨"指彷徨之所，"所以彷徨"則指彷徨之由，意義迥異，"門内祭"正指處所。當據《釋文》刪"以"字，補"也"字。

則古祼、果聲相近也。古浣反。

㝮 㝮 數祭也。從示，毳聲。讀若春麥爲毳之㝮。此芮反。

【校】讀若春麥爲毳之㝮，毳，鉉作"㝮"，段氏玉裁改"毳、㝮"皆作"㝮"，本《廣雅》"㝮"訓"春也"。按：許書無"㝮"字，考攴部"㪒"訓"小春"，鍇云"去麥皮"，疑"毳"本作"㪒"也。又，麥部"麳"訓"礦麥"，一曰"擣"。又，臼部"舀"訓"春去麥皮"。"麳、舀"與"㝮"古皆雙聲字，許書"讀若"多用同母相繼，則"麳、舀"皆可通也。蓋"讀若"無即用本字者，二徐皆不知聲，率多改易，今辨出之。下放此。

祝 祝 祭主贊詞者。從示，從人口。一曰從兌省。《易》曰："兌，爲口爲巫。"臣鍇按：《易》："兌，悅也。"巫所以悅神也。職六反。

褶 褶 祝褶也。從示，留聲。臣鍇按：□□□□□□□□□□□。良秀反。

祓 祓 除惡祭也。從示，犮聲。臣鍇按：祓之爲言拂也。甫勿反。

祈 祈 求福也[1]。從示，斤聲。臣鍇按：斤、祈以斤聲韻之家所言傍紐也[2]。近離反。

【校】以斤，當作"似今"。

禱 禱 告事求福也。從示，壽聲。得早反。

　　䄍 䄍 籀文禱。臣鍇曰：以爲壽省也。眞者，精意也。夂者，遲行也，古之人重請也。顛老反。

　　【校】鍇曰，"曰"字衍。○顛老反，衍。

　　祧 祧 禱或省。

禜 禜 設緜蕝爲營，以禳風雨、雪霜、水旱、癘疫於日月星辰山

---

① 慧琳《一切經音義》（以下稱《慧琳》）卷二十九《金光明最勝王經》"所祈"注："《説文》：祈，求福祭也。"可證今本脱"祭"字。上文"祓"訓作"除惡祭也"，亦有"祭"字。

② 以斤，四部叢刊本作"以今"。

川也。從示，從營省聲。一曰禜，衛使災不生。**臣鍇按**：《禮記》曰：雩禜祭水旱。*爲命反。*

襄（ráng）**禳** 磔禳祀，除癘殃也。古者燧人禜子所造。從示，襄聲。**臣鍇曰**：禳之爲言攘也，此襄字從爻從工、己縈之。禱從壽，壽從弓。今人書襄多誤，於此正之。*而章反。*

禬（guì）**禬** 會福祭也。從示，會聲。《周禮》："禬之祝號。"*古最反。*

禪（shàn）**禪** 祭天也。從示，單聲。*時絹反。*

禦（yǔ）**禦** 祀也。從示，御聲。*疑舉反。*

祜（huó）**禱** 祀也。從示，昏聲。*戶幹反。*

禖（méi）**禖** 祭也。從示，某聲。*莫堆反。*

稰（xǔ）**稰** 祭具也。從示，胥聲。**臣鍇按**：《楚辭》曰："懷桂稰而要之。"①稰，祭神之精米也，故或從米。祭神，故從示。臣又按：《史記·日者傳》司馬季主曰："卜而不中，不見奪稰。"則稰亦所以爲卜之資也。《詩》曰"握粟出卜"是也。*色沮反。*

【校】注中"稰"字四見，皆當作"稰"。○不中，《史記》作"不審"。

祳（shèn）**祳** 社肉，盛以蜃，故謂之祳。天子所以親遺同姓。從示，辰聲。《春秋傳》曰："石尚來歸祳。"**臣鍇按**：蜃則今水中之蚌屬也，小曰蜆。*禪軫反。*

【校】今《左》作"脤"。

祴（gāi）**禱** 宗廟奏祴樂。從示，戒聲。*古來反。*

禡（mà）**禡** 師行所止，恐有慢其神，下而祀之曰禡。從示，馬聲。《周禮》："禡於所征之地。"**臣鍇曰**：禡之言罵也。*母稼反。*

【校】注引《周禮》，今見《禮記·王制篇》，蓋周制可通稱《周禮》也。

禂（dǎo）**禂** 禱牲馬祭也。從示，周聲。**臣鍇按**：《詩》曰："既禡既

---

① 桂，今《離騷》作"椒"。

裯。”都老反。

【校】既禂既裯，《詩》作“既伯既禱”。鉉本爲許所引《詩》。按：毛傳以“伯”爲祭馬祖，“禱”爲禱獲，與《周禮》“禂馬”注合。此之變説，書傳無徵，疑鍇本引“既伯既禱”以證“禂”即“伯”之義，鉉附會改易入許書，并妄撰重文“騝”字，則此亦轉轉竄易之譌也，當更正。

騝𱂍 或從馬，壽省聲。

【校】汪本作騝。

^{shè}
社 社 地主也。從示，土聲。《春秋傳》曰：“共工之子句龍爲社神。”《周禮》：“二十五家爲社，各樹其土所宜之木。”臣鍇曰：《周禮》大司徒之職也。食者反。

　　𥙩 祦 古文社，同。臣鍇曰：樹所宜之木，故從木。又木者，木主也。

^{yáng}
禓 禓 道上祭。從示，易聲。移章反。

【校】《韻會》引作“強鬼也”，與《禮記注》合。此云“道上祭”，與顏師古《急就篇注》合。按：當兼存，或鈔寫遺脱耳。

^{jīn}
祲 禓 精氣感祥。從示，侵省聲。《春秋傳》曰“見赤黑之祲”，是。臣鍇曰：祲之言侵也。又浸也，浸浸然將作也。子尋反。

^{huò}
禍 禍 害也，神不福也。從示，從咼聲。戶果反。

^{suì}
祟 祟 神禍也。從示、出。臣鍇曰：禍者，人之所召也，神因而附之，故《洪範》起於三德五事，五事不善，則致六極。祟者，神自出之，以警人者，亦癘神無故而爲，故鄭子産謂晉趙孟曰：“以君之靈，子爲大政，安有癘也？”癘，祟也，以出示人，故從出。出又音吹，去聲，故《詩》曰“匪舌是出，惟躬是瘁”，故又出聲。斯誶反。

【校】亦癘神，亦，當作“乃”。○靈，《左》作“明”；安有癘也，作“其何屬之有”。

䃾 𥛠　籀文祟從䃾省。

yāo
祅 祅　地反物爲祅也。從示，芺聲。於遥反。

suàn
祘 祘　明視以算之。從二示。《逸周書》曰："士分民之祘，均分以祘之也。"讀若算。臣鍇曰：示者，視也，故從示。明視，故從二示。《逸周書》，謂孔子所删《尚書》百篇之外也，以其散放，漢興購得之，故曰《逸周書》。蘇亂反。

【校】士分民之祘，均分以祘之也，按:《本典解》云"均分以利之則民安"，"利"當即"祘"之譌，則當作"均分以祘之，言分民之祘也"。此疑倒易而"言"譌"士"也。

jìn
禁 禁　吉凶之忌也。從示，林聲。居蔭反。

dàn
禫 禫　除服祭也。從示，覃聲。特感反。

xiǎn
禰 禰　秋畋也。從示，爾聲。臣鍇曰：獮者，所以爲宗廟之事也。《左傳》曰"鳥獸之肉不登於俎，則君不射"，故從示。又祖禰也。息淺反。

【校】鉉入新附，注"親廟也，一本云古文㩆也"，即用鍇説所改。

zǔ
禣 禣　祝也。從示，虘聲。側慮反。

【校】鉉無此篆，義與言部"詛"同，而此爲古。

tiāo
祧 祧　從示從兆。他彫切。

xiān
祆 祆　胡神也。從示從天。火千切。

zù
祚 祚　從示從乍。徂故切。

【校】三篆，鉉新附字。按：鉉書用切音，鍇用反音，此三篆用切音，鉉本也。且都數云六十五，較鉉增其二，則"禰、禣"或爲許舊，而此三篆不入計，後人所增也。以下用切音者放此。

文六十五　重十三

sān
三 三　天地人之道也。從三數。凡三之屬皆從三。臣鍇曰:《通論》備矣。仙藍切。

弎 弎 古文三。臣鍇曰：義與弍同。

文一 重一

王 王 ^{wáng} 天下所歸往也。董仲舒曰："古之造文者，三畫而連其中謂之王。三者，天地人也。而參通之者，王也。"孔子曰："一貫三爲王。"凡王之屬皆從王。臣鍇曰：《通論》備矣。于光反。

丟 丟 古文王。臣鍇曰：地以承天，《易》曰"坤乃順承天"，故下畫上偃，下畫地也。

閏 閏 ^{rùn} 餘分之月，五歲再閏。告朔之禮，天子居宗廟，閏月居門中，從王在門中。《周禮》曰："閏月，王居門中，終月也。"臣鍇曰：一歲本有三百六十六日，天順動而不止，不止不能無小失，故節減其六日，又減小月六日，以順天象，故曰厤象。日月星辰敬授人時，言爲厤者，當摶節其日，上應日月五星，然後敬授於人也。明治厤不可守株，當取象天行爲厤以象之也，故盈三歲足得一月。《傳》曰"五年天道大備"。閏之言攔也^{儒均反}，若今俗縫衣，一長一短者，則蹙其長以就短，謂之攔。周制：明堂十有二室，天子每月聽政，各居一室，至閏月則闔門之左扉，止其中終月。不制室者，十二月之餘分耳，明非正月也。律厤家分一日爲八十一分，故曰餘分。門者，前月所居之室，闔其一扇，當開一扇之中坐也。耳醞反。

【校】節減，汪作"歲減"。○止其中，止，當作"立"。《玉藻》云"立於其中"是也。○當開，當，疑"常"之譌。

皇 皇 ^{huáng} 大也。從自。自，始也。始皇者，三皇大君也。自，讀若鼻。今俗以作始生子爲鼻子，是。臣鍇曰：自，從也，故爲始。《説文》皇字上直作自，小篆，以篆文自省作白，故皇字上亦作凷，書傳多有鼻子之言。餘則《通論》備矣。戶光反。

【校】作始生子，汪依鉉刪"作"字，非。"作"猶"乍"也。

文三 重一

玉 (yù) **王**　石之美，有五德：潤澤以温，仁之方也；鰓理自外可以知中，義之方也；其聲舒揚，專以遠聞，智之方也；不撓而折，勇之方也；銳廉而不忮，潔之方也。象三玉之連，丨，其貫也。凡玉之屬皆從玉。臣鍇曰：鰓音葸，自外可以知中，則《禮記》所謂"瑜不掩瑕"也。專音敷，布也。撓，曲也。銳，峀細銳也。廉，廉棱也。忮，害也，謂玉雖廉而不可割，是潔也。君子執玉不趨，執圭鞠躬如不勝，故系之。《左傳》"荀偃以朱絲係玉二瑴"是也。王中畫近上，玉三畫均也。虞局反。

【校】潔，鉉作"絜"。○象三，當作"三象"。○不可割，當作"不爲害"。

兲 禾　古文玉。臣鍇曰：（亦系也。

璙 (liáo) **璙**　玉也。從玉，尞聲。臣鍇按：《爾雅》"金美者謂之鐐"[1]，然則璙亦美玉也。黎彫反。

瓘 (guàn) **瓘**　玉也。從玉，雚聲。《春秋傳》曰："瓘斝。"臣鍇曰：斝，玉爵。古澣反。

璥 (jǐng) **璥**　玉也。從玉，敬聲。居領反。

琠 (diǎn) **琠**　玉也。從玉，典聲。臣鍇按：《符瑞圖》有"玉琠見"。的輦反。

【校】玉琠見，見，汪作"是"，非。

瓀 (róu) **瓀**　玉也。從玉，耎聲。讀若柔。然尤反[2]。

璓 (lì) **璓**　玉也。從玉，敄聲。讀若鬲。連的反。

璠 (fán) **璠**　璵璠，魯之寶玉。從玉，番聲。孔子曰："美哉璵璠！遠而望之，奐若也；近而視之，瑟若也。一則理勝，二則孚勝。"臣鍇曰：按《左傳》："陽虎將以璵璠斂之。"璵璠，魯玉也。奐，文

---

① 今《爾雅》作："白金謂之銀，其美者謂之鐐。"
② 《廣韻》奴刀切（náo）。

也。瑟，言瑟瑟然文細也。理，謂文理也。孚，音符，謂玉之光采也，今亦言符采也。父蘭反。

璵璠 ^{yú}
璵璠也。從玉，與聲。以諸切。

瑾瑾 ^{jǐn}
瑾瑜，美玉。從玉，堇聲。臣鍇按：《左傳》曰“瑾瑜匿瑕”，謂美玉瑕不足以害之也。又按：《山海經》：“鍾山之陽，瑾瑜之玉爲良，堅栗積密，潤澤而有光；五色發作，以和柔剛；天德鬼神，是食是饗；君子食之，以禦不祥。”《淮南子》曰：“鍾山之玉，灼以鑪炭，三日三夜不變，得天地之和氣。”是則瑾瑜也。飢忍反。

【校】潤澤，《西山經》作“濁澤”。〇灼以鑪炭，灼，《淮南子》作“炊”。

瑜瑜 ^{yú}
瑾瑜，美玉也。從玉，俞聲。臣鍇曰：瑜亦玉之光采也。勻俱反。

玒玒 ^{hóng}
玉也。從玉，工聲。户工反。

㻛㻛 ^{lái}
㻛瓄，玉也。從玉，來聲。婁才反。

瓊瓊 ^{qióng}
赤玉也。從玉，夐聲。渠營反。

璚璚 瓊或從矞。

瑸瑸 瓊或從巂。

琁琁 瓊或從旋省。臣鍇按：荀卿賦曰：“琁玉瑤珠不知佩也。”然則琁玉，赤玉也。今音似緣反。

珦珦 ^{xiàng}
玉也。從玉，向聲。許丈反。

瓎瓎 ^{là}
玉也。從玉，刺聲。勒葛反。

珣珣 ^{xún}
醫無閭之珣玗琪。《周書》所謂夷玉也。從玉，旬聲。一曰玉器。讀若宣。臣鍇曰：説《尚書》者云夷玉，東夷所貢之玉；醫無閭則幽州之鎮，鄭玄曰：“在遼東，當周時爲東夷也。”斯勻反。

璐璐 ^{lù}
玉也。從玉，路聲。勒妒反。

瓚瓚 ^{zàn}
三玉二石也。從玉，贊聲。《禮》：“天子用全，純玉也；上公用駹，四玉一石；侯用瓚；伯用埒，玉石半相埒也。”臣鍇曰：

瓚亦圭也，圭之狀剡上邪銳之，於其首爲杓形，謂之瓚；於其柄中爲注水道，所以灌鬯酒。三玉二石，謂五分玉之中二分是石。瓚之言贊也，贊，進也，以進於神也。自"《禮》天子"字已下皆《周禮·玉人》之事也。自限反。

【校】上公用駹，駹，今《考工記》作"龍"；伯用埒，"埒"作"將"。

瑛 瑛 玉光也。從玉，英聲。臣鍇按：《符瑞圖》："玉瑛仁寶，不鉏自成，光若白華。漢文帝時渭陽玉瑛見。"今有白石、紫石瑛者，皆石之有光壁者。衣京反。
（yīng）

【校】光壁，汪作"光璧"，辨見本部"珧"下。

璑 璑 三采玉也。從玉，無聲。臣鍇按：鄭玄《周禮注》"璑亦惡玉也"，三采，有三色也。武夫反。
（wú）

琇 琇 朽玉也。從玉，有聲。讀若畜牧之畜。臣鍇曰：朽玉謂惡玉。朽，敗也。《禮》曰"牛夜鳴則庮"，庮，朽木也。許救反。
（xiù）

璿 璿 美玉也。從玉，睿聲。《春秋傳》曰："璿冠玉纓。"臣鍇曰：古以璿爲旋，故璿爲□，《左傳》："瓊冠玉纓。"似緣反。
（xuán）

【校】冠，鉉作"弁"，鍇蓋避李昪諱而改。○旋，當作"琁"。○闕文當補"瓊"字。

　　餐 餐 籀文璿。

　　璿 璿 古文璿。臣鍇曰：睿，古睿字也。《穆天子傳》曰："天子之寶璿珠。"注曰："玉類。"又曰："采石之山，重鼺氏之所守，曰枚斯、璿瑰、琛瑤、琅玕。"注曰："石似玉也。"

　　【校】寶，今本《穆天子傳》作"琂"，"鼺"作"䮝"，"枚"作"枝"，"琛"作"瑹"。

球 球 玉也①。從玉，求聲。臣鍇曰：《尚書》："天球、河圖，在東序。"《詩》曰："受小球大球。"騎留反。
（qiú）

　　璆 璆 球或從翏。臣鍇曰：今人音鳩。"孔子見南子，佩玉聲

————————

① 玉也，段注同，大徐平津館本作"玉聲"，藤花樹本作"玉磬"。

璆然”，今人音鳩，切於古也。《爾雅》：“西北之美有崑崙虛之璆琳琅玕。”

【校】音鳩，汪本上“鳩”作“求”，下“鳩”作“爲”。

璧　瑞玉圜也。從玉，辟聲。并激切。

瑗　大孔璧。人君上除陛以相引。從玉，爰聲。《爾雅》曰：“好倍肉謂之瑗，肉倍好謂之璧。”臣鍇曰：瑗之言援也，故曰以相引也。肉，璧之身也。好，其孔也。于眷反。

環　璧也。肉好若一。從玉，瞏聲。户關反。

璜　半璧也。從玉，黄聲。臣鍇按：《毛詩傳》説：“佩上有雙衡，下有二璜，衝牙琚瑀以納其閒。”然則璜上應於衡，亦當横也，謂二璜相連壓體，并而不鳴，故作牙形於其□□□□前[1]，衝之使關而相擊。璜既爲佩下之飾，必有穿孔冒繋之處，故太公得而釣之也。璜亦所以爲幣。户光反。

【校】闕文，汪補“上珠中以”四字，非是。按《禮》注，當作“故作牙形於其中，以前後衝之”。

琮　瑞玉，大八寸，似車釭。從玉，宗聲。臣鍇曰：象車釭者，謂其狀外八角而中圓也。琮之言宗也，八方所宗，故外八方，中虚圓，以應無窮，德象地，故以祭地也。粗宗反。

琥　發兵瑞玉，爲虎文。從玉，虎聲。《春秋傳》曰“賜子家子雙琥”是。臣鍇按：《周禮》曰：“白琥禮西方。”西方，兵也，故以發兵象虎形也。荒苦反。

瓏　禱旱玉。龍文。從玉，龍聲。臣鍇按：《太玄》曰：“亡彼玲瓏。”玲瓏，又玉之聲也。魯東反。

【校】亡彼玲瓏，玲，《太玄經》作“珍”。

琬　圭有琬者。從玉，宛聲。臣鍇曰：琬謂宛然宛也，琬之言

---

[1] 闕文，四庫本、四部叢刊本皆作“上珠中以”四字。

婉也，宛然象柔婉也。于卷反。

璋 璋〔zhāng〕 剡上爲圭，半圭爲璋。從玉，章聲。《禮》六幣：圭以馬，璋以皮，璧以帛，琮以錦，琥以繡，璜以黼。**臣鍇曰**：剡，削之也。皆《周禮》之文也。之羊反。

琰 琰①〔yǎn〕 璧上起美色也。從玉，炎聲。**臣鍇按**：郭璞注《上林賦》引《竹書》云："桀得有緡二美女，刻其名於苕華之玉，苕是琬，華是琰。"然則琰亦美色之玉也。琰之言炎也，光炎起也。延檢反。

玠 玠〔jiè〕 大圭也。從玉，介聲。《周書》曰："稱奉介圭。"**臣鍇曰**：介，大也。即《周禮》守鎮圭揩大圭也。古賴反。

【校】稱奉介圭，按：《書》曰"大保承介圭"，又曰"賓稱奉圭"，此蓋兩涉而誤。

瑒 瑒〔chàng〕 圭，尺二寸，有瓚。以祠宗廟者也。從玉，易聲。**臣鍇曰**：瓚亦杓也。勑亮反。今人音直更反（chéng）。

瓛 瓛〔huán〕 桓圭。三公所執。從玉，獻聲。**臣鍇按**：鄭玄注"桓圭"，謂宮室之雙植爲桓②。此圭刻作之桓圭，亦作瓛。**臣鍇按**：今字書瓛又音鑯，鑯則馬鑣，俗名排沫。此圭刻皆象之，臣以爲鄭玄注義後人多破之故耳。戶官反。

珽 珽〔tǐng〕 大圭。長三尺。抒上終葵首。從玉，廷聲。**臣鍇曰**：抒取上謂削，取其上也。齊語椎謂之終葵，其上作椎形，象無所屈撓也。晉祖□曰□③

【校】抒取，"取"字衍。

瑁 瑁〔mào〕 諸侯執圭朝天子，天子執玉以冒之，似犁冠。《周禮》曰："天子執瑁四寸。"從玉、冒，冒亦聲。**臣鍇曰**：圭上有物冒之也。

---

① 四部叢刊本、四庫本小篆皆作琰。
② 植，四部叢刊本、四庫本并作"柱"。
③ 此處闕字較多，四庫本云"闕七字"。

犁冠，即犁鑱也，今字書作犁錧，音義同；本取於上冒之，故曰亦聲。母報反。

珇珇 古文瑁從目。臣鍇曰：目，紐也。冒亦音墨。

【校】"臣鍇曰"下有脱字，當作"冃、目同紐，故冒亦音墨"。

璬 璬 玉佩。從玉，敫聲。堅鳥反。
（jiǎo）

瑞 瑞 以玉爲信也。從玉、耑。臣鍇曰：瑞訓信也。耑音端，
（ruì）
端，諦也，故不言從玉耑聲。或有聲字，誤也。何以言之？謂天
以人君有德符，將錫之歷年，錫之五福，先出此以與之爲信也。
人君無德，天雖錫之，非所以爲瑞信，故春秋末麟出，非其應而
傷，鸑鷟鳴於岐山，彼真瑞也。麟出非時，非瑞也，故桑穀生朝，
太戊惕懼，側身行道。桑穀反死，殷復興，天以太戊當有惕懼，
而後終安禍。若桑穀暴生速滅，不能爲患，此豈非瑞信乎？及小
鳥生大鳥，桀無小至大之德，終使小殷成大殷，豈非妖乎？天之
於人君奚異君之於人臣，禹治水功成而堯錫玄圭；夷吾惰於受瑞，
卒不能有晉國；張武貪污，漢文帝賜百金以魄其心。天亦因人之
行隨其宜以與之，爲符信且以警之，豈有虛哉①？或者定以慶星、
麟鳳爲嘉瑞，以彗孛爲妖氣，豈不守株而膠柱乎？嗚呼，學者不
能曉此，哀哉。會意。時僞反（shuì）。

珥 珥 瑱者。從玉、耳，耳亦聲。臣鍇曰：瑱之狀，首直而末
（ěr）
鋭，以塞耳，故曰亦聲。耳既反。

【校】瑱者，者，當依鉉作"也"。

瑱 瑱 以玉充耳也。從玉，真聲。《詩》曰："玉之瑱兮。"臣鍇
（tiàn）
曰：《詩》云："充耳琇瑩。"《左傳》說"錦縛一如瑱"，謂之卷緊
似充耳也。《國語》：左史之言"吾愸實之於耳"，對曰"豈以規爲
瑱乎？"規，諫也，然則瑱入耳也。若《西都賦》"玉瑱以居楹"，
則音鎮，謂爲玉鎮在柱下也。趨練反。

① 虛哉，四部叢刊本作"是哉"，四庫本作"異哉"。

【校】謂之卷，"之"字衍。

聑 聑 瑱或從耳。臣鍇曰：此以耳爲形、真爲聲也。

_{běng}
琫 琫 佩刀上飾，天子以玉，諸侯以金。從玉，奉聲。臣鍇曰：刀削上飾也。琫之言捧也，若捧持之也，上爲首也①。逋懵反。

_{bì}
珌 珌 佩刀下飾，天子以玉。從玉，必聲。臣鍇曰：下飾謂末也。珌之言毖也，深之也。彼媚反。

【校】天子以玉，按《毛詩傳》當作"天子以珧，諸侯以璆"。亦見下"珧"篆注，此有譌脱。

_{zhì}
璏 璏 劒鼻玉也。從玉，彘聲。臣鍇曰：劒鼻則鐔也，謂劒匣之旁穿韋革之處。直季反。

_{zǎo}
瑵 瑵 車蓋玉瑵。從玉，蚤聲。臣鍇曰：謂車蓋椽橑之首以玉爲飾，若手爪也，蓋二十八橑也。子老反。

_{zhuàn}
瑑 瑑 圭璧上起兆瑑也。從玉，篆省聲。《周禮》曰："瑑圭璧。"臣鍇曰：瑑謂起爲壟，若篆文之形。直戀反。

_{zǔ}
珇 珇 琮玉之瑑。從玉，且聲。臣鍇按：《周禮》作駔。杜子春云：當作組。作覩反。

【校】杜子春，按：當作"鄭玄"。

_{qí}
璂 璂 弁飾往往冒玉也。從玉，綦聲。臣鍇曰：謂綴玉於武冠，若綦子之列布也。《左傳》曰"瓊弁玉纓"是也。虔離反。

【校】行行，鉉作"往往"。○瓊冠，冠，當作"弁"，辨見"璿"篆下。

璂 璂 璂或從基。臣鍇曰：基聲也。

_{zǎo}
璪 璪 玉飾，如水藻之文。從玉，喿聲。《虞書》："璪火粉米。"臣鍇曰：藻則水中細艸，今俗名瓜菜是也。慎所引"藻火粉米"，但言衣上之藻亦象此瓜菜形，不謂其藻火字當從玉也。以許慎説

────────────

① 上爲，四部叢刊本、四庫本皆作"上謂"。

《尚書》合孔安國《傳》故知之也①。子好反。

【校】今《書》作“藻”。○瓜菜，疑當作“水菜”。《泮宫》詩箋：“藻，水菜。”

瑬 鑾　垂玉也，冕飾。從玉，流聲。臣鍇曰：天子十有二旒。旒之言流也，自上而下，動則透迤若水流也。冕鑾當作此鑾字，今作旒，假借也。力周反。

璹（璹）璹　玉器也。從玉，霩聲。讀若淑。臣鍇按：《爾雅》：璋大八寸謂之琡。《説文》有璹無琡，謂宜同也。示祝反。

瓃 瓃　玉器也。從玉，畾聲。臣鍇按：《漢·雋不疑》“瓃具劍飾也”，謂爲鹿盧也。魯虺反。

【校】瓃具，《漢書》作“櫑具”。

瑳 瑳　玉色鮮白。從玉，差聲。七何切。

玼 玼　玉色鮮也。從玉，此聲。《詩》曰：“新臺有玼。”臣鍇按：今《詩》“新臺有泚”，其字從水，與許慎説别。許慎雖云《詩》引毛氏，然毛氏言約，不如孔安國之備。學者説之多異，若鄭玄本箋毛氏，而其小義多與毛萇不同，故許氏引《詩》多與毛萇不同，不得如引安國《尚書》言盡合也。此禮反。

瑟 瑟　玉英華相帶如瑟弦。從玉，瑟聲。《詩》曰：“瑟彼玉瓚。”臣鍇曰：英，光中之實也。華，光之浮華也。相帶，相縈帶也。今爲弓、瑟弦皆生絲爲之，以麥煮之而不練。此玉文采通瑩似之。唐朝舊制，四夷書以“沈香、瑟瑟、鈿函”是也。師櫛反。

【校】今《詩》作“瑟”。

瓅 瓅　玉英華羅列秩秩。從玉，栗聲。《逸論語》曰：“玉粲之瑳兮，其瓅猛也。”臣鍇曰：相帶，縈帶。羅列，分散列之。秩秩，謂其分布稀疏等也。《逸論語》，謂今《論語》中詞古者口授有遺漏之句，漢興購得有此言，謂之“逸論語”。諸言“逸”者皆如此

---

① 此句四庫本作“以許慎説《尚書》則孔安國《傳》失之也”。

也。李室反。

【校】相帶瑩帶，汪刪此四字，非。

瑩　瑩 玉色。從玉，熒省聲。一曰石之次玉者。《逸論語》曰："如玉之瑩。"臣鍇曰：今人言光瑩，是玉色也。《詩》曰"充耳琇瑩"，是石之次玉也。淵徑反。

璊　璊 玉經色也。從玉，㒼聲。禾之赤苗謂之虋，言璊玉色如之。臣鍇曰：經與赬字同。《詩》曰："毳衣如璊。"謨奔反。

玧　玧 璊或從允。

瑕　瑕 玉小赤也。從玉，叚聲。痕加反。

琢　琢 治玉也。從玉，豖聲。輟角反。

琱　琱 治玉也；一曰石似玉。從玉，周聲。覘挑反。

理　理 治玉也。從玉，里聲。六矣反。

【校】按《韻會》"里聲"下當有"臣鍇曰：物之脈理，惟玉最密，故從玉"。

珍　珍 寶也。從玉，㐱聲。陟陳反。

玩　玩 弄也。從玉，元聲。五汗反。

貦　貦 玩或從貝。臣鍇曰：貝亦玩也。

玲　玲 玉聲。從玉，令聲。連丁反。

瑲　瑲 玉聲也。從玉，倉聲。《詩》曰："肇革有瑲。"猜常反。

【校】今《詩》作"鶬"。

玎　玎 玉聲也。從玉，丁聲。齊太公子伋諡曰玎公。臣鍇按：《左傳》盧蒲癸謂崔杼曰："君出自丁，臣出自桓。"《諡法》："述義不勉曰玎。"玎公，太公子齊侯吕伋也。的靈反。

【校】今《左傳》及《周書·諡法解》俱作"丁"[1]。

琤　琤 玉聲也。從玉，爭聲。測庚反。

---

① 諡，宜同上文作"謚"。言部："謚，笑皃。""諡，行之迹也。"

瑣 瑣 玉聲。從玉，肖聲。**臣鍇按**：書傳多云"玉聲瑣瑣"。左思詩曰"嬌語若連瑣"是也。先火反。

瑝 瑝 玉聲。從玉，皇聲。戶荒反。

瑀 瑀 石之似玉者。從玉，禹聲。**臣鍇按**：《毛詩傳》："佩玉琚瑀，以納其閒。"爰主反。

玤 玤 石之次玉者，以爲系璧。從玉，丰聲。讀若《詩》曰"瓜瓞菶菶"。一曰若盦蚌。**臣鍇曰**：系璧，謂飾玉系也。當許慎時，未有反字，故言讀若也。逋孔反，又蒲講反（bàng）。

【校】菶菶，今《詩》作"唪唪"。

玲 玲 玲瓏，石之次玉者。從玉，今聲。**臣鍇按**：司馬相如《上林賦》曰：玲瓏武夫也。古林反。

【校】按：《子虛賦》曰"瑊玏玄厲，碝石碔砆"，鍇蓋櫽栝言之。"瑊、玲，玏、瓏，碝砆、武夫"古今字。《上林》《子虛》二賦，古合今分。

瓏 瓏 玲瓏也。從玉，勒聲。郎忒反。

琚 琚 瓊琚。從玉，居聲。《詩》曰："報之以瓊琚。"堅疎反。

璓 璓 石之次玉者。從玉，莠聲。《詩》曰："充耳璓瑩。"息就反。

【校】今《詩》作"琇"。

玖 玖 石之次玉黑色者。從玉，久聲。《詩》曰："貽我佩玖。"讀若芑。或曰若人句脊之句。幾柳反。

珤 珤 石之似玉者。從玉，臣聲。讀若貽。寅之反。

珢 珢 石之似玉者。從玉，艮聲。言陳反。

瓞 瓞 石之似玉者。從玉，曳聲。延世反。

璪 璪 石之似玉者。從玉，巢聲。子艸反。

瑨 瑨 石之似玉者。從玉，進聲。讀若津。將親反。

璔 璔 石之似玉者。從玉，晉聲。阻琴反。

瑽 瓊 ^{cōng}

瑽 瓊 石之似玉者。從玉，恩聲。讀若蔥。臣鍇曰：石色斑駁蔥蘢。麁中反。

^{hào}
瓐 瓐 石之似玉者。從玉，號聲。讀若鎬。候到反。

^{xiá}
瑲 瑲 石之似玉者。從玉，辖聲。讀若曷。閑括反（huó）①。

^{wàn}
瑖 瑖 石之似玉者。從玉，叚聲。都灌反（duàn）②。

^{xiè}
瓊 瓊 石之玉言次玉者。從玉，燮聲。相聶反。

【校】"玉言"二字衍。

^{gǒu}
珣 珣 石之似玉者。從玉，句聲。讀若苟。講吼反。

^{yán}
琂 琂 石之似玉者。從玉，言聲。疑袁反。

^{jìn}
璶 璶 石之似玉者。從玉，盡聲。久晉反。

^{wéi}
瑈 瑈 石之似玉者。從玉，隹聲。讀若維。與追反。

^{wǔ}
瑦 瑦 石之似玉者。從玉，烏聲。宛古反。

^{méi}
瑂 瑂 石之似玉者。從玉，眉聲。讀若眉。閩悲反。

^{dēng}
璒 璒 石之似玉者。從玉，登聲。丹增反。

^{sī}
玜 玜 石之似玉者。從玉，厶聲。讀與私同。先茲反。

^{yú}
玗 玗 石之似玉者。從玉，于聲。臣鍇按：《爾雅》："東方之美，有醫無閭之珣玗琪焉。"羽朱反。

^{mò}
玫（玫）玫 玉屬。從玉，殳聲。讀若沒。謀骨反。

^{xié}
瑎 瑎 黑石似玉者。從玉，皆聲。讀若諧。痕皆反。

---

① 注音依《廣韻》胡瞎切。
② 注音依《集韻》烏貫切。

碧 **碧** 石之青美者[1]。從玉石，白聲。**臣鍇按**：《莊子》"萇弘死於蜀，埋其血，三年化爲碧"，臣以爲道家云積精成青碧，亦精氣之所爲也。彼力反。

琨 **瑻** 石之美者。從玉，昆聲。《虞書》曰："楊州貢瑤琨。"**臣鍇按**：《穆天子傳》曰："天子之寶玉琨。"注曰："琨，石似珠也。"古論反（gūn）。

【校】《虞書》，當作"《夏書》"。〇楊州，今《書》作"揚州"。

瓗 **瓗** 琨或從貫。**臣鍇曰**：貫聲。

珉 **珉** 石之美者。從玉，民聲。**臣鍇按**：《禮》曰："君子貴玉而賤珉。"珉，似玉而非也。眉邠反。

瑤 **瑤** 玉之美者[2]。從玉，䍃聲。《詩》曰："報之以瓊瑤。"延朝反。

珠 **珠** 蚌之陰精。從玉，朱聲。《春秋國語》曰"珠以禦火災"，是。**臣鍇按**：《史記》曰："泉生珠而崖不枯。"左思《吳都賦》說珠玉曰："林麓爲之潤黷。"珠之在蚌腹[3]，與月虧全，今人以美珠，以繒帛包之，灼之以火而帛不焦，故王孫圉云"以禦火災"。職蓲反。

【校】林麓，《文選》作"林木"。

玓 **玓** 玓瓅，明珠色。從玉，勺聲。**臣鍇按**：《上林賦》曰："明月珠子，玓瓅江湄。"丁歷反。

【校】玓瓅江湄，《文選》作"的皪江靡"。

---

① 《慧琳》卷三《大般若波羅蜜多經》"紅碧"注引《説文》："石之美者。"卷五《大般若波羅蜜多經》"碧緑"注、卷五十二《中阿含經》"碧玉"注皆引《説文》："石之美者也。"唐寫本《唐韻》入聲昔韻引《説文》作"石文美者"，"文"當爲"之"之誤。諸引皆無"青"字，則今本誤衍。

② "瑤"次於"珉"下，"珉"義爲"石之美者"，則"瑤"不當訓"玉之美者"。《慧琳》卷九十八《廣弘明集》"珉瑤"注引《説文》作"石之美者"，此唐以前許書古本，可證今本"玉"爲"石"傳寫之誤。

③ "蚌"與"蜯"同。

礫 ^{lì} 玏礫。從玉，樂聲。連的反。

玭 ^{pín} 珠也。從玉，比聲。宋弘云："淮水中出玭珠。"玭，珠之有聲。臣鍇曰：《尚書》："淮夷玭珠。"玭眠反。

【校】玭珠之有聲，當依汪本作"玭珠，珠之有聲者"。

蠙 《夏書》玭從虫、賓。

玪 ^{lì} 蜃屬。從玉，劦聲。《禮》："佩刀，士玪珕而珧玳。"臣鍇曰：音如厲，蓋今牡蠣之屬。禮帝反。

【校】珧玳，《毛傳》同，《正義》作"玪珕"。

珧 ^{yáo} 蜃甲也，所以飾物也。從玉，兆聲。《禮》云："佩刀，天子玉珧而珧玳。"延朝反。

玫 ^{méi} 火齊，玫瑰也；一曰石之美者。從玉，文聲。臣鍇按：火齊象珠赤色，起之層層各異也。《符瑞圖》曰：《孝經援神契》曰"神靈滋液，百珍寶用，則玫瑰齊"，注曰："玫瑰，玉名。齊謂契好也，契刻也。"母鐮反。

瑰 ^{guī} 玫瑰。從玉，鬼聲。一曰圜好。公恢反。

璣 ^{jī} 珠不圜也。從玉，幾聲。臣鍇按：《符瑞圖》曰："神靈滋瀼，百珍寶用，則官璣鏡。"注曰："大珠而琕，有光曜，可爲鏡也。"几離反。

【校】瀼，當作"液"。○"則官璣鏡"句有譌脱。按：《孝經援神契》曰："則珠母見。珠母，璣鏡也。"○大珠而琕，"而"當作"如"，"琕"同"玭"。

琅 ^{láng} 琅玕，似珠者。從玉，良聲。臣鍇按：《符瑞圖》："百珍寶用，則琅玕景。"注曰："玉而有光景也。"《山海經》："崑崙有文玉琅玕樹。"《本艸》注曰："流離之類也，有五色火齊璩也，以青者入藥。"羅當反。

【校】火齊璩，璩，《本艸》作"寶"，《韻會》引作"瑞"，非。

玕 ^{gān} 琅玕也。從玉，干聲。《禹貢》："雍州璆琳琅玕。"骨安反。

珒　珲 古文玕從玉、旱。

shān
珊　珊 珊瑚，色赤，生於海或於山。從玉，删省聲。臣鍇按：今人所謂珊瑚石也，色或青或紅，高一二尺，裹之以繒帛，燒之亦不熱，蓋生海島之根，亦可刻琢以爲器。爲樹者乃交柯可愛。或只如今之太湖石。斯蘭反。

hú
瑚　瑚 珊瑚也。從玉，胡聲。魂徒反。

liú
珋　珋 石之有光壁珋也，出西胡中。從玉，丣聲。臣鍇按：有光壁，言光處平側如牆壁也，若今之丹砂然。力舟反。

【校】有光壁珋也，鍇以“光壁”爲句。段從鉉，“壁”作“璧”，以“璧珋也”爲句，謂即《漢書・西域傳》“璧流離也”，其説較長。

hán
琀　琀 送死口中玉也[①]。從玉、含，含亦聲。侯勘反。

yóu
璲　璵 遺玉也。從玉，歐聲。臣鍇按：《山海經》：“平丘在三桑東，爰有遺玉。”注曰：“遺玉，玉名。”羊求反。

dàng
璗　璗 金之美者，與玉同色。從玉，湯聲。“佩刀，諸侯璗珧而璆珌。”臣鍇按：《爾雅》：“黃金謂之璗，其美者謂之鏐。”注曰：“鏐即紫磨金。”鍇按：今紫磨金，色深，其上蔚然有紫色，若雲气然。狄朗反。

líng
靈　靈 靈巫。巫以玉事神。從玉，霝聲。連丁反。

靈　靈 靈或從巫。

lín
琳　琳 美玉也。從玉，林聲。力尋反。

héng
珩　珩 佩上玉也，所以節行止也。從玉、行。臣鍇按：《國語》趙簡子問王孫圉曰：“楚之白珩猶在乎？”“爲寶也，幾何歲矣？”答曰：“若夫譁譁之美，楚雖蠻夷，不能寶也。”限羹反。

---

① 《慧琳》卷二十五《涅槃經》“多含”注：“舊音作琀。《説文》云：送終口中之玉也。”《左傳・文公五年》：“王使榮叔歸含且賵。”杜注：“《説文》作琀，云：送終口中玉。”宋本《玉篇》引《説文》亦作“終”，許書古本如此，則今本“送死”當作“送終”。

【校】“從玉、行”下脱“聲”字。〇“爲寶”上當有“其”字。〇“歲”字衍。

玦 ^{jué}玦 玉佩也。從玉，夬聲。**臣鍇曰：**按《白虎通》“君子能決斷則佩玦。”玦，環之不周者。涓雪反。

文一百二十六 **臣次立曰：**今文一百二十四，補遺璵、瑈二字，共一百二十六。　重十五

玨 ^{jué}玨 二玉相合爲一玨。凡玨之屬皆從玨。**臣鍇按：**《爾雅》：“雙玉曰玨。”《穆天子傳》曰：“天子於群玉之山載玉萬隻。”《左傳》曰：“賂晉侯玉二玨。”江學反。

　　瑴 瑴 玨或從殼。**臣鍇曰：**殼聲。

班 ^{bān}班 分瑞玉。從玨、刀。**臣鍇曰：**刀以割制之也。《尚書》曰：“班瑞于群后。”補蠻反。

璞 ^{fú}璞 車笭閒皮篋，古者使奉玉以藏之。從車、玨。讀與服同。**臣鍇按：**江總《行李賦》曰：“持璞玉而多士。”扶目反。

【校】“行李”上當有“辭”字。〇持璞玉而多士，今本作“馳玨玉之多事”。

文三　重一

气 ^{qì}气 雲气也。象形。凡气之屬皆從气。**臣鍇曰：**象雲气之皃。古文又作旡、氛。卻利反。

氛 ^{fén}氛 祥气也。從气，分聲。扶云反。

　　雰 雰 氛或從雨。**臣鍇按：**劉熙《釋名》曰：“潤氣著艸木遇寒而凍，色白曰雰。”甫文反（fēn）。

文二　重一

士 ^{shì}士 事也。數始於一，終於十①。孔子曰：“推十合一爲士。”凡

___
① “終於十”下，四部叢刊本有“從十從一”四字，四庫本作“從一從十”。

士之屬皆從士。**臣鍇按：**今書之異於土者，短其下畫，其義大殊。實史反。

【校】"終於十"下鉉有"從一從十"四字。

壻 壻 夫也。從士、胥。《詩》曰："女也不爽，士貳其行。"士者，夫也，讀與細同。**臣鍇曰：**《通論》備矣。枲意反（xì）。

婿 婿 壻或從女。

壯 壯 大也。從士，爿聲。**臣鍇按：**《周易》"大壯"，大者，壯也。爿則牀字之省，《説文》則無別義。側浪反。

【校】《説文》則無別義，當作"《説文》無'爿'字，當云'牀省聲'"，傳寫脱誤。

壿 壿 壿舞也。從士，尊聲。《詩》："壿壿舞我。"**臣鍇按：**《周禮》舞者皆士也。祖涸反。

【校】壿舞，當作"士舞"，見陸德明《毛詩音義》。

文四　重一

丨 丨 上丅通也。引而上行讀若囟，引而丅行讀若復。凡丨之屬皆從丨。**臣鍇曰：**此二字同用一文，皆從所在而知之。囟音信，今人音進。引而丅行音退，又音衮。巾字從丨[1]，音退。屰、中字從丨，音進。孤損反。

【校】屰中，汪無"屰"字。

中 中 和也。從囗、丨，上丅通。**臣鍇曰：**囗以出令也，丨以記其中也。皇極之道，自上而丅。自上而丅，然後上下通也。皇極者，大中也。陟紅反。

【校】"自上而丅"弟二句當作"自丅而上"。

中 中 籀文中。

中 中 古文中。**臣鍇曰：**曲而不失中也。《易·繫辭》曰："其

---

① 巾，四部叢刊本、四庫本并作"中"，是。

言曲而中。”

chǎn
㫃 **𣃘** 旌旗杠皃。從丨，㫃亦聲。**臣鍇曰：**㫃音偃，象旌旗偃蹇飛揚之貌。丨，橦榦也，杠即橦也。恥展反。

文三　重二 臣次立曰：今重一，補遺籒文中一字，共重二。

說文解字通釋卷第二

繫傳二

文林郎守祕書省校書郎臣徐鍇傳釋
朝散大夫行祕書省校書郎臣朱翱反切

三部　文四百六十五　重二十二

中（chè）　木初生也。象丨出形，有枝莖也。古文或以爲艸字，讀若徹。凡中之屬皆從中。尹彤説。**臣鍇曰**：中從丨，引而上行，音進。艸始脱荂甲，未有歧根。今班固《漢書》多用此爲艸字。齊有輔國録事參軍王中，字簡棲，作武昌《頭陁寺碑》，見稱於世也。尹彤，當時説文字者，所謂"博采通人"也。恥列反。

屯（zhūn）　難也。象艸木之初生，屯然而難。從中貫一。一，地也。尾曲。《易》曰："屯，剛柔始交而難生。"**臣鍇曰**：《易》屯卦象辭也。陟倫反。

每（měi）　艸盛上出也。從中，母聲。**臣鍇曰**：中則象上出也。梅磑反。

毒（dú）　厚也。害人之艸往往而生。從中，毒聲。**臣鍇曰**：害人艸若江東荼莽、冶葛之屬。毒讀若娒嫽[1]，毒字從士音仕下毌音無，言其毒厚也。特沃反。

𥲔　古文毒從刀、𥲔。**臣鍇曰**：竹亦有毒，南方有竹傷人則死。𥲔聲也。

----

① "讀若娒"三字，四部叢刊本、四庫本皆作"音毒"。

【校】按注篆當作𧯦。㫕部：“𧯦，厚也。”汪本依鉉改“𧰼”，非是。

芬 岺 艸初生，其香分布①。從中、分，分亦聲。臣鍇曰：初出荂甲，又葉初生，故香若今採茶，皆初生者。弗群反。

芬 芿 岺或從艸。

岦 朵 菌岦，地蕈，叢生田中。從中，六聲。臣鍇曰：從中者象三菌叢生也。《易》夬卦曰：“莧陸夬夬。”陸即岦也，與莧皆爲柔脆之物。坴字從此。栗菊反。

𦱤 蔠 籀文岦從三岦。

熏 燊 火煙上出也。從中從黑。中，黑熏象。臣鍇曰：物之多煙者唯艸爲甚，無根，故從中。《詩》曰“穿窒熏鼠”，以艸熏之也。黑非白黑之黑字，囚象穴火炎上出，礙於艸，故爲熏。此言黑熏象，故知非白黑字。詡君反。

【校】多煙，汪譌“受煙”。

文七　重三

艸 𦱮 百芔也。從二中。凡艸之屬皆從艸。臣鍇曰：總名也。艸叢生，故從二中。此討反。

莊 狅 上諱。臣鍇曰：後漢孝明帝諱，故許慎不解説而最在前也。臣鍇以爲“莊，盛飾也”，故從艸，壯聲。壯亦盛也。又道路六達謂之莊，亦道路交會之盛也。側羊反。

牂 牂 古文莊。

蓏 蘺 在木曰果，在地曰蓏。從艸，㼌聲。臣鍇曰：在地若瓜瓠之屬，今人或曰蔓生曰蓏，亦同。果在樹，故田在木上。瓜在蔓，故㼌在艸下，在葉下也。鄭玄注《禮》：果之無殼曰蓏。其理爲短，此當言亦聲，寫誤少亦字也。盧破反。

① 玄應《一切經音義》（以下稱《玄應》）卷七《阿差末經》“芬葩”、卷十二《普曜經》“芬葩”、卷十九《佛本行集經》“紛葩”三引《説文》云：“芬，芳也。”則許書古本當有“芳也”一訓，今本奪。此字之解與“毒”字同，當先釋義，再補充説明。

【校】無殼曰蓏，檢《禮》注，皆作"無核"，無云"無殼"者。按："蓏、蓏"同音，"蓏"無衣，"蓏"無殼，義最合。疑是《東山》詩箋，而今軼矣。

芝 芝 神艸也。從艸，之聲。臣鍇曰：芝爲瑞，服之神仙，故口神艸。臣鍇以爲今人所見皆玄、紫二色，如鹿角或如繳蓋，皆堅實而芳香，或叩之有聲。《本艸》有青、赤、黃、白、黑、紫六色。真而反。

蕙 蕙 蕙莆，瑞艸也。堯時生於庖廚，扇暑而涼。從艸，夆聲。臣鍇按：《白虎通》："孝道至則蕙莆生庖廚。樹名也①，葉大於門扇，不摇自扇，於飲食凌清，助供養也。"山曄反（shè）。

【校】凌清，《白虎通》作"清涼"。

虋 虋 赤苗嘉穀。從艸，釁聲。臣鍇按：《爾雅注》"今赤粱穀也"②，此天所降以與后稷。莫魂反。

荅 荅 小未也。從艸，合聲。都鍇反。

萁 萁 豆莖也。從艸，其聲。虔知反。

藿 藿 未之少也。從艸，靃聲。呼郭反。

蓲 蓲 鹿藿之實名也。從艸，狃聲。臣鍇按：郭璞曰："鹿藿，今鹿豆也。葉似大豆，根黃而香，蔓延生。"女有反。

蔀 蔀 禾粟之采音穗，生而不成者，謂之蕫蔀。從艸，郎聲。臣鍇按：《爾雅》"稂，蕫粱"注云"莠類也"。勒當反。

稂 稂 蔀或從禾。

莠 莠 禾粟下揚生莠。從艸，秀聲。讀若酉。臣鍇曰：粟下揚，謂禾粟實下播揚而生出於粟秕。《左傳》曰："其莠猶在乎？"史曰："養莠敗禾。"夷酒反。

---

① "樹名也"上脱"蕙莆者"三字。
② 今《爾雅注》作"今之赤粱粟"。

【校】禾粟下揚生莠，莠，《韻會》引作"艸"。按："揚生艸"猶"翹生艸"也。禾粟頭丞而莠則頭昂，故《詩》稱爲"驕驕、桀桀"。鍇以"下揚"連讀，其說近迂。

莊 莊　枲實也。從艸，肥聲。**臣鍇按：**《儀禮》："苴麻之有子者。"然則莊，麻子也。扶云反（fén）①。

　　　𪎮 𪎮　莊或從麻、賁。

荏 荏　桂荏，蘇。從艸，任聲。**臣鍇按：**荏，白蘇也。桂荏，紫蘇也。而沈反。

芺 芺　菜也。從艸，矢聲。也匕反（yǐ）②。

薑 薑　菜之美者，雲夢之薑。從艸，豈聲。**臣鍇曰：**此《呂氏春秋》伊尹對湯之辭也，其爲狀未聞。丘尾反。

【校】今《呂覽》作"芹"。

葵 葵　菜也。從艸，癸聲。揆惟反。

薑 薑　御溼之菜也。從艸，彊聲。**臣鍇曰：**薑可以止腹病，治腳下溼。伊尹對湯曰："陽樸之薑。"③九商反。

蓼 蓼　辛菜，薔虞也。從艸，翏聲。**臣鍇按：**《爾雅》："薔，虞蓼。"注曰："澤蓼也。"呂曉反。

【校】薔虞也，"虞"下疑脫"蓼"字。按：《爾雅》與許異說，鍇當有辨，此無辨，蓋今本脫誤也，"薔"篆注可證。

葅 葅　菜也。從艸，祖聲。**臣鍇曰：**按崔豹《古今注》："葅，一名蕺。會稽有蕺山，王羲之采蕺處。"作覩反。

【校】蕺山，相傳爲越王采蕺處，王羲之雖至會稽，未聞有采蕺事，疑有誤。

---

① 注音依《廣韻》扶沸切、大徐房未切。
② 注音依大徐失匕切，《集韻》矧視切；"葪也"之"芺"《廣韻》徐姊切。
③ 薑，同"薑"，依例當作"薑"。

蘆 蘆 菜之似蘇者[①]。從艸，慮聲。臣居反[②]。

薇 薇 菜也，似藿。從艸，微聲。**臣鍇按**：薇，一云似大萍，或曰生山中。按伯夷云"登彼西山，采其薇矣"，則當似藿。尾希反[③]。

蔽 蔽 籀文微省[④]。

薩 薩 菜也。從艸，唯聲。與水反。

蓳 蓳 菜，類蒿。從艸，近聲。《周禮》有"蓳菹"，是。技隱反。

【校】今《周禮》作"芹"。

釀 釀 菜。從艸，釀聲。女向反。

莧 莧 莧菜也。從艸，見聲。閑旦反。

芋 芋 大葉實根，駭人，故謂之芋也。從艸，于聲。**臣鍇曰**：芋猶言吁也。吁，驚詞，故曰駭人，謂之芋，芋狀如蹲鴟，故駭人。云煦反。

莒 莒 齊謂芋爲莒。從艸，吕聲。居許切[⑤]。

蘧 蘧 蘧麥也。從艸，遽聲。**臣鍇曰**：今謂之瞿麥，其小而華色深者，俗謂石竹。郭璞云"麥句薑"，《本艸》云："麥句薑，地松也。"非此。又名句麥。豆居反[⑥]。

菊 菊 大菊，蘧麥。從艸，匊聲。居逐反。

葷 葷 臭菜也。從艸，軍聲。**臣鍇曰**：通謂芸薹、椿、韭、蒜、蔥、阿魏之屬，方術家所禁，謂氣不潔也。訏君反[⑦]。

---

① 菜之，四部叢刊本、四庫本皆作"菜也"。
② 臣，當作"巨"，蘽、籧、渠諸字切語皆作"巨居反"。
③ 今讀 wēi。
④ 微，當作"薇"。
⑤ 四部叢刊本作"居吕反"。
⑥ 豆，當作"巨"，蘽、籧、渠諸字切語皆作"巨居反"。
⑦ 今讀 hūn。

襄 襄荷也，一名菖蒩。從艸，襄聲。臣鍇按：崔豹《古今注》：紫者曰菖蒩，菖音福①。白者曰襄荷，解毒用襄荷。今俗亦謂白者可爲藥也。然莊反。

菁 韭華也。從艸，青聲。臣鍇曰：韭菜之華也，可爲菹。《周禮》有“菁菹”，《尚書》：“包匭菁茅。”亦通謂艸木之英爲菁，故曰尹喜服菁華。又言菁英亦菁華也。津貞反。

蘆 蘆菔也；一曰薺根。從艸，盧聲。論孤反。

菔 蘆菔，似蕪菁，實如小未者。從艸，服聲。臣鍇曰：即今之蘿蔔也。《後漢書》：“更始亂，宮人食蘿菔根。”朋北反②。

苹 萍也，無根浮水而生者。從艸，平聲。備明反。

茞 艸也。從艸，臣聲。石倫反。

薲 大萍也。從艸，賓聲。臣鍇曰：俗作蘋。婢民反。

藍 染青艸也。從艸，監聲。龍三反。

蕙 令人忘憂艸也。從艸，憲聲。《詩》曰：“安得蕙艸。”臣鍇按：《本艸》：“即今之鹿葱也。”吁衰反。

【校】今《詩》作“焉得諼艸”。

蕿 或從煖。

萱 或從宣。

營 營藭，香艸也。從艸，宮聲。臣鍇按：藭即江蘺根也，又名蘼蕪，又薇蕪，其根名芎藭。臣鍇按：《本艸》：“療頭痛、寒痺諸寒、冷氣、腹痛。”故司馬卬曰：“有山芎藭乎？”欲使逃泥水中，故問有禦寒及腹痛之藥也。牽弓反。

【校】薇蕪，疑當作“麋蕪”。〇司馬卬，卬，《左傳》作“卯”；“山芎藭”作“山鞠窮”。

---

① 此三字疑是注文。
② 《廣韻》又房六切（fú）。

芎 ^芎 司馬相如説：营從芎^①。臣鍇曰：司馬相如續李斯《蒼頡篇》，作《凡將》一篇，解説文字，許慎所采，故云司馬相如説也。

qióng

藭 ^藭 营藭也。從艸，窮聲。渠中反。

lán

蘭 ^蘭 香艸也。從艸，闌聲。臣鍇按：《本艸》：“蘭葉皆似澤蘭，方莖；蘭員莖，白華，紫萼，皆生澤畔，八月華。”《楚辭》曰：“浴蘭湯兮沐芳華。”《本艸》：“蘭艸辟不祥，故潔齋以事大神也。”臣又按：《本艸》：“蘭入藥，四五月採。”謂采枝葉也。《春秋左氏傳》：“鄭穆公曰：‘蘭死，吾其死乎？吾所以生也。’刈蘭而卒。”按：鄭穆公以十月卒，彼時十月，今之八月，非《本艸》采用之時者，蓋常人候其華實成，然後刈取之也。勒湌反。

【校】“方莖”上當更有“澤蘭”二字。〇常人，當作“人常”。

jiān

菅 ^菅 艸，出吳林山^②。從艸，姦聲。臣鍇曰：此《山海經》所云也。簡山反。

suī

荽 ^荽 薑屬，可以香口。從艸，俊聲。斯唯反。

wán

芄 ^芄 芄蘭，莞也。從艸，丸聲。《詩》曰：“芄蘭之枝。”臣鍇按：《本艸》：“芄蘭，蘿摩也，葉似女青，味辛，主虛勞。”户寒反（huán）。

xiāo

蕭 ^蕭 楚謂之蘺，晉謂之蕭，齊謂之茝。從艸，囂聲。臣鍇按：《本艸》：“白芷，一名蘺，一名芳香，一名茝，一名莞，一名苻離，一名澤芳葉，一名蒿麻，可作脂^③，及為浴湯。”故《内則》云：

① 芎，當從大徐本作“弓”。
② 《玄應》卷二《大涅槃經》“营艸”注：“經文作菅，《説文》：菅，香艸名也。”卷十二《義足經》“艸菅”注引《説文》：“香艸也。”二引稍異，然“艸”上皆有“香”字，又皆無“出吳林山”四字，乃節引。《慧琳》卷四十五《菩薩内戒經》“著菅”注引《説文》：“香艸也。”卷七十八《經律異相》“菅衣”注引《説文》：“出吳林山。”合訂之，許書古本“艸”上當有“香”字，宜據補。
③ 脂，《本艸經集注》作“面脂”。

"遺之茝蘭，則受而獻諸舅姑。"欣消反。

【校】澤芳，汪作"澤芬"。

蘺 蘺 江蘺，蘼蕪。從艸，離聲。鄰之反。

【校】蘼，當作"蘪"。

茝 茝 虈也。從艸，臣聲。昌亥反。

蘪 蘪 蘪蕪也。從艸，麋聲。閩之反。

薰 薰 香艸也。從艸，熏聲。**臣鍇按**：薰艸，蘼蕪。又《博物志》云："東方君子國，薰艸華，朝朝生華也。"許君反。

【校】蘼，當作"蘪"。○"薰艸華朝朝生華也"句有譌脱。按：《博物志》"君子國多薰華之艸"，又云"薰華朝生夕死"。

薄 薄 水萹茿。從水，毒聲。讀若督。**臣鍇按**：郭璞注《爾雅》："竹萹蓄，似小藜，赤莖節，生道旁，可殺蟲。"此云水萹茿，蓋別名也，此即《爾雅》作竹者。得酷反。

【校】從水，"水"上脱"艸"字。

萹 萹 萹茿也。從艸，扁聲。比充反。

藒 藒 芞輿也。從艸，楬聲。**臣鍇按**：《離騷經》"畦留夷與藒車"注："藒車、芞輿，芳艸也。"去絕反。

【校】汪依鉉作藒，稠聲。此從"楬"，與《玉篇》同。《離騷》《文選》作"揭"。

芞 芞 芞輿也。從艸，气聲。欺訖反。

苺 苺 馬苺也。從艸，母聲。**臣鍇按**：《爾雅》"藨，麃"注曰："藨即苺，子似覆盆，華紫，俗名蠶苺，可食。"即蓬累殷王女所食。又有地苺，黃華，子小異，食之傷人。《爾雅》又有"葥，一名山苺"，注云："即木苺，實似藨苺而大，亦可食。"今俗亦云虵藨、蠶藨。莫隊反。

【校】累，汪作"虆"。

茖^{gé} 茖　艸也。從艸，各聲。臣鍇按：《爾雅》“茖山蔥”注曰：“茖蔥，細莖大葉。”《管子》曰：“齊桓公伐山戎，出其山蔥戎菽也。”① 句索反。

苷^{gān} 苷　甘艸也。從艸，甘聲。臣鍇按：《爾雅》：“藟，大苦。”注云：“即甘艸也，蔓延生，葉似荷，青黃，莖赤有節，枝枝相值，葉葉相當。”② 鉤諳反。

芧^{zhù} 芧　艸也。從艸，予聲。可以爲繩。陳居反。

藎^{jìn} 藎　艸也。從艸，盡聲。夕晉反。

莯^{shù} 莯　艸也。從艸，朮聲。臣鍇按：藥有蓬莪莯。常出反。

荵^{rěn} 荵　荵冬艸。從艸，忍聲。臣鍇按：《本艸》：“忍冬，蔓生，繞覆艸木上，莖赤紫色，宿者有薄白皮幕之，嫩莖有毛，葉似胡豆，上下有毛，華白蕊，凌冬不凋，治寒熱。”③ 耳引反。

【校】“宿者”二字衍。

萇^{cháng} 萇　萇楚，銚弋；一名羊桃。從艸，長聲。臣鍇按：《爾雅》“萇楚，銚弋”注曰：“葉似桃，華白，子如小麥，亦似桃。”臣按：《詩》曰“隰有萇楚”也。直良反。

薊^{jì} 薊　芺也。從艸，魝聲。臣鍇按：《爾雅》“芺、薊，其實荂”，然則薊芺之屬，即今刺薊。是又朮一名山薊，其形相似，但華別，似杜鵑而青紫耳。又有楊枹薊，一名馬薊，似薊而肥大，一名赤朮也。已惠反。

董^{lí} 董　艸也。從艸，里聲。讀若釐。臣鍇按：《字書》：朔藋艸，一名董也。利之反。

---

① 此句《類聚》引作“《管子》曰：齊桓公北伐山戎，以戎菽遍布於天下”。山蔥，今《管子》作“冬蔥”。

② 今《爾雅注》作“甘艸也，蔓延生，葉似荷，青黃，莖赤有節，節有枝相當。或云：藟似地黃”，本部“藟”注云“枝枝相值，葉葉相當”，疑小徐誤合。

③ 荵冬，也作“忍冬”。

蓧 蕿 堇艸也；一曰拜商蓧。從艸，翟聲。臣鍇按：《爾雅注》：
“商蓧赤似藜。”^①臣以爲俗所謂灰蓧也。地料反。

【校】堇，鉉作“蕿”，段用《廣雅》改“菫”。

芨 藬 堇艸也。從艸，及聲。臣鍇按：《爾雅注》：“即烏頭也。”
飢泣反。

萠 夢 山莓也。從艸，前聲。臣鍇曰：所謂木莓也。子眷反。

蔢 藗 毒艸也。從艸，娑聲。臣鍇按：《周禮注》：“瘍醫，以五毒
攻之，蔢其一也。”莫透反。

【校】按：“瘍醫”注有“堥”無“蔢”，“堥”爲合藥瓦器，非毒艸，
鍇説屬肊記之譌。

蓩 藗 卷耳也。從艸，務聲。亡考切。

蔘 藗 人蔘，藥艸，出上黨。從艸，浸聲。臣鍇按：《本艸》作参
字，異者人形也。師今反。

蘽 蘽 鳬葵也。從艸，戀聲。臣鍇按：即茆也，《詩》所謂“薄采其
茆”也。《本艸》注曰：“江南人名豬蒪，堪食。”魯剜反。

【校】茆，當作“蒪”。

蔿 蕿 艸也，可以染留黄。從艸，戾聲。臣鍇按：《爾雅》“蔿，
紫艸”注：“艸可染紫；一名蔿。”臣以爲史儀制多言綠縓綬，即此
艸所染也。又按：經疏五方之閒色，有留黄，其紫、赤、黄之閒。
古詩所謂“佳人贈我篛中綺，何以報之流黄素”是也。妻惠反。

【校】紫艸，《爾雅》作“茈艸”；一名蔿，作“一名茈蔿”。○其紫，
其，當作“在”。○篛，當作“篅”，今本作“笥中布”。

苃 藗 蚍衃也。從艸，收聲。臣鍇按：苃，今佳蜀葵也。《詩》曰：
“視爾如苃。”岐遥反。

【校】佳，疑當作“之”。

---

① 赤，今《爾雅注》作“亦”。

^{pí}
毗 蕂　蒿也。從艸，毗聲。鼻宜反。

^{yǔ}
萬 蔦　艸也。從艸，禹聲。臣鍇按：《漢書》游俠有萬章，字子夏，萬姓也。于甫反。

^{tí}
荑 蕧　艸也。從艸，夷聲。臣鍇按：邱遲詩：“輕荑承玉輦。”荑，初生艸也。敵圭反。

^{xuē}
薛(薛) 辥　艸也。從艸，辥聲。私列反（xiè）。

^{kǔ}
苦 菩　大苦苓也。從艸，古聲。臣鍇按：《爾雅》：“蘦，大苦，甘艸也。”^①口魯反。

【校】苓，當作“蘦”。苓爲卷耳，蘦爲大苦，本部注可證。

^{bèi}
菩 蓓　艸也。從艸，音聲。臣鍇按：《字書》：黃菩艸。又漢有菩陽，天子更衣之別館也。因地爲名，菩山之陽也。步乃反。

【校】菩陽、菩山，菩，今皆作“薄”。

^{yì}
薏 薏　薏苢。從艸，意聲。一曰薏英。臣鍇按：今謂之薏米是也，堅者曰幹珠。依色反。

【校】幹，汪作“蘇”。

^{máo}
茅 茅　菅也。從艸，矛聲。夢梢反。

^{jiān}
菅 蕳　茅也。從艸，官聲。臣鍇按：《詩》曰“雖有絲麻，無棄菅蒯”是也。簡山反。

^{qí}
蘄 蘄　艸也。從艸，靳聲。江夏有蘄春亭。臣鍇按：《爾雅》書馬芹字或如此也。巨希反。

^{huán}
莞 莞　艸也，可以作席。從艸，完聲。戶寒反^②。

^{lìn}
藺 藺　莞屬也。從艸，閵聲。臣鍇按：茘也；一名馬藺。里刃反。

【校】茘，當作“荔”。

——————————

① “甘艸也”爲郭璞注。
② 《廣韻》古玩切（guān）。

蒢 鶼 菫蒢,職也。從艸,除聲。直魚切。

【校】菫,鉉作"黃"。《爾雅》云"職[1],黃除"。

蒲 瀟 水艸也。或以作席。從艸,浦聲。盆乎反。

蒻 蒻 蒲子,可以爲平席。從艸,弱聲。**臣鍇曰**:按蒻,蒲下入泥白處,今俗呼蒲白。《尚書》曰:"敷重蒻席。"注"蒻苹"是也。臣鍇以爲蒻即根上初生萌葉時殼也。如約反。

【校】蒻席,《書》作"篾席",王肅注"織蒻苹席也",今僞《孔傳》以底席爲"蒻苹"。

藻 藻 蒲蒻之類也。從艸,深聲。**臣鍇按**:《周禮》:"以作菹也。"式琴反。

萑 萑 萑也。從艸,推聲。《詩》曰:"中谷有萑。"**臣鍇按**:《爾雅注》:"益母艸也;一名充蔚。"土回反。

莖 莖 缺盆也。從艸,圭聲。**臣鍇按**:即覆盆也;一名蓬累。穹圭反。

莙 莙 牛藻也。從艸,君聲。讀若威。**臣鍇按**:《爾雅注》:"似藻,葉大,江東呼爲馬藻。"瞿殞反。

蒝 蒝 夫蘺也。從艸,睆聲。**臣鍇按**:《爾雅》"蒝,夫蘺"作"莞,苻離",即蒲屬也。《本艸》云"白芷一名蒝,一名苻離也"。户寒反。

蒚 蒚 夫蘺上也。從艸,鬲聲。**臣鍇按**:《爾雅注》:"蒚莞上之臺首也。"[2]**臣按**:艸木將生華,先抽莖臺,今謂菜臺是也。移隔反[3]。

---

① 職,今本《爾雅》作"藏"。
② 《爾雅·釋艸》"莞,苻蘺,其上蒚"條注:"今西方人呼蒲爲莞蒲,蒚謂其頭臺首也。今江東謂之苻蘺,西方亦名蒲中莖爲蒚,用之爲席。"
③ 大徐力的切;《廣韻》下革切(hé,蒲臺頭名)、郎擊切(lì,山蒜)。

苢 yǐ　茮苢；一名馬舄，其實如李，令人宜子。從艸，吕聲。《周禮書》所説。臣鍇按：《本艸》：“茮苢，一名車前，服之令人有子。”《爾雅注》亦同。《韓詩》云“茮苡，木名，實似李”則非也。許慎但言李，則其子之苞亦似李，但微而小耳。移里反。

【校】周禮，“禮”字衍。茮苢，《王會解》作“桴苡”。○按：陸氏《爾雅音義》引《韓詩》不以“茮苡”爲木，言木者，乃《逸周書》及《山海經》也，陶隱居始誤爲《韓詩》，鍇蓋沿其謬耳。○但言李，“李”上脫“實如”二字。○亦似李，“亦”字衍。

蕁 tán　芫藩也。從艸，尋聲。臣鍇按：《本艸》：“即知母藥也，形似昌蒲而柔潤，葉至難死，掘出隨生，須枯燥乃止，味苦寒；一名蝭母。”田南反。

薚 　蕁或從爻。臣鍇按：今《本艸》作此薚字。

䕏 jī　艸也。從艸，毄聲。堅歷反。

蓲 qiū　艸也。從艸，區聲。臣鍇按：《爾雅注》：“江東呼細蘿爲烏蓲，音丘。”① 起秋反。

【校】“蘿”與“荻薍”同，又見“蒹”注。

茵 gù　艸也。從艸，固聲。骨度反。

藙 gǎn　艸也。從艸，榦聲。臣鍇按：《本艸》注：“書藙珠字如此也。”根旱反。

藷 zhū　藷蔗也。從艸，諸聲。臣鍇按：今之甘蔗也。掌於反。

蔗 zhè　藷蔗也。從艸，庶聲。之射反。

䓞 níng　䔲䓞，可以作麻綆。從艸，甯聲。臣鍇曰：芒之屬，可爲汲綆也。女庚反。

藸 zhū　艸也。從艸，豬聲。臣鍇按：《爾雅》：“茱，荎藸。”展魚反。

---

① 《爾雅·釋艸》“薮，蓲”條注：“似葦而小，實中，江東呼爲烏蓲。音丘。”

蕼 ^{sì} 蕼 艸也。從艸，賜聲。先刺反。

苮 ^{zhōng} 苮 艸也。從艸，中聲。珍蒙反。

蒷 ^{fù} 蒷 王蒷也。從艸，負聲。臣鍇按：《吕氏春秋》：“殷王孔甲田于蒷山之陽，大風迷惑，入于民室。”①《山海經》：蒷山，神泰逢所居。符九反。

芺 ^{ǎo} 芺 艸也，味苦，江南食以下气。從艸，夭聲。臣鍇曰：今苦芺也。安浩反。

蒝 ^{xián} 蒝 艸也。從艸，弦聲。形先反。

蕥 ^{yòu} 蕥 艸也。從艸，圌聲。臣鍇曰：圌，古囿字也。延救反。

荸 ^{fū} 荸 艸也。從艸，孚聲。芳于反。

黃 ^{yín} 黃 兔瓜也。從艸，寅聲。臣鍇按：《爾雅注》：“似土瓜。”翼真反。

【校】兔瓜，《爾雅》作“菟瓜”。

荓 ^{píng} 荓 馬帚也。從艸，并聲。臣鍇按：《爾雅注》：“似蓍，可爲帚也。”②頻寧反。

猶 ^{yóu} 猶 水邊艸也。從艸，猶聲。臣鍇按：《爾雅》“茜，蔓于”注：“一名軒于，生水中。”③臣鍇今按：似細蘆，蔓生水上，隨水高下汎汎然也，故曰猶游也。延秋反。

荌 ^{àn} 荌 艸也。從艸，安聲。恩旰反。

綦 ^{qí} 綦 綦，月爾也。從艸，綦聲。臣鍇按：《爾雅注》：“月爾，似蕨，可食，即紫綦也。”④虔知反。

莃 ^{xī} 莃 兔葵也。從艸，希聲。臣鍇按：《爾雅注》：“似葵而小，葉

① 《吕氏春秋》：“夏后氏孔甲田於東陽蒷山。天大風，晦盲，孔甲迷惑，入於民室。”
② 可爲帚也，今本作“可以爲埽彗”。
③ 《爾雅·釋艸》“茜，蔓于”注：“多生水中，一名軒于，江東呼茜。”
④ 《爾雅·釋艸》“綦，月爾”注：“即紫綦也，似蕨，可食。”

狀如藜，有毛，汋啖之滑。”《本艸注》云：“苗似石龍芮，華白似梅蕊，紫者堪啖。”**忻祈反**。

méng
蘉 灌渝。從艸，夢聲。讀若萌。**臣鍇按**：《爾雅》“蕍蒮”注云：“澤蒮。”《本艸》：“澤舄，一名芒芋，生池澤。”夢即艸莽之名，名又近芒，灌莽即澤也，疑夢即澤舄也。**木空反**。

【校】“夢即”以下有譌舛，疑當作“夢音近芒，灌叢生也，夢叢生於澤，故亦名灌渝。疑‘夢’即澤蒮也。”按：“灌渝”疑“澤渝”之譌。段氏疑《爾雅》“其萌蘿”及“蕍芛”之異讀，非是。

fù
葍 盜庚也。從艸，復聲。**臣鍇按**：《爾雅注》：“盜庚，旋葍，藥也。”① **伐六反**。

líng
苓 卷耳也。從艸，令聲。**臣鍇按**：《爾雅》：“苓耳，卷耳也。”注：“形似鼠耳，叢生如盤。”**臣鍇曰**：菌屬，生朽潤木根。**連丁反**。

gòng
贛 艸也。從艸，贛聲。一曰薏苡。**臣鍇按**：《本艸》：“薏苡，一名贛米。”**卷控反**。

qióng
藑 茅，葍也；一名蕣。從艸，夐聲。**臣鍇按**：《爾雅注》“葍華有赤者爲藑”也。**葵名反**。

fù
葍 葍也。從艸，富聲。**臣鍇按**：《爾雅》“葍，葍”注：“大葉，白華，根如指，正白可啖。”②《詩》曰“言采其葍”也。**分溜反**。

fú
蕌 葍也。從艸，畐聲。**方菊反**。

tiáo
蓨 苗也。從艸，脩聲。**徒聊切，又湯雕切**（tiāo）。

dí
苗 蓨也。從艸，由聲。**臣鍇曰**：苗音迪。《爾雅·釋艸》有之，注云“未詳”。**徒歷切，又他六切**（chù）。

【校】按：此篆鍇本次“茆、莆”之閒，此乃後人依鉉增入，故音尚

① 《爾雅·釋艸》“葍，盜庚”注：“旋葍，似菊。”

② 正白，四部叢刊本、四庫本皆作“心白”。

仍鉉舊。次立以"菲、莆"聞者爲重出，非是。○鍇説當移置於後。

鶭（chāng）**鷊** 艸，枝枝相值，葉葉相當。從艸，昜聲。**臣鍇按**：《爾雅》："薚蕩，馬尾。"又"艸枝枝相值，葉葉相當"唯甘艸耳。吞匡反。

薁（yù）**𧁾** 蘡薁。從艸，奥聲。**臣鍇按**：《詩》云："食鬱及薁。"於目反。

葴（zhēn）**蔑** 馬藍也。從艸，咸聲。**臣鍇按**：《爾雅注》："今大葉冬藍也。"止沉反。

藘（lǔ）**鸗** 艸也，可以束。從艸，魯聲。**臣鍇按**：《爾雅》作"履苴艸也"。勒古反。

蔨 **𧂑** 藘或從鹵。

蒯（kuǎi）**蔽** 艸也。從艸，叝聲。**臣鍇按**：《詩》曰"雖有絲麻，無棄菅蒯"是也。庫拜反。

【校】 今《左》作"蒯"。

蕳（lú）**䕄** 艸也，可以烹魚。從艸，虡聲。**臣鍇曰**：今人所食蘆蒿也。力殊反①。

藟（lěi）**𧂇** 艸也。從艸，畾聲。《詩》曰："莫莫葛藟。"一曰秬鬯。**臣鍇曰**：葛蔓也。柳水反。

菀（yuān）**蒬** 棘菀也。從艸，冤聲。**臣鍇按**：《爾雅》《本艸》："遠志也，葉名小艸。"迂言反。

【校】 葉，《本艸》作"苗"。

茈（zǐ）**𧂠** 茈艸也。從艸，此聲。**臣鍇曰**：即今染紫艸也。司馬相如《上林賦》書"茈薑"字如此。津矣反。

藐（mò）**藐** 茈艸也。從艸，貌聲。厄璞反。

蒚（zè）**𧄼** 烏喙也。從艸，則聲。**臣鍇按**：《本艸》："即烏頭也，有大

① 《廣韻》又落侯切（lóu）。

毒。"故蘇秦云：飢食烏喙與餓死同患。齋石反（zhī）^①。

蒐 茅蒐，茹藘，人血所生，可以染絳。從艸、鬼。**臣鍇按**：今
醫方家謂蒐爲地血，食之補血是也，故從鬼。色酋反。

茜 茅蒐也。從艸，西聲。七縣反。

薙 赤薙也。從艸，肆聲。素次反。

薜 牡贊也。從艸，辟聲。**臣鍇按**：《爾雅》有之，注云"未
詳"。避契反。

莣 杜榮也。從艸，忘聲。**臣鍇按**：《爾雅注》云："爲繩索，
芒也。"^② 勿强反。

【校】"爲繩"上脫"皮可"二字。

苞 艸也，南陽以爲麤履。從艸，包聲。**臣鍇按**：此艸名。《尚
書》"包匭菁茅"，又"艸木漸包"，又《詩》云"如竹包矣"，皆
當作包，不從艸也。比交反。

【校】麤，當作"藨"。

艾 冰臺也。從艸，乂聲。**臣鍇曰**：即今灸艾也。五蓋反。

葦 艸也。從艸，章聲。周良反。

芹 楚葵也。從艸，斤聲。**臣鍇曰**：今水芹也。伎殷反。

薽 豕首也。從艸，甄聲。**臣鍇按**：《爾雅注》：即今地菘艸也。
止鄰反。

蔦 寄生也^③。從艸，鳥聲。《詩》曰："蔦與女蘿。"**臣鍇按**：《本
艸》云："蔓艸，木生，黄絲爲赤網，色淺大爲兔虆。又一名兔縷，

---

① 注音依大徐、《廣韻》阻力切。
② 《爾雅·釋艸》"莣，杜榮"注："今莣艸，似茅，皮可以爲繩索履屩也。"
③ 《慧琳》卷九十八《廣弘明集》"蘿蔦傍"注引《説文》："蔦，寄生艸也。"據此今本
"生"下脫"艸"字，致語意不達，宜據補。

一名蓎，一名蒙，一名王女，一名兔絲。”[1] **得了反**[2]。

樢 𣠣 蔦或從木。**臣鍇曰：** 附於木，故從木。

yún
芸 芸 艸也，似目宿。從艸，云聲。《淮南》説：芸艸可以死復生。**臣鍇按：** 芸艸著於衣書辟蠹，漢種之於蘭臺石室藏書之所。**羽文反。**

【校】衣書，汪作“書衣”。〇所，汪作“府”。

cuì
蔽 蔽 艸也。從艸，㲋聲。**麁最反。**

lǜ
葎 葎 艸也。從艸，律聲。**留筆反**（lì）[3]。

cè
莿 莿 莿也。從艸，朿聲。**臣鍇按：**《爾雅注》：“即艸木之莿也。”**測麥反。**

guā
苦 苦 苦蔞，果蓏也。從艸，昏聲。**古活反。**

【校】蓏，當作“蓏”。汪作“蓏”，俗字。

fēng
葑 葑 蕦蓯也。從艸，封聲。**臣鍇按：**《爾雅》有之，注云“未聞”。**敷容反。**

cí
薺 薺 蒺藜也。從艸，齊聲。《詩》曰：“牆有薺。”**臣鍇曰：** 此今藥家所用蒺藜也，今人以此字爲薺菜。**疾咨反。**

【校】今《詩》作“茨”。

cì
莿 莿 茦也。從艸，刺聲。**臣鍇曰：** 此爲艸木之莿，刺爲斫刺之刺。**七智反。**

dǒng
董 董 鼎董也。從艸，童聲。杜林曰：藕根。**臣鍇按：**《爾雅》：“蘱，鼎董也。似蒲而細。”[4] 今人以織履。**符動反。**

---

① 《神農本艸經》“菟絲子”下引《名醫》：“一名菟縷，一名唐蒙，一名玉女，一名赤網，一名菟累。生朝鮮田野，蔓延艸木之上，色黄而細爲赤網，色淺而大爲菟累。”

② 今讀 niǎo。

③ 注音依大徐吕戌切、《廣韻》吕卹切。

④ “似蒲而細”爲郭注語。

藆 藆 狗毒也。從艸，繫聲。**臣鍇按**：《爾雅注》：“樊光云：俗語苦如藆。”蓋非的識，今藥有狼毒。**忌惠反。**

葽 葽 艸也。從艸，婒聲。**臣鍇曰**：今繁縷艸。**思討反。**

芐 芐 地黄也。從艸，下聲。《禮》曰“鈃毛，牛藿，羊芐，豕薇”是。**臣鍇曰**：鈃，羹器也。其中菜謂之芐。**桓古反。**

【校】鉉作芐。○鈃毛，今《儀禮》作“鉶芼”。

薟 薟 白薟也。從艸，僉聲。**臣鍇按**：《本艸》：“白薟，藥也；一名兔荄，作藤生，根似天門冬，一株下有十許。”《爾雅》云：“菤，兔荄。”注乃云“未詳也”。**留琰反。**

薟 薟 薟或從斂。

莶 莶 黄莶也。從艸，金聲。**臣鍇按**：《本艸》：“葉細長，兩葉相對，作叢生，藥艸也。”**卻林反。**

芩 芩 艸也。從艸，今聲。《詩》曰：“食野之芩。”**巨任反。**

藨 藨 鹿藿也。從艸，麃聲。讀若剽。一曰蔽屬。**臣鍇按**：《爾雅》：“鹿藿，鹿豆也；一名蔨。”①《爾雅》“藨，麃”注云：“即苺也。”與鹿豆相近，疑《説文》注誤以藨麃爲鹿藿字也。**平表反。**

【校】與鹿豆，當作“麃鹿字”。○按：“鹿，藿也”當是“麃也”之譌。

蒠 蒠 綬也。從艸，鷊聲。《詩》曰“邛有旨蒠”是。**臣鍇按**：《爾雅注》：“小艸雜色似綬也。”**許璧反。**

【校】今《詩》作“鷊”。

薐 薐 芰也。從艸，淩聲。楚謂之芰，秦曰薢茩。**臣鍇按**：《爾雅》“薐，蕨攈”注云：“今水中芰也。”《齊民要術》有種芰法，亦同，一名薐，池中種之。《爾雅》別有“薢茩，決光”，注云：“決光，明也。葉鋭黄，赤華，實似山茱萸；或曰薐，關西謂之薢

---

① 《爾雅·釋艸》：“蔨，鹿藿。其實狃。”注：“今鹿豆也。”

苣。"① 今按：決明，藥菜也。馬蹄者，葉銳下，而實與山茱萸亦良似，華深黃色。《爾雅注》所云關西即秦地，其或曰薐，則謂決光水中之薐矣。又按《國語》"楚屈到嗜芰"，則許慎云"楚謂之芰"也。屈到死，將以芰祭，其子去之，以爲芰非祭用也。今按：薐，籩豆之實也，則屈到嗜芰，則決明之菜非水中薐審矣。芰祭不用故去之。今按：決明菜治目，故以光明爲名，又以屈建之言分之，則慎所注全是菜也。但菜一名決光、薢茩，又名水中薐，同。薐凡三名，菜有其二，所異者蕨攈耳，所以致惑也。力膺反。

【校】決光，《爾雅》作"英芺"。〇決光明，"光"字衍。〇則決明，則，當作"即"。〇"又名"下當有"與"字。

蓮 䕝　司馬相如說：薐從遴。臣鍇按：《漢書》：司馬相如續《倉頡篇》，作《凡將》一篇，亦解說文字，許慎采其異者著於此也。

芰 芰　薐也。從艸，支聲。臣記反②。

菱 菱　杜林說：芰從多。

薢 䕅　薢茩也。從艸，解聲。閒蟹反。

茩 茩　薢茩也。從艸，后聲。講吼反。

芡 芡　鷄頭也。從艸，欠聲。其閃反。

蘜 蘜　日精也，以秋華。從艸，蘜聲。臣鍇按：《本艸》："蘜即九月黃華者也；一名女精，一名女華也。"居逐反。

【校】以，汪作"似"，非是。

蘜 蘜　蘜或省。

蘥 蘥　爵麥也。從艸，龠聲。臣鍇按：即燕麥也。漢魏以前雀字多作爵，假借也。胤略反。

----

① 《爾雅・釋艸》："薢茩，芺光。"注："芺明也。葉……或曰薐……"
② 臣，疑當作"巨"。大徐奇記切，《廣韻》奇寄切，均群母。

蓫 蘱 牡茅也。從艸，遬聲。**臣鍇按**：《爾雅注》曰："白茅屬。"①
孫卜反。

萰 私 茅秀也。從艸，私聲。**臣鍇按**：此即今茅華未放者也，今
人食之謂之茅槆音乾，《詩》所謂"手如柔荑"，荑，秀也。先兹反。

兼 蒹 葭之未秀者。從艸，兼聲。**臣鍇按**：《爾雅》"薕也"注云：
"似葭音狄而細，高數尺。"臣今見江之西岸多有之，高如此。今人以
爲簾薄，疑因此名薕也。未秀謂其小耳。結添反。

【校】葭，當作"萑"。

藡 蘭 菾也。從艸，亂聲。八月藡爲葦也。**臣鍇按**：《爾雅》"菾，
藡也"注云："似葦而小，實中，江東呼爲烏蓲音丘。"臣今見海濱
有之，葦即大蘆也，八月藡亦長大也。亦猶蒿，有數種，至秋老，
皆名爲蒿也。五晏反。

【校】濱，當作"濱"。

菼 薂 萑之初生；一曰藡，一曰雚。從艸，剡聲。忐敢反。

【校】萑，當作"萑"。○雚，汪作"騅"，與《爾雅》合；此作"雚"，
與《毛詩傳》合。又"菼"下三見。

菼 燚 菼或從炎。**臣鍇按**：《爾雅·釋言》云"菼，雚"，下注
云："菼艸色如雚，在青白之閒。"臣以爲此帛色名，染之如生
菼色，如今人所染麥綠也。蓋此菼亦名爲雚，非獨其色也。

薕 蘪 兼也。從艸，廉聲。連鹽反。

蘈 蘈 青蘈似莎者。從艸，煩聲。**臣鍇按**：相如《上林賦》："薜
莎青蘈。"復喧反。

【校】薜莎青蘈，今見《子虛賦》，《上林賦》作"蔣苧青蘈"。

茚 藣 昌蒲也。從艸，卭聲。益州生。**臣鍇按**：《本艸》："昌蒲，
一寸九節，生蜀郡。又有葉無脊者，名蓀，即蘭蓀也。"顏當反。

————————————

① 白茅屬，四部叢刊本、四庫本皆作"茅屬也"。

㟧 **㠺** 芧㟧也。從艸，邪聲。臣鍇曰：今人書㟧蒿字也。延遮反。

芀（tiáo）**䒑** 葦華也。從艸，刀聲。臣鍇按：《爾雅》"葦醜，芀"注："其類皆有芀秀。"醜即類也。臣謂苕者，抽條搖遠生華而無荂萼也，今人取之以爲帚，曰"苕帚"是也。笛遼反。

【校】 苕者，汪作"芀者"。

苅（liè）**散** 芀也。從艸，列聲。臣鍇以爲：《禮》云"桃苅"常用此爲"桃帚"，非徒黍穰也。良舌反。

【校】 常用此爲桃帚，當作"當用此及桃爲帚"。

菡（hàn）**䔄** 菡萏也。從艸，函聲。臣鍇曰：菡，猶含也，未吐之意。候坎反。

萏（dàn）**䕩** 菡萏。夫容華未發爲菡萏，已發爲夫容。從艸，閻聲。臣鍇曰：芺之言敷也，蓉之言動容也。特感反。

蓮（lián）**䕘** 夫渠之實也。從艸，連聲。落姸反。

茄（jiā）**䒓** 夫渠莖。從艸，加聲。臣鍇曰：芙蕖即芙蓉，此又藥五茄也。閒巴反。

荷（hé）**䕂** 夫容葉。從艸，何聲。閑俄反。

蔤（mì）**䕰** 夫渠本。從艸，密聲。臣鍇謂：藕節上初生莖時萌牙殼也，在泥中者。美弼反。

藕（ǒu）（藕）**蘜** 夫渠根。從艸、水，禺聲。五斗反。

蘢（lóng）**䕷** 天蘥也。從艸，龍聲。臣鍇按：《爾雅》有之，注云"未聞"也。來充反。

蓍（shī）**䒱** 蒿葉屬。生千歲，三百莖。《易》以爲數：天子蓍九尺，諸侯七尺，大夫五尺，士三尺。從艸，耆聲。臣鍇按：《白虎通》："蓍之言耆也。""陽之老也。"故其數奇，言九尺、七尺也。申離反。

【校】 蒿葉屬，"葉"字衍。〇生千歲三百莖，劉向《五行志》云"百

年一本生百莖"。

菣 菣　香蒿也。從艸，臤聲。臣鍇按:《爾雅注》:"今謂青蒿，香中炙啗者爲菣。"祛胤反。

　蔃 蔃　菣或從堅。臣鍇曰: 堅亦聲。

莪 莪　蘿莪，蒿屬也。從艸，我聲。臣鍇曰:《爾雅注》:"今呼爲莪蒿，亦曰廩蒿。"偶和反。

蘿 蘿　莪也。從艸，羅聲。婁何反。

菻 菻　蒿屬也。從艸，林聲。臣鍇按: 此即上廩蒿字，亦作此。力甚反。

蔚 蔚　牡蒿也。從艸，尉聲。臣鍇按:《爾雅》即廩蒿之無子者也; 一名牡菣。迂胃反。

蕭 蕭　艾蒿也。從艸，肅聲。臣鍇按:《爾雅》"蕭，萩"注:"即蒿也。"古人言蕭斧則謂芟艾之斧也; 齊斧，剪齊之斧也。先幺反。

萩 萩　蕭也。從艸，秋聲。臣鍇按:《春秋左氏傳》或借此爲楸字。七牛反。

芍 芍　鳧茈也。從艸，勺聲。臣鍇曰: 今人所食鳧茈也。堅鳥反 (jiǎo)[1]。

蒮 蒮　王彗也。從艸，湔聲。臣鍇曰: 今落帚艸也。自先反。

蔿 蔿　艸也。從艸，爲聲。于委反。

茈 茈　艸也。從艸，尤聲。臣鍇曰: 按《爾雅》"薚，茈藩"是也。池心反。

鞠 鞠　治牆也。從艸，鞠聲。臣鍇按:《本艸》"菊有十名"，不言"治牆"。《爾雅注》:"即今之秋華鞠。"居逐反。

---

① 注音依大徐、《廣韻》胡了切。

【校】治蘠，鉉作"治牆"。按：疑即牆衣薛荔之屬，《周禮》所稱"牡蘜"是也。自《爾雅》郭注誤爲"秋華"，遂致紛糾，許書分列甚明。

蘠 qiáng　蘠靡，虋冬也。從艸，牆聲。臣鍇按：《爾雅注》："虋冬，一名滿冬。"今《本艸》有天門冬、麥門冬，并無"滿冬"之名。賊忘反。

【校】虋，《爾雅》作"蘱"。○《爾雅注》"滿冬"，當是"稱冬"之譌。

芪 chí　芪母也。從艸，氏聲。臣鍇按：《本艸》："芪母即知母之一名也。"是支反①。

菀 wǎn　茈菀，出漢中房陵。從艸，宛聲。臣鍇按：《本艸》："紫菀生房陵山谷也。"鬱遠反。

茵 méng　貝母也。從艸，朗省聲。臣鍇按：《本艸》云："貝母一名茵，根形如聚貝子，安五藏，治目眩、項直不得返顧。"故許穆公夫人思歸衛不得，而作詩曰"言采其茵"也。没彭反。

【校】今《詩》作"蝱"。

茮 zhú　山薊也。從艸，術聲。臣鍇按：今茮苗似薊也。柱黜反。

蓂 mì　析蓂，大薺也。從艸，冥聲。臣鍇按：《爾雅注》："似薺，葉細，俗呼老薺。"莫歷反。

味 wèi　莖藉也。從艸，味聲。臣鍇按：《爾雅注》："五味子也。"勿貴反。

荎 chí　莖藉也。從艸，至聲。直而反。

葛 gé　絺綌，艸也。從艸，曷聲。格曷反。

蔓 wàn　葛屬也。從艸，曼聲。臣鍇曰：葛之總名也。無飯反。

藁 gāo　葛屬也，白華。從艸，皋聲。家豪反。

莕 xìng　荇餘也。從艸，杏聲。臣鍇按：《爾雅注》：則今之莕菜也。

———————

① 《廣韻》巨支切（qí）。

限猛反。

【校】萋餘，《詩傳》《爾雅》俱作"接余"。

荇^荇　莕或從行，同。臣鍇按：《詩》"參差荇菜"也。

萋^萋　萋餘也。從艸，妾聲。節攝反。<small>jiē</small>

蕳^蕳　艸也。從艸，罤聲。古論反。<small>kūn</small>

芫^芫　魚毒也。從艸，元聲。臣鍇按：《本艸》："芫華也，可用毒<small>yuán</small>魚。一名杬。"《爾雅》"杬，魚毒"，字從木，注即云"大木也"，不知《爾雅》別有木名杬，又名魚毒，將誤書從艸，因入木中，注者詳之也。言袁反。

【校】杬，當作"杬"，今《爾雅·釋木》亦誤作"杬"。○即，當作"則"。按：《爾雅》郭注之誤，顔師古《急就篇注》已詳辨之。○誤書從艸，艸，當作"木"，蓋《爾雅》本或作"芫"也。

蘦^蘦　大苦也。從艸，霝聲。臣鍇按：《本艸》："即藥甘艸也。"<small>líng</small>連丁反。

薙^薙　薙芺也。從艸，梯聲。臣鍇按：《爾雅注》："似稗，布地生，<small>tí</small>穢艸。"敕圭反。

芺^芺　薙芺也。從艸，失聲。亭結反。<small>dié</small>

苧^苧　苧熒胸也。從艸，丁聲。臣鍇按：《爾雅》有之，注云"未<small>tīng</small>詳"。他寧反。

蔣^蔣　苽蔣也^①。從艸，將聲。臣鍇曰：苽艸也，青謂之苽蔣，枯<small>jiāng</small>謂之芻茭。子兩反（jiǎng），又子良反。

苽^苽　雕苽；一名蔣。從艸，瓜聲。臣鍇曰：雕苽，《西京雜記》<small>gū</small>及古詩多作"雕胡"。枚乘云："雕胡之飯。"按：即今所食茭苗米

---

① 《類聚》卷八十二《艸部下》苽："《説文》曰：蔣，苽也。"《慧琳》卷九十九《廣弘明集》"菇蔣"注引《説文》："蔣，苽也。"據二引，今本當衍"蔣"字，下文"苽，雕苽；一名蔣"，"苽、蔣"互訓，亦可證。"菇、苽"異體。

也。古胡反。

【校】雕胡之飯，《文選》作“安胡”。

菁 𦳝　艸也。從艸，育聲。融六反。

藣 𧂗　艸也。從艸，罷聲。**臣鍇按**：《爾雅》：“旄謂之藣。”注：“旄，牛尾也，蓋似此艸也。”被移反。

蘺 𧃓　艸也。從艸，難聲。仁遷反。

莨 𦺄　艸也。從艸，良聲。**臣鍇按**：《字書》：藏莨，艸名也。勒當反。

葽 𦽋　艸也。從艸，要聲。《詩》曰：“四月秀葽。”劉向説：此味苦，苦葽。**臣鍇按**：《字書》云：狗尾艸也。於消反。

薖 𧀎　艸也。從艸，過聲。苦何反。

菌 𦸂　地蕈。從艸，囷聲。**臣鍇按**：地蕈，似釘蓋者名菌。瞿殞反。

蕈 𧃒　桑萸。從艸，覃聲。**臣鍇按**：蕈多生桑楮之上也。夕袵反。

薁 𦸗　木耳也。從艸，耎聲。一曰蒳芷。汝件反。

葚 𦸤　桑實也。從艸，甚聲。食荏反。

蒟 𦺏　果也。從艸，竘聲。**臣鍇按**：《本艸》：“似王瓜，蔓生，子長大，辛香，苗爲留藤，實似桑椹，皮黑肉白，食之辛香。”左思《蜀都賦》所謂“蒟醬”，《吳都賦》所謂“東風浮留”也。俱取反。

【校】浮留，《文選》作“扶留”。

芘 𦬉　艸也；一曰芘茮木。從艸，比聲。**臣鍇按**：“茈，蚍虾”，亦或作此。《魏史》：“裴潛爲魏郡，不將妻子，妻子貧乏，織藜芘以自給。”芘，藩也。鼻宜反。

【校】茮，鉉作“茮”，高郵王氏念孫曰：“當作茮。”

蕣 𧃛　木堇，朝華暮落者。從艸，舜聲省。《詩》曰：“顏如蕣華。”

臣鍇曰：舜，今人又言一瞬也。失閏反。

【校】"省"字衍。○今《詩》作"舜"。

yú
萸　茰　茱萸也。從艸，臾聲。羊朱反。

zhū
茱　茱　茱萸也。從艸，朱聲。船區反（shú）。

jiāo
茮　茮　茮莍。從艸，尗聲。臣鍇按：《爾雅》："茮樧醜，其實，
莍。"今《説文》無椒字，豆豉字但作尗，則此茮爲椒字也。椒性
叢生，如薔薇之屬，非木也，故從艸。煎昭反。

【校】"其實"二字衍。

qiú
莍　莍　茮樧實，裹如裘者。從艸，求聲。臣鍇按：《爾雅注》："莍，
子聚成房兒也。"虔柔反。

【校】裹如裘，與《爾雅音義》同，鉉作"裹如表"，汪作"煮如表"，
皆誤。

jīng
荊　荆　楚木也。從艸，刑聲。臣鍇曰：荊州因此爲名也，故其國
名楚。己英反。

　　莉　茻　古文荊。

tái
菭　菭　水衣。從艸，治聲。臣鍇按：《周禮注》苔字作菭，生水傍，
水土之潤氣所生，故曰水衣也。生牆曰垣衣。田哈反。

【校】今《周禮》作"箈"。

yá
芽　芽　萌芽也。從艸，牙聲。五加反。

méng
萌　萌　艸也。從艸，明聲。臣鍇以爲：萌，生芽之兆。沒彭反。

【校】艸也，當依鉉作"艸芽也"。

zhuó
茁　茁　艸初生地兒。從艸，出聲。《詩》曰："彼茁者葭。"鄒滑反。

xíng
莖　莖　枝柱。從艸，巠聲。臣鍇曰：枝生於莖，故云枝柱。候宏
反①。

————————

① 大徐、《廣韻》均戶耕切（xíng）。今讀jīng。

莛^{tíng} 莛　莖也^①。從艸，廷聲。臣鍇按：東方朔曰："以莛撞鐘。"莛，枝莖也。田丁反。

葉^{yè} 葉　艸木之葉也。從艸，枼聲。亦接反。

薊^{jì} 薊　艸之小者。從艸，劌聲。劌，古文銳字，讀若芮。居例反。

芣^{fú} 芣　華盛。從艸，不聲。一曰芣苢。臣鍇以爲：慎意以此爲"棠棣之華，萼芣韡韡"之"芣"也。附柔反。

【校】萼芣，《詩》作"鄂不"。

葩^{pā} 葩　華也。從艸，皅聲。臣鍇按：葩，艸木華初坼也，故木華《海賦》曰"葩華踧踘"，意同也。浦瓜反。

【校】踘，《文選》作"沑"。

苪^{wěi} 苪　艸之莖榮也。從艸，尹聲。臣鍇按：《爾雅》"蓇、苪、葟、華，榮"注云："'華，葟也。'今俗謂艸木華初生者爲苪，蓇猶敷蓇，亦艸木華之兒，所未詳。"營跬反。

蘳^{huà} 蘳　華黃。從艸，難聲。讀若墮壞。臣鍇按：謂艸木之黃華者也。乎瓦反。

【校】華黃，鉉作"黃華"。

蔈^{biāo} 蔈　苕之黃華也。從艸，票聲。一曰末。臣鍇按：《史記》趙武靈王夢處女歌曰："美人熒熒兮，顏若苕之華。"注云："苕，紫華艸也。"又郭璞《遊仙詩》曰："潛穎怨青陽，陵苕哀素秋。"又《爾雅注》："陵苕，一名陵時。"故曰黃華蔈、白華茇也。今《本艸》注證云："陵霄也。"此眇反^②。

英^{yīng} 英　艸榮而不實者；一曰黃英。從艸，央聲。臣鍇按：《爾

---

① 《慧琳》卷二十四《方廣大莊嚴經序品》"艸莛"注引《説文》："莛，艸莖也。"據此，許書古本"莖"上有"艸"字，今本脱，當據補。又《文選·東方朔〈答客難〉》："語曰'以筦窺天，以蠡測海，以莛撞鐘'，豈能通其條貫，考其文理，發其音聲哉！"則"莛"爲"艸莖"可知。

② 此，疑當作"比"。

雅·釋木》有“欉，黄英”，注“未詳”也。又平反。

薾　薾　華盛。從艸，爾聲。《詩》曰：“彼薾惟何？”臣鍇曰：薾，
猶彌漫意也。而俾反。

【校】今《詩》作“爾”。

萋　萋　艸盛。從艸，妻聲。《詩》曰：“萋萋萋萋。”臣鍇按：萋，
深切之意也，言其色深切也。七低反。

菶　菶　艸盛。從艸，奉聲。臣鍇按：菶菶，散亂也。補冗反。

薿　薿　茂也。從艸，疑聲。《詩》曰：“黍稷薿薿。”臣鍇曰：薿薿，
苗盛之皃。牛以反。

蕤　蕤　艸木華垂皃[①]。從艸，甤聲。臣鍇按：嵇康《琴賦》曰：“飛
英蕤於昊蒼。”儒佳反。

葼　葼　青、齊、兗、冀謂木細枝曰葼。從艸，㷽聲。子紅反。

移　移　艸萎移。從艸，移聲。以支反。

蒝　蒝　艸木形。從艸，原聲。言袁反。

莢　莢　艸實。從艸，夾聲。臣鍇按：《周禮》“其植艸宜莢物”是
也。尺俠反[②]。

【校】植艸，《周禮》作“植物”。

芒　芒　艸耑。從艸，亡聲。臣鍇曰：謂麥穀爲芒種是也。勿强反。

薞　薞　藍蓼秀。從艸，隋聲。臣鍇按：藍蓼屬，華作穗也。《爾雅
注》莤“音蕕”，今字書以此字當之。營跬反。

【校】按字書，“莤、薙”音義相同，“莤、薞”音同義異。鍇謂字書
以“薞”當“莤”，非是。

---

① 《文選》江淹《雜詩》、陸機《園葵詩》李善注皆引《説文》：“艸木華盛皃也。”《慧
　琳》卷六十四《四分律删補隨機羯磨》“蕤蕤”引與李善注引同，可知今本“垂”字
　誤，且脱“也”字，當據改補。
② 尺，疑當作“居”，“莢”屬見紐。

蔕 ^{dì} 蔕　瓜當也。從艸，帶聲。臣鍇按：當，底也，故《韓子》云“玉卮無當”也。的替反。

荄 ^{gāi} 荄　艸根也。從艸，亥聲。臣鍇曰：荄，艸木枯莖也。苟孩反。

【校】枯莖，汪作“枯根”。

茵 ^{yǔn} 茵　荄也，茅根也。從艸，均聲。臣鍇按：《爾雅注》：“江東呼藕紹緒如指、空中可啖者爲茇茵。”于忍反。

【校】紹緒，《類篇》同；汪作“經緒”，《爾雅注》同^①。

茇 ^{bá} 茇　艸根也。從艸，犮聲。春艸根枯，引之而發土爲撥，故謂之茇。一曰艸之白華爲茇。臣鍇按：《詩》注“土一撥”是也。《爾雅》：“苕曰白華者名茇。”北末反（bō）^②。

【校】《詩》注“土一撥”，疑當作“《國語》‘耕一墢’”。○苕曰，曰，當作“之”。

芃 ^{péng} 芃　艸盛也。從艸，凡聲。《詩》曰：“芃芃黍苗。”臣鍇曰：汎汎然若風之起也。父忠反。

蒪 ^{fù} 蒪　華葉布。從艸，尃聲。讀若傅。方聚反。

執 ^{jí} 執　艸木不生也；一曰茅芽。從艸，執聲。姊入反。

狋 ^{yín} 狋　艸多皃。從艸，狋聲。江夏平春有狋亭。語殷反。

茂 ^{mào} 茂　艸豐盛。從艸，戊聲。莫透反。

蕩 ^{chàng} 蕩　艸茂也。從艸，暢聲。臣鍇按：《史記》：“夏以木德，青龍出於郊，艸木蕩茂。”^③工向反^④。

【校】蕩茂，《史記》作“鬯茂”。

蔭 ^{yìn} 蔭　艸陰地。從艸，陰聲。臣鍇曰：艸所庇也。衣任反。

---

① 今《爾雅注》作“紹緒”。
② 《廣韻》艸木根義讀蒲撥切。
③ 《史記·封禪書》：“夏得木德，青龍止於郊，艸木暢茂。”
④ 工，疑當作“丑”。

chòu

蓲 𧃳 艸皃。從艸，造聲。臣鍇曰：艸相次也。初狩反。

zī

兹 𦬸 艸木多益。從艸，絲省聲。臣鍇曰：此艸木之兹盛也。則
私反。

dí

蓧 𧃾 艸旱盡也。從艸，俶聲。《詩》曰："蓧蓧山川。"他狄反（tì）①。

【校】今《詩》作"滌滌"。

xiāo

歊 𧅀 艸皃。從艸，歊聲。《周禮》曰："轂雖蔽不歊。"臣鍇按：
《周禮注》謂"歊暴，陰柔後必撓減，轉革暴起"爲歊②。欣消反。

【校】蔽，《周禮》作"敝"。○轉，當作"幬"。

jì

蔇 𧆊 艸多皃。從艸，既聲。臣鍇曰：蔇猶密也。訖示反。

cí

薋 𧂡 艸多皃。從艸，資聲。臣鍇曰：薋猶積也。疾兹反。

zhēn

蓁 𧆔 艸盛皃。從艸，秦聲。臣鍇曰：蓁蓁相湊也。側詵反。

shāo

菬 𦯒 惡艸皃。從艸，肖聲。㮩巢反。

ruì

芮 𦬆 芮芮，艸生皃。從艸，内聲。讀若汭。臣鍇曰：芮芮，細
皃，若言蚊蚋也。汝歲反。

chí

茌 𦱫 艸皃。從艸，在聲。濟北有茌平縣。仕淄反。

【校】茌平，今作"茌平"。

huì

薈 𧀆 艸多皃。從艸，會聲。《詩》曰："薈兮蔚兮。"臣鍇曰：薈
兮蔚兮，雲也，言艸如雲之盛也。烏會反。

【校】艸如雲，當作"雲如艸"。

mào

萩 𧃫 細艸叢生也。從艸，孜聲。莫透反。

mào

芼 𦳅 艸覆蔓。從艸，毛聲。《詩》曰："左右芼之。"臣鍇曰：芼
猶冒也。門高反（máo）③。

---

① 注音依大徐徒歷切、《集韻》亭歷切。

② 轉革，今本作"幬革"。

③ 注音依大徐莫抱切、《廣韻》莫報切。

蒼 蒼 艸覆也。從艸，倉聲。切陽反。

【校】艸覆，當依鉉作“艸色”。

蘫 蘫 艸得風皃。從艸、風，風亦聲。讀若婪。臣鍇曰：此會意。婁參反。

萃 萃 艸皃。從艸，卒聲。讀若瘁。秦醉切。

蒔 蒔 更別種。從艸，時聲。臣鍇曰：若秧稻也。食志反。

苗 苗 艸生於田者。從艸、田。臣鍇曰：會意。眉昭反。

苛 苛 小艸也。從艸，可聲。臣鍇曰：以細艸喻細政，猶言米鹽也。閑俄反。

蕪 蕪 薉也。從艸，無聲。文區反。

薉 薉 蕪也。從艸，歲聲。臣鍇曰：田中雜艸也。迂廢反。

荒 荒 蕪也。從艸，巟聲。一曰艸淹地也①。臣鍇曰：謂艸雜水淹地也。忽光反。

【校】一曰艸淹地也，此轉轉竄易之譌，《韻會》引許書無此語。

薴 薴 艸亂也。從艸，寍聲。杜林説：艸薴薴皃。尼庚反。

葻 葻 薴薴皃。從艸，爭聲。側泓反。

落 落 凡艸曰零，木曰落。從艸，洛聲。臣鍇曰：木曰落而從艸者，木但葉落耳，其枝幹勁，與艸零無異，故從艸。勒託反。

【校】“木但”下有譌舛，當作“木但枝幹勁，其葉落與艸零無異”。

蔽 蔽 蔽蔽，小艸也②。從艸，敝聲。臣鍇按：《詩》曰：“蔽芾甘棠。”比袂反。

---

① 淹地，四部叢刊本、四庫本皆作“掩地”。

② 《慧琳》卷一《大般若波羅蜜多經》“暎蔽”注引《説文》：“小艸貌。”卷四《大般若波羅蜜多經》“隱蔽”注：“《説文》：蔽，小艸皃。”卷十四《大寶積經》“蔽諸”注引《説文》：“小艸皃。”據三引，許書古本當作“小艸皃”，今本“蔽蔽”二字疑後人所增，“艸”下“也”字當作“皃”，段注亦云：“也當作皃。”

籜（tuò）籜　艸木皮葉落墮地爲籜。從艸，擇聲。《詩》曰："十月殞籜。"臣鍇曰：此言艸木而從艸者，木籜與艸同也。他作反。

蕰（yùn）蕰　積也。從艸，温聲。《春秋傳》曰："蕰利生孽。"臣鍇曰：《春秋左傳》曰："芟夷蕰崇之。"但積之低爲蕰，堆之高爲崇。迂吻反。

【校】積之低，低，疑當作"多"。

蔫（yān）蔫　菸也。從艸，焉聲。爲焉反。

菸（yū）菸　鬱也。從艸，於聲。一曰菸也。郁諸反。

蔡（yíng）蔡　艸旋皃也。從艸，榮聲。《詩》曰："葛藟蔡之。"臣鍇曰：謂縈繞也。於營反。

【校】《詩》作"縈"。

蔡（cài）蔡　艸也。從艸，祭聲。蒼大反。

茷（fèi）茷　艸葉多。從艸，伐聲。《春秋傳》曰："晉糴茷。"臣鍇曰：糴茷，人名也。符發反。

菜（cài）菜　艸之可食者。從艸，采聲。臣鍇曰：采亦聲，少亦字。此載反。

茆（ér）茆　艸多葉皃。從艸，而聲。沛城父有楊茆亭。臣鍇曰：古謂頰毛爲髵，此艸似之也。然知反。

芝（fàn）芝　艸浮水中皃。從艸，乏聲。孚凡反。

薄（bó）薄　林薄也；一曰蠶薄。從艸，溥聲。臣鍇曰：木曰林，艸曰薄，故云叢薄。盆各反。

苑（yuàn）苑　所以養禽獸。從艸，夗聲。臣鍇曰：苑猶院也。鬱遠反。

藪（sǒu）藪　大澤。從艸，數聲。九州之藪：楊州具區、荆州雲夢、豫州圃田、青州孟諸、兗州大野、雍州弦蒲、幽州奚養、冀州楊紆、并州昭余祁是也。臣鍇按：《周禮注》："大澤曰藪，具區五湖也。"

雲夢，夢澤也，其地跨江；圃田在中牟，今鄭州；孟諸在睢陽東北；大野在鉅鹿東北；弦蒲在汧；奚養在長廣；昭余祁在太原鄔；楊紆，《爾雅注》在扶風汧縣西。蘇走反。

【校】雲夢，《職方氏》作“雲瞢”；孟諸，汪作“孟豬”，《職方氏》作“望諸”。〇奚養，《職方氏》作“貕養”；“昭余祁”作“昭餘祁”。

zī
菑 不耕田也。從艸、甾。《易》曰：“不菑畬。”**臣鍇曰：**此爲從艸從巛、田，凡三文合之。舊解從艸，甾聲，傳寫誤以巛、田合爲甾，亦無聲字。何以言之？若實從艸下甾，則下不合別有甾字。云或省艸，省艸則與東楚名缶曰甾同聲同體，而別出名缶之甾在第二十四卷也。臣以爲當言從巛音災從田，田不耕則艸塞之，故從艸；巛者，川壅也。但許慎約文，後人不曉，誤以巛田合成甾字，因誤加聲字耳。學者所宜詳之。側持反。

甾 菑或省艸。**臣鍇曰：**從田、巛，此會意。此即甾水，出太山梁父縣，西北入海也。

【校】從艸、甾，甾，當作“巛田”二字。鍇云舊解誤，則此當爲鍇所改。〇亦無，當作“并加”。〇按：“甾缶”與“甾畬”本異文，鍇說似混。

yáo
蘨 艸盛皃。從艸，繇聲。《夏書》曰：“厥艸惟繇。”**臣鍇曰：**艸高大也。延朝反。

tì
薙 除艸。《明堂月令》曰：“季夏燒薙。”從艸，雉聲。他計反。

lèi
蘽 耕名。從艸、耒，耒亦聲。魯内反。

【校】耕名，鉉作“耕多艸”。

zhì
蓻 艸大也。從艸，致聲。陟利切。

jiàn
蘄 艸相蘄包。從艸，斬聲。《書》曰：“艸木蘄包。”**臣鍇曰：**蘄相入也。就冉反。

【校】今《書》作"漸"。

蘗 蘗 蘗或從櫱。

茀 茀 道多艸不可行。從艸，弗聲。**臣鍇按**:《國語》曰:"陳道茀不可行也。"分勿反。

苾 苾 馨香也。從艸，必聲。**臣鍇曰**:《詩》云"苾苾芬芬"是也。頻术反。

蔎 蔎 香艸也。從艸，設聲。**臣鍇按**:《楚辭》曰:"襄椒聊之蔎蔎。"施子反。

芳 芳 香艸也。從艸，方聲。弗商反。

蕡 蕡 雜香艸。從艸，賁聲。**臣鍇按**:《詩》:"有蕡其實。"扶云反。

藥 藥 治病艸。從艸，樂聲。胤略反①。

藶 藶 艸木相附麗土而生。從艸，麗聲。《易》曰:"百穀艸木麗於土。"**臣鍇按**: 藶者，相分布屬箸也，在艸，故從艸。鄰之反。

【校】麗於土，《易》作"麗乎土"。鉉作"藶於地"，非。

蓆 蓆 廣多也。從艸，席聲。**臣鍇按**:《爾雅》:"席，大也。"《尚書》:"丕冒海隅、蒼生。"蒼生，艸木也。辭尺反。

芟 芟 刈艸也。從艸，殳聲。所監反。

荐 荐 薦蓆也。從艸，存聲。**臣鍇曰**: 與栫相似，荐猶踐也。在片反。

【校】蓆，當作"席"。

藉 藉 祭藉也;一曰艸不編，狼藉。從艸，耤聲。**臣鍇按**:《易》曰:"藉用白茅。"慈乍反。

菹 菹 茅藉也。從艸，租聲。《禮》曰:"封諸侯以土，菹以白茅。"

---

① 今讀 yào。

臣鍇曰：此亦包蒩字。且渠反 ①。

蕝 𦳊 朝會束茅表位曰蕝。從艸，絶聲。《春秋國語》曰："致茅蕝表坐。"子雪反。

茨 𦱋 以茅葦蓋屋。從艸，次聲。臣鍇曰：次弟茅以蓋之也。疾兹反。

葺 𦸺 茨也。從艸，咠聲。臣鍇按：《春秋左傳》："葺其牆屋。"七十反。

蓋 𦳊 苫也。從艸，盍聲。溝艾反。

苫 𦲞 蓋也。從艸，占聲。臣鍇曰：編茅也。《春秋左傳》曰："披苫蓋。"設炎反。

藹 𦺟 蓋也。從艸，渴聲。意大反。

蓲 𦺈 厞也。從艸，屈聲。臣鍇曰：猶掘也。瞿弗反。

藩 𦺱 屏也。從艸，潘聲。臣鍇按：班固《西都賦》曰："突荊藩。"分軒反。

【校】班固《西都》，當作"張衡《西京》"。○荊，《文選》作"棘"。

菹 𦳷 酢菜也。從艸，沮聲。臣鍇曰：以米粒和酢以漬菜也。《周禮》醢人掌七菹：韭菹、菁菹、茆菹、葵菹、芹菹、箈菹、筍菹。《齊民要術》有"酢漿，煮菜爲菹"也。齋居反。

　　蘁 𥂡 或從皿。

　　䣄 𦾔 或從缶。

荃 𦳠 芥脃也。從艸，全聲。臣鍇按：荃亦香艸也。材沿反。

䪥 𦻆 韭鬱也。從艸，酷聲。臣鍇曰：治韭之名也。寬步反。

藍（蘫）𦽹 瓜菹也。從艸，監聲。籠三反。臣次立按：前已有"藍"，注云"染青艸也"，此文當從艸濫聲，傳寫之誤也。

---

① 該字《廣韻》有子魚、七余（qū）、則吾（zū）多切。

洗 ^{chí} 葹也。從艸，泍聲。纏伊反。

　盪 洗或從皿。皿，器。

藔 ^{lǎo} 乾梅之屬。從艸，橑聲。《周禮》曰：“饋食之籩，其實乾藔。”後漢長沙王始煮艸爲藔。臣鍇曰：今白梅也。勒抱反。

　藔 藔或從潦。

虉 ^{yì} 煎茱萸。從艸，虉聲。漢律：會稽獻虉一斗。臣鍇按：《齊民要術》：調食使茱萸也。言沸反。

莘 ^{zǐ} 羹菜也。從艸，宰聲。臣鍇按：《字書》：辛菜也。莊里及阻史反。

【校】辛，當作“宰”；宰，烹也。

若 ^{ruò} 擇菜也。從艸、右。右，手也。一曰杜若，香艸。臣鍇曰：擇之順手也，故訓右。右，手也。《本艸》：“杜若，苗似薑，根似旋覆也。”此會意。如約反。

蒪 ^{chún} 蒲叢也。從艸、專。是倫反。

【校】“專”下脱“聲”字。

茵 ^{zhì} 以艸補闕。從艸，西聲。讀若俠，或以爲綴。一曰約空也。臣鍇曰：約空謂今木工以直木附於曲木，并之有空不合處，則以物附墨筆中，以物亞開之，隨曲木畫之，使如曲木，然後隨所畫斲之則附合，謂此也。直例反。

【校】則以物附墨筆中，以物亞開之，當作“則以物附木中，亞開之以墨筆”。

蓴 ^{zǔn} 叢艸也。從艸，尊聲。臣鍇曰：按張衡《南都賦》：“森蓴蓴而刺天。”祖本反。

莜 ^{diào} 艸田器。從艸，條省聲。《論語》曰：“以杖荷莜。”^①地料反。

---

① 蓧，依例當作“莜”。

革 雨衣；一曰襲衣。從艸，卑聲。一曰革歷似烏韭。**臣鍇**

按：《春秋左傳》：齊師遇雨，陳"成子衣製杖戈"。注云："製，雨

衣。"製與革聲相近。烏韭即麥門冬。頻役反。

茝 艸也。從艸、是。**臣鍇按**：即今之知母。是支反。

【校】"是"下脱"聲"字。

苴 履中艸。從艸，且聲。**臣鍇按**：履中屈也。津於反。

【校】屈，當作"屈"，尸部"屨"注云"履中荐"。

麤 艸履也。從艸，麤聲。村呼反。

匱 艸器也。從艸，貴聲。求位反①。

　　臾 古文匱，象形。《論語》曰："有荷匱而過孔氏之門。"

　　【校】荷匱，鉉作"荷臾"。

蔓 艸覆地。從艸，侵省聲。七朕反。

茵 車重席。從艸，因聲。**臣鍇按**：劉熙《釋名》："茵，因也。

因與下相連也。"伊倫反。

　　鞇 司馬相如説：茵從革。

芻 刈艸爲也。包束艸之形。**臣鍇曰**：此雖從艸，蓋是象形字。

阻虞反（zū）②。

【校】爲也，當依鉉作"也象"。

茭 乾芻。從艸，交聲。一曰牛蘄艸。**臣鍇曰**：其艸名曰茬，

刈取以用曰芻，故曰生芻，一束乾之曰茭，故《尚書》曰"峙乃

芻茭"。加肴反。

莎 亂艸。從艸，步聲。**臣鍇曰**：部斂之也。盤怖反。

莝 斬芻。從艸，坐聲。**臣鍇按**：《詩》曰"秣之剉之"則此莝

字。此左反。

---

① 今讀 kuì。

② 注音依大徐叉愚切、《廣韻》測隅切。今讀 chú。

【校】剉，今《詩》作"摧"。

^{rù}
茹　駆　飤馬也。從艸，如聲。臣鍇曰：飤，餧也。而住反。

^{wèi}
萎　蕤　食牛也。從艸，委聲。臣鍇曰：餧也。蘊瑞反。

^{sè}
莝　䅳　以穀餧馬，置莝中。從艸，敕聲。史迮反^①。

^{qū}
苗　齒　蠶薄也。從艸，曲聲。臣鍇曰：《漢書》：周勃織薄苗。闚欲反。

^{cù}
蔟　簇　行蠶蓐。從艸，族聲。臣鍇曰：即蠶蔟也。千谷反。

^{jù}
苣　荁　束葦燒。從艸，巨聲。求許反。

^{ráo}
蕘　蕘　薪也。從艸，堯聲。耳焦反。

^{xīn}
薪　薪　蕘也。從艸，新聲。息鄰反。

^{zhēng}
蒸　蒸　折麻中榦也。從艸，烝聲。臣鍇曰：可以燒也。潘岳《西征賦》注："菆井，即長安賣麻蒸市也。"振承反。

【校】折，段云當作"析"。○長安，《文選注》作"渭城"。

　　烝　蒸　蒸或省火。

^{jiāo}
蕉　蕉　生枲也。從艸，焦聲。臣鍇按：左思《吳都賦》曰"蕉葛升越"也。煎昭反。

^{shǐ}
菡　菡　糞也。從艸，胃省。臣鍇曰：今作矢，假借也。式匕反。

^{mái}
薶　薶　瘞也。從艸，貍聲。臣鍇曰：藏於艸下也，古之葬者，厚衣之以薪。閭皆反^②。

^{shān}
葠　葠　喪藉也。從艸，侵聲。設炎反。

^{shé}
斨　斨　斷也。從斤斷艸。譚長說。臣鍇曰：此指事也。時列反。

　　斷　斨　籀文折從艸在仌中^③，仌寒故折。臣鍇曰：此會意。

———————

① 大徐楚革切，《集韻》測革切（cè）。

② 閭，疑當作"閩"。

③ 折，依例當作"斨"。

折　𣂆　篆文折從手①。

卉　芔　艸之總名也。從艸、中。臣鍇曰：此指事。許鬼反。
（huì）

芄　𦬊　遠荒也。從艸，九聲。《詩》曰："至于芄野。"虔柔反。
（qiú）

蘇　蘓　桂蘇荏也。從艸，穌聲。孫呼反。
（sū）

【校】桂蘇荏，當作"桂荏蘇"。

芓　𦬜　麻母也。從艸，子聲。一曰芓即枲。臣鍇按：《爾雅注》：
（zì）
"麻盛子者也。"慈伺反。

冀　𦼉　芓也。從艸，異聲。乙記反。
（yì）

蒜　𦶾　葷菜。從艸，祘聲。臣鍇曰：辛臭之名也。蘇判反。
（suàn）

芥　𦬼　菜也。從艸，介聲。苟療反。
（jiè）

蔥　𦺉　菜也。從艸，恖聲。麤中反。
（cōng）

萑　萑　艸。從艸，隹聲。融六反。
（yù）

葶　𦰩　葶歷也。從艸，單聲。臣鍇按：《爾雅注》："實、華皆似
（diǎn）
芥。"《西京雜記》云"葶歷死在於盛夏"也②。顚腆反。

苟　𦬰　艸也。從艸，句聲。講吼反。
（gǒu）

蕨　𧂲　虌也。從艸，厥聲。臣鍇按：《爾雅》蕨，一名虌也。俱
（jué）
越反。

莎　𦼻　鎬侯也。從艸，沙聲。臣鍇按：《爾雅》《本艸》：莎，一名
（suō）
鎬，一名侯莎。宣訛反。

【校】"鎬侯"下當有"莎"字。

荓　𦸸　苹也。從艸，洴聲。頻寧反。
（píng）

堇　𧃔　艸也，根如薺，葉如細柳，蒸食之，甘。從艸，堇聲。臣
（jǐn）

————————————

① 折，依例當作"𣂆"。
② "在"字衍。

鍇按:《爾雅》"藄，苦菫"注:"今菫葵也，葉似柳，子如米，汋食之滑。"《詩》所謂"菫荼如飴"，然則此菜味苦也。居隱反。

菲 𦰟 芴也。從艸，非聲。**臣鍇按:**《爾雅注》:"即土瓜也。" 甫肥反。

芴 𦭒 菲也。從艸，勿聲。無弗反。

薍 𧅪 艸也。從艸，鷤聲。享罕反。

萑 𦵹 藡也。從艸，崔聲。**臣鍇按:**《爾雅注》:雚類此。大凡葭葦，蘆也。菼薍，蘆中小者，兼蒹即雚中小者①。唯專反。

【校】《爾雅注》雚類，當作"《爾雅》即雚也"。按:《爾雅》無"萑"字，《釋言》曰"菼，雚也""菼，薍也"。

葦 𦱹 大葭也。從艸，韋聲。于虺反。

萊 𦵸 蔓華也。從艸，來聲。**臣鍇按:**《爾雅》"釐，蔓華"注"未詳"②。釐與萊音同。婁才反。

葭 𦽆 葦之未秀者。從艸，叚聲。間巴反。

荔 𧀇 艸也，似蒲而小，根可作㕞。從艸，劦聲。**臣鍇按:**《本艸》:"馬藺。"婁惠反。

蒙 𧄍 王女也。從艸，冡聲。**臣鍇曰:** 即女蘿也。母東反。

藻 𦸼 水艸也。從艸、水，巢聲。《詩》曰:"于以采藻。"子艸反。

　藻 𦽸 藻或從澡。

菉 𦶃 王芻。從艸，録聲。《詩》曰:"菉竹猗猗。"**臣鍇按:**《爾雅注》云:"鴨脚莎也。"③ 岁束反。

---

① 此引蓋爲《爾雅·釋艸》正文、注文數條之糅合，兹録之以作參考:"葭，華"注:"即今蘆也。""蒹，薕"注:"似萑而細，高數尺，江東呼爲蒹蔺，音廉。""葭，蘆"注:"葦也。""菼，薍"注:"似葦而小，實中，江東呼爲烏蘆。"雚類此，待考。
② 今《爾雅注》:"一名蒙華。"
③ 今《爾雅注》:"菉，蓐也，今呼鴟脚莎。"

cáo
曹 𦸱　艸也。從艸，曹聲。殘高反。

yóu
蕕 𧃟　艸也。從艸，鹵聲。延秋反。

qiáo
蕮 𦬆　艸也。從艸，沼聲。前焦反。

wú
菩 䔄　艸也。從艸，吾聲。《楚詞》有菩蕭艸。阮孤反。

【校】菩蕭，疑即"梧楸"。

zhú
筑 𧀒　萹筑也。從艸，筑省聲。臣鍇按：今人呼萹竹是也。陟祝反。

fàn
范 𦸼　艸。從艸，氾聲。浮檻反。

réng
芿 𦬞　艸也。從艸，乃聲。臣鍇按：《字書》：芿，艸陳新相積也。而冰反。

xuè
藚 𧂑　艸也。從艸，血聲。翾迭反。

táo
萄 𦸷　艸也。從艸，匋聲。特豪反。

qǐ
芑 𦫳　白苗嘉穀。從艸，已聲。气以反。

xù
藚 𧂴　水舄也。從艸，賣聲①。《詩》曰："言采其藚。"臣鍇按：《爾雅》"藚，牛脣也"注云："似續斷，寸寸有節，拔之復生。"夕燭反。

dōng
苳 𦸊　艸也。從艸，冬聲。都農反。

sè
蘠 𧃬　蘠虞，蓼。從艸，嗇聲。臣鍇按：《爾雅注》："澤蓼也。"疎憶反。

tiáo
苕 𦫉　艸也。從艸，召聲。臣鍇按：《爾雅》："陵苕也。"又，古來亦通謂艸木翹秀者爲苕，故江淹云"青苕日夜黃"也。留遠反②。

---

① 賣，當作"𧶠"。按，買賣之"賣"在出部，篆作𧶠；衒𧶠之"𧶠"在貝部，篆作𧶠。二字本不相涉，隸變後多混。底本"賣、𧶠"混用，"𧶠"又作"賣、賣、賣"諸形。以下凡篆形從𧶠之字，下逕改"𧶠聲"，"賣、賣、賣"等亦逕改作"𧶠"，餘仍底本。

② 留，疑當作"笛"。

^{mào}
蒜 蒜 艸也。從艸，楙聲。莫透反。

^{mào}
蒠 蒠 艸。從艸，冒聲。莫號反。

^{liǔ}
茆 茆 鳧葵也。從艸，丣聲。《詩》曰："言采其茆。"連丑反。

^{dí}
苖 苖 蓨也。從艸，由聲。臣鍇曰：下從由，即《爾雅注》云
"未詳"也。田溺反。臣次立曰：前已有，此重出。

【校】此篆爲鍇原次。

^{fǔ}
莆 莆 萐莆也。從艸，甫聲。分武反。

^{tú}
荼 荼 苦荼也。從艸，余聲。臣鍇按：《爾雅》"荼，苦菜"，即今
茶茗也。又菜名，今野苦苣也，故《詩》曰"誰謂荼苦？"又茅秀
也，《詩》曰："出其闉闍，有女如荼。"《周禮》有掌荼下士，掌
聚荼。《國語》曰："白羽之矰，望之如荼。"《荊楚歲時記》引犍
爲舍人曰"杏華如荼，可耕白沙"，則此字或音大加反，或音度都
反。田吾反。

^{fán}
蘩 蘩 白蒿也。從艸，緐聲。臣鍇曰：所謂蘋蘩，蘊藻也。復喧反。

^{hāo}
蒿 蒿 菣也。從艸，高聲。治牢反①。

^{péng}
蓬 蓬 蒿也。從艸，逢聲。貧容反。

　　 菶 菶 籀文蓬省。

^{lí}
藜 藜 艸也。從艸，黎聲。臣鍇按：今落帚或謂落藜，初生可食，
藜之類也。里西反。

^{kuī}
虆 虆 薺實也。從艸，歸聲。臣鍇按：《爾雅》"葒，蘢古②。其大
者虆"下句云"葤，薺實"。若非許慎時以葤字連上句，則是寫
《説文》者相承誤葤字也③。驅歸反。

---

① 治，疑當作"哈"。
② 蘢，今本作"蘁"。
③ 葤，四部叢刊本、四庫本皆作"葤"。

葆　ᵇᵃᵒ　禱　艸盛皃。從艸，保聲。**臣鍇按**：《史記》云：掌葆旅事。補老反。

蕃　ᶠᵃⁿ　番　艸茂也。從艸，番聲。**臣鍇按**：《春秋左傳》云“其必蕃昌”也。復喧反。

茸　ʳᵒⁿᵍ　𦵰　艸茸茸皃。從艸，聰省聲。乳逢反。

萑　ᶻʰᵘⁱ　崔　艸多皃。從艸，佳聲。專唯反。

薄　ʲⁱᵃⁿ　𧃍　艸皃。從艸，津聲。自先反。

叢　ᶜᵒⁿᵍ　叢　艸叢生皃。從艸，叢聲。**臣鍇曰**：常叢字不從艸。全通反。

草　ᶜᵃᵒ　𦳶　草斗，櫟實；一曰橡斗。從艸，早聲。**臣鍇曰**：此則今人書草木字，隨博士曹憲亦云也。自保反。

菆　ᶻᵒᵘ　𧄳　麻蒸也。從艸，取聲。一曰蓐。**臣鍇按**：潘岳《西征賦》曰“感市閭之菆井”也。側丘反。

蓄　ᶜʰᵘ　𧅀　積也。從艸，畜聲。**臣鍇曰**：蓄穀米、芻茭、蔬菜以爲備也。《詩》曰：“我有旨蓄。”蓄，菜也。敕六反①。

萅（春）　ᶜʰᵘⁿ　𦱡　推也。從艸從日，艸春時生也，屯亦聲。**臣鍇曰**：春，陽也，故從日。屯，艸生之難也，故云亦聲。川勻反。

菰　ᵍᵘ　𦳩　艸多皃。從艸，狐聲。江夏平春有菰亭。古孤反。

【校】　此注與上稬篆注同，疑爲鉉本誤衍字，而後人依鉉增鍇者。

莉　ᵈᵃᵒ　𦳲　艸木倒。從艸，到聲。**臣鍇按**：《莊子》曰：艸木之倒殖者半。謂已耕發，遇雨後倒生也。都告反。

【校】　殖，《莊子》作“植”。○按：都數下次立補六字，有“虇”，“虆”，當作“莪”。“莪”仍切音仳也，“虇”則反音也，蓋“莪”即“莉”譌文。“艸大”之訓亦當在“莉”篆之下，故《韓詩》“莉彼甫田”義與“倬”相同也。

文四百四十　臣次立曰：今文四百三十九文。按：《説文》曰：“文四百四十五。”補遺

---

① 大徐丑六切，《廣韻》許竹（xù）、丑六二切。

莒、蕘、蔯、贛、蒲、萃六字，共文四百四十五。　**重三十一** 臣次立曰：今重三十，補遺蕿一字，共重三十一。

【校】（文四百四十）實數三十九，加重出“苗”字，故云四十。○鉉本“蒜”下“芥”上有“左文五十三，重二，大篆從茻”十一字。

蓐 陳艸復生。從艸，辱聲。一曰蔟也。凡蓐之屬皆從蓐。**臣鍇曰**：陳根更生，繁縟也。《史記》曰：“晨炊蓐食。”以茭蒲爲薦席也。蔟猶蠶蔟也。儒曲反。

　薅 籀文蓐從茻，同。**臣鍇曰**：言艸繁多也。

薅 披田艸也。從蓐，好省聲。治牟反[①]。

【校】披，鉉作“拔去”二字。

　薅 籀文薅省。

　茠 薅或從休。《詩》曰：“既茠荼蓼。”

　【校】今《詩》作“以薅荼蓼”。

文二　重三

茻 眾艸也。從四中。凡茻之屬皆從茻。讀若與罔同。**臣鍇按**：《春秋左氏傳》曰“艸莽之中不足以辱從”者，假借莽字也。謀晃反。

莫 日且冥也。從日在茻中，茻亦聲。**臣鍇曰**：平野中望日且莫將落，如在茻中也。今俗作暮。莫度反。

莽 南昌謂犬善逐兔艸中爲莽。從犬從茻，茻亦聲。**臣鍇曰**：會意。謀晃反。

葬 藏也。從死在茻中，一其中，所以薦之。《易》曰：“古之葬者，厚衣之以薪。”茻亦聲。**臣鍇曰**：一狀其薦耳。贊宕反。

文四

---

① 治，疑當作“呼”。

說文解字通釋卷第三

繫傳三

文林郎守祕書省校書郎臣徐鍇傳釋
朝散大夫行祕書省校書郎臣朱翱反切

十六部　文六百九十二　重七十九

小 小 物之微也。從八、丨，見而八分之。凡小之屬皆從小。臣鍇曰：小，始見也；八，分也，始可分別也。息沼反。

【校】小，始見也，小，當依《韻會》作"丨"。

少 少 不多也。從小，丿聲。臣鍇曰：丿音夭。失沼反。

尐 尐 少也。從小，乀聲。讀若輟。臣鍇曰：乀音佛，丿音夭。乀，拂爲也。姊薛反。

【校】拂爲，當作"拂象"。

文三

八 八 別也。象分別相背之形。凡八之屬皆從八。臣鍇曰：數之八，兩兩相偶，背之，是別也。北拔反。

分 分 別也。從八從刀。刀以分別物。臣鍇曰：天地始分，高下相背，若有刀形以制之也[①]。翻文反。

尒 尒 辭之必然也。從入、丨、八，八象气之分散。臣鍇曰：爾詞

---

① 刀形，四部叢刊本、四庫本皆作"刀刑"。

者，言之助也。《禮》曰"鼎鼎爾、悠悠爾"，是必然。凡今試言爾則敷上脣，收下脣，气向下而分散也。指事。而俾反。

【校】悠悠，當作"猶猶"。

曾 céng　曾　辭之舒也。從八從曰，囧聲。臣鍇按：《詩》曰："曾是掊克。"緩气言之，故曰舒。前增反。

尚 shàng　尚　曾也。庶幾也。從八，向聲。臣鍇按：《春秋左傳》曰："尚克知之。"庶幾知之也。曾、尚，气皆分散也。時快反。

【校】"分散也"下當依《韻會》補"故從八"三字。

㒸 suì　㒸　從意也。從八，豕聲。夕醉反。

詹 zhān　詹　多言也。從言從八從厃。臣鍇曰：詹亦省也，故爲多言。八，分別也。厃音牛毀反，仰也，故爲詹。此會意。之炎反。

介 jiè　介　畫也。從八從人。人各有介。苟差反。

八 bié　八　分也。從重八。八，別也，亦聲。《孝經説》曰："故上下有別。"臣鍇曰：分之甚明也，或本音兆。鄙輟反。

【校】按：《説文》無"佾"字，肉部"骨"、十部"肸"，皆"振動宣布"意，與"舞列"之"佾"無涉。《楚詞》稱"二八侍御"，《樂書》言"玄鶴二八"，皆言舞者也。《左傳》"萬者二人"，"人"亦當爲"八"之譌。則"公"即舞佾之"佾"。八佾，八人爲列，凡八列，故云平分也。《集韻》引漢碑"佾"作"佾"，即"公"之增加字。段氏用鍇説信爲"兆"字，未確。

公 gōng　公　平分也。從八從厶。八，猶背也。韓非曰："背厶爲公。"臣鍇曰：厶音私，不公也。會意。君聰反。

必 bì　必　分極也。從八，弋聲。臣鍇按：孔子曰："毋固毋必。"必，分別之極也。畢聿反。

余 yú　余　語之舒也。從八，舍省聲。臣鍇曰：與爾意同。以徐反。

【校】爾，當作"尒"。

龠 龠 二余也。讀與余同。

文十二　重一

釆 釆 辨別也，象獸指爪分別也。凡釆之屬皆從釆。讀若辨。**臣鍇**
曰：平象獸五指，其下八。八，此中畫曲也。蒲莧反。

【校】其下八八，當作"其下八分之也"。○"此中畫曲也"五字當在
屮 下。

乎 屮 古文釆，同。

【校】注末當補"臣鍇曰：此中畫曲也"八字。

番 番 獸足謂之番。從釆，田象其掌。**臣鍇曰**：本造此字爲獸足
掌也，象形。復喧反。

蹞 蹞 番或從足從煩。

𤳦 𤳦 古文番。**臣鍇曰**：象獸掌形也。

宷 宷 悉也。知宷諦也。從宀、釆。**臣鍇曰**：宀，覆也；釆，別
也。能包覆而深別之，宷悉者也。已下數字皆同。施甚反。

審 審 篆文審從田①。**臣鍇曰**：言從番字也。

【校】"言從"上宜有"當"字。

悉 悉 詳盡也。從心、釆。息逸反。

恖 恖 古文悉。

釋 釋 解也。從釆，釆，取其分別物也；從睪，睪聲。失易反。

【校】睪聲，當作"亦聲"。𡊒部："睪，目視也。"目視所以分別物也。

文五　重四

半 半 物中分也。從八、牛。牛爲物大，可以分也。凡半之屬皆
從半。**臣鍇曰**：大則分之也，會意。脯慢反。

胖 胖 半體肉；一曰廣肉。從肉從半，半亦聲。**臣鍇按**：《周禮》

————————
① 審，依例當作"宷"。

曰："供其膴胖。"铺换反。

【校】廣肉，疑當作"廣也"。

叛　牉　半也。從半，反聲。臣鍇曰：離叛也。《春秋》曰："欒盈入于曲沃以叛。"使其邑於國分半也。蒲腕反。

文三

牛　半　大牲也。牛，件也。件，事理也。象角頭三、封尾之形也。凡牛之屬皆從牛。臣鍇曰：件若言物一件、二件，大則可分也。封，高起也。逆求反。

牡　牡　畜父也。從牛，土聲。臣鍇按：解經傳者多言飛者曰雌雄，走者曰牝牡，以字體言之則然。然據《爾雅·釋鳥》："鶀，鶀。其雄鶀，牝庳。"《春秋左傳》云："龍一雌死。"至於艸木，無足致義則云牝麻、牡荊，未嘗言雌雄。若《春秋》諸例，諸侯當戰而死曰滅，大夫生死皆曰獲，至於《傳》文，未嘗拘於是。由此而論，則自非國家著法寓事之名，制通於萬民，制可爲國經者，其外亦各隨事分例，不滯而拘執雌雄、牝牡之類，不可一槩而不分，又不得偏滯而拘執，君子所以貴夫通儒也。莫厚反。

犅　犅　特牛也。從牛，岡聲。臣鍇曰：特，一牲也[①]，一牲牛也。格康反。

特　牿　特牛也。從牛，寺聲。頭墨反。

【校】特牛也，鉉作"朴特，牛父也"。按：鉉本"特、牝"連文，故鉉增"父"字，以與畜母爲對。"朴"字義不可通。按《初學記》引《説文》，"特牛"下有"犢牛"，"犢"蓋"犘"之譌，舊許書"特"下當有"犘"篆。"犘"與"特"互相轉訓，鉉以其聞"特、牝"，欲移置而失補，後人依鉉刪鍇，未加"特"注，并誤刪"牝"字耳。

犢　犢　牛子也。從牛，瀆省聲。馳谷反。

---

① 一牲也，四部叢刊本、四庫本皆作"一牛也"。

牬 牬 二歲牛。從牛，米聲。**臣鍇按**：《爾雅》云：犕[①]，犢體長也。補會反。

【校】犢體長，"犢"字衍。按《爾雅》，"體長，牬"與"其子，犢"分條。

犙 犙 三歲牛。從牛，參聲。四參反。

牭 牭 四歲牛。從牛、四，四亦聲。素次反。

　　𤙹 𤙹 籀文牭從貳。仁至反（èr）。

　　【校】許書重文無音，此有音，而并不與"牭"同，疑"𤙹"本訓二歲牛，與"犙"從參同例。自鉉本誤以"二歲牛"入"牬"下，以"𤙹"爲"牭"重文，後人依鉉改鍇，遂移許書"體長"爲鍇説，又妄增"犢"字。幸其音尚存，可藉見許書之舊。

犗 犗 騬牛也。從牛，害聲。**臣鍇曰**：犗，犍也。苟差反。

【校】犍，當作"劇"。

牻 牻 白黑雜毛牛。從牛，尨聲。免江反。

𤙭 𤙭 牻牛也。從牛，京聲。《春秋傳》曰："牻𤙭。"**臣鍇按**：《春秋左傳》曰："牻𤙭冬殺。"然尨，駁雜之稱也。涼亦寒熱相半，不純也。柳昌反。

【校】牻𤙭，今《左》作"尨涼"。

犡 犡 牛白脊也。從牛，厲聲。郎蔡反[②]。

𤙍 𤙍 黃牛虎文。從牛，余聲。讀若塗。田吾反。

犖 犖 駁牛也。從牛，勞省聲。呂卓反。

𤛝 𤛝 牛白脊也。從牛，寽聲。録設反。

牨 牨 牛駁如星。從牛，平聲。普鶯反。

---

① 犕，與"牬"同。
② 《廣韻》力制切（lì）。

piāo
犥 牛黄白色。從牛，麃聲。**臣鍇按:**《周禮》曰：烏犥色也。片妖反。

【校】今《周禮》作“皫”。

rún
犉 黄牛黑脣也。從牛，𦎫聲。《詩》曰:“九十其犉。”然匀反。

yuè
犨 白牛也。從牛，隺聲。**臣鍇曰:** 按《詩》曰“白鳥”，義通於此。逆捉反。

jiāng
犟 牛長脊。從牛，畺聲。九商反。

tāo
牫 牛徐行也。從牛，㚇聲。讀若滔。偷勞反。

chōu
犨 牛息聲。從牛，雔聲。一曰牛名[1]。赤周反。

móu
牟 牛鳴也。從牛，象其聲气從口出。**臣鍇曰:** 指事也。莫浮反。

chǎn
犍 畜牲也。從牛，産聲。所簡切。

shēng
牲 牛完全。從牛，生聲。所庚反。

quán
牷 牷，牛純色。從牛，全聲。旋延反[2]。

qiān
牽 引前也。從牛，象引牛之縻也，玄聲。**臣鍇曰:** 指事也。棄妍反。

【校】“從牛”下當依《韻會》補“冂冂”二字。

pìn
牝 畜母也。從牛，匕聲。《易》曰:“畜牝牛，吉。”毗忍切。

gù
牿 牛馬牢也。從牛，告聲。《周書》曰:“今惟淫牿牛馬。”骨僕反。

【校】“淫”下汪本依《書》補“舍”字，鉉無“淫舍”字。

láo
牢 閑，養牛馬圈也。從牛，冬省聲。取其四周帀。**臣鍇曰:**

---

① 《初學記》卷二十九“牛第五”:“《説文》曰：犨，牛息聲也；一曰牛鳴。”據此，今本誤“鳴”作“名”，“聲”下當補“也”字。

② 大徐、《廣韻》均疾緣切，從母。旋，邪母；或疑當作“族”。

指事。闌刀反。

【校】冬省聲，"聲"字衍。

犓 犓　以芻莖養牛也。從牛、芻，芻亦聲。《春秋國語》曰："犓豢幾何？"阻虞反（zhū）①。

【校】莖，當依《初學記》引作"莝"。○書傳通作"芻"。

擾 擾　牛柔謹也。從牛，夒聲。爾小反。

犕 犕　《易》曰："犕牛乘馬。"從牛，葡聲。辨利反。

【校】今《易》作"服"。古"服、犕"通用。

犂(犁) 犂　耕也。從牛，黎聲。里西反。

犈 犈　兩壁耕也。從牛，非聲。一曰覆耕種也。讀若匪。斧尾反。

【校】讀若匪，當作"讀若《周禮》匪頒"。按：人曰耦耕，牛曰兩壁耕，古分耕法也。"犈"音宜同"分"，此改易之譌。

犉(犝) 犉　牛羊無子也。從牛，㝬聲。讀若糇糧之糇。特豪反。

牴 牴　觸也。從牛，氐聲。的米反。

犚 犚　牛踶犚也。從牛，衞聲。于歲反。

牼 牼　牛很不從引也。從牛、臤，臤亦聲。一曰大皃。讀若賢。喫善反。

【校】很，當作"很"，俗作"退"。

牼 牼　牛膝下骨也。從牛，巠聲。《春秋傳》曰："宋司馬牼字牛。"懇耕反。

【校】按：宋有華牼，無司馬牼。華牼不傳其字，孔子弟子司馬牛名耕，豈本或作"牼"與？

牿 牿　牛舌病也。從牛，今聲。極朕反。

犀 犀　南徼外牛，一角在鼻，一角在頂，似豕。從牛，尾聲。斯

_____

① 注音依《廣韻》測隅切。今讀 chú。

低反。

牣 牣 ^{rèn} 牣滿也。從牛，刃聲。《詩》曰：“於牣魚躍。”**臣鍇曰**：牛
大物也，故爲滿。彌吝反。

物 物 ^{wù} 萬物也。牛爲大物，天地之數，起於牽牛，故從牛。勿聲。
無弗反。

犧 犧 ^{xī} 宗廟之牲也。從牛，羲聲。賈侍中說：此非古字。許移反。
【校】當依《韻會》補“臣鍇曰：祭天地宗廟之牛，卜得吉曰牲，色
純曰犧，體完曰牷”。

文四十五 臣次立曰：今文四十四，補遺牝一字，共四十五。　**重一**

犛 犛 ^{lí} 西南夷長髦牛也。從牛，𠩺聲。凡犛之屬皆從犛。**臣鍇曰**：
𠩺，火之反；犛，利之反。

氂 氂 ^{máo} 犛牛尾。從犛省，從毛。**臣鍇曰**：其牛曰犛，其尾曰氂，
以飾物曰旄。夢梢反。

斄 斄 ^{lái} 彊曲毛，可以著起衣。從犛省，來聲。婁才反。
　　庲 庲 古文斄省。

文三　重一

告 告 ^{gào} 牛觸人，角箸橫木，所以告人也。從口從牛。《易》曰：“僮
牛之告。”凡告之屬皆從告。**臣鍇按**：《詩》曰：“設其楅衡。”設木
橫於牛角，以防抵觸也。古奧反。

嚳 嚳 ^{kù} 急告之甚也。從告，學省聲。閑毒反 ①。

文二

口 口 ^{kǒu} 人所以言食也。象形。凡口之屬皆從口。懇走反。

噭 噭 ^{jiào} 吼也。從口，敫聲。一曰噭，呼也。**臣鍇按**：《漢書》“噭

---

① 注音依《廣韻》苦沃切。閑，疑當作“闔”，闔，溪母。

恌楚歌”是也。見弔反。

【校】吼也，當作“口也，孔也”。按：許書“一曰”無與正義複者，“吼、呼”同義，不當爲“吼”一也；若訓“吼”，則當與聲息字相次，不當首列，其非“吼”二也。《史記·貨殖傳》“馬蹄躈千”，顏注：“躈，口也。”“躈”即“噭”之譌。《唐·崔光遠傳》“得馬二千噭”，即用《史記》字，正作“噭”，是當爲“口也”。又徐廣《貨殖傳注》：“躈，馬八髎。”八髎，尻骨也；尻，竅孔也。故又云“孔也”。

zhòu
囑 囑 喙也。從口，蜀聲。**臣鍇按**：《爾雅》：“咮謂之柳。”咮，囑也。貞狩反。

huì
喙 喙 口也。從口，彖聲。翾义反。

wěn
吻 吻 口邊也。從口，勿聲。武粉反。

脣 脣 吻或從肉、昬。

lóng
嚨 嚨 喉也。從口，龍聲。來充反。

hóu
喉 喉 咽也。從口，侯聲。何溝反。

yān
咽 咽 嗌也。從口，因聲。伊田反。

yì
嗌 嗌 咽也。從口，益聲。**臣鍇按**：《爾雅》：“麋鹿曰齸。”注云：“今江東呼咽曰嗌。”伊昔反。

【校】曰嗌，今《爾雅注》亦作“齸”。

𠲿 𠲿 籀文嗌字，上象口，下象頸脈理也。

yǔn
喗 喗 大口也。從口，軍聲。牛殞反。

duǒ
哆 哆 張口也。從口，多聲。**臣鍇按**：《詩》曰：“哆兮侈兮。”兜禍反。

gū
呱 呱 從口，瓜聲。《詩》曰：“后稷呱矣。”古呼反。

【校】“從口”上鉉本有“小兒㖞聲”四字。

jiū
啾 啾 小兒聲也。從口，秋聲。**臣鍇按**：《詩》曰：鳳凰啾啾。即由反。

huáng
喤　喤　小兒聲。從口，皇聲。《詩》曰："其泣喤喤。"戶荒反。

xuǎn
咺　咺　朝鮮謂兒泣不止曰咺。從口，宣省聲。呼遠反。

qiàng
咣　咣　秦晉謂兒泣下不止曰咣。從口，羌聲。丘尚反。

【校】泣下，鉉無"下"字，暑篆注同。

táo
咷　咷　楚謂兒泣不止曰噭咷。從口，兆聲。特豪反。

yīn
喑　喑　宋齊謂兒泣下不止曰喑。從口，音聲。郁吟反。

yì
嶷　嶷　小兒有知也。從口，疑聲。《詩》曰："克岐克嶷。"魚力反。

【校】今《詩》作"嶷"。

hái
咳　咳　小兒笑也。從口，亥聲。侯猜反。

孩　孩　古文咳從子。

xián
嗛　嗛　口有所銜也。從口，兼聲。臣鍇按：《史記》書"銜恨"字如此。侯乡反。

kuài
噲　噲　咽也。從口，會聲。或讀若快。一曰噭，噲也[1]。若夬反[2]。

jǔ
咀　咀　含味也。從口，且聲。前呂反。

chán
嚵　嚵　小歠也。從口，毚聲。一曰喙也。士銜反。

chuò
啜　啜　嘗也。從口，叕聲。一曰喙也。昌蹶反。

shì
噬　噬　啗也；喙也。從口，筮聲。時制反。

jí
喋　喋　噍也。從口，集聲。讀若集。姊入反。

jì
嚌　嚌　嘗也。從口，齊聲。《周書》曰："太保受同，祭嚌。"寂帝反。

jiào
噍　噍　齧也。從口，焦聲。寂要反。

嚼　嚼　噍或從爵。

---

[1] 段注云："凡一曰之下多複舉本字。俗本作'噭噲也'，非。《集韻》作'一曰噭也'。"

[2] 若，當作"苦"。

juàn
吮 哾 嗽也。從口，允聲。自徧反。

shuā
嗺 嗺 小歠也。從口，率聲。讀若刷。師子反。

dàn
啗 啗 食也。從口，臽聲。讀與含同。稻槧反。

jī
嘰 嘰 小食也。從口，幾聲。臣鍇按：相如《大人賦》曰：“嘰瓊華。”居希反。

bó
嗼 嗼 嚼兒。從口，專聲。本泊反。

tūn
吞 吞 咽也。從口，天聲。遏痕反。

hán
含 含 銜也。從口，今聲。侯貪反。

bù
哺 哺 哺咀也。從口，甫聲。盤怖反①。

wèi
味 味 滋味也。從口，未聲。勿貴反。

hù
嚛 嚛 食辛嚛也②。從口，樂聲。火酷反。

zhuó
窡 窡 口滿食。從口，窡聲。誅貀反。

ài
噫 噫 飽食息也③。從口，意聲。臣鍇按：《莊子》曰：“大塊噫氣，其名曰風。”烏怪反。

tān
嘽 嘽 喘息也；一曰喜也。從口，單聲。《詩》曰：“嘽嘽駱馬。”通看反。

tuò
唾 唾 口液也。從口，垂聲。吐破反。

涶 涶 唾或從水。

---

① 《慧琳》卷十八《大乘大集地藏十輪經》“乳哺”、卷五十七《父母恩難報經》“乳哺”注并引《說文》：“咀也。”則今本衍“哺”字。《慧琳》卷八十九《高僧傳》“輟哺”注引《說文》：“哺，咀也。”“哺咀也”斷句當作“哺，咀也”。哺，今讀 bǔ。

② 《玄應》卷六《普曜經》“齩骨”注：“經文作嚛，《說文》：食辛也。”據此，今本衍“嚛”字。

③ 《玄應》卷十四《四分律》“噫自”、卷十五《十誦律》“暗噫”，《慧琳》卷四十三《護諸童子陀羅尼咒經》“數噫”、卷六十二《根本毗奈耶雜事律》“噫氣”四引《說文》作“飽出息也”，可證今本“食”爲“出”字之誤。

咦　咦　南陽謂大呼曰咦。從口，夷聲。寅之反。

呬　呬　東夷謂息爲呬。從口，四聲。《詩》曰："犬夷呬矣。"希媚反。

【校】東夷，當作"東齊"，見《方言》。○犬夷呬矣，今《詩》作"混夷駾矣"，段氏有辨。

喘　喘　疾息也。從口，耑聲。昌轉反。

呼　呼　外息。從口，乎聲。臣鍇曰：气出爲外。虎烏反。

吸　吸　内息也。從口，及聲。希立反。

噓　噓　吹也①。從口，虛聲。忻余反。

吹　吹　噓也。從口、欠。叱爲反。

喟　喟　大息。從口，胃聲。區帥反。

　　嘳　嘳　喟或從貴。臣鍇按：《韓詩外傳》"嘳然太息"作此字。

啍　啍　口气也。從口，辜聲。《詩》曰："大車啍啍。"他門反。

嚏　嚏　悟解气也。從口，疐聲。《詩》曰："願言則嚏。"臣鍇曰：腦鼻中气壅塞，噴嚏則通，故云"悟解气"。的替反②。

【校】悟，當作"牾"。牾，屰也。"悟"訓覺義，無取。○願言則嚏，古本作"疐"，毛傳"劫也"，鄭讀爲"嚏咳"之"嚏"，許與鄭同。

嚍　嚍　野人之言。從口，質聲。之日反。

唫　唫　口急也。從口，金聲。臣鍇按：東方朔口唫噤。郤林反（qīn）③。

【校】東方朔口唫噤，當作"揚雄曰噤唫"，見《解嘲篇》。

---

① 《文選·七命》李善注引《説文》："噓，吹噓也。"《慧琳》卷八十六《辯正論》"噓氣"注引《説文》："噓，吹噓也。"可證古本"吹"下尚有"噓"字，今本奪，當據補。

② 今讀 tì。

③ 注音依《廣韻》渠飲切。

jìn

噤 𡄶 口閉也。從口，禁聲。極鴆反。

míng

名 𠮩 自命也。從夕、口。夕者，冥也，冥不相見，故以口自名。
臣鍇按：古人云"命世者名是"是也，此會意。彌并反。

wú

吾 𠮷 我自稱。從口，五聲。阮孤反。

zhé

哲 𠮩 知也。從口，折聲。知舌反。

嚞 𠱶 古文哲從三吉。

悊 𢝵 哲或從心。

jūn

君 𠺜 尊也。從尹、口。發號，故從口。臣鍇曰：《通論》備矣。
俱勳反。

𡁊 𡁊 古文象君坐形。

mìng

命 𠇮 使也。從口、令。臣鍇曰：會意。眉慶反。

zī

咨 𠱭 謀事曰咨。從口，次聲。子思反。

zhào

召 𠮦 嘑也。從口，刀聲。遲妙反。

【校】嘑，當作"評"，言部："評，召也。"

wèn

問 � 訊也。從口，門聲。亡運反。

wěi

唯 𠁣 諾也。從口，隹聲。與追反。

chàng

唱 � 導也。從口，昌聲。赤快反。

hé

和 �546 相應也。從口，禾聲。戶歌反。

xì

咥 𠱲 大笑也。從口，至聲。《詩》曰："咥其笑矣。"忻記反。

è

啞 𠲀 笑也。從口，亞聲。《易》曰："笑言啞啞。"鷗赫反。

jué

噱 𠾪 大笑也。從口，豦聲。其虐反。

xī

唏 𠸄 笑也。從口，希聲。一曰哀痛不泣曰唏。虛斐反。

yǐn

听 � 笑皃。從口，斤聲。臣鍇按：相如《上林賦》："無是公听
然而笑。"宜引反。

【校】無是，《文選》作"亡是"。

呭 _{yì} 多言也。從口，世聲。《詩》曰："無然呭呭。"延世反。

【校】今《詩》作"泄"。

嘐 _{jiāo} 聲嘐嘐也。從口，翏聲。堅蕭反。

咄 _{duō} 相謂也。從口，出聲。都突反。

唉 _{ãi} 應也。從口，矣聲。讀若塵埃[1]。過開反。

哉 _{zāi} 言之閒也。從口，𢦏聲。**臣鍇按**：《春秋左傳》曰："遠哉，遙遙。"孔子曰："君子哉，若人。"是哉爲閒隔之詞也。走該反。

噂 _{zǔn} 聚語也。從口，尊聲。《詩》曰："噂沓背憎。"祖本反。

咠 _{qì} 聶語也。從口從耳。《詩》曰："咠咠幡幡。"七入反。

【校】咠咠，今《巷伯》三章作"緝緝"。幡幡，四章同，段氏有辨。

呷 _{xiā} 吸呷兒。從口，甲聲。呼甲反。

嘒 _{huì} 小聲也。從口，彗聲。《詩》："嘒彼小星。"呼計反。

　嘒 嘒或從慧[2]。

嘫 _{rán} 語聲也。從口，然聲。仁遷反。

嗙 _{běng} 大笑也。從口，奉聲。讀若《詩》曰："瓜瓞菶菶。"蒲蠓反。

【校】菶菶，今《詩》作"嗙嗙"，已見玉部"玤"下。

嗔 _{tián} 盛气也。從口，真聲。《詩》曰："振旅嗔嗔。"笛前反。

嘌 _{piāo} 疾也。從口，票聲。《詩》曰："匪車嘌兮。"片妖反。

嘑 _{hū} 號也。從口，虖聲。虎烏反。

---

① 《玄應》卷十二《生經》"唉瘂"注引《說文》："麎聲也。"是許書古本"麎"下有"聲"字，今本脱，宜據補。"應"同"麎"。讀若塵埃，大徐本作"讀若埃"。

② 彗，依例當作"嘒"。

^{yù}
喐 喐 音聲喐喐然。從口，昱聲。融六反。

^{xiào}
嘯 嘯 吹聲也。從口，肅聲。息叫反。

歗 歗 籀文嘯從欠。

^{yí}
台 𠃬 悦也。從口，目聲。臣鍇按：《史記》序傳曰“諸吕不台”作此字，言不爲人所怡悦也。偸哈反（tāi）^①。臣次立曰：又與之反。

^{yáo}
嗂 嗂 喜也。從口，䍃聲。臣鍇按：《禮記》曰：“喜斯陶，陶斯詠，詠斯猶。”《爾雅注》云：“猶即嗂也。”延朝反。

【校】即嗂，《爾雅注》“嗂”作“繇”。

^{qǐ}
启 启 開也。從户、口。臣鍇按：《詩》曰：“東有启明。”《爾雅》“明星爲启明”，言晨見東方，爲開明之始也。會意。溪禰反。

^{tǎn}
噉 噉 聲也。從口，貪聲。《詩》曰：“有噉其饁。”他感反。

^{xián}
咸 咸 皆也，悉也。從口，戌聲。臣鍇曰：其口同也。侯夛反。

【校】戌聲，“聲”字衍。○“臣鍇曰”下當補“戌，悉也”三字，鉉羼入許書。

^{chéng}
呈 呈 平也。從口，壬聲。直成反。

^{yòu}
右 𠮢 助也。從口，又聲。臣鍇曰：言不足以佐，又手助之。《詩》曰：“匪面命之，言示之事，匪口誨之，言提其耳。”會意。延九反。

【校】以佐，當作“於左”。○面命，當作“手攜”；口誨，當作“面命”。

^{chì}
啻 啻 語時不啻也。從口，帝聲。一曰啻，諟也。讀若鞮。叱智反。

^{jí}
吉 吉 善也。從士、口。臣鍇曰：口無擇言也。會意。經栗反。

^{zhōu}
周 𠼚 密也。從用、口。臣鍇曰：忠信爲周，《詩》曰“嗟我懷

―――――――――

① 注音依《廣韻》與之切。

人，實彼周行"，言用之也。隻留反。

　　周 周 古文周字從古文及。

^{táng}
唐 嵩 大言也。從口，庚聲。臣鍇曰：鼓聲盛爲鼟，與此意同。特郎反。

【校】鼟，當作"鼟"，見鼓部。

　　啺 啺 古文唐從口、易。

^{chóu}
噕 噕 誰也。從口、咼，又聲。臣鍇曰：口問爲誰也。《尚書》曰"噕咨若予采"，誰順我事者，咨問之也。陳收反。

【校】《書》作"疇"。按：白部"咼"下引《書》"咼咨"，而無鍇説。疑"噕"本爲"賈用不售"之"售"，隸變"咼"從隹，因失古義。《玉篇》有"售"無"噕"。賣物出手或即"噕"之本訓，後人附會訓"誰"，因移白部鍇説于此耳。

^{dàn}
嘾 嘾 含深也。從口，覃聲。特感反。

^{yē}
噎 噎 飲窒也。從口，壹聲。伊結反。

【校】飲，當依鉉作"飯"。

^{wò}
喔 喔 咽也。從口，屈聲。烏骨反。

^{xiàn}
哯 哯 不歐而吐也。從口，見聲。臣鍇曰：醫方有小兒哯乳也。易顯反（yǎn）^①。

^{tǔ}
吐 吐 瀉也。從口，土聲。他魯反。

^{yuē}
噦 噦 气牾也。從口，歲聲。迂厥反。

【校】牾，當作"啎"。

^{fú}
咈 咈 違也。從口，弗聲。《周書》曰："咈其耈長。"臣鍇曰：見於言也。附勿反。

【校】《周書》，當作"《商書》"，誤與辵部"退"下同。

──────────

① 注音依大徐、《廣韻》胡典切。

嚘 **嚘** 語未定皃。從口，憂聲。衣尤反。〔yōu〕

吃 **吃** 言蹇難①。從口，气聲。臣鍇曰：揚雄口吃也。幾迄反。〔jī〕

嗜 **嗜** 嗜欲喜之也。從口，耆聲。食利反。〔shì〕

啖 **啖** 噍啖也②。從口，炎聲。一曰噉。稻槧反。〔dàn〕

哽 **哽** 語爲舌所介礙也。從口，更聲。讀若井汲綆。根杏反。〔gěng〕

嘐 **嘐** 誇語也。從口，翏聲。加肴反。〔jiāo〕

啁 **啁** 啁，嘐也③。從口，周聲。摘抄反。〔zhāo〕

哇 **哇** 諂聲也。從口，圭聲。讀若醫。臣鍇曰：古人言淫哇之聲也。戶媧反。〔wā〕

啎 **啎** 語相訶相歫也。從口、辛。辛，惡聲也。讀若槩。顏過反。〔è〕

哾 **哾** 讘哾，多言也。從口，夋聲。臣鍇按：古文《尚書》書驩兜字作哾。單侯反。〔dōu〕

呧 **呧** 苛也。從口，氐聲。臣鍇曰：今人謂詰難之爲呧呵。的米反。〔dǐ〕

呰 **呰** 苛也。從口，此聲。臣鍇按：《後漢書·郭泰傳》"衞文生買物呰呵，減價乃售"是也。將此反。〔zǐ〕

【校】文生事，范書《郭泰傳》不載，見《魏志·衞臻傳》，裴注"衞文生"作"圈文生"。

---

① 《玄應》卷十五《五分律》"吃人"注引《説文》："言難也，重言也。"《慧琳》卷六十三《根本説一切有部律攝》"語吃"注引《説文》："言難也。"據此，今本"蹇"字衍。《慧琳》卷五十七《佛説分別善惡所起經》"謇吃"注："《聲類》云：重言也。《説文》：語難也。"此引《聲類》與《説文》并舉，則上引"重言也"三字非出《説文》可知。大徐"難"下有"也"字，語氣較完。

② 《釋文》第三十《爾雅下·釋艸第十三》"啗"："本亦作'啖'，又作'噉'。《説文》云：'噍也。'"《玄應》卷二十《六度集》"授啖"注引《説文》："啖，噍也。"則今本衍一"啖"字。又，《慧琳》卷五十七《佛説分別善惡所起經》"啖囷蟲"注引《説文》："啖，亦噍也。""亦"字爲引者增足。

③ 《慧琳》卷七十四《佛本行讚傳》"啁調"、卷九十五《弘明集》"啁噍"并引《説文》作"嘐也"，則今本衍一"啁"字。

zhè
嗻 𠿡 遮也。從口，庶聲。之射反。

jiá
唊 𠴲 妄語也。從口，夾聲。讀若莢。居俠反。

gé
嗑 𡁏 多言也。從口，盍聲。讀若甲。候臘反（hé）①。

bēng
嗙 𡁴 謌聲，嗙喻也。從口，旁聲。司馬相如説：淮南、宋、蔡謌舞嗙喻。臣鍇曰：此相如《上林賦》之文也。比行反。

【校】《上林賦》，當作“《凡將篇》”。

xiè
噧 𡄀 高气多言也。從口，蠆省聲。《春秋傳》曰：“噧言。”訶介反。

【校】噧言，疑即“蒫言”。

qiú
吤 𠯆 高气也。從口，九聲。臨淮有吤猶縣。臣鍇曰：《吕氏春秋》有吤猶國，“智伯欲伐”者也。虞柔反。

【校】吤猶國，今《吕覽》“吤”作“仇”。

náo
呶 𠿇 讙聲也。從口，奴聲。《詩》曰：“載號載呶。”寧交反。

zhà
吒 𠮦 噴也，叱怒也。從口，乇聲。臣鍇曰：《蜀書》諸葛亮奏“彭羕舉頭視屋，噴吒作聲”是也②。陟駕反。

pēn
噴 𡂡 吒也。從口，賁聲。一曰鼓鼻。鋪奔反。

chì
叱 𠮟 訶也。從口，七聲。瞋密反。

yù
嘰 𡄿 危也。從口，喬聲。臣鍇按：《爾雅》：“嘰、殆，危也。”注云“未詳”。與必反。

chāo
嘮 𡅯 嘮呶，謹也。從口，勞聲。丑交反。

cuì
嘊 𠵵 驚也。從口，卒聲。此退反。

zhēn
唇 𠯉 驚也。從口，辰聲。止鄰反。

---

① 注音依《廣韻》古盍切。
② 彭羕，當作“廖立”。《三國志·蜀書·廖立傳》：“長水校尉廖立，坐自貴大，臧否群士……人有言國家兵眾簡練、部伍分明者。立舉頭視屋，憤吒作色曰：‘何足言！’”

吁 吘 驚也。從口，于聲。臣鍇曰：于，語之舒也。當言于亦聲，脱誤也。又按：于字部復有"吁"字，云"驚語也。從口從于，于亦聲"，臣鍇以爲在于部，當言"從于從口"。今既與口部之"吁"同形同義，而在兩處，疑一處誤多之。《尚書》群臣舉鯀，帝曰："吁，咈哉！"驚怪群臣舉此人也。吁，于也。況于反。

【校】多之，之，當作"也"。

嘵 嘵 懼也。從口，堯聲。《詩》曰："唯予音之嘵嘵。"曉幺反。

【校】唯予音之，《篇》《韻》俱作"予維音之"，今《詩》無"之"字。

嘖 嘖 大呼也。從口，責聲。臣鍇按：《春秋左傳》曰"嘖有繁言"，然則嘖又訓至也。故《太玄經》"探賾索隱"之"賾"皆作"嘖"，而《説文》無"賾"字也。鉏客反。

　　讀 讀 嘖或從言。

嗸（嗷） 嗸 衆口愁也。從口，敖聲。《詩》曰："哀鳴嗷嗷。"臣鍇按：《詩》曰"鴻雁于飛，哀鳴嗷嗷"，雁鳴聲衆也。顏叨反。

唸 唸 㘐也。從口，念聲。《詩》曰："民之方唸㘐。"丁念反。

【校】唸㘐，今《詩》作"殿屎"。

㘐 㘐 唸㘐，呻也。從口，尸聲。忻宜反。

嚴 嚴 呻也。從口，嚴聲。五夕反。

呻 呻 吟也。從口，申聲。臣鍇曰：聲引气也。式人反。

吟 吟 呻也[1]。從口，今聲。臣鍇曰：吟，申氣之聲也。銀欽反。

　　訡 訡 吟或從音。

　　訡 訡 或從言。

嗞 嗞 嗟也。從口，兹聲。臣鍇曰：嗟嗞字本如此，咨訓問也。

----

① 唐寫本《玉篇》"訡"："《説文》或吟字也，吟，呻也，歎也，在口部。"《類聚》卷十九《人部三・吟》："《説文》曰：吟，嘆也。"據此，許書古本尚有"歎也"一訓，今本脱。

則欺反。

呃 呃 喔也。從口，戹聲。臣鍇按：《易》曰："笑言呃呃。"晏索反。

【校】呃呃，今《易》作"啞啞"。

哤 哤 哤異之言。從口，尨聲。一曰雜語。讀若尨。臣鍇按：《國語》曰：四民雜處，則其言哤。哤，雜異也。免江反。

叫 叫 呼也。從口，丩聲。臣鍇曰：直聲呼也。見弔反。

嘅 嘅 嘆也。從口，既聲。《詩》曰："嘅其嘆矣。"臣鍇曰：意气有所鬱嘅然也。苦蓋反。

唌 唌 語唌嘆也。從口，延聲。臣鍇曰：按，唌，謾也。夕連反。

嘆 嘆 吞歎也。從口，歎省聲。一曰太息。臣鍇曰：欲言不能，吞恨而太息也。但旦反。

喝 喝 渴也。從口，曷聲。臣鍇按：《上林賦》"榜人歌，聲流喝"，喝，聲長而轉也。殷介反。

【校】渴，鉉作"㵣"，段云當作"㵣音"。○《上林賦》，今見《子虛》。

哨 哨 不容也。從口，肖聲。臣鍇按：投壺，《禮》曰"枉矢哨壺"，謙言壺小不足容也。且醮反。

吪 吪 動也。從口，化聲。《詩》曰："尚寐無吪。"臣鍇曰：臥既覺，必有聲气。又曰：或寢或吪。五陑反。

【校】或吪，今《詩》"吪"作"訛"。

嘈 嘈 從也。從口，潛省聲。臣鍇按：《文子》曰："蚊虻嘈膚。"作雜反。

【校】從也，當作"衝也"，鉉作"噆"。"噆、衝"古通用。

吝 吝 恨惜也。從口，文聲。《易》曰："以往吝。"臣鍇曰：恨惜形於言，故從口。里刃反。

㗂 㗂 古文吝從彣。

各 ^{gè} 𡱝 異辭也。從口、夂。夂者，有行而止之，不相聽意。**臣鍇**曰：夂音竹几反，象人足欲行從後躓之，故各字從之也。會意。根莫反。

否 ^{fǒu} 否 不也。從口，不聲。**臣鍇**曰：不，本音缶。侯又反，又府丑反。

【校】兩"又"字俱衍文。

唁 ^{yàn} 唁 弔生也。從口，言聲。《詩》曰："歸唁衞侯。"擬線反。

哀 ^{āi} 𡘰 閔也。從口，衣聲。遏開反。

嗁（啼） 嗁 號也。從口，虒聲。**臣鍇**曰：今俗人作啼。敵圭反。

㱊 ^{xuè} 𣢊 歐皃也。從口，㱿聲。《春秋傳》曰："君將㱊之。"**臣鍇**曰：心惡未至於歐，因㱊出之也。刻學反（què）[1]。

呙 ^{kuā} 呙 口戾不正也[2]。從口，冎聲。**臣鍇**曰：呙音寡。苦柴反。

嗽 ^{jì} 嗽 嘆也[3]。從口，叔聲。**臣鍇**曰：《子虛賦》曰："嗽寥無聲。"前狄反。

【校】《子虛》，當作"《上林》"。嗽寥，《文選》作"寂寥"。

嘆 ^{mò} 嘆 嗽嘆也。從口，莫聲。門落反。

昏 ^{guā} 昏 塞口也。從口，𠯊省聲。𠯊，古文㕟字。**臣鍇**曰：𣵽、絬、佸、𩔖、葀字從此[4]。古活反。

昏 昏 古文從甘。**臣鍇**曰：甘爲口實也。

---

① 注音依大徐本、《廣韻》許角切。

② 《玄應》卷六《妙法蓮華經》"呙斜"、《慧琳》卷十五《大寶積經》"喎戾"、卷二十四《方廣大莊嚴經序品》"呙斜"、卷六十二《根本毗奈耶雜事律》"呙衺"四引《説文》作"口戾也"，可證今本衍"不正"二字。又，《慧琳》卷六十六《阿毗達磨法蘊足論》"呙張"注引《説文》："亦口戾也。""亦"字爲引者所增。

③ 大徐本作"嘆也"；四部叢刊本、四庫本皆同大徐。

④ 按，從昏之字，今字隸變多從"舌"，如上舉"𣵽、佸、𩔖"等字。爲便讀者，今字頭徑用通行字形，析形中保留"昏聲"。又"絬"字未見，糸部有"結"字，從糸，舌聲。

嗾 嗾 使犬聲。從口，族聲。《春秋傳》曰："公嗾夫獒。"臣鍇曰：獎使之進也。倉候反（còu）。

【校】使之，當作"之使"。

吠 吠 犬鳴。從口、犬。臣鍇曰：會意，或云從犬。扶穢反。

【校】或云從犬，犬，當作"友"，《太玄經》有"吱"字。

咆 咆 嗥也。從口，包聲。臣鍇按：《詩》云"咆哮于中國"也。步交反。

【校】咆哮，《詩》作"炰烋"。

嗥 嗥 咆也。從口，皋聲。行高反。

獋 獋 譚長説：嗥從犬。臣鍇按：《春秋左傳》曰："豺狼所獋。"豺狼，犬屬。獋，其聲高大也。

【校】今《左》作"嗥"。

喈 喈 鳥鳴聲也。從口，皆聲。一曰鳳皇鳴聲喈喈。臣鍇曰：聲眾且和也。古諧反。

哮 哮 豕驚聲也。從口，孝聲。亨茅反。

喔 喔 鷄鳴也。從口，屋聲。汪岳反。

咮 咮 鳥口也。從口，朱聲。臣鍇按：《爾雅》："咮謂之柳。"注云："朱鳥之口也。"專扶反。

嚶 嚶 鳥鳴也。從口，嬰聲。臣鍇按：《詩》曰："鳥鳴嚶嚶。"恩行反。

啄 啄 鳥食也。從口，豖聲。輒角反。

唬 唬 唬聲也。從口、虎。一曰虎聲。讀若暠。叽誇反 [①]。

【校】唬聲，當作"虎聲"，鉉作"唬聲"，非是。○一曰虎聲，鉉所增也，此轉轉竄易之譌。

[①] 叽，當從四庫本、《廣韻》作"呼"。

呦 鹿鳴聲也。從口，幼聲。臣鍇按：《詩》曰："呦呦鹿鳴。"
伊虬反。

欨 呦或從欠。

嚅 麋鹿群口相聚皃。從口，虞聲。《詩》曰："麀鹿嚅嚅。"元
羽反。

喁 魚口上見。從口，禺聲。臣鍇按：《淮南子》曰："水濁則魚
喁。"庾肩吾詩曰："江鱏乍噞喁。"魚口出水上也。元鍾反。

局 促也。從口在尺下，復局之。一曰博所以行棊。象形。臣
鍇曰：人之無涯者唯口耳，故君子重無擇言，故口在尺下則爲局。又
人言榦局取象於博局，外有垠堮周限可用，故謂人材爲榦局。口在尺
下，則爲會意，象博局形，廣異聞也。瞿彔反。

谷 山閒陷泥地。從口從水敗皃。讀若兖州之兖。九州之渥地
也，故以兖名焉。臣鍇曰：口以象山閒也，儿，半水也，象土上
有少水也。《尚書》："濟河惟兖州，九河既道……厥土黑墳。"又
云："十有三載乃同……厥艸惟繇，厥木惟條。"[1]是必肥美之地也。
渥者，澤潤也。與件反。

【校】"九州"上當補"兖"字。

容 古文谷。

文一百八十二　重二十一 臣次立曰：今重二十，補遺詀一字，共重二十一。

凵 張口也。象形。凡凵之屬皆從凵。臣鍇曰：口字無橫畫也。
丘犯反。

文一

吅 驚嘑也。從二口。凡吅之屬皆從吅。讀若讙。臣鍇曰：眾
人并呼。吁袁反。

---

① 繇、條，今本作"夭、喬"。

níng

嚚 𣂪 亂也。從爻、工交叩。一曰窒嚚。讀若穰。臣鍇曰：二口，噂沓也；爻，物相交貿也；工，人所作爲也；己，象交構其閒也。女庚反。

㘈 𢆷 籒文嚚。

yán

嚴 巖 教命急。從叩，厰聲。臣鍇曰：急則從二口也。語醶反。

㘆 𢉙 古文嚴。臣鍇曰：從三口也。

è

㗊（㗊） 㗊 譁訟也。從叩，屰亦聲。臣鍇曰：屰音逆。五各反。

dān

單 單 大也。從叩、甲，叩亦聲。闕。臣鍇曰：言大則叩，叩即誼也。許慎闕義，至今未有能知之者也。待干反。

【校】“許慎”上當有“甲”字；甲，或以爲“車”之省。

zhù

喌 𣲷 呼雞重言之。從叩，從州聲①。讀若祝。臣鍇曰：重言之，故從二口。《列僊傳》有祝雞翁，後人或作喌。隻逐反。

文六　重二

kū

哭 𡘜 哀聲也。從叩，獄省聲。凡哭之屬皆從哭。臣鍇曰：哭聲繁亂，故從二口。闊毒反。

sāng

喪 𠸶 亡也。從哭，亡聲。臣鍇按：《淮南子》曰：羿妻姮娥竊不死藥，闕然有喪②。凡失物則爲喪。蘇湯反。

文二

zǒu

走 𧺆 趨也。從夭、止。夭止者，屈也。凡走之屬皆從走。臣鍇曰：止則趾也。趾，足也。《春秋左傳》曰：“君親舉玉趾。”走則足屈，故從夭、止。會意。則口反。

【校】鉉作𡕩，通部同。

qū

趨 𧼀 走也。從走，芻聲。切于反。

―――――――――――

① 從，衍。

② 闕，今本作“悵”。

赴 卦 ^{fù} 趨也。從走，仆省聲。**臣鍇曰**：一心趨向之也。弗孺反。

趣 頷 ^{qù} 疾也。從走，取聲。**臣鍇按**：《史記》曰："欒布使趣湯。"七駐反。

【校】《史記》曰欒布使趣湯，當作"《史記·欒布傳》曰方提趣湯"。此肊記之謁。

超 舀 ^{chāo} 跳也。從走，召聲。**臣鍇按**：《漢書》：甘延壽"超踰羽林亭樓"。恥朝反。

趫 鹬 ^{qiāo} 善緣木走之才。從走，喬聲。讀若王子蹻。**臣鍇曰**：蹻，足捷也。起囂反。

赳 舒 ^{jiǔ} 輕勁有材力也。從走，丩聲。**臣鍇曰**：《詩》曰"赳赳武夫"也。緊黝反^①。

趌 舒 ^{qí} 緣大木；一曰行皃。從走，支聲。**臣鍇按**：蟲行曰蚑行，謂四足隨高下逶迤，其背豸豸然。人之緣木有似於此，故曰趌。走則足屈，亦有類也。翹移反。

【校】趣，當作"趌"。

趮 鑲 ^{zào} 疾也。從走，喿聲。則到反。

趯 糶 ^{yuè} 躍也。從走，翟聲。**臣鍇曰**：《詩》："趯趯自螽。"自螽，善跳躍躍。胤略反。

【校】自，當作"皀"，隸作"阜"。"自"同"堆"。

趹 鑲 ^{jué} 蹶也。從走，厥聲。**臣鍇曰**：謂足蹈地深也。俱月反。

越 銚 ^{yuè} 度也。從走，戉聲。于厥反。

趁 銟 ^{chèn} 趚也。從走，㐱聲。讀若塵。**臣鍇曰**：自後及之也。丑僨反。

趲 饐 ^{zhān} 趁也。從走、亶。荼連反^②。

---

① 今讀 jiū（ㄐ，居求切）。
② 荼，四庫本同，四部叢刊本作"茶"。

趞 què 䠧 趞趞也。從走，昔聲。一曰行皃。七削反。

趫 qiāo 䞫 行輕皃。從走，堯聲。一曰趫，舉足。牽遙反。

趌 xián 䢺 急走也。從走，弦聲。形先反。

赼 cī 䢶 蒼卒也。從走，宋聲。讀若資。七茨反。

趮 piāo 䞓 輕行也。從走，票聲。片妖反。

趣 qǐn 䎒 行皃。從走，臥聲。讀若敢。棄忍反。

趥 qiū 䞮 行皃。從走，酋聲。千牛反。

趣 zhú 䢵 行皃。從走，蜀聲。讀若燭。臣鍇曰：每步舉足之意也。專玉反。

趄 jiàng 䢷 行①。從走，匠聲。讀若匠。自障反。

【校】"行"下鉉有"皃"字。

趣 xún 䢻 走皃。從走，叡聲。讀若緰。績倫反（jūn）②。

【校】鉉作䢽，非是。

趐 jié 䢾 走意。從走，薊聲。讀若鬒結之結。經節反。

趣 qǔn 䢸 走意。從走，困聲。丘忿反。

趖 suō 䢴 走意也。從走，坐聲。宣訛反。

趣 xiàn 䢱 走意也。從走，憲聲。希建反。

邊 biān 䢺 走意。從走，鼻省聲。辟涓反。

【校】"省"字衍。

趌 zhì 䢻 走也。從走，戠聲。讀若《詩》"威儀秩秩"。遲四反。

【校】威儀，按《詩》當作"德音"，或作"左右"。

趙 yòu 䢺 走也。從走，有聲。讀若又。延救反。

———————————

① 四部叢刊本、四庫本"行"下有"皃"字。
② 注音依《廣韻》詳遵切。

趰 鵒　走輕也。從走，烏聲。讀若鄔。宛古反。 _{wǔ}

趯 耀　走顧兒。從走，瞿聲。讀若劬。群訏反。 _{qú}

蹇 鬱　走兒。從走，蹇省聲。機言反①。 _{jiǎn}

趡 剳　疑之，等趡趡而去也。從走，才聲。**臣鍇曰**：謂疑其不齊，使之并而往以察驗之也。七開反。 _{cāi}

【校】趡趡，鉉不複"趡"字。按："趡"爲差池之意，人相疑則等類差池而散也。

越 紪　淺渡也。從走，此聲。七里反。 _{cǐ}

趨 訇　獨行也。從走，勻聲。讀若煢。**臣鍇曰**：《詩》云"獨行煢煢"，本作此趨字。葵名反。 _{qióng}

趣 齰　安行也。從走，與聲。尹汝反。 _{yǔ}

起 訮　能立也。從走，己聲。气以反。 _{qǐ}

　　　起 訮　古文起從辵。

趨 鋰　留意也。從走，里聲。讀若小兒孩。猴猜反。 _{hái}

趥 鑟　行也。從走，臭聲。香夢反。 _{xiòng}

趛 鑫　低頭疾行也。從走，金聲。牛錦反。 _{yǐn}

趌 鍩　趌趨，怒走也。從走，吉聲。**臣鍇曰**：直去不低視也。輕質反。 _{jié}

趨 鍴　趌趨。從走，曷聲。鳩歇反。 _{jié}

趨 鑟　疾也。從走，睘聲。讀若讙。吁袁反。 _{xuān}

赵 鈭　直行也。從走，气聲。**臣鍇曰**：去無回慮也。幾气反。 _{jì}

趪 鑟　趨進趪如也。從走，翼聲。**臣鍇曰**：趨進便駛，復有儀容如鳥之翼也。今《論語》作翼字，假借也。以即反。 _{yì}

――――――――――

① 言，四部叢刊本、四庫本皆作"善"。

趉 𧺳 蹎也。從走，決省聲。臣鍇曰：蹎猶蹴也。鶪穴反。
（jué）

趆 𧺣 趨。從走，氐聲。的替反。
（dì）

趍 𧻫 趍趍，久也。從走，多聲。陳知反。
（chí）

【校】久，《篇》《韻》皆作“夊”。“夊”同“遟”，從後至也。

趙 𧻫 趙趨也。從走，肖聲。池沼反①。
（zhào）

【校】趙趨，鉉作“趍趙”。

趛 𧻣 行難也。從走，斤聲。讀若菫。己郡反（jùn）②。
（qǐn）

趜 𧺻 走意也。從走，夐聲。讀若繘。涓出反。
（jú）

趠 𧺿 遠也。從走，卓聲。臣鍇曰：跨步遠也。敕渥反。
（chuò）

趯 𧻧 趠趯也。從走從龠，龠亦聲。臣鍇曰：猶躍也。胤灼反③。
（yuè）

趷 𧺿 大步也。從走，瞿聲。俱莫反。
（jué）

趨 𧻫 超特也。從走，契聲。臣鍇按：《漢書》天馬歌曰：超踰
（chì）蹀。趨猶蹀也。耻滯反。

趨 𧻫 走也。從走，幾聲。呼璣反（xī）④。
（jī）

趨 𧻫 走也。從走，㠯聲。防勿反。
（fú）

趨 𧻫 狂走也。從走，喬聲。臣鍇曰：急疾之皃也。葵橘反。
（jú）

趨 𧻫 行遲也。從走，曼聲。墨班反。
（mán）

趉 𧺳 從走，出聲。讀若無尾之屈。瞿弗反。
（jué）

【校】“從走”上鉉有“走也”二字，《玉篇》“卒起走也”。

趜 𧻫 窮也。從走，匊聲。臣鍇曰：步所窮也。堅祝反。
（jú）

_____

① 四庫本作“治小反”。
② 注音依《廣韻》丘謹切。
③ 四部叢刊本同，四庫本作“以灼反”。
④ 注音依《廣韻》居依切。

趑 䟕 趑趄，行不進也。從走，次聲。臣鍇曰：《易》曰"其行趑趄"也^①。七茨反。

【校】趑，當作"趀"，"趄"篆注同。《易》作"次且"。

趄 䢔 趑趄也^②。從走，且聲。七余切。

越 䟙 蹇行越越也。從走，虔聲。讀若愆。豈虔反。

趗 䟶 行趗趢也。從走，藋聲。一曰行曲脊。衢員反。

趢 䟸 趗趢也。從走，录聲。岁束反。

趏 䟭 行速趏趏也。從走，夋聲。七賓反。

【校】行速趏趏，鉉作"行趏趏也"，非是。

趚 䟮 側行也。從走，束聲。《詩》曰："謂地蓋厚，不敢不趚。"臣鍇曰：若行險，恐陷墜也。津易反。

【校】今《詩》作"蹜"。

跬 䟺 半步也。從走，圭聲。讀若跬，同。臣鍇曰：一舉足也。傾觜反。

趍 䟷 趍隓，輕薄也。從走，虒聲。讀若地。陳知反。

【校】地，鉉作"池"。

趬 䟳 僵也。從走，音聲。朋北反。

趠(趈) 䟫 距也。從走，席聲。《漢令》曰："趠張百人。"臣鍇曰：趠張，蓋謂以足蹋張弩也。充舍反。

【校】鉉作䟫，改注"席省聲"，非是。按："席"之隸書爲"斤"，席、斤一字也。篆之斤乃斤籀文，"岸"從其聲。

趮 䟂 動也。從走，樂聲。讀若《春秋傳》曰"輔趮"。連的反。

———————

①② "趑趄"，四部叢刊本、四庫本皆作"趑趄"。

【校】今《左》作“輔趠”。

趡 𧼒 動也。從走，隹聲。《春秋傳》曰：“盟于趡。”趡，地名。取誄反。

趄 𧼔 趄田，易居也。從走，亘聲。**臣鍇按**：《春秋左傳》“晉於是乎作爰田”，《國語》作“轅田”，皆假借。此乃正字也，謂以田相換易也。羽先反。

趈 𧼕 走頓也。從走，真聲。讀若顛。**臣鍇曰**：頓，倒也。的烟反。

趰 𧼖 喪擗趰。從走，甬聲。**臣鍇曰**：今借踊字。與恐反。

趩 𧼗 止行也；一曰竈上祭名也。從走，畢聲。**臣鍇曰**：《周禮》作此字。《春秋左傳》曰：“不趩。”漢□出警入趩。卑聿反。

【校】今《周禮》作“蹕”。○闕文當補“制”字。

趲 𧼘 進也。從走，斬聲。組澹反。

趧 𧼙 趧婁，四夷之舞。各自有曲。從走，是聲。的齊反。

趒 𧼚 雀行也。從走，兆聲。**臣鍇曰**：鳥雀跳行也。笛遼反。

赶 𧼛 舉尾走也。從走，干聲。巨言反。

趩 𧼜 行聲也。從走，異聲。讀若敕。一曰不行皃。暢陟反。

文八十五　重一

【校】（文八十五）自此部以下，次立所補字多不注明。今按：“趲”篆爲鉉補字，非鍇本所有，次立所增也，當補“臣次立曰”。今文八十四，補遺“趲”一字，共八十五。

止 𣥂 下也[①]。象艸木出有址，故以止爲足。凡止之屬皆從止。**臣鍇曰**：艸木初生根榦也。只耳反。

【校】下也，鉉作“下基也”。

歱 𣥺 跟也。從止，重聲。**臣鍇曰**：足躓也，故從止，即跟也。

---

① 下也，四部叢刊本、四庫本皆作“下基也”。

之勇反。

chēng
党 𡸒 距也。從止，尚聲。**臣鍇曰：**若艸木之根枝，直旁柱其上也。《周禮》曰："必党其角。"纏行反。

【校】必党其角，按《周禮》，當作"維角党之"。

chí
峙 𡷹 蹢也。從止，寺聲。**臣鍇曰：**猶躊躇也。直里反（zhì）[1]。

【校】蹢也，當作"峙蹢也"。

jù
歫 𣥒 止也。從止，巨聲。一曰搶也；一曰超距。**臣鍇按：**《史記》云"拔距"，注"謂兩人以手共據地爲力而能拔起之也"，又曰"超距，搶頭撞地也"[2]。求許反。

【校】搶也，當作"槍也"。木部："槍，歫也。"

qián
歬(前) 𣥺 不行而進謂之歬。從止在舟上。**臣鍇曰：**《莊子》曰：坐而至越者舟也。自先反。

lì
歷 𣦞 過也；傳也。從止，厤聲。**臣鍇曰：**止，行止也。連的反。

chù
㞛 𡮷 至也。從止，叔聲。昌伏反。

bì
躄 𣦗 人不能行也。從止，辟聲。**臣鍇曰：**不能行，故止。《史記》曰："有躄者盤跚行汲。"卑僻反。

guī
歸 𡚹 女嫁也。從止、婦省，自聲。**臣鍇曰：**婦人謂嫁曰歸。止者，止於此也。舉韋反。

　　埽 𤾊 籀文埽從止[3]。

jié
疌 𤴓 疾也。從又，又，手也。從止，屮聲。**臣鍇曰：**止，足也；又，手也。手足共爲之，故疾也。捷、疌從此。疾接反。

niè
㚔 𤴔 機下足所履者疾。從止從又，入聲。**臣鍇曰：**今人作躡也。女懾反。

---

① 注音依《集韻》陳知切。

② 兩注語，今本未見。

③ 埽，依例當作"歸"。

【校】疾，鉉本無，疑衍。

少 蹋也。從反止。讀若撻。臣鍇曰：蹋，行也。止爲行也。他刮反。

【校】"止爲行"上當有"反"字。

澁 不滑也。從四止。臣鍇曰：四皆止，故爲澁也。師及反。

文十四　重一

癶 足剌癶也。從止、少。凡癶之屬皆從癶。讀若撥。臣鍇曰：兩足相背不順，故剌癶也。北末反。

登 上車也。從癶、豆。爲登車形①。臣鍇曰：登車亦剌癶，難也。豆非俎豆字，象形耳。丹增反。

【校】爲，鉉作"象"。

𤼷 籀文登從収。臣鍇曰：兩手捧登車之物也。登車之物，王謂之乘石。

癹 以足蹋夷艸。從癶、殳。《春秋傳》曰："癹夷蘊崇之。"臣鍇曰：會意也。普末反。

【校】今《左》作"芟"，"蘊"作"薀"。

文三　重一

步 行也。從止少相背。凡步之屬皆從步。臣鍇曰：《尚書》"王朝步自宗周"，行自宗周也。盤怖反。

歲 木星也。越歷二十八宿，宣徧陰陽，十二月一次。從步，戌聲。《律厤書》名五星爲五步。臣鍇曰：木星爲歲星，亦曰龍星，自子至巳爲陽午，至亥爲陰，一次三十二度，十二次凡三百六十度也。夏曰歲，取名於此也。相芮反。

文二

———————————

① 爲，四部叢刊本、四庫本皆作"象"。

此 此 止也。從止能相比次①。凡此之屬皆從此。**臣鍇曰**：匕，近也，近在此也。七里反。

【校】能，當“匕匕”二字。

啙 啙 窳也。闕。將此反。

紫 紫 職也。從此，束聲。一曰藏也。**臣鍇曰**：或書禽觜作此。子累反。

【校】職，鉉作“識”。

文三

———————

① 四部叢刊本作“從止從匕相比次也”；四庫本作“從止從匕能相比次也”。

說文解字通釋卷第四

繫傳四

文林郎守祕書省校書郎臣徐鍇傳釋
朝散大夫行祕書省校書郎臣朱翱反切

十四部　文三百二十六　重五十

正 正 是也。從一從止。凡正之屬皆從正。臣鍇曰：守一以止也。真性反。

【校】以止，汪作"以正"，非是。

　　正 正 古文正從二、止。二，古上字。

　　足 足 古文正從一、足，足亦止也。

乏 乏 《春秋傳》曰："反正爲乏。"臣鍇曰：《尚書》曰："文王惟正之供。"[1] 反正不供也，故曰乏。符法反。

文二　重二

是 是 直也。從日、正。凡是之屬皆從是。臣鍇曰：日中爲正，是，一直不移也。善紙反。

　　是 是 籀文是從古文正。

韙 韙 是也。從是，韋聲。《春秋傳》曰："犯五不韙。"于匭反。

　　愇 愇 籀文韙從心。

尟 尟 是少也。尟俱存也。從是、少。賈侍中説。臣鍇曰：是亦

---

① 《書·無逸》："文王不敢盤於游田，以庶邦惟正之供。"

正也，正者少則尟也。思典反。

文三　重二

辵　辵　乍行乍止也。從彳從止。凡辵之屬皆從辵。讀若《春秋公羊傳》曰"辵階而走"。臣鍇曰：辵，行也，故曰"乍行乍止"也。今《公羊傳》辵作躇。褚芍反。

迹　䢌　步處也。從辵，亦聲。子壁反。

　　速　誺　籒文迹從束。

　　蹟　蹟　或從足、責。

遰　䢔　無違也。從辵，羍聲。讀若害。恆艾反。

達　達　先道也。從辵，率聲。疏密反。

邁　邁　遠行也。從辵，萬聲。臣鍇曰：《尚書》"日月逾邁"是。逾，遠也。謀敗反。

　　躉　躉　邁或從蠆。

巡　巡　視行皃。從辵，巛聲。續倫反。

【校】視行，鉉作"延行"①。

邀　邀　恭謹行也。從辵，叚聲。讀若九。幾柳反。

辻（徒）　辻　步行也。從辵，土聲。田吾反。

繇　繇　行繇徑也。從辵，繇聲。臣鍇曰：路有所由也。延秋反。

延　延　正行也。從辵，正聲。臣鍇曰：謂從正道行也。若王者巡狩，正也。"狩河陽"，非正行也。乍行乍止，偵也。天子必五歲卜征，詳習乃行。真名反。

　　征　征　延或從彳。臣鍇曰：胤往征之，正其罪也。

隨　隨　從也。從辵，隋聲。似吹反。

---

① 視行，四部叢刊本、四庫本皆作"延行"。

迪 迦 行皃也。從辵，宋聲。步扚反。

迂 迬 往也。從辵，王聲。《春秋傳》曰："子無我迂。"臣鍇按：
《春秋傳》："伯有迂勞於黃厓。"于況反。

逝 逝 往也。從辵，折聲。讀若誓。時制反。

徂 徂 往也。從辵，且聲。徂，齊語。全徒反。

　　遣 遣 籀文從盧。

　　徂 徂 徂或從彳。

述 述 循也。從辵，术聲。臣鍇按：《禮》曰"父作之，子述之"
是也。常出反。

　　遹 遹 籀文從秫。

遵 遵 循也。從辵，尊聲。蹤民反。

適 適 之也。從辵，啻聲。適，宋魯語。失易反。

過 過 度也。從辵，咼聲。古多反①。

遺 遺 習也。從辵，貫聲。臣鍇按：《春秋左傳》曰"使盈其遺"，
當作此字。古患反。

【校】使盈其遺，《左》作"以盈其貫"。

遺 遺 媟遺也。從辵，竇聲。臣鍇曰：不以禮自近也。駝谷反。

進 進 登也。從辵，閵省聲。子印反。

造 造 就也。從辵，告聲。譚長説：造，上士也。臣鍇按：《禮》
有造士也。雌報反。

　　艁 艁 古文造從舟。臣鍇曰：天子造舟。

逾 逾 越進也。從辵，俞聲。《周書》曰："無敢昏逾。"羊朱反。

遝 遝 迨也。從辵，眔聲。臣鍇按：《史記》曰"魚鱗雜遝，烟至

————————

① 今讀 guò。

風起”，謂迨遝并進也。道合反 [①]。

【校】烟，《史記》作“熛”。

hé
迨　鴒　遝也。從辵，合聲。徒閤反。

zé
迮　䢱　迮迮，起也。從辵，作省聲。滓白反。

cuò
遳　䢓　迹道也。從辵，昔聲。操各反。

【校】迹道，當作“这道”。

chuán
遄　鶲　往來數也。從辵，耑聲。《易》曰：“以事遄往。”臣鍇曰：遄猶摶也，駛易也。市緣反。

【校】以事，今《易》作“已事”。

sù
速　鍊　疾也。從辵，束聲。孫卜反。

　　　謷　謷　古文從敕、言。臣鍇曰：言行速如言之易到也。

　　　遬　鶲　籀文從敕。臣鍇按：《史記》有魏遬，其名如此。

xùn
迅　䢔　疾也。從辵，卂聲。思進反。

kuò
适　䢖　疾也。從辵，昏聲。讀與括同。古活反。

nì
逆　䢔　迎也。從辵，屰聲。關東曰逆，關西曰迎。臣鍇曰：《春秋左傳》：“莒慶來逆叔姬。”言碧反。

yíng
迎　䢔　逢也。從辵，卬聲。疑卿反。

jiāo
迒　䢔　會也。從辵，交聲。臣鍇曰：往來交會也。姑肴反。

yù
遇　鶲　逢也。從辵，禺聲。臣鍇曰：遇之言相偶也。又諸侯冬見天子曰遇。疑豫反。

zāo
遭　鶲　遇也。從辵，曹聲。一曰邐行。臣鍇曰：直也。遭猶市也，若物市相值也。祖叨反。

【校】直也，汪作“值也”。

---

① 今讀 tà。

遘 gòu 遘 遇也。從辵，冓聲。臣鍇曰：遘猶結構也，理當相對也。格漚反。

逢 féng 逢 遇也。從辵，夆省聲。臣鍇曰：逢言若蓬飛奄忽相見。附松反。

遌 è 遌 相遇驚也。從辵、咢，咢亦聲。臣鍇曰：咢即遇也。五各反。

【校】咢即，當作"遌卒"。

迪 dí 迪 道也。從辵，由聲。臣鍇按：《尚書》："惠迪吉。"又爲引道之道也。田溺反。

遞 dì 遞 更易也。從辵，虒聲。笛計反。

通 tōng 通 達也。從辵，甬聲。土蒙反。

迻(徙) xǐ 迻 迻也。從辵，止聲。宵此反。

　　屣屧 古文徙。

　　征徙 徙或從彳。臣鍇曰：徙有所之也。

迻 yí 迻 遷徙也[1]。從辵，多聲。臣鍇曰：止土移居之移當用此。以支反。

【校】止土，當作"迻土"。

遷 qiān 遷 登也。從辵，䙴聲。臣鍇曰：身隨遷移，故從辵。七先反。

　　扷㩴 古文遷從手、西。

運 yùn 運 迻徙也。從辵，軍聲。臣鍇按：《莊子》曰："天其運乎？地其處乎？天道回轉迻易也。"于問反。

返 fǎn 返 還也。從辵、反，反亦聲。《商書》曰："祖甲返。"臣鍇曰：人行還也。府晚反。

---

① 《慧琳》卷八十五《辯證論序》"玉迻"、卷九十八《廣弘明集》"迻在"皆引《説文》作"遷也"，又《廣韻》五支引《説文》亦作"遷也"，則今本"徙"字衍。

【校】祖甲，當作“祖伊”。

　　仮 徺《春秋傳》返從彳。

　　【校】今《春秋傳》俱作“返”。

huán
還 㠆 復也。從辵，睘聲。户刪反。

xuǎn
選 䢃 遣也。從辵、巽，巽遣之；巽亦聲。一曰選，擇也。臣鍇
曰：亦選擇之意。思篆反。

【校】“亦選”上當有“巽”字。

sòng
遴（送） 䢠 遣也。從辵，俴省。臣鍇曰：俴即送也。峻弄反。

　　遬 䢠 籀文不省。

qiǎn
遣 䃍 縱也。從辵，𠳋聲。喫善反。

lǐ
邐 䢦 行邐邐。從辵，麗聲。臣鍇曰：漸迆邪也。略迆反。

dài
逮 䢔 唐逮，及也[1]。從辵，隶聲。臣鍇按：《爾雅》“逮、及、暨，
與也”，又“遏、遾，逮也”，又曰“逮，及也”，義皆相通也。徒
再反。

【校】又曰逮，汪作“迨”，非。

chí
遲 䢅 徐行也。從辵，犀聲。《詩》曰：“行道遲遲。”纏伊反。

　　遟 䢅 籀文遲從屖。

　　迡 䢅 遲或從尼。臣鍇曰：尼音夷聲。

lí
遼 䢆 徐也。從辵，黎省聲。臣鍇曰：傅毅《舞賦》曰“遼收而
拜”，謂徐收其舞勢也。里西反。

【校】黎省聲，“省”字衍。

dì
遰 䢇 去也。從辵，帶聲。笛計反。

yuān
遹 䢈 行皃。從辵，𣶒聲。挾蓮反。

────────────

① 《玄應》卷二《大般涅槃經》“逮得”，《慧琳》卷四《大般若波羅蜜多經》“逮得”、
卷二十二《花嚴經》“逮十力地”三引《説文》作“及也”，可證今本“唐逮”二字
誤衍。

邍 ^{zhù} 𨑡 馬不行也。從辵，䓊聲。讀若住。陟具反。

逗 ^{dòu} 𨑡 止也。從辵，豆聲。臣鍇按：《史記》漢軍法有逗留。笛奏反。

迟 ^{qǐ} 𨑡 曲行也。從辵，只聲。起逆反。

逶 ^{wēi} 𨑡 逶迤，袤去之兒。從辵，委聲。委爲反。

蟡 𨑡 或從虫、爲。

遹 ^{yù} 𨑡 迴避也。從辵，矞聲。臣鍇曰：遹猶沇也，回沇之意。涓律反。

避 ^{bì} 𨑡 回也。從辵，辟聲。便罞反。

違 ^{wéi} 𨑡 離也。從辵，韋聲。宇非反。

遴 ^{lìn} 𨑡 行難也。從辵，粦聲。《易》曰："以往遴。"里刃反。

【校】以往遴，當依《易》作"以往吝"。

僯 𨑡 或從人。

逡 ^{qūn} 𨑡 復也。從辵，夋聲。七賓反。

抵 ^{dǐ} 𨑡 怒不進也；一曰鷙也。從辵，氐聲。的替反（dì）[1]。

【校】鷙，當作"驇"，汪作"驚"，非。

達(達) ^{dá} 𨑡 行不相遇。從辵，羍聲。《詩》曰："挑兮達兮。"騰剌反。

【校】挑，《詩》作"挑"。

达 𨑡 達或從大，或曰迭。臣鍇按：王褒《洞簫賦》云："順敘卑达。"

逯 ^{lù} 𨑡 行謹逯逯也。從辵，录聲。慮木反。

迵 ^{dòng} 𨑡 迵迭也。從辵，同聲。頭貢反。

迭 ^{dié} 𨑡 更迭也。從辵，失聲。一曰迭。亭結反。

【校】一曰迭，迭，鉉作"达"，是。

迷 ^{mí} 𨑡 惑也。從辵，米聲。莫低反。

---

[1] 注音依《集韻》典禮切。

迤 _{yǐ} 迆　衺行也。從辵，也聲。《夏書》曰："東迆北會于匯。"以爾反。

連 _{lián} 連　員連也。從辵、車。臣鍇曰：若車之相連也，會意。鄰延反。

逑 _{qiú} 逑　斂聚也。從辵，求聲。《虞書》曰："旁求孱功。"又曰："怨匹曰逑。"臣鍇曰：怨偶曰逑，今人作仇。又《詩》云"君子好逑"，亦當作此字。據柔反。

【校】旁求孱功，今《書》作"方鳩僝功"。○君子好逑，當作"公侯好仇"。

退 _{bài} 退　斂也。從辵，貝聲。《周書》曰："我興受其退。"臣鍇曰：斂□□壞而出也[1]，此微子出奔之辭也。今文作敗。步介反。

【校】《周書》，當作"《商書》"。

逭 _{huàn} 逭　逃也。從辵，官聲。戶岸反。

𤼴 𤼴　逭或從萑從兆。

遯 _{dùn} 遯　逃也。從辵，豚聲。徒寸反。

遜 _{xùn} 遜　遁也。從辵，孫聲。臣鍇曰：公遜于邾，遁于邾也。蘇困反。

逋 _{bū} 逋　亡也。從辵，甫聲。不吾反。

逋 逋　籀文逋從捕。

遺 _{yí} 遺　亡也。從辵，貴聲。與追反。

遂 _{suì} 遂　亡也。從辵，㒸聲。夕醉反。

遀 遀　古文遂。

逃 _{táo} 逃　亡也。從辵，兆聲。特豪反。

追 _{zhuī} 追　逐也。從辵，𠂤聲。轉推反。

逐 _{zhú} 逐　追也。從辵，豚省。臣鍇曰：遯者，走也；逐者，追也。

___

① 四庫本作"敗謂物壞而出也"。

豚走而豕追之，此會意也。陳六反。

逎 迫也。從辵，酉聲。**臣鍇按**：《楚辭》曰："逎白露之爲霜。"[1]字由反。

遒 逎或從酋。

近 附也。從辵，斤聲。渠遴反。

岸 古文近。**臣鍇曰**：此與芹同意。

邋 搚也。從辵，巤聲。律捷反。

迫 近也。從辵，白聲。不白反。

暹 近也。從辵，臸聲。**臣鍇曰**：臸音日。而吉反。

邇 近也。從辵，爾聲。而俾反。

迩 古文邇。

遏 微止也。從辵，曷聲。讀若桑蟲之蝎。**臣鍇曰**：繳繞使止也，故《博物志》曰"響遏行雲"。厄渴反。

【校】 繳繞，當作"徼繞"。

遮 遏也。從辵，庶聲。之巴反。

遱 遮遱也。從辵，羨聲。余羨反。

迣 迾也。晉趙曰迣。從辵，世聲。讀若實。正曳反。

迾 遮也。從辵，列聲。**臣鍇按**：顏延之《赭白馬賦》曰："進迫遮迾。"良舌反。

迂 進也。從辵，干聲。讀若干。古寒反。

過 過也。從辵，侃聲。豈虐反。

遱 連遱也。從辵，婁聲。**臣鍇按**：《淮南子》有連遱之言，猶

---

[1] 今《楚辭》無此語。《後漢書·張衡列傳》載《思玄賦》："冀一年之三秀兮，遒白露之爲霜。"

參差零瓏，若連若絶之意也。勒兜反。

bó
迖①　前頓也。從辵，市聲。賈侍中說：一曰讀若拾；又若郅。比末反。

jiā
迦　迦互，令不得行。從辵，枷聲。**臣鍇曰：**迦互猶曰犬牙左右制也。閒巴反。

【校】"制也"上當有"相"字。

yuè
越　踰也。從辵，戉聲。《易》曰："雜而不越。"**臣鍇曰：**越，度也，若王褒《聖主得賢臣頌》云"過都越國"也，此越與物相等相有踰也。《易》越字文，今播越字。王厥反。

【校】"此越"之"越"當作"越"。〇文今播，當作"今文作"。

chěng
逞　通也。從辵，呈聲。楚謂疾行爲逞。《春秋傳》曰："君何所不逞欲？"**臣鍇曰：**君何所不逞欲，不欲也。丑静反。

liáo
遼　遠也。從辵，尞聲。梨挑反。

yuǎn
遠　遼也。從辵，袁聲。于阮反。

遠　古文遠。**臣鍇曰：**日日步之，故曰遠也。

tì
逖　遠也。從辵，狄聲。**臣鍇按：**《尚書》曰："逖矣西土之人。"他歷反。

逿　古文逖。

xiòng
迥　遠也。從辵，冋聲。余請反（yǐng）②。

chuò
逴　遠也。從辵，卓聲。一曰蹇也。讀若掉苕之掉。**臣鍇按：**《楚辭》曰："春秋逴逴其日高。"敕渥反。

【校】春秋逴逴其日高，按：《哀時命》曰"處逴逴而日遠"。

---

① 大徐本小篆作。按，（巿）在（𣎳）部，從之字隸定多從"市"，如"肺"等字。故以"市聲"（即"𣎳聲"，此非"韠也"之"市"）論，則作爲長。但本部已收"迹"字，且作"迹"不合"拾、郅"二音，故今從小篆字形，隸定作"迖"。段玉裁改此字爲。又，底本析形作"𣎳、木、朩、市"等不一，今徑改"木、朩"爲"𣎳"，作"市"者保留。

② 注音依《廣韻》户頂切。今讀 jiǒng。

迂 䢔 避也。從辵，于聲。宛孚反。

趝 𧻂 自進極也。從辵，拜聲。則先反。

邍 𨖷 高平之野，人所登。從辵、备、录。闕。原，**臣鍇按：** 水所出爲原，故即《爾雅》“廣平曰邍”。今《周禮》有“邍師”，猶此邍字。《爾雅》則變爲“原”也。許慎闕之，義不盡知。臣鍇以爲人所登故從辵，登而上故從夊。夊，止也。《春秋左傳》曰“原田每每”，《詩》曰“周原膴膴”，故從田，未知何故從录也。言袁反。

【校】备，當作“夊田”二字。○闕原，“原”字衍。○故即，“故”字衍。○“曰邍”下當有“字”字。○夊止也，止，當爲“上”。按：夊，從後及之也。

道 𧗞 所行道也。從辵、首。一達謂之道。**臣鍇曰：** 所行道，此道字當作今導字之意。餘則《通論》詳矣。徒討反。

【校】“所行道”下當有“也”字。○“此道”以下十字當在“𧗞”下。

𧗞 𨗓 古文道從首、寸。

【校】“首寸”下當有“臣鍇曰：此道字當作今導字之意”。

遽 𨝓 傳也。從辵，豦聲。一曰窘也。**臣鍇曰：** 傳，馹車也。故禮曰大夫稱傳遽之言。傳車尚速，故又爲窘迫也。伎絜反。

远 𨓤 獸迹也。從辵，亢聲。**臣鍇按：**《爾雅》：兔迹爲远也[1]。恆湯反。

跡 蹟 远或從足、更。

迪 𨒗 至也。從辵，弔聲。**臣鍇按：**《尚書》曰：“惟弔兹不于我正人得罪。”惟至兹也。今文《尚書》借弔字。顛遜反。

邊 𨘢 行垂崖也。從辵，𥊩聲。辟涓反。

————————

① 兔，四部叢刊本、四庫本皆作“逸”。

dùn
遁 循 遷也；一曰逃也。從辵，盾聲。**臣鍇按**：《尚書》殷高宗曰"既乃遁于荒野"，是遷于荒野也，當作此遁。今文《尚書》借遯字。徒寸反。

文一百一十八　重三十　臣次立曰：今重二十七，補遺蝸、僯二字，共重二十九。

chì
彳 小步也。象人脛三屬相連。凡彳之屬皆從彳。**臣鍇曰**：微步也，故相連屬也。丑亦反。

dé
德 升也。從彳，悳聲。**臣鍇曰**：内得於心曰德，升聞曰德。《尚書》曰："玄德升聞。"《通論》詳矣。多則反。

【校】於心曰德，德，當作"悳"。

jīng
徑 步道也。從彳，巠聲。**臣鍇曰**：小道不容車，故曰步道。今之移路，故巫馬期"行不由徑"，又趙襄"以壺飧從徑"。又，秦公曰：欲爲容車之徑，以窺三川。謂徑大時容車也。居正反。

【校】今之移路，移，當作"地"。○巫馬期，疑"澹臺滅明"之譌。○欲爲容車之徑以窺三川，按：《秦策》作"車通三川"，《史記》作"吾欲容車通三川"。○徑大時，時，當作"可"。

fù
復 往來也。從彳，复聲。**臣鍇曰**：往來爲復，故從彳。彳，相連也。伐六反。

rǒu
徐 復也。從彳、柔，柔亦聲。**臣鍇曰**：猶蹂也，往來蹂踐之也。人紂反。

chěng
徎 徑行也。從彳，呈聲。丑郢反。

wǎng
徍(往) 之也。從彳，坒聲。**臣鍇曰**：坒音皇。又兩反[1]。

　　逴 古文從辵。

qú
衢 行皃。從彳，瞿聲。群紆反。

---

[1]　四部叢刊本、四庫本皆作"文兩反"，是。

彼 ^{bǐ} 徦　往有所加也。從彳，皮聲。臣鍇曰：彼者據此而言，故曰有所加。邦是反。

微 ^{jiāo} 徼　循也。從彳，敫聲。臣鍇曰：循猶繞也。堅蕭反^①。

彶 ^{jí} 徦　急行也。從彳，及聲。飢泣反。

循 ^{xún} 循　行順也。從彳，盾聲。臣鍇曰：《史記》云："拊循其民。"續倫反。

儽 ^{sà} 儽　行兒。從彳，歰聲。一曰此與駁同。臣鍇曰：今人言"儽沓"是也。速沓反。

微 ^{wéi} 微　隱行也。從彳，敫聲。《春秋傳》曰：白公"其徒微之"。臣鍇曰：隱於物而行也。曹植《洛神賦》曰："微幽蘭之芳藹兮，步躑躅於山隅。"又《國語》曰：晉公子駢脅，曹伯"設微薄觀之"也。尾希反^②。

偍 ^{chí} 偍　偍偍，行兒也。從彳，是聲。《爾雅》曰：偍，尾則也。臣鍇按：《爾雅》曰："是，則也。"注云："是，事可法則也。"今《爾雅》作"是"。臣鍇曰：行事則可爲法則也。是支反^③。

【校】尾則，"尾"字衍。

徐 ^{xú} 徐　安行也。從彳，余聲。臣鍇按：《詩》曰："其虛其徐。"又古國本從邑，亦通作徐。徐，顓頊後，其裔孫生大業，大業生皋陶，皋陶生伯益。皋陶之後爲士師，爲李氏。伯益之後分封爲徐，在東海郡。東方，仁方也，有君子國，故孔子欲居九夷。至偃王，一曰隱王，王仁，諸侯歸之，王不能距，遂君之。周穆王聞而自西荒逃歸，王不忍聞，以太王之義而去之，使周穆不失國，隱王之力也。乃東之海中潢池，得地千里而居之，以化其民，爲仁義。

①《廣韻》古弔切（jiào）。
②今讀 wēi。
③《廣韻》承紙切（shì）。

故徐氏有四望：高平、北海、彭城、東海，而以東海爲上望也。徐者舒緩之名也，故其後雖爲武，未嘗無君子之風，徐宣立盆子是也。然則古徐字雖作郐，其義出於此字也。似虛反。

【校】其徐，今《詩》作"其邪"。○忍聞，聞，當作"聞"。

徺 � 行平易也。從彳，夷聲。臣鍇曰：《老子》曰"大道甚夷"，此字也。寅之反。

徲 㣻 使也。從彳，誖聲。臣鍇曰：徲猶抨也。篇丁反。

䢠 㣪 使也。從彳，夆聲。讀若蠭。臣鍇曰：猶夆也。夆，掣曳使之也。甫蛩反。

後 㣴 跡也。從彳，戔聲。寂衍反。

徬 㣼 附行也。從彳，旁聲。臣鍇按：《周禮》：牛有牽徬，以載①。牽，向前引之也。徬，自旁微驅之也。盤浪反。

徯 㣭 待也。從彳，奚聲。臣鍇按：《尚書》曰"徯予后"是也。亦啟反（yǐ）②。

蹊 蹊 徯或從足。

待 㣼 竢也。從彳，寺聲。投在反。

【校】竢也，竢，當作"竢"。

㣄 㣘 行㣄㣄也。從彳，由聲。臣鍇曰：行平易不止也。田溺反。

徧 㣽 帀也。從彳，扁聲。臣鍇曰：帀行之也。比薦反。

假 㣾 至也。從彳，叚聲。臣鍇曰：《易》曰："王假有廟。"格雅反。

復（退） 㣿 卻也。從彳、日、夊。一曰行遲。臣鍇曰：日日見夊，是復也。土妹反。

衲 衲 復或從内。

---

① 《周禮·地官·牛人》："凡會同軍旅行役，共其兵車之牛與其牽徬，以載公任器。"
② 注音依《廣韻》胡禮切。

遢　覆　古文從辵。

hòu
後　復　遲也。從幺、夊者①，後也。臣鍇曰：幺猶羅躓之也。此會意，與復同。早斗反。

遙　覆　古文後從辵。

tí
徲　徲　久也。從彳，犀聲。讀若遲。敵圭反。

hěn
很　很　不聽從也；一曰行難也。從彳，艮聲。一曰盭。臣鍇曰：盭，戾也。宋義曰：“很如羊。”羊之性，愈牽愈不進。遐懇反。

zhǒng
徸　徸　相迹也。從彳，重聲。臣鍇按：《莊子》曰“踵門而詫扁慶子”是也。之勇反。

dé
得　得　行有所得。從彳，㝵聲。多則反。

㝵　㝵　古文省彳。

qí
徛　徛　舉脛有渡也。從彳，奇聲。臣鍇曰：《爾雅》：“石杠謂之徛。”注：“聚石水中爲步渡彴也。”臣鍇按：即溪澗夏有水冬無水處橫木爲之，至冬則去。今曰水彴橋。牽其反。

xùn
彴(徇)　狥　行示也。從彳，匀聲。《司馬法》：“斬以彴。”臣鍇曰：且斬且行以令於眾也。今人作徇。詢順反。

lǜ
律　聿　均布也。從彳，聿聲。臣鍇曰：十二律均布節氣，故有六律六均。留筆反。

yù
御　御　使馬也。從彳、卸。臣鍇曰：卸，解車馬也。彳，行也。或行或卸，皆御者之職也。會意。午慮反。

馭　馭　古文馭從又、馬②。臣鍇曰：會意。

chù
亍　亍　步止也。從反彳。讀若畜。臣鍇曰：左思《魏都賦》曰：“澤馬亍阜。”丑錄反。

————————————————

① 四部叢刊本、四庫本皆作“從彳、幺、夊者”。
② 馭，依例當作“御”。

【校】臭，當作"臮"。

文三十七　重七

彳 _{yǐn} 长行也。從彳引之。凡廴之屬皆從廴。臣鍇曰：彳而引之，故曰长行。以矧反。

廷 _{tíng} 朝中也。從廴，壬聲。臣鍇曰：朝中其道長遠也，故從廴。田丁反。

延 _{zhēng} 行也。從廴，正聲。臣鍇曰：長行。真名反。

建 _{jiàn} 立朝律也。從聿從廴。臣鍇曰：聿，律也，定法也。《周禮》曰"惟王建國"，建長世之法，惟曰"欲至于萬年，惟王子子孫孫永保民"也 ①。機獻反。

文四

延 _{chān} 安步延延也。從廴、止。凡延之屬皆從延。臣鍇曰：既引而止，相節調之，故曰安行。戴孚《廣異記》曰："嵩陽觀西，有居人張延也。"敕連反。

【校】張延，今本作"張延"。

延 _{yán} 長行也。從延，丿聲。臣鍇曰：安步然後知千里之行也。丿音怡。以然反。

【校】丿音怡，"丿"當爲"厂"，"怡"蓋"曳"之平也。汪作"一音怡"，非。

文二

行 _{xíng} 人之步趨也。從彳、亍。凡行之屬皆從行。臣鍇曰：行者安行，兩足相待爲行也。閑橫反。

術 _{shù} 邑中道也。從行，术聲。臣鍇曰：《通論》詳矣。常出反。

街 _{jiē} 四通道也。從行，圭聲。臣鍇曰：街猶階也，并出之意。

---

① "惟曰"以下見《尚書·梓材》。

古諧反。

衢 衢 四達謂之衢。從行，瞿聲。臣鍇曰：古謂四出矛爲戳，義出於此。群訏反。

（chōng）

衝（衝）衝 通道也。從行，童聲。《春秋傳》曰："及衝以戈擊之。"臣鍇曰：謂南北東西各有道相衝。赤重反。

（dòng）

衕 衕 通街也。從行，同聲。臣鍇按：《西都賦》：門閭洞達。頭貢反①。

【校】門閭，《文選》作"街衢"。

（jiàn）

衒 衒 跡也。從行，戔聲。臣鍇按：《論語》曰："不踐迹，亦不入於室也。"寂衍反。

【校】跡，汪作"踐"，鉉作"迹"。按：當作"踐迹"。

（yǔ）

衙 衙 行皃。從行，吾聲。臣鍇按：《楚辭》曰："導飛廉之衙衙。"今謂"列儀衙衙"，義同。疑舉反。

【校】"儀衙"下當有"曰"字。

（kǎn）

衎 衎 行喜皃。從行，干聲。騫罕反。

（xuàn）

衒 衒 行且賣也。從行、言。臣鍇按：崔駟曰："叫呼衒鬻。"迴茜反。

衒 衒② 衒或從玄。

（shuài）

衛 衛 將衛也。從行，率聲。疎律反。

（wèi）

衛 衛 宿衛也。從韋、帀、行。行，列衛也。臣鍇曰：韋，周圍也。此會意。于歲反。

文十二　重一

（chǐ）

齒 齒 口齗骨也。象口齒之形，止聲。凡齒之屬皆從齒。臣鍇曰：口齗骨从齒也。赤里反。

---

① 《廣韻》又讀徒紅切（tóng）。

② 衒，四部叢刊本小篆作衒。

臼 ㄝ 古文齒字。臣鍇曰：鼠字從此①。

yín

齗 齗 齒本也②。從齒，斤聲。語斤反。

chèn

齔 齔 毀齒也。男八月生齒，八歲而齔；女七月生齒，七歲而齔。從齒，七聲。楚近反。

【校】七聲，鉉無“聲”字。段云“七”字當作“七”。“七”音化。

cè

齰 齰 齒相值也。從齒，責聲。一曰齰也。《春秋傳》曰：“皙齰。”臣鍇曰：《春秋左傳》謂東郭“皙齰而衣狸製”，謂齒縫上下相對也。爰測反③。

【校】皙齰，今《左》作“皙幘”。

chái

齜 齜 齒相齗也；一曰開口見齒之皃。從齒，柴省聲。讀若柴。臣鍇曰：齒不齊也。測皆反。

【校】齗，當依《韻譜》作“齘”。

xiè

齘 齘 齒相切也。從齒，介聲。下夬反。

yǎn

齞 齞 口張齒見。從齒，只聲。擬件反。

yán

齦 齦 齒差也。從齒，兼聲。臣鍇曰：齒左右出也。五緘反。

zōu

齺 齺 齒搚也；一曰馬口中橜也。從齒，芻聲。一曰齰也。側丘反。

óu

齵 齵 齒不正也。從齒，禺聲。臣鍇曰：齒偏也。五溝反。

zhā

齇 齇 齰齒也。從齒，虘聲。臣鍇曰：亦齒參差聲。側巴反。

zōu

齱 齱 齵也。從齒，取聲。臣鍇曰：齱齰是也。側丘反。

cī

齹 齹 齒參差。從齒，差聲。楚宜反。

---

① 按，鼠部“鼠”字小篆作臼。

② 《玄應》卷一《大方廣佛華嚴經》“齗齘”，《慧琳》卷三十五《一字頂輪王經》“齗腭”、卷四十六《大智度輪》“齗齒”、卷六十三《根本説一切有部律攝》“齗牙”皆引《説文》作“齒肉也”，許書古本如是，今本誤。

③ 爰測，疑當作“測麥”，注音依《廣韻》楚革切。

^{cuó}
齹　齹　齒差跌兒。從齒，佐聲。《春秋傳》曰："鄭有子齹。"殘
他反。

【校】子齹，今《左》作"子齰"。按《韻會》，"齹"爲"齰"之重文。

^{quán}
齤　齤　缺齒也；一曰曲齒。從齒，弄聲。讀又若權^①。衢員反。

^{yǔn}
齳　齳　無齒也。從齒，軍聲。愚蘊反。

^{yà}
齾　齾　缺齒也。從齒，獻聲。臣鍇曰：今人言缺齾也。五獺反。

^{jǔ}
齟　齟　斷腫也。從齒，巨聲。俱取反。

^{ní}
齯　齯　老人齒。從齒，兒聲。臣鍇按：《詩》曰："黃髮齯齒。"擬
西反。

【校】齯齒，今《詩》作"兒齒"，《爾雅》作"齯齒"。

^{yǐ}
齮　齮　齧也。從齒，奇聲。臣鍇按：《春秋傳》有卜齮。魚倚反。

^{zhí}
齜　齜　齚齒也。從齒，出聲。仕乙反。

^{zé}
齰　齰　齧也。從齒，昔聲。鉏客反。

齚　齚　齰或從乍。

^{jiān}
齦　齦　齧也。從齒，咸聲。工咸切。

^{kěn}
齦　齦　齧也。從齒，艮聲。起簡反。

^{yǎn}
齗　齗　齒見兒。從齒，干聲。五版反。

^{zú}
齚　齚　齚齚也。從齒，卒聲。昨猝反。

^{là}
齪　齪　齒分骨聲。從齒，列聲。讀若剌。勒過反。

^{yǎo}
齩　齩　齧骨也。從齒，交聲。五爪反。

^{qiè}
齛　齛　齒差也。從齒，屑聲。讀若切。七屑反。

^{xiá}
齕　齕　齒堅聲。從齒，吉聲。赫鎧反。

---

① 又，疑衍，四庫本無。

齹　齹　䶬牙也。從齒，豈聲。偶来反。
（ái）

齝　齝　吐而嚼也。從齒，台聲。《爾雅》曰："牛曰齝。"**臣鍇曰**：齝，將咽復吐出嚼之。式其反。
（shī）

齕　齕　齧也。從齒，气聲。**臣鍇按**：《禮》曰：食瓜，"庶人齕之"。胡兀反。
（hé）

齞　齞　齒見皃。從齒，聯聲。鄰延反。
（lián）

齧　齧　噬也。從齒，㓞聲。語㓞反。
（niè）

齭　齭　齒傷酢也。從齒，所聲。讀若楚。覩許反。
（chǔ）

齨　齨　老人齒如臼。從齒，臼聲。馬八歲，齒臼也。**臣鍇曰**：今人謂馬齒爲齒齨。伎酒反。
（jiù）

齬　齬　齒不相值。從齒，吾聲。疑舉反。
（yǔ）

齛　齛　羊粻也。從齒，世聲。**臣鍇曰**：粻，糧食也。《爾雅注》："江東呼齝曰齛。"臣鍇以爲貯食於頰，漸泄咽之。私列反。
（xiè）

【校】《爾雅》作"齥"，避唐諱改也。

齸　齸　鹿麋粻。從齒，益聲。**臣鍇按**：《爾雅注》："江東名咽爲齸。齸者，齝食之所在。"臣以爲近於咽也。伊昔反。
（yì）

【校】齝食，《爾雅注》作"齫食"。

齥　齥　齒堅。從齒，至聲。知疾反。
（zhì）

齰　齰　齧骨聲。從齒，骨聲。胡刮反。
（huá）

齛　齛　醮聲①。從齒，昏聲。古劼反。
（jiá）

齤　齤　嚼堅也。從齒，博省聲。**臣鍇按**：《爾雅注》："或謂齤爲齤。"本泊反。
（bó）

【校】《爾雅注》謂齤爲齤，未詳。按：口部"嚩，嚼皃"，"《爾雅注》"

———
① 四部叢刊本、四庫本皆作"嚼聲"。

疑當作“字書”。

文四十四　重二

牙 牙（yá）　牡齒也。象上下相錯之形^①。凡牙之屬皆從牙^②。**臣鍇曰**：比於齒爲牡也。

　　齒 齒　古文牙。

猗 猗（qī）　武牙也。從牙、奇，奇亦聲。牽宜反。

瑀 瑀（qǔ）　齒蠹也。從牙，禹聲。**臣鍇按**：《後漢書》：孫壽能“瑀齒笑”。曲矩反。

　　齲 齲　瑀或從齒。

文三　重二

足 足（zú）　人之足也，在下。從止、口。凡足之屬皆從足。**臣鍇曰**：口象股脛也。節粟反。

蹏（蹄） 蹏（tí）　足也。從足，虒聲。**臣鍇按**：《爾雅》書蹏字如此，俗作蹄。敵圭反。

跟 跟（gēn）　足踵也。從足，艮聲。苟痕反。

【校】踵，當作“踵”。

　　㾔 㾔　跟或從止。

踝 踝（huái）　足踝。從足，果聲。戶把反。

跖 跖（zhí）　足下也。從足，石聲。**臣鍇曰**：足底也。真石反。

踦 踦（qī）　一足也。從足，奇聲。**臣鍇按**：《春秋穀梁傳》曰：殽之役，“匹馬踦輪無反者”。牽宜反。

【校】踦輪，《穀梁》作“倚輪”，《公羊》“踦閭”字如此。

---

① 《慧琳》卷三十五《一字頂輪王經》“牙頷”注引《説文》：“壯齒也。象上下相錯之形。”可證今本“牡”乃“壯”之誤。段注據石刻《九經字樣》改爲“壯”字，是。

② 原脱切語，注音依大徐本、《廣韻》五加切。

跪 ^{guì} 踦 拜也。從足，危聲。馳委反^①。

跽 ^{jì} 跽 長跪也。從足，忌聲。**臣鍇曰**：伸兩足而跽也。《史記·范雎傳》：“秦王跽曰。”暨几反。

踧 ^{zú} 踧 行平易也。從足，叔聲。《詩》曰：“踧踧周道。”左竹反。

跰 ^{bó} 跰 蹈也。從足，步聲。盆鄂反。

躣 ^{qú} 躣 行皃。從足，瞿聲。群訏反。

踖 ^{jí} 踖 長踁行也。從足，昔聲。一曰跾踖。**臣鍇曰**：跾踖，若不自容也。津易反。

踽 ^{qǔ} 踽 疏行皃。從足，禹聲。《詩》曰：“獨行踽踽。”**臣鍇曰**：疏，稀疏也。曲矩反。

蹡 ^{qiāng} 蹡 行皃。從足，將聲。《詩》曰：“磬管蹡蹡。”**臣鍇按**：《西京雜記》漢宣帝歌曰：“黃鵠飛兮下建章，羽肅肅兮行蹡蹡。”猜常反。

【校】蹡蹡，今《詩》作“將將”。

躖 ^{tuǎn} 躖 踐處也。從足，斷省聲。吐卵反。

趴 ^{fú} 趴 趨越皃。從足，從卜聲^②。弗孺反。

踰 ^{yú} 踰 越也。從足，俞聲。羊朱反。

蹻 ^{jué} 蹻 舉足行高也。從足，喬聲。《詩》曰：“小子蹻蹻。”**臣鍇曰**：小人得志驕矜之皃。《春秋左傳》曰：“舉趾高，心不固矣。”其雀反。

跾 ^{shū} 跾 疾也；長也。從足，攸聲。**臣鍇曰**：此亦倏忽字。尺竹反。

蹌 ^{qiāng} 蹌 動也。從足，倉聲。**臣鍇曰**：《詩》曰：“巧趨蹌兮。”猜常反。

———————————

① 馳，疑當作“驅”；大徐、《廣韻》去委切。

② 從，衍。

踊　踊 ^{yǒng}跳也。從足，甬聲。與恐反。

躋　躋 ^{jī}登也。從足，齊聲。《商書》曰：“若予顛躋。”臣鍇按：《尚書》曰：“由賓階躋。”子泥反。

【校】若予，汪依《書》作“告予”，鉉無“告”字。○躋，今《書》作“隮”。

躍　躍 ^{yuè}迅也。從足，翟聲。胤略反。

跧　跧 ^{zhuān}蹴也。從足，全聲。一曰卑也；縈也。臣鍇按：《魯靈光殿賦》曰：“狡兔跧伏於柎側。”鄒佺反。

【校】縈，當作“拳”。

蹴　蹴 ^{zú}躡也①。從足，就聲。臣鍇按：張衡《南都賦》曰：“排揳陷局，蹴蹋威陽。”晉竹反②。

【校】局，《文選》作“扃”，“蹋”作“蹹”，“威”作“咸”。

蹋　蹋 ^{tà}踐也。從足，曻聲。徒盍反。

躡　躡 ^{niè}蹈也。從足，聶聲。佞懾反。

跨　跨 ^{kuà}渡也。從足，夸聲。苦夜反。

蹈　蹈 ^{dào}踐也。從足，舀聲。徒號反③。

躔　躔 ^{chán}踐也。從足，廛聲。臣鍇曰：星之躔次，星所履行也。茶連反。

踐　踐 ^{jiàn}履也。從足，戔聲。臣鍇按：《尚書序》：“成王既伐東夷，遂踐奄。”言中國天子無所不賓，亦無所翦滅，故言踐，若履行之而已。寂衍反。

---

① 《玄應》卷十一《雜阿含經》“指蹴”、卷十二《義足經》“蹴地”注引《説文》皆作“躡也”，可證今本作“躡也”誤。又《慧琳》卷五十一《入大乘論》“蹴蹋”注：“《説文》：蹴，亦蹋也。”

② 《廣韻》又七宿切（cù）。

③ 今讀 dǎo。

踵 zhǒng　追也。從足，重聲。一曰往來皃。**臣鍇曰**：猶言繼踵也。之甬反。

踔 zhào　踶也。從足，卓聲。**臣鍇曰**：踶亦當踔意也。《莊子》曰：夔踸踔一足。踔地重也。知教反。

【校】踸，《莊子》作"跰"。○重，當作"皃"。

蹛 dài　踶也。從足，帶聲。當柰反。

蹩 bié　踶也。從足，敝聲。一曰跛也。**臣鍇曰**：《莊子》曰："蹩躠爲仁。"小行也。脾迷反。

蟄 dié　蟄足也。從足，執聲。**臣鍇曰**：足蠻蟄然，連踔也。顏延之《赭白馬賦》曰："望朔雲而蟄足。"今俗作蹀。田俠反。

【校】蠻蟄，俗作"躞蹀"。

跤 shì　尌也。從足，氏聲。善紙反。

蹢 zhí　住足也。從足，啻聲。或曰蹢躅。賈侍中説：足垢。**臣鍇**按：《易》曰："羸豕蹢躅。"遟夕反。

躅 zhú　蹢躅也。從足，蜀聲。掾曲反①。

踶 dì　躗也。從足，是聲。**臣鍇**按：左思《魏都賦》曰："雲雀踶甍。"笛計反。

躗 wèi　衛也。從足，衞聲。于歲切。

【校】衛也，當作"踶也"。

踤 zú　觸也。從足，卒聲。一曰駭也；一曰蒼踤。昨没反。

蹷（蹶） jué　僵也。從足，厥聲。一曰跳也。讀亦若橜。**臣鍇**按：《呂氏春秋》曰"蹷痿之機"②，此仆也。又曰"孤猨聞而蹷往過之"，則跳也。俱越反。

---

① 掾，疑當作"橼"；大徐、《廣韻》均澄母。

② 今本《孟春紀》有"招蹷之機"。

【校】孤，今《吕覽》作"狐"，"遇"作"過"。

蹢　蹢　歴或從闢。

_{tiáo}
跳　趒　歴也。從足，兆聲。一曰躍也。笛遼反。

_{zhèn}
跊　跊　動也。從足，辰聲。止鄰反（zhēn）[1]。

_{chú}
躇　躇　跱躇，不前也。從足，屠聲。臣鍇曰：《詩》云"愛而不見，搔首跱躇"也。陳諸反。

【校】跱，當作"峙"。○今《詩》作"踟躕"。

_{fú}
跰　跰　跳也。從足，弗聲。附勿反。

_{zhí}
蹠　蹠　楚人謂跳躍曰蹠。從足，庶聲。臣鍇曰：《淮南子》曰："獸蹠實而走。"真石反。

_{tà}
蹹　蹹　駄也。從足，荅聲。他合反。

【校】駄，鉉作"跋"。

_{yáo}
踼　踼　跳也。從足，䍃聲。延朝反。

_{sà}
跋　跋　進足有所擷取也。從足，及聲。《爾雅》曰："跋謂之擷。"臣鍇曰：擷，摘也。速沓反。

【校】跋謂之擷，按《爾雅》當作"扱衽曰襭"。

_{bèi}
蹎　蹎　步行躓跋也。從足，貝聲。臣鍇曰：躓，礙也。跋，艸行也。補會反。

_{zhì}
躓　躓　跲也。從足，質聲。《詩》曰："載躓其尾。"臣鍇曰：謂退則摺礙其尾也。陟利反。

【校】載躓，今《詩》作"載疐"。

_{jié}
跲　跲　躓也。從足，合聲。居怯反。

_{chì}
跮　跮　述也。從足，世聲。臣鍇按：《漢書》天馬歌曰："超容與，

---

① 注音依《廣韻》章刃切。

跊萬里。"① 此行也。或從辵。音逝。丑世反。

【校】述，當作"迖"。○超，《漢書》作"騁"。○此行，當作"又行"。

diān
蹎 蹎 跋也。從足，真聲。的烟反。

yuè
跋 跋 輕足也。從足，戉聲。臣鍇曰：超越也。于厥反。

【校】輕足，錢鈔本作一"鼃"字。

bō
蹳 蹳 蹎蹳也。從足，發聲。北末反。

【校】鉉無此篆。

jí
蹐 蹐 小步也。從足，脊聲。《詩》曰："不敢不蹐。"臣鍇曰：步小而輕也，蹐猶跋踖也。澤易反（zhì）②。

diē
跌 跌 踢也。從足，失聲。一曰越。臣鍇曰：跌踢邁越不拘也。亭結反。

【校】邁越，汪作"過越"。

táng
踢 踢 跌踢也。從足，易聲。一曰搶也。特郎反。

cún
蹲 蹲 踞也。從足，尊聲。在坤反③。

jù
踞 踞 蹲也。從足，居聲。飢御反。

kuà
蹲 蹲 踞也。從足，夸聲。苦夜反。

jué
躩 躩 足躩如也。從足，矍聲。臣鍇曰：足驚將退也。俱縛反。

bó
踣 踣 僵也。從足，音聲。《春秋傳》曰：晉人"踣之"。甫北反。

bǒ
跛 跛 行不正也。從足，皮聲。讀若罷。一曰足排之，讀若彼。晡顆反。

jiǎn
蹇 蹇 跛也。從足，寒省聲。機善反。

pián
蹁 蹁 足不正也。從足，扁聲。一曰挖後足馬。讀若苹，或曰徧。

---

① 今本作"體容與，迣萬里"。

② 注音依《廣韻》資昔切。

③ 今讀 dūn。

臣鍇曰：古賦説舞云“蹁躚”，言足不正也。婢篇反。

跬 蹞　脛肉也。從足，矛聲。一曰曲脛也。讀若逑。**臣鍇曰**：矛音逑。權雖反。

踒 踒　足跌也。從足，委聲。烏過反。

跣 跣　足親地也。從足，先聲。思典反。

跔 跔　天寒足跔也。從足，句聲。**臣鍇曰**：筋遇寒不舒也。卷于反。

踞 踞　瘃足也。從足，困聲。**臣鍇曰**：足遇寒裂曰瘃，故《漢書》曰：天寒，士卒皸瘃墮指者什二三[①]。苦衮反。

【校】鉉作跟，困聲。

距 距　雞距也[②]。從足，巨聲。求許反。

躧 躧　舞履也。從足，麗聲。**臣鍇曰**：躧履謂足根不正納履也。《長門賦》曰“躧履起而彷徨”，《史記》曰：邯鄲女子跕躧履。舞者足騰不正納也。疎比反。

【校】躧履，《文選》作“躧履”。○跕躧履，《史記》作“跕屣”，無“履”字。○按：“躧”爲無跟履，鍇説未詳何据。

韀 韀　或從革。

騢 騢　足所履也。從足，叚聲。痕加反。

跰 跰　跀也。從足，非聲。讀若匪。**臣鍇曰**：荆也。斧尾反。

跀 跀　斷足也。從足，月聲。**臣鍇曰**：足見斷爲跀，其刑名則剕也。元伐反。

跀 跀　跀或從兀。

---

① 《漢書·趙充國傳》：“將軍士寒，手足皸瘃。”《高帝紀》：“會大寒，士卒墮指者什二三。”

② 《玄應》卷九《大智度論》“紫距”注引《説文》：“雞足距也。”據此，今本脱“足”字，宜據補。

跰 跰 曲脛馬也。從足，方聲。讀與彭同。白亨反。

趹 趹 馬行皃。從足，決省聲。臣鍇按：班固《西都賦》曰“要趹追蹤”也。橘穴反。

跰 跰 獸足企也。從足，开聲。臣鍇按：《爾雅》：“騉蹄，趼，善升甗。”注云：騉蹄似牛。臣以爲指蹏駢而足跟企舉，故能升甗。甗，山形上大下小也。魚見反。

路 路 道也。從足，各聲。臣鍇曰：《通論》詳矣。勒妬反。

跋 跋 蹎跋也。從足，犮聲。步抪反。

【校】蹎跋也，《韻會》引作“蹩行皃”。

躪 躪 轢也。從足，粦聲。力準反。

跂 跂 足多指也。從足，支聲。臣鍇曰：《莊子》所謂枝指也。翹移反。

文八十六　重四

疋 疋 足也。上象腓腸，下從止。《弟子職》曰：“問疋何止？”古文以爲《詩》大疋字，亦以爲足字，或曰胥字。一曰疋，記也。凡疋之屬皆從疋。臣鍇曰：腓脛，中腸也。《弟子職》，禮篇也。“《詩》大疋”則音雅；“疋，記也”則音疏。師阻反。

【校】注有譌舛，今正之，當作“足也，上象腓腸，下從止。古文以爲《詩》大雅字，亦以爲足字，《弟子職》曰‘問疋何止’。或曰胥字。一曰疏字，記也”。按：此言古文通借，一音一義，分辨甚明。自後人改易倒置，義遂難憭。“或曰胥字”，《漢書·五行志》“譖而足”，《列子》“以晝足夜”，《管子》“苗足本”，《論語》《漢書》之“足恭”，《左傳》“言以足志，文以足言”，古音皆同“胥”，而字皆譌足。其義爲相也，輔也，成也，皆是借“疋”爲“胥”之證。鍇未及釋，知其沿誤已久。

疏 疏 門户疏窗也。從疋、㐬，㐬象疏形。讀若疏。臣鍇曰：古

言綺疏也。指事。**色居反**。

疋 **疋**^{shū} 通也。從爻，疋亦聲。**臣鍇按**:《禮記》曰"疏通、特達"是也。**色居反**。

【校】特達，當作"疏達"。上"疏通"引《經解》，"疏達"引《月令》"器疏以達也"。

文三

品 **品**^{pǐn} 眾庶也。從三口。凡品之屬皆從品。**臣鍇按**:《國語》曰:天子"千品萬官"。**披甚反**。

嵒 **嵒**^{niè} 多言也。從品山相連。《春秋傳》曰:"次于嵒北。"讀與聶同。**臣鍇按**:《春秋左傳》齊桓公救邢"次于聶北"，今作"聶"，杜預闕之也。**女攝反**。

【校】品山，鉉無"山"字。

喿 **喿**^{sào} 鳥群鳴也。從品在木上。**臣鍇曰**: 指事也。**斯奧反**^①。

文三

龠 **龠**^{yuè} 樂之竹管，三孔，以和眾聲也。從品、侖。侖，理也。凡龠之屬皆從龠。**臣鍇按**:《詩》"左手執龠"傳云:"三孔笛也。"《詩》曰"於論鼓鐘"，是樂有倫理也。**胤略反**。

龡 **龡**^{chuī} 龡，音律管壎之樂也。從龠、炊。**臣鍇按**:《爾雅注》"壎^②，燒土爲之，大如鵝子，銳上平底，形如稱錘，六孔"，故從火;吹之，故從欠從龠。**叱爲反**。

龥 **龥**^{chí} 管樂也，七孔。從龠，虒聲。**臣鍇按**:《爾雅》^③:"竹爲之，大者長尺四寸、圍三寸，一孔上出寸三分，名翹，橫吹之。"**陳知反**。

---

① 今讀 zào。
② 壎，今本作"塤"。
③ 下引實"大篪謂之沂"之注。

【校】七孔，鉉無此二字。按：《史記索隱》云"六孔"，《廣雅》云"八
孔"，《禮圖》云"九孔"，《風俗通》云"十孔"，皆與此異。唯《周禮》
鄭司農注、蔡邕《月令章句》、《漢書》小顏注俱云"七孔"。

篪 簾　鼅或從竹。

龢 龢　調也。從龠，禾聲。讀和同。臣鍇曰：《春秋左傳》曰："如
樂之龢。"戶歌反。

【校】"和同"上脱"與"字。

龤 龤　樂和龤。從龠，皆聲。《虞書》曰："八音克龤。"臣鍇曰：
今《尚書》作"諧"，假借。痕皆反。

文五　重一

冊（册）冊　符命也。諸侯進受於王也。象其札一長一短，中有二
編之形。凡册之屬皆從册。臣鍇按：蔡邕《獨斷》曰：册書兩編。
又褚少孫《讀〈史記·三王世家〉》曰："其册或長或短，皆有意
義。"符，信也，與之爲信也。測麥反。

籍 籍　古文册從竹。

嗣 嗣　諸侯嗣國也。從册、口，司聲。臣鍇按：《尚書》祝册，謂
册必於廟史讀其册也，故從口。此會意。辭笥反。

孠 孠　古文嗣從子。

扁 扁　署也。從户、册者，署門户之文也。臣鍇曰：門户，封署
也，故何晏《景福殿賦》曰："爰有禁扁。"① 必撚反。

文三　重二

① 扁，或作"楄、匾"。

説文解字通釋卷第五

繫傳五

文林郎守祕書省校書郎臣徐鍇傳釋

朝散大夫行祕書省校書郎臣朱翱反切

二十二部 文六百三十三 重百三十八

品 𣥂（jí）眾口也。從四口。凡品之屬皆從品。讀若戢。一曰呶。臣鍇曰：呶，讙也。臻邑反。

㗊 𣥂（yín）語聲也。從品，臣聲。言陳反。

𤲃 𣥂 古文㗊。

嚻 𣥂（xiāo）聲也。气出頭上。從品、頁，頁，亦首也。臣鍇按：《春秋左傳》楚望晉師曰："甚嚻且塵上矣。"欣消反。

𧮫 𣥂 嚻或省。

㘔 𣥂（jiào）高聲。從品，丩聲。一曰大呼。《春秋公羊傳》曰：魯昭公"叫然而哭"。臣鍇按：《周禮》：雞人掌"夜嘑旦㘔百官"。叫然，忽發聲也。此昭公出奔齊也。見弔反。

【校】 叫然，當作"㘔然"，今《公羊》作"嗷然"。○嘑，今《周禮》作"嘑"。

嚾 𣥂（huàn）呼也。從品，莧聲。讀若讙。臣鍇曰：今俗作喧字。呼寬反（huān）[1]。

---

[1] 注音依《廣韻》火貫切。

【校】喧，當作“唤”，《玉篇》可證。“喧”乃“叩”之俗字。

器 <ruby>qì</ruby> 𡇂　皿也。象器之口，犬所以守之。乞至反。

文六　重二

舌 <ruby>shé</ruby> 𠯗　在口，所以言也。別味也。從干、口，干亦聲。凡舌之屬皆從舌。臣鍇曰：凡物入口，必干於舌也。時哲反。

𦧇 <ruby>tà</ruby> 𦧚　歠也。從舌，沓聲。臣鍇曰：謂若犬以口取食也。他合反。

【校】“謂若犬以口取食也”八字當在“舓”篆“臣鍇曰”下。按：“𦧇”爲流歠，非若犬也，以舌取乃若犬耳，鍇蓋釋“舌取”也。

舓 <ruby>shì</ruby> 𦧔　以舌取食。從舌，易聲。臣鍇曰：易音難易之易。神爾反。

　　舚 𦧕　舓或從也。

文三　重一

干 <ruby>gān</ruby> 𢎵　犯也。從反入，從一。凡干之屬皆從干。臣鍇曰：一者，守一也；入，干之也。骨安反。

𢆶 <ruby>rěn</ruby> 𢆊　撻也。從干，倒入一爲干，入二爲𢆶。讀若餁，言稍甚也。臣鍇曰：撻，刺也。入一，一，守一，故爲干；入二，二，不一也，故謂之𢆶，猶荏也。《傳》曰“任惡”是也，故曰稍甚。而沈反。

【校】餁，鉉作“能”。○荏也、《傳》曰任，“荏、任”疑皆當作“稔”。稔，熟也，義同餁。《左傳》曰“昆吾稔”，言稔惡也。

屰 <ruby>nì</ruby> 𢆤　屰不順也。從干，下山，屰之也。臣鍇曰：入一，一下有山，上逆之不相容順也。言碧反。

文三

谷 <ruby>jué</ruby> 𠔌　口上阿也。從口，上象其理。凡谷之屬皆從谷。臣鍇曰：阿猶曲，文理曲也。卻、綌字從此。其雀反。

　　𠯫 𠯬　谷或如此。

膫 隳 谷或從豦、肉。

丙 丙

^{tiàn}

舌皃。象形，從谷省聲。**臣鍇曰**：丙，谷省也。人舌出丙
丙然。《靈光殿賦》曰“玄熊丙猭”也。他暗反。

【校】丙猭，《文選》作“甛猭”。

囪 囪

古文丙，讀若三年導服之導。一曰竹上皮。讀若沾。一
曰讀若誓。弼字從此^①。**臣鍇曰**：古文從囪，即谷之省。三年禫
服，古借導字。弼字中囪即此字也。

【校】從囪，“囪”當作“仌”。○“中囪”之“囪”當作“丙”。

文二　重三

只 只

^{zhǐ}

語已詞也。從口，象气下引之形。凡只之屬皆從只。**臣鍇**
按：《詩》曰：“母也天只，不諒人只。”是只爲語已詞也。八，气
下引也。今試言只則气下引也。真彼反。

𪉈 𪉈

^{xīng}

聲也。從只，甹聲。讀若馨。顯丁反。

文二

卨 卨

^{nà}

言之訥也。從口，內聲。凡卨之屬皆從卨。**臣鍇曰**：《論
語》云：“其言卨卨然，如不出諸其口也。”女滑反。

【校】《論語》，當作“《禮記》”。○卨，今文作“吶”。

矞 矞

^{yù}

以錐有所穿也。從矛，卨聲。一曰滿有所出。**臣鍇曰**：滿
有所出，若汲井之綆爲繘，義近於此。與必反。

商 商

^{shāng}

從外知內也。從卨，章省聲。**臣鍇曰**：商略之也，以內知
外，言不出也。式陽反。

𠣧 𠣧

古文商。

㕯 㕯

亦古文商。

𤬝 𤬝

籀文商。

文三　重三

_____

① 弼，弜部作“𢐆”，今通作“弼”。

句 ^{gōu} 曲也。從口，丩聲。凡句之屬皆從句。梗尤反。

拘 ^{jū} 止也。從句、手，句亦聲。臣鍇曰：物去手能止之也。卷于反。

笱 ^{gǒu} 曲竹捕魚笱。從竹、句，句亦聲。臣鍇曰：《爾雅》"嫠婦之笱謂之罶"，注："謂以簿爲魚笱。"《毛詩傳》曰："曲梁也。"臣鍇以爲，爲隄入水遏魚爲梁，此以竹爲梁，曲之也。講吼反。

【校】簿，當作"薄"。

鉤 ^{gōu} 曲也。從金、句，句亦聲。臣鍇曰：古兵有鉤有鑲，引來曰鉤，推去曰鑲。故晏嬰曰："曲兵將鉤之。"吳鉤也。梗尤反。

【校】曲兵將鉤之，見《韓詩外傳》，是崔杼語。又"直兵推之，曲刃鉤之"，見《晏子春秋》，方是嬰語。〇"吳鉤"上當有"又"字，此別爲一説。

文四

丩 ^{jiū} 相糾繚也；一曰瓜瓠結丩起。象形。凡丩之屬皆從丩。臣鍇曰：瓜蔓接續生爲糾也。枓木字從此。飢酧反。

茻 ^{jiū} 艸之相丩者。從艸、丩，丩亦聲。臣鍇曰：藥有秦茻，今古本作茻，本當作此茻字。飢酧反。

【校】秦茻，《本艸》作"艽"，今俗作"艽"。

糾 ^{jiū} 繩三合也。從糸，丩聲。臣鍇曰：謂三股繩，史曰：禍福若糾纏也。緊黝反。

文三

古 ^{gǔ} 故也。從十、口，識前言者也。凡古之屬皆從古。臣鍇曰：古者無文字，口相傳也。昆覩反。

𠖠 古文古。

嘏 ^{jiǎ} 大遠也。從古，叚聲。臣鍇按：《詩》曰："錫爾純嘏。"大遠之福也。格雅反。

文二　重一

十 **十** 數之具也。一爲東西，丨爲南北，則四方中央備矣。凡十之屬皆從十。常入反。

丈 **丈** 十尺也。從手持十。臣鍇曰：孔子云"禹聲爲律，身爲度"，故從手。《漢書·律厤志》："竹爲引。"一引一丈。直敞反。

【校】從手，手，當作"又"。○一丈，按《漢志》，當作"十丈"。

千 **千** 十百也。從十，人聲。七先反。

肸 **肸** 響布也。從十，昚聲。臣鍇按：揚雄《甘泉賦》曰："肸響豐融，懿懿芬芬。"又《吳都賦》曰："肸響布寫。"十者散於四方也。八者，分也。希乞反。

【校】響布也，當依《文選注》引作"肸，蠁布也"。響，《文選》皆作"蠁"。○《吳都》，當作"《上林》"。

甚 **甚** 甚甚，盛也。從十，甚聲。汝南名蠶盛曰甚。臣鍇按：《詩》曰："宜爾子孫蟄蟄兮。"蟄，眾也。此甚義近之也。姊入反。

博 **博** 大通也。從十、尃；尃，布也，亦聲。臣鍇曰：十者成數。本泊反。

劦 **劦** 材十人也。從十，力聲。郎或反。

廿 **廿** 二十并也。古文省多。臣鍇曰：自古來書二十字從省多并爲此字也。而集反。

【校】省多，鉉刪"多"字，非是。

卙 **卙** 辭之卙矣。從十，咠聲。臣鍇曰：此《詩》云"辭之卙矣，民之繹矣"[1]，今《詩》緝字，註"和集也"，故從十。牆揖反。

文九

卅 **卅** 三十并也。古文省。凡卅之屬皆從卅。臣鍇曰：義與廿同。速沓反。

---

[1] 《詩經·大雅》："辭之輯矣，民之洽矣。辭之懌矣，民之莫矣。"

世 ^{shì} 世 三十年爲一世。從卅而曳長之，亦取其聲。臣鍇曰：大率三十年世道一革，《尚書》曰"既歷三紀，世變風移"，欲其相續，故引長之。詩袂反。

文二

言 ^{yán} 言 直言曰言，論難曰語。從口，辛聲。凡言之屬皆從言。臣鍇曰：《爾雅·釋言》注云"直言也"，《詩》曰"于時言言"。凡言者謂直言，無所指引借譬也。疑袁反。

謍 ^{yíng} 謍 聲也。從言，賏聲。臣鍇按：張衡《思玄賦》曰："鳴玉鸞之謍謍。"恩行反。

【校】鸞，《文選》作"鷖"。

謦 ^{qǐng} 謦 欬也。從言，殸聲。臣鍇按：《莊子》曰："聞謦欬之聲。"去挺反。

語 ^{yǔ} 語 論也。從言，吾聲。臣鍇按：《詩》曰"于時語語"，論難曰語也。疑舉反。

談 ^{tán} 談 語也。從言，炎聲。臣鍇曰：談者和懌而說言之，故《公羊傳》曰"以爲美談"。杜南反。

謂 ^{wèi} 謂 報也。從言，胃聲。臣鍇曰：謂之是報之也。于貴反。

諒 ^{liàng} 諒 信也。從言，京聲。力狀反。

詵 ^{shēn} 詵 致言也。從言、先，先亦聲。《詩》曰："螽斯羽詵詵兮。"臣鍇曰：先致其言也。所臻反。

請 ^{qǐng} 請 謁也。從言，青聲。臣鍇曰：梁陳前官有奉朝請，謂徒奉朝謁也。七并反。

謁 ^{yè} 謁 白也。從言，曷聲。臣鍇按：《春秋左傳》曰"謁諸王"，是白於王也。憂歇反。

許 ^{xǔ} 許 聽言。從言，午聲。欣巨反。

諾 nuò 讚 膌也。從言，若聲。臣鍇按：《爾雅注》引《禮》"男唯女俞"，是古者應對之辭，有節文。按：古者大夫多言唯，而衞出公及諸侯應其臣下皆曰諾。又，南朝有鳳尾諾，爲尊者之言也。能作反。

膌 yìng 膌 以言對也。從言，雍聲。於證切。

諸 zhū 讚 辯也。從言，者聲。臣鍇曰：別異之辭也，故曰"能説諸心"。又《爾雅》："前弇諸果，後弇諸獵。"掌於反。

詩 shī 讚 志也。從言，寺聲。式其反。

　　訨 乿 古文詩省。

讖 chèn 讖 驗也。從言，韱聲。臣鍇曰：凡讖緯皆言將來之驗也。測浸反。

諷 fěng 讚 誦也。從言，風聲。臣鍇按：諸經注背文曰諷。付宋反。

【校】背文，《大司樂》注作"倍文"。

誦 sòng 讚 諷也。從言，甬聲。臣鍇以爲：臨文爲誦。誦，從也，以口從其文也。似共反。

讀 dú 讚 誦書也。從言，賣聲。臣鍇曰：讀猶瀆也，若四瀆之引水也。馳谷反 [1]。

啻 yì 畐 快也。從言，中聲。臣鍇曰：菑、愭從此 [2]。言貫中，故爲快。會意。依色反。

訓 xùn 訓 説教也。從言，川聲。臣鍇曰：訓者順其意以訓之也，故太宗皇帝教誡諸王，見其立於木，則謂之曰"汝知之乎？此木雖曲，從繩則正"是也。吁問反。

誨 huì 讚 曉教也。從言，每聲。臣鍇曰：丁寧誨之，若決晦昧也。《詩》曰："誨爾諄諄。"虎配反。

---

① 馳，四部叢刊本同，四庫本作"駝"。大徐、《廣韻》徒谷切。

② 愭，心部作"意"。

zhuàn

譔 𧩾 專教也。從言，巽聲。此沿反（quán）①。

pì

譬 譬 諭也。從言，辟聲。臣鍇曰：譬猶匹也。匹而諭之也。匹寄反。

yuàn

諑 諑 徐語也。從言，原聲。《孟子》曰："故諑諑而來。"臣鍇曰：諑諑愿也。魚怨反。

【校】諑諑，今《孟子》作"源源"。○諑諑愿也，當作"諑猶愿也"。

yàng

詇 詇 早知也。從言，央聲。隱飼反。

yù

諭 諭 告也。從言，俞聲。臣鍇曰：及其未悟，告之使曉，若先諭之也。玄遇反②。

【校】若先，當作"是先"。

bì

詖 詖 辨論也③。古文以爲頗字。從言，皮聲。臣鍇按：《詩序》："譣詖私謁之心。"《孟子》曰："詖辭知其所蔽。"筆罝反。

zhūn

諄 諄 告曉之熟也。從言，𦍙聲。讀若庉。臣鍇按：《詩》曰："誨爾諄諄。"主均反。

è

詻 詻 論訟也。《傳》曰："詻詻孔子容。"從言，各聲。臣鍇按：《周禮注》曰："軍旅之容，儼儼詻詻。"言各反。

【校】儼儼，《保氏》注作"暨暨"。

yín

誾 誾 和悦而諍也。從言，門聲。臣鍇按：《論語》曰：冉有"誾誾如也"。《春秋左傳》曰：齊師伐魯，季孫謂冉有曰："若之何？"有曰："一子守，二子從。"公又曰："當子之身，齊人伐魯而不能戰，子之恥也。"又對叔孫曰："君子有遠慮，小人何知？"皆和悦之諍也。言陳反。

---

① 注音依《廣韻》土免切。

② 玄，四庫本作"羊"。

③ 《慧琳》卷十四《大寶積經》"險詖"、卷八十二《西域記》"險詖"注并引《説文》："辯諭。"則今本"論"爲"諭"字形譌。又《慧琳》卷十六《大聖文殊師利佛刹功德經》"險詖"注引《説文》："辨諛。""辨"通"辯"，"諛"通"諭"。

【校】冉有，《論語》作“閔子”，此肊記之譌，非古今文有異。

謀 **謨** 慮難曰謀。從言，某聲。莫浮反。

　　邤 枛 古文謀。

　　【校】鉉作枈。

　　誉 枣 亦古文。臣鍇曰：枣，古文言字也。

謨 **謨** 議謀也。從言，莫聲。《虞書》曰《咎繇謨》。臣鍇曰：慮一事畫一計爲謀，汎議將定其謀曰謨。《大禹》《皋陶》皆汎謨也。門胡反。

【校】咎繇，今《書》作“皋陶”。○《大禹》《皋陶》皆汎謨也，當作“《大禹》《皋陶謨》皆汎謀也”。

　　暮 枣 古文謨從口。

訪 **訪** 汎謀曰訪。從言，方聲。臣鍇曰：此言汎謀，謂廣問於人也，故《春秋左傳》曰“王使訪申叔”。夫妄反。

諏 **諏** 聚謀也。從言，取聲。臣鍇按：《詩》曰：“周爰諮諏。”臣又按：《國語》胥臣曰：文王“詢於八虞而咨于二虢，度于閎夭而謀于南宮，諏于蔡原而訪於辛尹”。雖一時之文辭有所互出，然大略亦盡如前解。煎吁反（jū）。

【校】諮，今《詩》作“咨”。

論 **論** 議也。從言，侖聲。臣鍇曰：《通論》詳矣。盧屯反。

議 **議** 語也。從言，義聲。臣鍇曰：定事之宜也。魚智反。

訂 **訂** 平議也。從言，丁聲。他頂反（tǐng）[①]。

詳 **詳** 審議也。從言，羊聲。似羊反。

諟 **諟** 理也。從言，是聲。善紙反。

諦 **諦** 審也。從言，帝聲。的替反。

---

① 注音依《廣韻》又徒鼎切。

識 **鐵** 常也；一曰知也。從言，戠聲。申力反[1]。

訊 **鼾** 問也。從言，卂聲。思震反。

　　諧 **䛗** 古文訊從鹵。

詧 **嶜** 言微親察也。從言，祭省聲。臣鍇曰：《論語》云"察言而觀色"是也。又，黃帝每問事，先問馬，次及牛，以微言詧其情也。測戛反。

【校】親察，鉉作"親詧"。

謹 **䜈** 慎也。從言，堇聲。臣鍇按：《論語》曰："言惟謹爾。"己忍反。

訝 **酆** 厚也。從言，乃聲。而冰反。

諶 **騏** 誠諦也。從言，甚聲。《詩》曰："天難諶斯。"臣鍇曰：其言審必然也。是任反。

【校】今《詩》作"忱"。

信 **㐰** 誠也。從人、言。思震反。

　　伈 **仰** 古文信省也。

　　訫 **㲝** 古文信。臣鍇曰：三字皆會意也。

訦 **㲜** 燕、代、東齊謂信訦也。從言，尤聲。臣鍇曰：言可信也。是吟反。

誠 **醿** 信也。從言，成聲。示征反。

誡 **鳍** 敕也。從言，戒聲。茍差反。

誥 **醋** 告也。從言，告聲。臣鍇曰：以文言告曉之也，故曰有文告之辭。古到反。

　　叡 **佾** 古文誥。

詔 **醅** 告也。從言從召，召亦聲。之紹切。

---

① 今讀 shí。

誓 ^{shì} 約束也。從言，折聲。臣鍇曰：與之爲約誓也。《泰誓》曰：“予克受，非予武，惟朕文考無罪。受克予，非朕文考有罪，惟予小子無良。”是爲約誓也。時制反。

諓 ^{xiān} 問也。《周書》曰：“勿以諓人。”從言，僉聲。臣鍇曰：諓猶險也。先廉反。

【校】今《書》作“憸”。

詁 ^{gǔ} 訓故言也。從言，古聲。《詩》詁訓 ①。臣鍇按：《爾雅》謂言有古今也。會意。昆覩反。

【校】《詩》曰古訓，“曰”當作“有”，毛公有《詁訓傳》也。或謂“詁訓”即“古訓是式”之“古訓”。段云是《抑》詩“告之話言”也。“話”古本作“詁”，此有脱文耳。

藹 ^{ǎi} 臣盡力之美。《詩》曰：“藹藹王多吉士。”從言，葛聲。臣鍇按：《爾雅注》：“梧桐茂實 ②，賢士眾，地極化，臣竭忠也。”恩奈反。

【校】實賢士，《爾雅注》無“實”字，“士”作“才”。

諫 ^{sù} 鋪旋促也。從言，束聲。臣鍇曰：言周旋促速也。孫卜反。

諝 ^{xǔ} 知也。從言，胥聲。臣鍇按：《周禮注》：“有才智之稱也。”仙呂反。

証 ^{zhèng} 諫也。從言，正聲。讀若正月。臣鍇按：孔子曰“諫有五”，然則証爲直諫也。真性反。

諗 ^{shěn} 深諫也。從言，念聲。《春秋傳》曰：“辛伯諗周桓公。”臣鍇曰：據辛伯之言簡而深，故知爲深諫也。施甚反。

試 ^{shì} 用也。從言，式聲。《虞書》曰：“明試以功。”臣鍇曰：《論語》孔子云：“吾不試，故藝也。”失吏反。

---

① 據校語，“詁訓”上脱“曰”；大徐、段注均有。

② 四庫本無“實”字。

諴 諴 和也。從言，咸聲。《周書》曰："丕諴于小民。"侯兮反。

【校】丕諴，今《書》作"丕能諴"，鉉作"不能諴"。

諫 諫 証也。從言，柬聲。溝雁反。

課 課 試也。從言，果聲。臣鍇按：《漢書》云"考課"是也。苦和反。

䚻 䚻 徒歌。從言、肉。臣鍇按：今《説文》本皆言徒也，當言徒歌，必脱誤也。下云從言、肉，亦誤也。延朝反。

【校】下云從言肉，"肉"下當有"聲"字，此鍇辨有聲之非也。

詮 詮 具也。從言，全聲。臣鍇曰：具記言也。七沿反。

訢 訢 憘也。從言，斤聲。臣鍇曰：喜形於言也。希斤反。

【校】憘，當依鉉作"喜"。

説 説 説，釋也；一曰談説。從言，兌聲。臣鍇曰：説之亦使悦懌也。《通論》詳矣。失雪反。

計 計 會也；算也。從言、十。臣鍇曰：十者總成數。會意。己惠反。

諧 諧 詥也。從言，皆聲。痕皆反。

詥 詥 諧也。從言，合聲。臣鍇按：詥，放肆説佞多合之言。故陸機《文賦》曰："務諧詥與妖冶。"此少亦字。後閤反。

【校】務諧詥與妖冶，《文選》作"或奔放以諧合，務嘈囋與妖冶"，鍇蓋隟栝舉之。

調 調 和也。從言，周聲。笛遼反。

話 話 合會善言也。從言，昏聲。《傳》曰："告之話言。"户敗反。

譮 譮 籀文話從言、會。臣鍇曰：會意也。

諈 諈 諈諉，累也。從言，垂聲。臣鍇曰：謂不能自決而以屬累

於人也。竹至反。

諉 𧩪 累也。從言，委聲。**臣鍇按**：漢胡建擅誅監軍，從史云"執事不諉上"是也。女至反。

【校】從史，按《漢書》當作"御史"。

警 𧦕 戒也。從言、敬，敬亦聲。**臣鍇按**：《禮》曰："先鼓以敬戒。"己皿反。

【校】敬戒，《禮記》作"警戒"。

謐 𧮈 靜語也[1]。從言，宓聲。一曰無聲。**臣鍇曰**：謐猶密也。美弼反。

謙 𧪾 敬也。從言，兼聲。**臣鍇曰**：謙猶嗛也。輕嫌反。

誼 𧧽 人所宜也。從言，宜亦聲也。**臣鍇按**：《史記》仁義字亦或作此。魚智反。

詡 𧦡 大言也。從言，羽聲。**臣鍇按**：揚雄曰"奢麗誇詡"是也。訓柱反。

諓 𧩏 善言。從言，戔聲。一曰謔也。**臣鍇按**：《國語》范蠡曰：吾"安知是諓諓者乎？"寂衍反。

誐 𧧶 嘉善也。從言，我聲。《詩》曰："誐以謐我。"偶和反。

【校】誐以謐我，今《詩》作"假以溢我"，《左傳》引作"何以恤我"。謐，鉉作"謐"。

詷 𧧮 共也。《周書》曰："在后之詷。"一曰諆[2]。從言，同聲。**臣鍇曰**：按今《尚書》作"在後之侗"也。田風反。

【校】在后之詷，今《書》作"在後之侗"。按陸氏《音義》，馬融作"詷"，則此用馬說也。鉉"后"上誤衍"夏"字。○諆，當依鉉作

---

① 《慧琳》卷九十四《續高僧傳》"靜謐"引《説文》："謐，靜也。"則今本"語"字衍。

② 諆，當從四庫本、四部叢刊本及大徐改"諆"。唐寫本《玉篇》"詷"下引《説文》："共同也；一曰諆也。"據此，今本"共"下當補"同"字。

“譀”，與《論語》“佪而不愿”同義。

設 毅 施陳也。從言、殳，使人也。臣鍇曰：殳所以驅遣指使人也。此會意。施子反。

護 䕶 救視也。從言，蒦聲。渾素反。

譞 譞 譞，慧也①。從言，睘聲。臣鍇曰：譞，察慧也。虛全反。

誧 誧 大也。從言，甫聲。一曰人相助也。讀若逋。臣鍇曰：《爾雅》“溥，大也”，近此。不吾反。

諰 諰 思之意。從言，思聲。辛子反。

讀 讀 中止也。從言，貴聲。《司馬法》曰：“師多則人讀。”讀，止也。胡愧反。

託 託 寄也。從言，毛聲。他作反。

記 記 疏也。從言，己聲。臣鍇曰：疏謂一一分別記之也。居意反。

譽 譽 稱也。從言，與聲。羊遇反。

譒 譒 敷也。從言，番聲。《商書》曰：“王譒告之。”臣鍇曰：布言之也。補貨反。

【校】今《書》作“播”。

謝（謝） 謝 辭去也②。從言，躬聲。似下反。

謳 謳 齊歌也。從言，區聲。臣鍇曰：齊，衆也。殷婁反。

詠 詠 歌也。從言，永聲。臣鍇曰：《尚書》：“歌永言。”于柄反。

咏 咏 詠或從口。

① 唐寫本《玉篇》“譞”下引《説文》：“譞，慧也。”野王案：“謂慧也。”據此可知許書古本作“慧也”。本書人部：“儇，慧也。”與“譞”音義皆同。段注以爲“此複舉字之未删者”，是也，今本“譞”字當删。

② 唐寫本《玉篇》“謝”下云：“《説文》：謝，辭也。”《慧琳》卷三《大般若波羅蜜多經》“謝法”注引《説文》：“辭也。”二引同，則今本“去”誤衍。“躬”同“辭”。

訖 ^{qì} 𧫡 止也。從言，气聲。臣鍇曰：言所止也。幾迄反（jì）。

諍 ^{zhēng} 𧮉 止也。從言，爭聲。臣鍇按：《孝經》曰：君有諍臣，不失其天下。謂能止其失也。側迸反。

評 ^{hū} 𧭂 召許也。從言，乎聲。虎烏反。

【校】召許，當作“召評”。

譹 ^{hù} 𧭟 評譹也。從言，虖聲。臣鍇曰：《山海經》云：“鳥其鳴自譹。”謂自言其名也。荒故反。

諺 ^{yàn} 𧮏 傳言也。從言，彥聲。擬線反。

訝 ^{yà} 𧫢 相迎也。《周禮》曰：“諸侯有卿訝也。”從言，牙聲。臣鍇曰：《周禮》使將至使卿訝，謂以言辭迎而勞之也。顏咤反。

　　迓 𧗆 訝或從辵。

詣 ^{yì} 𧭖 候至也。從言，旨聲。臣鍇曰：徑候而詣之也。逆桂反。

講 ^{jiǎng} 𧭈 和解也。從言，冓聲。臣鍇曰：古人言講解猶和解也。干項反。

謄 ^{téng} 𧮓 迻書也。從言，朕聲。臣鍇曰：謂移寫之也。徒朋反。

訒 ^{rèn} 𧫤 頓也。從言，刃聲。《論語》曰：“其言也訒。”臣鍇曰：頓者，多頓躓也。爾吝反。

訥 ^{nè} 𧫦 言難也。從言，內聲。奴嗢反。

雔 ^{chóu} 𧭫 猶讐也。從言，雔聲。臣鍇按：《詩》曰：“無言不讎。”《通論》詳矣。市柔反。

謯 ^{zhā} 𧭄 謯娽也。從言，虘聲。側巴反。

俟 ^{xì} 𧶁 待也。從言，俟聲。讀若賔。臣鍇曰：此亦與徯字義相通也。亦啟反。

謷 ^{jiào} 𧯤 痛呼也。從言，敖聲。臣鍇曰：顏之推《家訓》引此。見弔反。

náo
譊 譊 恚呼也。從言，堯聲。臣鍇曰：聲高噪獰也。女交反。

yíng
營 營 小聲也。從言，熒省聲。《詩》曰："營營青蠅。"臣鍇曰：
嚶嚶以鸎聲言之，營營以蠅聲言之，其異可察矣。玄經反。

【校】今《詩》作"營"。

zé
譜 譜 譜，大聲。從言，昔聲。讀若笮。臣鍇按：《史記》褚少
孫曰："漢武帝云：譜，大姊何藏之深也？"此義也，其文如下字。
淬白反。

【校】譜大聲，鉉無"譜"字。○譜大姊，今《史記》"譜"作"嘖"，
與鍇見作"嘖"本又異。

　　嘖 嘖 譜或從口。臣鍇按：《史記》曰"晉鄙，嚄嘖宿將"
　　是也。

sào
謜 謜 擾也。從言，梟聲。臣鍇曰：前史云師"鼓謜"是也。斯
奧反[1]。

yú
諛 諛 諂也。從言，臾聲。臣鍇曰：此下三字，《通論》詳矣。
羊朱反。

chǎn
諂 諂 諛也。從言，閻聲。敕奄反。

　　詔 詔 諂或從臽。

xuān
諼 諼 詐也。從言，爰聲。臣鍇按：《詩》曰："有斐君子，終不
可諼兮。"吁袁反。

【校】"諼兮"下當有"諼，忘也"三字，此證異義也。

áo
謷 謷 不肖人也。從言，敖聲。一曰哭不止，悲聲謷謷。臣鍇曰：
不肖人其言煩苛也。顏叨反。

xù
訹 訹 誘也。從言，朮聲。臣鍇按：賈誼《鵩賦》曰"怵迫之徒
兮，或趨西東"，本當作此訹字。敕密反（chì）[2]。

────────────

① 今讀 zào。
② 注音依《廣韻》辛聿切。

詑 **詑** 兗州謂欺曰詑。從言，它聲。**臣鍇曰**：謾欺之意也。忒羅反。

諔 **諔** 語諄諔也。從言，犀聲。讀若行道遲遲。纏离反。

謾 **謾** 欺也。從言，曼聲。没圍反。

諸 **諸** 諸奓，羞窮也。從言，奢聲。**臣鍇曰**：繁詞自蓋蔽也。陟茶反。

詐 **詐** 慙語也[1]。從言，作聲。**臣鍇曰**：在心曰怍，在言曰詐。愁亞反。

讋 **讋** 讋讘也。從言，執聲。**臣鍇按**：《史記》灌夫曰“生平毀程不識不直一錢，今日長者行酒[2]，乃效兒女子咕囁耳”，語當作此“讋讘”字也。之接反。

謰 **謰** 謰謱也。從言，連聲。**臣鍇曰**：義如前連遱注。鄰延反。

謱 **謱** 謰謱也。從言，婁聲。勒兜反。

詒 **詒** 相欺詒也；一曰遺也。從言，台聲。**臣鍇曰**：今《史記》欺紿作“紿”，音待。一曰遺，乃與“貽”同音，無貽字。寅之反。

【校】“無貽”上當有“《説文》”二字。

謵 **謵** 言謵讘也[3]。從言，習聲。**臣鍇曰**：言辭懼也。牆揖反。

謲 **謲** 相怒使也。從言，參聲。七南反[4]。

誑 **誑** 欺也。從言，狂聲。句唱反（guàng）。

---

① 唐寫本《玉篇》“詐”下引《説文》作“慙語也”，今本《玉篇》與之同，則“慙”或當“暫”字之譌。

② 行酒，今本作“爲壽”。

③ 唐寫本《玉篇》“謵”下云：“《説文》：謵讘也。”《玄應》卷六《六度集》“暮習”注：“經文作謵，《説文》：謵讘也。”兩引同，可證今本衍“言”字。

④ 《廣韻》七紺切（càn）。

^{ài}
譺 譺 騃也。從言，疑聲。臣鍇曰：言多礙也，今人作儗。五介反。

【校】儗，當作“癡”；儗，僭也。

^{guà}
諣 諣 相誤也。從言，畟聲。臣鍇曰：相陷誤也。俱化反。

^{zèn}
譖 譖 愬也。從言，朁聲。側賃反。

^{shàn}
訕 訕 謗也。從言，山聲。史宴反。

^{jī}
譏 譏 誹也。從言，幾聲。居希反。

^{wū}
誣 誣 加也^①。從言，巫聲。臣鍇曰：以無爲有也。文區反。

^{fěi}
誹 誹 謗也。從言，非聲。斧尾反。

^{zhōu}
譸 譸 詶也。從言，壽聲。讀若醻。《周書》曰：“無或譸張幻。”

臣鍇曰：此言語獻譸也。譸張，誑也，則音輈。陟求反。

【校】“幻”上當有“爲”字。

^{chóu}
詶 詶 譸也^②。從言，州聲。市柔反。

^{zǔ}
詛 詛 詶也。從言，且聲。即趣反。

---

① 唐寫本《玉篇》“誣”下引《説文》：“加言也。”又《玄應》卷十《發菩提心論》“加誣”、卷十一《中阿含經》“誣謗”、卷十五《五分律》“誣説”、卷十七《出曜論》“誣笑”、卷二十《十乘大輪經》“誣罔”、卷二十三《掌珍論》“誣罔”，《慧琳》卷七十八《經律異相》“誣撗”、卷八十一《集神州三寶感通録》“誣訾”、卷八十九《高僧傳》“袄誣”引《説文》皆作“加言”，可證今本脱“言”字。

② 《玄應》卷二十五《阿毗達磨順正理論》“呪詛”注：“《説文》作詶。詶，詛也。”《慧琳》卷三十二《藥師瑠璃光如來本願功德經》“呪詛”注：“上州符反，俗字也，正從言作詶。《説文》：詶，亦詛也。從言，州聲。”卷八十六《辯正論》“詶詛”注：“《説文》：詶，詛也。詛，亦詶也。詶、詛二字并從言，州、且皆聲。”今本《玉篇》“詶”下引《説文》：“職又切，詛也。”合此四引可證，許書古本“詶”之訓義當作“詛也”。

又由《慧琳》卷八十六所引可知，許書古本“詶、詛”二字互訓。《慧琳》卷二十四《大方廣佛花嚴經續入法界品經》“詶詛”注：“詶詛兩字互相訓也，亦作譸祝。”詶詛亦作“譸祝”，則“詶”與“譸”同字。唐寫本《玉篇》“詶”下注：“詶，《説文》亦譸字也。”據此，“譸”爲“詶”之重文無疑。今本以重文爲互訓，既與許書大例相違，又與《玄應》、《慧琳》、今本《玉篇》所引訓義相牴牾。許書之舊當以“譸”爲“詶”之重文，訓義爲“詛也”。

zhòu

詷 詷 訓也①。從言，由聲。長又反。

chǐ

誃 誃 離別也。從言，多聲。讀若《論語》"跢予之足"。周景王作洛陽誃臺。**臣鍇按**：誃臺，陸雲《與兄書》曰："曹公所爲屋，拆其誃塘不可壞，直以斧斫之而已。"又，劉孝綽《上虞鄉亭觀濤詩》曰："秋江涑甫絶，反影照誃塘。"《爾雅注》云："堂樓邊小屋爲簃，今云簃廚連觀。"臣鍇以爲誃臺猶別館也。陸雲所言即謂屋木相連接處也，孝綽所言即別館也，《爾雅》所言即連屋也。此蓋小屋連接大屋，觀其來則連於大屋，體其實則別自爲一區處也。尺婢反。

【校】跢予之足，《論語》作"啟予足"。或云"啟"古作"哆"；哆，開也。按：當以"啟"爲是。○"誃塘"兩見。按：《陸雲集》已譌舛，非舊，段引改"塘"爲"堂"，未詳何据。劉詩今本作"移塘"。○甫絶，當作"雨絶"。

bó

誖 誖 亂也。從言，孛聲。**臣鍇曰**：辭气散也。步咄反。

㪍 㪍 籀文誖從二或。**臣鍇曰**：《太玄》曰："天違人違，而天下之事誖矣。"②上下反覆皆或相成，故爲誖也。

悖 悖 誖或從心。

luán

䜌 䜌 亂也；一曰治也；一曰不絶。從言、絲形。**臣鍇按**：《春秋左傳》祝鮀曰："會同難，噍有繁言，莫之治也。"③繁，亂也。呂員反。

【校】絲形，"形"字衍。

𤔔 𤔔 古文䜌。**臣鍇曰**：象絲亂而爪治之。爪，手反也。

【校】手反，當作"反手"。

---

① 唐寫本《玉篇》"詷"下引《説文》："詷，祝也。"今本《玉篇》"詷"下注："丈又切。祝也。"據此，許書古本"詷"字訓義當作"祝也"。

② 今《太玄·玄掜》作"天違地違人違，而天下之大事悖矣"。

③ 今《左傳·定公四年》："會同難，噍有煩言，莫之治也。"乃子行敬子語。

wù
誤 𧦝 謬也。從言，吳聲。**頑故反**。

guà
詿 𧧸 誤也。從言，圭聲。**臣鍇曰**：挂也。**古賣反**。

【校】“挂也”上當有“猶”字。

xī
誒 𧨝 可惡之辭。從言，矣聲。一曰誒然。《春秋傳》言：“誒誒出出。”**臣鍇曰**：可畏惡矣。今《春秋左傳》作譆，假借。**軒其反**。

【校】“誒然”下當有“也”字。誒者，然也；然，譍也。〇《傳》言，當作“《傳》曰”。〇惡矣，“矣”當作“也”。

xī
譆 𧬰 痛也。從言，喜聲。**臣鍇曰**：痛而呼之言也。**軒其反**。

huì
詯 𧩂 膽气滿，聲在人上。從言，自聲。讀若反目相睞。**臣鍇曰**：膽气滿，自然气息聲也。**虎配反**。

【校】气息聲，疑當作“聲過人”。

lí
謧 𧭈 謧詍也，多言也。從言，离聲。**鄰之反**。

【校】謧詍也，“也”字衍。

yì
詍 𧩉 多言也。從言，世聲。《詩》曰：“無然詍詍。”**延世反**。

【校】今《詩》作“泄已”，見口部“呭”下。

zǐ
訾 訾 不思稱意也[1]。從言，此聲。《詩》曰：“翕翕訾訾。”**臣鍇曰**：言不思稱事之意也。《爾雅》曰：“翕翕、訾訾，莫供職也。”注曰：“賢者陵替，姦黨熾盛，背公恤私，曠職事也。”**將此反**。

táo
詾 𧩼 往來言也；一曰小兒未能正言也；一曰祝也。從言，匋聲。**待豪反**。

　　詾 𧩼 詾或從包。

rán
訷 𧨨 訷訷，多語也。從言，冉聲。樂浪有訷邯縣。**而淹反**。

tà
譅 𧮒 語相反譅也。從言，遝聲。**他合反**。

---

① 唐寫本《玉篇》“訾”下引《説文》：“思稱意也。”《玄應》卷五《超日明三昧經》“訾量”、卷十三《琉璃王經》“不訾”、卷二十《佛醫經》“不訾”皆引《説文》作“思稱意也”，可證今本“思”上衍“不”字。

【校】語相反譀也，當作"語相及譀諎也"。蓋逯者，行相及也，會意。

諮 **譫** 譀諎也。從言，沓聲。道合反。

訮 **訮** 諍語訮訮。從言，开聲。遏箋反（tiān）①。

講 **譐** 言壯兒。從言，雟聲。一曰數相怒也。讀若畫。臣鍇曰：謂言堅壯不可回也。今按前史多從言，懂不可如此，多作懂。麀獲反。

【校】多從，"從"字衍。

訇 **訇** 駭言聲。從言，匀省聲。漢中西域有訇鄉，讀若玄。臣鍇曰：今又音火宏反，馻訇也。昏耕反。

【校】駭，《韻會》引作"駭"。

訇 **訇** 籀文不省。

論 **論** 便巧言也。從言，扁聲。《周書》曰："截截善論言。"《論語》曰："友論佞。"臣鍇曰：今《論語》作便。婢篇反。

贇 **贇** 匹也②。從言，頻聲。婢民反。

訆 **訆** 扣也。如求婦先訆叕之③。從言、口，口亦聲。臣鍇曰：頻繁哀求之意也。此當引當時俗語爲証也。訆叕，猶言扣嗑之也。懇走反。

【校】哀求，當作"推求"。

詑 **諰** 言相詑司也。從言，兒聲。臣鍇曰：《楚辭》曰："能喔咿嚅詑以事婦人乎？"司，伺也。謂以言伺人之意旨也。奴佳反。

【校】今《楚辭》作"嚅唲"。

誂 **誂** 相呼誘。從言，兆聲。臣鍇曰：項籍欲與漢高祖誂戰，是

---

① 注音依《廣韻》又音五閑切。
② 唐寫本《玉篇》"贇"下注："《説文》：贇，比也。"據此，今本作"匹"誤。
③ 唐寫本《玉篇》"訆"下注："《説文》：訆，扣也。如求婦先訆發之。野王案：以言相扣發也。"據此，今本"叕"字當"發"字形誤。

也。徒了反。

【校】今書傳通作"挑"。

譄 譄 加也①。從言，曾聲。臣鍇曰：以言增加之也。走稜反。

詄 詄 忘也。從言，失聲。臣鍇曰：言失忘也。亭結反。

惎 惎 忌也。從言，其聲。《周書》曰："爾尚不惎于凶德。"臣鍇
曰：畏忌之也。健侍反。

【校】今《書》作"忌"。

譀 譀 誕也。從言，敢聲。臣鍇曰：誕，大言也。《詩》曰"進
厥虎臣，闞如哮虎"，近此義也。下暫反。

【校】哮，《詩》作"虓"。

　　詫 詫 俗譀從忘。

誇 誇 譀也。從言，夸聲。坤瓜反。

誕 誕 詞誕也。從言，延聲。臣鍇曰：又妄爲大言也。又大也。
特坦反。

【校】又妄，又，當作"人"。

　　𫳈 𫳈 籀文誕省正。

讀 讀 譀也。從言，萬聲。臣鍇曰：言過也。謀敗反。

謔 謔 戲也。從言，虐聲。《詩》曰："善戲謔兮。"虛約反。

誾 誾 很戾也。從言，艮聲。臣鍇曰：書很戾也。侯懇反。

【校】書，當作"言"。

訌 訌 讀也。從言，工聲。《詩》曰："蟊賊内訌。"臣鍇按：《爾
雅注》云："潰散也。"貢聰反（gōng）②。

【校】潰散，《爾雅注》作"潰敗"。

---

① 唐寫本《玉篇》黎本"譄"下注："《説文》：加言也。"羅本注："恆言也。"合訂之，
許書古本當如黎本所引，今本脱"言"字，羅本"恆"字亦誤。

② 注音依《廣韻》户公切。今讀 hòng。

識 ^{huì} 聲也。從言，歲聲。《詩》曰："有識其聲。"虎外反。

【校】有識其聲，按《雲漢篇》曰"有嘒其星"，《斯干篇》曰"噦噦其冥"，此疑爲兩涉之譌。

讙 ^{huān} 譁也。從言，藿聲。臣鍇曰：今人多作喧。呼官反。

譮 ^{huà} 疾也。從言，咼聲。呼怪反。

【校】疾也，當依鉉作"疾言也"。

譴 ^{tuí} 謀也。從言，魋聲。徒崔反。

訆 ^{jiào} 大呼也。從言，丩聲。《春秋傳》曰："或訆于宋太廟。"臣鍇按：《山海經》曰"鳥其鳴其訆"字如此。見弔反。

【校】今《左》作"叫"。○其訆，當作"自訆"。

號 ^{háo} 號也。從言、虎。臣鍇曰：今人通作號，遂無作此字者也。行高反。

譁 ^{huā} 讙也。從言，華聲。忽奢反。

謣 ^{yú} 妄言也。從言，雩聲。臣鍇曰：猶虛夸也。員須反。

　　誇 謣或從夸。

譌 ^é 譌言也。從言，爲聲。《詩》曰："民之譌言。"臣鍇曰：今《詩》作吪，假借也。五他反。

【校】今《詩》作"訛"，鍇云作"吪"，假借字。今"訛"乃"譌"俗字。

謬 ^{miù} 狂者之妄言也。從言，翏聲。明幼反。

譇 ^{huāng} 夢言也。從言，芫聲。臣鍇曰：言怳忽也。忽光反。

譬 ^{báo} 大呼自勉[①]。從言，暴省聲。臣鍇按：《漢書》"武帝榜郭舍

---

① 唐寫本《玉篇》"譬"："《説文》：大嘑也，自宛也。"《釋文》第二十九《爾雅·釋訓第三》"懪懪"："本又作譬，《説文》云：'大呼也，自宛也。'"引《説文》訓義與唐寫本合，許書古本如是，"呼、嘑"古今字。

人，痛呼暑"是也^①。別卓反。

訬 ^{chāo} 訬擾也；一曰訬獪。從言，少聲。讀若毚。臣鍇曰：獪狡也。測嘲反。

諆 ^{qī} 欺也。從言，其聲。臣鍇曰：謾書也。《漢書》枚皋有"詆諆東方朔"，又有"自詆諆"。居而反。

【校】謾書，當作"謾言"。〇詆諆，兩見《漢書》，皆作"詆媒"。

譎 ^{jué} 權詐也。益、梁曰謬欺天下曰譎。從言，矞聲。鴂穴反。

詐 ^{zhà} 欺也。從言，乍聲。章乍反。

訏 ^{xū} 詭譌也。從言，于聲。一曰訏謩。齊、楚謂信曰訏。臣鍇按：《爾雅》：又大也。此又吁字。況于反。

嗟 ^{jiē} 咨也。從言，差聲。一曰痛惜。臣鍇曰：今俗從口作嗟。走嗟反。

讋 ^{zhé} 失气言；一曰不止也。從言，龘省聲。傅毅讀若慴。臣鍇曰：中自服也。龘音沓。之接反。

　　讋 籀文讋不省。

誋 ^{jì} 誡也。從言，忌聲。臣鍇曰：今人言"誡誋"是也。健侍反。

誣 ^{wù} 相毀也。從言，亞聲。一曰畏誣。臣鍇曰：猶惡音污，相毀惡也。宛古反。

【校】"猶惡"上當有"誣"字。

譭 ^{huī} 相毀也。從言，隋聲。臣鍇曰：譭猶墮也。夕醉反（suì）^②。

誻 ^{tà} 嗑也。從言，闒聲。徒盍反。

詾 ^{xiōng} 說也。從言，匈聲。臣鍇曰：《詩》云："不告于詾。"吁封反。

---

① 《漢書》卷六十五《東方朔傳》："上令倡監榜舍人，舍人不勝痛，呼暑。"
② 注音依《廣韻》許規切。

訩 訩 或省。

說 譞 訩或從兇①。

sòng
訟 訟 爭也。從言，公聲。一曰歌訟。臣鍇曰：古本《毛詩·雅》《頌》字多作訟。似共反。

詾 詾 古文訟。

chēn
謓 謓 恚也。從言，真聲。賈侍中説：謓，笑。一曰讀若振。臣鍇曰：今人作嗔。齒真反。

zhé
讘 讘 多言也。從言，聶聲。河東有狐讘縣。臣鍇曰：義具囈字注。之接反。

【校】狐讘，狐，《漢·諸侯表》作「䣉」。按：當作「𦫳」，辨見𦫳部。

hē
訶 訶 大言而怒也。從言，可聲。獻他反。

zhǐ
䛠 䛠 訐也。從言，臣聲。讀若指。只耳反。

jié
訐 訐 面相斥罪，相告訐。從言，干聲。鳩歇反。

sù
愬(訴) 愬 告也。從言，厈聲。《論語》曰：「愬子路於季孫。」桑祚反。

【校】汪依鉉作訴，非是。

謶 謶 訴或從言、朔。

愬 愬 訴或從朔、心。

qiǎn
譴 譴 謫問也。從言，遣聲。喫絹反。

zhé
謫 謫 罰也。從言，啻聲。臣鍇曰：謫猶摘也。張伯反。

zhuān
諯 諯 數也；一曰相讓也。從言，耑聲。讀若專。赤戀反(chuàn)②。

ràng
讓 讓 相責讓。從言，襄聲。爾亮反。

_____

① 訩，依例當作「詾」。
② 《廣韻》又職緣切。

譙 ^{qiáo} 譙 嬈譊也。從言，焦聲。讀若嚼。寂要反。

　　誚 誚 古文譙從言、肖。《周書》曰："王亦未敢誚公。"

諫 ^{cì} 諫 數諫也。從言，束聲。臣鍇曰：諷刺也。七智反。

誶 ^{suì} 誶 讓也。從言，卒聲。《國語》曰："誶申胥。"^① 臣鍇按：《國語》曰："吳王還自伐齊，乃誶申胥。"胥自殺也。星醉反。

【校】今《國語》作"訊"。

詰 ^{jié} 詰 問也。從言，吉聲。輕質反。

謹 ^{wàng} 謹 責望也。從言，望聲。臣鍇按：《史記·張耳傳》曰：陳餘固望耳。本此謹字也^②。聞誑反。

【校】鉉作"謹"，非。按：亡部："望，望出亡者還也"，故"責謹"從其義。○《張耳傳》，當作"《陳餘傳》"。○固望耳，當作"亦望張耳"。

詭 ^{guǐ} 詭 責也。從言，危聲。句委反。

證 ^{zhèng} 證 告也。從言，登聲。酌應反。

詘 ^{qū} 詘 詰詘也；一曰屈襞。從言，出聲。臣鍇按：《周易》曰"失其守者，其辭屈"，當作此諎字也^③。區欸反。

　　謳 謳 詘或從屈。

諁 ^{yuàn} 諁 尉也。從言，夗聲。迂勸反。

詗 ^{xiòng} 詗 知處告言之。從言，同聲。臣鍇按：《史記》淮南王安使其女"爲中詗長安"，注"詗，詗候也"，即此義。翾併反。

【校】詗候，當作"伺候"。

謰 ^{juàn} 謰 流言也。從言，夐聲。古縣反。

詆 ^{dǐ} 詆 苛也。從言，氏聲。一曰訶。的米反。

---

① 唐寫本《玉篇》"誶"："《説文》：訊，讓。《國語》曰'吳王誶申胥'是也。"

② 謹，當據四庫本、四部叢刊本改"謹"。

③ 按，此句疑當移"諎"篆下。

【校】荷，當依鉉作"苛"。〇"一曰訶"下當補"臣鍇曰：苛，細也，謂細詰問之"，今誤入"誰"篆下。

誰 誰 何也。從言，隹聲。**臣鍇按**：《史記》賈誼《過秦》曰："陳利兵而誰何？"苛，細也，謂細詰問之。市隹反。

【校】"過秦"下脱"論"字。〇"苛細"以下八字當在"詆"篆下。

譁 譁 飾也。從言，革聲。讀若戒。一曰更。溝厄反。

讕 讕 詆讕也。從言，闌聲。**臣鍇曰**：以語防闌之也。勒湌反。

讕 讕 讕或從閒。

診 診 視也。從言，㐱聲。**臣鍇按**：《史記·倉公傳》曰"診脈"，言視脈也。遲鎮反。

嘶 嘶 悲聲也。從言，斯省聲。**臣鍇曰**：今謂馬悲鳴為嘶也。散低反。

訧 訧 罪也。從言，尤聲。《周書》曰："報以庶訧。"**臣鍇曰**：怨言於言也[1]。焉秋反。

【校】怨言，當作"怨尤"。

誅 誅 討也。從言，朱聲。輊須反。

討 討 治也。從言、寸。**臣鍇曰**：寸，法也。奉辭伐罪，故從言。此會意。他老反。

諳 諳 悉也。從言，音聲。恩甘反。

讄 讄 禱也，累功德以求福。《論語》云："讄曰：禱爾於上下神祇。"從言，畾聲。**臣鍇按**：《尚書》"金縢之辭"是也。柳水反。

【校】今《論語》作"誄"。

讄 讄 讄或從櫐。

諡 諡 行之迹也。從言、兮，皿聲。**臣鍇曰**：以行易其名也。臣

_____

① 怨言，四庫本作"怨宣"。

以爲皿非聲，兮聲也。疑脱誤。常利反。

【校】皿聲，聲，鉉作"闞"。○按：戴侗《六書故》云，唐本《説文》有"謚"無"諡"，"謚"即"行之迹也"。後人用吕忱《字林》補"諡"，而改"謚"注爲"笑皃"，段本删"諡"從戴。

誄　誄　謚也。從言，耒聲。柳水反。
lěi

諱　諱　忌也。從言，韋聲。詡尉反。
huì

諰　諰　恥也[1]。從言，奚聲。亦啟反。
xǐ

　　謨　謨　諰或從粦。

詬　詬　諰詬，恥也。從言，后聲。臣鍇曰：《春秋傳》曰"吾不忍其詬"是也。呵透反（hòu）[2]。
gòu

【校】其詬，今《左》"詬"作"詢"。

　　詢　詢　詬或從句。

諜　諜　軍中反閒也。從言，枼聲。田挾反。
dié

該　該　軍中約。讀若心中滿該。從言，亥聲。臣鍇按：《字書》：又備也。荷孩反（hái）[3]。
gāi

譯　譯　傳譯四夷之言者[4]。從言，睪聲。移尺反。
yì

譶　譶　疾言也。讀若沓。從三言。臣鍇曰：《吳都賦》"颭曜仮譶"是也。道合反。
tà

---

① 唐寫本《玉篇》"諰"："《説文》：諰詬，恥辱也。"《慧琳》卷三十九《不空羂索經》"吼諰"注引《説文》："諰，恥辱也。"蓋許書古本"諰詬"連語，"諰"下當云"諰詬，恥辱也"，"詬"下但云"諰詬也"，慧琳所引脱"詬"字，而訓義與唐本《玉篇》引同可證。今本"詬"下作"諰詬，恥也"，疑後人竄改，當删"恥"字。

② 《廣韻》又古厚切（gǒu）。

③ 注音依《廣韻》古哀切。

④ 唐寫本《玉篇》"譯"下引《説文》："傳四夷之語也。"《文選・喻巴蜀檄》"重譯納貢"李善注引《説文》："譯，傳也，傳四夷之語也。"《文選・東京賦》"重舌之人九譯"、《魏都賦》"譯導而通"注引《説文》："譯，傳四夷之語者。"《後漢書・和帝紀》李賢注引《説文》："譯，傳四夷之語也。"五引"傳"下皆無"譯"字，許書古本當如是，今本衍，或爲複舉字未删誤倒；今本"之言"當"之語"之譌。

【校】颯逿侵嘉，《文選》作「儼嘉梟獠」。

謗 ^{bàng} 毀也。從言，旁聲。補盎反。

讒 ^{chán} 譖也。從言，毚聲。岑嵒反。

訄 ^{qiú} 迫也。從言，九聲。讀又若丘。虔柔反。

【校】丘，鉉本作「求」。

謚 ^{yì} 笑皃。從言，益聲。臣鍇曰：猶笑言呝呝也。伊昔反。

文二百四十八　重三十一

【校】（文二百四十八）八，汪作「六」，鉉作「五」。按：作「六」者「謵、詔」二字不入計，作「五」者「謵、詔、謚」三字不入計也。「謵、詔」，鉉所補，非鍇本所有。則此當有「次立曰：今文二百四十六，補遺『謵、詔』二字，共二百四十八」。

（重三十一）實核三十二，鉉補「迕」字未入計也。當補「次立曰：今重三十一，補遺『迕』一字，共重三十二」。

誩 ^{jìng} 競言也。從二言。凡誩之屬皆從誩。讀若競。臣鍇曰：會意。渠命反。

善 ^{shàn} 言也。從誩從羊。此義與美同意。臣鍇曰：《通論》詳矣。石遣反。

【校】言也，當依鉉作「吉也」；義與，當作「與義」。

譱 篆文善從言。

競 彊語也。從誩、二人。一曰逐也。臣鍇按：《詩》曰：「無競惟烈。」競，彊也。《春秋傳》曰晉師「驅衝競」逐也，又曰「二惠競爽」，二人俱爽也。渠命反。

讟 ^{dú} 痛怨也。從誩，賣聲。《春秋傳》曰：「民無怨讟。」臣鍇曰：象眾怨也，故從二言。駝谷反。

【校】怨讟，《左傳》作「謗讟」；又「怨讟動於民」，此兩涉之譌。

文四　重一

音 聲也。生於心，有節於外謂之音。宮商角徵羽，聲也；絲竹金石匏土革木，音也。從言，含一。凡音之屬皆從音。臣鍇曰：《通論》詳矣。郁吟反。

響 聲也。從音，鄉聲。臣鍇曰：《通論》詳矣。忻罔反。

䛐 下徹聲。從音，㪘聲。臣鍇按：《周禮》"樂有䛐聲"，謂聲不能越揚也。恩甘反。

【校】樂有䛐聲，按《典同》當作"曰微聲䛐"。

韶 虞舜樂也。《書》曰："簫韶九成，鳳凰來儀。"從音，召聲。臣鍇曰：《漢書·禮樂志》：韶，紹也。言能紹堯之道也。士遙反。

章 樂竟爲一章。從音、十。十，數之終也。臣鍇曰：《通論》詳矣。周良反。

竟 樂曲盡竟。從音從人。臣鍇曰：樂人曲所終也。居兢反。

【校】"曲盡"下汪本有"爲"字。〇所終，當作"一終"。

文六

辛 辠也。從干、二。二，古文上字。凡辛之屬皆從辛。讀若愆，張林說。臣鍇曰：干者不以其道干也，故爲辛。豈虔反。

童 男有罪曰奴，奴曰童，女曰妾。從辛，重省聲。臣鍇曰：義見僮字注。田風反。

𡘂 籀文童，中與竊中同，從廿。廿，以爲古文疾字。

妾 有罪女子給事之得接於君者。從辛從女。《春秋》云："女爲人妾，妾不娉也。"臣鍇曰：《通論》詳矣。七接反。

【校】"春秋"下當有"傳"字。

文三　重一

丵 叢生艸也。象丵嶽相并出也。凡丵之屬皆從丵。讀若浞。

臣鍇曰：此字下半雖非干字，以其形似，即次於干，所謂據形聯系，引而申之也。士角反。

【校】非干、於干，兩"干"字皆當作"辛"。

業 業 大版也。所以飾縣鍾鼓。捷業如鋸齒，以白畫之。象其鉏鋙相承也。從丵從巾。巾象版。《詩》曰："巨業維樅。"臣鍇曰：謂筍虡上橫版，鋸齒刻之鎛鐘，凡一層齒縫掛八鐘，兩層，故云相承。巾，下版也。疑怯反。

【校】巨業，今《詩》作"虡業"。

叕 㸚 古文業。

叢 叢 聚也。從丵，取聲。臣鍇曰：此凡物叢萃也，艸木之叢在艸部。全通反。

對 對 譍無方也。從丵、口、寸。臣鍇曰：有問則對，非一方也。張釋之曰"嗇夫喋喋"是也。寸，法度也。會意。得悔反。

對 對 對或從士[①]。漢文帝以爲責對而爲言，多非誠對，故去其口以從士也。臣鍇曰：漢文帝幸虎圈，間守尉禽獸簿，守尉不能對，嗇夫從旁代對，甚悉，文帝悦。張釋之曰："秦以利口而亡，周勃、張相如似不能言者。"帝感悟，責對者見責問而對，故云非誠。《易》曰："尚口乃窮。"故去口。士，事也，取事實也。

文四　重二

菐 菐 瀆菐也。從丵從収，収亦聲。凡菐之屬皆從菐。臣鍇曰：瀆菐，瀆也，兩手捧持。丵，叢雜也。蒲速反。

【校】"瀆也"上當有"煩"字。

僕 僕 給事者。從人從菐，菐亦聲。臣鍇按：《春秋左傳》曰："王臣公，公臣大夫，大夫臣士，士臣皁，皁臣隸，隸臣僕，僕臣臺，

---

① 對，依例當作"對"。

輿臣臺，馬有圉，牛有牧。”臣鍇以爲此士天子元士，《周禮》一命者也。皁猶造也，秦漢十等爵，有上造。顔師古曰“造，成也”，言有成命於上也。譚長所謂“造上士”，則秦之“大上造”也。《周禮》有隸僕，給勞辱之役者也。又戎僕，掌馭車。《尚書》有左右攜僕，今在隸下，知是攜挈之役者也。輿，眾人也。《春秋左傳》：晉食輿人之城杞者，絳縣老人爲輿尉，遷爲複陶；又子産使輿三十人，遷里析之柩。知輿又彌賤也。臺猶跆，在人下之稱也。若所跆踐，又益細也。牧牛又卑於馬也。**盤沃反。**

【校】按：《左傳》“皁臣輿，輿臣隸，隸臣僚，僚臣僕，僕臣臺”；鍇引舛而説從之，此肊記之譌，非古今文之異。〇“十等”上當有“二”字。〇“馬也”上當有“圉”字。

𦤸 古文從臣。

bān
𠔋 賦事也。從菐從八。八，分之也；八亦聲。讀若頒。一曰讀若非。**臣鍇曰：**此古頒字。**布山反。**

文三　重一

gǒng
収 竦手也。從𠂇、又。凡収之屬皆從収。**臣鍇曰：**并舉之也。**矩竦反。**

𢪃 揚雄説：収從兩手。

fèng
奉 承也。從手從収，丰聲。**臣鍇曰：**丰音封。**附恐反。**

chéng
丞（丞） 翊也。從収從卩從山。山高，奉承之義。**臣鍇曰：**岊，高之狀也，故爲山高。隅爲山岊。**視登反。**

【校】“隅爲”上當有“陬”字，見山部“岊”篆注。

huàn
奐 取奐也；一曰大。從収，夐省聲。**臣鍇曰：**美哉奐焉。奐，大也。**呼算反。**

yǎn
弇 蓋也。從合，収聲。**更堪反**（gān）[①]。

① 注音依《廣韻》衣儉切。

算　宵　古文弁。

yì
羿　鼻　引給也。一從収，羿聲。移尺反。

【校】一從，"一"字衍。

qí
舁　卑　舉也。從収，甶聲。《春秋傳》曰："晉人或以廣墜，楚人舁之。"黃顥説：廣車陷，楚人爲舉之。杜林以爲騏驎字。臣鍇曰：甶音薔，今《春秋左傳》"楚人惎之"，作惎。杜預注："惎，教也。"健侍反 (jì)①。

【校】鉉作卑，由聲，非是。○騏驎，當作"騏舁"，舁，古文"弁"字。騏舁，即《鳲鳩篇》"其弁伊騏"也。"騏"與"綦"古通用，《説文》"綦"作𦅾。"卑"蓋"綼"之省文，後人不達，改"舁"爲"驎"，鉉本并改作"麒麟"，其繆更甚矣。

yì
异　鼻　舉也。從収，㠯聲。《虞書》曰："嶽曰異哉！"余吏反。

【校】嶽，今《書》作"岳"。

nòng
弄　弄　玩也。從収、玉。臣鍇曰：《詩》曰："載弄之璋。"璋，玉也。此會意。魯棟反 (lòng)。

yù
奔　奔　兩手盛也。從収，㕦聲。融六反。

juàn
𢍏　𢍏　摶飯也。從収，釆聲。釆，古文辨字。讀若書卷。臣鍇曰：卷、眷從此。俱辨反。

kuí
𥄭　𥄭　持弩拊。從収、肉。讀若逵。臣鍇曰：肉非聲，疑脱誤。《春秋左傳》曰："王孫燕奔頯。"黃氏頯字從此。權雖反。

【校】"収肉"下當有"聲"字，鍇説可證。此轉轉竄易之譌。

jiè
戒　𢧎　警也。從収、戈，持以戒不虞。臣鍇曰：《尚書》曰："儆戒無虞。"會意。茍差反。

bīng
兵　𠬶　械也。從収持斤并力之皃。臣鍇曰：會意。彼平反。

俌　傓　古文兵從人、収、干。

<hr>

① 注音依《廣韻》渠之切。

毛 兵 籒文兵。

龏 龗 慤也。從収，龍聲。臣鍇曰：《左傳》鄭子産曰"苟有位於朝，無有不恭慤"當作此龏。矩重反。

【校】恭慤，慤，今《左傳》作"恪"。

弈 羿 圍棊也。從収，亦聲。《論語》曰："不有博弈者乎？"臣鍇曰：《春秋左氏傳》云："弈者舉棊不定，不勝其偶。"移尺反。

具 具 共置也。從収，貝省。古以貝爲貨。臣鍇曰：會意。健芋反。

文十七　重四

癶 川 引也。從反収。凡癶之屬皆從癶。臣鍇曰：引者自外引入也，故反手向外引之。潘蠻反。

攀(攀) 樊 癶或從手、樊。臣鍇曰：此今人書攀字。

樊 攀 鷔不行也。從癶，棥亦聲。臣鍇曰：鷔猶縶也，鷹隼之屬，見籠不得出，以左右攀引外也。復喧反。

【校】鷔，當作"鷔"。鷔，馬重兒，馬重則難行也。觀鍇説，其謁已久。

變 攣 樊也。從癶，戀聲。臣鍇曰：義同上。呂員反。

文三　重一

共 芍 同也。從廿、収。凡共之屬皆從共。臣鍇曰：廿音入，二十共也。此會意。具縱反。

舜 芍 古文共。臣鍇曰：兩手共也。

龔 龗 給也。從共，龍聲。臣鍇按：《春秋左傳》曰："其或不龔，邦有常刑。"矩重反。

【校】《春秋左傳》，當作"《夏書·允征》曰：其或不恭，邦有常刑；《左傳》曰：命不恭，有常刑"。此兩涉之謁。

文二　重一

異 畀 分也。從収、畀。畀，予也。凡異之屬皆從異。臣鍇曰：

畀音俾，將欲予物，先分異之也。《禮》曰："賜君子小人不同日也。"會意。余吏反。

戴 𪔂 分物得增益曰戴。從異，𢦏聲。臣鍇曰：是分物得益也。史陳平分社肉曰：使平宰天下如分此肉矣，眾喜而戴之也。會意。都愛反。

　　戴 𪔂 籀文戴。

文二　重一

舁 𦥯 共舉也。從臼、収。凡舁之屬皆從舁。讀若余。臣鍇曰：舁，用力也，兩手及爪皆用也。以虛反。

舁 𦥸 升高。從舁，囟聲。臣鍇曰：囟音信。親延反。

　　𡲡(𡲢) 𦥴 舁或從卪。臣鍇曰：卪亦高也。

　　舁 𦥮 古文舁。

與 𦥸 黨與也。從舁、与。臣鍇曰：《春秋左傳》曰：伯有"聞子皮之甲不豫攻己也，喜。曰：子皮與我矣"。會意。尹汝反。

　　异 𠬟 古文與。

興 𦥷 起也。從舁、同，同力也。臣鍇曰：周武王曰："予有亂臣十人，同心同德，周所以興也。"會意。香澄反。

文四　重三

說文解字通釋卷第六

繫傳六

文林郎守祕書省校書郎臣徐鍇傳釋
朝散大夫行祕書省校書郎臣朱翱反切

三十部　文三百　重七十八

臼 ^{jú} 叉手也。從𦥑、日。凡臼之屬皆從臼。臣鍇曰：兩手相叉也。俱燭反。

要 ^{yāo} 身中也。象人要自臼之形。從臼，交省聲。臣鍇曰：要猶要也，腰爲中關，所以自臼持也。於消反。

　㜶 古文要。

文二　重一

晨（晨） ^{chén} 早昧爽也。從臼、辰。辰，時也，亦聲。丮夕爲㚶，臼辰爲晨，皆同意。凡晨之屬皆從晨。臣鍇曰：凡自夜半、子以後爲晝，昧爽爲寅，於歲爲正月，夏正之始也。二陽初生，和氣之始，美莫甚焉，君子以行事。《春秋左傳》曰：“昧旦丕顯，後世猶怠。”人君未明求衣。孟子曰：“雞鳴而起，孜孜爲善者，舜之徒歟。”臼者，自臼持也。石淪反。

【校】爲晝，晝，當作“早”。〇爲寅者，猶今以分夜爲寅夜也。〇徒歟，《孟子》作“徒也”。

農（農） ^{nóng} 耕也。從晨（晨），囟聲。臣鍇曰：晨耕也，囟當爲凶字，乃得聲。疑非聲。奴聰反。

農 ^農 籀文農從林。

農 ^農 古文農。

辳 ^辳 亦古文農。

【校】 鉉作辳。

文二　重三

cuàn

爨 ^爨 齊謂之炊爨。臼象持甑，冂爲竈口，収推林内火。凡爨之屬皆從爨。臣鍇曰：取其進火謂之爨，取其气上謂之炊。七亂反。

【校】 之炊爨，當作“炊爲爨”。○臼，當作𦥑，鉉作𦥑。

爨 ^爨 籀文爨省。

qióng

𤓰 ^𤓰 所以枝鬲者。從爨省、鬲省。臣鍇曰：會意。其從反。

xìn

釁 ^釁 血祭也。象祭竈也。從爨省，酉[1]；酉，所以祭也。從分，分亦聲。臣鍇曰：酉，酒也；分，分牲也。許僅反。

文三　重一

gé

革 ^革 獸皮治去其毛，革更之。象古文革之形。凡革之屬皆從革。臣鍇曰：此從古文革省之也。溝厄反。

【校】 更之，當作“更也”。○古文革，革，當作“革”。

革 ^革 古文革從卅。卅年爲一世，而道更也。臼聲。臣鍇曰：皮去其毛，染而瑩之曰革。

kuò

鞹 ^鞹 去毛皮也。《論語》曰：“虎豹之鞹。”從革，郭聲。臣鍇曰：皮去其毛，染而瑩之曰革。鞹，空廓之意也。困博反。

【校】 去皮毛，鉉作“去毛皮”。○染而瑩之曰革，“染而瑩之革”五字涉上注而衍。

kàn

靬 ^靬 靬乾革也。武威有麗靬縣。從革，干聲。肯旰反。

【校】 麗靬，《漢志》作“驪靬”。

luò

鮥 ^鮥 生革可以爲縷束也。從革，各聲。臣鍇曰：絡也。勒託反。

---

① 大徐本“酉”上有“從”字。

【校】“絡也”上當有“鞊猶”二字。

鞄 鞄　柔革工也。從革，包聲。讀若朴。《周禮》曰：“柔皮之工，鮑氏。”鞄即鮑也。**臣鍇按**：《周禮》“鮑氏爲甲，攻皮之工也”注云：“或作鞄。”別卓反（báo）①。

【校】“爲甲”二字衍。按《考工記》，“爲甲”屬函人。

鞎 鞎　攻皮治鼓工也。從革，軍聲。讀若運。**臣鍇按**：《周禮》曰：“鞎人爲皋陶。”皋陶鼓匡。于問反。

　　韗 韗　鞎或從韋。**臣鍇曰**：今《周禮》作此字。

鞣 鞣　奯也。從革，柔聲。**臣鍇曰**：皮革之柔奯也。然尤反。

鞑 鞑　柔革也。從革，旦聲。之列反（zhè）②。

　　韇 韇　古文鞑從亶。

䩶 䩶　革繡也。從革，貴聲。**臣鍇按**：《國語》：齊罰輕罪者，䩶盾一戟。謂繡革爲盾。唐史：戎狄婦人或能刺韋爲繡也。求位反。

鞶 鞶　大帶也。《易》曰：“或錫之鞶帶。”男子帶鞶，婦人帶絲。從革，般聲。**臣鍇曰**：以革爲之也。別安反。

鞏 鞏　以韋束也。《易》曰：“鞏用黃牛之革。”故從革，巩聲。矩竦反。

【校】故從，鉉無“故”字。

鞔 鞔　履空也。從革，免聲。**臣鍇曰**：履空猶言履殼也。《呂氏春秋》曰：宋子罕之南家，爲鞔者，強也③。没圜反。

───────────

① 《廣韻》又薄交切。
② 《廣韻》又當割切。
③ 《呂氏春秋·召類》：士尹池爲荆使於宋，司城子罕觴之。南家之牆，擁於前而不直；西家之潦，徑其宫而不止。士尹池問其故。司城子罕曰：“南家，工人也，爲鞔者也。吾將徙之，其父曰：‘吾恃爲鞔以食三世矣。今徙之，是宋國之求鞔者不知吾處也。吾將不食。願相國之憂吾不食也。’爲是故，吾弗徙也。西家高，吾宫庳，潦之經吾宫也利，故弗禁也。”士尹池歸荆，荆王適興兵而攻宋，士尹池諫于荆王曰：“宋不可攻也。”

【校】殼，汪譌"慤"，"履殼"猶"履桱"。○"强"字衍。

靸 鞁 小兒履也。讀若沓。從革，及聲。速沓反。

鞃 鞃 鞃角。鞮屬也。從革，卬聲。臣鍇曰：鞮亦履，今胡人履連脛謂之絡鞃。顏當反。

鞮 鞮 革履也。從革，是聲。臣鍇曰：《周禮》有鞮鞻氏。的齊反。

鞈 鞈 鞮鞈沙也。從革從夾，夾亦聲。苟挾反。

鞳（屣）鞳 鞮屬也。從革，徙聲。臣鍇曰：迤徙字也。此字今俗作屣，"蔡邕倒屣"。所旨反。

鞋（鞋）鞋 革生鞮也。從革，奚聲。臣鍇曰：今俗作鞋。候釵反。

【校】革生，當作"生革"。

靪 靪 補履下。從革，丁聲。臣鍇曰：今履底下以綫爲結謂之釘底是也。的冥反。

鞠 鞠 蹋鞠也。從革，匊聲。臣鍇按：蹋鞠以革爲圜囊，實以毛，蹵蹋爲戲，亦曰蹋鞠。堅祝反（jū）。

【校】亦曰蹋鞠，蹋，當爲"蹵"。

　　鞫 鞫 鞠或從𥷚。

鞀 鞀 鞀遼也。從革，召聲。臣鍇按：《淮南子》曰："武王有戒慎之鞀。"[1]高誘注曰："欲戒君令慎疑者，摇鞀鼓。"臣以爲鼓有柄也。特豪反。

　　鼗 鼗 鞀或從兆聲。臣鍇按：《論語》曰："播鼗武。"[2]

　　鼗 鼗 鞀或從鼓兆。

　　磬 磬 籀文鞀從殸、召。

鞞 鞞 量物之鞞。從革，冤聲。一曰抒井鞞。古以革。臣鍇曰：

---

① 有，今本作"立"。

② 按，此句疑當在"鼗"篆下。

猶宛也，量物之圜也。抒井，今言陶井也。鞔，取泥之器。迂言反。

【校】陶井，當作"淘井"。

鞕 鞖 鞕或從宛。

鞞 鞞 刀室也。從革，卑聲。臣鍇按：《春秋左傳》"藻率鞞琫"，注云：刀削音肖也。邊弭反（bǐ）[1]。

【校】琫，今《左》作"鞛"。

鞎 鞎 車革前曰鞎。從革，艮聲。臣鍇按：《爾雅注》：以韋鞎輿前也。臣以爲鞎猶垠，以革緣之爲垠堮也。輿，車底也。侯恩反。

【校】以韋，韋，當作"革"。此用李巡注。

鞃 鞃 車軾也。從革，弘聲。《詩》曰："鞹鞃淺幭。"讀若穹。臣鍇曰：鞹鞃，以革裹車軾也。古弘反（gōng）[2]。

鞪 鞪 車軸束也。從革，敄聲。臣鍇曰：以革束車軸，製其裂也。門逐反。

【校】製，當作"制"。

鞤 鞤 車束也。從革，必聲。臣鍇曰：車上凡束之處。頻述反。

鑽 鑽 車衡三束也。曲轅鑽縛，直轅暈縛。從革，爨聲。讀若《論語》鑽燧之鑽。臣鍇曰：乘車當中爲一曲轅木爲衡，又縛軛於上，乘車別鑽孔縛之。大車雙直轅，衡執都縛之而已，不鑽也。祖端反。

鞼 鞼 鑽或從革、贊。

【校】按：常熟錢氏影宋鈔本"鞼"爲正，"鑽"爲重文，疑鍇本如是，顧本或依鉉改也。

鞊 鞊 蓋杠絲也。從革，旨聲。臣鍇曰：蓋，車蓋也；杠，柄也；絲，其繫系也。戰媚反。

---

① 《廣韻》又補鼎切。

② 注音依《廣韻》胡肱切。

【校】絲，疑當作"係"。

bèi

鞁 鞁 車駕具也。從革，皮聲。**臣鍇曰**：猶今人言鞁馬也。平義反。

ēng

鞥 鞥 轡鞥。從革，弇聲。讀若膺。一曰龍頭繞者。**臣鍇曰**：猶今人言轡鞥結也。《梁史》云"元帝乘車，夾膝頭上有蛇"是也。烏合反（è）[1]。

【校】夾膝頭，按《梁史》，"頭"上當有"前金龍"三字，鍇蓋引證"龍頭"也。

bà

靶 靶 轡革也。從革，巴聲。**臣鍇曰**：御人所把處也。左思《吳都賦》曰："回靶乎行睨。"奔化反。

【校】回靶乎行睨，《文選》作"回靶乎行邪睨"。注六臣本無"邪"字。

xiǎn

鞹 鞹 著腋鞥也。從革，顯聲。**臣鍇按**：劉熙《釋名》："鞹[2]，經也，經其腹下也。"閱峴反。

jìn

靳 靳 當膺也。從革，斤聲。**臣鍇曰**：靳，固也，靳制其行也。《春秋左傳》曰："如驂之有靳。"居郡反。

【校】有靳，《左》無"有"字。

chěng

鞗 鞗 驂具也。從革，㠱聲。讀若騁㕎。丑靜反。

yǐn

靷 靷 引軸也。從革，引聲。**臣鍇曰**：所以前引也。矢引反（shěn）[3]。

鞙 鞙 籀文靷。

【校】鉉作鞙。

guǎn

鞮 鞮 車鞁具也。從革，官聲。**臣鍇曰**：猶今鐇頭色也。吉梡反。

【校】色，當作"包"。

---

① 《集韻》又一僧切。
② 今本作"鞙"。
③ 注音依《廣韻》余忍切。

鞃 鞃 ^{dòu} 車鞁具也。從革，豆聲。臣鍇曰：鑣中舌也。笛奏反。

鞃 鞃 ^{yú} 輨內環靬也。從革，于聲。臣鍇曰：鑣上攀也。員須反。

【校】輨內環靬，輨，《玉篇》作"輨"；靬，鉉作"靬"，是；汪作"軸"，非。

轉 轉 ^{bó} 車下索也。從革，專聲。臣鍇曰：以革爲索，終縛輿底也。本泊反。

【校】終，當作"絡"①。

鞥 鞥 ^è 車具也。從革，奄聲。臣鍇曰：有所掩覆處也。烏合反。

輟 輟 ^{zhuō} 車具也。從革，叕聲。誅劣反。

鞌 鞌 ^{ān} 馬鞁具也。從革，安聲。恩干反。

鞾 鞾 ^{róng} 鞌毳飾也。從革，茸聲。臣鍇曰：《西京雜記》曰：馬或以罽爲飾。而用反。

鞊 鞊 ^{tiē} 鞌飾也。從革，占聲。遏輒反。

鞈 鞈 ^{jiā} 防汗也。從革，合聲。臣鍇曰：猶今胡人扞腰也。茍掐反。

勒 勒 ^{lè} 馬頭絡銜也。從革，力聲。郎忒反。

鞙 鞙 ^{xuàn} 大車縛軛靬。從革，肙聲。臣鍇按：《釋名》曰："鞙，縣音玄也，從以縣縛軛也。"作靬字非也。徹犬反（juǎn）②。

【校】《釋名》作"靬"，故鍇辨之。○從以，當作"所以"。

鞤 鞤 ^{miǎn} 勒靬也。從革，面聲。臣鍇曰：其鐵曰勒，其革曰鞤。彌善反。

靬 靬 ^{qín} 鞙也。從革，今聲。臣鍇曰：鞻履也。巨任反。

鞬 鞬 ^{jiān} 所以戢弓矢。從革，建聲。臣鍇曰：所謂櫜鞬也。機元反。

① 按，四庫本"終"正作"絡"。
② 《廣韻》古玄（juān）、胡畎二切。

dú
韇 韇　弓矢韇也。從革，賣聲。臣鍇曰：韇所以盛弓矢也。駝谷反。

shuī
鞤 鞤　綏也。從革，巂聲。臣鍇按：《禮》注："綏，纓之飾也。"式垂反。

jí
䩞 䩞　急也。從革，亟聲。臣鍇曰：束物之急，莫若革也。己力反。

biān
鞭 鞭　驅也①。從革，便聲。賓延反。

　　　� �　古文鞭。

yǎng
鞅 鞅　頸鞁也。從革，央聲。隱唱反。

hù
韄 韄　佩刀絲也。從革，蒦聲。臣鍇曰：《莊子》曰："外內韄者。"烏白反（wò）②。

【校】韄者，當作"韄也"。

tuó
鞑 鞑　馬尾鞑。從革，它聲。今之般緒。臣鍇曰：謂今馬後鞧，連絡馬尾後者也。般者槃，謂屈槃繞之也。緒，今鞧字。豆科反。

【校】般者，者，當作"猶"。

xié
鞙 鞙　繫牛脛也。從革，見聲。馨頡反。

文五十九　重十一

lì
鬲 鬲　鼎屬也。實五穀。斗二升曰鬵。象腹交文，三足。凡鬲之屬皆從鬲。臣鍇曰：上頸也，腹交文謂其刻飾也。五穀，六斗也。連的反。

　　　鬵 鬵　《漢令》鬲從瓦，麻聲。臣鍇曰：漢中蜀地以瓦爲之也。

　　　瓹 瓹　鬲或從瓦。

yǐ
䰳 䰳　三足鍑也；一曰滫米器也。從鬲，支聲。臣鍇曰：釜大口

---

① 《初學記》卷二十二"武部"引《説文》："驅遲也。"《慧琳》卷十三《大寶積經》"鞭杖"注："《説文》：驅遲也。"兩引訓義同，可證今本奪"遲"字，當補。

② 注音依《廣韻》胡誤切。

曰鍑。魚綺反。

guī

鬶 𩱛 三足釜也。有柄喙。讀如嬀。從鬲，規聲。臣鍇曰：今見有古銅器如此，觜爲鳥喙。堅隨反。

zōng

𪔼 𪔾 釜屬也。從鬲，㚇聲。子紅反。

guō

䰙 䰙 秦名土釜曰䰙。從鬲，干聲。讀若過。臣鍇曰：土釜，瓦爲之。又交阯之南或用土爲鍋。古多反。

【校】 鉉作“䰙”，非。

qín

鬵 鬵 大釜也；一曰鼎。大上小下若甑曰鬵。從鬲，兓聲。讀若岑。臣鍇按：《詩》曰：“誰能烹魚，溉之釜鬵。”似侵反。

𩰿 𩰿 古文鬵。

zèng

甑 甑 鬵屬也。從鬲，曾聲。臣鍇曰：今俗作甑。甗無底曰甑。子孕反。

fǔ

䰝 䰝 鍑屬也。從鬲，甫聲。臣鍇曰：量六斗四升曰䰝。分武反。

釜(釜) 𨥖 䰝或從父，金聲。

【校】 從父金聲，當作“從金，父聲”。

yàn

鬳 鬳 鬲屬。從鬲，虍聲。臣鍇曰：虍音呼，於甗爲旁鈕也。俱願反（juàn）①。

róng

融 融 炊气上出也。從鬲，蟲省聲。臣鍇曰：鎔也，气上融散也。《春秋左傳》曰：“明而未融。”孫綽曰：“融而爲川瀆。”以弓反。

融 融 籀文融不省。

xiāo

鬲 鬲 炊气皃也。從鬲，囂聲。臣鍇曰：气盛也。欣消反。

shāng

鬺 鬺 煮也。從鬲，羊聲。式陽反。

fèi

鬻 鬻 涫也。從鬲，沸聲。臣鍇曰：沸也。相如《上林賦》“潏㵽鼎鬻”，如此作也。方未反。

_____

① 注音依《廣韻》語堰切。

文十三　重五

鬲 歷也。古文亦鬲字。象熟飪五味气上出。凡鬲之屬皆從鬲。臣鍇曰：言此古書鬲字，今則別也。弜，气之狀也。連的反。

鬵（zhān）鬵也。從鬲，侃聲。臣鍇曰：此今饘字，《春秋左傳》曰："饘於是，鬵於是。"遮延反。

䭈 鬵或從食，衍聲。

䭈 鬵或從食，干聲。

鍵 鬵或從食，建聲。

鬻（yù）鍵也。從鬲、米。臣鍇曰：今俗作粥，古或借此爲賣鬻字。閔六反（mù）[1]。

鬻（hú）鍵也。從鬲，古聲。臣鍇曰：《春秋左傳》曰"以餬其口"，本當作此鬻。魂徒反。

【校】其口，當作"余口"。又，隱十一年《傳》曰"而使餬其口於四方"。此兩涉之譌。

鬻（gēng）五味和羹[2]。從鬲從羔。《詩》曰："亦有和羹。"[3] 臣鍇曰：羔羊會意[4]。根橫反。

鬺 鬻或省。

䰞 鬻或省鬲。

羹 小篆從羔從美。

鬻（sù）鼎實。惟葦及蒲。陳留謂鍵爲鬻。從鬲，速聲。臣鍇曰：謂菜爲蔌，義同此。葦初生，其筍可食。孫卜反。

---

① 注音依《廣韻》余六切。《集韻》之六切（zhù）。今讀zhōu。
② 《初學記》卷二十六"羹第十五"："《説文》曰：羹，五味和也。"《北堂書鈔》卷一四四《酒食部三·羹篇四》"五味之和"："《説文》云：羹者，五味之和。"據二引，今本"羹"字衍。
③ 亦有和羹，大徐本引作"亦有和鬻"。
④ 按，疑此句當在"羹"篆下，"羊"當作"美"。

【校】"鼎實"下當有"《詩》曰"二字。〇惟葦，今《詩》作"維筍"。

餗 𩜾　鬻或從食、束。

鬻 𩞑　鬻也。從鬻，毓聲。臣鍇曰：糜即鬻也^①。融六反。

【校】"臣鍇"以下七字當在"鬻"篆下。

𩞆 𩞋　鬻或省，從米。

鬻 𩞠　涼州謂糜爲鬻。從鬻，糕聲。彌悦反。

【校】"糕聲"下當補"臣鍇曰：糜即鬻也"七字。

𥹢 𥹢　鬻省或從末。

【校】省或，當作"或省"。

鬻 𩞖　粉餅也。從鬻，耳聲。臣鍇按：《周禮》"羞籩之實，有糗餌、粉餈"^②，注云："粉稻米……餅之曰餈。"又劉熙《釋名》云：蒸燥屑餅之曰餈。臣鍇以爲皆非也，夫粉米蒸屑皆餌也，非餈也。許慎曰"餈，稻餅也"，臣謂炊稻米爛乃擣之如黏，然後蒸之，不爲粉也。粉餈以豆爲粉，以糁餈上也，餌則先屑米爲粉，然後溲之，故許慎云"餌，粉餅也"。餈之言滋也，熙也，欲其柔釋其大也。餌之言珥也，欲其堅潔而淨若玉珥然也。諸家之説莫精於《説文》也。然侍反。

【校】"熙也"二字衍。〇釋其，當作"澤而"。

餌 𩜓　鬻或從食、耳。

鬻 𩞒　熬也。從鬻，𥬔聲。臣鍇曰：謂熬米麥也。今俗作𤑶爲炒。齒沼反。

【校】"爲炒"上當有"或"字。

鬻 𩞡　内肉及菜湯中薄出之。從鬻，翟聲。臣鍇曰：今諸書多作瀹。《禮》注云：新春菜可瀹，故謂春祭曰禴。鬻，煠也。胤略反。

【校】煠，當作"煠"。

────────────

① 糜，當從四庫本改"糜"。
② 今本無"有"字。

鬻 ^{zhǔ} 鬻　烹也。從鬻，者聲。諸與反。

　煮 煮　鬻或從火。

　鬻 鬻　鬻或從水。

鬻 ^{bó} 鬻　吹釜溢也。從鬻，孛聲。臣鍇曰：謂釜沸涌以口气吹使低也。步咄反。

【校】吹釜溢，吹，當作"炊"，言炊釜火盛騰溢也。鍇説從"吹"，沿誤已久。釜溢，鉉改"聲沸"，非是。

文十三　重十二

爪 ^{zhǎo} 爪　孔也。覆手曰爪。象形。凡爪之屬皆從爪。臣鍇曰：覆手曰爪，謂以予爪爲物爪也。側狡反。

【校】以予爪爲物爪，當作"以手爪爲物抓"。

孚 ^{fú} 孚　卵孚也。從爪、子。一曰信也。臣鍇曰：孚，信也。鳥之乳卵皆如其期，不失信也。鳥抱恆以爪，反覆其卵也。會意。甫及反。

　采 采　古文孚從古文保，保亦聲。補老反。

爲 ^{wéi} 爲　母猴也。其爲禽好爪。爪，母猴象也。下腹爲母猴形。王育曰：爪，象形也。臣鍇曰：好爪謂好用爪也。雨隨反。

【校】"爪母猴象也"五字當作"從爪"二字，下有王育説，此不當相複，後人所改也。○爲母，爲，當作"象"。

　匋 匋　古文爲，象母猴相對。

【校】象母猴相對，母猴，當作"爪爪"。"爪爪相對"是勤作也。此形意相成之字。"爲"篆上從爪，下象母猴，則"爪"非母猴明矣。

爪 ^{zhǎng} 爪　亦孔也。從反爪。闕。職想反。

文四　重二

孔 ^{jǐ} 孔(孔)　持也。象手有所孔據也。凡孔之屬皆從孔。讀若戟也。臣鍇曰：屮象手也。己逆反。

珸(埶) 𧮫 種也。從坴、丮。持種之。《詩》曰："我埶黍稷。"
臣鍇曰：坴，土也。今俗作藝。魚祭反。

𡧒(孰) 𡨄 食飪也。從丮，𦎧聲。《易》曰："孰飪。" 臣鍇曰：𦎧
音純，孰也。從手，丮取是孰也。會意。成育反。

【校】從手丮，當作"從丮手"。

䬝 𩜾 設飪也。從丮、食，才聲。讀若載。則代反。

【校】讀若載，當作"一曰載"。《廣雅·釋詁》："䬝，詞也。"錢氏大
昕曰："飢當爲䬝"，古"載、䬝"蓋通用。

巩(巩) 玬 抱也。從丮，工聲。臣鍇曰：恐、筑、筑字從此①。矩
悚反。

　　　　𢬝 㧬 巩或從手。

觼 𧤒 相踦觼也。從丮，谷聲。臣鍇按：相如《上林賦》曰"傲
觼受屈"，謂以力相踦角，傲要極而受屈也。其雀反。

【校】傲觼受屈，今見《子虛賦》；傲，當作"徼"；觼，俗作"觖"；
屈，《文選》作"詘"。○"傲要"下有脱文，當作"徼，要也；觼，
疲極而受屈也"。

斝 㪭 擊踝也。從丮、戈。讀若踝。臣鍇曰：亦謂相鬭也。踝，腳
脛下骨也。《春秋左傳》曰：以戈斝林雍，斷足。此會意。戶把反。

𠬹 𡰪 亦持也。從反丮。闕。臣鍇曰：凡爪音掌𠬹皆手用力相佐使
也。許慎傳其義不憭音了，故闕疑也。俱燭反。

文八　重一

鬥 𩰋 兩士相對，兵仗在後，象鬥之形。凡鬥之屬皆從鬥。臣鍇
曰：乙爲兵也。當豆反。

【校】兩士，當作"兩手"，方與"丮"注合。

————————

① 按，艸部"筑"下作"筑省聲"。

鬥 ^{dòu} 遇也。從鬥，斲聲。臣鍇按：《孟子》曰鬩，小鬥也。當豆反。

【校】“臣鍇”以下十字，當移置“鬩”篆“魯鬩”下。

鬨 ^{hòng} 鬥也。從鬥，共聲。《孟子》曰：“鄒與魯鬨。”恨絳反（xiàng）[①]。

鬮 ^{liú} 經繆殺也。從鬥，翏聲。臣鍇曰：經繆，縊也。里由反。

鬮 ^{jiū} 鬥取也。從鬥，龜聲。讀若三合繩糾。臣鍇按：《荊楚歲時記》曰：“俗有藏鈎戲，起鈎弋夫人。”劇此字義則不引鈎弋之。梗尤反。

【校】劇，當作“據”。○弋之，之，當作“也”。

鬮 ^{nǐ} 智力少劣也。從鬥，爾聲。臣鍇按：彌慢意也。寧洗反。

【校】彌慢，當作“彌漫”。

鬚 ^{fēn} 鬥連結鬮紛相牽也。從鬥，燅聲。臣鍇曰：一作炃，音紛。此今俗書紛字。弗群反。

鬮 ^{pīn} 鬥也。從鬥，賓省聲。讀若繽。臣鍇曰：今俗作繽字。匹人反。

【校】讀若繽，繽，鉉作“賓”。

鬩 ^{xì} 恆訟也。《詩》云：“兄弟鬩于牆。”從鬥、兒。兒，善訟者也。臣鍇曰：兒，小兒也。許壁反。

鬩 ^{xuàn} 試力士錘也。從鬥從戈，或從戰省。讀若縣。臣鍇曰：謂爲錘以試力士，舉之較其彊弱，故從鬥。豫犬反。

文十

又 ^{yòu} 手也。象形。三指者，手之列多，略不過三也。凡又之屬皆從又。臣鍇曰：凡手拇指頭，指力之率其後二指，佐佑之不動，

───────────

① 《廣韻》又胡貢切。

故略爲三也。延救反。

【校】"不動"上當有"後二指"三字。

右 手口相助也。從又、口。臣鍇曰：以謀以力也，會意。延救反。

【校】已見口部。按：《説文》重出字，多以此部重文爲彼部正篆者，蓋重文爲古通用，而其字自有正義，故兩存之。此"右"即當爲重文，後人誤增反切音耳。若以爲相助意，則當與"及、取"相次。

厷 臂上也。從又從古文。臣鍇曰：臂上一節也，指事。吉弘反。

　　 古文厷，象形。臣鍇曰：此既象形，宜學人曲肱而寫之乃得其實，不爾即多相亂也。

　　肱 厷或從肉。

叉 手指相錯也。從又，象叉之形。臣鍇曰：所又也，指事。初牙反。

【校】所又，當作"叉取"。

叉 手足甲也。從又，象叉形。臣鍇曰：指事。側狡反。

父 矩也。家長率教者。從又舉杖。臣鍇曰：指事，《通論》詳矣。浮甫反。

叜(叟) 老也。從又、灾。蘇走反。

　　叜 籒文從寸。

　　傁 叜或從人。臣鍇按：《春秋左傳》曰"趙傁在後"，字作此。

燮 和也。從言、又，炎聲。籒文燮從羊，音餡。字讀若溼。臣鍇曰：又，手也，任力也。雍雍喈喈，心和形於言也。羊，入也。相矗反。

【校】此注亦轉轉竄易之譌。今正之："燮，和也。從又、言，炎聲。讀若溼。臣鍇曰：又，手也，任力也。雍雍喈喈，心和形於言也。相

聶反。”而以“燮”别爲一篆：“燮，籀文燮，從羊。臣鍇曰：羊，入也，音飪。”鍇舊本當如是。

màn
曼　引也。從又，冒聲。**臣鍇曰：**古云樂有曼聲，是長之聲也。舞飯反。

shēn
叏　引也。從又，申聲①。㞢，古文申。**臣鍇曰：**引而申之也。式人反。

【校】“引而”上當有“手”字。

guài
夬(夬)　分決也。從又、中，象決形。**臣鍇曰：**コ，物也。丨，所以決之之器也。《易》曰“夬，決也”，此指事。古賣反。

yǐn
尹　治也。從又、丿，握事者也。**臣鍇曰：**周公尹天下，治天下也。此指事。與準反。

　　古文尹。

　　【校】鉉作。

zhā
䖒　叉取也。從又，虘聲。**臣鍇按：**任昉《彈劉整文》曰“舉手查范臂”，當作此䖒字。側巴反。

【校】叉取，疑當作“㔾最”，鉉宋本作“又里”。按：《文選·西京賦》“摣狒猬”，薛注：“摣謂戟撮之；戟，撠也。”撠撮，《説文》當爲“丮最”。鉉本“里”即“最”之譌也。《釋名》云“摣，叉也，五指俱往叉取也”，亦當是“㔾最”之譌。蓋“叉”爲“手指相錯”，與“䖒”義不合。

lí
嫠　引也。從又，𠩺聲。**臣鍇曰：**𠩺音僖。利之反。

shuā
㕞　拭也。從又持巾在尸下。**臣鍇按：**左思《魏都賦》曰：“㕞馬江洲。”所子反。

【校】㕞馬，《文選》作“刷馬”。

jí
及　逮也。從又、人。**臣鍇曰：**及前人也，會意。其急反。

① 申聲，依例當作“㞢聲”。

乁乀　古文及。秦刻石及如此。臣鍇曰：此字似甲乙之乙字，頭曲下斜，甲乙下屈也。秦嶧山、會稽山碑也。

弓乁　古文及。臣鍇曰：似已字，但少曲身。

遘鑖　亦古文及。

秉 秉 ^{bǐng}　禾束也。從又持禾。臣鍇按：《春秋左傳》曰："或取一秉秆焉。"《詩》曰："彼有遺秉。"鄙永反。

反 反 ^{fǎn}　覆也。從又、厂，反形。臣鍇曰：又，反手也。厂，象物之反覆。此指事。府晚反。

【校】反手，當作"右手"。

反 反　古文反。

反 反 ^{fú}　治也。從又、卪。卪，事之節。臣鍇曰：服字從此。伐六反。

叏 叏 ^{tāo}　滑也。《詩》云："叏兮達兮。"從又、中。一曰取也。臣鍇曰：中，枝順也，順則滑也。指事。偷勞反。

【校】今《詩》作"挑"。

敠 敠 ^{zhuì}　楚人謂卜問吉凶曰敠。從又持祟。讀若贅。臣鍇曰：祟，神禍也。此會意。振稅反。

叔 叔 ^{shū}　拾也。從又，朮聲。汝南名收芋爲叔。臣鍇曰：收拾之也。尸竹反。

村 村　叔或從寸。

曼 曼（叟）曼 ^{mò}　入水有所取也。從又在囘下。囘，古文回。回，淵水也。讀若沫。臣鍇曰：入水底取也。孔子曰：吕梁之水回流九十里。回狀之爲難入也。會意。謀骨反。

【校】回流，《列子》作"圜流"。

取 取 ^{qǔ}　捕取也。從又、耳。《周禮》："獲者取左耳。"《司馬法》曰："載獻馘。"馘者耳。臣鍇曰：會意。此矩反。

彗 彗 ^{huì}　埽竹也。從又持甡。臣鍇曰：指事也。似祋反。

䎕 古文彗從竹、習。**臣鍇曰：**埽於尊，加帚於箕上，以袂拘而退，其塵不及長者[1]。"子夏之門人，當灑埽應對可也"[2]，當習之也。

【校】"於尊"下當有"前"字。

篲 彗或從竹。

jiǎ
叚 借也。闕。**臣鍇曰：**遐、騢從此。**格雅反。**

【校】按篆形當入皮部，從皮、二。而入又部，義不可得矣。

𠬧 古文叚。

叚 譚長説：叚如此。

【校】疑當作"段"，譚長或以"段"爲"叚"，以"叚"爲"段"也。殳部"段"下疑脱譚長説之重文。蓋叚從皮從二。二者，柔皮之數也，則與椎物義合。"段"從殳，殳猶持也。從𠂇，左手承之也，或持或承，則與叚借義合。

yǒu
友 同志爲友。從二又相交。**臣鍇曰：**二手相順。**延九反。**

𠬪 古文友。

𦒱 亦古文友。

dù
度 法制。從又，庶省聲。**臣鍇曰：**布指知尺，舒肱知尋，故從手。**特路反。**

【校】布指知尺，舒肱知尋，按《大戴記》當作"布指知寸，布手知尺，舒肱知尋"，此有脱誤。

文二十八　重十六

zuǒ
𠂇 左手也。象形。凡𠂇之屬皆從𠂇。**臣鍇曰：**𠂇，佐也，右手之佐也。**則可反。**

bēi
卑 賤也；執事者。從𠂇、甲。**臣鍇曰：**右重而左卑也，在甲

① 《禮記・曲禮上》："凡爲長者糞之禮，必加帚於箕上，以袂拘而退，其塵不及長者。"
② 《論語・子張》："子游曰：'子夏之門人小子，當灑掃應對進退則可矣。'"

之下。會意。賓而反。

文二

shǐ
㕜(史) 記事者也。從又持中。中，正也。凡史之屬皆從史。**臣鍇曰：**記事當主於中正也。會意。瑟耳反。

shì
事 職也。從㕜，之省聲。**臣鍇曰：**亦取於正也。側字反(zì)[1]。

　　𠭓 古文事。**臣鍇曰：**此則之字不省也。

文二　重一

zhī
支 去竹之枝也。從手持半竹。凡支之屬皆從支。**臣鍇曰：**竹葉下垂也。章移反。

　　㸦 古文支。

　　【校】鉉作㸦。

qī
攲 持去也。從支，奇聲。牽奇反。

文二　重一

niè
聿 手之疌巧。從又持巾。凡聿之屬皆從聿。**臣鍇曰：**巾，所持也，指事。女𠍴反。

yì
𦘔 習也。從聿，希聲。**臣鍇按：**《春秋左傳》甯俞曰："臣以爲肄業及之也。"羊媚反。

　　𦘕 籒文𦘔。

　　肄(肄) 篆文𦘔。**臣鍇曰：**𠯑，疑字之左也。

sù
肅 持事振敬也[2]。從聿在𣶒上，戰戰兢兢。**臣鍇曰：**《通論》詳矣。息六反。

　　𢜽 古文肅從心、卪。

① 《廣韻》又鉏吏切。

② 《慧琳》卷四、六《大般若波羅蜜多經》"惇肅、惇肅、威肅"三引《説文》作"持事謹敬也"，可證今本"振敬"當作"謹敬"。

文三　重三

聿 ^{yù} 所以書也。楚謂之聿，吳謂之不律，燕謂之弗。從聿，一聲。凡聿之屬皆從聿。臣鍇曰：筆尚便捷，故王羲之《筆經》曰：筆尚輕，重則躓矣。會意。與必反。

筆 ^{bǐ} 秦謂之筆。從聿、竹。臣鍇曰：會意。碑乙反。

聿 ^{jīn} 聿飾也。從聿從彡。俗語以書好爲聿，讀若津也。臣鍇曰：《筆經》曰：世人多以流離、象牙爲筆管。麗飾則有之，然筆尚輕也。凡飾物通用彡字也。將親反。

書 ^{shū} 箸也。從聿，者聲。臣鍇曰：著於竹帛曰書也。式魚反。

文四

畫 ^{huà} 界也。象田四界，聿所以畫之。凡畫之屬皆從畫。臣鍇曰：若筆畫之也，囗，其界也，指事。戶麥反。

　　畫 古文畫。

　　劃 亦古文畫。臣鍇曰：刀所以割制之也。

　　【校】鉉作畫、劃。

畫 ^{zhòu} 日之出入，與夜爲界。從畫省，從日。臣鍇曰：會意。《論語》曰：“今汝畫。”畫，止也，若夜至畫而止也。貞狩反。

　　畫 籀文畫。

文二　重三

隶 ^{dài} 及也。從又，尾省。又，持尾者後從及之也。凡隶之屬皆從隶。徒再反。

【校】後從，鉉作“從後”。

隸 ^{dài} 及也。從隶，枲聲。《詩》曰：“隸天之未陰雨。”徒再反。

【校】今《詩》作“迨”。

隸 ^{lì} 附箸也。從隶，柰聲。要惠反。

隸 **隸** 篆文隸從古文之體。臣鍇曰：今人書用此字。

文三　重一

臤 **臤** 堅也。從又，臣聲。凡臤之屬皆從臤。讀若鏗鏘，古文以爲賢字。臣鍇按：《白虎通》曰："臣者，繵堅也，厲志自堅固。"會意。苦閑反。

【校】臤字，當依鉉作"賢字"。○繵堅也，"堅"字衍。

緊 **緊** 纏絲急也。從臤，絲省聲。糺忍反。

堅 **堅** 剛也。從臤從土。臣鍇曰：剛土也。會意。激賢反。

豎 **豎** 堅立也。從臤，豆聲。臣鍇曰：豆，器也，故爲豎立。韶乳反。

【校】堅立，當依鉉作"豎立"。

豎 **豎** 籀文豎從殳。

文四　重一

臣 **臣** 牽也；事君也。象屈服之形。凡臣之屬皆從臣。臣鍇曰：《通論》詳矣。石真反。

𠤖 **𠤖** 乖也。從二臣相違。讀若誑。臣鍇曰：臣不叶力爭於事，乖也。句唱反。

【校】"力爭"上當有"而"字。

臧 **臧** 善也。從臣，戕聲。走張反。

𧆑 **𧆑** 籀文。

【校】鉉宋本作𢦏。

文三　重一

殳 **殳** 以杸殊人也。《禮》："殳以積竹，八觚，長丈二尺，建於兵車，旅賁以先驅。"從又，几聲。凡殳之屬皆從殳。臣鍇曰：斷絕分析爲殊。積竹，謂削去白取其青處合爲之，取其有力也。漢昌

邑王"買積竹杖"是也。《詩》云:"伯也執殳,爲王前驅。"觚,棱也。殳音殊。船區反。

【校】殳音殊,殳,當作"几"。

役 _{duì} 祋 殳也。從殳,示聲。或說城郭市里,高縣羊皮,有不當入而欲入者,暫下以驚牛馬曰祋,故從示、殳。《詩》曰:"何戈與祋。"臣鍇按:馮翊有祋祤縣。丁最反。

_{shū} 杸 軍中士所持殳也。從木從殳。《司馬法》曰:"執羽以杸。"臣鍇曰:以木爲之,質賤也。船區反。

【校】以杸,《玉篇》引作"從杸"。

_{jǐ} 轂(轂) 轂 相擊中也。如車相擊,故從殳從壴也。臣鍇曰:厶,車軸也。此指事。堅歷反。

【校】厶,當作"裏"。

_{què} 殼 殼 從上擊下也。從殳,青聲。一曰素也。臣鍇按:青音口江反。又。刻學反。

【校】"又"字衍。

_{zhěn} 殄 殄 下擊上也。從殳,尤聲。竹甚反。

_{tóu} 毀 毀 繇擊也。從殳,豆聲。古文役如此。臣鍇曰:繇,遙也。特妻反。

_{chóu} 殿(殿) 殿 縣物殿擊也。從殳,𠁴聲。臣鍇曰:𠁴音儔。市柔反。

_{dū} 毅 毅 椎轂物也。從殳,豖聲。臣鍇曰:椎音丈追反。丁燭反。

_{ǒu} 毆 毆 捶轂物也[1]。從殳,區聲。臣鍇曰:以杖擊也。恩斗反。

_{què} 𣪊 𣪊 擊頭也。從殳,高聲。臣鍇按:《春秋左傳》曰:"奪其杖

---

① 《玄應》卷二十三《對法論》"毆擊",《慧琳》卷六十二《根本毗奈耶雜事律》"拳毆"、卷十八《大乘大集地藏十輪經》"毆擊"三引皆無"物"字,則今本誤衍。

以殼之也。"口卓反 [①]。

【校】今《左》作"奪之杖以敲之"。

diàn

殿 殿　擊聲也。從殳，屍聲。庭硯反。

yì

殹 殹　擊中聲也。從殳，医聲。臣鍇曰：醫、翳從此。於計反。

duàn

段 段　椎物也。從殳，耑省聲。臣鍇曰：椎音直推反。徒亂反。

tóng

殼 殼　擊空聲也。從殳，宮聲。臣鍇曰：謂器外無隙，內空，擊之其聲殼然。杜紅反。

xiáo

殽 殽　相雜錯也 [②]。從殳，肴聲。臣鍇曰：殳所以表物，今則雜錯，故爲殽也。侯交反。

yì

毅（毅）毅　妄怒也；一曰毅，有決也。從殳，豙聲。臣鍇曰：《春秋左傳》："殺敵爲果，致果爲毅。"豙，豕怒毛堅也。言既反。

【校】毛堅，鉉作"毛豎"。

jiù

殴 殴　揉屈也。從殳、皀。皀，古更字。廐字從此。臣鍇曰：更，順也。見岫反。

yì

役 役　戍邊也。從殳從彳。臣鍇曰：彳，行也。會意。與辟反。

　　倓 倓　古文役從人。

gāi

殺 殺　殳改，大剛卯也。以逐精鬼。從殳，亥聲。臣鍇曰：改音。茍垓反。

【校】"改音"下當有"已"字。

文二十　重一

shā

殺 殺　戮也。從殳，柔聲。凡殺之屬皆從殺。臣鍇曰：柔從乂，

---

① 《玉篇》口交切（qiāo）。

② 《慧琳》卷四十九《攝大乘論序》"溷殽"注："賈逵《國語注》云：殽，雜也。《説文》云：殽，相錯也。"卷九十五《正誣論》"殽敵"注："賈逵注《國語》云：殽，雜也。《説文》云：相錯也。"慧琳先引賈逵注《國語》，後引《説文》，賈注已有"雜"字，則許書古本無"雜"字明矣，今本衍。

术聲。色軋反。

殺　古文殺。

懛　古文殺。

敊　古文殺。

布　古文殺。

㲚　籀文殺。

【校】懛、㲚，鉉無此二篆。

弑 臣殺君也。《易》曰：“臣弑其君。”從殺省，式聲。失志反。

文二　重五

几 鳥之短羽飛几几也。象形。凡几之屬皆從几。讀若殊。臣鍇曰：殳從此，象短羽形。船區反。

凫 新生羽而飛。從彡從几。臣鍇曰：几，短羽，故云新生羽。又彡部彡字從彡、人，人物之人①，字與此相似，但几音殳字左畫上出，亻音仁字右畫上出也。支允反。

鳧 舒鳧，鶩。從鳥，几聲。臣鍇曰：鳧，短羽也，名舒鳧。凡無反。

【校】“短羽”下當有“者”字；“名舒”上當有“鶩”字。

文三

寸 十分也。人手卻一寸動脈謂之寸口。從又、一。凡寸之屬皆從寸。臣鍇曰：一者，記手腕下一寸。此指事也。麤巽反。

寺 廷也。有法度者也。從寸，之聲。臣鍇曰：守，寺也。寸，法度也。辭伺反。

【校】守寺也，當作“寺司也”，見《廣韻》。

將 帥也。從寸，牆省聲。子長反。

───────────

① 按，疑“人物之人”爲“人”下注文。

^{xún} 㝷（尋）㝷 繹理也。從工、口，從又、寸。工、口，亂也。又、寸，分理之。彡聲。此與㬪同意。度人之兩臂爲尋，八尺也。臣鍇曰：口，言也。工爲器也。《詩》曰"如彼築室于道謀，是用不潰于成""謀夫孔多，是用不集"，故云亂也。又，手也；寸，法度理之也。彡音氒。似侵反。

【校】不集，汪謂"不集"。

^{zhuān} 專 專 六寸簿也。從寸，叀聲。一曰專，紡專。臣鍇曰：簿，文簿也。《詩》曰"乃生女子……載弄之瓦"，注云"紡塼也"，臣以爲今絡絲之塼也。準旋反。

^{fū} 尃 尃 布也。從寸，甫聲。臣鍇曰：布以法度也。相如《子虛賦》曰："尃結縷。"注云："布也。"尃字如此。甫夋反。

【校】《子虛》，當作"《上林》"。〇尃，《文選》作"布"。

^{dǎo} 導 導 導，引也[1]。從寸，道聲。臣鍇曰：以寸引之也。徒號反。

文七

^{pí} 皮 皮 剝取獸革者謂之皮。從又，爲省聲。凡皮之屬皆從皮。臣鍇曰：又，手也。生曰皮，理之曰革，柔之曰韋。貧知反。

　　筤 筤 古文皮。臣鍇曰：《禮》："如竹箭之有筠。"筠，從皮也。

　　【校】從皮，當作"竹皮"。

　　晨 晨 籀文皮。

^{pào} 皰 皰 面生氣也。從皮，包聲。臣鍇曰：面瘡也。皮豹反。

^{gǎn} 皯 皯 面黑氣也。從皮，干聲。臣鍇曰：今醫方云：皯黦也。根旱反。

【校】黦，字書無此字。《列子》書有"皯黣"，"黦"疑"黣"之譌。

————————

① 《玄應》卷二十二《瑜伽師地論》"啟導"、《慧琳》卷二十二《花嚴經》"啟導"并引《説文》："導，引也。"可證許書古本"導"字訓"引也"，今本"導"爲複舉字，當删。

文三　重二

㲋 柔韋也。從北，皮省夐省。凡㲋之屬皆從㲋。讀若堧。一曰若雟。**臣鍇按**：《周禮·考工記》注云："攻皮之工，《蒼頡篇》有鞄㲋也。"此解脫誤。爾件反。

【校】當作**閹**，從皮省也。各本皆譌，隸書當作"夐"。〇注云攻皮之工，當作"'攻皮之工'注云"。〇鞄夐，今《考工記》注作"鞄㲋"。

叚 古文㲋。

㲋 籀文㲋從夐省。

㲋 羽獵韋絝也。從㲋，弄聲。乳恐反（rǒng）。

褭 《虞書》曰："鳥獸褭毛。"從㲋從衣。**臣鍇曰**：此亦㲋字，鳥以柔毳爲衣，故從衣。當言從衣從㲋。皆脫誤。

【校】"從㲋從衣"四字，後人依鉉增，故與鍇説乖戾。此轉轉竄易之譌。

文二　重三

攴 小擊也。從又，卜聲。凡攴之屬皆從攴。潘伏反。

啟 教也。從攴，启聲。《論語》曰："不憤不啟。"**臣鍇曰**：啟發教道之也。溪禰反。

徹 通也。從彳從攴，育聲。一曰相。**臣鍇曰**：育亦忕也。遲別反。

【校】育聲，"聲"字或依鉉增。〇一曰相臣，臣，當作"也"。按：《詩》云"天命不徹、徹申伯土田、徹田爲糧"，猶云"天命不相、相申伯土田、相田爲糧"，鉉無此四字。〇育亦忕，"忕"當爲"聲"，蓋轉轉竄易之譌。

徹 古文徹。

肇 擊也。從攴，肇省聲。池沼反。

敏 疾也。從攴，每聲。眉殞反。

敃 ^{mǐn} 敃 强也。從攴，民聲。臣鍇按：《尚書》：“弗敃作勞也。”眉引反。

【校】弗敃，《書》作“不昏”。

孜 ^{wù} 强也。從攴，矛聲。臣鍇曰：務、婺、霧、瞀、蓩字從此。勿赴反。

敀 ^{pò} 迮也。從攴，白聲。《周書》曰：“常敀常任。”臣鍇曰：迮猶切近也。今《尚書》“常敀”作“伯”。不白反。

整 ^{zhěng} 齊也。從攴從束，正亦聲。臣鍇曰：束之又小擊之使正。會意。之靜反。

效 ^{xiào} 爲也。從攴，交聲。臣鍇曰：《易》曰：“爻，效也。”侯教反。

【校】爲，鉉作“象”。

故 ^{gù} 使爲之也。從攴，古聲。臣鍇曰：故使之也。骨渡反。

政 ^{zhèng} 正也。從攴，正聲。臣鍇曰：政，正也。子帥以正，孰敢不正。《周官》“司馬掌邦政”，謂九伐之法也。攴，擊也。真性反。

敀 ^{shī} 敷也。從攴，也聲。讀與施同。臣鍇按：《尚書》曰：“翕受敷敀。”今作施。申而反。

敷(敷) ^{fū} 敀也。從攴，尃聲。《周書》曰：“用敷遺後人。”甫夫反。

敟 ^{diǎn} 主也。從攴，典聲。臣鍇曰：今作典。顛腆反。

戲 ^{lǐ} 數也。從攴，麗聲。臣鍇按：《詩》曰：“商之孫子，其戲不億。”今《詩》借麗字。蓮弟反。

數 ^{shǔ} 計也。從攴，婁聲。率武反。

漱 ^{liàn} 辟漱鐵也。從攴、湅。臣鍇曰：湅，鍊字也。攴，椎鍛之也。會意。郎電反。

孜 ^{zī} 汲汲也。從攴，子聲。《周書》曰：“孜孜無怠。”則欺反。

【校】孜孜無怠，今《書》無此語，見《史記·周本紀》，爲《泰誓篇》

文，"孜孜"作"孳孳"。

攽 㪵　bān　分也。從攴，分聲。《周書》曰："乃惟孺子攽。"讀與彬同。臣鍇曰：今《尚書》曰"乃惟孺子頒，朕不暇"，當作攽也，今借頒。不攀反。

敦 戰　hàn　止也。從攴，旱聲。《周書》曰："敦我于艱。"臣鍇曰：今《尚書》借扞字。侯玩反。

敳 𣃁　ái　有所治也。從攴，豈聲。讀若槩。臣鍇按：《春秋左傳》：十六族有隤敳。又晉有庾敳。偶來反。

敞 㪗　chǎng　平治高土可以遠望也。從攴，尚聲。臣鍇按：《史記》：韓信"行營高敞地"。會意。赤丈反。

㣦 㣦　shēn　理也。從攴，伸聲。式人反。

改 㪉　gǎi　更也。從攴，己聲。李陽冰曰："己有過，攴之即改。"臣鍇曰：從戊己之己。古亥反。

變 變　biàn　更也。從攴，䜌聲。臣鍇曰：攴有爲也。祕戀反。

【校】攴有爲，當作"夏有爲"。

夏(更) 㪅　gēng　改也。從攴，丙聲。干諍反。

敕 𣀈　chì　誡也；臿地曰敕。從攴，束聲。臣鍇按：《春秋左傳》注曰：執鞭以出教令也。暢陟反。

敜 㪅　niè　使也。從攴，耳省聲。而攝反。

斂 㪉　liǎn　收也。從攴，僉聲。留琰反。

敹 㪉　liáo　擇也。從攴，㯚聲。《周書》曰："敹乃甲冑。"梨桃反。

敽 㪉　jiǎo　繫連也。從攴，喬聲。《周書》曰："敽乃干。"讀若矯。臣鍇曰：干，盾也。《尚書》注曰：連盾絲也。臣鍇以爲紛，小組帶，所以繫盾鼻。己少反。

【校】絲，當作"紛"。

_{gē}
攲 鴿 合會也。從攴，合聲。茍合反。

_{zhèn}
敶 敶 列也。從攴，陳聲。臣鍇曰：古書軍敶多如此。遟慎反。

_{dí}
敵 敵 仇也。從攴，啻聲。臣鍇曰：啻，式豉反。田溺反。

_{jiù}
救 救 止也。從攴，求聲。見岫反。

【校】止，汪作“正”。

_{duó}
敓 敓 强取也。《周書》曰：“敓攘矯虔。”從攴，兑聲。徒活反。

【校】今《書》作“奪”。

_{yì}
斁 斁 解也。從攴，睪聲。《詩》云：“服之無斁。”斁，厭也。一曰終也。臣鍇按：《尚書》“彝倫攸斁”，斁，解散也。移尺反。

_{shè}
赦 赦 置也。從攴，赤聲。臣鍇曰：放置之也。詩夜反。

赦 赦 赦或從亦。

_{yóu}
攸 攸 行水也。從攴、人，水省。臣鍇曰：攴入水所杖也。會意。延秋反。

沒 沒 秦刻石嶧山石文攸如此。

_{fǔ}
攼 攼 撫也。從攴，亡聲。讀與撫同。臣鍇按：《尚書》古文撫或如此。芳武反。

_{mǐ}
敉 敉 撫也。從攴，米聲。《周書》曰：“亦未克敉公功。”讀若弭。名洗反。

侎 侎 敉或從人。

_{yì}
敭 敭 侮也。從攴從易，易亦聲。臣鍇曰：輕易之也。剡義反。

_{wéi}
敽 敽 戾也。從攴，韋聲。宇歸反。

_{dūn}
敦 敦 怒也；詆也；一曰訪行也①。從攴，𦎫聲。得昏反。

【校】訢行，鉉作“誰何”，非是。按：此當爲“誠信”二字溈文，蓋

————
① 訪行，四部叢刊本作□□，四庫本作“誰何”。

經傳"敦信、敦厚"，借"敦"爲"惇"之義也。若作"誰何"，即爲怒詆意，不必以"一曰"别之。又按：許書"一曰"俱當在"某聲"下，蓋餘義、旁通義也，此次于前，乃後人所移易。

qún
𢿌 朋侵也。從攴、羣。**臣鍇曰：**史云羣盜，此意也。其分反。

bài
敗 毁也。從攴、貝。賊、敗皆從貝。**臣鍇曰：**多藏必厚，亡貝貨也，故從貝。會意。步拜反。

　　𣀤 籀文敗從賏。**臣鍇曰：**積貝也。

luàn
敽 煩也。從攴，𤔔聲。魯彖反。

kòu
寇 暴也。從攴、完。**臣鍇曰：**當其完聚而欲寇之也。可候反。

zhǐ
𢻻 刺也。從攴，蚩聲。職雉反。

dù
敷 閉也。從攴，度聲。讀若杜。**臣鍇曰：**今借杜字。徒土反。

　　剫 敷或從刀。

niè
敜 塞也。從攴，念聲。《周書》曰："敜乃穽。"奴輒反。

bì
𣀔 𣀔盡也。從攴，畢聲。畢聿反。

shōu
收 捕也。從攴，丩聲。申邱反。

gǔ
鼓 擊鼓也。從攴、壴，壴亦聲。讀若屬。**臣鍇曰：**鼓擊之鼓也。壴，陳樂也，故云亦聲。此會意。昆覩反。

【校】陣[①]，當作"𨻰"。

kǎo
攷(考) 敂也。從攴，丂聲。**臣鍇曰：**今《周禮》"考功"字如此。刻保反。

kòu
敂 擊也。從攴，句聲。讀若扣。**臣鍇曰：**《周禮》"敂關"字如此。可候反。

gōng
攻 擊也。從攴，工聲。昆戎反。

---

① 陣，當作"陳"。

qiāo
敲 𣪘 横擿。從攴，高聲。臣鍇曰：從旁横擊也。口交反。

zhuó
豛 𣪘 擊也。從攴，豕聲。輟角反。

yì
敡 𣪘 較也。從攴，兒聲。逆計反。

wǎng
𣫷 𣫷 放也。從攴，坒聲。迁往反。

xī
𣀗 𣀗 坼也。從攴從厂。厂之性坼，果熟有味亦坼，故謂之𣀗。從未聲。臣鍇曰：攴，擊取也。厂，崖岸也。未，艸重葉有滋味也。軒其反。

【校】“重葉”上當有“木”字。

zhuó
斀 𣪘 去陰之刑也。從攴，蜀聲。《周書》曰：“刖劓斀黥。”輟角反。

【校】刖劓斀，今《書》作“劓刵椓”。

mǐn
敃（敃）𣪘 冒也。從攴，昏聲。《周書》曰：“敃不畏死。”眉引反。

yǔ
敔 𣪘 禁也；一曰樂器，椌楬也，如木虎。從攴，吾聲。臣鍇曰：椌，口江反。楬，口八反。如虎背有鉏鋙也。疑舉反。

kě
敤 𣪘 研治也。從攴，果聲。舜女弟名敤首。臣鍇按：《漢書·古今人表》云：“敤手。”苦墮反。

qín
𢼒 𢼒 持也。從攴，金聲。讀若琴。巨任反。

chóu
敠（敹）𣪘 棄也。從攴，𩠨聲。《周書》以爲討。《詩》云：“無我敠兮。”市柔反。

【校】《周書》以爲討，段氏云：《周書》無“討”字，《虞書》“天討有罪”，“周”當作“虞”。按：“討”當爲“燾”之譌。《無逸》“燾張”，疑古本作“敠張”，同聲相借也。○敠，今《詩》作“魗”，《釋文》云“本亦作敠”。

tián
畋 𣀗 平田也。從攴、田。《周書》曰：“畋爾田。”笛前反。

yǐ
改 𢻰 毅改，大剛卯，以逐鬼魃也。從攴，巳聲。讀若目。古亥

反 (gǎi)①。

【校】讀若㠯，㠯，鉉作"已"。

xù
敍 〔篆〕 次第也。從攴，余聲。夕與反。

guài
敤 〔篆〕 毁也。從攴，褱聲。臣鍇曰：人毁之也。孔安國曰"壞孔子宅"，當作此字。古賣反 (guà)②。

【校】鉉無此篆。又見土部"壞"重文。

bǐ
敤 〔篆〕 毁也。從攴，卑聲。辟米反。

mù
牧 〔篆〕 養牛人也。從攴、牛。《詩》曰："牧人乃夢。"臣鍇曰：會意。莫叔反。

cè
敇 〔篆〕 擊馬也。從攴，束聲。測麥反。

chuàn
敠 〔篆〕 小舂也。從攴，算聲。臣鍇曰：敠，去小麥皮也。尺萬反。

qiāo
敽 〔篆〕 礬田也。從攴，堯聲。牽聊反。

文七十八　重六

jiào
教(教) 〔篆〕 上所施下所效也。從攴、孝。凡教之屬皆從教。臣鍇曰：攴，所執以教道人也。孝音教，效也。會意。角效反。

斅 〔篆〕 古文教。臣鍇曰：古言字。以言教之。

【校】"古言"上當有𡥈字。

效 〔篆〕 古文。

xué
斆 〔篆〕 覺悟也。從教從冂。冂，尚朦也。臼聲。遐嶽反。

學 〔篆〕 篆文斆省。

文二　重三

bǔ
卜 〔篆〕 灼剝龜也。象灸龜之形，一曰象龜兆之從橫也。凡卜之屬皆從卜。巴伏反。

<hr/>

① 注音依《廣韻》羊己切。四庫本作"余止反"。
② 注音依《廣韻》古壞切。

卜卜 古文卜。臣鍇曰：兆有如此者。

^{guà}
卦 卦 筮也。從卜，圭聲。古賣反。

^{jī}
卟 卟 卜以問疑也。從口、卜。讀與稽同。臣鍇曰：《尚書》曰“明用卟疑”，今文借稽字。古兮反。

^{zhēng}
貞 貞 卜問也。從卜，貝以爲贄。一曰鼎省聲。京房所説。臣鍇曰：《周禮》有大貞之禮，謂卜大事也，齎以卜。《詩》曰：“握粟出卜。”會意。陟情反^①。

【校】齎以卜，“齎”下當有“贄”字。

^{huì}
𦔮 𦔮 《易》卦之上體。《商書》曰：“貞曰𦔮。”臣鍇曰：《尚書》曰“曰貞曰𦔮”，今借悔字。虎配反。

^{zhān}
占 占 視兆問也。從卜、口。臣鍇曰：會意。之廉反。

^{shào}
邵 邵 卜問也。從卜，召聲。食天反。

^{zhào}
𤑔 𤑔 灼龜坼也。從卜；𤓯，象形。臣鍇曰：𤓯，兆有如此者。指事。池沼反。

【校】𤓯，當作“兆卜”二字。

兆 𤓯 古文𤑔省。

文八　重二

^{yòng}
用 用 可施行也。從卜、中。衞宏説。凡用之屬皆從用。臣鍇曰：《尚書》：“龜筮共違于人，用靜吉，用作凶。”又曰先人“不違卜”。卜者所以卟之於先君，考之於神明。余俸反。

【校】先人，當作“聖人”。

用 用 古文用。

^{fǔ}
甫 甫 男子美稱。從用、父，父亦聲。臣鍇曰：男子之美稱言用也。父者，老也。會意。分武反。

---

① 今讀 zhēn。

庸 ^{yōng} 用也。從用、庚。庚，更事也。《易》曰："先庚三日。"臣鍇曰：《尚書》："有能奮庸。"奮庸，起用也。會意。與封反。

葡（蒩） ^{bèi} 具也。從用，苟省。臣鍇曰：苟音亟。急則備也。會意。辨利反。

甯 ^{nìng} 所願也。從用，寧省聲。臣鍇曰：甯猶寧也。今俗人言"寧可如此"爲"甯可如此"。年徑反。

文五　重一

爻 ^{yáo} 交也。象《易》六爻頭交也。凡爻之屬皆從爻。臣鍇曰：六爻六位，皆爻也。侯交反（xiáo）。

棥 藩也。從爻、林。《詩》曰："營營青蠅，止于樊。"① 臣鍇曰：藩，籬落也。二木中枝交也。會意。復翻反。

文二

㸚 ^{lǐ} 二爻也。凡㸚之屬皆從㸚。臣鍇曰：若網交綴也。略迤反。

爾 ^{ěr} 麗爾，猶靡麗也。從冂、㸚，其孔㸚。尒聲。此與爽同意。臣鍇曰：麗爾，歷歷然希疎點綴見明也。冂，蒙象也。而俾反。

爽 ^{shuǎng} 明也。從㸚、大。臣鍇曰：㸚，孔歷歷然。大，其中隙縫光也。《尚書》曰："昧爽。"昧爽，微明也。色敞反。

爽 篆文爽。

文三　重一

_____

① 樊，大徐本作"棥"。

説文解字通釋卷第七

繫傳七

文林郎守祕書省校書郎臣徐鍇傳釋
朝散大夫行祕書省校書郎臣朱翱反切

三十五部　文六百四十　重百十二

昦^{xuè} 昦　舉目使人也。從攴、目。凡昦之屬皆從昦。讀若颭。臣鍇
曰：攴，止也。驪悦反。

【校】攴，止也，當作“攴，小動也”，見《類篇》。

敻^{xuàn} 敻　營求也。從昦，人在穴中。《商書》：“高宗夢得説，使百
工營求，得之傅巖。”巖，穴也。臣鍇曰：人與目隔穴，勹，人
字也。目經營而見之，然後指使人求之也。攴，所以指畫也；營，
經營也。臣以爲高宗見湯得伊尹於負鼎，又見朝士無可類此者，
乃使百工處處營求，果得之於傅巖也。《尚書》作營。翱正反
(xiòng)^①。

【校】穴中，當依鉉作“穴上”。〇營求得之，營，當作“敻”，鍇説
可證宋鉉本不誤。

闅^{wén} 闅　低目視也。從昦，門聲。弘農湖縣有闅鄉，汝南西平有闅
亭。無云反。

夐^{quán} 夐　大視也。從大，昦聲。讀若蠁。衢員反。

---

① 注音依《廣韻》許縣切。

文四

目 目　人目也。象形。重童子也。凡目之屬皆從目。莫叔反。

囗 回　古文目。

【校】鉉作囬。

眼（yǎn）眼　目也。從目，艮聲。儒盞反（rǎn）[1]。

瞑（biǎn）瞑　兒初生瞥者。從目，睘聲。讀若告之謂調。臣鍇曰：謂轉目視人也。《西都賦》曰："目瞑轉而意迷。"邦免反。

【校】讀若告之謂調，謂調，疑當作"則頑"，"頑、瞑"同聲也。鉉無此六字。○瞑轉，《文選》作"眴轉"。

眩（xuàn）眩[2]　目無常主也。從目，玄聲。臣鍇曰：目眩眩也。迴茜反。

眥（jì）眥　目匡也。從目，此聲。寂帝反。

睞（jié）睞　目旁毛也。從目，夾聲。臣鍇曰：史云：離婁不見目睞者也。節攝反。

【校】目睞，今作"目睫"。

縣（xuàn）縣　盧童子也。從目，縣聲。臣鍇曰：盧，黑也，眼中黑子也。揚雄《甘泉賦》曰"玉女無所眺其清盧"是也。預犬反。

【校】清盧，《文選》作"清矑"。

瞦（xī）瞦　目童子精瞦也。從目，喜聲。讀若《爾雅》"禧福"。軒其反。

瞴（mián）瞴　目旁薄緻從宀宀也。從目，鼻聲。臣鍇按：《楚辭》曰"靡顏膩理，遺視瞴瞴"，今人云眼瞼單也。名連反。

【校】從宀，"從"字衍。○瞴瞴，《招魂》作"遺視瞴些"。○眼瞼單瞼，鉉新附云："目上下瞼也。"俗以單瞼爲美。

---

① 注音依《廣韻》五限切。
② 眩，四部叢刊本小篆作眩。

fēi
䀼 䀼 大目也。從目，非聲。甫肥反。

xiàn
䁂 䁂 大目也。從目，臤聲。侯産反。

hàn
睅 睅 大目也。從目，旱聲。**臣鍇按：**《春秋左傳》曰：“睅其目。”注云：“睅，出目也。”户版反。

　　睆 睆 睅或從完。

xuǎn
暖 暖 大目也。從目，爰聲。呼遠反。

mán
瞞 瞞 平目也。從目，㒼聲。**臣鍇曰：**目瞼低也。魏武小名瞞。没團反。

gùn
暉 暉 大目出也。從目，軍聲。工鈍反。

mǎn
矕 矕 目矕矕也。從目，䜌聲。武版反。

gǔn
睔 睔 目大也。從目，侖聲。《春秋傳》有鄭伯睔。孤損反。

pàn
盼 盼《詩》曰：“美目盼兮。”從目，分聲。**臣鍇曰：**目好流視也。鋪幻反。

gǎn
盰 盰 多白也。從目，干聲。**臣鍇曰：**張目也。根旱反。

pān
眅 眅 多白眼也。從目，反聲。《春秋傳》曰：鄭游眅，字子明。**臣鍇按：**《周易》曰：“巽爲多白眼。”潘蠻反。

【校】游眅，今《左傳》作“游眅”。

xiàn
晛 晛 出目也。從目，見聲。**臣鍇曰：**《詩》云：“晛睆黄鳥。”易顯反。

guàn
矔 矔 目多精也。從目，雚聲。益州謂瞋目曰矔。古翰反。

lín
瞵 瞵 目精也。從目，粦聲。**臣鍇曰：**左思《吴都賦》曰：“鷹瞵鶚視。”里神反。

yǎo
窅 窅 深目也。從穴中目。**臣鍇曰：**會意也。倚了反。

mào
眊 眊 目少精也。從目，毛聲。《虞書》□字從此。**臣鍇曰：**古

書毫字多作此。毛抱反。

【校】闕文鉉作"毫"。

曭 曭 目無精直視也。從目，黨聲。臣鍇曰：莽黨然也。他朗反。

【校】莽黨，當作"曭莽"，見《楚辭·遠遊》。

晱 晱 暫視皃。從目，炎聲。若白蓋謂之苫相似。臣鍇按：郭璞《江賦》："獱獺晱睸于廆空。"[①] 收儼反。

【校】"若白"上脱"讀"字。

晍 晍 吳楚謂瞋目顧視曰晍。從目，同聲。頭貢反。

眇 眇 直視也。從目，必聲。讀若《詩》云"眇彼泉水"。筆媚反。

【校】眇彼，當依《詩》作"泌彼"[②]。

瞴 瞴 瞴婁，微視也。從目，無聲。臣鍇曰：瞴，微視媚也。莫浮反。

盰 盰 蔽人視也。從目，开聲。讀若攜手。一曰直視也。臣鍇曰：映人而視也。起迷反（qī）[③]。

𦣻 𦣻 盰，目或在下。

睌 睌 睌睯，目視皃也。從目，免聲。武限反。

眂 眂 視皃也。從目，氏聲。臣鍇曰：此又古文視字。凡文有古今異者，若示古爲神祇，今則直爲示字；曆古爲𥄎字，今別爲字，其類多矣。善旨反。

睨 睨 衺視也。從目，兒聲。逆桂反。

瞀 瞀 低目視也。從目，冒聲。《周書》曰："武王惟瞀。"莫號反。

【校】惟瞀，今《書》作"惟冒"。

---

① 于，今本作"乎"。
② 四庫本作"泌彼"。
③ 注音依《廣韻》户圭切。

^{huò}
䁶 䁶 視高皃也。從目，戉聲。讀若《詩》曰"施罛濊濊"。臣
鍇曰：戉音越。歡括反。

^{dān}
眈 眈 視近而志遠。從目，尢聲。《易》曰："虎視眈眈。"丁貪反。

^{yàn}
𨓴 𨓴 相顧視而行。從目從延，延亦聲。余羡反。

^{xū}
盱 盱 張目也。從目，于聲。一曰朝鮮謂盧童子曰盱。臣鍇曰：
古云盱衡是也。況于反。

^{qióng}
瞏（瞏）瞏 目驚視也。從目，袁聲。《詩》曰："獨行瞏瞏。"葵
名反。

^{zhǎn}
瞶 瞶 視而止也。從目，亶聲。旨闡反。

^{mèi}
眒 眒 目冥遠視也。從目，勿聲。一曰久也；一曰旦明也。莫
隊反。

^{zhěn}
眕 眕 目有所恨而止也[1]。從目，㐱聲。臣鍇按：《爾雅》云："眕，
重也。"目厚意也。支允反。

^{piǎo}
瞟 瞟 際也。從目，票聲。臣鍇曰：微視之也。匹妙反（piào）[2]。

^{qì}
瞈 瞈 察也。從目，祭聲。臣鍇曰：左思《魏都賦》曰"有瞈呂
梁"，言下視呂梁也。刺細反。

^{dǔ}
睹 睹 見也。從目，者聲。得古反。

　　　覩 覩 古文睹從見。

^{dá}
眔 眔 目相及也。從目，隶省聲。讀若與隶同也。道合反。

^{kuí}
睽 睽 目不相聽也。從目，癸聲。臣鍇按：《易》睽卦曰："二女
同居，其志不相得。"苦圭反。

^{xī}
睎 睎 望也。從目，希聲。海岱之間謂眒曰睎。臣鍇曰：班固

---

① 恨，四庫本作"限"。
② 注音依《廣韻》敷沼切。

《西都賦》曰:"睎秦嶺。"大凡睎望字,皆當如此。忻祈反。

眛 眛（mò）目不明。從目,末聲。門撥反。

瞀 瞀（pán）轉目視也。從目,般聲。別安反。

辮 辮（pàn）小兒白眼也。從目,辡聲。鋪患反。

眹 眹（chèn）目財視也。從目,辰聲。臣鍇曰:謂目略視之也,古詩曰"盈盈一水間,眹眹不得語"也。莫獲反。

睩 睩（lù）目睞謹也。從目,录聲。讀若鹿。盧木反。

眙 眙（luò）眄也。從目,各聲。勒託反。

瞯 瞯（tì）失意視也。從目,脩聲。臣鍇曰:左思《魏都賦》曰:"瞯焉失所。"他狄反。

【校】《文選》作"瞯",李注引《説文》亦作"瞯"。疑此篆本作瞯,條聲。段謂"條"有"滌"音,"脩"無"滌"音,是也。

瞼 瞼（zhùn）謹鈍目也。從目,辜聲。朱順反。

瞤 瞤（rún）目動也。從目,閏聲。然勻反。

矉 矉（pín）恨張目也。從目,賓聲。《詩》曰:"國步斯矉。"婢民反。

【校】今《詩》作"頻",與"顰"通。

眢 眢（wān）目無明也。從目,夗聲。讀若宛委。臣鍇按:《春秋左傳》曰:"目於眢井。"蓋爲隱語也,言井無水若目無精爲眢。乙九反。

睢 睢（huī）仰目也。從目,隹聲。臣鍇曰:睢,眄也。又,梁宋水名。許惟反。

眴 眴（xuàn）目搖也。從目,勻省聲。迴荳反。

眴 眴　眴或從目、句。臣鍇按:《史記》:項"梁眴籍曰:可行矣。"謂動目私視之也。

矐 矐（huò）大視也。從目,蒦聲。臣鍇曰:驚視也。吁醵反。

睦 ^{mù} 睦 目順也。從目，坴聲。一曰敬和也。**臣鍇曰**:《通論》詳矣。莫叔反。

　　 畜 畜 古文睦。

　　【校】段云當作畜，從古目，從屰聲也。按:古有睦渾之戎。《左傳》作“陸”，“睦”之譌;《公羊》作“賁”，“畜”之譌也。

瞻 ^{zhān} 瞻 臨視也。從目，詹聲。之炎反。

瞀 ^{mào} 瞀 低目謹視也。從目，敄聲。**臣鍇按**:《莊子》曰:牧馬童子曰:“余適有瞀病。”[1] 瞀亦目睛也。莫透反。

【校】目睛，當作“目眚”。

瞴 ^{mái} 瞴 小視也。從目，買聲。脈牌反。

瞯 ^{jiān} 瞯 視也。從目，監聲也。姦畱反。

瞗 ^{qì} 瞗 省視也。從目，啟省聲。溪計反。

相 ^{xiāng} 相 省視也。從目、木。《易》曰:“地可觀者，莫可觀於木。”《詩》曰:“相鼠有皮。”**臣按**:所引“《易》曰”，今《易》無此文，疑《易傳》及《易緯》有之也。會意。脩祥反。

【校】“臣”下脫“鍇”字。

瞋 ^{chēn} 瞋 張目也。從目，真聲。齒真反。

　　 眕 眕 《秘書》瞋從戌。

鵰 ^{diāo} 鵰 目熟視也。從目，鳥聲。讀若雕。覘挑反。

睗 ^{shì} 睗 目熟視也。從目，易聲。**臣鍇按**:庾信賦曰:“木魅睗睒。”[2] 矢易反。

【校】熟視，《韻會》引作“急視”，鉉作“疾視”，此蓋涉上而譌。

睊 ^{juàn} 睊 視兒也。從目，肙聲。**臣鍇曰**:目睊睊也。於旋反 (yuān)[3]。

――――――

① 余，今本作“予”。

② 語出《枯樹賦》。

③ 注音依《廣韻》古縣切。

瞝 瞝 目深皃也。從目、宾。讀若《易》曰“勿卹”之“卹”。^{yuē}
幽決反。

睼 睼 迎視也。從目，是聲。讀若珥瑱之瑱。他計反。^{tì}

睍 睍 目相戲也。從目，晏聲。《詩》曰：“睍婉之求。”臣鍇曰：^{yǎn}
今《詩》作嬿。殷典反。

【校】嬿，今本省“女”作“燕”。

瞯 瞯 短深目皃也。從目，叞聲。烏末反。^{wò}

眷 眷 顧也。從目，弮聲。《詩》曰：“乃眷西顧。”俱便反。^{juàn}

督 督 察也。從目，叔聲。一曰目病也。得酷反。^{dū}

看 看 睎也。從手下目。臣鍇曰：以手翳目而望也。宋玉賦曰：^{kān}
“若姣姬揚袂障目而望所思。”^①此會意。刻干反。

　　翰 翰 看或從倝。臣鍇曰：倝聲也。

瞫 瞫 深視也；一曰下視也。又竊見也。從目，覃聲。臣鍇按：^{shěn}
《春秋左傳》：晉有狼瞫。施甚反。

眝 眝 長眙也。從目，宁聲。一曰張眼。臣鍇曰：長久也。《楚^{zhù}
辭》曰：“思美人兮擥涕而眝。”陟巨反。

【校】“而眝”下當有“眙”字。眝，今本作“竚”，亦作“佇”。

睡 睡 坐寐也。從目，垂聲。時位反。^{shuì}

瞑 瞑 翕目也。從目、冥，冥亦聲。臣鍇按：《尚書》曰“若藥弗^{míng}
瞑眩”，謂藥若毒，使人目閉而瞑眩之也。民莫反。

【校】之也，“之”字衍。

眚 眚 目病生翳也。從目，生聲。臣鍇按：《春秋左傳》曰“日^{shěng}
月之眚”，謂日月有蝕，若目有翳也。息永反（xǐng）^②。

---

① 語出《高唐賦》。
② 注音依《廣韻》所景切。

瞥　^{piē}瞥　過目也；又目翳也。從目，敝聲。一曰財見也。臣鍇曰：瞥然，暫見也。僻列反。

眵　^{chī}眵　目傷眥也。從目，多聲。一曰瞢兜。臣鍇曰：瞢兜，目汁凝也，今人言眼兜眵。齒離反。

瞢　^{miè}瞢　目眵也。從目，蔑省聲。臣鍇按：宋玉《風賦》曰：“中脣爲胗，得目爲瞢。”名噎反。

【校】今《文選》作“篾”。

映　^{jué}映　睊也。從目，夬聲。臣鍇曰：目美也。鶪穴反。

眼　^{liàng}眼　目病也。從目，良聲。力上反。

眛　^{mèi}眛　目不明也。從目，未聲。臣鍇按：《春秋左傳》：“吳子夷眛。”^①亡貝反。

瞷　^{xián}瞷　戴目也。從目，閒聲。江淮之閒謂眠曰瞷。臣鍇曰：戴目，目望陽也。眠，古視字。候閒反。

【校】謂眠，眠，鉉作“眄”。

眯　^{mǐ}眯　艸入目中也。從目，米聲。臣鍇按：《呂氏春秋》：“瞽師之愛子也^②，不免枕之以糠。”眯之也。名洗反。

眺　^{tiào}眺　目不正。從目，兆聲。臣鍇曰：潘岳《射雉賦》曰：“目不步體，衺眺旁剔。”惕弔反。

睞　^{lài}睞　目童子不正也。從目，來聲。臣鍇曰：眄，睞；睞者，目光聲也^③。勒菜反。

【校】目光聲，聲，當作“衺”。

瞅　^{chōu}瞅　睞也。從目，攸聲。臣鍇曰：瞅，目失也。丑脩反。

【校】目失，當作“目不正”。

---

① 夷眛，今本作“夷末”，《公羊傳》作“夷昧”。
② 今本無“瞽”字。
③ 目光聲，四庫本作“目光衺”。

肞 眵　昝或從丩。臣鍇曰：丩聲。

chì
眣 眣　目不從正也。從目，失聲。臣鍇曰：其視散若有所失也。賜七反（xī）①。

【校】從正，鉉無"從"字。

méng
矇 矇　童蒙也。從目，蒙聲。一曰不明也。臣鍇按：《周禮》樂師有瞽矇，目不明者，於聽聲審也。母東反。

miǎo
眇 眇　一目小也。從目②，少亦聲。臣鍇曰：會意。彌少反。

miàn
眄 眄　目偏合也。從目，丏聲。一曰衺視也。秦語。臣鍇曰：《楚辭》曰："滿堂兮美人，忽獨與余兮目成。"彌鉉反。

máng
盲 盲　目無眸子也。從目，亡聲。沔彭反。

qià
瞁 瞁　目陷也。從目，咸聲。刻洽反。

gǔ
瞽 瞽　目但有朕也。從目，鼓聲。臣鍇按：説《尚書》者言："目漫若鼓皮也，朕，但有黑子，外微有黑影而已。"昆覩反。

sǒu
瞍（瞍）瞍　無目也。從目，叜聲。蘇后反。

yíng
瞢 瞢　惑也。從目，熒省聲。臣鍇按：《史記》曰："朝錯瞢或天子。"玄經反。

【校】朝錯瞢或，今《史記》作"鼂錯熒惑"。

cuó
睉 睉　目小也。從目，坙聲。泉和反。

wò
眲 眲　掐目也。從目，叉聲。臣鍇曰：掐，搯也。叉音脱字。烏末反。

【校】叉聲，"聲"字衍。○"叉音"下當有"蚤，眲俗作"四字。

dì
睇 睇　目小衺視也。從目，弟聲。南楚謂眄睇。臣鍇按：班固《幽通賦》曰："養流睇而猿號。"笛計反。

_____

① 《廣韻》又丑栗切。
② 從目，當從大徐作"從目從少"。

【校】"謂眒"下鉉有"曰"字。

瞚 瞚（shùn）開闔目數搖也。從目，寅聲。臣鍇曰：目口也①。失閏反。

眙 眙（chì）直視也。從目，台聲。臣鍇曰：視不移也。《靈光殿賦》序曰："覤斯而眙。"敕飴反。

盻 盻（xì）恨視也。從目，兮聲。臣鍇曰：漢西京有盻渭殿。異契反（yì）。

【校】盻渭，按：此殿名未聞，疑是"枌詣殿"之"枌"，或作"盻"耳。

瞢 瞢（fèi）目不明也。從目，弗聲。普末反（pò）②。

文一百十三　重九

【校】（重九）"睆"爲鉉補字，非鍇所有，當補"次立曰：今重八，補遺'睆'字，共重九"。

睊 睊（jù）左右視也。從二目。凡睊之屬皆從睊。讀若拘，又若良士瞿瞿。九遇反。

䀠 䀠（juàn）目圍也。從睊、卩。讀若書卷之卷，古文以爲覥。臣鍇曰：卩，翳目也。罥字從此。俱便反。

【校】古文以爲覥，覥，鉉作"醜"字。按：此當是"奭"篆下錯簡，辨見皕部"奭"下。

奭 奭（jū）目衺也。從睊從大。大，人也。臣鍇曰：斛字從此。卷于反。

文三

睂（眉）睂（méi）目上毛也。從目，象睂之形，上象額理也。凡睂之屬皆從睂。臣鍇曰：仌象額理也。指事。閟之反。

省 省（xǐng）視也。從睂省，從屮。臣鍇曰：屮，徹也。會意。息永反。

　　峇 峇 古文省從少、囧。

文二　重一

────────────

① 闕文，四庫本作"動"。
② 《廣韻》又扶沸切。

盾 盾 ^{dùn} 瞂也。所以扞身蔽目。象形，厂聲。凡盾之屬皆從盾。臣
鍇曰：厂象盾形。樹忍反（shùn）①。

【校】"厂聲"二字衍，鍇説可證。

瞂 瞂 ^{fá} 盾也。從盾，犮聲。臣鍇按：《山海經》曰："有獸載瞂。"
左思《吳都賦》："去瞂自闈。"扶月反。

【校】有獸載瞂，按：《山海經》云："鳳皇鷖鳥皆戴瞂。"

瞃 瞃 ^{kuī} 盾握也。從盾，圭聲。臣鍇曰：盾鼻。涓兮反（guī）②。

文三

自 自 ^{zì} 鼻也。象鼻形。凡自之屬皆從自。臣鍇曰：自又鼻之聲
然。慈四反。

【校】聲然，當作"聲也"。

　　 𦣹 自 古文自。

𦣻（𦣻） 𦣻 ^{mián} 穴宀不見也。闕。臣鍇曰：下蓋象重覆也，宀音縣。
慎無聞於師，故闕之。邊字從此。米田反。

【校】穴宀，鉉毛本作"宀宀"，此云"穴宀"，疑内當作宀。

文二　重一

白 白 ^{zì} 此亦自字也。省自者，詞言之气，從鼻出，與口相助。凡
白之屬皆從白。臣鍇曰：言此自字之省別爲一體也。凡詞助字皆
從此。慈四反。

皆 皆 ^{jiē} 俱辭也。從比從白。臣鍇曰：比，皆也。會意。古諧反。

魯 魯 ^{lǔ} 鈍詞也。從白，魚省聲。《論語》曰："參也魯。"臣鍇曰：
劉熙《釋名》曰："魯國多山水，民性樸鈍。"③ 勒古反。

---

① 《廣韻》又徒損切。
② 注音依《廣韻》苦圭切。
③ 今本作"魯，魯鈍也。國多山水，民性樸魯也"。

者 zhě 耆 別事詞也。從白，米聲。米，古文旅①。臣鍇曰：凡文有者字者，所以爲分別隔異也。煮也反。

chóu 嘼（疇） 嘼 詞也。從白，马聲。《虞書》曰："帝曰：嘼咨。"陳收反。

【校】今《書》作"疇"。○口部"疁"下鍇説當移於此。

zhì 矯 矯 識詞也。從白、于、知。臣鍇曰：于亦气也，此會意。展避反。

　　矯 矯 古文矯②。

　　【校】鉉作矯③。

bǎi 百 百 十十也。從一、白。數十百爲一貫，相章也。臣鍇曰：百亦成數，故云一貫。以《詩》言之爲一章也。會意。博陌反。

【校】相章也，《韻會》作"貫章也"。

　　百 百 古文百。

文七　重二

bí 鼻 鼻 引气自畀也。從自從畀。凡鼻之屬皆從鼻。臣鍇曰：畀，與也，助也。會意。頻至反（bì）。

xiù 齅 齅 以鼻就臭也。從鼻、臭，臭亦聲。讀若畜牲之畜。臣鍇曰：此會意。香秀反。

hān 鼾 鼾 臥息也④。從鼻，干聲。讀若汗。侯玩反（hàn）⑤。

qiú 齅 齅 病寒鼻窒也。從鼻，九聲。臣鍇曰：《禮·月令》曰："民

----

① 按，放部"旅"字古文糹，從止從从。

② 四庫本作"矴"。

③ 大徐本作簡。

④ 《玄應》卷十一《中阿含經》"鼾眠"、卷十四《四分律》"鼾睡"、卷十五《十誦律》"鼾眠"、卷十七《出曜論》"鼾聲"、卷十九《佛本行集經》"鼾睡"，《慧琳》卷七十五《修行道地經》"鼾聲"六引《説文》均作"臥息聲"，足證今本"息"下脱"聲"字。

⑤ 《廣韻》又許干切。

多齂嚏。"虔柔反。

齂 齂 臥息也。從鼻，隶聲。讀若虺。**臣鍇按**:《爾雅》:"齂，息
也。"虛致反。

文五

皕 皕 二百也。凡皕之屬皆從皕。讀若祕。彼復反 (fú)[1]。

奭 奭 盛也。從大從皕，皕亦聲。此燕召公名，讀若郝。《史篇》
名醜。**臣鍇曰**:《史篇》謂史籀所作《蒼頡》十五篇也。希式反
(xì)[2]。

【校】《史篇》名醜，當作"《史篇》以爲醜字"。按:"奭"與"奭"
相似，䀠部"奭"下云"古文以爲醜字"今誤入"皕"下，此云《史篇》，
許兩存之者，未易定其是非也。全書多有此例。

奭 奭 古文奭。

文二　重一

習 習 數飛也。從羽，白聲。凡習之屬皆從習。**臣鍇曰**:《易》曰:
"君子以朋友講習。"似入反。

翫 翫 習猒也。從習，元聲。《春秋傳》曰:"翫歲而愒日。"**臣鍇**
曰: 白厭之也。五翰反。

【校】白厭之也，當作"習而厭之也"。

文二

羽 羽 鳥長毛也。象形。凡羽之屬皆從羽。于甫反。

翅 翅 鳥之彊羽猛者。從羽，是聲。**臣鍇按**:《周禮》:有翅氏掌
取鳥羽。叱智反。

翰 翰 天雞，赤羽也。從羽，從倝聲。《逸周書》曰:"文翰若翬

---

① 注音依《廣韻》彼側切。
② 《廣韻》奭，施隻切；奭，許極切。

雉，一名鸐風，周成王時，蜀人獻之。”**臣鍇按**：謝靈運詩曰：“天雞弄和風。”侯玩反。

翟 翟　山雉也，尾長。從羽從隹。**臣鍇曰**：古謂雉爲翟，故《尚書》曰“羽畎夏翟”，注：《漢書》有言，翟方進，姓本音狄，後人姓乃音澤也。田溺反。

【校】“夏翟”注下當有“翟，雉也”三字。

翡 翡　赤羽雀也。從羽，非聲。出鬱林。**臣鍇按**：左思《吳都賦》：“翡翠列巢以重行。”符旣反①。

翠 翠　青羽雀也。出鬱林。從羽，卒聲。**臣鍇按**：《爾雅》“翠，鷸也”注：“似燕。”《漢書》：南越王獻“翠鳥千”。此醉反。

翦 翦　羽生也；一曰夭羽。從羽，前聲。子善反。

【校】“夭”即“失”之篆體，羽初生如翦之齊，故曰“羽生翦而去之”，故曰“失羽”。或作“矢”，段從之。

翁 翁　頸毛也。從羽，公聲。**臣鍇按**：《爾雅》多謂艸華、莖細、葉叢出爲翁臺，取名於此也。又謂老人爲老翁，言其頸毛白而彊短，若此鳥頸也。烏公反。

【校】“《爾雅》”下當有“注”字。○翁臺，《釋艸》“芺薊”注作“蓊臺”。

翄(翅) 翄　翼也。從羽，支聲。叱智反。

　　翨 翨　翄或從羽、氏。

翮 翮　翅也。從羽，革聲。溝厄反。

翹 翹　尾長毛也。從羽，堯聲。**臣鍇按**：班固《西都賦》曰②：“發皓羽兮奮翹英。”尾毛光華也。岐遙反。

【校】《西都》，當作“《兩都》”，句見《白雉詩》。

翭 翭　羽本也。從羽，侯聲。一曰羽初生。河溝反。

---

① 今讀 fěi。

② 《西都賦》，當作“《東都賦》”。

翮 ^{hé} 羽莖也。從羽，鬲聲。臣鍇按：《史》晉船人曰：鳥所恃者六翮也。閑隔反。

【校】"史"字誤，"晉船人"事見《韓詩外傳》及《説苑》。

翑 ^{qú} 羽曲也。從羽，句聲。群吁反。

羿 ^{yì} 羽之羿風；亦古諸侯也；一曰射師。從羽、开。臣鍇曰：羿，猶翳也。古有窮之君名羿。一曰帝嚳，射官。五計反。

【校】"开"下鉉有"聲"字。

翥 ^{zhù} 飛舉也。從羽，者聲。只庶反。

翕 ^{xī} 起也。從羽，合聲。臣鍇曰：相合起也。希立反。

翾 ^{xuān} 小飛也。從羽，睘聲。臣鍇曰：《文子》云："翾飛蠕動。"或作蜎。虛全反。

翬 ^{huī} 大飛也。從羽，軍聲。一曰伊雒而南，雉五采皆備曰翬。《詩》曰："有翬斯飛。"火韋反。

【校】有翬，《詩》作"如翬"。

翏 ^{liù} 高飛也。從羽、彡。臣鍇曰：彡，新生羽而飛也，長羽短羽相副，然後能高飛也①。會意。良秀反。

翩 ^{piān} 疾飛也。從羽，扁聲。臣鍇曰：魏文帝書云："元瑜書記翩翩。"言疾速也。僻連反。

翜 ^{shà} 捷也，飛之疾。從羽，夾聲。讀若澀。一曰俠也。山洽反。

翊 ^{yì} 飛皃也。從羽，立聲。臣鍇曰：今言輔翊猶翼戴也。以即反。

翋 ^{tà} 飛盛皃也。從羽，曰聲。臣鍇曰：盛也。會意。蹋從此。他榼反。

---

① 按鍇説，此"彡"當作從几之"凣"，"彡、凣"二形徐鍇有辨，參几部。又"凣"亦寫作"彡"，參《玉篇》。

chī
崇 羽盛皃也。從羽，之聲。嗔離反。

áo
翱 翱翔也。從羽，皋聲。顔叨反。

xiáng
翔 迴飛也。從羽，羊聲。臣鍇曰：《論語》曰："翔而後集。"翔視也。《爾雅》曰："鳶鳥醜，其飛也翔。"注云："布翅翔也。"似羊反。

【校】"布翅"下當有"翔"字。

huì
翽 飛聲也。從羽，歲聲。《詩》曰："鳳皇于飛，翽翽其羽。"虎外反。

xué
翯 鳥白肥澤皃。從羽，高聲。《詩》曰："白鳥翯翯。"遐岳反。

huáng
翌 樂舞，羽籥自翳其首以祀星辰也[①]。從羽，王聲。讀若皇。臣鍇曰：見《周禮》也。户荒反。

【校】"羽籥"上鉉有"以"字。

fú
翇 樂舞，執全羽以祀社稷。從羽，犮聲。讀若紱。臣鍇曰：翇猶拂也。古樂府有拂舞歌。分勿反。

dào
翿 翳也，所以舞也。從羽，毀聲。《詩》曰："左執翿。"臣鍇曰：《詩》又曰："無冬無夏，值其鷺翿。"今俗作翢。徒號反。

翳 華蓋也。從羽，殹聲。臣鍇曰：按張衡《西京賦》曰："乘輿乃登夫鳳皇兮翳華芝。"《山海經》曰：有五采之鳥名曰翳。伊閉反。

【校】張衡《西京》，當作"揚雄《甘泉》"。按：《西京賦》祇有"翳雲芝"，《甘泉賦》曰"乘輿乃登夫鳳皇兮，而翳華芝"。

shà
翣 棺羽飾也。天子八，諸侯六，大夫四，士二。下垂。從羽，妾聲。臣鍇曰：翣，夾罩也。色呷反。

文三十四　重一

---

① 四庫本"羽籥"上有"以"字；四部叢刊本"羽籥"上作"從"字。

zhuī

隹（隹）　鳥之短尾總名也。象形。凡隹之屬皆從隹。臣鍇曰：隹，鳥名也。《詩》曰：“翩翩者隹。”隹爲鳥短尾，亦總名也。當脱“亦”字，或者以爲許慎言“鳥之短尾總名爲隹”中有“雞雉”字，以此爲譏，豈不疏哉，豈不疏哉？專惟反。

【校】翩翩者隹，今《詩》“隹”作“雒”。

yǎ

雅（雅）　楚鳥也。一名鵯，一名譽居，秦謂之雅。從隹，牙聲。臣鍇曰：鵯音匹，《爾雅注》云：“小而多群，腹下白者，江東呼匹鵯鳥。”① 梁簡文帝詩曰：“林暝雅烏飛。”牙賈反。

【校】楚鳥，《韻會》同，鉉本“鳥”作“烏”。○一名鵯，一名譽居，當依鉉作“一名鷽，一名鵯居”，方與《爾雅》合。○匹鵯鳥，《爾雅注》作“鶷鳥”。

zhī

隻（隻）　鳥一枚曰隻也。從又持隹。持一隹曰隻，二隹曰雙。臣鍇曰：會意。真石反。

luò

雒（雒）　鴟鵝也。從隹，各聲。臣鍇按：《爾雅注》云：江東呼爲鵅也。勒託反。

【校】爲鵅，當作“鵂鵅”。

lìn

閵（閵）　今閵，似雒鴟而黃。從隹，两省聲。臣鍇曰：两，之腍反②。里刃反。

　　𪅌（𪅌）　籒文閵不省。

guī

雟（雟）　周燕也。從隹，中象其冠也。向聲。一曰蜀王望帝婬其相妻，慙亡去，化爲子雟鳥。故蜀人聞子雟鳴，皆起云望帝乎。臣鍇按：《爾雅》云：“雟周。”注云：“子雟鳥，出蜀。”按：書傳云：蜀之王先代有蠶叢、魚鳧、杜宇、鱉令。望帝，杜宇也。匀迷反。

【校】周燕，段云“周”上脱“雟”字，淺人誤删也。許讀《爾雅》

---

① 鳥，四部叢刊本作“烏”。

② 按，四庫本、四部叢刊本“之腍反”上有“音”字。

與郭璞異，與孫炎及舍人同。

fāng

雓 雓 鳥也。從隹，方聲。讀若方。府昌反。

què

雀 雀 依人小鳥也。從小、隹。讀與爵同。臣鍇按：崔豹《古今注》曰：一名家賓也。即約反（jué）。

yá

雅 雅 鳥也。從隹，犬聲。睢陽有雅水。彥思反①。

hàn

鶾 鶾 鶾鷰也。從隹，倝聲。臣鍇按：《爾雅》：鶾，雉也。侯玩反。

zhì

雉 雉 有十四種：盧諸雉、喬雉、鳲雉、鷩雉、秩秩海雉、翟山雉、鶾雉、卓雉，伊洛而南曰翬，江淮而南曰搖，南方曰翟，東方曰甾，北方曰稀，西方曰蹲。從隹，矢聲。臣鍇按：《爾雅注》：諸雉，即今雉；鷂雉，長尾翰，走且鳴；鳲雉，黃色，鳴自呼者；鷩雉，似山雞而小，冠背毛黃，腹下赤，頸綠鮮明；秩秩海雉，如雉而黑，在海中山上；翟山雉，長尾；鶾雉，鷩雉并之。臣以爲鶾雉今白雉；翬，白翟，雉屬，白質，五采皆備成章，毛色光鮮；搖，青質，五采皆備成章也。翟音儔。已下皆四方雉名。臣鍇以爲，雉，豸豸然介直皃也。陳匕反。

雉 雉 古文雉從弟。

gòu

雊 雊 雌雉鳴也。雷始動，雉鳴而雊其頸。從隹、句，句亦聲。臣鍇曰：《禮·月令》曰："雉始雊。"格漚反。

【校】雌，當依鉉作"雄"，《小弁》詩可證。

jī

雞 雞 知時畜也。從隹，奚聲。臣鍇曰：以爲雞，稽也，能考時也。古兮反。

鷄 鷄 籒文雞從鳥②。

chú

雛 雛 雞子也。從隹，芻聲。臣鍇曰：雛猶云初也。善于反。

鶵 鶵 籒文雛從鳥。

---

① 彥思反，大徐本作"五加切"，《廣韻》作"五佳切"，音同，今從之。
② 鷄，依例當作"雞"。

雡 雡　天鸙也。從隹，翏聲。一曰雉之莫子爲雡。**臣鍇按**:《爾雅注》:"鷚，天鸙。雀色似鶉，好高飛作聲。"雉之莫子，晚生者也。良秀反。

離 離　黃倉庚也。鳴則蠶生。從隹，离聲。**臣鍇按**:《爾雅注》:即楚雀，又名商庚。古有九雇官，夏雇其一。蔡邕曰:"夏雇趣民蠶麥。"《爾雅》:"雇，竊玄。"此云雡累而黃，疑之此即夏雇。郯之反。

【校】夏雇趣民蠶麥，按:"雇"注引"桑雇氏趣民養蠶，老雇氏趣民收麥"，與今本《獨斷》合，此有脫文也。○《爾雅》雇竊，"雇"上脫"夏"字。○雡累，當作"雡黑"，見"雡"篆注。○疑之，"之"字衍。

雕 雕　鷻也。從隹，周聲。**臣鍇按**:《詩》曰:"匪鷻匪鳶，翰飛戾天。"注云:"鷻，雕也。"覩姚反。

【校】匪鷻匪鳶，今《詩》作"匪鶉匪鳶"。

鵰 鵰　籀文鵰從鳥①。

雅 雅　鳥也。從隹，疒省聲②。或從人，人亦聲。**臣鍇曰**:雅隨人所指蹤，故從人。倚冰反。

【校】疒，鉉作"疒"。按:此注爲竄改之誤。"從隹，疒省聲。或從人，人亦聲"，當作"從隹，從疾省，從人，或曰人亦聲"。"從疾省"者，雅飛迅疾，《月令》謂"征鳥厲疾"是也。"或曰人亦聲"者，許以其聲非近，不敢遽從，故以"或曰"疑之。鍇說主意不主聲，與許正同。後人知"人聲"之非是，改"疾"爲"疒"，以取其聲，不知省聲必兼意，疒、雅兩不相涉也。鍇舊本當不誤，次立以鉉改鍇，遂存"疒"，爲非"疾"非"疒"字耳。

鷹(鷹) 鷹　籀文雅從鳥。

雌 雌　雉也。從隹，氏聲。**臣鍇曰**:今俗猶呼爲鷦。嗔肌反。

---

① 鵰，依例當作"雕"。
② 四部叢刊本、四庫本皆作"疒省聲"。

【校】今俗猶呼爲鶹，當作"今俗皆呼爲鶹鷹"。汪改"鶹"爲"鶵"，與俗呼不合。

　　鴟 𩿪 籀文雔從鳥。

shuì
雖 𮦄 鴟也。從隹，垂聲。時位反。

qiān
雅 𪇆 石鳥。一名雍渠，一曰精列。從隹，开聲。《春秋傳》：秦有士雅。臣鍇曰：《爾雅》即雍渠，"雀屬，飛則鳴，行則搖"。士雅，人姓名也。弃姸反。

【校】《爾雅》即，即，當作"注"。

yōng
雝(雍) **𪅇** 雝渠也。從隹，邕聲。宛封反。

qián
雂 𪇀 鳥也。從隹，今聲。《春秋傳》有公子苦雂。臣鍇曰：苦雂，宋人也。勤潛反。

yàn
雁 𪇰 鳥也。從隹從人，厂聲。讀若鴈。臣鍇按：《春秋後語》：楚有昭雁。迎諫反。

lí
雛 𩿉 雛黃也。從隹，黎聲。一曰楚雀也。其色黎黑而黃。臣鍇曰：即離黃也。里西反。

hū
雐 𩿡 鳥也。從隹，虍聲。臣鍇曰：虖字從此。虎烏反。

rú
雓 𩿻 牟毋也。從隹，奴聲。臣鍇按：《爾雅》："鶔也，青州呼鶔毋。"熱除反。

【校】牟毋，鉉作"牟母"，非。《爾雅》李巡注"毋音無"可證。

　　鴐 鸒 雓或從鳥。

hù
雇 𪇷 九雇，農桑候鳥，雇民不婬者也。從隹，戶聲。春雇鳻盾，夏雇竊玄，秋雇竊藍，冬雇竊黃，棘雇竊丹，行雇唶唶，宵雇嘖嘖，桑雇竊脂，老雇鴳鴳。臣鍇按：《春秋左傳》：帝少昊以鳥名官，故有九雇。雇，扈也；扈，止也。故云"雇民不婬"。婬，過時也。蔡邕《獨斷》：春扈氏趣民耕種，夏扈氏趣民芸除，秋扈氏趣民收斂，冬扈氏趣民蓋藏，棘扈氏掌民百果，行扈氏晝

爲民驅鳥，宵扈氏夜爲民驅獸，桑扈氏趣民養蠶，老扈氏趣民收麥。唶音借，嘖音仕策反。臣鍇以爲竊猶淺也。桓土反。

　　鳲 籒文雇從鳥。

　　鶚 雇或從雩。

chún
雗(鶉) 䧼屬也。從隹，𦎫聲。是倫反。

ān
䧼 雗屬也。從隹，酓聲。恩甘反。

　　鶕 籒文䧼從鳥。

zhī
雄 鳥也。從隹，支聲。一曰雄度。**臣鍇按：**漢西京有雄鵲觀。雄度猶今言度支也。章移反。

hóng
琟 鳥肥大琟琟。從隹，工聲。員聰反。

　　瑦 琟或從鳥。

sàn
𩁺 繳𩁺也。從隹，㪚聲。一曰飛㪚也。**臣鍇曰：**繒繳以取鳥也。㪚音散。四旦反。

【校】繒，當作"矰"。

yì
隿 繳射飛鳥也。從隹，弋聲。**臣鍇曰：**《管子》曰："田獵畢隿。"今作弋。以即反。

xióng
雄 鳥父也。從隹，厷聲。于弓反。

cí
雌 鳥母也。從隹，此聲。千思反（cī）。

zhào
罩 覆鳥令不飛走也。從网、隹。讀若到。**臣鍇曰：**罩猶罩也。咤孝反。

juàn
雋 肥肉也。從弓，所以射隹。長沙有下雋縣。**臣鍇按：**《楚辭》："鵠酸臇鳧煎鴻鶬。"蒯通著書號雋永，言其説有味而長也。下雋縣，今鄂州唐年縣也。自褊反。

wéi
䧦 飛也。從隹，陮聲。式垂反（shuī）[1]。

---

① 注音依《廣韻》悦吹切。

文三十九　重十二

奞　**奞** 鳥張毛羽自奮。從大、隹。凡奞之屬皆從奞。讀若睢。臣
鍇曰：大，張大兒也。指事。思振反（xìn）①。

奪（奪）**奪** 手持隹失之也。從又、奞。臣鍇曰：言見奪也，奞毛
將飛也。徒活反。

奮　**奮** 翬也。從奞在田上。《詩》曰：“不能奮飛。”臣鍇按：《爾
雅》：“鷹隼醜，其飛也翬。”注：鼓翅輕疾也，田有穀，鳥所集。
會意。方慢反②。

文三

萑　**萑** 鴟屬也。從隹從丫。有毛角，所鳴其民有旤。凡萑之屬皆
從萑。讀若和。臣鍇曰：旤，禍字也。按：《爾雅》“萑，老鵵”注：
“木兔也，似鴟鵵頭而小，頭有角毛③，夜飛，好食雉。”又曰：“怪
鴟，今江東通呼此屬爲怪鳥。”④張華《博物志》曰：“夜至人家，
取人所弃爪甲，分別視之，則知吉凶。凶者輒鳴，鳴則其家有禍。
所以人弃爪甲於門内也。”⑤戶寒反。

【校】鵵頭，“頭”字衍。○“頭有”上當有“兔”字。○“角毛”下
當有“脚”字。○食雉，雉，當作“雞”。

蒦　**蒦** 規蒦，商也。從又持萑。一曰視遽皃也；一曰蒦，度也。
臣鍇曰：商，商度也；蒦善度人禍福也。會意。俱縛反（jué）⑥。

【校】蒦善，蒦，鉉引作“萑”。

---

① 注音依《廣韻》又息遺切。
② 注音依《廣韻》方問切。慢，待考。
③ 似鴟……毛，今本作“似鴟鵵而小，兔頭有角，毛脚”。
④ “今江東……怪鳥”爲郭注語。
⑤ 《博物志》佚文：“鵵鶹鳥，一名鴟鵵，晝目無所見，夜則目至明……人截手爪棄露
地，此鳥夜至人家拾取視之，則知有吉凶。凶者輒鳴更鳴，其家有殃也。所以人棄爪
甲於門内者也。”
⑥ 《集韻》又鬱縛切。

䕷 䕷 䕷或從尋。尋亦度也。《楚辭》曰："求矩䕷之所同。"

雚（guàn）**雚** 小爵也。從萑，吅聲。《詩》曰："雚鳴于垤。"臣鍇曰：今俗作鸛。古翰反。

舊（jiù）**舊** 鴟舊留也。從萑，臼聲。臣鍇曰：即怪鴟也。今借爲新舊字。其救反。

【校】"留也"上脱"舊"字。

鵂 鵂 舊或從鳥，休聲。

文四　重二

芈（guǎi）**芈** 羊角也。象形。凡芈之屬皆從芈。讀若乖。汲買反。

菲（guǎi）**菲** 戾也。從芈而㕛。㕛，古文別。臣鍇曰：㕛，重八也。骨排反。

【校】而㕛，而，當作"從"。

芇（mián）**芇** 相當也。闕。讀若宀。臣鍇曰：繭字從此。没團反。

文三

苜（mò）**苜** 目不正也。從芈從目。凡苜之屬皆從苜。莧從此。讀若末。臣鍇曰：芈，角戾也。此會意。名喝反（miè）[1]。

蕾（méng）**蕾** 目不明也。從苜從旬。旬，目數搖也。臣鍇曰：會意。木空反。

莫（miè）**莫** 火不明也。從苜、火，苜亦聲。《周書》曰："布重莫席。"織蒻席也。讀與蔑同。臣鍇曰：會意。今《尚書》作蔑。名喝反。

【校】今《尚書》或作"篾"，又異於作"莫"矣。

蔑（miè）**蔑** 勞目無精也。從苜，人勞則蔑然；從戍。臣鍇曰：會意。名喝反。

文四

---

[1] 注音依《廣韻》莫撥切。

yáng

羊　羊　祥也。從丫，象四足、尾之形。孔子曰：牛羊之字，以形舉也。凡羊之屬皆從羊。臣鍇曰：説《禮》者云："羊，吉祥也。"猶良反。

mǐ

芈　羊　羊鳴也。從羊，象气上出。與牟同意。臣鍇曰：牟，牛气上出也，故云同意。此古楚姓也。面侈反。

gāo

羔　羔　羊子也。從羊，照省聲。家豪反。

zhù

羜　羜　五月生羔也。從羊，宁聲。讀若煮。臣鍇曰：《詩》曰："既有肥羜。"直與反。

wù

羳　羳　六月生羔也。從羊，敄聲。讀若霧。勿赴反。

tà

羍　羍　小羊也。從羊，大聲。讀若達同。臣鍇按：《詩》曰："誕彌厥月，先生如羍。"羍，羊小羔也。他末反（tuō）[1]。

【校】今《詩》作"達"。

𢐼　𢐼　羍或省。

zhào

挑　挑　羊未卒歲也。從羊，兆聲。或曰夷羊百斤左右爲挑。讀若《春秋》"盟于洮"聲。臣鍇按：夷羊，怪獸。《史記》曰：殷之衰，夷羊在牧。池沼反。

【校】挑聲，"聲"字衍。

dī

羝　羝　牡羊也。從羊，氐聲。臣鍇按：《易》曰："羝羊觸藩。"的齊反。

fén

羒　羒　牂羊也[2]。從羊，分聲。臣鍇按：《爾雅》："羊牡，羒。"注曰："吳羊白羝也。"扶云反。

【校】白羝，《爾雅注》作"白羒"。

zāng

牂　牂　牡羊也。從羊，爿聲。臣鍇曰：當言從羊，牀省聲。《詩》

---

①　注音依《廣韻》他達切。

② 《初學記》卷二十九"羊第八"："《説文》曰：羒，牡羊也。"《太平御覽》九〇二引《説文》同，可證今本誤"牡"爲"牂"。

曰:"羘羊墳首。"走張反。

【校】牡,當依《爾雅》作"牝"。

羭 羭 夏羊牡曰羭。從羊,俞聲。臣鍇按:《爾雅注》:"夏羊,黑
羖羺也。"羭,黑羝。羊朱反。

羖 羖 夏羊牡曰羖。從羊,殳聲。昆覩反。

【校】牡,當作"牝",《爾雅》亦譌,説經家皆有辨。

羯 羯 羊羖犗也。從羊,曷聲。臣鍇曰:羊形也。鳩歇反。

【校】羊羖,當作"羖羊";羊形,當作"羊刑"。

羠 羠 騬羊也。從羊,夷聲。徐姊反(sì)①。

羳 羳 黃腹羊也。從羊,從番聲。臣鍇按:《爾雅》曰:"羳羊,
黃腹也。"復喧反。

羥 羥 羊名也。從羊,巠聲。懇耕反。

羳 羳 羊名也。從羊,執聲。汝南平輿有羳亭。讀若晉。子印反。

羸 羸 瘦也。從羊,羸聲。臣鍇曰:六畜之中駿馬多瘦,牛亦
瘦,狗亦細形,雞之瘦不至於劣,唯羊瘦則羸也。連垂反。

羡 羡 羊相積也。從羊,委聲。臣鍇曰:羊性好羡羵也。蘊瑞反。

羵 羵 羡羵也。從羊,責聲。贊寄反。

羣(群) 羣 輩也。從羊,君聲。臣鍇曰:羊性好羣居也。具分反。

羴 羴 群羊相羵也;一曰黑羊也。從羊,亞聲。烏閑反。

羜 羜 羊名,躧皮可以割黍。從羊,此聲。臣鍇曰:言皮利也。
千思反。

【校】割黍,鉉作"割桼"。

美 美 甘也。從羊、大。羊在六畜主給膳也。美與善同。臣鍇曰:

___
① 《廣韻》又以脂切。

羊取大者也，羊，美物也，故以爲摯。會意。免鄙反。

【校】"善同"下鉉有"意"字。

<ruby>羌<rt>qiāng</rt></ruby> 羌 西戎從羊人也。從人從羊，羊亦聲。南方蠻閩從虫，北方狄從犬，東方貉從豸，西方羌從羊，此六種也。西南僰人、僬僥從人，蓋在坤地，頗有順理之性。惟東夷從大。大，人也。夷俗仁，仁者壽，有君子不死之國。孔子曰："道不行，欲之九夷，乘桴浮於海。"有以也。臣鍇曰：東方，仁方也。會意。邱香反。

【校】從羊，鉉宋本作"牧羊"。

羌 羌 古文羌如此。

<ruby>羑<rt>yǒu</rt></ruby> 羑 進善也。從羊，久聲。文王拘羑里，在湯陰。臣鍇曰：若言誘善也。《博物志》曰："殷名獄曰羑里。"湯陰在亳州。夷酒反。

文二十六　重二

<ruby>羴<rt>shān</rt></ruby> 羴 羊臭也。從三羊也。凡羴之屬皆從羴。相羵則臭。《禮·月令》曰："其臭羴。"會意。賒延反。

羴 羴 羴或從亶。

<ruby>羼<rt>chàn</rt></ruby> 羼 羊相廁也。從羴在尸下。尸，屋也。一曰相出前，屋在初也。臣鍇曰：俗言相爭出前爲相羼。會意。初簡反（chǎn）[1]。

【校】屋在初，鉉無此三字，疑衍。

文二　重一

<ruby>瞿<rt>jù</rt></ruby> 瞿 鷹隼之視也。從隹，䀠亦聲。凡瞿之屬皆從瞿。讀若章句之句。又音衢。臣鍇曰：驚視也。《禮》曰："見似目瞿。"會意。九遇反。

<ruby>矍<rt>jué</rt></ruby> 矍 隹欲逸走也。從又，持之矍矍也。讀若《詩》云"穬彼淮夷"之"穬"。一曰視遽皃也。臣鍇曰：左右驚顧。俱縛反。

【校】穬彼淮夷之穬，兩"穬"字疑當作"獷"，今《詩》作"憬"。

---

[1] 《廣韻》又初鴈切。

文二

雔 雙鳥也。從二隹。凡雔之屬皆從雔。讀若儔。**臣鍇曰：**《禮》曰：乘禽七十雙。市柔反。

靃 飛聲也。兩而雙飛者，其聲靃然。**臣鍇曰：**其飛霍忽疾也。會意。呼郭反。

【校】兩，當依鉉作“雨”。

雙 隹二枚也。從雔，又持之。**臣鍇曰：**會意。所江反。

文三

雥 群鳥也。從三隹。凡雥之屬皆從雥。**臣鍇按：**《國語》曰“獸三爲群，人三爲眾，女三爲粲”，然則鳥三爲雥。自合反。

雧 鳥群也。從雥，开聲。挾蓮反。

集 鳥在木上。從雥從木。**臣鍇曰：**眾集也。會意。牆揖反。

集 雥或省。

文三　重一

鳥 長尾禽總名也。象形。鳥之足似匕，從匕。凡鳥之屬皆從鳥。**臣鍇曰：**足曲似匕也。都了反（diǎo）。

鳳 神鳥也。天老曰：鳳之象也，鴻前麐後，蛇頸魚尾，顴顙鴛思，龍文龜背，燕頷雞喙，五色備舉。出於東方君子之國，翱翔四海之外。過崑崙，飲砥柱，濯羽弱水，莫宿風穴，見則天下大安寧。從鳥，凡聲。**臣鍇按：**《韓詩外傳》：黃帝即位，天下和平，未見鳳凰，召天老問鳳象，天老曰：夫鳳皆如此言文曰：首戴德，項倡義，背負仁，心抱忠，翼挾信，足履正，尾聲擊武，小音金，大音鼓，延首奮翼，五光備舉。昏鳴曰固常，晨鳴曰發明，晝鳴曰保長，舉鳴曰上翔，集鳴曰歸昌，見則有福，仁聖皆服。得鳳象之一則鳳過，之二則鳳翔，之三則鳳集，之四則鳳春秋下，

之五則鳳没身居之。慎言出於此。臣鍇以爲孔子曰"居九夷"，東方也，解者云：孔子從鳳凰，遇亂居九夷。《山海經》：海内東都廣莫之野，鸞鳥自歌，鳳鳥自舞。前解自"翺翔"已下出《淮南子》也。符貢反。

【校】孔子曰，曰，當作"欲"。○東都廣莫之野，當作"西南都廣之野"。

禰 㲋 古文鳳。象形。鳳飛群鳥從萬數，故以爲朋黨字。臣鍇曰：象奮飛之形。

【校】"萬數"上鉉有"以"字。

鵬 㲋 古文鳳。

luán
鸞 鸞 亦神靈之精也。赤色，五采，雞形，鳴中五音，頌聲作則至。從鳥，䜌聲。周成王時，氐羌獻鸞鳥。臣鍇曰：按，鸞似鳳，多青。《春秋公羊》注曰：太平然後頌聲作也。魯剜反。

yuè
鸑 鸑 鸑鷟，鳳屬，神鳥也。從鳥，獄聲。《春秋國語》曰："周之興也，鸑鷟鳴於岐山。"江中有鸑鷟，似鳬而大，赤目。逆捉反。

zhuó
鷟 鷟 鸑鷟也。從鳥，族聲。色角反。

sù
鷫 鷫 鷫鷞也。從鳥，肅聲。五方神鳥也：東方發明，南方焦明，西方鷫鷞，北方幽昌，中央鳳皇。臣鍇曰：史云：鷫鷞裘。又相如賦曰："掩焦明，經緯五方之精也。"息竹反。

鴢 鴢 司馬相如説：鷫從鳥，宎聲。

shuāng
鷞 鷞 鷫鷞也。從鳥，爽聲。世方反。

jiū
鳩 鳩 鶌鳩也。從鳥，九聲。飢酬反。

jué
鶌 鶌 鶌鳩也。從鳥，屈聲。臣鍇按：《爾雅注》："似山鵲而小，短尾，多聲。"[1] 居屈反。

zhuī
雓 雓 祝鳩也。從鳥，隹聲。聳尹反（sǔn）[2]。

---

① 今本"短尾"與"多聲"間有"青黑色"。
② 《廣韻》又職追切。

隼　隼　雖或從隹、一。一曰鴺字。臣鍇曰：執之也。

【校】鴺，鉉作"鶼"。○"執之也"三字未詳。按：《嘉魚篇》毛傳："雖，壹宿之鳥也。"壹意於所宿之木，故其字從隹、一。"準"從其聲，亦爲一定之法也。鍇或本此爲説而誤脱耳。

骨　鶻　鶻鵃也。從鳥，骨聲。古忽反。

zhōu

舟　鵃　鶻鵃也。從鳥，舟聲。陟牛反。

jú

鵙　鵙　桔鵙，尸鳩。從鳥，軟聲。臣鍇按：《爾雅注》："布穀也。"堅祝反。

gē

鴿　鴿　鳩屬也。從鳥，合聲。苟合反。

dàn

鴠　鴠　渴鴠也。從鳥，旦聲。臣鍇按：《詩》曰："相彼鴠鴠，尚或惡之。"夜鳴急旦也。兜散反。

【校】鴠鴠，《坊記》引作"盍旦"。

jú

鶪　鶪　伯勞也。從鳥，臭聲。臣鍇按：鶪，伯趙氏司至者也。涓寂反（jī）①。

　　雎　雎　鶪或從隹。

liù

鷚　鷚　天鸙也。從鳥，翏聲。良秀反。

yù

鷸　鷸　卑居也。從鳥，與聲。臣鍇按：《爾雅》曰：鷸斯也。玄遇反。

xué

鷽　鷽　雗鷽，山鵲。知來事鳥也。從鳥，學省聲。臣鍇按：《爾雅注》曰："似鵲，有文采，尾長，喙短赤。"《西京雜記》陸賈曰"干鵲噪，行人至"即此也。臣鍇以爲亦猶猩猩知人往事也，《禮》"射�鷽"即此也。今卓反。

【校】尾長，喙短赤，當作"長尾，觜、腳赤"。○干鵲，今本作"乾鵲"。

　　雤　雤　鷽或從隹。

<hr>

① 注音依《廣韻》古闃切。

鷲 ^{jiù} 鷲　鳥黑色多子。師曠曰：“南方有鳥名曰羌鷲，黃頭赤目，五色皆備。”從鳥，就聲。絶僦反。

鴞 ^{xiāo} 鵋　鴟鴞，寧鴂也。從鳥，号聲。**臣鍇按**：《爾雅注》：鴟屬。《詩》曰：“翩彼飛鴞，集于泮林；食我桑葚，懷我好音。”然則鴞，惡聲鳥也。尤嬌反。

【校】葚，今《詩》作“黮”。

鴂 ^{jué} 鵳　寧鴂也。從鳥，夬聲。古穴反。

鸑 ^{xù} 鵋　鳥也。從鳥，祟聲。相聿反。

舫 ^{fǎng} 舫　澤虞也。從鳥，方聲。**臣鍇按**：《爾雅注》：涸澤鳥也，似水鴞，蒼黑，常在澤中，有象主守之官，故名澤虞。分敞反。

【校】涸，《爾雅注》作“嫗”。

鶀 ^{jié} 鶀　鳥也。從鳥，戠聲。姊薛反。

鶈 ^{qī} 鵻　鳥也。從鳥，桼聲。秋日反。

鴃 ^{dié} 鴃　鋪豉也。從鳥，失聲。**臣鍇按**：《爾雅》“鴃，鋪豉”注“未詳”。亭結反。

【校】鋪豉，當依《爾雅》作“鋪䜃”，錢鈔本作“鋪鼓”。

鶤 ^{kūn} 鶤　鶤雞也。從鳥，軍聲。讀若運。**臣鍇按**：《楚辭》曰：“鶤雞啁哳而悲鳴。”《爾雅》：“雞五尺爲鶤。”古論反。

【校】五尺，當依《爾雅》作“三尺”。

鴢 ^{ǎo} 鴢　鳥也。從鳥，芺聲。晏考反。

鵙 ^{jú} 鵙　鳥也。從鳥，臼聲。俱燭反。

鷦 ^{jiāo} 鷦　鷦鷯，桃蟲也。從鳥，焦聲。**臣鍇按**：《爾雅》：“桃蟲，鷦；其雌，鳩。”注云：“鷦鷯雀，俗呼爲巧婦。”《詩》云：“肇允彼桃蟲，拚飛維鳥。”注云：始小終大之鳥也。煎昭反。

鷯 ^{miǎo} 鷯　鷦鷯也。從鳥，眇聲。彌小反。

鶹^{liú} 鶹 鳥少美長醜爲鶹離。從鳥，留聲。臣鍇按：《爾雅》："少美長醜爲鶹鷅。"《詩》曰："瑣兮尾兮，留離之子。"里求反。

【校】留離，今《詩》作"流離"。

鸛^{nán} 鸛 鳥也。從鳥，堇聲。能闌反。

　　難 難 鸛或從隹。臣鍇曰：借爲難易之難。

　　鸛 鸛 古文鸛。

　　鸛 鸛 古文鸛。

　　【校】鸛、鸛，鉉作鸛、鸛。

　　雖 雖 古文鸛。

鶨^{chuàn} 鶨 欺老也。從鳥，象聲。臣鍇按：《爾雅》"鶨老"："鶨鶨，俗呼爲癡鳥"。丑絹反。

【校】"《爾雅》"下當有"注"字。

鶐^{yuè} 鶐 鳥也。從鳥，兌聲。與缺反。

鴗^{tǒu} 鴗 鳥也。從鳥，主聲。土偶反。

鶻^{mín} 鶻 鳥也。從鳥，昏聲。眉勻反。

鷯^{liáo} 鷯 刀鷯，剖葦，食其中蟲。從鳥，尞聲。臣鍇按：《爾雅》：一名剖葦，食其中蟲，江東呼蘆虎。虎綺，蟲衣也。令昭反。

【校】虎綺蟲衣，邵二雲、郝蘭皋《爾雅義疏》引此俱云"未詳"。按：疑是"好剖蘆衣"四字之譌，當在"一名剖葦"下，鍇蓋小變郭注字耳。

鶠^{yǎn} 鶠 鳥也，其雌皇。從鳥，匽聲。一曰鳳凰也。臣鍇按：《爾雅注》：即鳳一名。依遠反。

鴲^{zhī} 鴲 瞑鴲也。從鳥，旨聲。真夷反。

鵅^{luò} 鵅 鳥鸔也。從鳥，各聲。臣鍇按：《爾雅注》："水鳥，似鵁而短頸，腹翅紫白，背上綠色。"勒託反。

鸔^{bǔ} 鸔 鳥鸔也。從鳥，暴聲。巴伏反。

鶴 _{hè} 鶴 鳴九皋，聲聞于天①。從鳥，隺聲。**臣鍇按**：《詩》曰：“鶴鳴九皋，聲聞于天。”皋，澤也。自外數之有九，言幽遠也。閑博反。

鷺 _{lù} 鷺 白鷺也。從鳥，路聲。勒妒反。

鵠 _{hú} 鵠 鴻鵠也。從鳥，告聲。胡僕反。

鴻 _{hóng} 鴻 鴻鵠也。從鳥，江聲。員聰反。

鶖 _{qiū} 鶖 禿鶖也。從鳥，朱聲。七牛反。**臣次立按**：《説文》徐鉉曰：“朱非聲。”又按：朱，式竹反，豆也，字義不通。疑從秋省，乃得聲。朱，傳寫禾之誤也。下文鶩即不省，於義可見。

鶖 鶖 鶖或從秋。

鴛 _{yuān} 鴛 鴛鴦也。從鳥，夗聲。迂言反。

鴦 _{yāng} 鴦 鴛鴦也。從鳥，央聲。殷光反。

鵽 _{duò} 鵽 鵽鳩也。從鳥，叕聲。**臣鍇按**：《爾雅》：“鵽鳩，寇雉。”注：“大如鴿，似雌雉。鼠腳，無後趾，歧尾。爲鳥憨急，群飛，出北方沙漠。”誅貀反（zhuó）②。

【校】後趾，《爾雅注》作“後指”。

鴚 _{gē} 鴚 鴚鵝也。從鳥，可聲。**臣鍇按**：《子虛賦》：“弋白鵠，連駕鵝。”多借駕字。更和反。

䴚（鵝）䴚 鴚䴚也。從鳥，我聲。偶和反。

鴈 _{yàn} 鴈 鵝也③。從鳥、人，厂聲。**臣鍇曰**：或云鴈足似人也。迎諫反。

---

① 《慧琳》卷五十四《佛説箭喻經》“鶴鶴”注引《説文》：“仙鳥也。”據此可知今本脱“仙鳥也”三字，宜據補。王筠《説文釋例》卷十二云“此必先加訓義而後引《詩》”，是也。

② 《廣韻》又丁括切。

③ 《慧琳》卷四《大般若波羅蜜多經》“鴻鴈”、卷八《大般若波羅蜜多經》“鳧鴈”、卷十一《大寶積經》“鳧鴈”三引《説文》皆作“鵝屬”，可證今本“鵝”下脱“屬”字，宜據補。

鶩 舒鳧也。從鳥，孜聲。臣鍇曰：今按《爾雅》："舒鴈，鵝；舒鳧，鶩。"門逐反（mù）。

鷖 鳧屬也。從鳥，殹聲。《詩》曰："鳧鷖在梁。"臣鍇曰：水鳥也。幽雞反。

【校】在梁，今《詩》有"涇、沙、渚、潀、亹"而無"梁"字，不知何字之譌。

鴂 鴂鷨也。從鳥，契聲。臣鍇曰：□□□□□□□□按《字書》，鳧屬也。經節反。

鷨 鴂鷨也。從鳥，辥聲。魚滅反。

鸏 水鳥也。從鳥，蒙聲。母東反。

鷸 知天將雨鳥也。從鳥，矞聲。《禮記》曰：知天文者，冠鷸。臣鍇按：《爾雅》云："翠，鷸。"與必反。

　　鴥 鷸或從遹。

鷿 鷿鷉也。從鳥，辟聲。臣鍇按：《爾雅》"鷿，須鸁"注云："鷿鷉也，似鳧而小，膏中瑩刀。"匹錫反。

鷉 鷿鷉也。從鳥，虒聲。他嵇反。

鸕 鸕鷀也。從鳥，盧聲。論孤反。

鷀 鸕鷀也。從鳥，兹聲。秦思反。

鴂 鴩鴂也。從鳥，乏聲。臣鍇按：《爾雅》："鵖鴂，戴鵀。"注云：即戴勝也。其輒反。

鵖 鴩鵖也。從鳥，皀聲。彼及反。

鴇 鳥也，肉出尺臷。從鳥，乇聲。臣鍇按：鴇，虎文，無後趾，大如鴈。《詩》云："肅肅鴇羽。"臷，嬗也，言大也。補老反。

【校】虎文，當作"豹文"，見郭璞説。"鴇"亦名"獨豹"也。

　　鴀 鴇或從包。

鶈 _{qú}　雝鶈也。從鳥，渠聲。巨居反。

鷗 _{ōu}　水鴞也。從鳥，區聲。殷婁反。

鵥 _{bó}　鳥也。從鳥，犮聲。讀若撥。**臣鍇按**：郭璞《江賦》"鵁鶄鷗鵥"，注曰："鵥，似鳧。"蒲特反。

【校】鵁鶄鷗鵥，《文選》作"鶬鶄鷗鴥"；鴥，李善引《山海經》郭注音"欽"，古今異本，未知孰是。

鱅 _{yóng}　鳥也。從鳥，庸聲。**臣鍇按**：《字書》：鱅渠，似鳧，一名水雞。與封反。

【校】似鳧，當作"似鶩"，見《史記·司馬相如傳》注。○《廣韻》"吳人呼水雞爲鶙渠"，"鶙渠"即"鱅渠"也。

鶂 _{yì}　鳥也。從鳥，兒聲。《春秋傳》曰："六鶂退飛。"**臣鍇按**：《字書》：鶂，水鳥，一曰鶃，一身九頭。倪激反。

【校】今《左》作"鷁"。○一身九頭，按："鶂"無此説，疑當在"鶬"篆注下，鍇引郭璞《江賦》云"奇鶬九頭"，此蓋錯簡。

鷊　鶂或從鬲。

鶬　司馬相如説：鶂從赤。

鶗 _{tí}　鶗胡，汚澤也。從鳥，夷聲。敵兮反。

鵜　鶗或從弟。

鴗 _{lì}　天狗也。從鳥，立聲。**臣鍇按**：《爾雅注》："小鳥，色青，似翠，食魚，江東呼爲水狗。"里汲反。

鶬 _{cāng}　麋鴰也。從鳥，倉聲。**臣鍇按**：《爾雅注》："今呼鶬鴰。"切陽反。

雥　鶬或從隹。

鴰 _{guā}　麋鴰也。從鳥，昏聲。古活反。

鵁 _{jiāo}　鵁鶄也。從鳥，交聲。一曰鵁鸕也。加肴反。

鶄 _{jīng}　鵁鶄也。從鳥，青聲。津貞反。

鵳 ^{jiān} 觓鵳 鵁鶄也。從鳥，开聲。臣鍇按：《爾雅》：“鵳，鶄也。” 激賢反。

【校】《爾雅》“鵳”下脱“觓”字。

鷧 ^{yì} 鸕鷧也。從鳥，壹聲。臣鍇曰：盧鸕也，即鸂鷀。乙器反。

【校】即鸂鷀，按：《上林賦》以“鸂鶒、觓鸕”并舉，當非一物，此疑有譌脱。

鸂 ^{zhēn} 鸂鷀也。從鳥，箴聲。止沈反。

鷀 ^{zī} 鸂鷀也。從鳥，此聲。即宜反。

鷻 ^{tuán} 鵰也。從鳥，敦聲。《詩》曰：“匪鷻匪鳶。” 杜酸反。

【校】鷻、鳶，今《詩》作“鶉、鳶”。

鳶 ^{yuān} 鷙鳥也。從鳥，弋聲。與川反。

鵬 ^{xián} 鴟也。從鳥，閒聲。俟艱反。^①

鷂 ^{yào} 鷙鳥也。從鳥，䍃聲。異召反。

鷢 ^{jué} 白鷢，王鴟也。從鳥，厥聲。臣鍇按：崔豹《古今注》：“似鷹，尾上白。” 瞿月反。

鴡 ^{qū} 王鴡也。從鳥，且聲。且渠反。

鸛 ^{huān} 鸛專，畐蹂，如鵲，短尾，射之，銜矢射人。從鳥，雚聲。臣鍇按：《爾雅》：“一名墮羿。” 呼寬反。

【校】專畐柔^②，《爾雅》作“鸅鸆鶸”。

鸇 ^{zhān} 鷐風也。從鳥，亶聲。臣鍇按：《爾雅注》曰：“鷂屬也。” 遮延反。

鸍 籀文鸇從廛。

鷐 ^{chén} 鷐風也。從鳥，晨聲。石倫反。

---

① 俟，四庫本作“侯”，是。大徐户間切，《集韻》何間切，切上字均匣母。

② 柔，當作“蹂”。

鷙 <small>zhì</small>　擊殺鳥也。從鳥，執聲。戰媚反。

鴥 <small>yù</small>　鷸飛兒。從鳥，穴聲。《詩》曰："鴥彼鷤風。"與必反。

【校】鷤，今《詩》作"晨"。

鶯 <small>yīng</small>　鳥也。從鳥，熒省聲。《詩》曰："有鶯其羽。"臣鍇又按：《詩傳》：鳥羽文也。恩行反。

鴝 <small>qú</small>　鴝鵒也。從鳥，句聲。群吁反。

鵒 <small>yù</small>　鴝鵒也。從鳥，谷聲。古者鴝鵒不踰沛。臣鍇曰：沛，子禮反，水名。此《周禮》文也。余足反。

雗 　鵒或從隺、佳。

鷩 <small>biē</small>　赤雉也。從鳥，敝聲。《周禮》曰："孤服鷩冕。"辟舌反。

鵔 <small>xùn</small>　鵔鸃，鷩也。從鳥，夋聲。蘇徇反。

鸃 <small>yí</small>　鵔鸃也。從鳥，義聲。秦漢之初，侍中冠鵔鸃冠。研之反。

鸐 <small>dí</small>　雉屬。戀鳥也。從鳥，啻聲。顛狄反。

鶡 <small>hé</small>　似雉。出上黨。從鳥，曷聲。臣鍇按：顏之推《家訓》曰："鶡，上黨數嘗見之，黃黑，無駮雜色。"衡割反。

鳺 <small>jiè</small>　鳥似鶡而青。出羌中。從鳥，介聲。臣鍇曰：《家訓》又云：寶如同自河州得鳺來也。苟差反。

鸚 <small>yīng</small>　鸚䳇也。從鳥，嬰聲。恩行反。

䳇 <small>wǔ</small>　鸚䳇也。從鳥，母聲。能言鳥也。勿撫反。

鷮 <small>qiáo</small>　走鳴長尾雉也。乘輿以爲防釳，著馬頭上。從鳥，喬聲。臣鍇按：蔡邕《獨斷》：釳方數寸，以插羽也。伎昭反。

鷕 <small>yǎo</small>　雌雉鳴也。從鳥，唯聲。《詩》曰："有鷕雉鳴。"以沼反。

鸓 <small>lěi</small>　鼠形，飛走且乳之鳥也。從鳥，畾聲。臣鍇曰：飛生鼠

也。柳水反。

𪇵 𪇵 籀文鷽。

hàn
鶾 𪅀 雉肥鶾音者也。從鳥，倝聲。魯郊以丹雞祝曰："以斯鶾音赤羽，去魯侯之咎。"**臣鍇按**：《禮》："雞曰翰音。"侯玩反。

yàn
鷃 𪇵 雇也。從鳥，安聲。**臣鍇按**:《爾雅》："今鷃雀。"殷訕反。

zhèn
鴆 𪇵 毒鳥也。從鳥，冘聲。一名運日。**臣鍇按**：鴆食蝮，狀如鴞，紫黑色，一名運日也。直賃反。

【校】運日，汪作"運目"，非是，見《廣雅》。又《淮南書》作"暈日"。

kòu
鷇 𪇵 鳥子生哺者。從鳥，瞉聲。格漚反（gòu）[1]。

míng
鳴 𪇵 鳥聲也。從鳥，口聲。**臣鍇曰**：今會意。眉平反。

【校】今，當作"此"。

xiān
鶱 𪇵 飛兒也。從鳥，寒省聲。**臣鍇按**：班固《西都賦》曰："鳳鶱翥於甍標。"[2]忻元反。

【校】班固《西都》，當作"張衡《西京》"。

fén
鳻 𪇵 鳥聚兒也；一曰飛兒也。從鳥，分聲。扶云反。

lù
鷺 𪇵 䕬鵝也。從鳥，坴聲。力竹切。

【校】䕬，《爾雅》作"鵱"。

文百十六　重十九

【校】(文百十六)"鷺"篆次立所補，故音同鉉本。○又"鷃"篆"鳥"在左，鉉在右。"鶾、鷃、鴆、鳻"四篆"鳥"在右，鉉在左。"鶱"篆"鳥"在下，鉉在右。

wū
烏 𪅀 孝鳥也。象形。孔子曰："烏，盱呼也。"取其助气，故以爲烏呼。凡烏之屬皆從烏。**臣鍇曰**：烏，反哺也。曾參有孝德，三足烏巢其冠。言此字本象烏形，假借以爲烏呼也。宛都反。

---

① 注音依《廣韻》苦候切。
② 標，四部叢刊本、四庫本皆作"棟"。

【校】巢，當作"萃"，見《抱朴子》。

縊〔𦐇〕古文烏。象形。

於〔𣅀〕象古文烏省。

烏^{què}〔𩾏〕雗也。象形。臣鍇曰：蓋借爲履舄字也。七削反。

雗〔雥〕篆文舄從隹、昔。

焉^{yān}〔𩾞〕焉鳥，黄色。出於江淮。象形。凡字：朋者，羽蟲之長；烏者，日中之禽；舄者，知太歲之所在；燕者，請子之候，作巢避戊己。所貴者，故皆象形，焉亦是也。臣鍇曰：借爲詞助也。此二字雖各象形，文體皆出於烏字也。有連反。

文三　重三

説文解字通釋卷第八

繫傳第八

文林郎守祕書省校書郎臣徐鍇傳釋
朝散大夫行祕書省校書郎臣朱翱反切

二十一部　文三百五十六　重五十九

華 華 箕屬，所以推弃之器也。象形。凡華之屬皆從華。官溥説。臣鍇曰：下象柄。補安反。

【校】推弃，當作"推霏"，汪作"糞"。

畢 畢 田罔也。從華，象畢形微也。或曰由聲。臣鍇曰：有柄，网所以掩兔[1]。張衡《西京賦》曰："華蓋承辰，天畢前驅。"此也。亦象形字。卑聿反。

霏（糞）霏 弃除也。從収推華弃釆也。官溥説：似米而非米者，矢字。臣鍇曰：此似米，糞除也。収，居拳反，兩手。似米字音辨。方問反。

【校】弃除，當作"霏除"。〇此似米糞除，當作"此似米非米者，霏除之"。〇"兩手"下當有"也"字。〇音辨，當作"與音辨字異"。

棄 棄 捐也。從収推華弃也。從𠫓。𠫓，逆子也。臣鍇曰：逆，故推之也。契利反。

弃 弃 古文棄。

𦕒 𦕒 古文棄。

---

① 兔，四庫本作"鳥"。

文四　重二

冓 冓 小也。象交積材也，象對交之形。凡冓之屬皆從冓。臣鍇曰：有搆造也，對謂二苹相對交也。格溝反。

【校】"小也象"三字衍，蓋涉下"幺"篆而誤。

再 再 一舉而二也。從冓省。臣鍇曰：一言舉二也。則代反。

爯 爯 并舉也。從爪，冓省。臣鍇曰：一言舉二也。處陵反。

【校】一言，當作"一手"，釋"從爪"也。

文三

幺 幺 小也。象子初生之形。凡幺之屬皆從幺。臣鍇曰：象財有形質也。《爾雅》曰："幺，幼也。"於堯反。

幼 幼 少也。從幺從力。臣鍇曰：會意也。伊謬反。

文二

丝 丝 微也。從二幺。凡丝之屬皆從丝。臣鍇曰：再幺，故爲幽也。伊虯反。

幽 幽 隱也。從山中丝，丝亦聲。臣鍇曰：山中隱處。伊虯反。

幾 幾 微殆也。從丝、戍。戍，兵守也。丝而兵守者危也。臣鍇曰：戍，戍兵，曰見幾見微也。兵守爲危殆也。會意。居希反。

文三

叀 叀 專小謹也。從幺省；屮，財見也；屮亦聲。凡叀之屬皆從叀。臣鍇曰：叀，專也；幺，小子也；言人之專謹若小子也。幺、屮，財有所爲也。準旋反。

【校】"從幺省"下當有"從屮"二字。〇屮亦聲，當作"日從古文 𠤕 省"。按：此猶"苹"從古文苹省也，段作"田象謹形"，未確。

𠃰 𠃰 古文叀。

𠤳 𠤳 亦古文叀。

惠 ^{hui} 𢛳　仁也。從心、叀。臣鍇曰：爲惠者，心專也。會意。迴桂反。

　　蕙 𢡴　古文惠從芔。

𢢐 ^{zhì} 𢢐　礙不行也。從叀，引而止之也。叀者，如叀馬之鼻。從此與牽同意。臣鍇曰：冂，所引也。《詩》：“載𢢐其尾。”陟利反。

【校】叀馬，當作“叀牛”。“柔，牛鼻環也”，見木部。“叀”猶“柔”也。○“此與”上當有“冂”字。

文三　重三

玄 ^{xuán} 玄①　幽遠也。黑而有赤色者爲玄，象幽而入覆之也。凡玄之屬皆從玄。臣鍇曰：玄之又玄，彌遠也。《周禮》：“三入爲纁。”纁，絳也。“五入爲緅。”緅，紅也。“七入爲緇。”注云：“《爾雅》：一染謂之縓，再染謂之赬。”凡玄色緅緇之間，其六入者，是黑而有赤色也。班婕妤賦曰：“潛玄宮兮幽以清。”玄宮，深宮也。古文也。螢先反。

【校】緅紅也，《考工記》注云“緅，爵頭色”，此疑誤。○“古文也”三字衍。

　　糸 𣃲　古文玄。

茲 ^{zī} 𢆶②　黑也。從二玄。《春秋傳》曰：“何故使吾水茲。”臣鍇曰：借爲茲，此也。則欺反。

文二　重一

予 ^{yǔ} 𠃌　推予也。象相予之形。凡予之屬皆從予。臣鍇曰：⊠，上下相予也。哀多益寡，損上益下。百姓足，君孰與不足？故終下引也。尹汝反。

舒 ^{shū} 舒　伸也。從舍，予聲。一曰舒，緩也。臣鍇曰：會意。式魚反。

【校】予聲，“聲”字衍。

---

① 玄，四部叢刊本小篆作𤣥。
② 茲，四部叢刊本小篆作𢆶。

huàn
幻　相詐惑也。從反予。《周書》曰：“無或譸張爲幻。”臣鍇曰：反道相與爲幻惑也。户衵反。

文三

fàng
放　逐也。從攴，方聲。凡放之屬皆從放。臣鍇曰：古者臣有罪，宥之於遠也。當言方亦聲。弗旺反。

áo
敖（敖）　出游也。從出、放。臣鍇曰：《詩》云：“以敖以遊。”遊有所詣，敖猶翶翔。會意。顏叨反。

yuè
敫　光景流也。從白從放。讀若龠。臣鍇曰：流放也。胤略反。

文三

biào
𠬪　物落上下相付也。從爪、又。凡𠬪之屬皆從𠬪。讀若《詩》“摽有梅”。臣鍇曰：爪，覆手也；又，仰手也。平小反。

yuán
爰　引也。從𠬪、于。籀文以爲車轅字。臣鍇曰：《爾雅》：“爰、粵，于也。”會意。羽元反。

luàn
𤔔　治也。幺子相亂，𠬪治之也。讀若亂同。一曰理也。臣鍇曰：冂，坰界也；幺，無識也。於外爲姦，於内爲宄，并生所謂亂，亂必當理，故爰爲亂[1]，亦訓理。“文王亂臣十人”是也。會意也。魯象反。

【校】“冂坰”下汪有“也”字。〇“并生”上當有“姦宄”二字。

爯　古文亂。

shòu
受　相付也。從𠬪，舟省聲。臣鍇曰：取上下相受也。常帚反。

liè
㪜　撮也。從𠬪，乙聲。臣鍇曰：乙音甲乙之乙。録設反。

【校】鉉作㪜，“乙聲”作“從己”。

zhēng
爭　引也。從𠬪、厂。臣鍇曰：厂，所爭也。指事。側泓反。

yǐn
𡰥　所依據也。從𠬪、工。讀與隱同。臣鍇曰：工，正也。會

① 爰，依例當作“𤔔”。

意。悳從此。依謹反。

孚 𡥤 五指持也。從受，一聲。讀若律。臣鍇曰：埒、鋝、将從
此。留筆反。

敢 𣪊 進取也。從受，古聲。臣鍇曰：《尚書》曰："敢用玄
牡。""敢執壤奠。"進也。古、敢旁紐也。構菼反。

　𣪊(敢) 𣪊 籀文敢[①]。

　敢 𣪊 古文敢[②]。

文九　重三

叔 𡰣 殘穿也。從又從歺，歺亦聲。凡叔之屬皆從叔。讀若殘。
臣鍇曰：又，所以穿也。自闌反。

叡 𧮫 溝也。從叔從谷。讀若郝。臣鍇曰：殘穿地爲叡也。吼作反。

　壑 𡼏 叡或從土。

𣪠 𧮫 𣪠叔，深堅意。從叔從貝。貝，堅實也。讀若概。臣鍇曰：
𪏮從此。苟代反。

【校】𣪠叔深堅意，鉉無"𣪠"字。按：當作"叔也，深堅意也"，蓋
叔之而見爲深堅也。○堅實，鉉作"堅寶"。

𡘹 𡰣 坑地。從叔、井，井亦聲。臣鍇曰：陷穽也。會意。從性反。

叡 𧮫 深明也。從叔從目，從谷省。與歲反。

　睿 睿 古文叡。

　壡 𡼏 籀文叡從土。

文五　重三

歺 占 列骨之殘也。從半冎。凡歺之屬皆從歺。讀若櫱岸之櫱。
臣鍇曰：冎，剔肉置骨也；歺，殘骨，故從半冎。顏過反。

　户 户 古文歺。臣鍇曰：殘骨形也。

————————

①② 敢，依例當作"𣪊"。

殞 ^{wēi} 牒 病也。從歺，委聲。臣鍇曰：痿也。委爲反。

殙 ^{hūn} 牁 瞀也。從歺，昏聲。臣鍇曰：扎瘥夭殙。喧盆反。

【校】夭殙，今《左》作“夭昏”。

殰 ^{dú} 牘 胎敗也。從歺，賣聲。臣鍇曰：《禮》：胎生不殰。陀谷反。

歾 ^{mò} 肳 終也。從歺，勿聲。模骨反。

歿(殁) 牊 歾或從殳。

殡 ^{zú} 牀 大夫死曰殡。從歺，卒聲。臣鍇按：《白虎通》曰：殡，終也。遵聿反。

殊 ^{shū} 牀 死也。從歺，朱聲。《漢令》曰：“蠻夷長有罪，當殊之市。”臣鍇曰：殊又異也，故史云：自刺不殊。殊者定死也。船區反。

殟 ^{wò} 牊 胎敗也。從歺，昷聲。烏骨反①。

殤 ^{shāng} 牊 不成人也。人年十九至十六死爲長殤，十五至十二死爲中殤，十一至八歲死爲下殤。從歺，傷省聲。式陽反。

殂 ^{cú} 牊 往死也。從歺，且聲。《虞書》曰：“勛乃殂。”臣鍇曰：若言有所往也。勛，堯也。全徒反。

【校】勛乃殂，鉉本同。今《書》作“放勳乃殂落”，汪依《書》補，非是。

殂 牊 古文殂從歺、作。

殛 ^{jí} 牊 殊也。從歺，從亟聲。《虞書》曰：“殛鯀于羽山。”己力反。

殪 ^{yì} 牊 死也。從歺，壹聲。一戾反。

壹 壺 古文殪。

殁 ^{mò} 牊 死宗殁也。從歺，莫聲。沒各反。

---

① 《廣韻》烏渾切（wēn），病也；烏沒切（wò），心悶。

殯　**bìn**　死在棺，將遷葬柩，賓遇之。從歺、賓，賓亦聲。夏后殯於阼階，殷人殯於兩楹之閒，周人殯於賓階。**臣鍇曰**：夏后氏質，居於主位。殷人敬疑於賓主兩楹之閒，賓主夾而敬之。周人文，所以即遠賓於主位。比刃反。

【校】賓於主位，當作“故於賓位”。

殔　**yì**　瘞也。從歺，隶聲。羊媚反。

殣　**jìn**　道中死人，人所覆也。從歺，堇聲。《詩》曰：“行有死人，尚或殣之。”[1]　**臣鍇曰**：僅能掩之也。其槻反。

殠　**chòu**　腐氣也。從歺，臭聲。**臣鍇曰**：禹之葬也，下不及泉，上無泄殠。赤狩反。

殨　**huì**　爛也。從歺，貴聲。胡塊反。

歺　**xiǔ**　腐也。從歺，丂聲。**臣鍇曰**：《春秋左傳》曰：“死且不歺。”歺，腐也。希首反。

朽　　歺或從木。

殆　**dài**　危也。從歺，台聲。投在反。

殃　**yāng**　咎也[2]。從歺，央聲。殷强反。

殘　**cán**　賊也。從歺，戔聲。自閑反。

殄　**tiǎn**　盡也。從歺，㐱聲。**臣鍇按**：《春秋左傳》曰：俾殄其師。徒顯反。

㐱　　古文殄如此。

殲　**jiān**　微盡也。從歺，韱聲。《春秋傳》曰：“齊人殲于遂。”**臣鍇**

---

① 殣，今《小雅·小弁》作“瑾”。

② 《釋文》第二《周易音義·坤》“餘殃”注：“《説文》云：凶也。”《慧琳》卷三《大般若波羅蜜多經》“餘殃”注：“鄭玄注《禮記》：殃，禍也。《廣雅》：咎也。《説文》：凶也。”據此二引，許書古本當作“凶也”。又，《慧琳》以《廣雅》《説文》并舉，“咎也”非出許書可知。

按:《春秋左傳》曰：師殲焉。精廉反。

殫 牏 極盡也。從歺，單聲。得干反。

殬 𤅩 敗也。從歺，睪聲。《商書》曰：“夷倫攸殬。”[1] 得兔反。

【校】今《書》作“斁”。

殰 牏 畜産疫病也。從歺，羸聲。魯坐反。

殨 牏 殺羊出其胎也。從歺，豈聲。偶來反。

殘 牏 禽獸所食餘也。從歺從肉。自閑反。

殖 牏 脂膏久殖也。從歺，直聲。臣鍇曰：脂膏久則浸潤也。神直反。

殆 牏 枯也。從歺，古聲。困乎反。

殘 牏 弃也。從歺，奇聲。俗語謂死曰大殘。去其反。

文三十二　重六

死 牏 澌也。人所離也。從歺、人。凡死之屬皆從死。臣鍇曰：澌，水盡也。息似反。

　　𣦵 牏 古文死如此。臣鍇曰：户，古歺字。

薨 牏 公侯猝也。從死，瞢省聲。臣鍇按:《白虎通》曰：“薨，國失陽也。薨之言奄也，奄然亡也。”呼能反。

薧 牏 死人里也。從死，蒿省聲。哈牢反。

歜 牏 戰見血曰傷；亂或爲惽；死而復生爲歜。從死，次聲。則四反。

文四　重一

冎 冎 剔人肉置其骨也。象形，頭隆骨也。凡冎之屬皆從冎。古且反。

---

① 夷，今《洪範篇》作“彝”。

別（別）𫝹　分解也。從冎從刀。臣鍇曰：刀所以解也，會意。鄙輟反。

（bié）

𩑪（bēi）　別也。從冎，卑聲。讀若罷。臣鍇曰：若骨肉之分也。賓而反。

文三

骨（gǔ）　肉之覈也。從冎有肉。凡骨之屬皆從骨。臣鍇曰：覈，核也。古沒反。

髑（dú）　髑髏，頂也。從骨，蜀聲。陁谷反。

髏（lóu）　髑髏也。從骨，婁聲。勒兜反。

髆（bó）　肩甲也。從骨，尃聲。本薄反。

髃（ǒu）　肩前也。從骨，禺聲。臣鍇曰：《詩傳》：上殺中髃。五斗反。

骿（pián）　并脅也。從骨，并聲。晉文公骿脅。臣鍇曰：謂肋骨連合爲一也。并堅反。

【校】今《左》作“駢”。

髀（bǐ）　股也。從骨，卑聲。邊羋反。

𨄔　古文髀。

髁（kè）　髀骨也。從骨，果聲。苦禍反。

𩩲（jué）　𩨗骨也。從骨，厥聲。瞿月反。

髖（kuān）　髀上也。從骨，寬聲。臣鍇按：《莊子》曰：庖丁解牛，髖髀之閒非斤則斧也。苦湍反。

【校】《莊子》曰庖丁，當作“賈誼曰屠牛坦”。《養生主篇》無“髖髀”字。

髕（bìn）　膝耑也。從骨，賓聲。臣鍇曰：古臏刑去膝也。脾閔反。

骺（guā）　骨耑也。從骨，昏聲。古活反。

kuì

髖 髖　膝脛閒骨也。從骨，貴聲。區帥反。

qiāo

骹 骹　脛也。從骨，交聲。臣鍇曰：《周禮》曰："去其一以爲骹圍。"以人脛喻車輻之梢也。希交反（xiāo）①。

gàn

骬 骬　骹也。從骨，干聲。古晏反。

hái

骸 骸　脛骨也。從骨，亥聲。痕皆反。

suǐ

髓 髓　骨中脂也。從骨，隓聲。相累反。

tì

骬 骬　骨閒黃汗也。從骨，易聲。《易》曰："夕惕若厲。"臣鍇曰：當言"讀若《易》曰"也。丑歷反②。

tǐ

體 體　總十二屬也。從骨，豊聲。土禮反。

mó

髍 髍　痲病也。從骨，麻聲。臣鍇曰：痲謂气偏有所不至也。没訛反。

gěng

骾 骾　食骨留咽中也。從骨，更聲。臣鍇曰：古有骨骾之臣，遇事敢刺骾，不從俗也。根杏反。

gé

骼 骼　禽獸之骨曰骼。從骨，各聲。溝白反。

zì

骴 骴　鳥獸殘骨曰骴。骴，可惡也。從骨，此聲。《明堂月令》曰："掩骼埋骴。"贊寄反。

【校】今《禮記》作"胔"③。

wěi

骫 骫　骨耑骫奰也。從骨、丸。臣鍇曰：丸，屈也。又《韓詩外傳》委作此。又《楚辭》"林木茂骫"，謂木槃曲也。醞累反。

【校】茂骫，今《楚辭》作"茷骫"，《文選》作"芨骫"。

kuài

髂 髂　骨擿之可會髮者。從骨，會聲。《詩》曰："髂弁如星。"臣鍇曰：可掠髮也。古最反（guì）。

────────

① 注音依《廣韻》口交切。

② 丑，四庫本、四部叢刊本作"尹"。

③ 大徐本説解末有"骴或從肉"四字。

【校】今《詩》作“會”。○可掠髮，當作“所以括髮”。

文二十五　重一

肉 ⺼ 胾肉。象形。凡肉之屬皆從肉。臣鍇曰：肉無可取象，故象其爲胾。而叔反。

méi
腜 腜 婦胎孕腜兆也。從肉，某聲。臣鍇按：腜猶謀也，始謀也。莫堆反。

tāi
胎 胎 婦孕三月也。從肉，台聲。臣鍇按：李暹《文子注》曰：“胎如水中蝦蟆胎。”偷哈反。

jī
肌 肌 肉也。從肉，几聲。斤離反。

lú
臚 臚 皮也。從肉，盧省。臣鍇按：此字亦音閭，故《漢書》用“鴻臚”字，今人亦言“皮臚”也。連於反。

【校】盧省，當作“盧聲”。

膚 膚 籀文臚。

pēi
肧 肧 婦孕一月也。從肉，不聲。臣鍇按：《文子注》：“肧，胚也，形如水中泡。”[1]臣以爲肧肧即如蚯蚯凝血。普杯反。

【校】胚肧也，當作“肧，胚也”。○以爲肧肧即如蚯，當作“以爲肧即如蚯”。

zhūn
肫 肫 面頯也。從肉，屯聲。主均反。

jī
膿 膿 頰肉也。從肉，幾聲。讀若畿。巨希反（qí）[2]。

chún
脣 脣 口端也。從肉，辰聲。是倫反。

顄 顄 古文脣從頁。

dòu
脰 脰 項也。從肉，豆聲。臣鍇按：《春秋左傳》曰：“兩矢夾脰。”笛奏反。

---

① 形如，四部叢刊本、四庫本皆作“聲如”。
② 《集韻》又居希切。

^{huāng}
肓 〔肓〕 心上鬲下也。從肉，亡聲。《春秋傳》曰："病在肓之下。"忽光反。

【校】肓之下，下，當作"上"。

^{shèn}
腎 〔腎〕 水藏也。從肉，從臤聲。**臣鍇按**：腎主智，藏精，皆水之爲也。《文子》曰："腎爲雨。"食忍反。

^{fèi}
肺 〔肺〕 金藏也。從肉，宋聲。**臣鍇按**：肺主義，藏魄，義尚斷割，主於金。《文子》曰："肺爲氣。"弗乂反。

^{gān}
肝 〔肝〕 木藏也。從肉，干聲。**臣鍇按**：肝主仁，藏魂，仁生於木。《文子》曰："肝爲雷。"骨安反。

^{pí}
脾 〔脾〕 土藏也。從肉，卑聲。**臣鍇按**：脾主信，藏志，信生於土也。《文子》曰："脾爲風。"頻移反。

^{dǎn}
膽 〔膽〕 連肝之府也。從肉，詹聲。**臣鍇按**：《白虎通》：府者，六府也。肝仁不忍，故膽斷恩[①]。仁者必有勇，人怒無不色青，是其效也。兜淡反。

^{wèi}
胃（胃）〔胃〕 穀府也。從肉，图，象形。**臣鍇按**：《白虎通》：脾之府，穀之委，故脾稟氣於胃。云貴反。

^{pāo}
脬 〔脬〕 旁光也。從肉，孚聲。**臣鍇按**：《白虎通》：膀光，肺之府。肺斷決膽，膀光亦常張有勢。浦包反。

^{cháng}
腸 〔腸〕 大小腸也。從肉，昜聲。**臣鍇按**：《白虎通》：心之府也。膀爲胃紀也，心爲支體心，故有兩府。宙良反。

【校】膀爲胃紀也，心爲支體心，當作"腸爲胃紀也，心爲支體主"，見《御覽》引。今《白虎通》曰"腸爲心肺主，心爲支體主"，與此異。

^{gāo}
膏 〔膏〕 肥也。從肉，高聲。家毫反。

^{fāng}
肪 〔肪〕 肥也。從肉，方聲。**臣鍇按**：《本艸》有鴈肪，鴈脂也。

---

① 恩，疑當作"焉"，《白虎通·性情》：肝"主仁，仁者不忍，故以膽斷焉。"

《玉書》曰："白如截肪。"府昌反。

yīng
膺（膺）胸也。從肉，雁聲。**臣鍇按：**《詩》謂馬當胸爲鉤膺也。倚冰反。

yì
肊 胸肉也。從肉，乙聲。**臣鍇按：**乙音軋。依色反。

臆 肊或從意。

bèi
背 脊也。從肉，北聲。補配反。

xié
脅 兩膀也。從肉，脅聲[①]。**臣鍇按：**晉文公駢脅[②]，謂脅骨連若版也。虚業反。

páng
膀 脅也。從肉，旁聲。薄荒反。

髈 膀或從骨。

liè
脟 脅肉也。從肉，寽聲。一曰脟，腸閒肥也；一曰膫也。**臣鍇按：**相如《子虛賦》曰："脟割輪淬。"注云："脟，臠也。"臣以爲當是借爲臠字。録設反。

【校】輪淬，《文選》作"輪焠"。

lè
肋 脅骨也。從肉，力聲。郎戌反（lù）[③]。

shēn
胂 夾脊肉也。從肉，申聲。**臣鍇曰：**《易》云："艮其限，裂其夤。"夤即當此胂字。式人反。

méi
脢 背肉也。從肉，每聲。《易》曰："咸其脢。"莫堆反。

jiān
肩 髆也。從肉。象形。**臣鍇曰：**象肩形。指事也。激賢反。

肩 俗肩從户[④]。

gē
胳 掖下也[⑤]。從肉，各聲。**臣鍇曰：**按《禮》或作骼。格莫反。

---

① 脅，當作"劦"。

② 按，骨部"骿"下作"骿脅"。

③ 注音依《廣韻》盧則切。今讀 lèi。

④ 肩，依例當作"肩"。

⑤ 掖，後作"腋"，大徐本作"亦"，段注："亦、腋古今字。"

【校】骼，汪脱此字。按：見《儀禮》。

胠 ^{qū} 掖下也。從肉，去聲。臣鍇按：《春秋左傳》説聲師列豚之法有胠，即取人兩腋之義。又《莊子》有胠篋於腋下也。羗脅反（qiè）^①。

【校】於腋下也，當作"胠，旁開也"，見《釋文》。鍇蓋引以證異義。

臂 ^{bì} 手上。從肉，辟聲。畢寘反。

臑 ^{nào} 臂羊矢也。從肉，需聲。讀若襦。臣鍇按：《史記》：龜前臑骨，帶之入山林不迷。蓋骨形象羊矢，因名之也。那到反。

【校】前臑骨，《史記》作"前足臑骨"。

肘 ^{zhǒu} 臂節也。從肉、寸。寸，手寸口。臣鍇曰：寸口，手腕動脈處也。會意。知有反。

齎（臍） ^{qí} 肶齎也。從肉，齊聲。自分反。

【校】肶，當"毗"，見囟部。

腹 ^{fù} 厚也。從肉，复聲。方菊反。

腴 ^{yú} 腹下肥也。從肉，臾聲。臣鍇按：王充《論衡》"桀紂腴"是也^②。羊朱反。

脽 ^{shuí} 尻也。從肉，隹聲。臣鍇按：《史記》：漢祭后土汾陰脽上。注云：脽者，"河之東岸特堆掘。長四五里，廣一里餘，高十丈餘，汾陰縣在堆之上，后土祠在縣西，汾在脽之北，西流與河合"。臣以特堆象此爲名也。市隹反。

【校】掘，按《史記注》當作"堀"。〇廣一里，當作"廣二里"。〇在堆，當作"在脽"。

肞 ^{jué} 孔也。從肉，決省聲。讀若決水之決。鶪穴反。

股 ^{gǔ} 髀也。從肉，殳聲。昆覩反。

---

① 《廣韻》又去魚切。

② 今本《論衡》"腴"上有"垂"字。

脚 ^{jiǎo}（脚）　脛也。從肉，卻聲。己藥反（jué）。

脛 ^{jìng}（脛）　胻也。從肉，巠聲。戶定反（xìng）。

胻 ^{héng}（胻）　脛耑。從肉，行聲。臣鍇曰：按《史記‧龜策傳》曰“壯士斬其胻”是。閑橫反。

【校】其胻是，是，汪誤作“脯之”，《史》無此二字。

腓 ^{féi}（腓）　脛腨也。從肉，非聲。臣鍇按：《易》曰：“咸其腓。”符飛反。

腨 ^{shuàn}（腨）　腓腸也。從肉，耑聲。臣鍇曰：腳脛後腸也。甚輭反。

胑 ^{zhī}（胑）　體四胑也。從肉，只聲。臣鍇曰：胑，支也。《文子》曰：“天有四時五行九解三百六十六日，人有四胑五臟九竅三百六十六節。”章移反。

【校】九解，當作“九曜”。又按：《文子》作“三百六十日”“三百六十節”，作“三百六十六”者，《淮南》書也。

肢（肢）　胑或從支。

胲 ^{gāi}（胲）　足大指毛也。從肉，亥聲。苟孩反。

肖 ^{xiào}（肖）　骨肉相似也。從肉，小聲。不似其先，故曰不肖也。恩妙反^①。

胤 ^{yìn}（胤）　子孫相承續也。從肉從八，象其長也。幺亦象重累也。臣鍇曰：會意。異印反。

𦚯（𦚯）　古文胤。

胄 ^{zhòu}（胄）　胤也。從肉，由聲。臣鍇曰：《尚書》曰：“教胄子。”介胄字從冂音冒。長宥反。

肎 ^{xì}（肎）　振也。從肉，八聲。臣鍇曰：佾從此。希气反。

𦞤 ^{rǎng}（𦞤）　益州鄙言人盛諱其肥謂之𦞤。從肉，襄聲。如往反。

---

① 恩，四庫本、四部叢刊本作“思”，與《廣韻》作“私”同屬心母，當據改。

dàn

膻 膻 肉膻也。從肉，亶聲。《詩》曰：“膻裼暴虎。”臣鍇曰：謂袒衣見肉也。特坦反。

【校】今《詩》作“襢”。

jiē

腈 腈 臕也。從肉，皆聲。古諧切。

qiú

脉 脉 齊人謂臕脉也。從肉，求聲。讀若休止。虔柔反。

luán

臠 臠 臕也。從肉，䜌聲。一曰切肉臠也。《詩》曰：“棘人臠臠兮。”蔞遣反。

【校】臠臠，今《詩》作“孿孿”。

jí

膌 膌 瘦也。從肉，脊聲。疾辟反。

瘠 瘠 古文膌從疒、朿，朿亦聲。

qú

臞 臞 少肉也。從肉，瞿聲。臣鍇按：《史記》曰：“形容甚臞。”臣鍇曰：臞者，見之可驚瞿也。從膌者，脊骨貌也。臠者，小兒也。脉者，急兒不寬裕也。腈者，若艸枯見根荄也。群吁反。

【校】從膌者，當作“膌從脊者”。

tuō

脫 脫 消肉臕也。從肉，兌聲。臣鍇按：《爾雅》：“肉曰脫之。”徒活反。

zhēng

脀 脀 駿也。從肉，丞聲。讀若丞。臣鍇按：《儀禮》曰：“脯醢，無脀。”俎實也。振丞反。

zhěn

胗 胗 唇瘍也。從肉，㐱聲。臣鍇曰：唇瘡則緊急也。支允反。

疹 疹 籀文胗從疒。

zhuī

腄 腄 跟胝也。從肉，垂聲。臣鍇曰：謂腳跟行多生胝皮也。屯鬐反。

zhī

胝 胝 腄也。從肉，氐聲。臣鍇按：《史記》：禹“手足胼胝”。陟尼反。

yóu

肬 肬 贅也。從肉，尤聲。焉秋反。

黓 𪐗 籀文肕從黑。

肒 ^{huàn} 𠕄 搔生瘡也。從肉，丸聲。臣鍇曰：若言體瘁頑也。戶岸反（hàn）①。

【校】瘡，鉉作"創"。"創、瘡"古今字。○瘁頑，疑當作"頑瘁"。

腫 ^{zhǒng} 𪐗 癰也。從肉，重聲。之勇反。

胅 ^{dié} 𪐗 骨差也。從肉，失聲。讀若跌同。亭結反。

肸 ^{xìn} 𪐗 創肉反出也。從肉，希聲。許靳反。

胤 ^{yìn} 𪐗 瘢也。從肉，引聲。一曰邊也。異印反。

臘 ^{là} 𪐗 冬至後三戌，臘祭百神②。從肉，巤聲。臣鍇按：蔡邕《獨斷》：殷曰清祀，周曰蜡，秦曰嘉平，漢曰臘。臣以爲臘，合也，合祭祀諸神也。盧合反。

【校】三戌，説見《風俗通》，汪本作"三戌"，非是。

膢 ^{lú} 𪐗 楚俗以二月祭飲食也。從肉，婁聲。一曰祈穀食新曰膢。臣鍇按：《鹽鐵論》曰："非膢臘祭祀，無酒肉也。"③ 力珠反。

【校】曰膢，鉉作"曰離膢"。離膢，當即《漢志》"貙劉"。

胙 ^{zhào} 𪐗 祭也。從肉，兆聲。田兆反④。

胙 ^{zuò} 𪐗 祭福肉也。從肉，乍聲。臣鍇按：《春秋左傳》：王使"賜齊侯胙"。言爲神所饗，爲福所被也。昨怒反。

隋 ^{duò} 𪐗 裂肉也。從肉，陸省。臣鍇按：衍左，《祭禮》或作妥。隋文帝以爲國號隋字。特妥反。

【校】"衍左"上當有"陸"字，下當有"反"字。○"隋"字上脱"改

---

① 注音依《廣韻》胡玩切。
② 《初學記》卷四"臘第十三"："許慎《説文》曰：臘，冬至後壬戌臘祭百神。"或"三"乃"壬"之誤。
③ 《鹽鐵論》："非膢臘不休息，非祭祀無酒肉。"
④ 《廣韻》丑召切（chào）。

隨爲”三字。

膳 膳　具食也。從肉，善聲。臣鍇曰：具食者，言具備此食也。《周禮》：掌王世子后之膳。《春秋左傳》曰：“公膳日雙雞。”言其食用兩雞也。時絹反。

脙 脙　嘉善肉也。從肉，柔聲。臣鍇按：《國語》舅犯曰：“毋亦柔嘉，是食，犯肉胜臊之也，安可食？”① 然尤反。

【校】犯肉胜臊之也，按：《國語》作“偯之肉腥臊，將焉用之”，《史記》作“犯肉胜臊”，無“之也”字。

肴 肴　啖也。從肉，爻聲。臣鍇曰：謂已修庖之，可入口也。所謂享有體薦，謂全取一體，若膊若髀以進大享也；宴有折俎，謂解其骨肉使可食也，嘉宴也。又曰：肴，蒸蒸升也。候交反。

腆 腆　設膳腆多也。從肉，典聲。臣鍇曰：不腆之田，謂不多也。聽銑反。

姺 姺　古文腆。

腯 腯　牛羊曰肥，豕曰腯。從肉，盾聲。臣鍇按：《春秋左傳》曰“博碩肥腯”是也。徒忽反。

胇 胇　肥肉也。從肉，必聲。脾迷反。

胡 胡　牛頷垂也。從肉，古聲。臣鍇曰：牛頷下垂皮也，言宛曲也。又人言漫胡者，謂漫裹其宛曲無稜利也；又謂北狄爲胡，亦然也。魂徒反。

胘 胘　牛百葉也。從肉，弦省聲。臣鍇曰：今俗言肚胘也。形先反。

膍 膍　牛百葉也。從肉，毘聲。一曰鳥膍胵。臣鍇曰：毘即毗字，但囟在上耳。百葉，牛肚也。《周禮》謂之脾析，借脾字。析

---

① 《國語·晉語四》：“若克有成，公子無亦晉之柔嘉，是以甘食。偯之肉腥臊，將焉用之？”

者，言其狀分析也。腜腤，鳥之腸胃也。鼻宜反。

胐　腜或從比。

膘　牛脅後髀前合革肉也。從肉，票聲。讀若繇。臣鍇按：《詩傳》：下殺射中膘。今謂馬肥爲膘肥也，言最薄處，故言合革肉，言皮肉相合也。頻小反。

【校】中膘，《詩傳》作"䯅"，《釋文》云"或作膘"。

膟　血祭肉。從肉，帥聲。留筆反。

䘒　帥或從率[①]。

膫　牛腸脂也。從肉，尞聲。《詩》曰："取其血膫。"梨桃反。

【校】今《詩》作"脊"。

脊　膫或從勞省聲。

脯　乾肉也。從肉，甫聲。分武反。

膊　薄脯，膊之屋上。從肉，専聲。臣鍇曰：今謂作脯爲膊脯也。普惡反。

脩　脯也。從肉，攸聲。臣鍇按：《春秋左傳》："女贄不過榛、栗、棗、脩。"息抽反。

脘　胃脯也。從肉，完聲。讀若患。臣鍇曰：謂以胃作脯也。《史記·貨殖傳》曰：濁氏以胃脯致富。戶慣反。

朐　脯挺也。從肉，句聲。臣鍇曰：挺猶言脡也。《公羊傳》曰：高子執"四脡脯"，注云："申曰脡。"臣以爲然則曲曰朐也。群吁反。

膴　無骨腊也。揚雄説：鳥腊。從肉，無聲。《周禮》有膴判。讀若謨。臣鍇按：《周禮》：供膴胖之事。虎烏反。

胥　蟹醢也。從肉，疋聲。臣鍇按：《釋名》言其肉胥。胥，解

---

① 帥，當作"脊"。

也。先居反。

【校】其肉胥胥解也，按《釋名》當作"其骨肉解，胥胥然也"。

腒 𦞠 北方謂鳥腊腒。從肉，居聲。《傳》曰："堯如腊，舜如腒。"

臣鍇按：王充《論衡》曰：世人言堯舜憂勞天下故爾，充非之，以爲不然也。堅疎反。

肍 𦞔 熟肉醬也。從肉，九聲。讀若舊。虔柔反。

膌 𦠄 乾魚尾膌膌也。從肉，肅聲。《周禮》有腒膌。臣鍇曰：言其尾乾宜，挼挼猶歷歷也。《詩》曰："束矢其挼。"色酋反。

【校】膌膌，錢鈔本作"挼挼"，與鍇說合。顧本或依鉉本及汪本改也。○腒膌，今《周禮》作"腒鱐"。○乾宜，當作"乾直"。

胰 𦞕 有骨醢也。從肉，臾聲。臣鍇曰：肉無骨即醢。年伭反①。

　　𦡼 𦣆 胰或從難。

脠 𦡀 生肉醬也。從肉，延聲。臣鍇按：《齊民要術》有作生脠法：羊肉一斤，豬白四兩，豆醬漬之，縷切生薑，雞子和之，舂用蘇蓼也。敕連反。

【校】豬白，汪作"豬肉"，按賈〔思〕勰書當作"豬肉白"。

腤 𦠇 豕肉醬也。從肉，否聲②。蒲斗反。

膹 𦢚 臇也。從肉，賁聲。房忿反。

臇 𦣈 臇也。從肉，雋聲。讀若纂。臣鍇按：《楚辭》曰："鵠酸臇鳧煎鴻鶬。"醉雋反。

　　煔 㷷 臇或從火、巽。

胹 𦞶 爛也。從肉，而聲。臣鍇按：《春秋左傳》："宰夫胹熊蹯。"忍伊反。

---

① 伭，四部叢刊本作"伭"，同"低"。

② 否，疑當作"咅"。

胒 ^{sǔn} 切熟肉内於血中和也。從肉，員聲。讀若選。思忖反。

【校】讀若選，選，汪作"還"，鉉作"遜"。按：胒，或作"腜"，疑當作"讀若僎"。

胜 ^{xīng} 犬膏臭也。從肉，生聲。一曰不熟也。**臣鍇按**：《禮記》曰："飯胜而苴熟之。"息形反。

【校】飯胜而苴熟，今作"飯腥而苴孰"。

膮 ^{xiāo} 豕肉羹也。從肉，堯聲。**臣鍇曰**：《禮》曰："膮醢。"曉幺反。

【校】膮醢，見《内則》，或以"醢"爲衍文。

腥 ^{xīng} 星見食豕，令肉中生小息肉也。從肉、星，星亦聲。**臣鍇按**：《禮》曰："豕望視而交睫，腥。"今人云腥肉堅也。仙聽反。

臊 ^{sāo} 豕膏臭也。從肉，喿聲。素刀反。

脂 ^{zhī} 戴角者脂，無角者膏。從肉，旨聲。**臣鍇按**：《周禮》大獸："脂者、膏者。"真夷反。

膌 ^{suò} 觷也。從肉，貨聲。**臣鍇曰**：理角也。舍人謂解開猪羊頭爲膌也。先卧反。

膩 ^{nì} 上肥也[①]。從肉，貳聲。尼利反。

膜 ^{mó} 肉閒胲膜也。從肉，莫聲。門落反。

弱 ^{ruò} 肉表革裏也。從肉，弱聲。**臣鍇曰**：如蒲荷之蒻，深且白也。如約反。

臛 ^{huò} 肉羹也。從肉，奞聲。**臣鍇按**：顔師古《匡繆正俗》云：王逸注《楚辭》"有菜曰羹，無菜曰臛"，引《禮》云："羹之有菜用梜，其無菜不用梜。"又：鉶羹有蘋藻。但羹之與臛，烹煮異

———————————

① 《慧琳》卷十二《大寶積經》"垢膩、炙膩"注并引《説文》："肉上肥也。"可證今本脱"肉"字。

齊，調和不同，非關有菜無菜也[1]。臣鍇以爲臛以肉爲主，羹以菜爲主，肉爲汁也。吼作反（hè）。

chī
胵 鳥胃也。從肉，至聲。一曰胵，五臟總名也。嗔飢反。

zì
胾 大臠也。從肉，𢦏聲。側字反。

zhé
䐑 薄切肉也。從肉，枼聲。直輒反。

kuài
膾 細切肉也。從肉，會聲。古最反（guì）。

yān
腌 漬肉也。從肉，奄聲。**臣鍇曰：**五味漬之不矖也。殷葉反（yè）[2]。

cuì
脃 小耎易斷也。從肉，絶省聲。此芮反。

cuì
膬 耎易破。從肉，毳聲。銓絶反（què）[3]。

sàn
散（散） 雜肉也。從肉，㪔聲。**臣鍇曰：**今俗言散肉。四旦反。

zhuǎn
膞 切肉也。從肉，專聲。**臣鍇按：**《子虛賦》“脟割輪焠”應作此字，借脟字也。殊剸反（shuàn）[4]。

xié
膎 脯也。從肉，奚聲。**臣鍇曰：**古謂脯之屬爲膎，因通謂儲蓄食味爲膎。故《南史》孔靖飲宋高祖，無膎，取伏雞卵爲肴。又王儉云“庾郎食膎有二十七種”是也。今俗言人家無儲蓄爲無膎活。侯釵反。

【校】食膎，膎，《世説》作“鮭”。

liǎng
脼 膎肉也。從肉，兩聲。里敞反。

zhuō
腏 挑取骨閒肉也。從肉，叕聲。讀若《詩》曰“啜其泣矣”。誅劣反。

---

① 臛，今本均作“矐”。
② 《廣韻》又於嚴切。
③ 《廣韻》又此芮切。
④ 《廣韻》又旨兗切。

資 $\overset{zǐ}{}$ 𩚁 食所遺也。從肉，仕聲。《易》曰：“噬乾資。”阻史反。

【校】今《易》作“胏”。

胏 𦟓 揚雄説：資從宋。

腍 $\overset{xiàn}{}$ 𦠄 食肉不猒也。從肉，臽聲。讀若陷。寒蘸反。

肰 $\overset{rán}{}$ 然 犬肉也。從肉、犬。讀若然。臣鍇曰：會意。仁遷反。

𦞤 𤡅 古文肰。

𤢪 𤢪 亦古文肰。

【校】鉉作𤢪。

膞 $\overset{chēn}{}$ 𩪶 起也。從肉，真聲。齒真反。

肷 $\overset{tǎn}{}$ 𦞧 肉汁滓也。從肉，尤聲。臣鍇曰：監字從此。他感反。

膠 $\overset{jiāo}{}$ 𦜔 昵也，作之以皮。從肉，翏聲。臣鍇曰：昵，近也，黏也。加肴反。

贏(贏) $\overset{luǒ}{}$ 𧝓 或曰罥名。象形。闕。臣鍇曰：從肉，此外許氏闕義也。贏、羸從此[①]。魯坐反。

胆 $\overset{qū}{}$ 𦙹 蠅乳肉中也。從肉，且聲。臣鍇曰：今俗作蛆。且渠反。

肙 $\overset{yuàn}{}$ 𦙜 小蟲也。從肉，口聲。一曰空也。臣鍇曰：涓從此。烏縣反。

腐 $\overset{fǔ}{}$ 𦜇 爛也。從肉，府聲。浮甫反。

肎(肯) $\overset{kěn}{}$ 𠕏 骨閒肉肎肎箸也。從肉，冎省。一說骨無肉也。臣鍇按：《莊子》庖丁云：“肎綮之閒也。”看等反（kěng）。

【校】閒也，當作“未嘗”。

肎 𠕤 古文。

肥 $\overset{féi}{}$ 𦙫 多肉也。從肉，卪聲。臣鍇曰：疑當從巴或從卪，不得云聲，皆誤也。符非反。

---

① 按，馬部“贏”下作“羸省聲”。

胯 胯 股也。從肉，夸聲。苦故反。

文一百四十　重二十

筋 筋 肉之力也。從力、肉、竹。竹，物之多筋者。從力，象筋也。凡筋之屬皆從筋。臣鍇曰：會意。幾忻反。

笏 笏 筋之本也。從筋，夗省聲。臣鍇曰：筋之根結也。其獻反。

腱 腱 笏或從肉、建。

筋 筋 手足指節之鳴者也。從筋省，勺聲。臣鍇曰：手指節連綴之筋可屈伸者也，曳之則鳴也。逼朔反。

肋 肋 筋或省。

文三　重二

刀 刀 兵也。象形。凡刀之屬皆從刀。臣鍇曰：刀背與刃也。得高反。

刔 刔 刀握也。從刀，缶聲。臣鍇曰：刀把。付丑反。

咢 咢 刀劍刃也。從刀，咢聲。臣鍇曰：今俗作鍔。五各反。

剺 剺 籀文咢從刃、各。

【校】鉉作劉。〇從刃各，當作“從刀、𧥛”，“𧥛”見丰部。此或依鉉改注而未改篆之譌也。

削 削 鞞也。從刀，肖聲。一曰析也。臣鍇曰：今人音笑，刀之匣也。又《周禮》築氏爲削書刀、削簡牘者，偃月形也。息雀反。

刨 刨 鎌也。從刀，句聲。梗尤反。

剴 剴 大鎌也；一曰摩也。從刀，豈聲。臣鍇曰：摩謂摩刀也。苟孩反。

剞 剞 剞劂，曲刀也。從刀，奇聲。居綺反。

劂 劂 剞劂也。從刀，屈聲。居屈反。

利 lì 劜 鋸也。從刀。和然後利，從和省。《易》曰："利者，義之和也。"臣鍇據曰：義和即利也。會意。柳嗜反。

【校】鋸，當依鉉作"銛"。○據，當作"按"。

秒 杉① 古文利。

剡 yǎn 燚 鋭利也。從刀，炎聲。臣鍇按：《周禮》："剡木爲矢。"《禮》大圭剡上，削令上鋭也。《爾雅》曰："剡、黎，利也。"有斂反。

【校】《周禮》，當作"《周易》"。○大圭，當作"琰圭"。按：大圭抒上，琰圭剡上也。

初 chū 柲 始也。從刀、衣。裁衣之始也。臣鍇曰：禮之初，拖衣以蔽形，以刀裁衣。會意。測居反。

剪 jiǎn 歬 齊斷也。從刀，前聲。臣鍇曰：《詩》曰："實始翦商。"子善反。

則 zé 㓝 等畫物也。從刀、貝。貝，古之物貨也。臣鍇曰：則，節也，取用有節，刀所以裁製也。會意。遭德反。

劓 㓝 古文則。

鼎 㓝 籕文則從鼎。

副 㓝 亦古文則。

剛 gāng 㓝 彊也。從刀，岡聲。格康反。

信 信 古文剛如此。

剬 duān 剺 斷齊也。從刀，耑聲。顛懽反。

劊 guì 劊 斷也。從刀，會聲。古最反。

切 qiē 扚 刌也。從刀，七聲。七屑反。

刌 cǔn 㓟 切也。從刀，寸聲。臣鍇按：《儀禮》云"刌茅也"。麤損反。

---

① 四庫叢刊本古文作柲。又邑部"邘"小篆作覊，下云"秒，古文利字"，可證此處杉字形誤。

【校】刉茅，疑當作“刉肺”①。

劦 ^{xiè} 劈 斷也。從刀，辥聲。思列反。

刉 ^{guì} 釛 劃傷也。從刀，气聲。一曰斷也。讀若殲。一曰刀不利，於瓦石上刉之。**臣鍇曰**：猶摩挖也。古最反。

劌 ^{guì} 劌 利傷也。從刀，歲聲。俱稅反。

副 ^{pì} 副 判也。從刀，畐聲。《周禮》曰：“副辜祭。”**臣鍇按**：顏師古《匡謬正俗》云：副貳之副，本作福字，從衣。後人借副字爲福，因不復作福字也。披式反。

　　　畐刂 畐刂 籀文副從畐。**臣鍇曰**：今《周禮》作此字，《山海經》云副以吳刀，則作副。

刻 ^{kè} 刻 鏤也。從刀，亥聲。慳黑反。

剖 ^{pōu} 剖 判也。從刀，音聲。浦吼反（pǒu）。

辧（辨） ^{bàn} 辧 判也。從刀，辡聲。蒲莧反。

判 ^{pàn} 判 分也。從刀，半聲。鋪喚反。

劅 ^{zhuō} 劅 刊也。從刀，叕聲。**臣鍇按**：《商子》曰：“有敢剟定法令”者死。《吳越春秋》曰：“削剟之利。”劅，持有所刊也。誅劣反。

剙（列） ^{liè} 刐 分解也。從刀，𠛱聲。良舌反。

刊 ^{kān} 刊 剟也。從刀，干聲。刻干反。

劇 ^{duó} 劇 判也。從刀，度聲。騰莫反。

劈 ^{pī} 劈 破也。從刀，辟聲。匹錫反。

删 ^{shān} 删 剟也。從刀、册。册，書也。**臣鍇曰**：古以簡牘，故曰“孔子删《詩》《書》”，言有取舍也。會意。師關反。

---

① 《儀禮·特牲饋食禮》有“刉肺”，《士虞禮》有“苴刉茅”。

剝 ^{bō} 裂也。從刀，彔聲。一曰彔刻割也^①。逼朔反。

刐 剝或從卜。

割 ^{gē} 剝也。從刀，害聲。格曷反。

劙 ^{lí} 剝也；劃也。從刀，劙聲。臣鍇按：史：匈奴劙面不哀。利之反。

劑 ^{jì} 齊也。從刀，齊聲。臣鍇按：《字書》曰：翦刀劑也。寂帝反。

【校】翦刀劑也，當作"劑、翦，齊也"，見《爾雅》。

刷 ^{shuā} 刮也。從刀，㕞省聲。《禮》：布"刷巾"。師子反。

【校】《禮》布，"布"當依《韻會》作"有"，見《左傳》"藻率"服注。

刮 ^{guā} 掊把也。從刀，㕞聲。臣鍇曰：掊音庖。古擷反^②。

【校】掊把，當作"掊杷"，見手部"掊"注。

劃 ^{huà} 錐刀也。從刀、畫，畫亦聲。麾獲反。

【校】錐刀也，當作"錐刀劃也"，鉉作"錐刀曰劃"。

剈 ^{yuān} 挑取也。從刀，肙聲。一曰窐也。於旋反。

劀 ^{guā} 刮去惡創肉。從刀，矞聲。《周禮》曰："劀殺之齊。"古獺反。

剽 ^{piào} 砭刺也。從刀，票聲。一曰剽，劫人也。臣鍇曰：砭以石鍼病也。匹妙反。

刲 ^{kuī} 刺也。從刀，圭聲。《易》曰："刲羊。"穹圭反。

剉 ^{cuò} 折傷也。從刀，坒聲。此左反。

剿 ^{jiǎo} 絕也。從刀，巢聲。《周書》曰："天用剿絕其命。"即沼反。

――――――――――

① 大徐本無"一曰"二字。

② 擷，四部叢刊本、四庫本作"獺"。

【校】今《書》作“勸”。

刖 ^{yuè} 絶也。從刀，月聲。元伐反。

刜 ^{fú} 擊也。從刀，弗聲。**臣鍇按**：《春秋左傳》曰：“刜林雍。”附勿反。

剌 ^{chì} 傷也。從刀，柰聲。秋月反①。

劖 ^{chán} 斷也。從刀，毚聲。一曰剽也；釗也。**臣鍇曰**：劖，鑿也。士銜反。

刓 ^{wán} 剸也。從刀，元聲。一曰齊也。**臣鍇曰**：印刓弊。五桓反。

制 ^{zhì} 裁也。從刀從未。未，物成有滋味，可裁斷。一曰止也。**臣鍇曰**：《論語》“既富矣……教之”，故曰物成而裁斷也。會意。正曳反。

　　栚 古文制如此。

刮 ^{diàn} 缺也。從刀，占聲。《詩》曰：“白圭之刮。”**臣鍇曰**：今《詩》作玷，假借。丁念反。

釗 ^{zhāo} 刓也。從刀，金聲。周康王名。真遙反。

罰（罰） ^{fá} 辠之小者。從刀、詈。未以刀有所賊，但持刀罵詈，則應罰。**臣鍇曰**：會意。扶月反。

刵 ^{èr} 斷耳也。從刀、耳。**臣鍇曰**：《尚書》：“無或劓刵人。”仁至反。

劓 ^{yì} 刖劓也。從刀，臬聲。《易》曰：“天且劓。”②魚致反。

【校】刖劓，當作“刖鼻”，鉉作“刑鼻”。

　　劓 臬或從鼻③。

———

① 注音依《廣韻》初栗切。
② 劓，大徐本作“劓”。
③ 臬，依例當作“劓”。劓，當從大徐及四庫本、四部叢刊本改“鼻”。

刑 㓝　剄也。從刀，开聲。臣鍇曰：以刀有所割，如人謂自刺爲自刑也。國之刑罰之荆在井部。賢星反。

刳 㓝　判也。從刀，夸聲。臣鍇曰：《易》曰："刳木爲舟。"困乎反。

剄 勁　刑也。從刀，巠聲。堅丁反。

劗 劙　減也。從刀，尊聲。租本反。

剬 劎　楚人謂治魚也。從刀、魚。讀若鍥。經節反。

券 𠔌　契也。從刀，𢍍聲。券別之書以刀判契其旁，故曰契。臣鍇曰：以木牘爲要約之書，以刀剖之屈曲，犬牙相入。故《韓子》曰"宋人得遺契而數其齒"是也。區怨反。

刺 㓨　君殺大夫曰刺。刺，直傷也。從刀從朿，朿亦聲。七賜反。

剔 剔　解骨也。從刀，易聲。他歷切。

文六十四　重七

【校】（文六十四）"剔"爲鉉補字，非鍇所有，當例補次立説。（重七）當作"重十"。

刃 �刃　刀堅也。象刀有刃之形。凡刃之屬皆從刃。臣鍇曰：若合刀刃，皆別鑄剛鐵也，故從一。爾各反。

刅 㼱　傷也。從刃從一。臣鍇曰：一，刃所傷。指事也。楚霜反。

【校】鉉作㓞，按錯説當作㼱。

　創 㓨　刅或從倉。臣鍇按：史：此正刀創字也。

劍 劎　人所帶兵也。從刀[1]，僉聲。居欠反。

　劍 劎　籒文劍從刀。

―――――――――――――――

[1]　刀，當據四庫本、四部叢刊本及大徐改"刃"。

文三　重二

韧 韧 巧韧也。從刀，丯聲。凡韧之屬皆從韧。起八反。

契 契 齘契，刮也。從韧，夬聲。一曰契，畫堅也。**臣鍇曰**：畫堅，物難之意也。格八反。

㓞 㓞 刻也。從韧從木。溪細反。

文三

丯 丯 艸蔡也。象艸生之散亂也。凡丯之屬皆從丯。讀若介。苟差反。

挌 挌 枝挌也。從丯，各聲。**臣鍇按**：庾信賦曰："枝挌相交。"今作格。溝百反。

文二

耒 耒 手耕曲木也。從木推丯。古者垂作耒耝以振民也。凡耒之屬皆從耒。**臣鍇曰**：振猶起發之也。魯内反（lèi）[1]。

耕 耕 犁也。從耒，井聲。一曰古者井田。根横反。

耦 耦 耒廣五寸爲伐，二伐爲耦。從耒，禺聲。**臣鍇曰**：古二人共一垡，故曰"長沮、桀溺耦而耕"。五斗反。

耤 耤 帝耤千畝也。古者使民如借，故謂之耤。從耒，昔聲。**臣鍇曰**：謂天子親耕耤田以供祭祀。《國語》曰：宣王不耤于千畝。《春秋左傳》曰"千畝之戰"，即周王所耕地名。《禮・月令》曰：藏帝耤於神倉。疾辟反。

鞋 鞋 冊叉，可以劃麥，河内用之。從耒，圭聲。涓兮反。

【校】冊叉，鉉作"鞋叉"，段氏定爲"冊叉"。冊，四十并也。《字統》云："插糞杷叉，杷之多爪者也。"

---

① 《廣韻》又力軌切。

yún
䝂 除苗間穢也。從耒，員聲。羽文反。

䒵(耘) 䝂或從芸。

zhù
耡 殷人七十而耡。耡，耤稅也。從耒，助聲。《周禮》曰："以興耡利萌。"牀詛反。

【校】萌，今《周禮》作"甿"。古書"萌、氓"通用。

文七　重一

jiǎo
角 獸角也。象形。角與刀魚相似。凡角之屬皆從角。**臣鍇曰：**言似者，其實非也。古捉反。

xuān
觛 揮角皃。從角，雚聲。梁隅縣有觛亭。又讀若繏。吁袁反。

【校】揮，鉉作"揮"。

lù
觻 角也。從角，樂聲。張掖有觻得縣。盧木反。

sāi
䚡 角中骨也。從角，思聲。**臣鍇曰：**玉部云"䚡理自外可以知中"是也。先臺反。

quán
觠 曲角也。從角，𢍏聲。**臣鍇按：**《爾雅注》：觠，卷也。衢員反。

【校】卷也，按：《釋畜》注"角三匝也"。

ní
觬 角觬也。從角，兒聲。西河有觬氏縣。**臣鍇曰：**觬猶邪倪也。施米反。

【校】"角觬"下鉉本有"曲"字。〇觬氏，《漢志》作"觬是"。

chì
觢 一角仰也。從角，㓞聲。《易》曰："其牛觢。"**臣鍇按：**《爾雅》牛"角一俯一仰觭，皆踊觢"，注云"豎角也"，疑此注誤。唱曳反。

【校】今《易》作"掣"。〇一角，一，疑"二"之譌。

zhì
觶 角傾也。從角，虒聲。**臣鍇按：**《太玄》曰："角觟觶，終

以直之也。"池倚反。

【校】以直之也，按：當作"注：直獸也"。《太玄經》云"角解豸終"，范注："解豸，直獸也。"

觭 觭 角一俯一仰也。從角，奇聲。牽宜反。

觓 觓 角皃也。從角，丩聲。《詩》曰："兕觵其觓。"臣鍇按：《詩傳》"觓，弛皃"，今《詩》作觩。臣鍇曰：若弓之弛也。其幽反。

【校】觵，今《詩》作"觥"。

觲 觲 角曲中也。從角，畏聲。臣鍇按：《周禮·考工記》曰："當弓之畏。"塢枝反。

觕 觕 角長皃也。從角，爿聲。讀若租觕。士岳反。

觖 觖 角有所觸發也。從角，厥聲。瞿月反。

觸 觸 牴也。從角，蜀聲。尺欲反。

觲 觲 用角低仰便也。從羊、牛、角。讀若《詩》曰："觲觲角弓。"矢生反（shēng）①。

【校】讀若，鉉無此二字。○觲觲，今《詩》作"騂騂"。按："騂、觲"同字，不當云"讀若"。《釋文》云："騂，《說文》作弲。"陸見當是舊本。鉉改"觲"而刪"讀若"，此後人依鉉改鍇而未去"讀若"耳。

觥 觥 舉角也。從角，公聲。溝龍反。

觷 觷 治角也。從角，學省聲。胡角切。

衡 衡 牛觸，橫大木其角。從角、大，行聲。《詩》曰："設其楅衡。"臣鍇曰：謂牛好牴觸，以木闌制之也。閑橫反。

【校】《詩》曰，當作"《周禮》曰"。○"楅衡"下當有"《詩》曰：夏而楅衡"六字。許每有兩引而後人誤刪者。

奧 奧 古文衡如此。

① 注音依《集韻》思營切。

ㄉㄨㄢ duān

觽 觽 角觽，獸也。狀似豕，角善爲弓，出胡休多國。從角，耑聲。顛歡反。

【校】 出胡休多國，《御覽》引作"出胡尸國，一曰休尸國"，此當脱誤。

zha

觰 觰 觰拏，獸也。從角，者聲。一曰下大者也。陟茶反。

guǐ

觤 觤 羊角不齊也。從角，危聲。**臣鍇按**:《爾雅注》云：一角長一角短也。溝委反。

huà

觟 觟 牝牂羊生角者也。從角，圭聲。**臣鍇按**:《淮南子》曰：楚文王服觟冠。高誘注：觟冠，秀冠也。如今御史臣冠。以爲豸冠，有角，故曰秀冠。戶把反。

gé

觡 觡 骨角之名也。從角，各聲。**臣鍇曰**:《禮》："角觡生。"溝白反。

zī

觜 觜 雗舊頭上角觜也；一曰觜觿也。從角，此聲。**臣鍇按**:《爾雅注》：觜觿，靈龜也。即宜反。

【校】 觜觿，以"觿"爲"觿"，與《漢書·杜篤傳》同。

jiě

解 解 判也。從刀判牛角。一曰解豸，獸也。**臣鍇曰**:《莊子》："庖丁解牛也。"會意。加買反。

xī

觿 觿 佩角鋭耑，可以解結。從角，巂聲。《詩》曰："童子佩觿。"勻迷反。

dàn

觛 觛 小觶也。從角，旦聲。特坦反。

gōng

觥 觥 兕牛角，可以飲者也。從角，黃聲。其狀觥觥，故謂之觥。**臣鍇曰**:觥①，曲起之兒。骨庚反。

觥 觥 俗觥從光。

zhì

觶 觶 鄉飲酒觶。從角，單聲。《禮》曰："一人洗，舉觶。"觶受四升。**臣鍇按**:《禮》："公罔之裘，揚觶。"虛觶也。真避反。

---

① 觥，當作"觥"。

觴 觚 觶或從辰。

觚 觚 《禮經》觶。

shāng

觴 觴 觶實曰觴，虛曰觶。從角，昜聲。式陽反。

【校】昜聲，鉉作“殤省聲”。蓋觴者，戒其殤於酒也。

觴 觴 籀文觴或從爵省。

gū

觚 觚 鄉飲之爵也；一曰觚受三升者曰觚。從角，瓜聲。臣鍇按：

《論語》説：所以節酒。古乎反。

【校】《論語》，當作“《韓詩》”。

xuān

觟 觟 角匕也。從角，亘聲。讀若讙。欣袁反。

xí

觽 觽 杖耑角也。從角，敧聲。臣鍇曰：杖耑拄地處。羊狄反。

jué

觼 觼 環之有舌者。從角，夐聲。臣鍇曰：言其環形象玦。《詩》

曰“觼軜”，今俗呼觼舌。鶏穴反。

鐍 鐍 觼或從金、喬。臣鍇曰：《莊子》曰：胠篋者“唯恐扃

鐍緘縢之不固”。鐍，篋箱前瑣處。

wò

觢 觢 調弓也。從角，弱省聲。乙卓反。

fèi

觢 觢 隹射收繳具也。從角，發聲。臣鍇曰：隹，獵也；繳，生

絲線以繫矢而射。《列仙傳》有繳父賣繳也。方喙反。

qiú

觓 觓 隹射收繳具。從角，酋聲。讀若鰌。字由反。

hú

觳 觳 盛觵卮也；一曰射具也。從角，殸聲。讀若斛。臣鍇曰：

又按：觳實二斗也。胡獨反。

【校】二斗，當作“三斗”。按：《瓬人》云“豆實三而成觳”，注云“三斗”。

bì

觱 觱 羌人所吹角屠觱，以驚馬也。從角、𩰪。𩰪，古文誖。臣

鍇曰：今之觱栗。觱栗，其聲然也。卑聿反。

【校】“角𩰪”下當有“聲”字。

文三十九　重六

【校】（文三十九）“觱”爲鉉補字，非鍇所有，當例補次立説。

說文解字通釋卷第九

繫傳九

文林郎守祕書省校書郎臣徐鍇傳釋

朝散大夫行祕書省校書郎臣朱翱反切

三十一部　文八百一十六　重百八

竹（zhú）〔竹〕冬生艸也。象形。下垂者，箁箬也。凡竹之屬皆從竹。臣鍇曰：冬生者，冬不死。箁箬，竹皮籜之屬也。陟祝反。

箭（jiàn）〔箭〕矢也。從竹，前聲。臣鍇曰：《爾雅》有會稽之竹箭，即今箭幹也。子眷反。

【校】當依鉉作籥。○矢也，《藝文類聚》引作"矢竹也"。

箘（jùn）〔箘〕箘簬也。從竹，囷聲。一曰博棊也。臣鍇曰：《尚書》：揚州貢箘簬楛。瞿隕反。

【校】揚州，當作"荆州"。○簬楛，今《書》作"簵楛"，木部引"楛"作"枯"。

簬（lù）〔簬〕箘簬也。從竹，路聲。《夏書》曰："惟箘簬楛。"勒爐反。

　　簵〔簵〕古文簬從輅。

筱（xiǎo）〔筱〕箭屬。小竹也。從竹，攸聲。臣鍇按：《尚書》"筱蕩既敷"，今人作篠。《爾雅》曰："筱，箭。"息了反。

蕩（dàng）〔蕩〕大竹也。從竹，湯聲。《夏書》曰："瑶琨筱蕩。"蕩可爲幹，筱可爲矢。徒廣反。

^{wéi}
薇 蔽　竹也。從竹，微聲。尾非反。

　　　簸 蘇　籀文薇省。

^{sǔn}
筍 筍　竹胎也。從竹，旬聲。臣鍇曰：言未放也。息允反。

^{tái}
箈 箈　竹萌也。從竹，怠聲。臣鍇曰：《周禮》有箈菹以爲葅。萌謂竹牙未成筍者，若今人取旦筍也。田咍反。

【校】箈菹，今《周禮》作“箈菹”。○旦筍，疑當作“冬筍”。

^{póu}
箁 箁　竹箁也。從竹，音聲。步矛反。

^{ruò}
箬 箬　楚謂竹皮曰箬。從竹，若聲。臣鍇曰：即籜也。如約反。

^{jié}
節 節　竹約也。從竹，即聲。臣鍇曰：《楚辭》曰“土伯九約”，謂身有九節也。即血反。

^{tú}
箬 箬　折竹筤也。從竹，余聲。讀若絮。田吾反。

【校】折，當作“析”，《方言》：“析竹謂之箬。”

^{mí}
篾 篾　箬也。從竹，鼻聲。眠伊反。

^{mǐn}
箳 箳　竹膚也。從竹，民聲。臣鍇曰：箳，竹青也[1]。迷牝反。

^{běn}
笨 笨　竹裏也。從竹，本聲。臣鍇曰：竹白也。補忖反。

^{wēng}
篛 篛　竹兒也。從竹，翁聲。臣鍇曰：翁然并出也。烏公反。

^{sēn}
篸 篸　差也。從竹，參聲。臣鍇曰：今無復用此字。師今反。

^{zhuàn}
篆 篆　引書也。從竹，彖聲。臣鍇曰：篆書著於竹。竹，箋簡也。直選反。

^{zhòu}
籀 籀　讀書也。從竹，榴聲。《春秋傳》曰“卜籀”云。臣鍇曰：諷，誦書也。卜籀，謂讀卦爻詞也。顏氏《匡謬正俗》曰《詩》不可抽也，注：“抽，讀也。”司馬遷曰：“紬史記。”長宥反。

【校】卜籀，今作“卜繇”。

----

① 四部叢刊、四庫本“竹青也”上無“箳”字。

篇　書也；一曰關西謂榜篇。從竹，扁聲。**臣鍇按**：《詩》《書》之義，一篇一義聯也。榜，笞掠也。*僻連反。*

【校】榜笞掠也，當作"榜，署門户之扁也"。此釋"關西謂榜篇"之義，"篇"即"扁"也。引"笞掠"，非其義。

籍　簿書也。從竹，耤聲。**臣鍇曰**：《史記》云"尺籍伍符"，然則籍簡長尺也。*疾辟反。*

篁　竹田也。從竹，皇聲。**按**：《漢書》："篁竹之區。"*户荒反。*

【校】"按"上脱"臣鍇"二字。○區，按《嚴助傳》作"中"字。

籍　剖竹未去節謂之籍。從竹，將聲。*子兩反。*

箂　篇也。從竹，枼聲。*亦接反。*

籲　書僮竹笝也。從竹，龠聲。**臣鍇曰**：謂編竹以習書。《尚書》云"啟籲見書"，即今鑰字。*胤略反。*

劉　竹聲也。從竹，劉聲。**臣鍇曰**：猶言瀏然聲清也。*里由反。*

簡　牒也。從竹，簡聲①。*艮限反。*

笂　竹列也。從竹，宂聲。**臣鍇按**：《爾雅》説"仲無笂"，注云"未詳"。*格康反。*

簻　䉬爰也。從竹，部聲。**臣鍇按**：《字書》：䉬爰，簡牘也。*盆帚反。*

等　齊簡也。從竹、寺。寺，官曹之等平也。**臣鍇曰**：簡，簡牘也，官曹之書也。會意。*都肎反。*

范　法也。從竹，氾聲。竹，簡書也。古法有竹刑。*浮檻反。*

箋　表識書也。從竹，戔聲。**臣鍇曰**：今作牋，於書中有所表記之也。故張華《博物志》"鄭玄，即毛萇之郡人，謙敬不敢言注"

---

① 簡，當從大徐作"閒"。四部叢刊本作"間"。四庫本篆作"簡"，聲作"間"。

是也①。言但表識其不明者耳。**則千反**。

fú
符　信也。漢制以竹長六寸，分而相合。從竹，付聲。**臣鍇按**：《史記》：漢文帝三年，始“與郡國守相爲銅虎符、竹使符”。注云：“銅虎符一至五，國家當發兵，遣使至都合符，符合乃聽受之。竹使符皆以竹箭五枚，長五寸，旁鐫篆書第一至第五。”“以代古之珪璋，從簡易也。”**凡無反**。

shì
簭（筮）《易》卦用蓍也。從竹、𢍰。𢍰，古文巫字。**臣鍇按**：《楚辭》曰：“帝告巫陽：有人在下，我欲輔之。魂魄離散，汝筮與之。”巫，主筮也。會意。**時制反**。

jī
笄　簪也。從竹，幵聲。**臣鍇曰**：女子十五而笄，許嫁而笄也。其端刻雞形。**古兮反**。

jī
⿱竹𦣞　取蟣比也。從竹，𦣞聲。**居而反**。

yuè
籰　收絲者也。從竹，蒦聲。**王若反**。

⿰角閒　籰或從角、閒。

tíng
筳　繀絲筦也。從竹，廷聲。**臣鍇曰**：竹片挺也，故東方朔曰：“以筳撞鍾。”**田丁反**。

【校】竹片，汪作“竹芽”。按《王莽傳》注“筳，竹挺也”，則“片、芽”皆爲衍文。

guǎn
筦　筟也。從竹，完聲。**古椀反**。

fū
筟　筳也。從竹，孚聲。讀若《春秋》魯公子彄。**逋吳反**。

gōu
篝　笿也，可熏衣。從竹，冓聲。宋楚謂竹篝牆以居也。**臣鍇曰**：竹籠也，覆之可熏衣。《史記・陳涉世家》曰：“夜篝火。”以籠覆火也。《龜策傳》亦然。**梗尤反**。

【校】牆以居，當作“曰牆居”，見《方言》。

① 此隱括之文。今《博物志・文籍考》作：“聖人制作曰經，賢者著述曰傳，鄭玄注《毛詩》曰箋，不解此意。或云毛公嘗爲北海郡守，玄是此郡人，故以爲敬。”

筰 筰 迫也。在瓦之下，棼上。從竹，乍聲。臣鍇曰：《爾雅注》：屋上薄謂之屋筰也。滓白反。

簾 簾 堂簾也。從竹，廉聲。臣鍇按：《尚書》注：阰，堂廉曲隅也，即謂兩階欲下隅曲處。今此從竹，即簾帷。據此書及《釋名》，簾帷皆作帷，疑帷或與簾別，或者此簾字後人所加之乎？所不能決也。連閻反。

簀 簀 牀棧也。從竹，責聲。側冊反。

第 第 牀簀也。從竹，弔聲。臣鍇曰：《春秋左傳》曰“牀第之言”是。阻史反。

筵 筵 竹席也。從竹，延聲。《周禮》：度堂以筵，一丈。抑然反。

【校】“一丈”上鉉有“筵”字。按《考工記》云“度九尺之筵”，“一丈”疑當作“九尺”。

簟 簟 竹席也。從竹，覃聲。定嗛反。

籧 籧 籧篨，粗竹席也。從竹，遽聲。巨居反。

篨 篨 籧篨也。從竹，除聲。除諸反。

籭 籭 竹器也。可以取粗去細。從竹，麗聲。色離反。

籓 籓 大箕也。從竹，潘聲。一曰蔽也。臣鍇曰：古亦謂車兩壁爲藩。作轓，義同。分軒反。

奧 奧 漉米籔也。從竹，奧聲。於目反。

籔 籔 炊奧也。從竹，數聲。臣鍇曰：木耳圜生，似盤，類此。楊惲云：“鼠不容穴，銜窶籔也。”蘇走反。

【校】窶籔，《漢書》作“窶數”。

算 算 蔽也。所以蔽甄底。從竹，畀聲。必至反。

籍 籍 飯筥也，受五升。從竹，稍聲。秦謂筥曰籍。數

雛反^①。

shāo
筲 筲 陳留謂飯帚曰筲。從竹，捎聲。一曰飯器，容五升。宋魏謂箸筩爲筲。臣鍇曰：今言筲箕。箸，匕箸也。彊巢反。

jǔ
筥 筥 筲也。從竹，呂聲。臣鍇按：《韓詩外傳》：楚王使者獻鵠，中塗攪竹籠而潰出也。己呂反。

【校】 楚王，按《韓詩》當作"齊使"，《説苑》作"魏文侯"。○鵠，《説苑》同，《韓詩》作"鴻"。○攪竹籠而潰出也，當作"攪筥而出。筥，竹籠也"。按：今《韓詩》作"獲笞"，"攪筥"之譌也。《説苑》作"空籠"，鍇用以注"筥"也，後人未詳而誤删耳。

sì
笥 笥 飯及衣之器也^②。從竹，司聲。臣鍇按：《尚書》曰："惟衣裳在笥。"《漢書》曰：餅一笥。息寺反。

xǐ
簁 簁 簁箄，竹器也。從竹，徙聲。疎比反。

bǐ
箄 箄 簁箄也。從竹，卑聲。邊彌反。

dān
簞 簞 笥也。從竹，單聲。漢律令："簞，小筐也。"《傳》曰："簞食壺漿。"得干反。

luò
箈 箈 栖箈也。從竹，各聲。臣鍇曰：箈亦籠。箈，絡也，猶今人言籮。郎鐸反。

gòng
箻 箻 栖箈也。從竹，夆聲。或盛箸籠。卷控反。

【校】 "或"下當依鉉補"曰"字。

tuán
篅 篅 圜竹器也。從竹，專聲。杜酸反。

zhù
箸 箸 飯攲也。從竹，者聲。臣鍇曰：今俗訛作筯也。直助反。

lóu
簍 簍 竹籠也。從竹，婁聲。勒兜反。

---

① 段注認爲"箭"與下"筲"（shāo）同。
② 《玄應》卷四《大集賢護菩薩經》"篋笥"引《説文》："盛衣器曰笥。"卷十二《普曜經》"篋笥"注："《説文》：盛衣器也。"卷十三《沙曷比丘功德經》"笥中"注引《説文》："盛衣器曰笥也。"四庫本作"飯器，衣之器也"。

筤 篂 籃也。從竹，良聲。勒莽反。

籃 籃 大篝也。從竹，監聲。籠三反。

盾 盾 古文籃如此。

籢 籢 鏡籢也。從竹，斂聲。臣鍇曰：籢，斂也，所以收斂也。今俗作匳。連鹽反。

篹 篹 竹器也。從竹，贊聲。讀若纂。一曰叢。臣鍇曰：叢束茅篹，一曰叢也，若今俗祭神爲之。祖管反。

【校】鍇說有誤舛，當作"一曰叢者，叢束茅篹，若今俗祭神爲之"。鍇意蓋謂"纂、篹"通文，故合引《史記》"縣纂"注、《國語》"茅蕝"注，以釋"篹"爲"叢"之義。按，"篹"之爲"叢"，猶"纂"之爲"攢"也。攢，聚也。故《急就篇》顏注、《方言》郭注皆以"篹"爲箸篅聚箸之竹器也。疑"一曰叢"爲"一曰聚"之誤。

籯 籯 笭也。從竹，嬴聲。臣鍇曰：按《漢書》："黃金滿籯。"以征反。

籣 籣 竹器也。從竹，刪聲。四旦反 [①]。

簋 簋 黍稷方器也。從竹從皿、皀。臣鍇曰：皀，皮逼反，米粒也。會意。居水反。

匭 匭 古文簋從匚、飢 [②]。

匭 匭 古文簋從匚、軌。

朹 朹 亦古文簋。臣鍇曰：飢、軌，九皆聲。

簠 簠 黍稷圜器也。從竹、皿，甫聲。分武反。

医 医 古文簠從匚、夫。臣鍇曰：夫聲。

籩 籩 竹豆也。從竹，邊聲。辟涓反。

匾 匾 籀文籩從匚。

---

① 《廣韻》又蘇干切（sān）。

② 飢，按下文"臣鍇曰"，當作"飢"；段注云"從匚、食、九"，認爲"飢非聲"。

dùn 笸 笸　篇也。從竹，屯聲。臣鍇曰：今俗言倉笸。從本反①。

chuán 篅 篅　以判竹圜以盛穀也。從竹，耑聲。臣鍇曰：今俗作圌。市緣反。

lù 簏 簏　竹高篋也。從竹，鹿聲。盧木反。

　　箓 箓　簏或從录。

dàng 簜 簜　大竹筩也。從竹，昜聲。徒廣反。

tóng 筩 筩　斷竹也。從竹，甬聲。田風反。

pián 箯 箯　竹輿也。從竹，便聲。臣鍇曰：《史記·張耳傳》曰：貫高以箯輿前。婢篇反②。

nù 笯 笯　鳥籠也。從竹，奴聲。臣鍇曰：《楚辭》曰："鳳皇在笯。"乃布反③。

gān 竿 竿　竹梃也。從竹，干聲。骨安反。

zhuó 籗 籗　罩魚者也。從竹，靃聲。輙角反。

　　篧 篧　籗或省。

【校】此篆當刪。

　　篧 篧　籗或從崔。

【校】鉉無此篆。按，鉉本改"篧"爲"籗"，後人又將"篧"增入鍇本，故重文總數鉉、鍇皆作十五也，如鍇本有"籗"篆，則當云十六矣。

gè 箇 箇　竹枚也。從竹，固聲。讀若箇。臣鍇曰：人言一箇一枚，依竹木而言之也。竹璞曰竿，曰梃，曰橦。古賀反。

【校】讀若箇，箇，當作"个"，"个"字見《禮經》。許無"个"篆而存之於注，全書多有此例。或云當作"固"，非是。

――――――――――

① 從，疑當作"徒"；"庇"下作"徒本反"。

② 《廣韻》又卑連切（biān）。

③ 《廣韻》又乃都切（nú）。

^{xiáo}
筊　筊　竹索也。從竹，交聲。**臣鍇按**：《史記·河渠書》漢武帝歌曰："搴長筊兮沈美玉。"① 侯交反②。

^{zuó}
筰　筰　筊也。從竹，作聲。自莫反。

^{qián}
箝　箝　蔽絮簀也。從竹，沾聲。讀若錢。余苦反（yán）③。

^{shà}
箑　箑　扇也。從竹，疌聲。**臣鍇曰**：箑名以此。山燁反。

箑　箑　箑或從妾。

^{lóng}
籠　籠　舉土器也；一曰笭也。從竹，龍聲。梁充反。

^{rǎng}
纕　纕　抱也。從竹，襄聲。爾往反（rǎng）④。

^{hù}
筁　筁　可以收繩也。從竹。象形，中象人手所推握也。渾素反。

【校】可以，當作"所以"。

互　互　筁或省。**臣鍇曰**：此直象形。《周禮》有梐枑，蓋以木作之，交互以爲遮闌也。

【校】遮闌，當作"遮闌"。

^{liáo}
簝　簝　宗廟盛肉竹器也。從竹，尞聲。《周禮》：供"盆簝以待事"。梨挑反。

^{jǔ}
簴　簴　飲牛筐也。從竹，豦聲。《方言》曰：筐"圓曰簴"。己呂反。

【校】飲，當作"飲"，俗作"飼"。《韻會》作"飯"，未是。

^{dōu}
篼　篼　飲馬器也。從竹，兜聲。**臣鍇曰**：藥有馬兜苓，此也。單頭反。

【校】飲，當作"飲"。

^{lú}
籚　籚　積竹矛戟矜也。從竹，盧聲。《春秋國語》："朱儒扶籚。"

---

① 筊，今本作"茭"。
② 《廣韻》又古巧切（jiǎo）。
③ 注音依《廣韻》昨鹽切。
④ 注音依《廣韻》汝陽切。

論孤反。

【校】朱儒，今作“侏儒”；簆，作“盧”。

qián

箝　箝　籋也。從竹，拑聲。**臣鍇按**：《漢書》曰：“箝語燒書。”勤
潛反。

niè

籋　籋　箝也。從竹，爾聲。**臣鍇曰**：今俗作鑷。女攝反。

dēng

簦　簦　笠蓋也。從竹，登聲。**臣鍇按**：《史記》：“虞卿躡屩擔簦。”
丹增反。

lì

笠　笠　簦無柄也。從竹，立聲。里泣反。

xiāng

箱　箱　大車牝服也。從竹，相聲。**臣鍇按**：《詩》：“睆彼牽牛，不
以服箱。”修翔反。

fěi

篚　篚　車笭也。從竹，匪聲。**臣鍇按**：《尚書》曰“惟厥士女，篚
厥玄黃，昭我周王”，言殷之士女遠行，載玄黃於車篚，以迎武王
也。斧尾反。

líng

笭　笭　車笭也。從竹，令聲。一曰笭篰。**臣鍇曰**：車闌下竹織孔
聆聆也。連丁反。

【校】“聆聆”二字見《淮南子》，此當作“霝霝”。

chān

箑　箑　搔馬也。從竹，剗聲。**臣鍇曰**：竹有齒，以搔馬垢汗。敕
淹反①。

cè

策　策　馬箠也。從竹，朿聲。測麥反。

chuí

箠　箠　擊馬也。從竹，垂聲。職累反（zhuǐ）。

zhuì

笍　笍　羊車騶箠也，箸箴其耑，長半分。從竹，內聲。徵衛反。

lán

籣　籣　所以盛弩矢，人所負也。從竹，闌聲。**臣鍇曰**：《史記》：
“平原君負籣矢。”勒湌反。

【校】籣矢，今《史》作“韊矢”。

———————

① 《廣韻》徒甘切（tán）。

箙 ^{fú} 籭 弩矢箙也。從竹，服聲。《周禮》："仲秋獻矢箙。"臣鍇曰：《詩》《國語》借服字，"檿弧箕服"①。伐六反。

柔 ^{zhū} 籴 椑籔也。從竹，朱聲。臣鍇按：《字書》：箻籔②，帆也。輟須反。

笘 ^{shān} 笘 折竹箠也。從竹，占聲。潁川人名小兒所書寫爲笘。所炎反。

笍 ^{zhuā} 笍 箠也。從竹，朵聲。謫瓜反。

笪 ^{dá} 笪 竹也。從竹，旦聲。當割反。

【校】竹也，當依鉉作"笞也"。

笞 ^{chī} 笞 擊也。從竹，台聲。丑之反。

籤 ^{qiān} 籤 驗也。從竹，韱聲。一曰鋭也；貫也。臣鍇曰：籤出其處爲驗也。七占反。

簖 ^{tún} 簖 榜也。從竹，殿聲。徒論反。

箴 ^{zhēn} 箴 綴衣箴也。從竹，咸聲。止沈反。

箾 ^{shuò} 箾 以竿擊人也。從竹，削聲。虞舜樂曰箾韶。色捉反。

竽 ^{yú} 竽 管三十六簧也。從竹，于聲。員須反。

笙 ^{shēng} 笙 十三簧。象鳳之身也。笙，正月之音。物生，故謂之笙。大者謂之巢，小者謂之和。從竹，生聲。古者隨作笙。臣鍇按：《爾雅注》：大笙十九簧，小者十三簧。色行反。

簧 ^{huáng} 簧 笙中簧也。從竹，黃聲。古者女媧作簧。臣鍇按：《穆天子傳》曰："吹笙鼓簧。"葛洪《神儒傳》：僊人王遥篋中取竹簧，與人對鼓之也。户光反。

---

① 《史記·周本紀》："宣王之時，童女謠曰：檿弧箕服，實亡周國。"
② 簽，疑當作"篗"。《廣雅》："箻篗謂之柔。"

^{chí}
篪 箎　籟屬也。從竹，是聲。是支反。

^{xiāo}
簫 簫　參差管樂，象鳳之翼。從竹，肅聲。**臣鍇按**：《爾雅注》：大者長尺四寸，編二十三管；小者十六管。《楚辭》曰：“吹參差兮誰思。”參差簫也。先幺反。

^{dòng}
筒 筒　通簫也。從竹，同聲。**臣鍇曰**：通洞無底也。《漢書》成帝能吹洞簫。頭貢反。

【校】成帝，當作“元帝”。

^{lài}
籟 籟　三孔籥也。大者謂之笙，其中謂之籟，小者謂之箹。從竹，賴聲。**臣鍇按**：《莊子》：汝不聞天籟乎？言風吹萬竅有聲象簫管也。郎蔡反。

【校】籥，當作“龠”。○大者謂之笙，其中謂之籟，《爾雅》作“大籥謂之產，其中謂之仲”，此疑誤。

^{wò}
箹 箹　小籟也。從竹，約聲。也卓反。

^{guǎn}
管 箮　如篪，六孔。十二月之音。物開地牙，故謂之管。從竹，官聲。**臣鍇按**：《爾雅》：“大管謂之簥。”十二月二陽生，出地散，故曰殷爲地正也。古短反。

【校】篪，當作“簜”。○出地散，按《後漢書·陳寵傳》注當作“地以爲正”四字。

　　琯 琯　古者玉琯以玉。舜之時，西王母來獻其白琯。前零陵文學姓奚，於伶道舜祠下得笙玉琯，夫以玉作音，故神人以和，鳳皇來儀也。從玉，官聲。**臣鍇曰**：零陵文學蓋後漢時人也。古椀反。

【校】玉琯以玉，當作“以玉爲琯”。○“古椀反”三字衍。

^{miǎo}
篎 篎　小管謂之篎。從竹，眇聲。彌小反。

^{dí}
笛 笛　七孔筩也。從竹，由聲。羌笛三孔。**臣鍇按**：馬融《笛賦》曰：漢武帝時丘仲曰：近代長笛從羌起。又曰：“易京君明識

音律，故本四孔加以一。"然四孔亦後人所加也。又《周禮》作篴，相承是古笛字。田溺反。

【校】《笛賦》，當作"《長笛賦》"。○近代長笛，長，《文選》作"雙"。

筑　𥲭　以竹曲五弦之樂也。從巩，巩，持之也。從竹亦聲。臣鍇按:《史記》:"高漸離擊筑。"陟祝反。

【校】以竹曲五弦之樂也，當作"筑曲似箏，五弦之樂也"，見《文選・吳都賦》李注引《説文》。今本"筑"下脱"曲"字。"筑、曲"古疊呼，見《淮南・泰族訓》高注。

箏　箏　鼓弦竹身樂也。從竹，爭聲。臣鍇曰: 古以竹爲之，秦樂也。側泓反。

箛　箛　吹鞭也。從竹，孤聲。臣鍇曰: 蓋於鞭王作孔，馬上吹之，呱呱然。古乎反。

【校】鞭王，當作"鞭上"。

篍　篍　吹筩也。從竹，秋聲。七肖反 (qiào)[1]。

籌　籌　壺矢也。從竹，壽聲。臣鍇曰: 投壺之矢也，其制似箸，人以之算數也。陳收反。

簺　簺　行棊相塞謂之簺。從竹、塞，塞亦聲。臣鍇曰: 今博蒲馬箸，其采有簺也。四載反。

【校】博蒲，當作"撲蒲"。

簙　簙　局戲也。六箸十二棊也。從竹，博聲。古者烏胄作簙。臣鍇按:《韓子》: 秦昭王使人以鉤梯上華山，以松柏之心爲簙箭，刻曰: 昭王與天神博於此。箭即心箸也。本泊反。

【校】烏胄，當作"烏曹"，見《廣韻》。○心箸，當作"六箸"。

篳　篳　藩落也。從竹，畢聲。《春秋傳》曰:"篳門圭窬。"卑聿反。

---

① 《廣韻》又七由切。

簑 簑 蔽不見也。從竹，愛聲。晏再反。

簾 簾 雉射所蔽者也。從竹，嚴聲。臣鍇曰：射雉之翳，所以自鄣也。語淹反。

箽 箽 禁苑也。從竹，御聲。《春秋傳》曰：澤之自箽。臣鍇按：《漢書注》：池箽謂於水邊作小屋落鄣魚鳥。臣以爲箽禁苑之遮衞，故張衡曰“禁禦不若箽禦也”。疑舉反。

【校】自箽，疑即《國語》“舟虞”，《左傳》作“舟鮫”，“鮫”蓋“鮍”之譌也，“舟”篆與“自”相近。○《漢書注》，疑當作“《古今注》”。

　　鮍 鮍 箽或作鮍。從又，魚聲。

筭 筭 長六寸，計歷數者。從竹、弄，言常弄乃不誤也。臣鍇曰：會意。蘇判反。

算 算 數也。從竹、具。讀若筭。臣鍇按：《春秋左傳》：“不可算也。”蘇纂反。

【校】不可，當作“亦無”。

笑 笑 此字本闕。臣鉉等案：孫愐《唐韻》引《説文》云“喜也。從竹從夭”，而不述其義，今俗皆從犬。又按：李陽冰刊定《説文》“從竹從夭”，義云“竹得風，其體夭屈，如人之笑”，未知其審。私妙切。

文百四十五　重十五

【校】（文百四十五）“笑”爲鉉補字，非鍇所有，當例補次立説。

箕 箕 簸也。從竹；𠀠，象形；下其丌也。凡箕之屬皆從箕。臣鍇曰：丌，其下也。居而反。

【校】其下也，當作“下基也”。

　　𠀠 𠀠 古文箕。臣鍇曰：此直象形。

　　𥴧 𥴧 皆古文。臣鍇曰：象舌形，収，手持之。

【校】“古文”下當有“箕”字。○“臣鍇曰”下當有“𠀠”字。

𠔀 籀文箕。

𠀠 古文箕。**臣鍇曰：** 已上皆象形。

𠥱 籀文箕。

bǒ
簸 揚米去穅也。從箕，從皮聲。**臣鍇按：**《詩》曰："維南有箕，不可以簸揚。"布火反。

文二　重五

jī
丌 下基也。薦物之丌。象形。凡丌之屬皆從丌。讀若箕。**臣鍇曰：** 薦下籍以進之也。居而反。

jì
𨑳 古之遒人，以木鐸記詩言。從辵從丌，丌亦聲。讀與記同。**臣鍇按：**《尚書》《春秋左傳》皆曰：每歲仲春①，"遒人以木鐸徇于路"，以求詩言。行而求之，故從辵。辵，行也。丌也。丌，薦而進之也，進之於上也。會意，故曰亦聲。居意反。

【校】"丌也"二字衍。

diǎn
典 五帝之書也。從册在丌上，尊閣之也。莊都説：典，大册也。**臣鍇按：** 五帝，經傳之説不同，諸儒多引《易·繫》所云作者，然《易》通論古者聖人之制作，未必盡舉五帝。據《孔子家語》，黄帝、顓頊、堯、舜、禹爲五帝；《尚書序》，少昊、顓頊、高辛、唐、虞爲五帝。《史記》與《家語》同。《國語》次序黄帝以下凡五：黄帝、顓頊、帝嚳、堯、舜也。典言常道也，言百世常行之道也，《尚書》所謂"大訓在東序"，司馬遷所謂金匱石室之書。顛腆反。

【校】東序，當作"西序"。

䈀 古文典從竹。

xùn
顨 巽也。從丌、頭。此《易》顨卦"爲長女，爲風"者。蘇困反。

---

① 仲春，今本作"孟春"。

畁 畁〔bì〕 相付與之，約在上閣也。從丌，由聲。臣鍇曰：閣所以承物。《禮》曰：“天子之閣，左達五，右達五。”《春秋左傳》曰：“執曹伯畁宋人。”囟，毗之左字，音信。必至反。

【校】按鍇説當作畁。由聲，當作“毗省聲”。毗，輔益也；畁與，亦益也，故從毗省聲。此或依鉉改之誤。

巽 巽〔xùn〕 具也。從丌，丒聲。臣鍇曰：具，謂僎具而進之也。丒音。蘇困反。

【校】“丒音”下當有“選”字。

　　巺 巺 古文巽①。
　　巽 巽 篆文巽②。

奠 奠〔diàn〕 置祭也。從酋；酋，酒也。下其丌也。《禮》有奠祭者。臣鍇曰：祭，進也；奠，置也，置物而進之。故《尚書》曰“敢執壤奠”，《尚書》“奠高山大川”，奠，置定也。庭硯反。

【校】敢執壤奠尚書，尚書，當作“奠，進也”。○奠置定也，“定”字衍。此鍇分引證“進”與“置”之義，後人誤改也。

文七　重三

左 左〔zuǒ〕 手左相佐也。從ナ、工。凡左之屬皆從左。臣鍇曰：工，所作爲也。會意。則簡反〔zuò〕③。

【校】手左，“左”字疑衍，段改“左手”。

差（差） 差〔chā〕 貳也，差不相值也。從左、ㅉ。臣鍇曰：左於事，是不當值也，差錯之義。貳，猶輔也。初加反。

　　差 差 籀文差從二。

文二④

工 工〔gōng〕 巧飾也。象人有規榘也。與巫同意。凡工之屬皆從工。臣

――――――――

①② 巽，依例當作“巽”。
③ 《廣韻》又藏可切。
④ 按，四部叢刊本、四庫本“文二”下有“重一”二字，當據補。

鍇曰：爲巧必遵規榘法度，然後爲工，否則目巧也。巫事無形，失在於詭，亦當遵規榘，故曰與巫同意。明巫字暗與工同意，字不從工也。君聰反。

珡珡 古文工從彡。臣鍇曰：彡音彭。

式式 法也。從工，弋聲。臣鍇曰：《尚書》"百官承式"，規榘也。申力反。

巧巧 巧技也。從工，丂聲。冐飽反。

巨巨 規巨也。從工，象手持之形。臣鍇曰：今獨音炬。指事。求許反。

巫巫 古文巨。

榘榘 巨或從木、矢。矢者，其中正也。

文四　重三

珡珡 極巧視之也。從四工。凡珡之屬皆從珡。臣鍇按：《周禮·考工》云：展角之道。展，察視也，四工同視也。陟衍反。

窸窸 窒也。從珡從攴，窒宀中。珡猶齊也。臣鍇曰：塞從此。叟或反。

文二

巫巫 祝也。女能事無形，以舞降神也。象人兩褎舞形。與工同意。古者巫咸初作巫。凡巫之屬皆從巫。臣鍇曰：與工同有規榘也。《國語》曰："民之精爽不攜貳者……則明神降之。在男曰覡，在女曰巫。"巫猶無也。《楚辭》："抙巫咸使占夢。"文區反。

【校】《楚辭》，當作"張衡"。抙巫咸以占夢兮，見《思玄賦》。

舞舞 古文巫。臣鍇曰：口以歌，攴以舞也。

覡覡 能齋肅事神明。在男曰覡，在女曰巫。從巫、見。臣鍇曰：能見神也。會意。羊狄反。

文二　重一

gān

甘日　美也。從口含一。一，道也。凡甘之屬皆從甘。臣鍇曰：班固曰："味道之腴，物之甘美也。"指事。溝堪反。

tián

䤑(甜)䤑　美也。從甘從舌。舌，知甘者。臣鍇曰：會意。亭嫌反。

gān

𤮺𤮺　和也。麻，調也。從甘、麻，甘亦聲。讀若函。臣鍇曰：麻音歷，稀疎勻調也。會意。《晉書》有郭𤮺。庚堪反。

【校】按鍇説當作𤮺。注中"麻"字皆當作"𪏗"；𪏗，治也。"治"與"調"義相近，若"麻"字，無從得"調"義也。後人依鉉譌本改，幸鍇説可證。

yān

猒𤞤　飽也。從甘、肰。臣鍇曰：肰音然，犬肉也。會意。於潛反。

猒𤞤　猒或從目。

shèn

甚𣌑　尤安樂也。從甘、甘。匹，耦也。臣鍇曰：《禮》曰："子甚宜其妻。"會意。神朕反。

【校】從甘甘，當作"從甘、匹"。

𠱒𣌑　古文甚。

文五　重二

yuē

曰凵　詞也。從口，乙聲。亦象口气出也。凡曰之屬皆從曰。臣鍇曰：今試言曰則口開而气出也。凡稱詞者虛也，語氣之助也。予厥反。

cè

曶𧆠　告也。從冊、曰。臣鍇曰：曰，告之也。會意。側參反。

hé

曷𣍞　何也。從曰，匃聲。臣鍇曰：《詩》："曷不肅雝。"曷，詞助也。衡葛反。

hū

曶𣍞　出气詞也。從曰，象气出形。《春秋傳》曰："鄭太子曶。"臣鍇曰：指事。今《左傳》作忽。呼乙反[①]。

---

① 乙，四庫本、四部叢刊本作"几、凡"，疑均當作"兀"。"榾、葊、忽、圔"皆作"呼兀反"。

回回 籀文曶。一曰佩也。象形。

cǎn

朁朁 曾也。從曰，兓聲。《詩》曰：“朁不畏明。”臣鍇曰：朁不畏明，猶曾不畏明。又《論語》曰“曾謂泰山”，亦同爲語助也。此貪反。

tà

沓沓 語多沓沓也。從水從曰。遼東有沓縣。道合反。

【校】沓縣，《漢志》作“沓氏縣”。

cáo

曹(曹)曹 獄之兩曹也，在廷東。從棘，治事者；從曰。臣鍇曰：棘音曹。曰，言詞理獄也。會意。殘高反。

文七　重一

nǎi

乃乃 曳詞之難也。象气之出難。凡乃之屬皆從乃。年亥反。

乃乃 古文乃。臣鍇曰：義見《春秋公羊傳》。

矛矛 籀文乃。

réng

卤卤 驚聲也。從乃，卤省聲。籀文卤不省。或曰隨往也。讀若仍。臣鍇按：泰刻石文書乃字類此。而冰反。

【校】從乃卤省聲，鉉作“從乃省，卤聲”。○籀文卤不省，依全書例，“卤”當別篆，注以“籀文不省”四字。○隨從也[1]，鉉作“卤從也”。○鍇疑此亦古“乃”字，段引《爾雅》“迺，乃也”，明是二字。

卤卤 古文卤。

【校】鉉作 卤。

yóu

卤卤 气行兒。從乃，卤聲。讀若攸。臣鍇曰：卤音條。《尚書》曰：“秬鬯一卤。”《爾雅》曰：“卤，中尊也。”延秋反。

文三　重三

kǎo

丂丂 气欲舒出，丂上礙於一也。丂古文以爲亏字，又以爲巧字。凡丂之屬皆從丂。臣鍇曰：丂猶稽丂之意也。刻保反。

――――――――――

① 從，當作“往”。

粤 ^{pīng}粤 亟詞也。從丂從由。或曰粤，俠也。三輔謂輕財者爲粤。臣鍇曰：俠，任俠也；俠者，便捷任气自由之爲也。會意。篇丁反。

寧 ^{níng}寍 願詞也。從丂，宧聲^①。臣鍇曰：今人言宧可如此，是願如此也。古人云“宵飲建業水”是也。彌丁反（míng）^②。

叵 ^{hē}叵 反丂也。讀若呵。獻他反。

文四

可 ^{kě}可 冐也。從口、丂，丂亦聲也。凡可之屬皆從可。臣鍇曰：可是冐也。丂气躓閡，可則不復疑閡，故反丂。反丂，不閡也。會意。冐我反。

【校】躓，當作“窒”。

奇 ^{qí}奇 異也；一曰不偶。從大從可。臣鍇曰：大可是異也。巨離反。

哿 ^{gě}哿 可也。從可，加聲。《詩》曰：“哿矣富人。”閒果反。

哥 ^{gē}哥 聲也。從二可。古文以爲謌字。臣鍇曰：可亦气通也，故二可爲聲。哥猶歌也，或借此爲歌字。更和反。

文四

兮 ^{xī}兮 語所稽也。從丂；八象气越亏也。凡兮之屬皆從兮。臣鍇曰：舜歌曰“南風之薰兮”是也，爲有所稽考，未便言之也。言兮則語當駐，駐則气越亏也。賢迷反。

骨 ^{sǔn}粤 驚辭也。從兮，旬聲。臣鍇曰：兮亦气也。息允反。

愕 忄咢 粤或從心。

羲 ^{xī}羲 气也。從兮，義聲。許移反。

---

① 宧，當作“窸”，後同。
② 注音依《廣韻》奴丁切。

乎 芌 乎者，語之餘也。從兮，象聲上越揚之形也。臣鍇曰：凡言乎，皆上句之餘聲也，故曰"從我者子乎、去我者鄙乎、已乎"，皆聲之餘也。╱，餘聲气上出而盡也。指事。魂徒反。

文四①

号 号 痛聲也。從口在亐上。凡号之屬皆從号。臣鍇曰：亐者痛聲不舒揚也。指事。候到反。

號 嚎 呼也。從号，虎聲。臣鍇按：《詩》曰："誰之永號。"行高反。

文二

亐(于) 亐② 於也。象气之舒于。從亐從一。一者，其气平之也。凡于之屬皆從于。臣鍇曰：試言于則口气直平出也。員須反。

虧 虧 气損也。從于，虖聲。臣鍇曰：气闕則其出舒遲，故從于。起爲反。

虧 虧 虧或從兮。

粤 粤 于也。審慎之辭者。從宷從于。《周書》曰："粤三日丁亥。"臣鍇曰：凡言粤，皆在事端句首，未便言之，駐其言以審思之也。"粤三日"是也。心中暗數其日數，然后言之。宷，審字也。其聲气舒久，故從于。會意。予厥反。

【校】辭者，者，當作"也"。○丁亥，今《召誥》作"丁巳"。

吁 吁 驚語也。從口從于，于亦聲。臣鍇曰：口部已有，疑誤重也。況于反。

【校】按：此篆非鍇所有，後人依鉉增入也。鍇說即取鉉説爲之，而稍易數字，音仍鉉音，而改"切"爲"反"，當刪之。

---

① 按，四部叢刊本、四庫本"文四"下有"重一"二字，當據補。

② 從亐(于)之字，篆文皆從亐；隸定或從亐，如"虧粤夸雩"之類，或從于，如"吁竽汙芋"之類。今從其便，而字形分析統作"從于、于聲"。

平 ^{píng} 平 語平舒也。從于從八。八，分也。爰禮説。臣鍇曰：指事。爰禮即《序》所謂沛人爰禮也。古爰、袁通。備明反。

　　 夰 夰 古文平字。

文五　重二

旨 ^{zhǐ} 旨 旨 美也。從甘，匕聲。凡旨之屬皆從旨。臣鍇曰：《禮》曰："調以滑旨。"旨，甘也。職美反。

【校】滑旨，當作"滑甘"。

　　 旨 旨 古文旨。

嘗 ^{cháng} 嘗 嘗 口味之也。從旨，尚聲。臣鍇曰：口試其味也。射强反。

文二　重一

喜 ^{xǐ} 喜 喜 樂也。從壴從口。凡喜之屬皆從喜。臣鍇按：《春秋左傳》曰："公喜而後可知也。"形於言色。虛已反。

　　 歖 歖 古文喜從欠。與歡同。

憙 ^{xì} 憙 憙 悦也。從心、喜，喜亦聲。臣鍇曰：喜在心，喜見爲此事，是悦爲此事也。會意。忻記反。

嚭 ^{pǐ} 嚭 嚭 大也。從喜，否聲。《春秋傳》吳有太宰嚭。披鄙反。

文三　重一

壴 ^{zhù} 壴 壴 陳樂立而上見也。從中、豆。凡壴之屬皆從壴。臣鍇曰：豆，樹鼓之象。中，其上羽葆也。象形。陟具反。

尌 ^{shù} 尌 尌 立也。從壴從寸，持之也。讀若駐。臣鍇曰：此樹鼓字，樹木字從木。時遇反。

戁 ^{qì} 戁 戁 夜戒守鼓也。從壴，蚤聲。《禮》："昏鼓四通爲大鼓，夜半三通爲戒，晨旦五通爲發明。"讀若戚。臣鍇曰：《周禮》曰："凡軍旅夜鼓戁。"一歇爲一通。千益反。

【校】今《周禮》作"鼚"。○旦五通爲發明，按《周禮注》當作"旦

明五通爲發昫”。

彭 彭（péng）　鼓聲也。從壴，彡聲。白亨反。

嘉 嘉（jiā）　美也。從壴，加聲。間牙反。

文五

鼓 鼓（gǔ）　郭也。春分之音，萬物郭皮甲而出，故謂之鼓。從壴，支象其手擊之也①。《周禮》六鼓：靁鼓八面，靈鼓六面，路鼓四面，鼖鼓、皋鼓、晉鼓皆兩面。凡鼓之屬皆從鼓。臣鍇曰：郭者，覆冒之意。又鼓木也，故爲春。《周禮》：“鼓人掌教六鼓……以雷鼓鼓神祀，以靈鼓鼓社祭，以路鼓鼓鬼享，以鼖鼓鼓軍事，以鼛鼓鼓役事。”昆覘反。

【校】汪刻通部作𪔣，段從之。然鉉、錯宋本皆作鼓，汪刻疑誤。○春分，汪作“春秋”，非是。○鼖，《周禮》作“皋”。

鼖 鼖　籀文鼓從古。臣鍇曰：古聲。

鼛 鼛（gāo）　大鼓也。從鼓，咎聲。《詩》曰：“鼛鼓不勝。”家豪反。

【校】不勝，《詩》作“弗勝”。

鼖 鼖（fén）　大鼓謂之鼖，鼖八尺而兩面，以鼓軍事。從鼓，卉聲。扶云反。臣次立曰：當從《説文》云“鼓，賁聲”。

【校】注中次立説有脱字。不之正，不足正也。“賁”亦從屮聲。

韇 韇　鼖或從革，賁聲。

鼙 鼙（pí）　騎鼓也。從鼓，卑聲。頻奚反。

鼟 鼟（lóng）　鼓聲也。從鼓，隆聲。杜冬反（tóng）②。

鼘 鼘（yuān）　鼓聲也。從鼓，胐聲。《詩》曰：“鼗鼓鼘鼘。”抉蓮反。

【校】今《詩》作“淵”。

---

① 《慧琳》卷十二《大寶積經》“法鼓”、卷三十三《佛説老女人經》“枹打鼓”并引《説文》：“象旗手擊之。”可證今本“其”乃“旗”字之誤。

② 注音依《廣韻》力中切。

^{tāng}
鼜 鼜 鼓聲也。從鼓，堂聲。《詩》曰："擊鼓其鼜。"吞匡反。

【校】今《詩》作"鏜"。

^{tà}
鼛 鼛 鼓聲也。從鼓，合聲。**臣鍇按：**相如賦曰："鏗鎗鼛鼛，洞心駭耳。"道合反。

【校】鏗鎗鼛鼛，《史記》作"鏗鎗鏜鼛"，《漢書》《文選》作"鏗鏘閬鞈"。

鞈 鞈 古文鼛從革。

^{qì}
鼚 鼚 鼓無聲也。從鼓，臮聲。遏輒反（tiè）①。

^{tà}
鼞 鼞 鼓鼞聲。從鼓，缶聲。他合反。

【校】從"缶"不得聲，疑當作鼞，從去聲。錢鈔"缶"作"云"，疑"去"泐文。

文十　重三

^{qǐ}
豈 豈 還師振旅旅樂也；一曰欲也，登也。從豆，微省聲。凡豈之屬皆從豈。**臣鍇曰：**《周禮》師大捷獻豈作愷，今借此爲詞也。丘里反。

【校】振旅旅樂也，鉉作"振旅樂也"。○大捷獻豈，按《周禮》當作"大獻奏豈"。

^{kǎi}
愷 愷 康也。從心、豈，豈亦聲。刻海反。

^{qí}
譏 譏 譏也，訖事之樂也。從豈，幾聲。**臣鍇按：**《爾雅》"譏，汔也"，故爲訖。巨希反。

文三

^{dòu}
豆 豆 古食肉器也。從口，象形。凡豆之屬皆從豆。**臣鍇曰：**《周禮》："瓬人爲簋，實一觳，崇尺，厚半寸。豆實三而成觳。"又曰："豆中去聲縣音玄。"注："縣繩以正豆之柄。""觳，三斗也。"人曰"食一豆肉，飲一豆酒，中人之食也"②。注云：一豆酒當一升酒也。

---

① 《廣韻》又七入切。
② 人曰，疑當作"又曰"。

笛奏反。

【校】一豆酒當一升酒，當作"一豆酒當爲一斗酒"。

　亘 豆　古文豆。臣鍇曰：象形。

【校】鉉作 豆。

dòu

桓 桓　木豆謂之桓。從木、豆。

【校】鉉有切音，此無反音，鍇蓋以"桓"爲"豆"重文。

jǐn

薑 薑　蠶也。從豆，蒸省聲。臣鍇曰：今婚禮合卺用匏謂之薑。己隱反。

juàn

登 登　豆屬也。從豆，夅聲。俱卷反。

wān

豌 豌　豆飴也。從豆，夗聲。臣鍇曰：飴，餳也，今豆名。宛桓反。

dēng

豋 豋　禮器也。從収持肉在豆上。讀若鐙同。臣鍇曰：會意也。丹增反。

文六　重一

lǐ

豊(豊) 豊　行禮之器也。從豆，象形。凡豊之屬皆從豊。讀與禮同。臣鍇曰：禮、體、澧音禮字從此。蓮弟反。

zhì

豑 豑　爵之次第也。從豊、弟。《虞書》曰："平豑東作。"臣鍇曰：今《尚書》作秩。遲匹反。

文二

fēng

豐 豐　豆之豐滿者也。從豆，象形。一曰鄉飲酒有豐侯者。凡豐之屬皆從豐。臣鍇曰：丰象豆中所盛也，豔、豐、澧音豐從此。孚弓反。

豐 豐　古文豐。

yàn

豔 豔　好而長也。從豐；豐，大也。盇聲。《春秋傳》曰："美而豔。"臣鍇曰：容色豐滿也。羊染反。

文二　重一

盧盧〔xǐ〕　古祠器也。從豆，虍聲。凡盧之屬皆從盧。臣鍇曰：戲亦從此。許移反。

【校】祠，當作"匋"，鉉作"陶"。

號𧯟〔hào〕　土鎜也。從盧，号聲。讀若鎬。臣鍇曰：鎜，金屬，土瓦也。候袍反。

【校】金屬，當作"鎠屬"，見"鎜"篆下。

䰜𧯡〔zhù〕　器也。從盧、宁，宁亦聲。闕。直與反。

文三

虍虍〔hū〕　虎文也。象形。凡虍之屬皆從虍。讀若《春秋傳》曰"虍有餘"。臣鍇曰：象文章屈曲也。虎烏反。

【校】"讀若《春秋傳》曰'虍有餘'"，鉉無此九字。按：當作"盱有餘"，見昭三十一年《公羊傳》。盱，古音讀與"呼"同，見烏部注。段氏疑爲"賈余餘勇"之譌，未確。

虞虞〔yú〕　騶虞也。白虎，黑文，尾長於身，仁獸。食自死之肉。從虍，吳聲。《詩》曰："于嗟乎騶虞。"臣鍇按：《六韜》《博物志》：林氏國之珍獸也。元無反。

虑虙〔fú〕　虎兒也。從虍，必聲。臣鍇曰：古者或用爲伏羲之伏字。又洛水之神曰虙妃，一云虙羲氏之女也。今人音爲宓妃，誤矣。伐六反。

虔虔〔qián〕　虎行兒也。從虍，文聲。讀若矜。臣鍇曰：虎之行，兢兢然有威，故謂敬爲虔。其延反。

虘虘〔cuó〕　虎不柔不信也。從虍，且聲。讀若鄌縣。臣鍇曰：鄌從此。音殘他反。

【校】鄌縣，鉉作"酇縣"，非是。按：邑部"酇"下云"今鄌縣"，許說與《漢志》同，應劭音"酇"爲"嵯"，是也。鉉刪邑部"今鄌

縣"三字，又改此"酆"爲"酈"，非許意矣。

虖 🀆 哮呼也。從虍，乎聲。臣鍇曰：哮虖從此。虎烏反。

【校】哮虖，當作"嘷嘷"。

虐 🀆 殘也。從虎足反爪人也[①]。臣鍇曰：言虎反足以爪人也。《漢書》：甯成爲政虐人，謂之"乳虎"也。魚芍反。

　　虐 🀆 古文虐如此。

彪 🀆 虎文彪也。從虍，彬聲。不攀反。

虡 🀆 鍾鼓之柎也，飾爲猛獸。從虍，異象形其下足。臣鍇曰：柎，足。《周禮》："梓人爲簨虡，天下之大獸五……臝者、羽者、鱗者以爲簨虡。"注："臝，虎豹淺毛之屬；羽，鳥屬；鱗，龍蛇屬。"求許反。

【校】簨虡，今《考工記》作"筍虡"。○注"虎豹淺毛"，按：《考工記》無"注"，"注"當作"按"；淺毛，當依《爾雅》作"虥貓"。

　　鐻 🀆 虡或從金、豦。臣鍇按：賈誼《過秦篇》曰"銷鍾鐻以爲金人十二"。又《山海經》曰"以鐻貫耳"，則耳環屬也。

　　【校】鍾鐻，見《始皇本紀》，《過秦論》作"銷鋒鑄鐻"。《本紀》所言，虡也；《論》所言，"鉅"之借字，兵器也，鍇牽合，非是。此肊記之譌。

　　虞(虡) 🀆 篆文虡。

文九　重三

虎 🀆 山獸之君。從虍，虎足象人足，象形。凡虎之屬皆從虎。忽五反。

　　虝 🀆 古文虎。

　　虝 🀆 亦古文虎。

虢 🀆 虎聲也。從虎、㱿。讀若隔。溝𠃤反。

──────────

① 從虎，大徐本作"從虍"。

^{mì} 虦 𩇥 白虎也。從虎，昔省聲。讀若鼏。**臣鍇按**：今人多音酣，唯隋曹憲作《爾雅音》云"音覓"。又云"梁有顧虦、費虦，不知其名音爲酣"。民的反。

【校】今《爾雅》作"虦"，"昔省聲"或云當作"冥省聲"。○《爾雅音》，爾，當作"廣"。○"音爲酣"下當補"《爾雅注》云'漢宣帝時，南郡獲白虎，獻其皮骨爪牙'"十九字，見"艫"篆下。

^{hàn} 虓 𩇥 虦屬也。從虎，去聲。詞暫反^①。

^{shū} 艫 𩇤 黑虎也。從虎，儵聲。**臣鍇按**：《爾雅注》："漢宣帝南郡獲白虎，獻其皮骨爪牙。""晉永嘉四年，建平秭歸縣檻得黑虎，如小虎而黑，毛深爲斑。"尸竹反。

【校】"漢宣"至"爪牙"十四字，"虦"注錯簡。○"毛深"下當有"者"字。

^{cán} 虥 𩇥 虎竊毛謂之虥貓。從虎，戔聲。竊，淺也。**臣鍇按**：《爾雅注》引《詩》"有貓有虎"也。昨閑反。

^{biāo} 彪 𩇥 虎文也。從虎，彡象其文也。彼虬反。

^{yì} 虉 𩇥 虎兒也。從虎，乂聲。偶蝎反（è）^②。

^{yì} 虉 𩇥 虎兒也。從虎，气聲。疑迄反。

^{xiāo} 號 𩇥 虎鳴也；一曰師子。從虎，九聲。**臣鍇曰**：《詩》曰："闞如號虎。"享茅反。

^{yín} 虦 𩇥 虎聲也。從虎，斤聲。語殷反。

^{xì} 虩 𩇥 《易》："履虎尾虩虩。"恐懼；一曰蠅虎也。從虎，𡭗聲^③。**臣鍇曰**：《易》曰："震來虩虩。"軒逆反。

---

① 詞，四庫本作"詗"，大徐作"呼"，《廣韻》"虦屬"之"虓"口敢切（kǎn），呼濫切（hàn）之義爲虎怒。聲母均見組，故疑"詞、詗"乃"訶"。
② 注音依《廣韻》魚廢切。
③ 按許書之例，釋義析形當在引經前。

guó
虢 虢 虎所攫畫明文也。從虎，寽聲。古獲反。

sī
虒 虒 委虒，虎之有角者也。從虎，厂聲。**臣鍇曰**：春秋時晉有虒祈之宮。褫、篪、摣從此。辛兹反。

téng
䲹 䲹 黑虎也。從虎，騰聲。徒朋反。

文十五　重二

yán
虤 虤 虎怒也。從二虎。凡虤之屬皆從虤。眼閒反。

yín
虤 虤 兩虎爭聲也。從虤從曰。讀若懟。**臣鍇曰**：曰音越，會意。言陳反。

xuàn
贙 贙 分別也。從虤對爭貝。讀若回。**臣鍇按**：左思《魏都賦》曰"兼葭贙"。會意。預顯反。

文三

mǐn
皿 皿 飲食之用器也。象形，與豆同形。凡皿之屬皆從皿。讀若猛。美丙反（mǐng）。

【校】飲，鉉作"飯"，疑當作"飤"。〇同形，鉉作"同意"。

yú
盂 盂 飲器也。從皿，于聲。**臣鍇按**：《史記》：田蚡"學孔甲《盤盂》諸書"。謂《盤盂》之刻銘也。員須反。

wǎn
盌 盌 小盂也。從皿，夗聲。烏管反。

chéng
盛 盛 黍稷在器中也。從皿、成。**臣鍇曰**：《春秋左傳》："奉盛以告曰：潔齊豐盛。"[1] 示征反。

【校】"皿成"下脱"聲"字。

zī
齍 齍 黍稷在器以祀者。從皿，齊聲。子思反。

yòu
盒 盒 小甌也。從皿，有聲。讀若灰，或曰若賄。延救反。

　　盒 盒 盒或從右。

————————

① 齊，今本作"粢"。

盧 飯器也。從皿，膚聲。論孤反。

　　盧 籀文盧。

盩 器也。從缶、皿，古聲。昆覩反。

盄 器也。從皿，弔聲。真遙反。

盎 盆也。從皿，央聲。臣鍇曰：漢長安城有覆盎門。晏亢反。

　　瓫 盎或從瓦。

盆 盎也。從皿，分聲。步門反。

盙 器也。從皿，宁聲。臣鍇曰：虀從此。真與反。

盨 㯽盨，負戴器也。從皿，須聲。臣鍇按：顏師古《漢書》注謂：“盨狀如盤，如今賣食物者所戴。”《楊惲傳》作寠藪[1]。率武反。

【校】《漢書》無“盨”字，鍇說有譌舛，今正之，當作“臣鍇按：顏師古《漢書》‘寠數’注謂以盆盛物戴於頭者，如今賣白團餅人所用盨。狀如盤，即‘寠數’也”。

盪 器也。從皿，滲聲。根卯反。

盜 械器。從皿，必聲。臣鍇曰：謐從此。彌畢反。

醯 酸也，作醯以鬻以酒。從鬻、酒并省，從皿。皿，器也。臣鍇曰：會意。顯繫反。

盉 調味也。從皿，禾聲。臣鍇曰：《詩》曰：“亦有盉羹。”今《詩》作和，借也。戶歌反。

益 饒也。從水、皿。皿，益之意也。臣鍇曰：會意。伊昔反。

盈 滿器也[2]。從皿、及。臣鉉等曰：及，古乎切，益多之義

────────────

① 寠藪，今本作“寠數”。

② 《慧琳》卷十二《大寶積經》“盈儲”注引《說文》：“器滿也。”可證今本“滿器”二字誤倒。

也。古者以買物多得爲厹，故從厹。以成反。

【校】此篆疑錯本原闕，故次立用鉉補。

盡^{jìn}　盡　器中空也。從皿，聿聲。臣鍇曰：聿音盡。寂泯反。

盅^{chóng}　盅　器虛也。從皿，中聲。《老子》曰：“道盅而用之。”臣鍇曰：盅而用之，虛而用之也。今作沖，假借。直東反。

盦^{ān}　盦　覆蓋也。從皿，酓聲。恩甘反。

盈^{wēn}（昷）　盈　仁也。從皿，以食囚也。官溥説。臣鍇曰：醖從此。會意。塢門反。

盥^{guàn}　盥　澡也。從臼水臨皿。《春秋傳》曰：“奉匜沃盥。”臣鍇曰：會意。古翰反。

盪^{dàng}　盪　滌器也。從皿，湯聲。臣鍇曰：《易》云：“八卦相盪。”徒廣反。

文二十五　重三

亼^{qū}　亼　亼盧，飯器，以柳作之。象形。凡亼之屬皆從亼。遣如反。

【校】作之，鉉作“爲之”。

　筥　筥　亼或從竹，去聲。

文一　重一

厺^{qù}（去）　厺　人相違也。從大，亼聲。凡去之屬皆從去。臣鍇曰：亼即飯器也，大象人也。《論語》曰“違之，之一邦”。違之，去也。氣怒反。

朅^{qiè}　朅　去也。從去，曷聲。臣鍇曰：張衡賦曰：“回至朅來。”朅來，去來也。丘絶反。

【校】回至，《文選》作“回志”。

朄^{líng}　朄　去也。從去，夌聲。讀若棘陵。力膺反。

文三

xuè

血 盗 祭所薦牲血也。從皿，一象血形也。凡血之屬皆從血。臣
鍇曰：祭薦毛血也。翾迷反。

huāng

衁 㿾 血也。從血，亡聲。《春秋傳》曰："士刲羊亦無衁也。"
臣鍇曰：心上血也。忽光反。

pēi

衃 衃 凝血也。從血，不聲。臣鍇曰：衃猶肧也。普杯反。

jīn

盡 盡 气液也。從血、聿，聿亦聲。臣鍇曰：今作津，借也。將
親反。

tíng

衁 衁 定息也。從血，甹省聲。讀若亭。臣鍇曰：《春秋左傳》曰：
"不敢衁居。"今作寧，借也。寧從此①。田丁反。

rù

衄 衄 鼻出血也。從血，丑聲。而叔反②。

nóng

衁 衁 腫血也。從血，農省聲。奴聰反。

膿 膿 俗衁從肉，農（農）聲。

tǎn

衁 衁 血醢。從血，肬聲。《禮記》有衁醢，以牛乾脯、粱、麴、
鹽、酒也。臣鍇曰：《周禮》："加豆之實……衁醢。"他感反。

【校】《禮記》，當作"《周禮》"。

zū

蘁 蘁 醢也。從血，菹聲。齋居反。

蘁 蘁 蘁或從缶。

【校】與艸部"菹"下重文二篆相似，彼從皿，此從血。

qí

衁 衁 以血有所刉涂祭也。從血，幾聲。臣鍇按：《周禮》肆師掌
祈，或爲衁，"成廟則釁之，雍人舉羊升屋自中，屋南面刲羊，血
流於前乃降"③。是衁爲羊血也；"夾室則用雞爲衄"。《士師職》則

---

① 按，丂部"寧"下作"從丂，宷（宷）聲"。
② 《廣韻》又女六切（nù）。
③ 《禮記·雜記下》："成廟則釁之，其禮：祝、宗人、宰夫、雍人，皆爵弁純衣。雍人
拭羊，宗人祝之，宰夫北面於碑南，東上。雍人舉羊升屋自中，中屋南面刲羊，血
流於前乃降。門、夾室皆用雞，先門而後夾室。其衄皆於屋下。"

云"刉珥"，明當刉也，作祈假借，本作盭也。巨希反。

【校】"掌祈"下脱"珥祈"二字。○或爲盭，盭，今本作"機"。○"自中"下脱"中"字。○"夾室"上脱"門"字。

卹　^{xù} 憂也。從血，卪聲。一曰鮮少也。臣鍇按：《春秋傳》曰："君命寡君同卹社稷。"卹者，言憂之切至也。相室反。

【校】同卹，今《左》作"同恤"。

衋　^{xì} 傷痛也。從血、聿，皕聲。《周書》曰："民罔不衋傷心。"讀若憘。希式反。

䘓　^{kàn} 羊凝血也。從血，舀聲。臣鍇按：陶氏《本艸注》云："宋時大官作䘓，削藕皮落其中，血不凝，知藕之散血。"然則䘓，血羹也。"慳闇反。

　　䗤　　䘓或從贛。

　　【校】鉉作䗤。

盇　(盍) 　覆也。從血，大聲。侯臘反。^{hé}

衊　^{miè} 污血也。從血，蔑聲。彌悦反。

文十五　重三

説文解字通釋卷第十

繋傳十

文林郎守祕書省校書郎臣徐鍇傳釋
朝散大夫行祕書省校書郎臣朱翱反切

三十二部　文二百二十三　重六十七

丶（zhǔ）丶︱　有所絕止，丶而識之也。凡丶之屬皆從丶。臣鍇曰：丶猶點柱之柱，若漢武讀書，止輒乙其處也。輒乳反。

【校】點柱之柱，柱，當作“注”。

主（zhǔ）主　鐙中火主也。從呈，象形；從丶，丶亦聲。臣鍇曰：即脂燭也。按《爾雅》：“鐙，瓦豆也。”郭璞曰：“即膏鐙。”古初以人執燭，後易之以鐙。物爲主，今人作炷。“蘭膏明燭華燈。”[①]拙庚反。

【校】鐙，今《爾雅》及注皆作“登”。

音（tòu）音　相與語唾而不受也。從否從丶，否亦聲。臣鍇曰：唾而不受，止其言也。丶，柱止也，故從丶。棓、部、倍、陪、菩、箁從此。他豆反。

歌　歌　音或從豆、欠。

文三　重一

---

① 語見《楚辭》。

丹 (dān) 巴越之赤石也。象采丹井。·，丹形也。凡丹之屬皆從丹。臣鍇曰：《史記》曰"寡婦清，其先得丹穴"而富也。穴即井也。荀卿曰：南有"曾青丹子"。《山海經》有白丹、黑丹。丹以赤爲主，黑白皆丹之類，非正丹也。得干反。

【校】丹子，當作"丹干"。楊倞讀"干"爲"矸"。

曰 古文丹。

彤 亦古文丹。

臒 (wò) 善丹也。從丹，蒦聲。《周書》曰："惟其斁丹臒。"讀若崔同①。臣鍇按：《山海經》："衡山出丹臒。"烏郭反。

【校】斁，今《書》作"塗"。

彤 (tóng) 丹飾也。從丹、彡。彡，其畫，彡亦聲。臣鍇曰：《尚書》有彤几。杜紅反。

文三　重二

青 (qīng) 東方色也。木生火，從生、丹。丹青之信，言必然。凡青之屬皆從青。臣鍇曰：凡遠視之明莫若丹，與青黑則昧矣。阮籍《詠懷詩》曰"丹青著盟誓"，言若丹青之分明也，猶《詩》云"有如皎日"②。倉經反。

【校】盟誓，《文選》作"明誓"。

峚 古文青。

靜 (jìng) 審也。從青，爭聲。臣鍇曰：丹青，明審也。又音清。寂逞反。

文二　重一

井 (jǐng) 八家一井。象構韓形。甕象也。古者伯益初作井。凡井之屬皆從井。臣鍇曰：韓，井垣也，《周禮》謂之井樹。古者以瓶

---

① 《釋文》引作"讀與霍同"。
② 皎，今本作"皦"。《釋文》："皦，又本作皎。"

甕汲，故《易》曰"繘井羸其瓶"。《莊子》：漢陰丈人抱甕而出。《淮南子》曰"益作井而龍登天"，言知鑿之不已也。即頃反。

【校】"甕象"上脱一字。○登天，天，今《淮南子》作"玄雲"。

yǐng

㼉 𡩋 深池也。從井，瀅省。臣鍇曰：𤇺猶迥深意也。烏迥反。

【校】瀅省，瀅，當作"營"，"深池"合"經營"意。"省"下當有"聲"字。○𤇺，當作"𤇺"。

jǐng

阱 𡉙 陷也。從𨸏、井，井亦聲。臣鍇曰：𨸏，其岸。會意也。從性反。

　　穽 𡧛 阱或從穴。

　　汬 𣶒 阱或從水。

xíng

荆 𠛬 罰辠也。從刀、井。《易》曰："井，法也。"井亦聲。臣鍇曰：《通論》備矣。賢星反。

【校】《易》曰，當作"《易說》曰"。

chuàng

刱 𠜛 造法刱業也。從井，刅聲。讀若創。臣鍇曰：刅音瘡。井，法也。叉向反。

文五　重二

bī

皀 𣪊 穀之馨香也。象嘉穀在裹中之形。匕，所以扱之也。或說皀，一粒也。凡皀之屬皆從皀。讀若香。臣鍇曰：扱，載也。白象穀。顏之推《家訓》云有蜀堅調豆粒爲豆皀，則此也。食、鴊亦從此。皮及反。

【校】堅調，當作"豎謂"。○"豆皀"下當補"音若逼"三字。

jí

即 𩜨 即湌也。從皀，卪聲。臣鍇曰：即，猶就也，就食也。煎弋反。

【校】即湌，鉉作"即食"，疑當作"卪食"，會意字。鍇時已誤。

jì

既 𣢆 小食也。從皀，旡聲。《論語》曰："不使勝食既。"臣鍇曰：《春秋傳》曰"日有食之既"，盡食之也。居意反。

【校】食既，今《論語》作“食氣”。

㝓 㦞 飯剛柔不調相著。從皀，冂聲。讀若適。失易反。

文四

鬯 㦞 以秬釀鬱艸，芬芳攸服，以降神也。從凵；凵，器也；中象米；匕，所以扱之。《易》曰：“不喪匕鬯。”凡鬯之屬皆從鬯。臣鍇曰：秬，黑黍也；服，服事也。周人尚臭，灌用鬱鬯。乂、冂象中秬及鬱形。丑向反。

【校】攸服，按《周禮》注、《江漢詩》箋，疑當作“條暢”。鍇云“服事”，義未明。

鬱 㦞 芳艸也。十葉爲貫。百廿貫築以煮之爲鬱。從臼、冂、缶、鬯。彡，其飾也。一曰鬱鬯，百艸之華。遠方鬱人所貢芳艸，合釀之以降神。鬱，今鬱林郡。臣鍇曰：築，舂也。《周禮》：宗伯屬鬱人，掌和鬱以實彝。注：“鬱爲艸，若蘭也。”彡，彝之飾也。古或飾以羽，故逸《詩》曰“羽觴隨波”。迂拂反。

【校】鬱林，當作“鬱林”，此以今釋古也。

爵 㦞 禮器也。象爵之形，中有鬯酒。又，持之也。所以飲器象爵者，取其鳴節節足足也。臣鍇曰：朮象爵頭；冃，其盛酒處；厂，其尾柄也。即約反。

　　㦞 㦞 古文爵如此。象形。臣鍇曰：爵正居形。册其後尾，冂其翅也。

秬 㦞 黑黍也。一稃二米以釀。從鬯，矩聲。臣鍇曰：《春秋左傳》：“黑牡秬黍以享司寒。”今但作秬。求許反。

　　秬 秬 秬或從禾。

㦞 㦞 列也。從鬯，㪠聲。讀若迅。臣鍇曰：㦞猶纚也，羅列意。色廁反。

文五　重二

食 ^{shí} 食　一米也。從皀、亼。或説亼皀也。凡食之屬皆從食。讀若粒。臣鍇曰：亼音集。食，食也。下食字音飯。神隻反。

【校】一米，段云當作"亼米"。○食食也，當作"會，合也"。汪作"會食"，亦誤。○下食字音飯，當作"下皀字音逼"。

饙 ^{fēn} 饙　滫飯也。從食，桒聲。臣鍇曰：桒音忽。《詩》曰："洞酌彼行潦，挹彼注兹，可以饙饎。"水滫之也。翻云反。臣次立按：《説文》徐鉉云："桒非聲，弄字之誤。"

【校】今《詩》作"餴"，又見"饎"篆下。

　　饋 饋　饙或從貴。

　　餴 餴　饙或從弄。

餾 ^{liù} 餾　飯气蒸也。從食，留聲。良秀反。

飪 ^{rèn} 飪　大熟也。從食，壬聲。臣鍇曰：《論語》曰："失飪不食。"而沈反。

　　肛 肛　古文飪。

　　恁 恁　亦古文飪。臣鍇曰：恁，心所齋卑下也。而沈反，《説文》如甚切。又按李舟《切韻》不收此"亦古文飪"字，惟於侵韻作人心切，寢韻作人㐌切，并注云"《説文》下齋也"，疑此重出。

　　【校】"臣鍇曰"三字當作"臣次立按：心部'恁'，鍇曰"九字，此脱誤也。下引鉉本、引《切韻》，均非鍇説。按，許書多有重文字別見他部者，重文爲古通，別部爲正義，不得疑其重出。

饔 ^{yōng} （饗）饔　熟食也。從食，雝聲。臣鍇曰：《詩》曰"有母之尸饔"。宛封反。

飴 ^{yí} 飴　米糵煎也。從食，台聲。臣鍇曰：糵，牙糵也。寅之反。

　　𩛯 𩛯　籀文飴從異省。

餳 ^{xíng} 餳　飴和饊者也。從食，昜聲。似傾反。

【校】當作餳，昜聲。《釋名》"餳，洋也"，疊韻爲訓。

散 饊 熬稻粔程也。從食，散聲。臣鍇曰：《楚辭》："粔籹蜜餌，有粻餭些。"思但反。

餅 餅 麫餈也。從食，從并聲。臣鍇曰：麥曰餅。比郢反。

【校】麥曰餅，當作"麥曰麫"。

餈 餈 稻餅也。從食，次聲。疾咨反。

　　齊 餈或從齊。

　　粢 餈或從米。臣鍇曰：或借爲齍盛之齍也。

饘 饘 糜也。從食，亶聲。周謂之饘，宋謂之餬。臣鍇曰：《春秋左傳》"饘於是"也。遮延反。

餱 餱 乾食也。從食，侯聲。《周書》："峙乃餱粻。"臣鍇曰：乾餱以愆，今人謂飯乾爲餱。何溝反。

【校】餱粻，今《書》作"糇糧"。

餥 餥 餱也。從食，非聲。陳楚之閒相謁而食麥飯曰餥。斧尾反。

饎 饎 酒食也。從食，喜聲。《詩》曰："可以餴饎。"昌意反。

　　餏 餏 饎或從巸。臣鍇曰：《周禮》有饎人，字作此。

　　【校】當依鉉作餏，從巸，今《周禮》作"饎"。

　　糦 糦 饎或從米。臣鍇曰：《商頌》曰"大糦是承"，作此字。

籑 籑 具食也。從食，算聲。臣鍇按：《漢書》饌堂或如此。助箭反。

【校】饌堂，當作"饌食堂"。今《元后傳》作"籑食堂"。

　　饌 饌 籑或從巽。

養 養 供養也。從食，羊聲。以像反。

　　羛 羛 古文養。

飯 飯 食也。從食，反聲。服萬反。

飪 飪 雜飯也。從食，丑聲。女有反。

飤 ^{sì} 飤 糧也。從食、人。慈例反。

饡 ^{zàn} 饡 以羹澆飯也。從食，贊聲。臣鍇曰：今人云饡飯也。箭鴈反。

餉 ^{shǎng} 餉 晝食也。從食，象聲。式丈反。

餳 餳 餉或從昜。

飧（飱） ^{sūn} 飧 餔也。從夕、食。素昆反。

餔 ^{bū} 餔 日加申時食也。從食，甫聲。不吾反。

𥣀 𥣀 籒文餔從皿，浦聲。臣鍇曰：皿，所以食也。

餐 ^{cān} 餐 吞也。從食，奴聲。倩丹反。

湌 湌 餐或從水。

鎌 ^{lián} 鎌 嗛也。從食、兼。讀若風溓溓。一曰廉潔也。臣鍇曰：鎌
猶嗛也，又少也。連鹽反。

饁 ^{yè} 饁 餉田也。從食，盍聲。《詩》曰："饁彼南畝。"尤帖反。

饟 ^{xiǎng} 饟 周人謂餉曰饟。從食，襄聲。庶振反（shàng）。

餉 ^{xiǎng} 餉 饟也①。從食，向聲。式亮反（shàng）。

饋 ^{kuì} 饋 餉也。從食，貴聲。求位反（guì）。

饗 ^{xiǎng} 饗 鄉人飲酒也。從鄉從食，鄉亦聲。臣鍇曰：會意。忻罔反。

---

① 《玄應》卷十三《盂蘭盆經》"往餉"注引《説文》："餉，饟也。饟，餉也。"《慧琳》
卷三十四《盂蘭盆經》"往餉"轉録。"餉、饟"互訓。然唐寫本《玉篇》"餉"："《説
文》：饟也。"《慧琳》卷八十九《高僧傳》"信餉"注："《説文》：亦饟也。從食，向
聲。"《慧琳》卷一〇〇《安樂集》"如餉"注："《説文》：饟也。從食，向聲。饟音
餉。"三引皆以"饟"釋"餉"，又"饟、餉"音同，則"饟、餉"當爲一字；且以
"饟"釋"餉"與互訓之例相違背。《玄應》卷四《大灌頂經》"如餉"注："《説文》
餉或作饟，饟，餉也。"可證，"餉"乃"饟"之重文。唐寫本《玉篇》"饟、餉"已
分爲二字，可見分別久矣。然"饟"下引《説文》："周人謂餉曰饟也。""餉"下引
《説文》："饟也。"二訓實無差別，豈有是理？亦可反證二字實爲一字。已知"餉、
饟"二字互訓，則許書古本"饟"下當云"餉也，周人謂餉曰饟也"，《類篇》"饟"
下云"饟餉，又始兩切，周人謂餉也"，段注依《韻會》改爲"餉"，是。又出"餉"
篆，云："饟或從向。"

饛 饛 盛器滿皃也。從食，蒙聲。《詩》曰：“有饛簋飧。” méng 母東反。

餩 飺 楚人相謁食麥曰餩。從食，乍聲。臣鍇曰：人相謁相見後設麥飯以爲常禮，如今人之相見飲茶也。自莫反。

飦 飺 相謁食麥也。從食，占聲。年兼反。

饂 饂 秦人謂相謁而食麥曰饂饂。從食，惡聲。烏悶反。

【校】“食麥”下汪誤衍“飯”字。

饂 饂 饂饂也。從食，豈聲。五寸反。

餬 飺 寄食也。從食，胡聲。臣鍇曰：《春秋左傳》曰：“餬其口於四方。”魂孤反。

飶 飶 食之香也。從食，必聲。《詩》曰：“有飶其香。”臣鍇曰：飶猶苾苾。頻必反。

餗 餗 燕食也。從食，芺聲。《詩》曰：“飲酒之餗。”臣鍇曰：《詩》曰：“如食宜餗。”於豫反。

【校】之餗，今《詩》作“飫宜”；“餗”作“饇”。

飽 飽 猒也。從食，包聲。補巧反。

　　飽 飽 古文飽從采聲。臣鍇曰：采音保。

　　餐 餐 亦古文飽。從卯聲。

餉 餉 猒也。從食，肙聲。烏縣反。

饒 饒 饒，飽也。從食，堯聲。耳焦反。

【校】饒飽也，鉉無“饒”字。

餘 餘 饒也。從食，余聲。臣鍇曰：《老子》曰：“餘食贅行。”以虛反。

餲 餲 食臭也。從食，艾聲。《爾雅》曰：“餲謂之喙。”海艾反。

【校】喙，今《爾雅》作“餲”。

餞　餞 送去也。從食，戔聲。《詩》曰："顯父餞之。" **臣鍇曰：**以酒食送也。餞猶羨也，引也。**寂羨反。**

餫　餫 野饋曰餫。從食，軍聲。**臣鍇曰：**《春秋左傳》："宣伯餫諸穀。" **于問反。**

館　館 客舍也。從食，官聲。《周禮》：五十里有市，市有館，館有積，以待朝聘之客。**古翰反（guàn）**①。

饕　饕 貪也。從食，號聲。**偷勞反。**

　　虩　籒文饕從號省。

　　叨　俗饕從口，刀聲。

餮　餮 貪也。從食，㐱聲。《春秋傳》：是謂饕餮。**聽切反。**

【校】《春秋傳》是謂饕餮，鉉作"《春秋傳》曰'謂之饕餮'"；餮，今《左》作"飻"。

饖　饖 飯傷熱也。從食，歲聲。**迂廢反。**

饐　饐 飯傷溼也。從食，壹聲。**乙器反。**

餲　餲 飯餲也。從食，曷聲。《論語》曰："食饐而餲。" **尼介反。**

饑　饑 穀不熟爲饑。從食，幾聲。**居希反。**

饉　饉 蔬不熟爲饉。從食，堇聲。**其吝反。**

餲　餲 飢也。從食，㲋聲。讀若楚人言恚人。**晏革反。**

餒　餒 飢也。從食，委聲。一曰魚敗曰餒也。**那濢反。**

【校】今《論語》作"餒"。

飢　飢 餓也。從食，几聲。**居希反。**

餓　餓 飢也。從食，我聲。**岸播反。**

餽　餽 吳人謂祭曰餽。從食、鬼，鬼亦聲。**矩遂反。**

---

① 《集韻》又古緩切。

zhuì 餟 餟 祭酹也。從食，叕聲。誅稅反。

shuì 餴 餴 小酳也。從食，兑聲。輸祙反。

lìng 餕 餕 馬食穀多，气流四下也。從食，交聲。輦孕反。

mò 䬪 䬪 食馬穀也。從食，末聲。臣鍇按:《詩》曰“芻之䬪之”，借秣字。門撥反。

【校】芻之䬪之，今《詩》作“摧之秣之”。

文六十二　重十八

jí 亼 亼 三合也。從入、一，象三合之形。凡亼之屬皆從亼。讀若集。牆揖反。

hé 合 合 亼口也。從亼從口。臣鍇曰:亼口，合口也。會意。後閤反。

qiān 僉 僉 皆也。從亼從吅從从。《虞書》曰:“僉曰:伯夷。”臣鍇曰:僉曰，眾共言之也;亼，集也;从，相從也。會意。七占反。

lún 侖 侖 思也。從亼從册。臣鍇曰:思，思理也;册，册書也;亼，集册書也。會意。呂辰反。

侖 侖 籀文侖。

jīn 今 今 是時也。從亼、フ。フ，古文及。臣鍇曰:亼、フ皆今也。會意。居斟反。

shè 舍 舍 市居曰舍。從亼、屮，象屋也。口象築也。臣鍇曰:亼，眾集也;屮，立柱枅梲之形。口音圍。會意。詩夜反。

文六　重一

huì 會 會 合也。從亼，從曾省。曾，益也。凡會之屬皆從會。户兑反。

佮 佮 古文會如此。

pí 朇 朇 益也。從會，卑聲。臣鍇曰:會益之也。《春秋左傳》:諸

侯會于澶淵，謀歸宋財。頻移反。

chén

曆　曆　日月合宿爲辰。從會、辰，辰亦聲。臣鍇曰：《春秋左傳》曰：“日月所會謂之曆。”今借辰字。會意。石倫反。

【校】日月所會謂之曆，《左傳》作“日月之會是謂辰”。

文三　重一

cāng

倉　倉　穀藏也。倉黃取而藏之，故謂之倉。從食省，口象倉形。凡倉之屬皆從倉。臣鍇曰：穀熟色蒼黃也。口音韋。切陽反。

【校】倉黃，按鍇說當作“蒼黃”。

　　　仺　仝　奇字倉。

qiāng

牄　牄　鳥獸來食聲也。從倉，爿聲。《虞書》曰：“鳥獸牄牄。”臣鍇曰：當言狀省。今《尚書》作蹌。清常反。

【校】狀省，當作“牀省”，見“牆、牂”等注。

文二　重一

rù

入　入　內也。象從上俱下也。凡入之屬皆從入。臣鍇曰：從上俱下入而散也。陰陽气入地則流散。而集反。

nèi

內　內　入也。從门，自外而入也。臣鍇曰：门音坰。會意。能未反。

cén

𡵆　𡵆　入山之深也。從山從入。闕。臣鍇曰：會意。助吟反。

dí

糴　糴　市穀也。從入、糴。臣鍇曰：《春秋左傳》：“請糴於宋、衞、陳、鄭。”田溺反。

【校】陳鄭，當作“齊鄭”，見《隱六》。

quán

全　全　完也。從入、工①。臣鍇曰：工所爲也。會意。族延反。

　　　全　全　篆文全從玉，純玉曰全。臣鍇按：《周禮》：玉人之事，圭，“天子用全”。注：“純用玉也。”會意。

———————————

① 從入，當從四部叢刊本、四庫本作“從入”。

【校】純用玉，"用"字衍。

舍 仝 古文全。

_{liǎng}
从 从 二入也。兩從此①。闕。里養反。

文六　重二

_{fǒu}
缶 缶 瓦器，所以盛酒漿。秦人鼓之以節謌。象形。凡缶之屬皆從缶。臣鍇曰：《史記》澠池之會，藺相如進盆缶曰：竊聞秦人善擊缶。付丑反。

【校】盆缶，今《史記》作"盆瓴"。

_{kòu}
㲃 㲃 未燒瓦器也。從缶，㱿聲。讀若莏莩②，同。苦遘反。

【校】莏莩，鉉作"箁莩"。

_{táo}
匋 匋 瓦器也。從缶，包省聲。臣鍇曰：古者昆吾作匋。昆吾，夏桀諸侯。《後漢書》：南山有光武舊陶燒瓦處也。陶、萄字從此。《史篇》讀與缶同。《史篇》，史籀所作《蒼頡篇》也。特豪反。

【校】"包省聲"下當依鉉補"古者昆吾初作匋。《史篇》讀與缶同"。○《後漢書》南山有光武舊陶，按：杜陵南山有孝武故陶，見《漢紀·獻帝紀》，不見范書。

_{yīng}
罌 罌 缶也。從缶，賏聲。恩行反。

_{zhuì}
罋 罋 小口罌也。從缶，巠聲。臣鍇按：《周禮注》"鑑如罋，大口"，是罋小口也。池瑞反。

_{bù}
瓿 瓿 小缶也。從缶，音聲。蒲仆反。

_{píng}
缾 缾 罋也。從缶，并聲。頻寧反。

瓶 瓶 缾或從瓦。

_{wèng}
罋(甕) 罋 汲缾也。從缶，雝聲。臣鍇曰：漢陰丈人抱甕出汲。彎洞反。

---

① 按，兩部"兩"從网，"网"從从。
② 莏莩，四部叢刊本、四庫本皆作"箁莩"，與大徐同。

^{tà}
鈶 鈶　下平缶也。從缶，乏聲。讀若簿引矞^①。徒盍反。

^{yīng}
罌 罌　備火長頸鉼也。從缶，熒省聲。臣鍇曰：貯水備火，長頸利執，持以趣火所也。恩行反。

^{gāng}
缸 缸　瓨也。從缶，工聲。臣鍇曰：今謂鎧爲缸，本作此字。候邦反（xiáng）^②。

^{yù}
鋡 鋡　瓦器也。從缶，或聲。于逼反。

^{jiàn}
罐 罐　瓦器也。從缶，薦聲。先見反。

^{yóu}
䍃（䍃）䍃　瓦器也。從缶，肉聲。臣鍇曰：䍃、搖從此。延秋反。

^{líng}
罏 罏　瓦器也。從缶，霝聲。連丁反。

^{diàn}
缾 缾　缺也。從缶，占聲。丁念反。

^{quē}
缺 缺　器破也。從缶，決省聲。傾穴反。

^{xià}
罅 罅　裂也。從缶，虖聲。缶燒善裂也。臣鍇曰：《爾雅》："翯醜，罅。"注："罅，剖背而生。"虖音呼。吼迓反。

【校】剖背，當作"剖母背"。

^{qìng}
罄 罄　器中空也。從缶，殸聲。《詩》云："鉼之罄矣。"苦定反。

^{qì}
罊 罊　器中盡也。從缶，毄聲。溪細反。

^{xiàng}
缿 缿　受錢器也。從缶，后聲。古以瓦，今以竹。臣鍇曰：《漢書·趙廣漢傳》曰"投缿"，謂入而不能出之器也。限蚌反。

文二十一　重一

^{shǐ}
矢 矢　弓弩矢也。從入，象鏑括羽之形。古者夷牟初作矢。凡矢之屬皆從矢。臣鍇按：《吕氏春秋》"夷羿作弓"，弓矢當同時。丿

---

^①　大徐本無"簿引"二字。
^②　注音依《字彙》居郎切。

象括羽。《周禮》矢人謂：枉矢、絜矢、利矢、鍭矢、矰矢、茀矢、恆矢、庳矢。失止反。

【校】括，當作“栝”，兩見。○夷牟，《山海經》郭注引《世本》作“牟夷”，《荀子》作“浮游”。○矢人謂枉矢絜矢利矢，“矢人謂”當作“司弓矢有”。絜，《周禮》作“挈”，利作“殺”。

躬躲〔shè〕弓弩發於身而中於遠。從矢、身。臣鍇曰：躬者，身平體正，然後能中也。神隻反。

　　射㪽篆文射從寸①。寸，法度也，亦手也。

矯橋〔jiǎo〕揉箭箝也。從矢，喬聲。臣鍇曰：矯以矢之曲也，故曰矯枉。梁庾肩吾詩曰：“騰猨疑矯箭。”己少反。

矰熷〔zēng〕隹射矢也。從矢，曾聲。臣鍇曰：矰矢亦曰田矢也。前增反。

矦（侯）㑗〔hóu〕春饗所射侯也。從人從厂，象張布，矢在其下。天子射熊、虎、豹，服猛也；諸侯射熊、豕、虎；大夫射麋，麋，惑也；士射鹿、豕，爲田除害也。其祝曰：“毋若不寧侯，不朝于王所，故抗而射汝也。”臣鍇曰：《周禮》：梓人爲侯，“張皮侯而棲鵠，則春以功；張五采之侯，則遠國屬。張獸侯，則王以息燕”。注：“天子以九爲節，侯九十弓，弓二寸，侯以布爲之，鵠以皮。”又曰：“王大射，則供虎侯、熊侯、豹侯；諸侯供熊侯、豹侯；卿大夫供麋侯。”麋，示討迷惑也。《儀禮》曰：“天子熊侯白質，諸侯麋侯赤質，大夫布畫虎豹，士布畫鹿豕。”“祭侯之禮，以酒脯醢，其辭曰：惟若寧侯，毋或若不寧侯，不屬於王所，故抗而射汝。強飲強食，詒爾曾孫，諸侯百福。”若，汝也；寧，安也；或，有也；屬，朝會也；抗，舉也。河溝反。

【校】熊豕虎，按《周禮》“豕”字衍。《司裘》“諸侯則共熊侯、豹侯”，注：故書豹爲虎。許蓋同故書也。○侯九十弓，“侯”下當有“道”字。

---

① 射，依例當作“躲”。

○“弓二寸”下當有“以爲侯中”四字。○“鵠以皮”上當有“崇廣丈八尺”五字。○“毋或若”下今《周禮》有“女”字，“貽爾”作“貽女”①。

医 医 古文侯。

shāng
愓 愓 傷也。從矢，易聲。式陽反。

duǎn
短 短 有所長短，以矢爲正。從矢，豆聲。臣鍇曰：若以弓爲度也。都款反。

shěn
矤 矤 況也，詞也。從矢，引省聲。從矢，取詞之所之如矢也。臣鍇按：《尚書》曰“矤惟外庶子、訓人”，諸侯族乃況，如矢之疾也。矢引反。

【校】諸侯族乃，當作“詞疾激爲”四字，《類聚篇》可證。

zhī
知 知 詞也。從口、矢。臣鍇曰：凡知理之速，如矢之疾也。會意。珍移反。

yǐ
矣 矣 語已詞也。從矢，㠯聲。臣鍇曰：矢气直疾，今試言矣，則口出气直而疾也。會意。延耳反。

文十　重二

gāo
高 高 崇也。象臺觀高之形。從冂、口。與倉、舍同意。凡高之屬皆從高。臣鍇按：《易》曰：“崇效天，卑法地。”崇，高。口音韋。“與倉、舍同意”，謂皆室屋垣牆周帀之意。家豪反。

qǐng
髚 髚 小堂也。從高省，冋聲。去挺反。

廎 廎 高或從广、頃。

tíng
亭 亭 民所安定也。亭有樓。從高省，丁聲。臣鍇按：《漢書·百官表》曰：“大率十里一亭，十亭一鄉”。天子“亭凡二萬九千六百三十五也”。田丁反。

———————

① 貽爾，上作“詒爾”。

【校】天子，當作“天下”。

bó

亳 京兆杜陵亭也。從高省，乇聲。**臣鍇曰**：按湯都亳，杜預《釋例》：“在梁國蒙澤縣北薄城中有湯冢，凡三亳也。”盆鄂反。

【校】蒙澤縣北，當作“蒙縣西北”。

文四　重一

jiōng

冂 邑外謂之郊，郊外謂之野，野外謂之林，林外謂之冂，象遠界也。凡冂之屬皆從冂。**臣鍇曰**：此皆《爾雅》之言也。注云：“假令百里之國，五十里之界，界各十里也。”《聘禮》注：王者“近郊五十里，遠郊百里”。又引《司馬法》：“王國百里爲郊，二百里州，三百里野，四百里縣，五百里都。”明《爾雅》所言諸侯之國也。又《周禮・載師職》：國地無征，則地諸侯之邑也；園廛二十而税一，則近郊也；近郊十一，則野也；遠郊二十而三，則林也；稍、甸、縣、都皆無過十二，則冂也。居屏反。

【校】此皆《爾雅》之言，按：今《爾雅》“郊外謂之牧，牧外謂之野”，較多五字。○“又引”以下見《載師》注。○國地,《周禮》作“國宅”。自此以下未詳，鍇説所據恐亦誤肊。

冋 古文冂象國邑。從囗也。**臣鍇曰**：從此。

【校】臣鍇曰從此,“從”上當有“今”字。按：此當在“坰”篆下。

坰 冋或從土。

shì

市 買賣所之也。市有垣。從冂、乛，象物相及也。之省聲。乛，古文及也。**臣鍇曰**：會意。辰止反。

yín

冘 淫淫行皃也。從人出冂。**臣鍇曰**：儿，奇字人也。會意也。沈、妉、芜、耽、枕從此。移今反。

yāng

央 中央也。從大在冂之内。大，人也。央旁同意。一曰久。**臣鍇曰**：凡大字皆象人之正立也，故央字從大，取其正中也。旁字象四出，故曰與旁同。會意。殷强反。

hú

隺 高至也。從隹上欲出冂。《易》曰：“夫乾隺然。”**臣鍇曰**：

隹，鳥也，出外也，寉然高簡故也。胡僕反。

【校】今《易》作“確”。○簡故，當作“騫兒”。

文五　重二

guō

㙪　㙪　度也。民所度居也。從回，象城㙪之重，兩亭相對也。或但從囗音韋。凡㙪之屬皆從㙪。臣鍇曰：重城也。㙪，城外亭也。昆霍反。

【校】重城也㙪城外亭，當作“回，重城也。㙪，城內外亭”。

quē

㙪　㙪　缺也。古者城闕其南方謂之㙪。從㙪，夬聲。讀若拔物爲夬引也。傾雪反。

文二

jīng

京　京　人所爲絶高丘也。從高省，丨象高形。凡京之屬皆從京。臣鍇按：《爾雅》：“絶高爲京丘。”《詩》曰：“如坻如京。”己英反。

【校】絶高爲京丘，按《爾雅》，當作“絶高爲之京，非人爲之邱”。

jiù

就　就　就高也。從尤、京。尤，異於凡也。臣鍇曰：尤，異也；尤高，人所就之處也。語曰“就之如日”，日高人就之。會意。絶僦反。

【校】就高，按鍇説當作“尤高”。○“尤異於凡也”五字，疑鉉用鍇説增，則此亦轉轉竄易之譌。

就　就　籀文就。

文二　重一

xiǎng

亯(享)　亯　獻也。從高省，曰象進孰物形。《孝經》曰：“祭則鬼亯之。”凡亯之屬皆從亯。臣鍇曰：《尚書》曰：“亯多儀，儀不及物，惟曰弗亯。”亯，獻也，獻於上也，故從高。軒庚反。

亯　亯　篆文亯。

chún

㝅　㝅　孰也。從亯、羊。讀若純。一曰鬻也。臣鍇曰：孰、諄、雜、惇、敦從此。會意。是倫反。

韑 韑 篆文韑。

管 管 厚也。從亯，竹聲。讀若篤。得酷反。

亯 亯 用也。從亯從自。自知臭香所食也。讀若庸同。臣鍇曰：以鼻嗅之，知臭香可用食否也。與封反。

文四　重二

富(畗) 畗 滿也。從高省，象高厚之形。凡畗之屬皆從畗。讀若伏。臣鍇曰：福、富從此。彼式反（bī）。

【校】鉉部次"㫗"在"畗"前。

良 㫗 善也。從畗省，亡聲。臣鍇曰：良，甚也，故從畗。呂張反。

目 目 古文良。

㠯 㠯 亦古文良。

㐴 㐴 亦古文良。

文二　重三

㫗 㫗 厚也。從反亯。凡㫗之屬皆從㫗。臣鍇曰：亯者，進上也。以進上之具反之於下則厚也。厚下。《易》："博厚配地。""君子以厚下安宅。"旱斗反。

【校】厚下易，當作"《禮記》曰"。○"君子"上當有"《易》曰"二字。

亶(覃) 覃 長味也。從㫗，鹹省聲。《詩》曰："實覃實吁。"田南反。

【校】吁，今《詩》作"訏"。

覃 覃 古文覃。

覃 覃 篆文覃省。

厚 厚 山陵之厚也。從厂從㫗。臣鍇曰：謂地蓋厚。旱斗反。

垕 垕 古文厚從后、土。

文三　重三

亩 亩 穀所振入。宗廟粢盛，倉黄亩而取之，故謂之亩。從入從回。象屋形，中有戶牖。凡亩之屬皆從亩。臣鍇曰：振，舉也。倉廩有戶牖，以防蒸熱也。力甚反。

【校】倉黄，當作"蒼黄"，已見倉部。

　　廩 廩 亩或從广、禾。

稟 稟 賜穀也。從亩從禾。臣鍇曰：公稟賜之也。冰飲反（bǐn）。

亶 亶 多穀也。從亩，旦聲。臣鍇曰：又厚也。多但反。

啚 啚 嗇也。從口、亩。亩，受也。臣鍇曰：口音韋。周韋，周币也。入皆受之，亩而復口之爲嗇，吝積而不散也。兵几反。

【校】"周韋"二字衍。

　　畐 畐 古文啚如此。

文四　重二

嗇（嗇）嗇 愛濇也。從來、亩。來者，亩而藏之，故田夫謂之嗇夫。一曰棘省聲。凡嗇之屬皆從嗇。臣鍇曰：濇音澀。《漢・百官表》鄉有秋嗇夫，職聽訟收賦税也。會意。疎憶反。

【校】愛濇，按鍇説"濇"當作"澀"，此或依鉉本改。○秋，當作"秩"。按：是引《漢書》誤衍字，當刪。

　　嗇 嗇 古文嗇從田。

牆 牆 垣蔽也。從嗇，爿聲。臣鍇曰：亦當言牀省，牆取愛嗇自護也。賤忘反。

　　牆 牆 籀文牆從二禾。

　　牆 牆 籀文亦從二來。

文二　重三

來 來 周所受瑞麥來麰。一來二縫，象其芒束之形。天所來也，故爲行來之來。《詩》曰："貽我來麰。"凡來之屬皆從來。臣鍇曰：

今小麥也。妻才反。

【校】一來二縫，當作"一來三縫"，見《韻會》及《御覽》所引。"三縫"者，"來"篆之形也。来篆下象根葉，上從三人，人在矢象鏑，在夂象芒穎，故云"三縫"。三縫較兩歧加盛，故稱"瑞麥"。《思文》疏"一麥二夆"，字之譌也。或改"一束二縫"，或改"二麥一夆"，均非確論。"貽我來麰"，今《詩》作"詒我來牟"。

榇 檤 《詩》曰："不榇不來。"從來，矣聲。**臣鍇曰：**此《爾雅》之言也，不可俟是不復來也。鉏耳反。

【校】《詩》曰不榇不來，疑當作"《詩》曰：伾伾榇榇。《爾雅》：不榇不來"。伾伾榇榇，即"吉日儦儦俟俟"也，《爾雅》"榇"亦作"俟"，本屬兩引，後人誤刪合之。鍇見本已譌，其誤難盡更正。

俟 𢓊 榇或從彳。

文二　重一

麥 麥 芒穀。秋穜厚薶，故謂之麥。麥，金也。金王而生，火王而死。從來，有穗者，從夂。凡麥之屬皆從麥。**臣鍇曰：**麥之言幕也，埋之意。夂若穗，自後躐之也。莫獲反[1]。

麰 麰 來麰，麥也。從麥，牟聲。**臣鍇曰：**今大麥也。莫浮反。

䅈 䅈 麰或從艸。

䴊 䴊 堅麥也。從麥，气聲。**臣鍇曰：**麥之磨不碎者，舂磨之久而堅老也。很没反。

䴏 䴏 小麥屑之覈。從麥，肖聲。**臣鍇曰：**覈亦屑中滓不細者，猶果核也。先火反。

䵃 䵃 礳麥也。從麥，差聲。一曰擣也。殘阤反。

麩 麩 小麥屑皮也。從麥，夫聲。甫及反。

麱 麱 麩或從甫。

---

① 今讀 mài。

miàn

麪 麪　麥末也。從麥，丏聲。彌釗反。

zhí

麵 麵　麥覈屑也。十斤爲三斗。從麥，啻聲。遟夕反。

fēng

麷 麷　煮麥也。從麥，豐聲。讀若馮。**臣鍇按**：《周禮》籩豆之實有麷蕡，注曰：“熬麥曰麷，麻曰蕡，稻曰白，黍曰黑。”臣鍇以爲，麷，糗類也。糗磨之麷不磨也。鄭玄云：“河閒以北煮麥賣之名曰麷。”孚空反。

【校】“麷蕡”下脱“白黑”二字。○煮麥，《周禮注》作“煮種麥”。○曰麷，今《周禮注》“麷”作“逢”。

qù

麮 麮　麥甘鬻也。從麥，去聲。**臣鍇按**：劉熙《釋名》曰：“煮麥曰麮，麮之言齲也。煮熟齲壞。”遣舉反。

kū

麮 麮　餅麯也。從麥，㱿聲。讀若庫。袴禄反。

huá

麧 麧　餅麯也。從麥，穴聲。呼八反。

【校】麯，當作“麯”，“麧”篆注同。

cái

麨 麨　餅麯也。從麥，才聲。錢來反。

文十三　重二

suī

夊 夊　行遟曳夊夊。象人兩脛有所躧也。凡夊之屬皆從夊。斯唯反。

qūn

夋 夋　行夋夋也。從夊，允聲。一曰倨也。**臣鍇曰**：夋夋，舒遟也，故從夊。俊、浚從此。七賓反。

fú

夏（復）夏　行故道也。從夊，畐省聲。**臣鍇曰**：《易》曰“七日來復”之義。復、複從此。伐六反。

líng

夌 夌　越也。從夊、夳。夳，高大也。一曰夌徲也。**臣鍇曰**：越，超越也。夳音陸，徲音遲。夌徲，漸卑迤也。《史記》曰：泰山之高，跛牂牧其上，夌徲故也。今作陵遲。力膺反。

【校】夌徲故也，《李斯傳》無此語，未詳。

致 ^{zhì} 𦤶 送詣也。從夂從至。臣鍇曰:《春秋左傳》叔孫"如宋致女",又齊使來"致郎",皆送致之也。會意。陟利反。

憂 ^{yōu} 𢝊 和之行也^①。從夂,𦣻聲。《詩》曰:"布政憂憂。"臣鍇曰:夂,行也,和布也。古憂心字作惡,故以憂爲和。惡,憂心也。於尤反。

【校】惡憂心也,當作"憂憂"。今作"優優"。

愛(愛) ^{ài} 𢝊 行皃也。從夂,㤅聲。臣鍇曰:古以㤅爲慈愛,故以此爲行皃。晏再反。

夏·夏 ^{pú} 行夏夏也。從夂,闕。讀若僕。臣鍇曰:不知尸之義也。父卜反。

【校】段云,小徐注作"妟",今此及汪本皆作"夏",疑唯《廣韻》作"妟"耳。

竷 ^{kǎn} 𪍑 䋣也;舞也。樂有章。從夅從章從夂。《詩》曰:"竷竷舞我。"臣鍇曰:夅猶降也。今作坎坎,假借。此會意。口慘反。

【校】《詩》曰竷竷舞我,疑當作"一曰《詩》曰:竷竷鼓我"。按土部"墫"引"墫墫舞我",則此不當重言"舞"也。今《詩》"坎坎"爲鼓聲,古爲"竷",義亦同,故許加"一曰"別之,爲異於"䋣也舞也"之義。後人不辨,刪"一曰"而改"鼓"爲"舞"耳。

夂 ^{wàn} 夂 𡕥蓋也。象皮包覆𡕥,下有兩臂,而夂在下。讀若范。臣鍇曰:漢制:乘輿馬金夂,夂在馬頭上如金華。義出此。此亦象形。明范反。

【校】金夂,《漢志》作"金鍐",今《書》或譌爲"爂鑁"。

夓(夏) ^{xià} 𠮞 中國之人也。從夂、頁,從臼。臼,兩手;夂,兩足也。臣鍇曰:象有威儀,文飾備具,行紆遲也。會意。忙且反^②。

　　𡕭 𠆞 古文夓。

─────────

① 張舜徽《説文解字約注》認爲當作"行之和也"。

② 忙,四庫本、四部叢刊本作"恨",是。大徐、《廣韻》胡雅切。

畟 畟 治稼畟畟進也。從田、人，從夂。《詩》曰："畟畟良耜。"臣鍇按:《爾雅》:"畟畟，耜也。"稷從此。察色反。

夋 夋 斂足也。鵲鵙醜，其飛也夋。從夂，允聲。臣鍇曰：夂其手足，《爾雅》之言也。稷、踆從此。子紅反。

【校】"夂其手足"四字涉下而衍。

夒 夒 貪獸也；一曰母猴，似人。從頁，巳、止、夂，其手足。臣鍇曰：止，手也；夂，足也。今作猱，同。擾從此。會意。能曹反。

【校】"止手"上當有"巳"字。

夔 夔 即魖也，如龍，一足。從夂；象有角、手、人面之形。臣鍇按:《國語》:"木石之怪：夔、罔兩。"張衡《西京賦》:"捎夔魖而抶獝狂。"權雖反。

【校】即魖，鉉作"神魖"；張衡《西京》，當作"揚雄《甘泉》"。

文十五　重一

舛 舛 對臥也。從夂牛相背。凡舛之屬皆從舛。昌輭反。

蹉 蹉 揚雄作舛從足、春。臣鍇按:《莊子》曰：惠施書，其理蹗駮，與理背也。駮，雜不淳也。

舞 舞 樂也。用足相背。從舛，無聲。臣鍇曰:《通論》備矣。勿撫反。

翌 翌 古文舞從羽，亡聲。

舝 舝 車軸耑鍵也。兩穿相背。從舛，萬省聲。臣鍇按:《詩》:"閒關車之舝兮。"所以礙車轂之出也。閑刮反。

文三　重二

舜（舜）舜 艸也。楚謂之葍，秦謂之藑。蔓地連華。象形。從舛亦聲。凡舜之屬皆從舜。臣鍇曰：葍茅也。《詩》曰："顏如蕣華。"在艸部。失閏反。

【校】䑞，今作"舜"。

𡴆 𡴆 古文舜。

^{huáng}
虈（𦱤） 虈 華榮也。從舜，坓聲。讀若皇。《爾雅》曰："虈，華
也。"戶荒反。

【校】今《爾雅·釋言》作"皇，華也"。

蘳 蘳 虈或從艸、皇。

文二　重二

^{wéi}
韋 韋 相背也。從舛，口聲。獸皮之韋，可以束枉戾相韋背，故
借以爲皮韋。凡韋之屬皆從韋。臣鍇曰：皮柔孰爲韋。口音韋。
宇歸反。

𡘇 𡘇 古文韋。

【校】鉉作 𡘇。

^{bì}
韠 韠 韍也。所以蔽前。以韋，下廣二尺，上廣一尺，其頸五
寸。一命緼韠，再命赤韠。從韋，畢聲。卑聿反。

^{mèi}
韎 韎 茅蒐染韋也。一入曰韎。從韋，末聲。臣鍇曰：《春秋左
傳》曰："有韎韋之跗注。""屬也，至於足也。"^① 莫隊反。

【校】"屬也"上當有"注"字。

^{huì}
韢 韢 橐紐也。從韋，惠聲。一曰盛虜頭橐也。臣鍇曰：紐所以
關橐。"盛虜頭"謂戰伐以盛首級。迴桂反。

^{tāo}
韜 韜 劒衣也。從韋，舀聲。偷勞反。

^{gōu}
韝 韝 射臂決也。從韋，冓聲。臣鍇曰：蔡邕《獨斷》曰：董偃
"青韝綠幘"。崔豹《古今注》曰："韜，攘衣，廝徒之服，取其便
於用，乘輿進食者服之。"臣以爲攘揎衣袖，蓋以韋韜其袖，恐污
食飲。梗尤反。

---

① 《左傳·成公十六年》"有韎韋之跗注"，此句又見《國語·晉語六》，賈逵、服虔并
云："注，屬也，跨而屬于跗。"

【校】臂决，當作"臂衣"。"决"以拒弦，"韝"以韜臂，非一物也。
〇韜攘衣廝徒之服，"韜"字衍。攘，今本作"襏"。徒，今本作"役"。

韘 韘 射决也。所以拘弦。以象骨。韋系，著右巨指。從韋，枼
聲。《詩》曰："童子佩韘。"**臣鍇曰**：所以助鉤弦，若今皮韘。决
猶引開也。相聶反（xiè）①。

弽 弽 韘或從弓。

韣 韣 弓衣也。從韋，蜀聲。**臣鍇按**：《禮·月令》曰："帶以弓
韣。"專玉反。

韔 韔 弓衣也。從韋，長聲。《詩》曰："交韔二弓。"丑向反。

韚 韚 履也。從韋，叚聲。**臣鍇曰**：帖後跟也。痕加反。

【校】此篆疑非鍇本所有，乃後人依鉉誤本增入者。"臣鍇"以下七字
當移置"韗"篆"段聲"下。

韗 韗 履後帖也。從韋，段聲。都伴反。

緞 緞 韗或從糸。

韤 韤 足衣也。從韋，蔑聲。**臣鉉等曰**：今俗作襪，非是。亡
發反。

【校】"臣鉉"以下十字次立所增，汪改"鉉"爲"鍇"，繆甚。

韝 韝 輇裏也。從韋，專聲。普惡反。

韏 韏 革中辨謂之韏。從韋，龹聲。**臣鍇曰**：《爾雅》之言也，革
中絕謂之辨，中斷皮也。韏者，復半分也。龹音眷。區怨反。

【校】革中辨，段云當作"辨中絕"。

韄 韄 收束也。從韋，糙聲。讀若酋。**臣鍇按**：《漢書·律厤志》：
"秋，韄也。"即由反。

韄 韄 韄或從要。

---

① 注音依《廣韻》書涉切。

　　擎 彎 鞻或從秋、手。

^{hán}
韓（韓）鞹 井垣也。從韋，取其帀也。倝聲。痕安反。

文十六　重五

^{dì}
弟 夷 韋束之次弟也。從古字之象。凡弟之屬皆從弟。臣鍇曰：
積之而順，不相戾者莫近於韋，故取名於韋束之次弟。笛計反。

　　丯 虎 古文弟從古文韋省，丿聲^①。臣鍇曰：丿音曳。

^{kūn}
罤 羮 周人謂兄曰罤。從弟、眔。臣鍇曰：眔音沓。眔弟爲罤，
會意。古論反（gūn）。

文二　重一

^{zhǐ}
夊 ㄗ 從後至也。象人兩脛後有致之者。凡夊之屬皆從夊。讀若
黹。胝雉反。

^{hài}
夆 羿 相遮要害也。從夊，丰聲。南陽新野有夆亭。臣鍇曰：丰
音械。乎蓋反。

^{fēng}
夆 羿 悟也。從夊，丰聲。讀若縫。臣鍇曰：悟，相逆悟也。
逢、峯從此^②。甫蛮反。

^{xiáng}
夅 羿 服也。從夊、屵，相承不敢并也。臣鍇曰：夅，服伏也。
會意。侯邦反。

【校】夅服伏也，汪作“屵服夊也”。

^{gū}
夃 羿 秦以市買多得爲夃。從乃從夊。益至也。《詩》曰：“我夃
酤彼金罍。”臣鍇曰：今《詩》作姑。盈字從此。古乎反。

^{kuǎ}
夸 夂 跨步也。從反夊。齨從此。臣鍇曰：步，闊步也。反夊是
不致閡，故反夊爲跨。口瓦反。

文六

――――――――――――

① 丿聲，當作“厂聲”。下文“丿”當作“厂”。

② 按，辵部“逢”從夆省聲。

久^{jiǔ} 久 從後灸之。象人兩脛後有距也。《周禮》曰："久諸牆，以觀其橈。"凡久之屬皆從久。**臣鍇曰**：今言灸以艾注之也。《周禮·廬人》：試廬，"灸諸牆，以視其橈之均"。廬，矛戟柄也，謂柱於兩牆，輓而內之，本末勝負可知。言初本貫末勁也。灸、炎、疚從此。幾柳反。

【校】初本貫末勁也，當作"視本末均勁也"。

文一

桀^{jié} 桀 磔也。從舛在木上也。凡桀之屬皆從桀。**臣鍇曰**：《周禮》謂磔爲罷辜。古人言桀黠者，謂其凶暴若磔也。其熱反。

【校】"《周禮》謂磔爲罷辜"七字當在"磔"篆下，蓋釋"磔"之爲"辜"也。

磔^{zhé} 磔 辜也。從桀，石聲。**臣鍇曰**：《爾雅》："祭風曰磔。"注："今俗當大道中磔狗，云以止風。"《禮·月令》曰："四門磔攘。"張格反。

【校】"臣鍇曰"下當補"《周禮》謂磔爲罷辜"七字。○四門，《月令》作"九門"。

乘^{chéng}（乘） 乘 覆也。從入、桀。桀，黠也。軍法曰乘。**臣鍇曰**：乘者，從上覆之也。《易》曰"負且乘"。會意。時興反。

【校】軍法曰乘，《韻會》引作"軍法入桀曰乘"。

乗 古文乘從几。

文三　重一

說文解字通釋卷第十一

繫傳十一

文林郎守祕書省校書郎臣徐鍇傳釋
朝散大夫行祕書省校書郎臣朱翱反切

二十五部　文七百五十三　重五十九

木 木　冒也。冒地而生。東方之行。從中，下象其根。凡木之屬皆從木。**臣鍇曰**：木之於中彌高大，故從中，下有根。中者，木始甲坼也。萬物皆始於微，合抱之木生於毫末，故木從中。木之性，上枝旁引一尺，下根亦引一尺，故於文，木上下均也。東方，陽气所起，主生；木亦漸生東方，主仁。仁者柔，木亦柔，故《詩》曰："荏苒柔木。"① 木盛於東，成於西，故藥用木多取東引枝根也。門逐反。

橘 橘　果，出江南。從木，矞聲。居律反。

橙 橙　橘屬。從木，登聲。澄庚反。

柚 柚　條也。似橙而酢。從木，由聲。《夏書》曰："厥包橘柚。"**臣鍇按**：《爾雅》柚，一名條。又《詩》云"杼柚其空"，此亦用爲杼柚字。羊狩反。

樝 樝　果似梨而酢。從木，虘聲。側巴反。

梨（梨）梨　果名。從木，利聲。連脂反。

―――――――――

① 苒，今《詩經·小雅·巧言》作"染"。

樗 樗 棗也。似柿。從木，畢聲。臣鍇曰：此亦出《上林賦》，即今之頓棗也。以屏反。

【校】頓，當作"椵"，見《司馬相如傳》顔注。

柿(柿) 柿 赤實果。從木，宋聲。鉏里反。

枏 枏 梅也。從木，冉聲。臣鍇按：《爾雅》梅，一名枏。又《上林賦》："梗枏豫章。"此又音南。而淹反。

【校】《上林》，當作"《子虚》"。

梅 梅 枏也，可食。從木，每聲。莫堆反。

　　楳 楳 或從某。

杏 杏 果也。從木，可省聲。臣鍇按：今旁紐，可、畢爲紐；畢，苦礦反，近杏。古之聲韻爲疎，多此類。根猛反[①]。

【校】畢，當作"畢"，兩見。按："畢"從眦聲，不得作苦礦反。《廣韻》梗韻"畢"亦"畢"之譌也。

柰 柰 果也。從木，示聲。臣鍇曰：亦假借爲柰何也。能大反。

李 李 果也。從木，子聲。臣鍇按：顓頊之後有逃難於伊侯之虚，得李實而食，遂以爲姓。又，皋陶爲堯大理，後以爲姓。今按：《管子》大理皆作李字。皋陶，複姓也。六矣反。

　　杍 杍 古文。

桃 桃 果也。從木，兆聲。特豪反。

楸 楸 冬桃。從木，敄聲。莫侯反。

榛 榛 實如小栗。從木，辛聲。《春秋傳》曰："女贄不過榛栗。"臣鍇按：今五經皆作榛也。側詵反。

楷 楷 木也。孔子冢蓋樹之者。從木，皆聲。臣鍇按：《史記》注：孔子卒，弟子各持其鄉土之樹來種，魯人世世無能名其樹者。

---

① 根，疑當作"恨"。大徐、《廣韻》均作"何"，匣母。

又曰：孔子冢上特多楷樹，其域中不生荊棘、刺人艸。冝解反
(kǎi)[1]。

棽 **槮** 桂也。從木，侵省聲。**臣鍇曰**：書記多言棽桂。《爾雅》
云："棽，木桂。"注曰："南方呼桂厚皮者爲木桂。"[2] 七朕反。

桂 **桂** 江南木。百藥之長。從木，圭聲。**臣鍇按**：桂林郡以此爲
名。又按《本艸》："桂心主通血脈，利肺肝气，能宣導百藥，無
畏，菌桂爲諸藥先聘通使，是爲江南百藥之長也。"郭璞作《桂
讚》曰："桂生南裔，拔萃峯嶺[3]，廣莫熙葩，凌霜津穎，气王百藥，
森然雲挺也。"古惠反。

【校】菌桂，當作"箘桂"。《蜀都賦》注："箘桂，其圓如竹。"

棠 **棠** 牡曰棠，牝曰杜。從木，尚聲。**臣鍇按**：《爾雅》："杜，
甘棠。"木之性有牝牡，牡者華而不實，林中伐去其牡，則牝者
亦不實，今楊梅爲然。棠即召伯所聽男女之訟處，必于野樹之下
者，其言隱不可宣，慮有耳屬于垣者也。特郎反。

杜 **杜** 甘棠也。從木，土聲。徒土反。

榙 **榙** 木也。從木，習聲。**臣鍇按**：《字書》：榙，堅木也。似
集反。

橏 **橏** 木也。可以爲櫛。從木，單聲。**臣鍇按**：橏木似檀，亦見
於《禮》也。旨闡反。

橀 **橀** 木也。可屈爲杆者。從木，韋聲。**臣鍇按**：橀，柔木也。
杆即孟子所謂杯棬也，若今屈柳器然。于毀反。

楢 **楢** 柔木也。工官以爲柔輪。從木，酋聲。讀若糗。**臣鍇曰**：
工官即今《周禮・考工記》所載是也，柔輪謂車輪外固抱之牙也。

---

① 朱翱反切蟹駭同韻。《廣韻》又古諧切。
② 南方，今《爾雅注》作"江東"。
③ 峯，《郭弘農集》作"岑"。

《傳》曰"冬取柞楢之火"，據此則木色黑也。廷秋反^①。

【校】冬取柞楢之火，冬，《論語》馬注、《司爟》大鄭注引《鄹子》俱作"秋"，此疑誤。

枸 楸 qióng　櫻椐木也。從木，邛聲。臣鍇按：《爾雅》"櫋，柜椐"，注曰："未詳，或曰似柳，皮可煮飲。"具從反。

【校】"或曰"下當依《爾雅注》補"枸當爲柳，柜柳"六字。

棆 棆 lún　母杶也。從木，侖聲。讀若《易》卦屯是也。臣鍇按：《爾雅》："棆，無疵。""梗屬，似豫章。"^②又《周禮》曰：民入山林棆材。則又音倫。陟倫反（zhūn）^③。

【校】母杶，當作"毋柀"，見揚雄《蜀都賦》。〇棆材，《周禮》作"掄擇也"，鍇說未詳所據。

楈 楈 xū　木也。從木，胥聲。讀若芟刈之芟。臣鍇按：左思《吳都賦》曰"楈枒栟櫚"，疑枒木亦名楈枒。又按《字書》：楈亦犁柄也。仙呂反。

【校】左思《吳都》，當作"張衡《南都》"。〇楈枒栟櫚，《文選》作"楈枒栟櫚"。

柍 柍 yīng　梅也。從木，央聲。一曰江南橦材，其實謂之柍。臣鍇按：《爾雅》："時，英梅。"注曰：今之"雀梅"。又按：古謂木材之實者爲章，故曰"豫章之材"。《史記·貨殖傳》曰"木千章"。《漢書·百官表》有章曹掾，近代變章言橦，義亦同。橦音鐘，故舊長安有司農木橦渠，即引木渠也。今亦謂船柁幹爲柂橦，自古棟梁之木多出江南。乙平反。

【校】實者，當作"大者"。《匡俗正謬》云^④："古謂大木爲章。"〇變章言橦，按《漢書》顏注作"木鐘"。

---

① 廷，四部叢刊本作"延"，是。
② "梗屬，似豫章"乃郭注。
③ 注音依《廣韻》力迍切。
④ 匡俗正謬，當作"匡謬正俗"。

揆 ^{guì} 木也。從木，癸聲。又度也。**臣鍇按**：《字書》：揆，木名也。《尚書》曰："納于百揆。"揆，度也。尺度用木。虬癸反。

楛 ^{gǎo} 木也。從木，咎聲。讀若皓。**臣鍇按**：《字書》音與杲同。姦皓反。

【校】音與杲同，杲，當作"皋"。書傳："挈皋，或作桔槔。"

楢 ^{chóu} 木也。從木，周聲。讀若丩。隻留反（zhōu）①。

楸 ^{sù} 樸楸木。從木，欶聲。**臣鍇按**：《爾雅》："楸樸，心。"注曰："楸，別名槭。"**臣鍇按**：即今小槭樹，栗之類也。孫卜反。

【校】楸別名槭，今本《爾雅注》作"槭，楸別名"，非是。

檹 ^{yí} 木也。從木，彝聲。羊支切。

梣 ^{cén} 青皮木。從木，岑聲。**臣鍇按**：《淮南子》曰：梣木色青，治翳目之藥也。高誘注曰："梣木，苦歷木也。生於山，剝取其皮，以水浸之，正青。用洗眼，愈人目中膚翳也。"《本艸》所謂秦皮也。子林反（jīn）②。

檮 木或從寁省，籀文。

棳 ^{zhuō} 木也。從木，叕聲。益州有棳縣。**臣鍇按**：《字書》音與拙同，木名也。燭說反。

【校】棳縣，前後《漢志》皆作"毋棳縣"。○音與拙同，當作"義與稅同"，見《唐韻》。○木名也，當作"梁上楶也"。

號 ^{háo} 木也。從木，號省聲。行高反。

棪 ^{yǎn} 遬其也。從木，炎聲。讀若三年導服之導。**臣鍇按**：《爾雅注》："棪，實似柰，可食。"有斂反。

椯 ^{chuán} 木也。從木，耑聲。市緣切。

---

① 注音依《廣韻》直由切。
② 注音依《廣韻》鋤針切。

椋 _{liáng} 椋　即來也。從木，京聲。呂張切。

楀 _{yǔ} 楀　木也。從木，禹聲。臣鍇按:《詩》:"楀惟師氏。"箋云:楀氏，襃姒之族黨也。于甫反。

藟 _{lěi} 藟　木也。從木，畾聲。臣鍇按:《爾雅》有山藟、有虎藟，注云:"江東呼藟爲藤，似葛而大。"《本艸》謂嬰奧爲千歲藟，即今人言萬歲藤。大者如盎，及冬不彫，故從木；其形蔓似艸，故從艸。在艸木之閒也。柳水反。

　　櫑 櫑　籀文。臣鍇曰:從木，回象其屈盤；畾聲。

桋 _{yí} 桋　赤棟也。從木，夷聲。《詩》曰:"隰有杞桋。"臣鍇按:《爾雅》:"桋，赤棟，白者棟。"注云:"赤棟，樹葉細而歧銳，皮理錯戾，好叢生山中，中爲車輞。白棟，葉員而歧，爲大木也。"輞即車輪外圍也。寅之反。

栟 _{bīng} 栟　栟櫚也。從木，并聲。臣鍇曰:栟櫚，椶櫚也。比令反。

椶 _{zōng} 椶　栟櫚也，可作革也。從木，㚇聲。臣鍇曰:革音闒。子紅反。

檟 _{jiǎ} 檟　楸也。從木，賈聲。《春秋傳》曰:"樹六檟於蒲圃。"臣鍇按:《爾雅》:"楸小而皵曰檟。"伍員曰:"樹吾墓檟，檟可材也。"格雅反。

【校】"《爾雅》"下脱"大而皵曰"四字。

梓 _{zǐ} 梓　楸也。從木，宰省聲。臣鍇按:《爾雅》:"椅，梓。"注云:"即楸。"《詩》曰:"其桐其椅，其實離離。"臣鍇按:今人名膩理曰梓，質白曰楸。津矢反。

　　梓 梓　或不省。

楸 _{qiū} 楸　梓也。從木，秋聲。臣鍇按:《春秋左傳》曰:"斬雍門之楸。"作萩同。七牛反。

【校】斬，《左傳》作"伐"。

檍〔yì〕 檍 梓屬，大者可爲棺槨，小者可爲弓材。從木，意聲。臣鍇按：《爾雅》“杻，檍”，注：“似棣，細葉，葉新生可飼牛。材中車輞，關西呼杻子，一名土橿音姜。”今陸璣作《毛詩艸木疏》云：“此木枝葉可愛，二月華，華正白，子似杏。今宮園種之，取億萬之義，改名萬歲。”故何晏《景福殿賦》曰：“或以嘉名取寵，或以美材見珍；結實商秋，敷華素春；藹藹萋萋，馥馥芬芬。”齊謝脁《直中書省》詩云“風動萬年枝”是也。《周禮·弓人職》：“取幹之道，柘爲上，檍次之。”依色反。

【校】子似杏，子，今本作“葉”，“宮園”作“官園”。

柀〔bǐ〕 柀 櫴也。從木，皮聲。臣鍇按：《爾雅》“柀，櫴”，注曰：“生江南，可作船，又耐埤。”① 邠是反。

【校】櫴，《爾雅》作“煔”。○又耐埤，今《爾雅注》脱此三字。埤，下濕也；耐埤，故埋之不腐。

櫴〔shān〕 櫴 木也。從木，煔聲。臣鍇曰：即今書杉字。所銜切。

【校】鉉補字，非鍇本所有，鍇説蓋次立改鉉説爲之。

榛〔zhēn〕 榛 木也。從木，秦聲。一曰菆也②。側詵切。

栲〔kǎo〕 栲 山樗也。從木，尻聲。臣鍇按：《爾雅》“栲，山樗”，注：“栲似樗，色小白，生山中，因名云。”栲即栲也。苦浩切。

杶〔chūn〕 杶 木也。從木，屯聲。《夏書》曰：“杶幹栝柏也。”臣鍇按：《字書》：杶木似樗，中車轅，實不堪食。丑巡反。

　　櫄櫄 或從熏。臣鍇曰：熏聲。

　　杻杻 古文。臣鍇曰：杶、丑旁紐也③。

────────────

① 今《爾雅注》：“煔似松，生江南。可以爲船及棺材，作柱埋之不腐。”
② 《玄應》卷十《十住毗婆沙論》“深榛”注：《説文》：叢木也。卷十五《僧祇律》“深榛”注：“《説文》：藂木曰榛。”二引當爲《榛》《説文》“一曰”之辭，許書古本當作“一曰叢木也”。“叢、藂”字同，“菆”乃“藂”之半體字。
③ “杶”字疑誤。

楯 杶也。從木，筍聲。臣鍇按：《春秋左傳》：孟獻子斬雍門之楯以爲公琴。今字書或云：即桐也。息寅反。

【校】孟獻，當作“孟莊”。

桵 白桵，棫。從木，妥聲。臣鍇按：《爾雅》“棫，白桵”，注云：“山中木也，藂生有刺，實如耳璫，紫赤，可啖。”儒佳反。

【校】山中木，《爾雅》作“小木”。

棫 白桵也。從木，或聲。于憶反。

楒 木也。從木，息聲。臣鍇按：《字書》：楒，木名也。消式反。

椐 樻也。從木，居聲。臣鍇按：《爾雅》“椐，樻”，注曰：“木腫節，可爲杖。”遣如反（qū）①。

樻 椐也。從木，貴聲。求位反。

栩 柔也。從木，羽聲。其實阜，一曰樣。臣鍇按：《爾雅》“栩，杼”，注曰：“柞樹也。”阜亦曰阜斗，俗謂之橡，可染阜，故曰阜。杼，亦栗之屬②。《莊子》曰“狙公賦杼”是也。訓柱反。

【校】賦杼，今本“杼”作“芧”。

柔 栩也。從木，予聲。讀若杼。直序反（zhù）③。

樣 栩實。從木，羕聲。臣鍇曰：今俗書作橡。《莊子·徐無鬼》：“居于深山，拾橡栗而食。”似獎反。

【校】居于深山拾橡栗，《莊子》作“先生居山林，食芧栗”。

杙 劉，劉杙。從木，弋聲。臣鍇按：《爾雅》“劉，劉杙”，注曰：“劉子生山中，實如梨，酢甜，核堅，出交趾。”以即反。

枇 枇杷。從木，比聲。鼻宜反。

---

① 《廣韻》又九魚切。
② 亦，四部叢刊本、四庫本作“赤”。
③ 《廣韻》又神與切。

桔 ^{jié}桔 桔梗，藥名。從木，吉聲。**臣鍇按:**《本艸》:"桔梗主胸脅痛，補血氣，除寒熱。一莖直上，三四葉相對，似人參，故曰直木。"經節反。

【校】按鍇説，"吉聲"下當依鉉補"一曰直木"。

柞 ^{zuò}柞 木也。從木，乍聲。增絡反（zuó）。

枰 ^{lú}枰 木。出橐山。從木，乎聲。**臣鍇按:**《山海經》云"橐山多構木"，不言枰。吐都反（tū）①。

【校】橐山多構木，不言枰，按:《中山經》:"橐山多樗木、楢木。""樗"即"枰"也，"楢"當作"構"，此謂"構"，蓋是傳寫之譌。

榗 ^{jiàn}榗 木也。從木，晉聲。《詩》曰:"榛榗濟濟。"**臣鍇按:**《説文》無榛字，此即榛字也。子賤反。

【校】"《詩》曰'榛榗濟濟'"六字當在"榛字也"下。鉉作"《書》曰'竹箭如榗'"，段氏已詳辨之。按此鍇説及引《詩》，則鍇本當無"榛"字;今有"榛"，次立依鉉補也。"榗"字蓋鉉、鍇異説，《詩》當是鍇所引，誤屬入許書耳。

橪 ^{rǎn}橪 酸小棗。從木，然聲。一曰柔也。**臣鍇按:**《上林賦》:"枇杷橪柿。"橪之言柔也。人善反。

椽 ^{suì}椽 羅也。從木，㒸聲。《詩》曰:"隰有樹椽。"**臣鍇按:**《爾雅》"椽，赤羅"，注曰:"今楊椽，實似梨而小，酢，可食。"夕醉反。

【校】今《詩》作"檖"。○赤羅，與《秦風》毛傳合，《爾雅》作"檖，羅"，當有脱文。

椵 ^{jiǎ}椵 木，可作伏几。從木，叚聲。讀若賈。**臣鍇按:**椵亦楸梓之屬，古謂坐榻亦爲几，故言伏几。伏几即人手所凭者也，伏膺之几也。格雅反。

---

① 注音依《廣韻》落胡切。

【校】伏几，鉉作"牀几"，非是。○膚，疑當作"隱"去聲。

檅 檅 huì 木也。從木，惠聲。迥桂反。

楛 楛 hù 木也。從木，苦聲。《詩》曰："榛楛濟濟。"**臣鍇按**：《周禮》：楛可爲矢。周武王克商，肅慎氏來獻楛矢、石弩。垣土反①。

【校】《周禮》，當作"《尚書》"。

枬 枬 réng 木也。從木，乃聲。讀若仍。而冰反。

櫇 櫇 pín 木也。從木，頻聲。婢民反。

樲 樲 èr 酸棗也。從木，貳聲。**臣鍇按**：《爾雅》"樲，酸棗"，注："實小味酢。"仁至反。

【校】實小味酢，今《爾雅》作"樹小實酢"。

梢 梢 shāo 木也。從木，肖聲。**臣鍇按**：梢，樹枝末也。《爾雅》"梢，梢櫂"，注曰："謂木無枝柯，櫂長而殺。"《楚辭》："削構槮槮之可傷。"甄巢反。

【校】削構槮槮之可傷，按《九辨》作"蕭櫹槮之可哀兮"，"構"當誤衍。

槸 槸 lì 木也。從木，隸聲。婁惠反。

枂 枂 liè 木也。從木，孚聲。録設反。

梭 梭 xùn 木也。從木，夋聲。蘇徇反。

樿 樿 bì 木也。從木，畢聲。卑聿反。

榓 榓 là 木也。從木，剌聲。勒遏反。

枸 枸 jǔ 木也，可爲醬，出蜀。從木，句聲。**臣鍇按**：《史記》注説枸木義多，唯顏師古曰：子形如桑葚，緣木而生，味尤辛，宕渠有之。俱取反。

---

① 垣，四庫本、四部叢刊本作"桓"，是。大徐、《廣韻》侯古切，匣母。

櫅（zhè）橃　木，出發鳩山。從木，庶聲。**臣鍇按**：《山海經》注：發鳩山"在上黨郡長子縣西"。今潞州。《山海經》云山"多柘木"，作柘字，音同。*之射反*。

枋（fāng）枋　木，可作車。從木，方聲。**臣鍇按**：《字書》：枋，檀木也。又，蜀人以木偃爲枋，晉有地名枋頭。《周禮》以爲柄字。*府昌反*。

【校】偃，或作"堰"，見《方言》。

橿（jiāng）橿　枋也。從木，畺聲。一曰鉏柄名。**臣鍇按**：檍一名土橿，此名橿，則類堅緻之木也。今俗人尚謂鉏柄爲鉏橿。*九商反*。

樗（huà）樗　木也。以其皮裹松脂。從木，雩聲。讀若華。**臣鍇按**：此即今人書樺字，今人以其皮卷之，然以爲燭，裹松脂亦所以爲燭也。*戶化反*①。

　　樗　樗　或從蔓。**臣鍇曰**：樗，蔓聲。

檗（bò）檗　黃木也。從木，辟聲。**臣鍇曰**：即今藥家用黃檗也，出金州。*八麥反*。

【校】金州，《本艸》作"邵陵"。

棻（fēn）棻　木也。從木，岁聲。**臣鍇按**：《字書》云：香木也。文皇時有中書舍人令狐德棻。*弗群反*。

樧（shā）樧　似茱萸，出淮南。從木，殺聲。**臣鍇按**：《爾雅注》："樧，似茱萸而小，赤色。"*疏快反*。

樕（zú）樕　木，可作大車輮。從木，戚聲。**臣鍇按**：《字書》：又木殞落兒。臣按：潘岳《秋興賦》曰"庭樹槭以灑落"是也。*即肉反*。

楊（yáng）楊　木也。從木，昜聲。*猶良反*。

檉（chēng）檉　河柳也。從木，聖聲。*敕貞反*。

柳（liǔ）柳　小楊也。從木，丣聲。丣，古文西。*力九反*。

---

① 《集韻》又抽居切（chū）。

xún

楯 楯 大木，可爲鉏柄。從木，旬聲。詳遵反。

luán

欒 欒 木，似欄。從木，䜌聲。《禮》：“天子樹松，諸侯柏，大夫欒，士楊。”臣鍇曰：欄，木蘭也。樹皆謂冢樹也。廉剜反。

【校】大夫欒，《周禮·冢人》疏云大夫“樹以藥艸”，段云“藥艸”蓋“欒”之誤。按：《山海經·大荒南》“雲雨之山有木名欒……黃木①，赤枝，青葉，群帝焉取藥”，郭璞注云欒“樹花葉皆爲神藥”，則“藥艸”即“欒”也。○欄，木蘭，按《考工記》注，“欄”即“棟”，鍇説未詳所據。

yí

栘 栘 棠棣木。從木，多聲。臣鍇按：《爾雅》“棠棣，栘”，注曰：栘“似白楊，江東呼夫栘”。以支反。

dì

棣 棣 白棣也。從木，隶聲。臣鍇按：《爾雅》“常棣，棣”，注曰：“山中棣樹，子似櫻桃，可食。”笛帝反。

【校】山中，《爾雅》作“今關西有”四字。

zhǐ

枳 枳 木，似橘。從木，只聲。臣鍇按：即藥家枳殼也。古云：枳棘非鸞鳳所棲。潘岳作《閑居賦》曰：“芳枳樹籬。”真彼反。

yǐ

椅 椅 梓也。從木，奇聲。於离反。

fēng

楓 楓 木，厚葉弱枝善搖；一名欇。從木，風聲。臣鍇按：《爾雅》：“楓，欇欇。”《山海經》：黃帝殺蚩尤，“棄其桎梏，化爲楓木”。今人謂其上瘤爲欇，欇遇風雨則長，或長三四尺，亦曰楓人。府通反。

quán

權 權 黃華木。從木，雚聲。臣鍇按：《爾雅》“權，黃英”，郭璞云“未詳”。衢員反。

【校】“雚聲”下鉉有“一曰反常”四字。

jǔ

柜 柜 木也。從木，巨聲。臣鍇按：《爾雅》“柜，柜柳”，注“未

———

① 黃木，今《山海經》作“黃本”。

詳"。俱取反。

槐 槐 木也。從木，鬼聲。户隈反（huí）^①。

榖 榖 楮也。從木，殻聲。孤速反。

楮 楮 榖也。從木，者聲。抽暑反。

　　柠 柠 或從宁。

檵 檵 枸杞也。從木，繼省聲。一曰堅木也。**臣鍇按**：《爾雅》"枸，杞檵"，注："今枸杞也。"己惠反。

【校】枸杞檵，今《爾雅》作"杞枸檵"。

杞 杞 枸杞也。從木，己聲。**臣鍇按**：枸杞多生荒域坂岸之上，故《春秋左傳》曰"我有圃生之杞乎"，言非其宜也。乞以反。

枒 枒 木也。從木，牙聲。一曰車輞會也。**臣鍇曰**：枒即枒木，左思《吳都賦》所謂"枒葉無陰"。又，"車輞會"謂車輪外輞也。謂之牙，以其穿隆相接，若牙齒之相入也。五加反。

【校】枒葉，《文選》作"梛葉"。

檀 檀 木也。從木，亶聲。特丹反。

櫟 櫟 木也。從木，樂聲。連的反。

梂 梂 櫟實；一曰鑿首。從木，求聲。**臣鍇按**：《爾雅》：櫟實曰梂，注云："有梂彙自裹也。"鑿首，柄也。虔柔反。

【校】實曰梂，《爾雅》作"其實梂"。

棟 棟 木也。從木，柬聲。郎電反。

檿 檿 山桑也。從木，厭聲。《詩》曰："其檿其柘。"**臣鍇按**：《爾雅》："檿桑，山桑。""中作弓及車轅。"^②《國語》"檿弧箕服"是也。今人以爲彈。烟嗛反。

---

① 《廣韻》又户乖切。
② "中……轅"乃郭注語。

zhè 柘 柘桑也。從木，石聲。之射反。

qī 楸 木，可爲杖。從木，郗聲。臣鍇曰：即柳栗之屬。息逸反（xī）①。

xuán 檈 檈味，稌棗。從木，還聲。臣鍇按：《爾雅注》："還味，短味也。"《爾雅》不從木。邪沿反。

wú 梧 梧桐木。從木，吾聲。一曰櫬。阮狐反。

róng 榮 桐木。從木，熒省聲。一曰屋梠之兩頭起者爲榮。永兵反。

tóng 桐 榮也。從木，同聲。田風反。

fán 橎 木也。從木，番聲。讀若樊。復喧反。

yú 榆 木，白枌。從木，俞聲。羊朱反。

【校】木白枌，木，當作"榆"。

fén 枌 榆也。從木，分聲。臣鍇按：《爾雅》"榆，白枌"，注曰："枌榆先生葉，卻著莢，皮色白。"《西京雜記》曰"漢太上皇祭枌榆之社也"②，謂樹以枌榆。扶云反。

【校】謂樹以，"謂"下當有"社"字。

gěng 梗 山枌榆，有束，莢可爲蕪荑也。從木，更聲。臣鍇曰：束音刺，蕪荑即榆莢所爲也。根杏反。

qiáo 樵 散木也。從木，焦聲。臣鍇曰：散木不入于用也。《莊子》曰：樗，散材也。自超反。

sōng 松 木也。從木，公聲。似逢反。

窠 松或從容。臣鍇曰：從容聲。

mán 樠 松心木。從木，㒼聲。臣鍇曰：一名松心。《春秋左傳》曰："樠木之下。"没圍反。

---

① 注音依《廣韻》親吉切。

② 今《西京雜記》："高祖少時，常祭枌榆之社。"

檜 檜　柏葉松身。從木，會聲。古最反。

樅 樅　松葉柏身。從木，從聲。臣鍇按:《文子》曰老子師常從子，李暹注曰:"言如樅之常不凋。"息峯反。

【校】常從，當作"常樅"，《説苑》作"摐"，或云即"商容"也。

柏 柏　鞠也。從木，白聲。臣鍇按:《爾雅》"柏，椈"，注曰:"《禮記》:鬯曰以椈也。"不白反。

【校】鬯，今《雜記》作"暢"。

机 机　木也。從木，几聲。臣鍇按:《山海經》"單狐山多机木"，注曰:"似榆，可燒以糞稻田，出蜀中。音飢。"謹美反。

枯 枯　木也。從木，占聲。先廉反。

梇 梇　木也。從木，弄聲。益州有梇棟縣。臣鍇曰: 益州縣蓋因此木爲名也。許慎所稱縣名，皆謂與字義相涉則引之，皆後漢之制，後代改易，蓋非臣末學所能盡詳也。魯棟反。

楰 楰　鼠梓木。從木，臾聲。《詩》曰:"北山有楰。"臣鍇按:《爾雅注》:"楸屬也。"羊朱反。

桅 桅　黃木可染者也。從木，危聲。臣鍇按:《史記·貨殖傳》"巵茜"也。又書記多言鮮支皆此。句委反。

【校】段依《韻會》改梔，按:"桅、栀"古今字。

枌 枌　桎枌也。從木，刃聲。臣鍇按:《字書》:桎枌，木名。爾吝反。

樼 樼　榙樼，木也。從木，還聲。臣鍇按:《字書》:榙樼木，果似李。道合反。

榙 榙　榙樼木。從木，荅聲。讀若還。他合反。

某 某　酸果。從甘，闕。臣鍇按:《尚書》:"唯爾元孫某。"《禮記》曰"孝王某某"者，未定之位宅也。酸果，故從木，甘非聲，蓋

亦果之酸甘也。許慎不聞于師，故闕之也。莫厚反（mǔ）^①。

【校】從甘，當作“甘聲”。此轉轉竄易之譌。

某 𣓀 古文某從口。

櫾 㯗 崐崙河隅之長木也。從木，繇聲。臣鍇按：《穆天子傳》曰：“天子乃釣于河水，觀姑繇之木。”注曰：“大木也。”在崐崙哀淑人之丘。齊謝莊《宣貴妃誄》曰“涉姑繇而環回，望樂池而顧慕”，或疑莊認木爲水。臣鍇按：潘岳《射雉賦》“涉青林以遊覽”，是亦木也。又《尚書》“厥艸惟繇”，又《國語》曰“櫾木不生危”，又《山海經》：顓頊太子長琴居櫾山。凡言櫾，皆木高大之名。延秋反。

【校】繇，今《書》作“繇”。○櫾木，《國語》或作“拱木”。○顓頊，按《大荒西經》當作“祝融”。

樹 𣗳 木生植之總名。從木，尌聲。臣鍇曰：樹之言豎也，故《詩傳》曰：夏后樹鼓。《周禮》有“井樹”，謂井之周榦也。時遇反。

尌 𡹔 籀文。

本 㮺 木下曰本。從木，一在其下。臣鍇曰：一，記其處也，與末同義。指事也。補忖反。

𣎳 𣎵 古文。臣鍇曰：𠦪，固其本也。

柢 㜚 木根。從木，氐聲。臣鍇曰：華葉之根曰蒂，樹之根曰柢，音同也。的替反（dì）^②。

朱 朩 赤心木，松柏屬。從木，一在其中。臣鍇曰：赤心木之總也。一者記其心，棗木亦然。此亦與本、末同義。指事也。專扶反。

根 㮙 木株也。從木，艮聲。狗痕反。

---

① 注音依《集韻》謨杯切。
② 《廣韻》又都禮切。

株 木根也。從木，朱聲。臣鍇曰：入土曰根，在土上者曰株。劉向《列女傳》曰：智伯之園多株，不便於馬，范氏之子謂伐之也。輟須反。

【校】智伯，按《列女傳》則當作"趙氏"。

末 木上曰末。從木，一其上也。臣鍇曰：指事也。門撥反。

椴 細理木也。從木，㮦聲。臣鍇按：《字書》：椴木似松。張衡《南都賦》亦言之也。煎弋反。

果 木實也。從木，象果形在木之上。臣鍇曰：樹生曰果，故在上也。指事。骨朵反。

樏 木實也。從木，絫聲。臣鍇按：樏即果之一名也。此鄭玄云"無皮殼曰樏"也。力箠反。

【校】無皮殼，無，當作"有"。按：艸部"蓏"注引鄭曰："無殼曰蓏。"蓏猶臝也，此云"有皮殼"，"果"猶"裹"也。

杈 杈，枝也[1]。從木，叉聲。臣鍇曰：歧枝木亦可以定船，亦以刺魚。潘岳《西征賦》曰"垂餌出入，挺叉來往"是也。《莊子》曰"杖挐逆立"，挐亦杈也。初牙反。

【校】挺叉，汪本作"梃杈"，非。

枝 木別生條。從木，支聲。臣鍇曰：自本而分也，故曰別生。會意。章移反。

朴 木皮。從木，卜聲。臣鍇曰：今藥有厚朴，一名厚皮，是木之皮也。古質朴字多作樸。坡岳反。

條 小枝也。從木，攸聲。臣鍇曰：自枝而出也。笛遼反。

枚 榦也。從木、攴。可爲杖。《詩》曰："施于條枚。"臣鍇曰：自條而出也，故《尚書》曰"枚卜功臣"，言一一卜之也。今人言

---

① 大徐本"枝"上無"杈"字。

一枚二枚。《春秋傳》曰"以枚數闔"，枚，馬鞭也，言以馬鞭數門扇之版也。此字會意。莫催反。

栞 槎識也。從木、从。闕。《夏書》曰："隨山栞木。"讀若刊。

臣鍇曰：槎識謂隨所行林木，裒斫其枝爲道表識也。从蓋其斫木低折狀。許慎言闕，無聞于師也。隨其所行山路栞之，如《史記》述黃帝"披山通道"是也。指事。刻干反。

【校】闕，汪作"聲"，非是。○今《書》作"刊"。

　　栞 篆文。臣鍇曰：亦指事也。

樕 木葉搖白也。從木，聶聲。臣鍇曰：謂木遇風而翻見葉背，背多白，故曰搖白也。楓木一名樆，義出于此也。真聶反。

【校】鉉作樆。

桼 弱皃。從木，任聲。臣鍇按：《詩》曰："荏苒柔木。"又今人謂根長行蔂竹爲桼，音近拈字，上聲，是桼者橈弱之意也。而沈反。

【校】根長行蔂竹爲桼，當作"長木長竹，蔂之爲桼"。此鈔寫之誤。

枖 木少盛皃。從木，夭聲。《詩》曰："桃之枖枖。"《詩》曰"愷風自南，吹彼棘心。棘心夭夭，母氏劬勞"，言棘心所以枖枖。

臣鍇曰：謂艸木始生未幾，得地力而漸長大，故《詩》曰"愷風自南，吹彼棘心；棘心夭夭，母氏劬勞"，言棘心所以速長者，以得愷風也；子所以速大者，以母劬勞而養之也。《尚書》曰"厥艸唯夭"，又《詩》曰"桃之夭夭"，亦喻女子在家形體日盛長也。夫物禁越眾而速大，故亦謂短折者爲夭也。殷喬反。

【校】自"桃之枖枖"至"勞言"二十三字衍。棘心所以枖枖，"所以"二字亦衍。按：鍇本引《凱風》詩，鉉改《桃夭》詩"桃之枖枖"四字，後人依鉉增也，以下則涉下鍇說而譌耳。○愷，今《詩》作"凱"。

槙 木也。從木，真聲。一曰仆木也。臣鍇按：槙，樹杪也。

按《尚書》"若顛木之有由枿"本作此字。作顛，假借也。仆，顛仆也。的烟反。

【校】木也，當依鉉作"木頂也"。〇枿，今《書》作"蘗"。

梃 梃_{dìng} 一枝也。從木，廷聲。臣鍇曰：梃者，獨也。梃然，勁直之皃也。留頂反^①。

【校】一枝，當作"一枚"，見竹部"箇"下。

欁 欁_{shēn} 眾盛也。從木，欁聲。《逸周書》曰："疑沮事。"闕。所臻反。

【校】"疑沮事"上當有"欁"字。《文酌解》曰"聚疑沮事"，聚，古本當作"欁"。

標 標_{biāo} 木標末也。從木，票聲。臣鍇曰：又平聲，人多言標置，言若樹杪之高置也。標之言表也。《春秋左傳》謂路旁樹爲道表，謂遠望其標以知其道也。卑杪反^②。

杪 杪_{miǎo} 木標末也。從木，少聲。臣鍇曰：杪之言杪小也。彌小反。

朵 朵_{duǒ} 樹木垂朵朵也。從木，象形。此與采同意而下垂。臣鍇曰：今謂花爲一朵，亦取其下垂也。此下從木，其上几但象其垂形，無聲，非全象形字也。權而言之，則指事也。采字亦下從木，上從人手爪采擷之。言采字則禾上實手爪字，有聲。此朵則木上直象下垂耳，無聲，故曰與采同意而下垂，明不盡同也。指事。兜果反。

根 根_{láng} 高木也。從木，良聲。臣鍇曰：按，嶺南有桄桹，爲木高；又，檳榔無柯，實生其崕，其名皆取高木之義，猶巖廊亦高屋也。勒當反。

---

① 注音依大徐、《廣韻》徒頂反。留，疑當作"笛"。今讀 tǐng。
② 《廣韻》又甫遥切（biāo）。

欄 㰀 ^{jiǎn}
大木皃。從木，閒聲。臣鍇按：《春秋左傳》晉人謂鄭曰："執事欄然授兵登陴，將以誰罪？"欄者，勁庴之皃，與此字同音，然則此亦木之高勁也。苟限反。

枵 枵 ^{xiāo}
木皃。從木，号聲。《春秋傳》曰："歲在玄枵。"枵，虛也。臣鍇按：《爾雅》："玄枵，虛星也。"子位之次，始于女八度，終危九度，凡三十二度。枵，虛耗之名也，北方主冬，木皆虛盡，故曰枵，故從木；色黑，故曰玄。至丑而陽，著木生也。兄嬌反。

【校】枵虛也，鉉上增"玄"字，非是。○危九度，按：《後漢・郡國志》注"自女八度至危十六度爲玄枵之次"^①。○曰枵故，"曰、故"二字衍。

招 㧢 ^{zhāo}
樹搖皃。從木，召聲。臣鍇曰：亦樹動皃。真遙反。

摇 㩧 ^{yáo}
樹動。從木，䍃聲。臣鍇曰：物之易摇無易於木，故木之動摇自爲一字也。延朝反。

樛 㰹 ^{jiū}
下句曰樛。從木，翏聲。臣鍇按：《詩》"南有樛木"，傳曰："木下曲也。"《爾雅》作朻，今松柏及桑臨厓岸者性多然。飢酬反。

朻 㧢 ^{jiū}
高木也。從木、丩，丩亦聲。臣鍇按：《爾雅》：木"下句曰朻，上句曰喬。"《詩・樛木》則作樛字。按，此則《爾雅》借朻爲樛，依《詩》爲正也。飢酬反。

【校】按《韻會》"樛"爲"朻"之重文，今鍇、鉉本皆分爲二，不知誤始何時。

桂（枉）㭭 ^{wǎng}
衺曲。從木，坙聲。臣鍇按：荀卿子曰："良醫之門多病人，隱栝之側多枉木也。"隱栝即矯枉、矯揉也，謂揉曲使直也。迂賞反。

【校】隱，當作"㯱"，兩見。○矯揉，當作"之器"，見《荀子注》。

橈 㯂 ^{nào}
曲也。從木，堯聲。臣鍇按：《周易》曰："大過，棟橈也。"

---

① 今《後漢書・郡國志》注："自婁女八度至危十六度，曰玄枵之次。"

棟橈，棟曲也。能教反。

枎 枎四布也。從木，夫聲。臣鍇曰：謂樹枝葉四布也。凡無反。
(fú)

檹 木檹施。從木，旖聲。賈侍中説：檹即椅木，可作琴。于离反。
(yǐ)

杪 相高也。從木，小聲。私兆反。
(xiǎo)

榾 高兒。從木，智聲。呼兀反。
(hū)

槮 木長兒。從木，參聲。《詩》曰“槮差荇菜”是也。臣鍇按：《楚辭》曰：“菌桂槮之可哀。”參差荇菜，不齊之兒，非此槮字之義，當言“讀若《詩》曰”，無“讀若”字，寫失之。師今反。
(sēn)

橚 長木兒。從木，肅聲。史卯反(shǎo)①。
(sù)

杕 樹兒。從木，大聲。臣鍇按：《詩傳》：樹特生兒。故曰“有杕之杜，生于道左”是也。笛計反。
(dì)

槖 木葉隋。從木，乇聲。讀若薄。臣鍇按：《詩》曰“十月殞槖”，古當用此槖字，但古今字異，此字亦今之所難行也。他作反。
(tuò)

【校】隋，當依鉉作“陊”。

格 木長兒。從木，各聲。臣鍇曰：亦謂樹高長枝爲格，故庾信《小園賦》曰：“卉樹混淆，枝格相交。”又信詩：“長藤連格徙。”鉤索反。
(gé)

槸 木相摩。從木，埶聲。臣鍇按：《爾雅》：“木相磨曰槸。”注曰：“謂樹皮相切磨也。”魚世反。
(yì)

【校】樹皮，《爾雅》作“樹枝”。

樲 或從蓺作。

———————

① 注音依《廣韻》息逐切。

枯 枯 槀也。從木，古聲。《夏書》曰：“唯箘輅枯。”木名也。臣鍇曰：槀音考。困乎反。

【校】輅枯，今《書》作“箘簬”。

槀 槀 木枯也。從木，高聲。刻保反（kǎo）。

樸 樸 木素也。從木，羙聲。臣鍇曰：按，土曰坏，木曰樸。《尚書》曰：“若作梓材，既勤樸斲，惟其塗丹艧。”于岳反（yuè）①。

楨 楨 剛木也。從木，貞聲。上郡有楨林縣。臣鍇曰：亦築牆兩頭橫木也。《尚書》曰：“峙乃楨幹。”陟情反。

柔 柔 木曲直也。從木，矛聲。然尤反。

檴（柝） 檴 判也。從木，𡴀聲。《易》曰：“重門擊檴。”臣鍇曰：柝亦檴也，故云判。《春秋左傳》曰“魯擊柝聞于邾”，謂判兩木夾于門爲機，相擊以警夜也。今荒戍多叩鼓以持更，蓋其遺象。他作反。

【校】柝亦，當作“析木”。

扐 扐 木之理也。從木，力聲。平原有扐縣。臣鍇按：石之理解爲泐，與此義同。郎忒反。

材 材 木梃也。從木，才聲。臣鍇曰：木之勁直堪入於用者，故曰入山掄材，掄可爲材者也。人之有材義出於此。錢來反。

柴 柴 小木散材。從木，此聲。臣鍇曰：散材謂不入屋及器用也，故《春秋左傳》曰“輿曳柴”。又《禮》“燔柴”，又“勝國之社柴其上”，故曰“散無所樸斲也”。士佳反。

榑 榑 榑桑，神木，日所出也。從木，專聲。臣鍇按：《呂氏春秋》《淮南子》《山海經》《漢武内傳》、東方朔《十洲記》皆曰：榑桑生海東，日所出。《山海經》曰：“九日出下枝，一日生上

---

① 注音依《廣韻》匹角切。

枝。"①《十洲記》曰：以其樹兩相扶，故曰扶桑，甚如中國桑葚而金色。作"扶"字。《吕氏》曰"東至榑木"，《淮南子》曰"暘谷榑桑"，則作此"榑"字。凡無反。

杲 杲 明也。從日在木上。讀若槁。臣鍇按：《淮南子》曰：日拂于扶桑，是謂晨明，故東字日在木中；登于扶桑，是謂朏明，故杲字日在木上。《詩》曰"杲杲出日"也。《史記·天官書》曰：日晡，則反景上照于桑榆間，故杳字日在木下。杳，冥也。會意。姦皓反。

【校】日晡，則反景上照于桑榆間，按：《天官書》無此語，惟有"望雲氣，云平望在桑榆上"②。此當屬肌記之譌。

杳 杳 冥也。從日在木下。倚了反。

梜 梜 角械也。從木，郤聲。一曰木下白也。臣鍇曰：以角爲器也。其逆反〔jí〕③。

栽 栽 築牆長板。從木，𢦏聲。《春秋傳》曰："楚圍蔡，里而栽。"臣鍇按：《春秋左傳》曰：土功之事，"水昏正而栽"。謂始立楨幹及版築之也。又栽，植也。昨萊反。

築 築 擣也。從木，筑聲。陟祝反。

　　𥬲 𥬲 古文。臣鍇曰：從土，管聲。

　　【校】鉉作𥬲，非是。

榦 榦 築牆耑木也。從木，榦聲④。臣鍇曰：築牆兩旁木也，所以制版者。根岸反。

檥 檥 榦也。從木，義聲。臣鍇按：許慎音爲乂。《史記》注曰：

───────────

① 出、生，今《山海經·海外東經》均作"居"。
② 今《史記·天官書》作"凡望雲氣，仰而望之，三四百里；平望，在桑榆上，千餘二千里。"
③ 注音依《廣韻》下革切。
④ 榦，當作"𠦚"。

"整船向岸曰檥。"古謂馬口旁鐵爲轙，義與此整船之檥同也。研之反。

【校】轙義，疑當作"轙音"，"轙"字見《淮南·說山訓》。

gòu
構 構 蓋也。從木，冓聲。杜林以爲椽桷之字。**臣鍇曰**：蓋，覆蓋屋居也。杜林，説文字者，杜業之子也。椽，屋椽也。格漚反。

【校】杜業，《後漢書》作"杜鄴"。

mú
模 模 法也。從木，莫聲。讀若嫫母之嫫。**臣鍇曰**：以木爲規模也。門胡反。

fú
桴 桴 眉棟名。從木，孚聲。**臣鍇按**：《爾雅》"棟謂之桴"，注曰："屋檼。"臣鍇按：檼音殷字去聲，今人亦呼爲檼，謂屋前後檐橫棟也。眉、楣同也。附柔反。

dòng
棟 棟 極也[①]。從木，東聲。得貢反。

jí
極 極 棟也。從木，亟聲。**臣鍇按**：極，屋脊之棟也，今人謂高及甚爲極，義出於此，亦謂之危。《春秋後語》：魏人將殺范痤，范痤上屋騎危是也。其息反。

zhù
柱 柱 楹也。從木，主聲。直主反。

yíng
楹 楹 柱也。從木，盈聲。《春秋傳》曰："丹桓宮楹。"**臣鍇曰**：楹之言盈，盈盈，對立之狀。古詩曰"迢迢牽牛星，皎皎河漢女。盈盈一水閒，脈脈不得語"也。亦征反。

chēng
樘 樘 邪柱也。從木，堂聲。**臣鍇曰**：樘之言堂也。王延壽《靈光殿賦》曰"枝堂杈牙而斜據"是也。澄庚反。

【校】當作橖，堂聲。"邪柱"意亦取"堂"也。鍇謂"樘之言堂"，本當不誤，此或依鉉改。〇堂杈牙，今《文選》作"牚杈枒"。

---

① 《玄應》卷六《妙法蓮華經》"梁棟"、卷十五《僧祇律》"榱棟"，《慧琳》卷十四《四分律》"櫨棟"、卷二十七《妙法蓮華經》"梁棟"、卷三十二《觀彌勒菩薩上生經》"梁棟"、卷九十七《廣弘明集》"榱棟"皆引《説文》作"屋極也"，可證今本"極"上脱"屋"字，宜據補。

zhī
楮 𣓌 柱砥，古用木，今以石。從木，者聲。《易》："楮恆，凶。"是。**臣鍇曰：** 即柱下根也。按《周易》恆卦："上六，振恆，凶。"王弼云：振，動也。今許慎言楮，則孟氏所注《易》文，故不同。章移反。

jié
榕 𣓌 欂櫨也。從木，咨聲。**臣鍇按：**《爾雅》"栭謂之榕"，謂梁上短柱，上承屋脊者。管仲"山榕藻棁"，蓋刻此柱爲山形，畫兩旁枝梧木爲水藻之文，今尚謂此短柱爲屋山也。榕者，直立之意。即血反。

【校】今《禮記》作"節"。

shǔn
楯 𣓌 闌檻也。從木，盾聲。樹忍反。

lú
櫨 𣓌 柱上枏也。從木，盧聲。伊尹曰：果之美者，"箕山之東，青鳧之所，有甘櫨焉，夏熟也"。一曰有宅櫨木，出弘農山也。**臣鍇曰：** 今謂艸木枝耑，華房之蒂爲枏，此櫨象之，即今之斗拱也。自伊尹下，出《吕氏春秋》。一曰以下，《山海經》所載也。論孤反。

【校】青鳧，《吕覽》作"青鳥"，《上林賦》注作"青鳥"。〇宅櫨，疑即郭璞《上林賦》注"橐櫨"。

jī
枅 𣓌 屋櫨也。從木，开聲。**臣鍇曰：** 斗上横木承棟者，横之似笄也。古兮反。

liè
栵 𣓌 栭也。從木，列聲。《詩》曰："其灌其栵。"良辥反。

ér
栭 𣓌 屋枅上標。從木，而聲。《爾雅》曰："栭謂之榕。"**臣鍇按：**《爾雅》栭即榕也，又《字書》：小栗爲栭栗。忍伊反。

yìn
檼 𣓌 棼也。從木，㥯聲。于靳反。

lǎo
橑 𣓌 椽也。從木，尞聲。**臣鍇按：**《史記》褚少孫《東方朔傳》曰"後閤重橑，中有物出"，謂大屋廡下椽自上峻下，則自其中棟假裝其一旁爲椽，使若合掌然，故曰重橑。有老、寮二音，在車

蓋上亦同也。**勒抱反**。

【校】重橑，今《史記》作“重櫟”。

jué
桷 桷 榱也。從木，角聲。《春秋傳》曰：“桓宮之桷。”椽方曰桷。**臣鍇按**：劉熙《釋名》曰：“桷，确堅而直也。”[①] **江岳反**。

【校】“傳曰”下當依鉉補“刻”。○“确”下當有“也”字。

chuán
椽 椽 榱也。從木，彖聲。**纏專反**。

cuī
榱 榱 秦名爲屋椽，周謂之榱，齊謂之桷。從木，衰聲。**臣鍇按**：《春秋》：“刻桓宮桷。”又《左傳》曰：齊“子尾抽桷擊扉三”，慶封將死，“猶援廟桷動于甍”。至宋伐鄭則曰：“取桓宮之椽歸，爲廬門之椽。”桓宮，鄭廟也。以此知齊、魯謂之桷也。**所追反**(shuāi)。

【校】“齊”下鉉有“魯”字。○桓宮之椽，桓，《左》作“大”；下“桓宮鄭廟”亦當作“大宮”[②]。○廬門，《左傳》作“盧門”。

méi
楣 楣 秦名屋櫋也，齊謂之檐，楚謂之梠。從木，眉聲。**臣鍇按**：《爾雅》：“楣謂之梁。”謂門上橫梁也。眉猶際也。**閩之反**。

【校】“櫋”下鉉有“聯”字。

lǚ
梠 梠 楣也。從木，吕聲。**力舉反**。

pí
梍 梍 梠也。從木，皀聲。讀若枇杷之枇。**臣鍇曰**：按，梍即連檐木也，在椽之耑際。張衡《西京賦》曰“鏤檻文梍”是也。**鼻宜反**。

mián
櫋 櫋 屋櫋聯也。從木，邊省[③]。**臣鍇曰**：櫋亦梍也。《楚辭・九歌》曰“擘蕙櫋兮既張”是也。**莫田反**。

yán
檐 檐 梍也。從木，詹聲。**臣鍇按**：《爾雅》：“檐謂之樀。”今俗

---

① 今《釋名・釋宮》：“桷，确也，其形細而疏确也。”

② 此謂“桓宮，鄭廟”中的桓宮當作“大宮”，非謂“桓宮鄭廟”四字當作“大宮”二字。

③ 大徐本“省”下有“聲”字。

書作簷。羊廉反。

tán
檐 檐 屋梠前也。從木，覃聲。一曰蠶槌。田南反。

dí
樀 樀 樀也。從木，啻聲。《爾雅》口："檐謂之樀。" 樀，朝門。讀與滴同。臣鍇曰：據許慎指曰朝門之檐也。顛狄反。

【校】樀也，鉉作"戶樀也"。按：當作"檐也"，鍇說可證。○樀，朝門，鉉無此三字，邵二雲《爾雅義疏》引"朝"作"廟"。

zhí
植 植 戶植也。從木，直聲。臣鍇按：《爾雅》："植謂之傳，傳謂之楔。" 注："謂戶持鏁植也。" 植即門戶之橫鍵所穿木也，鏁所附焉，故謂之楔。楔者爲橫杠所唐突也。神息反。

【校】楔，今《爾雅》作"突"。

檍 檍 或從置。臣鍇曰：置亦聲。

shū
樞 樞 戶樞也。從木，區聲。尺夫反。

qiǎn
槏 槏 戶也。從木，兼聲。苦減反。

lóu
樓 樓 重屋。從木，婁聲。勒兜反。

lóng
櫳 櫳 房室之疏也。從木，龍聲。臣鍇曰：疏即窗也。櫳者言若禽獸之籠。然臣以爲小曰窗，闊遠曰櫳[1]。來充反。

líng
櫺 櫺 楯閒子也。從木，霝聲。臣鍇曰：即今人闌楯下爲橫櫺也，故班固《西都賦》曰"舍櫺檻而卻倚"。以版爲之曰軒，通名曰檻，今人言窗櫺亦是也。連丁反。

【校】楯閒子，子，汪譌作"木"。

wáng
朩 朩 棟也。從木，亡聲。《爾雅》曰："朩廇謂之梁。" 臣鍇按：《爾雅注》："屋大梁也。" 勿強反。

chù
梀 梀 短椽也。從木，束聲。臣鍇曰：今大屋重橑下四隅多爲短

---

① 按，下另有"櫳"，釋"檻也"，是則本條二"櫳"宜改作"櫳"。段注疑二篆實一字，淺人所增。

㯌，即此也。丑録反。

杅 㭌　所以塗也。秦謂之杅，關東謂之鏝。從木，于聲。**臣鍇按**：《春秋左傳》：鄭子産説晉文公爲政，"杅人以時塓館宫室"。秦晉鄰接也，今江淮間杅爲鏝，即關東也。宛都反[1]。

【校】鏝，鉉作"槾"。○杅人，今《左》作"圬人"。

槾 㮅　杅也。從木，曼聲。**臣鍇按**：今人猶謂爲泥槾也。没圍反。

椳 㮽　門樞謂之椳。從木，畏聲。烏恢反。

楣 榴　門樞之橫梁。從木，冒聲。**臣鍇曰**：門楣橫木。門上樞鼻所附，或亦連兩鼻爲之，以冒門楣也。莫號反。

欂 欂　壁柱。從木，薄省聲。**臣鍇曰**：即壁中小柱，《西京雜記》謂之壁帶，何晏《景福殿賦》謂之落帶。所謂落帶，金釭也。今人謂之破閒柱。平碧反。

梱 梱　門橜也。從木，困聲。**臣鍇曰**：謂門兩旁挾門短限，今人亦謂門限，可以施其兩旁，謂之橝限。古者多乘車，故門限必去之也。古者君命將出師曰"闑以外者，將軍制之"是也。梱猶款也，款，扣也，謂人物出入多觸扣之也。又《孟子》曰許行之徒"梱屨"而食，謂織屨畢，必以木椎扣之，使平易也。苦袞反。

【校】施其兩旁，施，疑當作"弛"。○梱屨，今《孟子》作"捆屨"。

榍 榍　限也。從木，屑聲。**臣鍇曰**：榍所以爲限閾也。息切反。

柤 柤　木閑。從木，且聲。**臣鍇曰**：閑，闌也。柤之言阻也。側巴反。

槍 槍　距也。從木，倉聲。一曰槍，欀也。**臣鍇按**：司馬遷書曰："見獄吏而頭槍地。"褚常反（chāng）[2]。

---

① 宛，四部叢刊本作"宛"。

② 《廣韻》又七羊切。

【校】懹，段云當作"攘"①。

楗 㯰　限門也②。從木，建聲。臣鍇曰：門關也，所以限門之開也。老子曰："善閉無關楗。"其獻反。

欃 欚　楔也。從木，鐵聲。臣鍇曰：謂籤也，楄也，此即今俗以小上大下爲欃字。精廉反。

楔 㮦　欃也。從木，契聲。臣鍇按：此即欃也。《爾雅》："根謂之楔。"注曰："門兩旁木。"按，即今府署大門脱限者，兩旁斜柱，兩木於槷之耑是也。蓋根亦呼爲楔，與許慎所言欃别也。息切反。

【校】脱限，《韻會》同，汪作"脱根"，非是。

栅 㭮　編樹木③。從木，册聲。妻側反（cè）。

杝 㭾　落也。從木，也聲。讀又若他④。臣鍇按：《詩》曰："伐木椅矣，析薪杝矣。"箋云："杝謂觀其理，不欲妄挫之也。"池倚反（zhì）⑤。

【校】椅，今《詩》作"掎"。

櫱 㯱　夜行所擊者。從木，橐聲。《易》曰："重門擊櫱。"臣鍇按：今《周易》作柝，唯《周禮》作此櫱字。他作反。

桓 桓　亭郵表。從木，亘聲。臣鍇曰：亭郵立木爲表，交木于其耑，則謂之華表，言若華也。古者十里一長亭，五里一短亭。郵，過也，所以止過客也。表雙立爲桓。《周禮》云"執桓圭"，鄭玄以爲若宫室象，則謂若雙立之柱也。桓又作瓛，瓛則馬口吻旁雙

---

① 四庫本、四部叢刊本均作"攘"。
② 限門，《説文木部殘卷》作"距門"。
③ 《説文木部殘卷》："栅，編豎木也。"《玄應》卷十四《四分律》"栅欄"、卷十六《佛本行集經》"村栅"、卷十八《立世阿毗曇論》"寶栅"，《慧琳》卷七十四《僧伽羅剎集》"木栅"、卷六十二《根本毗奈耶雜事律》"牆栅"皆引《説文》作"編豎木"，可證今本"樹"字誤，宜據改。
④ 《説文木部殘卷》："讀若池。"可證今本"讀又若他"誤。
⑤ 注音依《説文木部殘卷》力支切。

鐵，此珪文亦似雙鐵也。戶寒反。

【校】瓛則馬口，瓛，當作"鑣"，亦見玉部"瓛"下。

握 木帳也。從木，屋聲。臣鍇曰：木爲帳匡也。乙卓反。

【校】"木爲"上當有"以"字。

橦 帳柱也。從木，童聲。臣鍇曰：亦謂旌旗之榦也。宅邦反。

杠 牀前橫木也。從木，工聲。臣鍇曰：即今人謂之牀桯也。又對舉也。溝尨反。

【校】"對舉"義見手部"扛"，鍇意謂"杠"猶"扛"也。

桯 牀前几。從木，呈聲。臣鍇曰：几，人所凭也。今言牀桯，義出于此。他寧反。

桱 桱桯也，東方謂之蕩。從木，巠聲。臣鍇曰：桯即橫木也。桱，勁挺之兒也。東方，今關東[1]、江淮謂杉木長而直爲杉桱是也。古零反。

牀 安身之几坐也。從木、爿。臣鍇曰：牀即以安身也。《春秋左傳》曰：薳子馮僞病，"掘地下冰而牀焉"。至今恭坐則榻也，故從木、爿。爿女革反，牀所從則疾字之旁，象人之斜身有所倚著，實不成字。至于牆、牂、戕，并從牀字之省，形并在右，其左并曰聲。李陽冰妄言木字右旁爲片，左旁爲爿，云爿音牆。且《説文》并無爿字，又牀從爿，與字殊異，又片字直而爿字斜敧，則陽冰之謬妄不言可悉也。會意。乍莊反。

枕 臥所薦首者。從木，冘聲。之衽反。

椷 椷窬，褻器也。從木，威聲。臣鍇按：《史記》注："椷窬，即廁中行清器也。窬音竇。"臣又按，《釋名》：清即糞槽，謂之清者，言其穢汙當常清除之也；一曰椷竇，即虎子，溲器也，人君

---

① 　今，四部叢刊本、四庫本皆在"東方"上。

謂之虎子。《西京雜記》：李廣與兄射獵冥山之北，見伏虎，一矢中之，以其頭爲溲器。今人鑄銅象之爲溲器，示服猛也。又《史記·張騫傳》"匈奴破月支，取其虜頭爲飲器"，亦溲器也。㮤，言㮤也。迂歸反。

【校】冥山，《廣博物志》作"宜山"。

櫝 櫝 匵也。從木，賣聲。一曰木名；又曰櫝，木枕也。臣鍇按：《論語》曰："有美玉於斯，韞櫝而藏諸？"又《韓子》曰"鄭人賣珠，爲薰桂之櫝"是也①。按谷反②。

【校】今《論語》作"匵"。

櫛 櫛 梳比之總名也。從木，節聲。臣鍇按：《周禮》節作柳。柳之言積也。阻瑟反。

【校】節作，"節"字衍。

梳 梳 理髮也。從木，疏省聲。臣鍇曰：當言"從木、疏省，疏亦聲"，傳寫脱誤。梳之言導也。色居反。

柛 柛 劍柙也。從木，合聲。臣鍇曰：柙，匣字也，亦謂之鋏。《楚辭》曰"帶長鋏之崔嵬"是也③。笒揢反（xiá）④。

【校】崔嵬，《九章》作"陸離"。

槈 槈 薅器也。從木，辱聲。臣鍇曰：薅音蒿，即耘田也。槈，其器也，以意作。奴姤反。

【校】意作，當作"除艸"。

鎒 鎒 或從金作。

枸 枸 朱臿也。從木；入，象形；明聲也。臣鍇曰：朙，音瞿也。卷于反。

---

① 此隱括《韓非子》故事。
② 按，四庫本、四部叢刊本作"駝"，是。
③ 今《楚辭·九章》作"帶長鋏之陸離兮，冠切雲之崔嵬"。
④ 《廣韻》又古沓切。

耒　^{huá}　兩刃臿也。從木；丷，象形。宋魏曰耒也。臣鍇曰：臿
即鍫鍤字也。兩刃形不成字，此字難以象形，又近於指事。牙
瓜反①。

釪　釪　或從金、于。臣鍇曰：于聲。

梠　^{sì}　臿也。從木，吕聲。一曰徙土輂，齊人語。臣鍇曰：吕，
即"以"字也。詳紀反。

【校】輂，《孟子》孫注及《六韜》皆作"轝"。

梩　梩　或從里。臣鍇曰：里聲。《周禮》曰"周人輂加載一梩"
是也。

【校】"《周禮》"下當有"注"字。○"輂加"當作"輮輂"，見
《鄉師》注。

枱　^{yí}　耒耑。從木，台聲。臣鍇曰：即耜刃也。弋之反。

鉛　鉛　或從金，台聲。

辝　辝　籒文從辝。臣鍇曰：從木，辝聲。

楎　^{hún}　六叉犁；一曰犁上曲木，犁轅。從木，軍聲。讀若緯，或
如渾天之渾。臣鍇曰：今開荒之犁，又有歧刃也。轅即犁柄也。
户昆反。

櫌　^{yōu}　摩田器。從木，憂聲。《論語》曰："櫌而不輟。"臣鍇曰：
謂布種後以此器摩之，使土開發處復合，以覆種也。衣尤反。

【校】今《論語》作"耰"。

欘　^{zhú}　斫也。齊謂之鎡錤；一曰斤柄，性自曲者。從木，屬聲。
臣鍇按：《爾雅注》："斫，钁也。"《孟子》："雖有鎡錤，不如待時。"
趙岐注云："鎡錤，田器也。"②孟子，齊梁之人也。《周禮》曰"一
宣有半謂之欘"，注云："欘，斲斤也，柄長二尺。"輒續反。

────────

① 牙，疑當從大徐作"互"。《集韻》作"胡"。
② 今《孟子·公孫丑》："雖有鎡基，不如待時。"注："鎡基，田器耒耜之屬。"

zhuó

櫡 **櫡** 斫謂之櫡。從木，著聲^①。竹勺反。

pá

杷 **杷** 收麥器。從木，巴聲。**臣鍇按**：杷者，所以聚也。《字書》
曰：一名渠挐。蒲牙反。

yì

椴 **椴** 種椴也；一曰燒麥枠椴。從木，役聲。**臣鍇按**：《字書》：
又小矛也。與辟反。

【校】種椴，鉉作"穜樓"。

líng

枠 **枠** 木也。從木，令聲。連丁反。

fú

梻 **梻** 擊禾連枷也。從木，弗聲。**臣鍇按**：《國語》管仲説農曰：
"權即其用^②，耒、耜、枷、芟。"注曰："枷，梻也，所以擊艸。"
附弗反。

jiā

枷 **枷** 梻也。從木，加聲。《淮南》謂之柍。閒巴反。

chǔ

杵 **杵** 舂杵也。從木，午聲。**臣鍇按**：舂字注"午，杵也"，臣
以爲午者，直舂之意，此當言"從午，午亦聲"，無亦字，脫誤
也。嗔伍反。

gài

槩 **槩** 杚斗斛。從木，既聲。**臣鍇曰**：杚，戛摩之也。此即斗斛
量槩也。茍代反。

gǔ

杚 **杚** 平也。從木，气聲。**臣鍇曰**：杚即槩也，摩之使平也。杚
之爲槩，杚，其器名也。古没反。

【校】杚之爲槩，杚其器名，按：槩，器名；杚，平物之稱。當作"杚
之以槩，槩其器名"。

xǐng

楈 **楈** 木參交以枝炊簍者也。從木，省聲。**臣鍇按**：《字書》：簍，
所以漉米者也。息永反。

sì

柶 **柶** 《禮》有柶。柶，匕也。從木，四聲。**臣鍇曰**：《禮》：柶，

---

① 櫡、著，當據篆形及大徐改"櫡、箸"。
② 即，今《國語·齊語》作"節"。

所以楔齒也。素次反。

【校】楔齒，見《喪大記》。按："柶"亦挹歓食器也，鍇説未盡。

bēi
桮 䫂也。從木，否聲。**臣鍇按：** 䫂音貢，小桮之别名也。脯隈反。

匿 籀文。

【校】鉉作 匿。

pán
槃 承槃也。從木，般聲。**臣鍇按：**《西京雜記》中山王《文木賦》曰："製爲槃杅，采玩踟蹰也。"别安反。

鎜 古文。**臣鍇按：**《春秋左傳》季孫宿"入鄆，取其鍾以爲公盤"①，是盤亦以金爲之也。

盤 籀文從皿。

sī
榹 槃也。從木，虒聲。**臣鍇按：**《爾雅》：榹亦桃名也。削欺反。

àn
案 几屬。從木，安聲。**臣鍇曰：** 案，所凭也。烏旰反。

xuán
檈 圜案。從木，睘聲。**臣鍇曰：** 圜案，謂案曲抱者。邪沿反。

jiān
椷 篋也。從木，咸聲。**臣鍇曰：** 木篋也。函屬。于咸反②。

zhǔ
枓 勺也。從木，斗聲。**臣鍇按：**《字書》：枓，斗有柄，所以斟水。拙庾反。

biāo
杓 枓柄。從木，勺聲。**臣鍇曰：** 北斗之柄弟一星取此爲名。杓猶標也。片幺反（piāo）③。

léi
櫑 龜目酒樽，刻木作雲雷，象施不窮也。從木，畾亦聲。**臣鍇曰：** 龜目，所以節畫也，若今禮尊有黄目是也。《史記》梁孝王

---

① 鍾，今《左傳》作"鐘"。

② 四部叢刊本作"干咸反"，是；大徐本古咸切（jiān），《廣韻》胡讒切（xián）。

③《廣韻》又甫遥切。

有櫑尊，誡後世善保之。靁者圜轉之義，故曰不窮。畾者本象其畫文，故曰畾亦聲。指事。來堆反。

【校】節畫，節，當作“飾”。〇櫑尊，今《史記》作“罍尊”。

罍 櫑或從缶。**臣鍇按:**《爾雅》“盎謂之缶”，注曰“盆也。”畾器之大者，故又象作缶也。《春秋左傳》曰:“瓶之罄矣，惟罍之恥。”① 瓶常稟受于罍也。

櫑 櫑或從皿、畾。**臣鍇曰:** 皿，其器也。

䨻 籀文櫑從缶、回。**臣鍇曰:** 回、缶，雷之象也。

【校】回缶，“缶”字衍。

pí
椑 圜榼也。從木，卑聲。頻奚反。

kē
榼 酒器也。從木，盍聲。**臣鍇曰:** 榼之爲言盍也。枯蹋反。

tuǒ
橢 車笭中橢橢器也。從木，隋聲。**臣鍇曰:** 笭，車底簣也；隋者，器長狹中廣而末殺也。此器似之。禿頗反（tuō）②。

【校】隋者，當作“橢者”。

zhuì
槌 關東謂之槌，關西謂之持。從木，追聲。**臣鍇曰:** 今江淮謂之槌，此則架蠶薄之木也。池瑞反。

zhé
持 槌也。從木，特省聲。**臣鍇曰:** 持、特近，今之旁紐，古者質也。知白反。

zhèn
栚（栚）槌之横者也，關西謂之㯳。從木，灷聲。**臣鍇曰:** 其立者謂之槌，横者謂之栚。陳衽反。

liǎn
槤 瑚槤也。從木，連聲。**臣鍇按:** 書傳:“夏之四璉，殷之六瑚，周之八簋。”《周禮·考工記》“夏人上匠③，殷人上梓，周人上輿”，注曰：上，尊也。“湯放桀，疾禮樂之壞而尊梓。”里典反。

① 語本《詩·小雅·蓼莪》。

② 注音依《廣韻》他果切。

③ 夏人，今《周禮》作“夏后氏”。

huàng
櫎 𣚬 所以几器。從木，廣聲。一曰帷屏風之屬是也。**臣鍇曰：** 櫎之言横也。几者，閣也。齊謝惠連《雪賦》曰“月承幌而通輝”，幌即此櫎字。胡晃反。

jú
梮 𣐿 舉食者。從木，具聲。**臣鍇曰：** 如食牀，兩頭有柄，二人對舉之，若今牀。俱燭反。

jì
槧 𣝡 繘耑木也。從木，毄聲。**臣鍇曰：** 繘，井索也。繘耑木，所以關汲桶也。己惠反。

nǐ
檷 𣙺 絡絲檷。從木，爾聲。讀若柅。**臣鍇按：**《字書》：絡絲柎也。柎，足也。名洗反（mǐ）[①]。

【校】讀若柅、柅姤，《釋文》引作“昵”。

jī
機 𣛾 主發謂之機。從木，幾聲。**臣鍇曰：**《尚書》曰：“若虞機張，往省栝于度。”栝，箭受弦處也；機，弩牙，戾也，古或以木。《易》曰“知機其神乎”，機，事之先見也，理之微也，一往而不可庶幾乎。顔子改過爲善，不俟終日改也，時乎！時乎時，不再來，難得而易失者也。故曰：“顔氏之子殆庶幾乎！”顔子改過爲善不俟終日也，故取象於弩牙。子貢謂漢陰丈人曰“有機於此，一日灌百畦”是也[②]。居希反。

【校】庶幾乎，顔子改過爲善，不俟終日改也，當作“返者也，故君子見幾而作，不俟終日也”。鍇蓋借“幾”説“機”，鈔寫者涉下而誤。

shèng
縢 𣟼 機持經者也。從木，舟聲。**臣鍇曰：** 此云機，機杼之機也。詩證反。

zhù
杼 𣏕 機之持緯者。從木，予聲。直與反。

fù
椱 𣖗 機持繒者。從木，复聲。**臣鍇曰：** 椱即軸。符秀反。

【校】持繒，持，承也，受也，故鍇以爲“軸”。段欲改“繒”爲

---

① 注音依《廣韻》奴禮切。

② 灌，今《莊子・天地篇》作“浸”。

"會"，非是。繒者，纖成之帛也；持，受帛也。

^{xuàn} 楥　楥　履法也。從木，爰聲。讀若檍。臣鍇曰：織履中模範也，故曰法。又籬楥多作援，臣以爲楥即籬落之柱也，所以助籬，故謂之援。從手作援木，因呼樹木株爲楥，又從木作此楥字。故謝靈運云"石門所居，激流植楥"。又梁簡文帝詩曰"風吹梅楥香"是也。于券反。

【校】讀若檍，檍，鉉作"指撝"二字。○從手作，"作"字衍。

^{gāi} 核　核　蠻夷以木皮爲篋，狀如籢樽之形也。從木，亥聲。臣鍇曰：籢即鏡匣也，今俗作匳。臣鍇按：此字又音覈。《周禮》曰"其植物宜覈物"，當作此核字，謂桃梅之屬也。又《詩》曰"肴核惟旅"也。苟孩反。

^{péng} 棚　棚　棧也。從木，朋聲。臣鍇曰：棧即棚也。棚，今俗讀。部行反。

【校】俗讀，當作"俗語"，汪作"俗謂"，亦誤。

^{zhàn} 棧　棧　棚也，竹木之車曰棧。從木，戔聲。臣鍇曰：按《周禮》"士乘棧車"，注："棧車，不革不漆也。"[1]《春秋左傳》"逢丑父寢于轏中"，丑父，士也，同此字。助眼反。

^{jiàn} 栫　栫　以柴木雍也。從木，存聲。臣鍇按：《春秋左傳》曰："秦穆公囚晉侯以歸。其夫人穆姬與其太子罃、弘、女簡璧登臺而履薪焉。"[2]按，謂登臺而擁以薪自抗絶也。蓋以簡璧，則《列僊傳》所謂弄玉也。又齊侯執邾子，"囚諸門臺，栫之以棘"是也。徂寸反（zùn）[3]。

【校】齊侯，當作"吳子"。門臺，《左傳》作"樓臺"。

---

① 今《周禮·春官》注："棧車，不革鞔而漆之。"
② 《左傳·僖公十五年》："穆姬聞晉侯將至，以太子罃、弘與女簡璧登臺而履薪焉。"
③ 注音依《廣韻》在甸切。

櫃 櫃　筐當也。從木，國聲。**臣鍇曰**：當者底也。《韓子》曰：玉巵無當，天下足以水。無當，無底也，今俗猶有匡當之言。《蜀史》記諸葛亮與晉宣帝對壘，亮欲挑戰，遺之巾櫃以激辱之。然則櫃，妝匳筐篋之屬也。古悔反。

【校】 天下足以水，當作"不足以盛水"。○巾櫃，今俗作"巾幗"。

梯 梯　木階也。從木，弟聲。**臣鍇按**：《史記》曰："無爲禍梯。"梯即階也。又《山海經》曰"西王母梯几而戴勝"，注曰："梯，凭也。"臣以爲凭則若梯之斜倚著也。他帝反。

根 榐　杖也。從木，長聲。一曰法也。**臣鍇按**：《爾雅》："根謂之樬。"今《説文》以樬字當之，故以此根爲杖。宅爭反。

【校】 樬，此字可證上篆不從"堂"。

桊 桊　牛鼻中桊也。從木，聟聲。**臣鍇曰**：以柔木爲桊，以穿牛鼻也。俱便反。

【校】 桊，鉉作"環"。

椯 椯　箠也。從木，耑聲。一曰揣度也；一曰剟也。**臣鍇曰**：剟，刊削也。兜果反。

欜 欜　弋也。從木，厥聲。一曰門梱也。**臣鍇按**：《爾雅》"橛謂之杙"，注："欜也。"蓋直一段之木也，其初謂之欜、弋、橛，及其入用，各隨所在爲名。故曰在地謂之臬，臬，門限也；大者謂之栱；長者謂之閌。《説文》無杙字，杙只作弋。以此推之，則其前所釋名，古文式字，注彌復有驗也。瞿月反。

【校】 其前，"其"字衍。○釋名，"名"字衍。○古文式，式，當作"弋"。

樴 樴　弋也。從木，戠聲。章直反。

杖 杖　持也。從木，丈聲。直向反。

柭 柭　棓也。從木，犮聲。**臣鍇以爲**：此即《詩》所謂"枝葉未

有害，本實先撥"，撥字如此。北末反。

bàng

榜 榜 柷也。從木，音聲。步項反。

chuí

椎 椎 擊也，齊謂之終葵。從木，隹聲。臣鍇曰：終葵，椎之別名也。故玉珽終葵，首作椎形也。直誰反。

kē

柯 柯 斧柄也。從木，可聲。臣鍇按：《周禮注》："伐木之柯，柄長三尺。"又太公《六韜》有大柯斧也。更和反。

tuō

梲 梲 木杖也。從木，兌聲。他活切，又之説切（zhuō）。

bǐng

柄 柄 柯也。從木，丙聲。鄙命反（bìng）。

　　棅 棅 或從秉。臣鍇按：《史記・天官書》斗柄字多作此。或作秉。

bì

柲 柲 欑也。從木，必聲。臣鍇按：欑即矛戟柄，亦謂之廬，亦曰矜。《周禮・考工記》："秦無廬。"非無廬也，夫人而能爲也。臣謂積竹木，謂合竹木爲之也，若今之杖多然。筆媚反。

【校】積竹木，木，當作"杖"。

cuán

欑 欑 積竹杖也。從木，贊聲。一曰穿；一曰蔘木。臣鍇曰：訓穿即鑽字也，蔘即音巑也。全九反。

【校】蔘即音巑，當作"訓叢則音巑"。

chì

屎 屎 籰柄也。從木，尸聲。臣鍇曰：籰即今絡絲籰也。屎，其柄也。敕稚反。

　　柅 柅 屎或從木，尼聲。臣鍇按：《周易》"繫于金柅"是也。

bēng

榜 榜 所以輔弓弩。從木，旁聲。臣鍇曰：正弓弩之體也。補爭反。

qíng

檠 檠 榜也。從木，敬聲。臣鍇按：《禮》曰"操弓不反檠"，《韓詩外傳》曰"道可以爲人之輔檠"是也。虔迎反。

【校】操弓不反檠，見《孔子家語》。

yǐn

隱 隱 栝也。從木，隱省聲。臣鍇按：《尚書》有隱栝之也。隱，

審也；栝，撿栝也。此即正邪曲之器也。荀卿子曰“隱栝之側多曲木”是也，古今皆借隱字爲之。于靳反（yìn）[1]。

【校】《尚書》有隱栝之也，當作“《尚書大傳》隱栝之旁多曲木”。○隱栝之側多曲木，當作“示之隱栝”四字。按：今《尚書大傳》《荀子》俱作“𡐈”，不作“隱”。

栝 檛 欘也。從木，昏聲。一曰矢栝，築弦處。臣鍇按：《尚書》曰“往省括于度”是也。古活反。

棊 蕪 博棊。從木，其聲。臣鍇曰：棊者，方正之名也，古通謂博弈之子爲棊，故枰蒲之子用木爲之也。按《楚辭》：“菎蔽象棊有六博。”注謂以菎玉作簿箸也，即今枰蒲馬也。象棊以象牙飾棊，今枰蒲矢亦四棊也，故曰以六箸行六棊爲六博。《韓子》“秦昭王使人以鉤梯上華山，以松柏爲博箭，長八寸”是也[2]。《春秋左傳》曰“弈者舉棊不定，不勝其偶”，《山海經》曰“帝臺之棊，五色而文，大如鶉卵”是也。渠知反。

【校】作簿箸，作，當爲“飾”。○四棊，四，當作“曰”。○以六箸，以，當作“投”。○箭長八寸，當作“箭長八尺，棊長八寸”。

椄 檔 續木也。從木，妾聲。節攝反。

桳 䊷 桳雙也。從木，夆聲。臣鍇按：《字書》：桳，雙帆上木也。侯邦反。

【校】帆上木，當依《廣韻》作“帆未張”。

栝 㨾 炊竈木。從木，舌聲。臣鍇曰：添竈木也。他念反。

【校】添竈木也，當作“栝，竈橁也”。《廣韻》曰：“橁，火杖也。”

槽 櫵 畜獸之食器[3]。從木，曹聲。殘高反。

---

[1]　注音依大徐本於謹切。

[2]　今《韓非子·外儲説左上》作：“秦昭王令工施鉤梯而上華山，以松柏之心爲博箭，長八尺。”

[3]　《説文木部殘卷》：“槽，獸食器也。”可證今本“畜、之”二字衍。段注作“畐之食器”。

臬 ^{niè} 梟 射準的也。從木，自聲。臣鍇曰：射之高下準的也。魚滅反。

桶 ^{tǒng} 桶 木方受六升。從木，甬聲。他奉反。

櫓 ^{lǔ} 櫓 大盾也。從木，魯聲。臣鍇按：許慎所言櫓即盾也。古説《尚書·武成篇》者亦曰“血流漂櫓也”。又城上白露屋亦名爲櫓。一曰戰陳高巢車亦爲櫓也。勒古反。

　　樐 樐 或從鹵。臣鍇曰：鹵聲。

柎 ^{fū} 柎 闌足也。從木，付聲。甫無反。

枹 ^{fū} 枹 擊鼓杖也^①。從木，包聲。甫無反。

樂 ^{yuè} 樂 五聲八音總名。象鼓鞞。木，虡也。臣鍇曰：《通論》備矣。逆捉反。

椌 ^{qiāng} 椌 柷樂也。從木，空聲。臣鍇曰：古亦謂之椌楬也。苦尨反。

柷 ^{zhù} 柷 樂，木工用柷聲音爲亨。從木，祝省聲。臣鍇按：《字書》：柷之言始也。隻逐反。

【校】 樂，木工用柷聲音爲亨。按：此及《韻會》、鉉本不同，而皆有誤，疑當作“樂，木空以止聲音爲節”。“空”即“椌”也。止者，鼓柷之器。見《爾雅》。

槧 ^{qiàn} 槧 牘樸也。從木，斬聲。臣鍇曰：牘樸謂始削麤樸也。自淡反。

札 ^{zhá} 札 牒也。從木，乙聲。臣鍇曰：牒亦木牘也。側滑反。

檢 ^{jiǎn} 檢 書署也。從木，僉聲。臣鍇曰：書函之蓋也，玉刻其上，繩緘之，然後填以金泥，題書而印之也。大唐開元封禪禮爲石函，

---

① 《玄應》卷十八《成實論》“鼓桴”，《慧琳》卷三十一《大乘密嚴經》“枹敦”、卷三十三《佛説老女人經》“枹打鼓”、卷八十四《古今譯經圖記》“枹鼓”、卷九十五《弘明集》“枹加”皆引《説文》作“擊鼓柄也”，《文選·王元長〈曲水詩序〉》李善注亦引作“擊鼓柄也”，可證今本“杖”乃“柄”之誤。

以盛玉牒，用石檢也。其閃反。

檄 檄 二尺書。從木，敫聲。**臣鍇按**：檄，徵兵之書也。漢高祖曰："吾以羽檄徵天下兵，有急則插以羽也。"又《爾雅》木"無枝爲檄"注："檄櫂直上也。"顛狄反 [①]。

栔 栔 傳書也。從木，啟省聲。**臣鍇按**：《宋書》王曇首曰：臣不見"白虎幡銀字栔"是也。然則栔，幡也。崔豹《古今注》有"信幡"以傳詔命。一曰栔，載衣也。溪禰反。

桼 桼 車歷録束交也。從木，孜聲。《詩》曰："五桼梁輈。"**臣鍇**曰：謂車輈上木也。門逐反。

【校】束交，鉉作"束文"。○輈上木，木，當依《韻會》作"束"。

柧 柧 行馬也。從木，互聲。《周禮》曰："設柧柧再重。"**臣鍇按**：《周禮》掌舍之職也，注曰：若今之行馬也。臣謂此所以爲衞也，漢魏三公門施行馬。柧者，交互其木也。渾素反。

桵 桵 桵柧。從木，陛省聲。比鬼反。

极 极 驢上負也。從木，及聲。讀若急。**臣鍇按**：今人爲木牀，以跨驢背以負載物，即古之极也。古人多言負笈，謂自負之也。极即笈字，极之言篋也。其輙反。

袪 袪 极也。從木，去聲。遣如反。

槅 槅 大車槅。從木，鬲聲。**臣鍇按**：張衡《西京賦》曰"商旅連槅"是也。溝戹反。

【校】連槅，《文選》"連"作"聯"。

樔 樔 車轂中空也。從木，喿聲。讀若藪。**臣鍇**曰：車轂中貫軸處也。《周禮》作藪，假借也。數鵖反。

楇 楇 盛膏器。從木，咼聲。讀若過。**臣鍇按**：古者車行，其軸

① 注音依《廣韻》胡狄切。顛，待考。

當常滑易，故常載脂膏以塗軸也，此即其器也。故《春秋後語》淳于髡説鄒忌曰"豨膏棘軸，所以爲滑"，棘即棗，亦堅緻滑易之木也。《周禮》"牛羊屬爲脂，豕屬爲膏"。又齊人謂淳于髡爲"炙輠"，謂其言長而有味如炙輠器，雖久而膏不盡也。骨朵反。

【校】炙輠，按《史記》作"炙轂"。過，裴注劉向《别録》"過"作"輠"。"輠、輠"古今字。

柳 柳 馬柱。從木，卬聲。一曰堅也。**臣鍇按**：陳壽《蜀書》：督郵以公事詣蜀先主縣，主謁之不見，解綬縛督郵馬柳。又：晉王謐縛宋武帝于馬柳。今京師有馬柳洲也。謂之柳者，旁有一杙卬起也。我亢反。

梏 梏 梏斗，可射鼠。從木，固聲。**臣鍇按**：此即今人鑿木爲斗，上施柄，安弓爲機以射鼠是也。梏之言錮也，護也。骨度反。

樏 樏 山行所乘者。從木，纍聲。《虞書》曰："予乘四載：水行乘舟，陸行乘車，山行乘樏，澤行乘輴。"**臣鍇按**：經傳説四載甚多，紛紜不定。《史記》曰"陸行乘車，水行乘船，泥行乘橇，山行乘檋"，孟康注："橇形如箕，擿行泥上。"如淳曰："橇音茅蕝之蕝，謂以版置泥上以通行路。"徐廣曰："檋一作橋，音丘遥反。"如淳曰："檋謂以鐵如錐頭，長半寸，施于履下，則不蹉跌。"此其昭顯也。**臣鍇按**：《字書》：橇音蹻，踏擿行。臣以爲，今優戲有踏蹻，爲木腳以行，禹既爲司空，則不當如此履危。若版置泥上以通行路，泥少則車能涉之，泥長則運其版者不亦勞乎？版上又當乘車，孰若乘輴以行泥之易乎？若如如淳所言，履下施鐵錐，即今木屐耳，何謂乘乎？況以行山土猶可，以行山石，鐵錐復何以安之？謝靈運，古之巧性者，世閒器用，多所改易以從簡，又好山行，但作去齒之屐耳。若橇爲便易，靈運便應爲之而不作屐。則孔安國所説與許慎同。山行乘樏，臣謂以纆索繫木以自固而行。晉鄧艾伐蜀以氈自裹，縣繩以墜是也。輴即輴也，若下棺車而無旁壁及蓋，凡行深泥有輻即礙，故此輴全木爲輪而無輻，利以行

泥，若今曳木石拖車然。故《周禮》曰"凡爲輪，行澤者欲杼"，注："杼，謂削薄其踐地者。"故曰"杼以行澤，則是刀以割塗也。是故塗不附"是也。塗，泥也，是古有行泥之車也，故後漢馬少游云"下澤車"。臣鍇以爲《史記》所言樏，音桐，即近《周禮》所言輂車，謂以索繫木自固，使人轝之以行也，則是安國所言欙也。欙字從壘，亦應可以音壘也。以形聲言之，亦音當近軹，安國所言輴也。如此則《史記》所説四載與安國同，但師説口傳而文字異，故致孟康、如淳妄解之也。臣又按：仙書有乘毛車以渡弱水。毛，壘也。又《抱朴子》有步蹻法，故僞書有《龍蹻經》，謂近天有剛氣，可以勝人爲術以步之也。如此之説雖近，而終未可通于古書傳，臣鍇不敢述也。司馬遷在漢武帝時，舊周之史氏，其爲學也最博，其遊行也最周，又考以方國之語、故老之記。而孔安國親承聖人之後，其爲學也詳慎，其爲《尚書傳》，有與史遷異處而暗同，其爲説合今古之情理。至唐太宗、文武皇帝詔儒臣爲孔氏《尚書》正義，列于學官，百家不能易。臣以爲許慎居後漢之末，抑諸家之雜説，從安國之雅言，居七百年之前而暗合後聖，自非沮誦降靈命世，其孰與此乎？力龜反。

【校】踏摘，錢鈔作"蹋蹢"。〇人轝之以行，按：《周禮注》"轝，駕馬；輦，人輓"，鍇以"轝"爲"人轝"，疑誤。

榷 権（què）

水上橫木，所以渡者也。從木，隺聲。臣鍇曰：此即今所謂水杓橋也。榷之言罩也，人謂粗略而舉之謂之楊榷也。江岳反（jué）。

橋 橋（qiáo）

水梁也。從木，喬聲。臣鍇曰：橋之言矯也，矯然也。又象人之趫捷，能跨越也。伎昭反。

【校】矯也，《韻會》作"趫也"。按："也"字衍，當以"矯矯"連文。

梁 梁（liáng）

水橋也。從木從水，刅聲。臣鍇曰：刅音創。或曰石渡水爲梁。《詩》曰："敝笱在梁。"此皆謂長岸入水，或以之渡，或以遏水取魚。又《詩》"造舟爲梁"，即今浮橋也。三者雖異，其橫爲梁之義則同。古蓋未有跨水之橋，故《六韜》有飛杠以越大水，

即今之橋可以施、可以徹者。張衡《思玄賦》曰"亘驪龍之飛梁"是也。又屋梁，《釋名》曰："梁者，屋梁也。"其絕水之梁義同。柳昌反。

【校】石渡水，按《詩傳》當作"石絕水"。〇入水，當作"絕水"。〇驪，《文選》作"螭"。〇屋梁也，按《釋名》當作"彊梁也"。

𣗳 古文。臣鍇曰：從兩木。一，梁之中橫象。從水。指事。

sāo

梭（橪）橪 船總名。從木，叜聲。臣鍇曰：今俗言船一梭也。素叨反。

fá

橃 橃 海中大船。從木，撥省聲。扶月反。

jí

楫 楫 舟櫂也。從木，咠聲。臣鍇曰：櫂音桭效反，即橈也。節攝反（jiē）。

lǐ

欚 欚 江中大船名。從木，蠡聲。蓮弟反。

jiào

校 校 木囚也。從木，交聲。臣鍇按：校者，連木也。《易》曰"何校滅耳"，此桎也。屨校滅趾，梏也。又《漢書》校獵，謂連接木以闌禽獸。又軍中有校隊，亦是也。木缶者，謂以木爲缶形相連接也。韓信以木罌渡軍，義亦相類也。角效反。

【校】木囚，按鍇説當作"木缶"。囚，鉉所改也，不可從。蓋許若以"校"爲拘囚器，則當與"桎、梏"相次，此與"楫、欚"爲次，則當以鍇説爲是。

cháo

樔 樔 澤中守艸樓。從木，巢聲。臣鍇曰：謂其高若鳥巢也，今田中守稻屋然。《春秋左傳》"楚子登樔車以望"是也。事交反。

【校】"稻屋"下當有"亦"字。〇今《左》作"巢"。

cǎi

采 采 捋取也。從木、爪。臣鍇曰：會意。七海反。

fèi

柿 柿 削木，札朴也①。從木，宋聲。陳楚謂之札柿。臣鍇曰：

---

① 《説文木部殘卷》："柿，削木朴也。"《玄應》卷十八《立世阿毗曇論》"木柿"引《説文》與唐本同，據此今本"札"字衍。

札即木牘也。《後漢書·方術·楊由傳》云"風吹削柹"是也。弗乂反。

【校】削柹，柹，《後漢書》作"哺"，注云："哺當爲柹。"

héng
橫　橫　闌木也。從木，黃聲。户更反。

jiā
梜　梜　檢柙也。從木，夾聲。臣鍇曰：謂書封函之上恐磨滅文字，更以一版于上柙護之。今人作柙，古封禪玉檢上用柙也。今人言文書柙署是也。苟揖反。

guàng
桄　桄　充也。從木，光聲。臣鍇曰：取木充滿之義，今言牀桄是也。工曠反。

zuì
檇　檇　以木有所擣也。從木，雟聲。《春秋傳》曰："越敗吳於檇李。"臣鍇按：杜預《春秋釋例》曰："今吳郡嘉興醉李城也。"子堆反。

zhuó
椓　椓　擊也。從木，豕聲。臣鍇按：《春秋左傳》曰"太子又使諑之"，《楚辭》曰"謡諑謂余之善淫"，古皆用此字也。輆角反。

【校】諑之，今《左》正作"椓之"。

chéng
打　打　橦也。從木，丁聲。宅耕反。

gū
柧　柧　棱。從木，瓜聲。又柧棱，殿堂上最高之處也。臣鍇按：《史記》曰："漢興，破柧爲圜。"[1]《字書》曰：三棱爲柧。木此字，假借觚字。又班固《西都賦》曰："設璧門之鳳闕，上柧棱而棲金雀。"臣鍇以爲最高轉角處也。古呼反。

【校】木此字，木，當作"本"[2]。

léng
棱　棱　柧也。從木，夌聲。婁登反。

niè
櫱　櫱　伐木餘也。從木，獻聲。《商書》："若顛木之有餘櫱。"顏過反（è）[3]。

___

① 今《史記·酷吏列傳》："漢興，破觚而爲圜。"
② 四部叢刊本作"本"。
③ 《廣韻》櫱，五割切；蘖，魚列切。

【校】餘櫱，餘，當作"枲"，見马部。今《書》作"由櫱"。

不𣎵　古文櫱從木無頭。臣鍇曰：指事也。

榟𣎶　此亦古文櫱。

櫱𣂁　櫱或從木，辥聲。

píng

枰𣐊　平也。從木，平聲。臣鍇曰：今謂棊局爲枰，亦言上平也。韋昭《博弈論》曰"思不出乎一枰"是也[1]。又枰仲，木名。左思《吳都賦》曰"平仲君遷"是也。弼兵反。

lā

拉𣒕　折木。從木，立聲。臣鍇曰：楬折之殺也。"魯公使公子彭生拉而殺之"是也。勒沓反。

【校】楬折之殺也，當作"拉猶拉折也"。○魯公，當作"齊侯"。○拉而殺之，拉，當作"拉"，見《史記》。《公羊傳》作"搚"。

zhà

槎𣓣　斫也。從木，差聲。《春秋傳》曰："山木不槎。"臣鍇按：此《公羊傳》之言，傳寫脱兩字也。仕鲊反。

【校】斫也，當依鉉作"衺斫也"[2]。○山木，鉉無"木"字，此蓋"不"之譌衍字。○《公羊傳》，當作"《國語》"，《公羊》無所引語也。○寫脱兩字，兩，當作"櫱"，《國語》云"山不槎櫱"。

nà

柮𣒑　斷也。從木，出聲。讀若《爾雅》"貀，無前足"之"貀"。臣鍇曰：柮之言兀也。女滑反。

táo

檮(檮)𣒑　斷木也。從木，𩵋聲。《春秋傳》曰："檮柮。"臣鍇按：孟子曰："楚謂之檮杌，晉謂之乘，魯謂之春秋。"乘者無所不載也。檮杌，惡木也，主于記惡，以爲戒也。杌、柮同。特豪反。

【校】檮柮，今《左》作"檮杌"。

xī

析𣓀　破木也。從木，斤聲。一曰折也。臣鍇按：《詩》曰"析薪杝矣"是也。星激反。

---

① 韋昭《博弈論》作："然其所志不出一枰之上。"

② 四部叢刊本作"邪斫也"，與大徐同。

㯑 㯑　木薪也。從木，取聲。臣鍇按：《禮記》：“鳳皇騶麟皆在郊㯑。”郊者，薪木之所也。側丘反。

【校】騶，《禮》作“麒”。

梡 梡　梡，木薪也。從木，完聲。臣鍇曰：梡，混也，不破之木也。《禮記》説：“有虞氏謂之梡。”注曰：“斷木爲之也。”[1] 臣鍇以爲亦混成而爲之也。胡本反。

棞 棞　梡木未析也。從木，圂聲。胡昆反。

楄 楄　楄部，方木也。從木，扁聲。《春秋傳》曰：楄部薦榦。臣鍇按：《春秋左傳》作“楄柎”是也。又按：《周禮·考工記》謂車蓋上斗爲部爲方之名也。屏堅反。

【校】薦榦，今《左》作“藉榦”。

楅 楅　以木有所逼束。從木，畐聲。《詩》曰：“夏而楅衡。”臣鍇按：楅衡以防牛觸人，故以一木橫於角耑也。衡，橫也。彼即反。

枼 枼　楄也；枼，薄也。從木，世聲。臣鍇曰：楄者，闊也。枼之言葉也，如木葉之薄也。亦接反。

【校】楄也枼薄也，錢鈔作“編也；葉薄也”。按鍇説，錢本爲是，此或依鉉改也。○楄者，亦宜作“編者”。

樵 樵　積火燎之也。從木從火，酉聲。《詩》曰：“薪之樵之。”《周禮》：“以樵燎祠司中、司命。”臣鍇曰：樵燎，祭名也。羊狩反[2]。

【校】積火，《玉篇》作“積木”。○祠，今《周禮》作“祀”。

禉 禉　柴祭天神。或從示。

休 休　息止也。從人依木。喜彪反。

庥 庥　休或從广。

桓 桓　竟也。從木，恆聲。臣鍇曰：竟者，竟極之也，橫亘之

---

① 《禮記·明堂位》：“俎，有虞氏以梡。”注：“梡，斷木爲四足而已。”

② 《廣韻》又與久切（yǒu）。

也。都互反①。

互 互 古文梁。臣鍇曰：舟竟兩岸也。《詩》曰："造舟爲梁。"梁，橫互也。

械 械 桎梏也。從木，戒聲。一曰器之總名；一曰持；一曰有盛爲械，無盛爲器。恆介反。

【校】有盛爲械，按：《車攻》詩《釋文》云"無所盛曰械"，與此異。

杽 杽 械也。從木、手，手亦聲②。臣鍇曰：義取木在乎手，會意。縠紐反（jiǔ）③。

桎 桎 足械也④。從木，至聲。臣鍇曰：桎之言躓也，躓礙之也。之日反。

梏 梏 手械也，所以告天也。從木，告聲。臣鍇曰：械之以告天也。《尚書》曰："天討有罪，五刑五用哉！"骨僕反。

櫪 櫪 櫪㯕，椑指也⑤。從木，歷聲。臣鍇曰：以木椑十指而縛之也。連的反。

【校】椑，段云當作"柙"，兩見。

㯕 㯕 櫪㯕也。從木，斯聲。斯低反。

閑 閑 止也。從木、門。臣鍇曰：閑猶闌也。《易》曰："閑有家。"陶潛有《閑情賦》，謂：自閑止其情欲也。候艱反。

【校】鉉木部無此篆，蓋鉉入門部，鍇入木部也。今鍇門部有"閑"

────────────

① 注音依《集韻》居鄧切，今讀 gèn。都，待考。
② 《説文木部殘卷》："杽，械也。從木，手亦聲。讀若丑。"據此，今本脱"讀若丑"三字，宜據補。
③ 注音依《廣韻》敍久切。
④ 《説文木部殘卷》："桎，足械也，所以質地。"《慧琳》卷十三《大寶積經》"桎梏"注："《説文》：桎，足械也，在以桎地也。""在"爲"所"形誤，"桎"爲"質"之誤。《慧琳》卷八十四《集古今佛道論衡》"桎梏"注："《説文》：桎，足械也，所以桎地也。""桎"爲"質"之誤。據諸引，今本脱"所以質地"四字，宜據補。
⑤ 椑指，《説文木部殘卷》作"柙指"。

者，猶毛扆于鉉本木部末增之也。○“猶闌也”下當依《韻會》補“以木距門也，會意”七字。

jiàn
檻　櫳也。從木，監聲。一曰圈。**臣鍇曰：**古謂檻車，又舟檻。又軒櫺之下爲櫺曰闌，以版曰軒曰檻，以檻禽獸故曰圈。寒犯反（xiàn）。

【校】軒櫺，《韻會》作“軒窗”。○“以檻”上當有“又檻”二字。

lóng
櫳　檻也。從木，龍聲。來充反。

xiá
柙　檻也。以藏虎兕[①]。從木，甲聲。**臣鍇按：**《論語》曰：“虎兕出於柙。”又《穆天子傳》曰：“七萃之士高奔戎捕虎生獻之，天子命爲柙，養之于東虞，謂其地曰虎牢。”今鄭州也。鶯甲反（yā）[②]。

　　㘥　古文柙從口。**臣鍇曰：**口，匣之象也，屮，其物也。

guān
棺　關也。所以掩尸[③]。從木，官聲。古安反。

chèn
櫬　棺也。從木，親聲。《春秋傳》曰：“士輿櫬。”是[④]。**臣鍇按：**《爾雅》：“又木槿也。”初僅反。

huì
槥　棺櫝也。從木，彗聲。相衛反（suì）。

guō
槨（椁）　葬有木郭也。從木，𩫏聲。昆霍反。

jié
楬　楬桀也。從木，曷聲。《春秋傳》曰：“楬而書之。”[⑤] **臣鍇曰：**楬，舉也。《周禮》遺物者“楬而書之”，此言《春秋》，傳寫之誤。其熱反。

---

① 《説文木部殘卷》作“可以盛藏虎兕”。

② 注音依《廣韻》胡甲切。

③ 《説文木部殘卷》：“棺，關也，所以掩屍。”“屍、尸”義別，今本作“尸”，誤，宜據改。又，《初學記》卷十四“死喪第八”：“《説文》曰：棺，關也，可以掩屍。”亦作“屍”，亦可證今本之誤。

④ 大徐無此字。

⑤ 《説文木部殘卷》：“楬，楬櫫也。從木，曷聲。《周禮》曰：楬而書之。”今本“桀”乃“櫫”之誤。《玄應》卷十四《四分律》“橫”注：“律文作楬，《説文》：巨列反，楬櫫杙也。又《周禮》云：楬而書之。”亦可證今本之誤。

【校】楬桀，《韻會》兩引：一作"楬桀也"，一作"杙也，桀也"。按：當以"揭桀"爲是，見《周禮·職金》鄭注。

梟 梟 不孝鳥也。日至，捕梟磔之。從鳥在木上。**臣鍇按**：《漢儀》以夏至爲梟羹，以賜百官，欲絶其類也。夏至微陰始起，育萬物，梟害其母，故以此日殺之也。堅蕭反（jiāo）。

【校】當作梟。鉉本云"從鳥頭在木上"，故作梟。此云"從鳥在木上"，與張參《五經文字》合，則當作梟也。至梟首字，自當作"梟"耳。

棐 棐 輔也。從木，非聲。**臣鍇按**：棐，輔也。輔即弓檠也，故棐從木。又木名。按羊欣《筆法》云："王羲之見其門生，棐几滑淨，即書之。"**臣鍇按**：棐木似杉而細白也。斧尾反。

梴 梴 木長也。從木，延聲。《詩》曰："松桷有梴。"敕連反。

檕 檕 木也。可以爲車軸材。從木，齊聲。**臣鍇按**：《爾雅》："檕，白棗。"注曰："白棗，白熟者也。"子泥反。

樸 樸 棗也。從木，僕聲。**臣鍇按**：《爾雅》"樸，枹者"，注以《詩》"棫樸"言"枹樸"也。按《爾雅·釋木》方説諸棗，而連屬云"樸，枹者"，則注解者自然以此樸爲棗也。許慎所引《爾雅注》在張揖以前，而今學官所列及臣鍇所引是晉郭璞注，所以有與許慎不同也。蒲伏反。

【校】説諸棗而連屬云樸枹，今《爾雅》中閒"櫬、梧"二字。

文四百二十三　重三十八

【校】（文四百二十三）鉉作四百二十一。按：此較鉉本多一"閑"篆，少"檍、檜、樿、杞"四篆。"檍"即"櫄"譌文，"檜"字無考，"樿"與"枰"爲古今字。段移"柖"篆重文"樨"入"樿"下，未是。《小雅》"薪是穫薪"，正與《豳風》"薪樗"合，不必因"樗、穫"不同聲而疑之也。"杞"已見"屎"重文，鍇無之，是也。鍇少于鉉三文，都數當減于鉉，而反增之者，計者之譌也。今實核爲四百十九字。又

按："櫆"篆爲鉉補字，非鍇所有，而"槰、樴、椋、榛、棁"五篆作切音，皆次立所補也，當依例補次立説。其有仍鉉音而作"反"者，如"樫、栭、樛、椅、楝、桊、榆、櫐、樀、朴、檼、梠、槏、梍、案、榼、棓、桶、柎、枹、朾"諸篆，亦疑是次立補。

dōng
東 動也。從日在木中。凡東之屬皆從東。**臣鍇曰：**東方，萬物所甲坼萌動，平秩東作，故爲動也。其字釋注論之詳矣。得紅反。

【校】"動也"下鉉有"從木，官溥説"五字。

zāo
棘 二東，曹從此。闕。**臣鍇按：**《説文》舊本無音，今字書音曹。云闕者，無聞焉爾。祖叨反。

文二

lín
林 平土有叢木曰林。從二木。凡林之屬皆從林。**臣鍇曰：**叢木，故從二木。平土，故二木齊。力尋反。

wú
霖(無) 豐也。從林、㚘。或説規模字。從大；卌，數之積也；林者，木之多也。卌與庶同意也。《商書》曰："庶艸繁無。"**臣鍇曰：**或説㚘爲規模之模字，諸部無之者，不審信也。庶從廿，廿亦眾意。今人書"繁無"作蕪，《説文》以蕪爲蕪穢也，音武夫反。"庶艸繁蕪"，蕪，盛也，音武。文區反。

【校】繁無，今《書》作"蕃廡"。

yù
鬱 木叢生者。從林，鬱省聲。**臣鍇曰：**此森鬱字；鬱，鬱鬯字。迂拂反。

chǔ
楚 叢木；一名荊也。從林，疋聲。**臣鍇曰：**荊性亦叢生。齊謝朓詩曰"平楚正蒼然"，平楚，叢木廣遠也。襯許反。

chēn
棽 木枝條棽儷皃。從林，今聲。**臣鍇曰：**繁蔚之皃。班固《東都賦》曰"鳳蓋棽纚"，義同。敕林反。

【校】棽纚，《文選》作"棽麗"。

茂　^{mào}
椴 栿　木盛也。從林，矛聲。臣鍇曰：木盛，故從林。莫透反。

麓　^{lù}
麓 麤　守山林吏也。從林，鹿聲。一曰林屬於山爲麓。《春秋左傳》曰："沙麓崩。"臣鍇按：《周禮》：虞衡掌山澤林麓十若干人，《春秋左傳》曰"山林之木，衡鹿守之"是也。盧木反。

　　禁 纝　古文。臣鍇曰：录聲。

棼　^{fén}
棼 棼　複屋棟也。從林，分聲。臣鍇曰：複屋皆重梁也。符分反。

森　^{sēn}
森 森　木多皃。從林從木。讀若曾參之參。臣鍇曰：木多，故上出也。所今反。

文九　重一

說文解字通釋卷第十二

繫傳十二

文林郎守祕書省校書郎臣徐鍇傳釋

朝散大夫行祕書省校書郎臣朱翱反切

二十二部　文三百二十四　重二十一

才 **才** 艸木之初也。從丨上貫一，將生枝葉。一，地也。凡才之屬皆從才。臣鍇曰：丨，艸木也；上一，初生歧枝也；下一，地也。古亦用此爲纔始字。又引古文《尚書》者，亦用此爲"哉生魄"字。此一部內無字而云凡才之屬者，爲有材、財及㘦，從才在他部也。錢來反。

【校】丨艸木，木，當作"本"。

文一

叒 **叒** 日初出東方暘谷，所登榑木，桑木也。象形。凡叒之屬者皆從叒。臣鍇曰：叒木即榑桑，《十洲記》説：榑桑兩兩相扶，故從三又，象桑之婀娜也。《爾雅》曰："桑，柳醜，條。"注曰：桑，柳類，"婀娜垂條也。"此又不音右，直象形耳。東方木德，故有神桑。耳略反。

【校】暘谷，當依鉉作"湯谷"，《楚辭》《淮南子》《山海經》皆作"湯谷"。○榑木桑木，當作"榑桑叒木"。○婀娜，《爾雅注》作"阿那"。

叒 **叒** 籀文。

桑 **桑** 蠶所食葉木。從木，叒聲。臣鍇曰：此蠶所食，異於東方

自然之神木，加木以別之。自然桑字象形而簡也。斯郎反。

【校】從木叒聲，當依鉉作"從叒、木"。

文二　重一

zhī

之 㞢　出也。象艸過中，枝莖益大，有所之。一者，地也。凡之之屬皆從之。臣鍇曰：按《春秋傳》"將之晉、將之齊"，是之謂出也。之者，枝也，象艸木之枝東西旁出，而常連於根本也。孔子在齊曰"歸歟"，孔曰："奈何去墳墓也。"象形。真而反。

【校】孔曰，當作"《禮》曰"。

huáng

㞷 㞷　艸木妄生。從之在土上。讀若皇。臣鍇曰：妄生，謂非所生而生。史曰"芳蘭當門"，又"莠生門上"，故從之在土上。土上益高，非其宜也。會意。戶荒反。

㞷 㞷　古文。臣鍇曰：壬者，厚也，與土義同。

【校】鉉無此篆。

文二　重一

zā

帀 帀　周也。從反之而帀也。凡帀之屬皆從帀。周盛説。臣鍇曰：日一日行一度，一歲往反而周帀也。周盛，當時之説文字者。指事。子荅反。

shī

師 師　二千五百人爲師。從𠂤、帀。四帀，衆意。臣鍇曰：周制也。帀者，圍帀也。𠂤音堆。《春秋傳》曰："如山如陵，有夫出征。"王粲《從軍詩》曰："消摇河隄上，左右望我軍。"《易》曰："師左次。"會意。申之反。

【校】四帀，當作"𠂤帀"①。〇如山如陵，《左傳》作"兆如山陵"。

𡮂 𡮂　古文。

文二　重一

chū

出 ⼬　進也。象艸木益滋，上出達也。凡出之屬皆從出。臣鍇曰：

---

① 四帀，大徐作"𠂤，四帀"。

《易》曰"或出或處"，出爲進也。根盛則能上出，下根亦跳出也。象形。尺律反。

敖（敖） 游也。從出，放聲。臣鍇曰：《詩》曰："微我無酒，以敖以遊。"出放爲敖也，會意。言高反。

【校】放聲，"聲"字衍。按：此篆已見放部，當是鉉入放部，鍇入出部，後人互增，遂成轉轉之譌。

賣 出物貨也[1]。從出，買聲。臣鍇曰：布帛不中度，木不中伐，魚鼈不中殺，不鬻於市。貨精，故出則買之也。會意。母戒反。

【校】買聲，"聲"字衍。

黜 禦黜，不安也。從出，臬聲。《易》曰："劓黜困于赤芾。"臣鍇曰：物不安則出不在也。《易》曰"困于葛藟，于臲卼"，注云：出則爲所繫，歸則不能自安，故困也。五結反。

【校】劓黜困于赤芾，劓，當依鉉作"禦"，"困于赤芾"四字衍。按：此乃後人襲陸氏《釋文》之誤而改也。《釋文》云："臲，《説文》作劓。""臲"乃"劓"之譌，謂五爻"劓刖"也，後人不察，誤以"禦黜"當之，遂妄增"困于赤芾"四字。參鍇説，固明指上爻也，今《易》作"臲卼"。

糶 出穀也。從出從糴，糴亦聲。他弔切。

文五

【校】"糶"篆次立增，當例補次立説。

宋 艸木盛宋宋然。象形。八聲。凡宋之屬皆從宋。讀若輩。臣鍇曰：當言八亦聲，傳寫誤少亦。溥末反。

㞷 艸木㞷孛之皃也。從宋，眥聲。臣鍇曰：㞷孛，㞷盛四散之皃。故彗、㞷聲相近。魚卉反。

---

① 《慧琳》卷十四《大寶積經》、卷三十六《蘇婆呼經》"衒賣"、卷六十五《五百問事經》"販賣"三引《説文》作"出物也"，疑今本"貨"衍。

索 _{suǒ} 艸有莖葉，可作繩索。從宋，糸聲。杜林說：宋亦朱市字。臣鍇曰：宋，韋繩也。麻、芒、蒲，是皆艸可爲繩索也。思落反。

【校】糸聲，"聲"字衍。○宋，韋繩也，當作"索，艸繩也"。

孛 _{bèi} 𡧑也。從宋，人色也，從子。《論語》"色孛如也"是此。臣鍇曰：言人色勃然壯盛，似艸木之茂也。子，人也。從子者，小子不能言，以色知之也。會意。蒲妹反。

【校】孛如，今《論語》作"勃如"。

宋 _{zǐ} 止也。從宋盛而從一橫止之皃也。臣鍇曰：按《字書》：蔽宋小兒。即似反。

【校】而從一橫止之皃，鉉無"從、皃"二字。○蔽宋小兒，按：此鍇誤以"宋"爲"蔽芾"字，不可從。"蔽芾"之"芾"，疑即"宋"字。

南 _{nán} 艸木至南方有枝任也。從宋，羊聲。臣鍇曰：南方主化育，故曰有枝任也。《毛詩》或用南爲任音也。羊音荏。叔甘反[①]。

　　峯 峯 古文。

文六　重一

生 _{shēng} 進也。象艸木生出土上。凡生之屬皆從生。臣鍇曰：土者，吐出萬物。《尚書》曰：丕冒海隅蒼生。《春秋傳》曰"食土之毛"，故生從屮、土。色庚反。

丰 _{fēng} 艸盛丰丰也。從生，上下達也。臣鍇曰：察艸之生上盛者，其下必深根也。甫蛩反。

產 _{chǎn} 生也。從生，彥省聲。所限反。

隆（隆）_{lóng} 豐大也。從生，降聲。臣鍇曰：生而不已，必豐大也，故《詩》曰"既生既育"。《春秋傳》引《詩》曰"文王陟降"，亦或音爲降字。柳童反。

────────

① 注音依《廣韻》那含切。叔，疑當作"奴"。

【校】音爲降，降，疑當作“隆”。

ruí
甤 艸木實甤甤也。從生，豕聲。豨字讀若綏。**臣鍇曰：**豕、甤聲相近。生子之多，莫若豕也。**耳隹反**。

【校】豨字讀若綏，鉉無“豨字”二字，《韻會》引作“豕字讀若豨”。按：當作“讀若豨”三字，與豕部注正合。“綏”字後人依鉉所改。

shēn
甡 衆生并立之皃。從二生。《詩》曰：“甡甡其鹿。”**臣鍇曰：**并生而齊盛也，若鹿角然。會意。**色鄰反**。

文六

zhé
乇 艸葉也。穗上貫下，有根，象形字。凡乇之屬皆從乇。**臣鍇曰：**上葉垂也，一枝也。宅、託、亳字從此也。**竹隔反**。

【校】穗上貫，貫，疑當作“𠂹”；汪依鉉作“從垂，穗上貫一”，非是。○上葉垂也，一枝也，上，疑當作“乃”；枝，疑當作“地”。

文一

chuí
𠂹 艸木葉華𠂹。象形。凡𠂹之屬皆從𠂹。**臣鍇曰：**從仌仌，皆葉之低𠂹也，非仌雪之字。**是隹反**。

【校】仌仌，汪本分四字。○仌雪，汪作“出入”。

　　𢏼 古文。**臣鍇曰：**勿象𠂹也。

文一　重一

xū
𠌶 艸木華也。從𠂹，于聲。凡𠌶之屬皆從𠌶。**況于反**。

　　荂 或從艸、夸。**臣鍇按：**《爾雅》：“芙、薊，其實荂。”薊莖頭皆有臺名荂，荂即其實。臣鍇以爲艸木之將生葉，先生細葉，蓊然如雁頸也。臺若今人言菜臺也。郭璞又言：“江東呼華爲荂。音敷。”

wěi
𩏑(韡) 盛也。從𠌶，韋聲。《詩》曰：“咢不𩏑𩏑。”**臣鍇曰：**華葉之盛也，故曰“棠棣之華，鄂不𩏑𩏑”。**于鬼反**。

【校】棠棣，當作“常棣”。

文二　重一

蕚(華) 萼　榮也。從艸從罖。凡華之屬皆從華。**臣鍇按**:《爾雅》:"華,蕚也。""木謂之華。"呼瓜反。

曄 曄　艸木白華也。從華從白。**臣鍇按**:《漢書·禮樂志》曰"華曄曄,固靈根"是也。此會意。炎捷反。

【校】曄曄,今《漢志》從火旁曅。

文二

禾 禾　木之曲頭止不能上也。凡禾之屬皆從禾。**臣鍇曰**:木方長,上礙於物而曲也。堅分反。

穦 穦　多小意而止也。從禾、只,支聲。一曰木也。**臣鍇曰**:禾即止也。按《字書》:曲枝果也。之已反。

【校】禾即止,禾,汪作"支"。

秵 秵　稽秵也。從禾、又,句聲。又者,從丑省。一曰木名。闕。**臣鍇曰**:丑者,束縛也,故從丑省。稽秵,詘曲不伸之意也。稽秵之果,其狀詰屈,亦取此爲名。按《本艸》"枳椇樹徑尺,葉似桑柘,子作房似珊瑚,核在其端,人噉之",即稽秵也。又曰"此亦奇物,故自別爲字也"。俱呂反。

【校】木名闕,鉉無"闕"字。

文三

稽 稽　留止也。從禾從尤,旨聲。凡稽之屬皆從稽。**臣鍇曰**:禾,木之曲止也。尤者,異也,有所異處,必稽考之,考之即遲留也。《尚書》曰:"曰若稽古帝堯。"居迷反。

稤 稤　特止也。從稽省,卓聲。**臣鍇曰**:特止者,卓立也。稽,止也。誅角反。

稾 稾　稾秵而止也。從稽省,咎聲。讀若皓。賈侍中説:稽、稤、

䅌三字皆木名也。**臣鍇曰**：詘曲而後止也。咎，古亦音爲皋陶字。按書細綴也。**工皓反**。

【校】"按書細綴也"五字未詳，疑當作"故爲同紐也"。

文三

cháo

巢 鳥在木上曰巢，在穴曰窠。從木，象形。凡巢之屬皆從巢。**臣鍇曰**：臼，巢形也；巛，三鳥也。左思《吳都賦》曰："巢宿異禽。"**士抛反**。

【校】巢宿異禽，當作"翡翠列巢以重行，窠宿異禽"，《蜀都賦》語。

biǎn

寷 傾覆也。從寸，臼覆之。寸，人手也。從巢省。杜林説：以爲貶損之貶。**臣鍇曰**：臼與丨，即巢之省也，巢高則易傾覆也。孫卿曰："蒙鳩託於葦苕，折而巢覆也。"會意。**碧劍反**。

【按】注云"從寸"，篆當作"寷"。

文二

qī

桼 木汁，可以䰍物。象木形，漆如水滴而下。凡桼之屬皆從桼。**臣鍇按**：《周禮》曰"桼林之征"是也。䰍即以桼物之名也，六點皆象水而非水也，象形。**親逸反**。

【校】以桼物，當作"以桼桼物"。

xiū

䰍 桼也。從桼，髟聲。**火牛反**。

pào

䰍 桼垸已，復桼之。從桼，包聲。**臣鍇曰**：垸謂以骨灰和桼而爲桼之骨也。**普效反**。

【校】骨灰，"骨"字衍。

文三

shù

束 縛也。從囗、木。凡束之屬皆從束。**臣鍇曰**：束薪也。囗音圍，象纏。《淮南子》：荷纏束薪者曰九方堙。會意。**施録反**。

【校】荷纏束薪，今《鴻烈》作"儋纏采薪"。

jiǎn

柬 分別簡之。從束、八。八，分別也。**臣鍇曰**：開其束而柬

之也。會意。己限反。

棗　小束者也。從束，开聲。讀之若繭。臣鍇曰：今俗以鐙炷爲一棗也。堅輦反。

剌　戾也。從束、刀。刀者，剌之也。臣鍇曰：剌，乖違也。束而相乖害者，莫若束刀。《易》注曰：近而不相得則爭。魚跳蹳剌，亦不順之名也。會意。勒割反。

文四

橐（gǔn）　橐也。從束，圂聲。凡橐之屬皆從橐。臣鍇曰：束縛囊橐之名。《春秋國語》曰：俟使於齊者橐載而歸。作棞，棞，假借也。橐之言溷也，物雜廁其中也。户本反（hǔn）[1]。

【校】俟使，俟，當作“諸侯”二字。

橐（tuó）　囊也。從橐省，石聲。臣鍇曰：按《字書》：有底曰囊，無底曰橐。然則橐，今纏腰下者。《春秋公羊傳》：舉大橐而至，視之，“闖然公子陽生也”。他各反（tuò）。

【校】有底曰囊，無底曰橐，《一切經音義》引《蒼頡篇》同此。《國策》注、《詩》釋文俱作“無底曰囊，有底曰橐”。○大橐，《公羊》作“巨囊”，《史記》作“橐”。

囊（náng）　橐也。從橐[2]，襄省聲。那當反。

櫜（gāo）　車上大橐。從橐省，咎聲。《詩》曰：“載櫜弓矢。”臣鍇曰：今弓胡簏也。古勞反。

橐（piáo）　橐張大皃。從橐省，匋省聲。符宵反。

文五

囗（wéi）　回也。象回帀之形。凡囗之屬皆從囗。于歸反。

---

① 注音依《廣韻》古本切。
② 從橐，當從大徐作“從橐省”。

yuán

圓 圞 天體也。從囗，睘聲。臣鍇曰：此方員字。雨專反。

tuán

團 圛 圜也。從囗，專聲。杜酸反。

xuán

圓 圎 規也。從囗，肙聲。臣鍇曰：小圜也。今人言用娟娟，義出此。似緣反。

【校】言用，用，當作“月”。

yún

囩 囩 回也。從囗，云聲。羽文反。

yuán

圓 圓 圜全也。從囗，員聲。讀若員。臣鍇曰：此音運，幅員字也。于問反（yùn）[1]。

huí

回 回 轉也。從囗，中象回轉形。臣鍇曰：渾天之气，天地相成，天周地外，陰陽日月五星回薄其中也。戶瓖反。

囘 囘 古文。臣鍇曰：直象回轉之形。

tú

圖 圗 畫計難也。從囗，啚聲。難意也[2]。臣鍇曰：囗，其規畫也，圖畫必先規畫之。啚者，吝嗇難之義也。《莊子》曰：魯公爲圖畫，有一人“舐筆和墨，公使視之，方解衣盤薄。公曰：真畫者也。”此難意也。田盧反。

【校】啚聲，聲，當作“啚”。○魯公，當作“宋公”。○一人，當作“一史”。

yì

圛 圛 回行也。從囗，睪聲。《尚書》：“曰圛。”圛，升雲半有半無。讀若驛。臣鍇按：《洪範》稽疑：卜五，曰圛，曰霽。説“曰圛”者，象气絡繹不連屬也，是半有半無也。今卜者以兆體蒙晦不分爲水兆，亦其義也。以陟反。

guó

國 國 邦也。從囗，或聲。臣鍇曰：囗，其疆境也。或亦域字。古或反。

kǔn

壼（壼）壼 宮中道。從囗，象宮垣道上之形。《詩》曰：“室家之

---

① 注音依《廣韻》王權切。
② 大徐本“難”上有“啚”字。

壼。"臣鍇曰：宙象歧道入宮也，囗其外闕也。苦渾反。

【校】宙，疑當作卝。按：《玉篇》此字入橐部，從橐省，疑此誤入囗部。

qūn 囷 囷 廩之圜者。從禾在囗中。圜謂之囷，方謂之京。臣鍇曰：《詩》曰"如京如坁"也。京，高丘也。囷，取象焉。牽輪反。

juàn 圈 圈 養畜之閑也。從囗，卷聲。郡宛反。

yòu 囿 囿 苑有垣也。從囗，有聲。又禽獸有囿。臣鍇曰：苑，其周垣名也。園樹果菜也。《周禮》有"囿游之禁"，亦樹以果菜也。延救反。

【校】"園樹果菜也"五字疑衍。○亦樹以果菜也，當作"亦所以牧獸也"。按：《周禮·囿人》言獸禁，不言蔬果。

　　　　囿 囿 籀文從二林。

yuán 園 園 所以樹果也。從囗，袁聲。羽元反。

pǔ 圃 圃 種菜曰圃①。從囗，甫聲。臣鍇曰："不如老圃"是也。不雨反。

yīn 因 因 就也。從囗、大。臣鍇曰：《春秋左傳》曰："植有禮，因重固。"② 能大者，眾圍就之也。《史記》曰"就之如日"，言近則大也。又，大字人之象也，天因就人之爲也。《尚書》曰："天視自我民視，天聽自我民聽。"伊申反。

nà 囡 囝 下取物縮藏之。從又從囗。讀若爾字。臣鍇曰：人謂禽獸就地舐物爲囡。女洽反。

líng 囹 囹 獄也。從囗，令聲。臣鍇曰：囹者，櫺也，櫳檻之名。里丁反。

----

① 《類聚》六十五"產業部上"園下引《説文》："樹菜曰圃。"《初學記》卷二十四"園圃第十三"引《説文》："圃，樹菜也。"《白氏六帖》卷三"園圃"第二十五引《説文》："圃，樹菜。"據三引，許書古本當作"樹菜曰圃"。

② 今《左傳·閔公元年》："親有禮，因重固。"

圄 ^{yǔ} 圄　守之也。從口，吾聲。臣鍇曰：守禦之意也。研許反。

囚 ^{qiú} 𠂇　繫也。從口，人在口中^①。似求反。

固 ^{gù} 固　四塞也。從口，古聲。臣鍇曰：《周禮》曰：“負固不服。”守天下之要塞也。《淮南子》謂九州之險爲九州之塞：“大汾也、黽阸也、荆阮也、方城也、殽阪也、井陘也、令疵也、句注也、居庸也。”古路反。

【校】荆阮，汪作“荆皖”，非是。

圍 ^{wéi} 圍　守也。從口，韋聲。于歸反。

困 ^{kùn} 困　故廬也。從木在口中。臣鍇曰：舊所居廬，故其木久而困弊也。苦悶反。

朱 𣏟　古文困。臣鍇曰：止即廬舍。

圂 ^{hùn} 圂　厠也。從口，象豕在其口中也。會意。臣鍇曰：豕食不潔也。户本反。

囮 ^é 囮　譯也。從口，化聲。率鳥者繫生鳥以來之，名曰囮。讀若訛。臣鍇曰：譯謂傳四夷及鳥獸之語也。化者，誘禽鳥也，即今之鳥媒也。延禾反。

【校】化者，當作“囮者”。

圝 圝　囮或從繇。

文二十六　重四

員 ^{yuán} 員　物數也。從貝，口聲。凡員之屬皆從員。臣鍇曰：古以貝爲貨，故員數之字從貝，若言一錢二錢也。于專反。

鼎 鼎　籀文從鼎。臣鍇按：《周禮》行人之職，掌賓客之饔餼、牢禮。三鼎、五鼎、七鼎皆約鼎爲數也。

【校】行人，當作“掌客”。○“三鼎”上當有“《儀禮》云”三字，《周

---

① 從口人在口中，大徐作“從人在口中”。

《禮》無是文也。

䫟　**員** 物數紛䫟亂也。從員，云聲。讀若《春秋傳》曰"宋皇郎"。臣鍇曰：即今紛紜字，當言《傳》曰"陨子辱矣"，傳寫訛誤。《禮記》曰"不陨稼于貧賤"，當作此䫟，假借陨字。員分反。

文二　重一

貝　**貝** 海介蟲也，居陸名猋，在水名蜬。象形也。古者貨貝而寶龜，周而有泉，到秦廢貝行錢也。凡貝之屬皆從貝。臣鍇曰：下象其垂足尾形。龜可決疑，故寶之。泉即錢也，謂之泉者，欲其貿易流行不壅積也，若水之壅則爲害矣。補每反。

【校】猋，《爾雅》作"賊"。

賏　**賏** 貝聲。從小、貝也。臣鍇曰：象連貫小貝相叩之聲也。會意。斯果反。

賄　**賄** 財也。從貝，有聲。臣鍇曰：國土所有也，若吳貴縞、鄭貴紵也。虎每反。

財　**財** 人所寶。從貝，才聲。臣鍇曰：可以入用也。自來反。

貨　**貨** 財也。從貝，化聲。臣鍇曰：可以交易曰貨。貨，化也。《尚書》曰："貿遷有無化居。"毀過反。

賵　**賵** 資也。從貝，爲聲。臣鍇按：《字書》云：古貨字。矩利反。

資　**資** 貨也。從貝，次聲。臣鍇曰：人所齎持也。《易》曰："喪其資斧。"津司反。

賴　**賴** 貨也。從貝，萬聲。臣鍇曰：人所賴也。魯械反（lì）[1]。

【校】按：此篆當與"賴"連屬，辨見下"賴"篆。

賑　**賑** 富也。從貝，辰聲也。臣鍇曰：振也，振起之也。止忍反。

賢　**賢** 多才也。從貝，臤聲。臣鍇曰：臤者，臣執事也。欲其用

---

[1] 《廣韻》力制、無販二切。

之如貝之行也，如貝之積聚也。《詩》曰："思皇多士，生此王國。"
由堅反。

賁 賁 飾也。從貝，卉聲。臣鍇曰：《尚書》："卉若艸木。"卉，艸
也。傳寫多聲字。房文反（fén），又鄙媚反。

【校】卉若，當作"賁若"[①]。

賀 賀 以禮物相奉慶也。從貝，加聲。臣鍇曰：按《史記》漢高
帝曰"賀錢萬"是也。候箇反。

貢 貢 獻也。從貝，工聲。獻納總稱，尊嚴。臣鍇按：貢，公獻
之也。《周禮》：太宰"以九貢致邦國之用：一曰祀貢，二曰嬪貢，
三曰器貢，四曰幣貢，五曰材貢，六曰貨貢，七曰服貢，八曰游
貢，九曰物貢"。古弄反。

【校】"獻納總稱尊嚴"下當有"也"字，鉉無此六字。○游貢，《周禮》
作"斿貢"。

贊 贊 見也。從貝從兟。臣鍇曰：進見也，貝爲禮也。《尚書》曰：
"贊贊襄哉！"子旦反。

【校】進見也，也，當作"以"。

賮 賮 會禮也。從貝，盡聲。臣鍇曰：《孟子》"歸賮"是也。似
忍反。

【校】歸賮，今《孟子》作"餽賮"。

齎 齎 持遺也。從貝，齊聲。臣鍇曰：持以遺人也。《春秋傳》曰：
"自齎其一。"子西反。

【校】"《春秋傳》"下當有"注"字，見《昭公元年》"歸取酬幣"注。

貸 貸 施也。從貝，代聲。借也。臣鍇曰：《春秋傳》曰陳氏"厚
貸焉"是也。他代反。

【校】厚貸焉，當作"以家量貸"四字。

[①] 四部叢刊本作"賁若"。

貣 貣 從人求物也。從貝，弋聲。借也。臣鍇曰:《史記》曰漢武帝時"縣官無錢從人貣馬"是也[①]。他得反。

【校】縣官無錢從人貣馬，按: 此是櫽栝《平準書》語，但《史記》作"貸"，前後《漢書》或作"貣"。

賂 賂 遺也。從貝，各聲。勒故反。臣次立按: 徐鉉曰:"從路省，乃得聲。"

賸 賸 物相增加也。從貝，朕聲。一曰送也，副也。臣鍇曰: 今鄙俗謂物餘爲賸。古者一國嫁女，二國往媵之。媵之言送也。副，貳也，義出于此也。以證反。

贈 贈 玩好相送也。從貝，曾聲。臣鍇曰: 贈，增也。既辭，又以此贈益之也。《春秋傳》曰"郊勞至于贈賄"是也。昨鄧反。

貱 貱 移予也。從貝，皮聲。臣鍇曰:《春秋傳》楚蒍啟彊言曰:"齊與晉貱此久矣，寡君無適與也，而傳諸君。"博媚反。

【校】齊與晉貱此久矣，寡君無適與也，按: 貱此，當依今《左》作"欲此"; 適與，當作"適貱"。"貱"與"爲"同義也。以"欲此"爲"貱此"，似與《傳》義不合。

贛(贛) 贛 賜也。從貝，竷省聲。臣鍇曰: 故端木賜字子贛也。古弄反。

　　贛 贛 籀文省作。

賚 賚 賜也。從貝，來聲。《周書》曰:"賚爾秬鬯。"臣鍇曰: 天下罔不欣賴也。《詩·頌》曰:"徂賚孝孫。"《尚書》曰:"大賚于四海。"勒戒反。

賞 賞 賜有功。從貝，尚聲。臣鍇曰: 賞之言尚也，尚其功也，賞以償之也。式掌反。

賜 賜 予也。從貝，易聲。臣鍇曰: 從難易之易。賜之言易也，

———————————

① 《史記·汲鄭列傳》:"縣官無錢，從民貰馬。"

有故而與之也。《禮記》曰："慶賜遂行，無有不當。"絲義反（sì）。

貤 〔yì〕 重次弟物也。從貝，也聲。臣鍇曰：路之邪次弟爲迤，物之重次弟爲貤也。弋示反。

赢 〔yíng〕 有餘賈利也。從貝，赢聲。臣鍇曰：《春秋傳》曰"賈欲赢而惡囂乎"是也。夷嬰反。

賴 〔lài〕 赢也。從貝，剌聲。臣鍇按：晉灼注《史記》"無賴"曰"江湖閒謂小兒無利入于家曰無賴"。利即赢也。上同。

【校】"江湖閒謂小兒"六字當删。按：《高帝紀》注云："無利入於家也。或曰江淮閒謂小兒多詐狡獪爲亡賴。"本屬二義，鍇牽合，非是，蓋肊記之譌。○"上同"二字疊見邑部"扈"、日部"耆"、軟部"歡"下，皆謂重文也。賴，疑爲"賵"之重文，如"癠、癲"爲古通文可證。鉉不從鍇，分而二之，後人又依鉉改鍇，而失其舊次，致此"上同"二字義無可尋。今按："賵"注當作"赢也"，"賴"注當作"或從剌聲"，移而連屬之，方如鍇本之舊。

負 〔fù〕 恃也。從人守貝，有所恃也。臣鍇曰：《春秋傳》魯申豐曰："貨以藩身。"又《史記·貨殖傳》：巴寡婦者以財自衛，不見侵也。會意。復缶反。

【校】"會意"下當依《韻會》補"一曰受貸不償也"七字。鉉屬入許書。

貯 〔zhù〕 積也。從貝，宁聲。臣鍇曰：當言宁亦聲，少亦字也。會意。竹呂反。

貳 〔èr〕 副、益也。從貝，弍聲。弍，古文二字。臣鍇曰：副貳者，相裨益也。《春秋傳》曰：齊侯"器貳不匱"。會意。日至反。

【校】"齊侯"二字衍。○器貳，今《左傳》"貳"作"二"。

賓 〔bīn〕 所敬也。從貝，宀聲。臣鍇曰：貝者贈賄好貨，忠臣嘉賓得盡其心也。宀音眠。必人反。

賓 古文。

赊 **赊** 貰買也。從貝，余聲。臣鍇曰：今人謂遲緩爲賒也。式車反。

貰 **貰** 貸也。從貝，世聲。時卸反①。

贅 **贅** 以物質錢也。從敖、貝。敖者，猶放。貝，當復取之。一曰最。臣鍇曰：《史記》注謂男無娉財，以身自質於妻家爲贅壻。敖者，放也。最者，出也，附贅之義。老子曰“餘食贅行”，贅，獨出也。會意。之芮反。

【校】“貝當復取”上《韻會》有“謂”字。○鉉無“一曰最”三字。○最者，出也，按：“最”無“出”義，“最者”二字當移置“獨出也”下，下當更有“取也”二字。蓋上以“出放”釋“敖”，下以“最”釋“復取”也。

質 **質** 以物相贅。從貝，所聲。臣鍇曰：質，實也。事疑虛，以人物實之也。之日反。

【校】所聲，聲，鉉作“闕”。按鍇説，疑從所，會意。

賈(貿) **賈** 易財也。從貝，卯聲。臣鍇曰：貿猶亂也，交互之義。門豆反。

費 **費** 散財用也。從貝，弗聲。臣鍇曰：財散出如湯沸然。《高士傳》子夏曰：“憚爲子費。”扶味反。

【校】憚爲子費，《韓詩外傳》作“不爲公費乎”。

責(責) **責** 求也。從貝，朿聲。臣鍇曰：責者，迫迮而取之也。《史記》：李斯殺二世爲“督責之政”也。側革反。

【校】殺二世，殺，當作“教”。○之政，政，當作“術”。

賈 **賈** 賈市也。從貝，襾聲。一曰坐賣售也。臣鍇曰：《漢書·胡建傳》監軍“爲賈區”。《尚書》曰“肇牽車牛遠服賈”，謂遠就事於坐賈而賣之也。公雅反（jiǎ）。

商 **商** 行賈也。從貝，商省聲。臣鍇曰：《易》：“商旅不行。”《春

_____

① 《廣韻》又舒制切（shì）。

秋傳》曰："鄭商人弦高將貨於周。"[①] 行賈也。諸家書傳并假商字。
升羊反。

販 贩 買賤賣貴者。從貝，反聲。**臣鍇曰**：善販者旱則資舟，水
則聚車，人棄我取，與常情反也。方萬反。

買 買 市也。從网，貝聲。《孟子》曰：登壟斷而网市利。**臣鍇**
按：《孟子》曰："古之爲市，以其所有易其所無。有賤丈夫，登壟
斷網市利。然則征商自賤丈夫始也。"壟斷，高地也。故《列子》
曰無登壟斷，高，謂登高望見利則取之也。忙戒反。

【校】貝聲，"聲"字衍。○壟，《孟子》作"龍"。○網，《孟子》作"罔"。

賤 贱 賈少也。從貝，戔聲。**臣鍇曰**：賤之言踐輕也。自見反。

賦 赋 斂也。從貝，武聲。**臣鍇曰**：賦者，分也，分取之分也。
方布反。

【校】之分，"分"字衍。

貪 贪 欲物也。從貝，今聲。**臣鍇曰**：貪，惏也。《春秋傳》："縉
雲氏不才子……聚斂積實，不知紀極。"吐含反。

貶 贬 損也。從貝，從乏聲。**臣鍇曰**：當言從乏，乏亦聲，脫誤
也。會意。悲儉反。

貧 贫 財分少也。從貝，分聲。**臣鍇曰**：按原憲曰"無財謂之
貧"，貝分則少也，當言分亦聲，脫誤也。會意。弼巾反。

　　穷 宇 古文從宀，分聲。**臣鍇曰**：家貧也。原憲"甕牖桑樞"，
是室屋之貧也。上同。

賃 赁 庸也。從貝，任聲。**臣鍇曰**：庸，功也。自賃貝爲功庸，
以求食也。《春秋傳》曰：申鮮虞"僕賃于野"。任者，負荷也，
此脫亦聲字。會意。女心反。

【校】賃貝，當作"任貝"。

────────────

① 貨，今本《春秋傳》作"市"。

賕 賕 以財枉法相謝。從貝，求聲。一曰戴質也。臣鍇曰：非理而求之也。巨牛反。

【校】戴質，《韻會》作“載質”。

購 購 以財有所求。從貝，冓聲。臣鍇曰：購，遘遇也，求遇之人也。漢法：購書也。工豆反。

【校】之人，當作“于人”。

貹 貹 齎財卜問爲貹。從貝，疋聲。讀若所。臣鍇曰：《詩》曰“握粟出卜”是也。《楚辭》曰“懷桂糈而要之”[①]，《史記》曰：司馬季主曰“卜而不中，不見奪糈”，借糈字也。山呂反。

【校】不中，今《史記》作“不審”。

貲 貲 小罰以財自贖。從貝，此聲。漢律：民不徭，貲錢二十二。臣鍇按：《史記》張釋之“以貲爲郎”，即今州縣吏以身應役是也。貲錢即今庸直也。子司反。

賨 賨 南蠻賦也。從貝，宗聲。臣鍇曰：賨者總率其所有而已，不切責之也。才冬反。

賣 賣 衒也。從貝，㡿聲。㡿，古文睦字。讀若育。臣鍇按：彭羕曰“自衒賣，龐統”是也。寅谷反。

貴(貴) 貴 物不賤。從貝，臾聲。臣鍇曰：臾音匱。矩位反。

贖 贖 從貝，賣聲。臣鍇曰：以財贖罪。實燭反。

賏 賏 頸飾也。從二貝。臣鍇曰：蠻夷連貝爲纓絡是也，嬰字從此。史成反（shēng），又一盈反。

文五十九　重三

邑 邑 國也。從口；先王之制，尊卑有小大，從卪。凡邑之屬皆從邑。臣鍇曰：有宗廟先君之主曰都，無曰邑。邑曰築，築曰城。

---

① 桂，今《楚辭·離騷》作“椒”。

囗，其城郭也。應執反。

【校】築曰城，當作"都曰城"。

邦 𢧐 國也。從邑，丰聲。臣鍇曰：古謂封諸侯爲邦，故《尚書》曰："乃命諸王而邦之蔡。"漢諱邦，故兩漢無稱。張華《博物志》曰："東夷有國，謂國爲邦，行酒爲行觴，秦之遺也。"北江反。

【校】張華《博物志》，按：今本無所引，語見《後漢書・東夷傳》辰韓之言也。

　　𡇧 𡇧 古文。臣鍇按：《春秋傳》曰："分之土田陪敦……命以伯禽，封於少昊之虚。"

郡 𨛬 周制：天子地方千里，分爲百縣，縣有四郡。故《春秋傳》曰"上大夫受郡"是也。至秦初，天下置三十六郡焉，以監其郡縣。從邑，君聲。臣鍇按：高誘《淮南子注》曰："周制：天子地千里，分爲百縣，縣有四郡，郡有四鄙。"瞿運反。

【校】"上大夫受"下脱"縣，下大夫受"五字。○監其郡縣，"郡"字衍。

都 𨛷 有先君之舊宗廟曰都。從邑，者聲。周禮制：距國五百里爲都。臣鍇曰：按《周禮》，四縣爲都。丁沽反。

【校】《周禮》制，"禮"字疑衍。汪依鉉删"制"存"禮"，非是。

鄰 𨛶 五家爲鄰。從邑，粦聲。里神反。

酇 𨤖 百家爲酇。酇，四里也。從邑，贊聲。南陽有酇縣。臣鍇曰：按《周禮》，五家爲鄰，五鄰爲里，二十五家也；四里爲酇，百家也；五酇爲鄙，五百家也；五鄙爲縣，二千五百家也；五縣爲遂，一萬二千五百家也。祖滿反。

【校】四里也，鉉作"聚也"。

鄙 𨤚 五酇爲鄙[1]。從邑，啚聲。博美反。

---

[1] 《玄應》卷二十三《顯揚聖教論》"鄙俚"、卷二十五《阿毗達磨順正理論》"鄙俚"注皆引《説文》："五酇爲鄙。鄙，野也。"以上文"酇"字例之，許書古本當如是，今本脱"鄙，野也"三字，宜據補。

郊 **jiāo** 距國百里爲郊。從邑，交聲。**臣鍇按**：《爾雅》："邑外謂之郊。"古肴反。

邸 **dǐ** 屬國舍。從邑，氐聲。**臣鍇曰**：諸侯來朝，所舍爲邸。邸，有根抵也，根本所在也。丁禮反。

郛 **fú** 郭也。從邑。孚聲。**臣鍇曰**：《春秋傳》曰"伐宋，入其郛"，郛，郭也。郛猶柎也。艸木華房爲柎，在外苞裹之也。弗扶反。

郵 **yóu** 境上行書舍。從邑、垂。垂，邊也。**臣鍇曰**：郵之言過也，使所過也。宇牛反。

郙 **shào** 國甸，大夫稍稍所食邑。從邑，肖聲。《周禮》曰"任郙地"，在天子三百里之内。**臣鍇曰**：謂天子之田，稍稍以封大夫也。山召反。

【校】"國甸"下當有"外地"二字。按：《周禮注》："二百里内曰甸，三百里内曰郙。"〇郙地，今《載師》作"稍地"。

鄯 **shàn** 鄯善，西胡國也。從邑、善，善亦聲。**臣鍇曰**：按《後漢書》：西域鄯善，班超所護也。時扇反。

窮 **qióng** 夏后時諸侯夷羿國也。從邑，窮省聲。**臣鍇曰**：后羿之國也。巨弓反。

郪 **jì** 周封黃帝之後于郪也。從邑，契聲。讀若薊。上谷有郪縣。**臣鍇按**：今諸書多作薊字。古詣反。

邰 **tāi** 炎帝之後，姜姓所封，周棄外家國。從邑，台聲。右扶風斄縣是也。**臣鍇曰**：《詩》曰："即有邰家室。"他來反。

郂 **qí** 周文王所封，在右扶風美陽中水鄉。從邑，支聲。**臣鍇按**：顏之推《家訓》："本音奇，後人始音抵也。"巨伊反。

【校】音抵，當作"音祇"。

　　岐 郂或從山、支，因岐山以名之也。

岐 古文郊從枝從山作。**臣鍇曰：**按《字書》以岐爲山名，郊爲邑名。按《孟子》大王即就岐山之下而居，指山之名，更別無邑名。故許慎三字并同也。

bīn
邠 周王徙國，在右扶風美陽。從邑，分聲。布巾反。

【校】周王徙國，汪依鉉作“周大王國”，非是。按：周自公劉徙邠。○美陽，按《詩箋》《漢志》俱云在“栒邑”。

豳 美陽亭即豳也。民俗以夜市有豳山。從山從豩。闕。**臣鍇按：**《漢書·百官表》：“大率十里爲亭，亭有長。”

【校】美陽亭即豳也，按《漢書》，豳亭在漆縣，此云“美陽”，疑誤。○段云：“岐、豳”二篆疑許書本入山部，後人因“郊岐、邠豳”通用，移合于此，説良是。

méi
郿 右扶風縣名也。從邑，眉聲。閩之反。

yù
郁 右扶風郁夷也。從邑，有聲。**臣鍇按：**《漢書》：“北郁郅縣。”於六反。

【校】北郁郅縣，當作“北地又有郁郅縣”，蓋引以博異文也。

hù
鄠 右扶風縣名也。從邑，雩聲。下古反。

hù
扈 夏后同姓所封，戰于甘者，在鄠，有扈國也，有甘亭。從邑，户聲。**臣鍇曰：**《春秋傳》曰“屈蕩扈之”，杜預注曰：“扈，止也。”《楚辭》曰“扈江蘺與薜芷”，王逸注曰：“扈，披也。”同上。

【校】有甘亭，《韻會》引無此三字。○“户聲”下《韻會》引有“一曰止也”四字。○披也，當作“被也”。○按：《通志》云“夏爲扈，秦改爲鄠”，則“扈”當“鄠”之古文，鉉書分爲二，而鍇則合，故“上同”字與日部“簮”、𠃨部“䡾”同。後人依鉉改鍇，遂成轉轉之譌耳。

𡵍 古文扈從山、巳。**臣鍇曰：**從辰巳之巳。《毛詩》“陟彼屺兮”，則從戊己之己。

【校】鉉作屵，依注當作岠，皆非是。按：當作岠，從山，户聲也。傳寫沿誤，遂失其舊。錯語不可從。

崩 右扶風鄠鄉。從邑，崩聲。沛城父有䣖鄉。讀若陪。臣鍇按：《史記》漢有䣖成侯周緤。部梅反。

郥 jū 右扶風鄠鄉。從邑，且聲。且渠反（qū）①。

郝 hǎo 右扶風鄠鄉盩厔縣。從邑，赤聲。呬作反（hè）。

【校】鄠鄉盩厔縣，鉉作"鄠盩厔鄉"。段云：古鄠縣、盩厔縣皆有郝鄉也，鉉本爲是。

酆 fēng 周文王所都，在京兆杜陵西南。從邑，豐聲。臣鍇按：《春秋傳》"康有酆宮之朝"，杜預曰："始平鄠縣東酆邑臺也。"臣鍇以爲許慎地名多見《春秋左傳》，地名精考莫精於杜預，比于今又近，故《春秋》地名，一取于杜預。又艸木鳥獸之名莫近于《爾雅》及《新修本艸》，終古不刊，故臣鍇一切以爲準的。孚洪反。

【校】酆邑臺也，當作"有靈臺也"。

鄭 zhèng 京兆縣，周厲王子友所封。從邑，奠聲。宗周之滅，鄭徙溜、洧之上，今新鄭是也。臣鍇按：鄭初封在今華州，杜預云："後徙滎陽宛陵縣西南新鄭城。"劉熙《釋名》曰："鄭，町也，其地町然平也。"② 直敬反。

郃 hé 左馮翊郃陽縣。從邑，合聲。《詩》曰："在郃之陽。"侯帀反。

【校】今《詩》作"洽"。

邼 kǒu 京兆藍田鄉也。從邑，口聲。懇走反。

酇 fán 京兆杜陵鄉。從邑，樊聲。臣鍇曰：此即樊川，漢曰御宿，在長安城南終南山北，連芙蓉園曲江也。父闌反。

---

① 《廣韻》又子余切。
② 《釋名·釋州國》："鄭，町也，其地多平，町町然也。"

廊（鄜）𨛀　左馮翊縣。從邑，鹿聲。臣鍇按：秦穆公作鄜時以祭也。拂扶反。

鄌𨞦　左馮翊有鄌陽亭。從邑，屠聲。田吾反。

邮𨛘　左馮翊高陵。從邑，由聲。田溺反（dí）[1]。

【校】“高陵”下當有“鄉亭”二字，見《篇》《韻》。

邒𨟁　左馮翊谷口也。從邑，年聲。讀若寧。泥賢反。

【校】谷口也，當依鉉作“谷口鄉”。

邽𨞓　隴西上邽也。從邑，圭聲。涓兮反。

部𨜮　天水狄部。從邑，音聲。臣鍇曰：部，屬也。部之言簿也，分簿之也。故《呂氏春秋》曰黎丘北部，《大玄》曰方州部。分部諸縣或爲四，或爲二也。盤五反。

郖𨜕　弘農縣庾地。從邑，豆聲。單頭反（dōu）[2]。

【校】庾，段云當作“渡”。

鄏𨜭　河南縣直城門官陌地也。從邑，辱聲。《春秋傳》曰：“成王定鼎于郟鄏。”儒曲反。

【校】官陌，汪作“宮陌”。

鄻𨞝　周邑也。從邑，輦聲。里典反。

鄒𨜿　周邑。從邑，祭聲。臣鍇按：春秋鄒公，周公之子所封。又《春秋釋例》：“鄭地。祭，在陳留長垣縣北祭城。”側戒反。

邙𨚥　河南洛陽北亡山上邑。從邑，亡聲。蒙匡反。

鄩𨟜　周之邑。從邑，尋聲。臣鍇按：杜預曰：“河南鞏縣西南有地名鄩。”徐林反。

【校】“名鄩”下當有“中”字。

---

[1] 《廣韻》又以周切。

[2] 《廣韻》又徒候切。

郗〈chī〉 周邑也，在河内。從邑，希聲。臣鍇曰：按杜預曰"河内野王縣西南絺城"是。丑脂反。

鄆〈yùn〉 河内泌水鄉。從邑，軍聲。魯有鄆地。臣鍇按：鄆，古嬴姓國。又杜預曰"魯叔孫帥師疆鄆田"，此東鄆，莒、魯所爭者，在城陽姑幕縣西南員亭。又昭公居于鄆，即西鄆，東郡廩丘縣東有鄆城是也。于蘊反。

【校】西南，"西"字衍。○即西鄆，即，當作"則"。

邶〈bèi〉 故商邑，自河内朝歌以北是也。從邑，北聲。臣鍇按：《字書》：紂都城北曰邶，南曰鄘，東曰衞。補妹反。

邘〈yú〉 周武王子所封，在河内野王是也。從邑，于聲。讀又若區字，是。臣鍇曰：杜預曰："扶風雍縣東南邘亭。"[1] 火于反（xū）[2]。

【校】"臣鍇"以下十四字當在"邵"篆下，見《僖二十四年》"召穆公"注。

邌〈lí〉 殷諸侯國，在上黨東北。從邑，杘聲。杘，古文利字。《商書》："西伯戡邌。"里西反。

【校】今《書》作"黎"。

邵〈shào〉 晉邑也。從邑，召聲。食要反。

【校】"召聲"下當補"臣鍇按：杜預曰：扶風雍縣東南有邵亭"。

郰〈míng〉 晉邑食也。從邑，冥聲。《春秋傳》曰"伐郰三門"是也。臣鍇按：杜預闕之也。民丁反。

【校】晉邑食也，鉉無"食"字。按："食"當作"聚"。《漢志》："沛國有郰聚。"

䣭〈chù〉 晉邢侯邑。從邑，畜聲。臣鍇按：杜預《春秋釋例》闕之也。許六反（xù）[3]。

---

① 邘，《春秋釋例》作"邵"。清人校記以爲此句當移"邵"篆下，是也。
② 注音依《廣韻》羽俱切。
③ 《廣韻》又丑六切。

【校】邢侯，當作“雍子”。

郈^{hòu}　晉之溫地。從邑，侯聲。《春秋傳》曰：“爭郈田。”胡遘反。

邲^{bì}　晉邑也。從邑，必聲。臣鍇按：春秋晉楚戰于邲。脾必反。

郤^{xì}　晉大夫叔虎之邑也。從邑，谷聲。丘逆反（qì）。

郫^{péi}　河東聞喜縣。從邑，非聲。步雷反。

【校】聞喜縣，縣，《廣韻》作“鄉”。

郻^{qián}　河東聞喜邑。從邑，虔聲。其延反。

【校】聞喜邑，邑，鉉作“聚”。

邼^{kuāng}　河東聞喜鄉。從邑，匡聲。區王反。

【校】“河南聞喜鄉”上錢鈔有“仲邼”二字。按：當作“承邼陳留襄邑城”，見《後漢志》。此或爲轉轉竄易之譌。

郔^{kuí}　河東臨汾地也。從邑，癸聲。即漢之所祭后土處。臣鍇按：杜預曰：“齊桓公會于葵丘。葵丘，宋地，陳留外黃縣有葵丘。九月乃盟，晉爲地主，無緣欲會而不盟。”臣鍇按：許慎直言郔是河東臨汾郔耳，不言郔是葵丘，與杜預之言同也。巨規反。

【校】“九月”上當補“或言河東汾陰有葵邼，非也。經書夏會”十五字。○不盟，當作“不及盟”，見《春秋正義》。

邢^{xíng}　周公子所封，地近河內懷。從邑，开聲。臣鍇按：杜預曰：“今廣平襄國縣。”賢經反。

鄔^{wū}　太原縣。從邑，烏聲。臣鍇曰：今太原鄔縣。烏古反。

祁^{qí}　太原縣。從邑，示聲。臣鍇按：杜預曰：“太原祁縣。”巨夷反。

鄴^{yè}　魏郡縣也。從邑，業聲。魚劫反。

邢^{xíng}　鄭地有邢亭也。從邑，井聲。賢經反。

邯 ^{hán} 趙邯鄲縣。從邑，甘聲。胡安反。

鄲 ^{dān} 邯鄲縣。從邑，單聲。得干反。

郇 ^{xún} 周文王子所封國。從邑，旬聲。讀若泓。在晉地。臣鍇曰：武王弟所封伯爵，《詩》所謂“四國有王，郇伯勞之”也。息倫反。

【校】文王子，鉉作“武王子”，非是。《左傳》：“郇，文之昭也。”

鄃 ^{shū} 清河縣。從邑，俞聲。臣鍇曰：《史記》“欒布，清河俞人”是也。式于反。

【校】清河俞人，當作“封爲俞侯”。

鄗 ^{hào} 常山縣也。從邑，高聲。世祖所即位，今爲高邑。臣鍇按：《字書》：常山鄗縣。火屋反（hù），又火各反（hè）^①。

鄡 ^{qiāo} 鉅鹿縣也。從邑，梟聲。臣鍇按：《史記》孔子弟子有鄡單，字子家。呂幺反^②。

【校】《漢志》作“鄡”。

鄚 ^{mò} 涿郡縣。從邑，莫聲。臣鍇按：《字書》：河閒鄚縣。北齊邢峙，河閒鄚人也。磨各反。

【校】鄚人，今史或謌“鄭人”。

郅 ^{zhì} 北地郁郅縣。從邑，至聲。臣鍇按：裴駰《漢書音義》云：“郅，至也。”司馬相如《封禪書》曰：“爰周郅隆。”之日反。

鄋（鄭）^{sōu} 北方長狄國也，在夏爲防風氏，殷爲汪茫氏。從邑，叜聲。《春秋傳》曰“鄋瞞侵齊”是也。臣鍇按：張華《博物志》：“鄋瞞長二丈也。”山尤反。

【校】汪茫，《國語》作“汪芒”。○二丈，按：《博物志》從范甯作“五丈四尺”，杜預作“三丈”，此引《博物志》云“二丈”，肊記之譌也。

鄦 ^{xǔ} 炎帝太岳之胤甫侯所封，在潁川。從邑，無聲。讀若許。

<hr>

① 《廣韻》又胡老切。
② 呂，疑當從《廣韻》作“苦”。

臣鍇按:《史記·鄭世家》云"許公惡鄭伯于楚",許字作此無邑①,蓋諸書假借許字。忻巨反。

邟（kàng）㫧　潁川縣。從邑,亢聲。看浪反。

郾（yàn）㫲　潁川縣。從邑,匽聲。于建反。

郟（jiá）㫰　潁川縣。從邑,夾聲。**臣鍇按**:杜預曰:"今鄭國襄城郟縣。"古洽反。

郪（qī）㫼　新郪,汝南縣。從邑,妻聲。**臣鍇曰**:今廣漢有郪縣。千私反。

鄎（xī）㫾　姬姓之國,在淮北。從邑,息聲。今汝南新息是也。**臣鍇曰**:即《春秋》息侯也。司弋反。

郋（xí）㫫　汝南邵陵里。從邑,自聲。讀若奚。**臣鍇曰**:李陽冰云:"即許慎所居之里。"移雞反（yí）②。

【校】邵陵,《漢志》作"召陵"。

䣂（páng）㫝　汝南鮦陽亭。從邑,旁聲。薄皇反。

郹（jú）㫷　蔡邑也。從邑,臭聲。《春秋傳》曰:"郹陽人女奔之。"③**臣鍇按**:杜預曰:"衞地郹氏,又名垂葭,高平鉅野西南郹亭。"又蔡地郹陽,杜預闕之也。古役反。

鄧（dèng）㫿　曼姓之國,今屬南陽也。從邑,登聲。徒亙反。

鄾（yōu）㫀　鄧國地也。從邑,憂聲。《春秋傳》曰:"鄧南鄙鄾人攻之也。"**臣鍇按**:杜預曰:"鄧縣南沔水之北有鄾城。"乙求反。

鄗（háo）㫁　南陽淯陽鄉。從邑,号聲。**臣鍇按**:《字書》:鄗鄉在南陽。户高反。

---

① 無邑,疑當作"鄦"。
② 注音依《廣韻》胡雞切。
③ 《昭公十九年》:"郹陽封人之女奔之。"

【校】淯陽，《漢志》作“育陽”。

cháo

鄛　南陽棗陽鄉。從邑，巢聲。助交反。

【校】棗陽，《漢志》作“棘陽”。

ráng

鄴　今南陽穰縣是。從邑，襄聲。臣鍇曰：即秦穰侯魏冉所封。假借穰字。耳張反。

lú

鄜　南陽穰鄉。從邑，婁聲。里于反。

lǐ

郢　南陽西鄂亭。從邑，里聲。臣鍇按：《字書》：又邑名。連子反。

yǔ

䣝　南陽舞陰亭。從邑，羽聲。臣鍇按：《漢書·藝文志》有《別栩陽亭賦》，䣝假借。于詡反。

【校】《別栩陽亭賦》，《漢志》無“亭”字，此與庾信《哀江南賦》合。

yǐng

郢　故楚都，在南郡江陵北十里。從邑，呈聲。臣鍇按：杜預曰：“楚國都于郢，南郡江陵縣北紀南城，東北小城名郢。”以井反。

邒　郢或省。

měng

鄳　江夏縣。從邑，黽聲。母耿反。

gé

鄡　南陽陰鄉。從邑，葛聲。古曷反。

è

鄂　江夏縣也。從邑，咢聲。五各反。

qǐ

邔　襄陽縣。從邑，己聲。臣鍇按：習鑿齒《襄陽耆舊記》曰：“襄陽有邔縣。”去里反。

【校】襄陽縣，按《漢志》，邔屬南郡；又《後漢書·宗室傳》注“邔，故城在今襄州”。鉉本作“南陽縣”，陽，當作“郡”。

zhū

邾　江夏縣。從邑，朱聲。一曰魯有小邾國。臣鍇按：杜預曰：“魯國鄒縣也。”知輪反。

yún

鄖　漢南之國。從邑，員聲。漢中有鄖關。臣鍇按：杜預曰：“江夏雲杜縣東南有鄖城。”雨奔反。

ʏōng 鄘 觿 南夷國。從邑，庸聲。與恭反。

pí 郫 觿 蜀縣也。從邑，卑聲。**臣鍇按**：杜預曰：“晉地，不知所在也。”頻弭反，又步脾反。

chóu 鄳 觿 蜀江原地。從邑，壽聲。是留反。

jí 郫 觿 蜀地也。從邑，耤聲。**臣鍇按**：《字書》：鄉在臨邛。自即反。

wàn 鄤 觿 蜀廣漢鄉。從邑，蔓聲。讀若蔓。武澗反。

fāng 邡 觿 什邡，廣漢縣名。從邑，方聲。**臣鍇曰**：今漢州。府芒反。

mà 鄢 觿 存鄢，犍爲縣。從邑，馬聲。母夏反。

【校】存鄢，汪作“郁鄢”，“郁”蓋“郫”之譌。

bì 鷩 觿 牂牁縣。從邑，敝聲。讀若鷩雉之鷩。鄙迷反。

bāo 郇 觿 城名也。從邑，包聲。伯茅反。

【校】城名，鉉作“地名”。

nuó 郍 觿 西夷國。從邑，冉聲。安定有朝郍縣。**臣鍇按**：《春秋左傳》楚人“遷權於郍處”。漢制：祠潕源於朝郍。乃多反。

pó 鄱 觿 鄱陽縣。從邑，番聲。部何反。

líng 酃 觿 長沙縣也。從邑，從需聲。**臣鍇按**：《字書》：湘東地名。又有綠酃，酒名。歷丁反。

chēn 郴 觿 桂陽縣。從邑，林聲。**臣鍇曰**：按，衡陽郴縣，郴水之側。恥林反。

【校】郴水之側，按：《漢志》云“耒水所出”，不云有“郴水”。

lèi 耒阝 觿 今桂陽耒阝陽。從邑，耒聲。**臣鍇按**：《字書》：縣有耒阝水，下入郴也。魯會反。

【校】耒阝陽、耒阝水，《漢志》皆作“耒”。

mào 鄮 觿 會稽縣。從邑，貿聲。母遘反。

鄞 𨜍 會稽縣。從邑，堇聲。擬斤反。

邨 𨛜 沛國縣。從邑，宋聲。臣鍇曰：沛本作此。沛，假借也。博梅反（bèi）。

【校】沛國縣，鉉作“沛郡”，汪本作“沛國郡”。

邴 𨚲 宋下邑。從邑，丙聲。臣鍇曰：按，齊有邴意茲。《公羊傳》以魯祊田作邴字，郭璞注《穆天子傳》亦同，許慎所不取也。布定反。

酂 𨞐 沛國縣。從邑，虘聲。今鄼縣。臣鍇曰：即蕭何所封也。粗何反。

【校】今鄼縣，按《漢志》顏注“酇”本作“酂”，應劭音“嵯”，是也。鉉刪此三字，非是。

邵 𨛜 地名也。從邑，少聲。升沼反。

邼 𨜊 地名也。從邑，臣聲。之忍反（zhěn）[1]。

鄽 𨡣 宋地。從邑，毚聲。讀若讒。臣鍇曰：按，《春秋左傳》宋有“鄽般”。士咸反。

鄑 𨞘 宋魯閒地。從邑，晉聲。臣鍇曰：按，杜預曰：“北海都昌縣西北有訾城。”子而反。

郜 𨙊 周文王子所封國。從邑，告聲。臣鍇按：杜預云文王子郜季之弟所封，子爵。又“鄭師取郜”“宋邑，濟陰城武縣東南有南郜城”。工督反（gù），又工到反。

【校】南郜城，“南”字衍。

鄄 𨞣 衞地，今濟陰鄄城。從邑，垔聲。臣鍇按：杜預曰“陳郡鄄城也”。鄭《史記》曰“晉伐阿鄄”，當七國時屬齊也。擊箭反。

【校】陳郡，當作“東郡”。〇鄭史，“鄭”字衍。〇晉伐阿鄄，按：《趙

---

[1] 《廣韻》又植鄰切。

世家》云"伐齊于鄆","阿"字疑"齊"字之譌。

邛 邛地，在濟陰縣。從邑，工聲。臣鍇曰：又蜀臨邛縣。俱重反。

【校】邛地，當作"邛城"。《外戚侯表》作"邛成"，正屬濟陰。

鄶 祝融之後，妘姓所封，溱洧之間，鄭滅之。從邑，會聲。臣鍇按：杜預曰"滎陽密縣東鄶城"，是。古會反（guì）。

邧 鄭邑也。從邑，從元聲。臣鍇按：《春秋左傳》"圍邧新城"，杜預闕之也。杜預云秦地，此云鄭地，傳寫誤。擬遠反。

郔 鄭地。從邑，延聲。臣鍇按：《春秋傳》鄭地，杜預闕之，不可知也。臣鍇竊以爲杜預之沒身于《春秋》而其地名有不知而闕者，則後代雖有獨得者，亦未可以取憑焉。弋然反。

郠 琅邪莒邑。從邑，更聲。《春秋傳》曰："取郠。"臣鍇曰：按，杜預闕之也。古橫反。

鄅 妘姓之國。從邑，禹聲。《春秋傳》曰："鄅人藉稻。"讀若規矩。臣鍇按：杜預曰："鄅，琅邪開陽縣，子爵，風姓。"于甫反。

【校】風姓，杜預作"妘姓"。

鄒 魯縣也，古邾國，帝顓頊之後所封。從邑，芻聲。臣鍇按：趙岐《孟子題辭》：邾國"至孟子時改曰鄒"。則留反。

郐 邾下邑地。從邑，余聲。魯東有郐城。讀若塗。臣鍇曰：古音涂，今音徐。火都反[1]。

【校】郐城，段云當作"郐戎"，即"徐戎"也。

郚 附庸國，在東平亢父郚亭。從邑，寺聲。《春秋傳》曰："取郚。"臣鍇按：杜預："又齊地也，平陰城西有郚山。"申之反。

【校】城西，"城"字衍。

---

① 火，《廣韻》作"同"，四庫本、四部叢刊本皆作"大"，是。

郰^{zōu} 郰 魯下邑，孔子之鄉。從邑，取聲。**臣鍇按**：《春秋左傳》"郰人紇"是也。則侯反。

郕^{chéng} 郕 魯孟氏邑也。從邑，成聲。**臣鍇按**：杜預云"姬姓國，周公弟郕叔處之後，在東平剛縣西南郕亭"，又"魯縣邑之郕"。《春秋》及杜預但作成，在泰山鉅平縣東南，郕。是征反。

【校】郕叔處，處，杜注作"武"。〇剛縣，當作"剛父縣"。〇郕亭，當作"有郕鄉"三字。

郾^{yǎn} 郾 周公所誅郾國，在魯。從邑，奄聲。**臣鍇按**：《尚書》《春秋左傳》皆作奄。歐檢反。

酄^{huān} 酄 魯下邑也。從邑，雚聲。《春秋傳》曰"齊人來歸酄"，是。**臣鍇按**：《春秋左傳》作讙字，假借也。杜預曰："濟北蛇丘縣西有下讙亭。"火桓反。

郎^{láng} 郎 魯亭也。從邑，良聲。**臣鍇按**：《春秋》桓公及齊人"戰于郎"，又莊公"築臺于郎"，杜預曰："高平郡高平縣東有郁郎亭。"臣以爲此字本因邑名而立，故從邑。他放此。魯當反。

【校】高平縣，當作"方輿縣"。〇"他放此"三字當删，宜依《韻會》補"婦人謂夫曰郎"，則猶"良人"也。

邳^{pī} 邳 奚仲之後，湯左相仲虺所封國，在魯薛縣是也。從邑，丕聲。**臣鍇按**：仲虺所封在魯薛縣。部眉反。

鄣^{zhāng} 鄣 紀邑也。從邑，章聲。**臣鍇按**：杜預曰："又名紀鄣，東海贛榆縣東北有紀城。"之良反。

邗^{hán} 邗 國也，今屬臨淮。從邑，干聲。一曰邗本屬吳。**臣鍇按**：杜預曰："在廣陵東南，自邗穿溝，自射陽湖至邗口入海，今謂之謠江口。"[1]**臣鍇按**，今邗溝也。侯干反。

---

[1] 《左傳·哀公九年》："秋，吳城邗溝通江、淮。"杜預注："於邗江築城穿溝，東北通射陽湖，西北至宋口入淮，通糧道也。今廣陵韓江是。"

【校】引杜説有譌舛，今正之，當作“在廣陵。吳自邗江穿溝，東北通射陽湖，西北至末口入淮，今謂之韓江口”。

郪 ^{yí}　臨淮徐地。從邑，義聲。《春秋傳》曰：“徐郪楚。”臣鍇按：預但言徐大夫名儀楚，不言郪是地名。據許慎所言，則以楚是大夫之名，郪是所食之邑，若晉郤克、魯郈孫之比。然則當後漢之時，《春秋》“儀楚”當作此郪字，但杜預在許慎後，故詳略不同也。銀之反。

郈 ^{hòu}　東平無鹽鄉是。從邑，后聲。臣鍇按：杜預言與慎同。下遘反。

郯 ^{tán}　東海縣，帝少昊之後所封。從邑，炎聲。臣鍇按：杜預曰：“嬴姓國也。”徒籃反。

郚 ^{wú}　東海縣，故紀侯之邑也。從邑，從吾聲。臣鍇按：杜預曰：“東莞朱虛縣東南郚城。”吾俱反。

酅 ^{xī}　東海之邑。從邑，巂聲。臣鍇按：杜預曰：“紀地也，齊國東安平縣。”勻低反。

【校】安平，汪作“萊安”，非是。

鄫 ^{céng}　姒姓國，在東海。從邑，曾聲。臣鍇按：杜預曰“鄫，姬姓”，與《説文》同，或寫作姒，誤。琅邪鄫縣又名鄫行。自陵反。

【校】鄫姬姓，姬，當作“姒”。○或寫作姒，姒，當作“姬”。○鄫行，疑當作“繒治”。

邪 ^{yé}　琅邪，郡名也。從邑，牙聲。臣鍇曰：今沂州也；又語未定之詞。寅遮反。

郱 ^{fū}　琅邪縣，一名純德。從邑，夫聲。弗無反。

郪 ^{qī}　齊地也。從邑，桼聲。此詰反。

鄈（郭） ^{guō}　齊之郭氏虛，善善不能進，惡惡不能退，是以亡國。從邑，墉聲。臣鍇按：《孔子家語》云：中行氏，善善不能進，惡

惡不能退。賢者知其不進已疎之，不肖者知其惡已怨之。怨讎并在於己。鄰國講兵於郊，中行氏不亡何待？唯太公《六韜》“周志三十六國”云“郭氏”，此云“齊郭氏”，當是靖國之後乎？又按杜預：“虢一名郭，都于上陽，在弘農陝縣東南”，虢或作郭。古落反。

【校】講兵，當作“構兵”。〇按：《六韜》亦不言“郭氏”，疑有誤。

郳 齊地。從邑，兒聲。《春秋傳》曰：齊高厚定郳田。臣鍇按：杜預曰：“即小邾一名也，東海昌慮縣東北有郳城。”擬低反。

郣 郣地。從邑，孛聲。一曰地之起者曰郣。臣鍇曰：疑勃海近此字。又《周禮》土有“勃壤”當作此，假借勃字也。步勿反。

【校】郣地，鉉作“郣海”，即用鍇説所增，非是。

郯 國也，齊桓公之所滅。從邑，覃聲。臣鍇按：杜預曰：“東海襄冥是也。子爵，魯莊十年滅。”杜擔反。

【校】東海襄冥，按杜注“譚”在“濟南”，此云“東海”，蓋誤以“郯”爲“譚”也。“襄冥”疑“襄賁”之謁，亦與“譚”無涉。此注當作“臣鍇按：杜預曰：在濟南平陵縣西南，子爵，魯莊十年滅，今假借譚字”。

邼 地名也。從邑，句聲。群許反。

郂 陳留鄉。從邑，亥聲。茍孩反。

戝 故國，在陳留。從邑，𢦏聲。臣鍇按：《春秋傳》“宋以伐戝召蔡人”，即戴國。子戴反。

【校】伐戝，《左傳》作“戴”，《公羊》《穀梁》作“載”。

鄢 地名。從邑，燕聲。一邅反。

邱 地名也。從邑，丘聲。起秋反。

挐 地名。從邑，如聲。熱除反。

邢 地名也。從邑，丑聲。女有反。

^{jǐ}
邔 𨞓　地名也。從邑，几聲。謹美反。

^{xì}
鄒 𨞨　地名。從邑，翕聲。臣鍇曰：今作歙縣也。忻急反。

^{qiú}
邱 𨞧　地名。從邑，求聲。虔柔反。

^{yǐng}
嬰 𨞺　地名。從邑，嬰聲。伊請反。

^{dǎng}
鄗 𨞦　地名。從邑，尚聲。澄沆反（dàng）^①。

^{píng}
邢 𨞻　地名。從邑，并聲。臣鍇按：杜預曰："紀地，東莞臨朐縣東南邢城。"脾并反。

^{hǔ}
鄠 𨞭　地名也。從邑，虖聲。忽五反。

^{huǒ}
炋 𨞽　地名。從邑，火聲。呼朵反。

^{liǎo}
鄝 𨞵　地名。從邑，翏聲。臣鍇〔曰〕：疑此則春秋蓼國字。里皎反。

^{guī}
鄬 𨞲　地名也。從邑，爲聲。居危反。

^{cūn}
邨 𨞔　地名。從邑，屯聲。鹿孫反^②。

^{shē}
舒 𨞰　地名也。從邑，舍聲。申車反。

【校】汪本篆次及反音誤與"鄆"互易。

^{hé}
郃 𨞩　地名。從邑，盍聲。侯臘反。

^{gān}
乾 𨞣　地名。從邑，乾聲。骨安反。

^{yín}
鄩 𨞙　地名。從邑，酓聲。讀若淫。力甚反（lǐn）^③。

^{shān}
邖 𨙸　地名。從邑，山聲。色閑反。

^{xīng}
郷 𨞹　地名。從邑，興聲。香應反。

【校】鉉無此篆。

^{táng}
鄌 𨞾　地名。從邑，臺聲。臺，古堂字。特郎反。

---

① 注音依《廣韻》多朗切。
② 《廣韻》徒渾切（tún），"亦音村"。鹿，或疑即"麁"。
③ 注音依《廣韻》餘針切。

féng

酆 姬姓之國。從邑，從馮聲。臣鍇曰：今作馮也。父重反。

kuài

郐 汝南安陽鄉。從邑，叔省聲。庫拜反。

fǔ

郙 汝南上蔡亭。從邑，甫聲。分武反。

lì

酈 南陽縣。從邑，麗聲。臣鍇曰：今爲鄧州縣。里擊反。

qiān

酁 地名。從邑，毚聲。親延反。

yān

鄢 南郡縣，孝惠三年改名宜城。從邑，焉聲。于乾切。

yì

邑 從反邑。邑字從此。闕。

文一百八十二　重六

【校】（文一百八十二）按：本部“鄢”篆作切音，次立所補，當例補次立説。又“郁、㟃、邯、鄧、鄂”五篆，音皆同鉉，而易“切”爲“反”，亦疑次立所補。“㠯”篆無音，當是“鄂”重文。則文數當作“一百八十一”，重文當作“七”。

xiàng

邑 鄰道也。從邑從邑。凡邑之屬皆從邑。臣鍇曰：二邑爲鄰也，會意。下降反。

xiàng

鄉（鄉） 國離邑，民所封鄉也。嗇夫別治。從邑，皀聲。封圻之內六鄉，六卿治之也。臣鍇曰：當許慎之時，皀音香。臣鍇按：《周禮》《淮南子》云：甸有鄰、有里、有酇、有鄙、有郡、有縣、有遂，故曰“國離邑”。離邑，別邑也，大夫所封。《周禮》有鄉大夫、嗇夫，秦漢已來官也。鄭玄爲鄉嗇夫也。《漢書·百官表》云：“大率十里一亭，亭有長。十亭一鄉，鄉有三老、有秩、嗇夫、游徼。三老掌教化，嗇夫職聽訟、收賦税，游徼主盜賊。”軒良反。

xiàng

鄉 邑中道。從邑、共。言在邑中所共。恨絳反。

巷 䢽 篆文從邑省。

文三　重一

說文解字通釋卷第十三

繫傳十三

文林郎守祕書省校書郎臣徐鍇傳釋
朝散大夫行祕書省校書郎臣朱翱反切

三十部　文七百三　重百一十一

日　**日** 實也。太陽之精不虧。從囗、一。凡日之屬皆從日。臣鍇
曰：《通論》備矣。而吉反。

【校】“從囗、一”下鉉有“象形”二字。

　　囜 **日** 古文。象形。

旻 **旻**① 秋天也。從日，文聲。《虞書》曰：“仁閔覆下，則稱日
旻。”② 臣鍇曰：當言《虞書》説也。眉均反。

【校】閔覆，《毛詩傳》作“覆愍”。

時 **時** 四時也。從日，寺聲。神持反。

　　告 **告** 古文從日之作。臣鍇曰：之聲日之。

　　【校】“之聲”下“日之”二字衍。

早 **早** 晨也。從日在甲上。卂，古文甲字。臣鍇曰：甲，十干之
首，又象人頭。子艸反。

【校】卂，古文甲字，鉉無此五字。戈部戙注同。按：卂，疑當作十，古
鼎彝銘“甲”皆作十，省文也。大篆早、戙當作早、戈，故隸沿其形。若

----

① 旻，四部叢刊本小篆作**旻**。
② 日旻，大徐本作“旻天”。

本從中，則中爲篆文，非古文也。又見甲部重文。

智（hū）智　尚冥也。從日，勿聲。臣鍇曰：今《史記》作昒，同。呼兀反。

昧（mèi）昧　昧爽，旦明也。從日，未聲。一曰闇也。莫隊反。

睹（dǔ）睹　旦明也。從日，者聲。得古反。

晣（zhè）晣　昭晣，明也。從日，折聲。《禮》曰：“晣明行事。”臣鍇曰：今《禮記》作質明，假借。之列反。

曉（xiǎo）曉　明也。從日，堯聲。呼皎反。

昕（xīn）昕　旦也，明也。日將出也。從日，斤聲。讀若忻。臣鍇曰：昕猶焮也，日炙物之兒。《禮》曰：“大昕之朝。”讀若希。許斤反。

【校】讀若忻，忻，當作“希”，此古讀也，見《禮記》釋文。○讀若希，希，當作“忻”，此錯説今音也。

昭（zhāo）昭　日明也。從日，召聲。真遙反。

晤（wù）晤　明也。從日，吾聲。《詩》曰：“晤辟有摽。”臣鍇按：《詩》曰“可與晤言”，傳云：“晤，對也。”考之《説文》則當作牾字。牾，相當也，蓋《詩》假借晤字。宋謝惠連詩曰“晤對無厭倦”[1]，今相承皆作晤字。頑忤反。

曠（kuàng）曠　明也。從日，廣聲。臣鍇按：漢光武帝詔曰：“庶僚久曠廢也。”故此曠爲明也。困盎反。

【校】光武帝，當作“元帝”。

旳（dì）旳　明也。從日，勺聲。《易》：“爲旳顙。”臣鍇曰：光旳然也。旳音滴。臣鍇曰：水之一滴不廣。顛歷反。

【校】“《易》”下汪有“曰”字。

晄（huǎng）晄　明也。從日、光，光亦聲。胡莽反。

———————————

① 《文選·謝靈運〈酬從弟惠連〉》：“悟對無厭歇，聚散成分離。”

旭 旭 日旦出皃。從日，九聲。讀若勖。**臣鍇按**：《詩》"旭日始旦"是也。喧玉反。

【校】讀若勖，勖，當作"好"，見《詩經》釋文。"旭、好"同母相齬也。

晉 晉 進也。日出而萬物進。從日，臸聲。《易》曰："明出地上晉。"會意。子印反。

【校】臸聲，"聲"字衍。

暘 暘 日出也。從日，易聲。《虞書》曰："至于暘谷。"**臣鍇按**：《尚書·洪範》"乂，時暘若"，暘日暴之也。猶良反。

【校】日出，當作"日暴"。○《虞書》曰至于暘谷，鉉無"至于"字。按：當作"《商書》曰：曰暘"，鍇説可證。○日暴之也，當作"日乾物也"。

啓 啓 雨而晝姓也。從日，啟省聲。**臣鍇曰**：啟，開也。今人言開姓也。溪禰反。

暆 暆 日覆雲暫見。從日，易聲。**臣鍇曰**：日暫見爲暆，與此義同。移尺反。

【校】日暫見爲暆，當作"目暫見爲睨"，見目部。

昫 昫 日出温也。從日，句聲。北地有昫衍縣。況于反。

晛 晛 日見也。從日、見，見亦聲。《詩》曰："見晛曰消。"年電反（niàn）[1]。

晏 晏 天清也。從日，安聲。**臣鍇按**：《史記·封禪書》曰"色晏温"是也。殷訕反。

【校】色晏温，"色"字衍；晏温，同《漢志》，《史記》作"曣曛"。

曣 曣 星無雲暫見也。從日，燕聲。於霰反。

【校】暫見，鉉無此二字。

---

① 注音依《廣韻》胡典切。

景 景　光也。從日，京聲。己皿反。

皓 晧　日出皃。從日，告聲。臣鍇曰：初見其光白也。宋玉賦曰："白日初出照屋梁。"候抱反。

暤 暭　暤旰也。從日，皋聲。臣鍇曰：日轉高暤旰盛也。候抱反。

【校】日轉，當作"日輪"。

曅 曅　光也。從日，琴聲。臣鍇曰：琴音訐，艸木葉也。臣鍇以爲曅然象艸木之盛，不得云聲，或者訐脅爲旁紐，脅與曅聲相近，亦非臣所能盡詳之。然自許氏没，傳寫者不曉本意，多要妄加聲字也。元帖反。

【校】艸木葉，葉，當作"華"。

暉 暉　光也。從日，軍聲。詡歸反。

旰 旰　日晚也。從日，干聲。《春秋傳》曰："日旰君勞。"根岸反。

【校】勞，《左傳》作"勤"。

暆 暆　日行暆暆。從日，施聲。樂浪有東暆縣。讀若酏。臣鍇按：《詩》曰"彼留子嗟，將其來施施"，施施，逶迤漸進之皃。行躔、次歷亦其義也。《漢書》"東暆令延年"。以支反。

【校】次歷，當作"歷次"。

曩 曩　日景也。從日，咎聲。臣鍇曰：曩之義與鬼同，皆其景象耳，不可得而執持之也。俱水反。

厢（戻）厢　日在西方時側也。從日，仄聲。《易》曰："日厢之離。"齋食反。

晚 晚　暮也。從日，免聲。武反反。

昏 昏　日冥也。從日，氐省。氐者，下也。一曰民聲。臣鍇曰：會意也。喧盆反。

【校】一曰民聲，後人依《五經文字》增入，鍇說可證。

luán

彎 戀 日旦昏時也。從日，䜌聲。讀若新城䜌中。魯剟反。

【校】日旦，當作“日且”，與茻部“莫”注義同。〇䜌中，當作“蠻中”，見《漢志》。

ǎn

晻 曮 不明也。從日，奄聲。臣鍇按：《漢書》：“以晻致明。”烏感反。

àn

暗 暗 日無光也。從日，音聲。歐淦反。

huì

晦 曀 月盡也。從日，每聲。臣鍇曰：晦，昧也。虎配反。

nài

腗 腗 埃腗，日無光。從日，能聲。臣鍇曰：埃腗，猶今人言靉靆，此古語，今所不行也。奴代反。

【校】靉靆，汪作“愛逮”。

yì

曀 曀 陰而風也。從日，壹聲。《詩》曰：“終風且曀。”臣鍇曰：按，《爾雅注》“暗曀之謂”。伊閉反。

【校】陰而風也，當作“天陰沈也”，見《御覽》引《説文》。〇《爾雅注》暗曀之謂，當作“《爾雅》曰：陰而風爲曀”，鍇引此見《爾雅》，與許異説也。鉉用《爾雅》改許書，遂改此爲不憭語。此轉轉竄易之譌。

hàn

旱 旱 不雨也。從日，干聲。遐緩反。

yǎo

皀 皀 望遠合也。從日、匕。匕，合也。讀若窈窕之窈。臣鍇曰：匕，相比近也，故曰“匕，合也”。此惟官音皀字從此[1]，至鄉字、食字皆從皀。此字上從日月之日，皀音香字上象包米形[2]，上隆起而中注作·，其下皆從匕，學者所宜討論。倚了反。

【校】“皆從皀”下汪本有“音香”二字。

mǎo

昴 昴 白虎宿星。從日，卯聲。免狡反。

xiǎng

曏 曏 不久也。從日，鄉聲。《春秋傳》曰：“曏役之三月。”臣鍇

---

[1]　“音官”二字疑爲“官”下注音。

[2]　“音香”二字疑爲“皀”下注音。

曰：不久，猶言未久也。若今人言適來也，若今人言已過之言也。許仗反。

【校】曧役，曧，今《左》省作“鄉”。

曩（nǎng）曩　曧也。從日，襄聲。**臣鍇曰**：曩猶攘也，相攘卻成故舊也。《莊子》罔兩責影曰：“曩子行，今子止也。”能朗反。

昨（zuó）昨　累日也。從日，作省聲。自莫反。

暇（xiá）暇　閑也。從日，叚聲。限乍反（xià）。

【校】閑，當作“閒”。

暫（zàn）暫　不久也。從日，斬聲。祖澹反。

昪（biàn）昪　喜樂皃。從日，弁聲。皮變反。

昌（chāng）昌　美言也。從日從曰，曰亦聲。昌，一曰日光也。又《詩》曰：“東方昌矣。”**臣鍇按**：《詩》曰“猗嗟揚兮，美目昌兮”，昌，美也。《尚書》曰“禹拜昌言”，昌言，即當言也。曰亦言也，此會意字。言亦聲，後人妄加之，非許慎本言也。昌即明也，“東方昌矣”即東方明矣。故晉孝武帝以東方明時生名曰昌明也。醜將反。

【校】猗嗟揚兮，美目昌兮，“揚、昌”字宜對易。○當言，宜作“美言”。

昌　籀文省作。**臣鍇曰**：從口義與從曰同。

暀（wàng）暀　美光也。從日，往聲。**臣鍇按**：《爾雅》曰：“暀暀、皇皇，美也。”于放反。

【校】美光，鉉作“光美”。

昄（bǎn）昄　大也。從日，反聲。**臣鍇按**：《詩》曰“爾土宇昄章”，注：“昄，大也。”昄訓大當作版，作昄亦假借。補縮反。

【校】昄訓大、作昄亦假借，二“昄”字當作“版”，鍇蓋誤肊《詩》作“版章”也。

昱 ^{yù} 昱 明日也。從日，立聲。融六反。

㬉 ^{nǎn} 㬉 溫濕也。從日，赧省聲。讀若赧。尼縮反。

暍 ^{yē} 暍 傷熱暑。從日，曷聲。**臣鍇按**：《淮南子》“暍者，望冷風于秋”。憂歇反。

暑 ^{shǔ} 暑 熱。從日，者聲。叔呂反。

㬊 ^{nàn} 㬊 安㬊，溫也。從日，難聲。那旦反。

㬎 ^{xiǎn} 㬎 眾微杪也。從日中視絲。古文以爲顯字。或以爲眾口皃。讀若唫唫。或以爲繭；繭者，絮中往往有小繭是也。**臣鍇曰**：眾而微杪者，日中視絲也。今謂精者曰綿，繭內衣護蛹者，與其外膜縮雜爲之曰絮。小繭助蛹衣乃蠶口也。五沓反（è）[1]。

【校】眾微杪，“眾”字衍。○眾口皃，讀若唫唫，當作“眾明皃。讀若口唫之唫”。以上從《玉篇》正。○助蛹，助，當作“即”。○蠶口，口，當作“衣”。

暴（曓）^{bào} 曓 晞也。從日從出從収從米。**臣鍇按**：《南史》：宋時嘗議廢錢，尚書孔琳議曰：姦僞之人競溼穀以要利，然則將糶，必先日暴之也。収者以手推聚，反覆之意也。盆操反[2]。

【校】“孔琳”下當有“之”字。

麅 麅 古文從日，麃聲。

曬 ^{shài} 曬 色介反。暴也。從日，麗聲。所智反。

【校】“色介反”三字當在“麗聲”下。○“所智反”三字衍。

暵 ^{hàn} 暵 乾也，耕暴田曰暵。從日，莫聲。《易》曰：“燥萬物者，莫暵乎火。”火，離也。**臣鍇按**：《周禮》曰“旱暵之事”是也。喝散反。

【校】今《易》作“熯”。

――――――

① 《廣韻》又呼典切。
② 《廣韻》又蒲木切（bú）。

晞 晞 乾也。從日，希聲。臣鍇按：古詩曰"青青園中葵，朝露待日晞。"希亦少也，物乾則少也。忻沂反。

昔 昔 乾肉也。從殘肉，日以晞之。與俎同説。臣鍇曰：仌者，肉開析之，象俎左旁，亦象切肉也。指事。思益反。

【校】同説，鉉作"同意"。

腊 昔 籀文從肉。臣鍇曰：下更象肉骹也，今人作腊即此也。上同。

暱 暱 日近也。從日，匿聲。《春秋傳》曰："私降暱燕。"臣鍇曰：日月相近也。女室反。

【校】暱燕，今《左》"暱"作"昵"。

昵 昵 或從尼作。臣鍇曰：尼亦聲。

暬 暬 日狎習相嫚也。從日，執聲。臣鍇按：《詩》曰左右暬御。義與媟同。私列反。

【校】各本同，按《開成石經》，當作暬，執聲。此與巾部"幫"、女部"嫷"、金部"鏊"、車部"輦"篆皆誤從"執"，當悉正之。"暬、輦"二篆，鉉不誤。

杳 杳 不見也。從日，否省聲。美弼反。

昆 昆 同也。從日，比聲。臣鍇曰：蚰音昆蟲①，眾蚰也，故如此昆亦訓同，日比之②，是同也。古論反。

【校】比聲，"聲"字衍。

晐 晐 兼晐也。從日，亥聲。臣鍇曰：日之光兼覆也。茍孩反。

普 普 日無色。從日，竝聲。臣鍇曰：日無光，則近遠皆同，故從竝。有聲字，傳寫誤多之也。會意。拍戶反。

文七十　重六

———————

① "音昆"二字疑爲"蚰"下注音。
② 日，四庫本、四部叢刊本皆作"曰"。

旦 旦　明也。從日見一上。一，地也。凡旦之屬皆從旦。**臣鍇曰**：日出於地也。兜散反。

暨 暨　日頗見。從旦，既聲。其冀反。

文二

倝 倝　日始出，光倝倝也。從旦，㫃聲。凡倝之屬皆從倝。**臣鍇曰**：翰、輪、𦎧、乾皆從此也。根炭反。

𣄚 𣄚　闕。且從三日在㫃中。**臣鍇按**：李陽冰云：從三日，旦在㫃中。蓋籀文，許慎闕義。且字下後人加。同上。

【校】"闕且"二字，段云"籀文"二字之譌。○鉉無"且從三日在㫃中"七字，依鍇說刪也。○李陽冰云：從三日，"三"疑當作"二"。

朝（朝）朝　旦也。從倝，舟聲。**臣鍇曰**：此朝旦字。知潮反。

文二　重一

㫃 㫃　旌旗之游，㫃蹇之皃。從中，曲而下，垂㫃，相出入也。讀若偃。古人名㫃字子游。凡㫃之屬皆從㫃。**臣鍇曰**：旌旗之斿綴屬㫃旌旗，故有九斿、七斿，象其兩斿皆下垂，從風偃蹇逶迤之狀。中，其綴屬處也。依遠反。

【校】㫃相出入也，㫃，當作"從入"二字。○屬㫃旌旗，㫃，當作"於"。○兩斿，當作"兩耑"。

　　㫃 㫃　古文㫃字如此，象旌旗之游及㫃之形。**臣鍇曰**：兩耑下垂，中相連也。上同一。

　　【校】上同一，"一"字衍。

旗 旗　熊旗五斿，以象伐星，士卒以爲期。從㫃，其聲。《周禮》曰："率都建旗。"**臣鍇按**：天文參星旁有伐星五，將有征伐，士卒期於其下也。熊，勇士之象。《尚書·牧誓》曰"如熊如羆"，何晏《景福殿賦》曰"參旗九斿，從風飄揚"，參星旁又有九斿星，非參旗有九斿也。帥都六鄉六遂，民所聚也。虔知反。

【校】五斿，按《考工記》當作"六斿"。〇率都，今《周禮》作"師都"，"師"蓋"帥"之譌。〇伐星五，當作"伐星六"。

旐（zhào）　龜蛇四斿，以象營室，悠悠而長也。從㫃，兆聲。《周書》曰："縣鄙建旐。"臣鍇按：《周禮注》："龜蛇象其扞難辟害也。"營室，北方七宿也，其星象龜形。池沼反。

【校】《周書》，當作"《周禮》"。

旆（pèi）　繼旐之旗，沛然而垂也。從㫃，宋聲。臣鍇按：《爾雅》："繼旐曰旆。"蒲會反。

旌（jīng）　游車載旌，析羽注旄首也，所以精進士卒也。從㫃，生聲。臣鍇按：《春秋》"壽子載其旌"是也。析羽，謂分析鳥羽連屬爲之，故曰：王旌旌至㫃軫。其竿頭則綴以旄牛尾也，《春秋》所謂"范宣子假羽旄於齊"者也。《漢書》有"鸞旗"，注謂以鳳羽爲旌也。津貞反。

【校】游車，《周禮》作"斿車"。〇故曰王斿旌至㫃軫，當作"故曰注旌斿至於軫"。

旟（yú）　錯革畫鳥其上，所以進士眾。旟，眾也。從㫃，與聲。《周禮》曰："州里建旟。"臣鍇按：《爾雅》"錯革鳥隼曰旟"，革，鳥隼之皮革也。錯，雜也。《詩》曰"眾惟魚矣，旐惟旟矣，室家溱溱"，旟，眾也。《周禮注》："則州里之官平約信也。"鳥隼，猛健之象也。以虛反。

【校】畫鳥，"畫"字衍，《韻會》引無"畫"字。〇錯革鳥隼，"隼"字衍。〇則州里之官平約信也，當作"州里縣鄙鄉遂之官互約言之"。

旂（qí）　有鈴曰旂，以令眾。從㫃，斤聲。臣鍇按：《爾雅注》："縣鈴於竿頭，畫交龍於旂上。"巨希反。

【校】旂上，當作"斿上"。

旞（suì）　導車所以載，全羽以爲允。允，進也，□□進也。從㫃，遂聲。臣鍇按：全羽，全剝鳥羽也；道車，象路也。夕位反。

【校】導車,《周禮》作“道車”①。○所以,“以”字衍。○闕文當補“允而”二字,見《御覽》。

旞 䰟 或從遺作。臣鍇曰:從遺聲。

kuài

旝 䰟 建大木,置石其上,發其機,以磓敵。從㫃,會聲。《春秋傳》曰:“旝動而鼓。”《詩》曰:“其旝如林。”臣鍇按:諸書旝,旌旗也,唯許慎言。潘岳《閑居賦》謂之礮。古最反(guì)。

【校】“《詩》曰”上當有“一曰旌旗”四字。按:許書凡一音一義,一義一證,無不條分明晰。如此條引《左》以證“機發石”,其師賈侍中説也,見《左傳疏》,故首列之。次引《詩》以證“旌旗”,雖異於《毛詩》之作“會”,或是《三家詩》説如是。後人陵亂其文,多致義不可曉。

zhān

旃 䰟 旗曲柄也。所以旃表士眾。從㫃,丹聲。《周禮》曰:“通帛爲旃。”臣鍇曰:旃猶言甄也。《周禮》“通帛爲旃”。《爾雅》“因章曰旃”,注謂:“以帛練爲旃,因其文章,不復畫也。”遮延反。

【校】旃表,當作“章表”,見《爾雅》。○帛練爲旃,旃,當作“斿”。

旜 䰟 或從亶。臣鍇曰:亶聲。

yóu

斿 䰟 旌旗之斿也。從㫃,攸聲。臣鍇曰:今俗或作斿。延秋反。

yǎo

旓 䰟 旗屬。從㫃,要聲。倚了反。

shī

施 䰟 旗皃。從㫃,也聲。齊欒施字子旗,知施者旗。臣鍇曰:旗之逶迤也。臣鍇按:《白虎通》:古人爲字,使人“聞其字則知其名”,率皆如此。許慎言欒施,知施字訓旗,所以字子旗也。孔子弟子巫馬施亦字子旗。申而反。

yǐ

旖 䰟 旗之旖施。從㫃,奇聲。臣鍇曰:猶言旖旎也。於奇反。

piāo

旚 䰟 旌旗旚摇也。從㫃,票聲。臣鍇曰:旚,摇也。片妖反。

【校】旚摇也,當作“旚猶飄摇也”。

---

① 按,下文徐鍇亦釋“道車”。

biāo

旓　㫃旗飛揚兒。從㫃，㸚聲。必搖反。

pī

旇　㫃旗披靡兒。從㫃，皮聲。臣鍇曰：披靡四散兒也。坏卑反。

yóu

游　㫃旗斿也。從㫃，汓聲。汓，古文泅。臣鍇曰：㫃旗邊所綴也。《爾雅》曰"練斿九"，《春秋公羊》曰"若贅斿"。又敖游也。延秋反。

【校】汓，古文泅，按：水部"泅"爲"汓"或體。

　　遛　古文。臣鍇曰：孚，古文子字，蓋從古文汓省，此正敖游字。

xuán

旋　周旋，㫃旗之指麾。從㫃、疋。疋，足也。臣鍇按：《尚書》曰"王秉白旄以麾"，以進之也。疋者，足也，故㫃疋爲旋，人足隨㫃旗也。推沿反[①]。

máo

旄　幢也。從㫃，毛聲。臣鍇按：《爾雅》："注旄首曰旌。"注謂"載旄竿頭，如今之幢"。以旄牛尾結爲之也，亦謂之旄。注，綴屬也。幢即今道家之幢，節象也。門高反。

【校】節象，"象"字疑衍。

fān

旛　幅胡也。從㫃，番聲。臣鍇按：魏晉已來有旛，所以爲信。晉制：東方以青龍旛，西方白武旛，南方朱雀旛，北方玄武旛，中央黃龍旛。齊竟陵王子良《五十二體書》曰：信旛以鳥書也。分軒反。

lǚ

旅　軍之五百人。從㫃從从。旅，俱也，故從从。臣鍇曰：周制：一鄙之眾也。旅者，眾也。師克以和，故必相順從也，眾出則旅寓，故謂在外爲旅也。鄰語反。

　　炎　古文旅。古文以爲魯、衞之魯。臣鍇按：說《春秋左傳》者謂魯仲子有文在手，曰"爲魯夫人"，魯字當作此炎也。

zú

族　矢鋒也，束之族族也。從㫃從矢。昨木切。

文二十四　重五

【校】（文二十四）實核二十三，“族”字次立補，當例補次立説。

冥鼎 幽也。從日、六，冖聲。日數十，十六日而月數始虧幽也。冖聲。凡冥之屬皆從冥。**臣鍇曰**：當言冖亦聲，傳寫脱誤。民粤反。

【校】“從日、六”下“冖聲”二字衍。○月數，鉉無“數”字。○“臣鍇曰”下當依《韻會》補“冖覆日夜也”五字。

䆠 **鼳** 從冥，黽聲。**臣鍇曰**：又春秋時魯地名。《左傳》曰“一人門于句鼳”是也。没彭反。

【校】“從冥”上鉉有“冥也”二字，“黽聲”下有“讀若黽蛙之黽”。

文二

晶晶 精光也。從三日。凡晶之屬皆從晶。**臣鍇曰**：以《山海經》注言之，以爲天常有十日，迭送一日爲番次出之也，天無二日，不并出耳。津貞反。

曐 **曐** 萬物之精，上列爲星。從晶，從生聲。一曰星，象形。從○，古○復注中，故與日同。**臣鍇曰**：人據於地，上生於天。一説⠶，本象星形注其中，偶與晶字同。記此者，廣異聞也。息形反。

　曐 **曐** 古文。**臣鍇曰**：以此證之也。

　星 **曐** 或省。

曑 **曑** 商星也。從晶，從㐱聲。**臣鍇曰**：其説上晶，明與星同義也。師今反（sēn）。

　曑(參) **曑** 或省。

晨 **曟** 房星。爲民田時者。從晶，辰聲。**臣鍇按**：《爾雅》：房、心、尾爲大辰，其中心星亦獨爲大辰。注：“龍星明，以爲時候，故曰大辰。”臣以爲人言“不辰”者，不時也，是訓辰爲時也。石倫反。

　晨 **晨** 或省。

疊 ^疊 揚雄説：以爲古理官決罪，三日得其宜，乃行之。從晶、宜。亡新以爲疊字從三日太盛，而改之爲三田。臣鍇曰：理官，刑獄之官也。《周禮》有三宥三刺之法，故曰三日也。此會意字。亡新，即王莽也。莽疑圖讖，漢有再受之象，惡重疊字有三日太盛也，爲田則失六書之義，所謂忌則多怨，又安能克也。田狹反。

文五　重四

月 ^月（yuè）闕也。十五稍減，故曰闕也[1]。太陰之精，象形。凡月之屬皆從月。臣鍇曰：《通論》備矣。元伐反。

朔 ^朝（shuò）月一日始蘇也。從月，屰聲。臣鍇曰：按《釋名》曰："朔，蘇也，月始蘇也。"[2] 色捉反。

朏 ^朏（pěi）月未盛之明也。從月，出聲。《周書》曰："丙午朏。"臣鍇曰：本無聲字，有者誤也。剖海反[3]。

霸 ^霸（pò）月始生，魄然也。承大月二日，承小月三日。從月，霝聲。《周書》曰："哉生霸也。"臣鍇按：《漢書》載《尚書》之文，魄皆作此霸字。諸侯之盟主爲伯，伯者，長也，是以《周禮》"九命作伯"、大王爲西伯、齊桓晉文之類，雖音灞，猶作伯字，爾後人作霸。奔化反（bà）。

【校】今《書》作"哉生魄"。

胃 ^胃 古文或作此。臣鍇曰：此古審字。

【校】此古審字，此，疑當作"從"。

朖（朗） ^朖（lǎng）明也。從月，良聲。臣鍇曰：月之明爲朗，故古樂府有《朗月行》。勒浪反。

朓 ^朓（tiǎo）晦而月見西方謂之朓。從月，兆聲。臣鍇曰：此亦日月行

① 大徐本無此八字。
② 今《釋名·釋天》："朔，蘇也，月死復蘇生也。"
③ 《廣韻》又敷（fēi）。

度之失也，行太遲也。土了反。

【校】行太遲，當作“行太疾”；朒下“太疾”當作“太遲”，見《漢書·五行志》。蓋“朓”猶“佻達”，“朒”猶“恧縮”也。

朒　朒　朔而月見東方謂之縮朒。從月，內聲。臣鍇曰：行太疾也。按陰陽家說，月，人臣之象也。行疾，人臣迫急之徵；行遲，人臣怠政之應。尼六反。

【校】當作朒，從肉，乃得聲，今隸書不誤。○縮朒，《漢志》作“仄慝”。○太疾，當作“太遲”。

期　朞　會也。從月，其聲。臣鍇曰：日行遲，月行疾，似與日期會也。虔之反（qí）。

　　朞　㫖　古文從日、丌。臣鍇曰：丌，古其字。

文八　重二

有　有　不宜有也。《春秋傳》曰：“日月有食之。”[1]從月，又聲。凡有之屬皆從有。臣鍇曰：月能掩日，掩而有之之象也，故從月又聲。“不宜有”之言出《春秋公羊傳》，言“日月有食之”，所不宜有，故言有。許慎引以爲證。又亦象手掩也。有難者曰：《春秋傳》言有陶唐氏、有虞氏，豈是不宜有乎？臣荅之言：此自仲尼立例，取此一言爲文，不通於常詞也。若《春秋》例，“以惡入曰復入”之類，至《左傳》散言皆不拘之，此其證也。或者無以對也。延九反。

彧　彧　有文章也。從有，戫聲。臣鍇按：《論語》“郁郁乎文哉”，本作此彧，假借郁字。戫者，川流也。宋王戫字景文，又假借戫字，皆非本文。要須作彧爾，彧有蔚也，文章之意。於目反。

【校】有蔚，當作“猶蔚”。

龓　龓　兼有也。從有，龍聲。讀若籠。臣鍇按：《字書》云：又

———————

① 今《春秋經》：“日有食之。”

馬籠頭也。來充反。

文三

朙 昭也。從囧，月聲。凡朙之屬皆從朙。臣鍇曰：當言囧亦聲。眉平反。

【校】從囧，月聲，當作“從月，囧聲”。

明 古文從日。臣鍇曰：《通論》備矣。

朚 翌也。從朙，亡聲。臣鍇曰：《尚書》言翌日者，明日也。忽强反。

文二　重一

囧 窗牖麗廔闓明也。象形。凡囧之屬皆從囧。讀若獷。賈侍中讀與朙同。臣鍇曰：麗廔，猶離婁也。闓與開同。俱永反。

盟 《周禮》曰：“國有疑則盟。”諸侯再相與會，十二歲一盟也，北面詔天之司慎、司命。盟，殺牲嗽血，珠盤玉敦，以立牛殺其耳也。從囧，血聲。臣鍇按：《春秋左傳》曰“閒朝而會，不協而盟”[1]。司慎、司盟，天之二神。故魯襄公《傳》曰：敢告天之司慎、司盟、名山大川、先王先公、七姓十二國之祖，有違此盟，明神殛之，俾墜其師，無克祚國。是其辭也，謂之載書。既詛而割牲，以玉敦承其流血，諸侯共歃其血，主盟者執其牛耳，立於樊中。然後掘坎埋其牲，加載書而埋之也。故孟孫虒曰：“諸侯盟，誰執牛耳？”又曰：“坎用牲加書焉。”此言使背盟者如此牛也。敦器似甌也。囧者，明也。從囧、血，聲字傳寫妄加之也。會意。眉平反。

【校】司命，“命”字衍。○嗽血珠盤，嗽，鉉作“歃”，“珠”作“朱”。○以立牛殺其耳也，鉉作“以立牛耳”四字。按：當作“以菳殺牛盛其耳也”。○襄公《傳》，按：所引參用僖公二十八年《傳》語。○立

---

[1] 《昭公三年》：“諸侯三歲而聘，五歲而朝，有事而會，不協而盟。”

於槃，立，當作"盛"。

　　盥 ^盥 古文從皿。臣鍇曰：此足以明盥字從血非聲也。

　　盟 ^盟 籀文。

文二　重二

夕 ^{xī} 夕 暮也。從月半見。凡夕之屬皆從夕。臣鍇曰：月字之半也。月初生則暮見西方，故半月爲夕。辭易反。

夢 ^{mò} 夢 寂也。從夕，莫聲。臣鍇曰：此即寂寞之寞。没白反。

夜 ^{yè} 夜 舍也，天下休舍。從夕，亦省。羊舍反。

【校】"亦省"下鉉有"聲"字。

夢 ^{méng} 夢 不明也。從夕，瞢省聲。臣鍇曰：當言瞢亦聲，寫少亦字。木空反。

夗 ^{wǎn} 夗 轉臥也。從夕，臥有卩。臣鍇曰：卩訓節也。蔚遠反。

【校】"轉臥"上疑當有"夗"字。

夤 ^{yín} 夤 敬惕也。從夕，寅聲。《易》曰："夕惕若夤。"臣鍇曰：夕者，人意懈怠也。故孫武曰"暮气歸"。《國語》魯公父文伯之母曰"事夕而計過無憾，而後即安"是也。翼真反。

【校】若夤，當作"若厲"，段氏玉裁、王氏念孫皆有辨。○事夕而計過，按：當作"士夕而習服，夜而計過"[1]。

　　夤 ^夤 籀文。

姓 ^{qíng} 姓 雨而夜除星見也。從夕，生聲。臣鍇曰：此即今日作晴字。自成反。

外 ^{wài} 外 遠也。卜尚平旦也。今若夕卜，於事外矣。臣鍇曰：古者君子重卜者決疑於神明，當尚早，今夕卜，是於事疏外也。五會反。

_____

① 《國語·魯語》："士朝而受業，晝而講貫，夕而習復，夜而計過，無憾，而後即安。"

外　古文。

夙　早敬也。從丮持事，雖夕不休，早敬者也。臣鍇曰：言夕者，持明日之事也。息竹反。

佩　古文。

佩　亦古文。從人，丙聲。宿字從此。

文九　重四

多　重也。從重夕。夕相繹也，故爲多。重夕爲多，重日爲疊。凡多之屬皆從多。臣鍇曰：《周禮》又謂“戰功曰多”，《尚書·文侯之命》曰“汝多脩”是也；繹之言尋也，不絶之意也。又，夏謂“祭之明日又祭爲繹”，謂尋前日之事也。今夕復尋前夕之事是爲多，多者，事之過多也。疊者，重積前日之事以成之也，不爲過多也，故重日則爲疊，重夕則爲多。夕者，萬物息焉，君子之所以安身，小人之所以息力。故宴樂之事猶曰“臣卜其晝，未卜其夜”，況於力役而可夕爲之乎？故重夕爲多也。兜戈反。

【校】又夏謂，按《爾雅》“夏”當作“周”。

夗　古文并夕。

緒　齊謂多也。從多，果聲。臣鍇按：《史記》陳涉客曰：“緒乎！涉之爲王默默者也。”胡妥反（huò）。

【校】緒乎，《史》作“夥頤”，“默默”作“沈沈”。

絅　大也。從多，圣聲。臣鍇曰：此或音爲恢也。庫摧反。

夥　厚脣皃也。從多，尚聲。臣鍇曰：多即厚也，多尚爲夥，會意也。《春秋左氏傳》曰“君子不欲多尚人”[1]，尚，陵也。今人謂小兒無禮教爲夥跌。敕茶反。

【校】尚聲，“聲”字衍。

文四　重一

———

[1]　尚，今《左傳·桓公五年》作“上”。

毌（guàn）毌　穿物持之也。從一橫貫，象寶貨之形。凡毌之屬皆從毌。讀若冠穿。臣鍇曰：古貝穿之，又珠亦穿之謂之琲。**古安反。**

【校】讀若冠穿，"穿"字衍。篆文或借𢎘爲"穿"字，𢎘即"毌"之或體，知古讀若"冠"也。鉉改"穿"爲"冠"，後人又依鉉增此耳。

貫（guàn）貫　錢貝之貫。從毌，貝聲。臣鍇曰：毌貝，會意。**古翰反。**

【校】貝聲，"聲"字衍。

虜（lǔ）虜　獲也。從毌從力，從虍聲。臣鍇按：《春秋左傳》原軫曰"武夫力而拘諸原"，故從力。毌，穿之也。獲者以索拘之，故《齊國書》曰："人尋約，吳髮短。"[1] 謂將以繩系之也。**勒古反。**

文三

丂（hàn）丂　嘾也。艸木之華未發。凡丂之屬皆從丂。臣鍇曰：嘾者，含也。艸木華未吐，若人之含物也。丁則華苞形；乚象其華初發，其莖尚屈也。氾、范并從此[2]。**侯坎反。**

【校】"未發"下鉉有"函然象形"四字。

函（hán）（函）函　舌也。象形。舌體弓丂[3]，丂亦聲。臣鍇曰：涵、菡從此。按李陽冰云許氏作函，非也，當依篆作函。臣詳許慎所説及其字形，亦與陽冰所説同。但傳寫浸訛，以下函字兩齒相連，與中豎畫相合，自然其中成囧。今正書之，則與此同。但是輔頰之象，非正牙齒之字也。舌體丂丂，謂舌之出口如華之出柎蕚也。**胡甘反。**

肣　肣　俗從肉、今。

甹（yóu）甹　木生條也。從丂，由聲。《商書》曰："若顛木之有甹枿。"臣鍇曰：謂是已倒之木更生孫枝也。甹者，猶可也，止之言也。枿者，餘也。**延秋反。**

---

① 今見《左傳・哀公十一年》。
② 按，艸部"范"從艸，氾聲。
③ 弓，當從大徐本作"丂"。下文徐鍇亦釋"舌體丂丂"。

【校】曳枬，今《書》作"由蘖"。○止之言也，當作"生之意也"。

甬 甬 艸木華甬甬然也。從丂，用聲。臣鍇曰：甬之言涌也，若水涌出也。又《周禮》：鐘柄爲甬。通、勇、湧、踴、誦從此①。與恐反。

丂 丂 艸木丂盛也。從二丂。闕。臣鍇曰：華盛重累也。《詩》曰："鄂不韡韡。"韡韡，照也。熒先反。

【校】照也，當作"然盛也"。

文五　重一

東 東 木垂華實也。從木、丂，丂亦聲。凡東之屬皆從東。闕。臣鍇曰：丂即丂字也。楝字亦從此。侯坎反。

【校】按：注"從木、丂"，則篆當作東，而各本相沿作東，寒山趙氏本遂改從木、丂。

韓 韓 束也。從東，韋聲。臣鍇曰：言束之象華實之相累也。于歸反。

文二

卤 卤 艸木實垂卤卤然。象形。凡卤之屬皆從卤。讀若調。臣鍇曰：卤與苕同，謂艸木之秀實也。囪，實形也；卜，上華芒也。笛遠反。

　　囪 囪 籀文從三卤作。臣鍇曰：籀文繁者，小篆省之也。

栗（栗） 栗 木也。從卤、木，其實下垂也。臣鍇曰：栗實彙，亦有芒穎，與粟相類也。力必反。

　　𥝩 𥝩 籀文栗從西、二卤。徐巡説：木至西方戰栗也。臣鍇曰：西方，木凋落之時也。會意。

粟（粟） 粟 嘉穀實也。從卤從米。孔子曰："粟之爲言續也。"相

――――――――――――――

① 湧、踴，疑當作"涌、踊"。

玉反。

　　橐 籀文。**臣鍇曰**：續者謂相續不已，取嘉名也。

　　【校】"臣鍇"以下十四字當移置"橐"篆"續也"下。

文三　重三

齊 ^{qí} 禾麥吐穗上平也。象形。凡齊之屬皆從齊。**臣鍇曰**：生而齊者，莫若禾麥也。二，地也，兩旁在低處。《淮南子》曰："居高不可以爲脩，脩，長也。居下不可以爲短也。"[1]以二節其地形以高卑，則之形不齊而實齊也。故善爲國者，使士世其職，農安其畝，工樂其業，商便其肆，其地勢不同而其志樂同也。《莊子》曰"蟪蛄不知春秋""冥靈以八千歲爲春"[2]，此年壽不同而其生齊也；大鵬"摶扶搖而上者九萬里"，鷽斯"搶榆枋而不至"，此大小不同而其行止齊也。此莊周齊物之意也。自兮反。

齎 ^{qí} 等也。從齊，妻聲。**臣鍇按**：妻者，齊也，故等齊之字從妻也。自兮反。

文二

朿 ^{cì} 木芒也。象形。凡朿之屬皆從朿。讀若刺。**臣鍇曰**：從木形，左右象刺生之形也。七智反。

【校】木形，"形"字衍。

棗 ^{zǎo} 羊棗也。從重朿聲。**臣鍇曰**：羊棗，棗之名也。《孟子》曰："曾晳嗜羊棗也。"子艸反。

【校】朿聲，"聲"字衍。

棘 ^{jí} 小棗叢生者。從并朿也。**臣鍇曰**：小棗，故從并朿，低小也。己力反。

---

[1] 《淮南子·原道訓》："登丘不可爲脩，居卑不可爲短。"《莊子·徐無鬼》："登高不可以爲長，居下不可以爲短。"

[2] 《莊子·逍遥游》：冥靈"以五百歲爲春……大椿者，以八百歲爲春。"

【校】并棗，當作"并束"。

文三

片 片　判木也。從半木。凡片之屬皆從片。臣鍇曰：木字之半也。譬硯反。

版 版　判也。從片，反聲。補綰反。

㿹 㿹　判也。從片，畐聲。披式反。

牘 牘　書版也。從片，賣聲。臣鍇曰：古者爲公案也。陀谷反。

牒 牒　札也。從片，枼聲。臣鍇按：劉勰《文心雕龍》曰："議政未定，短牒諮謀。"曰牒簡也，葉在枝也。田俠反。

【校】簡也，葉在枝也，當作"簡之薄若葉也"。

牑 牑　木版也。從片，扁聲。讀若邊。婢篇反（pián）①。

牖 牖　穿壁以木爲交窗也。從片、户，甫聲。譚長以爲甫上日也，非户也。牖，所以見日也。臣鍇曰：室但穿明則爲窗。牖者，更以木爲交櫺，故《老子》曰"鑿户牖以爲室"，先言户，後言牖，彌文飾也。古音甫蓋與父同聲，故云甫聲也。古者一室一窗一户也。譚長，亦當時説文字者，記其言，廣異聞也。其言以爲户字當作日字也。夷酒反。

【校】室但穿明，室，汪作"窗"。

牏 牏　築牆短版也。從片，俞聲。讀若俞。一曰紐也。臣鍇曰：牆兩頭版也。《史記·萬石君傳》曰"取親裙廁牏浣滌"，注謂：於築牆短版而浣滌也。特妻反。

【校】讀若俞，按：徐廣《萬石君傳》注用許説，則其"音住"亦當是《説文》舊讀。鉉、錯不知古音，或改"住"爲"俞"耳。○一曰紐也，按：《萬石君傳》蘇林注引賈逵《周官説》曰"牏，行清也"，許此注何以不用師説？疑"紐"即"行清"之譌。鉉本作"一曰若紐"，則取其

① 注音依《廣韻》布玄切。

聲。○"裙"上當有"中"字。○短版而，而，當作"閒"。

文八

鼎 三足兩耳，和五味之寶器也。昔禹收九牧之金，鑄鼎荆山之下，入山林川澤，螭魅蝄蜽，莫能逢之，以協承天休。《易》卦：巽木於下者爲鼎，象析木以炊鼎也。從貞省聲。古文以貞爲鼎，籀文以鼎爲貞。凡鼎之屬皆從鼎。臣鍇按：《周易》巽下離上爲鼎，巽，木也。《彖》曰：鼎，"以木巽火，烹飪也"。《春秋左傳》曰：鑄鼎"使民知神姦"，然後"不逢不若也"。顛茗反。

【校】以鼎爲貞，段云"貞"當作"貝"，石鼓"員"則作"鼏、䣙"也。

鼒 鼎之圓掩上者。從鼎，才聲。《詩》曰："鼐鼎及鼒。"臣鍇按：《爾雅注》云："弇上小上也。"則欺反。

鎡 俗鼒從金，兹聲。

鼐 鼎之絕大者。從鼎，乃聲。《魯詩》說：鼐，小鼎也。臣鍇按：《爾雅》"鼎絕大者爲鼐"，注曰："最大圍者也。"自孔子刪《詩》爲三百篇以授子夏，自後分散傳授，其說不同，故有《魯詩》《齊詩》《燕詩》《毛詩》也。都亥反[1]。

【校】大圍，"圍"字衍。

鼏 以木橫貫鼎耳舉之。從鼎，冖聲。《周禮》："廟門容大鼏七箇。"即《易》"玉鉉大吉"。臣鍇曰：按《周禮》亦謂之扃也。民的反。

文四 重一

彔 刻木彔彔。象形也。凡彔之屬皆從彔。臣鍇曰：彔彔猶歷歷也，一一可數之皃。《通論》詳矣。禄、淥、盝、録、菉從此。盧木反。

【校】鉉次冟下。

---

[1] 都，疑當作"那"。《廣韻》奴代切，泥母。

文一

克 亨 肩也。象屋下刻木之形。凡克之屬皆從克。臣鍇曰：肩者，任也。《尚書》曰"朕不肩好貨"，不委任好貨也。任者，又負荷之名也。與人肩膊之肩義通，故此字下亦微象肩字之上也。能勝此物謂之克，故亦象刻木也。慳黑反。

【校】鉉次 氣 上。

　　泉 点 古文。臣鍇曰：亦象录字之下也。

　　卢 含 亦古文。

文一　重二

禾 禾 嘉穀也。從二月始生，八月而熟，得時之中和，故謂之禾也。禾，木王而生，金王而死。從木，從巫省。巫象其采也。凡禾之屬皆從禾。臣鍇曰：禾垂穗，顧本也。故張衡《思玄賦》曰："發昔夢於木禾。""既垂穎而顧本。"《淮南子》曰："金勝木，故禾春生秋死。"高誘云：禾，木也；菽，火也，菽故夏生冬死，水王而死也；麥，金也，故麥秋生夏死，火王而死也；薺，水也，故薺冬生夏死，土王而死也。户哥反。

【校】鍇引《思玄賦》非連文。

秀 秀 上諱。臣鍇曰：禾實也。有實之象下垂也。漢光武帝諱，故許慎闕而不書也。息就反。

稼 穛 禾之秀實爲稼，莖節爲禾。從禾，家聲。稼，家也。一曰禾在野爲稼也。臣鍇按：一曰種之爲稼。斤乍反。

穡 穡 穀可收曰穡。從禾，嗇聲。臣鍇曰：嗇，收也，故田夫爲嗇夫，吝嗇之意也。當言嗇亦聲，誤脫亦字。疎億反。

種 穜 埶也。從禾，童聲。臣鍇曰：布之也。之用反。

稙 稙 早種也。從禾，直聲。《詩》曰："稙穉菽麥。"珍食反。

種 穜 先種後孰也。從禾，重聲。直容切。

穋 穋 疾孰也。從禾，坴聲。《詩》曰："黍稷種穋。"臣鍇曰：古者繆、穆與穋聲相亂，秦繆公亦呼秦穆公，故穋或從翏聲。栗菊反。

【校】種穋，今《詩》作"重穋"。

　　　穆 穋 或從翏聲。

穉 穉 幼禾。從禾，犀聲。晚穜後孰者。臣鍇按：《爾雅》："長婦謂穉婦爲弟婦。"故後漢豫章處士字孺子。直致反。

【校】弟婦，今《爾雅》作"娣婦"。

稹 稹 穜概也。從禾，眞聲。《周禮》曰："稹理而堅也。"臣鍇曰：概，密也。《周禮・考工記》：相木之言，稹亦微密也。支允反。

稠 稠 多也。從禾，周聲。陳收反。

穆 穆 禾也。從禾，廖聲。臣鍇曰：廖音穆。莫叔反。

私 私 禾也。從禾，厶聲。北道名禾主人曰私主人。臣鍇曰：厶音私。漢制：縣有蠻夷北道。先茲反。

穤 穤 稻紫莖不黏也。從禾，糞聲。讀若靡。臣鍇曰：即今紫華稻。符既反。

【校】讀若靡，靡，當作"穈芑"之"穈"。

稷 稷 齋也，五穀之長也。從禾，畟聲。臣鍇按：《本艸》梁貞白先生："八穀：黍、稷、稻、粱、禾、麻、菽、麥，俗人尚不能分，況芝英乎？"臣今按：《本艸》新注：黍有數種，有黑有黃，此今人所易知。《爾雅》："秬，黑黍。秠，一稃二米。"《詩》曰"天降嘉穀，維秬維秠"，注曰："皆赤黑黍，但其中米異耳。"[1]稷即穄，一名粢，字亦作齋。楚人謂之稷，關中謂之縻，呼其米爲黃米。稻即常食，有秔有穤。粱即粟之麤者，有青粱，穗有毛，粒青，米亦微青，細於白粱。黃粱出蜀漢，南閩、浙閒亦種之，

---

① 《爾雅・釋艸》："秬，黑黍。"郭注："《詩》曰：維秬維秠。"又"秠，一稃二米"，郭注："此亦黑黍，但中米異耳。"

穗大毛長，穀米俱麤於白粱，而皮少子大，耐水旱，食之香美，逾於諸粱，人號爲竹根黃粱。陶隱居所謂襄陽竹根粱。白粱，《爾雅》謂之芑，白苗，穗大，多毛且長。諸粱多相似，而白粱穀麤扁長，不似粟圓也；米白且大，食之香美，黃粱之亞。《爾雅》云"虋，赤苗"，今人赤穀粟有數種，皆細於諸粱，北土常食，與粱有別。禾即麻即苴、苧二種也。菽，荳也。麥有二：麰，大麥也；來，小麥也。又有穬麥，陶云"穬麥，馬食者"，《楚辭》曰"稻麥挐黃粱"。煎弋反。

【校】天降嘉穀，《詩》作"誕降嘉種"。○赤黑，"赤"字衍。○"禾即"下脱"嘉穀"二字。○"穬麥"上當有"稻粢"二字。

　　稅𥠄古文。

穊 𥡴 稠也。從禾，既聲。臣鍇曰：稠，密也。古人云深耕穊種，故從禾。訖示反。

稀 𥢶 疏也。從禾，希聲。臣鍇曰：穊既以禾爲準，稀亦同也。當言從禾、爻、巾，無聲字，後人加之。爻者，希疏之義，與爽同意；巾亦是其希象。至莃與晞皆從稀省。何以知之？《説文》巾部、爻部并無希字，以是知之。忻祈反。

蔑 𥡱 禾也。從禾，蔑聲。名噎反。

齋 𥟈 稷。從禾，齊聲。臣鍇曰：此即齊盛字，其米爲齍，在器曰盛。今經典亦通借齊字爲之。"稷"字注已詳。子思反。

　　粢 𥟆 或從次作。臣鍇曰：次聲。

秫 𥠼 稷之黏者。從禾，术聲。臣鍇曰：黏者，柔懦也。尹者，象其體柔撓；八，其米也。言聲，傳寫誤加之，下有术字，不當言聲。若許慎不知，則當言闕。常出反。

　　朮 𥁵 或不從禾作。臣鍇曰：但象其禾體柔弱也。茶、術、怵、述從此。

穄 𥢫 𪎭也。從禾，祭聲。子歲反。

稻 稻　稌也。從禾，舀聲。臣鍇按:《爾雅》"稌"注曰:"今沛國呼稌。"徒討反。

稌 稌　稻稌也。從禾，余聲。《周禮》曰:"牛宜稌。"臣鍇曰:宜謂體性相宜也。按《本艸》:"牛肉甘平，安中益氣，主消渴。稻米亦煖中，稻令人熱。牛肉性平，相和爲宜也。"他魯反(tǔ)[1]。

稬 稬　沛國謂稻爲稬。從禾，耎聲。臣鍇曰:稬，懦也。許慎謂稷爲秫，稻爲稬，今則同之。奴贊反(nuàn)[2]。

秥 秥　稻不黏者也。從禾，兼聲。讀若風廉。臣鍇曰:即今稻也。賢兼反。

秔 秔　稻也。從禾，亢聲。臣鍇曰:亢聲。根横反。

　　粳 粳　俗秔[3]。臣鍇曰:更聲。

耗 耗　稻屬。從禾，毛聲。伊尹曰:"飯之美者:玄山之禾……南海之耗。"臣鍇曰:此《呂氏春秋》載伊尹説湯之辭也。呼號反。

【校】南海之耗，耗，今《吕覽》作"秬"。

穬 穬　芒粟也。從禾，廣聲。古猛反。

秜 秜　稻今年落來年自生謂之秜。從禾，尼聲。臣鍇曰:即今云穭生稻也。利之反。

稗 稗　禾別也。從禾，卑聲。琅邪有稗鄉。臣鍇曰:似禾而別也。孔子曰"是用秕稗也"。稗生水田中，故謝靈運詩曰"蒲稗相因依"。旁賣反。

【校】稗鄉，當依鉉作"稗縣"，見《漢志》。

移 移　禾相倚移也。從禾，多聲。一曰移，禾名。故相倚則移也。以支反。

───────────

① 《廣韻》又他胡切。

② 《廣韻》又乃臥切。

③ 粳，依例當作"秔"。

【校】故相倚則移也，當作“臣鍇曰：禾茂則相倚移也”。

穎 穎 禾末也。從禾，頃聲。《詩》曰：“禾穎穟穟。”臣鍇曰：謂禾穗之端也，非謂芒爲穎。故《尚書》曰“唐叔得禾，異畝同穎”。《白虎通》曰：唐叔之禾，“大幾盈車，長幾充箱”。穎者，鋭也，故謂錐之末爲穎。余郢反。

【校】禾穎，今《詩》作“禾役”。又見“穟”篆下。

秣 秣 齊謂麥爲秣。從禾，來聲。臣鍇按：《詩》曰“貽我來牟”，來即秣也。婁才反。

采 采 禾成秀。從禾，爪聲。臣鍇曰：爪禾爲采，會意也。夕位反。

【校】爪聲，“聲”字衍。

　穗 穗 俗從禾，惠聲。

　蓫 蓫 或從艸、遂作。

　穟 穟 或從禾，遂聲。《詩》曰：“禾穎穟穟也。”

【校】鉉本“采、穟”分列，以“穗”爲“采”重文，以“蓫”爲“穟”重文。“穟”注云“禾采之美也”，蓋用毛傳增許書，此與《韻會》合。

秒 秒 禾危穟也。從禾，勺聲。臣鍇曰：危謂獨出之穗也。今言了秒也。得了反。

稖 稖 禾垂皃也。從禾，耑聲。讀若端。臣鍇曰：禾之垂者即耑也。兜果反（duǒ）[1]。

稭 稭 禾舉出苗也。從禾，曷聲。臣鍇曰：蘱字從此[2]。鳩歇反。

秒 秒 禾芒也。從禾，少聲。臣鍇曰：秒之言妙也，微妙也。彌小反。

穖 穖 禾穖也。從禾，幾聲。臣鍇曰：按《吕氏春秋》曰：“得

---

① 《廣韻》又多官切。
② 按，艸部無“蘱”字，有“蕮”，從艸，楬聲。

時之禾……疏機而穗大也。"機，莖也。訖耳反。

【校】機，莖也，按《呂覽》高注云"機，禾穗果臝也"，此疑誤。

秠　一稃二米。從禾，丕聲。《詩》曰："誕降嘉穀，惟秬惟秠。"天賜后稷之嘉穀也。臣鍇曰：后稷勤於稼穡，天降此種。《尚書》曰："稷降播種。"浦宜反。

【校】嘉穀，今《詩》作"嘉種"。

稃　榖也。從禾，孚聲。臣鍇曰：稃即米殼也。艸木華房爲柎，麥之皮爲麩，音義皆同也。芳于反。

粰　或從米、付。

稓　禾繇兒。從禾，乍聲。讀若昨。臣鍇曰：繇，動搖也。自莫反。

穮　耕禾閒。從禾，麃聲。《春秋傳》曰："是穮是蓘。"臣鍇曰：若今人種已長大，復鉏其閒艸也。彼消反。

案　轢禾也。從禾，安聲。臣鍇曰：車行禾上也。恩旰反[1]。

秄　壅禾本。從禾，子聲。臣鍇曰：古人言耘秄是也，以土壅根也。秄之言字也，養之也。津矣反。

穧　穫刈也；一曰撮也。從禾，齊聲。臣鍇曰：古文齊聲。臣鍇按：《爾雅》："鐖、穧，穫也。"注："今以穫禾爲穧。"寂帝反。

【校】古文齊聲，當作"上文齏異"。

穫　刈穀也。從禾，蒦聲。胡郭切。

積　積禾也。從禾，資聲。《詩》曰："穦之秩秩。"臣鍇曰：堆積已刈之禾也。疾兹反。

【校】今《詩》作"積"。又見"秩"篆注。○"之禾也"下當補"今人言稻穦"是也。

---

① 思，當從《廣韻》、大徐作"恩"（影母），按、妟二字切語作"恩旰反"。

積　穦　聚也。從禾，責聲。臣鍇曰：今人言稻積是也。津亦反。

【校】“臣鍇曰”以下十字，“稹”下錯簡，當刪。

秩　秋　積也。從禾，失聲。《詩》曰：“稹之秩秩。”臣鍇曰：秩秩，有敘之皃也。遲匹反。

稇　稛　絭束也。從禾，囷聲。臣鍇曰：絭，繩也，今束禾也。《國語》曰“諸侯之使於齊，稇載而歸”是也①。苦袞反。

【校】“於齊”下當有“者”字。

稞　稞　穀之善者。從禾，果聲。臣鍇曰：今人言稞會，聲若裹。苦僧反②。

【校】“果聲”下鉉有“一曰無皮穀”。○今人言稞會，聲若裹，按：當作“今人言無皮穀曰稞，聲若裹”。蓋鉉采“無皮穀”羼入許書，故此作不憭語。○苦僧反，僧，汪作“檜”，蓋涉下“穢”音而譌也，當作“戶寡反”，鉉“胡瓦切”。

秳　稭　舂粟不潰也。從禾，昏聲。戶幹反。

【校】不潰，鉉作“不漬”。按：《篇》《韻》皆作“潰”。

秔　秔　秳也。從禾，气聲。居气反（jì）③。

穢　穢　穢也。從禾，會聲。讀若裹。苦檜反。

【校】讀若裹，鉉無此三字，此疑涉上“稞”注而誤。檢《玉篇》有“公臥切”，沿誤已久。

穛　穛　禾皮。從禾，從羔聲。臣鍇按：《呂氏春秋》“得時之禾……圜粒而薄穛”是也。真若反。

【校】圜粒而薄穛，今《呂覽》作“粟圜而薄穅”，“穅”蓋“穛”之譌。

穅　穅　穀之皮也。從禾、米，庚聲。臣鍇曰：《爾雅》云“康，

---

① 《國語·齊語》：“諸侯之使，垂橐而入，稇載而歸。”
② 注音依《校勘記》戶寡反，《廣韻》胡瓦切。
③ 注音依《廣韻》下没切。

空也"，從禾、米，米皮去其内即空之意也。弧莊反。

【校】米庚聲，汪本作"康聲"。

康 糜 或省作。臣鍇曰：唯從米，庚聲。

稭 稭 禾稾去其皮，祭天以爲席。從禾，皆聲。臣鍇曰：謂去稾葉之殼，取其淨莖祭天，視天下之物，無足以稱之，尚儉而貴質也。根察反（jiá）[1]。

【校】去稾葉，汪作"禾華蒂"，非是。

稈 稈 禾莖也。從禾，旱聲。《春秋傳》曰："或投一秉稈。"臣鍇曰：即稭之和皮者。投稈謂楚囊瓦焚郲宛事也。根旱反。

【校】今《左》作"秆"。

秆 秆 或從干作。

稾 稾 稈也。從禾，高聲。臣鍇曰：比於稈又彌麤亂。古之時，罪者席稾飲水。今人言稾艸，謂書之不謹，若禾稾之亂然，又文章之未脩治也。姦皓反。

秕 秕 不成粟[2]。從禾，比聲。並止反。

稍 稍 麥莖也。從禾，從肙聲。臣鍇按：潘岳《射雉賦》曰"窺覘稍葉"是也。弓玄反。

【校】窺覘稍葉，今《文選》作"闚閻藕葉"。

䅔 䅔 黍穰也。從禾，列聲。臣鍇曰：巫祝桃茢，謂以黍穰爲帚，氾灑桃湯，以除不祥也。良舌反。

穰 穰 黍䅔已治者。從禾，襄聲。臣鍇曰：已經擇治也。《詩》曰："降福穰穰。"穰穰，多也。然莊反。

秧 秧 禾若秧穰也。從禾，央聲。殷强反。

---

① 《廣韻》又古諧切。

② 《慧琳》卷六十六《集異門足論》"穬秕"注："《説文》云：秕，穀不成粟也。"據此，今本脱"穀、也"二字。

榜 稦　榜程，穀名。從禾，旁聲。臣鍇曰：稻亦有名，如鳴蟬之類是也。白良反。

程（huáng）稈　榜程也。從禾，皇聲。戶荒反。

季（年）秊　穀熟也。從禾，千聲。《春秋傳》曰：“大有年。”臣鍇曰：周曰年，取禾一熟也。泥賢反。

穀（gǔ）穀　續也，百穀之總名也。從禾，殼聲。臣鍇按：前注云，粟之言續也，義與此同。《春秋傳》曰“年穀和熟”，《禮》曰“祈穀于上帝”，是芒實之總名也。孤速反。

稔（rěn）稔　穀熟也。從禾，念聲。《春秋傳》曰“不五稔”是。臣鍇按：《春秋傳》曰“五稔”，惡之日也，言其積惡成熟也。而沈反。

【校】惡之日，日，當作“久”。

租（zū）租　田賦也。從禾，且聲。臣鍇曰：《史記》：“趙奢，主田租之吏也。”① 尊吾反。

稅（shuì）稅　租也。從禾、兌。臣鍇按：《春秋公羊傳》曰：“稅畝者何？履畝而稅也……古者什一而稅……天下之中正也。”注：“履踐案行之，擇其善畝穀最好者，稅取之。”度不足，故履擇苗之善者，計其一畝之收數。《孟子》曰：“夏人百畝而有徹，殷人七十而助，周人什一而稅。莫善於稅，莫不善於徹。”② 輸袂反。

【校】什一而稅，稅，《公羊》作“藉”。○所引《孟子》係傳寫之譌，當依今《孟子》正之。

稻（dào）稻　禾也。從禾，道聲。司馬相如云“稻一莖六穗”也。臣鍇曰：禾之名也。徒號反。

穢（huāng）穢　虛無食。從禾，荒聲。臣鍇曰：此饑荒字，古多借荒字。

---

① 《史記·廉頗藺相如列傳》：“趙奢者，趙之田部吏也。”

② 《孟子·滕文公》：“夏后氏五十而貢，殷人七十而助，周人百畝而徹，其實皆什一也。徹者，徹也。助者，藉也。龍子曰：治地莫善於助，莫不善於貢。”

忽光反。

穌 穌 杷取禾若也。從禾，魚聲。臣鍇曰：杷音把。若即竹若也，穌猶部斂之也。孫呼反。

【校】即竹若也，當作"猶竹箬也"。

稍 稍 出物有漸也。從禾，肖聲。臣鍇曰：《周禮》謂群臣之禄食爲稍食，稍稍給之也。史掉反。

秋 秌 禾穀熟也。從禾，龜省聲。臣鍇曰：龜音焦。七牛反。

　　龝 龝 籀文。臣鍇曰：不省也。

秦 秦 伯益之後所封國也，地宜禾。從禾，舂省。一曰秦，禾名也。臣鍇曰：伯益，禹之臣也，爲舜虞。按《史記·秦本紀》：顓頊之裔孫曰女脩，吞玄鳥之卵，生子大業，大業娶少典之子，曰女華，生大費。大費與禹平水土，已成，舜曰："咨爾費，贊禹功，賜女皁游，後嗣將大出。"乃妻之姚姓之玉女。大費佐舜，調馴鳥獸，鳥獸多馴服，是爲柏翳，賜姓嬴氏。費生二子：一曰大廉，實鳥俗氏；二曰若木，實費氏。玄孫曰費昌，昌去桀歸湯爲御，以敗桀於鳴條。大廉玄孫曰中衍，大戊使御而妻之，遂世佐殷爲諸侯。玄孫曰中潏，保西陲，生蜚廉。蜚廉生惡來，俱事紂。惡來與紂俱死，蜚廉在外，歸無所報，葬霍太山。蜚廉子曰季勝，勝生孟增，幸於周成王，是爲宅皋狼。皋狼生衡父，衡父生造父，以御幸於穆王，封於趙，趙衰其後也。蜚廉子曰惡來，革早死，有子曰女防，女防生旁皋，旁皋生太几，太几生大駱，大駱生非子，皆姓趙氏。非子居犬丘爲孝王，主馬汧渭之間，孝王分之土爲附庸而邑之秦。徐廣云："天水隴西秦亭也。"續嬴氏後，號曰秦嬴，生秦侯，秦侯生公伯，公伯生秦仲，見於《詩》，與杜預《春秋釋例》同。大唐《天潢玉牒》云"伯翳即伯益也"，故云是爲伯翳。舂禾爲秦，會意字也。少昊即黃帝之子玄囂，青陽也，初爲己姓，後爲嬴姓。顓頊，昌意之子，即少昊弟之子，同姓。

故《史記》秦承顓頊、伯翳之後爲嬴姓。春秋郯莒皆少昊後，嬴姓。按《淮南子》"洛水輕利宜禾"，洛水即出秦地。自人反。

秦 **秦** 籀文從秝。臣鍇曰：從二禾也。

科（kē）**秌** 程也。從禾、斗。斗者，量也。臣鍇曰：會意也。苦何反。

稱（chēng）**稱** 銓也。從禾，再聲。春分而禾生，夏至晷景可度，即禾有秒，秋分而秒定。律數：十二秒而當一分，十分而寸。其以爲重：十二粟爲一分，十二分爲一銖。故諸程品皆從禾。臣鍇曰：此又去聲，即權衡之稱，故曰銓也。夏至日極北，故曰晷景可度。禾有秀實則芒生。芒，秒也。秋，萬物成定之時，物皆揫縮，故曰秒定。律皆以分、寸。數十二秒爲一分，長短也。齒仍反。

【校】"律數十二"下當更有"十二"二字。〇爲重，今《淮南子》作"爲量"。按：自"秋分"以下本《淮南·天文訓》而小異。《淮南子》云"秋分蔈定，蔈定而禾熟。律之數十二，故十二蔈而當一粟，十二粟而當一寸"；又曰"其以爲量，十二粟而當一分，十二分而當一銖"。

程（chéng）**程** 程品也①。十髮爲程，一程爲分，十分爲寸。從禾，呈聲。臣鍇曰：程，權衡斗斛律厤也。故《史記》曰：漢興，"張蒼定章程"②，謂歷數之屬也。直成反。

稷（zōng）**稷** 布之八十縷。從禾，㐅聲。臣鍇曰：此即十笿稷也。子紅反。

【校】"布之"上段云當有"禾四十秉爲稷。一曰"八字，否則與下"秭"云"五稷"不可通。

稅 **稅** 籀文。

秭（zǐ）**秭** 五稷也。從禾，朿聲。一曰億數至萬曰秭。臣鍇曰：二萬四千斤也。又按《爾雅》："秭，數也。"注曰："今十億爲秭。"津矢反。

---

① 程品也，大徐本作"品也"。

② 見《漢書·高帝紀》。

【校】億數，當作“數億”，見《豐年》詩傳，鉉不誤。○二萬四千斤，核以五稷，當得“四萬八千斤”，此疑誤。

秅　秅也。從禾，毛聲。《周書》曰：“二百四十斤爲秉，四秉爲筥，十筥爲稷，十稷曰秅，四百秉謂之一秅。”臣鍇曰：《周禮》行人之職也。《論語》曰：“與之粟五秉。”筥，竹器也。或從米。著巴反。

【校】《周書》，鉉作“《周禮》”。○二百四十斤爲秉，斤，當作“斗”。按：《論語》馬注及《聘禮》皆以“秉”爲百六十斗，《周禮注》總言一車“秉”有五籔之數，故云“二百四十斗”。許不當有此繆誤，疑後人所增。○四秉爲筥，十筥爲稷，十稷曰秅，四百秉謂之秅，按：此“秉”爲禾束之名，與百六十斗之“秉”異。故《周禮注》云：“米禾之秉、筥，字同數異也。”此牽合言之，亦疑非許書之舊矣。

秖　百二十斤也。稻一秖爲粟二十斤，禾黍一秖者爲粟十六斤大半升也。從禾，石聲。臣鍇曰：二十斗，其量一百一十斤也[1]，黍屭而輕也。神隻反。

【校】爲粟二十斤、爲粟十六斤大半升，“斤、升”皆當作“斗”，鉉宋本不誤。○其量，量，當作“重”。

稘　復其時也。從禾，其聲。《唐書》曰：“稘三百有六旬。”臣鍇曰：從禾、其，則期年之期亦當從禾。復其時，謂之一周時也。居知切。

【校】今《書》作“期”。○鍇説譌脱，今依《韻會》正之，當作“臣鍇曰：復其時謂一周時也。《左傳》‘叔孫旦而立，期焉’，杜預曰‘從旦至旦曰期’，本當作此‘稘’字，今假‘期’爲之也”。

文八十七　重十三

秝　稀疏適也。從二禾。凡秝之屬皆從秝。讀若歷。臣鍇曰：

---

① 四部叢刊本作“其量一百二十斤”。

適者，宜也。禾，人手種之，故其稀疎等也。連的反。

兼 𥡐　兼持二禾，秉持一禾。臣鍇曰：可兼持者，莫若禾也。會意。結添反。又曰：兼，并也。從又、手也。秝，二禾也。

【校】“兼持”上鉉有“并也。從又持秝”六字，疑采鍇説所增。○“結添反”當在注末。○“又曰”二字疑衍。

文二

黍 𥞝　禾屬而黏也，以大暑而種，故謂之黍。從禾，雨省聲。孔子曰：“黍可以爲酒，禾入水也。”凡黍之屬皆從黍。臣鍇曰：此秫黍也。叔吕反。

【校】秫黍，當作“秫黍”。

𪎭 𪎭　穄也。從黍，麻聲。美皮反。

秠 𪏮　黍屬也。從黍，卑聲。邊弭反。

黏 𪏏　相著也。從黍，占聲。聶炎反。

黏 𪏐　黏也。從黍，古聲。户吳反。

　　粘 𥿃　或從米作。

𪐗 𪐗　黏也。從黍，日聲。《春秋傳》曰：“不義不𪐗。”臣鍇曰：當言續，少兩字。而吉反。

【校】不𪐗，當依《左》作“不暱”。○當言續，當作“當言讀若”四字。據此知引《左》當作“暱”。此亦轉轉竄易之譌也。

　　𪐖 𪐖　𪐗或從刃。

黎 𪐒　履黏。從黍，𥝤省聲。𥝤，古以爲利字。作履黏以黍米也。臣鍇曰：履以䐃黏之也。黍黏也。里西反。

【校】黍黏也，當作“黍，黏物也”。

𪏾 𪏾　治粟、麥、禾、豆下潰葉也。從黍，畐聲。臣鍇曰：謂禾、豆上長，則下葉漸黄爛也；治謂除垿之也。朋北反。

䵔 (chī) 從黍，尼聲。**臣鍇按**：䵔，有樹出之如漆，可以黏蟬、雀。黍亦黏物也。**勑其反**。

【校】鉉無此篆。○"從黍"上當依《玉篇》補"黏也"。○出之，當作"出脂"。

文九　重二

畜 (xiāng) (香) 芳也。從黍從甘。《春秋傳》曰："黍稷馨畜。"凡畜之屬皆從畜。**臣鍇按**：《尚書·洪範》："稼穡作甘。"黍甘爲畜，會意也。**軒良反**。

馨 (xīn) 香之遠聞也。從香，殸聲。**臣鍇曰**：殸，籀文磬字，聲之遠聞，香殸爲馨。亦會意也。**顯青反**。

【校】"聲之遠聞"下當有"者也"二字。

文二

米 (mǐ) 穬實也。象禾黍之形。凡米之屬皆從米。**臣鍇曰**：穬，顆粒也。十，其稃彙開而米見也；八八，米之形也。粟有秕者，故北齊擇盧思道之詩得八首，人言八米，以稻喻之，若言十稻之中得八粒米也。象形。**名洗反**。

粱 (liáng) 米名。從米，梁省聲。**柳昌反**。

糕 (zhuō) 早收穀也。從米，焦聲。一曰小也。**臣鍇按**：張衡《南都賦》曰"冬稌夏糕，隨時代熟"，是糕爲早也。**甄岳反**。

【校】夏糕，今《文選》作"夏穱"。

粲 (càn) 稻重一祏，爲粟二十斗，爲米十斗曰穀；爲米六斗大半升曰粲。從米，奴聲。**臣鍇曰**：漢《刑法志》有罪者白粲，謂舂也。**倉贊反**。

【校】"曰穀"上按《算術》當有"爲米九斗"四字。○大半升，當作"大半斗"。

糲 (lài) 粟重一祏，爲十六斗大半斗，舂爲粟一斛曰糲。從米，萬

聲。臣鍇按:《史記》曰:"糲粱之食。"① 粱,粟也。梁蔡反。

【校】春爲粟,粟,當作"米"。○粱粟也,"粟"上當有"好"字。

精 精,擇也。從米,青聲。臣鍇以爲:君子之養身,脩之於本,故孔子曰"食不厭精",故精、粹皆從米。曹植《七啟》曰"芳菰精粺也"。津貞反。

粺 穀也。從米,卑聲。旁賣反。

粗 疏也。從米,且聲。臣鍇曰:疏即麤也,故《爾雅注》多謂麤爲粗。全魯反(zù)。

粊 惡米。從米,北聲。《周書》有《粊誓》。臣鍇按:古文《尚書·費誓》如此。《春秋》作費,魯地名,今沂州費縣。筆媚反。

糵 牙米也。從米,辥聲。臣鍇曰:麥糵,麥牙也。魚列反。

【校】牙米也,按鍇説許書當作"麥糵也",鉉改"牙米",即用鍇説爲之,此轉轉之譌。蓋粟可"牙",而米不能"牙"也。

粒 糂也。從米,立聲。臣鍇曰:《尚書》:"烝民乃粒。"里汲反。

喰 古文從食。

釋 漬米也。從米,睪聲。臣鍇曰:釋猶散也,《漢書》曰:"振兵釋旅。"振,整也。失易反。

【校】猶散也,當作"猶釋也"。○"整也"下當有"釋,散也"三字。

糂 以米和羹也。從米,甚聲。一曰粒也。臣鍇曰:孔子戹於陳蔡,藜羹不糂也。息感反。

糝 古文糂從參。

糣 籀文從朁。

糪 炊米者謂之糪。從米,辟聲。臣鍇按:《爾雅》:"飯中有胜米曰糪。"②胜,先定反,米胜定不變也。今謂豆不爛爲糪豆也。匹

---

① 粱,據下文當作"粱"。
② 《爾雅·釋器》:"米者謂之糪。"郭注:"飯中有腥。"

麥反。

【校】"《爾雅》"下當有"注"字。〇胜，今本作"腥"。〇米胜定不變也，當作"米性之不變者也"。

麋　糜　糝也。從米，麻聲。臣鍇曰：糜即粥也。美皮反。

（mí）

糲　糲　糜和也。從米，覃聲。讀若譚。特感反。

（dàn）

𥸠　𥸠　潰米。從米，尼聲。交趾有𥸠泠縣。臣鍇曰：潰，浸也。眠伊反。

（mí）

【校】潰米，疑當作"漬米"。〇𥸠泠，今前後《漢志》皆作"麊泠"。〇浸也，汪作"漫也"，與"潰"義合。此云"浸"，則"潰"當爲"漬"。

麴　麴　酒母。從米，麴省聲。臣鍇曰：麴蘗也。酒主於麴，故曰酒母。牽六反。

　　鞠　鞠　或從麥，鞠省聲。曰：俗作麴。臣鍇曰：今鞠字也。

　　【校】"曰俗"以下舛誤，當作"臣鍇曰：今俗作'麴'字也"。

糟　糟　酒滓也。從米，曹聲。作曹切。

（zāo）

　　𨠐　𨠐　籀文從酉。

糒　糒　乾也[1]。從米，𦱠聲。平祕切。

（bèi）

糗　糗　熬米麥也。從米，臭聲。臣鍇曰：熻乾米麥也。去酉反。

（qiǔ）

臼　臼　舂糗也。從米，臼聲。伎酒反。

（jiù）

【校】白聲，當作"白亦聲"。

糈　糈　糧也。從米，胥聲。臣鍇曰：今或借爲祭神之糈也。仙呂反。

（xǔ）

糧　糧　穀食也。從米，量聲。柳昌反。

（liáng）

粗　粗　雜飯也。從米，且聲。臣鍇按：史多言漢粗之霸道也。女就反。

（niù）

【校】粗之，當作"之粗"。

---

[1]　《慧琳》卷五十八《十誦律》"麨糒"引《説文》："乾飯也。"糒、糒，異體字。

糶 tiào
糶 糶 糓也。從米，翟聲。臣鍇曰：糶、糴字皆從此。他料反。

糢 mò
糢 糢 穌也。從米，莫聲。門撥反。

粹 cuì
粹 粹 不雜也。從米，卒聲。雖遂切。

氣 xì
氣 氣 饋客之芻米。從米，气聲。《春秋傳》曰：“齊人來氣諸侯。”臣鍇曰：古雲气字直气而已。許意反。

【校】來氣，今《左》“氣”作“餼”。

餼 餼 氣或從既。

餼 餼 氣或從食。

粓 hóng
粓 粓 陳臭米。從米，工聲。臣鍇按：《漢史》曰：“太倉之粟，紅腐而不可食。”多借紅字爲之，米久則紅也。戶聰反。

粉 fěn
粉 粉 傅面者。從米，分聲。臣鍇按：《周禮》饋食有“粉餈”，米粉也。古傅面亦用米粉，故《齊民要術》有傅面英粉，漬粉爲之也；又紅染之爲紅粉。燒鉛爲粉，始自夏桀也。弗吻反。

【校】饋食，當作“羞籩”。米粉也，按《周禮注》“粉，豆屑也”，不云“米粉”，此誤肊也。

粿 粿 或從卷作。

【校】鉉別爲一篆，注“粉也”，不作“粉”之重文。《篇》《韻》亦皆分。

糏 xiè
糏 糏 粲也。從米，悉聲。私列反。

糤 sà
糤 糤 糏糤，散之也。從米，殺聲。臣鍇按：《春秋左傳》曰“殺管叔而糤蔡叔”，言放之若散米。《尚書》曰：“囚蔡叔于郭鄰也。”桑怛反。

【校】糤蔡叔，今《左》作“蔡蔡叔”。

糜 mí
糜 糜 碎也。從米，靡聲。臣鍇曰：謂糜米麥也。礦米謂之糜，

其石謂之礳。莫播反（mò）[1]。

竊（竊） 竊 盜自中出曰竊。從穴、米，离、廿皆聲也。廿，古文疾字；离，偁字也。**臣鍇按**：《春秋左傳》曰"在外爲姦，在內爲宄"，宄從宀，竊從穴，彌小，所謂鼠竊狗盜也。此形聲字。**七屑反。**

文三十五　重八

【校】（文三十五）"糟、糒、粹"三篆次立補，當例補次立説。"糜"篆音同鉉，而"切"作"反"。

毇 毇 糲米一斛舂爲八斗也。從臼從殳。凡毇之屬皆從毇。毇，糙米。**臣鍇曰**：此會意也。毇字從毇。**呼委反。**

【校】八斗，按《算術》當作"九斗"。"毇"即"粹"也。○毇，糙米。臣鍇曰，當作"臣鍇曰：糲，糙米"。

鑿 鑿 糲米一斛舂爲九斗曰鑿。從毇，丵省聲。**臣鍇曰**：糲米從毇也。《春秋左傳》"粢食不鑿"，字當作此。丵音仕朔反、子落反。自莫反。

【校】九斗，按《算術》，當作"八斗"。丵省聲，當作"糞省聲"，鉉作"丵聲"。○糲米從毇，當作"鑿字從粲"。○丵音仕朔反，當作"糞，蒲速反"。

文二

臼 臼 舂也，古者掘地爲臼，其後穿木石。象形，中象米也。凡臼之屬皆從臼。**臣鍇按**：《易·繫》曰："刌木爲杵，掘地爲臼，臼杵之利，萬民以濟也。"舊、朙字皆從此。臽字下、鼠字上皆偶相似，非從杵臼之臼。又古文齒字作齒，亦復相似，亦非此字。杵臼字中四注，古文齒左右三注也。伎酒反。

【校】"《易·繫》"下脫"辭"字。○刌，當作"斷"。

舂 舂 擣米也。從収持杵以臨臼，杵省。古者雍父初作舂。**臣**

---

① 注音依《廣韻》靡爲切。

鍇曰：雍父，黄帝臣也。會意。輸容反。

酋 齊謂舂曰酋。從臼，屰聲。讀若膊。臣鍇曰：屰音逆。普惡反。

舂 舂去麥皮。從臼，干聲。臣鍇曰：會意也，插字從此。楚篗反。

【校】干聲，“聲”字衍。

舀 抒臼。從臼，爪聲。《詩》曰：“或簸或舀。”臣鍇曰：會意也。爪向下取之也。滔、韜、稻之類音近舀者皆從此。以紹反。

【校】爪聲，當作“爪亦聲”。

抗 或從手、宂。臣鍇按：《周官》有女舂抗，謂抗臼中米也。

【校】謂抗臼中，抗，當作“抒”。

㲹 或從臼、宂。

臽 小阱也。從人在臼上。舂地坎可臽人。臣鍇曰：若今人作阬以臽虎也。會意。陷、菳、啗、閻之類聲近臽者從此。寒蘸反。

【校】舂，當作“臼”，見“臼”篆注。

文六　重二

凶 惡也。象地穿交陷其中。凡凶之屬皆從凶。臣鍇曰：惡不可居，象地之塹也。惡可以陷人也。《易》曰“入坎窞，凶也”。吁封反。

兇 擾恐也。從人在凶下。《春秋傳》曰：“曹人兇懼。”臣鍇曰：象亂而懼也。會意。勖恐反。

文二

朮 分枲莖皮也。從屮，八象枲皮。凡朮之屬皆從朮。讀若髕。臣鍇曰：剥麻之剥也。剥之則莖經手，故一求也。列子曰“鄉人有甘枲莖”是。匹儐反。

【校】麻之剥，剥，當作"皮"。○則莖經手，故一求也，當作"則莖離皮，故曰朮也"。

枲 枲 麻子也。從朮；台者，從辝省聲。臣鍇曰：枲麻有子，若《周官》有典絲枲。《淮南子》曰："位賤尚枲。"辛子反。

【校】麻子也，"子"字衍，鉉本無。○"從朮"下當補"台聲，臣鍇曰"五字。○"枲麻"上"臣鍇曰"三字當删。○有子若，當作"無子者"。按："苴"爲母麻，"枲"爲牡麻，則"枲"不當有子。而艸部"萉"注曰"枲實"，則"枲"亦爲"麻"之通稱。

綵 綵 籀文。臣鍇曰：從辝聲。

文二　重一

枊 枊 萉之總名也。枊之爲言微也，微纖爲功。象形。凡枊之屬皆從枊。臣鍇曰：萉即麻也，猶言派也。派亦水分微也。匹賣反。

【校】萉，當作"萉"，兩見。○"猶言派"上當有"枊"字。

檾 檾 枲屬。從枊，熒省聲。《詩》曰："衣錦檾衣。"臣鍇曰：按《周禮注》亦作蕡，即蕢麻也。犬屏反。

【校】今《詩》作"褧"。

㪔 㪔 分離也。從攴從枊，分散意也。臣鍇曰：此分散字，象麻之分散也。此會意。散、橵字從此。四旰反。

【校】象麻之分散也，當作"以攴治枊，分散之也"。

文三

麻 麻 枲也。與枊同。人所治在屋下，從枊從广。凡麻之屬皆從麻。臣鍇曰：在田野曰萉，實曰枲，加功曰麻。广，廡屋也，與宁異。宁，交覆深屋也。此广蓋廡敞之形，於其下治麻。凡禾、麥、黍、麻、朮、豆皆所貴者，故皆造字，無所因也。《詩》曰"中田有廬，疆場有瓜"，瓜亦果貴者，亦別爲字，大略如此也。門車反。

【校】萉，〔當〕作"萉"。○交覆，汪作"兩厦"。○治麻，當作"治

枲也”三字。

麻(tóu) 褮 褮屬也。從麻，從俞聲。臣鍇按：《字書》：褮屬；一曰麻索。特妻反。

【校】褮屬；一曰麻索，當作“麻一絜也”四字，見《廣韻》。

繇(kū) 繇 未練治繐也。從麻，後聲。臣鍇曰：繐即繩一股也，爲總則練治之也。誇禄反。

【校】“臣鍇曰”以下有譌舛，今正之，當作“麻縷之生者爲繇，繐則已練治者也”。

麤(zōu) 廄 麻藍也。從麻，取聲。臣鍇曰：藍音夏，禾莖。潘岳《西征賦》曰“感市閭之蒫井”，當作此麤字，謂賣麻秸之市井也。側豆反。

文四

説文解字通釋卷第十四

繫傳十四

文林郎守祕書省校書郎臣徐鍇傳釋
朝散大夫行祕書省校書郎臣朱翱反切

十九部　文　重①

尗 尗　豆也。象尗豆生形。凡尗之屬皆從尗。臣鍇曰：菽也，故《春秋穀梁傳》曰齊桓公"伐山戎，出其山蔥戎菽"是也。豆性引蔓，故從丨；有歧枝，非從上下之上也，故曰象尗生形。小，象根也。式六反。

【校】出其山蔥戎菽，見《管子》。"山蔥"亦作"冬蔥"，《穀梁傳》無"山蔥"字。

尗支 尗支　配鹽幽尗也。從尗，支聲。臣鍇曰：幽謂造之幽暗也。時翅反。

　　豉 豉　俗尗支。

文二　重一

耑 耑　物初生之題也。且上象生形，下象根也。凡耑之屬皆從耑。臣鍇曰：題猶額也，端也。古發端之耑直如此而已。一，地也。端、湍、顓、遄從此。象形。丁桓反。

【校】且，當作上。○"下象"上當有帀字。

文一

---

① "文、重"下原闕字數。

韭 _{jiǔ} 韭　菜名也，一種而久生者也。象形，在一之上。此與耑同意。凡韭之屬皆從韭。臣鍇曰：一，地也，故曰與耑同意。韭，刈之復生也，異於常艸，故皆自爲字也。象形。句有反。

韰 _{duì} 韰　韲也。從韭，隊聲。臣鍇曰：古謂今膾酢合和者韲，故有受辛之言。古人言“金韲玉膾”，韲以黃薑彙爲之，故黃。今人多謂菹爲韲也。大妹反。

【校】黃薑彙，汪本作“粟黃薑”，非是。《異物志》云：“南人擣薑彙爲韲。”

韲 _{jī} 韲　韰也。從韭，次、弟皆聲。臣鍇曰：膾酢也。《莊子》曰“韲萬物而不以爲義”，謂視萬物如韲之細碎。子兮反。

【校】不以爲義，“以”字衍。

齏 齏　或從齊。

韰 _{xiè} 韰　菜也，其葉似韭。從韭，叡聲。臣鍇曰：按《爾雅》一名鴻薈也。退戒反。

韱 _{xiān} 韱　山韭也。從韭，籤聲。臣鍇按：《爾雅注》：“山中有之，如人家種者。”瀸、鐵、纖、攕從此。息鹽反。

【校】山韭也，按：《爾雅》“藿，山韭”，許書艸部“藿”不言“山韭”，則《爾雅》古本當作“韱，山韭”。

䪒 _{fán} 䪒　小蒜也。從韭，番聲。臣鍇曰：中國蒜也。今之大蒜，胡蒜也。扶袁反。

文六　重一

瓜 _{guā} 瓜　蓏也。象形。凡瓜之屬皆從瓜。臣鍇曰：厶，瓜實也，外蔓也。古華反。

瓝 _{bō} 瓝　小瓜也。從瓜，交聲。臣鍇曰：今有馬瓝，如小瓜也。部卓反（báo）。

瓞 _{dié} 瓞　瓝也。從瓜，失聲。《詩》曰：“緜緜瓜瓞。”臣鍇按：《毛

詩傳》曰，小瓜在枝閒連大瓜也，以喻子孫承嗣也。**大節反。**

【校】“《詩傳》曰”下當有“瓜，紹也”三字。

　　𤬛 𤬾 或從弗。

^{xíng}

𤬡 𤬡 小瓜也。從瓜，熒省聲。**玄經反。**

^{yáo}

𤬬 𤬬 瓜也。從瓜，繇省聲。**延朝反。**

^{bàn}

瓣 瓣 瓜中實也。從瓜，辡聲。**臣鍇曰：瓜也，一名瓠犀。《詩》曰“齒如瓠犀”是也。《爾雅》作瓠棲。部莧反。**

【校】瓜也，當作“瓠瓣”，見《毛詩傳》。

^{yǔ}

𤓯 𤓯 本不勝末，微弱也。從二瓜。讀若庾。**臣鍇曰：瓜根弱而實奇大，故二瓜爲𤓯，會意也。弋主反。**

文七　重一

^{hù}

瓠 瓠 瓠匏也。從瓜，夸聲。凡瓠之屬皆從瓠。**臣鍇曰：瓜根柢柔弱。《楚辭》曰“幹棄周鼎而寶康瓠”，康，空也；康瓠，空瓠也。《爾雅》“康瓠謂之甈”，瓦爲之得名於此也。下故反。**

【校】瓠匏也，鉉無“瓠”字。○《楚辭》曰，當作“賈誼曰”，見《弔屈原文》。

^{piáo}

瓢 瓢 蠡也。從瓢，瓠省聲。**臣鍇曰：半破瓠以酌水爲蠡，故東方朔曰“以蠡酌海也”。部遙反。**

【校】從瓢，瓠省聲，當作“從瓠省，瓢聲”。

文二

^{mián}

宀 宀 交覆深屋也。象形。凡宀之屬皆從宀。**臣鍇曰：象屋兩下垂覆也。滅仙反。**

^{jiā}

家 家 居也。從宀，豭省聲。**臣鍇按：《爾雅》：“户牖之閒謂之扆，其内謂之家。”“古者爲堂，自半已前虛之謂之堂，半已後實之爲室。”[1] 東爲户，西爲牖，中爲壁。尊者在室，常居牖下謂之**

────────────

[1] 出《釋名·釋宫室》，文字稍異。

隩。故《論語》曰"與其媚於奧，寧媚於竈"。《春秋左傳》趙軼
曰：畢萬"有百乘死於牖下"，言安樂也。東南隅謂之宧。宧，開
戶聲也。在室外，則人君當陽而坐，在戶牖之閒，故曰負斧扆也。
古牙反。

【校】豭省聲，按：省聲字必兼意，此無意可通，疑古"家"篆本作
𤤴，從宀從桌。桌，古"克"字，象刻木形。桌、宀者，能勝任此居
也，故《易》曰"克家"。後人傳寫譌"桌"作"豕"，求意不得，遂
以爲"豭省聲"耳。○"已前、已後"二"已"皆當作"㠯"。○隩，
當作"奧"。○宧，《爾雅》作"窔"。○"開戶"上當有"亦"字。

　　豕 𡩏 古文家。

zhái
宅 㡯 所託居也。從宀，乇聲。直摘反。

　　𡉽 㡯 古文。臣鍇曰：宅必相其土，故從土。

　　㡯 㡯 亦古文。

shì
室 宭 實也。從宀，至聲。室屋皆從至，所止也。臣鍇曰：堂之
內，人所安止也。尸質反。

xuān
宣 宣 天子宣室也。從宀，亙聲。臣鍇按：《漢書音義》："未央前
正室也。"又有宣室殿。息鉛反。

xiàng
向 向 北出牖也。從口從宀。《詩》曰："塞向墐戶。"臣鍇按：
《豳·七月》詩也。塞向，避北風也。窗所以通人气，故從口，會
意也。許丈反。

yí
宧 宧 養也。室之東北隅，食所居也。從宀、臣。臣鍇曰：東北
陽气初起，養萬物也，立春之候。弋伊反。

yǎo
宧 宧 戶樞聲。室之東南隅也。從宀，皀聲。臣鍇曰：皀音杳，
從日下匕。乙皛反。

ào
㝝（奧）宧 宛也。室之西南隅。從宀，𢀜聲。臣鍇曰：宛，深也，
故從宷，古審字也。人所居，故從宀，會意也。乙告反。

【校】從宀，𢀜聲，按鍇説當作"從宷、収"。○人所居，故從宀，當

作“人所尊，故從収”，則此字當入𠬞部矣。鉉不從而改入宀部。舊本當鍇、鉉不同，後人依鉉移置，則亦轉轉竄易之譌也。

chén

宸　屋宇也。從宀、辰。**臣鍇按**：班固《西都賦》曰：“日月纏經於栱宸。”宸，高下之中事也。**實申反。**

【校】班固《西都》，當作“揚雄《甘泉》”。○栱宸，《文選》“宸”作“㭰”。○宸，高下之中事也，當作“栱，中央；宸，屋枅也”。見《西京賦》注。

yǔ

宇　屋邊。從宀，于聲。《易》曰：“上棟下宇。”**臣鍇按**：《春秋傳》曰：“況衛在君之宇下。”是爲邊垂也。**于矩反。**

寓　籀文從禹。

fēng

豐　大屋也。從宀，豐聲。《易》曰：“豐其屋。”**甫馮反。**

【校】豐其屋，鉉本“豐”作“寷”，非是。

huán

奐　周垣也。從宀，矣聲。**胡官反。**

院　奐或從𨸏，完聲。**臣鍇曰**：今言院，即取名於周垣也。

hóng

宏　屋深響也。從宀，厷聲。**臣鍇按**：《靈光殿賦》曰：“宖寥窲以崢嶸。”**乎萌反。**

【校】宖寥窲，今《文選》“宖”作“霐”。

hóng

宖　屋響。從宀，弘聲。**臣鍇曰**：釋如上字也。**乎萌反。**

wěi

寪　屋皃。從宀，爲聲。**于彼反。**

kāng

康　屋康㝗也。從宀，康聲。**臣鍇按**：《長門賦》曰：“委參差以康㝗。”㝗，屋虛大也。㝗與梁義同。**可郎反。**

【校】康㝗，當依《文選》作“棟梁”。○㝗屋虛大，㝗，當作“棟”。○㝗與梁，當作“康與棟”。

láng

㝗　康也。從宀，良聲。**臣鍇曰**：左思《吳都賦》所謂“聊㝗之野”字。**力量反。**

【校】聊㝗，今《文選》作“莽罠”。○字，當作“是”。

chéng

戍 屋所容受也。從宀，成聲。食征反。

níng

寍 安也。從宀，心在皿上。皿，人之食飲器，所以安人也。臣鍇曰：風雨有時，飲食無虞，人所以安也。《史記》曰："未嘗寍居。"乃丁反。

【校】有時，疑當作"有恃"。

dìng

定 安也。從宀，正聲。臣鍇按：《孝經》曰："昏定而晨省。"定在牀下也。徒宵反。

【校】《孝經》，當作"《禮記》"。○在牀下也，當作"安牀衽也"。

shí

寔 止也。從宀，是聲。臣鍇曰：寔如此，止如此也。市職反。

【校】止也，段云當作"正也"。○止如此，當作"正如此"，段說爲是。

ān

安 止也[1]。從女在宀中。臣鍇曰：女子非有大故不踰閾也。《詩》曰："之子于歸，遠送于野。"不安居也。過寒反。

mì

宓 安也。從宀，必聲。臣鍇曰：古書處字多從此作，蓋訛蹉所致，非假借也。忙一反。

yì

寱 靜也。從宀，契聲。臣鍇曰：深靜也。一戾反。

yàn

宴 安也。從宀，晏聲。臣鍇曰：齊桓公不肎救邢，管仲曰："宴安酖毒，不可懷也。"乙現反。

jì

宋 無人聲也。從宀，未聲。臣鍇曰：宋寞字。才狄反。

誄 或從言作。

chá

察 覆審也。從宀，祭聲。臣鍇曰：宀，覆也，從此會意。叉札反。

chèn

親 至也。從宀，親聲。千仞反。

wán

完 全也。從宀，元聲也。古文以爲寬字。臣鍇按：《春秋傳》曰"繕完"也。胡官反。

_____

① 止，大徐本作"靜"，段玉裁作"竫"。

【校】以爲寬字，寬，當作"髡"。按：《周禮・掌戮》"髡者使守積"，司農注"髡，當作完"。《漢書・刑法志》正作"完"。又見《惠帝紀》《後漢書・明帝紀》《禮記・王制》。《釋文》亦曰："髡，本或作完。"蓋"完"與"髡"同爲輕刑，故字相通用。"髡"者髠其髮，"完"則去其冠飾而不虧其體，所謂"下刑墨㡆"是也。以"完"爲"寬"，經傳無徵。

富 ^{fù} 富　備也。從宀，畐聲。臣鍇曰：富潤屋也。福務反。

實 ^{shí} 實　富也。從宀、貫。貫爲貨物。臣鍇按：《春秋左傳》曰"遷其内貫"，遷其家也。市日反。

【校】内貫，當作"内實"。

宷 ^{bǎo} 宷　藏也。從宀，保省聲。《周書》曰："陳宷、赤刀也。"臣鍇曰：所寶藏。博抱反。

【校】今《書》作"寶"。

容 ^{róng} 容　盛也。從宀，谷聲。臣鍇曰：此但爲容受字，容兒字古作頌也。弋雍反。

宫 宫　古文容從公。

寠 ^{mián} 寠　寠寠，不見也。從宀，莽聲。一曰寠，不省人。臣鍇曰：室中無人也。忙千反。

【校】"室中無人也"五字不憭，當作"臣鍇按：《莊子》曰：寠然喪其天下"。按：寠，今本作"宻"，《釋文》引郭注云"武駢切"，則古本正作"寠"也，義與"不省人"正合。豈次立校刊時有所諱而刪改歟？全書此類甚多。

寶 ^{bǎo} 寶　珍也。從宀、玉、貝，缶聲。臣鍇曰：人所保也。跛抱反。

宷 宷　古文寶省貝。

宭 ^{qún} 宭　群居也。從宀，君聲。臣鍇曰：古亦借麇字爲之也。九群反。

宂 ^{rǒng} 宂　散也。從宀，人在屋下，無田事也。《周書》曰："宫中之宂人食也。"臣鍇曰：無所定執也。秦漢有宂從僕射，散從也。人

勇反。

【校】《周書》，當作“《周禮》”。○宮中之宂人食也，鉉無“人”字。按：《稾人職》云“共外內朝宂食者之食”，則“宮中”二字疑爲“外內朝”之譌。

宦〔宦〕 huàn

仕也。從宀、臣。臣鍇曰：執事於中也。《春秋左傳》曰：“爲宦女。”户慣反。

宰〔宰〕 zǎi

辠人在屋下執事者。從宀從辛。辛亦辠也。臣鍇曰：老子曰“爲而不宰”，謂爲之務於利天下，無所定執也，執則失之也。宰制之則辛苦，故從辛，與惡意同。子待反。

【校】爲而不宰，按《老子》當作“爲而不恃，長而不宰”。

守〔守〕 shǒu

守官也。從宀從寸。寺府之事也。從寸；寸，法度。臣鍇曰：宀，官府也。《莊子》曰“謂之刑法以守之”是也。尸受反。

【校】“事也”下“從寸”二字衍。○謂之刑法以守之，謂，疑當作“爲”，今《莊子》無此語。

寵〔寵〕 chǒng

尊居也。從宀，龍聲。臣鍇按：《詩》曰：“爲龍爲光。”龍，寵也。丑壟反。

宥〔宥〕 yòu

寬也。從宀，有聲。臣鍇曰：寬之而已，未全放也。尤舊反。

宜（宜）〔宜〕 yí

所安也。在宀之下，一之上，多省聲。臣鍇曰：一，地也。既得其地上，蔭深屋爲宜也。擬機反。

𡨆〔𡨆〕 古文。

宜〔宜〕 亦古文。

寫〔寫〕 xiě

置物也。從宀，舄聲。悉也切。

宵〔宵〕 xiāo

夜也。從宀，宀下冥也；肖聲。相邀切。

宿（宿）〔宿〕 sù

止也。從宀，佰聲。佰，古文夙。息逐切。

寢（寝）〔寢〕 qǐn

臥也。從宀，㑴（侵）聲。七荏切。

寏 籀文寏省。

miàn

宆 冥合也。從宀，丏聲。讀若《書》曰"藥不瞑眩"。臣鍇曰：宆與冥同義也。名片反。

【校】《書》曰"藥不瞑眩"，鉉本"書"上有"周"字，"藥"上有"若"字，非是。按：此所引當即《孟子》趙注所稱《書》逸篇也。《周禮・醫師》注引"藥"上無"若"字，與此正同，否則《說命》不可云《周書》。

kuān

寬 屋寬大。從宀，莧聲。苦桓反。

wù

寤 寤也。從宀，吾聲。臣鍇曰：寤寐也，故從宀。頑互反。

zǎn

寁 居之速也。從宀，疌聲。臣鍇曰：《詩》曰："不寁故也。"走敢反。

guǎ

寡 少也。從宀、頒。頒，分也。從宀、頒，故爲少也。臣鍇曰：不患寡而患不均，不患貧而患不安，蓋和無寡，安無傾也。會意。古瓦反。

【校】"和無寡"上脱"均無貧"三字。

wǎn

宛 屈艸自覆也。從宀，夗聲。蔚遠反。

惌 或從怨。

kè

客 寄也。從宀，從各聲。慳革反。

jì

寄 託也。從宀，奇聲。堅芰反。

yù

寓 寄也。從宀，禺聲。疑豫反。

庽 或從广作。臣鍇曰：广者依巖爲室。

jiù

宄 貧病也。從宀，久聲。《詩》曰："嫈嫈在宄。"見岫反。

【校】嫈嫈在宄，今《詩》作"嬛嬛在疚"。

hán

寒 凍也。從人在宀下，從茻上下爲覆，下有仌也。臣鍇曰：按《月令》曰"寒氣總至，人力不堪，其皆入室"，寒也。痕安反。

害 ^{hài} 傷也。從宀、口，言從家起也。丯聲。臣鍇曰：周廟金人銘曰："口是何傷，禍之門也！""言行，君子之樞機，樞機之發，榮辱之主。""尚口乃窮。""'有攸往，主人有言'，言必讒也。""'家人嗃嗃'，未失也；'婦子嘻嘻'，失家節也。"驪姬之占曰："齒牙爲禍。"孟姬之讒，晉亦以亂。文王"刑于寡妻，至于兄弟，以御于家邦"。君子正家而天下定矣。嘗起於家而生於忽微也，故害從宀。桓艾反。

索 ^{suǒ} 入家搜索之皃。從宀，索聲。臣鍇曰：此探賾索隱之字也。史迮反。

【校】皃，當作"也"。

窡 ^{jú} 窮也。從宀，叝聲。臣鍇曰：窮則反本，故從宀。宀，家也。居逐反。

窡 叝或從穴。

宄 ^{guǐ} 姦也。外爲盜，内爲宄。從宀，九聲。俱水反。

叏 古文。臣鍇曰：寸，法度也。《春秋左傳》曰："禦姦以德，禦宄以刑。"①

宓 亦古文。

寂 ^{cuì} 塞也。從宀，叝聲。讀若《虞書》"竄三苗"之竄。臣鍇曰：今《尚書》作"竄三苗"。麤最反。

【校】"竄三苗"之竄，二"竄"字皆當作"竄"。"臣鍇"以下十字當删。

宕 ^{dàng} 過也；一曰洞屋。從宀，碭省聲。汝南有項宕鄉。臣鍇曰：今言故宕也。他浪反。

【校】有項宕鄉，按《漢志》，當作"項有宕鄉"。○故宕，當作"放宕"。

宋 ^{sòng} 居也。從宀，木聲。臣鍇曰：室居也。蘇綜反。

【校】木聲，鉉無"聲"字，下有"讀若送"三字。

---

① 宄，今《左傳·成公十七年》作"軌"，釋文："本又作宄。"

顉 diàn

顉 屋傾下也。從宀，執聲。臣鍇曰：人言其“顉隉”也，昏墊即土之傾下也。丁念反。

【校】人言其，當作“《左傳》言”。○顉，今《左》作“墊”。

宗 zōng

宗 尊祖廟也。從宀、示。臣鍇曰：宗廟，神示所居。示，古祇字也。子冬反。

宝 zhǔ

宝 宗廟主石也。從宀，主聲。臣鍇曰：以石爲藏主之櫝也。《春秋左傳》曰：“許公爲反祏主。”本作此，假借主字。職庚反。

【校】許公爲反祏主，當作“使祝史徙主祏”。

宙 zhòu

宙 舟輿所極覆。從宀，由聲。臣鍇按：《淮南子》：“往古來今曰宙。”凡天地之居萬物，猶室居之遷貿而不覺，故二義詞異而音旨同也。直宥反。

宴 jù

宴 無禮居也。從宀，婁聲。臣鍇曰：階阼升降，所以行禮，故貧無禮，先見於屋室。故原憲甕牖桑樞，陳平席門負郭也。其禹反。

文七十二　重十六

【校】（文七十二）實核七十一。“寫、宵、宿、寢”四篆次立補，當例補次立説。“寏”音同鉉，而“切”作“反”。

宮 gōng

宮 室也。從宀，躬省聲。凡宮之屬皆從宮。臣鍇曰：《爾雅》曰：“宮謂之室，室謂之宮。”《吕氏春秋》：“元高作宮室。”居窮反。

【校】元高，今《吕覽》作“高元”。

營 yíng

營 帀居也。從宮，熒省聲。臣鍇按：《尚書》曰“達觀于新邑營”，《詩》曰“經之營之”，東西爲經，周回爲營也。余并反。

文二

呂 lǚ

呂 脊肉也。象形。昔太嶽爲禹心呂之臣，故封吕侯。凡吕之屬皆從吕。臣鍇曰：若伯益之後非子，養馬嬴息，因賜姓嬴，此

其比也。齊太公子吕侯之後。力女反。

【校】脊肉，鉉作“脊骨”。○嬴息，按《史記》當作“蕃息”。

　　膂 篆文從肉，旅聲。

gōng
躳 身也。從吕從身。**臣鍇曰：**背吕也。此會意。鞠窮反。

　　躬 俗或從弓、身。**臣鍇曰：**弓聲。

文二①

xué
穴 土室也。從宀，八聲。凡穴之屬皆從穴。**臣鍇曰：**當言八亦聲。乎決反。

mǐng
窅 北方謂地空，因以爲土穴，爲窅户。從穴，皿聲。讀與猛同。牟丙反。

yìn
窨 地室也。從穴，音聲。**臣鍇曰：**今舊京謂地窖臧酒爲窨。乙沁反。

fù
寝 地室也。從穴，復聲。**臣鍇曰：**《詩》“古公亶父”，避狄于岐下，“陶寝陶穴”，謂於地旁巖築下爲室，若陶竈也。方目反。

【校】今《詩》作“復”。○巖築下，當作“巖下築”。

zào
竃 炮竈也。從穴，鼀省。鼀，黽也。象竈之之形。**臣鍇曰：**穿地爲竈也。則到反。

　　竈（竈）或不省作。**臣鍇曰：**竈，子奥反。

【校】鉉以“竈”爲“竃”重文，《韻會》以“竃”爲“竈”或體。按：《韻會》，鍇舊本也，後人依鉉改鍇，故“則到”尚仍鉉舊音，而易“切”作“反”。鍇音子奥反，尚存“竈”下，今正之：“竈，炊竈也。從穴、鼀。鼀，黽也，象竈之形。臣鍇曰：穿地爲竈也。子奥反。竃，或省作”，方如鍇舊。

yáo
窯 燒瓦窯竈也。從穴，羔聲。弋堯反。

---

① 按，當據四部叢刊本補“重二”二字。

窐^{wā} 窐 空也。從穴，圭聲。臣鍇曰：甌下孔也。一奎反。

【校】空也，鉉作“甌空也”。按：鉉“甌”字即采鍇說所增，非是。《考工記》注以鐘隧爲“窐”，《淮南子》以面靨爲“窐”，不專屬“甌”也。○“臣鍇曰”下當補“《楚辭》曰：圭璋襍於甌窐，注”十字，此刪易之譌也。

^{shēn}突 窀 深也；一曰竈突。從穴、火，求省聲。讀若《禮》三年導服之導。臣鍇曰：深字從此。古無禫字，借導字爲之，故曰三年導服。所禁反。

【校】竈突，鉉本“突”作“突”。○“求省”下鉉無“聲”字。○“讀若”以下九字鉉無。

穿^{chuān} 窀 通也。從牙在穴中。臣鍇曰：《詩》曰：“誰謂鼠無牙，何以穿我墉。”啜鉛反。

窷^{liáo} 窷 穿也。從穴，寮聲也。《論語》有公伯寮。臣鍇曰：《魏都賦》：“皦日籠光於綺寮。”寮，窗牖之名也。力凋反。

突^{yuē} 窀 穿也。從穴，夬聲。一決反。

窫^{yuē} 窀 深抉。從穴，抉聲。一決反。

竇^{dòu} 窀 空也。從穴，賣聲。臣鍇曰：水溝口也。《周禮》曰：宮中之“竇，其崇三尺”。特漏反。

竅^{qiào} 窀 空也。從穴，敫聲。罅叫反。

空^{kōng} 空 竅也。從穴，工聲。臣鍇曰：《周禮》曰：“眡鑽空，欲其惌也。”① 口紅反。

窒^{qìng} 窒 空也。從穴，巠聲。《詩》曰：“缾之窒矣。”臣鍇曰：今《左氏傳》作罄字也。詰徑反。

【校】今《詩》亦作“罄”。

---

① 今《周禮·函人》“鑽”上有“其”字。

yà
窫 空也。從穴，乙聲。鬱八反。

xuè
窩 穴皃。從穴，喬聲。臣鍇曰：窩之言缺也。火穴反。

【校】穴皃，鉉作"空皃"。

kē
窠 空也。從穴，果聲。一曰鳥巢也；一曰在穴曰窠，在樹曰巢。臣鍇按：《蜀都賦》曰"巢宿異禽"。苦和反。

【校】巢宿，當作"窠宿"。

chuāng
窗 通孔也。從穴，恩聲。叉江反。

wā
窊 汙邪下也。從穴，瓜聲。臣鍇曰：汙猶迂，杜預《春秋傳序》"盡而不汙"，則此字同。《吳都賦》曰："窊隆異等。"窊隆，猶卑高也。乙瓜反。

yǔ
窳 汙窳也。從穴，㼌聲。朔方有窳渾縣也。臣鍇曰：汙音迂也。史曰："舜陶於河濱，器不苦窳。"窳，缺也；苦薄也。又墮窳，病也。弋主反。

【校】墮窳，當作"惰窳"，見《爾雅·釋詁》注。

dàn
窞 坎中小坎也。從穴從臽，臽亦聲。《易》曰："入于坎窞。"一曰旁入也。臣鍇曰：坎中復有坎也。大坎反。

【校】小坎，《易》釋文引作"更有坎"。按：與鍇説合。

jiào
窌 窖。從穴，卯聲。臣鍇按：《周禮》《書》地窖字從此。匹孝反（pào）①。

jiào
窖 地藏。從穴，告聲。工孝反。

【校】此二篆疑鉉分鍇合，轉轉竄易而譌。今依《韻會》正之："窌，地藏也，從穴，卯聲。臣鍇按：《周禮》曰：'困窌倉城。'作此字。披教反。""窖，或從告作。臣鍇曰：今俗從此字。"

diào
窵 窵窅也。從穴，鳥聲。臣鍇曰：深邃皃也。的搗反。

_____

① 注音依《集韻》居效切。

窬 窬 穿木戶也。從穴，俞聲。一曰空中之兒。臣鍇曰：鑿版以爲戶也。醫家有五臟俞穴也。弋紆反。

窺 窺 小視。從穴，規聲。臣鍇曰：視之於隙穴也。東方朔曰：以管窺天。丘規反。

窺 窺 正視也。從穴中正見。正亦聲。臣鍇曰：深意也。丑生、丑鄭二反。

窡 窡 穴中見也。從穴，叕聲。臣鍇按：《魯靈光殿賦》曰"綠房紫的，窡吒垂珠"也。竹刮反。

【校】 "臣鍇"以下十八字當在"窋"篆下。

窋 窋 物在穴中兒。從穴，出聲。臣鍇曰：穴出，會意也。竹滑反。

【校】 "會意也"下當補"《魯靈光殿賦》曰'綠房紫的，窋詫垂珠'是也"。《文選》李注正引《説文》"窋"解。

窴 窴 塞也。從穴，真聲。臣鍇曰：塞穴也。大千反。

窒 窒 塞也。從穴，至聲。臣鍇按：《解嘲》曰："窒隙蹈瑕也。"丁乙反。

突 突 犬從穴中暫出也。從犬在穴中也。一曰滑也；匪突也。臣鍇曰：犬匿於穴中伺人，人不意之，突然而出也。阤兀反^①。

【校】 匪突也，鉉無此三字。按："匪"當作"曲"，見《漢書·霍光傳》，謂竈突也。

竄 竄 匿也。從鼠在穴中。臣鍇曰：會意也。千斷反。

窣 窣 從穴中卒出。從穴，卒聲。千兀反（cù）^②。

窘 窘 迫也。從穴，君聲。臣鍇曰：入于穴窮迫也。巨殞反（jùn）。

穹 穹 窮也。從穴，弓聲。臣鍇曰：穹隆然上高也。艸根名穹，

---

① 阤，四庫本、四部叢刊本作"他"。

② 注音依《廣韻》蘇骨切。

窮象之也。丘弓反。

窕 深肆極也。從穴，兆聲。**臣鍇按**:《詩》曰"窈窕淑女"，謂其德深厚沈密，不輕薄也。大了反。

窅 冥也。從穴，皀聲。一了反。

窔 窅窔，深篠皃。從穴，交聲。**臣鍇按**:《上林賦》曰"巖窔洞房"是也。吉了反。

邃 深遠也。從穴，遂聲。小遂反。

窮(窮) 極也。從穴，躳聲。**臣鍇曰**: 入于穴是極也。巨弓反。

窈 深遠也。從穴，幼聲。一了反。

篠 杳篠也。從穴，條聲。**臣鍇曰**:《靈光殿賦》曰"旋室便娟以杳篠"是也。他弔反。

【校】旋室便娟以杳篠，按:《靈光殿賦》曰:"旋室娉娟以窈窕，洞房竘篠而幽邃。"此當引下句，鍇誤肊也。

竁 穿地也。從穴，毳聲。一曰小鼠聲。《周禮》曰:大喪"甫竁"。**臣鍇按**:《周禮注》:甫竁，始爲穴也。充芮反。

窆 葬下棺也。從穴，乏聲。《周禮》曰:"及窆，執斧。"方驗反。

窀 葬之厚夕也。從穴，屯聲。《春秋傳》曰:窀穸，從先君於地下。**臣鍇按**: 杜預《春秋左傳》注:"窀，厚也。"只倫反。

穸 窀穸，夜也[1]。從穴，夕聲。**臣鍇按**:《春秋左傳》"唯是窀穸之事"，言其夜深厚也。詞亦反。

【校】"《左傳》"以下舛誤，當作"《左傳注》: 長夜謂之穸，言穴中厚暗如長夜也"。

窉 入岴刾穴謂之窉。從穴，甲聲。**臣鍇曰**: 岴，脉字也。若

---

① 大徐本作"窀穸也"，無"夜"字。

今人言五藏窬穴有肝窬、肺窬是也。一甲反。

【校】“窬穴”之“窬”，今方書作“俞”。

究 jiù 窮也。從穴，九聲。臣鍇曰：九亦究竟之意，當言九亦聲。己又反。

文五十一　重一

寢 mèng 寐而覺者也。從宀從夢。《周禮》曰：“以日月星辰占六寢之吉凶：一曰正寢，二曰咢寢，三曰觭寢，四曰寤寢，五曰喜寢，六曰懼寢。”凡寢之屬皆從寢。臣鍇曰：寢之言蒙也，不明之皃。宀者，依著也；宀，屋也。臥安則寢多也。“宣王考室”之詩曰：“上莞下簟，乃安斯寢，其寢維何？”① 六寢之解具於《禮》注，前識之言寢多矣。臣以爲人畫之所爲，陽也，性及魂精气之所爲也。夜寐所覺，陰也，情及魄陰气之所爲也。人之情常侵於性，故《禮》曰“生而有欲”，性之害也。《文子》曰“日月欲明，浮雲蔽之”，人性欲平，嗜性害之。中庸以上，能節其情欲以成其性，愚者反是。六情恆侵於五常，魄气奪其精粹，故人畫能自攝於禮義者，其寢想亦嘗不欺於貪惏。然其寢中懈於平畫也，禍福嘗起於忽微，始於隱微，至於陽顯，故吉凶多先見於寢也。王符曰：“寢寐徵恠，所以警人也。”晉文公寢楚子伏己而鹽其腦，以其有文德之教能自警戒，所以敗楚。秦始皇嘗寢與海神戰，不勝，豈真海神哉？海，陰也，人民之象也。不勝者，敗也，不能自勉，很戾治兵，求報其神，所以喪天下而無念之也。可不懼哉！忙弄反。

【校】從宀，當作“從宀、宀”。○咢，今《周禮》作“噩”。○觭，當作“思”。觭，大卜三夢之一，非六夢也。○嗜性，當作“嗜欲”。○亦嘗，“嘗”字衍。○“於貪惏”上當有“習”字，“於貪惏”下當補“者，其夢想亦多蔽”七字。

寢 qīn 病臥也。從寢省，侵（侵）省聲。臣鍇曰：《春秋左傳》曰

---

① 《詩經·斯干》：“下莞上簟，乃安斯寢。乃寢乃興，乃占我夢。吉夢維何？”

"公寢疾"，當作此寢，假借寢字爲之也。遷荏反。

寐 ^{mèi}　從寢省，未聲。臣鍇曰：寐之言迷也，不明之意也。忙庇反。

【校】"從寢"上鉉有"臥也"二字。

寤 ^{wù}　寐覺而省信曰寤。從寢省，吾聲。一曰晝見而夜寐也。□□□□□□□五故切。

【校】寐覺而省信，省，鉉作"有"，段改"省信"爲"有言"。按：當作"寐而省覺言"，方與《周禮》"寤寐"注合。

　　　寤　籀文寤。

㝒 ^{rǔ}　楚人謂寐曰㝒。從寢省，女聲。人與反。

寐 ^{mǐ}　寐而厭也。從寢省，米聲。臣鍇曰：厭也。寐則神遊，神爲陰氣所厭，不得出也。若鬼神，其實非也。故人寐臥，手住心胸上則多厭也。《莊子》曰"今夫已陳之芻狗，復取之，遊居寢臥其下，不得寐，必且眯焉"是也[1]。又《山海經》有"食之不眯"，假借眯字爲之也。忙弟反。

【校】厭，當作"厭"。○厭也，當作"魘也"。○"《山海經》有"下當有"魚"字或"鳥"字。按：英鞮山陵羊澤冄遺，魚食之不眯；翼望山有鵸鵌，鳥食之不厭。

寢 ^{jì}　熟寐也。從寢省，水聲。巨癸反（guì）[2]。

寎 ^{bìng}　臥驚病也。從寢省，丙聲。部命反。

寱 ^{yì}　瞑言也。從寢省，臬聲。臣鍇曰：今人謂寐中有言曰寱語也。牛世反。

【校】寐中，當作"寢中"。○"寱語"下錢鈔有"作囈"二字。

---

① 今《莊子·天運篇》作："夫芻狗之未陳也，盛以篋衍，巾以文繡，尸祝齋戒以將之。及其已陳也，行者踐其首脊，蘇者取而爨之而已；將復取而盛以篋衍，巾以文繡，遊居寢臥其下，彼不得夢，必且數眯焉。"
② 注音依《廣韻》其季切。

瘖 ^{hū} 臥驚也；一曰小兒號瘖瘖。從瘳省，從言。火滑反。

【校】"從瘳"上鉉有"一曰河內相評也"。

文十一　重一

疒(疒)疒 ^{nè} 痀也。人有疾痛，象倚箸之形。凡疒之屬皆從疒。臣鍇曰：今日謂人勉強不得已曰疧疒，則此字痀者病气有所倚也。疒^①，象人垂四體也。一，所倚之物也。女疧反。

【校】痀也，鉉作"倚也"，是。○痀者病气，痀，當作"倚"，"气"字衍。

疾 疒 ^{jí} 病也。從疒，矢聲。慈悉反。

【校】矢聲，"聲"字衍。

　　矢 疒 籀文疾。臣鍇曰：病來急，故從矢。矢，急疾也。

　　【校】"臣鍇曰：病來急，故從矢。矢，急疾也"，當移入"疾"篆下。

　　疾 疒 古文。

　　【校】此與小篆無異，段云當作廿，見"童"下、"竊"下。

病 疒 ^{bìng} 疾加也。從疒，丙聲。臣鍇曰：《春秋左傳》曰："公疾病也。"疲柄反。

痡 疒 ^{pū} 病也。從疒，甫聲。《詩》曰："我僕痡矣。"普胡反。

痛 疒 ^{tòng} 病也。從疒，甬聲。臣鍇曰：自此以下多見《爾雅》。他弄反。

瘣 疒 ^{huì} 病也。從疒，鬼聲。《詩》曰："譬彼瘣木。"一曰腫旁出也。臣鍇按：《爾雅》："抱，遒木，魁瘣。"注謂："樹木叢生，根枝節目，盤結魂磊。"戶隈反。

【校】瘣木，今《詩》作"壞木"。

_____

① 疒，疑當作"乂"。

疴　疒　病也。從疒，可聲。《五行傳》曰："則有口疴。"臣鍇曰：疴猶倚也，因人之釁以生。《五行傳》，劉向所作，演《尚書·洪範》之意也。五行有失，則有疴恙從之也。一何反（ē）。

瘽　瘽　病也。從疒，堇聲也。巨巾反。

瘵　瘵　病劣也。從疒，祭聲。臣鍇按：郭璞曰："江東呼病曰瘵。"側介反。

瘨　瘨　病也。從疒，真聲。一曰腹脹也。臣鍇按：楊雄曰："臣有瘨眩病。"瘨，倒也。丁年反。

【校】瘨眩，《文選》作"顛眴"。○瘨，倒也，當作"瘨，顛倒也"。

瘼　瘼　病也。從疒，莫聲。臣鍇按：《詩》曰："求民之瘼。"郭璞曰："病，東齊曰瘼。"摩博反。

疝　疝　腹中急痛也。從疒，丩聲。臣鍇曰：今人多言腹中絞結痛也。姑咬反。

瘣　瘣　病也。從疒，員聲。于問反。

癇　癇　病也[1]。從疒，閒聲。侯羈反。

痏　痏　病也。從疒，出聲。吾忽反。

疵　疵　病也。從疒，此聲。臣鍇曰：《莊子》曰："物不疵癘。"才資反。

癈　癈　痼疾也。從疒，發聲。臣鍇按：律有廢疾。方吠反。

瘏　瘏　病也。從疒，者聲。《詩》曰："我馬瘏矣。"達胡反。

瘲　瘲　病也。從疒，從聲。子容反。

瘁　瘁　寒病。從疒，辛聲。臣鍇按：《字書》：寒噤也。所伈反。

――――――――――

① 《玄應》卷十二《賢愚經》"癇病"，《慧琳》卷二《大般若波羅蜜多經》、卷六《大般若波羅蜜多經》、卷三十七《隨求大陀羅尼經》"癲癇"皆引《説文》作"風病也"，可證今本脱"風"字，宜據補。

^{xù}
臧 㾊 頭痛也。從疒，或聲。讀若沺。吁域反。

^{bǐ}
疕 疕 酸瘠也。從疒，匕聲。**臣鍇按**：《周禮》曰："有疾病疕瘍者。"匹鄙反。

【校】酸瘠，當作"頭瘍"，方與《周禮注》合，鉉不誤。

^{xiáng}
痒 痒 瘍也。從疒，羊聲。似箱反。

^{yáng}
瘍 瘍 頭瘡也。從疒，易聲。**臣鍇按**：《禮》："身有瘍則浴。"瘍，頭瘡而在身□也^①。以箱反。

【校】頭瘡也，"頭"字衍。○頭瘡而，"頭、而"二字衍，淺人所增。

^{mà}
瘚 瘍 目病也；一曰惡气箸身也。從疒，馬聲。一曰蝕瘡。忙霸反。

^{xī}
㾊 㾊 散聲也。從疒，斯聲。**臣鍇曰**：若今謂馬鳴聲爲㾊也。先迷反。

【校】爲㾊，當作"爲嘶"。

^{wěi}
瘑 㿑 口喎也。從疒，爲聲。于彼反。

^{jué}
疾 㾭 瘑也。從疒，決省聲。古血反。

^{yīn}
瘖 瘖 不能言病。從疒，音聲。**臣鍇按**：《淮南子》曰："皋陶瘖有貴乎？能言者也。"^②乙禽反。

【校】《淮南子》，當作"《文子》"。○有貴，當作"何貴"。

^{yǐng}
癭 癭 頸瘤。從疒，嬰聲。**臣鍇按**：張華《博物志》："山居多癭，飲泉水之不流者也。"又："泉水之滷水癭"。一并反。

【校】又泉水之滷水癭，按：《博物志》云"踐土之齒者瘇"，"瘇"與"癭"異病，不得牽引。陸羽云"飲山泉激湍者，令人項病"，或此之譌歟？

① 闕文，四庫本作"者"。
② 《文子·精誠》："皋陶瘖而爲大理，天下無虐刑，何貴乎言者也。"

瘻 **lòu** 瘻 頸腫也。從疒，婁聲。律豆反。

疣 **yòu** 疣 顫也。從疒，又聲。**臣鍇按**：《字書》：尤舊反。

【校】"《字書》"下當補"或作𤴓"三字，説見頁部"頯"下。

瘀 **yū** 瘀 積血病。從疒，於聲。丫遽反（yù）。

疝 **shàn** 疝 腸痛。從疒，山聲。所閒反。

【校】腸痛①，鉉作"腹痛"。

疛 **zhǒu** 疛 小腹病也。從疒，肘省聲。讀若紂。中友反。

【校】小腹病也，按"疝、疛"注疑互易。"疝"當云"小腸痛"，今俗語猶然；"疛"當云"腹痛"。"疝、疛"聲近義通，皆腹中絞結也。○肘，疑當作"紂"。○讀若紂，鉉無此三字。按：紂，當作"擣"。《小弁》詩釋文"如擣，《韓詩》作如疛"②，許故爲此聲也。

癑 **bèi** 癑 滿也。從疒，曩聲。平媚反。

府 **fǔ** 府 俛病也。從疒，付聲。**臣鍇按**：《爾雅注》："戚施之疾，俯而不能仰也。"弗父反。

瘚 **jué** 瘚 逆气也。從疒，欮聲。**臣鍇按**：《韓詩外傳》曰：人主之疾有二十，其一曰瘚。"無使小民飢寒，則瘚不作。"百姓不足，君孰與足，故以逆氣喻之。屰，逆也，欠气也。會意字。九越反。

【校】欮聲③，當作"屰欠"二字。○有二十，當作"十有二"。○其一，當作"其二"。○瘚，今《韓詩》作"蹶"。

欮 欮 或省疒。

痟 **xiāo** 痟 酸痟，頭痛。從疒，肖聲。《周禮》曰："春時有痟首疾。"

---

① 腸，同"膓"。

② 《詩經·小弁》："惄焉如擣。"釋文："擣，丁老反，心疾也。本或作癟，同。《韓詩》作疛，除右反，義同。"

③ 欮，當作"欮"。

相邀切。

痀 㨌 曲脊也。從疒，句聲。具俱切。

痵 㿲 气不定。從疒，季聲。臣鍇按：《靈光殿賦》曰："心猥猥而發痵也。"葵季反。

【校】發痵，今《文選》"痵"作"悸"。

痱 㾋 風病也。從疒，非聲。臣鍇按：《史記》曰：田蚡"病痱"。步罪反（bèi）①。

【校】田蚡，當作"竇嬰"。

痤 㾗 小腫也；一曰族累病。從疒，坐聲。臣鍇曰：痤蠚也。《春秋左傳》曰"奉牲以告曰：博碩肥腯"，謂其不疾痤蠚。痤蠚，疥癬之屬也。慈戈反。

疽 疽 久癰也。從疒，且聲。臣鍇按：《管子》曰："無赦者，痤疽之礦石。"無赦，亦瘡也。七余反。

【校】痤疽，今《管子》作"痤睢"，"疽、睢"古通用。○礦，今《管子》作"礦"，非是。○無赦亦瘡也，當作"痤疽，惡瘡也"，此鈔寫之譌。

癘 㿑 癩也。從疒，麗聲。一曰黑瘦。讀若隸。力計反。

癰 㿏 腫也。從疒，雝聲。乙顒反。

瘜 㾊 寄肉也。從疒，息聲。臣鍇曰：息者，身外生之也。故古謂賒貸生舉錢爲息錢，旋生土爲息壤也。悉翼反。

【校】賒貸生舉錢，當作"舉貸生子錢"。

癬 㿗 乾瘍也。從疒，鮮聲。息淺切。

疥 㾐 瘙也。從疒，介聲。古拜切。

痂 㿉 乾瘍也。從疒，加聲。臣鍇曰：今謂瘡生肉所蛻乾爲痂。《南史》："彭城劉邕嗜瘡痂。爲大守，人吏百餘人，不問有罪無

----

① 《廣韻》又符非切。

罪，鞭取創痂也。"古牙反。

瘕 痕 女病也。從疒，叚聲。乎加反。

瘤 瘤 腫也。從疒，留聲。力輈反。

瘧 瘧 寒熱休作病。從疒、虐，虐亦聲。**臣鍇按**:《禮》:"寒熱不節，人多瘧疾。"《釋名》曰:"凡疾，或寒或熱，此一疾有寒有熱，酷虐也。"①魚譃反。

痁 痁 有熱瘧。從疒，占聲。《春秋傳》曰:"齊侯疥，遂痁。"**臣鍇按**:《春秋左傳》曰:"痁作而伏。"式占反。

痎 痎 二日一發瘧也。從疒，亥聲。**臣鍇按**:顏之推《家訓》以爲《左氏傳》"齊侯疥，遂痁"疥字當是此字，借疥字耳，引此爲證。言初二日一發，漸加至一日一發也，豈有疥癬小疾，諸侯問之乎? 工柴反。

痳 痳 疝病。從疒，林聲。**臣鍇曰**: 小便不快，溼痹沾瀝也。力禽反。

痔 痔 後病也。從疒，寺聲。直豈反。

痿 痿 痹疾。從疒，委聲。**臣鍇按**:《呂氏春秋》曰:"出輿入輦，命曰痿蹷之機。"韓王信曰:"如痿人之不忘起。"人隹反（ruí）②。

【校】 痿蹷，《呂覽》作"佁蹷"，枚乘《七發》作"蹷痿"。

痹 痹 溼病。從疒，畀聲。**臣鍇曰**: 溼則營衞气不至而頑痹也。彼二反。

痺 痺 足气不至也。從疒，畢聲。**臣鍇按曰**: 今人言久坐則足痺也。《高士傳》曰:"晉侯與亥唐坐，痺，不敢壞坐也。"毗避反。

---

① 《釋名·釋疾病》:"瘧，酷虐也。凡疾，或寒或熱耳，而此疾先寒後熱，兩疾，似酷虐者也。"
② 《廣韻》又於爲切。

瘃 瘃 中寒腫覈。從疒，豕聲。臣鍇按：《漢書》曰：士卒鞕瘃，墮指者什百。陟録反。

瘺 瘺 半枯也。從疒，扁聲。臣鍇曰：《吕氏春秋》"王孫綽有瘺枯之藥，將倍之以起死者"是也 ①。匹綿反。

【校】"死者"上當有"殊"字。

瘇 瘇 脛氣腫。從疒，童聲。《詩》曰："既微且瘇。"臣鍇按：下淫地則生此疾，故《詩》曰"彼何人斯，居河之湄……既微且瘇，爾勇伊何"是也。時踊反。

【校】今《詩》作"尰"。

尰 尰 籀文。臣鍇曰：尢，尪字；童，籀文童字。

瘞 瘞 跛病。從疒，盇聲也。讀若脅，又讀若掩。一盇反。

疷 疷 毆傷也。從疒，只聲。臣鍇按：《漢書音義》："以杖毆人，青黑腫起而無創瘢者，律謂疷。"手支反。

痏 痏 疷痏也。從疒，有聲。臣鍇按：沈約瘡痏，構於牀之曲。于救反。

癟 癟 創裂也；一曰疾癟。從疒，巂聲。吁唯反。

痁 痁 皮剥。從疒，冉聲。讀若柟，又讀若襜。赤占反。

痆 痆 籀文。

癑 癑 痛也。從疒，農聲。乃統反。

痍 痍 傷也。從疒，夷聲。臣鍇按：《春秋左氏傳》曰："命軍吏察夷傷。"《後漢書》謂金瘡曰金夷。以之反。

瘢 瘢 痍也。從疒，般聲。臣鍇曰：痍傷處謂已愈，有痕曰瘢。步安反（pán）。

---

① 今《吕氏春秋·似順論·别類》："魯人有公孫綽者，告人曰：'我能起死人。'人問其故，對曰：'我固能治偏枯，今吾倍所以爲偏枯之藥，則可以起死人矣。'"

hén

痕 痕 胝瘢也。從疒，艮聲。戶根反。

jìng

痙 痙 强急也。從疒，巠聲。臣鍇按：《字書》：中寒體强急也。
巨井反。

tóng

痋 痋 動病也[1]。從疒，蟲省聲。大冬反。

shòu

瘦(瘦) 癑 臞也。從疒，叜聲。山溜反。

chèn

疢 疢 熱病也。從火從疒。臣鍇按：《春秋左傳》曰："則有疢疾。"
會意。丑刃反。

dàn

癉 癉 勞病也。從疒，單聲。臣鍇按：《詩》曰："哀我癉人。"丁
佐反（duò）[2]。

【校】癉人，今《詩》作"惲人"。下"民卒癉"，正作此字。

dǎn

疸 疸 黃病也。從疒，旦聲。臣鍇曰：勞熱而黃也。怛漢反
（dàn）[3]。

qiè

痐 痐 病小息也。從疒，夾聲。丘輒反。

pǐ

痞 痞 痛也。從疒，否聲。讀若鄙。臣鍇曰：又病結也。博几反
（bǐ）。

yì

瘍 瘍 脈瘍也。從疒，易聲。臣鍇曰：脈跳動也。夷益反。

shù

瘷 瘷 狂走。從疒，术聲。讀若欻。术汒反。

pí

疲 疲 勞力也。從疒，皮聲。弼悲反。

zǐ

疻 疻 瘢病也。從疒、宋。壯几反。

【校】"宋"下當有"聲"字。

qí

疧 疧 病不翅。從疒，氏聲。臣鍇曰：見《詩》也。巨支反。

---

① 《玄應》卷十四《四分律》"疼痛"、卷十八《成實論》"疼痹"，《慧琳》卷二十八
　《正法花經》"疼瘮"皆引《説文》作"動痛也"。
② 《廣韻》又得案切。
③ 《廣韻》又多旱切。

疧 疧 病劣也。從疒，氏聲。臣鍇曰：《本艸》云"苟杞療虛疧病"，謂疧疧無气力也。火帀反（hè）①。

【校】苟，當作"枸"。

瘝 瘝 病也。從疒，殹聲。臣鍇曰：今謂甚劇曰瘝。一賣反。

癃 癃 罷病也。從疒，隆聲。臣鍇曰：按《史記·平原君傳》躄者曰"臣不幸有罷癃病"，謂形穹隆然也。力中反。

　　瘒 瘒 籒文癃省。

疫 疫 民皆病曰疫。從疒，役省聲。臣鍇曰：亦鬼神在其閒，若皆應役然也。晉時嘗疫，有人通鬼者，問之曰："今年何爲多疫？"對曰："劉孔才爲太山將軍，將反，召人作兵耳。"俞戾反。

瘛 瘛 小兒瘛瘲病也。從疒，恝聲。尺制反。

疹 疹 馬病。從疒，多聲。《詩》曰："疹疹駱馬。"臣鍇曰：馬疲乏也。吐佐反（tuò）②。

【校】今《詩》作"嘽"。

疢 疢 馬脛瘍。從疒，兌聲。一曰持傷也。臣鍇曰：持傷謂駱馬爲持馬所傷也。大活反。

【校】持傷，鉉作"將傷"。段云，將，"捋"之誤。按：持，相持也。持傷，猶鬭傷。段未是，徐説亦非。凡許書"一曰"，均異于前義。

痼 痼 久病。從疒，古聲。臣鍇曰：劉楨詩曰"余嬰沈痼疾，竄身清漳濱。自夏及徂秋，曠爾十餘旬"是也。古語反。

藥 藥 治也。從疒，樂聲。讀若勞。臣鍇按：《詩》曰"多將熇熇，不可救藥"是也。弋勺反（yuè）③。

【校】熇熇，今《詩》作"熇熇"，"救藥"作"救藥"。按：《爾雅》"謔

---

① 《廣韻》又居立切。
② 《廣韻》又他干切。
③ 注音依《廣韻》力照切，今讀liáo。

謔、謞謞"同稱。樂飢，鄭作"藥飢"。此引《詩》當是古本。

療 爒 或從尞。

là
瘌 瘌 楚人謂藥毒痛瘌。從疒，剌聲。臣鍇曰：日中，人生瘡爛。力帶反（lài）[1]。

【校】藥毒痛瘌，鉉作"藥毒曰痛瘌"。按：當作"藥毒痛曰瘌"。○日中，疑當作"粵中"。"瘌"與"癩"同也。

lào
癆 癆 朝鮮謂飲藥毒曰癆。從疒，勞聲。力到反。

chài
瘥 瘥 瘉也。從疒，差聲。臣鍇曰：□今人病差字。才他反（cuó）[2]。

shuāi
瘷 瘷 减也。從疒，衰聲。一曰衰耗。臣鍇曰：病將愈也。此韋反（cuī）[3]。

yù
瘉 瘉 病瘳也。從疒，俞聲。臣鍇曰：今作愈字。弋主反（yǔ）。

chōu
瘳 瘳 疾病瘉也。從疒，翏聲。臣鍇曰：忽愈若抽去之也。《尚書·金縢》："王有疾，不豫。周公乃卜：翌日乃瘳。"[4]是愈速也。敕尤反。

chī
癡 癡 不慧也。從疒，疑聲。臣鍇曰：癡者，神思不足，故亦病也。丑遲反。

lì
癘 癘 惡瘡疾也。從疒，厲省聲。臣鍇按：《史記》曰"豫讓漆身爲厲"，人體著漆，多生瘡也。力大反（lài）[5]。

文一百二　重七

【校】(文一百二)"癬、疥"二篆次立補，當例補次立説。"痡、癉、瘵、痕、瘀"五篆音同鉉，而"切"作"反"。

----

① 注音依《廣韻》盧達切。
② 《廣韻》又楚懈切。
③ 注音依《廣韻》所追切。
④ 此節引《今縢》文。不豫，今本作"弗豫"。
⑤ 注音依《廣韻》力制切。

^{mì} 冖 覆也。從一下垂也。凡冖之屬皆從冖。臣鍇曰：《尚書》云
"丕冒海隅"，此其義也。此與俎几字相亂，几俎字狹而高，兩足
外向。冖冒字低廣，兩垂直下也。眠狄反。

^{guān} 冠 絭也。所以絭髮，弁冕之總名。從冖、元，元亦聲。冠有
法制，從寸。臣鍇曰：取其在首，故從元，故謂冠爲元服。絭音
卷，卷束也。古寬反。

^{jù} 最 積也。從冖、取，取亦聲。臣鍇曰：古之人以聚物之聚爲
冣，上必有覆冒之也。才句反。

^{dù} 冞 奠酒爵也。從冖，託聲。《周書》曰"王三宿三祭三冞"
是也。臣鍇曰：奠，置也。言三進三祭三醊，置爵於地也。爵有
冪，冒之也。丁故反。

【校】今《書》作"咤"。

文四

^{mǎo} 冃 重覆也。從冖、一。凡冃之屬皆從冃。讀若莒莒之莒。臣
鍇曰：莒今音亡。莫保反。

【校】莫保反，按：當作"莫公反"，見部"覓"注可證。鍇不知聲，
故歧。"莒、蒙"爲二，而云"莒"音已失，不知"莒、蒙"固同母
相龤也。

^{tóng} 同 合會也。從冃、口。臣鍇曰：從口者，言化同而後心同，
然後不謀同辭也。《尚書》曰："同寅協恭。"菆東反。

【校】化同，當作"仕同"。

^{què} 冎 幬帳之象也。從冃；屮，其飾也。臣鍇曰：幬音稠，單帳
也。屮象其幄上飾形，非屮之適之字。口江反（qiāng）^①。

^{méng} 冡 覆也。從冃從豕。臣鍇曰：蒙、幏字從此。莫公反。

---

① 注音依《廣韻》苦角切。

文四

mào

冃冃　小兒及蠻夷頭衣也。從冂、二。二，其飾也。凡冃之屬皆從冃。臣鍇曰：《史記》云薄"太后以冒絮提文帝"是也，今作帽。張衡《西京賦》曰"戴翠冒"，羽蓋也，《周禮·考工記》曰"良蓋不冒不紘"，冒之義也。忙報反。

miǎn

冕冕　大夫以上冠也。邃延、垂塗、纊紞。從冃，免聲。古者黃帝初作冕。臣鍇曰：冕，冠上加之也。長六寸，前狹圓，後廣方，朱綠塗之，前後邃延，斿，其前垂珠也。俯仰逶迤，如水之流也。纊紞，黃色也，以黃綿綴冕兩旁，下係玉瑱。又謂之珥，細長而銳若筆頭，以屬耳中，"無作聰明亂舊章"，虛己以待人之意也。《史記》曰："黃帝始作軒冕，故曰軒轅。"《靈光殿賦》曰"炳煥可觀，黃帝唐虞。軒冕以庸，衣裳有殊"是也。美選反。

【校】垂塗，按徐說"塗"當作"斿"。纊紞，鉉作"紞纊"。

絻絻　或從糸作。臣鍇按：《論語》曰："麻冕，禮也，今也純儉。"純，謂以絲衣冕也，故從糸。《韓詩外傳》曰：黃帝絻以拜鳳皇，及《管子》皆作此絻字也。

【校】衣冕，當作"爲冕"。

zhòu

冑冑　兜鍪也。從冃，由聲。臣鍇曰：冑胤之冑，別從肉作胄。長宥反。

鞪鞪　《司馬法》冑從革。

mào

冒冒　冢而前也。從冃，目聲。臣鍇曰：以物自蒙而前也，謂貪冒若目無所見也。莫號反。

【校】目聲，鉉無"聲"字。○貪冒若，若，當作"者"。

曰曰　古文。

zuì

最冣　犯取。又曰會。從冃，取聲。臣鍇曰：犯而取也，故軍功上曰最，下曰殿。則外反。

覭 冐 犯而見也。從冃從見也。臣鍇曰：義同於冒。没黑反。

文六　重三

网 网 再也。從一。闕。《易》曰：“參天网地。”凡网之屬皆從网。臣鍇曰：此本爲网再之网。里養反。

【校】闕，此後人依鉉改也。按：《韻會》引作“從一從从”，引鍇曰：“从，二入也。此本爲‘网再’之‘网’，經傳皆作‘兩’。”鍇原本當如此。

兩 兩 二十四銖爲一兩。從一從网。网，平分也。网亦聲。**臣鍇**曰：兩者積雙网而成爲一，故從一。此會意。里養反。

兩 兩 平也。從廿十，五行之數。二十分爲一辰。兩，平也。讀若蠻。没圍反。

【校】廿十，“十”字衍。○兩，當作“從网，网”三字。

文三

网 网 庖犧所結繩以漁也。從一，下象网交文也。凡网之屬皆從网。**臣鍇按**：《周易》曰：“始作网罟，以畋以漁。”一者，蒙覆取之也。文爽反。

【校】畋，今《易》作“佃”。

　　网 网 网或加亡。臣鍇曰：亡聲。

　　網 網 或從糸。

　　凶 凶 古文网字從宀，亡聲。臣鍇曰：宀與一義同[1]。

　　网 网 籀文從冃。臣鍇曰：冃與一亦同。

罥 罥 网也。從网、繯，繯亦聲也。一曰縮也。**臣鍇**曰：今人多作罥字。迴茜反。

署 罤 网也。從网，每聲。莫推反。

————

[1] 按，如鍇説，字當作“宄”。

罕(罕) 𦊆 网也。從网，干聲。**臣鍇曰**：天子出有罕車，网也。又雲罕，大旗爲网。今俗謂綱旗也。享侃反。

【校】 天子出，當作“《天官書》”。○网也，當作“畢也”，見《史記》。○爲网，當作“九斿”，見《東京賦》。

罨 𦋂 罕也。從网，奄聲。**臣鍇曰**：綱從上掩之也。殷業反 (yè)[1]。

罤 𦊽 网也。從网，巽聲。**臣鍇曰**：亦兔网也。思篆反。

蹑 𧿁 罤或從足、巽。《逸周書》曰：“不卵不蹑，以成鳥獸。”罤者，纆獸足，故從足。**臣鍇曰**：胃獸之足也。

罙 𦊾 周也。從网，米聲。《詩》曰：“罙入其阻也。”**臣鍇曰**：网即周布之意。眠伊反。

【校】 今《詩》作“罙”。

𡩋 𡩀 或從宀貞省。**臣鍇曰**：敉字從此。

【校】 貞，當作“敻”。

罪 𦉷 捕魚。從网、非。秦以罪爲辠字。**臣鍇按**：《詩》曰：“豈不懷歸，畏此罪罟。”造浼反。

【校】 “捕魚”下脱“竹网”二字。

罽 𦊀 魚网。從网，剡聲。**臣鍇曰**：今謂織皮爲罽。居例反。

罩 𦊈 捕魚器。從网，卓聲。**臣鍇曰**：《爾雅》“篧謂之罩”，网：“捕魚籠也。”咤孝反。

【校】 罩网，网，當作“注”。

罾 𦊦 魚网。從网，曾聲。走棱反。

罛 𦊞 魚网。從网，瓜聲。《詩》曰：“施罛濊濊。”**臣鍇按**：《爾雅》曰“魚罟謂之罛”，注曰：“網最大者也。”[2] 古呼反。

---

① 《廣韻》又衣儉切。

② 今《爾雅·釋器》郭注：“最大罟也，今江東云。”

罶 ^{liǔ} 曲梁寡婦之笱魚所留也。從网，留聲。**臣鍇按**：《爾雅》"凡曲者爲罶"，注曰："凡以簿爲魚笱者爲罶。"又曰："嫠婦之笱謂之罶。"嫠婦即寡婦也。當言留亦聲，脱亦字。連丑反。

【校】"《爾雅》"以下多譌。按：當作"《爾雅》：嫠婦之笱謂之罶。注：《毛詩傳》曰：曲梁也，謂以簿爲魚笱"。

　　嫠 罶或從婁。《春秋國語》曰："講嫠罶。"

　　【校】講嫠罶，當作"講罛嫠"。講，鉉作"溝"，非是。嫠，今《國語》作"罶"。

罧 ^{sēn} 積柴木水中以聚魚。從网，林聲。**臣鍇按**：《爾雅》："罧謂之涔。"注："今作罧者，積柴于水中，魚得寒，入其裏藏隱，因以簿圍取之。"師今反。

【校】今《爾雅》作"椮"。按：《爾雅》古本作"槮"，李巡注"以米投水中養魚也"。《釋文》音桑感切，不當爲"罧"意。"罧"與"潛、涔"爲正借字也，則引《爾雅》當作"椮謂之罧"。

罜 ^{zhǔ} 罜麗，小魚罟。從网，主聲。支處反。

麗 罜麗。從网，鹿聲。盧木反。

罠 ^{mín} 釣也。從网，民聲。**臣鍇按**：左思《吳都賦》曰："罠蹏連綱。"綱，网中維絡大繩也。眉均反。

羅 ^{luó} 以絲罟鳥。從网從維。古者芒氏初作羅。**臣鍇按**：《爾雅》："鳥謂之羅。"妻何反。

【校】《爾雅》"鳥"下脱"罟"字。

罬 ^{zhuō} 捕魚覆車也。從网，叕聲。**臣鍇按**：《爾雅》："繴謂之罿。罿，罬也。罬謂之罦。罦，覆車也。"注謂："兩轅中施罥以捕鳥也。"誅劣反。

【校】捕魚，當作"捕鳥"，鉉不誤。○謂兩轅，謂，當作"有"。

　　輟 或從車作。

罿 ^{chōng} 罿 罬也。從网，童聲。赤重反。

罦 ^{fú} 罦 覆車网也。從网，包聲。《詩》曰："雉罹于罦。"附柔反。

【校】雉罹于罦，今《詩》"罹"作"離"，"罦"作"罦"。

　　罦 罦 或從孚作。

罻 ^{wèi} 罻 捕鳥网。從网，尉聲。臣鍇按：《禮》曰：鷹祭鳥，"然後設罻羅"。迂胃反。

罘 ^{fú} 罘 兔罟也。從网，否聲。附柔反。

罤 ^{hù} 罤 罘也。從网，互聲。渾素反。

罝 ^{jū} 罝 兔网也。從网，且聲。臣鍇按：《爾雅注》："罝猶遮也。"走雅反（jiē）①。

　　罝 罝 籀文從虘。

罝 罝 或從系作。

罳 ^{wǔ} 罳 牖中网。從网，舞聲。臣鍇曰：所謂网軒也。勿撫反。

署 ^{shǔ} 署 部署也，各有所也，网屬也。從网，者聲。臣鍇曰：署置之，言羅絡之若罘网也。是恕反。

置 ^{zhì} 置 赦也。從网，直聲。臣鍇曰：從直，與罷同意，非聲，亦會意。置之則去之也。竹記反。

罷 ^{bà} 罷 遣有罪也。從网、能。言有賢能而入网，即貰遣之。《周禮》曰"議能之辟"是也。步買反。

罨 ^{ǎn} 罨 覆也。從网，音聲。烏敢反。

罵 ^{mà} 罵 詈也。從网，馬聲也。臣鍇曰：謂以惡言加网之也。悶亞反。

羈 ^{jī} 羈 馽絡頭者也。從网、馽。馽，馬絆。斤離反。

【校】馽絡頭者也，當作"絡馬頭者也"。

---

① 注音依《集韻》子余切。

羈 羈　羈或從革作。

罟 罔 gǔ　网也。從网，古聲。**臣鍇曰**：網之總名也。昆覩反。

詈 圖 lì　罵也。從网、言。**臣鍇曰**：會意。力豉反。

文三十四　重十二

襾 襾 yà　覆也。從冂，上下覆之。凡襾之屬皆從襾。讀若晋。**臣鍇曰**：表裏反覆之也。晋音火下反，賈字亦如此。吼迓反（xià）①。

【校】如此，當作"從此"。

覂 覂 fěng　覆也。從襾，乏聲。**臣鍇曰**：漢武帝詔曰："跞弛之士，覂駕之馬，亦在御之而已。"宋顏延之《赭白馬賦》曰："馬無覂駕之軼。"方勇反。

【校】覂駕之軼，今《文選》"覂"作"泛"，"軼"作"佚"。

覆 覆 fù　覂也。從襾，復聲。一曰蓋也。**臣鍇曰**：蓋，覆也。芳富反。

覈 覈 hé　考，邀遮其辭，得實曰覈也。從襾，敫聲。**臣鍇曰**：實謂考之使實也，襾者反覆之也。考，迫也，邀者要其情也，遮者止其詭遁也，所以得實覈也。下革反。

【校】"考邀"上脫"實也，考事，襾"五字，鉉本不闕。

覈 覈　或從雨作。

文四　重一

巾 巾 jīn　佩巾也。從冂，丨象系也。凡巾之屬皆從巾。**臣鍇按**：《禮》"左佩紛帨"，紛帨，即巾也。佩之故有系。己申反。

帉 帉 fēn　楚謂大巾曰帉。從巾，分聲。翻文反。

帥 帥 shuài　佩巾也。從巾，𠂤聲。**臣鍇曰**：𠂤即堆字，借爲將帥字。疎密反。

____

① 《廣韻》又衣嫁切。

悦 帨 或從兌聲。臣鍇曰:《禮》"帉帨"及《詩》曰"無感我帨兮"皆此字。

shuì

𢃹 𢃹 禮巾也。從巾,執聲。輸袂反。

【校】篆當作𢃹,"執聲"當作"埶聲",辨見日部"埶"下。

bō

帗 帗 一幅巾也。從巾,友聲。讀若撥字。臣鍇曰:《周禮》有帗舞。步抒反。

rèn

帤 帤 枕巾。從巾,刃聲。爾客反。

pán

幋 幋 覆衣大巾也。從巾,般聲。或以爲首幋。臣鍇曰:幋,囊也。別安反。

rú

帤 帤 巾帤也。從巾,如聲也。一曰幣布,是。臣鍇按:《易》曰"濡有衣帤",又道家《黃庭經》曰"人閒紛紛臭如帤",皆塞漏孔之故帛也,故以喻煩臭。女徐反(nú)。

【校】濡有衣帤,今《易》"濡"作"繻","帤"作"袽"。〇如帤,《黃庭經》作"帤如"。

bì

幣 幣 帛也。從巾,敝聲。臣鍇曰:《禮》傳云"幣帛"是也。避制反。

zé

幘 幘 幘也,髮有巾曰幘。從巾,責聲。臣鍇按:蔡邕《獨斷》曰:"漢元帝額有壯髮,不欲人見,故加幘以布包之也。至王莽,内加巾,故時人云:王莽禿,幘施屋。"側册反。

【校】幘也,鉉無此二字。按:當作"嬃也"。《急就篇》顏注:幘,"所以整嬃髮也"。女部:"嬃,齊也。"《後漢書·輿服志》作"幘也",《釋名》作"蹟也",皆屬"嬃"字之譌。〇故加幘以布包之也,當作"始服幘,然尚無巾也"。

fú

幅 幅 布帛廣。從巾,畐聲。臣鍇曰:《春秋左傳》曰:"爲之幅度,使之無遷。"① 方菊反。

───────────

① 《左傳·襄公二十八年》:"富,如布帛之有幅焉,爲之制度,使無遷也。"

【校】使之無遷，當作"使無遷也"。

huǎng
帗 帗 設色之工，治絲練者。從巾，充聲。一曰帗，隔也。臣鍇
曰:《周禮》冬官之屬有帗氏。忽光反。

dài
帶 帶 紳也，男子鞶革，婦人鞶絲。象繫佩之形。帶必有巾，從
重巾。臣鍇曰: 丗，其帶上連屬結固處。當奈反。

xún
帔 帔 領耑也。從巾，旬聲。相倫切。

pèi
帔 帔 弘農謂帬帔也。從巾，皮聲。披義切。

cháng
常 常 下帬也。從巾，尚聲。臣鍇曰: 裳下直而垂，象巾，故從
巾。射強反。

　　裳 裳 俗常從衣。

qún
帬 帬 下裳也。從巾，君聲。其分反。

　　裠(裙) 裠 俗從衣作。

sàn
帴 帴 帬也；一曰帔也；一曰婦人脅巾也。從巾，戔聲。讀若
椒棧之棧。臣鍇曰: 帔也，今謂之袜，亦袒複之屬也。所八反
(shā)①。

【校】脅巾，鉉作"脅衣"。○椒棧之棧，鉉作"末殺之殺"。

kūn
幝 幝 幒也。從巾，軍聲。古論反。

　　褌 褌 幝或從衣。

zhōng
幒 幒 幝也。從巾，恖聲。一曰帙。之松反。

　　帗 帗 或從松作。

lán
襤 襤 楚謂無緣衣。從巾，監聲。臣鍇按:《春秋左氏傳》曰"蓽
路襤縷"是。籠三反。

【校】今《左》作"藍"。

mì
幎 幎 幔也。從巾，冥聲。《周禮》有幎人。臣鍇按:《周禮》冢

_____

① 《廣韻》又蘇旰切。

宰之屬有幎人，掌巾幎。民的反。

【校】今《周禮》作“幂”。

màn
幔　幕也。從巾，曼聲。悶半反。

chóu
幬（幬）　禪帳也。從巾，𠷎聲。**臣鍇按：**曹植詩曰：“何必同衾幬，然後展殷勤。”《爾雅》曰：“幬謂之帳。”注曰：“江東呼單帳也。”[1] 禪，單字。陳收反。

lián
嵰　帷也。從巾，兼聲。**臣鍇按：**《釋名》曰：“嵰，廉也，所以障爲廉恥也。”因作此字。今俗作簾。連鹽反。

【校】所以障，當作“自障蔽”。〇因作此，“因”字衍。

wéi
帷　在旁曰帷也。從巾，隹聲。位逵反。

匯　古文帷。**臣鍇曰：**從匚，象周帀。

zhàng
帳　張也。從巾，長聲。**臣鍇曰：**史籍或借張字。知餉反。

mù
幕　帷在上曰幕。從巾，莫聲。門落反。

【校】汪本“曰幕”下有“按《爾雅》”三字。鉉有“覆食案亦曰幕”六字，《韻會》兼存之，皆誤也。按“莫聲”下當有“臣鍇按：《爾雅》：‘幕，暮也。’又覆食案亦曰幕”十五字。“覆食案”之説蓋謂“幕、幂”通借也，此轉轉竄易之譌。

bǐ
帗　幓裂也。從巾，匕聲。并止反。

xiè
幓　殘帛也。從巾，祭聲。師例反（shì）[2]。

zhì
帙　書衣也。從巾，失聲。遲匹反。

袠　帙或從衣。

shū
幏　正耑裂。從巾，俞聲。**臣鍇曰：**謂隨幅而裂之也。數雛反。

【校】正耑，當作“正襦”。衣部“襦，衣正幅也”。

---

① 《爾雅·釋訓》郭注：“今江東亦謂帳爲幬。”郝義疏：“《文選·寡婦賦》注引《纂要》曰：在上曰帳，在旁曰帷，單帳曰幬。”

② 《廣韻》又私列切。

帖 帖 ^{tiè} 帛書署。從巾，占聲。署謂檢署名也。遏輒反。

【校】"占聲"下脱"臣鍇曰"三字。

萠 ^{jiān} 幡幟也。從巾，前聲。**臣鍇按**：《國語》曰："戎車待遊車之
萠。"則千反。

【校】戎車待遊車之萠，萠，今《國語》作"裂"，古《國語》當作
"㓟"。按：許書"萠"篆即"㓟"篆之譌也，"㓟"字見《魏都賦》，
而"萠"無所見。"幡幟"之訓亦非古義，蓋 㓟、㓟 篆文形似之誤也。
鍇所見未誤，鉉所見誤本，遂改其注。鍇次當在"帴"下，鉉改次
"帙"下，後人依鉉改鍇，更多陵躐，其跡顯然可證。今用鍇説，可
以復許書之舊："㓟，裂餘也。從巾，列聲。臣鍇按：《國語》曰：戎車
待游車之㓟。力制反。"移次"帴"下，則得矣。"裂餘也"，見韋昭
注引《説文》。

徽 ^{huī} 幟也，以絳徽帛箸於背。從巾，徽省聲。《春秋傳》曰"揚
徽者，公徒"，若今救火衣然也。火韋反。

【校】幟，當作"識"。○"《春秋傳》曰"上當有"臣鍇曰"三字。
○今《左》作"徽"。

標 ^{biāo} 幟也。從巾，票聲。片妖反（piāo）^①。

【校】幟，當作"識"。

幡 幡 ^{fān} 書兒拭觚布也。從巾，番聲。**臣鍇曰**：觚，八棱木，於其
上學書，已，以布拭之。晉人云不見酒家幡布乎？用久則爛。
分軒反。

㓻 ^{là} 刾也。從巾，刺聲。**臣鍇曰**：謂拂之也。勒遏反。

【校】刾，當作"拂"，《篇》《韻》皆作"拂"。○拂之，當作"拂戾之"。
按：㓻，疑即"獻鳥者佛其首"之"佛"。《禮記》鄭注云"爲小竹籠
以冒之"，王注謂"拂戾其首"，鄭注當是"爲巾以籠冒"之譌。"巾"

---

① 注音依《廣韻》甫遥切。

形近“小”，“以”形近“竹”也。蓋竹籠可籠鳥全身，不能但冒其首，且既有籠，何必更云“拂戾”。則此“幋”當如今之鷹鬢，然衞包改古經字，多用注字相代，此亦其一也。

幨 幨 拭也。從巾，韱聲。楚彡反（chān）[①]。

【校】 拭也，疑當作“飾也”。

幝 幝 車弊皃。從巾，單聲。《詩》曰：“檀車幝幝也。”臣鍇曰：車弊則木連及韋革金鐏飾皆起，若敗巾然，故從巾。昌善反。

【校】 皆起，當作“皆圮”。

幪 幪 蓋衣也。從巾，冡聲也。臣鍇曰：象形。古有罪著黑幪是也。母東反。

【校】 黑，當作“墨”。

幭 幭 蓋幭也。從巾，蔑聲。一曰禪被。名咽反。

幠 幠 覆也。從巾，無聲。臣鍇按：《爾雅》：“幠，大也。”又：“有也。”覆有之也。《儀禮》曰：“幠用斂衾。”虎烏反。

飾 飾 㕞也。從巾從人，從食聲。讀若式。一曰㡹飾。臣鍇曰：《爾雅》：㕞即飾也。申力反。

【校】 㕞即飾也，當作“拭、㕞，清也”。㕞，今《爾雅》作“刷”。

幃 幃 囊也。從巾，韋聲。臣鍇曰：《爾雅》曰：㕞即飾也；又帶也。火韋反（huī）[②]。

【校】 㕞即飾也，當作“婦人之幃”。○又帶也，當作“又綏也”。

帣 帣 囊也。今鹽官三斛爲一帣。從巾，從桊聲。臣鍇曰：亦囊也。俱便反。

帚 帚 糞也。從又持巾埽冂内也。古者少康初作箕、帚、秫酒。少康，杜康也，葬長垣。臣鍇曰：埽除曰攈除也。古白紵歌詞曰：

白綌"色如銀，袍以光軀巾拂塵，制以爲袍餘作巾"。巾可以拂也，故帚從巾取象也。冂，門內也。少康，殷王也。或曰少康一號杜康也。職受反。

【校】殷王，當作"夏王"。○或曰少康一號杜康也，當作"此之少康則爲杜康也"。

yuān
帗 帗　幡也。從巾，夗聲。臣鍇曰：《莊子》云：孔子"繙六經以說"老子，疏曰："繙帗，亂取之也。"迂言反。

【校】六經，當作"十二經"。○疏，當作"注"。

xí
席 席　籍也。《禮》：天子、諸侯，席有黼黻純飾。從巾，庶省聲。臣鍇曰：巾即純也。辭尺反。

【校】籍，當作"藉"。

　　囜 囜　古文從石省。臣鍇曰：言其安如石也。

téng
縢 縢　囊也。從巾，朕聲。徒朋反。

fèn
幩 幩　以囊盛穀，太滿而裂也。從巾，奮聲。臣鍇曰：囊穀滿頸，即漲而幩也。房粉反。

zhūn
帪 帪　載米䉛也。從巾，盾聲。讀若《易》屯卦之屯。臣鍇曰：䉛音宁，亦囊也。朱倫反。

gé
帗 帗　蒲席䉛也。從巾，及聲。讀若蛤。苟合反。

fén
幩 幩　馬纏鑣扇汗也。從巾、賁。《詩》曰"朱幩鑣鑣"是也。臣鍇曰：謂以帛纏馬口旁鐵扇汗，使不汗也。扶云反。

【校】"賁"下當有"聲"字。

néi
幔 幔　墀地以巾攋之也。從巾，㚼聲也。讀若水溫㬔。一曰著也。臣鍇曰：漢制：以彤漆塗地曰丹墀，以黑漆塗地曰玄墀。攋，拭，故汙則以巾拭之也。奴昆反（nún）[1]。

【校】段云當作幔，㚼，古婚字，見女部。從"㚼"，乃得奴昆反之

————————

① 注音依《廣韻》乃回切。

音。若從"爂"，則當作乃高反。○拭故，當作"拭也"。

帑（tǎng）帑　金幣所藏。從巾，奴聲。臣鍇曰：《春秋左傳》曰"荀伯送其帑"是也。内都反（nú）[①]。

布（bù）布　枲織曰布。從巾，父聲。臣鍇曰：枲，麻也。古衣帛，助之以狐豹熊虎之皮，故爲巾。唯布爲宜也。奔汙反。

幏（jià）幏　枲帬，蠻夷賨布也。從巾，家聲。臣鍇曰：此亦漢制，名賦夷布爲幏，幏猶中國言稅也。干乍反。

【校】枲帬，當依鉉作"南郡"。

帗（xián）帗　布也，出東萊。從巾，弦聲。帗縣在東萊。形先反。

【校】"帗縣"上當有"臣鍇曰"三字。

幦（mì）幦　鬃布。從巾，辟聲。《周禮》曰："駹車犬幦。"民的反。

【校】犬幦，當作"然幦"，"犬"蓋"然"之渢文也。今《周禮》作"然禩"。

幀（zhé）幀　領耑也。從巾，耴聲。臣鍇曰：幀猶摺也，領耑多摺，故名。陟聶反。

幊（mù）幊　鬃布也；一曰車衡上衣。從巾，敄聲。門逐反。

文六十四　重八

【校】（文六十四）實核六十二。"帩、帔"二篆次立補，當例補次立説。

市（fú）市　韠也。上古衣蔽前而已，市以象之。天子朱市，諸侯赤市，卿大夫蔥衡。從巾，象其連帶之形。凡市之屬皆從市。臣鍇曰：以韋爲之也。《詩》曰"三百赤市"，《易》曰"朱市方來"，多用此字也。分勿反。

【校】"臣鍇"以下廿五字當移入"韍"篆下。○今《詩》作"芾"，《易》作"紱"。

韍　韍　篆文市從韋從犮。俗作紱。

―――――――――

【校】"從戈"下當補"臣鍇曰：以韋爲之也。《詩》曰'三百赤巿'，《易》曰'朱巿方來'，多用此字也。今"廿六字。

袷 袷 ^(jiá) 士無巿有袷。制如榼，缺四角。爵弁服，其色韎。賤不得與裳同。司農曰："裳纁色。"從巿，合聲。臣鍇曰：榼也，酒榼，腹圓，上小下大，象之也。裳皆玄，韎赤色，韎曷然也。苟掐反。

【校】"司農曰裳纁色"六字汪本無，疑後人所增。○韎曷，俗作"韎鞨"。

韐 韐 袷或從韋。

文二　重二

帛 帛 ^(bó) 繒也。從巾，白聲。凡帛之屬皆從帛。臣鍇曰：當言白亦聲，脫"亦"字也。陪陌反。

錦 錦 ^(jǐn) 襄色織文也。從帛，金聲。臣鍇曰：襄，雜色也。漢魏郡有縣能織錦綺，因名襄邑也。九沈反。

【校】襄色，色，鉉作"邑"，非是。當用鍇説所改。

文二

白 白 ^(bái) 西方色，陰用事，物色白。皆入之。從入合二。二，陰數也。凡白之屬皆從白。臣鍇曰：物入陰，色剝爲白。陪陌反（bó）。

【校】"皆入之"三字當移置"二陰數"下，鉉本、汪本俱無此三字。

皂 皂 ^(xiǎo) 古文。

曉 曉 ^(xiǎo) 日之白也。從白，堯聲。臣鍇曰：日未出，光生白也。宋玉《神女賦》曰"若白日初出照屋梁"。火杳反。

皎 皎 ^(jiǎo) 月之白也。從白，交聲。《詩》曰："月出皎兮。"堅鳥反。

皙 皙 ^(xī) 人色白。從白，析聲。臣鍇按：《古樂府》曰："爲人頗白皙也。"思益反。

【校】頗，當作"潔"。

幡 ^{pó} 幡 老人白也。從白，番聲。《易》曰：“賁如幡如。”**臣鍇按：** 班固詩曰：“幡幡國老。”步佗反。

額 顤 或從頁作。

隺 ^{hú} 雈 鳥之白。從白，隺聲。**臣鍇按：**《詩》曰：“白鳥雈雈。”胡僕反。

【校】今《詩》作“翯”，《孟子》引作“鶴”。

皚 ^{ái} 皚 霜雪之白也。從白，豈聲。**臣鍇按：** 張衡《思玄賦》曰：“行積水之皚皚。”偶來反。

【校】行積水之皚皚，水，當作“冰”。皚，今《文選》作“磑”。

皅 ^{pā} 皅 艸華之白。從白，巴聲。**臣鍇曰：** 今謂艸華房爲葩也。鋪瓜反。

皦 ^{jiǎo} 皦 玉石之白。從白，敫聲。堅鳥反。

皉 ^{xì} 皉 際見之皃。從白，上下小見之。**臣鍇曰：** 際見若門壁之隙縫皦徹，上下見之，但皆小爾。起逆反。

皛 ^{xiǎo} 皛 顯也。從三白。讀若皎。易杳反（yǎo）[1]。

文十一　重三

㡀 ^{bì} 㡀 敗衣也。從巾，象衣敗之形。凡㡀之屬皆從㡀。**臣鍇曰：** 衣敗零落也，中畫當上下通徹，今人或上爲小，皆非是。毗制反。

敝 ^{bì} 敝 帗也；一曰敗衣也。從㡀從攴，㡀亦聲。毗制反。

文二

黹 ^{zhǐ} 黹 箴縷所紩衣。從㡀，丵省。象刺文也。凡黹之屬皆從黹。**臣鍇曰：** 紩，刺繡也。业，象刺文也。眠雉反[2]。

【校】“丵省”下“象刺文也”四字衍，鉉用鍇説所增。

---

① 注音依《廣韻》胡了切。
② 眠，疑當作“胝”。

^{fú}
黻　黑與青相次文也。從黹，犮聲。臣鍇曰：其畫形作兩己相背，取其背惡向善也。分勿反。

【校】兩己，或云當作“兩弓”。

^{fú}
黼　白與黑相次文也。從黹，甫聲。臣鍇曰：其畫形作斧，取其威斷也。分武反。

^{chǔ}
黼　會五采鮮皃。從黹，虘聲。《詩》曰：“衣裳黼黼。”臣鍇曰：今《詩》作楚，假借也。襯許反。

^{zuì}
黮　會五采繒①。從黹，綷省聲。臣鍇曰：郭璞《爾雅序》“會黮舊説”是也。子内反。

【校】會黮，今《爾雅》作“會稡”。

^{fěn}
黺　袞衣山、龍、華、蟲、粉米也。黺，畫粉也。從黹，粉省聲。衞宏説。臣鍇曰：畫聚粉也。衞宏，嘗傳古文《尚書》於杜林也。弗吻反。

【校】粉米也，鉉本無此三字，非是。

文六

———————

① 唐寫本《玉篇》“黮”：“《説文》：會五采繒也。”據此，今本脱“也”字。

說文解字通釋卷第十五

繫傳十五

文林郎守祕書省校書郎_臣徐鍇傳釋

朝散大夫行祕書省校書郎_臣朱翱反切

三十七部　文六百九十　重六十一

人（rén）^刀　天地之性最貴者也。此籀文人，象臂脛形也。凡人之屬皆從人。臣鍇曰：人配天地爲三才，萬物之最靈。字象人立形，《通論》備矣。爾申反。

僮（tóng）^㣈　未冠也。從人，童聲。臣鍇曰：禮：“十五成僮”，僮子也。而童則罪人之子①，没官供給使者也。僮子字從罪人之童者，古者質但取其幼小爾，美惡不嫌同辭。田風反。

【校】使者，當作“使役者”。

保（bǎo）（保）^㑖　養也。從人，采省聲。臣鍇曰：夫赤子有保，保其身之動静、飲食、衣服也。孚字與逋寶反之禾爲旁紐，古者反音爲疏，故得與保爲聲，然疑多聲字。孚，信也，義與保同。補老反。

　　保^㑦　古文保不省。

　　禾^呆　古文。

仁（rén）^仁　親也。從人，二聲。臣鍇曰：并下二字，《通論》詳矣。爾申反。

---

① 則，四庫本、四部叢刊本皆作“即”。

【校】二聲，"聲"字衍。

忎 古文從千、心作。

𡰥 古文仁從尸、二。

qì
企 舉踵也。從人，止聲。**臣鍇曰：**止即踵也，當言亦聲，會意字。《山海經》有企踵國，其人足跟不著地。去寄反。

【校】企踵，《山海經》作"跂踵"。

𧾷 古文從足。**臣鍇曰：**足義與止同。

rèn
仞 伸臂一尋八尺。從人，刃聲。爾吝反。

shì
仕 學也。從人，士聲。**臣鍇曰：**會意字。鉏里反。

【校】士聲，當作"士亦聲"。

jiāo
佼 交也。從人，交聲。**臣鍇按：**《詩》曰："佼人燎兮。"下巧反（xiào）①。

zhuàn
僎 具也。從人，巽聲。**臣鍇曰：**與撰義相近。士勉反。

qiú
俅 冠飾皃。從人，求聲。《詩》曰："戴弁俅俅也。"虔柔反。

【校】戴，今《詩》作"載"。

pèi
佩 大帶也。從人、凡、巾。佩必有巾，從巾，巾謂之飾。**臣鍇曰：**人、凡、巾爲佩。會意也。蒲妹反。

【校】"大帶"下鉉有"佩"字，當補。○"從巾"上《韻會》有"故"字。

rú
儒 柔也。術士之稱者也。從人，需聲。**臣鍇曰：**柔，弱也；又儒之言愞也。《禮》曰："君子難進而易退。"《老子》曰"知其雄，守其雌"，似乎愞也，而攻堅敵强莫之能勝②，"夾谷之會"是也。荀況謂周公爲大儒。張華曰：有通儒、碩儒、腐儒、愚儒、豎儒、鄙儒。臣鍇以爲：通儒，道無不通，則聖人也，仲尼之謂也。碩儒，其學廣大，孟軻之儔也。腐儒，講誦其説，至於熟腐，

① 注音依《廣韻》古肴切。
② 《老子》第七十八章："天下莫柔弱於水，而攻堅强者莫之能勝，其無以易之。"

而道則不類，此莊周所謂糟粕也。愚儒，守一不移，孔子所謂古之愚也，直能肆而不能詘也。瞀儒，猶章句之學，儒家之役使也。瞀，役使之名也，子夏之門人灑埽、應對、進退可矣，"本之則無，如之何？"鄙儒，所見僻狹，所謂窮鄉多異，曲學多論。諸子之中有不至於大道者，皆鄙也。鄙者，邊鄙也，不得中也，倍也。𩓥區反。

jùn
俊　俊　才過千人也。從人，夋聲。子峻反。

jié
傑　傑　執也，才過萬人也。從人，桀聲。**臣鍇按**：傑謂傑出也。其熱反。

wén
偉　偉　人姓也。從人，軍聲。五昆反。

jí
伋　伋　人名也。從人，及聲。**臣鍇按**：齊太公子丁公名伋，又孔子孫子思名伋。飢泣反。

kàng
伉　伉　人名。從人，亢聲。《論語》曰："陳伉。"**臣鍇按**：伉，高亢壯大之皃，故陳伉字子禽。解䣊反（gǎng）[1]。

【校】陳伉，今《論語》作"陳亢"。按：陳亢字子禽，與《爾雅》"亢，鳥嚨"義合。如鍇所云，則禽爲高舉之意。

bó
伯　伯　長也。從人，白聲。**臣鍇按**：《周禮》"九命作伯"，諸侯之長也。不白反。

zhòng
仲　仲　中也。從人、中，中亦聲。直控反。

qiàn
倩　倩　人字也。從人，青聲。東齊人謂壻爲倩也。**臣鍇曰**：倩蓋美言也，若艸木之蔥倩。蕭望之字長倩，東方朔字曼倩，亦美也。七縣反。

xiè
偰　偰　高辛氏之子，堯之司徒，殷之先也。從人，契聲。**臣鍇曰**：偰，《詩》所謂玄王也，作契及离，皆假借。私列反。

---

① 注音依《廣韻》苦浪切。

yī
伊 殷聖人阿衡也，尹治天下者。從人、尹。**臣鍇按：**《尚書》曰湯“聿求元聖，與之戮力”，元聖謂伊尹也。阿，倚也；衡，平也。依倚而取平也。尹，正也，所倚正人也。俗本有聲字，誤也。因之反。

㕓 古文伊從死，死亦聲。**臣鍇曰：**古文死字。

【校】“鍇曰”下當有“兂”字。

yú
伃 婦官也。從人，予聲。**臣鍇曰：**婦官謂倢伃也。以虛反。

zhōng
伀 志及眾也。從人，公聲。之松反。

xuān
儇 慧也。從人，睘聲。**臣鍇曰：**謂輕薄、察慧、小才也，故荀卿子曰“鄉曲之儇子”，張衡《南都賦》曰“儇才齊敏，受爵傳觴”。虛全反。

tán
倓 安也。從人，炎聲。讀若談。**臣鍇曰：**倓猶憺然平安之意。杜南反。

㑿 倓或從剡。

xùn
侚 疾也。從人，旬聲。**臣鍇按：**《史記》曰黃帝“幼而侚齊”，猶疾也。蘇徇反。

【校】猶疾也，當作“疾速也”。今《史記》作“徇”。

yè
偞 宋衞之閒謂華偞偞。從人，葉聲。**臣鍇曰：**亦輕薄之皃也。華音驊，偞偞猶佔佔也。亦接反。

jiā
佳 善也。從人，圭聲。古膎反。

gāi
侅 奇侅，非常也。從人，亥聲。**臣鍇按：**《史記》□□□□□。苟孩反。

【校】闕文當作“奇侅脈經也”五字。侅，今《史記》作“咳”，或作“胲”。

guī
傀 偉也。從人，鬼聲。《周禮》曰：“大傀異災。”**臣鍇按：**《周禮》“大傀異災”，謂日月食，山川崩壅也。公恢反。

瓌 瓌 傀或從玉，褱聲。**臣鍇曰：** 謂瓌寶也。

wěi
偉 偉 奇也。從人，韋聲。**臣鍇曰：** 人材傀偉也。于毀反。

bīn
份 份 文質備也。從人，分聲。《論語》曰："文質份份。"**臣鍇曰：** 文質相半也。彼困反。

【校】今《論語》作"彬"。

彬 彬 古文份從彡、林，從焚省聲。

liǎo
僚 僚 好皃。從人，尞聲。**臣鍇曰：**《詩》曰："佼人僚兮。"力小反。

bì
佖 佖 威儀也。從人，必聲。《詩》曰："威儀佖佖。"頻必反。

zhuàn
僝 僝 具也。從人，孨聲。讀若汝南潺水。《虞書》曰"方鳩僝功"也。**臣鍇曰：** 此已具之具，非方將具之之具也。助眼反。

liè
儠 儠 長壯儠儠也。從人，巤聲。《春秋傳》曰"長儠者相之"是也。**臣鍇按：** 杜預《左傳注》："長鬣，多須也。"許慎所引即《左氏春秋》，但許慎在杜預《左傳注》"長鬣"前，故義或與今注有異也。力涉反。

biāo
儦 儦 行皃。從人，麃聲。《詩》曰："行人儦儦。"**臣鍇曰：** 行動之皃。彼消反。

nuó
儺 儺 行有節也。從人，難聲。《詩》曰："佩玉之儺。"**臣鍇曰：** 佩玉所以節步。奴何反。

wēi
倭 倭 順皃。從人，委聲。《詩》曰"周道倭遲"也。於隹反。

tuǐ
僓 僓 嫺皃。從人，貴聲。**臣鍇曰：** 嫺，閒雅也。僓，順也，簡易也。通猥反。

qiáo
僑 僑 高也。從人，喬聲。伎昭反。

sì
俟 俟 大也。從人，矣聲。《詩》曰："伾伾俟俟。"**臣鍇曰：** 此直訓大也，竚俟字。牀史反。

【校】伾伾俟俟，疑即"吉日儦儦俟俟"，《文選・西京賦》注引《韓詩》

作"駇駇駇駇"。○"竚俟"上當有"今借爲"三字。

侗 侗 大兒。從人，同聲。《詩》曰："神网時侗。"**臣鍇按**：《字書》：長大也。又未成器之名；又痛也。土蒙反。

【校】今《詩》作"恫"。

佶 佶 正也。從人，吉聲。《詩》曰："既佶且閑。"**臣鍇曰**：方正也。巨乙反。

俁 俁 大也。從人，吳聲。《詩》曰："碩人俁俁。"元羽反。

仜 仜 大腹也。從人，工聲。讀若紅。**臣鍇曰**：言人身體仜大也。賀聰反。

僤 僤 病也。從人，單聲。《周禮》曰："句兵欲無僤。"**臣鍇曰**：速疾也。徒岸反。

【校】病，當作"疾"。○無僤，今《考工記》作"無彈"。

健 健 伉也。從人，建聲。其獻反。

倞 倞 强也。從人，京聲。渠命反。

傲 傲 倨也。從人，敖聲。五號反。

仡 仡 勇壯也。從人，气聲也①。《周書》曰"仡仡勇夫"是也。**臣鍇曰**：高亢不可摧之兒也。希气反（xì）②。

倨 倨 不遜也。從人，居聲。**臣鍇曰**：不順也。飢御反。

儼 儼 昂頭也。從人，嚴聲。一云好兒。**臣鍇曰**：《論語》："儼若思。"牛儉反。

【校】《論語》，當作"《禮記》"。

傪 傪 好也。從人，參聲。七南反。

俚 俚 聊也。從人，里聲。**臣鍇曰**：今又謂俚俗也。六矣反。

---

① 也，衍。
② 《廣韻》又魚迄切。

bàn
伴 大皃。從人，半聲。**臣鍇按：**張衡《西京賦》曰“天馬半漢”[①]，伴義同此，言强大自肆之意。蒲晼反。

yàn
俺 大也。從人，奄聲。**臣鍇按：**《詩》“俺有龜蒙”，是大有之也。殷業反（yè）[②]。

【校】今《詩》作“奄”。

xiàn
僩 武皃。從人，閒聲。《詩》曰：“瑟兮僩兮。”**臣鍇按：**《春秋左氏傳》晉人謂鄭曰：“執事撊然授兵登陴，將以誰罪？”撊當作此僩字。苟限反（jiǎn）[③]。

pī
伾 有力也。從人，丕聲。《詩》曰：“以車伾伾。”**臣鍇曰：**魯有力人曰秦堇父，好勇，名其子曰丕，兹取此義。浦宜反。

cāi
偲 强力也。從人，思聲。《詩》曰：“其人美且偲。”**臣鍇曰：**偲之言材也，有材力也。七開反。

zhuō
倬 著大也。從人，卓聲。《詩》曰“倬彼雲漢”也。**臣鍇曰：**卓然高明也。著音竹慮反。輟角反。

tǐng
侹 長皃；一曰著地；一曰代也。從人，廷聲。**臣鍇曰：**著字竹慮反。笛頲反。

【校】竹慮反，當作“直略反”。

péng
倗 輔也。從人，朋聲。讀若陪位之陪。**臣鍇曰：**義取於明輔[④]，寫誤，多“聲”字。又人姓，《漢書》有南山群盜倗宗。薄弘反。

【校】明輔，當作“朋輔”。○倗宗，今《漢書》作“傰宗”。

shàn
傓 熾盛也。從人，扇聲。《詩》曰：“傓方熾。”**臣鍇曰：**人權力相成，若火之相扇也。當言扇亦聲。詩掾反。

---

① 出《東京賦》。

② 注音依《廣韻》於驗切。

③ 注音依《廣韻》下赧切。

④ 明，四庫本作“朋”。

【校】偏方熾，今《詩》作“熿方處”，鉉作“豔妻偏方處”。

憼　儆　戒也。從人，敬聲。《春秋傳》曰“儆宫”是也。臣鍇按：《尚書》：“儆戒無虞。”己皿反。

俶　俶　善也。從人，叔聲。《詩》曰：“令終有俶。”一曰始也。臣鍇按：《爾雅》曰：“俶、落、權輿，始也。”昌伏反。

傭　傭　均直也。從人，庸聲。臣鍇按：《詩》曰：“昊天不傭。”敕容反。

僾　僾　仿佛也。從人，愛聲。臣鍇曰：見之不明也。《禮》曰：“僾然有見乎其位。”晏再反。

仿　仿　相似皃。從人，方聲。臣鍇曰：不明也。分敞反。

　　　　　籀文從丙。

佛　佛　見不諟也。從人，弗聲。臣鍇曰：諟，諦也。分勿反。

偰　偰　聲也。從人，悉聲。讀若屑。臣鍇曰：偰偰，有聲也。先列反。

僟　僟　精謹也。從人，幾聲。《明堂月令》曰：“數將僟終。”臣鍇曰：幾，近詞也，切也，故爲精詳。“數將僟終”，此僟即切也，近也。《明堂月令》即今《禮記·月令》未删定前也。古天子居明堂布政，每月告朔，班一月之政令，故曰“明堂月令”。居希反。

【校】今《禮記》作“幾”。

佗　佗　負何也。從人，它聲。臣鉉等按：《史記》匈奴“奇畜有橐佗”，今俗譌誤，謂之駱駝，非是。徒何切。

儋　儋　何也。從人，詹聲。臣鍇曰：此即儋何字，齊田儋是也。兜貪反。

何　何　儋也。從人，可聲。一曰誰也。臣鍇曰：《商頌》：“百禄是何？”又《爾雅》“何鼓謂之牽牛”，注云：“謂之儋鼓。”[1] 儋是何，

---

① 《爾雅·釋天》郭注：“今荆楚人呼牽牛星爲擔鼓。”

爲負何也，今俗多上去聲，音不必爾也。閑俄反（hé）[1]。

【校】儋是何，"是"字衍。

gòng
供 腈 設也。從人，共聲。一曰供給也。臣鍇曰：《春秋左傳》曰"君謂許不供"是也。矩重反。

zhì
偫 腈 待也[2]。從人，待聲。臣鍇曰：《漢書》："張忠爲孫寶設儲偫物。"[3] 以待須索也。直里反。

chǔ
儲 髊 偫也。從人，諸聲。臣鍇曰：積聚以爲副貳也。陳諸反（chú）。

bèi
備 儞 慎也。從人，茍聲。辨利反。

　　 倄 偄 古文。

wèi
位 仚 列中庭之左右謂之位。從人、立。臣鍇按：《周禮注》云："古文《春秋》書公即位爲即立。"此會意。于醉反。

【校】"注云"下當補"古位、立同字"五字，見《小宗伯》注。

bìn
儐 儐 道也。從人，賓聲。臣鍇曰：道賓也，當言賓亦聲。比刃反。

【校】道賓也，當作"道賓者也"。

　　 擯 攦 或從手作。臣鍇曰：今《周禮》皆作此擯字。

wò
偓 偓 偓佺，古仙人名也。從人，屋聲。臣鍇按：劉向《列僊傳》：偓佺，堯時人也，服松實得仙，以松實與堯，堯不服也。服之者皆千歲。已卓反[4]。

【校】千歲，《列仙傳》作"二三百歲"。

quán
佺 佺 偓佺也。從人，全聲。七沿反。

————————

① 注音依《廣韻》胡可切。
② 《玄應》卷十三《佛大僧大經》"儲偫"注："《說文》：儲偫，具也。亦待也。"被釋字"儲"衍。《慧琳》卷五十四《佛說善生子經》"儲偫"注："《說文》：具也。"此二引又有"具也"一訓。《文選·曹子建〈贈丁翼詩〉》李善注引《說文》："待也；一曰具也。"則許書古本有"一曰具也"四字，今本脱，宜據補。
③ 《漢書·孫寶傳》："御史大夫張忠辟寶爲屬，欲令授子經，更爲除舍，設儲偫。"
④ 已，當作"乙"，《廣韻》作"於"。

chè
傻 傻 心服也。從人，聶聲。臣鍇曰：此與懾同。齒摺反。

【校】 懾，汪作"慴"。

dí
伤 伤 約也。從人，勺聲。田溺反。

chái
儕 儕 等輩也。從人，齊聲。《春秋傳》曰："吾儕小人。"蟬差反。

lún
倫 倫 輩也。從人，侖聲。力辰反。

chì
忒 忒 惕也。從人，式聲。《春秋國語》曰"於其心忒然"是也。臣鍇曰：忒然，矜惕之皃也。暢涉反。

【校】 忒然，今《吳語》作"戚然"。

jiē
偕 偕 強也。從人、皆，皆亦聲也。《詩》曰："偕偕士子。"一曰俱也。臣鍇曰：強，力也，能皆同於人，是強也。《春秋左氏傳》曰"衛北宮括不書於向，書於伐秦，攝也"，言能自攝以從眾也。古諧反。

móu
侔 侔 齊等也。從人，牟聲。莫浮反。

jū
俱 俱 偕也。從人，具聲。卷于反。

zuǎn
儧 儧 最也。從人，贊聲。作管切。

【校】 最，當作"冣"。冣，聚也。

bìng
併 併 並也。從人，并聲。必正反。

fù
傅 傅 相也。從人，專聲。弗孺反。

yī
依 依 倚也。從人，衣聲。於幾反。

fǔ
俌 俌 輔也。從人，甫聲。讀若撫也。臣鍇曰：《爾雅》："比，俌也。"俌佐也。分武反。

【校】 俌佐，當作"輔佐"。

yǐ
倚 倚 依也。從人，奇聲。乙彼反。

réng
仍 仍 因也。從人，乃聲。臣鍇曰：《尚書》云："仍几。"因用之也。而冰反。

佽 zì 便利也。從人，次聲。《詩》曰："決拾既佽。"一曰遞也。臣鍇按：昔荆佽飛入水斬蛟，便捷之士。故漢有期門佽飛，射獵官也。則四反。

佴 èr 次也。從人，耳聲。臣鍇曰：義見《爾雅》。如至反。

倢 jié 次也。從人，疌聲。臣鍇曰：倢伃次於皇后，義取此也。節攝反。

侍 shì 承也。從人從寺。臣鍇曰：承其不及也，故《傳》曰："孔子有云，侍言語不脩，子貢侍；節小夫，公西華侍。"是也。食志反。

【校】"孔子"以下引《尸子》多譌脱，當作"孔子志意不立，子路侍；儀服不脩，公西華侍；禮不習，子貢侍；辭不辨，宰我侍；亡忽古今，顏淵侍；節小物，冉伯牛侍"是也。

傾 qīng 仄也。從人從頃，頃亦聲。去營切。

側 cè 旁也。從人，則聲。齋食反（zè）。

侒 ān 宴也。從人，安聲。恩干反。

侐 xù 靜也。從人，血聲。《詩》曰："閟宮有侐。"況色反。

付 fù 予也。從寸，持物以對人。曰付予也。會意。方娶反。

【校】"曰"上當有"臣鍇"二字，汪不闕。

俜 pīng 俠也。從人，甹聲。臣鍇曰：□□也。篇丁反。

【校】闕文汪作"任俠"二字。

俠 xiá 俜也。從人，夾聲。臣鍇曰：《史記》郭解"爲俠自喜"[1]，自俜之意也。羊帖反（xié）。

【校】自俜，鍇蓋以"俜"爲"騁"。

僤 chán 何也。從人，亶聲。特丹反（tán）[2]。

---

[1] 今本《史記·遊俠列傳》作"自喜爲俠"。

[2] 四庫本、四部叢刊本皆作"持丹反"。

【校】何也，鉉作"僵何也"，或云是"僵回"之誤。

shēn
俓　俴　行皃。從人，先聲。所臻反。

yǎng
仰　𬽚　舉也①。從人從卬。魚兩切。

shù
侸　侸　立也。從人，豆聲。讀若樹。臣鍇曰：人相樹立也。韶乳反。

【校】人相，當作"人自"。

lěi
儽　儽　垂皃。從人，纍聲。一曰嬾懈。臣鍇按：《孔子家語》《白虎通》鄭人謂孔子"儽儽若喪家之狗"，謂家人方喪，意不在於畜養，則儽垂然也。落猥反。

zuò
侳　侳　安也。從人，坐聲。祖臥反。

chēng
偁　偁　揚也。從人，爯聲。臣鍇按：稱字，權衡、稱量也。此即相偁舉也。尺興反。

【校】此即，當作"此則"。

wǔ
伍　伍　相參伍。從人，五聲。臣鍇曰：二人相副謂之貳，三人相雜謂之參，五人相雜謂之伍，十人相雜謂之什，百人相雜謂之佰，義同此也。會意。偶古反。

shí
什　什　相什保也。從人、十。臣鍇曰：保，相保任也。《詩》以十篇爲一什。會意也。常入反。

bǎi
佰　佰　相什佰。從人，百聲。臣鍇曰：亦相保也。《老子》曰："有什佰之器。"每什佰共用器，謂兵革之屬。不白反。

【校】"老子"以下有譌脫，當作"《老子》曰：有什佰人之器而不用。什佰器謂車轝甲兵之屬"。

huó
佸　佸　會也。從人，昏聲。《詩》曰："曷其有佸。"古活反（kuò）②。

---

① 《玄應》卷八《維摩詰所說經》"俛仰"、《慧琳》卷八《大般若波羅蜜多經》"俛仰"皆引《說文》作"舉首"，可證今本脫"首"字，宜據補。
② 《廣韻》又户括切。

^{gé}
佮　佮　合也。從人，合聲。臣鍇曰：人相合也。苟合反。

^{wéi}
散　散　妙也。從人、攴，豈省聲。臣鍇按：《尚書》曰“人心惟危，道心惟微”，物精則少也，人能弘道，故必從人。攴，所操也，猶器用也，才亦人之器用也，故能入於微，此精微也。尾希反。

^{yuàn}
傆　傆　黠也。從人，原聲。臣鍇曰：黠，姦智也。魚怨反。

^{zuò}
作　作　起也。從人，乍聲。臣鍇按：《周禮》曰“坐作進退”是也。憎託反。

^{jiǎ}
假　假　非真也。從人，叚聲。一曰至也。《虞書》曰：“假于上下。”臣鍇曰：訓至亦同，音賈而已，無煩音格也。格雅反。

【校】今《尚書》作“格”。

^{jiè}
借　借　假也。從人，昔聲。資昔切（jī）^①。

^{qīn}
侵（侵）　侵　漸進也。從人、又持帚，若埽之進也。會意。臣鍇按：《史記·封禪書》曰“稍侵尋”，漸進之意也。七林反。

【校】“侵尋”之“侵”，《史記》作“浸”，或作“濅”。

^{yù}
儥　儥　見也。從人，賣聲。臣鍇曰：《周禮》借爲貨賣字，賣音育。融六反。

【校】見也，鉉作“賣也”；賣，各本譌作“賣”。按：此“見”字亦“賣”之泑文也。鍇云“貨賣”亦“貨賣”之誤。鍇蓋以“儥、賣”爲同意通用字。又按：《周禮》“徵儥”注“買也”，“儥慝”注“賣也”，“賣”亦“賣”之譌。“買”又“賣”之泑文也。

^{hòu}
候　候　伺望也。從人，矦聲。臣鍇曰：候，守封疆吏也。《周禮》：“郊有候館。”《國語》：“候不在疆。”寒豆反。

【校】郊有，當作“市有”。

^{cháng}
償　償　還也。從人，賞聲。臣鍇按：《史記》曰“代王償債”是

———————————

① 《廣韻》又子夜切。

也①。庶張反。

僅 僅 才能也。從人，堇聲。臣鍇曰：僅能如此，是財能如此。財、纔、才、裁，古皆借爲始字意。才本始詞也，借無正字，推覆象義，用才、財義皆可。纔最爲疏也。其覲反。

代 代 更也。從人，弋聲。臣鍇曰：迭代也。弋音近特，故得以弋爲聲也。徒再反。

儀 儀 度也。從人、義，義亦聲。威儀之形。臣鍇曰：度，法度也。孔子曰：禹聲爲律，身爲度。布指知尺，舒肱知尋，周旋中規，折旋中榘，頭圓象天，足方象地。枕方寢繩，趨中采薺。行中陔夏，聲中黃鐘。會朝之言，聞于表著。上天之載，無聲無臭。儀刑文王，萬邦作孚。人者，天地之靈，作聖之基也，唯人可爲法度。義者，事之宜也，故言從人、義，義亦聲。研之反。

【校】“威儀之形”四字當在“臣鍇曰：度，法度”下。○布指，指，當作“手”。○作聖之基也，汪作“聖人之靈也”。

傍 傍 近也。從人，旁聲。臣鍇曰：近之也。薄荒反（páng）②。

佀（似）佀 象肖也。從人，目聲。臣鍇曰：肖即似也，今人於其右加人也。詳紀反。

【校】右，當作“左”。《列子》云“俏成、俏敗”，“俏”即“肖”也。

便 便 安也。人有不便更之，故從人、更。臣鍇曰：此會意。婢篇反。

任 任 保也。從人，壬聲。臣鍇曰：相保任也。爾音反。

俔 俔 譬喻也；一曰閒見。從人，見聲。《詩》曰：“俔天之妹。”臣鍇按：《詩》說譬猶天有妹也。此會意。苦硯反。

【校】閒見，鉉作“閒見”。《爾雅》：“閒，俔也。”

---

① 代王償債，待考。
② 注音依《廣韻》蒲浪切。

優 ^{yōu} 儍 饒也。從人，憂聲。一曰倡也。又俳優者。臣鍇曰：饒，寬裕也。衣尤反。

【校】"又俳優者"四字是鍇説"倡"意，當在"寬裕也"下。

僖 ^{xī} 僖 樂。從人，喜聲。臣鍇曰：至於從女，即爲嬉戲也。軒其反。

俒 ^{hùn} 俒 完也。《逸周書》曰："朕實不明，以俒伯父。"從人、完。臣鍇曰：《逸周書》在三百篇之外也。胡頓反。

【校】三百，當作"三十"。

偆 ^{chǔn} 偆 富也。從人，春聲。出準反。

儉 ^{jiǎn} 儉 約也。從人，僉聲。其閃反。

价 ^{jiè} 价 善也。從人，介聲。《詩》曰："价人維藩。"苟瘵反。

俗 ^{sú} 俗 習也。從人，谷聲。臣鍇曰：俗之言續也，傳相習也。夕燭反。

仔 ^{zī} 仔 克也。從人，子聲。臣鍇按：《詩》曰："佛時仔肩。"則欺反。

億（億） ^{yì} 億 安也。從人，意聲。臣鍇曰：億猶抑也，安也。依色反。

偭 ^{miàn} 偭 鄉也。從人，面聲。《禮·少儀》曰："尊壺者面其鼻。"① 臣鍇曰：鄉謂微向，非正向也。故《史記·本紀》曰：項籍謂吕馬童曰："卿非我故人乎？馬童面之。"注云："面謂微背之也。"② 弭馴反 ③。

使 ^{shǐ} 使 令也。從人，吏聲。瑟耳反。

傒 ^{kuí} 傒 傒，左右兩視。從人，癸聲。岐季反（jì）④。

---

① 面，大徐本、四庫本、四部叢刊本皆作"偭"。

② 集解引如淳曰："面，不正視也。"

③ 馴，四部叢刊本、四庫本皆作"釧"，今從之。

④ 《廣韻》又渠追切。

俓 偬 送也。從人，夅聲。呂不韋曰："有俓氏以伊尹俓女。"古文以此爲訓字。以證反。

【校】今《吕覽》作"媵"。

徐 倐 緩也。從人，余聲。臣鍇曰：與徐字義同。

【校】注末脱音，當補"似虚反"①。

傳 傳 遽也。從人，專聲。臣鍇按：古謂奉使傳驛車爲傳遽，故大夫稱傳遽之臣。《周禮》謂道路有遽廬。纏專反。

【校】大夫，當作"士"，見《玉藻》。○按：《周禮注》無"遽廬"字。《莊子·天運篇》有"仁義，先王之蘧廬也"，注"猶傳舍也"，疑"《周禮》"爲"莊周"之譌，則"道路有"當作"仁義爲"。

俾 傳 益也。從人，卑聲。一曰俾門侍人。臣鍇按：《春秋左傳》曰："俾屏余一人。"邊弭反。

【校】門侍人，陽湖莊氏述祖謂"鬥持人"之譌。

倌 傳 小臣也。從人，官聲。《詩》曰："命彼倌人。"臣鍇曰：猶官也。古患反（guàn）②。

伶 傳 弄也。從人，令聲。益州建伶縣。伶倫，人名也。臣鍇曰：伶人者，弄臣也。連丁反。

儷 儷 棽儷也。從人，麗聲。臣鍇曰：棽儷，參差繁茂皃也。儔儷作麗。鄰之反。

偋 傳 僻寠也。從人，屏聲。臣鍇曰：偋處是僻處也。必情反。

伸 傳 屈伸。從人，申聲。臣鍇按：《周易》屈伸作信，假借也。式人反。

伹 伹 拙也。從人，且聲。似虚反（xú）③。

---

① 注音依《廣韻》似魚切。

② 《廣韻》又古丸切。

③ 注音依《廣韻》七余切。

燃 㷀　意膱也。從人，然聲。爾件反。 *rǎn*

偄 㑩　弱也。從人從耎。奴亂切（nuàn）①。 *ruǎn*

倍 㑔　反也。從人，音聲。薄亥切。 *bèi*

傿 㑶　引爲賈也。從人，焉聲。於建切。 *yàn*

僭 㣊　假也。從人，朁聲。臣鍇按:《春秋左傳》曰"唯器與名，不可以假人"，是僭也。子念反。 *jiàn*

偏 偏　頗也。從人，扁聲。僻連反。 *piān*

倀 伥　狂也。從人，長聲。一曰仆也。臣鍇曰: 狂妄也。《韓詩外傳》曰"老而不學者，如無燭而夜行，倀倀然"是也。褚良反。 *chāng*

儚 㒲　懵也。從人，夢聲。呼能反。 *hōng*

儔 儔　翳也。從人，壽聲。臣鍇曰: 儔，古與翿同義，隱翳也。今人音稠，匹儷也。陳收反（chóu）②。 *dào*

侜 㑇　有雍蔽也。從人，舟聲。《詩》曰:"誰侜予美。"張求反。 *zhōu*

俴 㦸　淺也。從人，戔聲。臣鍇按:《詩》曰"小戎俴收"也。寂衍反。 *jiàn*

佃 佃　中也。從人，田聲。《春秋傳》曰:"乘中佃。"一轅車。臣鍇曰: 佃訓中也。古載物，大車雙轅，乘車一轅，當中也。庭硯反。 *diàn*

【校】中佃，今《左》作"衷甸"。

侐 㑵　小兒。從人，囟聲。《詩》曰:"侐侐彼有屋。"七紫反。 *cǐ*

【校】今《詩》作"仳"。

侊 㿟　小兒。從人，光聲。《春秋國語》曰"侊飯不及一食"，是侊侊然小也。骨庚反（gōng）③。 *guāng*

---

① 《廣韻》又而兗切。
② 注音依《廣韻》徒到切。
③ 《廣韻》又古黃切。

【校】小皃，段云當作“大皃”。一食，今作“壺飧”。鈕氏非石云，由“壺”誤“壹”，復譌“一”；食，“飡”泐文。今“飧”，“飡”之譌也。

tiāo
佻 愉也。從人，兆聲。《詩》曰：“視民不佻。”**臣鍇曰：**輕佻，苟且也。土彫反。

【校】今《詩》作“恌”。

pì
僻 辟也。從人，辟聲。《詩》曰：“宛然左僻。”一曰從旁牽也。**臣鍇曰：**辟，避也。又曰：僻，避拜。篇石反。

【校】左僻，今《詩》作“左辟”。〇又曰，當作“《禮》曰”。僻，避拜，當即《曲禮》“客還辟”。辟，拜也。

xián
伭 很也。從人，弦省聲。形先反。

nǐ
儗 僭也。從人，疑聲。一曰相疑。**臣鍇按：**《史記》僭儗字多如此。牛以反。

jì
伎 與也。從人，支聲。《詩》曰：“鞫人伎忒。”[①] 强倚反。

ní
倪 俾也。從人，兒聲。**臣鍇按：**《爾雅》曰“左倪不類，右倪不若”，作此字。擬西反。

chǐ
侈 掩脅也。從人，多聲。一曰奢侈。昌婢反。

ǎi
佁 癡皃。從人，台聲。讀若騃。**臣鍇按：**書傳或言：佁，儗也。夷采反。

sāo
偅 偅，驕也。從人，蚤聲。素叨反。

wěi
僞 詐也。從人，爲聲。魚醉反。

yì
伿 惰也。從人，只聲。引義反。

kòu
佝 覆也。從人，句聲。可候反。

【校】覆，鉉作“務”，段云當作“佝，瞀也”。

---

① 伎，今《詩經・瞻卬》作“忮”。

僄 輕也。從人，票聲。片妖反。
_{piào}

倡 樂也。從人，昌聲。臣鍇曰：倡，樂也。赤羊反。
_{chāng}

【校】倡樂，當作"倡和"。

俳 戲也。從人，非聲。臣鍇曰：今言俳優是也。步乖反。
_{pái}

僐 作姿態也。從人，善聲。石遣反。
_{shàn}

儳 儳互不齊也。從人，毚聲。臣鍇按：《春秋左傳》曰："聲盛致志，鼓儳可也。"乍湛反（zhàn）①。
_{chán}

佚 佚民。從人，失聲。一曰佚，忽。臣鍇按：忽者，猶倏忽也。秩七反。
_{yì}

儃 喜也。從人，奢聲。自關以西，物大小不同謂之儃。臣鍇曰：物大小不同則遣遠也。延朝反。
_{yáo}

卻 微卻，受屈也。從人，卻聲。臣鍇曰：卻，困劇也。言見微遮困劇則受屈也。此許慎全引司馬相如《子虛賦》之文。其雀反。
_{jué}

俄 行頃也。從人，我聲。《詩》曰："側弁之俄。"臣鍇按：張衡曰"曜靈俄景"，則是斜景也。偶和反。
_é

傲 醉舞皃。從人，欺聲。《詩》曰："屢舞傲傲。"臣鍇曰：傲，欹傾也。遣之反。
_{qī}

傞 醉舞皃。從人，差聲。《詩》曰："屢舞傞傞。"臣鍇曰：傞，猶參差也。先多反。
_{suō}

侮 傷也②。從人，每聲。臣鍇曰：侮，慢易字也。勿甫反。
_{wǔ}

【校】傷，當作"傷"，鍇說可證。○易字，當作"易視"。

　　㑄 古文從母。臣鍇曰：從母聲也。

----

① 《廣韻》又士咸切。

② 《玄應》卷一《大方廣佛華嚴經》"侮慢"、卷二十五《阿毗達磨順正理論》"侮蔑"二引《說文》作"傷也"，可證"傷"乃"傷"之形誤，宜據改。

yì
傷 輕也。從人，易聲。一曰交傷。**臣鍇曰：**人所爲輕易也。引義反。

jí
㑵 妎也。從人，疾聲。一曰毒也。**臣鍇曰：**㑵，害也。秦室反。

嫉 或從女作。**臣鍇曰：**女無美惡，入宫見妒；士無賢不肖，入朝見嫉。

xǐ
俙 訟面相是也。從人，希聲。**臣鍇曰：**面從相質正也，疑當言從稀省聲。䀌豈反。

【校】面從，從，疑“訟”之譌。

jiāng
僵 偃也。從人，畺聲。九商反。

fèn
僨 僵也。從人，賁聲。**臣鍇曰：**《春秋左傳》曰：“鄭伯之車僨于濟也。”符訓反。

pū
仆 頓也。從人，卜聲。弗孺反。

yǎn
偃 僵也。從人，匽聲。衣遠反。

xiáo
侴 刺也。從人，肴聲。一曰毒之。**臣鍇曰：**疾害也。豢交反。

shāng
傷 創也。從人，𥏫省聲。式陽反。

kuā
侉 備詞。從人，夸聲。坤瓜反。

【校】備，鉉作“憊”。

cuī
催 相擣也。從人，崔聲。《詩》曰：“室人交偏催我。”[1] **臣鍇曰：**擣，相迫蹙也。□□□□□□此灰反。

yǒng
俑 痛也。從人，甬聲。土蒙反（tōng）[2]。

fú
伏 司也。從人、犬，司人也。**臣鍇曰：**會意也。伐六反。

cù
促 迫也。從人，足聲。趨欲反。

① 偏，今《詩經・北門》作“徧”。
② 注音依《廣韻》余隴切。

例 例 比也。從人，列聲。里曳反。

係 係 絜束也。從人，系聲。己惠反（jì）①。

伐 伐 擊也。從人持戈。一曰敗也；亦斫也。扶月反。

但 但 裼也。從人，且聲。一曰徒。臣鍇曰：古此爲袒字，袒爲今之綻字。特坦反。

俘 俘 軍所獲也。從人，孚聲。《春秋傳》曰“以爲俘馘”是。甫臾反（fū）。

傴 傴 僂也。從人，區聲。宛撫反。

僂 僂 尪也。從人，婁聲。周公韈僂也。或言背僂。臣鍇按：《白虎通》：“周公背僂也。”律乳反（lǚ）②。

【校】尪，當作“尢”，鉉作“尩”。

僇 僇 癡行僇僇也。從人，翏聲。讀若鷚。一曰且。臣鍇曰：歷蹇也。良秀反。

仇 仇 讎也。從人，九聲。虔柔反。

儡 儡 相敗也。從人，畾聲。讀若雷。臣鍇按：潘岳《西征賦》曰“寮位儡其隆替”是也。來推反。

咎 咎 災也。從人，各聲。人各者相違。臣鍇按：《太玄》曰：“天違人違，天下之事乖矣。”各者，不同也。不同，違也。《洪範》曰：“汝則逆，庶民逆。”龜筮逆凶，違也。會意也。伎酒反。

【校】各聲，“聲”字衍。

咎 咎 毀也。從人，咎聲。臣鍇曰：怨咎而毀之也。伎酒反。

仳 仳 別也。從人，比聲。《詩》曰：“有女仳離。”臣鍇曰：分別也。并止反。

———————

① 注音依大徐胡計切。
② 《廣韻》又落侯切。

催 ^{huī} 俷催，醜面也。從人，隹聲。臣鍇按：《楚辭》曰“俷催倚於彌樴”是也。□惟反^①。

【校】闕文當補“許”，汪作“詩”，非。

傛 ^{yǒng} 不安也。從人，容聲。一曰華。臣鍇曰：動也，與溶同義。與恐反。

值 ^{zhí} 措也。從人，直聲。一曰逢遇。直志反。

侂 ^{tuō} 寄也。從人，侂聲。臣鍇曰：託寄字。侂，古宅字。他作反。

僔 ^{zǔn} 聚也。從人，尊聲。《詩》曰：“僔沓背憎。”臣鍇曰：與尊同義。祖本反。

【校】今《詩》作“噂”。○與尊，當作“與噂”。

像 ^{xiàng} 象也。從人、象。讀若養字之養。臣鍇按：《尚書》曰“崇德象賢”“乃審厥象”，本皆作此像字。作象字，假借也。《楚辭》曰：“像設君室，靜閑安。”^②似而設之也。又《韓子》曰：象，南方之大獸，中國人不識，但見其畫，故言圖寫似之爲象。似獎反。

【校】“似而”上汪有“謂”字。

倦 ^{juàn} 罷也。從人，卷聲。臣鍇曰：罷疲字也。具選反。

傮 ^{zāo} 終也。從人，曹聲。祖叨反。

偶 ^{ǒu} 桐人也。從人，禺聲。五斗反。

弔 ^{diào} 問終也。古人葬者，厚衣之以薪。從人持弓，毆禽也。弓蓋往復弔問之義。臣鍇曰：弔喪有助，故從人持弓也。的糶反。

【校】“臣鍇曰”三字當在“弓蓋”上。

佋 ^{zhāo} 廟佋穆也。父爲佋，面南；子爲穆，北面也。從人，召聲。臣鍇曰：說者多言晉已前言昭，自晉文帝名昭，故改昭穆爲

---

① 《廣韻》許維切。
② 《楚辭·招魂》：“像設君室，靜閒安些。”

佋穆。據《説文》則爲佋，今文作昭，則非晉已後改明矣。士遙反（sháo）。

shēn
侽 神也。從人，身聲。式人反。

xiān
僊 長生者僊去也。從人，䙴聲。息遷反。

xiān
仚 人在山上皃。從人、山。許延反。

bó
僰 犍爲蠻夷也。從人，棘聲。臣鍇按：《禮》曰：西方曰僰也。朋北反。

【校】今《禮》作“棘”。

yáo
僥 南方焦僥，人長三尺，短之極也。從人，堯聲。臣鍇曰：夫子之言也。研梟反。

duì
儥 帀也。從人，對聲。得悔反。

【校】帀，汲古鉉本作“市”。

guàng
狂 遠行也。從人，狂聲。臣鍇曰：此與迋義同也。溝唱反。

jiàn
件 分也。從人從牛。牛大物，故可分。其輦切。

文二百四十五　重十四

【校】（文二百四十五）件，鉉補字，非鍇所有。“佗、儹、傾、仰、借、儥、倍、僑”八篆作切音，皆次立補，當例補次立説。又，“仕、佼、偕、僚、俟、佶、伾、侁、佸、傆、偺”，音仍鉉，而“切”作“反”。

huà
匕 變也。從到人。凡匕之屬皆從匕。臣鍇曰：《通論》備矣。呼跨反。

yí
𠤪 未定也。從匕，矣聲。矣，古矢字。臣鍇曰：多聞闕疑也。銀眉反。

zhēn
眞（真）仙人變形而登天也。從匕、目、乚，乚，隱字也；八，所以乘載之。臣鍇曰：《通論》備矣。止鄰反。

𠔜 古文真字。臣鍇曰：亦所以乘載也。

化 𠤎 教行也。從人從匕，匕亦聲。**臣鍇曰**：匕，變匕也；化，教化也。匕之在人也。**呼跨反**。

文四 重一

匕 𠤎 相與比敘也。從反人。匕，亦所以用比取飯，一名柶。凡匕之屬皆從匕。**卑履切**。

【校】用比，比，疑當作“之”。

匙 𪓡 匕也。從匕，是聲。**是支反**。

𣎼 𣎴 相次也。從匕、十。鴇字從此。一曰十。**臣鍇曰**：保即保養也，即官有保傅字。𣎼，五家爲𣎼也，使之相次比也。十，其總率也。此會意。**補老反**。

【校】一曰十，按鍇説“十”下當有“家”字。

䇄 𣎣 傾也。從匕，支聲。《詩》曰：“䇄彼織女。”**臣鍇曰**：傾側其首而望也，若言有頯者冠，則䇄者頭不正，言織女常傾首以望也。**去寄反**。

【校】今《詩》作“跂”。

頃 𩑏 頭不正也。從匕從頁。**臣鉉等曰**：匕者，有所比附，不正也。**去營切**。

𦜼（腦）𦜷 頭髓也。從匕；匕，相著也。巛以象髮，囟象𦜼形。**奴道反**。

【校】相著，汪依鉉作“相比著”。

卬 𠨃 望也。欲有所及也。從匕、卪，《詩》曰：“高山卬止。”**臣鍇曰**：此匕亦傾首望也，卪亦庶也。會意。**顔當反（áng）**[1]。

【校】有所及，鉉本“及”上有“庶”字，按鍇説當補。○今《詩》作“仰”。

---

[1] 注音依《廣韻》魚兩切。

皁 皁 高也。早七爲皁，七卪爲卬，皆同義。竹角切。

　　卓 点 古文皁。

艮（艮）艮 很也。從七、目。七、目猶目相七，不相下也。《易》曰：“艮其限。”七、目爲艮，爲真。**臣鍇按**：《周易》“艮，止也”，很戾不進之意也。以目七相齊，不相下也。此會意。姦恨反。

【校】“爲真”上脱“七目”二字。

文九　重一

【校】（文九）“頊、卓”二篆次立補，當例補次立説。

从 끼 相聽許也。從二人。凡从之屬皆從从。**臣鍇曰**：言計相聽也。許謂從諫也。自邕反。

從 헤 隨行也。從辵，從从亦聲。**臣鍇曰**：古但爲相隨行之從。松用反。

并 羿 相從也。從从，开聲。一曰從持二爲并。**臣鍇按**：《尚書》曰“啟籥見書，乃并是吉”，相從皆吉也。一曰所云聲兼字意也。此會意。比令反。

【校】“從持二”下《韻會》引有“干”字。

文三

比 꿰 密也。二人爲从，反从爲比。凡比之屬皆從比。**臣鍇曰**：相與周密也。《國語》司馬侯曰：“罔與比而事吾君矣。”[1] 又曰：“君子亦比乎。”并止反。

　　夶 枺 古文比。

毖 쟶 慎也。從比，必聲。《周書》曰：“無毖于卹。”**臣鍇曰**：慎密也。筆媚反。

【校】卹，今《書》作“恤”。

----

① 罔，今《國語·晉語》作“蔑”。

文二　重一

běi
北 乖也。從二人相背。凡北之屬皆從北。**臣鍇曰：**乖者，相背違也。古人云“追奔逐北”，逐其亡者。補或反（bò）。

jì
冀 北方也。從北，異聲。**臣鍇曰：**冀州，北方之州也。訖示反。

【校】“北方”下鉉有“州”字。

文二

qiū
丘 土之高，非人所爲也。從北從一。一，地也。人居在丘南，從北。中邦之居，在崑崙之東南。一曰四方高中央下爲丘。象形。凡丘之屬皆從丘。**臣鍇曰：**天地自然也。起秋反。

【校】“丘南”下汪有“故”字。

　　𡊣 古文從土。**臣鍇曰：**土亦地也。

xū
虗(虚) 大丘也。崑崙丘謂之崑崙虗。古者九夫爲井，四井爲邑，四邑爲丘。丘謂之虗。從丘，虍聲。忻余反。

ní
屔 反頂受水丘也。從丘從泥省，泥亦聲。**臣鍇曰：**反頂謂凡地及頂當高，今反下，故曰反頂。《白虎通》曰“孔子反宇，象尼丘山”①，謂四方高中央窊下也。尼即泥也。禰倪反。

文三　重一

yín
㐺 眾立也。從三人。凡㐺之屬皆從㐺。**臣鍇曰：**今謂眾立不動爲㐺也。銀欽反。

zhòng
眾 多也。從㐺從目。目眾意。**臣鍇按：**《國語》曰：“人三爲眾。”眾數成於三。止宋反。

jù
聚 會也。從㐺，取聲。一曰邑落曰聚。**臣鍇按：**漢地理有鄉有聚也。寂煦反。

【校】“地理”下當有“志”字。

---

① 《白虎通・聖人》：“孔子反宇，是謂尼甫。”

臮 鼻 眾辭與也。從仏，自聲。《虞書》曰："臮咎繇也。"其冀反。
【校】今《書》作"暨"。

　　槀 槀 古文。

文四　重一

壬 壬 ^{tǐng} 善也。從人、士。士，事也。一曰象物出地，挺而生也。凡壬之屬皆從壬。臣鍇曰：人士爲善，會意。一曰所言則從士。他挺反。

【校】則從士，士，當作"土"。

徵 徵 ^{zhēng} 召也①。從壬，微省。壬爲徵。於微而文達者即徵也。臣鍇按：《尚書序》："虞舜側微，堯聞之聰明。"召之也。莊周曰："士有九徵而不變，則君子也。"彼徵，徵驗也。知冰反。

【校】徵於微，汪依鉉作"徵行於微"，非是。○"士有九徵"以下舛誤，按《列禦寇篇》，當作"君子九徵至，則不肖人得矣"。徵，猶效驗也。

　　敳 敳 古文。

望 望 ^{wàng} 月滿也。與日相望以朝君。從臣從月從壬。壬，朝廷也。臣鍇曰：日，君也；月，臣也。作望假借也。此會意。聞誑反。

　　望 望 古文。

坙 坙 ^{yín} 求也。從爪從壬。微幸也。臣鍇曰：坙，求過求也；爪，爪以求物也。壬又訓微幸也。會意。移今反。

【校】爪以求物，當作"所以求物"。

文四　重二

重 重 ^{zhòng} 厚也。從壬，東聲。凡重之屬皆從重。臣鍇曰：壬者，人在土上，故爲厚也。柱用切。

【校】音作"切"，次立補，當例補次立説。蓋鍇説本鉉所引也。

─────────

① 《慧琳》卷一《大唐三藏聖教序》"可徵"、卷八《大般若波羅蜜多經》"徵詰"、卷十一《大寶積經》"虧徵"三引《説文》作"象也"，可證今本"召也"爲"象也"之誤。

liáng

量 **量** 稱輕重也。從重省，曏省聲。臣鍇曰：曏音向。祿昌反。

　　量 **量** 古文。

文二　重一

wò

臥 **卧** 休也。從人、臣，取其伏也。凡臥之屬皆從臥。臣鍇曰：人臣之事君，俯僂也，所謂策名委質。禮曰“寢不尸展四體”，避不祥也。會意。吳貨反。

jiān

監 **監** 臨下。從臥，䘓省聲。臣鍇曰：安居以臨下監之也。文帝謂汲黯曰：“誠得君臥而治之。”姦巖反。

　　臨 **臨** 古文監從言。

lín

臨 **臨** 監臨。從臥，品聲。臣鍇曰：與監同意。力尋反。

nè

饕 **餮** 楚謂小兒嬾殢。從臥、食。臣鍇曰：謂不樂於食也。今俗人謂嬾爲餮。此會意。女革反。

【校】謂小兒嬾殢，殢，鉉作“餮”，按：《玉篇》作“楚人謂小嬾曰餮”，則“兒”字爲衍文，證以鍇説，此當同《玉篇》。

文四　重一

shēn

身 **身** 躬也。象人之身。從人，厂聲。凡身之屬皆從身。式人反。

qū

軀 **軀** 體也。從身，區聲。臣鍇曰：泛言曰身，舉四體曰軀。軀猶區域也。器于反。

文二

yī

月 **月** 歸也。從反身。凡月之屬皆從月。臣鍇曰：人之身有所爲，常外向、趣外事，故反身爲歸也。古人多反身脩道。會意。於機反。

yīn

殷 **殷** 作樂之盛稱殷。從月從殳。《易》曰：“殷薦之上帝。”臣鍇曰：樂由中出，人心和，然後樂和，故從月從殳。意斤反。

文二

說文解字通釋卷第十六

繫傳十六

文林郎守祕書省校書郎臣徐鍇傳釋
朝散大夫行祕書省校書郎臣朱翱反切

二十三部　文　重①

衣 衣 依也。上曰衣，下曰裳。象覆二人之形也。凡衣之屬皆從衣。臣鍇曰：人所依也。《易》曰："黃帝、堯、舜垂衣裳而天下治。"於機反。

【校】象覆，汪作"象下"。按："象下"乃"下象"之譌。

裁 裁 制衣也。從衣，找聲。臣鍇按：《易》曰"后以裁成"天下，言若裁衣之爲也。錢來反。

袞 袞 天子享先王，卷龍繡於下裳，幅一龍，蟠阿上卿。從衣，公聲。臣鍇按：《周禮·司服職》："王享先王則袞冕。"注："袞，卷龍衣也。""衣五章，裳四章，凡九也。"皆絺繡而畫，以爲卷龍。阿，曲也，謂繡龍蟠曲也。王之卿六命，《周禮》："公，自袞冕而下如王之服；侯伯，自鷩冕而下如公之服。"②《春秋左傳》：諸侯死於王事，加二等，於是以袞斂。謂斂以上公之禮也。然則慎所謂上卿，即《周禮》公也。孤損反。

【校】"天子"下當補"以"字。○上卿，鉉作"上鄉"，當作"上卿衣"。

---

① "文、重"下原闕字數。

② 今《周禮·春官·司服》："公之服，自袞冕而下如王之服；侯伯之服，自鷩冕而下如公之服。"

説者以“鄉”爲是。按“衮”爲升龍、降龍衣之總名，如鉉説則專指升龍矣。許意當兼言之，故上云“天子以享先王”，指升龍也，“天子”下今脱“以”字。下云“上卿衣”，指降龍也，“上卿”下今脱“衣”字耳。

zhàn
襢 丹縠衣。從衣，㠭聲。**臣鍇按：**《詩》：“瑳兮瑳兮，其之展也。”傳云：“禮有展衣者，以丹縠爲衣。”箋云：“后妃服之次，展衣宜白。縐絺，冬則衣。展衣，夏則裏衣縐絺。此以禮見於君及賓客之盛服。”① 展字《禮》誤作襢，臣鍇以爲《詩》作展，假借也。陟輾反。

【校】后妃服，“服”上當有“六”字。〇“縐絺冬則衣”云云，鍇蓋從俗本也，見孔疏。定本作“縐絺，絺之蹙蹙者。展衣，夏則裏衣縐絺”。〇《禮》誤，當作“誤，《禮》”。鄭説以“展”爲誤，“襢”爲是。

yú
褕 翟羽飾衣。從衣，俞聲。一曰直裾謂之襜褕。**臣鍇按：**《周禮》：“王后六服：褘衣、褕狄、闕狄、鞠衣、展衣、緣衣，素沙。”注：褘衣，玄畫翬也。褕，青狄畫摇狄，皆刻而畫。闕狄，亦刻而不畫。鞠衣，黄象桑葉麴塵色。展衣白。緣衣字或作褖，褖衣黑。六服皆以素沙爲裏，使張顯也。羊朱反。

【校】今《周禮》作“揄”。〇褕，青狄畫摇狄，當作“褕狄，青畫摇者”。〇闕狄亦，亦，當作“赤”。

zhěn
袗 袨服。從衣，㐱聲。**臣鍇曰：**袗，重衣也。鄒陽書曰：“趙人袨服叢臺之下。”袨服，盛服也。支引反。

　　裖 袗或從辰。

biǎo
表(表) 上衣。從衣、毛。古者衣裘，故以毛爲表。**臣鍇曰：**古以皮爲裘，毛皆在外，故衣毛爲表。會意。彼眇反。

【校】“古者衣裘，故以毛爲表”九字，鉉用鍇説增許書，此又用鉉增鍇也，宜刪。

---

① 今《毛詩傳箋》：“后妃六服之次，展衣宜白。縐絺，絺之蹙蹙者。展衣，夏則裏衣縐絺。此以禮見於君及賓客之盛服也。”

襱ꞏ 古文袤從麤。

襄ꞏ ^{lǐ} 衣内。從衣，里聲。臣鍇按：《詩》："不離于裏。"六矣反。

褯ꞏ ^{qiǎng} 負兒衣。從衣，强聲。己賞反（jiǎng）。

襋ꞏ ^{jí} 衣領。從衣，棘聲。《詩》曰："要之襋之。"己力反。

襮ꞏ ^{bó} 黼領。從衣，暴聲。《詩》曰："素衣朱襮。"臣鍇曰：黼領刺爲斧。盤沃反（bú）^①。

褗ꞏ ^{yǎn} 褕領。從衣，匽聲。臣鍇曰：謂衣領假曲。依遠反。

襜ꞏ ^{yǎn} 褗謂之襜。從衣，奄聲。依漸反。

衽ꞏ ^{rèn} 衣衿。從衣，壬聲。而沈反。

褸ꞏ ^{lǚ} 衽也。從衣，婁聲。臣鍇曰：《春秋左傳》曰："蓽輅藍褸。"律乳反。

【校】今《左》作"蓽路藍縷"。

褆ꞏ ^{qì} 裣緣。從衣，妻聲。臣鍇曰：褆，鍬緶之也。《禮》備緝字爲此。七十反。

【校】《禮》備緝字爲此，按：此説疑鍇以"褆、緁"爲通文也，所引當即《儀禮·喪服》傳"斬緝齊不緝"^②，謂"緝"當爲"緁"，"緝"其假借字也。唯"緁"而成之，則曰"褆"，似有虚實之分。"備緝字"，"字"亦未詳所出，姑闕疑焉。

衿ꞏ ^{jīn} 交衽。從衣，金聲。臣鍇曰：衽之交處。居斟反。

袾ꞏ ^{fū} 襲袾。從衣，夫聲。臣鍇曰：衣袾即衿也，今俗猶言之。甫及反。

褘ꞏ ^{huī} 蔽郄。從衣，韋聲。《周禮》曰：王后之服褘衣。謂畫袍。火韋反。

---

① 《廣韻》又補各切。

② 按，《喪服》傳："斬者何，不緝也。""齊者何，緝也。"

^{xí}襲　襲　左衽袍。從衣，龖省聲。臣鍇曰：衣一襲，謂單複稱具也。似集反。

　　襲　襲　籀文襲不省。

^{páo}袍　袍　襺。從衣，包聲。《論語》曰：“衣敝縕袍。”臣鍇曰：蠶絲曰絮，枲曰縕。盆毛反。

【校】“臣鍇”以下十字當移置“襺”篆下。

^{jiǎn}襺　襺　袍衣。從衣，繭聲。以絮曰襺，以縕曰袍。《春秋傳》曰：“盛夏重襺。”堅殄反。

【校】今《左傳》作“繭”。

^{dié}褋　褋　南楚謂禪衣曰褋。從衣，枼聲。臣鍇按：《楚辭》曰：“遺余褋兮澧浦。”田俠反。

【校】今《九歌》作“褋”。

^{mào}袤　袤　衣帶以上。從衣，矛聲。一曰南北曰袤，東西曰廣。莫透反。

　　襳　襳　籀文袤從楙。

^{guì}襘　襘　帶所結。從衣，會聲。《春秋傳》曰：“衣有襘。”古最反。

^{jiǒng}褧　褧　檾也。《詩》曰：“衣錦褧衣。”反古。從衣，耿聲。臣鍇曰：檾，枲屬。檾在外，故曰反古。去茗反（qiǒng）。

^{dī}袛　袛　袛裯，短衣。從衣，氏聲。的齊反。

^{dāo}裯　裯　衣袂，裯袛。從衣，周聲。臣鍇按：《楚辭》“被荷裯之晏晏”，裯，今俗語。覩桃反。

【校】裯袛，鉉作“袛裯”，與“袛”注合。

^{lán}襤　襤　裯謂之襤褸，無緣。從衣，監聲。臣鍇曰：襤猶濫，濫，薄也。無緣，故濫薄。籠三反。

^{duò}褍　褍　無袂衣謂之褍。從衣，惰省聲。徒臥反。

^{dū}襡　襡　衣躬縫。從衣，毒聲。讀若督。丁毒反。

祛^{qū} 祛 衣袂。從衣，去聲。一曰袪，褱也。褱者，裹也。袪，尺二寸。《春秋傳》曰："披斬其袪。"臣鍇曰：袂即今衣之袖口，俚言袖緣。遣如反。

【校】褱，鉉作"裹"，二見。

褎^{xiù} 褎 袂。從衣，采聲。辭狄反。

　　袖 袖 俗褎從由。

袂^{mèi} 袂 褱。從衣，夬聲。弭例反。

褱^{huái} 褱 褱；一曰臧。從衣，鬼聲。户乖反。

【校】褱，當作"褱"，鉉作"袖"。《韻會》有"在袖曰褱，在手曰握"二語，當是鍇說"臧"之義，宜取補。"臧"即"藏"。

褒^{bào} 褒 褱也。從衣，包聲。臣鍇曰：俗言褱褱也。薄保反。

褱^{huái} 褱 俠也。從衣，罙聲。一曰橐。臣鉉等曰：罙非聲，未詳。户乖切。

【校】俠，疑當作"挾"，段云當作"夾"。

襜^{chān} 襜 衣蔽前。從衣，詹聲。臣鍇曰：又襜褕謂帷襜，以蔽前後也。亦占反^①。

【校】"又襜褕謂帷襜，以蔽前後也"十一字有譌脫。按："襜褕"爲直裾單衣，見班書《雋不疑傳》，其爲帷者則曰"襜絡"，見范書《劉盆子傳》，不當牽合。鍇以"又"字別之，當即引"直裾單衣"之說以爲旁通耳。

祐^{tuò} 祐 衣祄。從衣，石聲。臣鍇按：《字書》：祐，張衣令大也。他作反。

祄^{xiè} 祄 祐。從衣，介聲。臣鍇按：《字書》：祄，補裌裙^②。恆夬反。

【校】"祄，補裌裙"說，與《廣韻》同。《玉篇》"裌裙，裙祄也"，

─────────

① 亦，當作"赤"。《廣韻》處占切，昌母。
② 補，段玉裁認爲乃"裧"之誤。

與《廣雅》"衩、衱、袥，裩裻也"合，似當從《玉篇》。

禪 𥿊 綌。從衣，睪聲。縢莫反。

袉 𥚑 裾也。從衣，它聲。一曰《論語》曰："朝服，袉紳。"圖
坐反。

【校】今《論語》作"扡"。

袆（衦）𥙆 諸衦。從衣，于聲。臣鍇按：諸衦，袍也。員須反。

褰 𥞑 綌。從衣，寒省聲。《春秋傳》曰："徵褰與襦。"豈虔反。

裾 𥚡 衣袍。從衣，居聲。讀與居同。堅疎反。

【校】衣袍，當作"衣裒"。

襱 𥜃 綌踦。從衣，龍聲。臣鍇曰：踦，足也。勒動反。

　　襩 𥜄 襱或從賣。

袑 𥘍 綌上。從衣，召聲。臣鍇按：《漢書·朱博傳》：齊"官屬
褒衣大袑"。食夭反。

褥 𥛧 衣博大。從衣，尋聲。𢙫欽反①。

裒（褎）𥚂 博裾。從衣，采聲。臣鍇曰：博，廣也。《漢書》云
"褒衣"也。補袍反。

【校】褒衣，當作"裒衣"。

褍 𥚛 衣正幅。從衣，耑聲。臣鍇曰：正幅，幅不裒殺也。《春
秋左傳》及《禮》所謂端委之衣。顚歡反。

褘 𥜁 重衣皃。從衣，圍聲。《爾雅》曰："褘褘襀襀。"臣鍇按：
《爾雅》無此言，唯《釋言》云"虹，潰也"，疑古今文字或誤也。
于歸反。

【校】《爾雅·釋訓》"儚儚、洄洄，惽也"，《音義》"洄，本作褘"，
而無"襀襀"字，豈《爾雅》之佚文耶？抑叔重誤以《潛夫論》"佪

---

① 四部叢刊本、四庫本并作"他感反"，《廣韻》他感、徐林（xún）二切。

個潰潰"爲《爾雅》耶？鍇引非是。

複 馥 重衣。從衣，复聲。一曰褚衣。芳郁反。

褆 禔 衣厚褆褆。從衣，是聲。**臣鍇按**：《詩》曰："好人褆褆。"敵圭反。

【校】今《詩》作"提"。

襛 襛 衣厚皃。從衣，農聲。《詩》曰："何彼襛矣。"**臣鍇按**：《詩傳》"襛猶戎戎"，臣以爲戎戎，眾也。女重反。

【校】今《詩》作"穠"。

裻 裻 新衣聲；一曰背縫。從衣，叔聲。**臣鍇按**：《春秋左傳》及《國語》曰："衣之偏裻。"《史記·佞幸傳》亦云作督，假借也。得酷反。

【校】"《左傳》及"三字衍。

袳 袳 衣裾。從衣，多聲。《春秋傳》曰："公會齊侯于袳。"**臣鍇**曰：《禮》言"大夫袳袂"，謂其袂張大。"公會齊侯于袳"，地名。昌婢反。

【校】袳袂，《周禮·司服》注"袳"作"侈"。○按：《桓十五年》"公會宋公、衛侯、陳侯於袲"，許言"齊侯"，疑誤肌。

裔 裔 衣裾。從衣，冏聲。**臣鍇**曰：裾，衣邊也，故謂四裔。《春秋左傳》曰："衡流而方羊裔焉。"延世反。

㒸 㒸 古文裔。

衯 衯 長衣皃。從衣，分聲。翻文反。

袁 袁 長衣皃。從衣，叀省聲。**臣鍇**曰：叀音專。羽元反。

裯 裯 短衣。從衣，鳥聲。《春秋傳》曰：有空裯。**臣鍇**曰：今《春秋傳》無此言，疑注誤也。覩挑、丁了二反。

褺 褺 重衣。從衣，執聲。巴郡有褺江縣。田俠反。

【校】褺江，今《漢志》誤作"墊江"。

péi
裵(裴) 㡏 長衣皃。從衣，非聲。步雷反。

shǔ
襡 㡏 短衣。從衣，蜀聲。讀若蜀。殊燭反。

zhuó
䙵 㡏 衣至地。從衣，斲聲。輙角反。

rú
襦 㡏 短衣。從衣，需聲。一曰䰻衣。**臣鍇按**：古詩曰："紫綿爲上襦。"輭區反。

tì
褅 㡏 緥也。從衣，啻聲。《詩》曰："載衣之褅。"他計反。

【校】今《詩》作"裼"。

biǎn
褊 㡏 衣小。從衣，扁聲。**臣鍇曰**：《春秋左傳》曰："帶其褊矣。"比兗反。

jiā
袷 㡏 衣無絮。從衣，合聲。**臣鍇曰**：夾衣也。《史記・匈奴傳》："賜單衣袷。"[①] 溝呷反。

【校】賜單衣袷，當作"繡袷衣襦"。

dān
襌 㡏 衣不重。從衣，單聲。**臣鍇曰**：《漢書》：蓋寬饒"斷其襌衣"。今俗皆借單字。得干反。

xiāng
㐮(襄) 㡏《漢令》：解衣耕謂之襄。從衣，𤕦聲。**臣鍇曰**：《詩》曰："兩服上襄。"𤕦音寍。修翔反。

　　𡀔 㡏 古文襄。

bèi
被 㡏 寢衣，長一身有半。從衣，皮聲。平義反（bì）。

xiàng
襐 㡏 飾。從衣，象聲。似獎反。

rì
衵 㡏 日日所常衣。從衣從日，日亦聲。**臣鍇曰**：會意。而吉反。

xiè
褻 㡏 私服。從衣，埶聲。《詩》曰："是褻袢也。"**臣鍇曰**：埶音午世反。私列反。

【校】今《詩》作"紲"。

---

① 《史記・匈奴列傳》："服繡袷綺衣、繡袷長襦、繡袷袍各一。"

衷　蕙　裏褻衣。從衣，中聲。《春秋傳》曰："衷其衵服。"珍蒙反。

袾　絑　好佳。從衣，朱聲。《詩》曰："靜女其袾。"臣鍇曰：今《詩》作姝。尺夫反。

袓　祖　事好。從衣，且聲。前呂反。

裨　䃾　接益。從衣，卑聲。臣鍇曰：若衣之接益也。賓而反（bēi）。

襍　雜　五彩相合。從衣，集聲。自合反。

熨　㷉　衽。從衣，尉聲。臣鍇曰：《春秋左傳》曰："熨之以玄纁。"迂胃反。

裕　裕　衣物饒。從衣，谷聲。《易》曰："有孚，裕無咎。"臣鍇曰：謙德之裕也，謙受益也。與孺反。

【校】有孚，今《晉》爻辭作"罔孚"。○"謙德"之"謙"當作"益"。

襞　襞　韏衣。從衣，辟聲。臣鍇曰：猶卷也。襞，摺疊衣也。故《禮》注謂裙褶爲襞積也。頻役反。

【校】裙褶，當作"裳褶"。

衦　䄎　摩展衣。從衣，干聲。臣鍇曰：若今熨衣使展也。根岸反（gàn）①。

裂　䘶　繒餘。從衣，列聲。臣鍇曰：裁剪之餘也。良舌反。

袈　袈　弊衣。從衣，奴聲。臣鍇曰：袈猶言帛臭也。女加反。

【校】帛臭，當作"臭帤"，見《黃庭經》。

袒　袒　衣縫解。從衣，旦聲。臣鍇曰：今俗作綻字。宅莧反。

補　補　完衣。從衣，甫聲。臣鍇曰：《詩》："袞職有闕，仲山甫補

_____

① 注音依《廣韻》古旱切。

之。"伯普反。

襧 緀 紩衣。從衣、黹，黹亦聲。**臣鍇按**:《爾雅》:"黹，紩也。"臣以爲即今刺繡。胝雉反。

褫 爾 奪衣。從衣，虒聲。讀若池。**臣鍇按**:《易》曰:"終朝三褫之。"陳知反（chí）①。

臝 臝 袒。從衣，羸聲。盧跛反。

　　裸 俕 臝或從果作。

裎 裎 袒。從衣，呈聲。**臣鍇按**: 孟子曰:"裸裎於我側。"丑靜反。

裼 裼 袒。從衣，易聲。**臣鍇曰**: 禮有裼襲、裼裎，衣見內也。星激反。

袤 袤 紕也。從衣，牙聲。**臣鍇曰**: 紕謂帛文疏紕袤庋也。《周禮》敆邪作奇袤也。辭牙反。

襭 襭 以衣衽扱物謂之襭。從衣，頡聲。**臣鍇按**:《爾雅》曰:"扱衣上衽於帶謂之襭。"②羊截反③。

【校】 "《爾雅》"下當有"注"字。

　　擷 擷 襭或從手。

袺 袺 執衽謂之袺也。從衣，吉聲。**臣鍇按**:《爾雅》:"持衣上衽也。"根察反（jiá）④。

【校】 "《爾雅》"下當有"注"字。○持，當作"搯"。

襧 襧 幒。從衣，曹聲。殘高反。

裝 裝 裹。從衣，壯聲。側良反。

裹 裹 纏。從衣，果聲。骨朵反。

---

① 《廣韻》又敕里切。
② 《爾雅·釋器》:"扱衽謂之襭。"郭注:"扱衣上衽於帶。"
③ 注音依《廣韻》胡結切。
④ 《廣韻》又古屑切。

yè
裛 書囊。從衣，邑聲。殷業反。

zī
齎 緶。從衣，齊聲。**臣鍇曰:**《禮》齎縗字，謂鍬衣下也。子思反。

shù
裋 豎使布長襦。從衣，豆聲。**臣鍇曰:** 豎通内外者。《禮》曰:“内豎。”韶乳反。

yǔ
褔 編枲衣。從衣，區聲。一曰頭褔；一曰次裹衣。**臣鍇曰:** 編麻爲衣也。次音疾延反。今小兒次衣。宛撫反。

【校】頭褔，頭，疑當作“領”，見“褈”下。

hè
褐 編枲韤；一曰粗衣。從衣，曷聲。**臣鍇曰:** 粗猶麤，《詩》曰:“無衣無褐。”衡葛反。

suō
衰 艸雨衣。秦謂之萆。從衣，象形。**臣鍇曰:** 萆音鬫。宣靴反。

　　𧘝 古文衰。

zú
卒 隸人給事者衣爲卒。卒，衣有題識者。**臣鍇按:**《吕氏春秋》: 鄧析教鄭人訟，十襦火獄，卒題。題識，若今救火衣。臧勃反。

【校】鄧析教鄭人訟，十襦火獄，卒題，按《吕覽·離謂篇》當作“鄧析約與民之有獄者，大獄一衣，小獄襦卒”十七字。卒，今本作“袴”。

chǔ
褚 卒也。從衣，者聲。一曰製衣。**臣鍇曰:** 又衣之橐也。《春秋左傳》曰:“取我衣冠而褚之。”抽暑反。

zhì
製 裁。從衣，制聲。正曳反。

bō
祓 蠻夷衣。從衣，犮聲。一曰蔽䬾。北末反。

qīn
衾(衾) 大被。從衣，今聲。卻林反。

suì
襚 衣死人。從衣，遂聲。《春秋傳》曰:“楚使公親襚。”夕位反。

diāo
袀 棺中縑裹。從衣，弔聲。讀若雕。覩挑反。

shuì
祱 贈終者衣被曰祱。從衣，兑聲。輸袂反。

yīng

裍 裍 鬼衣。從衣，熒省聲。讀若《詩》曰"葛藟裍之"。一曰若"靜女其袾"之袾。玄經反(xíng)①。

【校】裍之，當依《詩》作"縈之"。袾，今《詩》作"姝"。

shān

綖 綖 車温。從衣，延聲。賖延反。

fán

袢 袢 無色。從衣，半聲。一曰《詩》曰"是紲袢"也。讀若普。

臣鍇按：《詩傳》："絺綌，當暑袢綖之服。"臣以爲，袢，煩溽也，近身衣也。復喧反。

【校】袢綖，《詩傳》作"袢延"。

niǎo

裊 裊 以組帶馬。從衣，馬聲。臣鍇按：秦封爵，"三曰簪裊"。《漢書》注謂"以組帶馬也"。彌了反。

【校】今《漢志》誤作"褭"。

文一百十六　重十

【校】(文一百十六)"裊"作切音，次立補，當例補次立説。"襝、裯、裊、袞、袯"五篆音仍鉉，而"切"作"反"。

(重十)實核十一。

qiú

裘(裘) 裘 皮衣也。從衣，求聲。一曰象形，與衰同。凡裘之屬皆從裘。臣鍇曰：裘以獸皮毛作之，以助女工也。虔柔反。

【校】"聲一曰"三字衍。

求 求 古文求②。此與裘意同。臣鍇曰：古象衣求形，後則加之也③。

【校】"此與裘意同"五字衍。

kè

䙉 䙉 裘裏也。從裘，鬲聲。讀若擊。楷革切。

文二　重一

【校】(文二)"䙉"篆次立補，當例補次立説。

———————————

① 注音依《廣韻》烏莖切。

② 求，依例當作"裘"。

③ 加之，四庫本、四部叢刊本皆作"加衣"。

老 考也。七十曰老。從人、毛、匕，言須髮變白。凡老之屬皆從老。臣鍇曰：會意也。勒抱反。

耊（dié） 年八十曰耊。從老省，至聲。臣鍇按：《易》曰："大耊之嗟。"《春秋傳》曰："以伯舅耊老。"亭結反。

耄（mào） 年九十曰耄。從老，蒿省聲。臣鍇曰：亦作耄。莫虢反。

耆（qí） 老。從老省，旨聲。臣鍇按：《禮》："六十曰耆。"巨支反。

耆（shù） 老人行才相逮。從老，易省，行象。讀若樹。臣鍇曰：行遲多駐也。易象析易行也。上句反。

耇（gǒu） 人老面凍黎若垢。從老省，句聲。臣鍇曰：《尚書》曰"耇造德不降"也。講吼反。

耇（diàn） 老人面如點處。從老省，占聲。讀若耿介之耿。丁念反。

耆（壽）（shòu） 久也。從老省，𠷎聲。常帚反。

考（kǎo） 老也。從老省，丂聲。刻保反。

孝（xiào） 善事父母者。從老省，從子。子承老，老省，亦聲。臣鍇曰：《通論》備矣。獻罩反。

文十

毛（máo） 眉髮之屬及獸毛也。象形。凡毛之屬皆從毛。臣鍇曰：二象毛，乙其中，後高也。門高反。

【校】後高，當作"修毫"。《爾雅》："犦，修毫。"長毛也。

毦（rǔn） 毛盛。從毛，隼聲。《虞書》曰："鳥獸毦毛。"臣鍇按：說《尚書》者曰："鳥獸生細毛，自煖也。"而尹反。

【校】今《書》作"氄"。

乾（hàn） 獸豪。從毛，乩聲。臣鍇曰：翰林皆當作乾，羽翰則作翰，古多假借。侯玩反。

【校】"翰林皆"三字當作"翰音"二字。乾，毛之長，翰音，聲之長

也，故當作"乹"。淺人以爲羽族，當從羽，故删"翰"，而改"音"爲"皆"。

毨 xiǎn

仲秋，鳥獸毛盛，可選取以爲器。從毛，先聲。讀若選。臣鍇詳許慎之意，毨訓選也。孔安國云："毨，少也。毛至秋皆成而少也，則可選。"慎與安國義通也。息典反。

【校】孔傳今無可考，"毨少"之説，意殊乖繆，疑次立所改。當作"鄭康成云：毨，理也。毛至秋皆盛而整理，故可選。"慎與康成義亦通也。

㲖 mén

以毳爲緎，色如虋禾之赤苗，故謂之㲖。從毛，㒼聲。《詩》曰："毳衣如㲖。"臣鍇按：外國織皮毛爲𦋺。璊，玉色赤，與此㲖義相似也。莫魂反。

【校】如㲖，當依今《詩》作"如璊"。

氈 zhān

撚毛。從毛，亶聲。遮延反。

文六

毳 cuì

獸細毛也。從三毛。凡毳之屬皆從毳。此芮反。

毳 fēi

毛紛紛。從毳，非聲。甫肥反。

文二

尸 shī

陳也。象臥之形。凡尸之屬皆從尸。臣鍇按：李陽冰云"尸，展"是也。申離反。

屟 diàn

侤也。從尸，奠聲。臣鍇按：《太玄經》曰："天地屟位。"注云："屟，定也。"義雖近，不若言侤具設也。庭硯反。

居 jū

蹲。從尸，古者，居從古。臣鍇按：《文子》曰：聖人泉默而雷聲，尸居而龍興也。堅疎反。

屈

俗居從足。一本從居。

【校】鉉作𨂢，非，與足部複。"一本從居"四字次立補。

眉 xiè

臥息。從尸，自聲。臣鍇曰：臥中喘息也。喜介反。

屑（屑）屑　動作切切。從尸，𡍩聲。臣鍇曰：居既從尸，動亦從尸也。屑屑，屢動作也，故言不以屑，是不以動意也。私列反。

【校】不以，當作“不我”，二見。

展　屐　轉。從尸，襄省聲。陟衍反。

屆　屆　行不便；一曰極。從尸，凷聲。臣鍇曰：極即至也。凷，塊字也。苟瘝反。

尻　尻　䏈。從尸，九聲。苦勞反。

屍　屍　髀。從尸下丌居几。臣鍇曰：几，所坐几也。徒論反。

　　脽　脽　屍或從肉、隹。

　　臋　臋　屍或從骨，殿聲。

眉　屓　尻。從尸，旨聲。起利反。

尼　尼　從後近之。從尸，匕聲。臣鍇曰：尼猶昵也。女咨反。

屆　屆　從後相臿。從尸，畐聲。楚甲反（chā）[1]。

屟　屟　屆屟。從尸，乏聲。長立反。

叏（叏）叏　柔皮。從叉申尸之後也。或從又。汝展反（ruǎn）[2]。

【校】篆當作屍。注謂舛難讀，當作“柔皮也。從尸、又。尸、又，從皮省也。或云從叉”。按：“皮”亦從“尸”取義，從皮省，是柔之也。“皮”篆注云：“從又，爲省聲。”按：篆文屍無𠬝，疑是“從尸、從口省”之謂。籒文作屍，是全口，小篆省從冂也。此與“韋”從口同意。正此篆因補正“皮”篆之謂。

屒　屒　伏兒。從尸，辰聲。一曰屋宇。珍忍反。

犀　犀　屖遲。從尸，辛聲。臣鍇曰：《漢書·傳》云：“器不屖

---

① 注音依《廣韻》初戢切。
② 四庫本、四部叢刊本皆作“女展反”，《廣韻》又尼展切。

利。”① 屖，堅也。又屖遲，不進也。徲、稺字從此。先迷反。

【校】屖利，今本或作“犀利”。

扉 扉（fèi）履屬。從尸，非聲。**臣鍇按**：《春秋左傳》曰：“扉屨資糧。”
注：“扉，艸履也。”扶沸反。

屍 屍（shī）終主。從尸，死聲。**臣鍇曰**：主於身也。申離反。

屠 屠（tú）刳。從尸，者聲。田吾反。

屟 屟（xiè）履中薦。從尸，枼聲。**臣鍇曰**：履中替也。相聶反。

屋 屋（wū）居也。從尸，尸，所主。一曰尸象屋形。從至，至，所
止。屋、室皆從至。**臣鍇曰**：經傳皆訓尸爲主也。屋，人居所主
也。烏谷反。

　　屋 屋 籀文屋從厂。

　　臺 臺 古文屋。

屏 屏（bǐng）屏蔽。從尸，并聲。比郢反。

層 層（céng）重屋。從尸，曾聲。前增反。

文二十三　重五

【校】（文二十三）“辰、扉”二篆音仍鉉，而“切”作“反”。

尺 尺（chǐ）十寸也。人手卻十分動脈爲寸口，十寸爲尺。尺，所以指
尺規矩事也。從尸從乙。乙，所識也。周制寸、尺、咫、尋、常、
仞諸度量，皆以人之體爲法。凡尺之屬皆從尺。**臣鍇曰**：十分，
一寸也。人所診脈處，五藏脈所會也。《家語》曰：“布指知尺，
舒肱知尋。”《漢書》：武帝常讀東方朔上書，輒乙其處。是以乙爲
記識也。昌夕反。

【校】所以指尺，當作“所以指斥”。○《家語》，當作“《大戴記》”，
辨已詳又部“度”下。布指，當作“布手”。

----

① 見《漢書·馮奉世傳》。

zhǐ
咫 𤔢 中婦人手長八寸謂之咫，周尺也。從尺，只聲。**臣鍇曰：**《國語》："楛砮矢貫之，其長尺有咫。"長短適中。真彼反。

【校】楛砮矢貫之，當作"楛矢貫之，石砮"。

文二

wěi
尾(尾) 𡳐 微也。從倒毛在尸後。古人或飾系尾，西南夷皆然。凡尾之屬皆從尾。**臣鍇曰：**微者，書在後時，將末漸微也。倒毛，謂尾毛生倒屬也。飾系尾，若以雉尾飾鑣，或從豹尾。亡斐反。

【校】書在後時將，當作"尾在後將盡"。○或從，當作"或以"。

zhǔ
屬 𡳐 連。從尾，蜀聲。**臣鍇曰：**屬相連續，若尾之在體，故從尾。專玉反。

jué
屈(屈) 𡳐 無尾。從尾，出聲。**臣鍇曰：**堀字從此。居屈反。

niào
尿(尿) 𡳐 人小便。從尾、水。年銚反。

文四

lǚ
履(履) 履 足所依也。從尸從彳、夂，舟象履形。一曰尸聲。凡履之屬皆從履。**臣鍇曰：**履行，故從彳。六矣反（lǐ）。

　　䪾 𩑶 古文履從頁從足。

jù
屨 屨 履。從履省，婁聲。一曰鞮。**臣鍇曰：**鞮，革屨也。九遇反。

lì
屧 屧 履下。從履省，歷聲。**臣鍇按：**《周禮注》：繶者以采絲礫履之下。臣以爲履牆下連底處，采絲編剌之歷歷然。作礫，假借，當作此屧字。連的反。

xù
屟 屟 履屬。从履省，予聲。夕與反。

jué
屩 屩 履。從履省，喬聲。**臣鍇曰：**《史記》："虞卿躡屩見趙王。"屩，猶蹻足高也。己藥反。

【校】履，鉉作"屐也"。

jī
屐 屐 屩。從履省，支聲。其戟反。

文六　重一

舟　肙　船也。古者共鼓、貨狄刳木爲舟，剡木爲楫，以濟不通。象形。凡舟之屬皆從舟。**臣鍇按**：共鼓、貨狄二人，黃帝臣也。隻留反。

俞　俞　空中木爲舟。從亼從舟從巜。巜，水也。**臣鍇曰**：亼者，取二合之義。巜音澮。俞猶窬穿之義。會意。羊朱反。

船　舩　舟。從舟，鉛省聲。市緣反。

彤　彤　船行。從舟，彡聲。敕林反。

舳　舳　艫。從舟，由聲。漢律名船方長爲舳艫。一曰尾①。**臣鍇曰**：尾，船尾。陳六反。

【校】方長，疑當作“方丈”，見《史記·貨殖傳》。

艫　艫　舳艫。從舟，盧聲。一曰船頭。論孤反。

舾　舾　船行不安。從舟，刖省。讀若兀。吾忽反。

艐　艐　船著不行②。從舟，㚇聲。讀若莘。**臣鍇按**：《爾雅》：“艐，至也。”不行即至也。子紅反。

【校】子紅反，鉉音也，鍇當作“古拜反”，同《爾雅》。後人不知聲而改也。

朕（朕）　朕　我也。闕。直賃反。

舫　舫　船師。《明堂月令》曰：“舫人。”習水者。從舟，方聲。夫妄反。

【校】船師，段云“師”當作“也”。○舫人，按：《月令》“漁師”鄭注云：“今《月令》‘漁師’作‘榜人’。”蓋“榜”或又作“舫”也。

---

① 尾，大徐本作“舟尾”。
② 唐寫本《玉篇》“艐”下引《説文》：“船著沙不行也。”據此，今本脫“沙、也”二字。

bān

般　辟也。象舟之旋。從舟從殳。殳，令舟旋。臣鍇曰：殳，楫之屬。會意。**別安反。**

般　古文般從攴。

fú

服(服)　用也；一曰車右騑，所以舟旋。從舟，𝅘聲。臣鍇曰：車左右驂，左曰騑，右曰服。**伐六反。**

舥(脈)　古文服從人。

文十二　重二

fāng

方　并船也。象兩舟省總頭形也。凡方之屬皆從方。**府昌反。**

汸　方或從水。

háng

斻　方舟。從方，亢聲。《禮》：“天子造舟，諸侯維舟，大夫斻舟，士特舟。”臣鍇曰：方，并也。方舟，今之舫，并兩船也。造，至也，連舟至他岸。維舟，維連四船。特舟，單舟。《爾雅》作方。**胡郎反。**

【校】《禮》，《逸禮》也，今又見《大雅》傳。○“《爾雅》”上當有“斻”字。

文二　重一

rén

儿　仁人也。古文奇字人。象形。孔子曰：“在人下，故詰屈。”凡儿之屬皆從儿。臣鍇按：《山海經》：“非人羿莫能上。”**爾申反。**

【校】注引《山海經》有譌誤。按：《西山經》：中曲山懷木，食之多儿，郭注引《尸子》“木食之人，多爲仁”爲證，謂“儿”即“仁”也。鍇意亦當取此以證“儿”爲“仁人”耳。儿，今《山海經》作“力”。鍇見本猶不誤也。今補正鍇説曰：“懷木，食之多儿，儿即仁也。”

wù

兀　高而上平也。從一在儿上。讀若夐。茂陵有兀桑里。**吾忽反。**

ér

兒　孩子也。從儿，象小兒頭囟未合。**然知反。**

yǔn

允　信也。從儿，㠯聲。臣鍇曰：儿，仁人也，故爲信。**與準反。**

兌 ^{duì} 弟 説也。從儿，㕣聲。臣鍇曰：説音悦，《易》曰："兌，説也。"㕣音沇。杜會反。

充 ^{chōng} 斋 長也；高也。從儿，育省聲。臣鍇曰：㐬在儿上也。赤風反。

【校】㐬在，當作"㐬然在"。"㐬然"猶"突然"。

文六

兄 ^{xiōng} 兑 長也。從儿從口。凡兄之屬皆從兄。臣鍇曰：《通論》詳矣。喧京反。

競（兢）^{jīng} 霮 競也。從二兄，二兄，競意。從丰聲。讀若矜。一曰競，敬也。臣鍇曰：競，強也，二兄爭長也。機仍反。

文二

先 ^{zēn} 兂 首笄也。從儿、匕。象簪形。凡先之屬皆從先。臣鍇曰：匕，笄也。阻琴反。

簪 蕡 俗先從竹、晉。

兓 ^{jīn} 烿 兓兓，鋭意也。從二先。臣鍇曰：先，鋭利也。故二先爲鋭意。晉從此。子林反。

【校】兓兓，當作"兓兓"。

文二　重一

【校】（文二）"兓"篆音仍鉉，而"切"作"反"。

皃 ^{mào} 皃 頌儀。從儿，白象人面形。凡皃之屬皆從皃。臣鍇曰：頌，古容字。白，非黑白字，直象人面。没教反。

貌 貏 籀文皃從豸。臣鍇曰：豸，獸。豸豸然，皃之嚴毅。

頌 顙 或從頁，豹省聲。

覍 ^{biàn} 覍 冕也。周曰覍，殷曰吽，夏曰收。從皃，象形。皮變反。

弁 覍 籀文覍或從収，上象形。

弁 育 或覍字。

文二　重四

兜兜 䫳蔽也。從儿，象左右皆蔽形。凡兜之屬皆從兜。讀若瞀。公户反。

兜兜 兜鍪，首鎧也。從兜，從兒省。兒象人頭形也。單頭反。

文二

先先 前進也。從儿、之。凡先之屬皆從先。臣鍇曰：之在儿上也。蒐前反。

詵詵 進也。從二先。贊從此。闕。所臻反。

文二

秃秃 無髮也。從儿，上象采粟之形，取其聲。凡秃之屬皆從秃。王育說：蒼頡出，見秃人伏禾中，因以制字。未知其審。臣鍇曰：言秃人髮不纖，長若禾稼也。他哭反。

【校】采，鉉本作“禾”。○稼，當作“穗”。

穨穨 秃皃。從秃，貴聲。徒催反。

文二

見見 視也。從目、儿。凡見之屬皆從見。臣鍇曰：目儿爲見，會意。經硯反。

視視 瞻也。從見，示聲。善旨反。

眎眎 古文視。

眡眡 亦古文視。臣鍇曰：此一字古文以爲視字，今則自爲一字。蓋古今之變，亦猶示古爲祇字，今自音視。

覼覼 求也。從見，麗聲。讀若池。臣鍇曰：鮑昭曰“南覼炎國”。妻惠反。

【校】鮑昭《瓜步山揭文》今本“覼”作“矖”。

覣覣 好視也。從見，委聲。臣鍇曰：低回而視也。委爲反。

yì
⿰兒見 內視。從見，兒聲。**臣鍇曰：**今爲睨。內視，自視也。疑制反。

luó
覶 好視。從見，𤔔聲。魯戈反。

lù
⿰录見 笑視也。從見，录聲。劣朿反。

xuǎn
⿰爰見 大視也。從見，爰聲。呼遠反。

lián
覝 察視也。從見，兲聲。讀若鎌。**臣鍇曰：**《漢書》多言廉得其情，廉，察視也，當作此覝。兲，火廉反。連鹽反。

yùn
⿰員見 外博眾多視也。從見，員聲。讀若運。**臣鍇曰：**俗名目⿰員見亂也。于問反。

guān
觀 諦視也。從見，雚聲。古翰反（guàn）①。

⿱雚囧 古文觀從囧。

dé
㝵（导） 取也。從見、寸。寸，度之，亦手也。**臣鍇曰：**得從此，會意。多則反。

lǎn
覽 觀也。從見，監亦聲。**臣鍇曰：**監，臨也。會意。婁坎反。

lài
⿰來見 內視也。從見，來聲。**臣鍇曰：**猶睞也。勒菜反。

tí
⿰是見 顯也。從見，是聲。敵圭反。

biǎo
⿰票見 目有察省。從見，票聲。**臣鍇曰：**微察之也。比眇反。

qù
覰 拘覰未致密也。從見，虘聲。**臣鍇曰：**致亦密也。親去反。

míng
覭 小見也。從見，冥聲。《爾雅》曰："覭髳，弗離。"**臣鍇按：**《爾雅注》："覭髳，謂艸木之蘩攢翳薈者；弗離，猶彌離，猶蒙蘢。"② 民粤反。

【校】弗離，《爾雅》"弗"作"茀"。

---

① 注音依《廣韻》古丸切。

② 今本《爾雅・釋詁》："覭髳，茀離也。"郭注："謂艸木之叢茸翳薈也。茀離即彌離，彌離猶蒙蘢耳。"

dān
覘 覘 内視也。從見，甚聲。丁含切。

gòu
覯 覯 遇見也。從見，冓聲。臣鍇曰：《詩》曰："亦既覯止。" 格漚反。

kuí
覩 覩 注目視也。從見，歸聲。臣鍇曰：覩然視不移也。權雖反。

chǎn
覘 覘 窺視。從見，占聲。《春秋傳》曰："公使覘之，信。" 敕染反。

wéi
覹 覹 司。從見，微聲。臣鍇曰：司，伺視也。尾希反。

méng
冡 冡 突前。從見，冃聲。臣鍇曰：冃音蒙。亡空反。

shǎn
覢 覢 暫見。從見，炎聲。《春秋公羊傳》曰："覢然公子陽生。" 收儼反。

【校】今《公羊》作"閃"。

pìn
覵 覵 暫見。從見，賓聲。匹儐反。

fán
覕 覕① 覼覕。從見，樊聲。讀若幡。復宣反。

mí
覛 覛 病人視。從見，氐聲。讀若迷。民低反。

yóu
覦 覦 下視深。從見，卤聲。讀若攸。延秋反。

chēn
覘 覘 私出頭視。從見，彤聲。讀若郴。敕林反。

cì
覗 覗 覗覗，閱覗。從見，朿聲。七恣反。

jì
覬 覬 钦羑。從見，豈聲。訖示反。

yú
覦 覦 欲。從見，俞聲。羊朱反。

chuǎng
覴 覴 視不明。從見，舂聲。一曰直視。丑尨反。

yào
覞 覞 視誤。從見，龠聲。異召反。

jué
覺 覺 寤。從見，學省聲。一曰發也。江岳反。

tì
覘 覘 目赤。從見，智聲。他狄反。

———————

① 四庫本作覕，與析形合。

靚 靚 召。從見，青聲。臣鍇曰：亦用爲淨。《甘泉賦》曰："稍暗而靚深也。"從姓反。

【校】淨，當作"靜"。○稍暗，當作"稍暗暗"。

親 親 至。從見，亲聲。臣鍇曰：密至也。亲音榛。七鄰反。

覲 覲 諸侯秋朝曰覲，勞王事。從見，堇聲。其襯反。

【校】勞，當作"勤"，疊韻爲訓也。

覜 覜 諸侯三年大相聘曰覜。覜，視。從見，兆聲。惕弔反。

覒 覒 擇也。從見，毛聲。讀若苗。臣鍇按：《詩》曰"參差荇菜，左右芼之"，芼，擇菜也。其餘簡擇爲覒。門高反。

覕 覕 蔽不相見。從見，必聲。名噎反。

覗 覗 司人。從見，它聲。讀若馳。臣鍇曰：伺候也。《詩》曰"彼留子嗟，將其來施"，施，當作此覗字。申而反。

覘 覘 目蔽垢。從見，豆聲。讀若兜。臣鍇曰：覘，眵目汁凝也。單頭反。

文四十五　重三

【校】（文四十五）"覲"作切音，次立補，當例補次立説。"覒、覕"二篆音仍鉉而"切"作"反"。

覞 覞 并視也。從二見。凡覞之屬皆從覞。臣鍇曰：會意。異召反。

覵 覵 很視。從覞，肩聲。齊景公之勇士有成覵者。臣鍇曰：很戾而視也。成覵，《孟子》所云也。覵，其名。苦閑反。

【校】今《孟子》作"覵"。

覉 覉 見雨而止息。從覞從雨。臣鍇曰：雨，雨也。周普，故并視皆見。此會意。虛致反。

【校】雨也周普，當作"雨周普也"。

文三

欠 qiàn　張口气悟也。象气從人上出之形。凡欠之屬皆從欠。臣鍇曰：人欠欱也，悟，解也。气壅滯，欠欱而解也。彡，气形。丘劍反。

欽 qīn　欠皃。從欠，金聲。臣鍇曰：欠欱之皃。卻林反。

巒 luán　欠皃。從欠，戀聲。魯刓反。

欯 xì　喜也。從欠，吉聲。臣鍇曰：此今俚俗言也。馨逸反。

欨 xū　吹也；一曰笑意。從欠，句聲。臣鍇按：《老子》曰："或欨或吹。"況于反。

【校】 今《老子》作"呴"。

歔 hū　溫吹。從欠，虖聲。虎烏反。

欯 yù　吹气。從欠，或聲。於目反。

歟 yú　安气。從欠，與聲。臣鍇曰：孔子曰"歸歟歸歟"，今試言之，則气緩而安也。以虛反。

歙 xié　翕气。從欠，脅聲。虛業反。

歕 pēn　吹气。從欠，賁聲。臣鍇曰：班固《西都賦》曰："欱野歕山。"鋪奔反。

【校】 《西都》，當作"《東都》"。

歇 xiē　息；一曰气越泄。從欠，曷聲。讀若香臭盡歇。臣鍇按：鮑昭曰："薰歇燼滅。"軒謁反。

【校】 "盡歇"二字衍。按：鉉無"讀若"句，不知聲而刪也。"臭"讀"休"之去聲，與"歇"同母。

歡 huān　喜樂。從欠，雚聲。臣鍇曰：喜動聲气，故從欠。呼寬反。

欣 xīn　笑喜。從欠，斤聲。臣鍇曰：《禮》"笑不至欣"，作矤，假借。希斤反。

弞 shěn　笑不壞顏曰弞。從欠，引省聲。矢引反。

【校】按:《玉篇》“笑不壞顏”有二字:一作“㰤”,一作“㰦”,皆誤也。笑不壞顏,笑有節也,當從“欠”從“卪”會意,篆當作𣢯。

歀(款)𣢁　意有所欲。從欠,𡧤省聲。臣鍇曰:今人言誠款也。苦暖反。

款 𣢦　歀或從柰。

欽 𣣠　歽。從欠,气聲。一曰口不便言。臣鍇曰:揚雄口吃,吃與欽相類。幾迄反。

欲 𣣩　貪欲。從欠,谷聲。臣鍇曰:欲,人六情之所生也。余足反。

歌 𣤠　詠。從欠,哥聲。臣鍇曰:歌者長引其聲以誦之也。更和反。

謌 謌　歌或從言。

歂 𣣡　口气引。從欠,耑聲。讀若車輇。似蟬反。

歡 𣤋　歊歡。從欠,爾聲。臣鍇曰:口相就也。即肉反。

噈 𣤊　俗歡從口從就。

欻 𣣔　怒然也。從欠,朮聲。《孟子》曰:“曾西欻然。”才六切。

【校】今《孟子》作“蹵”。

㰦 𣣫　含笑。從欠,今聲。丘嚴反。

歋 𣤌　人相笑歋瘉。從欠,虒聲。臣鍇曰:晉羅友曰“鬼見歋揄”是也。以支反。

【校】歋揄,今《晉陽秋》作“揶揄”。

歊 𣤄　歊气出皃。從欠、高,高亦聲。欣消反。

欻 𣣤　有所吹起。從欠,炎聲。讀若忽飛。詡屈反。

吹 㖧　出气。從欠從口。臣鍇曰:會意。叱爲反。

欪 𣣗　欪欪,戲笑皃。從欠,之聲。臣鍇曰:今俗訛作咍字。軒其反。

歌 𣤉　歌歌,气出皃。從欠,䍃聲。延朝反。

歗 吟。從欠，肅聲。《詩》曰：“其歗也謌。”臣鍇曰：歗者，吹气出聲也。息叫反。

【校】今《詩》作“其嘯也歌”。

歎 吟。從欠，鸂省聲。臣鍇曰：此悲歎也。古詩曰：“一彈再三歎。”從口作嘆，嘆息也。他旦反。

歎 籀文歎不省。

歕 卒喜。從欠，喜聲。軒其反。

欸 訾。從欠，矣聲。遏開反。

欪 歐。從欠，此聲。贊寄反。

歔 欷。從欠，虛聲。一曰出气。臣鍇曰：歔欷者悲泣气咽而抽息也。忻余反。

欷 歔。從欠，希聲。忻祈反。

歜 盛气怒。從欠，蜀聲。臣鍇曰：《春秋左傳》齊有邴歜。川欲反。

歐 言意。從欠從卤，卤亦聲。讀若酉。夷酒反。

潣 欲飲。從欠，渴聲。臣鍇曰：今俗用渴字。刻葛反。

歝 所謌。從欠，噭省聲。讀若噭呼。見弔反。

歖 悲意。從欠，嗇聲。疎億反（sè）[1]。

糕 盡酒。從欠，糕聲。臣鍇按：《史記》郭解姊子“與人飲，使之糕”，作醮字，假借也。子妙反。

【校】醮，今《史記》作“嚼”。

歉 監持意，口閉。從欠，緘聲。古咸反。

———————

[1] 注音依《集韻》迄力切。

^{shèn}
欨 _欨 指而笑。從欠，辰聲。讀若蜃。食忍反。

^{kūn}
歎 _歎 昆干不可知。從欠，鯀聲。**臣鍇曰**：禹父號鯀，義當此字。古論反。

【校】 昆干，鉉作“昆于”。按：《通雅》謂即許訓“壺爲昆吾圜器”之“昆吾”，則當作“昆于”；或云即俗云“顚頂”，則當作“昆干”。

^{shà}
歃 _歃 歠。從欠，臿聲。《春秋傳》曰：“歃而忘。”山呷反。

【校】 今《左》作“歃如忘”，“而、如”古通用。

^{shuò}
欶 _欶 吮也。從欠，束聲。**臣鍇曰**：漱、遬從此。色捉反。

^{kǎn}
歁 _歁 食不滿。從欠，甚聲。讀若坎。苦糝反。

^{kǎn}
歆 _歆 欲得。從欠，臽聲。讀若貪。**臣鍇按**：《楚辭》曰：“歆侘傺而沈藏。”脱甘反（tān）[1]。

【校】 歆侘傺，今《九辨》作“然歆傺”，《文選》“歆”作“坎”。

^{hē}
欱 _欱 歠。從欠，合聲。呼合反。

^{qiàn}
歉 _歉 歉食不滿[2]。從欠，兼聲。丘點反。

^{wā}
歐 _歐 咽中息不利。從欠，骨聲。烏滑反。

^{yì}
欭 _欭 嚘。從欠，因聲。乙器反。

^{ǒu}
歐 _歐 吐。從欠，區聲。恩斗反。

^{wū}
歍 _歍 心有所惡若吐。從欠，烏聲。一曰口相就。**臣鍇按**：《山海經》曰：“相柝之所以歍爲澤谿。”宛都反。

【校】 “相柝”以下誤，當作“相柳之所歍即爲源澤”，見《大荒北經》。

^{kài}
欬 _欬 逆气。從欠，亥聲。苦噯反。

^{xì}
歑 _歑 且唾；一曰小笑。從欠，毄聲。許璧反。

---

① 注音依《集韻》苦感切。

② 唐寫本《玉篇》“歉”：“《説文》：食不飽也。”《慧琳》卷九十七《廣弘明集》“歉腹”下引《説文》：“不飽也。”據二引，今本“歉”字衍，“不滿”爲“不飽”之誤。

【校】“且唾”下鉉有“聲”字。

xī
歙 縮鼻也。從欠，翕聲。丹陽有歙縣。**臣鍇按:**《老子》曰:“將欲歙之也。”希立反。

yǒu
㰶 蹴鼻。從欠，咎聲。讀若《爾雅》曰“麔、䴢，短脰”。恩斗反（ǒu）[①]。

【校】䴢，今《爾雅》作“麔”。

yōu
㳺 愁皃。從欠，幼聲。伊糾反。

chù
欪 咄欪，無慙；一曰無腸意。從欠，出聲。**臣鍇曰:** 蹙鼻爲欪，猶今俗人之言。敕密反。

【校】“臣鍇”以下十三字當在“㰶”篆“短脰”下。

yù
欥 詮詞。從欠、曰，曰亦聲。《詩》曰:“欥求厥寧。”**臣鍇曰:** 詮，理也，理其事之詞也。一曰發聲。今《詩》假借聿字。會意。與必反。

【校】今《詩》作“遹”。

cì
次 不前不精。從欠，二聲。**臣鍇曰:** 不前是次於上也，不精是其次也。七恣反。

𠘱 古文次。

kāng
㰠 飢虛。從欠，康聲。**臣鍇曰:** 㰠猶康空也。彄莊反。

qī
欺 詐欺。從欠，其聲。遣之反。

xīn
歆 神食气。從欠，音聲。**臣鍇曰:**《禮》:“周人上臭，灌用鬱鬯。”又曰:“有飶其香。”神靈先享其气也。忻吟反。

文六十五　重四

【校】（文六十五）“㰤”作切音，次立補，當例補次立説。“歗、歔、欥、歜、欱、歠”六篆音仍鉉，而“切”作“反”。

（重四）當作“重五”。

---

① 注音依《集韻》於糾切。

^{yǐn}
歙 歙 歙也。從欠，酓聲。凡歙之屬皆從歙。臣鍇曰：酓一音甘。九沈反（jǐn）^①。

余 余 古文歙從今、水。

酓 酓 古文歙從今、食。

^{chuò}
歠 歠 歙。從歙省，叕聲。昌説切。

【校】作切音，次立補。“文二”下當例補次立説。

唉 唉 歙或從口、夬。

文二　重三

^{xián}
次 次 慕欲口液。從欠、水。凡次之屬皆從次。臣鍇曰：今俗訛作涎。夕連反。

涎 涎 次或從侃。

㳄 㳄 籀文次。

^{xiàn}
羨 羨 貪欲。從次，羑省。羑呼之羑，文王所拘羑里。臣鍇曰：“無然歆羨”，欲也，羑訓誘也。會意。之彥反^②。

^{yí}
㳂 㳂 歙。從次，厂聲。讀若移。臣鍇曰：厂音移。以支反。

^{dào}
盜 盜 私利物。從次，次欲皿者。臣鍇曰：會意。徒號反。

【校】次欲皿者，《韻會》引作“次，欲也，欲皿爲盜”。

文四　重二

^{jì}
旡 旡 歙食气逆不得息曰旡^③。從反欠。凡旡之屬皆從旡。臣鍇曰：欠，息也，故反欠爲不得息。居志反。

旡 旡 古文旡。

^{huò}
㱯 㱯 逆惡驚詞。從旡，咼聲。讀若楚人名多夥。胡顆反。

———————

① 注音依《廣韻》於錦切。
② 注音依《廣韻》似面切。之彥反，待考。
③ 旡，依例當作“旡”。按本部“旡”依例均當作“旡”，以別於重文字形。今從底本。

liàng

倞 倞 事有不善倞。《爾雅》：“倞，薄。”從兂，京聲。**臣鍇按**：《春秋左傳》“虢多倞德”，今《爾雅》《左傳》作涼，假借。**力狀反**。

【校】“涼，薄”之訓《爾雅》所無^①，見《小爾雅》。

文三　重一

---

① 涼，當作“倞”。

説文解字通釋卷第十七

繫傳十七

文林郎守祕書省校書郎臣徐鍇傳釋
朝散大夫行祕書省校書郎臣朱翺反切

二十六部　文五百二十三　重六十三

xié
頁 頭也。從百從儿。古文䭫首如此。凡頁之屬皆從頁。頁者，䭫首字也。**臣鍇曰：**古文以爲首字也。羊截反。

tóu
頭 首也。從頁，豆聲。特婁反。

yán
顔 眉目之閒也。從頁，彥聲。**臣鍇按：**《史記》"漢高祖龍顔"是也。言關反。

　　顏 籀文。

róng
頌 皃也。從頁，公聲。**臣鍇曰：**此容儀字。歌頌者，美盛德之形容也，故通作頌。後人因爾亂之，定以此爲歌頌字。然今世閒《詩》本《周頌》亦或作訟。與封反（yóng）。

　　額 籀文。

duó
頊 顱也。從頁，乇聲。**臣鍇曰：**今俗作髑字。陀谷反（dú）[1]。

lú
顱 頊顱，首骨也。從頁，盧聲。論孤反。

yuàn
顚 顛頂也。從頁，𩔾聲。魚怨反。

---

① 《廣韻》又徒落切。

顛　顛　頂也。從頁，真聲。臣鍇曰：蹎倒字作蹎。的烟反。

頂　頂　顛也。從頁，丁聲。顛茗反。

　　頂　頂　或從賸作。

　　顁　顁　籀文從鼎。

顙　顙　額也。從頁，桑聲。蘇朗反。

題　題　額也。從頁，是聲。臣鍇曰：義見《爾雅》。敵圭反。

額　額　顙也。從頁，各聲。顏客反。

頞　頞　鼻莖也。從頁，安聲。臣鍇按：《史記》曰：蔡澤"蹙頞"。
烏渴反。

【校】今《史記》作"齃"。

　　齃　齃　或從鼻、曷。

頯　頯　權也。從頁，𢌳聲。臣鍇按：《莊子》曰："其顙頯。"頯，
塊然也。權雖反。

頰　頰　面旁也。從頁，夾聲。居俠反。

　　𩠺　𩠺　籀文從賏。

頜　頜　頰後也。從頁，艮聲。姦很反。

【校】頰後也，汪無"後"字。

頷　頷　頤也。從頁，合聲。侯坎反。

頤　頤　頤也。從頁，函聲。侯貪反。

頸　頸　頭莖也。從頁，巠聲。居穎反。

領　領　項也。從頁，令聲。里井反。

項　項　頭後也。從頁，工聲。臣鍇按：《詩》曰："四牡項領。"馬
領宜細，領大則難制，故舉項領，非訓項爲大也。限蚌反。

頵　頵　項頵也。從頁，尤聲。臣鍇曰：謂項後承枕骨也。之
袵反。

chuí
顀 出頟也。從頁，隹聲。**臣鍇曰：**言額如椎也。真誰反（zhuī）①。

péi
䪹 曲頤也。從頁，不聲。步雷反。

yǎn
顩 䶢皃。從頁，僉聲。件檢反②。

yǔn
䫀 面目不正皃。從頁，尹聲。**臣鍇曰：**頭大也。王閔反。

yūn
頵 頭頵也。從頁，君聲。**臣鍇曰：**頭大也。宛旬反。

【校】頭頵，鉉作“頭頵頵”。

yǔn
䫃 面色䫃皃。從頁，員聲。讀若隕。**臣鍇按：**《詩》云：“芸其黄矣。”又古詩云：“黄華葉衰芸。”亦或音運，與此義近也。雨牝反。

【校】䫃皃，汪依鉉作“顚顚皃”，按鍇説，當作“黄皃”。

yán
䭠 頭頰長也。從頁，兼聲。五緘反。

shuò
碩 頭大也。從頁，石聲。**臣鍇曰：**《詩》曰：“碩大且儼。”神隻反（shí）。

qiāo
顤 大頭也。從頁，羔聲。**臣鍇按：**《詩》曰：“牂羊顤首。”今作墳，假借。扶云反（fén），又口幺反。

【校】“又口幺反”四字，次立用鉉本增。

bān
頒 大頭也。從頁，分聲。一曰鬢也。《詩》曰：“有頒其首。”布還反。

kuī
顝 大頭也。從頁，骨聲。讀若魁。**臣鍇按：**張衡《思玄賦》：“顝羈旅而無友。”顝猶塊大而獨立皃。誇訥反（kū）③。

【校】塊大，當作“塊然”。

yuàn
願 大頭也。從頁，原聲。魚怨反。

---

① 注音依《廣韻》直追切。

② 《廣韻》魚檢切，疑母；四庫本、四部叢刊本皆作“失檢反”，疑“失”爲“牛”之誤。

③ 注音依《廣韻》苦回切。

顤　高長頭。從頁，堯聲。臣鍇按:《靈光殿賦》曰:"顤顤顟而睢睽。"胡人皃也。五叫反。

【校】睢睽，今本作"睽睢"。

頎　頭佳也。從頁，斤聲。讀又若鬢。臣鍇曰:《詩》曰:"碩人其頎。"巨希反。

【校】鉉無此篆。"鬢"或作"鬐"，非是。

熬　熬頟，高也。從頁，敖聲。五號反。

【校】頟，鉉作"顤"。

頟　前面岳岳也。從頁，岳聲。逆捉反。

【校】前面，鉉作"面前"。

顅　昧前也。從頁，炅聲。莫隊反。

顜　面瘦淺顜顜也。從頁，霝聲。連丁反。

頠　頭蔽頠也。從頁，豸聲。臣鍇按:《字書》:蔽即蒯。頠，頭惡也。五夬反。

頑　梱頭也。從頁，元聲。臣鍇曰:梱，椓也。五還反。

頢　小頭頢頢也。從頁，枝聲。臣鍇曰:頢猶規，小兒。堅隨反。

【校】頢猶規，當作"頢頢猶嬰嬰"。

顆　小頭也。從頁，果聲。臣鍇曰:今言物一顆，猶一頭也。苦墮反。

頢　短面也。從頁，昏聲。戶刮反。

頲　狹頭頲也。從頁，廷聲。他挺反。

頠　頭閑習也。從頁，危聲。臣鍇曰:閑習，謂低仰便也。語委反。

頷　面黃也。從頁，含聲。候坎反。

顮　面不正也。從頁，爰聲。魚怨反。

頍 頍 舉頭也。從頁，支聲。《詩》曰："有頍者弁。"頃箠反。

頮 頮 內頭水中。從頁、癸，癸亦聲。臣鍇曰：癸音没。會意。烏骨反（wò）①。

顧 顧 還視也。從頁，雇聲。骨度反。

順 順 理也。從頁，川聲。殊問反。

胗 胗 顏色胗𪗋慎事也。從頁，㐱聲。臣鍇曰：胗𪗋，猶隱淪難分兒，不見於色，故曰慎事。支允反。

𪗋 𪗋 胗𪗋也。從頁，粦聲。一曰頭少髮。力準反。

顓 顓 頭顓顓謹兒。從頁，𡥈聲。臣鍇按：《淮南子》曰："以害顓民。"顓，謹也。準旋反。

【校】以害，當作"戱食"。○謹也，當作"善也"，見《覽冥訓》。

頊 頊 頭頊頊謹兒。從頁，王聲②。喧玉反（xù）。

𩒫 𩒫 低頭也。從頁，金聲。《春秋傳》曰："迎于門，𩒫之而已。"臣鍇曰：點頭以應也。今《左傳》作頷，假借。五感反。

頓 頓 下首也。從頁，屯聲。臣鍇曰：頓首，下首也。都巽反。

頫 頫 低頭也。從頁，逃省聲。太史卜書頫仰字如此。揚雄曰：人面頫。分武反。

【校】省聲，"聲"字衍。○"揚雄曰：人面頫"三字義不可曉，按全書例，博采通人者皆説字形，非説字義也。疑當作"揚雄説'人免曰俛'"，移置"俛"篆下，與艸部"茢、蘿"同例。

　　俛 俛 俗頫字從人、免。

　　【校】注當作："揚雄説：'人免曰俛。'臣鍇曰：俗'頫'字作'俯'，從人，府聲。"

---

① 注音依《廣韻》莫勃切。
② 王，當從大徐作"玉"。

shěn
頤 𩒣 舉目視人皃。從頁，臣聲。矢引反。

zhǎn
顫 𩔌 倨視人也。從頁，善聲。旨闡反。

xié
頡 頡 直項也。從頁，吉聲。羊截反。

zhú
頧 順 頭頡頧也。從頁，出聲。讀又若骨。之出反。

hào
顥 顥 白皃。從景、頁。《楚詞》曰："天白顥顥。"南山四顥，白首人也。**臣鍇按**：班固《西都賦》曰："鮮顥气之清英。"顥气，白气也。候抱反。

fán
頪 𩔥 大醜皃。從頁，樊聲。復喧反。

jìng
頟 𩔰 好皃。從頁，爭聲。《詩》所謂"頟首"。**臣鍇曰**：《詩》言"蜂首"，此引《詩》以解，誤作從蜂。疾性反。

【校】誤作從蜂，當作"蜂誤作頟"。此指上"頟首"謂當作"蜂首"也。按：許引《詩》謂"蜂首"即"頟"之義，非謂《詩》"蜂首"當作"頟首"也，則許書本當作"蜂首"，今誤作"頟"，故鍇辨之。

yǔ
頨 𩖙 頨妍也。從頁，翩省聲。讀若翩。**臣鍇曰**：書傳多言孔子反宇，作此頨字，云：頭頂四崖峻起，象尼丘山。于甫反。

yǐ
顗 鎧 謹莊皃。從頁，豈聲。魚豈反。

qiān
顅 顅 頭鬢少髮也。從頁，肩聲。《周禮》："數目顅脰。"**臣鍇曰**：顅脰，少髮也。苦閑反。

【校】"顅脰少髮也"五字複許書而害義，當作"'顅'與'鬝'同也"。按《考工記》注："故書'顅'或作'牼'。司農云：'牼'讀爲'鬝頭無髮'之'鬝'。"義與許合，鍇蓋用此説耳。

kūn
頵 𩔲 無髮也；一曰耳門也。從頁，困聲。**臣鍇曰**：頵猶髡也。苦敦反。

【校】汪依鉉改"頵"，注仍作"困"聲。

kū
頯 頯 禿也。從頁，气聲。誇訥反。

頪^{lèi} 頪 頭不正。從頁、耒。耒，頭傾，亦聲。讀又若《春秋》"陳夏齧"之齧。魯内反。

頱^{pǐ} 頱 傾首也。從頁，卑聲。匹米反。

頢^{qì} 頢 伺人；一曰恐也。從頁，契聲。讀若禊。異契反^①。

魌^{kuǐ} 魌 頭不正也。從頁，鬼聲。臣鍇曰：魌猶畾鬽也。口猥反。

頗^{pō} 頗 頭偏也。從頁，皮聲。滂阿反。

頄^{yòu} 頄 顫也。從頁，尤聲。延救反。

【校】當作頄，《一切經音義》兩引《說文》"頄"字，疑此篆本從"又"聲，義與"疣"同，因涉下"疣"篆而或改從"尤"，故疒部"疣"篆下闕鍇説，以此部無"頄"字而删之耳。

疣 疣 或從疒作。

顫^{zhàn} 顫 頭不正也。從頁，亶聲。臣鍇曰：俗言顫掉不定。走彦反（jiàn）^②。

【校】不正，按鍇説"正"當作"定"。

顑^{kǎn} 顑 飯不飽，面黃起行也。從頁，咸聲。讀若贛。臣鍇按：《楚辭》："長顑頷亦何傷。"口糝反。

頷^{lǎn} 頷 面顑頷皃。從頁，嗇聲。臣鍇曰：嗇音力甚反。勒敢反。

煩^{fán} 煩 熱頭痛也。從頁從火。一曰從焚省聲。臣鍇按：宋玉《風賦》："鬱勃煩冤。"煩熱冤亂。復喧反。

【校】鬱勃，今《文選》作"勃鬱"。〇"冤亂"下當有"也"字。

頠^{wài} 頠 癡不聰明。從頁，豙聲。臣鍇曰：癡之狀見於頭面也。五隘反。

頪^{lèi} 頪 難曉也。從頁、米。一曰鮮白皃。從粉省。臣鍇曰：類、

① 注音依《廣韻》苦計切。按朱翱系統，異契反或讀 xì。
② 注音依《廣韻》之繕切。

纇從此。勒會反。

頄 頄顇也。從頁，卒聲。臣鍇按：《楚詞》曰：“形容頄顇。”①
勞苦見於面。夕位反。

【校】“於面”下當有“也”字。

頟 繫頭殟也。從頁，昏聲。臣鍇曰：殟，屈頭死之也。莫魂反。

【校】殟，屈頭死之，殟，當作“殙”。按：古字“殙、殟”通借，爲
猝死之稱。“殙”與“頟”同義，“頟”從頁，故爲“屈頭死之”也。
段氏“殟”下引玄應書增注作“暴無知”，由不知玄應書乃借“殙”
爲“殟”耳。其實許書“殙、殟”自分兩義也。

頦 醜也。從頁，亥聲。候猜反。

顛 頭也。從頁，其聲。今逐疫有顛頭。臣鍇按：《靈光殿賦》
曰：“仡顛㺐以鵰顑。”顛頭，方相四目也。遣之反。

【校】“頭也”上當有“顛”字，鉉作“醜也”。〇仡顛，今《文選》
作“仡欺”，注：“欺㺐，大首也。”〇顑，當依《文選》作“眈”。

籲 呼也。從頁，籥聲。《尚書》曰：“率籲眾戚。”云遇反。

【校】戚，今《書》作“慼”。

顯 頭明飾也。從頁，㬎聲。臣鍇曰：頁，頭也。若具列物
數，一頭二頭也。會意。呼衍反。

顨 選具也。從二頁。士戀反。

顒② 大頭也。從頁，禺聲。《詩》曰：“其大有顒。”魚容切。

顦 頄顇也。從頁，焦聲。昨焦切。

文九十三　重八

【校】（文九十三）顦，鉉補字，非鍇所有。“顒”篆作切音，次立補，
當例補次立説。“顧、頛、願、頮、頷、頓、顛、頓、頬、頭”音仍鉉，

①　今本《楚辭·漁父》：“顏色憔悴，形容枯槁。”
②　按，四部叢刊本小篆作顒。

而“切”作“反”。

百 百 頭也。象形。凡百之屬皆從百。臣鍇曰：𠃜，髮髻也。式九反。

腬 腬 面和也。從百從肉。讀若柔。臣鍇曰：《爾雅》：“戚施，面柔也。”肉，物之柔者。會意。然尤反。

文二

面 面 顏前也。從百，象人面形。凡面之屬皆從面。臣鍇曰：顏，額也。彌釗反。

靦 靦 面見也。從面、見，見亦聲。《詩》曰：“有靦面目。”臣鍇曰：凡人所視瞻，心實見之，故有別識無恥之人，面見之而已，心實否也。《國語》范蠡曰：“雖靦然人面，實禽獸也。”會意。聽銑反。

【校】實禽獸也，按《越語》“實”當作“猶”。

䣄 䣄 或從旦。

䩉 䩉 頰也。從面，甫聲。臣鍇按：《易》曰：“咸其輔頰。”䩉與輔義相近。浮甫反。

醮 醮 面焦枯小也。從面，焦聲。前昭反。

【校】焦聲，鉉無“聲”字。

文四　重一

丏 丏 不見也。象壅蔽之形。凡丏之屬皆從丏。臣鍇曰：左右擁蔽，面不分也。沔、眄、麪、宀從此。彌件反。

文一

𩠐(首) 𩠐 百同，古文百也。《《象髮，謂之鬈，鬈即《《也。凡𩠐之屬皆從𩠐。臣鍇曰：《禮》謂亂髮爲鬈。式九反。

䭫 䭫 下首也。從首，旨聲。臣鍇曰：今書傳猶有作此者，大約多作稽也。溪禰反。

tuán
𩠐 𩠐 截也。從首從斷。**臣鍇曰：** 凡人有剸制，若人首一斷，不可復續也。會意。職件反（zhuǎn）[1]。

剸 剸 或從刀，專聲。

文三　重一

jiāo
県 県 倒䭫也。賈侍中說：此斷䭫倒懸県字。凡県之屬皆從県。**臣鍇曰：** 漢律有県䭫，多借梟字。堅蕭反。

xuán
縣 縣 繫也。從系持県。**臣鍇按：** 顏師古《匡謬正俗》云：古書縣邑皆作寰，此直縣挂字。引《說文》爲證也。懸，今人加心。胡涓反。

文二

xū
須 須 面毛也。從頁、彡。凡須之屬皆從須。**臣鍇曰：** 會意。四于反。

zī
頿 頿 口上須也。從須，此聲。即宜反。

rán
䫇 䫇 頰須也。從冉，冉亦聲。**臣鍇曰：** 今俗作髯。而淹反。

【校】"從冉"上脫"從須"二字。

bēi
顊 顊 須髮半白也。從須，卑聲。賓而反。

pī
䫌 䫌 䫌短須髮皃。從須，否聲。甫友反。

【校】䫌，當作"䫌䫌"。

文五

shān
彡 彡 毛飾畫之文也。象形。凡彡之屬皆從彡。**臣鍇曰：** 古多以羽旄爲飾，象彡彡然。所咸反。

xíng
形 形 象形也。從彡，幵聲。**臣鍇曰：** 彡，以其冉弱委曲象之也。賢星反。

---

① 注音依《集韻》徒官切。《廣韻》職緣切（zhuān）。

zhěn

㐱 稠髮。從彡，人聲。《詩》曰："㐱髮如雲。"臣鍇曰：從人物之人。今《詩》作鬒。又一凬，鳥羽也，從几音殊，音同而體小異也。支允反。

鬒 或從髟，真聲。

xiū

修 飾也。從彡，攸聲。臣鍇曰：《尚書》曰："簡厥修。"息抽反。

zhāng

彰 文章也。從彡，章聲。臣鍇曰：文章，飾也。周良反。

diāo

彫 琢文也。從彡，周聲。覩挑反。

【校】琢，鉉作"琢"。

jìng

彭 飾也。從彡，青聲。寂逞反。

mù

彰 細文也。從彡，㑄省聲。臣鍇曰：㑄音卻。穆從此。莫叔反。

ruò

弱 橈也。上象橈曲，彡象毛氂橈弱也。弱物并，故從二弓。臣鍇曰：指事。如約反。

文九　重一

wén

彣 䪻也。從彡、文。凡彣之屬皆從彣。臣鍇曰：《論語》曰："䪻䪻文哉。"無云反。

【校】䪻，今《論語》作"郁"。

yàn

彥(彦) 美士有文，人所言也。從彣，厂聲。臣鍇曰：《爾雅》："美士爲彥，人所言詠。"①《春秋左傳》曰："子太叔美秀而文。"孔子："言之無文，行之不遠。"人所言詠，若《詩》曰"叔于田"，又曰"彼留子嗟"，又曰"張仲孝友"之類。擬線反。

【校】"孔子"下當有"曰"字。

文二

wén

文 畫也。象交文。凡文之屬皆從文。臣鍇曰：《通論》詳矣。無云反。

———————————

① 《爾雅·釋訓》："美士爲彥。"郭注："人所彥詠。"

斐 ^{fěi}　分別文也。從文，非聲。《易》曰："君子豹變其文，斐也。"
臣鍇按:《論語》曰:"斐然成章。"成章，分別之也。斧尾反。
【校】斐也，今《易》作"蔚也"。

辬 ^{bān}　駁文也。從文，辡聲。臣鍇曰：今作斑也。不攀反。

嫠 ^{lí}　微畫也。從文，整聲。利之反。

文四

髟 ^{biāo}　長髮猋猋也。從長從彡。凡髟之屬皆從髟。所咸反（shān）①。

髮 ^{fà}　根也。從髟，犮聲。飛伐反。

　　　　𩠦　或從首作。

　　　　頖　古文。

鬢 ^{bìn}　頰髮也。從髟，賓聲。比刃反。

鬘 ^{mán}　髮長也。從髟，兩聲。讀若蔓。沒圍反。

鬖 ^{lán}　髮長也。從髟，監聲。讀若《春秋》"黑肱以濫來"。籠三反。

鬌 ^{cuǒ}　髮好也。從髟，差聲。千可反。

鬈 ^{quán}　髮好也。從髟，卷聲。《詩》曰："其人美且鬈。"臣鍇曰：髮柔好也。衢員反。

髦 ^{máo}　髮也。從髟，毛聲。門高反。

鬐 ^{mián}　髮兒。從髟、覍。冰田反②。
【校】"覍"下當有"聲"字，鉉下有"讀若宀"三字。

鬙 ^{tiáo}　髮多也。從髟，周聲。臣鍇曰：《詩》曰："綢直如髮。"陳收反（chóu）③。

---

① 注音依《廣韻》甫遥切。
② 《廣韻》莫賢切，明母；四庫本、四部叢刊本"冰"作"米"，是。
③ 《廣韻》又徒聊切。

nǐ
䰍　髮皃。從髟，爾聲。讀若江南謂酢母爲䰍。**臣鍇曰：**酢母，酢糟。寧洗反。

【校】讀若江南謂酢母爲䰍，按：當作"江南謂母爲嬭"，見《廣雅》。此蓋改易之譌。

póu
䯽　髮皃。從髟，音聲。步矛反（fú）[1]。

máo
⿱髟敄　髮至眉也。從髟，敄聲。《詩》曰："紞彼兩⿱髟敄。"**臣鍇曰：**今《詩》作"髦"。莫浮反。

【校】紞，今《詩》作"髧"。

髳　或從敄省。《漢令》有髳長。**臣鍇曰：**髳，羌地名。髳地之長也。

jiān
鬋　女鬢垂皃。從髟，前聲。**臣鍇按：**《楚辭》曰："盛鬋不同制。"即連反。

【校】鉉篆作 。

lián
鬑　鬋也；一曰長皃。從髟，兼聲。讀若慊。連鹽反。

jié
⿱髟截　束髮少也。從髟，截聲。**臣鍇按：**張衡《西京賦》曰："朱鬕⿱髟截髽。"即血反。

xī
鬄　髮也。從髟，易聲。**臣鍇按：**《周禮・追師》："掌王后之首服，爲副、編、次。"注云："副，覆首以爲飾，其遺象若今步摇，服之從王祭祀。編，編列髮爲之，若今假紒，服之以桑也。次，次第髮長短爲之，所謂髲髢[2]，服以見王。燕居則纚笄總而已。《詩》所謂'鬒髮如雲，不屑鬄也'。"臣以爲副若今之釵，先爲髮髢覆首，上釵爲鳳雉形，口銜步摇者也；編若今編梳次第卷髮，編列爲之次，即今髮也。劉熙《釋名》："鬄，剔刑人之髮爲之。"髮則以續，鬄則全假爲之也。思益反。

---

① 《廣韻》又薄侯切。

② 所謂髲髢，四庫本、四部叢刊本皆作"若今髲鬄"。

【校】髮，當作"髮"。○不屑髴也，今《詩》"髴"作"髢"。

髢 鬄 髢或從髟，也聲。臣鍇曰：《春秋左傳》："衞公出，見呂氏之妻髮美，以爲呂姜髢。"

【校】公出，當作"莊公"。呂氏，當作"己氏"。

bì 髲 髲 髢也。從髟，皮聲。平義反。

cì 髮 髮 用梳比也。從髟，次聲。臣鍇曰：此即《周禮》所謂"次"，今作次，假借。七恣反。

kuò 髻 髻 潔髮也。從髟，昏聲。臣鍇曰：《禮》所云組括，髻作括，假借。《儀禮》："髺用組。"注："古作括。"古括反。

【校】潔，當作"絜"；"絜"猶"束"也。

pán 鬃 鬃 臥髻也。從髟，般聲。讀若槃。臣鍇曰：《古今注》所謂槃桓髻。別安反。

fù 髱 髱 髻也。從髟，付聲。方娶反。

mà 鬕 鬕 帶髻飾。從髟，莫聲。悶亞反。

kuì 鬢 鬢 屈髮也。從髟，貴聲。區帥反。

jiè 髸 髸 簪髻也。從髟，介聲。臣鍇曰：簪髻即假髻也。苟差反。

liè 鬣 鬣 髮鬣鬣也。從髟，巤聲。律捷反。

巤 巤 或從毛。

獵 獵 或從豕。

lú 鬳 鬳 鬣也。從髟，盧聲。論孤反。

bàng 髶 髶 髶也。從髟，竝聲。盤浪反。

fú 髴 髴 髴，若似也。從髟，弗聲。臣鍇曰：毛髮髴髴然似之。分勿反。

róng 鬠 鬠 亂髮也。從髟，茸省聲。乳逢反。

chuí 鬌 鬌 髮墮。從髟，墮省聲。直垂反。

shùn

鬊 鬊髮也。從髟，春聲。失閏反。

qiān

髇 髮禿也。從髟，閒聲。苦閒反。

【校】髮，鉉作"鬓"。

tì

鬀 鬄髮也。從髟，剔聲。他狄反。

kūn

髠 鬀髮也。從髟，兀聲。苦敦反。

　髡 或從元。

tì

鬄 髡髮也。從髟，弟聲。大人曰髡，小兒曰鬄，盡及身毛曰鬀。他計反。

【校】小兒，汪依鉉作"小人"，非。

fèi

髴 髴也；忽見。從髟，录聲。录，籀文魅，亦忽見意。芳未反。

zhuā

髽 喪髻。禮：女子髽衰，弔則不髽。魯臧武仲與齊戰于狐鮐，魯人迎喪者始髽。從髟，坖聲。鄒荼反。

【校】髻，鉉作"結"。上"鬆、髲、鬢、髹"諸篆，注俱同。"結、髻"古今字。

文三十八　重七

【校】（文三十八）"鬆、鬌、髻、髮"四篆音仍鉉，而"切"作"反"。

hòu

后 繼體君也。象人之形。施令以告四方，故厂之。從一、口。發號者，君后也。凡后之屬皆從后。臣鍇曰：《通論》詳矣。旱斗反。

【校】故厂之從一口，"厂之一"三字衍。按：上言"象人"，"尸"即"人"也，說見"卮"下。

hǒu

听 厚怒聲。從口、后，后亦聲。臣鍇曰：東方朔《十洲記》：扶木聲若牛听。蒿厚反。

文二

sī

司 臣司事於外者。從反后。凡司之屬皆從司。息茲反。

^{cí} 詞 詞　意内而言外也。從言，司聲。臣鍇曰：《通論》詳矣。夕茲反。

文二

^{zhī} 卮 卮　圜器，一名觛，所以節飲食。象人，卩在其下也。《易》曰："君子節飲食。"凡卮之屬皆從卮。臣鍇曰：厂^①，象人；卩，節也；一，專言也。章移反。

【校】"一專言也"四字疑衍。按：上言"厂"象人，則"一"已在"厂"内矣，且"專言"意亦晦。

^{shuàn} 膞 膞　小卮有耳蓋者。從卮，專聲。殊剬反。

^{zhuǎn} 膞 膞　小卮也。從卮，耑聲。讀若捶擊之捶。職件反。

文三

^{jié} 卩 卩　瑞信也。守國者用玉卩，守都鄙者用角卩，使山邦者用虎卩，土邦者用人卩，澤邦者用龍卩，門關者用符卩，貨賄用璽卩，道路用旌卩。象相合之形。凡卩之屬皆從卩。臣鍇曰：《周禮》："掌守邦節而別其用，以輔王命。"注："邦節：珍圭、牙璋、穀圭、琬圭也。"玉節之制，如王，以命數爲大小。角卩，犀角爲之。山多虎，平地多人，澤多龍。符卩如今宫中官詔符。璽節，今之印章。旌卩，今使者所擁。卩，今皆作節字。卩象半分之形，守國者其卩半在内，半在外。即血反。

^{lìng} 令 令　發號也。從亼、卩。臣鍇曰：號令者集而爲之節制。會意。力聘反。

^{bì} 卹 卹　輔信也。從卩，從比聲。《虞書》曰："卹成五服。"臣鍇曰：今《尚書》作弼。皮密反。

^{zhì} 卶 卶　有大度也。從卩，多聲。讀若移。真避反。

————————

① 厂，疑當作"厂"。

【校】移，鉉作"侈"。

bì

邲 釋 宰之也。從卪，必聲。彼至反。

shào

邵 邵 高也。從卪，召聲。寔要反。

ě

厄 厃 科厄，木節也。從卪，厂聲。賈侍中説：以爲厄裏也。一曰厄蓋也。臣鍇曰：厂音移。厄從此。五果反。

【校】厄蓋，厄，鉉作"厄"。按鍇説，則上"厄裏"亦當作"厄裏"。厃，庋厄篋也，其字省"厄"之中畫，則"厂"即"裏、蓋"象也。各本因形近而誤。

xī

郗（膝） 釈 脛頭也。從卪，桼聲。臣鍇曰：今俗作膝。膝，人之節也。思一反。

juǎn

卷 卷 膝曲也。從卪，劵聲。臣鍇曰：《詩》有卷阿、曲阿也。俱兗反。

què

卻 卻 節欲也。從卪，谷聲。期灼反。

zhuàn

卲 卲 二卪也。巽從此。闕。助箭反。

xiè

卸 卸 舍車解馬也。從卪、止，午聲。讀若汝南人寫書之寫。臣鍇曰：御從此。蘇夜反。

zòu

卪 卪 卪也。闕。則湊反。

文十三

【校】"卬"篆音仍鉉，而"切"作"反"。

yìn

印 釆 執政所持信也。從爪從卪。凡印之屬皆從印。臣鍇曰：爪，手爪，以持印也。會意。伊鎮反。

抑 抑 按也。從反印。臣鍇曰：印者，外向而印之，反印爲內自抑也，會意。憂反反。

　　抑 抑 俗從手作。

文二　重一

色 ^{sè} 顏气也。從人從卪。凡色之屬皆從色。臣鍇曰：顏色，人之儀節也。會意。疎憶反。

　　古文。

艴 ^{bó} 色艴如也。從色，弗聲。《論語》曰："色艴如也。"臣鍇曰：盛气色也。《孟子》曰"曾西艴然"，其字如此。步咄反。

【校】今《論語》作"勃"，又見米部"孛"下。

艵 ^{pīng} 縹色也。從色，并聲。臣鍇按：宋玉《神女賦》："艵薄怒以自持兮，曾不可乎犯干。"匹廷反。

【校】今《文選》作"頩"。

文三　重一

卯 ^{qīng} 事之制也。從卪、㔾。凡卯之屬皆從卯。闕。臣鍇曰：反覆卪之也。起明反。

【校】反覆卪之，當作"反覆卪其事"。

卿 ^{qīng} 章也。六卿：天官冢宰、地官司徒、春官宗伯、夏官司馬、秋官司寇、冬官司空。從卯，皀聲。臣鍇按：《白虎通》曰："卿，章也，章善明理也。"反覆節其事也。皀又音香。起明反。

【校】"反覆節其事也"六字當在"卯"篆下。

文二

辟 ^{bì} 法也。從卪、辛，節制其辠也。從口，用法者也。凡辟之屬皆從辟。臣鍇曰：口以理之。會意。卑僻反。

【校】"口以理之"上當有"聽訟者卪以制之"七字。

僻 ^{bì} 治也。從辟、丼。《周書》曰："我之不僻。"臣鍇曰：丼，法也，與刑同意。今《尚書》作辟。卑僻反。

【校】治，當作"法"，鍇説可證，《書音義》亦作"法"。

嬖 ^{yì} 治也。從辟，乂聲。《虞書》曰："有能俾嬖。"臣鍇曰：今《尚書》作乂。偶喙反。

文三

勹 〇 裹也。象人曲身形，有所包裹。凡勹之屬皆從勹。**臣鍇曰**：此文起於人字，曲包也。北交反。

篝 曲脊也。從勹，簫省聲。牽六反 ①。

甫 裹也，手裹行也。從勹，甫聲。盆乎反。

【校】鉉作"手行也"，無"裹也"及"裹"字，《韻會》亦無。

匐 伏地也。從勹，畐聲。蒲北反（bó）②。

匊 在手曰匊。從勹、米。**臣鍇曰**：手掬米，會意。菊、鞠從此。居逐反。

【校】手掬米，掬，當作"勹"。

勻 少也。從勹、二。**臣鍇曰**：二，數之少也。會意。與囷反。

勼 聚也。從勹，九聲。讀若鳩。**臣鍇曰**：今《爾雅》有此字。飢酬反。

【校】今《釋詁》文作"鳩"。

旬 徧十日爲旬。從勹、日。**臣鍇曰**：周帀十日而言之也，會意。續倫反。

旬 古文。

勺 覆也。從勹覆人。薄皓切。

匈 膺也。從勹，凶聲。許容切。

肸 或從肉作。

舟 帀徧也。從勹，舟聲。隻留反。

匌 帀也。從勹，合聲。後閤反。

---

① 《廣韻》又渠竹切（jú）。

② 《廣韻》又房六切。

餀 ^{yù} 𩚫　飽也。從勹、殸。祭祀曰：“厭餀。”臣鍇曰：《禮》有陰厭、陽厭，厭餀也。今《禮》作餍。於據反^①。

【校】“殸”下當有“聲”字。○祭祀，鉉作“民祭祝”三字，“民”蓋“尸”之譌。

復 ^{fù} 𩚫　重也。從勹，復聲。伐六反。

　　𩚫　或省彳。

夈 ^{zhǒng} （冢）𩚫　高墳也。從勹，豕聲。臣鍇曰：地高起，若有所包也。知悚反。

文十六　重三

【校】（文十六）實核十五。“勺、匃”二篆作切音，次立補，當例補次立説。“匍”篆音仍鉉，而“切”作“反”。

包 ^{bāo} 𠂀　象人褢妊，巳在中，象子未成形也。元气起於子。子，人所生也。男左行三十，女右行二十，俱立於巳，爲夫婦。褢妊於巳，巳爲子，十月而生。男起巳至寅，女起巳至申。故男年始寅，女年始申也。凡包之屬皆從包。臣鍇曰：任，懷妊也。巳爲四月，萬物含實，故象人懷子也。子在北方，冬至夜半，一陽所起，故曰：子，人所生。男自子左數，次寅、次卯爲左行，凡三十得巳。女自子右數，次亥、次戌、次酉，凡二十亦得巳，至此會合。夫婦懷妊之義，巳爲子，謂所生子也。巳初懷子，男左行自午次未，凡十月而得寅；女右行自巳次辰、次卯，凡十月得申。寅在東北，爲夏正月，物徹于甲而出，陽初出，故爲男年之始；申在西南，爲夏七月，陰气至此始出，故爲女年之始也。北交反。

【校】按鍇説，注首當有“任也”二字。○“左數”下當有“次丑”二字。

胞 ^{bāo} 𣍠　兒生裹也。從肉、包。浦包反（pāo）^②。

────────────

① 《廣韻》居祐切（jiù）。
② 《廣韻》又布交切。

^{páo}
匏 瓠也。從夸，包聲。取其可包藏物也。步交反。

文三

苟 自急敕也。從羊省，從包省，從口。口猶慎言也。從羊，羊與義、善、美同意。凡苟之屬皆從苟。臣鍇按：羊，美物也。人自美其身，故自儆敕云與善同意。包者，自束斂。《春秋左傳》張骼、輔躒曰："公孫之亟也。"當作此苟。作亟，假借。己力反。

　　蒼 古文不省。

^{jìng}
敬 肅也。從攴、苟。臣鍇曰：會意。居竟反。

文二　重一

^{guǐ}
鬼 人所歸爲鬼。從人，象鬼頭。鬼陰气賊害，從厶。凡鬼之屬皆從鬼。臣鍇按：《爾雅》曰："鬼之言歸也。"《韓詩外傳》曰："人死，肉歸於土，血歸於水，骨歸於石也。"[1]魂气升于天，其陰气薄然獨存，無所依也。凡魂，陽气使人興行，强梁發越；陰气制人，使人止息，湫底壅閉。既死，魂气歸于天，無陽，故純陰底滯之气著人爲害賊者，有所傷也。厶音私。矩毁反。

　　禬 古文從示。臣鍇曰：《周禮》享大鬼之神者，故從示。

【校】 "之神"上當有"鬼"字。

^{shén}
魖 神也。從鬼，申聲。臣鍇按：《山海經》有魖武羅。示申反。

^{hún}
䰟（魂）陽气也。從鬼，云聲。户昆反。

^{pò}
魄 陰神也。從鬼，白聲。潘客反。

^{chì}
魅 厲鬼也。從鬼，失聲。敕稱反。

^{xū}
魖 耗鬼也。從鬼，虛聲。臣鍇曰：張衡《東京賦》曰："捎夔

---

① "人死"等語不見傳本《韓詩外傳》。《太平御覽》卷八三八引《韓詩外傳》："人死曰鬼。鬼者，歸也。精氣歸於天，肉歸於土，血歸於水，脈歸於澤，聲歸於雷，動則歸於風，眼歸於日月，骨歸於木，筋歸於山，齒歸於石，膏歸於露，髮歸於艸，呼吸之氣復歸於人。"

魖而抾獝狂。"忻余反。

【校】捎夒魖而抾獝狂，語見《甘泉賦》。此當作"殘夒魖與网像"。

魃 旱鬼也。從鬼，犮聲。《周禮》有赤魃，除牆屋之物也。《詩》曰："旱魃爲虐。"**臣鍇按**：《周禮》"赤犮氏掌除牆屋"，謂除自埋之物，若黿及蝎之屬。今《周禮》作犮。步拔反。

【校】之物若黿及蝎，當作"之蟲若蘆蚑蚸"。

魅 老精物也①。從鬼、彡。彡，鬼毛。密至反。

彔 古文。

【校】"古文"二字衍。

彔 籀文魅從彖首，從尾省聲。

【校】此篆衍。按：此注明云"彖首"，不云"鬼首"，則誤衍可知，當移注入"彔"篆下。

魅 或從未。

魃 鬼服也；一曰小兒鬼。從鬼從支。《韓詩傳》曰："鄭交甫逢二女魃服。"**臣寄反**②。

【校】"從支"下當有"聲"字。

魖 鬼兒。從鬼，虎聲。虎烏反。

魙 鬼俗也。從鬼，幾聲。《淮南傳》曰："吳人鬼，越人魙也。"居希反。

【校】吳人鬼，吳，今《淮南書》作"荊"，《列子》作"楚"。

魖 鬼彪聲，魖魖不止也。從鬼，需聲。奴詬反（nòu）③。

魄 鬼變也。從鬼，化聲。呼夸反。

---

① 《慧琳》卷二《大般若波羅蜜多經》"鬼魅"、卷七十一《阿毗達磨順正理論》"魑魅"、卷八十七《崇正録》"鬼彪"、卷一百《止觀》"精彪"四引《説文》作"老物精也"，可證今本"精物"二字誤倒。

② 臣，疑當作"巨"。《廣韻》奇寄切，群母。

③ 《廣韻》又人朱切。

^{nuó}
魋　**魋**　見鬼驚詞。從鬼，難省聲。讀若《詩》"受福不儺"。臣鍇
按：歲終大儺，伿子口呼魋魋也。奴何反。

【校】不儺，當依今《詩》作"不那"。

^{pín}
䫎　**䫎**　鬼皃。從鬼，賓聲。婢民反。

^{chǒu}
醜　**醜**　可惡也。從鬼，酉聲。稱肘反。

^{tuí}
魋　**魋**　神獸也。從鬼，隹聲。杜回切。

文十七　重四

【校】（文十七）魋，鉉補字，非鍇所有。次立補，當例補次立説。"魂"
篆音仍鉉，而"切"作"反"。

^{fú}
由　**由**　鬼頭也。象形。凡由之屬皆從由。臣鍇曰：面髥髯之皃。
分勿反。

【校】面，當作"由"。

^{wèi}
畏　**畏**　惡也。從由，虎省。臣鍇曰：會意。迂胃反。

　　㽍　**㽍**　古文省。

　　【校】鉉本"虎省"下有"鬼頭而虎爪，可畏也"，當是采鍇説增
　　入許書，故此反闕。今當取八字補"會意"上。

^{yù}
禺　**禺**　母猴屬，頭似鬼。從由從内。臣鍇曰：内，禽獸迹也。疑
預反。

文三　重一

^{sī}
厶　**厶**　姦邪也。韓非曰："蒼頡作字，自營爲厶。"凡厶之屬皆從
厶。臣鍇曰：此公厶字，今皆作私。先兹反。

【校】自營，今《五蠹篇》作"自環"。

^{cuàn}
篡　**篡**　逆而奪取曰篡。從厶，算聲。臣鍇曰：《漢書》曰："篡取
之。"測慣反。

^{yǒu}
㕡　**㕡**　相誂呼也。從厶、羑。臣鍇曰：誂，誘也。夷酒反。

誘 𧦝 或從言、秀。

諨 𧮫 或如此。

羑 羙 古文。

【校】亦見羊部。

文三　重三

嵬 _{wéi} 嵬 高不平也。從山、鬼。凡嵬之屬皆從嵬。五枚反。

【校】“鬼”下當有“聲”字。

巍 _{wēi} 巍 高也。從嵬，委聲。臣鍇曰：又音愚衛反，古謂闕爲象魏。象者縣法象之書也，魏者言高巍巍然也，故譙周謂魏爲當塗高也。元歸反。

文二

說文解字通釋卷第十八

繫傳十八

文林郎守祕書省校書郎臣徐鍇傳釋
朝散大夫行祕書省校書郎臣朱翱反切

二十部 文 重①

山 山 ^{shān} 宣也。宣气散，生萬物，有石而高。象形。凡山之屬皆從山。臣鍇曰：山出雲雨，所以宣地气。《山海經》曰："積石之山……萬物無不有。"張華《博物志》曰："山有水，有石，有金、木、火；火，故名山含魄，五行具也。"象山峯并起之形。色閑反。

【校】引《博物志》譌脱，當作"山石者，金之根，流精生水，水生木，木含火"。

嶽 嶽 ^{yuè} 東岱、南霍、西華、北恆、中泰室，王者之所以巡狩至。從山，獄聲。臣鍇按：《白虎通》：嶽，确也，王者巡守确功德也。《尚書》曰："王乃時巡守，考制度于四嶽。"逆捉反。

【校】所以巡狩至，當作"所至以巡狩"。〇确，今本作"捔"。〇時巡守，今《書》無"守"字，疑衍。

屵 屵 古文象高形。

岱 岱 ^{dài} 太山也。從山，代聲。臣鍇按：《白虎通》：東山，萬物更代之處也。徒再反。

【校】東山，當作"東方"。

---

① "文、重"下原闕字數。

島 ^{dǎo} 島 海中往往有山可依止曰島。從山，鳥聲。讀若擣。《詩》曰：
"蔦與女蘿。"臣鍇曰：《釋名》曰："島，到也，人所奔到也。"得
早反。

【校】"擣"字衍。

猱 ^{náo} 猱 山，在齊地。從山，狃聲。《詩》曰："遭我乎猱之閒兮。"
能刀反。

嶧 ^{yì} 嶧 葛嶧山，東海下邳。從山，睪聲。《夏書》曰："嶧陽孤桐。"
臣鍇曰：即秦刻石處也，在魯，山積石絡繹而成也。移尺反。

【校】"東海"上當有"在"字。

嵎 ^{yú} 嵎 封嵎之山，在吳楚之閒。從山，禺聲。臣鍇按：《國語》孔
子曰：防風氏"守封、嵎之山者也"。元無反。

【校】吳楚，《玉篇》作"吳越"。○"防風氏"下當有"汪芒氏之君"
五字，鉉取增入許書。

嶷 ^{yí} 嶷 九嶷山，舜所葬，在零陵營道。從山，疑聲。臣鍇曰：言
山九峯相似，可疑也。銀眉反。

岷 ^{mín} 岷 山，在蜀湔氐西徼外。從山，敃聲。臣鍇曰：徼在西南，
所以徼隔蠻夷。湔，水名。今俗作岷。眉均反。

屼 ^{jǐ} 屼 山也；或曰弱水之所出。從山，几聲。臣鍇曰：《山海經》
曰："女几山。"謹美反。

巀 ^{jié} 巀 巀嶭山，在馮翊池陽。從山，截聲。臣鍇曰：巀嶭，亦山
短而峻形。才葛反（zá）[1]。

【校】山短，短，疑當作"銳"。

嶭 ^{niè} 嶭 巀嶭山也。從山，辥聲。顏過反（è）[2]。

---

① 《廣韻》又昨結切。
② 《廣韻》又五結切。

華 山，在弘農華陰。從山，華省聲。户化反。

嶽（崞）嶽 山，在鴈門。從山，高聲。昆霍反。

崵 崵山，在遼西。從山，易聲。一曰嵎鐵崵谷也。**臣鍇曰**：漢高祖所隱亦曰崵山。《尚書》曰：“宅嵎夷崵谷。”古文《尚書》夷作鐵。古文鐵金旁作夷作銕，故與夷相亂，後人訛作鐵。猶良反。

【校】 嵎鐵，土部引作“堣夷”，古今文《尚書》之異也。〇崵谷，今《書》作“暘谷”。〇“漢高祖所隱亦曰崵山”九字當作“此即夷、齊所隱首陽山”。按：遼西有孤竹城，故《史記正義》引《説文》“首陽山在遼西也”。漢高所隱，《史》《漢》皆作“碭”，“碭”爲文石山，以出文石而名，無作“崵”者。此爲淺人所改，不足據。

岵 岵 山有艸木也。從山，古聲。《詩》曰：“陟彼岵兮。”桓土反。

屺 屺 山無艸木也。從山，己聲。《詩》曰：“陟彼屺兮。”乞以反。

【校】 岵有艸木，屺無艸木，與《爾雅》《釋名》同。毛傳作“無艸木岵，有艸木屺”。許引《詩》用毛氏，而此特異。

嶨 嶨 山多大石也。從山，學省聲。遐岳反。

嶅 嶅 山多小石。從山，敖聲。偶毛反。

岨 岨 石戴土。從山，且聲。《詩》曰：“陟彼岨矣。”且渠反。

【校】 石戴土，與毛傳合。《爾雅》曰：“土戴石，岨。”

岡 岡 山脊也。從山，网聲。格康反。

岑 岑 山小而高。從山，今聲。**臣鍇曰**：張協《七命》曰：“陵黃岑。”助吟反。

崒 崒 崒嵬，高也。從山，卒聲。津宜反（zuī）①。

【校】 崒嵬，此連文，猶崔嵬也。嵬，鉉作“危”，則以“危”屬下句。

巒 巒 山小而鋭。從山，巒聲。魯劕反。

————————

① 注音依《廣韻》慈卹切。

mì

密 宻 山如堂者。從山，宓聲。美弼反。

xiù

岫 岫 山穴也。從山，由聲。臣鍇曰：自"岵"已下皆見《爾雅》。席又反。

宙 宙 籒文從穴。

jùn

陵 巖 高也。從山，陵聲。臣鍇曰：陵音浚。子閏反。

峻 嵕 或從陵省。

duò

隋 隓 山之隋者。從山，憜省聲。讀若相推落之墮。臣鍇曰：《爾雅注》："山形狹長曰隋。"《詩》曰："隋山喬嶽。"特妥反。

【校】隋者，隋，當作"隋"。今之"橢"字，圜而長之稱。鉉作"隋隋者"，與毛傳合。

yín

崟 崟 山之岑崟。從山，金聲。臣鍇曰：張協詩曰："周文走岑崟。"銀欽反。

zhàn

嶘 嶘 尤高也。從山，棧聲。助眼反。

jué

崛 崛 山短高也。從山，屈聲。臣鍇曰：《靈光殿賦》曰："隆崛峍乎青雲。"崛音九物反。瞿弗反。

lì

巁 巁 巍高也。從山，蠆聲。讀若厲。里曳反。

fēng

峯 峯 山耑也。從山，夆聲。敷容反。

yán

巖 巖 岸也。從山，嚴聲。臣鍇曰：古言巖廊者，殿旁高廡也。語醃反。

yán

嵒 嵒 山巖也。從山，品聲。讀若吟。五監反。

lěi

礨 礨 巖也。從山，絫聲。落浣反。

zuì

崒 崒 山皃。從山，辠聲。造璀反。

gào

峼 峼 山皃；一曰山名。從山，告聲。古奧反。

【校】各本作"峇"，篆體小異。

cuó

嵯 嵯 山皃。從山，差聲。昨接反。

峨　峩　嵯峨也。從山，我聲。偶和反。

崝　崝　嶸也。從山，青聲。臣鍇曰：今俗作崢。測亨反①。

嶸　嶸　崝嶸皃。從山，榮聲。戶庚反（hóng）②。

【校】“皃”上當有“山”字。

硜　硜　谷也。從山，巠聲。臣鍇按：驪山下谷，秦阬儒處。賢星反（xíng）③。

【校】阬儒處，或作“硎谷”，或作“阬谷”，皆“硜”之同聲借字也。

崩　崩　山壞也。從山，朋聲。補弘反。

　　　　阴　古文從自。

岪　岪　山脅道也。從山，弗聲。臣鍇曰：山半腹旁山而行也。分勿反。

【校】腹，當作“腰”。

嵍　嵍　山名。從山，敄聲。臣鍇按：顏之推《家訓》：魏郡有小山名嵍，又名嶐。古碑云：上有嶐嵍，王喬所僑也。勿赴反。

【校】“魏郡”以下譌脫，當作“魏有一孤山，名宣務，又名虛無。及讀古碑，云山有嶐嵍，王喬所僑，知俗音之譌也”。

嶢　嶢　焦嶢，山高皃。從山，堯聲。研梟反。

嶈　嶈　山陵也。從山，戕聲。賤忘反。

嵏　嵏　九嵏山，在馮翊谷口。從山，嵏聲。子紅反。

屼　屼　陬隅，高山之節。從山、卩。讀若隅。臣鍇曰：按山之陬隅，高處曰屼。即血反。

【校】讀若隅，隅，當作“陬”。“陬、屼”爲雙聲，“隅”則聲相遠也。鉉無此三字。

①　《廣韻》士耕切（chéng）。崢，今讀 zhēng。
②　《廣韻》又永兵切（yóng）。
③　注音依《廣韻》口莖切。

chóng

崇 嵩 嵬高也。從山，宗聲。助弓反。

duò

隋 隋 山兒。從山，陸聲。徒果切。

【校】按："陸"爲"墮"之重文，則此宜爲"隋"重文。鍇合而鉉分，如"采、穟"之例。次立依鉉分之，故次非鉉次而音仍鉉音，但易"切"爲"反"耳。

cuī

崔 崔 大高也。從山、隹。昨回切。

【校】鍇擬補未補字，見《疑義篇》。大徐采以增許書，次立又依鉉增鍇，故音仍鉉音也。

文五十三　重四

【校】（文五十三）峯，鉉補字，非鍇所有，次立補，當例補次立説。"巋"篆音仍鉉，而"切"作"反"。

shēn

屾 屾 二山也。凡屾之屬皆從屾。闕。所臻反。

tú

嵞 嵞 會稽山；一曰九江當塗也。民以辛壬、癸甲之日嫁娶也。從屾，余聲。《虞書》曰："予娶嵞山。"臣鍇按：《尚書》傳：禹方治水，以辛日娶，甲日復往治水，在家三日耳。嵞山民其先俗以辛日嫁娶，亦或後人見禹之聖，其後有天下，因以成俗也。若巫之禹步然。田吾反。

文二

è

屵 屵 岸高也。從山、厂，厂亦聲。凡屵之屬皆從屵。臣鍇曰：厂音罕。會意。顔過反。

àn

岸 岸 水涯而高者。從屵，干聲。臣鍇按：《爾雅》"重厓，岸"，注："兩厓累者也。"[①] 偶旰反。

【校】兩崖，今本"崖"作"厓"。

yá

崖 崖 高邊也。從屵，圭聲。臣鍇曰：水邊地有垠堮也，無垠堮而平曰汀。五佳反。

―――――――――

① 按，"兩厓"二字之閒空距較大，疑曾據清人校記修版。

崔 崔　高也。從厂，隹聲。臣鍇曰：崔嵬，高也。今俗作崔，省厂也。都魁反。
<small>duī</small>

㟻 㟻　崩也。從厂，肥聲。匹鄙反。
<small>pǐ</small>

㠹 㠹　崩也。從厂，配聲。讀若費。步咄反（bó）①。
<small>pèi</small>

【校】二篆疑亦同艸部"薊、薮"之譌。鍇本祇有"㟻"，次立依鉉增"㠹"也。

文六

广 广　因厂爲屋。象對刺高屋之形。凡广之屬皆從广。讀若儼然之儼。臣鍇曰：因厂爲屋，故但一邊下也，今《字書》有廊字。按《漢書》董仲舒云："游巖廊之上。"②借字，不從广也。牛儉反。
<small>yǎn</small>

【校】有廊字，"有"下當有"广"字。

府 府　文書藏也。從广，付聲。臣鍇曰：《周禮》曰：府若干人，史若干人。注曰："府，治藏；史，掌書也。"芳武反。
<small>fǔ</small>

雝 雝　天子饗飲辟雝。從广，雝聲。臣鍇按：《白虎通》：四面如璧，以水雝之也。宛封反。
<small>yōng</small>

【校】四面，當作"其圜"。

庠 庠　禮官養老。夏曰校，殷曰庠，周曰序。從广，羊聲。似陽反。
<small>xiáng</small>

【校】殷庠周序，與《漢書》同，《孟子》《史記》皆作"殷序周庠"。

廬 廬　寄也。秋冬去，春夏居。從广，盧聲。臣鍇曰：《周禮注》："廬，賓客行道所舍也。"連於反。
<small>lú</small>

庭 庭　宮中也。從广，廷聲。田丁反。
<small>tíng</small>

廇 廇　中庭也。從广，留聲。臣鍇曰：屋簷滴雨爲霤，其地謂之
<small>liù</small>

---

① 《廣韻》又滂佩切。

② 廊，今《漢書·董仲舒傳》作"郎"。

廇。《春秋左傳》:"三進及廇。"《禮》:"其祀中廇。"今皆借霤字。良秀反。

庉 庉　樓牆也。從广,屯聲。徒本反。
（dùn）

庌 庌　廡也。從广,牙聲。《周禮》曰:"夏庌馬。"臣鍇曰:《周禮注》:廡以涼馬。牛賈反。
（yǎ）

廡 廡　堂下周廡屋。從广,無聲。臣鍇曰:大屋四邊垂檐。《春秋左傳》曰:"君之廡下。"勿撫反。
（wǔ）

【校】周廡屋,鉉無"廡"字。○《春秋左傳》曰"君之廡下",《左》無此語,當作"《漢書·竇嬰傳》曰:金陳廡下"。

　　廃 廃　籀文從舞。

庖 庖　廚也。從广,包聲。步交反。
（páo）

廚 廚　庖屋也。從广,尌聲。纏區反。
（chú）

庫 庫　兵車藏也。從車在广下。寬步反。
（kù）

廄 廄　馬舍。從广,𣪘聲。《周禮》曰:馬有二百十四匹爲廄,有僕夫。臣鍇按:《周禮》:馬四匹爲乘,"乘馬一師四圉;三乘爲皂,皂一趣馬;三皂爲繫,一馭夫;六繫爲廄,廄一僕夫"。凡二百十六,應乾之筴①。此二百十四,傳寫誤。見岫反。
（jiù）

　　𢉩 𢉩　古文從九。

序 序　東西牆也。從广,予聲。臣鍇按:《書傳》:所以序別內外。夕與反。
（xù）

廦 廦　牆也。從广,辟聲。臣鍇曰:所謂廦廱。卑僻反。
（bì）

廣 廣　殿之大屋也。從广、黃。姑沆反。
（guǎng）

【校】"黃"下當有"聲"字。

---

① 《周禮·夏官》注:"自乘至廄,其數二百一十六匹。《易》'乾爲馬',此應乾之筴也。"

lǔ
廩　廡也。從广，虜聲。讀若鹵。勒古反。

kuài
廥　芻藁之藏。從广，會聲。**臣鍇按**：《史記》趙孝成王時，邯鄲廥燒。古最反。

yǔ
庾　水槽倉。從广，臾聲。一曰倉無屋者。**臣鍇按**：《詩傳》：露積曰庾。勻取反。

bǐng
屏　蔽也。從广，并聲。**臣鍇曰**：蔽屏也。《呂氏春秋》：趙簡子立於屏蔽之下。比郢反。

【校】屏蔽，按：《貴直論》作“犀蔽屏櫓”。

cì
廁　清也。從广，則聲。**臣鍇曰**：此溷廁也。古多謂之清者，以其不潔，常當清除之也。清，今俗字書或作圊。測吏反。

chán
廛　一畝半。一家之居。從广、里、八、土。**臣鍇曰**：古百步爲畝，三畝爲里。一畝半，半里也，故從里。里八、土八，半分也。會意。茶連反。

【校】一畝半，按：在邑曰廛，在野曰廬。廬，二畝半，“廛”當相同，此“一”字疑“二”之譌。鍇説“一畝半，半里也”，亦當作“二畝半，太半里也”。○半分，當作“分之”。

huán
庨　屋牝瓦下；一曰維綱也。從广，閡省聲。讀若環。**臣鍇曰**：牝瓦，仰瓦。戶關反。

【校】屋牝瓦下，下，疑當作“也”。○戶關反，當作“胡涓反”，鍇從“閡”省音，鉉從“環”音，彼此各異，次立不知而改耳。全書此類甚多，不能殫述。

cōng
廖　屋階中會也。從广，悤聲。**臣鍇曰**：階，東西階也；會者，其中階相向處。麤中反。

chǐ
廖　廣也。從广，侈聲。《春秋國語》曰：“俠溝而廖我。”**臣鍇曰**：廖我牽曳之，使勢分廣也。昌妓反。

【校】俠，今《吳語》作“夾”。○廖我牽曳之，當作“廖謂橫曳之”。

韋昭注："廖，旁擊也。"

廉 廉 ^{lián} 仄也。從广，兼聲。臣鍇曰：廉，棱也。連兼反。

庨 庨 ^{chá} 開張屋也。從广，耗聲。濟陰有庨縣。臣鍇曰：耗音丈加反。濟陰庨縣，金日磾所封。今音丁故反，又箸巴反。

【校】《漢書·地理志》作"秅"。

龐 龐 ^{páng} 高屋也。從广，龍聲。貧雙反。

底 底 ^{dǐ} 山居；一曰下也。從广，氐聲。的米反。

庢 庢 ^{zhì} 礙止也。從广，至聲。知疾反。

廮 廮 ^{yǐng} 安止也。從广，嬰聲。鉅鹿有廮陶縣。伊請反。

废 废 ^{bá} 舍也。從广，犮聲。《詩》曰："邵伯所废。"臣鍇按：《周禮》："仲夏治兵爲茇舍。"艸止也。《詩》《周禮》皆借茇字。步拨反。

【校】邵，今《詩》作"召"。

庳 庳 ^{bì} 中伏舍。從广，卑聲。一曰屋庳。或讀若逋。臣鍇曰：低小屋也。頻旨反。

【校】屋庳，疑當作"屋卑"。

庇 庇 ^{bì} 蔭也。從广，比聲。必至反。

庶 庶 ^{shù} 屋下眾也。從广、炗。炗，古文光字。臣鍇曰：《通論》詳矣。失箸反。

廙 廙 ^{yì} 行屋也。從广，異聲。臣鍇曰：晉有王廙。以即反。

廔 廔 ^{lóu} 屋麗廔也。從广，婁聲。臣鍇曰：窗疏之屬，麗廔猶玲瓏也，漏明之象。勒兜反。

【校】"婁聲"下鉉有"一曰穜也"。按："穜也"當作"穜具"。"廔"與"樓"通。

tuí

雁 雁　屋從上傾下。從广，隹聲。都魁反（duī）[1]。

fèi

廢 癈　屋傾也。從广，發聲。方喙反。

yǒu

庮 庮　久屋朽木。從广，酉聲。《周禮》曰：“牛夜鳴則庮。”臭如朽木。夷酒反。

qín

廑 廑　少劣之居。從广，堇聲。臣鍇曰：僅能居也。《春秋傳》：衞有“冶廑”。《漢書·董仲舒傳》作僅字用。伎殷反。

miào

廟 廟　尊先祖皃也。從广，朝聲。臣鍇按：《古今注》：廟，皃也，所以仿佛先人之容皃。美少反。

庿 庿　古文。臣鍇曰：苗聲。

jū

庘 庘　人相依庘也。從广，且聲。津於反。

【校】依庘，“庘”字疑衍。按：庘，《篇》《韻》七賜切，當與“厠”同，即今“比廁”字。

yè

厭 厭　屋迫也。從广，曷聲。臣鍇曰：猶言擁遏也。憂歇反。

chì

庍（斥）庍　卻屋也。從广，屰聲。臣鍇按：《史記》曰：漢武時，西夷“邊關益庍，至沫、若水也”[2]。昌夕反。

xīn

廞 廞　陳輿服於庭也。從广，欽聲。讀若歆。臣鍇曰：《周禮》曰“廞大裘”，若《尚書》“先輅在左塾之前”之類。卻林反。

【校】大裘，“大”字衍。○“先輅在左塾之前”之類，當作“設黼扆綴衣是也”。

liáo

廫 廫　空虛也[3]。從广，膠聲。黎桃反。

zhì

庤 庤　儲置屋下也。從广，寺聲。直里切。

文四十九　重三

【校】（文四十九）“庤”作切音，次立補，當例補次立説。“庍”篆音

_____

① 注音依《廣韻》杜回切。

② 《史記·司馬相如列傳》：“除邊關，關益斥，西至沫、若水。”

③ 唐寫本《玉篇》“廫”下兩引《説文》作“空盧”，可證今本“空虛”有誤。

仍鉉，而"切"作"反"。

厂 厂 ^{hǎn}　山石之崖巖，人可居。象形。凡厂之屬皆從厂。臣鍇曰：广音儼其上，隆起如有所因附，此厂則直象山厓也。享旱反。

斥 斥　籒文從干。

厓 厓 ^{yá}　山邊也。從厂，圭聲。臣鍇按：班固《西都賦》曰："仍增厓而衡閾。"此厓字。五佳反。

厜 厜 ^{zuī}　厜㦞，山顛也。從厂，垂聲。臣鍇按：《爾雅》"崒者，厜㦞"，注："謂山峯頭巉巖。"津宜反。

㦞 㦞 ^{wéi}　厜㦞也。從厂，義聲。虞爲反。

厰 厰 ^{yín}　崟也；一曰地名。從厂，敢聲。臣鍇曰：嚴字從此。銀欽反。

厬 厬 ^{guǐ}　仄出泉也。從厂，晷聲。讀若軌。臣鍇按：《爾雅》："氿泉穴出、仄出。"注："從旁出也。"作氿。"水醮曰厬。"如此。俱水反。

【校】 "仄出"上當補"穴出"二字，下當補"也"字。

厎 厎 ^{zhǐ}　柔石也。從厂，氐聲。臣鍇曰：可以爲礪，故《詩》曰"周道如砥"。砥，平也，謂若磨之砥也。職美反。

【校】 磨之砥，當作"砥磨之"。

砥 砥　或從石。

厥 厥 ^{jué}　發石也。從厂，欮聲。臣鍇曰：欮音厥。俱越反。

厲 厲 ^{lì}　旱石也。從厂，蠆聲。臣鍇曰：旱石，麤悍石也。《詩》曰："取厲取碫。"里曳反。

【校】 蠆聲，鉉作"蠆省聲"。按：蠆，本作"蠚"，疑此篆本作"厲"，故無"省"字，鉉改篆而增"省"。此又依鉉改耳。

蠆 蠆　或不省。

廲 ^{lán} 廲諸，治玉石。從厂，僉聲。讀若監。臣鍇曰：亦見《淮南子》，作監諸石，可以切玉也。籠三反。

【校】監諸，今《説山訓》"監"作"礛"。○切，當作"攻"。

厤 ^{lì} 治也。從厂，秝聲。臣鍇曰：歷從此。連的反。

厗 ^{xǐ} 石利也。從厂，異聲。讀若枲。辛子反。

店 ^{hù} 美石也。從厂，古聲。後古反。

厗 ^{tí} 唐厗，石也。從厂，屖省聲。敵圭反。

砬 ^{lā} 石聲也。從厂，立聲。勒沓反。

厊 ^{yì} 石地惡也。從厂，兒聲。臣鍇曰：厊不煩易意。倪激反。

厔 ^{qín} 石地也。從厂，金聲。讀若給。巨金反。

庯 ^{fū} 石閒見。從厂，甫聲。讀若敷。甫夫反。

厝 ^{cuò} 厲石也。從厂，昔聲。《詩》曰："他山之石，可以爲厝。"臣鍇曰：今《詩》借錯，《孝經》借此爲措字。操各反。

【校】今《孝經》"安措"字正作"措"。

厖 ^{máng} 石大也。從厂，龙聲。臣鍇按：《詩》曰："爲下國駿厖。"免江反。

屵 ^{yuè} 岸上見也。從厂，從之省聲。讀若躍。臣鍇曰：滑從此。崖略反。

【校】從之省聲，鉉無"聲"字。按：此疑本作"從屮聲"，或依鉉改而未刪"聲"字。○滑從此，義不可曉，"戌滑"之"戌"不從此，恐是淺人增竄。

仄 ^{zè} 側傾也。從厂，人在厂下。臣鍇曰：人在崖石之下，不得安處也。會意。齋食反。

庆 籀文從厂、矢，矢亦聲。

廦 ^{pì} 仄也。從厂，辟聲。臣鍇曰：《春秋左傳》曰："辟陋在夷。"

當此廦字。篇石反。

【校】"此廦"上當有"作"字。

厞 ^{fèi} 隱也。從厂，非聲。臣鍇按:《楚辭》曰:"隱思君兮厞側。"《儀禮》曰:"厞用席。"符既反。

【校】厞側，今《楚辭》作"悱側"。○厞用席，按:《有司徹》曰"設，右几厞，用席"，"厞"屬上句，今鍇讀乃下屬，當是上有脫文耳。

厭 ^{yè} 笮也。從厂，猒聲。一曰合也。臣鍇曰: 笮，鎮也。伊葉反。

广 ^{wěi} 仰也。從人在厂上。臣鍇曰: 危字從此。會意。語委反。

【校】"厂上"下鉉有"一曰屋栝，秦謂之桷，齊謂之厃"。按:"桷"當作"楣"。

厤 ^{xiá} 廦也。從厂，夾聲。胡甲切。

文二十七　重四

【校】(文二十七)"厤"作切音，次立補，當例補次立説。

丸 ^{wán} 圜，傾側而轉者。從反仄。凡丸之屬皆從丸。臣鍇曰: 仄一向欹而不可回也，是故仄而可反爲丸，丸可左可右也。戶寒反(huán)。

鶷 ^{wěi} 鷙鳥食已，吐其皮毛如丸也。從丸，咼聲。讀若骫。臣鍇曰: 言鷹隼之屬，既食鳥雀，必吐其皮毛。醖累反。

烮 ^{nuó} 丸之孰也。從丸，而聲。奴戈反。

𡙇 ^{wàn} 闕。從丸，女聲。烏萬反 [1]。

文四

危 ^{wěi} 在高而懼也。從厃，自卪止之。凡危之屬皆從危。臣鍇曰:《孝經》曰:"在上不驕，高而不危，制節謹度，滿而不溢。"故從

————

[1] 《廣韻》芳万切 (fàn)。

冋。虞爲反。

攲 攲 攲隁也。從危，支聲。牽宜反。

文二

石 尸 山石也。在厂之下。囗，象形。凡石之屬皆從石。臣鍇曰：囗音圍。神隻反。

礦 礦 銅鐵朴石也。從石，黃聲。讀若穬。臣鍇曰：銅鐵之生者多連石也。《周禮》作卝。古猛反。

【校】朴，各本作“樸”，非。金有礦猶木有皮。

　　卝 卝 古文礦①。《周禮》有卝人。

碭 碭 文石也。從石，易聲。度浪反。

碝 碝 石次玉者。從石，耎聲。臣鍇按：相如《上林賦》：“碝石武夫。”爾件反。

【校】《上林》，當作“《子虛》”。

砮 砮 石，可以爲矢鏃。從石，奴聲。《夏書》曰：梁州“貢砮、丹”。《春秋國語》曰：“肅慎氏貢楛矢石砮。”内都反。

礜 礜 毒石也。出漢中。從石，與聲。臣鍇按：《本艸》：“生漢中及少室，有毒，不鍊殺人及鳥獸。”注云：“漢川有礜石谷。”羊洳反。

碣 碣 特立之石。東海有碣石山。從石，曷聲。臣鍇曰：碣，高舉之皃。且熱反。

　　䃘 䃘 古文。

磏 磏 礪石也，赤色②。從石，兼聲。讀若鎌。臣鍇按：《管子》曰：“不赦者痤疽之磏石。”③連鹽反。

────────────

① 礦，依例當作“磺”。
② 原本《玉篇》殘卷“磏”下引《説文》云：“厲石赤色也。”
③ 不赦，厂部“疳”字下引作“無赦”。

【校】"赤色"二字疑衍。○痤疽之礫石，疽，今作"疽"；礫，今謌"礦"。

碬 xiá ㄐㄗ　礪石也。從石，叚聲。《春秋》曰：鄭公孫碬，字子石。臣鍇按：木華《海賦》："碬石詭光。"是碬石文也。今《春秋左傳》書公孫碬作公孫段，誤也。痕加反。

【校】按鍇書，"碬、碬"當有二篆，鉉誤合爲一，後人遂依鉉改鍇。碬，石赤色，鍇引《海賦》釋之；碬，字子石，鍇指《左傳》文之誤。今注中從叚、從段字，尚是劃然，而"赤色"并入"礫"篆，《海賦》并入"碬"注。宜分之，以存其舊："碬，礪石也。從石，段聲。《春秋傳》鄭公孫碬，字子石。臣鍇曰：今《春秋左傳》書'公孫碬'作'公孫段'，誤也。徒亂反。""碬，文石也。從石，叚聲。臣鍇按：木華《海賦》云'碬石詭光'，是石之赤色者。痕加反。"按：今《文選》作"瑕石詭暉"。

礫 lì ㄌㄜ　小石也。從石，樂聲。連的反。

碧 gǒng ㄍㄥ　水邊石。從石，巩聲。《春秋傳》曰："闕碧之甲。"臣鍇按：闕碧，古國名。今作鞏，假借。矩竦反。

磧 qì ㄑㄧ　水陼有石者。從石，責聲。千僻反。

碑 bēi ㄅㄟ　豎石，紀功德①。從石，卑聲。臣鍇按：古宗廟立碑以繫牲耳，非石也。後人因於其上紀功德，則此從石碑字，秦以來製也。或難臣曰："古七十二家封禪勒石，便應有碑，何以言秦以來有碑？"臣應之曰："古雖七十二家封禪勒石，不言碑。七十二家之言起於管仲，不言碑。《穆天子傳》曰'天子乃紀丌迹於弇山石上'。亦不言碑。"又難曰："劉熙《釋名》何以言起於縣棺之碑？"臣對曰："起於縣棺者，蓋今之神道碑，而銘勒功德，當始於宗廟麗牲之碑也。"披移反（pī）②。

---

① 大徐本作"豎石也"，無"紀功德"三字。
② 注音依《廣韻》彼爲切。

碓 ^{duì} 𥕐 墆也。從石，㒸聲。臣鍇曰：今作墜。徒佩反①。

磒 ^{yǔn} 䃟 落也。從石，員聲。《春秋傳》曰：“磒石于宋五。”雨牝反。

【校】今《左》作“隕”，《公羊》作“霣”。

硈 ^{sè} 𥖀 碎石隕聲。從石，炙聲。史伯反。

硞 ^{què} 𥑶 石聲。從石，告聲。刻學反。

破 ^{láng} 𥑡 石聲。從石，良聲。臣鍇按：相如《上林賦》：“礧石相擊，破破硠硠。”勒當反。

【校】《上林》，當作“《子虛》”。

礐 ^{què} 礐 石聲也。從石，學省聲。遐岳反（xué）②。

硈 ^{qià} 𥑪 石堅也。從石，吉聲。一曰突也。起八反。

磕 ^{kè} 磕 石聲。從石，盍聲。苦盍反。

硻 ^{kēng} 𥔰 餘堅者。從石，堅省聲。墾耕反。

【校】堅者，疑當作“堅也”。

厤 ^{lì} 厤 磊砢也。從石，厤聲。臣鍇按：《吳都賦》：“玉石磊砢。”勤娜反③。

【校】篆當作砢，辨見下砢篆。○厤聲，當作“可聲”。○《吳都》，當作“《上林》”。○玉石，今本作“水石”。

塹 ^{chán} 塹 礛石也。從石，斬聲。臣鍇按：《詩》曰“漸漸之石”，當作此字。士銜反。

礹 ^{yán} 礹 石山也。從石，嚴聲。五監反。

磬 ^{kè} 磬 堅也。從石，㲉聲。揩革反。

确 ^{xué} 𥕊 磬石也。從石，角聲。臣鍇曰：所謂磽确之地。遐岳反。

---

① 墜，《集韻》直類切（zhuì）。

② 《廣韻》又苦角切。

③ 勤，當從四庫本作“勒”。

𣪊 𣪊 或從殳作。

qiāo
磽 磽 磬石也。從石，堯聲。口交切。

é
硪 硪 石巖也。從石，我聲。偶和反。

yán
碞 碞 磛碞也。從石，品聲。《周書》曰："畏于民碞。"讀與巖同。

臣鍇按:《尚書傳》:礜碞，不齊也。五監反。

【校】《尚書傳》:礜碞，不齊也，當作"《尚書疏》:碞，參差不齊也"。

suì
碎 碎 礦也。從石，卒聲。蘇內反。

【校】礦，段云當作"糳"。糳，碎之也。

pò
破 破 石碎也。從石，皮聲。鋪臥反。

qìng
磬 磬 樂石也。從石，殸聲。象縣虡之形也。殳，擊之。古者毋句氏作磬。牽宵反。

【校】殸聲，鉉無"聲"字。

殸 殸 籀文。

硜 硜 古文從巠。

ài
礙 礙 止也。從石，疑聲。偶代反。

chè
硩 硩 上摘山巖空青珊瑚墮之。從石，折聲。《周禮》曰:有硩蔟氏。臣鍇曰:《吳都賦》曰:"縹碧素玉……硩陊山谷。"《周禮》:"硩蔟氏掌覆夭鳥之巢。"恥列反。

【校】《周禮》曰，"曰"字衍。

lóng
礱 礱 礦也。從石，龍聲。天子之桷椓而礱之。來充反。

chàn
硟 硟 以石捍繒也。從石，延聲。臣鍇曰:今俗所謂碾也。尺戰反。

yán
研 研 礦也。從石，开聲。御堅反。

wèi
磑 磑 礦也。從石，豈聲。古者公輸班作磑。臣鍇按:《晉書》王戎有水磑。五對反。

【校】水磑，今本作"水碓"。

碓 （duì）舂也。從石，佳聲。得悔反。

碏 （tà）舂已復擣之曰碏。從石，沓聲。道合反。

磻 （bō）以石著惟繳也。從石，番聲。臣鍇曰：亦見《吳都賦》。又磻冢，山名。補陀反。

【校】又磻冢，山名，當作“又磻溪，地名”。“嶓冢”從山不從石。

礋 （zhuó）斫也。從石，箸聲。臣鍇曰：《爾雅》作鐯。張略反。

硯 （yàn）石滑也。從石，見聲。臣鍇按：《江賦》曰：“綠苔參沙于硯上。”魚見反。

【校】今《文選》作“綠苔鬖髿乎研上”。

砭 （biān）以石刺病也。從石，乏聲。臣鍇按：《南史》所謂石鍼。逼廉反。

碣 （hé）石地惡也。從石，鬲聲。閑隔反。

磊 （lěi）眾石也。從三石。臣鍇曰：會意。落浣反。

礳 （mò）石磑也。從石，靡聲。模臥切。

砢 （luǒ）磊砢也。從石，可聲。來可切。

【校】按：上“砢”譌“礰”，次立不察，又補“砢”於末。今此篆當作：“礰，石聲也。從石，厤聲。郎擊切。”

文四十九　重五

【校】（文四十九）“礳”作切音，次立補，當例補次立説。

長 （cháng）久遠也。從兀從匕。兀者，高遠意也；久則變化。亡聲。厂者，倒亾（亡）也。凡長之屬皆從長。臣鍇曰：兀，高遠也。匕音化。宙良反。

　　尤 古文長。

　　兵 亦古文長。

肆 （肆）（sì）極陳也。從長，隶聲。臣鍇按：《春秋左傳》：“斯肆其

罔極。"素水反 (suì)①。

鬖 **鬖** 或從髟。

镾 镾 mí 久長也。從長，爾聲。臣鍇曰：猶彌，爾聲。眠伊反。

【校】猶彌，爾聲，當作"經傳作'彌'"。

趺 趺 dié 她惡毒長也。從長，失聲。臣鍇按：《爾雅》："趺，蝁。蝮屬，大眼，最有毒。"亭結反。

【校】惡，當作"蛇"。"蝮屬"上當有"注"字。

文四 重三

勿 勿 wù 州里所建旗。象其柄，有三游。雜帛，幅半異。所以趣民，故遽稱勿勿。凡勿之屬皆從勿。臣鍇曰：今《周禮》作物，假借。無弗反。

旐 旐 或從㫃作。臣鍇曰：旐，旌旗，故從㫃，音偃。

【校】"從㫃"下當更有一"㫃"字。

昜 昜 yáng 開也。從日、一、勿。一曰飛揚；一曰長；一曰强者眾皃。臣鍇曰：日，所以開明；勿，旌旗得風開展；一，所以開也。會意。猶良反。

文二 重一

冄(冉) 冄 rǎn 毛冄冄也。象形。凡冄之屬皆從冄。臣鍇曰：冄，弱也，象毛細而下垂。柔檢反。

文一

而 而 ér 頰毛也。象毛之形。假借爲語助。《周禮》曰："作其鱗之而。"凡而之屬皆從而。臣鍇曰：象頰毛連屬而下也。忍伊反。

【校】毛之，疑當作"下乘"。

耏 耏 nài 罪不至髡也。從彡，從而亦聲。臣鍇曰：但髡其頰毛而

---

① 注音依《廣韻》息利切。

已。彡猶芟也。會意。奴代反。

耐𦚢 或從寸。諸法度字從寸。

文二　重一

豕 豕 shǐ 彘也。竭其尾，故謂之豕。象毛足而後有尾。讀與豨同。按：今世字誤以豕爲彘，以彘爲豕。何以明之？爲啄、琢從豕，蠡從彘，爲取其聲，以是明之。凡豕之屬皆從豕。臣鍇曰：竭舉也。書爾反。

【校】"以豕爲彘"下沿譌已久，阮相國元云："當作：以豕爲豕，以象爲象。何以明之？爲啄、琢從豕，蠡從象，皆取其聲，以是明之。"

巿 巿 古文。

豬 豬 zhū 豕而三毛叢居者。從豕，者聲。展魚反。

㲉 㲉 dū 小豚也。從豕，殼聲。臣鍇按：《爾雅》曰：貙之子也①。丁毒反②。

【校】鍇引"貙子"，廣異聞也。《左傳》先㲉字彘子，當作此"㲉"字。

豯 豯 xí 生三月豚，腹豯豯兒也。從豕，奚聲。臣鍇曰：奚，腹大。賢迷反。

【校】按鍇説"豯豯"當作"奚奚"。

豵 豵 zōng 生六月豚。從豕，從聲。一曰一歲豵，尚藂聚也。臣鍇按：《爾雅》：又豕生三子爲豵。子紅反。

豝 豝 bā 牝豕。從豕，巴聲。一曰二歲能相把挐。《詩》曰："一發五豝。"不奢反。

【校】一發，今《詩》"一"作"壹"。

豜 豜 jiān 三歲豕，肩相及者。從豕，幵聲。《詩》曰："并驅從兩豜兮。"激賢反。

---

① 《爾雅·釋畜》："貙，白狐。其子，㲉。"
② 《廣韻》又蒲角切（báo）。

【校】今《詩》作“肩”。

fén

豶 豶　羠豕也。從豕，賁聲。扶云反。

jiā

豭 豭　牡豕也。從豕，叚聲。臣鍇按：《春秋左傳》曰：“輿豭從己。”間巴反。

yì

豷 豷　上谷名豬豷。從豕，役省聲。□□□① 辟亦反②。

wéi

豶 豶　豬也。從豕，隋聲。隋肯反（suì）③。

【校】按《爾雅》“豬也”上當有“豶”字。

kěn

豤 豤　齧也。從豕，㫃聲。臣鍇曰：懇字從此。可很反。

yì

㺍 㺍　豕息也。從豕，壹聲。《春秋傳》曰：“生敖及㺍。”臣鍇曰：息，喘息也。許位反。

【校】生敖，今《左》作“生澆”。

fū

豧 豧　豕息。從豕，甫聲。甫夋反。

huàn

豢 豢　以穀圈養豕也。從豕，羑聲。戶慣反。

chú

豠 豠　豕屬。從豕，且聲。似虛反（xú）④。

huán

豲 豲　逸也。從豕，原聲。《周書》曰：“豲有爪而不敢以撅。”讀若桓。戶寒反。

【校】逸也，當作“豕屬也”，見《六書故》。“逸”字當在下《周書》上，今見《周祝解》。○爪，或作“蚤”。

xǐ

豨 豨　豕走豨豨。從豕，希聲。臣鍇曰：豨走且戲兒。虛斐反。

【校】“希聲”下鉉有“古有封豨修蛇之害”八字。按：此當是鍇引《淮南子》說，鉉采羼入許書者。

chù

豖 豖　豕絆足行豖豖。從豕繫二足。臣鍇曰：冢、琢從此。指

---

① 空闕處四部叢刊本、四庫本有“與扶”二字。
② 《廣韻》營隻切，四庫本、四部叢刊本云辟反。
③ 注音依《廣韻》悅吹切。
④ 注音依《廣韻》士魚切。

事。丑録反。

豦 鬥相玗不解。從豕、虍。豕、虎之鬥不相捨。讀若蘮蒘艸之蘮。司馬相如説：豦，封豕之屬。一曰虎兩足舉。**臣鍇曰**：遽從此。巨居反。

【校】"之蘮"二字當是後人增入。按："蘮、豦"爲雙聲，"蒘、豦"爲疊韻，可兩讀。

豙 豕怒毛堅；一曰殘艾也。從豕、辛。**臣鉉等曰**：從辛未詳。魚既切。

【校】毛堅，汪依鉉作"毛豎"。按：從"辛"之義，許云"金剛味辛則毛堅"是也。言"豎"則又堅剛强立之意，義可兩通。

豩 二豕也。豳從此。闕。呼閑反（huān）[1]。

文二十二　重一

希 修豪獸；一曰河内名豕也。從彑，下象毛足。凡希之屬皆從希。讀若弟。**臣鍇按**：《爾雅》作狶，注：希，豪毛長也。羊媚反。

【校】《爾雅》作狶注希，當作"《爾雅》'希'作'狶'，注：'狶'"。○今《爾雅》譌作"豣"。

　　彔 古文。

　　彙 籀文。

曶 豕屬。從希，曶（智）聲。**臣鍇曰**：曶（智）音忽。呼骨反。

豪 豕鬣如筆管者，出□郡。從希，高聲。**臣鍇曰**：所謂豪豬。行高反。

【校】闕文鉉作"南"。

　　豪（豪） 籀文從豕。**臣鉉等曰**：今俗別作毫，非是。

　　【校】籀，當作"篆"，鉉説次立所補。臣鉉等曰，當作"臣次立

_____

[1] 注音依《集韻》悲巾切。

按：徐鉉曰"。

wèi

彙　蟲，似豪豬。從希，胃省聲。于貴反。

蝟　或從虫作。

sì

豨　希屬。從二希。素次反。

豩　古文豨。《虞書》曰："豨類于上帝。"臣鍇曰：今《尚書》作肆。

文五　重五

彑　豕之頭。象其鋭而上見也。凡彑之屬皆從彑。讀若罽。居例反。

zhì

彘　豕也。後蹢廢謂之彘。從彑，矢聲。從二匕。彘足與鹿足同。臣鍇曰：後蹢頓廢。直例反。

shǐ

彖　豕也。從彑從豕。讀若弛。書爾反。

【校】豕也，阮云作"豕走悅也"。按："走悅"則有縱弛遠離之意，故"蠡、喙、傷、褖"字從之。"褖衣"之"褖"，古音同"税"，亦當從此，今誤讀通貫切。

xiá

叚　豕也。從彑，下象足。讀若瑕。臣鍇曰：指事。痕加反。

【校】汪本以此爲"彖"古文。按：《篇》《韻》皆無此字，汪或是舊本，而此或後人增竄。

tuàn

彖　豕走也。從彑，從豕聲。吐半反。

【校】鉉篆譌作"希"。○豕走也，阮云當作"豕也"。○豕聲，"聲"當依鉉作"省"。

文五

【校】"彑、彘"二篆音仍鉉，而"切"作"反"。

tún

豚　小豕也。從希省，象形。從又持肉，以給祠祀也。凡豚之屬皆從豚。臣鍇曰：《禮》："豚曰腯肥。"徒昆反。

豚　篆文從肉、豕。

wèi
䝕 豚屬。從豚，衛聲。讀若罽。**于歲反**。

文二　重一

zhì
豸 獸長脊行豸豸然，欲有所伺殺形。凡豸之屬皆從豸。**臣鍇曰**：豸豸，背隆長皃；欲有所伺殺，謂其行綴也。**池倚反**。

【校】綴，當作"緩"。按"豸"之言遲也。

bào
豹 似虎，圜文。從豸，勺聲。**晡效反**。

chū
貙 貙獌，似貍者。從豸，區聲。**丑殊反**。

tán
貚 貙屬也。從豸，單聲。**特丹反**。

pí
貔 豹屬，出貉國。從豸，毘聲。《詩》曰："獻其貔皮。"《周書》曰："如虎如貔。"貔，猛獸。**臣鍇按**：《爾雅》："貔，白狐。"毘即毗字。**鼻宜反**。

豼 或從比作。

chái
豺 狼屬，狗聲。從豸，才聲。**臣鍇按**：《爾雅》："豺，狗足。"注："腳似狗。"**蟬齋反**。

yǔ
貐 猰貐，似貙，虎爪，食人，迅走。從豸，俞聲。**臣鍇按**：《山海經》："猰貐，虵身人面，爲貳負臣所殺。"《淮南子》曰："堯之時……窫窳、鑿齒……皆爲民害，乃使羿……上射十日，下殺窫窳。"注云："狀若龍首，一曰似貍，善走，食人。"**匀取反**。

【校】今本《山海經》作"窫窳"，《淮南子》作"猰貐"。

mò
貘 似熊而黄黑色，出蜀中。從豸，莫聲。**臣鍇按**：《爾雅》："貘，白豹。"注："似熊而小頭，庳腳，黑白駁，能嗜食鐵銅及竹。"**没白反**。

【校】白骹能嗜，按今《爾雅注》"骹"譌"駁"，"嗜"作"舐"。

yōng
鏞 猛獸也。從豸，庸聲。**與封反**。

jué
玃 㚻玃也。從豸，矍聲。**臣鍇按**：《爾雅》："玃父，善顧。"注：

"似彌猴而大，蒼黑，能攫持人。"王若反（yuè）^①。

貀 獸無前足。從豸，出聲。漢律："能捕豺貀，購百錢。"臣
鍇按：《爾雅注》："似狗，豹文……或云，似虎而黑。" 胡劼反
（xiá）^②。

貈 似狐，善睡獸。從豸，舟聲。《論語》曰："狐貈之厚以居。"
臣鍇按：此音下各反，而云從舟聲，此古音當有異也。閑縛反。
【校】今《論語》作"貉"。

犴 胡地野狗。從豸，干聲。臣鍇按：《爾雅注》："貙之大者
也。"偶肝反。
【校】按《爾雅注》，"大者"下當有"曰貙犴"三字。

犴 犴或從犬。《詩》曰："宜犴宜獄。"
【校】今《詩》作"岸"。

貂 鼠屬。大而黃黑，出胡丁零國。從豸，召聲。臣鍇按：《古
今注》：侍中冠以貂爲飾，取其和潤而有文。覘挑反。

貉 北方豸種。從豸，各聲。孔子曰："貉之爲言惡也。"臣鍇
曰：古音鶴也。没白反。

貆 貉之類。從豸，亘聲。臣鍇按：《爾雅》："貉子也。"戶寒反。
【校】貉子，貉，今《爾雅》作"貈"。

貍 伏獸，似貙。從豸，里聲。臣鍇曰：貍善藏伏也。利
之反。

貒 獸也。從豸，耑聲。讀若湍。臣鍇按：《爾雅注》："貒，
豚，一名貛。"土鑾反。

貛 野豕也。從豸，雚聲。呼寛反。

———————
① 注音依《廣韻》居縛切。
② 注音依《廣韻》女滑切。

yòu
貁 鼠屬，善旋。從豸，穴聲。**臣鍇按：**所謂蝯貁也。羊狩反。

文二十　重三

sì
舄 如野牛而青。象形。與禽、离頭同。凡舄之屬皆從舄。**臣鍇按：**《爾雅》："舄，似牛。"注："一角青色，重千斤。"徐美反。

兕 古文從儿。

文一　重一

yì
易 蜥易，蝘蜓，守宫也。象形。祕書説曰：日月爲易，象陰陽也。一曰從勿。凡易之屬皆從易。**臣鍇曰：**祕書謂下爲月字，日月爲易，言陰陽晝夜相變易也。惕從此。移尺反。

文一

xiàng
象 長鼻牙，南越大獸，三年一乳。象耳牙四足之形。凡象之屬皆從象。似奬反。

yù
豫 象之大者。賈侍中説：不害於物。從象，予聲。**臣鍇曰：**以其不害於物，故言豫。養遇反。

𢍒 古文。

文二　重一

說文解字通釋卷第十九

繫傳十九

文林郎守祕書省校書郎臣徐鍇傳釋

朝散大夫行祕書省校書郎臣朱翱反切

十八部　文八百二十　重九十三

馬 怒也。武也。象馬頭髦尾四足之形。凡馬之屬皆從馬。臣鍇按：劉熙《釋名》：“馬，武也。”韋昭曰：“以其健行。”莫者反。

影 古文。

影 籀文馬與影同，有髦。

【校】此篆與上篆無異，疑上篆當作馬。按：《石鼓》字亦無此體，疑即上文誤複字，且書中“騧、騼”皆有籀文，而體不同，疑皆有誤。

隲 牡馬也。從馬，陟聲。臣鍇曰：按《爾雅》“牡曰隲”。又借訓定也。之日反。

馬 馬一歲也。從馬；一，絆其足。讀若紘。一曰環。臣鍇曰：指事。户删反。

【校】紘，鉉作“弦”。

駒 馬二歲曰駒，三歲曰駣。從馬，句聲。卷于反。

【校】駣，鉉作“騂”，與《周禮》前鄭合，當以鉉爲是。

馴 馬八歲也。從馬，八聲。北拔反。

xián

騆 騆 馬一目白曰騆，二目白曰魚。從馬，閒聲。**臣鍇按**：《詩》曰：“有驔有魚。”注曰：“似魚目。”臣鍇以爲今馬環目。候艱反。

qí

騏 騏 馬青驪文如博綦也①。從馬，其聲。**臣鍇曰**：博綦子也。相如賦曰：“射遊騏。”虞知反。

lí

驪 驪 馬深黑色。從馬，麗聲。**臣鍇按**：《爾雅》：“小領盜驪。”臣以爲盜驪淺黑。鄰之反。

xuān

騞 騞 青驪馬。從馬，肙聲。《詩》曰：“駜彼乘騞。”火玄反。

guì

騩 騩 馬淺黑色。從馬，鬼聲。**臣鍇按**：《漢儀》：“丞相見免，乘騩馬自府歸也。”矩遂反。

liú

騮 騮 赤馬黑毛尾。從馬，留聲。里求反。

【校】段云當作“駵”。○毛尾，段云當作“髦尾”。

xiá

騢 騢 馬赤白雜毛。從馬，叚聲。謂色似鰕魚。**臣鍇曰**：駁馬。痕加反。

zhuī

騅 騅 馬蒼黑雜毛。從馬，隹聲。**臣鍇曰**：蘆騅色。專唯反。

【校】蒼黑，《爾雅》作“蒼白”。

luò

駱 駱 馬白色黑鬣尾也。從馬，各聲。**臣鍇曰**：《詩》曰：“嘽嘽駱馬。”勒託反。

cōng

驄 驄 馬青白雜毛也。從馬，悤聲。倉紅反。

yīn

駰 駰 馬陰黑㥜。從馬，因聲。伊倫反。

【校】馬陰黑㥜，鉉作“馬陰白雜毛黑”。按：《爾雅》曰“陰白雜色駰”②，郭注云“淺黑”，則《爾雅》蓋謂“黑”爲“白”。許書當作“陰

---

① 《玄應》卷二《大般涅槃經》“麒麟”注：“經文作騏。《説文》：馬文如綦文。”卷四《菩薩見實三昧經》“麒麟”注：“經文作騏。《説文》：馬文如綦文騏。”卷七《文殊師利現寶藏經》“騏驥”注：“《説文》：馬有青驪文似綦也。”又，李善注《文選·七發》引《説文》：“馬驪文如綦也。”據諸引，今本“博”爲衍文，當删，“綦”爲“綦”形誤。

② 《爾雅·釋畜》：“陰白雜毛，駰。”

黑雜毛"，此"喙"字是"雜毛"二字之譌。

騍 騍馬白跨也。從馬，喬聲。《詩》曰："有騍有騜。" 常出反。

【校】騜，今《詩》作"皇"。

駹 馬面顙皆白。從馬，尨聲。**臣鍇按**:《史記》曰："匈奴東方皆青駹馬。"[1]餘馬名多見《詩》。類江反[2]。

騧 黃馬黑喙。從馬，咼聲。古加反。

　　騧 籀文騧從瓜。

驃 黃馬發白色；一曰白髦尾也。從馬，票聲。匹妙反。

駓 黃馬白毛也。從馬，丕聲。浦宜反。

【校】黃馬白毛，按《爾雅》《毛詩》皆作"黃白雜毛"。

驖 馬赤黑色。從馬，𢧵聲。《詩》曰："四驖孔阜。"汀切反。

【校】四驖，今《詩》"四"作"駟"。

騚 馬頭有白發色。從馬，岸聲。**臣鍇曰**: 所謂白發，言色有淺處，若將起然。隔旰反。

駒 馬白額也。從馬，旳省聲。一曰駿也。《易》曰："爲駒顙。"顛狄反。

【校】駒顙，當依《易》作"旳顙"，旳顙之馬名"駒"也。

駁 馬色不純。從馬，爻聲。逼朔反。

驛 馬後左足白。從馬，二其足。讀若注。《易》曰："爲驛足。"指事。支處反。

【校】"《易》曰"上當有"臣鍇按"三字。

驔 驪馬黃脊。從馬，覃聲。讀若簟。定嗛反。

———————

① 《史記·匈奴列傳》:"匈奴騎，其西方盡白馬，東方盡青駹馬。"

② 類，宋本《玉篇》作靡卷切，則讀明母。駹，《廣韻》莫江切。

驠（yàn）𩦺　白馬州也。從馬，燕聲。**臣鍇按：**《爾雅》："州，竅也。"[1]於釧反。

騽（xí）𩧁　馬豪骭也。從馬，習聲。**臣鍇曰：**豪骭，馬膝脛多長毛，若今胡馬。似集反。

䮧（hàn）𩦹　馬毛長也。從馬，倝聲。**臣鍇曰：**倝音旰。侯玩反。

騑（fēi）𩧃　馬逸足也。從馬，飛聲。《司馬法》曰："飛衞斯輿。"**臣鍇按：**《史記》曰："騁六飛。"甫肥反。

驐（ào）𩨌　駿馬。以壬申日死，乘馬忌之。從馬，敖聲。**臣鍇曰：**避不祥也。五號反。

驥（jì）𩧢　千里馬也，孫陽所相者。從馬，冀聲。天水有驥縣。**臣鍇曰：**孫陽即伯樂也，亦曰王良。《國語》謂之郵無恤，善御馬者。舊多云驥長鳴於蒲坂，伯樂見而識之也。訖示反。

【校】今前、後《漢志》皆作"冀縣"。○伯樂在秦穆公之時，而王良在趙鞅時，迥非一人，鍇説不可據。

駿（jùn）𩦼　馬之良材者。從馬，夋聲。子閏反。

驍（xiāo）𩧎　良馬也。從馬，堯聲。堅蕭反（jiāo）。

騒（zhuǐ）𩧇　馬小皃。從馬，垂聲。讀若箠。職累反。

　　𩣡 𩣡　籒文從𠂹。

驕（jiāo）𩧊　馬高六赤爲驕。從馬，喬聲。《詩》曰："我馬唯驕。"一曰野馬。斤消反。

【校】《皇華》二章"我馬維駒"，《音義》云"亦作驕"。

騋（lái）𩦿　馬八赤爲龍，七赤爲騋。從馬，來聲。《詩》曰："騋牝驪牡。"妻才反。

【校】赤，鉉作"尺"，古通用。○《詩》曰"騋牝驪牡"，當作"《詩》

---

① 《爾雅・釋畜》："白州，驠。"郭注："州，竅。"

曰‘騋牝三千’，《爾雅》曰‘騋牝，驪牡’”。此兩引經也，全書多此例，今皆爲後人刪改。按：“驪牡”之“牡”亦當爲“牝”，《釋文》可證，近儒辨之甚詳。

驩 驩 馬名。從馬，雚聲。呼寬反。

騐 騐 馬名。從馬，僉聲。臣鍇曰：今亦云效也。魚宴反。

㠂 㠂 馬名。從馬，此聲。七里反。

儦 儦 馬名。從馬，休聲。喜彪反。

鴌 鴌 馬赤鬣縞身，目若黃金，名曰鴌。吉皇之乘。周文王時，犬戎獻之。從馬、文，文亦聲。《春秋傳》曰：“鴌馬百駟。”畫馬也。西伯獻紂，以全其身。臣鍇按：《山海經》：“一名吉量，乘之壽千歲。”《淮南子》謂之飛黃，亦曰乘黃。太公《六韜》：“紂拘文王牖里，散宜生之徒，求吉黃以獻紂而免。”無分反。

【校】名曰鴌，“鴌”字衍。○文王，按《周書》當作“成王”，此後人因下獻紂事而誤改。○鴌馬，鴌，今《左傳》作“文”。○乘黃、吉黃，皆當作“雞斯”。按：《海內北經》犬戎國“有文馬，名吉量”，郭注云亦作“吉良”，引《周書》作“吉黃”，成王時犬戎所獻。又引《六韜》作“雞斯”，與《淮南子·道應訓》說西伯事合。若《海外西經》白民國之“乘黃”，與《淮南子·覽冥訓》所稱“飛黃伏皁”爲一物，而與“文馬”則二也，鍇說不免牽附。

駥 駥 馬彊也。從馬，支聲。章移反。

駜 駜 馬飽也。從馬，必聲。臣鍇曰：駜彼乘黃。頻必反。

駫 駫 馬盛肥也。從馬，光聲。《詩》曰：“四牡駫駫。”臣鍇曰：今《詩》作彭。居屏反。

【校】“臣鍇”以下七字當移入“騯”篆下。按：此“四牡駫駫”當作“駫駫牧馬”，段氏據《駉》詩毛傳及釋文辨之甚詳。

騯 騯 馬盛也。從馬，旁聲。《詩》曰：“四牡騯騯。”白亨反。

【校】錯説錯入"駾"篆下，"駍"下當補"臣錯曰：今《詩》作彭"七字，蓋謂《北山》及《蒸民》詩也。段云當是"駟介旁旁"，"駟介"謂"四牡"耳。

àng

駠 駠駠，馬怒皃。從馬，卬聲。我亢反。

xiāng

驤 馬之低仰也。從馬，襄聲。臣錯按：潘岳《耤田賦》："龍驤騰驤。"脩翔反。

mò

驀 上馬也。從馬，莫聲。臣錯曰：左思賦曰："驀六駮。"没白反。

qí

騎 跨馬也。從馬，奇聲。巨離反。

jià

駕 軶中。從馬，加聲。臣錯曰：《博物志》："黄帝臣相土作乘馬。"干乍反。

【校】"軶中"上當有"馬在"二字，鉉本、汪本皆同。

牯 籒文。

fēi

騑 驂旁馬。從馬，非聲。甫肥反。

pián

駢 駕二馬。從馬，并聲。臣錯曰：顔延之《赭白馬賦》："紫燕駢衡。"屏堅反。

cān

驂 駕三馬也。從馬，參聲。七南反。

sì

駟 一乘也。從馬，四聲。臣錯曰：四馬也。素次反。

fù

駙 副馬也。從馬，付聲。一曰近也；一曰疾也。符注反。

xié

騔 馬和也。從馬，皆聲。臣錯曰：《詩》曰："六轡如組[1]，兩驂如舞。"和也。痕皆反。

wǒ

騀 馬摇頭也。從馬，我聲。頟左反。

pǒ

駊 駊騀也。從馬，皮聲。鋪妥反。

---

[1] 六，今《詩經·大叔于田》作"執"。

^{tāo}
騊 騊 馬行兒。從馬，舀聲。臣鍇曰：猶滔滔也。《詩》曰："滔滔不歸。"偷勞反。

^{dǔ}
篤 篤 馬行頓遲。從馬，竹聲。臣鍇曰：《詩》曰"篤公劉"、《論語》曰"行篤敬"，皆當作竺，假借此篤字。得酷反。

^{kuí}
騤 騤 馬行威儀也。從馬，癸聲。《詩》曰："四牡騤騤。"臣鍇按：傅毅《舞賦》曰："馬材不同矜容，愛儀洋洋習習。"① 權錐反。

^{wò}
鷽 鷽 馬行徐而疾。從馬，學省聲。乙卓反。

【校】段據《集韻》《類編》改作"鷽"，未確。按：此脱引《詩》"四牡鷽鷽"耳。鷽鷽，疑即"蹻蹻"。

^{qīn}
駸 駸 馬行疾也。從馬，侵省聲。《詩》曰："載驟駸駸。"子林反(jīn)②。

^{sà}
馺 馺 馬行相及也。從馬，及聲。讀若《爾雅》曰"小山馺"。臣鍇曰：漢有馺娑殿。馺娑，參差逶遲兒。速沓反。

【校】小山馺，馺，當依《爾雅》作"岌"。

^{píng}
馮 馮 馬行疾也。從馬，仌聲。臣鍇曰：仌，皮冰反。又房忠反(féng)。

【校】仌，皮冰反，又房忠反，當作"仌，波棱反。皮冰反"。"房忠"之音，後人誤讀爲"馮"姓聲而改也，不可從。

^{niè}
馜 馜 馬步疾也。從馬，耴聲。女懾反。

^{sì}
騃 騃 馬行仡仡也。從馬，矣聲。偶指反(yǐ)③。

^{zhòu}
驟 驟 馬疾步也。從馬，聚聲。臣鍇按：《白虎通》曰："三皇步，五帝驟，三王馳。"鉏狄反。

【校】五帝驟，驟，今本作"趨"。疑此所引當在"鷽"篆下，原文

---

① 今作"或有矜容愛儀，洋洋習習"。
② 注音依《廣韻》七林切。
③ 注音依《廣韻》牀史切。

"三王馳"下尚有"五霸驚"也。

駒 馵 馬疾走。從馬，匃聲。格曷反。

颿 颿 馬疾步也。從馬，風聲。臣鉉等曰：舟船之颿本用此字，今別作帆，非是。符嚴切。

驅 騙 馬馳也。從馬，區聲。器于反。

敺 敺 古文從攴。

馳 馳 大驅也。從馬，也聲。陳知反。

騖 騖 亂馳也。從馬，務省聲。勿赴反。

駕 駕 次第馳。從馬，列聲。臣鍇曰：次第就行列也。里曵反（lì）①。

騁 騁 直馳也。從馬，甹聲。丑靜反。

駾 駾 馬行疾來皃。從馬，兌聲。《詩》曰："昆夷駾矣。"吐外反。

【校】昆，今《詩》作"混"。

軼 軼 馬有疾足。從馬，失聲。移七反。

馯 馯 馬突也。從馬，旱聲。臣鍇曰：馳突也。《漢書·刑法志》曰："以羈馽御馯馬。"②侯玩反。

駧 駧 馳馬洞去也。從馬，同聲。頭貢反。

驚 驚 馬駭也。從馬，敬聲。己英反。

駭 駭 驚也。從馬，亥聲。侯楷反。

駫 駫 馬奔也。從馬，㐬聲。忽光反。

騫 騫 馬腹熱也。從馬，寒省聲。臣鍇曰：腹病騫損，《詩》曰："不騫不虧。"古人名損，字騫。豈虔反。

【校】熱，鉉作"縶"，誤。段改"墊"，義新而未確，疑當作"驇"。

---

① 注音依《廣韻》良薛切。

② 今《漢書·刑法志》作"以馽而御馯突"。

腹病而重則遲頓，故《莊子·秋水篇》崔注亦訓“頓遲”。○騫損，當作“馬損”。○䮰，《詩》作“崩”，或當時有所諱而改歟？

駐 𩣡 馬立也。從馬，主聲。陟具反。

馴 𩡩 馬順也。從馬，川聲。臣鍇曰：《易》曰：“馴致其道。”續倫反。

駗 𩦡 馬載重難也。從馬，㐱聲。章引反。

【校】“重難”下汪本有“行”字。

驙 𩥴 駗驙也。從馬，亶聲。《易》曰：“乘馬驙如。”臣鍇曰：今《易》作邅。陟連反。

【校】許引《易》是驫桰語，故鍇云“驙”爲“邅”。

驇 𩦡 馬重兒。從馬，執聲。陟利反。

【校】篆當作驇，從執聲，辨見日部“蟄”下。

鞠 𩫍 馬曲脊也。從馬，鞠聲。堅祝反。

骱 𩢫 馬尾也。從馬，介聲。苟差反。

【校】“馬尾”上鉉有“系”字。

騷 𩢾 擾也；一曰摩馬。從馬，蚤聲。臣鍇曰：《詩》曰：“徐方驛騷。”[1] 素叨反。

馽 𩢳 絆馬也。從馬，○其足。《春秋傳》曰：“韓厥執馽前。”讀若輒。臣鍇曰：指事。知習反。

【校】執馽前，今《左傳》作“執縶馬前”。

　　縶 𩫊 或從執、糸。

駘 𩢁 馬銜脫也。從馬，台聲。臣鍇曰：銜脫即放散，故古謂春色舒放爲駘蕩。田台反。

騬 𩥈 犗馬也。從馬，乘聲。食陵切。

---

① 驛，今《詩經·常武》作“繹”。

zǎng

駔 駔　牡馬也。從馬，且聲。一曰馬蹲駔也。**臣鍇曰**：駔，駿。子廣反。

【校】牡，戴侗云唐本《説文》作"奘"，正與《爾雅》"奘，駔也"合。此下鍇説模糊，疑正引《爾雅》文。"臣鍇曰"下當作"《爾雅》曰：奘，駔也"。又《後漢書・郭太傳》注引《説文》"駔，會也"，豈鍇書本有"一曰駔會"四字而譌歟？

zōu

騶 騶　廄御也。從馬，芻聲。側丘反。

yì

驛 驛　置騎也。從馬，睪聲。移尺反。

rì

馹 馹　驛傳也。從馬，日聲。**臣鍇曰**：《春秋左傳》：楚子"乘馹"。而質反。

téng

騰 騰　傳也。從馬，朕聲。一曰騰，犗馬也。徒朋反。

【校】騰犗馬也，騰，當作"朕"。按：《月令》曰"騰駒、騰馬"，皆指未騸者言。《周禮》曰"攻特、騰特"，亦一聲之轉也。

hè

騅 騅　苑名；一曰馬白額。從馬，崔聲。閑博反。

jiōng

駉 駉　牧馬苑也。從馬，冋聲。《詩》曰："在駉之野。"居屏反。

【校】"在駉"之"駉"，《詩》作"坰"。

shēn

駪 駪　馬衆多皃。從馬，先聲。所臻反。

bó

駮 駮　獸，如馬，鋸牙，食虎豹。從馬，交聲。**臣鍇曰**：《詩》云："隰有六駮。"六駮，亦木名，皮斑駮也。見陸璣《詩艸木疏》。逼朔反。

jué

駃 駃　駃騠，馬父驘子也。從馬，決省聲。**臣鍇按**：史曰："燕王食蘇秦以駃騠。"鶂穴反 ①。

tí

騠 騠　駃騠也。從馬，是聲。敵圭反。

luó

驘 驘　驢父馬母。從馬，羸省聲。魯戈反。

---

① 注音依《廣韻》古穴切，見母，而"鶂"乃定母或禪母，疑"鶪"之譌。

驢 驥 或不省。

lú
驢 驢 似馬，長耳。從馬，盧聲。連袨反。

méng
騍 騍 驢子也。從馬，冡聲。母東反。

tuó
驒 驒 驒騠，野馬屬。從馬，單聲。一曰青驪白驎，文如鼉魚。臣鍇按：《史記》曰：匈奴之奇畜也。的煙反（diān）①。

【校】驎，鉉作"鱗"，非。驎，馬毛魚鱗文者。"一曰"以下即説《駉》詩之"驒"也。

xī
騱 騱 驒騱馬也。從馬，奚聲。賢迷反。

【校】驒騱馬，"馬"字衍。

táo
騊 騊 騊駼，北野之良馬也。從馬，匋聲。臣鍇按：史亦匈奴之畜，相如賦曰："轔騊駼。"特豪反。

tú
駼 駼 騊駼也。從馬，余聲。田吾反。

biāo
驫 驫 眾馬也。從三馬。彼虬反。

文一百十五　重八

【校】（文一百十五）"騧、騍"二篆作切音，次立補，當例補次立説。"駉、駃、駮、駃"四篆音仍鉉，而"切"作"反"。

zhì
廌 廌 解廌獸也，似山牛，一角。古者決訟，令觸不直。象形，從豸省。凡廌之屬皆從廌。宅買反。

xiào
獬 獬 解廌屬也。從廌，爭聲。角效反（jiào）②。

jiàn
薦 薦 獸之所食艸。從廌、艸。古者神人以廌遺黃帝。帝曰："何食？何處？"曰："食薦；夏處水澤，冬處松柏。"臣鍇按：薦，艸之深厚者。《莊子》曰："麋鹿食薦。"子偏反。

fǎ
灋 灋 刑也。平之如水，從水；廌，所以觸不直者去之。臣鍇曰：

---

① 《廣韻》又徒河切。
② 《廣韻》又呼教切。

會意。方乏反。

【校】二篆音仍鉉，而"切"作"反"。

法 𣪘 今文灋字。

金 𠘶 古文。

文四　重二

鹿 𢉖 獸也。象頭角四足之形。鳥、鹿足相似，從匕。凡鹿之屬皆從鹿。盧木反。

【校】相似，《韻會》引作"相比"。

麚 𪋇 牡鹿。從鹿，叚聲。以夏至解其角。臣鍇按：《楚辭》："白鹿麚麚，或騰或倚。"閒巴反。

麟 𪊽 大牡鹿也。從鹿，粦聲。臣鍇按：書傳多以爲麒麐字，訛變，古或假借也。里神反。

【校】牡，汪依鉉作"牝"，非是。

麇 𪋮 鹿麇也。從鹿，夐聲。讀若偄弱之偄。奴贊反。

𪋿 𪋹 鹿迹也。從鹿，速聲。臣鍇曰：今《爾雅》作速。孫卜反。

【校】按：《爾雅》"其跡速速"，即辵部"迹"之籀文，曹憲《廣雅音》可證。相沿誤讀"𤛐"，遂譌"速"爲"速"。此篆亦當作𪋿，從速聲，資昔反。後人誤讀《爾雅》者改之也。

麑 𪊨 鹿子也。從鹿，弭聲。民泥反。

麉 𪋉 鹿之絶有力者。從鹿，开聲。激賢反。

麒 𪋊 仁獸也，麐身[①]，牛尾，一角。從鹿，其聲。虔之反。

麐 𪊾 牝麒也。從鹿，吝聲。臣鍇曰：今《爾雅》作此麐字。里神反。

麋 𪋎 鹿屬也。從鹿，米聲。麋冬至解其角。閩之反。

---

① 麐，當從四庫本、四部叢刊本及大徐改"麐"。

chén

麎 麢 牡麋也。從鹿，辰聲。植鄰切。

【校】按《爾雅》，"牡"當作"牝"。

jǐ

麐 麢 大麋也，狗足。從鹿，旨聲。臣鍇按：《爾雅》："麐，大麋，
旄毛，狗足。"注："旄毛獳長也。"謹美反。

【校】按《爾雅》"大麋"當作"大麐"，二見。

　　麂 麂 或從几。

jūn

麇 麤 麜也。從鹿，囷省聲。矩貧反。

　　麏 麤 籀文不省。

zhāng

麞 麞 麇屬也。從鹿，章聲。周良反。

jiù

麔 麤 麋牝者。從鹿，咎聲。矩負反（jiǔ）①。

【校】按《爾雅》，"牝"當作"牡"。

jīng

麖 麢 大鹿也，牛尾，一角。從鹿，畺聲。己京反。

【校】按《爾雅》，"大鹿"當作"大麖"。

　　麠 麢 或從京。

páo

麅 麢 麖屬。從鹿，與省聲。薄交切。

zhǔ

麈 麈 麋屬也。從鹿，主聲。拙庚反。

ní

麑 麢 狻猊獸。從鹿，兒聲。臣鍇曰：即今獅子。《國語》曰："獸
長麑麚。"應作麛。擬西反。

【校】麛麚，麚，當作"麌"。

yán

麢 麢 山羊而大者，細角。從鹿，咸聲。按《山海經》，出月氏
國。顏咸反②。

【校】《山海經》作"羬"，"而大"下當有"尾"字。

líng

麢 麢 大羊而細角。從鹿，霝聲。連丁反。

───────────────

① 注音依《廣韻》其九切。
② 大徐胡毚切（xián），《集韻》又胡讒切。

guī 麎麎 鹿屬也。從鹿，圭聲。古兮反。

shè 麝（麝）麝 如小麋，臍有香。從鹿，射聲。臣鍇按：《爾雅》：“麝父麋足。”嵇康《論》曰①：“麝食柏而香。”時卻反。

yù 麌麌 似鹿而大也。從鹿，與聲。玄恕反。

lì 麗麗 旅行也。鹿之性，見食急，則必旅行。從鹿，丽聲。《禮》：“麗皮納聘。”蓋鹿皮也。臣鍇曰：所謂儔儷。婁惠反。

　　丽丽 古文。

　　丐丐 篆文。

yōu 麀麀 牝鹿也。從鹿，牝省聲。臣鍇曰：《詩》曰：“麀鹿攸伏。”伊虬反。

　　麀麀 或從幽。

文二十六　重六

【校】（文二十六）“麀”作切音，次立補，當例補次立説。

cū 麤麤 行超遠也。從三鹿。凡麤之屬皆從麤。村呼反。

chén 麤麤 鹿行揚土也。從麤從土。臣鍇曰：會意。值辰反。

　　麤麤 籀文。

文二　重一

chuò 怠怠 獸也。似兔，青色而大。象形。頭與兔同，足與鹿同。凡怠之屬皆從怠。臣鍇曰：象形。丑略反。

　　怠怠 籀文怠。

chán 毚毚 狡兔也，兔之駿者。從怠、兔。臣鍇曰：《詩》曰：“趯趯毚兔。”會意。岑畧反。

xiè 魯魯 獸名。從怠，吾聲。息夜反。

【校】“吾聲”下鉉有“讀若寫”三字。

---

① 嵇康《養生論》。

jué 㺉 獸也，似狋狋。從㲋，夬聲。煬穴反[1]。

文四　重一

【校】（文四）"㲋"篆音仍鉉，而"切"作"反"。

tù 兔 獸名。象踞，後其尾形。兔頭與㲋頭同。凡兔之屬皆從兔。土路反。

yì 逸 失也。從辵、兔。兔謾訑，善逃失也。臣鍇曰：會意。移七反。

yuān 冤 屈也。從冖、兔。兔不得走，益屈折。臣鍇曰：獸善屈折。會意。迂言反。

【校】鍇説有脱誤，當作"兔在冖下，屈折不得伸也"。鉉采以增許書，此故闕。

fàn 娩 兔子也。娩，疾也。從女、兔。臣鍇曰：會意。符萬反。

【校】疾也，按《爾雅》郭注，"娩"即"娩"。從"需"之字皆有舒緩意，不當云"疾"，則此字當與"㝃"爲對文，"㝃"爲易生，"娩"爲難生。疑許書本作"一曰娩，需也"，鈔寫脱誤耳。"疾也"之訓蓋涉下"毚"注而譌。

fù 毚 疾也。從三兔。弗孺反。

文五

huán 莧 山羊細角者。從兔足，苜聲。凡莧之屬皆從莧。讀若丸。寬字從此。臣鍇按：《本艸注》："莧羊似麢，羊角，有文。俗作羱。"户寒反。

文一

quǎn 犬 狗之有縣蹏者也。象形。孔子曰："視犬之字如畫狗也。"凡犬之屬皆從犬。臣鍇曰：蹏足趾高，象犬之長體垂耳也。暌昳反。

———————————

[1]　注音依《廣韻》古穴切。煬穴反，四部叢刊本作"賜穴反"（xuè）。

【校】踶足趾高，《韻會》引作"踶，足趾也"，而以"高"屬下句，皆誤。當作"縣踶，足趾高也"。

狗 榍 孔子曰："狗，叩也。叩气吠以守。"從犬，句聲。臣鍇曰：叩者聲有節，若叩物①。《論語》曰："仲尼之畜狗。"講吼反。

【校】《論語》，當作"《禮記》"。

猰（猰）榎 南越人名犬獿獿。從犬，夋聲。色酋反。

尨 奓 犬之多毛者。從犬、彡。《詩》曰："無使尨也吠。"或曰尨，狗也。臣鍇曰：彡，毛長也。會意。免江反。

狡 楙 少狗也。從犬，交聲。匈奴地有狡犬，巨口而黑身。臣鍇曰：《淮南子》曰"狡狗之死也，割之有濡"，言血脈潤也。根卯反。

獞 襠 犬惡毛也。從犬，農聲。臣鍇曰：濃而亂也。奴聰反。

猲 榍 短喙犬也。從犬，曷聲。《詩》曰："載獫猲獢。"《爾雅》曰：短喙犬謂之猲。軒謁反。

【校】猲獢，今《詩》作"歇驕"。○"謂之猲"下當補"獢"字。

獫 撿 長喙犬；一曰黑犬黃頭。從犬，僉聲。香貶反。

獢 橋 猲獢也。從犬，喬聲。許嬌反。

狜 柱 黃犬黑頭。從犬，主聲。讀若注。支處反。

猈 榠 短脛狗。從犬，卑聲。臣鍇曰：《春秋左傳》人名史猈。罵解反②。

猗 椅 犗犬也。從犬，奇聲。臣鍇曰：犗，刑之也，借爲美也。於奇反。

【校】美也，當作"美辭"。

臭 昊 犬視兒。從犬，目聲。臣鍇曰：會意。涓寂反。

---

① 叩，四庫本、四部叢刊本作"扣"。
② 注音依《廣韻》薄蟹切。罵，待考。

獢　㺜 ^{ān}　竇中犬聲。從犬從音，音亦聲。臣鍇曰：犬吠穴中鼠。歐彡反。

【校】鼠，當作“聲”。

默　㕐 ^{mò}　犬暫逐人也。從犬，黑聲。讀若墨。臣鍇曰：犬默無聲逐人。没墨反。

猝　㺷 ^{cù}　犬從艸暴出逐人也。從犬，卒聲。臣鍇曰：今人言猝暴。村訥反。

猩　猩 ^{xīng}　猩猩，犬吠聲。從犬，星聲。臣鍇曰：又《爾雅》：“猩猩，小而好噭。”《太玄》曰：“交于鸚猩。”息形反。

獫　㺴 ^{xiàn}　犬吠不正也。從犬，兼聲。讀若檻。一曰兩犬爭也。臣鍇曰：謂小犬學吠聲未正也。下斬反。

【校】不正，鉉作“不止”。

獩　㺂 ^{hǎn}　小犬吠。從犬，敢聲。南陽新亭有獩鄉。臣鍇曰：小犬聲未暢也。荒檻反。

【校】新亭，按《漢志》，當作“新野”。

猥　㺉 ^{wěi}　犬吠聲。從犬，畏聲。塢賄反。

獿　㺅 ^{náo}　獿獀也。從犬，夒聲。臣鍇曰：獿，雜也。獰交反。

㺕　㺕 ^{shǎn}　犬容頭進也。從犬，參聲。一曰賊疾也。臣鍇曰：言犬進狹處。山檻反。

㺍　㺍 ^{jiǎng}　嗾犬厲之也。從犬，將省聲。臣鍇曰：勸助之也。子兩反。

獑　㺎 ^{chǎn}　齧也。從犬，戔聲。初簡反。

狦　㺌 ^{shàn}　惡健犬也。從犬，删省聲。史患反。

狠　㺋 ^{wán}　吠鬥聲^①。從犬，艮聲。言關反^②。

---

① 《慧琳》卷十四《大寶積經》“顏兒”注引《説文》：“狠狠，犬鬥聲也。”據此，“吠”當爲“犬”之誤。

② 《廣韻》五閑切（yán）。表“很戾”義時讀胡墾切（hèn），今讀 hěn。

fán

獦 蹯　犬鬥聲也。從犬，番聲。復喧反。

yí

㹞 㹞　犬怒皃。從犬，示聲。一曰犬難得。代郡有㹞氏縣。讀若銀。臣鍇按：《魯靈光殿賦》曰："徒脈脈而㹞㹞。"銀眉反。

yín

狺 㹞　犬吠聲。從犬，斤聲。臣鍇曰：吠不止也。語殷反。

shuò

獡 獡　犬獡獡不附人也。從犬，舄聲。讀若南楚相驚曰獡。臣鍇曰：犬畏人也。七削反（què）①。

【校】"讀若"下當有"愬"字。

guǎng

獷 獷　犬獷獷不可附也。從犬，廣聲。漁陽有獷平縣。臣鍇曰：史云獷狄。古猛反（gǒng）②。

zhuàng

狀 狀　犬形也。從犬，爿聲。臣鍇曰：當言牀省。側上反。

zàng

奘 㹸　妄強犬也。從犬，壯聲。在郎反。

áo

獒 獒　犬如人心可使者。從犬，敖聲。《春秋傳》曰："公嗾夫獒。"臣鍇按：《爾雅》："狗四赤爲獒。"③顏叨反。

【校】如人心，與《公羊》何注合。或作"知"，非是。

nòu

獳 獳　怒犬皃。從犬，需聲。讀若槈。奴豆反。

tà

狧 狧　犬食也。從犬，舌聲。讀若比目魚鰈之鰈。臣鍇曰：以舌吞物，會意。他合反。

【校】舌聲，"聲"字衍。

xiá

狎 狎　犬可習也。從犬，甲聲。臣鍇曰：獸之可習者唯犬甚也。侯甲反④。

niǔ

狃 狃　犬性忕也⑤。從犬，丑聲。臣鍇曰：忕，慣習也。《春秋左

---

①　注音依《廣韻》書藥切。

②　《廣韻》又居往切。

③　赤，今本《爾雅·釋畜》作"尺"。

④　侯，四庫本、四部叢刊本作"俟"，是。《廣韻》胡甲切，匣母。

⑤　忕也，大徐本作"驕也"。

傳》：“莫敖狃於蒲騷之役。”女有反。

犯 𤝞　侵也。從犬，㔾聲。浮檻反。
fàn

獪 𤞖　狡獪也。從犬，會聲。臣鍇曰：獪，多所會合也。古最反（guì）。
kuài

猜 𤞯　恨賊也。從犬，青聲。臣鍇曰：犬性多猜害。七開反。
cāi

【校】恨賊，疑當作“很賊”。《小爾雅》：“猜，很也。”作“恨”則當分兩義。“恨”下宜有“也”字。

猛 𤢪　健犬也。從犬，孟聲。梅冷反。
měng

犺 𤝗　健犬也。從犬，亢聲。看浪反。
kàng

狜 𤝣　多畏也。從犬，去聲。臣鍇曰：駑犬性易狜。羌脅反。
qiè

　　怯 𢜳　杜林說：狜從心。

獜 𤟣　健也。從犬，粦聲。《詩》曰：“盧獜獜。”臣鍇曰：今《詩》作令。里神反。
lín

獧 𤤛　疾跳也；一曰急也。從犬，睘聲。古縣反。
juàn

倏 𤟵　走也。從犬，攸聲。讀若叔。臣鍇曰：倏，忽也。張衡賦曰①：“儵眴眴兮返常閭。”字作儵，假借。尸竹反。
shū

【校】眴眴，《後漢書》作“眴眮”。

狟 𤡚　犬行也。從犬，亘聲。《周書》曰：“尚狟狟。”臣鍇曰：今《尚書》作桓。戶寒反。
huán

狒 𤜻　過弗取也。從犬，宋聲。讀若孛。步咄反。
bó

【校】過弗取也，《玉篇》云“犬過”，《廣韻》作“拂取”，皆誤。疑當作“犬過拂戾也”五字。過，甚也。

猲 𤡰　犬開張耳兒。從犬，易聲。知白反。
zhé

【校】開，按《廣韻》，疑當作“怒”。鉉無此字。

---

① 見《思玄賦》。

獕（yìn）**獕** 犬張齗怒也。從犬，來聲。讀又若銀。臣鍇曰：憖、豬字從此。牛吝反。

犮（bá）**犮** 走犬皃。從犬而丿之。曳其足，則刺犮也。臣鍇曰：被、茇、废、跋從此，指事。蒲撥反。

【校】走犬皃，各本同，誤，疑當作"走刺犮皃"四字，故下申明其義。

戾（lì）**戾** 曲也。從犬出户下。戾者，身曲戾也。臣鍇曰：犬善出卑户也。會意。婁惠反。

獨（dú）**獨** 犬相得而鬥也。從犬，蜀聲。羊爲群，犬爲獨也。一曰北嚻山有獨狢獸，如虎，白身，豕鬣，尾如馬。臣鍇曰：北嚻山出《山海經》。陁谷反。

【校】北嚻山出《山海經》，當作"《山海經》：北嚻山出獨狢獸，犬首而馬尾"。脱簡在"㲋"篆注。

狢（yù）**狢** 獨狢獸。從犬，谷聲。余足反。

玁（xiǎn）**玁** 秋田也。從犬，璽聲。臣鍇按：經義玁，少也，取禽獸少也。息衍反。

【校】玁少也，取禽獸少也，鍇蓋以"玁、尟"同音爲訓，非古義。按：當作"玁，殺也，所以順秋气也"。

祄　**祄** 或從豕作。宗廟田也，故從豕、示。

獵（liè）**獵** 畋獵也，逐禽也。從犬，巤聲。良涉反。

【校】畋獵也，畋，當作"校"。《韻會》作"效"，非是。

獠（liào）**獠** 獵也。從犬，尞聲。臣鍇按：《爾雅》："宵田爲獠。"力照反。

狩（shòu）**狩** 犬田也。從犬，守聲。《易》曰："明夷于南狩。"詩救反。

【校】犬田，按《爾雅》當作"火田"[①]，許下引"明夷"正合火義。

臭（xiù）**臭** 禽走，臭而知其迹者，犬也。故從犬從自。臣鍇曰：自，

---

① 《爾雅·釋天》："火田爲狩。"

鼻也。會意。赤狩反（chòu）[1]。

huò

獲　獲　獵所獲也。從犬，蒦聲。户麥反。

bì

獘　獘　頓仆也。從犬，敝聲。《春秋傳》曰：“與犬，犬獘。”避制反。

獙　獙　或從死。

xiàn

獻　獻　宗廟犬名羹獻。犬肥者以獻。從犬，鬳聲。臣鍇曰：《禮》：“犬曰羹獻。”希建反。

yàn

狋　狋　猲犬也。從犬，开聲。一曰逐虎犬也。臣鍇曰：猲猶驍也。魚見反。

yào

猲　猲　狋犬也。從犬，堯聲。五叫反。

zhì

狾　狾　狂犬也。從犬，折聲。《春秋傳》曰：“狾犬入華臣氏之門。”正曳反。

【校】狾犬，今《左傳》作“瘈狗”。

kuáng

狂（狂）狂　狾犬也。從犬，坒聲。倦匡反。

悝（狂）悝　古文從心。

lèi

類　類　種類相似，唯犬爲甚。故從犬，頪聲。臣鍇曰：頪音末。戀位反。

xiāo

獟　獟　犬獶獶咳吠也。從犬，翏聲。火包反。

【校】咳，當作“叩”，或“欬”之譌。咳，小兒笑兒，非義。

dí

狄　狄　赤狄，本犬種。狄之爲言淫辟也。從犬，亦省聲。田溺反。

suān

狻　狻　狻麑，如虥貓，食虎豹者。從犬，夋聲。見《爾雅》。素攢反。

【校】“見《爾雅》”上當有“臣鍇曰”三字，鉉誤入許書，後人又依鉉删鍇。

jué

玃　玃　母猴也。從犬，矍聲。《爾雅》云：“玃父善顧。攫持人也。”

────────

① 注音依《集韻》許救切。

俱縛反。

【校】"攫持"上當有"注"字。

猷 yóu　玃屬。從犬，酋聲。一曰隴西謂犬子爲猷。臣鍇曰：又可止之言，今作猶。延秋反。

【校】可止之言，言，當作"辭"，見《左傳》"猶三望"注。"辭"下當補"也，似也，若也"五字。○今作猶，當作"亦作猷"，下當補"謀也"二字。俱見《韻會》。

狙 qū　玃屬。從犬，且聲。一曰狙，犬也，暫齧人者；一曰犬不齧人也。臣鍇曰：《莊子》：狙公食群狙。親去反。

【校】狙，犬也，"也"字衍。○按：《莊子》狙公，"狙"即《說文》人部"伹"之譌字。古人用"狙"，皆作狡獪意，無作愚鈍意者，此易辨也。向秀、司馬彪附會其說，繆種流傳，不可更正。

猴 hóu　夒也。從犬，侯聲。何溝反。

㲉 hù　犬類。腰已上黄，腰已下黑，食母猴。從犬，㲉聲。讀若構。或曰㲉似羘羊，出蜀北嚻山中，犬首而馬尾。呼屋反。

【校】此字《上林》《南都》二賦譌作"㲉"，《爾雅》譌作"麌"。《文選》李注與此合，而字皆爲"㲉"。《爾雅》："麌，迅頭。"麌，"㲉"之譌，"㲉"又"㲉"之譌也。郭注正與許說同，而"食獼猴"之"食"又譌作"似"，上既云"如犬"，不得更言"似猴"也。邵氏、郝氏《爾雅正義》未解"麌"爲"㲉"之譌，轉執"麌"爲"封豕"之說，致相抵牾。考陸氏《音義》，"麌"作"據"音，其沿譌已久。○或曰㲉似羘羊，羘，當作"梟"。按：《文選·上林賦》"射游梟"，李善引高誘《淮南子注》云"梟陽，山精也，似㲉玃類"，今本譌爲"遽類"二字。○"出蜀"下十一字爲"獨"篆下脫簡，而鉉誤采入許書者也，《北山經》可證。蓋"北嚻山"非"蜀山"也。

狼 láng　似犬，銳頭頰，高前，後廣。從犬，良聲。勒當反。

【校】"頰"上鉉本有"白"字。○後廣，〔當〕作"廣後"。

狛 𤟥 ^{pò} 如狼，善驅羊。從犬，白聲。讀若檗。甯嚴讀之若淺泊。普惡反。

獌 𤟼 ^{màn} 狼屬。從犬，曼聲。《爾雅》曰："貙獌，似貍。" 舞販反（wàn）①。

狐 𤝗 ^{hú} 妖獸也。鬼所乘之。有三德：其色中和，小前豐後，死則丘首。從犬，瓜聲。魂徒反。

【校】乘之，"之"字衍。

獺 𤟔 ^{tǎ} 小狗也，食魚。從犬，賴聲。他割反。

【校】按《廣韻》，"小"當作"水"，鉉作"如小狗"，誤。

猵 𤞜 ^{biān} 獺屬。從犬，扁聲。**臣鍇按**：《博物志》："頭如馬頭，腰已下似蝙蝠，毛嫩，大可五斤。"② 俗作獱。辟涓反。

【校】嫩，當作"㜷"。今《博物志》本不載，見《格物總論》中。

　　獱 𤡏 或從賓。

猋 𤠣 ^{biāo} 犬走皃。從三犬。**臣鍇曰**：飈③、旚從此。會意。必遙反。

文八十三　重五

【校】（文八十三）"獢、猥、獳、猰、猲、犮、獠、獥、玃"九篆音仍鉉，而"切"作"反"。

狀 㹜 ^{yín} 兩犬相齧也。從二犬。凡狀之屬皆從狀。**臣鍇曰**：會意。語殷反。

獄 㹢 ^{sī} 司空也。從狀，臣聲。復説獄司空。**臣鍇曰**：臣、頤同。息兹反。

【校】司空也，司，同"伺"。按《玉篇》，"空"當作"察"。復説獄

---

① 《廣韻》又莫半切。
② 《太平御覽》卷九一二引如淳注《博物志》："獱如馬，自腰以下似蝙蝠，毛似獺，大可五六十斤。"
③ 飈，風部作"飆"。按，風部所屬卷二十五舊缺，以大徐本補。

司空，按："此當與"畁"篆下"杜林以爲顙畁字"同例，當作"某復説獄司空字"。獄司空，蓋漢縣道主獄官。復，人名，今脱其姓。蓋以"獄"爲司徒、司馬之"司"字也。唐司馬承禎《書中嶽體元先生碣》有"獄馬"字。

獄 嶽 确也。從狀，言聲。二犬所以守也。元旭反。

【校】言聲，鉉無"聲"字。

文三

鼠 𪕲 穴蟲之總名也。象形。凡鼠之屬皆從鼠。臣鍇曰：上象齒，下凵象腹、爪、尾。鼠好齧傷物，故象齒。叔呂反。

䶊 𪕯 鼠也。從鼠，番聲。讀若樊。或曰鼠婦。臣鍇曰：《爾雅》作蟠。復喧反。

【校】"《爾雅》"上當有"鼠婦"二字。

貈 𪕷 鼠，出胡地，皮可作裘。從鼠，各聲。臣鍇曰：狐貈。閑博反。

【校】鍇説改"貈"爲"貉"，次立所竄，當删。

䶊 𪖕 地行鼠，伯勞所化也；一曰偃鼠。從鼠，分聲。臣鍇曰：伯勞，百舌也。敷粉反（fěn）[1]。

蚡 𧖅 或從虫、分。臣鍇曰：漢有田蚡。

䶎 𪕻 䶎令鼠。從鼠，平聲。頻寧反。

鼶 𪖂 鼠也。從鼠，虒聲。臣鍇按：《爾雅注》曰："《夏小正》曰：鼶鼬則穴。"辛兹反。

鼬 𪖅 竹鼠也，如犬。從鼠，丣聲。臣鍇曰：鼠齧竹者。里由反。

【校】如犬，按《玉篇》，當作"如鼠而大"。〇"齧竹"下當有"根"字。

鼫 𪖀 五技鼠也。能飛不能過屋，能緣不能窮木，能游不能渡谷，

_____

[1] 《廣韻》又符分切。

能穴不能掩身，能走不能先人。從鼠，石聲。**臣鍇曰**：按《古今注》以爲今螻蛄也。神隻反。

鼨 zhōng 鼨 豹文鼠也。從鼠，冬聲。**臣鍇按**：《爾雅》："豹文鼮鼠。"又注云："未詳。"疑此《説文》本脱誤。隻公反。

【校】"注云"上當有"鼮鼠"二字。

鼨 鼨 籀文從彤作。

鼫 è 鼫 鼠之屬也。從鼠，益聲。晏索反。

貓 貓 或從豸作。

鼷 xī 鼷 小鼠也。從鼠，奚聲。**臣鍇曰**：《春秋左傳》："鼷鼠食郊牛角。"賢迷反。

鼩 qú 鼩 精鼩鼠也。從鼠，句聲。**臣鍇曰**：《爾雅注》："小鯖鼩也。"群吁反。

鼸 xiàn 鼸 鼸也。從鼠，兼聲。**臣鍇按**：《爾雅注》："鼠以頰内藏物也。"丘點反（qiǎn）[1]。

【校】藏物也，當作"藏食者"。

鼸 hán 鼸 鼸屬。從鼠，今聲。讀若含。侯貪反。

鼬 yòu 鼬 如鼬，赤黄色，尾大，食鼠者。從鼠，由聲。羊狩反。

鼤 zhuó 鼤 胡地風鼠。從鼠，勺聲。真若反。

鼧 rǒng 鼧 鼠屬也。從鼠，宂聲。**臣鍇曰**：宂，如勇反。而擁反。

鼱 zī 鼱 鼠，似雞，鼠尾。從鼠，此聲。即宜反。

鼲 hún 鼲 鼠，出先零胡，皮可作袋。從鼠，軍聲。户昆反。

【校】袋，當作"裘"。

鼨 hú 鼨 獅鼨鼠。黑身，白腰若帶，手有長白毛，似握版之狀，類蝯蜼之屬。從鼠，胡聲。**臣鍇曰**：《西京賦》曰："獲獮胡。"版，

---

① 注音依《廣韻》胡忝切。

手版也。魂徒反。

【校】獲，《文選》作“攫”。

文二十　重三

能　^{néng}熊屬。足似鹿。從肉，㠯聲。能獸堅中，故稱賢能；而彊壯，稱能傑也。凡能之屬皆從能。臣鍇曰：骨節實也。奈登反。

【校】“臣鍇曰”下當有“堅中”二字。

文一

熊　^{xióng}獸，似豕，山居冬蟄。從能，炎省聲。凡熊之屬皆從熊。臣鍇曰：熊，陽物，故冬蟄。于戎反。

羆　^{pí}如熊，黄白文。從熊，罷省聲。彼移反（bēi）。

㷛　古文從皮。

文二　重一

火　^{huǒ}燬也。南方之行，炎而上。象形。凡火之屬皆從火。臣鍇曰：《通論》詳矣。呼朵反。

炟　^{dá}後漢章帝名也。臣鍇以爲火盛也。從火，旦聲。多枺反。

【校】注首脱“上諱。臣鍇按”五字。

烓　^{huǐ}火也。從火，尾聲。《詩》曰：“王室如烓。”吁委反。

燬　^{huǐ}火也。從火，毀聲。《春秋傳》曰：“衛侯燬。”吁委反。

【校】此爲“烓”之重文。火也。從火，當作“或從毀”三字。“毀聲”上當有“臣鍇曰”三字。辨見總數下。

燹　^{xiǎn}火也。從火，豩聲。吁位反（huǐ）①。

焌　^{jùn}然也。從火，夋聲。《周禮》曰：“遂炊其焌。”焌火在前，

———————

① 《廣韻》又蘇典切。

以焞焯龜。翠卒反（cù）①。

【校】炊其焌，炊，鉉作“鬵”，是。今《周禮》作“歠”。“焌”下當有“契”字。○焌火在前，按《周禮注》，當作“焌者用苣”。“苣”即“炬”。

藔（寮）**尞**　祡祭天也。從火、昚。昚，古文慎字。祭天所以慎也。臣鍇曰：慎，敬慎也。力照反。

然 燃　燒也。從火，肰聲。臣鍇曰：肰音然。仁遷反。

　　蘸 蘸　或從艸、難。

　　【校】已見艸部。按：此當作“蘸”，《漢·五行志》省作“爇”。

爇 爇　燒也。從火，蓺聲。臣鍇按：《春秋傳》曰：“爇僖負羈。”儒拙反。

【校】蓺聲，艸部有“蓺”無“爇”，鉉云“當從艸，埶聲”。

燔 燔　爇也②。從火，番聲。復喧反。

燒 燒　爇也。從火，堯聲。式遙反。

烈 烈　火猛也。從火，列聲。臣鍇曰：《詩》曰：“如火烈烈。”良舌反。

灿 灿　火光也。從火，出聲。《商書》曰：“予亦灿謀。”讀若巧拙之拙。臣鍇曰：今《尚書》作拙。燭悦反。

【校】火光，《類篇》作“火不光”。按：《盤庚》“拙謀”，“拙”猶“屈”也，當以“火不光”爲是。

煏 煏　煏熭，火皃。從火，畢聲。畢聿反。

熭 熭　煏熭也。從火，孛聲。孛，古文悖字。分勿反。

─────────────

① 《廣韻》又子峻切。
② 《玄應》卷十三《佛滅度後金棺葬送經》“燔身”，《慧琳》卷四十五《文殊淨律經》“燔燎”、卷九十六《弘明集》“燔爐”三引《說文》均作“燒也”，許書古本如是，今本誤，當據改。

zhēng

烝 𤋁 火气也。從火，丞聲。臣鍇曰：蒸從此。振承反。

【校】"火氣"下鉉有"上行"二字①。

hàn

熯 爉 乾皃。從火，堇聲。《詩》曰："我孔熯矣。"爾件反 (rǎn)②。

【校】"《詩》曰"上當有"臣鍇按"三字。《楚茨》"熯"爲"戁"之借字，鍇引以博異文，許則無引借義也。

fú

烿 烿 火皃。從火，弗聲。普末反 (pò)③。

liáo

熮 熮 火皃。從火，翏聲。《逸周書》曰："味辛而不熮。"利挑反。

【校】不熮，今《吕覽》作"不烈"。

lìn

焛 焛 火皃。從火，兩省聲。讀若燐。里刃反。

yàn

焱 𤎼 火色。從火，雁聲。讀若鴈。臣鍇曰：雁音鴈。迎諫反。

【校】雁音鴈，當作"焱，俗作爴"。

jiǒng

熲 熲 火光也。從火，頃聲。居迥反。

yuè

爚 爚 火飛也④。從火，龠聲。一曰爇也。臣鍇曰：《東京賦》曰："遺光煜爚。"胤略反。

【校】《東京》，當作"《西京》"。○煜，今本作"燿"。

biāo

熛 熛 火飛也。從火，票聲。讀若瘭。彼消反。

【校】瘭，按：广部無"瘭"字，鉉作"摽"，亦未是，疑當作"猋"。班固《答賓戲》"猋飛"注：猋通熛。

hè

熇 熇 火熱也。從火，高聲。《詩》曰："多將熇熇。"火酷反 (hù)⑤。

jiāo

烄 烄 交木然也。從火，交聲。臣鍇曰：架而燒之也。根卯反。

---

① 氣，正文作"气"。
② 注音依《廣韻》呼旰切。
③ 注音依《廣韻》符弗切。
④ 《初學記》卷二十五《煙第十五》引《説文》："爚，火光也。"又《玄應》卷八《無量壽經》"煜爚"、卷九《大智度論》"煜爚"、卷十一《中阿含經》"煜爚"，《慧琳》卷八十九《釋法琳本傳》"焆爚"引《説文》皆作"火光也"，可證今本作"火飛也"誤。
⑤ 《廣韻》又呵各切。

<ruby>炎<rt>chán</rt></ruby> 炎 小熱也。從火，干聲。《詩》曰："憂心炎炎。"臣鍇曰：頯從此[1]。長廉反。

【校】炎炎，按：《詩》"憂心如惔"，《音義》引作"如炎"，則"炎炎"當作"如炎"。

<ruby>燋<rt>jiāo</rt></ruby> 燋 所以然持火也。從火，焦聲。《周禮》曰："以明火爇燋也。"煎昭反。

<ruby>炭<rt>tàn</rt></ruby> 炭 燒木未灰也。從火，屵聲。他旦反。

<ruby>羨<rt>zhǎ</rt></ruby> 羨 束炭也。從火，差省聲。讀若齹。楚宜反（cī）[2]。

<ruby>焱<rt>jiǎo</rt></ruby> 焱 交灼木也。從火，教省聲。讀若狡。根卯反。

<ruby>炦<rt>bá</rt></ruby> 炦 火气也。從火，犮聲。步拃反。

<ruby>灰<rt>huī</rt></ruby> 灰 死灰餘燼。從火、又。又，手也。火既滅，可以執持。臣鍇曰：會意。呼迴反。

<ruby>炱<rt>tái</rt></ruby> 炱 灰，炱煤也。從火，台聲。臣鍇曰：火煙所生也。田哈反。

<ruby>煨<rt>wēi</rt></ruby> 煨 盆中火也。從火，畏聲。塢枚反。

<ruby>熄<rt>xī</rt></ruby> 熄 畜火也。從火，息聲。臣鍇按：史多用爲息字。消式反。

【校】"息字"下當有"亦曰滅火"四字，鉉采羼入許書。

<ruby>烓<rt>wēi</rt></ruby> 烓 行竈也。從火，圭聲。讀若回。臣鍇按：《爾雅注》："今三隅竈也。"烏攜反。

<ruby>煁<rt>chén</rt></ruby> 煁 烓也。從火，甚聲。氏吟反。

<ruby>燀<rt>chǎn</rt></ruby> 燀 炊也。從火，單聲。《春秋傳》曰："燀之以薪。"昌善反。

<ruby>炊<rt>chuī</rt></ruby> 炊 爨也。從火，吹省聲。叱爲反。

<ruby>烘<rt>hōng</rt></ruby> 烘 尞也。從火，共聲。《詩》曰："卬烘于煁。"呼弓反。

---

① 頯，疑當作"頩"，見見部。"頯"字字書未見。
② 注音依《集韻》側下切。

齎 齎　炊餔疾。從火，齊聲。寂帝反。

烰 烰　烝也。從火，孚聲。《詩》曰："烝之烰烰。"臣鍇曰：蒸气上出。《呂氏春秋》：有侁氏得嬰兒，命烰人養之。烰人，庖人也。附柔反。

【校】今《詩》作"浮"。

熹 熹　炙也。從火，喜聲。忻宜反。

炙 炙　炙肉也。從肉在火上。臣鍇曰：會意。之射反。又按：炙字別有部，注云："炮肉也。從肉在火上。凡炙之屬皆從炙。"之石反。此疑誤收。

【校】鍇已辨明，鉉本無。

炙 炙　炙也。從火，夕聲。旨石反。

【校】此或因鍇説而誤增也，當刪。

煎 煎　熬也。從火，前聲。臣鍇按：《楚辭》曰："煎鴻鶬。"即然反。

熬 熬　乾煎也。從火，敖聲。顔叨反。

　　　鏊 鏊　或從麥作。

炮 炮　毛炙肉。從火，包聲。臣鍇曰：《詩》曰："毛炮胾羮。"步交反。

裒 裒　炮肉也。微火温肉也。從火，衣聲。愛根反。

曾 曾　置魚筩中炙也。從火，曾聲。走棱反。

煏 煏　以火焙肉。從火，稫聲。臣鍇按：《周禮注》：鮑魚於煏室作之。稫音普逼反。皮抑反。

【校】今《籩人》注作"楅"。○鉉本下有籀文煏篆。

爆 爆　灼也。從火，暴聲。蒲速反 (bú)[1]。

---

[1] 《廣韻》又北教切。

煬　煬　炙燥也。從火，昜聲。臣鍇曰：暘也。胤亮反。

㷖　㷖　灼也。從火，崔聲。臣鍇曰：崔音確。胡撲反。

爛　爛　熟也。從火，蘭聲。婁粲反。

　　　爤　爤　或從閒。

靡　靡　爛也。從火，靡聲。美支反。

尉（尉）尉　從上按下也。從尸，又持火，所以尉繒也。臣鍇曰：尸音夷，安平也。此會意。迂胃反。

【校】尉繒，鉉作“尉申繒”。

龜　龜　灼龜不兆也。從火，龜聲。《春秋傳》曰：“龜龜不兆。”讀若焦。臣鍇曰：今《春秋左傳》作焦。會意。煎昭反。

【校】龜龜不兆，今《左傳》無“不兆”二字，此蓋涉上而譌。

灸　灸　灼也。從火，久聲。幾柳反。

灼　灼　炙也[1]。從火，勺聲。真若反。

【校】炙，當作“灸”，“灸”與“灼”轉注。

煉　煉　鑠治金也。從火，柬聲。郎電反。

【校】治，或作“冶”。

燭　燭　庭燎火燭也。從火，蜀聲。專玉反。

【校】火燭，按《小雅》毛傳當作“大燭”。

熜　熜　然麻蒸也。從火，恖聲。子莑反。

炧　炧　燭㶳也。從火，也聲。似下反。

㶳　㶳　火餘也。從火，聿聲。一曰薪也。臣鍇曰：盡字從此，今俗作燼。夕晉反。

————————

[1] 《慧琳》卷十一《大寶積經》“樊灼”注：“《説文》：灸也。”據此，今本“炙”當爲“灸”形誤。

焠 ^{cuì} 焌 堅刀刃也。從火，卒聲。臣鍇曰：王襃《聖主得賢臣頌》曰："清水焠其鋒也。"此退反。

【校】《文選》作"淬"。

煣 ^{rǒu} 煣 屈申木也。從火、柔，柔亦聲。臣鍇曰：《周禮》："煣輻必齊。"以火揉木。如紂反。

【校】《周禮》作"揉"。○"揉木"下脱"也"字。

樊 ^{fán} 燓 燒田也。從火、棥，棥亦聲。臣鍇曰：今作焚。復喧反。

㷌 ^{lián} 㷌 火輮車網絕也。從火，兼聲。《周禮》曰："輮牙，外不㷌。"力鹽反。

【校】輮，當作"煣"，《周禮》作"揉"。○不㷌，《周禮》作"不廉"。

燎 ^{liǎo} 燎 放火也。從火，寮聲。臣鍇曰：《春秋左傳》："若火之燎于原。"力表反。

㷋(票) ^{piāo} 㷋 火飛也。從火、𡆥，與䙆、晨同意。闕。臣鍇曰：㷋從炎、𡆥，䙆從𡆥、臼，晨從臼，取其共捧以上之意。此會意。力幺反[①]。

【校】"䙆、晨"二字鉉作"䙷"。○"𡆥、白"之"白"當作"晨"。

燩 ^{zāo} 燩 焦也。從火，曹聲。祖叨反。

爑 ^{jiāo} 爑 火所傷也[②]。從火，雥聲。臣鍇曰：雥音雜，旁紐，所謂古字音與今小異。煎昭反。

　　焦 焦 或省。

烖 ^{zāi} 烖 天火曰烖。從火，𢦏聲。臣鍇曰：𢦏音災。走該反。

　　災 灾 或從宀、火。臣鍇曰：宀，室屋也。

---

① 《廣韻》撫招切，滂母。故疑"力"乃"片"誤。

② 《慧琳》卷一《大般若波羅蜜多經》"焦惱"、卷三十《大方廣寶篋經》"焦然"、卷五十一《成唯識論》"焦炷"、卷六十六《阿毗達磨發智論》"焦灼"、卷六十八《阿毗達磨大毗婆沙論》"炷焦"引《説文》皆作"火所燒也"，可證"傷"爲"燒"之誤，宜據改。

　　災 籀文從巛。**臣鍇曰：** 巛音灾也。

　　㶣 古文從才。**臣鍇曰：** 才聲。

yān
煙 火气也。從火，垔聲。**伊田反**。

　　𡨋 籀文從宀。

　　㷑 古文。

　　烟 或從因。

yuē
焆 焆焆，煙皃。從火，肙聲。**因悦反**。

yūn
煴 鬱煙也。從火，昷聲。**臣鍇按：**《易》曰：“天地烟煴相烝也。”**迂分反**。

【校】烟煴，今《易》作“絪緼”。

dí
焞 望火皃。從火，皀聲。讀若馰顙之馰。**臣鍇曰：** 皀音粒。**都歷切**。

【校】段云當作㷤，從㿟聲。日部“㿟”讀若“窈”，與“勺”龤。鍇説疑淺人所改。皀音粒，當作“㿟音窈”。〇“馰顙”之“馰”皆當作“旳”，辨見日部。

tán
燂 火熱也。從火，覃聲。**似猒反**（xián）①。

tūn
焞 明也。從火，𦎧聲。《春秋傳》曰：“焞燿天地。”**他門反**。

【校】《春秋傳》曰“焞燿天地”，當作“《春秋傳》曰‘天策焞焞’;《國語》曰‘焞燿天地’”。蓋兩引也，爲後人所删，與“駷”注同。《國語》曰“淳燿敦大，天明地德”，許蓋㯻栝之。

xù
煦 烝也；一曰赤皃；一曰温潤也。從火，昫聲。**勳戍反**。

bǐng
炳 明也。從火，丙聲。**鄙永反**。

zhuó
焯 明也。從火，卓聲。《周書》曰：“焯見三有俊心。”**真若反**。

【校】今《書》作“灼”。

---

① 注音依《廣韻》徒含切。

照 ^{zhào} 燎 明也。從昭從火。止要反。

煒 ^{wěi} 煒 盛赤也。從火，韋聲。《詩》曰："彤管有煒。"于鬼反。

炵 ^{chǐ} 炵 盛火也。從火，多聲。昌婢反。

熠 ^{yì} 熠 盛光也。從火，習聲。《詩》曰："熠燿。"逸入反。

煜 ^{yù} 煜 燿也。從火，昱聲。以六反。

燿 ^{yào} 燿 照也。從火，翟聲。異召反。

煇 ^{huī} 煇 光也。從火，軍聲。吁韋反。

炯 ^{jiǒng} 炯 光也。從火，冋聲。居迥反。

爗 ^{yè} 爗 盛也。從火，曅聲。《詩》曰："爗爗震電。"筠輒反。

爓 ^{yán} 爓 火門也①。從火，閻聲。羊廉反。

【校】火門，按《蜀都賦》注引，當作"火燄"。

炫 ^{xuàn} 炫② 爓燿也。從火，玄聲。預顯反。

煌 ^{huáng} 煌 煌煌煇也。從火，皇聲。戶光反。

焜 ^{hùn} 焜 煌也。從火，昆聲。狐損反③。

炗 ^{guāng}（光）炗 明也。從火在人上，光明意也。臣鍇曰：《通論》備矣。國昌反。

　　燊 燊 古文。

　　芡 芡 古文。

熱 ^{rè} 熱 溫也。從火，埶聲。爾絕反（ruò）。

熾 ^{chì} 熾 盛也。從火，戠聲。昌意反。

---

① 《文選·蜀都賦》李善注引《説文》："火焰也。""焰"爲"爓"之省文。又，《慧琳》卷三十三《大乘離文字普光明藏經》"如爓"、卷四十五《淨業障經》"光爓"、卷五十一《唯識論》"火爓"皆引《説文》作"火爓也"，今本"火門"誤。

② 炫，四部叢刊本小篆作炫。

③ 狐，四部叢刊本、四庫本作"孤"，則讀 gǔn。

戜 㷒 古文。

燠（ào） 爣　熱在中也。從火，奧聲。臣鍇曰：《尚書》“時燠”。嘔報反。

煖（nuǎn） 煾　温也。從火，爰聲。呼遠反（xuǎn）①。

煗（nuǎn） 烸　温也。從火，耎聲。奴短反。

炅（jiǒng） 炅　見也。從火，日聲。臣鍇曰：古又借爲桂。會意。居迥反。

【校】見也，《廣韻》作“光也”。○日聲，“聲”字衍。○借爲桂，疑有脫文。按：《集韻》引桂貞避秦改姓“炗”，其子孫改姓“炅、炔”，音皆同“桂”，説與《廣韻》略同，而指爲後漢人炅横事，然“炔欽”已見班書《儒林·周堪傳》，當以秦爲是。

炕（kàng） 炕　乾也。從火，亢聲。臣鍇按：《爾雅》曰：“晝聶宵炕。”看藏反。

燥（zào） 燥　乾也。從火，喿聲。則耗反。

威（xuè） 威　滅也。從火、戌。火死於戌，陽氣至戌而盡。《詩》曰：“赫赫宗周，褒姒威之。”臣鍇曰：會意。火悦反。

焅（kù） 焅　旱气也。從火，告聲。闊毒反。

燾（dào） 燾　溥覆照也。從火，壽聲。臣鍇按：《春秋左傳》：“如天之無不燾。”徒號反。

【校】今《左》作“幬”。

爟（guàn） 爟　取火於日官名。從火，雚聲。舉火曰爟。《周禮》曰：“司爟掌行火之政令。”古焕反。

【校】脫重文“烜”于後，宜移正。

燹（fēng） 燹　燧，候表也。邊有警則舉火。從火，逢聲。甫蛩反。

爝（jiào） 爝　苣火祓也。從火，爵聲。吕不韋曰：“湯得伊尹……爝以爟火，釁以犧猳。”臣鍇按：《莊子》曰：“許由云：日月出矣，爝火不息。”子妙反。

---

① 《廣韻》又乃管切。

^{wèi}
熭 熭 暴乾也。從火，彗聲。臣鍇曰：太公《六韜》曰："日中必
熭。"于歲反。

烜 烜 或與爟同。臣鍇按：《説文》烜字在爟字下，注曰："或從
亘。"今此特出而注云"或與爟同"，又別無切音，疑傳寫之誤。
【校】當移"爟"後。○臣鍇，當作"臣次立"，以此知次立説屢
誤鍇説不少也。

^{xī}
熙 熙 燥也。從火，配聲。臣鍇曰：何晏賦[1]："重熙累盛。"軒其反。

文一百十二　重十五

【校】（文一百十二）實核一百十三，"燉"不入計也。"煉、爁、焆"
音仍鉉，而"切"作"反"。

（重十五）實核十四，益"燉"篆乃十五。

^{yán}
炎 炎 火光上也。從重火。凡炎之屬皆從炎。延占反。

^{yǎn}
燄 燄 火行微燄燄也。從炎，臽聲。臣鍇曰：《尚書》曰："無若
火始燄燄。"羊染反。

^{yǎn}
舔 舔 炎光也。從炎，舌聲。透點反（tiǎn）。

^{lín}
燅 燅 侵也。從炎，向聲。讀若桑棋字。施甚反（shěn）[2]。

【校】侵也，鉉作"侵火也"。○棋，當作"葚"。

^{shàn}
煔 煔 火行也。從炎，占聲。羊染反（yǎn）[3]。

^{xián}
燂 燂 於湯中燖肉。從炎，熱省聲。臣鍇曰：《儀禮》有司曰："乃
燂于俎。"似猷反。

【校】于俎，于，當作"尸"。

燅 燅 或從炙作。

^{xiè}
燮 燮 大熟也。從又持炎、辛。辛者，物熟味也。臣鍇曰：辛音

――――――――

① 見《景福殿賦》。
② 注音依《廣韻》力稔切。
③ 注音依《廣韻》舒贍切。

新。相聶反。

^{lìn}
粦（燐）粦 兵死及牛馬之血爲粦。粦，鬼火也。從炎，舛聲。臣
鍇按：《博物志》：“戰鬥死亡之處，其人馬血積年化爲粦。粦箸地
及艸木，皆如霜露不可見。有觸者著人體便有光，拂拭便散無數，
又有吒聲如燃豆。”舛者，人足也，言光行著人。里忉反。

【校】舛聲，“聲”字衍。○霜露，校正《博物志》本作“螢略”。○
又有吒，當作“甚有細吒”。

文八　重一

^{hēi}
黑 黑 火所熏之色也。從炎，上出囪。凡黑之屬皆從黑。臣鍇曰：
囪，古窗字。亨勒反。

^{lú}
黸 黸 齊謂黑爲黸。從黑，盧聲。臣鍇曰：《尚書》曰：“黸弓。”
借旅字。論孤反。

【校】今《尚書》作“盧”，《左傳》作“旅”。

^{wèi}
黴 黴 沃黑色。從黑，會聲。烏最反。

^{àn}
黯 黯 深黑也。從黑，音聲。臣鍇曰：黯然銷魂，言思深下也。
歐減反（ǎn）。

^{yǎn}
黡 黡 中黑也。從黑，厭聲。臣鍇曰：《春秋左傳》晉史墨，字黡。
歐減反（ǎn）[1]。

^{yī}
黳 黳 小黑子。從黑，殹聲。幽雞反。

^{dá}
黮 黮 白而有黑也。從黑，旦聲。五原有莫黮縣。臣鍇曰：雖白
而色滋。多幹反（dàn）[2]。

^{jiān}
黬 黬 雖晳而黑也。從黑，箴聲。古人名黬字晳。干咸反。

^{yàng}
𪒫 𪒫 赤黑也。從黑，易聲。讀若煬。胤亮反。

---

[1]　注音依《廣韻》於琰切。
[2]　注音依《廣韻》當割切。

^{cǎn}
黲　𪏻　淺青黑色。從黑，參聲。臣鍇按：陸機《漢功臣贊》曰："上黲下黷。"此敢反。

^{yǎn}
黤　𪐡　青黑也。從黑，奄聲。歐減反（ǎn）①。

^{yǒu}
黝　𪐀　微青黑色。從黑，幼聲。《爾雅》曰："地謂之黝。"伊糾反。

^{tǔn}
黗　𪐂　黃濁黑。從黑，屯聲。他袞反。

【校】濁黑，汪作"濁黷"。

^{jiǎn}
黅　𪐅　黃黑也。從黑，金聲。干咸反。

^{yuē}
黦　𪑔　黑有文也。從黑，冤聲。讀若飴噎字。臣鍇曰：色經溽暑而變斑色。迂厥反。

^{chuà}
黜　𪐲　黃黑而白。從黑，算聲。一曰短黑。讀若以芥爲齏，名曰芥荃也。篡刮反。

^{jiǎn}
黚　𪐔　黑皺也。從黑，开聲。堅殄反。

^{diǎn}
點　𪐫　小黑也。從黑，占聲。多忝反。

^{xiá}
黠　𪐘　堅黑也。從黑，吉聲。痕札反。

^{qián}
黔　𪐃　黎也。從黑，今聲。秦謂民爲黔首，謂黑色。周謂之黎民。《易》曰："爲黔喙。"臣鍇曰：黎黑，淺黑帶黃。勤潛反。

【校】黎黑，"黑"字衍。○按：部末"黗"篆疑即"黔"之重文，古經傳皆通用。鉉本分而次立依之，故音仍作"切"。

^{dǎn}
黕　𪐝　滓垢也。從黑，尤聲。臣鍇曰：《楚辭》曰："或黕點而汙之。"得坎反。

【校】滓，汪作"澤"。

^{dǎng}
黨　𪑏　不鮮也。從黑，尚聲。臣鍇曰：莽黨然。登沆反。

【校】鍇説有脱，當引《楚辭》"時曖曖其黨莽"②。黨，今作"曭"。

---

① 《廣韻》又於檻切。

② 曖曖，今《楚辭·遠游》作"曖昧"。

黷 握持垢也。從黑，賣聲。《易》曰："再三黷。" 陡谷反。
dú

【校】今《易》作"瀆"。

黵 大汗也。從黑，詹聲。旦敢反。
dǎn

黴 中久雨青黑。從黑，微省聲。臣鍇按：《楚辭》："顏黴黎以沮敗。" 閩之反。
méi

黜 貶下也。從黑，出聲。敕密反。
chù

䰎 䰎姍，一色。從黑，般聲。別安反。
pán

【校】䰎姍，一色，鉉宋本"一色"作"下曬"，毛本作"下色"。按：鍇當作"下色"，無"䰎姍"二字。"下色"猶言惡色。鉉本當作"䰎姍，小歈皃"，此改易增竄之譌。

黛 畫眉墨也。從黑，黱聲。臣鍇按：古人云：衞之處子粉白黛黑。今俗作黛字。徒再反。
dài

儵 青黑繒發白色也。從黑，攸聲。尸竹反。
shū

黬 羔裘之縫。從黑，或聲。臣鍇按：《詩》曰："羔羊之黬。" 以黑爲縫也。于抑反。
yù

【校】今《詩》作"緎"。○羔羊之，當作"素絲五"。

黱 黱謂之坚。坚，滓也。從黑，殿省聲。庭硯反。
diàn

黮 桑葚之黑。從黑，甚聲。臣鍇按：《詩》曰："食我桑黮。" 徒坎反。
dàn

黤 果實黯黲黑也。從黑，弇聲。烏感反。
ǎn

黥 墨刑在面也。從黑，京聲。臣鍇曰：墨涅面也。虔京反。
qíng

剠 或從刀作。

黲 黲者忘而息也。從黑，敢聲。歐減反。
ǎn

黟 黑木也。從黑，多聲。丹陽有黟縣。幽雞反。
yī

黚 淺黃黑也。從黑，甘聲。讀若"染繒中束緅黚"。巨淹切。
qián

【校】注與"黔"下鍇説同，當是"黔"重文。○緻黚，當作"緻紺"。

文三十七　重一

【校】（文三十七）"黬、點、黱"三篆音仍鉉，而"切"作"反"。

chuāng
囪　囟　在牆曰牖，在屋曰囪。象形。凡囪之屬皆從囪。臣鍇曰：
象交疏形。楚尨反。

囗　古文。

窗　窗　或從穴。臣鍇曰：會意。

cōng
恩　恩　多遽恩恩也。從心、囪，囪亦聲。麤中反。

文二　重二

yàn
焱　焱　火華也。從三火。凡焱之屬皆從焱。臣鍇曰：火夆所生
也。羊染反（yǎn）。

yíng
熒　熒　屋下燈燭之光。從焱、冖。臣鍇曰：秦嘉詩曰[1]："熒熒華
燭。"冖，猶室也。會意。玄經反。

shēn
燊　燊　盛皃。從焱在木上。讀若《詩》"莘莘征夫"莘。古文仳。
一曰嶷，一曰役。臣鍇曰：會意。所臻反。

【校】莘莘，今《詩》作"駪駪"。○"征夫"下當有"之"字。○古
文仳，疑當作"古文以爲仳字"。"仳"見人部，即《詩》"仳仳有屋"
之"仳"。本從"囟聲"，與"莘"爲疊韻，蓋古讀也。辭賦家或以
"熒熒"爲小皃，"熒"或即"燊"之譌。○一曰嶷，一曰役，疑二者
聲兼形也。嶷嶷嶽嶽，"嶷"亦爲"業"，"業"或"燊"之譌。"役"
疑即"梨"，"梨"即"禾役穟穟"之"役"。"梨"與"燊"或通借也。

文三

zhì
炙　炙　炮肉也。從肉在火上。凡炙之屬皆從炙。真石反。

煉　籀文。臣鍇曰：今《東京》文作此字。

---

[1]　見《贈婦詩》。

【校】《東京》文，段云"文"疑"賦"，或《東京賦》"燔炙"本作此字。

燔（fán）宗廟火熟肉。從炙，番聲。《春秋傳》曰：天子有事燔焉，以饋同姓諸侯。臣鍇曰：《詩》曰："燔炙芬芬。"今《春秋左傳》作膰。復喧反。

【校】今《詩》作"燔"。

爎（liào）炙也。從炙，尞聲。讀若颮燎。臣鍇曰：《後漢書》："光武於竈下爎衣。"[1]今人作燎。力照反。

文三　重一

赤（chì）南方色也。從大、火。凡赤之屬皆從赤。臣鍇曰：南方之星，其中一者最赤，名大火。會意。昌夕反。

𡗨　古文從炎、土。臣鍇曰：《尚書》："厥土赤埴。"

䞶（tóng）赤色也。從赤，蟲省聲。杜紅反。

㶡（hù）日出之赤。從赤，㲋省聲。呼屋反。

赧（赧）（nǎn）面慙赤也。從赤，𡊛聲。周失天下於赧王。臣鍇曰：赧王入秦爲家人，無諡，爲其慙，故謂之赧，被竊鈇之言也。𡊛音女展反[2]。會意。尼綰反。

赬（chēng）赤色。從赤，巠聲。《詩》曰："魴魚赬尾。"恥呈反。

【校】今《詩》作"赬"。

䞓　或從貞。

䞐　或從丁。

浾　赬棠棗之汁。或從水。

【校】注舛誤，當作"或從水。一曰浾，棠梨之汁"。

---

[1] 《後漢書·馮異傳》："光武對竈燎衣。"

[2] 𡊛，當作"反"。

泟 泜 泜或從正^①。

^{zhě}
赭 赭 赤土也。從赤，者聲。臣鍇曰：張衡賦^②："赭垩流黄。"煮也反。

^{gàn}
赣 赣 赤也。從赤，肣聲。讀若浣。瀚從此。胡旱反（hàn）^③。

【校】"瀚從此"上當有"臣鍇曰"三字。

^{hè}
赫 赫 火赤皃。從二赤。臣鍇曰：會意。歇宅反。

文八　重五

---

① 泜，依例當作"経"。
② 見《南都賦》。
③ 注音依《廣韻》古案切。

說文解字通釋卷第二十

繫傳二十

文林郎守祕書省校書郎臣徐鍇傳釋
朝散大夫行祕書省校書郎臣朱翱反切

二十一部　文三百六十八　重三十四

大 大 天大，地大，人亦大焉。象人形，古文人也。凡大之屬皆從大。臣鍇按：《老子》：“天大，地大，王亦大也。”古文亦以此爲人字也。特奈反。

奎 奎 兩髀之閒。從大，圭聲。臣鍇按：《爾雅·釋艸》云：“莖，蕧盆。”奎亦人缺盆骨。天文奎亦取象也。穹圭反。

夾 夾 持也。從大俠二人。苟掐反。

【校】俠，當作“挾”。“俠、挾”蓋古通借字。

奄 奄 覆也。大有餘也。又欠也。從大、申。申，展也。臣鍇按：《詩》：“奄有鳬繹。”會意。依漸反。

【校】鳬繹，當作“鼀蒙”。

夸 夸 奢也。從大，于聲。臣鍇按：《老子》曰：“服文采，帶利劍……是謂盜夸。”苦瓜反。

奯 奯 空大也。從大，歲聲。讀若《詩》“施罟濊濊”。歡活反。

【校】濊濊，水部引作“瀧瀧”，今《詩》作“濊濊”。

戴（戴）戴 大也。從大，戠聲。讀若《詩》“戴戴大猷”。臣鍇曰：

今《詩》借秩。又按:《山海經》:海外東有載國。又曰:民不績
衣,不耕食也。鐵從此。遲匹反。

【校】載載,當依《詩》作"秩秩",此證聲,非證字也。鍇"今《詩》
借秩"四字淺人所增,當刪。○海外東,東,當作"南"。○"又曰:
民"三字當作"又大荒南有載民國"八字。

huán
查 查 奢查也。從大,亘聲。户寒反。

【校】奢查,疑當作"奢大"。毛傳《長發》"桓"訓"大",即此借字。

gū
㚎 㚎 㚎,大也。從大,瓜聲。烏瓜反(wā)①。

pào
奅 奅 大也。從大,卯聲。臣鍇曰:又地名,漢公孫賀封南奅侯。
匹孝反。

yǔn
夽 夽 大也。從大,云聲。讀若韗。于惲反。

【校】韗,段云當作"齳",即"�靀"俗字。

dī
㞾 㞾 大也。從大,氐聲。讀者氏②。的齊反。

jiè
夰 夰 大也。從大,介聲。讀若蓋。苟差反。

cǐ
㸽 㸽 睼大也。從大,此聲。七里反。

bì
㚙 㚙 大也。從大,弗聲。讀若"予違,汝弼"。臣鍇曰:此《尚
書》之言也。皮密反。

chún
奄 奄 大也。從大,屯聲。讀若鶉。是倫反。

qì
契 契 大約也。從大,㓞聲。《易》曰:"後代聖人易之以書契。"
臣鍇按:《周禮》:"司約掌萬民之約⋯⋯大約劑書於宗彝。"注:"大
約,邦國約也。"劑即券契也。《春秋左傳》:"王叔氏不能舉其契。"
《韓子》:"宋人得契,密數其齒。"③謂以刀分之,有相入之齒縫也,
刀判缺之故曰契。劑亦分也,券猶辨也,義亦同。㓞,口八反。

---

① 注音依《廣韻》古胡切。
② 者,當作"若"。
③ 《列子・説符》:"宋人有游於道,得人遺契者,藏之,密數其齒。"

溪細反。

夷[yí] 平也。從大從弓。東方之人也。**臣鍇曰:**《老子》曰:"大道甚夷。"會意。寅支反。

文十八

【校】"奃"篆音仍鉉，而"切"作"反"。

亦[yì] 人之臂亦也。從大，象兩亦之形。凡亦之屬皆從亦。**臣鍇曰:** 人之掖也。八，其處也。移赤反。

夾[shǎn] 盜竊懷物也。從亦，有所持。俗謂蔽人俾夾是也。弘農陝字從此。**臣鍇曰:** ⌃，入字也。收儼反。

【校】懷，當作"褱"。

文二

夨[zè] 傾頭也。從大，象形。凡夨之屬皆從夨。**臣鍇曰:** 夨，傾其首也。齊食反。

奊[jié] 頭傾也。從夨，吉聲。讀若孑。**臣鍇按:**《春秋左傳》齊有慶奊，字繩。亦用此爲結字也。經節反。

【校】慶奊，今《左》作"慶奊"。蓋以傾衺名以繩直字。按鍇説，亦是有義，豈古本本作"奊"歟?

奊[xié] 頭斜骫奊態也。從夨，圭聲。**臣鍇曰:** 骫音委。羊截反。

吳[wú] 姓也；亦郡也。吳，大言也。從夨、口。**臣鍇曰:** 大言，故夨口以出聲也。《詩·頌》曰:"不吳不揚，不告于訩。"今寫《詩》者擅改吳作吴，又音作華，其謬甚矣。會意。阮孤反。

【校】"姓也亦郡也吳"六字當删。或以此爲諂事吳越者所增。

[古文] 古文如此。

昃[zè] 日西也。從夨，日聲。**臣鍇按:**《易》曰"日昃之離"，作此字。會意。齋食反。

【校】鉉無此篆，蓋以此即日部"厢"，今《易》作"昃"。

文五　重一

夭 yǎo 屈也。從大，象形。凡夭之屬皆從夭。臣鍇曰：夭，矯其頭頸也。依少反。

喬 qiáo 高而曲也。從夭，從高省。臣鍇曰：按《爾雅》木"上句曰喬"，上曲也。故《詩》曰"南有喬木，不可休息"。會意。伎昭反。

夰(幸) xìng 吉而免凶也。從屰從夭。夭死之事，故謂死爲不夰。臣鍇曰：《國語》曰："偷居幸生。"《春秋左傳》曰："幸而不死，猶可悦。"屰，反也。反夭，不夭也，故曰夰。屰音逆。會意。恨耿反。

【校】幸而不死，猶可悦，當作"幸而不亡，猶可説也"，見《昭十八年》。又《昭三年》："叔向曰：幸而得死。"鍇蓋誤肛。

奔(奔) bēn 走也。從夭，卉聲。與走同意，俱從夭。臣鍇曰：夭，曲也。走則夭其趾，故走從夭奔。歂非聲，疑奔走於艸歂。布坤反。

【校】"俱從夭"三字，鉉采鍇説增許書者，當删。○故走從夭奔，當作"故走、奔俱從夭"。

文四

交 jiāo 交脛也。從大，象交形。凡交之屬皆從交。加肴反。

夐(夐) wéi 袤也。從交，韋聲。臣鍇曰：所謂僻違。宇歸反。

絞 jiǎo 縊也。從交，糸聲[1]。臣鍇曰：《春秋左傳》："絞縊以戮。"會意。根卯反。

文三

尣 wāng 跛，曲脛也。從大，象偏曲之形。凡尣之屬皆從尣。臣鍇

---

[1] 糸聲，大徐作"從糸"，據徐鍇言"會意"，當從大徐。

曰：尣，一足跛曲也。烏光反。

　　　尪（尩）尪 古文從坒。臣鍇曰：《春秋左傳》：“焚巫尪。”坒音皇。

尳 膝病。從尣、骨，骨亦聲。胡兀反。

尲 蹇也。從尣，皮聲。臣鍇曰：《春秋公羊》曰：“晉使尲。”俗作跛。晡穎反。

尳 尲尳，行不正。從尣，左聲。臣鍇曰：行左戾。則簡反（zuò）①。

【校】尲尳，鉉宋本作“尳尲”。

旭 行不正也。從尣，皀聲。讀若曜。臣鍇曰：皀音杳。力照反②。

尵 不正也。從尣，兼聲。干咸反。

尬 尲尬也。從尣，介聲。苟差反。

尥 行脛相交也。從尣，勺聲。力照反。

【校】“勺聲”下當補“臣鍇曰：牛行足外出曰尥也”，見《集韻》。此説鉉取屬入許書，故此反闕。

尶 尲不能行，爲人所引，曰尶尷。從尣、爪，是聲。臣鍇曰：《詩》曰：“言提其耳。”旳齊反。

尷 尶尷也。從尣從爪，巂聲。勺迷反③。

尫 股尫也。從尣，于聲。臣鍇曰：股曲也。況于反。

尵 膝中疾也。從尣，羸聲。魯坐反（luǒ）④。

文十二　重一

————————

① 《廣韻》又臧可切。
② 《廣韻》弋照切，以母。力，待考。
③ 勺，疑當作“勺”。大徐、《廣韻》户圭切，匣母。
④ 《廣韻》又力爲切。

hú

壺　壺　昆吾圜器也。象形。從大，象其蓋也。凡壺之屬皆從壺。臣鍇曰：昆吾，紂臣，作瓦器。大，掩之也。*魂孤反。*

yūn

壹　壹　壹壹也。從凶從壺。不得泄，凶也。《易》曰："天地壹壹。"臣鍇曰：气壅鬱也。今《易》作"絪縕"。會意。*迂分反。*

【校】"不得泄凶也"五字，鉉采鍇説羼入者，鍇説見"壹"下，此當删。

文二

yǐ

壹（壹）壹　專壹也。從壺，吉聲。凡壹之屬皆從壹。臣鍇曰：從壺，取其不泄也。*伊吉反。*

yì

懿（懿）懿　專久而美也。從壹，從恣省聲。臣鍇曰：《春秋左傳》曰："不廢懿親。"*乙器反。*

xiān

思　愳　疾利口也。《書》曰："相時思民。"臣鍇曰：今皆作憸。册所言眾也。會意。*先廉反。*臣次立曰：疑此誤收，已見心部。

【校】此錯簡，當删。

文二

niè

卒　卒　所以驚人也。從大從羊。一曰大聲也。凡卒之屬皆從卒。一曰讀若瓠。一曰俗語以盜不止爲卒。讀若籋。臣鍇曰：羊音銒。*女慴反。*

【校】按：《五經文字》曰"《説文》從大從干"，此鍇説已從羊，知沿譌已久。○"一曰大聲也"五字，當移置"皆從卒"下。○一曰讀若瓠，"一曰"二字衍。○按：此一義一音也。《漢志》"河東郡狐讘縣"，《集韻》作"瓠讘"，《史》《漢》侯表作"輒讘"。"狐、瓠、輒"蓋皆"卒"之譌。"讘"爲多言，"卒"爲大聲，義相近也，而音讀如"瓠"。後人不知"卒"可讀"瓠"，加從"瓜"聲，故又轉譌爲"瓠、狐"耳，許故特別言之"一曰大聲也"。"讀若瓠"下"一曰俗語以盜不止爲卒，讀若籋"，亦一義一音也。左氏宣公十六年《傳》云"國無幸民"，諺云"民之多幸"，二"幸"字皆"卒"字之譌。上言"晉盜逃秦"，此

云"無卒民"，猶言"無盜民"。杜氏無注，若以爲"委免之民"，其說迂而與上句不洽，況下"諺云"與許俗語正合。今因下"不委"字而譌兩"卒"皆爲"委"耳。左氏好用古文，此其顯證。

睪 睪　司視也。從橫目從卒。令吏將目捕罪人也。臣鍇曰：澤、繹、懌、釋、驛、圛從此。會意。移赤反。

執 執　捕罪人也。從丮、卒，卒亦聲。臣鍇曰：丮音掬，持也。會意。之習反。

【校】掬，當作"戟"。

圉 圉　囹圄，所以拘罪人。從口、卒。臣鍇曰：會意。疑舉反。

【校】"會意"下當有"又圉，邊陲也；又圉人，養馬者"十一字。鉉采屬入許書，故此反闕。

盩 盩　引擊也。從卒、攴，見血也。扶風有盩厔縣。臣鍇曰：攴音撲，擊也。盩字從此，會意。陟求反。

報 報　當罪也。從卒從反[1]。反，服罪也。臣鍇曰：《尚書》曰："報以庶尤。"《史記》曰：張湯"爰書，論訊鞫報"。反音展，服也。會意。補虢反。

【校】論訊鞫報，當作"訊鞫論報"。○反音展，服也，按：當作"反音服，治也"。音"展"者作"反"，與此異。

鞫 鞫　窮理罪人也。從卒、人、言，竹聲。臣鍇曰：以言鞫之也。《漢書音義》："鞫，窮也。"居遠反[2]。

䩮 䩮　或省言。

文七　重一

奢 奢　張也。從大，者聲。凡奢之屬皆從奢。申嗟反。

奓 奓　籀文。

———————————

① 反，當作"及"。下二"反"同。
② 遠，四庫本作"速"。《廣韻》居六切。

duǒ

龗 龗 當龗龗皃。從奢，單聲。臣鍇曰：謂重而垂也。當，去聲。兜果反。

【校】當，鉉作"富"，非是。按：艸部"蔕，瓜當也"，則凡花實之蔕皆可云"當"，故鍇以"當龗龗"爲"重而垂"。段爲鉉曲説"富"字，不免附會。

文二　重一

gāng

兏 兏 人頸也。從大省，象頸脈形。凡兏之屬皆從兏。臣鍇曰：兏，喉嚨也。故鮑昭《舞鶴賦》曰"引員吭之纖婉"，本作此字。格康反。

頏 頏 或從頁作。

gǎng

㐤 㐤 直項莽㐤皃。從兏從夋；夋，倨也；兏亦聲。解黨反。

文二　重一

tāo

夲 夲 進趣也。從大、十。大、十，猶兼十人也。凡夲之屬皆從夲。讀若滔。臣鍇曰：大，奄有之義也。會意。偸勞反。

hū

莽 莽 疾也。從夲，卉聲。捧從此。呼兀反。

bào

暴 暴 疾有所趣也。從夲囗囗囗。臣鍇曰：暴曬暴字與此別。盆操反。

【校】"從夲"下闕文當補"從暴省"三字。鉉用"暴"注作"從日、出、夲，收之"。按："暴（暴）"乃収米出就日，此"収"何物邪，非是。

yǔn

䫽 䫽 進也。從中從夲，允聲。《易》曰："䫽升，大吉。"臣鍇曰：今《易》作允。與準反。

zòu

奏 奏 奏進也。從夲從収從中。中，上進義。臣鍇曰：《史記》曰：藺相如前奏曰。會意。則漚反。

屐 屐 古文。

敨 敨 亦古文。

皋　皋　气皋白之進也。從白從夲。《禮記》曰皋，登謌曰奏。故皋、奏同從夲。《周禮》曰："詔來鼓皋舞。"皋，告之也。臣鍇曰：皋猶暞也。家豪反。

【校】气皋，按日部"暞"注疑當作"气皋皋也"。○《禮記》，鉉作"禮祝"，非是。此引《禮運》文也。"《禮記》曰皋"下當接"《周禮》曰：詔來鼓皋舞。臣鍇曰：皋猶暞也。詔告曰皋，登謌曰奏。故皋、奏皆從夲。家豪反"。此兩引書也，鉉誤，而此或依改耳。

文六　重二

夰　夰　放也。從大而八分也。凡夰之屬皆從夰。臣鍇曰：大，人也；分，施散也。會意。姦皓反。

【校】分，施散也，當作"八分，散也"。

臩　臩　舉目驚臩然也。從䀠從夰。臣鍇曰：《禮》曰："見似目瞿。"本此字。九過反。

奡　奡　嫚也。從百從夰，夰亦聲。《虞書》曰："若丹朱奡。"讀若傲。《論語》："奡盪舟。"臣鍇曰：今文《尚書》作傲。五號反。

昦　昦　春爲昦天，元气昦昦。從日、夰，夰亦聲。臣鍇曰：舒和廣大皃。會意。候抱反。

㚓　㚓　驚走也；一曰往來皃。從夰、亞。《周書》曰："伯㚓。"古文亞，古文囧字也。臣鍇曰：亞，背也。今文《尚書》作囧。具往反。

【校】"伯㚓"下"古文"二字衍。○背，當作"乖"，見亞部。

文五

亣（大）　亣　籀文大，改古文亦。象人形。凡大之屬皆從大。臣鍇曰：中作八字，象與大殊也。他末反。

奕　奕　大也。從大，亦聲。《詩》曰："奕奕梁山。"臣鍇曰："新廟奕奕。"移亦反。

奘 〔zàng〕 騶大也。從大，壯聲。臣鍇曰：亦見《爾雅》。助決反。

臭 〔gǎo〕 大白澤也。從大、白。古文以爲澤字。臣鍇曰：澤，和潤也。會意。姦皓反。

【校】大白澤也，"澤"字疑涉下而衍，當刪。然鍇見已然，沿譌久矣。

奚 〔xī〕 大腹也。從大，𦃃省聲。𦃃，古文系字。臣鍇曰：亦羌名。賢迷反。

奀 〔ruǎn〕 稍前大也。從大，而聲。讀若畏偄之偄。爾件反。

奰 〔yàn〕 大皃。從大，圐聲。或曰拳勇字，讀若傿。臣鍇曰：願字從此[1]。其獻反（jiàn）[2]。

㚔 〔bì〕 壯大也。從三大、三目。二目爲圐，三目爲㚔，益大也。一曰迫也。讀若《易》虙羲氏。《詩》曰："不醉而怒謂之㚔。"辨利反。

【校】虙羲，今《易》作"庖羲"。○《詩》曰，當作"《詩說》曰"。

文八

夫 〔fū〕 丈夫也。從大，一以象簪也。周制以八寸爲尺，十尺爲丈。人長八尺，故曰丈夫。凡夫之屬皆從夫。臣鍇曰：《通論》詳矣。甫殳反。

【校】大夫，當依鉉作"丈夫"。

規 〔guī〕 有法度也。從夫，見聲。臣鍇曰：言爲可聞，行爲可見，言有規矩也。會意。堅隨反。

扶 〔bàn〕 并行也。從二夫。輦字從此。讀若伴侶之伴。臣鍇曰：會意。步滿反。

文三

立 〔lì〕 住也。從大，立一之上。凡立之屬皆從立。臣鍇按：《周禮

---

① 願，當作"顤"。
② 注音依《廣韻》於建切。

注》云：古借此爲位字。里汲反。

隶 臨也。從立，隶聲。臣鍇曰：《春秋左傳》："如齊隶盟。"
今俗作涖，借也。隶音逮。柳嗜反。

埻 磊埻，重聚也。從立，辜聲。臣鍇曰：辜音純。都罪反。

端 直也。從立，耑聲。臣鍇曰：《春秋左傳》曰："太伯端
委。"端委，禮衣之幅正者。顛歡反。

竱 等也。從立，專聲。《春秋國語》曰："竱本肇末。"職件反。

竦 敬也。從立、束。束，自申束也，亦聲。臣鍇曰：立自竦
也。會意。思奉反。

【校】立自竦，當作"竦自立"。

竫 亭安也。從立，爭聲。臣鍇曰：亭孤直也。寂逞反。

靖 立竫也。從立，青聲。一曰細皃。寂逞反。

【校】立竫，疑當作"竫立"。

竢 待也。從立，矣聲。臣鍇曰：立而待之也。牀史反。

𢀡 或從巳。

竘 健也；一曰匠也。從立，句聲。讀若齲。《逸周書》有竘
匠。臣鍇曰：蒟從此也。俱取反。

𡔲 不正也。從立，爾聲。臣鍇曰：爾音過。□柴反①。

【校】闕文當補"虎"。

竭 負舉也。從立，曷聲。臣鍇曰：負而立也。其熱反。

頦 待也。從立，須聲。臣鍇曰：立而待也。《春秋左傳》："寡
君頦矣。"四于反。

【校】今《左》作"須"。

䇻 或從芻。

---

① 《廣韻》火媧切。四庫本、四部叢刊本昆柴反。

羸 luò　羸　瘻也。從立，羸聲。魯坐反。

竣 jùn　竣　偓竣也。從立，夋聲。《國語》曰："有司已事而竣。"臣鍇曰：退立也。七賓反（qūn）。

【校】偓，疑當作"偓"。○已事，今本作"已於事"。

㞡 fú　㞡　見鬼㞡兒。從立，录聲。籀文㞡字，讀若虙羲氏之虙，音伏。臣鍇曰：录音禄。伐六反。

【校】籀文㞡字，此鉉正鍇之誤也，鍇本無此四字。蓋鍇不解彔之異彔，故云"音禄"。後人依鉉增此，則不可通矣。○"音伏"二字衍，蓋鍇所注誤羼入者。○录音禄，當改"录"與"刻木录录"之字異。按：全書彔篆唯此不誤，蓋上從"彑"首，下從彔篆之半也。鬼部"㞡"重文作彔，乃或依鉉改耳。

喈 què　喈　驚兒。從立，昔聲。七削反。

竨 bà　竨　短人立竨竨兒。從立，卑聲。傍把反。

竲 zēng　竲　北地高樓無屋者。從立，曾聲。臣鍇曰：立爲高也。作滕反。

【校】立爲，當作"竲爲"。

文十九　重二

【校】（文十九）"竢"篆音仍鉉，而"切"作"反"。

竝 bìng　竝　併也。從兩立。凡竝之屬皆從竝也。頻静反。

暜 tì　暜　廢一偏下也。從竝，白聲。臣鍇曰：竝立而一下也。白音自。他計反。

暜 暜　或從曰。臣鍇曰：曰音越。

替（替）暜　或從竝。

文二　重二

囟 xìn　囟　頭會幽蓋也。象形。凡囟之屬皆從囟。臣鍇曰：頭囟也。思震反。

凸 屵 古文囟字。

腗 牌 或從宰、肉。

鼠 鼠 毛鼠。象形。髮在囟上及毛髮鼠鼠之形。此與籀文冑字同。臣鍇曰：獵、躐從此。律捷反。

【校】冑，當作“羡”。“字同”下當有“意”字。

毗 毗 人臍也。從囟，囟，取气通也；從比聲。臣鍇曰：毗輔字本作比，多借此字。鼻宜反。

文三　重二

恖（思）恖 容也。從心，囟聲。凡思之屬皆從思。臣鍇曰：《通論》詳矣。息兹反。

【校】容，汪作“睿”。按：“容、睿”皆通。今《洪範》：“思曰睿。”“睿”與“睿”同。伏生《尚書》作“思心曰容”，見《漢書》。

慮 慮 謀思也。從思，虍聲。臣鍇曰：虍音呼。留御反。

文二

心 心 人心，土藏，在身之中。象形。博士説：以爲火藏。凡心之屬皆從心。臣鍇曰：心星爲大火，然則心屬火也。昔任反。

息 息 喘也。從心、自，自亦聲。臣鍇曰：自，鼻也，气息從鼻出。會意。消式反。

情 情 人之陰气有欲者。從心，青聲。臣鍇按：《白虎通》：人之“六情，所以扶成五性”。喜怒哀樂愛惡也。自成反。

性 性 人之陽气性善者也。從心，生聲。臣鍇曰：五性：仁、義、禮、知、信，屬陽，所以五五陽數；情屬陰，所以六六陰數。息令反。

志 志 意也。從心，之聲。職吏切。

意 意 志也。察言而知意也。從心，音聲。臣鍇曰：《通論》詳矣。

乙記反。

【校】音聲，“聲”字衍。

恉 恉 意也。從心，旨聲。臣鍇曰：指，手指也；旨，甘美也。准此爲意恉字，古今假借，多致紛雜。職美反。

悳 悳 外得於人，内得於己。從直從心。臣鍇曰：《通論》詳矣。多則反。

　　惪 惪 古文。

應（應）應 當也。從心，雍聲。臣鍇曰：雍，鷹字。於陵反。

慎 慎 謹也。從心，真聲。臣鍇曰：《通論》詳矣。時印反。

　　昚 昚 古文。

忠 忠 敬也。從心，中聲。珍蒙反。

愨 愨 謹也。從心，㱿聲。刻學反。

懇 懇 美也。從心，須聲。臣鍇曰：《爾雅》曰：借藐字。龙璞反。

【校】《爾雅》曰，“曰”字衍。

快 快 喜也。從心，夬聲。苦夬反。

愷 愷 康也。從心，豈聲。臣鍇按：《詩》曰：“愷樂飲酒。”刻海反。

【校】亦見豈部。○康也，鉉作“樂也”。○愷樂，今《詩》作“豈樂”。

愜 愜 快也。從心，匧聲。臣鍇曰：今多作愜。輕帖反。

念 念 常思也。從心，今聲。臣鍇按：《尚書》曰：“我念爾祖。”常念之也。寧店反。

【校】我念爾祖，當作“念茲在茲”。

忖 忖 思也。從心，付聲。臣鍇曰：甫㐲反。

【校】“臣鍇曰”下當補“又悦也”三字，見《玉篇》。

憲 憲 敏也。從心、目，害省聲。臣鍇按：《禮》曰：“發慮憲。”目與心應爲敏。希建反。

chéng

憕 憕 平也。從心，登聲。臣鍇曰：《北史》有薛憕。纏陵反。

nǎn

戁 戁 敬也。從心，難聲。臣鍇曰：今《詩》作“熯”，“我孔熯矣”。尼綰反。

xīn

忻 忻 閩也。從心，斤聲。《司馬法》曰：“善者，忻民之善，閉民之惡。”希斤反。

yùn

惲 惲 重厚也。從心，軍聲。迂吻反。

dūn

惇 惇 厚也。從心，享聲。得昏反。

kàng

忼 忼 慨也。從心，亢聲。一曰《易》“忼龍有悔”。看浪反。

【校】今《易》作“亢”。

kài

慨 慨 忼慨，壯士不得志也。從心，既聲。臣鍇曰：內自高亢憤激也。苦蓋反。

kǔn

悃 悃 愊也。從心，困聲。苦衮反。

pì

愊 愊 誠志也。從心，畐聲。坡式反。

yuàn

愿 愿 謹也。從心，原聲。臣鍇曰：《尚書》：“愿而和。”魚怨反。

【校】和，當作“恭”。

huì

慧 慧 儇也。從心，彗聲。臣鍇曰：儇，敏也。迴桂反。

liǎo

憭 憭 慧也。從心，尞聲。臣鍇按：《詩》曰：“佼人憭兮。”呂曉反。

jiǎo

恔 恔 憭也。從心，交聲。臣鍇曰：“佼人”本此字。根卯反。

yì

懿 懿 靜也。從心，㱃聲。臣鍇曰：《列女傳》曰：“后婉懿。”伊閉反。

zhé

悊 悊 敬也。從心，折聲。臣鍇曰：古以此字爲哲字。知舌反。

【校】亦見口部“哲”重文。

cóng

悰 悰 樂也。從心，宗聲。臣鍇曰：謝惠連詩曰[1]：“瞻涂意小

―――――――――

[1] 見《西陵遇風獻康樂》。

悰。"存公反。

【校】小悰,《文選》作"少悰"。

恬 恬 安也。從心,甜省聲。臣鍇曰:《莊子》曰:"以恬養志。" 亭嫌反。

【校】養志,《莊子》作"養知"。

恢 恢 大也。從心,灰聲。臣鍇按:《老子》曰:"天網恢恢。"庫 推反(kuī)。

恭 恭 肅也。從心,共聲。臣鍇曰:《通論》詳矣。矩容反。

憼 憼 敬也。從心、敬,敬亦聲。己皿反。

恕 恕 仁也。從心,如聲。失箸反。

　　㤾 㤾 古文。

怡 怡 和也。從心,台聲。寅之反。

慈 慈 愛也。從心,兹聲。秦思反。

恮 恮 愛也。從心,氏聲。臣鍇按:《爾雅》:"恮恮,愛也。"翹 移反。

悛 悛 謹也。從心,全聲。七沿反。

恩 恩 惠也。從心,因聲。愛根反。

懘 懘 高也。從心,帶聲。一曰極也;一曰困劣。臣鍇按:《禮》 曰:音"沾懘"。笛計反。

【校】沾懘,今《禮記》作"怗懘"。

愁 愁 問也;謹敬也。從心,欮聲。一曰説也;一曰甘也。《春 秋傳》曰:"昊天不愁。"又曰:"兩君之士皆未愁。"臣鍇曰:欮音 牛吝反。皆未愁,皆未甘也,言意未甘止也。魚晉反。

【校】問,當作"𦙵",見《十月》詩疏。○引《左》有闕文,"不愁" 下當補"遺一老"三字。

kuàng
懬 𢡱 闊也；一曰廣也，大也。從心、廣，廣亦聲。一曰寬也。**臣鍇按:**《漢書》武帝詔曰:“庶僚久懬。”會意。困盎反。

【校】武帝，當作“成帝”。

jiè
悈 𢢀 飾也。從心，戒聲。《司馬法》曰:“有虞氏悈於中國。”苟差反。

【校】飾，當作“飭”。

yǐn
㥯 𢡎 謹也。從心，㐆聲。**臣鍇曰:** 爰、穩、隱字從此。於靳反。

【校】“爰”字衍。

qìng
慶 𢙍 行賀人也。從心、夊。吉禮以鹿皮爲摯。**臣鍇曰:** 夊，行也。會意。丘病反。

【校】“爲摯”下當補“從鹿省”三字。

xuǎn
愃 𢛤 寬嫺心腹皃。從心，宣聲。《詩》曰:“赫兮愃兮。”呼遠反。

【校】今《詩》作“咺”。

xùn
愻 𢟪 順也。從心，孫聲。《唐書》曰:“五品不愻。”**臣鍇曰:** 今文《尚書》作遜。蘇困反。

【校】今文，“文”字衍。

sài
𢡃 𢡃 實也。從心，塞省聲。《虞書》曰:“剛而𢡃。”**臣鍇按:**《詩》曰:“其心𢡃泉。”今皆作塞，借也。四再反。

【校】其心𢡃泉，其，當作“秉”；泉，當作“淵”。此避唐諱而改。

xún
恂 𢗲 信心也。從心，旬聲。**臣鍇曰:**《詩》:“恂美且都。”信美也，今借洵。息寅反。

chén
忱 𢗕 誠也。從心，冘聲。《詩》曰:“天命匪忱。”是吟反。

【校】天命匪忱，今《蕩》詩曰“其命匪諶”，許蓋檃栝舉之。

wéi
惟 𢗓 思也。從心，隹聲。與追反。

【校】思也，鉉作“凡思也”，與《方言》合。

huái
懷 𢡟 念思也。從心，褱聲。**臣鍇曰:** 褱音懷，抱也。户埋反。

lún
惀 惀 欲知之皃。從心，侖聲。勞存反。

xiǎng
想 想 冀思也。從心，相聲。**臣鍇曰：**希冀所思之，故《史記》司馬遷曰：讀其書"想見其爲人"。息仰反。

suì
㥞 㥞 深也。從心，㒸聲。夕位反。

xù
慉 慉 起也。從心，畜聲。《詩》曰："能不我慉。"**臣鍇曰：**與起同。許郁反。

【校】能不我，《邶風》作"不我能"。○與起同，當作"起與興義同"。按：毛傳"慉，興也"，見《釋文》宋本，今譌"與"。

yì
意 意 滿也。從心，㐆聲。一曰十萬曰意。**臣鍇曰：**憶從此。依色反。

【校】十萬曰意，今作"億"。

　　意 意 籒文又省。

guàn
悹 悹 憂也。從心，官聲。古翰反。

liáo
憀 憀 憀然也。從心，翏聲。梨桃反。

kè
愙 愙 敬也。從心，客聲。《春秋傳》曰："以陳備三愙。"**臣鍇曰：**經義三恪在二王後之上，其禮轉降，示敬而已。今皆作恪。客各反。

sǒng
愯 愯 懼也。從心，雙省聲。《春秋傳》曰："駟氏愯。"**臣鍇按：**《漢書・刑法志》曰："愯之以行。"思奉反。

【校】今《左傳》作"聳"，《漢志》作"㩳"。

jù
懼 懼 恐也。從心，瞿聲。健芋反。

　　愳 愳 古文。

hù
怙 怙 恃也。從心，古聲。桓土反。

shì
恃 恃 賴也。從心，寺聲。辰止反。

cóng
憎 憎 慮也。從心，曹聲。存公反。

wù
悟 悟 覺也。從心，吾聲。頑呼反。

　　悮 悮 古文悟。

憮　㣲　愛也。韓、鄭曰憮；一曰不動。從心，無聲。臣鍇曰：今《爾雅》作憮。勿撫反。

【校】今《爾雅》作憮，當作"《爾雅》曰：憮，撫也"。

㤅　^{ài}　惠也。從心，旡聲。臣鍇曰：愛字從此。旡音既。晏再反。

　　惢　古文。

憰　^{xǔ}　知也。從心，胥聲。臣鍇曰：有才智也。仙呂反。

慰　^{wèi}　安也。從心，尉聲。一曰恚怒也。迂胃反。

㥣　^{cuì}　謹也。從心，㪷聲。讀若毳。臣鍇曰：㪷音山芮反。此芮反。

簓　^{chóu}　簓箸也。從心，簹聲。臣鍇曰：悲回思慮之也。陳收反。

【校】悲，當作"裵"。

怞　^{chóu}　朗也。從心，由聲。《詩》曰："憂心且怞。"長宥反（zhòu）^①。

【校】今《詩》作"妯"。

㥞　^{wǔ}　㥞憮也。從心，某聲。讀若侮。臣鍇曰：撫愛之也。勿撫反。

忞　^{mín}　強也。從心，文聲。臣鍇曰：自強也。眉均反。

慔　^{mù}　勉也。從心，莫聲。臣鍇按：《爾雅注》："自勉強也。"莫度反。

愐　^{miǎn}　勉也。從心，面聲。彌件反。

愧　^{yì}　習也。從心，曳聲。余制反。

【校】段云當作忕，見《四月》詩疏。《字林》作"愧"，此或依《字林》改也。按：忕，疑是"愧"重文，此脱重文耳。

懋　^{mào}　勉也。從心，楙聲。《虞書》曰："惟時懋哉。"臣鍇曰：楙音茂。莫透反。

　　忞　或省。

慕　^{mù}　習也。從心，莫聲。臣鍇曰：《通論》詳矣。莫度反。

① 注音依《廣韻》直由切。

悛 𢢩 止也。從心，夋聲。七沿反。 _{quān}

悷 𢠨 肆也。從心，隶聲。他没反（tū）①。 _{tuì}

懙 𢥏 趣步懙懙。從心，與聲。臣鍇曰：懙懙，美也。尹女反。 _{yǔ}

慆 𢠌 説也。從心，舀聲。臣鍇按：《春秋左傳》曰：“日不悛，以樂慆憂。”偷勞反。 _{tāo}

懕 𢢐 安也。從心，厭聲。《詩》曰：“懕懕夜飲。”臣鍇曰：今《詩》作厭。於潛反。 _{yān}

憺 𢢕 安也。從心，詹聲。臣鍇曰：梁有蕭憺，梁武兄弟。徒㺉反。 _{dàn}

怕 𢖻 無爲也。從心，白聲。臣鍇曰：按相如《子虛賦》曰：“怕乎無爲，憺乎自持。”潘客反。 _{pò}

恤 𢙁 憂也；收也。從心，血聲。臣鍇曰：《通論》詳矣。相聿反。 _{xù}

忓 𢙌 極也。從心，干聲。骨安反。 _{gān}

懽 𢢖 喜款也。從心，雚聲。《爾雅》曰：“懽懽、愮愮，憂也。”臣鍇按：《爾雅注》：“賢者憂懽，無所告也。”古翰反。 _{guàn}

【校】憂也，鉉依《爾雅》作“憂無告也”。

愚 𢙺 懽也。琅邪朱虛有愚亭。從心，禺聲。元無反。 _{yú}

愵 𢙘 飢餓也。從心，叔聲。一曰憂也。《詩》曰：“愵如朝飢。”尼覓反。 _{nì}

【校】朝，今《詩》作“調”。

㤜 𢝀 勞也。從心，卻聲。臣鍇曰：㤜猶卻也。其雀反。 _{jué}

憸 𢝷 憸詖也。憸利於上，佞人也。從心，僉聲。七廉反（qiān）②。 _{xiān}

愒 𢝰 息也。從心，曷聲。臣鍇曰：愒猶憩。豈例反。 _{qì}

———————————

① 《廣韻》又他内切。
② 《廣韻》又息廉切。

^{hū}
鬍 鬱 精鬱也。從心，鬍聲。呼骨反。

^{xiān}
愢 愢 疾利口也。從心，册聲。《詩》曰^①："相時愢民。"臣鍇曰：今皆作憸，册所言衆也。會意。先廉反。

^{jí}
忣（急）忣 褊也。從心，及聲。飢泣反。

^{biǎn}
辡 辡 憂也。從心，幷聲。一曰急。必撚反。

^{jí}
恆 恆 疾也。從心，亟聲。一曰謹重皃。己力反。

^{juàn}
懁 懁 急也。從心，睘聲。讀若絹。臣鍇曰：睘音絢。均戰反。

^{xìng}
悭 悭 恨也。從心，巠聲。其頸反。

^{xián}
慈 慈 急也。從心，弦聲。河南密縣有慈亭。形先反。

^{piǎo}
慓 慓 疾也。從心，票聲。匹眇反。

^{nuò}
懦 懦 駑弱者也。從心，需聲。輭區反（rú）^②。

^{rèn}
恁 恁 下齎也。從心，任聲。臣鍇曰：恁心所齎，卑下也。而沈反。

【校】亦見食部"飪"下重文。

^{tè}
忒 忒 失常也。從心，代聲。他剋反。

^{jù}
怚 怚 驕也。從心，且聲。臣鍇曰：嵇康詩^③："恃愛肆驕怚。"即處反。

【校】驕怚，"驕"字衍。怚，《文選》作"媠"，今譌"姐"。

^{yì}
悒 悒 不安也。從心，邑聲。臣鍇曰：憂悒也。殷戢反。

^{yù}
悆 悆 忘也；嘷也。從心，余聲。《周書》曰："有疾，不悆。"悆，喜也。玄遇反。

【校】忘也，按《廣雅》及《集韻》，當作"憂也"。○不悆，今《書》

─────────────────

① 見《尚書·盤庚》。
② 《廣韻》又乃臥切。
③ 見《幽憤詩》。

作"不豫"。

忒 𢙃　更也。從心，弋聲。他得反。

憪 𢢊　愉也。從心，閒聲。臣鍇曰：愉，樂。侯艱反。

懱 𢡕　輕易也。從心，蔑聲。《商書》曰："以相陵懱。"名噎反。

【校】以相陵懱，今《書》無此語。"《商書》"當作"《逸書》"。

愚 𢝕　戇也。從心、禺。禺，猴屬，獸之愚者。臣鍇曰：《通論》詳矣。元無反。

戇 𤏁　愚也。從心，贛聲。臣鍇曰：《史記》云："汲黯之戇。"誅巷反。

悀 𢙀　姦也。從心，采聲。七海反。

愉 𢙁　薄也。從心，俞聲。《論語》曰："私覿，愉愉如也。"臣鍇曰：示民不愉，愉，薄也。羊朱反。

【校】示民不愉，示，當作"則"，《周禮》文。又《詩》"視民不恌"，傳："恌，愉也。"或引此。

惷 𢥺　愚也。從心，春聲。臣鍇曰：《周禮》："三宥曰惷愚。"[①]丑尨反。

懝 𢖩　騃也。從心、疑，疑亦聲。一曰惶。臣鍇曰：猶儓儗也。偶代反。

忮 𢖬　很也。從心，支聲。臣鍇按：《論語》曰："不忮不求。"真避反。

悍 𢖽　勇也。從心，旱聲。侯玩反。

態 𢟰　意也。從心、能。姿之餘也。臣鍇曰：心能於其事，然後有態度也。會意。他代反。

　　能 𢛰　或從人。

――――――――――

[①] 宥，今《周禮·秋官》作"赦"。

guài
怪 異也。從心，圣聲。臣鍇曰：圣音怪。古賣反。

dàng
愓 放也。從心，象聲。徒廣反。

màn
慢 惰也。從心，曼聲。一曰慢，不畏。謀患反。

dài
怠 慢也。從心，台聲。投在反。

xiè
懈 怠也。從心，解聲。候賣反。

duò
惰 不敬也。從心，隋聲。《春秋傳》曰：“執玉惰。”特妥反。

【校】《左·僖十一年》作“受玉惰”。

　　惰 惰或省𠂤。

　　媠 古文。

sǒng
愯 驚也。從心，從聲。讀若悚。臣鍇曰：《春秋左傳》：“愯之
以行。”借聳字。思奉反。

fú
怫 鬱也。從心，弗聲。臣鍇曰：魏樂府曰：“中心何怫鬱。”
附勿反。

xiè
忦 忽也。從心，介聲。《孟子》曰：“孝子之心不若是忦也。”
臣鍇曰：忽略不省也。宜介反（ài）①。

【校】今《孟子》作“恝”。

hū
忽 忘也。從心，勿聲。呼兀反。

wàng
忘 不識也。從心，亡聲。勿強反。

mán
懑 忘也。懑兜也。從心，㒼聲。臣鍇曰：不曉了之意也。没
圍反。

zì
恣 縱也。從心，次聲。則四反。

dàng
惕 放也。從心，易聲。一曰平也。徒廣反。

chōng
憧 意不定也。從心，童聲。臣鍇曰：《易》曰：“憧憧往來。”

————————————
① 注音依《廣韻》許介切。

赤重反。

kuī
悝 嘲也。從心，里聲。《春秋傳》有孔悝。一曰病也。**臣鍇曰：**今人言恢，恢諧也。庫摧反。

【校】言恢恢，當作"言詼詼"。

jué
憰 權詐也。從心，矞聲。賜穴反（xuè）[①]。

guàng
⿱狂心 誤也。從心，狂聲。句唱反。

huǎng
怳 狂之皃。從心，況省聲。詡上反。

guǐ
恑 變也。從心，危聲。句委反。

xié
⿰忄巂 有二心也。從心，巂聲。**臣鍇曰：**猶言攜貳也。勻迷反。

jì
悸 心動也。從心，季聲。**臣鍇曰：**《魯靈光殿賦》曰："心⿰忄思⿰忄思而發悸。"岐季反。

【校】⿰忄思⿰忄思，《文選》作"⿰犭思⿰犭思"。

jiāo
憿 幸也。從心，敫聲。**臣鍇曰：**今多作儌。儌，要也。非此字。堅簫反。

kuò
懖 善自用之意也。從心，銛聲。《商書》曰："今女銛銛。"[②] **臣鍇曰：**今《尚書》作聒聒。古活反。

　　⿱銛耳 古文從耳。

wàn
忨 貪也。從心，元聲。《春秋傳》曰："忨歲而愒日。"五翰反。

【校】今《左》作"翫"。

lán
惏 河之北謂貪曰惏。從心，林聲。**臣鍇曰：**《春秋左傳》："狄固貪惏。"婁參反。

mèng
懜 不明也。從心，夢聲。莫贈反。

qiān
愆 過也。從心，衍聲。豈虔反。

---

① 注音依《廣韻》古穴切。

② 銛銛，今作"懖懖"。

寋 𢡆 或從寒省。

𢤱 𢤱 籀文。

xián
慊 慊 疑也。從心，兼聲。**臣鍇曰：**今人又音口檢反。賢兼反。

huò
惑 惑 亂也。從心，或聲。胡國反。

mín
怋 怋 怓也。從心，民聲。**臣鍇曰：**亂也。喧盆反（hūn）①。

náo
怓 怓 亂也。從心，奴聲。《詩》曰："以謹惽怓。"獰交反。

chǔn
惷 惷 亂也。從心，舂聲。《春秋傳》曰："王室日惷惷焉。"一曰厚也。**臣鍇曰：**今《左傳》借蠢字。川準反。

hūn
惽 惽 不憭也。從心，昏聲。喧盆反。

xì
忥 忥 癡皃。從心，气聲。許意反。

wèi
𢡱 𢡱 寱言不慧也。從心，衛聲。于歲反。

guì
憒 憒 亂也。從心，貴聲。**臣鍇曰：**《蜀志》云："作事憒憒，誠非前人。"胡塊反（huì）②。

【校】按《蜀志》，"誠非"下當有"及"字。

jì
忌 忌 憎惡也。從心，己聲。健侍反。

fèn
忿 忿 悁也。從心，分聲。**臣鍇按：**潘岳《西征賦》曰："方鄙吝之忿悁。"忿悁，悁介而恨也。敷粉反（fěn）③。

lí
𢡾 𢡾 恨也。從心，黎聲。一曰怠。**臣鍇曰：**黎，遲也，故爲怠。里西反。

【校】黎遲也，黎，當作"邌"，見辵部。

huì
恚 恚 恨也。從心，圭聲。**臣鍇曰：**忿之深切也。於棄反（wèi）。

yuàn
怨 怨 恚也。從心，夗聲。迂券反。

---

① 《廣韻》又彌鄰切。

② 注音依《廣韻》古對切。

③ 《廣韻》又匹問切。

危 $\boxed{}$ 古文。

nù
怒 愬 恚也。從心，奴聲。乃布反。

duì
憝 憝 怨也。從心，敦聲。《周書》曰："凡民罔不憝。"徒佩反。

yùn
慍 慍 怒也。從心，昷聲。臣鍇曰：蓄怒也。迂郡反。

è
惡 惡 過也。從心，亞聲。臣鍇曰：《通論》詳矣。遏泊反。

zēng
憎 憎 惡也。從心，曾聲。走稜反。

pèi
怖 怖 恨怒也。從心，市聲[1]。《詩》曰："視我怖怖。"滿會反[2]。

【校】今《詩》作"邁"。

yì
忍 忍 怒也。從心，刀聲。讀若額。臣鍇曰：當言刈省，疑脫誤。偶喙反。

【校】鍇說，鉉本引作"李陽冰說"。

xié
憀 憀 怨恨也。從心，象聲。讀若膝。侯□反[3]。

【校】闕文汪作"釵"。

hèn
恨 恨 怨也。從心，艮聲。遐艮反。

duì
懟 懟 怨也。從心，對聲。臣鍇按：《國語》曰："以我爲懟怨乎？"[4]銜怨也。徒對反。

huǐ
悔 悔 悔恨也。從心，每聲。虎配反。

chì
憏 憏 小怒也。從心，豈聲。臣鍇曰：豈音駐。唱曳反。

yuān
悁 悁 忿也。從心，肙聲。一曰憂。臣鍇曰：悁猶狷也。於旋反。

慰 慰 籀文。

---

① 市聲，即"朱聲"。
② 《廣韻》普蓋（pèi）、北末（bō）二切，故或疑"滿"乃"蒲"譌，但鑒於"怖、邁"之異文，未敢遽斷。
③ 《廣韻》户佳切。闕文，四部叢刊本、四庫本作"釵"。
④ 《國語・周語》："王其以我爲懟而怒乎？"

快 _{yàng} 㣽　不服懟也。從心，央聲。隱唱反。

懣 _{mèn} 㦖　煩也。從心，滿聲。免困反。

憤 _{fèn} 憤　懣也。從心，賁聲。**臣鍇曰**：孔子曰："不憤不啟。"俟其懣乃啟之也。符訓反。

悶 _{mèn} 悶　懣也。從心，門聲。免困反。

惆 _{chóu} 惆　失意也。從心，周聲。丑羞反（chōu）。

悵 _{chàng} 悵　望恨也。從心，長聲。丑向反。

愾 _{xì} 愾　太息也。從心、氣，氣亦聲。《詩》曰："愾我寤嘆。"許意反。

慅 _{cǎo} 慅　愁不安也。從心，蚤聲。《詩》曰："念子慅慅。"此諂反。

愴 _{chuàng} 愴　傷也。從心，倉聲。初訪反。

怛 _{dá} 怛　憯也。從心，旦聲。**臣鍇曰**：宋玉《風賦》曰："中心憯怛。"多幹反（dàn）①。

悬 是　從心、旦口。《詩》曰："信誓悬悬。"**臣鍇曰**：今《詩》作旦。冥散反。

【校】"從心"上當依毛傳補"傷也"二字，鉉作"憯也"。○"旦"下闕，當補"聲"字。

憯 _{cǎn} 憯　痛也。從心，朁聲。七感反。

慘 _{cǎn} 慘　毒也。從心，參聲。此噆反。

悽 _{qī} 悽　痛也。從心，妻聲。七低反。

恫 _{tōng} 恫　痛也。從心，同聲。一曰呻吟。**臣鍇按**：《詩》曰："神罔時恫。"土蒙反。

悲 _{bēi} 悲　痛也。從心，非聲。府眉反。

惻 _{cè} 惻　痛也。從心，則聲。蔡色反。

──────────

① 注音依《廣韻》當割切。

惜 ^{xī} 㣿　痛也。從心，昔聲。思益反。

愍 ^{mǐn} 愍　痛也。從心，敃聲。眉引反。

慇 ^{yīn} 慇　痛也。從心，殷聲。臣鍇按：《詩》曰：“憂心慇慇。”本作此字。意斤反。

【校】慇慇，當作“慇慇”，《桑柔篇》正作“慇”字。本作，“本”字當删。

愁 ^{yī} 愁　痛聲也。從心，依聲。《孝經》曰：“哭不愁。”臣鍇曰：聲之曲引也。今《孝經》作偯。殷豈反。

簡 ^{jiǎn} 簡　簡存也。從心，簡省聲。讀若簡。臣鍇曰：若《尚書》云“簡在上帝之心”。艮限反。

【校】簡存，存，或作“在”。按：《爾雅》“存存、萌萌，在也”，《玉篇》云“或作蕑”，“蕑”即“簡”之譌，則以“存”詁“簡”，亦通。

慅 ^{sāo} 慅　動也。從心，蚤聲。一曰起也。素叨反。

感 ^{gǎn} 感　動人心也。從心，咸聲。臣鍇按：《易》曰：“聖人感人心而天下和平。”《詩》曰：“無感我帨兮。”感動也。苟坎反。

忧 ^{yòu} 忧　不動也。從心，尤聲。讀若祐。延救反。

【校】不動，《玉篇》作“心動”。

慅 ^{yǐ} 慅　恀慅，不憂事也。從心，麂聲。讀若移。書爾反（shǐ）^①。

慦 ^{qiù} 慦　怨仇也。從心，咎聲。臣鍇曰：若《春秋左傳》“楚人以咎子上”。伎酒反。

惲 ^{yún} 惲　憂皃也。從心，員聲。羽文反。

怮 ^{yǒu} 怮　憂皃。從心，幼聲。伊糾反。

恙 ^{yàng} 恙　憂也。從心，羊聲。胤亮反。

忦 ^{jiá} 忦　憂也。從心，介聲。宜介反（ài）^②。

---

① 注音依《廣韻》移爾切。
② 注音依《廣韻》古黠切。

惴 ^{zhuì} 憂懼也。從心，耑聲。《詩》曰："惴惴其慄。"支瑞反。

愭 ^{qióng} 憂也。從心，鈞聲。常倫反（chún）①。

恦 ^{bǐng} 憂也。從心，丙聲。《詩》曰："憂心恦恦。"兵永反。

惔 ^{tán} 憂也。從心，炎聲。《詩》曰："憂心如惔。"臣鍇曰：如火熱也，憂而心熱也。狄南反。

惙 ^{chuò} 憂也。從心，叕聲。《詩》曰："憂心惙惙。"一曰意不定也。誅劣反（zhuō）。

傷 ^{shāng} 憂也。從心，殤省聲。庶錫反。

愁 ^{chóu} 憂也。從心，秋聲。煇揍反。

惄 ^{nì} 憂兒。從心，弱聲。讀與怒同。泥覓反。

㥘 ^{kǎn} 憂困也。從心，臽聲。苦感切。

悠 ^{yōu} 憂也。從心，攸聲。臣鍇按：《春秋左傳》曰："悠悠乎深思而淺謀。"深思而憂也。延秋反。

【校】悠悠乎，今《左》作"悠乎"。

悴 ^{cuì} 憂也。從心，卒聲。讀與《易》萃卦同。秦醉反。

悃 ^{hùn} 憂也。從心，圂聲。一曰擾。臣鍇按：《春秋左傳》曰："主不悃賓。"胡頓反。

憖 ^{lì} 楚潁之閒謂憂曰憖。從心，契聲。臣鍇曰：契音釐。柳嗜反。

忓 ^{xū} 憂也。從心，于聲。讀若吁。況于反。

忡 ^{chōng} 憂也。從心，中聲。《詩》曰："憂心忡忡。"臣鍇曰：憂而心動也。敕戎反。

---

① 注音依《廣韻》渠營切。

qiǎo
悄　憂也。從心，肖聲。《詩》曰："憂心悄悄。"**臣鍇曰：**憂思低下也。千眇反。

qī
慼　憂也。從心，戚聲。**臣鍇曰：**《春秋左傳》："晉人戚憂以重我。"憂近心之切也，今作戚，同。千僻反。

yōu
𢝊　愁也。從心，頁聲。𢝊心形於顏面，故從頁。**臣鍇曰：**一本愁憂字，憂從此，與憂别。衣仇反。

【校】頁聲，"聲"字衍。○"𢝊心"上當有"臣鍇曰"三字，鉉本可證。○臣鍇曰：一本愁憂字，"臣鍇曰"三字當删。一本愁憂字，當作"此愁𢝊字"。○"與憂别"三字當移置"憂從此"上。

huàn
患　憂也。從心上貫吅，吅亦聲。**臣鍇曰：**《通論》詳矣。户慣反。

　　悶　古文從關省。

　　𢜮　亦古文。從臼、心。

kuāng
恇　怯也。從心、匡，匡亦聲。區王反。

qiè
㥦　思皃。從心，夾聲。去涉反。

shè
慴　失气也。從心，聶聲。一曰服也。真聶反（zhé）①。

dàn
憚　忌難也。從心，單聲。一曰難也。徒岸反。

【校】一曰難，難，當作"驚"，見《考工記・矢人》注。

dào
悼　懼也。從心，卓聲。陳楚謂懼曰悼。徒號反。

kǒng
恐　懼也。從心，巩聲。**臣鍇曰：**恐猶兇。勸重反。

　　志　古文。

zhé
慴　懼也。從心，習聲。讀若疊。真聶反。

chù
怵　恐也。從心，术聲。**臣鍇曰：**枚乘《七發》曰："怵怵惕惕，臥不得瞑。"敕密反。

【校】怵怵惕惕，《文選》作"惕惕怵怵"。

---

① 注音依《集韻》失涉切。

惕 惕 敬也①。從心，易聲。他狄反。

恝 恝 或從狄作。

恐 恐 戰慄也。從心，共聲。古聰反（gōng）②。

侅 侅 苦也。從心，亥聲。侯耐反。

惶 惶 恐也。從心，皇聲。戶荒反。

怖 怖 惶也。從心，甫聲。判庫反（pù）。

怖 怖 或從布。

慹 慹 怖也。從心，執聲。之習反。

愒 愒 怖也。從心，穀聲。溪細反。

憊 憊 愒也。從心，葡聲。臣鍇曰：今俗作憊。步介反。

痛 痛 或從疒作。

惎 惎 毒也。從心，其聲。《周書》曰：“來就惎惎。”健侍反。

【校】來就惎惎，疑即《秦誓》“未就予忌”之譌。

恥 恥 辱也。從心，耳聲。敕以反。

惙 惙 青徐謂慙曰惙。從心，典聲。臣鍇曰：左思《魏都賦》曰：“惙墨而謝。”聽銑反。

忝 忝 辱也。從心，天聲。透點反。

慙 慙 媿也。從心，斬聲。昨三反。

恧 恧 慙也。從心，而聲。臣鍇曰：心挫衄也。而叔反。

怍 怍 慙也。從心，乍聲。臣鍇曰：心作動也。自莫反（zuó）。

---

① 《玄應》卷五《寶網經》“怵惕”、卷十三《過去現在因果經》“怵惕”，《慧琳》卷三十八《佛説無崖際持法門經》“驚惕”，《文選・射雉賦》李善注引《説文》皆作“驚也”，今本“敬”當爲“驚”之誤。
② 注音依《廣韻》居悚切。

憐 ^{lián} 哀也。從心，粦聲。落姸反。

遱 ^{lián} 泣下也。從心，連聲。《易》曰：“泣涕遱如。”臣鍇曰：心悲而泣下也。今《易》作連。鄰延反。

【校】泣涕遱如，今《易》作“泣血漣如”。

忍 ^{rěn} 能也。從心，刃聲。臣鍇曰：能音耐。耳引反。

憫 ^{miǎn} 厲也；一曰止也。從心，弭聲。讀若沔。彌件反。

㣪 ^{yì} 懲也。從心，乂聲。臣鍇曰：懲，改也。今經傳皆借义及艾字。偶喙反。

懲 ^{chéng} 㣪也。從心，徵聲。纏陵反。

憬 ^{jǐng} 覺寤也。從心，景聲。《詩》曰：“憬彼淮夷。”居迥反。

懂 ^{zhòng} 遲也。從心，重聲。直隴切。

文二百六十　重二十一

【校】（文二百六十）實核二百六十四。“志”篆鍇擬補字，鉉采入許書，次立又依鉉補鍇，故音仍鉉音。“恬、懂”二篆作切音，次立補，當例補次立說。“快、惷、惈、忒、惑、懥、悲、憽”八篆音仍鉉，而“切”作“反”。

（重二十一）當作“二十二”。

惢 ^{suǒ} 心疑也。從三心。凡惢之屬皆從惢。讀若《易》云“旅瑣瑣”。臣鍇曰：疑慮不一也，故從三心。會意。津宜反（zuī）①。

繠 ^{ruǐ} 垂也。從惢，糸聲。臣鍇曰：《春秋左傳》曰：“佩玉繠兮。”如毀反。

【校】糸聲，“聲”字衍。

文二

────────

① 《廣韻》又蘇果切。

説文解字通釋卷第二十一

繋傳二十一

文林郎守祕書省校書郎臣徐鍇傳釋

朝散大夫行祕書省校書郎臣朱翱反切

三部　六百八十二文　重六十四

水 shuǐ 準也。北方之行。象眾水并流，中有微陽之气也。凡水之屬皆從水。**臣鍇按**：《周禮》：“匠人建國，水地以縣。”言以水準地之平也。《通論》詳矣。式癸反。

河 hé 水，出敦煌塞外昆侖山，發源注海。從水，可聲。**臣鍇按**：《山海經》：海內昆侖墟，在海內西北，“方八百里，高萬仞”，去嵩高五萬里 ①。“河水出東北隅，以行其北，西南又入渤海。又出海外，即西而北，入禹所道積石山。”故《尚書》云“導河積石”。前代學者引《史記》云：“自張騫窮河原，惡覩所謂昆侖？” ② 以爲記者之妄。臣鍇以爲《禹貢》記禹所施功，故指言自積石河爲四瀆之長，所以限隔夷夏，其勢慓悍，察其發原，遠大委輸，多所灌注，其含靈畜怪，莫斯爲大，未必始於積石。今中國之山川靈異固多矣，而裔夷之外，風气不均，其物異形，昆侖之奇詭又奚足致驚。《爾雅》，周公、仲尼之徒所記，而云“河出昆侖”。張騫

---

① “去嵩高五萬里”乃注文。
② 《史記·大宛列傳》：“今自張騫使大夏之後也，窮河源，惡睹本紀所謂崑崙者乎？”
《漢書·張騫李廣利傳》：“自張騫使大夏之後，窮河原，惡睹所謂昆侖者乎？”

雖博見，足歷窮荒，然巤略涉之，河在地中潛行，又何可見？昆
侖亦神靈之宅，帝之下都，亦非造次可親，推而論之，其出昆侖
詳矣。今按：河出昆侖，東流，潛行地下，至規期山，北流，分
爲兩原：一出蔥嶺，一出于闐，復合，東注蒲昌海，復潛行地下，
南出積石山，西南流，又東回入塞，過敦煌、張掖、酒泉，南與
洮河合；過安定、北地郡，北流，過朔方郡西，又南流，過五原
郡南，又東流，過雲中西河郡東，又南流，過上郡、河東郡西南，
出龍門至潼關，與渭水合；又東回，過砥柱及洛陽即孟津，至鞏縣
與洛水合；至成皋與濟水合；又東北流，過武德與沁水合；至黎
陽、信都、鉅鹿之北，分爲九河，又合爲一河，入海。《漢書》云：
燉煌本酒泉地。《春秋左傳》所謂“允姓之戎”所居瓜州也。發原
獨至於海，故曰瀆。閑俄反。

【校】海内西北，内，當作“之”。

汃 汃 西極之水。從水，八聲。《爾雅》曰：“西至於汃國……謂
之四極。”臣鍇按：今《爾雅》作邠，注云：“極遠之國也。”匹人
反（pīn）[1]。

泑 泑 澤，在昆侖下。從水，幼聲。讀若幽同。臣鍇按：水所鍾
曰澤。伊糾反。

涷 涷 水，出發鳩山，入河。從水，東聲。臣鍇按：《山海經》注：
發鳩山“在上黨長子縣西”。得紅反。

潼 潼 水，出廣漢梓潼北界，南入墊江。從水，童聲。田風反。

【校】墊，當作“𥎡”，見衣部。○“童聲”下當補“臣鍇按：《漢書》：
廣漢郡梓潼縣五婦山，馳水所出，南入涪江。應劭曰：潼水所出，南
入𥎡江”。馳與潼名異實同。汪本誤以“涷”篆注入“潼”下。

涪 涪 水，出廣漢剛邑道徼外，南入漢。從水，音聲。臣鍇按：

---

① 注音依《廣韻》府巾切。

《漢書》：廣漢郡剛氐道“涪水，出徼外，南至從墊音壘江入漢。過郡二，行千六十九里”。縣有蠻夷曰道。附柔反。

【校】墊，當作“獥”，今《漢書》亦誤。

江 江 水，出蜀湔氐徼外崏山，入海。從水，工聲。臣鍇按：《漢書》：蜀郡湔氐道，“崏山在西徼外，江所出，東南入海，過郡九，行七千六百六十里”。又按：《周禮》：“揚州其川三江。”崏山爲大江，至九江爲中江，至徐州爲北江。出崏山，若甕口，今益州建寧漏江縣，潛行地底數里，至楚都，廣十里，名南江。初在犍爲，與青水、汶水合，至雒縣，與雒水合；東北至巴郡，與涪水、漢水、白水合；東至長沙，與澧、沅、湘合，顏延之所謂“三湘淪洞庭”者也。至江夏，與沔水合。至潯陽，分爲九道，東會于彭蠡澤，經蕪湖爲中江，至南徐州，名北江，入海。溝降反。

【校】過郡九，行七千，今《漢志》“九”譌“七”，“七”譌“二”。○徐州，《初學記》作“徐陵”。○青水、汶水，按《水經注》，當作“青衣水、沫水”。

沱 沱 江別流，出崏山東，別爲沱。從水，它聲。臣鍇按：《漢書》：沱出南郡枝江縣“西，東入江”。今又爲池字。豆科反。

浙 浙 江水東至會稽山陰爲浙江。從水，折聲。臣鍇按：《漢書》：浙江出會稽縣縣“南蠻夷中，東入海”。《漢書》浙江或作漸江，慎所言或別也。漢世謂黔歙爲山越也。之列反。

【校】會稽縣，當作“丹陽郡黝縣”。按：鍇所引“漸江”也，當在“漸”下。今《漢志》亦作“浙江”，“浙”亦“漸”之譌。許書“漸、浙”劃然爲二，後人以二水合流，遂統名錢唐爲浙江，不復知有漸江，即鍇説可見矣。此下當云“臣鍇按：《漢書》‘會稽郡吳縣’注：‘南江在南，東入海，揚州川’”，而移此入“漸”篆下，則得之矣。

涐 涐 水，出蜀汶江徼外，東南入江。從水，我聲。臣鍇按：《漢書》：涐水出汶江縣徼外，“過郡三，行三千四十里”。偶和反。

【校】段用呂忱説改篆作涐，戔聲。莪、莪蓋形似之譌。今《漢志》作

減。"牋、哉"古今字也。

湔 ^{jiān} 水，出蜀郡縣虒玉壘山，東南入江。從水，前聲。一曰湔，手瀚也。臣鍇按：《漢書》：湔出縣虒縣玉壘山，"至江陽入江，過郡三，行千八百九十里"。則千反。

沫 ^{mò} 水，出蜀西南徼外，東南入江。從水，末聲。門撥反。

温 ^{wēn} 水，出犍爲涪，南入黔水。從水，㬎聲。臣鍇按：《漢書》：温出涪縣"至鳖音鼈，又蔽入黚水。黚水亦南至鳖入江"。塢門反。

【校】涪，《漢志》作"符"，二見。

潛 ^{qián} 水，出巴郡宕渠，西南入江。從水，鬵聲。臣鍇按：《漢書》：廬江潛縣沘山，潛水所出，"北至壽春，入芍陂"。似侵反（xún）①。

【校】鍇説誤引"沘水"，今更正，當作"潛水，出宕渠符特山，西南入江"。潛，今《漢志》作"潛"，蓋"潛"之譌，本注可證。

沮 ^{jǔ} 水，出漢中房陵，東入江。從水，且聲。臣鍇按：《漢書》：沮水出房陵縣，"東至郢入江，行七百里"。王粲所謂"倚曲沮之長洲"②。且渠反（qū）③。

【校】"縣東"下當有"山"字。

滇 ^{diān} 益州池。從水，真聲。臣鍇按：《史記》："滇池水原廣，末更狹，似倒流，故曰滇池。"《漢書》：在益州郡滇池縣，西北大澤也。的煙反。

【校】"《史記》"下當有"注"字，見《西南夷傳》注引范書。

涂 ^{tú} 水，出益州牧靡南山，西北入灊。從水，余聲。臣鍇按：《漢書》：涂出牧靡縣，"西北至越巂入灊，過郡二，行千二十里"。注云："靡音麻，即升靡，殺毒藥所出也。"《周禮》書塗路字如此。

---

① 《廣韻》又昨鹽切。
② 見《登樓賦》。
③ 《廣韻》又子魚切。

古無塗字。途，彌俗也。田吾反。

【校】澠，《漢志》作“繩”。

沅 ^{yuán} 水，出牂牁故且蘭，東北入江。從水，元聲。言袁反。

淹 ^{yān} 水，出越嶲徼外，東入若水。從水，奄聲。殷潛反。

洮 ^{táo} 水，出隴西臨洮，東北入河。從水，兆聲。臣鍇按：《漢書》：洮出臨洮縣“西羌中，北至枹音膚罕，東入河”。偷勞反（tāo）。

溺 ^{ruò} 水，自張掖删丹，西至酒泉合黎，餘波入流沙。從水，弱聲。桑欽所説。臣鍇按：《漢書》云：“桑欽以爲導弱水自此，西至酒泉合黎。”泥覓反（nì）①。

浪 ^{làng} 滄浪水也，南入江。從水，良聲。臣鍇按：江水出荆州東南，流爲滄浪之水。勒當反。

【校】江水出荆州，按《水經注》，“江”字衍，“州”當作“山”。

涇 ^{jīng} 水，出安定涇陽开頭山，東南入渭。從水，巠聲。雍州川也。臣鍇按：《漢書》：开頭山在涇陽縣西，涇水“東南至陽陵入渭，過郡三，行千六十里”。开，苦見反，在今靈州東南，土人謂之汧屯山。陽陵，漢景帝陵所在。又按：自开頭一名薄落東南，經新平扶風，至京兆高陵縣而入渭，與清洛水合，至潼津入河。堅丁反。

【校】“與清洛水合”有譌脱，按《初學記》，當作“合流三百里，清濁不相襍，又東合漆沮水，至潼津入河”。

漾 ^{yàng} 水，出隴西柏道，東至武都爲漢。從水，羕聲。臣鍇按：《漢書》：漾出氐道縣，至武都爲漢水。今《漢書》作瀁。胤亮反。

【校】柏，當依《漢書》作“氐”，《水經注》引作“獂”，非。

瀁 古文漾從水，養聲。

渭 ^{wèi} 水，出隴西首陽渭首亭南谷，東入河。從水，胃聲。杜林

———
① 注音依《廣韻》而灼切。

所説。《夏書》以爲出鳥鼠山。雍州寖。**臣鍇按:**《漢書》：出首陽縣西南鳥鼠同穴山，“東至船司空入河，過郡四，行千八百七十里”。《周禮注》:“可以爲陂灌溉曰寖。”臣鍇按：自首陽東至狄道縣、上邽縣北、陳倉縣南、武功縣北、槐里縣南，與澇、灃二水合，東至高陵，與涇水合。又與洛水合，經秦漢之都，至潼津而入河。船司空，漢造船官所在也。于貴反。

【校】“狄道縣”下當有“南”字。〇洛，《初學記》作“漆沮”二字。

hàn
漢 漾也。東爲滄浪水。從水，難省聲。喝散反。

　　滅 古文漢如此。

miǎn
沔 水，出武都沮縣東狼谷，東南入江。從水，丏聲。或以爲入夏水。**臣鍇按:**《漢書》：自沮縣至沙羨，“南入江，過郡五，行四千里，荊州川”。沮音千余反。彌兖反。

huáng
湟 水，出金城臨羌塞外，東入河。從水，皇聲。**臣鍇按:**《漢書》：湟出臨羌縣鹽池北，“東至允吾入河”。允吾亦金城郡之縣名。户荒反。

qiān
汧 水，出右扶風汧縣，西北入渭。從水，幵聲。**臣鍇曰:** 班固《西都賦》所謂“汧涌其西”。棄妍反。

láo
澇 水，出右扶風鄠，北入渭。從水，勞聲。**臣鍇曰:** 相如《上林賦》所謂蕩蕩八川。闌刀反。

【校】《上林賦》作“潦”。

qī
漆 水，出右扶風杜陵岐山，東入渭，一曰入洛。一曰漆，城池。從水，桼聲。**臣鍇按:**《漢書》：在右扶風漆縣西。《詩》所謂“漆沮既從”。秋日反。

【校】杜陵，按《漢志》,“陵”當作“陽”。〇一曰入洛，按《水經注》，此指涇東漆沮水也，非此杜陽之“漆”，不應横梗於此，當移置“一曰漆，城池”下，以存别説。〇一曰漆，城池，鉉無此五字。按:“漆城池”即《水經》云“一名漆渠”也，此正指杜陽之“漆”。〇漆沮

既從，當作“自土沮漆”。

滻[滻] chǎn 水，出京兆藍田谷，入灞。從水，產聲。所簡反。

洛[洛] luò 水，出左馮翊歸德北夷中，東南入渭。從水，各聲。雍州浸。臣鍇按：《漢書》歸德爲襄德。又按：出今上洛冢領山，經上洛、弘農、河南、盧氏、蠡城、陽市、宜陽、洛陽、合伊瀍穀澗之水，至鞏縣入河。勒託反。

【校】左馮翊，當作“北地”。按《漢志》，北地歸德，爲洛所出；馮翊襄德，爲洛入渭處，甚明。鍇蓋未之審耳。○上雒冢領山，乃《職方》“豫州川雒水”，與“洛”劃然爲二，徐堅既誤於前，鍇復誤襲於後。

淯[淯] yù 水，出弘農盧氏山，東南入沔。從水，育聲。或以爲出酈山西。臣鍇按：《漢書》：淯出盧氏縣，“南至順陽入沔……過郡二，行六百里”。張衡《南都賦》所謂“淯水盪其胸”。融六反。

【校】按《漢志》，盧氏縣右有育水，不言“出”，“出”見南陽“酈”下。

汝[汝] rǔ 水，出弘農盧氏還歸山，東入淮。從水，女聲。臣鍇按：《漢書》：汝出汝南定陵縣高陵山，“東南至新蔡入淮，過郡四，行千三百四十里”。又《淮南子》《博物志》皆同。高陵一名猛山，則此注傳寫誤。輭許反。

【校】按：《淮南子》云“出猛山”，《博物志》云出燕泉山。汝水出盧氏，《水經》已辨之，鍇謂誤，蓋未審耳。

潩[潩] yì 水，出河南密縣大隗山，南入潁。從水，異聲。臣鍇按：《漢書》：潩出密縣大騩山，“南至臨潁入潁”。以即反。

汾[汾] fén 水，出太原晉陽山，西南入河。從水，分聲。或曰出汾陽北山。冀州浸。臣鍇按：《漢書》：汾出太原汾陽縣北山，“西南至汾陰入河。過郡二，行千三百四十里”。《春秋左傳》所謂新田“有汾澮，以流其惡也”。《周禮》云：冀州“其浸汾、潞”。扶云反。

濕[濕] tà 水，出東郡東武陽，入海。從水，㬎聲。桑欽云：出平原高唐。臣鍇按：《漢書》：“禹治濕水”，“出東郡東武陽縣”，“東北

至千乘入海，過郡三，行千二十里"。熱，午合反。它合反。

【校】今《漢書》《禹貢》俱作"漯"。

泡〔pāo〕 水，出山陽平樂，東北入泗。從水，包聲。**臣鍇按**：《漢書》：泡出平樂縣，"東北沛入泗"。浦包反。

【校】今《漢志》作"包"。○東北沛入泗，"東北"下當有"至"字，沛，當作"沛"。《漢志》亦誤。

菏〔gē〕 菏澤水，在山陽湖陵南。《禹貢》："浮于淮、泗，達于菏。"從水，苛聲。**臣鍇按**：《尚書》又曰："導菏澤，被孟豬。"更和反。

【校】菏澤水，"澤"字衍。按《漢志》，"菏水"在山陽郡湖陵南，"菏澤"在濟陰郡定陶，劃然爲二。許衍"澤"字，鍇遂牽合，非是。○達于菏，今《禹貢》作"達于河"。

泗〔sì〕 水，受沛音濟水，東入淮。從水，四聲。**臣鍇按**：《漢書》：泗出濟陰乘氏縣，"東南至睢陵入淮，過郡六，行千一百一十里"。《周禮》：青州"其川淮、泗"。素次反。

【校】"泗出"二字誤，當刪。按《漢志》，"泗"出魯國卞縣，非出乘氏。○"乘氏縣"下當補"泗水"二字。

洹〔huán〕 水，在齊魯之閒。從水，亘聲。**臣鍇按**：杜預《春秋釋例》："洹出汲郡林慮縣東北，至信成入張甲河。"按：張甲河、信成縣，杜預所言晉制；在漢後，地名改易也。《春秋左傳》曰：聲伯夢濟洹而歌也。戶寒反。

灉〔yōng〕 河灉水，在宋。從水，雝聲。**臣鍇按**：《尚書》："雷夏既澤，灉、沮會同。"言灉入于雷澤也。《爾雅》曰："水自河出爲灉。"按《漢書》："雷澤在濟陰成陽西北。"宛封反。

澶〔chán〕 澶淵水也，在宋。從水，亶聲。**臣鍇按**：春秋諸侯盟于澶淵。杜預《釋例》："頓丘，衛南繁也。"示川反。

【校】頓丘，衛南繁也，當作"在頓丘縣南，今名繁汙，衛地也"。

洙〔zhū〕 水，出泰山蓋臨樂山，北入泗。從水，朱聲。**臣鍇按**：《漢

書》：洙出蓋縣臨樂山，西北入泗。杜預云："入沇水，下合泗。"船區反（shú）。

【校】水，出泰山蓋臨樂山，按：許書與《水經》合，與《漢志》異。《漢志》泰山郡"蓋"下云"臨樂子山，洙水所出，西北至蓋入池"。水臨樂子山，謂勃海郡臨樂縣子山也，其入"池"，在"蓋"耳。鍇改《漢志》以就許書，未是。臣鍇按《漢書》，當改"《漢書》"爲"《水經》"；西北入泗，改"西南至卞入泗"，方合。

沭 水，出青州濅。從水，术聲。**臣鍇按**：《漢書》：術水自東莞音官縣"南至下邳入泗，過郡三，行七百一十里"。注："術與沭同。"常出反。

【校】"水出"下當補"琅邪東莞，南入泗"七字。

沂 水，出東海費東，西入泗。從水，斤聲。一曰沂水出泰山蓋，青州濅。**臣鍇按**：《漢書》：沂出泰山蓋縣，"南至下邳入泗，過郡五，行六百里"。魚希反。

【校】鍇引《漢書》"沂出泰山蓋縣"。按：言"沂出泰山蓋縣"者，《周禮》鄭注、《水經注》也，《漢志》不言出蓋縣，當刪"沂出"二字，"蓋縣"下補"沂水"二字。

洋 水，出齊臨朐石膏山，東北入鉅定。從水，羊聲。**臣鍇按**：《漢書》：洋水出臨朐石膏山，"東北至廣饒入鉅定"。鉅定，水名，在齊郡鉅定縣廣饒，亦齊郡屬縣。似羊反。

【校】石膏山，鉉作"高山"，非是。○鉅定，《水經》作"巨淀"。

濁 水，出齊郡厲媽山，東北入鉅定。從水，蜀聲。**臣鍇按**：《漢書》：濁出齊郡廣縣爲山，"東北至廣饒入鉅定"。术渥反。

【校】厲媽，據《漢志》，當作"廣爲"。

溉 水，出東海桑瀆覆甑山[①]，東北入海。從水，既聲。一曰灌

————————————

① 瀆，今《漢書·地理志》作"犢"。

注也。**臣鍇按**：《漢書》：溉出北海郡覆甑山，"東北至都昌入海"。苟代反。

【校】東海，據《漢志》，當作"北海"。〇"北海郡"下當補"桑瀆縣"三字。

潍^{wéi}　水，出琅邪箕屋山，東入海。從水，維聲。徐州浸。《夏書》曰："潍、淄其道。"**臣鍇按**：《漢書》：潍出琅邪箕縣，"北至昌都入海，過郡三，行五百二十里"。與追反。

【校】《漢志》作"維"。〇徐州，《漢志》作"青州"，皆誤，當作"兗州"。《職方》鄭注改"維"爲"雍"，許不改也。

浯^{wú}　水，出琅邪靈門壺山，東北入潍。從水，吾聲。**臣鍇按**：《漢書》：浯水出靈門縣。與此同。阮孤反。

【校】東北入潍，潍，今《漢志》誤"淮"。

治^{chí}　水，出東萊曲城陽丘山，南入海。從水，台聲。**臣鍇按**：《漢書》：治出曲城縣陽丘山，"南至沂入海"。直而反。

【校】曲城，《漢志》作"曲成"。

汶^{wèn}　水，出琅邪朱虚東泰山，東入潍。從水，文聲。桑欽説：汶水出泰山萊蕪，西南入泲。**臣鍇按**：《漢書》：朱虚縣東泰山，汶所出，"東至安丘入潍"。《論語》曰："吾必在汶上矣。"亡運反。

【校】潍，《漢志》作"維"。

浸^{jìn}　水，出魏郡武安，東北入滹沱。從水，壹聲。**臣鍇按**：《漢書》：魏郡武安縣有浸水，"東北至東昌入虖沱河，過郡五，行六百一里"。進沁反。

【校】滹，鉉作"呼"。

漳^{yú}　水，出趙國襄國西山，東北入浸。從水，禹聲。**臣鍇按**：《漢書》：趙國，漢分郡縣封諸侯，故曰國。襄國縣"西山，渠水所出，東北至任入浸"。又云："有蓼水、馮水，東至朝平入漳。"朝平，廣平國之縣名也。五俱反。

【校】馮水，按下"瀝"篆注，當作"瀝水"。

瀝 瀝 水，出趙國襄國中，東入湡。從水，虒聲。**臣鍇按**：《漢書》：廣平國南和縣有"列葭水，東入瀝"。未知瀝所出。卒茲反①。

渚 渚 水，在常山中丘逢山，東入湡。從水，者聲。一曰小洲曰渚。**臣鍇按**：《漢書》：中丘縣"蓬山長谷②，渚水所出，東至張邑入濁"。諸與反。

【校】《漢志》譌"諸"。○一曰，鉉作"《爾雅》曰"。○入濁，當作"入湡"，《漢志》亦譌。

濟 濟 水，出常山房子贊皇山，東入泜。從水，齊聲。**臣鍇按**：《漢書》：房子縣"贊皇山石，濟水所出，東至廮陶入泜"。此非四瀆之濟，四瀆古皆作泲字，今人多亂之。即洗反。

洨 洨 水，出常山石邑井陘山，東南入泜。從水，交聲。邟國有洨縣。**臣鍇按**：《漢書》：石邑縣西有井陘山，"洨水所出，東南至廮陶入泜"。井陘今或作井陘，誤也。侯交反。

【校】井陘，鉉作"井陘"，《漢志》亦作"井陘"，而錯以爲誤。疑錯說當作"井陘，或作'井陘'，誤也"。

泜 泜 水，在常山。從水，氐聲。纏伊反。

濡 濡 水，出涿郡故安，東入漆涑。從水，需聲。**臣鍇按**：《漢書》：易水出故安縣，"至范陽入濡"。輭區反。

【校】漆涑，按《漢志》，濡水至范陽入涑漆，"涑"蓋"涑"之譌。

澮 澮 水，出河西霍山，西南入汾。從水，會聲。**臣鍇按**：杜預《春秋釋例》：澮出平陽絳縣，西入汾。古最反。

【校】河西，段改"河東彘"三字，以"霍山"在"彘"也。○"絳縣"下當有"南"字。

---

① 卒，疑當作"辛"。《廣韻》息移切，心母。
② 蓬，今《漢書·地理志》作"逢"。

沁 水，出上黨穀遠羊頭山，東南入河。從水，心聲。**臣鍇**按：《漢書》：穀遠縣"羊頭山世靡谷，沁水所出，東南至滎陽入河，過郡三，行九百七十里"。顏師古曰："今沁至懷州武陟縣界入河。"云"滎陽"，疑傳寫誤。七任反。

沾 水，出上黨壺關，東入淇；一曰沾，益也。從水，占聲。**臣鍇**按：《漢書》："至朝歌入淇。"此又益也，今俗作添。土兼反（tiān）①。

潞 冀州浸也；上黨有潞縣。從水，路聲。**臣鍇**按：《周禮》："潞出歸德縣。"《漢書》云：潞縣，"古潞子國"。按：歸德縣屬北地郡。勒妒反。

淇 水，出河內共北山，東入河。或曰出隆慮西山。從水，其聲。**臣鍇**按：《漢書》：出共縣北山，"東至黎陽入河"。虔知反。

漳 濁漳，出上黨長子鹿谷山，東入清漳。清漳，出沾山大要谷，北入河；南漳，出南郡臨沮。從水，章聲。**臣鍇**按：《漢書》：濁漳，"東至鄴入清漳"，清漳出沾縣，"東北至阜成入大河，過郡五，行千六百八十里"。又，南郡臨沮縣東北有荊山，"漳水所出，東至江陵入陽水。陽水入沔，行六百里"。注：《春秋左傳》所謂"江漢雎漳，楚之望也"②。周良反。

【校】大要谷，要，《漢志》作"䍃"。要，古作"㑇"，故與"䍃"混。

蕩 水，出河內蕩陰，東入黃澤。從水，募聲。**臣鍇**按：《漢書》：出蕩陰縣，"東至內黃澤"。蕩音湯；募音盪。吞匡反③。

【校】"內黃"下當依《水經》補"入黃"二字，《漢志》亦闕。

沇 水，出河東東垣王屋山，東爲沛。從水，允聲。**臣鍇**按：《漢書》：王屋山在垣縣"東北，沇水所出，南至武德入河。軼出

---

① 《廣韻》又張廉切。

② 阜成、雎漳，今《漢書·地理志》作"邑成、沮漳"。

③ 《廣韻》徒郎切（dàng），"大也；又水名"。

滎陽北地中，又東至琅槐入海，過郡九，行千八百四十里”。今
按：沇出王屋山，東至溫縣西北，始名泲水。又東南流當鞏縣之
北，而南入河，與河并流，過成皋，軼出爲滎水，東流過陽武及
封丘北，又東過冤昫縣，南至定陶縣南，又東北流，與濟水會，
東至乘氏縣西，分而爲二。其一東北流入鉅野澤，過壽張西，與
汶水合，又北過穀城縣西，又東北過盧縣北，經齊郡東萊郡而入
海。與件反。

【校】東垣，按《漢志》，當作“垣東”。〇“南至武德”上按當有
“東”字。

沿 㳂 古文沇如此。臣次立按：《説文》徐鉉注云：“口部已有，
此重出。”又本部下文沿字注云：“緣水而下。”與川反。

【校】當作“㕣”，鉉説可證。口部無“沿”篆也。

泲 〔jǐ〕沇也，東入于海。從水，朿聲。臣鍇曰：今多作濟，故與
常山濟水相亂，此則四瀆之濟。即洗反。

滻 〔wéi〕水，出南郡高城滽山，東入繇。從水，危聲。臣鍇按：《漢
書》：滻出滽山，“東入繇。繇水南至華容入江”。注：“繇音由。”
虞爲反。

溠 〔zhā〕水，在漢南。從水，差聲。荊州溠。《春秋傳》曰：“修涂
梁溠。”臣鍇按：杜預《春秋釋例》：“義陽厥縣西有溠水，原出縣
北，從縣西東南至隨入腹水。”側巴反。

【校】荊州溠，按《職方》“荊州溠潁、湛，豫州溠波溠”，而此云“荊
州”者，鄭注云“潁當在豫，溠當在荊”。許與鄭同也，故“湛”注
云“豫州溠”。〇修涂，今《左》作“除道”。〇厥縣西有溠水，溠，
《釋例》作“潳”。“潳”即“溠”也。〇至隨入腹，當作“至隨縣入郥”。

洭 〔kuāng〕水，出桂陽盧聚山洭浦關爲桂水。從水，匡聲。臣鍇按：
《漢書》：桂陽郡含洭縣，“洭水所出，東北入沅”。又桂水出桂陽
縣，“東北入湘”。區昌反。

【校】盧聚山，山，按《水經》當作"南出"二字。

溳 㶴 水，出廬江，入淮。從水，惠聲。回桂反。

灌 灌 水，出廬江雩婁，北入淮。從水，雚聲。**臣鍇按**:《漢書》:雩婁縣灌水，"北至蓼，入決水，過郡二，行五百一十里"。決水亦出此縣。雩，許于反。婁，力于反。古翰反。

【校】水，出，當作"水，在"。按:"灌"出金蘭，今《漢志》譌"灌"作"淮"，《水經》可證。○決水亦出此縣，按:《漢志》不言"決出雩婁"，疑誤。

漸 漸 水，出丹陽黟南蠻中，東入海。從水，斬聲。**臣鍇按**:《山海經》《漢書》:黟縣漸江。今浙江是也。又《漢書》云:武陵索縣有"漸水，東入沅"。就冉反。

【校】"臣鍇曰"以下宜刪①，當移"浙"下。鍇說補此，辨已見"浙"下。

泠 泠 水，出丹陽宛陵，西北入江。從水，令聲。**臣鍇按**:《漢書》:丹陽宛陵有清水，"至蕪湖入江也"。此云泠水出丹陽宛陵，然則清、泠同也。連丁反。

溧 溧 水，在丹陽。從水，𥹥聲。匹賣反。

溧 溧 水，出丹陽溧陽縣。從水，栗聲。**臣鍇按**:《漢書》:"溧水出南湖。"② 力出反。

湘 湘 水，出零陵陽海山，北入江。從水，相聲。**臣鍇按**:《漢書》:零陵郡零陵，"湘水所出，北至酃入江，過郡二，行二千五百三十里"。修翔反。

汨 汨 長沙汨羅淵也。從水，冥省聲。屈平所沈水。**臣鍇按**:《漢書》注:長沙國羅"縣北帶汨水，水原出豫章艾縣，西流湘，沿

① 曰，當作"按"。
② 《漢書·地理志》丹陽郡溧陽，應劭曰:"溧水所出南湖也。"

西北去縣三十里，名屈潭，屈原自沈處也"。民的反。

【校】西流湘，"湘"上脱"注"字。○"西北"上脱"汨"字。

溱（zhēn）溱　水，出桂陽臨武，入匯。從水，秦聲。**臣鍇按**：《漢書》：桂陽臨武縣溱水，"東南至溍陽入匯，行七百里"。今人以此字爲溍洧之溍。甎莘反。

【校】《漢志》作"秦"。○入匯，按《水經》，"溱"合"洭"，不合"匯"，"匯"當作"洭"，《漢志》亦誤。

溁（深）（shēn）溁　水，出桂陽南平，西入營道。從水，突聲。式琴反。

【校】南平，《水經》作"盧聚"。

潭（tán）潭　水，出武陵鐔成玉山，東入鬱林。從水，覃聲。**臣鍇按**：《漢書》：鐔成縣，"潭水所出，東至阿林入鬱林，過郡二，行七百二十里"。田南反。

【校】鬱林，《漢志》無"林"字，當作"鬱水"。按：鬱，水名，非地名。

油（yóu）油　水，出武陵孱陵西，東南入江。從水，由聲。延秋反。

【校】東南入江，按：《水經》"南"作"北"。

溟（mì）溟　水，出豫章艾縣，西北入湘。從水，買聲。謀揩反（mǎi）[1]。

【校】西北入湘，鉉無"北"字。

湞（zhēng）湞　水，出南海龍川，西入溱。從水，貞聲。**臣鍇按**：《漢書》："在桂陽湞陽縣界。"宅爭反。

【校】在桂陽湞陽縣界，當作"見'桂陽湞陽縣'注"。

溜（liù）溜　水，出鬱林[2]。從水，留聲。**臣鍇按**：《漢書》：鬱林有中留縣。顏師古云："留，水名。力救反。"良秀反。

潩（yì）潩　水，出河南密縣，東入穎。從水，翼聲。**臣鍇按**：《漢書》：

---

① 《廣韻》又莫狄切。

② 鉉本"林"下有"郡"字。

出密縣大騩山，"南至臨潁入潁"。**以即反。**

【校】東入潁，東，當作"南"。〇按：此注與上"溴"篆同，《漢志》《水經》俱有"溴"無"瀷"，戴侗謂"瀷"即"溴"重文。疑許本合而後人分之也。

_{wǔ} 潕 潕 水，出南陽舞陰，東入汝。從水，無聲。**勿撫反。**

【校】入汝，鉉作"入潁"，非是。

_{áo} 滶 滶 水，出南陽魯陽，入父城。從水，敖聲。**顏叨反。**

【校】父城，鉉作"城父"，非是。

_{qīn} 瀙 瀙 水，出南陽舞陽中陽山，入潁。從水，親聲。**臣鍇按：《漢書》：出舞陰中陰山，"東至蔡入汝"。次鄰反。**

【校】舞陽、中陽，兩"陽"字當依《漢志》作"陰"。

_{huái} 淮 淮 水，出南陽平氏桐柏大復山，東南入海。從水，隹聲。**臣鍇按：《漢書》："桐柏大復山，在平氏縣東南，淮水所出，東南至淮陵入海，過郡四，行三千里[①]，青州川。"按：淮源初涌出，復潛流三千里，然後長騖東北，經大復山，從義陽郡北，東過江夏平春縣北，又東過新息縣南、期思縣北，至原鹿縣南，與汝水合；東北至九江壽春縣東北，與肥水合；東至當塗縣北，與渦水合；東北至下邳、淮陰縣，與泗水合；東至廣陵淮浦縣，西入海也。戶埋反。**

【校】潛流三千里，千，《初學記》作"十"。〇"與汝水合"下當補"又東過廬江安豐縣與決水合"十二字。〇"壽春縣東"下當補"與潁水合，又"五字，皆見《初學記》。

_{zhì} 滍 滍 水，出南陽魯陽堯山，東北入汝。從水，虫聲。**臣鍇按：《漢書》：東北至潁川"定陵入汝"。直几反。**

_{lǐ} 醴 醴 水，出南陽雉衡山，東入汝。從水，豊聲。**臣鍇按：《漢書》：**

---

① 三千里，《漢書·地理志》作"三千二百四十里"。

雉縣有衡山，"澧所出，東至郾入汝"。郾音屋。蓮弟反。

【校】郾，當依《水經》作"鄲"，此顔注之譌也。

溳 yún 水，出南陽蔡陽，東入夏水。從水，員聲。羽分反。

浿 pèi 水，出汝南戈陽垂山，東入淮。從水，畁聲。匹惠反。

澺 yì 水，出汝南上蔡黑閭澗，入汝。從水，意聲。依色反。

【校】《集韻》《類篇》皆云《説文》作澺。

洇 xì 水，出汝南新郪，入潁。從水，囟聲。臣鍇按：《漢書》："汝南細陽縣在洇水之陽，洇本出新郪。"[1]新郪亦汝南屬縣。囟音信。息惠反。

【校】《漢志》《水經》皆作"細"，蓋"洇、細"皆從囟聲字。

灈 qú 水，出汝南吳房，入瀙。從水，瞿聲。臣鍇曰：在汝南灈陽界，東入瀙也。群吁反。

【校】在汝南，在，當作"逕"。

潁 yǐng 水，出潁川陽城乾山，東入淮。從水，頃聲。豫州濅。臣鍇按：《漢書》：乾山，"潁所出，東至下蔡入淮，過郡三，行千五百里"。與湛水爲荊州濅。注："乾音干。"余郢反。

【校】乾山，《漢志》作"陽乾山"。○豫州，《周禮》作"荊州"，此云"豫"，與鄭注合。

洧 wěi 水，出潁川陽城山，東南入潁。從水，有聲。臣鍇按：《漢書》：陽城山在城陽縣，洧，"東南至長平入潁，過郡三，行五百里"。榮美反。

【校】《漢志》作"有"。○城陽，當作"陽城"。

濦 yǐn 水，出潁川陽城少室山，東入潁。從水，慝聲。臣鍇按：《漢書》："汝南濦強縣界。"意斤反。

【校】汝南濦強縣界，當作"見'汝南濦彊縣'注"。

---

[1]《漢書·地理志》汝南郡細陽，師古曰："居細水之陽，故曰細陽。細水出新郪。"

^{guō}
渦 水，受淮陽扶溝狼湯渠，東入淮。從水，過聲。**臣鍇按**：《漢書》：淮陽扶溝縣，“渦水首受狼湯渠，東入淮，過郡三，行千里”。注：“狼音浪，湯音宕。”**古多反。**

【校】引《漢志》“東入淮”，當作“東至向入淮”。淮，今《漢志》譌“海”。

^{yì}
泄 水，受九江博安洄波，北入氐。從水，世聲。**臣鍇按**：《爾雅》：“水自渦出爲洄。”**延世反。**

【校】博安，《漢志》作“博鄉”。○“波北入氐”四字，段云依《水經》當作“過芍陂北入淝”六字。

^{biàn}
汳 水，受陳留浚儀陰溝，至濛爲灉水，東入泗。從水，反聲。**符販反（fàn）**①。

【校】《漢志》作“卞”，見“河南滎陽”下。○至濛爲灉，“濛”當依鉉作“蒙”。蒙，梁國縣也。灉，按《漢志》當作“獲”，鉉作“雝”，亦誤。

^{zhēn}
溱 水，出鄭國。從水，曾聲。《詩》曰：“溱與洧，方渙渙兮。”**側詵反。**

【校】渙渙，按：陸氏《釋文》引《説文》“渙”作“汍”，則此當是後人所改。

^{líng}
淩 水，在臨淮。從水，夌聲。**力膺反。**

^{pú}
濮 水，出東郡濮陽，南入鉅野。從水，僕聲。**臣鍇按**：《漢書》同濮水。**巴伏反。**

【校】“濮水”二字衍。

^{luò}
濼 齊魯閒水也。從水，樂聲。《春秋傳》：“公會齊侯于濼。”**臣按**：晉杜預《春秋釋例》：“在濟南歷城縣故城，西北入濟。”**盧毒反（lù）**②。

---

① 《集韻》又皮變切。
② 《廣韻》又盧各切。

【校】臣按，當作“臣鍇按”。

漷（kuò）漷　水，在魯。從水，郭聲。臣鍇按：杜預曰：自東海合鄉西南，經魯國至高平、湖陸縣入泗。虎獲反（huò）[1]。

【校】湖陸，當作“湖陸”。“湖陸”即“湖陵”。

淨（chéng）淨　魯北城門池也。從水，爭聲。臣鍇曰：古獨謂城溝爲池。《春秋公羊傳》曰“齊桓公使高子將南陽之甲，立僖公。或曰：自鹿門至爭門”是也。按：臧孫奔齊自鹿門，爭門則淨門，皆北門也。從性反（jìng）[2]。

【校】“立僖公”下當補“而城魯”三字。○“奔齊自鹿門”下當補“鹿門，南城東門”。○爭門則淨門，皆北門也，當作“爭門有淨池，北門也”。

灅（lěi）灅　水，出右北平浚靡南，東入庚水。從水，壘聲。臣鍇按：《漢書》：水出浚靡縣，“南至無終，東入庚”。庚水出無終縣西，“至雍奴入海，過郡二，行六百五十里”。庚亦作溉。落浼反。

【校】浚靡，二《漢書》俱作“俊靡”。○南東，鉉作“東南”。

沽（gū）沽　水，出漁陽塞外，東入海。從水，古聲。臣鍇按：《漢書》：“水出塞外，東南至泉州入海，行七百五十里。”泉州縣屬漁陽。古乎反。

沛（pèi）沛　水，出遼東番汗塞外，西南入海。從水，市聲[3]。臣鍇按：《漢書》：沛出番汗縣“塞外，西南入海”。番音盤，汗音寒。補會反。

浿（pài）浿　水，出樂浪鏤方，東入海。從水，貝聲。一曰出浿水縣。臣鍇按：《漢書》：水自樂浪浿水縣，“西至增地入海”。增地、鏤方縣，皆屬樂浪也。普拜反。

【校】“增地鏤方”下當補“二”字。

灢（huái）灢　北方水也。從水，褱聲。户埋反。

---

① 《廣韻》又苦郭切。
② 《廣韻》又士耕切。
③ 市聲，即“宋聲”。

瀑 _{lěi}　水，出鴈門陰館累頭山，東入海。從水，纍聲。或曰治水也。**臣鍇按**：《漢書》：治水，出累頭山，"東至泉州入海，過郡六，行千一百里"。注曰："治音弋之反。"**力龜反（léi）**①。

沽 _{gū}　水，出鴈門莍人戍夫山，東北入海。從水，瓜聲。**臣鍇曰**：莍音璅。**古乎反。**

【校】水出，鉉作"水起"。○鴈門莍人，按《漢志》，"莍人"屬太原郡。○戍夫山，《山海經》注作"武夫山"。

瀘 _{qū}　水，出北地直路西，東入洛。從水，盧聲。**臣鍇按**：《漢書》直路縣瀘水作沮，洛出同郡歸德縣，北蠻夷中，入河。今按《周禮注》："潞出歸德。"疑即此也。**且渠反。**

滱 _{kòu}　水，起北地靈丘，東入河。從水，寇聲。滱水即漚夷水，并州川。**臣鍇按**：《漢書》：代郡靈丘縣有"滱河，東至文安入大河，過郡五，行九百四十里。并州川"。臣鍇疑即《周禮》所謂"嘔夷"也，慎云"北地靈丘"，蓋地有改易也。**可候反。**

淶 _{lái}　水，起北地廣昌，東入河。從水，來聲。并州濅。**臣鍇按**：《漢書》：代郡廣昌縣"淶水，東南至容城入河，過郡三，行五百里"。《周禮》所謂"其濅淶易"也。**妻才反。**

【校】北地，當作"代郡"，與"滱"注同誤。

泥 _{ní}　水，出北地郁郅北蠻夷中。從水，尼聲。**臣鍇按**：《漢書》："泥水，出北地郁郅縣北蠻夷中。"②北地有泥陽縣。**禰倪反。**

湳 _{nǎn}　西河美稷保東水也。從水，南聲。**奴感反。**

【校】東水也，鉉作"東北水"。

漹 _{yān}　水，出西河中陽北沙，南入河。從水，焉聲。**殷焉反。**

【校】北沙，酈道元《水經注》引作"之西"，非是。

---

① 《廣韻》又力軌切。

② 《漢書·地理志》北地郡"郁郅"注："泥水出北蠻夷中。"

tuō
涶　河津也。在西河西。從水，垂聲。**臣鍇曰：**西河郡也。吐戈反。

【校】"西河郡"下當補"之西"二字。

yú
澞　水名也。從水，旟聲。以虚反。

xún
洵　過水中也。從水，旬聲。**臣鍇按：**《爾雅》"過水洵"也。續倫反。

【校】過水中，按《爾雅》，當作"濄水出"。〇過水洵，當作"濄爲洵"。

shè
涻　水，出北囂山，入印澤。從水，舍聲。**臣鍇按：**《山海經》：北囂山亦云涔水也。詩夜反。

【校】印澤，鉉作"邛澤"。按：當作"卬澤"，舊《山海經》作"昂澤"。

niàn
汈　水名也。從水，刃聲。耳引反（rěn）①。

【校】《集韻》引"從水"上有"出上黨"三字。

chì
淔　水名也。從水，直聲。暢陟反。

qiè
涹　水名也。從水，妾聲。七捷反。

jū
涺　水名也。從水，居聲。堅踈反。

jì
潪　水也。從水，臮聲。其冀反。

yóu
沋　水也。從水，尤聲。烏秋反。

kùn
涃　水也。從水，困聲。苦悶反。

【校】鉉作洇，因聲，音於真切。

suǒ
渻　水也。從水，肖聲。讀若瑣。先火反。

máng
浝　水也。從水，龙聲。免江反。

nǒu
湩　水也。從水，乳聲。能吼反。

zhōng
汷　水也。從水，夂聲。夂，古文終字。隻公反。

---

① 注音依《廣韻》奴甸切。

洦 _{pò} 淺水也。從水，百聲。**臣鍇按**：顏之推《家訓》："趙州柏人城北有小水，土人不知名。後讀城西門徐整碑云：'洦流東會。'之推以爲此水漢來無名，直以淺皃目之也。"潘客反。

【校】東會，今本《家訓》作"東指"。

汗 _{qiān} 水也。從水，千聲。七先反。

沱 _{sì} 水也；一曰《詩》："江有沱。"從水，臣聲。**臣鍇按**：今《爾雅》作沱，云："沱湖在江邊。"詳紀反。

【校】一曰《詩》，當依鉉作"《詩》曰"。〇沱云沱湖在江邊，當作"汜，云'決復入爲汜'"。此鈔寫之謌。《詩》亦作"汜"。

瀣 _{xiè} 勃瀣，海之別名也。從水，解聲。一說瀣即瀣谷。**臣鍇按**：《列子》諸書多謂海爲渤瀣。侯豸反。

漠 _{mò} 北方流沙也；一曰清也。從水，莫聲。**臣鍇按**：《史記》云：匈奴絕漠也。班固云：踰大漠。門洛反。

海 _{hǎi} 天池也。以納百川者也。從水，每聲。**臣鍇按**：《莊子》曰："溟海者，天池也。"吼乃反。

【校】溟海，《莊子》作"南溟"。

溥 _{pǔ} 大也。從水，專聲。拍户反。

瀳 _{ǎn} 水大至也。從水，闇聲。烏撼反。

洪 _{hóng} 洚水也。從水，共聲。貟聰反。

浲 _{hóng} 大水也。從水，夆聲。胡翁反。

【校】鉉無此篆。按：從夆、從夅之字，古劃然二音。鉉本"洚"下有户工、下江二切，於古無此通音。此"浲"字疑是許書之舊，或以爲即"洚"之謌，非是。

洚 _{jiàng} 水不遵其道也。從水，夅聲。一曰洚下。**臣鍇按**：《尚書》：

"降水警予。"作降。侯邦反（xiáng）①。

【校】一曰泽下，泽，當作"降"，錯説可證。鉉改"一曰下也"。

衍 〔yǎn〕 水朝宗于海兒也。從水、行。余羡反（yàn）②。

淖（潮） 〔cháo〕 水朝宗于海也。從水，朝省聲。臣鍇曰：今俗作潮。直超反。

濥 〔yìn〕 水脈行地中濥濥也。從水，夤聲。異印反。

滔 〔tāo〕 水漫天兒。從水，舀聲。偷刀反。

【校】漫天兒，鉉作"漫漫，大兒"。

涓 〔juān〕 小流也。從水，肙聲。《爾雅》曰："汝爲涓。"臣鍇按：《周廟銘》曰："涓涓不壅。"今《爾雅》："汝爲濆。"弓玄反。

混 〔hùn〕 豐流也。從水，昆聲。古論反（gūn）③。

潒 〔dàng〕 水潒瀁也。從水，象聲。讀若蕩。徒廣反。

漦 〔chí〕 順流也；一曰水名也。從水，斄聲。臣鍇按：《爾雅注》："漦，漉漉出次沫也。"《國語》曰："龍亡而漦在。"斄，仕淄反。仕甾反。

汭 〔ruì〕 水相入也。從水，内聲。臣鍇按：《春秋左傳》："館於雒汭。"水曲曰汭，是相入處也。汝歲反。

潚 〔sù〕 深清也。從水，肅聲。即肉反（zú）④。

演 〔yǎn〕 長流也；一曰水名。從水，寅聲。異展反。

涣 〔huàn〕 流散也。從水，奐聲。臣鍇按：《周易》："風行水上曰涣。"涣，散也。蘇判反⑤。

---

① 《廣韻》又古巷切。
② 《廣韻》又以淺切。
③ 注音依《廣韻》胡本切。
④ 注音依《廣韻》息逐切。
⑤ 注音依《廣韻》火貫切。蘇判反，待考。

泌 㳄 俠流也。從水，必聲。臣鍇按：《詩》曰："泌之洋洋。"頻未反。

活 㳧 流聲也。從水，昏聲。臣鍇按：《詩》："其流活活。"古活反（guō）[1]。

【校】其流，當作"北流"。

澞 㳧 活或從㖩。

湝 㳀 水流湝湝。從水，皆聲。一曰湝，寒也。《詩》曰："風雨湝湝。"臣鍇曰：眾流之兒。古諧反。

【校】風雨湝湝，按：《鄭風》曰"風雨淒淒，雞鳴喈喈"，此疑兩涉之誤。或"淒"古作"湝"，相叶。

泫 㳧[2] 泫，湝流水。從水，玄聲。上黨有泫氏縣。臣鍇按：《漢書》："泫氏縣，泫水所出也。"[3] 豫顯反。

【校】泫，湝流水，鉉作"湝流也"，段云當作"潛流"。

滮 㴘 水流兒。《詩》曰："滮池北流。"從水，彪省聲。皮彪反。

【校】今《詩》作"淲"。

滂 㴘 沛也。從水，旁聲。臣鍇曰：水廣及兒。坡良反。

瀏 㵐 流清兒。從水，劉聲。《詩》曰："瀏其清矣。"連丑反（liǔ）[4]。

淢 㳧 疾流也。從水，或聲。況色反。

濊 㵐 礙流也。從水，薉聲。《詩》曰："施罛濊濊。"歡括反。

【校】施罛濊濊，今《詩》作"施罛濊濊"。段云，此篆後人增，當即部末"濊"字。

泩（汪）㳧 深廣也。從水，㞷聲。一曰泩，池。臣鍇曰：㞷音皇。《春秋左傳》："周氏之泩。"周氏之池也。烏光反。

---

① 注音依《廣韻》戶括切。

② 泫，四部叢刊本小篆作㳧。

③ 乃應劭引《山海經》語。

④ 《廣韻》又力求切。

漻 清深也。從水，翏聲。讀若牢。臣鍇按：《莊子》曰："漻乎其清也。"黎桃反。

泚 清也。從水，此聲。臣鍇按：謝朓詩曰[1]："寒流自清泚。"取啟反。

況 寒水也。從水，兄聲。臣鍇曰：愴況，寒涼兒。詡誑反。

沖 涌繇也。從水，中聲。讀若動。臣鍇曰：繇，橫而搖動也。潘岳曰："泳之彌沖。"[2] 直東反（chóng）。

汎 浮兒。從水，凡聲。方梵反。

沄 轉流也。從水，云聲。讀若混。臣鍇按：張衡賦曰[3]："水沄而涌濤。"羽文反。

【校】"沄而"上《文選》有"法"字。

浩 澆也。從水，告聲。《書》曰："洪水浩浩。"候抱反。

【校】洪水浩浩，今《書》文不相屬，當是𣊟栝語。

沆 莽沆，大水。從水，亢聲。一曰大澤。臣鍇曰：莽沆，大水兒。《博物志》曰："停水東方曰都；一名沆也。"解黨反。

沉 水從孔疾出也。從水、穴。飄迭反[4]。

濞 水暴至聲。從水，鼻聲。披備反。

潐 水小聲也。從水，爵聲。臣鍇曰：小水濺潐聲也。士角反。

潝 水疾聲也。從水，翕聲。希立反。

滕 水超涌也。從水，朕聲。臣鍇曰：又古國名。徒崩反。

洸 水涌光也。從水、光，光亦聲。《詩》曰："有洸有潰。"

---

① 見《始出尚書省》。
② 《文選・潘尼〈贈陸機出爲吳王郎中令〉》："泳之彌廣，挹之彌沖。"
③ 見《思玄賦》。
④ 注音依《集韻》古穴切。飄迭反，待考。

臣鍇曰：言勇如水之涌也。國昌反。

jué

潏　涌出也。從水，矞聲。一曰水中坻，人所爲爲潏；一曰潏水，在京兆杜陵。**臣鍇按**：《漢書》：潏在鄠縣北，“過上林入渭”。鴟穴反。

【校】“上林”下當補“苑”字。

bō

波　水涌流也。從水，皮聲。補陁反。

yún

澐　江水之大波謂之澐。從水，雲聲。**臣鍇按**：梁有殷澐也。羽文反。

lán

瀾　大波爲瀾。從水，闌聲。**臣鍇按**：《爾雅注》言：“渙瀾也。”勒湌反。

漣　小波。從連。臣次立按：《説文》曰：“瀾或從連。”徐鉉曰：“今俗音力延切。”

【校】小波，當作“古文”。

lún

淪　小波爲淪。從水，侖聲。《詩》曰：“河水清且淪漪。”一曰没。**臣鍇曰**：有倫理也。吕辰反。

piāo

漂　浮也。從水，票聲。片袄反。

fú

浮　氾也。從水，孚聲。附柔反。

fàn

氾　濫也。從水，已聲。一曰淹。符梵反。

làn

濫　氾也。從水，監聲。一曰濡上及下也。《詩》曰：“渾沸濫泉。”一曰清也。**臣鍇按**：《孔子家語》：江出嶓山，原可濫觴。泛觴也。盧闞反。

【校】渾沸濫泉，今《詩》作“觱沸檻泉”。

hóng

泓　下深兒。從水，弘聲。烏亭反（wēng）。

wéi

洈　回也；一曰水名。從水，韋聲。宇歸反。

cè

測　深所至也。從水，則聲。察色反。

湍 _{tuān} 疾瀨也。從水，耑聲。土鸞反。

淙 _{cóng} 水聲也。從水，宗聲。俟邛反。

激 _{jī} 水礙也。疾波也。從水，敫聲。一曰半遮。臣鍇曰：敫音 龠。堅歷反。

【校】水礙也，也，鉉作“衺”。

洞 _{dòng} 疾流也。從水，同聲。頭貢反。

潘 _{fān} 大波也。從水，旛聲。福袁反。

洶 _{xiōng} 涌也。從水，匈聲。朂恐反。

涌 _{yǒng} 滕也。從水，甬聲。一曰涌水在楚。與恐反。

湁 _{chì} 湁湒，鬻也。從水，拾聲。臣鍇按：《上林賦》曰：“湁潗 鼎鬻。”丑立反。

涳 _{kōng} □流也①。從水，空聲。苦龍反。

【校】闕文鉉作“直”字。

汋 _{zhuó} 激水聲也。從水，勺聲。一曰井一有水一無水爲瀱汋。實 削反（shuó）②。

渾 _{hún} 混流聲也。從水，軍聲。一曰洿下皃。户昆反。

洌 _{liè} 水清也。從水，列聲。《易》曰：“井洌，寒泉食。”良舌反。

淑 _{shū} 清湛也。從水，叔聲。臣鍇曰：湛，澄深也。成育反（shú）。

溶 _{yǒng} 水盛也。從水，容聲。與恐反。

澂 _{chéng} 清也。從水，敳聲。臣鍇按：劉向《列女傳》曰“澂漢酒 醴”如此。敳音徵。纏凌反。

【校】漢，當作“潔”。

---

① 闕文，四部叢刊本、四庫本作“宜”。
② 《廣韻》又士角切。

清 淸 朗也。澂水之皃。從水，青聲。親貞反。

渥 湜 水清底見也。從水，是聲。《詩》曰：“湜湜其止。”神息反。

【校】止，今《詩》作“沚”。

潣 潣 水流浼浼皃。從水，閔聲。眉引反。

滲 滲 下漉也。從水，參聲。臣鍇按：相如《封禪書》：“滋液滲漉。”所禁反。

潿 潿 不流濁也。從水，圍聲。宇歸反。

溷 溷 亂也；一曰水濁皃。從水，圂聲。胡頓反。

淈 淈 濁也。從水，屈聲。一曰滒泥；一曰水出皃也。古沒反。

淀 淀 回泉也。從水，旋省聲。似戀反。

漼 漼 深也。從水，崔聲。《詩》曰：“有漼者淵。”醋餒反。

淵 淵 回水也。從水；開，象形，左右岸也，中象水也。於蓮反。

　　 开 开 淵或省水。

　　 囦 囦 古文淵從口。臣鍇曰：會意。

瀰 瀰 滿也。從水，爾聲。面侈反。

澹 澹 水搖也。從水，詹聲。□敢反。

【校】闕文汪作“徒”，仍鉉音。

潯 潯 旁深也。從水，尋聲。臣鍇按：《淮南子》曰：“游於江潯海裔。”似侵反。

泙 泙 谷也。從水，平聲。備明反。

泏 泏 水皃。從水，出聲。讀若窋。誇訥反（kù）[1]。

瀳 瀳 水至皃。從水，薦聲。讀若尊。則千反（jiān）[2]。

---

① 《廣韻》又竹律切。

② 《廣韻》又在甸切。

漸 ^{zhí} 𣲘　土得水沮也。從水，智聲。讀若黐。臣鍇曰：沮，低散也。遲夕反。

滿 ^{mǎn} 𣼽　盈溢也。從水，㒼聲。臣鍇曰：㒼，亡干反。門罕反。

滑 ^{huá} 𣶏　利也。從水，骨聲。胡劼反。

濇 ^{sè} 𣾇　不滑也。從水，嗇聲。師吸反。

澤 ^{zé} 澤　光潤也。從水，睪聲。臣鍇按：《山海經》："濁澤而有光。"澄赫反。

淫 ^{yín} 淫　浸淫隨理也。從水，𡈼聲。一曰久雨曰淫。臣鍇曰：隨其脈理而浸漬也。移今反。

瀸 ^{jiān} 瀸　漬也。從水，韱聲。《爾雅》曰："泉一見一否曰瀸。"精廉反。

潰 ^{kuì} 潰　漏也。從水，貴聲。亦決也。胡塊反（huì）。

【校】"亦決也"上當有"臣鍇曰"三字。

泆 ^{yì} 泆　水所蕩泆也。從水，失聲。移七反。

沴 ^{lì} 沴　水不利也。從水，㐱聲。《五行傳》曰："若其沴作。"臣鍇曰：气不利乃爲沴。㐱非聲，傳寫誤也。郎計反。

【校】若其沴作，其，當作"六"。

淺 ^{qiǎn} 淺　不深也。從水，戔聲。刺件反。

滞 ^{zhǐ} 𣳮　水暫益且止未減也。從水，寺聲。只耳反。

渻 ^{shěng} 渻　少減也；一曰水門也。從水，省聲。一曰水出丘前爲渻。息永反（xǐng）^①。

【校】水門也，也，《玉篇》作"名"。○"爲渻"下當補"邱"字。

淖 ^{nào} 淖　泥也。從水，卓聲。臣鍇按：《春秋左傳》："掀公以出於淖。"獰教反。

_____

① 《廣韻》又所景切。

澤 $\mathbb{R}$ zuǐ　小溼也。從水，翠聲。遵誄反。

溽 $\mathbb{R}$ rù　溼暑也。從水，辱聲。臣鍇曰：《月令》曰："土潤溽暑。" 儒曲反。

涅 $\mathbb{R}$ niè　黑土在水者也。從水、土，日聲。臣鍇按：《論語》："涅而 不淄。"禰穴反。

【校】者也，鉉作"中也"。

滋 $\mathbb{R}$ zī　益也。從水，茲聲。一曰滋水，出牛飲山白陘谷，東入虖 沱。臣鍇按：《春秋左傳》曰：正考父"三命滋益恭"。則欺反。

溜 $\mathbb{R}$ hū　青黑皃也。從水，智聲。臣鍇曰：智音忽。虎配反。

【校】皃，鉉作"色"。

浥 $\mathbb{R}$ yì　溼也。從水，邑聲。臣鍇按：《詩》曰："厭浥行露。"殷 戢反。

沙 $\mathbb{R}$ shā　水散石。從水，少聲。水少沙見也。楚東有沙水。臣鍇曰： 會意。色加反。

【校】少聲，"聲"字衍。

沙 $\mathbb{R}$ 譚長說：沙或從尐。尐，子結切。

【校】"尐，子結切"上當補"臣鍇曰"三字。

瀨 $\mathbb{R}$ lài　水流沙上也。從水，賴聲。臣鍇按：漢有下瀨將軍。郎蔡反。

濆 $\mathbb{R}$ fén　水崖也。從水，賁聲。《詩》曰："敦彼淮濆。"臣鍇曰：水 崖墳潤也。扶云反。

【校】崖，鉉作"厓"，"涘、汻、氿、湑"四篆注同。○敦彼，《詩》 作"鋪敦"。○水崖墳潤，當作"水涯墳起"。

涘 $\mathbb{R}$ sì　水崖也。從水，矣聲。《周書》曰："王出涘。"臣鍇曰：人 至崖止，若有竢也。牀史反。

【校】引《周書》爲今文《太誓》，見《思文》詩疏。

汻 $\mathbb{R}$ hǔ　水崖也。從水，午聲。臣鍇按：《詩》曰："在河之汻。"忽午反。

【校】今《詩》作"渧"。

汍 水崖枯土也。從水，九聲。《爾雅》曰："水醮曰汍。"**臣鍇**曰：水醮，盡處。俱水反。

【校】水醮曰汍，汍，《爾雅》作"厬"。《爾雅》"仄出泉曰汍"，許作"厬"，二字互易。○"盡處"上當補"水"字。

滣 水崖也。從水，脣聲。《詩》曰："寘河之滣。"**臣鍇**曰：《爾雅》云："夷上洒下。"是倫反。

浦 水濱也。從水，甫聲。**臣鍇按**：《楚辭》："送美人兮南浦。"送至於水濱也。拍戶反。

沚 小渚曰沚。從水，止聲。《詩》曰："于沼于沚。"只耳反。

沸 湱沸，檻泉也。從水，弗聲。**臣鍇**曰：湱沸檻泉，《毛詩》也。沸涌字作灊。分勿反（fú）[1]。

【校】檻泉也，檻，當作"灆"，見"灆"篆注；也，段云當作"皃"。

潀 小水入大水曰潀。從水，眾聲。《詩》曰："鳧鷖在潀。"隻公反（zhōng）[2]。

派 別水也。從水、𠂢，𠂢亦聲。**臣鍇**曰：𠂢讀若稗。匹賣反。

汜 水別復入也。從水，巳聲。《詩》曰："江有汜。"一曰汜，窮瀆也。詳紀反。

【校】"復入"下鉉有"水"字。

溎 溎辟，流水處也。從水，癸聲。**臣鍇按**：《爾雅》："溎闢，流川。"注云："通流也。"虬癸反。

濘 滎濘也。從水，寧聲。**臣鍇**曰：《春秋左傳》："戎馬旋濘。"[3]泥濘也。年徑反。

---

① 注音依《廣韻》方味切。
② 注音依《廣韻》藏宗切。
③ 旋，今《左傳·僖公十五年》作"還"。

洼 ^{wā}（洼）深池也。從水，圭聲。臣鍇曰：又渥洼，水名。恩崖反。

窪 ^{wā}（窪）清水也。從水，窐聲。一曰窊也。臣鍇曰：《老子》：“窪則盈。”烏瓜反。

滎 ^{xíng}（滎）絶小水也。從水，熒省聲。玄經反。

潢 ^{huáng}（潢）積水池也。從水，黃聲。臣鍇曰：《春秋左傳》：“潢汙行潦之水。”户荒反。

沼 ^{zhǎo}（沼）池也。從水，召聲。臣鍇按：《詩》：“魚在于沼。”止少反。

湖 ^{hú}（湖）大陂也。從水，胡聲。揚州浸，有五湖。浸，川澤所仰以溉灌。臣鍇曰：湖猶都也。五湖一名具區，其派有五，故曰五湖。或云以其周行五百里，故曰五湖，此失之甚。夫雲夢澤方五百里，可言五澤乎？或引《國語》吳越“戰於五湖”，直在一湖中戰耳，故曰太湖自名五湖。蓋五湖其都數，若言兩京、五都、三秦、百越，但舉南都亦可言五都，豈便謂其總舉太湖哉？在五之中，故云五湖，復何爽乎？魂徒反。

【校】“一湖”上《初學記》有“笠澤”二字。

汥 ^{zhī}（汥）水都也。從水，支聲。臣鍇曰：水歧枝所會。翹移反（qí）①。

洫 ^{xù}（洫）十里爲成。成閒廣八赤、深八赤謂之洫。從水，血聲。《論語》曰：“盡力于溝洫。”況色反。

【校】“赤”二見，鉉作“尺”。“赤、尺”漢通用。“溝”注同。○盡力于，于，今《論語》作“乎”。

溝 ^{gōu}（溝）水瀆。廣四赤、深四赤。從水，冓聲。臣鍇按：《爾雅》：“水注川曰谿，注谿曰谷，注谷曰溝，注溝曰澮，注澮曰瀆。”梗尤反。

瀆 ^{dú}（瀆）溝也。從水，賣聲。一曰邑中溝。陀谷反。

渠 ^{qú}（渠）水所居也。從水，榘聲。臣鍇曰：榘即柜字。巨居反。

───────────

① 注音依《廣韻》章移切。

【校】杲聲，鉉作"榘省聲"。

lín

瀶 谷也。從水，臨聲。讀若林。一曰寒也。力尋反。

méi

湄 水艸交曰湄。從水，眉聲。閩之反。

xíng

洐 溝行水也。從水，行聲。閑橫反。

【校】行聲，當作"行亦聲"。

jiàn

澗 山夾水也。從水，閒聲。一曰澗出弘農新安，東南入洛。臣鍇曰：澗猶隙也。溝鴈反。

【校】"一曰澗"下鉉有"水"字。○洛，按《漢志》，當作"雒"。

yù

澳 隈崖也。其內曰澳，其外曰隈。從水，奧聲。臣鍇按：《淮南子》：漁者以其隈澳曲崖相讓。內謂岸內曲，隈，外曲也。《詩》曰："汭鞫之即。"於目反。

【校】崖，鉉作"厓"。○其外曰隈，隈，當作"鞫"，《公劉》詩箋及鍇引《詩》可證。○"漁者"以下十七字譌舛，當作"漁者不爭隈，注：隈，曲深處。厓謂岸也，內水曲處也"。

xué

泬 夏有水冬無水曰泬。從水，學省聲。讀若學。士角反（zhuó）[1]。

【校】讀若學，學，疑當作"譽"。

澩 泬或不省。

tān

灘 水濡而乾也。從水，鸛聲。《詩》曰："灘其乾矣。"臣鍇曰：鸛字。騫罕反（kǎn）[2]。

【校】"鸛字"二字，當作"鸛即難字，今《詩》作暵"八字。

灘 俗灘從隹。

shàn

汕 魚游水皃。從水，山聲。《詩》曰："烝然汕汕。"臣鍇曰：舒散皃。史患反。

---

[1] 《廣韻》又胡覺切。

[2] 注音依《集韻》他干切。

決 ^{jué} 𣲘　行流也。從水，夬聲。廬江有決水，出大別山。**臣鍇按:**《漢書》:決水，廬江雩婁縣。鶏穴反。

【校】"《漢書》決水"下當有"見"字。

灓 ^{luán} 灓　漏流也。從水，䜌聲。魯剜反。

滴 ^{dī} 𤁕　水注也。從水，啻聲。顛狄反。

浩 ^{zé} 𣽟　所以灑水也。從水，昔聲。漢律曰:"及其洒浩。"**史索反 (sè)**^①。

【校】灑，鉉作"攤"，當作"𩂣"。○"及其"下鉉有"門首"二字。

滋 ^{shì} 滯　埤增水邊土，人所止者。從水，筮聲。《夏書》曰:"過三滋。"時制反。

注 ^{zhù} 𣵽　灌也。從水，主聲。支處反。

渂 (沃) ^{wò} 𣽫　溉灌也。從水，芺聲。剜毒反。

津 (津) ^{jīn} 𣸊　水渡也。從水，聿聲。**臣鍇曰:** 聿音津。將親反。

　　𣶃　𣲙　古文津從舟、淮。

溯 ^{píng} 瀰　無舟渡河也。從水，朋聲。**臣鍇按:**《詩》曰:"不敢溯河。"今借馮字。皮陵反。

瀇 ^{hèng} 橫　小津也。從水，橫聲。一曰以船渡也。户更反。

泭 ^{fū} 𣲩　編木以渡水也。從水，付聲。**臣鍇按:**《爾雅》:"庶人乘泭。"甫乏反。

渡 ^{dù} 𣹑　濟也。從水，度聲。特路反。

沿 ^{yán} 㳂　緣水而下也。從水，㕣聲。《春秋傳》曰:"王沿夏。"**臣鍇曰:** 㕣音充。與川反。

游 (泝) ^{sù} 𣻅　逆流而上曰溯洄。溯，向也，水欲下，違之而上也。從水，㡿聲。桑祚反。

---

① 《廣韻》又側伯切。

【校】溯向也，疑當作"溯洄者"。

遡𣲷　游或從辵、朔。

洄𣶃 h:huí　泝洄也。從水，回聲。戶恢反。

泳𣺰 yǒng　潛行水中也。從水，永聲。于柄反。

潛𣼂 qián　涉水也；一曰藏。從水，朁聲。一曰漢爲潛。臣鍇曰：《禹貢》：梁州潛水自漢出。秦苦反。

淦𣹧 gàn　水入船中也。從水，金聲。一曰汎也。臣鍇按：《漢書》：淦水，出豫章新淦，西入湖。溝暗反。

【校】汎也，鉉本、《玉篇》《韻會》皆作"泥也"。

汵𣷿　淦或從今。

泛𣴑 fàn　浮也。從水，乏聲。方颿反。

汓𣵀 qiú　浮行水上也。從水從子。古文或以汓爲没字。臣鍇曰：會意。延秋反（yóu）①。

泅𣳀　汓或從囚。

砅𥐾 lì　履石渡水也。從石從水。《詩》曰："深則砅。"臣鍇曰：今《詩》文作厲。會意。里曵反。

濿𤅽　砅或從厲。

湊𣿑 còu　水上人所會也。從水，奏聲。倉候反。

湛𣸑 chén　没也。從水，甚聲。一曰湛水，豫州浸。臣鍇按：今《周禮》："荊州……其浸潁湛。"注云："當在豫州，在此非也。"宅减反（zhàn）②。

湛𣽂　古文湛。

湮𤀴 yīn　没也。從水，垔聲。伊倫反。

---

① 注音依《廣韻》似由切。
② 注音依《廣韻》直深切。

沒（没）^{mò}　沈也。從水，殳聲。臣鍇曰：殳音没。謀骨反。

休^{nì}　没水也^①。從人從水。讀若與溺同。臣鍇曰：會意。泥覓反。

【校】讀若，鉉無“若”字。

溾^{wēi}　没也。從水，畏聲。塢枚反。

滃^{wěng}　雲气起也。從水，翁聲。臣鍇曰：雲起於水。緩奉反。

泱^{yāng}　滃也。從水，央聲。臣鍇按：《漢武内傳》曰：七月七日泱鬱白雲起。殷强反。

【校】泱鬱，今作“勃鬱”。

淒^{qī}　雲雨起也。從水，妻聲。臣鍇按：宋玉《高唐賦》曰：“淒兮如雨。”七低反。

【校】雲雨，《初學記》引作“雨雲”。下“渰”注同。

渰^{yǎn}　雲雨皃。從水，弇聲。《詩》曰：“有渰淒淒。”依漸反。

【校】淒淒，今《詩》作“萋萋”。

溟^{míng}　小雨溟溟也。從水，冥聲。民粤反。

涑^{sè}　小雨零也。從水，束聲。臣鍇曰：束音策。史迮反。

瀑^{bào}　疾雨也。從水，暴（暴）聲。《詩》曰：“終風且瀑。”一曰沫也；一曰瀑，霶也。臣鍇曰：今《詩》作暴。盆操反。

【校】疑當作“澤”，暴聲。

澍^{shù}　時雨，澍生萬物。從水，尌聲。臣鍇曰：尌音豎。時注反。

【校】“澍生”上《文選注》引有“所以”二字。○澍生，段云當作“樹生”。

湒^{jí}　雨下也。從水，咠聲。一曰濇涌也。泲入反。

濱^{cí}　久雨涔濱也；一曰水名。從水，資聲。疾咨反。

_____

① 唐寫本《玉篇》“休”：“《説文》：没水中也。”《慧琳》卷二《大般若波羅蜜多經》“沈溺”注：“《説文》云：没水中。正從人作休。”據二引，今本脱“中”字。

潦 ^{lǎo} 雨水大皃。從水，尞聲。臣鍇按：《楚詞》曰：“收潦雨清。”言百川至秋，則暴雨流潦之水盡而澄徹也。勒抱反。

【校】雨清，當作“水清”。

濩 ^{huò} 雨流霤下皃也^①。從水，蒦聲。戶霍反。

【校】霤，錢鈔作“雷”。

涿 ^{zhuó} 流下滴也。從水，豖聲。上谷有涿縣。臣鍇曰：豖音畜。輚角反。

【校】“臣鍇曰”下當補“《漢書》上谷郡有涿鹿縣，涿郡有涿縣，此云上谷涿縣，傳寫之誤也”廿五字，其脫文尚在“叿”下。

叿 奇字涿從日、乙。有涿鹿縣。

【校】“有涿鹿縣”四字衍。

瀧 ^{lóng} 雨瀧瀧也。從水，龍聲。臣鍇曰：猶言濛瀧也。来充反。

溗 ^{nài} 溗沛也。從水，柰聲。臣鍇曰：流清皃。能大反。

【校】溗沛，段云疑“㴽渧”之譌，今佚“渧”篆。按：“溗沛”當作“滳溗”。《埤蒼》：“渧㴽，瀘也。”“㴽”乃“溗”之增文，“渧”乃“滳”之省文也。

溇 ^{lǚ} 雨溇溇也。從水，婁聲。一曰汝南謂飲酒習之不醉爲溇。臣鍇曰：溇溇，小雨不絕之皃。律乳反。

滈 ^{hào} 久雨也。從水，高聲。矣抱反。

溦 ^{wéi} 小雨也。從水，微省聲。臣鍇曰：散音微。尾希反。

【校】微省聲，按鍇説當作“散聲”。此或依鉉改也。

濛 ^{méng} 微雨。從水，蒙聲。臣鍇按：《詩》曰：“零雨其濛。”母東反。

沈 ^{chén} 陵上滴水也。從水，尢聲。一曰濁黕也。臣鍇曰：尢音琛。池心反。

---

① 霤，四庫本、四部叢刊本作“雷”。

【校】滴水，鉉作"滴水"。

zài

洅 雷震洅洅也。從水，再聲。臣鍇曰：謂雷聲震屋，霤水聲散也。則代反。

hàn

洤 泥水洤洤也。從水，臽聲。一曰繅絲湯。侯坎反。

hán

涵 水澤多也。從水，函聲。《詩》曰："僭始既涵。"胡甘反。

rù

凈 漸溼。從水，挈聲。而住反。

yōu

瀀 澤多也。從水，憂聲。《詩》曰："既瀀既渥。"衣尤反。

【校】今《詩》作"優"。

cén

涔 漬也。從水，岑聲。涔陽渚在郢①。臣鍇按：《楚辭》："望涔陽兮極浦。"助吟反。

【校】"岑聲"下鉉有"一曰"二字。

zhuó

浞 小濡皃也。從水，足聲。士角反。

wò

渥 霑也。從水，屋聲。乙卓反。

què

潅 灌也。從水，雈聲。臣鍇曰：雈音確。呼郭反（huò）②。

nóng

濃 露多也。從水，農聲。《詩》曰："零露濃濃。"奴聰反。

biāo

瀌 雨雪瀌瀌。從水，麃聲。臣鍇曰：瀌猶浮也，此傳之言。彼消反。

【校】雨雪瀌瀌，《韻會》引作"瀌瀌，雨雪皃"。

lián

溓 薄冰也；或曰中絕小水。從水，兼聲。臣鍇按：潘岳《寡婦賦》曰："雷淋淋而夜下兮，水溓溓而微凝。"連鹽反。

【校】中絕小水，《篇》《韻》引作"大水中絕，小水出也"。○淋淋，今《文選》作"泠泠"。

lè

泐 水石之理。從水，阞聲。《周禮》曰："石有時而泐。"臣鍇

---

① 唐寫本《玉篇》"涔"："《説文》：涔，漬也。涔湯浦在郢。"疑許書古本如是。

② 注音依《集韻》克角切。

曰：言石因其脈理而解裂也。防音勒。郎忒反。

滯（滯）　凝也。從水，帶聲。臣鍇按：《楚辭》：“聖人不凝滯於物。”
直例反。

泜（泜）　著止也。從水，氐聲。臣鍇曰：《春秋左傳》：“物乃泜伏。”
只耳反。

【校】泜伏，今《左傳》作“坻伏”。

漷（漷）　水裂去也。從水，虢聲。古獲反。

澌（澌）　水索也。從水，斯聲。臣鍇曰：索，盡也。先刺反。

汽（汽）　水涸也。從水，气聲。或曰泣下也。《詩》曰：“汽可小康。”
希气反（xì）。

涸（涸）　渴也。從水，固聲。讀若狐貉之貉。閑博反。

【校】鉉本下有重文 ▨ 篆，汪依鉉增入，此及錢鈔俱無。

消（消）　盡也。從水，肖聲。息超反。

潐（潐）　盡也。從水，焦聲。子妙反。

渴（渴）　盡也。從水，曷聲。臣鍇曰：飢歠字從欠。刻曷反。

滰（滰）　水虛也。從水，康聲。臣鍇按：《爾雅》：“滰，虛也。”注：
“滰之言空也。”謂丘虛爾。軀莊反。

瀱（瀱）　井一有水一無水曰瀱汋。從水，罽聲。臣鍇曰：按《爾
雅》：“夏有水，冬無水也。”① 居例反。

溼（溼）　幽溼也。從一，覆也。覆土而有水，故溼也。從㬎省聲。
臣鍇曰：今人不知有此字，以濕爲此字。濕，它帀反，水名，非
此也。傷執反。

湆（湆）　幽溼也。從水，音聲。臣鍇曰：今人多言湆湆也。羌邑反。

────────────────

① 此乃郭注引《山海經》語。

洿〔污〕 濁水不流也；一曰窊下也。從水，夸聲。臣鍇按：《淮南子》曰："決洿而注之江，洿水不樂也。"古乎反（gū）①。

汙〔污〕 薉也。從水，于聲。一曰小池爲汙；一曰塗也。屋怖反。

湫〔湫〕 隘下也。從水，秋聲。有湫水在周地。《春秋傳》曰："晏子之宅湫隘。"安定朝那有湫泉。臣鍇按：《史記・封禪書》云：祠湫於朝那。即由反。

【校】"有湫"上鉉有"一曰"二字。○湫泉，《漢志》作"湫淵"，蓋避唐諱而改。

潤〔潤〕 水潤下。從水，閏聲。如順反。

準〔準〕 平也。從水，隼聲。王閔反②。

汀〔汀〕 平也。從水，丁聲。臣鍇曰：水岸平處，京師南九里汀。它寧反。

𣸣〔𣲗〕 汀或從平。

忸〔𣲈〕 水吏也；亦溫也。從水，丑聲。如紂反。

【校】水吏，錢氏大昕曰"吏"當作"文"，見《廣韻》。或云"䤨"泖文。䤨，今"駛"字。

濆〔濆〕 水濆也。從水，糞聲。讀若粉。臣鍇按：《爾雅》："濆，大出尾下。"注云："尾猶底也。"河東汾陰縣有水口如車輪許，潰沸涌出，其深無限，名之爲濆。馮翊郃陽縣又有一濆。相去數里，夾河河渚又一濆，皆潛通。夫問反。

【校】"夾河"上當補"而"字。○河渚又一濆，當作"河中渚上又有一濆"。

濘〔濘〕 新也。從水，𦊰聲。臣鍇按：《詩》"濘其深矣"，又"新臺有濘"，本皆如此字。醋餒反。

【校】濘其深矣，疑當作"有濘者淵"。新臺有濘，今作"洒"，《韓詩》

――――――――――

① 注音依《廣韻》哀都切。

② 王，四部叢刊本、四庫本作"主"，是。

作"濯"。

瀞 㶛 無垢也。從水，靜聲。從性反。

潑 㵼 減潑拭滅皃。從水，蔑聲。臣鍇按：《春秋左傳》曰："三數叔魚之惡，不爲潑減。"本此字，今作末，假借。門撥反。

【校】減潑，鉉無此二字，段依"泧"篆注改"潑減"。此蓋因鍇說而譌。

泧 㶚 潑泧也。從水，戊聲。讀若椒棪之棪。歡括反（huò）[1]。

洎 㳵 灌釜也。從水，自聲。其冀反。

渜 㶁 湯也。從水，耎聲。奴短反。

洝 㳷 渜水也。從水，安聲。烏旰切。

湔 㶇 洝也。從水，而聲。一曰煮熟也。忍伊反。

涗 㴑 財溫水也。從水，兌聲。《周禮》曰："以涗漚其絲。"[2] 臣鍇曰：財，裁始也。輸袂反。

涫 㴑 鬻也。從水，官聲。酒泉有樂涫縣。臣鍇按：《史記·龜策傳》曰："心如涫湯。"古安反（guān）[3]。

【校】心如，《史記》作"腸如"。

渚 㶵 涫溢也。今河朔方言謂沸溢爲渚。從水，沓聲。臣鍇曰：沓沓然沸也。道合反。

汏 㳠 淅灡也。從水，大聲。臣鍇曰：水激過也。《楚辭》曰："齊吳榜以擊汏。"張衡賦曰[4]："汏瀺灂。"特奈反。

瀾 㵿 淅也。從水，簡聲。艮限反。

淅 㴸 汏米也。從水，析聲。星激反。

---

① 注音依《集韻》桑葛切。

② 《周禮·冬官》："以涗水漚其絲七日。"

③ 《廣韻》又古玩切。

④ 見《南都賦》。

^{jiàng}
滰 浚乾漬米也。從水，竟聲。《孟子》曰：“孔子去齊，滰淅
而行。”其兩反。

【校】滰淅，今《孟子》作“接淅”。

^{sǒu}
浸（溲）浸沃也。從水，妥聲。色酉反。

^{xùn}
浚 抒也。從水，夋聲。臣鍇曰：抒取出之也。蘇狗反。

^{lì}
瀝 浚也。從水，歷聲。臣鍇按：《魯靈光殿賦》曰：“動滴瀝
以成響。”凡言滴瀝者，皆謂漉出而餘滴也。連的反。

^{lù}
漉 浚也。從水，鹿聲。一曰水下皃也。臣鍇曰：水下所謂滲
漉。盧木反。

【校】鉉本下有重文 **淥** 篆。

^{pān}
潘 淅米汁也。從水，番聲。一曰潘水在河南滎陽。臣鍇按：
《左傳》：“遺之潘沐。”潘可以沐也。浦漫反。

^{lán}
瀾 潘也。從水，蘭聲。勒餐反。

^{gān}
泔 周謂潘曰泔。從水，甘聲。溝三反。

^{xiū}
滫 久泔也。從水，脩聲。息抽反。

^{diàn}
澱 滓垽也。從水，殿聲。臣鍇按：《爾雅》：“澱謂之垽。滓澱
也。”[1]今青澱、澄澱所出也。庭硯反。

^{yū}
淤 澱滓濁泥也。從水，於聲。於據反（yù）。

^{zǐ}
滓 澱也。從水，宰聲。阻史反。

^{niǎn}
淰 濁也。從水，念聲。乃忝反。

^{yuè}
瀹 漬也。從水，龠聲。胤略反。

^{jiǎo}
灑 釃酒也；一曰浚也。從网從水，焦聲。讀若《夏書》“天
用勦絶”。臣鍇曰：釃，濾酒也，故從网。即沼反。

---

① “滓澱也”乃郭注。

【校】勴，刀部引作"剺"。

<ruby>qǐng</ruby> 濪　側出泉也。從水，殼聲。去挺反。

<ruby>miǎn</ruby> 湎　沈於酒也。從水，面聲。《周書》曰："网敢湎于酒。"彌兗反。

<ruby>xǔ</ruby> 湑　茜酒也；一曰浚也；一曰露皃也。從水，胥聲。《詩》曰："有酒湑我。"又曰："零露湑兮。"臣鍇曰：茜音縮，束茅以酹也。私呂反。

<ruby>jiāng</ruby> 漿（漿）　酢漿也。從水，將省聲。子長反。

　　　 <ruby></ruby> 牀　古文漿。

<ruby>liáng</ruby> 涼　薄也。從水，京聲。柳昌反。

<ruby>dàn</ruby> 淡　薄味也。從水，炎聲。稻槧反。

<ruby>tūn</ruby> 涒　食已復吐之。從水，君聲。《爾雅》曰："太歲在申曰涒灘。"它門反。

<ruby>jiāo</ruby> 澆　沃也。從水，堯聲。堅蕭反。

<ruby>yè</ruby> 液　津也。從水，夜聲。移尺反（yì）。

【校】津，當依鉉作"盡"。

<ruby>gē</ruby> 溰　多汁也。從水，哥聲。讀若柯。臣鍇按：《淮南子》曰："甚淖而溰。"更和反。

<ruby>hào</ruby> 灝　豆汁也。從水，顥聲。苟老反（gǎo）[①]。

<ruby>yì</ruby> 溢　器滿也。從水，益聲。移七反。

<ruby>xǐ</ruby> 洗　滌也。從水，西聲。古文以爲洒埽字。息米反。

【校】洒埽，當依鉉作"灑埽"。

<ruby>dí</ruby> 滌　洒也。從水，條聲。田溺反。

<ruby>jí</ruby> 濈　和也。從水，戢聲。臻立反。

---

① 注音依《廣韻》胡老切。

汁 ^{zhī} 液也。從水，十聲。之習反。

瀋 ^{shěn} 汁也。從水，審聲。《春秋傳》曰：“猶拾瀋。”尺甚反。

洏 ^{mǐ} 飲歠也。從水，弭聲。面侈反。

潠 ^{xuàn} 飲歠也。從水，算聲。一曰吮也。巽倦反。

【校】《篇》《韻》皆作“灦”，纂聲。

漱 ^{shù} 盪口也。從水，欶聲。色逗反（shòu）。

洞 ^{xiòng} 滄也。從水，同聲。臣鍇按：《詩》：“洞酌彼行潦。”洞，遠也，當作迥，借此字。余請反（yǐng）①。

滄 ^{cāng} 寒也。從水，倉聲。初況反（chuàng）②。

瀞 ^{qìng} 冷寒也。從水，靚聲。叉敬反（chèng）③。

淬 ^{cuì} 滅火器也。從水，卒聲。臣鍇曰：淬，劒燒而入水也。此退反。

沐 ^{mù} 灌髮也。從水，木聲。門逐反。

【校】灌髮，鉉作“濯髮”。

沫 ^{huì} 洒面也。從水，未聲。虎配反。

湏 古文沫從頁。

【校】按《尚書》釋文，當作頮。

浴 ^{yù} 洒身也。從水，谷聲。余足反。

澡 ^{zǎo} 洒手也。從水，㬚聲。子艸反。

洗 ^{xiǎn} 洒足也。從水，先聲。臣鍇按：《尚書》曰：“自洗腆。”思典反。

---

① 注音依《廣韻》戶頂切。

② 《廣韻》又七岡切。

③ 注音依《集韻》千定切。

汲 ^{jí} 引水於井也。從水，及聲。飢泣反。

【校】於井，《玉篇》引無此二字。

淳 ^{chún} 渌也。從水，𩵋聲。臣鍇按:《周禮》曰:"渥淳其帛。"是倫反。

淋 ^{lín} 以水沃也。從水，林聲。一曰淋淋，山水下也。力尋反。

漬 ^{zì} 漚也。從水，責聲。贊寄反。

漚 ^{òu} 久漬也。從水，區聲。臣鍇按:《春秋左傳》曰:"鄅人之漚菅者。"安鬬反。

渫 ^{xiè} 除去也。從水，枼聲。臣鍇按:《易》曰:"井渫不食。"私列反。

澣 ^{huàn} 濯衣垢也。從水，榦聲。臣鍇曰: 榦音浣。胡旱反。

浣 今澣從完。

濯 ^{zhuó} 澣也。從水，翟聲。水渥反 (shuò)^①。

涑 ^{sù} 澣也。從水，束聲。一曰河東涑水。臣鍇按:《春秋左傳》曰:"入我涑川。"相玉反。

【校】入我，《左》作"伐我"。

潎 ^{pì} 於水中擊絮也。從水，敝聲。臣鍇曰:《莊子》所謂"洴澼絖"，《史記》所謂"諸母漂"也。絖與纊同。片□反。

【校】闕文汪作"滯"^②。

壟 ^{lǒng} 塗也。從水從土，龙聲。讀若隴。免江反 (máng)^③。

【校】隴，疑當作"瀧"。

灑 ^{sǎ} 汛也。從水，麗聲。所解反。

---

① 注音依《廣韻》直角切。

② 四庫本、四部叢刊本作"滯"。

③ 注音依《廣韻》力踵切。

^{xùn}
汛 ^{灑也。從水，卂聲。思震反。}

汛　灑也。從水，卂聲。思震反。

^{rǎn}
染　以繒染爲色也。從水，杂聲。柔檢反。

【校】"杂聲"下當補"臣鍇曰：《説文》無'杂'字。裴光遠云：從木，木者，所以染，梔、茜之屬也。從九。九者，染之數也。未知其審"卅字。見鉉本。按"渠"字注例，"杂"即爲"杬"；杬，古"籃"字，見竹部。

^{tài}
泰　滑也。從収、水，大聲。他蓋反。

夳　古文泰如此。

^{yán}
灛　海岱之間謂相汙曰灛。從水，閻聲。羊廉反。

^{zàn}
灒　汙灑；一曰水中人也。從水，贊聲。箭鴈反。

^{měi}
浼　汙也。從水，免聲。《詩》曰："河水浼浼。"《孟子》曰："汝安能浼我。"① 梅磑反。

^{chóu}
潗　腹中有水气也。從水，愁聲。即沼反（jiǎo）②。

^{dòng}
湩　乳汁也。從水，重聲。臣鍇按：《列子》曰："乳湩有餘。"端奉反。

^{tì}
洟　鼻液也。從水，夷聲。臣鍇按：《禮》曰："垂洟涕。"今人多誤以洟爲涕，以涕爲洟。他計反。

^{hàn}
汗　人液也。從水，干聲。□玩反。

【校】闕文汪作"侯"。

^{qì}
泣　無聲出涕者泣。從水，立聲。羌邑反。

【校】者泣，鉉作"曰泣"。

^{tì}
涕　泣也。從水，弟聲。它禮反。

【校】泣也，當依《篇》《韻》作"目汁也"，方與"洟"注合。《易·萃》

---

① 今本作"爾焉能浼我"。
② 注音依《廣韻》士尤切。

爻辭鄭注："自目曰涕，自鼻曰洟。"

shān

潸 潸　涕流皃也。從水，散省聲。《詩》曰："潸焉出涕。"色闋反。

liàn

涷 涷　瀰也。從水，柬聲。臣鍇按：《周禮》書涷帛如此。郎見反。

【校】"如此"上當有"字"字。

niè

灛 灛　議罪也。從水，獻聲。與法同意。臣鍇曰：如水之平也，今相承從言，訛也。魚滅反。

yú

渝 渝　變汙也。從水，俞聲。一曰渝水，出遼西臨渝，東出塞。臣鍇曰：《春秋左傳》曰："專之渝。"羊朱反。

【校】東出塞，今《漢志》作"東入塞外"。

jiǎn

減 減　損也。從水，咸聲。古黯反。

miè

滅 滅　盡也。從水，威聲。臣鍇曰：威音血。彌悦反。

cáo

漕 漕　水轉轂也。從水，曹聲。一曰人所乘及船也。慈到反（zào）[1]。

【校】轂，《韻會》引作"穀"。《晉書音義》曰："水運穀也。"○一曰人所乘及船也，各本同。按：疑是"一曰車曰轉，船曰漕也"之譌，見《史記·平準書》注。

pàn

泮 泮　諸侯饗射之宮也。西南爲水，東北爲牆。從水、半，半亦聲。臣鍇曰：天子辟靡，水周之；諸侯泮宮，水繞其半。會意。鋪涣反。

【校】饗，鉉作"鄉"。

lòu

漏 漏　以銅受水刻節，晝夜百刻。從水，扁聲。臣鍇曰：扁音漏，屋扁也。勒豆反。

【校】百刻，《韻會》引作"百節"。

hòng

澒 澒　丹砂所化爲水銀也。從水，項聲。臣鍇按：《淮南子》曰：

————————

[1] 《廣韻》又昨勞切。

"正土之气御于埃天，埃天五百歲生缺，缺五百歲生黄埃，黄埃
五百歲生黄湅，黄湅五百歲生黄金……偏土之气御于清天，清天
八百歲生青曾，青曾八百歲生青湅，青湅八百歲生青金……壯
土之气御于赤天，赤天七百歲生赤丹，赤丹七百歲生赤湅，赤湅
七百歲生赤金……弱土之气御于白天，白天九百歲生白礜，白礜
九百歲生白湅，白湅九百歲生白金……牝土之气御于玄天，玄天
六百歲生玄砥，玄砥六百歲生玄湅，玄湅六百歲生玄金。"湅，水
銀也。呼寵反。

【校】壯土，或作"牡土"，非是。

萍 苹，水艸也。從水、苹，苹亦聲。臣鍇曰：苹音平。頻寧反。

【校】苹，水艸也，"苹"下當依鉉補"也"字。

汩 治水也。從水，曰聲。臣鍇曰：《尚書》曰："作《汩作》。"
于筆反（yù）[1]。

【校】《尚書》曰，"曰"當作"序"。

濊 水多皃。從水，歲聲。烏最反。

淉 水也。從水，果聲。骨朵反。

洽 霑也。從水，合聲。侯夾切[2]。

湯 熱水也。從水，昜聲。土郎切。

文四百六十七　重二十

【校】（文四百六十七）"浝、洽、湯"三篆作切音，次立補，當例補
次立説。"滙、潧、淩、濂、活、洼、滲、澹、澤、派、潯、泥、潤、
洦、漀、湎、湑、淋、渫、泰"廿篆音仍鉉，而"切"作"反"。

林 二水也。闕。凡林之屬皆從林。職累反。

流 水行也。從林從充。充，突忽也。臣鍇曰：突忽猶疾也。

---

① 注音依《廣韻》古忽切。
② 侯，當從四庫本、四部叢刊本作"侯"。《廣韻》侯夾切。今讀 qià。

里由反。

流　流　篆文流從水①。

㭠　㵎　徒行厲水也。從步、㭠。臣鍇曰:《詩》曰:"涉渭爲亂。"
常攝反。

涉　涉　篆文涉從水②。

文三　重二

瀕(頻)　顮　水厓也。人所賓附,頻蹙不前而止。從頁從涉。凡頻
之屬皆從頻。臣鍇曰:故謂之頻也。《詩》曰:"率土之頻。"或借
賓字,或作瀕,同。作濱乃誤。婢民反。

【校】頻蹙,當作"顰蹙"。

顰　顰　涉水顰蹙也。從頻,卑聲。婢民反。

文二

---

① 流,依例當作"㳘"。
② 涉,依例當作"㭠"。

說文解字通釋卷第二十二

繫傳二十二

文林郎守祕書省校書郎臣徐鍇傳釋
朝散大夫行祕書省校書郎臣朱翱反切

十八部 文 重①

〈 quǎn 水小流也。《周禮》："匠人爲溝洫，耜廣五寸，二耜爲一耦；一耦之伐，廣赤深赤謂之〈。倍〈曰遂，倍遂曰溝，倍溝曰洫，倍洫曰〈〈。"② 凡〈之屬皆從〈。臣鍇曰：《尚書》："濬畎澮距〈〈。"畎，〈也，起於田閒溝也。象形。激犬反（juǎn）。

【校】赤，鉉作"尺"，二見。古赤、尺通用。

畎〈〈 古文〈從田、〈〈，畖之川也。

【校】"從田、〈〈"下當有"臣鍇曰"三字。○〈〈之川也，當作"田之川也"。

畎畎 篆文〈從田，犬聲。六畎而爲一畝。

文一 重二

〈〈 kuài 水流澮澮也。方百里爲〈〈，廣二尋，深二仞。凡〈〈之屬皆從〈〈。讀若儈同。臣鍇按：《釋名》："水注溝曰〈〈。〈〈，會也，小水之所聚會也。"今人作澮。古宲反（guì）。

【校】儈，當作"澮"，言讀與水部"澮"同也。

---

① "文、重"下原闕字數。
② "倍〈曰遂"下乃麋括之語。

lín

粦 粦 水生厓石閒粼粼也。從巛，粦聲。臣鍇曰：水流石閒不駃也。里刃反（lìn）[1]。

文二

chuān

巛（川）巛 貫穿通流水也。《虞書》曰："濬く巜距巛。"言深く巜之水會爲巛也。凡巛之屬皆從巛。叱專反。

jīng

巠 巠 水脈也。從巛，在一之下。一，地也。壬省聲。一曰水冥巠也。臣鍇曰：經理也。糾茗反。

巠 巠 古文巠不省。

huāng

㡃 㡃 水廣也。從巛，亡聲。《易》曰："包㡃用馮河。"臣鍇曰：荒、慌[2]、統從此。忽光反。

【校】今《易》作"荒"。

huò

惑 惑 水流也。從巛，或聲。臣鍇按：郭璞《江賦》"潩淢濩潲"也。況色反（xù）[3]。

yù

臮 臮 水流也。從巛，曰聲。臣鍇按：相如賦曰[4]："汩乎順流。"汩即此字，曰音越。于筆反。

【校】順流，《文選》作"混流"。

liè

夵 夵 水流夵夵也。從巛，乡省聲。臣鍇曰：列字從此。良舌反。

yōng

邕 邕 四方有水，自邕城池者是也。從巛、邑。讀若雝。臣鍇曰：古者城塹因山爲高岸曰塹，有溝無水曰隍，有水曰池。《春秋左傳》曰："齊申池。"又史曰"金城湯池"是也。會意。宛封反。

【校】"四方"上《韻會》有"邑"字，"城池"作"成池"。○隍，當作"隍"，見𦥯部"隍"注。

────────────

① 注音依《廣韻》力珍切。
② 慌，四庫本作"帆"。
③ 注音依《廣韻》胡國切。
④ 見《上林賦》。

邕 𑖦 籀文邕如此。

kǎn

侃 㑞 剛直也。從仴，仴，古文信也；從巛，取其不舍晝夜。《論語》曰："子路侃侃如也。"臣鍇曰："子路有聞，未之能行，唯恐有聞"，是其不舍晝夜也。會意。肙肝反。

【校】子路，《論語》作"子貢"，此許氏之誤，而鍇不察者。汪改"子貢"，與鍇説不合。

zāi

巜 巛 害也。從一雝巛。《春秋傳》曰："川雝爲澤，凶。"臣鍇曰：指事。走該反。

zhōu

州 𑖦 水中可居者曰州。周繞其旁，從重巛。昔堯遭洪水，民居水中高土，故曰九州。《詩》曰："在河之州。"一曰州，疇也。各疇其土而生也。臣鍇曰：古九州字與洲渚字同也。會意。隻留反。

𢋢 𑖦 古文如此。

文十　重三

quán

泉 𑖦 水原也。象水流出成川形也。凡泉之屬皆從泉。臣鍇曰：凡水原所出也，川三成川也。族延反。

【校】川三成川也，當作"同出而三分成川也"。

fàn

灥 𑖦 泉水也。從泉，𢀩聲。讀若飯。臣鍇曰：阪泉蓋本此字。服萬反。

文二

xún

灥 𑖦 三泉也。闕。凡灥之屬皆從灥。續倫反。

yuán

厵 𑖦 水泉本也。從灥出厂下。臣鍇曰：會意。此水原字。原隰字古作邍也。言袁反。

原 𑖦 篆文厵省。

文二　重一

yǒng

永 𑖦 水長也。象水巠理之長永也。《詩》曰："江之永矣。"凡永之屬皆從永。雨省反。

羕 羕 水長也。從永，羊聲。《詩》曰："江之羕矣。"臣鍇曰：蜀有彭羕。樣、漾從此。余亮反。

【校】江之羕矣，《韓詩》如此，《毛詩》"羕"作"永"。

文二

辰 辰 水之衺流別也。從反永。凡辰之屬皆從辰。讀若蜀稗縣。臣鍇曰：永，長流，反則分派也。匹賣反。

【校】蜀稗縣，鉉本無"蜀"字。按："稗縣"屬琅邪，《漢志》作"椑"，蜀爲郫縣，與"辰"音不同。

衈 衈 血理之分衺行體中者。從辰從血。臣鍇曰：五藏六府之气血，分流四肢也。會意。莫獲反（mò）。

脈 脈 衈或從肉。

衇 衇 籀文衈。

覛 覛 邪視也。從辰從見。臣鍇按：張衡《西京賦》："覛往昔之館。"[1] 又《南都賦》："覛魯縣而來遷。"民的反。

【校】覛魯縣，覛，今《文選》作"視"。

覓 覓 籀文覛。

文三 重三

谷 谷 泉出通川爲谷。從水半見，出於口。凡谷之屬皆從谷。臣鍇曰：指事。孤速反。

谿 谿 山瀆無所通者。從谷，奚聲。臣鍇曰：俗作溪。苦兮反（qī）。

【校】山瀆，當作"山隤"，《爾雅》作"瀆"。

豁 豁 通谷也。從谷，害聲。臣鍇曰：前有所通也。吼掯反。

谬 谬 空谷也。從谷，翏聲。梨桃反。

―――――――

① 今本"館"上有"遺"字。

lóng

籠 䆲 大長谷也。從谷，龍聲。讀若聾。來充反。

hóng

谹 㕁 谷中響也。從谷，厷聲。臣鍇曰：“隆墀永歎，遠壑必盈。”“幽谷無私，有至斯響。”鏗谹，谷中聲也。混耕反。

qiàn

谸 㽦 𡊁山谷谸谸青也。從谷，千聲。七縣反。

【校】谸谸，《高唐賦》注引作“千千”。

jùn

睿 𪾶 深通川也。從𣦻，𣦻，殘也，地坑坎意也。《虞書》曰：“睿畎澮距川。”臣鍇曰：會意。蘇徇反。

【校】“從𣦻”下當有“谷”字。〇地坑，地，《韻會》引作“谷”。〇睿，今《書》作“濬”。

　　濬 𤅠 睿或從水。

　　𣾒 𪾶 古文睿。

文八　重二

bīng

仌 仌 凍也。象水凝之形也。凡仌之屬皆從仌。臣鍇曰：冰初凝，文理如此也。彬仍反。

níng

冰 𩏁 水堅也。從水、仌。臣鍇曰：今以爲仌字也。言丞反。

　　凝 𩏁 俗冰從疑。

lǐn

凜 𤖛 寒也。從仌，廩聲。力甚反。

qìng

凊 𪫫 寒也。從仌，青聲。臣鍇曰：冬溫而夏凊也。此併反。

dòng

凍 𩏁 仌也。從仌，東聲。得貢反。

líng

腾 𩏁 仌出也。從仌，朕聲。《詩》曰：“納于腾陰。”力膺反。

【校】今《詩》作“凌”。

　　凌 𩏁 腾或從夌。

sī

澌 𩏁 流仌也。從仌，斯聲。臣鍇曰：仌解而流也。《後漢書》曰：“河流澌不可渡也。”辛茲反。

diāo

凋 𩏁 半傷也。從仌，周聲。臣鍇曰：《論語》：“歲寒然後知松柏

之後凋。"後凋者，非不凋也。松柏爲凋，即凋是半傷也。都僚反。

【校】即凋，即，當作"則"，今《論語》作"彫"。

dōng
冬 寒 四時盡也。從仌、夂。夂，古文終。臣鍇曰：《白虎通》曰："冬，終也。"仌霜，冬終之候也。會意。都農反。

　　奧 𦥯 古文冬從日。臣鍇曰：冬者，月之終也，日窮于紀也。

yě
冶 𤖤 消也。從仌，台聲。臣鍇曰：木玄虛《海賦》曰："陽仌不冶。"羊者反。

chuàng
滄 𤖫 寒也。從仌，倉聲。初訪反。

lěng
冷 𤖪 寒也。從仌，令聲。魯皿反。

hán
涵 𤖨 寒也。從仌，函聲。胡甘反。

bì
凓 𤖣 風寒也。從仌，畢聲。卑聿反。

fú
泍 𣲠 一之日凓泍也。從仌，犮聲。臣鍇曰：《詩》之言也。一之日，十一月之日也。分勿反。

【校】凓泍，今《詩》作"觱發"。

lì
㵚 𤖨 寒皃也。從仌，栗聲。臣鍇曰：寒使人戰栗也。力必反。

lài
瀨 𤖬 寒也。從仌，賴聲。郎蔡反。

【校】段作𤖩，列聲，從《大東》詩疏、《文選·高唐賦》《嘯賦》注改也。瀨，《篇》《韻》無此字。巾部"𢃽"譌"帣"，仌部"冽"譌"瀨"，何"列"之易譌也？

文十七　重三

yǔ
雨 雨 水從雲下也。一象天，冂象雲，水霝其閒也。凡雨之屬皆從雨。于補反。

　　𠕲 �66 古文雨。臣鍇曰：但象雲雨而已。

　　【校】此篆與《无極山碑》合，鉉作𠕲。

léi
靁 靁 陰陽薄動，靁雨生物者也。從雨，畾象回轉形。臣鍇曰：

陰陽相盪薄。《易・繫》曰："雷風相薄。"雷出則萬物出也。來堆反。

【校】靁雨,《韻會》引無此二字。○"《易・繫》"下脱"辭"字。

　靐 靐 籒文靁閒有回。回,靁聲也。

　雷 靁 古文靁。

　靐 靐 亦古文靁。

yǔn
霣 霣 雨也。齊人謂靁爲霣。從雨,員聲。一曰雲轉起也。讀若昆。臣鍇按:《易》曰:"有霣自天也。"員引反。

【校】雨也,《韻會》引無此二字。○有霣,今《易》作"有隕"。

　霣 霣 古文霣如此。

tíng
霆 霆 靁餘聲也鈴鈴。所以挺出萬物。從雨,廷聲。臣鍇按:陰陽相薄而爲雷,激而爲霆,霹歷也。田丁反。

【校】聲也,"也"字衍。

zhá
霅 霅 霅霅,震電皃。從雨,譶省聲。一曰霅,眾言。臣鍇按:《吳都賦》:"颯霅吸呷。"人眾聲也。宅甲反。

【校】震電,《韻會》引作"雷電"。○颯霅吸呷,按《吳都賦》,當作"靸霅驚捷"[1]。人眾聲,當作"走疾皃"。又"儑譶欻霯",則爲"人眾皃"。

diàn
電 電 陰陽激燿也。從雨,申聲。庭硯反。

　霣 霣 古文電如此。

zhèn
震 震 劈歷振物者。從雨,辰聲。《春秋傳》曰:"震夷伯之廟。"臣鍇以爲:霆,其急激者也;震,所以加物之稱也。《春秋左傳》:"南宮極震。"章信反。

　霳 霳 古文震如此。

xuě
䨪(雪) 雪 凝雨説物者也。從雨,彗聲。臣鍇以爲:雪之著物,積久而不流,其浸潤深以解説物也。相屑反。

---

① 驚,今《吳都賦》作"警"。

霄　_{xiāo}　雨霓爲霄也。從雨，肖聲。齊語。**臣鍇以爲**：霄雪，今人所謂溼雪著物則消者也。息超反。

霰　_{xiàn}　稷霄也。從雨，散聲。**臣鍇按**：《詩》曰："如彼雨雪，先集惟霰。"郭璞以爲"雨雪雜下"也。息茜反。

【校】稷霄，鉉作"稷雪"。〇雨雪襍下，雨，《爾雅注》作"冰"。

　　霓　霰或從見。

雹　_{báo}　雨仌也。從雨，包聲。**臣鍇按**：《西京雜記》："陰气脅陽气"爲雹。別卓反。

　　靁　古文雹如此。

霝　_{líng}　雨零也。從雨，皿象零形。《詩》曰："霝雨其濛。"連丁反。

【校】雨零，《廣韻》引作"雨霒"，二見。《東山》詩作"零"。

零　_{luò}　雨下零也。從雨，各聲。勒託反。

零　_{líng}　餘雨也。從雨，令聲。**臣鍇曰**：孫楚詩[1]："零雨被秋艸。"連丁反。

【校】餘雨，《篇》《韻》《御覽》引作"徐雨"。

霹　_{sī}　小雨裁霒也。從雨，鮮聲。讀若斯。辛茲反。

霢　_{mài}　霢霂，小雨也。從雨，脈聲。**臣鍇曰**：《詩》曰："潤之以霢霂。"臣以爲霢若人之血脈流徧，又如沐之霑濡也。莫獲反（mò）。

【校】潤之，當作"益之"。

霂　_{mù}　霢霂也。從雨，沐聲。門逐反。

霰　_{suān}　小雨也。從雨，酸聲。素攢反。

霙　_{jiān}　微雨也。從雨，笺聲。讀若芟。精廉反。

霟　_{zhòng}　小雨也。從雨，眾聲。《明堂月令》曰："霟雨。"止宋反。

---

① 見《征西官屬送於陟陽候作》。

【校】小雨，當作“久雨”。〇霿雨，見《月令》季春“淫雨”注，鄭曰“今《月令》曰衆雨”。“衆”蓋“霿”之譌。“淫雨”則不當爲“小雨”。

chén
霃 久陰也。從雨，沈聲。池心反。

lián
䨬 久雨也。從雨，兼聲。連鹽反。

hán
霒 久雨也。從雨，函聲。胡甘反。

lín
霖 凡雨三日已上爲霖。從雨，林聲。力尋反。

【校】已上，鉉作“已往”。

yín
霪 霖雨也。從雨，㐺聲。南陽名霖雨霪。**臣鍇曰：**霪霪然不止也。銀箴反。

zī
䨲 雨聲也。從雨，真聲。讀若資。子思反。

yǔ
䨞 雨皃也。方語。從雨，禹聲。讀若瑀。于甫反。

【校】“方語”上當有“北”字，見《集韻》。

jiān
䨘 小雨也。從雨，僉聲。精廉反。

zhān
霑 雨䨠也。從雨，沾聲。陟潛反。

rǎn
䨠 霑也。從雨，染聲。而厭反。

【校】霑也，鉉作“濡也”。

liù
霤 屋水流也。從雨，留聲。**臣鍇曰：**屋檐滴處。《春秋左傳》曰：“三進及霤。”良秀反。

【校】及霤，今《左傳》作“及溜”。

lòu
屚 屋穿水入也。從雨在尸下。屋也。**臣鍇曰：**會意。漏字從此。勒豆反。

【校】“屋也”上當補“尸”字。

pò
䨣 雨濡革也。從雨，革聲。讀若膊。**臣鍇曰：**皮革得雨䨣然起也。霸字從此。普惡反。

jì
霽 雨止也。從雨，齊聲。子計反。

qī 霋 霋　霽謂之霋。從雨，妻聲。七低反。

huò 霩 霩　雨止雲罷皃也。從雨，郭聲。呼郭反。

lù 露 露　潤澤也。從雨，路聲。勒妒反。

shuāng 霜 霜　喪也。成物者也。從雨，相聲。色方反。

wù 霚（霧） 霚　地气發，天不應也。從雨，敄聲。臣鍇曰：《釋名》云：“霚，冒也。”今俗作霧。《爾雅》云：“霧謂之晦。”勿赴反。

【校】昧，《爾雅》作“晦”。

　　霿 霿　籀文霚省。

mái 霾 霾　風雨土也。從雨，貍聲。《詩》曰：“終風且霾。”臣鍇曰：若雨沙也。閭皆反。

【校】風雨土也，按《詩傳》及鍇說，“風”字當衍。

méng 霿 霿　天气下地不應曰霿。霿，晦也。從雨，瞀聲。臣鍇按：《爾雅》作雺。悶諷反。

ní 霓 霓　屈虹。青赤，或白色，陰气也。從雨，兒聲。臣鍇曰：雌霓也。擬西反。

diàn 霫 霫　寒也。從雨，執聲。或曰早霜也。讀若《春秋傳》曰“霫阤”。丁念反。

【校】霫阤，今《左傳》作“霫隘”。

yú 雩 雩　夏祭，樂於赤帝，以祈甘雨也。從雨，于聲。臣鍇曰：四月之祭也。員須反。

【校】“夏祭”下疑當有“用盛”二字。

　　翌 翌　雩舞羽也。故或從羽。臣鍇曰：《周禮》：“以皇舞，舞旱暵之事。”注：“皇舞，象羽舞。”“旱暵之事謂雩也。”①

————————

① 《周禮·地官·舞師》：“舞師……教皇舞，帥而舞旱暵之事。”鄭玄注：“旱暵之事謂雩也。暵，熱氣也。鄭司農云：‘皇舞，蒙羽舞。’”

【校】以皇舞，以，當作"教"。○象羽舞，象，《周禮注》作"蒙"。

翩 ^{yù} 翩 水音也。從雨，羽聲。云煦反。

需 ^{xū} 需 頢也。遇雨不進而止頢也。從雨，而聲。《易》曰："雲上于天，需。"臣鍇按：《春秋左傳》："需，事之下也。"然則需，遲疑頢待也。四于反。

【校】而聲，段云"聲"字衍；而，難辭。會意也。○事之下，下，《左》作"賊"。

文四十六　重十一

【校】（文四十六）"霖、霽"二篆音仍鉉，而"切"作"反"。

雲 ^{yún} 雲 山川气也。從雨，云聲。象雲回轉形。凡雲之屬皆從雲。臣鍇曰：《禮》曰："山川出雲。"指事。羽文反。

【校】云聲，"聲"字衍。

　　云 云 古文雲。

　　　　雲 亦古文雲。臣鍇曰：二字直象形而已。

霒 ^{yīn} 霒 雲覆日也。從雲，今聲。臣鍇按：《漢書》曰："浮雲爲我陰。"郁吟反。

　　侌 侌 古文霒。

　　仌 仌 古文霒。

文二　重四

魚 ^{yú} 魚 水蟲也。象形。魚尾與燕尾相似。凡魚之屬皆從魚。臣鍇曰：下从象尾而已，非水火之火字。研余反。

鮵 ^{duò} 鮵 魚子已生者也。從魚，憜省。臣鍇曰：謂已放散泊艸渚者也。禿頹反（tuō）①。

【校】"憜省"下當有"聲"字。

――――――――

① 注音依《廣韻》徒果切。

䲆 𩸒 籀文鰖省。

【校】鰖，當作"陸"。

ér
鮞 鮞 魚子也；一曰魚之美者有東海之鮞。從魚，而聲。讀若而。**臣鍇曰:**《吕氏春秋》伊尹之言也。忍伊反。

【校】讀若而，而，疑"肉"之譌，上云"而聲"，下不得更云"讀若而"。《廣韻》《五經文字》俱有"人六切"音。

qū
魼 魼 魚也。從魚，去聲。**臣鍇按:** 相如賦[①]:"禺禺魼魶。"去魚反。

【校】魼魶,《史記》作"鱋魶",《文選》作"魼鰨"。〇去魚，音與鉉同。按：當作"託合反"(tà),《文選》音榻可證。此後人誤依鉉改也。

tà
鰨 鰨 虛鰨也。從魚，𦐇聲。**臣鍇按:**《字書》：魚似鮎，四足。它榼反。

zūn
鱒 鱒 赤目魚也。從魚，尊聲。**臣鍇按:**《爾雅注》:"鮅鱒似鯶，赤眼。"[②] 鯶，鯇也。租本反(zǔn)。

【校】注鮅鱒，當作"鮅鱒注"。

lín
鱗 鱗 魚也。從魚，粦聲。**臣鍇按:** 粦音魚吝反。里神反。

yóng
鰫 鰫 魚也。從魚，容聲。與封反。

xū
鰖 鰖 魚也。從魚，胥聲。先居反。

gēng
䱍 䱍 鯍也。《周禮》謂之䱍。從魚，恆聲。**臣鍇按:** 相如賦[③]:"䱍鰽漸離。"鰽即鯍。溝恆反。

【校】鯍也，當作"鮪也"，見《吳都賦》"筌䱍鰽"李注。〇《周禮》謂之䱍，按:《周禮》無"䱍"字。《漢書・司馬相如傳》"䱍鰽漸離"注"周洛曰鮪，蜀曰䱍鰽"，當即此八字之譌脱。

méng
鯍 鯍 䱍鯍也。從魚，巟聲。夢登反。

---

① 見《上林賦》。

② 《爾雅・釋魚》:"鮅，鱒。"注:"似鯶子，赤眼。"

③ 見《上林賦》。

wěi

鮪 𩼀 鮥也。《周禮》：“春獻王鮪。”從魚，有聲。**臣鍇按**：《爾雅注》：“鱣屬，大曰王鮪，小曰叔鮪。”《詩·序》曰：“春獻鮪。”注曰：“春鮪，新來也。”于咄反。

【校】叔鮪，《爾雅》作“鮛鮪”，又見“鮥”注。

luò

鮥 𩼆 叔鮪也。從魚，各聲。勒託反。

gǔn

鯀 𩽼 魚也。從魚，系聲。**臣鍇曰**：即禹父名也。孤損反。

【校】按：當作𩾃。○系聲，當作“𦃃省聲”。蓋魚之細而長者。《離騷經》曰“鯀婞直”，正合“𦃃省”義。𦃃今作“弦”，故“鯀”亦或作“鮌”。從“系”，蓋隸之譌也。

guān

鰥 𩽔 魚也。從魚，罘聲。固山反。

lǐ

鯉 鯉 鱣也。從魚，里聲。來矣反。

zhān

鱣 鱣 鯉也。從魚，亶聲。陟連反。

鱓 𩽿 籀文鱣如此。

【校】按：此篆當爲“鱓”重文。《後漢書·楊震傳》《荀子》《韓非子》“鱓”皆作“鱣”。“鱣”即“鱓”之脱文也，以其魚而蛇形，故從魚、虫二母。今“鱓”注已爲後人改易，而此篆亦失其次，當正之。

zhuān

鱄 𩿋 魚也。從魚，專聲。**臣鍇按**：鱄，目赤魚。殊剸反(shuàn)[1]。

【校】目赤魚，當作“魚之美者”四字，見《吕覽》。

tóng

鮦 𩾇 魚也。從魚，同聲。一曰鱯也。讀若綺襱。**臣鍇按**：《爾雅》：“鰹，大鮦；小者鮵。”注：“今青州呼小鱺曰鮵。”篆勇反(zhòng)[2]。

lǐ

鱧 𩽤 鮦也。從魚，蠡聲。蓮第反。

鱨 ^{lóu} 纁　魚也；一曰鯉，一名鰜。從魚，婁聲。臣鍇按：亦比目魚也。力殊反。

【校】一曰鯉，鉉作"一名鯉"。

鰜 ^{jiān} 纁　鱨也。從魚，兼聲。結添反。

【校】鱨也，鉉作"魚名"。

鯈 ^{tiáo} 鴈　魚也。從魚，攸聲。臣鍇按：何晏《景福殿賦》曰："瀨戲鰋鯈。"陳收反（chóu）①。

【校】鰋鯈，今《文選》作"鰋鰌"。

鯠 ^{tǒu} 經　魚也。從魚，豆聲。土偶反。

鯾 ^{biān} 纁　魚也。從魚，便聲。賓延反。

鯿 鯿　鯾或從扁。

魴 ^{fáng} 魵　赤尾魚也。從魚，方聲。浮長反。

鰟 鰟　籀文魴從旁。

鯲 ^{xù} 纁　魚也。從魚，與聲。臣鍇按：鯲似魴，頭大。夕與反。

【校】"頭大"上當補"厚而"二字，見陸璣《詩疏》。

鰱 ^{lián} 纁　魚也。從魚，連聲。鄰延反。

鮍 ^{pī} 纁　魚也。從魚，皮聲。坏皁反。

魩 ^{yǒu} 纁　魚也。從魚，幼聲。讀若幽。伊糾反。

鮒 ^{fù} 纁　魚也。從魚，付聲。臣鍇按：鮒，小魚也。符注反。

鯁 ^{qíng} 經　魚也。從魚，巠聲。岐成反。

鰺 ^{jī} 纁　魚也。從魚，脊聲。臣鍇曰：今作鯽。津易反。

鱺 ^{lí} 纁　魚也。從魚，麗聲。里西反。

鰻 ^{mán} 纁　魚也。從魚，曼聲。没圍反。

---

① 注音依《集韻》田聊切。

^{huà}
鱯　𩼁　魚也。從魚，蒦聲。讀若瓠。**臣鍇按**：《爾雅注》："似鮎而大，色白。"戶化反。

^{pī}
魾　𩶩　大鱯也。小者名魾。從魚，丕聲。部悲反。

^{lǐ}
鱧　𩺝　鱯也。從魚，豊聲。連第反。

^{huà}
鰁　𩾊　鱧也。從魚，果聲。戶把反。

^{cháng}
鱨　𩽕　揚也。從魚，嘗聲。**臣鍇按**：《詩》曰："鰷鱨鰋鯉。"《字書》：黃頰魚也。射强反。

^{xún}
鱏　𩾋　魚也。從魚，覃聲。《傳》曰："伯牙鼓琴，鱏魚出聽。"移今反（yín）①。

【校】 鱏魚，今或作"潭魚、游魚、潛魚"。

^{ní}
鯢　𩽃　剌魚也。從魚，兒聲。擬西反。

【校】 剌魚也，汪本作"鬎也"。按：《集韻》有"鬎"字，音郎達切，未知"鯢"即"鬎"否。

^{xí}
鰼　𩾕　鰌也。從魚，習聲。**臣鍇按**：《爾雅注》："泥鰌也。"似入反。

^{qiū}
鰌　𩽜　鰼也。從魚，酋聲。七牛反。

^{huàn}
鯇　𩽟　魚也。從魚，完聲。戶版反。

^{tuō}
魠　𩴝　哆口魚也。從魚，乇聲。它作反。

^{jì}
鮆　𩴹　飲而不食，刀魚也，九江有之。從魚，此聲。**臣鍇按**：《爾雅》："鮤，鱴刀。"注："鮆魚也。"自禮反。

^{nián}
鮎　𩶃　鰻也。從魚，占聲。年兼反。

^{yǎn}
鰋　𩾡　鮀也。從魚，匽聲。依遠反。

【校】 鮀也，當作"鮎也"，見《詩傳》。

鰋　𩾡　鰋或從匽。

---

① 《廣韻》又徐林切。

鮷　^{tí}　大鮎也。從魚，弟聲。敵圭反。

鱳　^{lài}　魚也。從魚，賴聲。郎蔡反。

鮀　^{tuó}　鮎也。從魚，它聲。臣鍇按：《爾雅》：“亦鯊鮀也。”^①豆科反。

【校】鮎也，當作“吹沙也”。鉉本“鮀”次“鮎”上，即鉉所改移，此爲原次。蓋“吹沙”謁“鮎”已久，故鍇説已然。“吹沙”小魚與下“鯊，出樂浪”大魚異。

鱘　^{cén}　魚也。從魚，朁聲。似侵反。

鶲　^{wēng}　魚也。從魚，翁聲。烏公反。

鮎　^{xiàn}　魚也。從魚，臽聲。經念反（jiàn）^②。

鱖　^{guì}　魚也。從魚，厥聲。俱税反。

鯫　^{zhòu}　白魚也。從魚，取聲。士走反。

鱓　^{shàn}　魚也。皮可以爲鼓。從魚，單聲。石遣反。

【校】注陵躐，今正之，當作“魚也。從魚，單聲。一曰皮可以爲鼓”。“鱓”即今黄鱔也，此爲正義。“一曰”下言古與鼉通用也。《大戴記·夏小正》、《史記·太史公自序》《李斯傳》、《吕覽·古樂篇》可證。此下當補重文“鼉”字。

鮸　^{miǎn}　魚也。出薉邪頭國。從魚，免聲。臣鍇曰：今人音敏。美選反。

魵　^{fén}　魚。出薉邪頭國。從魚，分聲。臣鍇曰：薉邪頭，東夷也。敷粉反。

鱸　^{lǔ}　魚也。出樂浪潘國。從魚，虜聲。勒古反。

【校】潘國，按《漢志》，樂浪郡無潘國，蓋謂樂浪爲古番國也。汪本作“番”。“鯜、魶、鮸、魵、鰈”篆注皆同。

----

① 《爾雅·釋魚》：“鯊，鮀。”注：“今吹沙小魚，體圓而有點文。”
② 《廣韻》又户黯切。

qū
鰸 魚也。狀似鰕，無足，長寸，大如叉股，出遼東。從魚，區聲。**器於反**。

qiè
鯜 魚也。出樂浪潘國。從魚，妾聲。**七捷反**。

pèi
𩵦 魚也。出樂浪潘國。從魚，朩聲。**浦會反**。

jú
⿰魚匊 魚也。出樂浪潘國。從魚，匊聲。一曰⿰魚匊出九江，有兩乳。一曰溥浮。**居六切**。

【校】九江，鉉作“江東”，非是。○一曰溥浮，鉉無此四字。按：“溥浮”亦作“鱄⿰魚孚”，《本艸》曰“江豚别名”。

shā
魦 魚也。出樂浪潘國。從魚，沙省聲。**臣鍇曰**：今沙魚，皮有珠文，可飾刀劍靶，皮亦可食。**所加反**。

lì
鱳 魚也。出樂浪潘國。從魚，樂聲。**勒託反**（luò）[①]。

xiān
鮮 魚也。出貉國。從魚，羴省聲。**臣鍇曰**：古以此字音尠，借爲眇少。今人用爲鱻。**息衍反**。

【校】眇小，當作“尟少”。

yóng
鱅 魚也。從魚，庸聲。**與封反**。

yóng
鰅 魚也。皮有文。出樂浪潘國東暆。神爵四年，初捕取輸考工。從魚，禺聲。周成王時，揚州獻鰅。**元鍾反**。

【校】捕取，鉉作“捕收”。

zé
鰂 烏鰂也。從魚，則聲。**殘忒反**。

鯽 鰂或從即。

tái
鮐 海魚也。從魚，台聲。**臣鍇曰**：所謂老人鮐背也。**田咍反**。

bà
鮊 海魚也。從魚，白聲。讀若《書》“白不黑”。**陪陌反**（bó）[②]。

---

① 注音依《集韻》狼狄切。

② 注音依《集韻》步化切。

【校】讀若《書》"白不黑"，鉉無此六字。段引《太玄經》"白不黑，不相親也"，以爲《逸書》之證。按：白不黑，疑"才生霸"之譌，即今《書》"哉生魄"也。故《集韻》"鮊"亦音"步化切"。蓋上云"白聲"，下不當更言"讀若白"。

fú
鰒 鰒 海魚也。從魚，复聲。臣鍇按：即石決明也，褚彦回食而不賣者。別卓反（báo）①。

【校】褚彦回食而不賣者，當作"王莽食而不睡者"，見《漢書·莽傳》。褚淵事未詳，《韻會》亦引莽事。

jiāo
鮫 鮫 海魚也。皮可飾刀。從魚，交聲。臣鍇曰：左思賦所謂"扈帶鮫函"也②。加肴反。

jīng
鱷 鱷 海大魚也。從魚，畺聲。《春秋傳》曰："取其鱷鯢。"虔迎反（qíng）。

【校】今《左》作"鯨"。

　　鯨 鯨 鱷或從京。

gěng
鯁 鯁 魚骨也。從魚，更聲。根杏反。

lín
鱗 鱗 魚甲也。從魚，粦聲。里神反。

xīng
鮏 鮏 魚臭也。從魚，生聲。息形反。

sāo
鰠 鰠 鮏臭也。從魚，喿聲。《周禮》曰："膳膏鰠。"素叨反。

【校】"《周禮》"上段云當有"讀若"二字。○膏鰠，當作"膏臊"。臊，犬膏也，許不當有異說。

qí
鮨 鮨 魚膾醬也。出蜀中。從魚，旨聲。一曰鮪魚名。臣鍇曰：膌肉也。《爾雅注》："鮨屬。"真夷反（zhī）③。

【校】鮪魚，段云當作"鮨魚"。

―――――――

① 《廣韻》又房六切。
② 見《吳都賦》。
③ 注音依《廣韻》渠脂切。

鮺 zhǎ 鸞　藏魚也。從魚，差省聲。南方謂之魿，北方謂之鮺。臣鍇曰：今俗作鮓。側瓦反。

魿 qín 魿　鮺也。從魚，今聲。一曰大魚爲鮺，小魚爲魿。祖慘反（zán）①。

鮑 bào 鮑　饐魚也。從魚，包聲。臣鍇曰：饐，陳臭也。步拗反。

魿 líng 魿　蟲連行紆行者也。從魚，令聲。臣鍇曰：連行謂若螠之行，連屬不絕也。連丁反。

鰕 xiá 鰕　魵也。從魚，叚聲。痕加反。

【校】魵也，按：魵，亦名“鰕”，而“鰕”不止“魵”名也，當作“鰕，魚也；一曰魵也”。

鰝 hào 鰝　大鰕也。從魚，高聲。候抱反。

鮥 jiù 鮥　當互也。從魚，咎聲。臣鍇按：《爾雅注》：“海魚，似鯿，大鱗，肥美多鯁。”溝白反。

【校】當互，《爾雅》作“當魱”。○“似鯿”下脱“而”字。

魧 háng 魧　大貝也。從魚，亢聲。一曰魚膏。讀若岡。臣鍇按：《爾雅注》：今紫貝也，大者如車渠。恆湯反。

鮃 bǐng 鮃　蚌也。從魚，丙聲。臣鍇曰：《爾雅》作蠯。蒲猛反。

鮚 jí 鮚　蚌也。從魚，吉聲。漢律：會稽郡獻鮚醬三斗。巨乙反。

魝 bì 魝　魚名也。從魚，必聲。畢聿反。

鱹 qú 鱹　魚名。從魚，瞿聲。九遇反（jù）②。

鯸 hóu 鯸　魚名。從魚，侯聲。何溝反。

鯛 diāo 鯛　魚骨耑脃也。從魚，周聲。臣鍇曰：小魚也。覩挑反。

---

① 《廣韻》又昨淫切。

② 注音依《集韻》權俱切。

【校】魚骨崇胒，鉉無“魚”字，疑當作“魚也；一曰骨崇胒”，故鍇曰“小魚”。《篇》《韻》皆曰“魚名”。

鯯 烝然鯯鯯。從魚，卓聲。臣鍇按：《詩》：“南有嘉魚，烝然鯯鯯。”注：烝，久也。鯯作罩；罩，箊也。輟角反。
[zhuó]

鮁 鱣鮪鮁鮁。從魚，犮聲。臣鍇按：《詩》：“施罛濊濊，鱣鮪撥撥。”借撥字。北末反。
[bō]

【校】撥撥，《詩》作“發發”。《釋文》引《韓詩》作“鱍”，疑此篆爲“鱍”之譌。《篇》《韻》無此字。

魜 鯕魚，出東萊。從魚，夫聲。甫玄反。
[fū]

【校】“鯕魚”上當有“魜”字。

鯕 魚名也。從魚，其聲。虔知反。
[qí]

鮡 魚名也。從魚，兆聲。池沼反。
[zhào]

魤 魚名也。從魚，七聲。呼跨反。
[huà]

鱻 新魚精也。從三魚，不變鱻。臣鍇曰：三，衆也。衆而不變是鱻也。息遷反。
[xiǎn]

【校】不變鱻，鉉作“不變魚”。

魶 魚。似鼈，無甲；有尾，無足；口在腹下。從魚，納聲。奴荅切。
[nà]

文一百四　重六

【校】（文一百四）“鯯、魶”二篆作切音[①]，次立補，當例補次立説。“魜、鯕、魤”三篆音仍鉉，而“切”作“反”。

鱻 二魚也。闕。凡鱻之屬皆從鱻。研余反。
[yú]

【校】“闕”字鉉本無。

漁 捕魚也。從水、鱻。臣鍇曰：從二鱻，二鱻，多也。研余反。
[yú]

---

① 魶，當從正文作“魶”。

漁 㶊 篆文瀺從魚。

文二　重一

燕 㸯　玄鳥也。䇅口，布翅，枝尾。象形。凡燕之屬皆從燕。臣鍇曰：䇅音聶，小鉗也。於甸反。

文一

龍 龓　鱗蟲之長。能幽能明，能細能巨，能短能長。春分而登天，秋分而潛淵。從肉、飛，象形。童省聲。凡龍之屬皆從龍。臣鍇曰：㐜，肉飛也。力鍾反。

【校】飛，象形，疑當作"㐜，象肉飛形"。

龗 霻　龍也。從龍，霝聲。霝，古文靈字。連丁反。

【校】霝，古文靈字。按："霝"見雨部，不必引古，鉉無此五字。

龕 龕　龍兒也。從龍，合聲。慳南反。

【校】段依《九經字樣》改作"龕"，今聲。

龏 龏　龍耆脊上龏龏也。從龍，开聲。丁帖反（dié）①。

龖 龖　飛龍也。從二龍。讀若沓。大帀反。

文五

飛 飛　鳥翥也。象形。凡飛之屬皆從飛。臣鍇曰：上旁飞者象鳥頭，頸長毛。甫肥反。

翼 翼　翅也。從飛，異聲。籀文翼。以即反。

翼 翼　篆文䨪從羽。

文二　重一

非 朼　違也。從飛下翅，取其相背也。凡非之屬皆從非。甫肥反。

【校】按許說，篆當作朼，朼爲俗篆，當更正。

———————————

① 注音依《廣韻》古賢切。

斐 ^{fěi} 斐 別也。從非，己聲。斧尾反。

靡 ^{mǐ} 靡 披靡也。從非，麻聲。臣鍇曰：披靡，分也，故取相違之義。眉彼反。

靠 ^{kào} 靠 相違也。從非，告聲。古奧反（gào）^①。

【校】依俗義，"相違"上疑有"不"字。

陛 ^{bī} 陛 牢也。所以拘非也。從非，陛省聲。比倪反。

【校】牢也，《韻會》引作"陛牢謂之獄"五字。

文五

卂 ^{xùn} 卂 疾飛也。從飛而羽不見也。凡卂之屬皆從卂。臣鍇曰：此字出於飛，羽不見，無飛也。思震反。

【校】無飞，當作"無兆"。

熒 ^{qióng} 熒 回飛疾也。從卂，營省聲。臣鍇曰：《詩》借爲嫈字。葵名反。

文二

---

① 注音依《廣韻》苦到切。

說文解字通釋卷第二十三

繫傳二十三

文林郎守祕書省校書郎臣徐鍇傳釋
朝散大夫行祕書省校書郎臣朱翶反切

十二部　七百八十八文　重八十

乙 燕燕，玄鳥也。齊魯謂之乙。取其名自謼。象形也。凡乙之屬皆從乙。**臣鍇按**：《爾雅》：“燕燕，乙。”此與甲乙之乙相類，此音軋，其形舉首下曲，與甲乙字異也。**尼戞反。**

【校】其名，鉉作“其鳴”。

鳦 乙或從鳥。**臣鍇曰**：《爾雅》作此字。

孔 通也。從乙、子。乙，請子之候鳥也。乙至而得子，嘉美之也。古人名嘉，字子孔。**臣鍇曰**：古又云孔甚。**苦蠓反。**

乳 人及鳥生子曰乳，獸曰產。從孚從乙。乙者，玄鳥。《明堂月令》：“玄鳥至之日，祠于高禖以請子。”故乳從乙。請子必以乙至之日者，乙，春分來，秋分去，開生之候玄鳥，帝少昊司分之官也。**臣鍇曰**：俟生於鳥，故貴之同於人。言乳，文言之也；言產，質里也。乳者，化之信也。南朝有高禖石，以石爲主。**然拄反。**

【校】“帝少昊”上當補“氏”字。

文四

不 鳥飛上翔不下來也。從一，一猶天也。吊，象形。凡不之

屬皆從不。臣鍇曰：指事。甫柔反（fōu）^①。

否 否 不也。從口、不，不亦聲。臣鍇曰：否者，不可之意見於言也。付久反。

【校】已見口部，此爲正次，口部後人增也。

文二

至 至 鳥飛從高下至地也。從一，一猶地也。象形。“不”上去而“至”下來也。凡至之屬皆從至。臣鍇按：《禮》曰“玄鳥至”是也。戰媚反。

【校】按“不”注，此“象形”上亦當有字。

　　至 至 古文至。

到 到 至也。從至，刀聲。都告反。

臻 臻 至也。從至，秦聲。側詵反。

臸 臸 忿戾也。從至，至而復孫；孫，遁也。《周書》曰：“有夏氏之民叨臸。”臸讀若摯同。臣鍇曰：今《尚書》作懫，借也。此會意。陟利反。

【校】有夏氏，今《書》無“氏”字。

銍 銍 到也。從二至。而吉反。

臺 臺 觀，四方而高者也。從至，高省。與室屋同意。之聲。臣鍇按：《春秋公羊傳》曰：“諸侯臺門。”謂築土爲門也，兩觀於臺上，更爲重屋。田咍反。

【校】之聲，鉉作“從之”，在“從至”下。

文六　重一

【校】（文六）“臻”篆音仍鉉，而“切”作“反”。

臯 (西) 臯 鳥在巢上也。象形。日在西方而鳥臯，故因以爲東臯

———————

① 《廣韻》又方久切。

之囪也。凡囪之屬皆從囪。臣鍇曰：此本象鳥棲也。斯低反。

【校】"象形"上疑當有"從乞"二字。部承"乞"來，ㄣ即"乞"字也。

鹵 ＄　古文囪。臣鍇曰：卜亦象鳥也。

鹵 ＄　籀文囪。

棲 ＄　俗囪從木、妻。

^{xǐ}
罨 ＄　姓也。從囪，圭聲。臣鍇按：張説《梁四公子記》有罨闍。勾迷反。

【校】四公子，當作"四公"，四人皆僧也。罨闍，《篇海》引作"蜀闍"。

文二　重三

^{lǔ}
鹵 ＄　西方鹹地也。從囪省。囪象鹽形。安定有鹵縣。東方謂之㡿，西方謂之鹵。凡鹵之屬皆從鹵。臣鍇按：《史記》曰：大抵東方食鹽㡿，西方食鹽鹵。《春秋左傳》：晉有"大鹵"之地。安定在晉也。《爾雅注》："齊有海濱廣斥也。"① 又，河東解縣鹽池有印鹽，方如印齒文也。勒古反。

【校】囪，當作＄。〇大抵東方食鹽㡿，西方食鹽鹵，按《貨殖傳》，當作"人民，山東食海鹽，山西食鹽鹵"。〇《春秋左傳》，當作"《春秋經》"，見《昭元年》。

^{cuó}
鹺 ＄　鹹也。從鹵，差省。河内謂之鹺，沛人言若虘。臣鍇按：《禮》：鹽曰鹹鹺。殘陀反。

【校】鹹也，當作"鹹鹺也"，鍇説可證。〇"差省"下脱"聲"字。〇沛人言若虘，當作"讀若沛酆縣"，辨見虍部"虘"、邑部"酆"下。

^{xián}
鹹 ＄　銜也。北方味。從鹵，咸聲。侯夕反。

文三

^{yán}
鹽 ＄　鹹也。從鹵，監聲。古者夙沙初作煮海鹽。凡鹽之屬皆從

————————
① 《爾雅·釋地》："齊有海隅。"注："海濱廣斥。"

鹽。臣鍇按：夙沙，黄帝臣也。西方有鹽井也。羊廉反。

【校】夙沙，鉉作"宿沙"。○"煮海"下《廣韻》有"爲"字。

鹽（gǔ）古河東鹽池，袤五十一里，廣七里，周百一十六里。從鹽省，古聲。臣鍇按：今靈慶也。昆覩反。

鹻（jiǎn）鹵也。從鹽省，僉聲。魚欠切（yàn）[1]。

【校】按：此篆當入鹵部，後人或依鉉移置也，故音仍鉉舊。《玉篇》亦入鹵部。《廣韻》"水和鹽也"，疑是許説。

文三

【校】"鹻"作切音，次立補，當例補次立説。

户（hù）護也。半門爲户。象形。凡户之屬皆從户。臣鍇按：《禮》曰："將上堂，聲必揚……將入户，視必下。"桓土反。

戸古文從木。

扇（shàn）扉也。從户，翅省。臣鍇曰：象鳥之翅，會意。詩橡反。

扉（fēi）户扇也。從户，非聲。臣鍇按：《春秋左傳》曰：入于扉中。甫肥反。

【校】"非聲"下當依《韻會》補"一曰以木曰扉，以葦曰扇"十字。説與《月令》"乃修闔扇"注合。《爾雅》曰："闔謂之扉也。"○入于扉中，當作"抽桷擊扉"。

房（fáng）室在旁也。從户，方聲。臣鍇按：秦築宫于驪山之旁，曰阿房宫也。浮長反。

戾（tì）輨車旁推户也。從户，大聲。讀與鈦同。臣鍇曰：謂車中狹，不容轉扉，傍壁爲扇，推而開閉也。徒待反（dài）[2]。

戹（è）隘也。從户，乙聲。臣鍇曰：户小門也。晏索反。

---

① 注音依《廣韻》古斬切。
② 注音依《廣韻》他計切。

jiōng
扃 扃　外閉之關也。從户，冋聲。臣鍇曰：古人言外户是也。居
口反①。

zhào
肁 肁　始開也。從户，聿聲。臣鍇曰：肇字從此②。與必反（yù）③。
【校】聿聲，"聲"字衍。

yǐ
扆 扆　户牖之閒謂之扆。從户，衣聲。臣鍇曰：《禮》注云："若
今屏風也。"殷豈反。

qù
戾 戾　閉也。從户，劫省聲。枯蹋反（kè）④。

文十　重一

mén
門 門　聞也。從二户。象形。凡門之屬皆從門。臣鍇按：《尚書》：
"闢四門，明四目。"所以廣聞見也。莫魂反。

chāng
閶 閶　天門也。從門，昌聲。楚人名門閶闔。臣鍇按：《楚詞》：
"叫帝閽使開關兮，倚閶闔而望予。"潘岳賦⑤："夢良人兮來遊，若
閶闔兮洞開。"此則通名爲閶闔。今人或者但謂天門爲閶闔，誤
矣。醜將反。
【校】叫帝閽使，《文選》作"吾令帝閽"。"而望予"下當補"此天門也"
四字。

wéi
闈 闈　宮中之門也。從門，韋聲。宇歸反。

yán
閻 閻　閻謂之桷。桷，廟門也。從門，詹聲。臣鍇曰：今俗作檐。
羊廉反。
【校】廟門，木部"桷"下作"朝門"，鍇云"朝門之檐也"，此當相
合。爲"廟"爲"朝"，未知孰是。

---

① 闕文四部叢刊本作"屏"。
② 按，攴部"肇"字從攴，肇省聲。
③ 注音依《廣韻》治小切。
④ 注音依《廣韻》丘倨切。
⑤ 見《寡婦賦》。

hóng

閎　巷門也。從門，厷聲。**臣鍇按**：《春秋左傳》曰："高其閈閎。"混耕反。

guī

閨　特立之戶也，上員下方，有似圭。從門、圭，圭亦聲。涓兮反。

gé

閤　門旁戶也。從門，合聲。苟合反。

tà

闒　樓上戶也。從門，弱聲。他榼反。

hàn

閈　門也。從門，干聲。汝南平輿里門曰閈。侯玩反。

【校】門也，當作"閭也"，見《左傳》《爾雅音義》。

lú

閭　里門也。從門，呂聲。《周禮》曰："五家爲比，五比爲閭。"閭，侶也，二十五家相群侶也。連於反。

yán

閻　里中門也。從門，臽聲。**臣鍇曰**：《史記》："李斯以閭閻入事。"[1]羊廉反。

　　壛　閻或從土。

huì

闠　市外門也。從門，貴聲。胡塊反。

yīn

闉　城內重門也。從門，垔聲。《詩》云："出其闉闍。"**臣鍇曰**：若今門外甕城門也。伊倫反。

【校】城內，《詩疏》引作"城曲"。○門外甕，疑當作"城外擁"。

dū

闍　闉闍也。從門，者聲。丁遘反。

què

闕　門觀也。從門，欮省聲。**臣鍇按**：中央闕而爲道。又《古今注》："人臣至此則思其所闕。"蓋爲二臺於門外，人君作樓觀於上，上員下方。以其闕然爲道，謂之闕；以其上可遠觀，謂之觀；以其縣法，謂之象魏。象縣書名也。區越反。

【校】欮省聲，鉉作"欮聲"。

biàn

閞　門榱櫨也。從門，弁聲。皮變反。

──────────

① 《史記·李斯列傳》："李斯以閭閻歷諸侯，入事秦。"

閒（jiè）闔 門扉也。從門，介聲。古拜反。

闔（hé）闔 門扉也。從門，盍聲。一曰閉也。**臣鍇按**：《春秋左傳》曰："旋於門中，以枚數闔。"謂以鞭數扉之版也。候臘反。

【校】旋，《左》作"還"。

闑（niè）闑 門梱也。從門，臬聲。魚滅反。

閾（yù）閾 門榍也。從門，或聲。《論語》曰："行不履閾。"**臣鍇曰**：門限也。于抑反。

闧 闧 古文閾從洫。

閬（làng）閬 門高也。從門，良聲。巴郡有閬中縣。來宕反。

闢（pì）闢 開也。從門，辟聲。頻役反。

闋 闋 《虞書》曰："闢四門。"從門從奴。

【校】《虞書》作"闢"，唯《費誓》《書·序》作闋。

闡（chǎn）闡 開也。從門，單聲。《易》曰："闡幽。"昌善反。

闈（wěi）闈 闢門也。從門，爲聲。《國語》曰："闈門而與之言。"于委反。

【校】而與，"而"字衍。

開（kāi）開 張也。從門，开聲。渴才反。

【校】鉉有重文閞字。

閜（xiǎ）閜 大開也。從門，可聲。大桮亦爲閜。**臣鍇曰**：書傳多云谺閜也。許下反。

閘（yā）閘 開閉門也。從門，甲聲。罵甲反。

閟（bì）閟 閉門也。從門，必聲。《春秋傳》曰："閟門而與之言。"筆媚反。

【校】閟門而與之言，當作"閟而以夫人言"。此涉"闈"注而誤。

閣（gé）閣 所以止扉者。從門，各聲。**臣鍇按**：《爾雅》："弋長者謂之閣。"所以止扉，即今云門頰扇所附著也。根莫反。

【校】《爾雅》云"所以止扉謂之閾"，"閾"蓋"閣"之譌。〇弋，《爾雅》作"杙"。

jiān
閒　隙也。從門從月。臣鍇曰：夫門當夜閉，閉而見月光，是有閒隙也。互閑反。

　　閒　古文閒如此。

ě
䦲　門傾也。從門，阿聲。惡可反。

è
閼　遮雍也。從門，於聲。臣鍇曰：按《史記》書雍閼字如此。憂歇反。

zhuǎn
𨶻　開閉門戶利也。從門，絲聲。或曰縷十絃也。職流反①。

【校】絃，段云當作"總"。

yà
閜　門聲也。從門，曷聲。乙鎋反。

xiàng
𨶑　門響也。從門，鄉聲。臣鍇按：《爾雅》："兩階閒謂之鄉。"注："人君南鄉，當階閒也。"許丈反。

【校】門響，按《爾雅》，當作"門鄉"。《釋宮》"兩階閒謂之鄉"，注"人君南鄉"。

lán
闌　門遮也。從門，柬聲。勒湌反。

xián
閑　闌也。從門，中有木。臣鍇按：《易》曰："閑邪存其誠。"陶潛有《閑情賦》，謂闌止其情欲也。會意。候艱反。

【校】此篆鍇入木部，已見前。此後人依鉉增也。

bì
閉　闔門也。從門，才所以距門。臣鍇曰：才，木也。會意。辟桂反。

ài
閡　外閉也。從門，亥聲。偶代反。

àn
闇　閉門也。從門，音聲。歐欽反（yīn）②。

---

① 流，四部叢刊本作"沇"，是。《廣韻》旨兗切。
② 注音依《廣韻》烏紺切。

guān 關 闗 以木橫持門户。從門，絲聲。古還反。

yuè 鑰 鑰 關下牡也。從門，龠聲。臣鍇曰：今人作鑰也。胤略反。

tián 闐 闐 盛皃也。從門，真聲。臣鍇曰：《詩》云："振旅闐闐。"笛前反。

táng 闛 闛 闛闛，盛皃也。從門，堂聲。特郎反。

yān 閹 閹 豎也。宮中閹閽閉門者也。從門，奄聲。於劒反（yàn）①。

hūn 閽 閽 常以昏閉門隸也。從門，昏聲。喧盆反。

kuī 闚 闚 閃也。從門，規聲。去規反。

lán 闌 闌 妄入宮掖也。從門，䜌聲。臣鍇曰：律所謂闌入也。勒湌反。

zhèn 門 門 聲也。從門、二。二，古文下字。讀若軍敶之敶。臣鍇曰：二字短下畫爲下字也，𠶷字從此。遲慎反。

【校】聲也，鉉作"登也"。依鉉説，"登"爲是。

shǎn 閃 閃 闚頭門中也。從人在門中。臣鍇曰：會意。施塹反。

yuè 閲 閲 具數於門中。從門，兑聲。臣鍇曰：《春秋》曰："大閲，簡車馬也。"②具數，一一數之也。今人言閥閲，謂歷數其門中之功伐也。與缺反。

què 闋 闋 事已閉門也。從門，癸聲。傾雪反。

kàn 闞 闞 望也。從門，敢聲。臣鍇按：《詩》曰："進厥武臣，闞如哮虎。"闞，進且望也。苦濫反。

【校】哮，《詩》作"虓"。

kuò 闊 闊 疏也。從門，活聲。苦末反。

mǐn 閔 閔 弔者在門也。從門，文聲。眉引反。

---

① 《廣韻》又央炎切。

② 乃《左傳》語，《春秋經》止言"大閲"。

愍 愍 古文閔從思、民。

chèn

闖 闖 馬出門皃。從馬在門中。讀若郴。臣鍇按:《春秋公羊傳》曰:左右舉大囊而至,"開之,闖然公子陽生也"。敕鳩反。

【校】囊,當作"囊"。

kǎi

闓 闓 開也。從門,豈聲。苦亥切。

文五十七　重六

【校】(文五十七)"闓"作切音,次立補,當例補次立説。"開、閒、闌、闔、闗"五篆音仍鉉,而"切"作"反"。

(重六)實核五字。

ěr

耳 耳 主聽也。象形。凡耳之屬皆從耳。柔以反。

【校】主聽也,也,當作"者"。

zhé

耴 耴 耳垂也。從耳下垂。象形。《春秋傳》曰:"秦公子耴。"耴者,其耳垂也,故以爲名。臣鍇曰:以晉景公黑臀之類言之也。此指事。陟聶反。

【校】秦公子耴,段云,秦無耴,當作"鄭公孫耴"。耴,《左》作"輒"。○晉景公,當作"晉成公"。

diān

聃 聃 小垂耳也。從耳,占聲。丁添反。

dān

耽 耽 耳大垂也。從耳,尤聲。《詩》曰:"女之耽兮。"覩貪反。

dān

聸 聸 耳曼也。從耳,冉聲。臣鍇曰:耳無輪郭也。他甘反（tān）。

聃 聃 聸或從甘。

dān

瞻 瞻 垂耳也。從耳,詹聲。南方有瞻耳國。多談反。

gěng

耿 耿 耳著頰也。從耳,炯省聲。杜林説:耿,光也。從光,聖省聲。凡字皆左形右聲,耿光説非是。臣鍇曰:耿耿,經佂昭著之皃,故曰耿耿不寐。又耿介也。《尚書》:"以覲文王之耿光。"今按:鳥部多右形左聲,不知此言後人加之邪? 將傳寫失之邪? 根杏反。

【校】炯省聲，炯，鉉作"娃"。○耿光説，鉉作"杜林説"。○經侹，經，疑當作"勁"。

聯 聯 lián
連也。從耳，耳連於頰；從絲，絲連不絶也。**臣鍇曰**：《周禮》官府之"聯事"，謂大事非一官所了者，眾共成之也。會意。鄰延反。

聊 聊 liáo
耳鳴也。從耳，卯聲。**臣鍇曰**：《楚辭》曰："耳聊啾而未止。"梨桃反。

【校】未止，當作"懰慌"。

聖 聖 shèng
通也。從耳，呈聲。詩令反。

聰 聰 cōng
察也。從耳，悤聲。麤中反。

聽 聽 tīng
聆也。從惡從耳，從壬聲。他寧反。

聆 聆 líng
聽也。從耳，令聲。連丁反。

職 職 zhí
記微也。從耳，戠聲。**臣鍇按**：《周禮》："國有六職。"皆主記事之微也。章直反。

聒 聒 guō
讙語也。從耳，昏聲。**臣鍇曰**：《春秋左傳》：太子痤"聒而與之語"。古活反。

【校】太子痤，當作"合左師"。

聥 聥 jǔ
張耳有所聞也。從耳，禹聲。俱取反。

聲 聲 shēng
音也。從耳，殸聲。**臣鍇曰**：《通論》詳矣。識征反。

聞 聞 wén
知聲也。從耳，門聲。云反①。

聧 聧 古文聞從昏。

聘 聘 pìng
訪也。從耳，甹聲。**臣鍇曰**：聘，訪問之以耳也。匹併反。

聾 聾 lóng
無聞也。從耳，龍聲。來充反。

---

① 四庫本敷云反，四部叢刊本□云反，《廣韻》無分切。

^{sǒng}
傸(聳) 𦕆　生而聾曰聳。從耳，從省聲。思奉反。

^{zǎi}
聹 𦕷　益梁之州謂聾爲聹；秦晉聽而不聰、聞而不達謂之聹。從耳，宰聲。臣鍇曰：不全聾也。租殆反。

^{kuì}
聵 𦖏　生聾也。從耳，貴聲。臣鍇曰：謂從生即聾也。五貴反(wài)。

【校】生聾也，鉉無"生"字。按：《晉語》"聾聵不可使聽"，注"生而聾曰聵"，玄應書引《國語》賈注"生聾曰聵"，則此當不誤。鉉蓋因與"聳"複而刪之也。又按：《方言》"陳楚江淮閒生而聾曰聳，荊揚閒及山東西雙聾者謂之聳"，"聳"篆注或本兼存，今有脱文耳。

　　聱 𦖄　聵或從叔。

　　聭 𦗆　或從豪作。

　　【校】鉉無此篆。

^{wā}
聉 𦕩　無知意也。從耳，出聲。讀若孽。誅猾反(zhuó)[1]。

^{wà}
聅 𦕝　墮耳也。從耳，月聲。元伐反(yuè)[2]。

^{wā}
聥 𦖀　吳楚之外，凡無耳者謂之聥。從耳，閥聲。讀若斷耳爲盟。臣鍇曰：言缺聥也。五滑反。

【校】"之外"下當有"郊"字。○盟，當作"聉"。○言缺聥也，當作"聥之言缺也"。

^{dié}
聑 𦕫　安也。從二耳。丁帖反。

^{chè}
聅 𦕏　軍法以矢貫耳也。從耳從矢。《司馬法》曰："小罪聅之，中罪刖之，大罪剄之。"臣鍇按：《春秋左傳》曰："貫三人耳。"恥列反。

^{niè}
聶 𦖤　附耳私小語也。從三耳。臣鍇曰：一耳就二耳也。《史記》曰："乃效兒女子咕聶耳語。"[3]女懾反。

---

① 注音依《廣韻》五滑切。
② 注音依《廣韻》五刮切。
③ 今《史記·魏其武安侯列傳》："乃效女兒呫囁耳語。"

guó
聝 軍戰斷耳也。《春秋傳》曰："以爲俘聝。"從耳，或聲。古獲切。

　馘 聝或從首。

mǐ
⿸麻耳 乘輿金飾馬耳也。從耳，麻聲。讀若渳水。一曰若《月令》靡艸之靡。亡彼切。

qín
耹《國語》曰："回祿信於耹遂。"闕。巨今切。

【校】聝、馘、⿸麻耳、耹，四篆汪闕，錢鈔本亦無，顧鈔本疑是後人所增，姑存之。蓋四篆并非次立所補也。

文三十三　重四

【校】（文三十三）"耴、聅"二篆音仍鉉，而"切"作"反"。

yí
𦣝 頷也。象形。凡𦣝之屬皆從𦣝。**臣鍇曰：**姬、茝亦從此。寅之反。

【校】頷也，當依鉉作"顄也"。

　頤 篆文𦣝從頁。**臣鍇曰：**指事。

　𩠐 籀文𦣝從首。

yí
巸 廣𦣝也。從𦣝，巳聲。**臣鍇曰：**熙字從此。寅之反。

　戺 古文巸從户。**臣鍇曰：**今人言戺，階戺也。

文二　重三

shǒu
手 拳也。象形。凡手之屬皆從手。**臣鍇曰：**五指之形。式九反。

　𠂿 古文手。

mǔ
拇 將指也。從手，母聲。**臣鍇按：**《春秋左氏傳》曰："闔閭傷將指"而卒。凡書傳謂大拇爲將指，頭指爲鹽豉指。所謂將指者，爲諸指之率也。莫厚反。

zhǐ
指 手指也。從手，旨聲。職美反。

quán
拳 手也。從手，𢍏聲。衢員反。

掌 ^{zhǎng} 手中也。從手，尚聲。職想反。

擊 ^{wàn} 手擊也。揚雄曰："擊，握也。"從手，臤聲。烏貫反。

攕 ^{xiān} 好手皃。從手，韱聲。《詩》曰："攕攕女手。"色咸反（shān）①。

【校】今《詩》作"摻"。

掣 ^{shuò} 人臂皃也。從手，削聲。《周禮》曰："輻，欲其掣爾。"臣鍇曰：人臂捎長纖好也。色捉反。

【校】捎長，疑當作"削長"。

摳 ^{kōu} 繑也；一曰摳衣升堂。從手，區聲。臣鍇按：經解說摳衣，謂以手於衣下舉裙，便不躓步也。可留反。

【校】繑，疑當作"矯"。○升堂，《韻會》引無此二字。

揖 ^{yī} 讓也。從手，咠聲。一曰手著胸曰揖。伊入反。

【校】讓，當作"攘"。

攐 ^{qiān} 摳衣也。從手，褰聲。臣鍇按：《詩》曰："子惠思我，攐裳涉溱。"豈虔反。

【校】今《詩》作"褰"。

揖 ^{yì} 舉手下手也。從手，壹聲。臣鍇按：潘岳賦："率軍禮以長揖。"伊肆反。

攘 ^{ráng} 推也。從手，襄聲。然莊反②。

拜 ^{bài} 首至地。從手，𡊄聲。臣鍇曰：𡊄，進趣之疾也，故拜從之。𡊄音忽。貝壞反。

【校】𡊄聲，"聲"字衍。

㧖 𢪙 古文拜從二手③。

─────────

① 《集韻》又思廉切。

② 《廣韻》又人樣切（ràng）、汝兩切（rǎng）。

③ 拜，依例當作"㧖"。

【校】當作“𢪽，從古文二手也”，古鼎銘皆如此，《汗簡》引亦同。

拜　拜　揚雄説：拜從兩手下①。

liǎn
撿　撿　拱也。從手，僉聲。臣鍇曰：按今人以此爲檢字，檢押從木作也。留琰反。

gǒng
拱　拱　斂手也。從手，共聲。臣鍇曰：《尚書》：桑穀生太戊之朝，“七日大拱”。拱，兩手大指頭指相拄也。矩悚反。

【校】七日，《大傳》作“一暮”，《韓詩》作“七日”，或作“三日”。

wò
捾　捾　掐捾也。從手，官聲。一曰援也。烏末反。

tāo
掐　掐　掐捾也。從手，舀聲。《周書》曰：“師乃掐。”掐者，拔兵刃以習擊刺。《詩》曰：“左旋右掐。”臣鍇曰：今《詩》作“左旋右抽”。偷刀反。

【校】掐捾也，鉉無“掐”字。○師乃掐，見《大傳》，爲《大誓》文。

gǒng
鞏　鞏　擁也。從手，巩聲。矩悚反。

【校】已見丮部，爲“巩”重文。

tuī
推　推　排也。從手，隹聲。土回反。

zùn
捘　捘　推也。從手，夋聲。《春秋傳》曰：“捘衞侯之手。”臣鍇曰：排擠之也。七殞反（qìn）②。

fú
扶　扶　佐也。從手，夫聲。凡無反。

　　㪇　㪇　古文扶從攴。

jiāng
將　將　扶也。從手，爿聲。子長反。

【校】“爿聲”下當補“臣鍇曰：當云牀省聲”。

chí
持　持　握也。從手，寺聲。直而反。

qiè
挈　挈　縣持也。從手，㓞聲。輕節反。

① 拜，依例當作“捧”。
② 注音依《廣韻》子寸切。

^{qián}
柑　𦭝　脅持也。從手，甘聲。勤潛反。

^{shé}
揲　𢴆　閱持也。從手，枼聲。臣鍇曰：《周易》：“揲之以四。”相聶反（xiè）^①。

^{zhì}
摯　𦼉　握持也。從手，執聲。脂利切。

^{cāo}
操　𢱢　把持也。從手，喿聲。雌報反。

^{jú}
攫　𤲸　爪持也。從手，瞿聲。俱燭反。

^{qín}
捦　𢭆　急持衣捦也。從手，金聲。巨今反。

　　　　捦　𢵻　捦或從禁。

^{bó}
搏　𤼐　索持也。從手，尃聲。一曰至也。本泊反。

^{jù}
據　�　杖持也。從手，豦聲。飢御反。

^{nán}
抈　𢯽　并持也。從手，冉聲。睨甘反。

^{shè}
攝　𢺇　引持也。從手，聶聲。失涉反。

^{bù}
捊　𢮀　捊持也。從手，布聲。噴模反（pū）^②。

^{xié}
挾　𢳙　俾持也。從手，夾聲。羊帖反。

^{mén}
捫　𢴁　撫持也。從手，門聲。《詩》曰：“莫捫朕舌。”莫魂反。

^{lǎn}
擥　𥥻　撮持也。從手，監聲。婁坎反。

^{liè}
擸　𢷏　理持也。從手，巤聲。盧盍反（là）^③。

^{wò}
握　𢮰　搤持也。從手，屋聲。乙卓反。

　　　　𡊅　𡊊　古文握如此。

^{dàn}
撣　𢳥　提持也。從手，單聲。讀若行遲驒驒。特丹反（tán）^④。

---

① 注音依《廣韻》食列切。
② 注音依《廣韻》博故切。
③ 注音依《廣韻》良涉切。
④ 注音依《集韻》蕩旱切。

【校】驒驒，疑即《詩》"嘽嘽"。

bǎ
把　𢪙　握也。從手，巴聲。補寫反。

ná
挐　𢬵　牽引也。從手，奴聲。一曰已也[1]。女加反。

【校】"挐、拏"古爲一字，此篆乃鉉所增，非錯所有，故音仍鉉音，而改"切"爲"反"耳。辨見下"拏"篆。

xié
攜　𤅢　提也。從手，巂聲。勻迷反。

zhé
摺　𢳕　拈也。從手，耴聲。丁帖反（dié）[2]。

tí
提　𢮸　挈也。從手，是聲。敵圭反。

nián
拈　𢭁　㧁也。從手，占聲。年兼反。

chī
摛　𢷿　舒也。從手，离聲。臣鍇曰：以手舒之也。丑离反。

shě
捨　𢮸　釋也。從手，舍聲。式且反。

yè
擪　𢺵　一指按也。從手，厭聲。於帖反。

àn
按　𢸳　下也。從手，安聲。恩旰反。

kòng
控　𢸳　引也。從手，空聲。《詩》曰："控于大邦。"匈奴名引弓控弦。寬宋反。

luō
捋　𢮓　取易也。從手，寽聲。一曰劣也。魯掇反。

【校】一曰劣也，鉉無此四字，疑當作"讀若劣"。

liáo
撩　𢿢　理也。從手，寮聲。梨桃反。

chā
插　𣂁　刺內也。從手、臿。臣鍇曰：會意也。楚洽反。

【校】刺內，內，鉉作"肉"，非是。

cuò
措　𢶃　置也。從手，昔聲。臣鍇曰：《周易》曰："苟措諸地可矣。"倉互反。

---

① 大徐本無此四字。
② 注音依《廣韻》陟葉切。

【校】苟措諸地可矣，《易》作“苟錯諸地而可矣”。

掄 掄　擇也。從手，侖聲。一曰從手貫也。臣鍇按：《周禮》：“凡邦工入山林掄材。”勞昆反。

【校】一曰從手貫也，鉉無此六字。按：“從手”二字疑衍，“貫”者，比次有倫理也。

揗 揗　摩也。從手，盾聲。臣鍇曰：《史》：淮南王“拊揗其民”①。食尹反。

【校】“史”下脱“記”字。○其民，《史記》作“百姓”。

掾 掾　緣也。從手、彖。與絹反。

拍 拍　拊也。從手，百聲。普百反。

拊 拊　揗也。從手，付聲。分武反。

捊 捊　杷也。從手，咅聲。今鹽官入水取鹽曰捊。臣鍇曰：《詩》曰：“曾是掊克。”步矛反。

拾 拾　掇也。從手，合聲。常入反。

掇 掇　拾取也。從手，叕聲。都撮反。

捊 捊　引取也。從手，孚聲。《詩》曰：“原隰捊矣。”步侯反。

【校】引取，當作“引聚”，見《玉篇》。《詩音義》作“取土”，當合爲“埒”，“埒”亦“聚”也。○今《詩》作“裒”。

　　　抱 抱　捊或從包。

撎 撎　自關以東謂取曰撎。從手，弇聲。一曰覆也。依漸反。

授 授　予也。從手，受聲。常咒反。

承 承　奉也，受也。從手、卪、収。臣鍇曰：卪，節也。上有節，下承奉之。《尚書·説命》曰：“敢不承受君之明德。”視澄反。

【校】敢不承受君之明德，《説命》無此語，當作“臣不命其承，疇敢

————————

① 揗，今《史記·淮南衡山列傳》作“循”。

不祗若王之休命"。

拰 抾 給也；一曰約也。從手，臣聲。章信反。

搢 縉 拭也。從手，董聲。己郡反。

攩 欓 朋群也。從手，黨聲。胡莽反（huàng）[1]。

接 檧 交也。從手，妾聲。節攝反。

抪 㳎 攠也。從手，米聲。普末反。

挏 挏 攠引也。從手，同聲。漢有挏馬官，作馬酒。**臣鍇按**：《漢書・百官表》謂取馬乳作酒。頭貢反。

【校】攠，《廣韻》《韻會》引皆作"推"。

招 招 手呼也。從手，召聲也。**臣鍇按**：《春秋左傳》："皮冠以招虞人。"真遙反。

撫 㸎 安也。從手，無聲。一曰揗也；一曰循也。**臣鍇曰**：《尚書》："撫于五辰。"循于五時也。分武反。

【校】一曰揗也，鉉無此四字。〇一曰循，循，當作"揗"。〇五時，當作"四時"。

迋 㲻 古文撫從亡、辵。

擇 擇 簡選也。從手，睪聲。澄赫反。

【校】簡，鉉作"柬"。

捉 挰 搤也。從手，足聲。一曰握也。**臣鍇曰**：《春秋左傳》曰："叔武聞君至，捉髮走出。"[2]今或借作握。甋岳反。

搤 搤 捉也。從手，益聲。晏索反。

挻 挻 長也。從手，延聲。**臣鍇按**：《詩》曰："松桷有挻。"賒延反。

———

① 注音依《集韻》底朗切。
② 今《左傳・僖公二十八年》："叔武將沐，聞君至，喜，捉髮走出。"

【校】今《詩》作"梴"。

揃 㨱 搣也。從手，前聲。一曰竊也。**臣鍇按**：《春秋左傳》："楚王曰：姑揃搣此。"① 借翦字。子善反。

【校】一曰竊也，鉉無此四字。竊，疑當作"瀸"。蓋"揃"或與"湔"同意。《急就篇》以"沐浴、揃搣"同稱。揃搣，祓除也。○揃搣，《左傳》作"剪滅"，非此義，鍇説非。

搣 㸔 批也②。從手，威聲。彌悦反。

【校】批也，當作"掣也"，方與"掣"注"一曰"意合，蓋拊摩之意。

批 㸴 捽也。從手，此聲。側扼反。

挶 㩦 撮也。從手，鞠省聲。堅祝反。

【校】鉉作 钊，鞠省聲。

撍 㸛 撮取也。從手、帶。讀若《詩》蠤蝀之蠤。的替反。

【校】"帶"下脱"聲"字。○之蠤，鉉作"在東"。

𢶧 㸗 撍或從折、示，兩手急持人也。

迖 㲋 古文撍從止、辵。臣次立曰：今《説文》并李舟《切韻》所載迖字如此。

【校】鉉無此篆。按：鉉本"挶"次"撫"下，"迖"爲"撫"重文，此篆即"迖"之譌字。蓋移易次敘或誤連重文也，當删。

揱 㸍 撫也。從手，昏聲。一曰摹也。眉均反。

揣 㹈 量也，度高下曰揣；一曰捶之也。從手，耑聲。初委反。

【校】高下，鉉無"下"字。○"耑聲"下當補"臣鍇曰：此字與耑聲不相近，如喘、遄之類，宜當從瑞省"，見鉉本。説雖未是，而宜還其舊。

扺 㹀 開也。從手，只聲。讀若扺掌之扺。真彼反。

摜 㹁 習也。從手，貫聲。《春秋傳》曰："摜瀆鬼神。"古患反。

---

① 楚王，《左傳·成公二年》乃"齊侯"。
② 批，當從大徐、段注及字次改"批"。

【校】今《左》作"貫"。

投 ^{tóu} 摘也。從手，殳聲。特妻反。

摘 ^{zhì} 搔也。從手，適聲。一曰投也。**臣鍇按**：《列子》曰："指摘無痕痒。"知白反（zhé）①。

【校】痕痒，痕，當作"瘠"。

搔 ^{são} 括也。從手，蚤聲。素叨反。

扴 ^{jiá} 括也。從手，介聲。工八反。

摽 ^{piāo} 擊也。從手，票聲。一曰挈鑰牡也。**臣鍇按**：《春秋左傳》："長木之斃，無不摽也。"頻小反（biào）②。

【校】鑰，當作"闔"，鉉作"門"。

抉 ^{jué} 挑也。從手，夬聲。縈節反（yuē）③。

挑 ^{tiāo} 撓也。從手，兆聲。一曰摷爭也。《春秋國語》曰："郤至挑天。"土彫反。

【校】摷爭，鉉無"爭"字。○挑天，今《周語》作"佻天"。

据 ^{jū} 戟挶也。從手，居聲。**臣鍇按**：《詩》："予手拮据。"傳曰："戟挶也。"謂手執臂曲局如戟，不可轉也。堅疎反。

【校】"謂手"下當補"有所"二字。

挶 ^{jú} 戟持。從手，局聲。俱燭反。

搳 ^{xiá} 擖也。從手，害聲。閑刮反。

擖 ^{qià} 刮也。從手，葛聲。一曰撻也。古鎋反。

摘 ^{zhé} 拓果樹實也。從手，啻聲。一曰指近之也。他狄反（tì）④。

―――――――――

① 注音依《廣韻》直炙切。

② 注音依《廣韻》撫招切。

③ 《廣韻》又古穴切。

④ 《廣韻》又陟革切。今讀 zhāi。

抲（hē）拘 拘攍也。從手，可聲。《周書》曰：“盡執抲獻。”虎何反。

【校】盡執抲獻，鉉無“獻”字，疑逸《書》。段云即“盡執拘”，《酒誥》文，未確。

摲（cán）摲 暫也。從手，斬聲。昨三反。

【校】暫也，段改“斬取也”，以《禮器》鄭注“撕猶芟也”。

拹（xié）拹 摺也。從手，劦聲。一曰攦也。虛業反。

【校】攦，鉉作“拉”。

摺（zhé）摺 敗也。從手，習聲。之涉反。

揫（jiū）揫 束也。從手，秋聲。《詩》曰：“百禄是揫。”臣鍇按：《爾雅》：束，聚也。即由反。

【校】今《詩》作“遒”。

摟（lóu）摟 曳也；聚也。從手，婁聲。勒兜反。

抎（yǔn）抎 有所失也。從手，云聲。《春秋傳》曰：“抎子辱矣。”臣鍇按：《吕氏春秋》：“秦穆公之甲，抎者七札。”今《左傳》作隕。于惲反。

【校】抎者七札，今《愛士篇》作“中之者已六札”。

披（pī）披 從旁持曰披。從手，皮聲。臣鍇曰：《周禮》司士曰：“執披。”《史記》：“無不披靡。”謂四向而散也。坯卑反。

擢（zhuó）擢 引也。從手，翟聲。臣鍇曰：謂拔擢也。朱握反。

瘛（chì）瘛 引縱曰瘛。從手，痸聲。臣鍇曰：《周易》曰：“牛瘛。”今作挈。唱曳反。

【校】痸聲，鉉作“瘛省聲”。○“牛”上當補“其”字。按《易》，“挈”字或作“觢”，鍇此説未知何據。

掌（zì）掌 積也。從手，此聲。《詩》曰：“助我舉掌。”一曰摵頰旁也。贊寄反。

【校】今《詩》作“柴”。

掉 _{diào} 搖也。從手，卓聲。《春秋傳》曰："尾大不掉。"地料反。

搖 _{yáo} 動也。從手，䍃聲。延朝反。

搈 _{róng} 動搈也。從手，容聲。臣鍇曰：搈，動也。《淮南子》："動搈無形之域。"與恐反（yǒng）。

【校】動搈，今《淮南書》作"動溶"。

摯 _{zhì} 當也。從手，𢍉聲。直致反。

揫 _{jiū} 聚也。從手，酋聲。即由反。

搴 _{qiān} 固也。從手，臤聲。讀若《詩》曰"赤舄掔掔"。臣鍇按：《史記·倉公傳》曰："信即掔車轅，未忍渡。"①苦閑反。

【校】掔掔，當依《詩》作"几几"。"几、掔"同母齬也。○信即，"即"當作"則"。掔，今《史》或譌"掔"。

捧 _{féng} 奉也。從手，夆聲。甫蛩反（fēng）②。

舁 _{yú} 對舉也。從手，與聲。臣鍇曰：會意。以虛反。

【校】《玉篇》作"擧，舉也"，段依改。"舁"下鍇有"一曰輿"，鉉刪之，蓋因此作"舉"而刪也。

掀 _{xiān} 舉出也。從手，欣聲。《春秋傳》曰："掀公出于淖。"忻元反。

扬 _{zhěng} 上舉也。從手，升聲。《易》曰："扬馬壯，吉。"只競反。

【校】今《易》作"拯"。○"壯，吉"下當補"一曰出溺曰扬"六字，見《文選·七啟》及《頭陀寺碑》注引。

　　撜 扬或從登。

揭 _{jiē} 高舉也。從手，曷聲。臣鍇曰：《周禮》曰："書而揭之。"豈例反（qì）③。

【校】書而揭之，按：《職金》曰"楬而璽之"，《泉府》曰"楬而書之"，

皆作"楬"，鍇説疑誤。

振 振 舉救也。從手，辰聲。一曰奮也。章信反。

扛 扛 橫關對舉也。從手，工聲。**臣鍇按**：《神僊傳》：扛鼎之士。溝降反。

捎 捎 自關以西，凡取物之上者爲撟捎。從手，肖聲。**臣鍇曰**：謂取其捎也。䉈巢反。

【校】取其，其，當作"爲"。

扮 扮 握也。從手，分聲。讀若蚡。房粉反。

撟 撟 舉手也。從手，喬聲。一曰撟，擅也。己少反。

擁(擁) 擁 抱也。從手，雝聲。宛宂反。

擩 擩 染也。從手，需聲。《周禮》曰："六曰擩祭。"然柱反。

【校】段云當作㑋，㑋聲。

揄 揄 引也。從手，俞聲。羊朱反。

擊 擊 擊攫，不正也。從手，般聲。別安反。

攫 攫 擊攫也。從手，蒦聲。一曰布攫；一曰握也；一曰搤也。烏獲反。

【校】一曰搤也，鉉無此四字。

抃 抃 拊手也。從手，弁聲。皮變反。

擅 擅 專也。從手，亶聲。時絹反。

揆 揆 葵也。從手，癸聲。**臣鍇曰**：《詩》曰："天子葵之。"葵，揆也。虬癸反（guǐ）。

【校】"葵也"，戴侗云唐本作"度"。《詩》"天子葵之"，借"葵"爲"揆"也。

擬 擬 度也。從手，疑聲。牛以反。

損 損 減也。從手，員聲。思忖反。

^{shī}
失　_疑　縱也。從手，乙聲。詩必反。

^{bō}
撥　_攢　治也。從手，發聲。北末反。

^{tuō}
挩　_洲　解挩也。從手，兌聲。他活反。

^{yì}
挹　_抒　抒也。從手，邑聲。臣鍇曰：從上酌之也。伊溼反。

^{shū}
抒　_拐　挹也。從手，予聲。神杵反（shù）。

^{jué}
攫　_攫　扟也。從手，矍聲。俱慢反。

^{zhā}
拞　_祖　挹也。從手，且聲。讀若樐梨之樐。臣鍇按：任昉《彈文》曰：“舉手拞苑臂。”側巴反。

【校】拞苑臂，拞，今《文選》作“揸”；苑，當作“范”。

^{shēn}
扟　_卅　從上挹也。從手，卂聲。讀若莘。所臻反。

^{zhí}
拓　_狎　拾也，陳宋語也。從手，石聲。貞石反。

　　摭　_掠　拓或從庶。

^{jùn}
攟　_攢　拾也。從手，麇聲。居郡反。

^{huàn}
擐　_擐　貫也。從手，睘聲。《春秋傳》曰：“擐甲執兵。”戶慣反。

^{rǎo}
擾（擾）　_纕　煩也。從手，夒聲。臣鍇曰：夒，乃高反。爾小反。

^{hāo}
撓　_撓　擾也。從手，堯聲。一曰捄也。哈勞反^①。

^{gēng}
揯　_烟　引急也。從手，恆聲。臣鍇曰：揯猶亙也，橫亙之也。溝恆反。

^{suō}
摍　_搁　蹴引也。從手，宿聲。色逐反。

^{qián}
摼　_攧　相援也。從手，虔聲。機元反（jiān）^②。

^{yuán}
援　_援　引也。從手，爰聲。羽元反。

---

① 《廣韻》又奴巧切（nǎo）。今讀náo。
② 注音依《集韻》渠言切。

chōu

搊 **𣪈** 引也。從手，留聲。敕留反。

抽 **𢪛** 搊或從由。

挼 **𢿝** 搊或從秀。

bá

拔 **𢴺** 擢也。從手，犮聲。彭札反。

yà

揠 **𢶓** 拔也。從手，匽聲。臣鍇曰:《孟子》曰:"宋人患苗不長而揠之也。"尼戛反。

dǎo

擣 **𢲲** 手椎也。從手，壽聲。一曰築也。得早反。

【校】鉉作擣。

luán

攣 **𢷡** 係也。從手，䜌聲。呂員反。

tǐng

挺 **𢶃** 拔也。從手，廷聲。笛鼎反（dìng）。

qiān

攓 **𤸰** 拔取也。從手，寒聲。《楚詞》曰:"朝攓阰之木蘭。"豈虔反。

【校】"拔取也"下鉉有"南楚語"三字。〇今《離騷》作"搴"字。

tān

撢（探）**𤸪** 遠取之也。從手，突聲。臣鍇曰: 突音脱。他含反。

【校】突音脱，當作"突音渜"，此鈔寫之譌。

tàn

撢 **𢲪** 探也。從手，覃聲。臣鍇曰:《周禮》有撢人。陀闇反。

nuó

挼 **𢲥** 推也。從手，委聲。一曰兩手相切摩也。臣鍇按:《詩》注"瀿濯煩挼"之事是也。奴戈反。

【校】推也，《玉篇》《韻會》俱作"摧也"。〇煩挼，《詩》箋作"煩撋"，《音義》云:"煩撋，猶挼莏也"。

piē

撆 **𢻋** 別也。從手，敝聲。一曰繫也。僻噎反。

【校】別也，當作"捭也"，《文選·洞簫賦》注引作"飾也"。"飾、捭"義同。〇繫也，當作"擊也"。

è

搹 **𢶹** 把也。從手，鬲聲。讀若戹。晏索反。

扼 **𢸷** 搹或從戹。

揻^{hàn} 搋 搖也。從手，咸聲。侯坎反。

搦^{nuò} 搦 按也。從手，弱聲。女伯反。

掎^{jǐ} 掎 偏引；一曰踦也。從手，奇聲。臣鍇按：《春秋左傳》：“譬如捕鹿……諸戎掎之。”居綺反。

【校】一曰踦，鉉無此三字。

揮^{huī} 揮 奮也。從手，軍聲。火韋反。

扞^{hàn} 扞 伎也。從手，干聲。侯玩反。

【校】伎，鉉作“忮”。按：疑當作“抵”。

摩^{mó} 摩 研也。從手，麻聲。没訛反。

【校】研也，“研”當作“搴”。

搴^{yán} 搴 摩也。從手，研聲。禦堅反。

【校】鉉無此篆。

挋^{pī} 挋 反手擊也。從手，匙聲。臣鍇按：《春秋左傳》：“挋而殺之。”篇兮反。

【校】今《左》作“批”。

攪^{jiǎo} 攪 亂也。從手，覺聲。《詩》曰：“祇攪我心。”根卯反。

挏^{rǒng} 挏 推擣也。從手，茸聲。而擁反。

撞^{zhuàng} 撞 卂擣也。從手，童聲。臣鍇曰：東方朔曰：“以莛撞鐘。”宅邦反（chuáng）①。

摧^{cuī} 摧 擠也。從手，崔聲。一曰挏；一曰折也。臣鍇曰：挏，推動也。徂回反（cuí）。

排^{pái} 排 擠也。從手，非聲。步乖反。

擠^{jǐ} 擠 排也。從手，齊聲。子計反。

---

① 《廣韻》又直絳切。

抵 ^{dǐ} 擠也。從手，氐聲。的米反。

捆 ^{yīn} 就也。從手，因聲。**臣鍇按**：《易》：“因而重之。”今此捆扔字皆作因仍也。伊倫反。

【校】“今此”二字當作“當作此”三字。○“皆作”上當有“今”字。

扔 ^{rēng} 因也。從手，乃聲。而應反（réng）。

括 ^{kuò} 絜也。從手，昏聲。**臣鍇按**：《周易》曰：“括囊，無咎。”古活反（guō）。

擘 ^{bò} 撝也。從手，辟聲。八麥反。

撝 ^{huī} 裂也。從手，爲聲。一曰手指撝。喧垂反。

挗 ^{huò} 裂也。從手，赤聲。麾獲反。

扐 ^{lè} 《易》筮，再扐而後卦。從手，力聲。郎忒反。

技 ^{jì} 巧也。從手，支聲。强倚反。

摹 ^{mó} 規也。從手，莫聲。門胡反。

拙 ^{zhuō} 不巧也。從手，出聲。燭悦反。

搨 ^{tà} 縫指搨。從手，沓聲。讀若眔。一曰韋緒。**臣鍇曰**：今射搨，縫衣所用捍鍼也，以韋爲之也。道合反。

【校】韋緒，當作“韋韜”，鉉作“韜也”，蓋以韋韜物亦曰“搨”也。○今射搨，當作“今時指搨”。

搏 ^{tuán} 圜也。從手，專聲。杜酸反。

【校】圜也，《韻會》引作“以手圜之也”。

搰 ^{hú} 手推之也。從手，𡈭聲。胡兀反。

撮 ^{cuō} 四圭也。從手，最聲。亦二指撮也。**臣鍇按**：《漢·律曆志》：“以量者不失圭撮。”村奪反。

【校】二指，按《漢志》注，當作“三指”。○以量，當作“量多少”。

挶（jū）　盛土於梩中也。從手，求聲。一曰擾也。《詩》曰："挶之陾陾。"臣鍇曰：梩，盛土之器也。卷于反。

【校】擾也，與上"撓"注"一曰挶"義合。《韻會》作"捄"，疑誤。

拮（jié）　手口共有所作也。從手，吉聲。《詩》曰："予手拮据。"臣鍇曰：以手及口各舉衣衿之一角也。經節反。

【校】以手及口各舉衣衿之一角也，按：此說似以"拮"爲"擷"，不合《詩》意，疑是"手病口病，故能免乎大鳥之難"之譌，見《詩傳》。

搰（hú）　掘也。從手，骨聲。胡兀反。

掘（jué）　搰也。從手，屈聲。瞿弗反。

掩（yǎn）　斂也，小上曰掩。從手，奄聲。依漸反。

摡（gài）　滌也。從手，既聲。《詩》曰："摡之釜鬵。"苟代反。

【校】今《詩》作"溉"。

揟（xū）　取水沮也。從手，胥聲。武威有揟次縣。先居反。

【校】水沮，《篇》《韻》作"水具"。段云"沮"即今"渣"字。

播（bō）　種也。從手，番聲。一曰布也。臣鍇曰：《尚書》曰："暨益播。"補貨反。

【校】益，當作"稷"。

𢿳　古文播從攴。

挃（zhì）　穫禾聲也。從手，至聲。《詩》曰："穫之挃挃。"知疾反。

摯（zhì）　刺也。從手，致聲。一曰刺之財至也。涉利反（shì）[1]。

抓（wù）　動也。從手，兀聲。臣鍇按：《詩》曰："天之抓我。"吾忽反。

捐（yuè）　折也。從手，月聲。元伐反。

拉（lā）　摧也。從手，立聲。勒沓反。

---

[1] 注音依《廣韻》陟利切。

jiū 摎　縛殺也。從手，翏聲。**居幽反**。

tà 撻　鄉飲酒，不敬，撻其背。從手，達聲。**它末反**。

【校】“不敬”上鉉有“罰”字。

　　遽　古文撻。《周書》曰：“遽以記之。”

　　【校】今《書》亦作“撻”。

cuò 挫　摧也。從手，坐聲。**祖臥反**（zuò）。

lìng 掕　止馬也。從手，夌聲。**輦孕反**。

pēng 抨　彈也。從手，平聲。**普萌反**。

【校】彈，鉉作“撣”，非。

quán 捲　气勢也。從手，卷聲。《春秋國語》曰：“予有捲勇。”一曰捲，收也。**衢員反**。

【校】予有捲勇，鉉無“予”字。按：《齊語》曰“於子之鄉，有拳勇股肱之力”，則“予”當爲“子”，且脱“之鄉”二字。

chā 扱　收也。從手，及聲。**楚乏反**。

jiǎo 摷　拘擊也。從手，巢聲。**即沼反**。

āi 挨　擊背也。從手，矣聲。**遏駭反**（ǎi）。

pū 撲　挨也。從手，菐聲。**別卓反**（báo）[①]。

qiào 撽　旁擊也。從手，敫聲。**牽料反**。

【校】鉉作敫。

diǎo 扚　疾擊也。從手，勺聲。**得了反**。

chì 抶　笞擊也。從手，失聲。**臣鍇按**：《春秋左傳》曰：“歜以戈抶職。”**暢七反**。

【校】以戈，《左》作“以扑”。

---

① 《廣韻》又普木切。

zhǐ
抵　側擊也。從手，氏聲。**臣鍇按：**《史記》曰："抵掌而談。"①梁到溉見《廣絶交論》，"抵几於地"。真彼反。

yǎng
抰　以車鞅擊也。從手，央聲。殷仰反。

bǔ
㨐　衣上擊也。從手，保聲。布偶反。

bǎi
捭　兩手擊。從手，卑聲。北買反。

chuí
捶　以杖擊也。從手，垂聲。一曰摘也。職累反（zhuǐ）。

【校】一曰摘也，鉉無此四字。按：摘，疑當作"擿"。擿，搔也。

què
㩁　敲擊也。從手，隺聲。刻學反。

yìng
摬　中擊也。從手，竟聲。一竟反。

fú
拂　過擊也。從手，弗聲。**臣鍇曰：**擊而過之也。分勿反。

kēng
擫　擣頭也。從手，堅聲。讀若《論語》"鏗爾舍瑟而作"。懇耕反。

【校】舍瑟，錢鈔"瑟"作"琴"。

dǎn
抌　深擊也。從手，冘聲。讀若告言不正曰抌。竹甚反（zhěn）②。

【校】讀若告言不正曰抌，"抌"疑當作"誕"。"耽、妉"從冘，與"誕"同母，故"抌"《唐韻》亦音"默"。

huǐ
毀　傷擊也。從手，毀聲。吁委反。

jī
擊　攴也。從手，毄聲。**臣鍇曰：**攴，撲也。堅歷反。

kàng
抗　扞也。從手，亢聲。香浪反（hàng）③。

　　杭　抗或從木。

bǔ
捕　取也。從手，甫聲。盤怖反（bù）。

---

①《戰國策・秦策一》："見説趙王於華屋之下，抵掌而談。"

② 注音依《廣韻》都感切。

③《廣韻》又苦浪切。

籍 ^{cè}籍 刺也。從手，籍省聲。《春秋國語》曰："籍魚鼈。" 助責反 (zé)①。

【校】今《國語》作"獵"，《周禮》作"籍"。

撚 ^{niǎn}撚 執也。從手，然聲。一曰蹂也。泥泫反。

挂 ^{guà}挂 畫也。從手，圭聲。古賣反。

【校】畫也，戴侗云唐本作"縣也"。

挓 ^{tuō}挓 曳也。從手，它聲。忒羅反。

捈 ^{tú}捈 臥引也。從手，余聲。杜都反。

拽 ^{yè}拽 捈也。從手，世聲。延世反 (yì)②。

揤 ^{jí}揤 捽也。從手，即聲。魏郡有揤裴侯國。煎弋反。

搧 ^{biàn}搧 搏也。從手，扁聲。翩克反 (piǎn)③。

撅 ^{jué}撅 以手有所把也。從手，厥聲。俱越反。

【校】把，段云當作"杷"。

攄 ^{lú}攄 挐持也。從手，盧聲。論孤反。

挐 ^{ná}挐 持也。從手，如聲。一曰誣也。女除反 (nú)④。

【校】一曰誣也，鉉無此四字，下當更有"一曰牽引也"五字。按：上有"挐"篆，鉉所增也，鉉以"牽引"入"挐"下，後人依鉉改鍇，故此本"挐"下有"一曰已也"，義不可解。當刪"挐"存"挐"，以復其舊。

捽 ^{zú}捽 持頭髮也。從手，卒聲。昨沒反。

搵 ^{wèn}搵 沒也。從手，昷聲。烏悶反。

---

① 《廣韻》又測戟切。
② 注音依《廣韻》羊列切。
③ 注音依《集韻》婢善切。
④ 注音依《廣韻》女加切。

péng
搒 掩也。從手，旁聲。白享反（bàng）[1]。

gé
挌 擊也。從手，各聲。加額反。

gǒng
拲 兩手共同械也。從手，共聲。《周禮》曰：“上罪梏拲而桎。”矩悚反。

【校】共同，鉉無“共”字。

　　桼 拲或從木。

zōu
掫 夜戒守有所擊也。從手，取聲。《春秋傳》曰：“賓將掫。”臣鍇曰：所謂扝掫也。子侯反。

【校】扝掫，襄廿五年《傳》作“干掫”。

juān
捐 棄也。從手，肙聲。輿川反（yuán）。

bīng
掤 所以覆矢也。從手，朋聲。《詩》曰：“抑釋掤忌。”臣鍇按：《春秋左傳》：“釋掤而游。”[2] 掤，箭筩蓋也。借冰字。彬仍反。

【校】而游，當作“而踞”。

yū
扝 指麾也。從手，于聲。況于反（xū）[3]。

huī
摩 旌旗，所以指麾也。從手，靡聲。毀爲反。

jié
捷 獵也，軍獲得也。從手，疌聲。《春秋傳》曰：“齊人來獻戎捷。”疾矗反。

【校】齊人，今《左》作“齊侯”。

kòu
扣 牽馬也。從手、口，口亦聲。臣鍇按：《春秋左傳》：太子扣馬諫。懇走反。

【校】從手、口，口亦聲，鉉無“口亦”二字。

hùn
掍 同也。從手，昆聲。孤損反（gǔn）[4]。

---

① 注音依《廣韻》薄庚切。
② 《左傳・昭公二十五年》：“公徒釋甲執冰而踞。”
③ 注音依《廣韻》億俱切。
④ 注音依《廣韻》胡本切。

sōu
挖(搜) 𢯱 眾意皃也；一曰求也。從手，叜聲。《詩》曰："束矢其挖。"色酋反。

【校】眾意皃，鉉無"皃"字。〇求也，疑當作"索也"。

jǔ
擧(舉) 𢪘 對舉也。從手，與聲。一曰輿也。**臣鍇曰：**輿，輦也。己吕反。

【校】一曰輿也，鉉無此四字。

huàn
換 𢰗 易也。從手，奐聲。户岸反。

yè
掖 𢱤 以手持人臂投地也。從手，夜聲。一曰人臂下也。**臣鍇按：**《春秋左傳》曰："掖以赴外。"移赤反（yì）。

【校】投地也，按《左傳》釋文，當作"曰掖也"。

yáng
揚 𢪊 飛舉也。從手，昜聲。猶良反。

敭 𢼸 古文揚從攴。

文二百六十六　重二十

【校】（文二百六十六）"摯"作切音，次立補，當例補次立説。"揖、捡、拏、拓、摜、摺、揗、揄、拚、撥、扤、攣、擠、掇、捭、捽"十六篆音仍鉉，而"切"作"反"。

guāi
𠧢 𠧢 背吕也。象脅肋形也。凡𠧢之屬皆從𠧢。讀若乖。**徐鍇曰：**背，膂肉也。吕即膂字。骨淮反。

jǐ
脊(脊) 𦙶 背吕也。從肉從𠧢。津易反（jī）。

文二

説文解字通釋卷第二十四

繫傳二十四

文林郎守祕書省校書郎臣徐鍇傳釋
朝散大夫行祕書省校書郎臣朱翱反切

二十四部　文三百九十四　重四十一

女（nǚ）婦人也。象形。凡女之屬皆從女。王育説。臣鍇曰：《通論》詳矣。尼舉反。

【校】“王育説”三字，鉉在“象形”下。

姓（xìng）人所生也。古之神聖人，母感天而生子，故稱天子，因生以爲姓。從女、生，生亦聲。臣鍇曰：據典氏妻附寶感大霓繞斗星而生黃帝，顓頊母感瑤光貫月而生顓頊也。會意。息令反。

【校】因生以爲姓，鉉無此五字，而“生亦聲”下有“《春秋傳》曰：天子因生以賜姓”。○“典氏”上脱“少”字。○大霓，當作“大電”。○貫月，當作“貫月”。

姜（jiāng）神農居姜水，因以爲姓。從女，羊聲。九商反。

姬（jī）黃帝居姬水，因水爲姓。從女，臣聲。居而反。

姞（jí）黃帝之後伯鯈姓也，后稷妃家。從女，吉聲。臣鍇曰：《春秋左傳》：“姞，吉人也，后稷之元妃也。”伯鯈，南燕伯也。巨乙反。

嬴（yíng）帝少皥之姓也。從女，嬴省聲。以征反。

姚　虞舜居姚虚，因以爲姓。從女，兆聲。或以爲姚，嬈也。《史篇》以爲姚易也。延朝反。

嬞　人姓也。從女，然聲。年覓反。

嬀　虞舜居嬀汭，因以爲姓。從女，爲聲。俱爲反。

【校】爲姓，鉉作“爲氏”。

妘　祝融之後姓也。從女，云聲。羽文反。

嫄　籀文妘從鼎。

姺　殷諸侯爲亂，疑姓也。從女，先聲。《春秋傳》曰：“商有姺邳。”思典反（xiǎn）①。

姷　人姓也。從女，丑聲。《商書》曰：“無有作姷。”吼號反。

【校】今《書》作“好”。

娸　人姓也。從女，其聲。杜林説：娸，醜也。或曰讀若近。遣之反。

【校】或曰讀若近，鉉無此五字。

妊　少女也。從女，乇聲。張迀反（zhà）②。

媒　謀也。謀合二姓。從女，某聲。莫堆反。

妁　酌也。斟酌二姓也。從女，勺聲。臣鍇按：《毛詩注》曰“媒妁之言”是也。實削反。

嫁　女適人。從女，家聲。干乍反。

娶　取婦也。從女，取聲。七駐反。

婚　婦家也。從女、昏。禮：娶婦以昏時，婦人陰，故曰婚。喧盆反。

嫠　籀文婚如此。

_____

① 注音依《廣韻》所臻切。
② 注音依《廣韻》丑下切。

姻 姻 壻家也，女之所因，故曰姻。從女，因聲。伊倫反。

　　媖 媖 籀文姻從鼎。

妻 妻 婦與己齊者也。從女從中從又。又，持事，妻職也。中聲。七低反。臣次立按：徐鉉曰："中，進也，齊之義也。"

　　妻 妻 古文妻從肖、女。肖，古文貴字。

婦 婦 服也。從女持帚，灑埽也。臣鍇曰：自此以上，《通論》詳矣。符九反。

妃 妃 匹也。從女，己聲。芳非反。

媲 媲 妃也。從女，毗聲。匹計反。

妊 妊 孕也。從女、壬，壬亦聲。而沈反。

娠 娠 女妊身動也。從女，辰聲。《春秋傳》曰："后緍方娠。"一曰官婢女隸曰娠。章信反（zhèn）[1]。

媰 媰 婦人妊身也。從女，芻聲。《周書》曰："至媰婦。"臣鍇曰：今《尚書》曰："至于屬婦。"側秀反（zòu）[2]。

【校】"媰婦"上脱"于"字。

娩 娩 生子齊均也。從女，兔聲。讀若幡。符販反。臣次立按：《說文》曰：從女從生，免聲。

【校】鉉篆作𡥀。○從女，兔聲，按：鍇本既誤，而鉉亦誤，蓋《說文》無"兔"字也。此字宜入生部，從生，娩聲。不知何人移置，沿繆，與宀部"奥"字同。

嫛 嫛 婗也。從女，殹聲。幽雞反。

【校】"婗也"上當有"嫛"字。

婗 婗 嫛婗也。從女，兒聲。一曰婦恶兒。臣鍇曰：嫛婗，嬰兒

---

① 《廣韻》又失人切。
② 注音依《廣韻》仕于切。

兒也。擬西反。

母　牧也。從女，象懷子形。一曰象乳。臣鍇曰:《通論》詳
矣。莫厚反。

【校】"象乳"下鉉有"子也"二字。

嫗　母也。從女，區聲。迂注反。

媼　母老稱也。從女，㬜聲。讀若奥。武威有媼圍縣。晏考反。

【校】武威有媼圍縣，鉉無此六字。圍，《漢志》作"圍"。

姁　嫗也。從女，句聲。臣鍇曰:《史記》呂娥姁，呂后也。勖
戌反。

姐　蜀人謂母曰姐。淮南謂之社。從女，且聲。讀若左。即瓦反。

姑　夫母也。從女，古聲。古呼反。

威　姑也。從女，戌聲。律曰:"婦告威姑。"臣鍇曰: 借爲威
權也。迂歸反。臣次立按:《説文》曰:"從女從戌。"徐鍇曰: 土
盛於戌，土陰之主也，故從戌。

妣　歿母也。從女，比聲。并止反。

　　妣　籀文妣省。

姊　女兄也。從女，宋聲。津矢反。

娣　女弟也。從女，弟聲。笛計反。

妹　夫之女弟也。從女，未聲。臣鍇曰: 曹大家《女誡》所謂
"娣妹"也。莫隊反。

【校】夫之女弟，鉉無"夫之"二字。段氏移此於"娣"篆下，曰"娣，
同夫之女弟也"，以合《爾雅》郭注，而以鍇"妹"下引《女誡》爲非。
然《女誡》有，然則漢人固有此稱，許氏或沿俗稱耳，不必盡與《爾
雅》同也。

媦　楚人謂女弟曰媦。從女，胃聲。《春秋公羊傳》曰:"楚王

之妻婿。"于貴反

嫂(嫂) 𡢖　兄妻也。從女，叜聲。思討反。

姪 𡢲　兄之女也。從女，至聲。**臣鍇按**:《春秋左傳》:"姪從其姑。"亭結反（dié）[1]。

【校】兄之女，當作"兄弟之女"。段依《爾雅》改"女子謂兄弟之子"。

姨 𡥌　妻之女弟同出爲姨。從女，夷聲。**臣鍇按**:《春秋左傳》曰:"吾姨也。"寅之反。

妿 𡢴　女師也。從女，加聲。杜林説:曰加教於女也。讀若阿。鷪何反。

姆 𡢩　女師也。從女，每聲。讀若母同。**臣鍇按**:《春秋左傳》曰:"伯姬待姆。"莫透反（mào）。

媾 𡤒　重婚也。從女，冓聲。《易》曰:"匪寇婚媾。"格漚反。

姼 𡣕　美女也。從女，多聲。尺紙反。

　　姼 𡛸　姼或從氏。

妭 𡝫　美婦也。從女，犮聲。**臣鍇曰**:一曰鬼婦。張衡《東京賦》曰:"溺女妭於神潢。"步抔反。

【校】女妭，今《文選》作"女魃"；此引與《廣韻》合。

媐 𡣗　女隸也。從女，奚聲。**臣鍇按**:《周禮》曰:"奚八人。"借奚字。賢迷反。

婢 𡣎　女之卑者。從女、卑，卑亦聲。**臣鍇曰**:會意。頻旨反。

妭 𡜒　婦官也。從女，弋聲。以即反。

奴 𡚽　奴婢皆古辠人。從女，又聲。《周禮》曰:其奴，男入于辠隸，女入于春藁。"内都反。臣次立曰:又非聲。按徐鉉云:又，手也；持事者也。當云從又。

────────────

① 《廣韻》又直一切。

奴 𡜎 古文奴從人。

嬸 𡢻 ^{qián} 甘氏《星經》曰：太白號上公妻曰女嬸，居南斗，食厲，天下祭之，謂之明星。從女，前聲。臣鍇曰：甘氏，《史記·張耳傳》所謂甘公。太白，陰也，故爲上公妻。《山海經》："西王母……司天之厲。"厲，癘气也。即然反（jiān）^①。

【校】故爲上公妻，按：《天官書》"太白，大臣也，號上公"，甘氏《星經》亦當以"妻曰女嬸"爲句，鍇以"上公妻"連讀，未詳何據。

娲 𡠒 ^{wā} 古之神聖女，化萬物者也。從女，咼聲。古蛙反（guā）。

　　嬌 𡢃 籀文娲從𩏪。

娀 𡦡 ^{sōng} 帝高辛之妃，卨母號也。從女，戎聲。《詩》曰："有娀方將。"臣鍇曰：《呂氏春秋》：女娀，高辛之妃，吞燕卵所生契也。昔中反。

【校】所生，當作"而生"。

娥 𡤰 ^é 帝堯之女，舜妻，娥皇也。從女，我聲。秦晉謂好曰娙娥。臣鍇按：漢制："婦官有娙娥。"云娙娥，女子長而好也。偶和反。

【校】"娥皇"下鉉有"字"字。

嫄 𡢩 ^{yuán} 台侯之女，周棄母字。從女，原聲。臣鍇曰：所謂姜嫄。言袁反。

【校】台侯，鉉作"台國"。

嬿 𡤴 ^{yàn} 女字也。從女，燕聲。于甸反。

妸 𡜢 ^ē 女字。從女，可聲。讀若阿。罵何反。

頦 𩑶 ^{xū} 女字也。從女，須聲。《楚詞》曰："女頦之嬋媛。"賈侍中說：楚謂姊爲頦。四于反。

---

① 注音依大徐本昨先切。

婕_{jié}　女字也。從女，疌聲。讀若接。疾聶反。

媀_{yú}　女字也。從女，與聲。讀若予。臣鍇曰：古婕好字也。以虛反。

靈_{líng}　女字也。從女，霝聲。連丁反。

嫽_{liào}　女字也。從女，尞聲。力照反。

妷_{yǐ}　女字也。從女，衣聲。讀若依。於機反。

婤_{zhōu}　女字也。從女，周聲。隻留反。

姶_è　女字也。從女，合聲。《春秋傳》曰：“嬖人婤姶。”一曰無聲。烏合反。

改_{jǐ}　女字也。從女，己聲。訖耳反。

妊_{tǒu}　女字也。從女，主聲。臣鍇按：《春秋左傳》宋華妊，人名也。土偶反。

奻_{jiǔ}　女字也。從女，久聲。幾柳反。

【校】鉉作婏。

姼_{ěr}　女號也。從女，耳聲。然侍反。

【校】女號，《篇》《韻》作“女字”。

始_{shǐ}　女之初也。從女，台聲。臣鍇按：《易》曰：“有天地然後有萬物，有萬物然後有男女，有男女然後有夫婦，有夫婦然後有父子、君臣、上下。”又曰：“至哉坤元，萬物資始。”坤，母道也。會意。施起反。

【校】“會意”上當補“故從女”三字。

媚_{mèi}　說也。從女，眉聲。密至反。

嫵_{wǔ}　媚也。從女，無聲。臣鍇曰：相如《上林賦》曰：“嫵媚冉弱。”焚柱反（fù）①。

---

① 注音依《廣韻》文甫切。焚，四庫本、四部叢刊本作“然”，待考。

【校】冉弱，《文選》作"纖弱"。

媄 媄　色好也。從女，美聲。�免鄙反。 *měi*

嫗 嫗　媚也。從女，畜聲。許郁反。 *xù*

嫷 嫷　南楚之外謂好曰嫷。從女，隋省聲。吐破反（tuò）①。 *tuǒ*

【校】按鍇本篆當作"嫷"，故云"隋省聲"。鉉改"嫷"，刪"省"字，而云作"嫷"，非。此篆或依鉉改而注未改也。

姝 姝　好也。從女，朱聲。尺朱反（chū）。 *shū*

好 好　美也。從女、子。臣鍇曰：子者，男子之美稱也。會意。蒿老反。 *hǎo*

嬹 嬹　説也。從女，興聲。香孕反。 *xìng*

嬮 嬮　好也。從女，厭聲。於潛反。 *yān*

姝 姝　好也。從女，殳聲。《詩》曰："靜女其姝。"臣鍇曰：今《詩》作姝。尺朱反（chū）。 *shū*

姣 姣　好也。從女，交聲。臣鍇按：《史記》曰：秦"後有長姣美人"。根卯反。 *jiǎo*

【校】曰秦，當作"蘇秦曰"。

嬽 嬽　好也。從女，𤕠聲。讀若蜀郡布名。臣鍇曰：此今人所書娟字也。於旋反。 *yuān*

【校】蜀郡布名，疑當作"南方篞布名絟"。按：蜀郡布名"繠"，聲不合。此見《漢書·江都王傳》"荃葛"注，謂"南方篞布，皆謂荃也"。

娧 娧　好也。從女，兌聲。吐役反。 *tuì*

媌 媌　目裏好也。從女，苗聲。夢梢反。 *máo*

嫿 嫿　靜好也。從女，畫聲。麾獲反。 *huà*

---

① 注音依《廣韻》他果切。

wǎn
婠 體德好也。從女，官聲。讀若楚郤宛。宛桓反。

xíng
娙 長好也。從女，巠聲。擬鏗反（yíng）①。

zàn
嬒 白好也。從女，贊聲。或曰不謹也。箭鴈反。

【校】或曰不謹也，鉉無此五字。

luán
孌 順也。從女，䜌聲。《詩》曰：“婉兮孌兮。”莫還反。

【校】今《詩》作“孌”。

變　籀文孌如此。

【校】鉉毛本無此篆，嫌與下複也，不知許書自有此例。

wǎn
婉 順也。從女，宛聲。《春秋傳》：太子痤婉。蔚遠反。

【校】太子痤，按《左傳》，當作“公子佐”，此許肊記之謁。

wǎn
婑 婉也。從女，夗聲。迂券反。

dòng
姷 項直兒也。從女，同聲。它奉反（tǒng）②。

yàn
嫣 長兒也。從女，焉聲。臣鍇曰：漢有韓嫣。倚健反。

rǎn
姌 弱長兒。從女，冉聲。柔檢反。

niǎo
嫋 姌也。從女，弱聲。臣鍇按：《楚辭》曰：“嫋嫋兮秋風。”褭了反。

【校】弱聲，鉉無“聲”字。

xiān
孅 銳細也。從女，韱聲。先廉反。

【校】銳，鉉作“兌”。

míng
嫇 嫈嫇也。從女，冥聲。一曰嫇嫇，小人兒。民平反。

【校】嫈，鉉作“嬰”，按《廣韻》《韻會》，當作“嫈”。

yáo
媱 曲肩行兒。從女，䍃聲。延朝反。

xuān
嬛 材緊也。從女，睘聲。《春秋傳》曰：“嬛嬛在疚。”臣鍇曰：

---

① 注音依《廣韻》戶經切。

② 注音依《廣韻》徒摠切。

張衡賦所謂“嬽材”也。虛全反。

【校】嬽嬽在疚,《周頌》如此,《左傳》作“榮榮余在疚”。○嬽材,按:今《南都賦》作“僿才齊敏”。

姽 嫿　閑體行姽姽也。從女,危聲。臣鍇曰:閑體,體閑放也。五累反(wěi)①。

【校】閑體,閑,當作“閒”,凡三見。宋人多“閑、閒”不分也。《神女賦》注引《說文》:“姽,靖好兒。”

媒 裸　姽也。從女,果聲。一曰果敢也;一曰女侍曰媒。讀若騧,一曰若委。孟軻曰:舜“爲天子……二女媒”。烏禍反。

【校】姽也,鉉作“婐也”。段云當作“媒婐”。按:鉉本次“婐”上,故段從“婐”,此次“姽”下,疑鍇本如此,不與鉉同也。○一曰果敢也,鉉無此五字。○二女媒,媒,今《孟子》作“果”。

委 羡　委隨也。從女,禾聲。臣鍇按:《春秋左傳》曰:“女子從人者也。”醞累反。臣次立曰:禾非聲。按徐鉉曰“委,曲也。取禾穀垂穗委曲之兒”,當云“從禾”。

婑 胒　媒婑也;一曰弱也。從女,厄聲。臣鍇曰:厄音一果反。奴埵反。

姞 舢　小弱也。從女,占聲。一曰女輕薄善走。讀若占。一曰多技藝。齒摺反(chè)②。

婆 濺　姷也。從女,沾聲。敕淹反。

姷 忴　婆姷也。從女,今聲。一曰善笑兒。虔占反③。

嬌 欂　竦身也。從女,篙聲。讀若《詩》曰“糾糾葛屨”。己少反。

婧 犕　竦立也。從女,青聲。一曰有才。讀若韭菁。臣鍇按:劉

_____

① 《廣韻》又過委切。

② 《廣韻》又處占切。

③ 《廣韻》又許兼切。四庫本、四部叢刊本處占反(chān),同《廣韻》。

向《列女傳》：“齊有女婧。”此併反。

【校】女婧，當作“妾婧”，《列女傳》云“管仲妾”。

姘 妌（jìng）靜也。從女，井聲。從性反。

妭 妭（fá）婦人皃。從女，乏聲。匹乏反。

嫙 嫙（xuán）好女也。從女，旋聲。旋延反。

【校】好女也，鉉無“女”字。

齎 齎（qí）材也。從女，齊聲。子泥反（jī）①。

姡 姡（huá）面醜也。從女，昏聲。戶刮反。

【校】面醜，段用《爾雅》“靦，姡也”訓改“醜”爲“靦”。

嬥 嬥（diào）直好皃。從女，翟聲。一曰嬈也。徒了反。

嫢 嫢（guī）媞也。從女，規聲。讀若癸。秦晉謂細要曰嫢。蚳葵反。

【校】細要，鉉無“要”字。按：《方言》：“嫢、笙、摯、摻，細也。秦晉閒凡細而有容謂之嫢。”則“要”字當作“而有容”三字。

媞 媞（shì）諦也。從女，是聲。一曰妍黠也；一曰江淮之閒謂母曰媞。善紙反。

婺 婺（wù）不繇也。從女，孜聲。勿赴反。

【校】不繇，鉉毛本作“不德”，非是。

嫺 嫺（xián）雅也。從女，閒聲。臣鍇曰：謂閒雅逶迤若女子也。候艱反。

娹 娹（xī）說樂也。從女，配聲。臣鍇按：《春秋左傳》鄭有公子娹。軒其反。

【校】鄭有公子娹，按：子罕名喜，疑或本作“娹”。

娛 娛（yú）樂也。從女，吳聲。元于反。

娭 娭（xī）戲也。從女，矣聲。一曰卑賤名也。過在反（ǎi）②。

----

① 注音依《廣韻》徂奚切。
② 注音依《廣韻》許其切。

dān

媅 樂也。從女，甚聲。覩貪反。

wěi

娓 順也。從女，尾聲。讀若媚。亡斐反。

dí

嫡 嬌也。從女，啻聲。顛狄反。

zhú

嬌 謹也。從女，屬聲。讀若人不孫爲不嬌。輟蜀反。

【校】不嬌，鉉無“不”字。段云當作“讀若人不孫爲倨”，同母相鰌也。

yuàn

婉 宴婉也。從女，冤聲。迂眷反。

yǎn

嫸 女有心嫸嫸也。從女，弇聲。依漸反。

rǎn

㜣 諟也。從女，染聲。柔檢反。

zhuān

嫥 壹也。從女，專聲。一曰女嫥嫥。準旋反。

rú

如 從隨也。從女從口。臣鍇曰：女子從父之教，從夫之命，故從口。《春秋傳》：“公如齊。”《左傳》曰：如其言此。會意。熱除反。

【校】“故從”下當有“女”字。○《左傳》曰如其言此，當作“注曰：如，從此適彼也”。

zé

嫧 齊也。從女，責聲。千僻反（qì）①。

chuò

婖 謹也。從女，束聲。讀若謹敕數數。測角反。

xiān

嬐 敏疾也。從女，僉聲。一曰莊兒。牛檢反（yǎn）②。

【校】莊兒，鉉作“莊敬兒”。

pín

嬪 服也。從女，賓聲。臣鍇曰：《尚書》：“嬪于虞。”婢民反。

zhì

摯 至也。從女，執聲。《周書》曰：“大命不摯。”讀若執同。《虞書》曰：雉摯。戰媚反。

【校】段云當作摯，執聲。○《周書》，當作“《商書》”。不摯，今《書》作“不摯”。○讀若執同，執，鉉作“摯”，段云當作“執”。○雉摯，摯，今《書》作“贄”。

────────────

① 《廣韻》又側革切。

② 注音依《集韻》思廉切。

婚　俛伏也。從女，沓聲。一曰伏意也。它合反。

【校】伏意，《集韻》作“服意”。

晏　安也。從女，晏省聲。《詩》曰：“以晏父母。”殷訕反。

【校】“晏省聲”三字，鉉作“日”。○以晏父母，今《詩》無此語。段云疑即《葛覃》詩末句古本。

嬗　緩也。從女，亶聲。一曰傳也。時絹反。

嬶　保任也。從女，辜聲。臣鍇曰：若律令傷人保嬶也。古乎反。

【校】保嬶，漢律作“保辜”。

媻　奢也。從女，般聲。一曰小妻也。步他反。

【校】一曰小妻也，鉉無此五字。

娑　舞也。從女，沙聲。《詩》曰：“市也婆娑。”先多反。

媉　耦也。從女，有聲。讀若佑。延救反。

侑　媉或從人。

姰　鈞適也。謂男女并也。從女，旬聲。讀若旬。堅鄰反。

【校】鈞，疑當作“均”。○讀若旬，疑當作“讀若《周禮》‘公旬’”。

娑　婦人小物也。從女，此聲。《詩》曰：“屢舞娑娑。”即宜反。

【校】娑娑，疑即《詩》“傲傲”，段以爲“傞傞”。

妓　婦人小物也。從女，支聲。讀若跂行。臣鍇曰：物猶言人物也。強倚反。

【校】跂行，當作“蚑行”。

嬰　頸飾也。從女、賏。賏其連也。臣鍇曰：會意。又，女曰嬰。《通論》詳矣。伊貞反。

【校】頸飾也，按：《文選・陸機〈赴洛〉》詩注引《説文》曰“繞也”，當是許舊本。○其連，當作“連貝”。

姦　三女爲姦。姦，美也。從女，少聲。臣鍇按：《國語》：“人三爲眾，女三爲姦。”姦，美物也。今借粲字。七贊反。

【校】歺聲，鉉作"奻省聲"。

媛 美女也。人所欲援也。從女，爰聲。《詩》曰："邦之媛兮。"

臣鍇曰：援，援助也。王化之基，始於内德也。于面反。

【校】援助，當作"引助"。鉉采屬入許書，故此誤也。

娉 問也。從女，甹聲。扁令反。

娽 隨從也。從女，录聲。劣束反。

妝 飾也。從女，牀省聲。臣鍇曰：今俗作粧。側羊反。

孌 慕也。從女，䜌聲。菫遣反

媟 嬻也。從女，枽聲。私列反。

嬻 媟嬻也。從女，賣聲。陀谷反。

婃 短面也。從女，窡聲。誅狊反。

嬖 便辟也。愛也。從女，辟聲。臣鍇按：《春秋左傳》云："嬖人之子也。"辟桂反。

㜎 難也。從女，𣪊聲。起賣反（kài）①。

妎 妒也。從女，介聲。恆艾反。

妒 婦妒夫也。從女，户聲。得兔反。

媢 夫妒婦也。從女，冒聲。讀若胞。一曰梅目相視也。臣鍇按：《史記》曰："妒媢生患。"莫號反。

【校】讀若胞，鉉無此三字。○梅目，鉉無此二字。按：《玉藻》"視容瞿瞿梅梅"，注"不審視也"，梅猶昧，故字從冒。段云"梅當作怒，或作映侮"，未確，蓋不必與"妒媢"同説也。

媄 巧也，《詩》曰："桃之媄媄。"女子笑皃。從女，芺聲。臣鍇曰：少而速壯也。殷喬反。

---

① 《廣韻》又苦計切。

【校】注譌舛，當作"巧笑也。從女，芺聲。一曰女子好皃。讀若《詩》曰'桃之枖枖'"。"桃夭"作"枖"，已見木部。鍇說"少而速壯"，即借"枖"說"媄"，可以知"女好"之非"女笑"矣。

佞　嫇　巧讇高材也。從女，仁聲。年徑反。臣次立曰：仁非聲，按《說文》曰"從信省"，徐鉉曰"女子之信，近於佞也"。

【校】仁聲，鉉作"信省"。

嫈　嫈　小心態也。從女，熒省聲。恩行反。

嫪　嫪　姻也。從女，翏聲。勞到反。

姻　婳　嫪也。從女，固聲。渾素反。

姿　姿　態也。從女，次聲。子私反。

嫭　嫭　驕也。從女，虘聲。臣鍇按：嵇康詩曰①："母兄鞠育，有慈無威，恃愛肆嫭，不訓不師。"借姐字也。即絮反。

妨　妨　害也。從女，方聲。臣鍇曰：若女之性相妨也。弗商反。

【校】"相妨"下當有"害"字。

妄　妄　亂也。從女，亡聲。聞誑反。

媮　媮　巧黠也。從女，俞聲。臣鍇按：《春秋左傳》："趙孟媮甚矣。"忒婁反。

【校】趙孟媮甚矣，按：襄卅一年《傳》"穆叔曰：吾語諸趙孟之偷也，而又甚焉"，作"偷"。唯卅年《傳》"其庸可媮乎"，作此"媮"字。

姱　姱　姱鹵，貪也。從女，污聲。渾素反。

娋　娋　小小侵也。從女，肖聲。息約反（xuē）②。

媠　媠　量也。從女，朵聲。兜果反。

妯　妯　動也。從女，由聲。臣鍇曰：《詩》曰："憂心且妯。"田溺

―――――――

① 見《幽憤詩》。
② 注音依《廣韻》所教切。

反（dí）[1]。

嫌　嫌　不平於心也。從女，兼聲。一曰疑也。臣鍇曰：女子多嫌疑。賢兼反。

媠　媠　減也。從女，省聲。臣鍇按：顏之推《家訓》作此媠字。息永反（xǐng）[2]。

婼　婼　不順也。從女，若聲。春秋有叔孫婼。褚芍反。

婞　婞　很也；一曰見親。從女，幸聲。《楚詞》曰：“鯀婞直。”賢頂反。

【校】一曰見親，鉉無此四字。按：此説爲“嬖幸”字。

嫳　嫳　易使怒也。從女，敝聲。讀若擎擊。僻劣反。

嬗　嬗　好枝格人語也；一曰靳也。從女，善聲。之闡反。

娕　娕　疾悍也。從女，叕聲。讀若唾。誅豛反。

嬐　嬐　含怒也；一曰難知也。從女，僉聲。《詩》曰：“碩大且嬐。”臣鍇曰：今《詩》云“碩大且儼”，此當云“讀若”也。五感反。

【校】碩大且嬐，《御覽》引《韓詩》正作此字，鍇説未是。

娿　娿　婀娿也。從女，阿聲。罵何反。

妍　妍　技也；一曰不省録事也。從女，开聲。一曰難侵。讀若研。一曰慧也；一曰安也。禦堅反。

娃　娃　圜深目兒也。從女，圭聲。或曰吳楚之閒謂好娃。臣鍇曰：吳有館娃宮。娃宮，深意也。恩厓反。

【校】娃宮，深意也，當作“館娃，深藏意也”。

陝　陝　不媚，前卻陝陝。從女，陝聲。臣鍇曰：乍進乍退，無姿製也。收儼反。

────────────

① 注音依《廣韻》丑鳩切。
② 注音依《廣韻》所景切。

【校】“不媚”下疑當有“也”字。○無姿製也，當作“不自制也”。

妜 㒵 鼻目閒皃。從女，夬聲。讀若煙火妜妜。縈節反。

【校】妜妜，疑當爲“焆焆”，“焆、妜”合聲也。

嫿 㶎 愚戇多態也。從女，巂聲。讀若隓。式垂反（shuī）①。

媁 㥯 不說皃也。從女，韋聲。於弃反。

嫼 㷌 怒皃也。從女，黑聲。亨勒反（hēi）②。

妭 㷟 輕也。從女，戉聲。于厥反。

嫖 㶄 輕也。從女，票聲。片袄反。

娑 㹺 沙疾也。從女，坐聲。在多反。

姎 㸞 女人自稱姎，我也。從女，央聲。晏亢反。

媁 㺊 不說皃，恣也。從女，韋聲。宇歸反。

【校】“恣也”二字衍文，鉉無此二字。

娝 㺔 如娝姿也；一曰醜也。從女，隹聲。翾惟反。

【校】如娝姿也，鉉作“姿娝，姿也”。段云當作“恣也”，謂“姿娝”即“恣睢”也。

姣 㼁 有守也。從女，弦聲。形先反。

【校】鉉作 㺸。

嫖 㽱 輕皃也。從女，扁聲。僻連反。

嫚 㽰 侮易也。從女，曼聲。謀患反。

婼 㽷 疾言失次也。從女，㕣聲。讀若愯。丑輒反。

嬬 㿉 弱也；一曰下妻也。從女，需聲。四于反（xū）③。

----

① 注音依《廣韻》呼恚切。
② 注音依《集韻》密北切。
③ 注音依《廣韻》人朱切。

婄 pǒu 𡜌[1] 不肖也。從女，否聲。讀若竹皮箁。浦吼反。

嬯 tái 𡜫 遲鈍也。從女，臺聲。闔嬯亦如此。田咍反。

嬛 niǎn 𡛹 下志貪頑也。從女，覃聲。讀若深。乃簟反。

【校】深，疑"探"之譌，如"探"之可爲"撢"也。

嬠 cǎn 𡣗 婪也。從女，參聲。此噆反。

婪 𡠦 貪也。從女，林聲。杜林説：卜者黨相詐驗爲婪。讀若譚。

臣鍇曰：女性多貪。婁參反。

【校】譚，鉉作"潭"。

嬾 lǎn 𡣫 懈怠也。從女，賴聲。一曰臥食。臣鍇曰：女性多怠也。勒但反。

【校】臥食，鉉作"臥也"，段云當作"𦣓也"，見臥部。

婁 lóu 婁 空也。從母中女，婁空之意也。一曰婁務，愚也。臣鍇曰：母一作毋，皆無也，口中空也，女心無事者也。務婁愚，故從女。勒兜反。

【校】一曰婁務，愚也，"婁務"當作"務婁"，"愚"字衍，鉉本無。〇"母一作"三字衍。〇皆無也，"皆"字衍。〇務婁愚，故從女，當作"故從女，務婁猶毅督，愚也"。

㝜 𡟥 籀文婁從人、中、女，臼聲。

【校】鉉無此篆。

𡞶 𡞶 古文婁如此。

妎 xiè 𡜬 妎妜也。從女，折聲。許列反。

妜 qiè 𡚼 得志妜妜也。從女，夾聲[2]。一曰妜息；一曰少气也。羌脅反。

【校】鉉作𡜬，夾聲，當從鉉。

嬈 niǎo 𡥉 苛也；一曰擾戲弄也。從女，堯聲。一曰嬥也。臣鍇按：

---

① 篆形疑誤。段注本作𡜌。

② 按，篆形從夾，疑誤。

《淮南子》:"少而死者,其鬼嬈。"嬈,擾撓人也。禰了反。

【校】少而死者,當作"傷死者"。○嬈擾撓人,當作"煩嬈,祟人",見高注。

婎 婎 惡也;一曰人兒也。從女,毀聲。吁委反。

姍 姍 誹也;一曰女臭也。從女,删省聲。一曰姍,翼便也。臣鍇曰:《漢書》多用爲訕字。史憲反。

【校】一曰女臭也,鉉無此五字。按:臭,疑當作"醜"。黑部"黱"注云"黱姍,下色","下色"即"醜"意也。"姍"爲"女醜",故"姍笑"亦爲"醜詆"。○姍翼便也,疑當作"衣便姍也",見《上林賦》。

媨 媨 醜也;一曰老嫗也。從女,酋聲。讀若蹴。千又反。

【校】鉉作 媨。

嫫 嫫 嫫母,古帝妃都醜也。從女,莫聲。門胡反。

【校】古帝妃,鉉無此三字。

斐 斐 往來斐斐也。從女,非聲。一曰大醜兒。甫肥反。

孃 孃 煩役也;一曰肥大也。從女,襄聲。女長反(niáng)①。

【校】煩役,鉉作"煩擾"。

嬒 嬒 女黑色也。從女,會聲。《詩》曰:"蔚兮嬒兮。"烏最反。

【校】《詩》曰"蔚兮嬒兮",當作"讀若《詩》曰'薈兮蔚兮'",艸部"薈"下已見。

媆 媆 好兒。從女,耎聲。爾件反。

媕 媕 誣挐也。從女,奄聲。於劍反。

嬒 嬒 過差也。從女,監聲。《論語》曰:"小人窮斯嬒矣。"臣鍇曰:女性易成濫也。盧闞反。

【校】今《論語》作"濫"。

---

① 注音依《廣韻》汝陽切。

ào
嫯 侮易也。從女，敖聲。**五號反**。

yín
婬 私逸也。從女，㸒聲。**移今反**。

pīng
姘 除也。從女，并聲。漢律曰：“齊人與妻婢姦曰姘。”**披彭反**（pēng）[1]。

【校】齊人，當作“齊民”，此避唐諱改也。

jiān
奸 犯淫。從女、干，干亦聲。**臣鍇曰**：《春秋左傳》曰：“臣奸旗鼓。”奸不以道犯也。**骨安反**（gān）。

bàn
姅 婦人污見也。從女，半聲。漢律曰：“見姅變，不得侍祠。”**晡漫反**。

【校】污見，鉉無“見”字。

tǐng
娗 女出病也。從女，廷聲。**笛頲反**。

【校】女出病也，疑當作“女之病也”。又按：疑是“女言黠也”之譌，見《方言》。

nào
婥 女病也。從女，卓聲。**獰教反**。

zhuì
娷 諉也。從女，垂聲。**竹至反**。

nǎo
嫍 有所恨痛也。從女，㛴省聲。今汝南人有所恨言大嫍。**臣鍇曰**：事過而好恨痛者，婦人之性也。**奴道反**。

kuì
媿 慙也。從女，鬼聲。**臣鍇曰**：易慙媿，女子也。**矩遂反**（guì）。

　　愧 媿或從恥省。

nuán
奻 訟也。從二女。**女還反**。

jiān
姦 私也。從三女。**篙山反**。

　　𢙼 古文姦從旱、心。

---

① 注音依《廣韻》普丁切。

^{qiān}嫔 嬲 美也。從女，臤聲。苦閒切。

文二百五十八　重十四

【校】（文二百五十八）"五"當作"三"。"嫔"作切音，次立補，當例補次立說。"媿、媧、嬈、姶、婚、媟、媦、嫚、妶、妏"十篆音仍鉉，而"切"作"反"。

^{wú}毌 毌 止之也。從女，有奸之者。凡毌之屬皆從毌。臣鍇曰：能有守也，此指事。文區反。

【校】"奸之者"下疑有脫文，用《禮記音義》說，擬補"一以禁之也"五字。

^{ǎi}毒 毒 人無行也。從毌、士。賈侍中說：秦始皇母與嫪毒淫，坐誅，故罵淫曰嫪毒。讀若娭。臣鍇曰：士音仕。會意。過在反。

【校】"罵淫"上鉉有"世"字。

文二

^{mín}民 民 眾氓也。從古文之象形。凡民之屬皆從民。臣鍇曰：《通論》詳矣。彌鄰反。

【校】眾氓，鉉本作"眾萌"。○象形，鉉無"形"字。

兜 兜 古文民。

【校】鉉作 夘。

^{méng}氓 岷 民也。從民，亡聲。讀若盲。沒彭反。

文二　重一

^{piě}丿 乀 右戾也。象左引之形。凡丿之屬皆從丿。臣鍇曰：其爲文，舉首而申體也。天字從此[1]。依必反（yì）[2]。

^{yì}乂 乂 芟艸也。從丿、乀相交。臣鍇曰：象刈艸之刀形。偶喙反。

---

[1]　按，天部"天"字從大，象形。

[2]　注音依《廣韻》普蔑切。

刈　乂或從刀。

fú
弗　撟也。從韋省，從丿、乀。**臣鍇曰：**弗者，違也。**分勿反。**

【校】撟，當作“矯”。

fú
乀　左戾。從反丿。讀與弗同。**皮密反**（bì）[①]。

文四　重一

yì
𠂆　抴也。明也。象抴引之形。凡𠂆之屬皆從𠂆。虒字從此。**臣鍇曰：**曳物形，象𠂆狀而不舉首也。**延世反。**

【校】抴也，明也，疑當作“側抴也”。

yì
弋　橜也。象折木鋭衺著形。𠂆，象物挂之也。**臣鍇按：**《爾雅》：“橜謂之杙。”[②] 弋，杙也。**以即反。**

【校】著形，疑當作“著物形”，段改“者形”。

文二

yí
乁　流也。從反𠂆。凡乁之屬皆從乁。讀若移。**臣鍇曰：**反𠂆，音曳也。凡曳者不順而曳之也，反曳也，故爲流。流，順也。**以支反。**

【校】反𠂆，音曳，“反”字衍。

yě
也　女陰也。象形。乁聲。**臣鍇曰：**語之餘。凡言也，則氣出口下而盡，此象气出口而下斂而盡也。**拽者反。**

　　𠤔　秦刻石文。

文二　重一

shì
氏　巴蜀名山岸脅之堆旁箸欲落墯者曰氏。氏崩，聲聞數百里。象形。乁聲。凡氏之屬皆從氏。揚雄賦曰：“響若氏隤。”**臣鍇曰：**𠮚，堆之形。乁音移。響若氏隤，《解嘲》之文，古皆通謂之賦。又姓氏也。**善紙反。**

---

① 注音依《廣韻》敷勿切。

② 《爾雅·釋宫》：“樴謂之杙。”注：“橜也。”

【校】名山，鉉作“山名”，非是。○之堆，鉉無“堆”字，非是。○氏隤，今《漢書》《文選》俱作“坻隤”。

⻚ ⻚〔jué〕　木末也。從氏而大於末也。讀若厥。臣鍇曰：指事也。俱越反。

【校】木末，當依鉉作“木本”。○而大於末，鉉無“而”字，段云當作“下本大於末”。

文二

氐 氐〔dǐ〕　至也；本也。從氏下箸一。一，地也。凡氐之屬皆從氐。臣鍇按：天根氐也。指事。的齊反。

【校】本也，鉉無此二字。

䫴 䫴〔yìn〕　臥也。從氏，重聲。于進反。

跌 跌〔dié〕　觸也。從氏，失聲。亭結反。

【校】觸也，《玉篇》云“手拔物也”。

㝵 㝵〔xiào〕　家本無注。臣鍇按：一本云“許氏無此字”，此云“家本無注”，疑許慎子許沖所言也。今《字書》云“音晧”[1]，誤也。

【校】“家本無注”四字鉉作闕。

文四

戈 戈〔gē〕　平頭戟也。從弋，一橫之。象形也。凡戈之屬皆從戈。臣鍇曰：謂戟小枝上向則爲戟，平之則爲戈。古多反（guō）。

肇 肇〔zhào〕　上諱。擊也。臣鍇曰：後漢孝和帝名也。當言始也，故從戈，肁聲。池沼反。

【校】“擊也”二字，後人依鉉引《切韻》增，當刪。○“當言始”上當補“或云擊也”四字。

戎 戎〔róng〕　兵也。從戈、巾。巾，古文甲字。臣鍇曰：會意。如融反。

――――――――――

① 注音依《廣韻》胡教切。

【校】當作□。○□，古文甲字，鉉無此五字。□，當作□，辨見日部“早”下。

kuí
戣 周制：侍臣執戣立於東垂。兵也。從戈，癸聲。揆推反。

gān
戰 盾也。從戈，旱聲。侯玩反（hàn）[①]。

jǐ
戟（戟） 有枝兵也。從戈，倝聲。《周禮》：“戟長丈六赤。”己逆反。

【校】倝聲，鉉無“聲”字，段云當作“榦省”。○赤，鉉作“尺”，古通用。

jiá
戛 戟也。從戈、百。讀若棘。根察反。

【校】棘，段云當作“孑”。

zéi
賊 敗也。從戈，則聲。**臣鍇曰：** 敗猶害也。殘忒反（zé）。

shù
戍 守邊也。從人持戈。**臣鍇曰：** 會意。失裕反。

zhàn
戰 鬥也。從戈，單聲。正彦反。

xì
戲 三軍之偏也；一曰兵也。從戈，䖒聲。**臣鍇曰：**《史記》所謂“戲下”也。忻智反。

dié
戜 利也；一曰剔也。從戈，呈聲。**臣鍇曰：**《山海經》有戜氏國，“不績不經，服也；不稼不穡，食也”。亭結反。

【校】戜氏國，戜，今作“𢧁”。氏，當作“民”。

yù
或 邦也。從囗、戈，以守一。一，地也。**臣鍇曰：** 囗音圍。此會意。于抑反。

域 或或從土。

jié
𢧐 斷也。從戈，雀聲。情鐵反。

kān
戡 殺也。從戈，今聲。《商書》曰：“西伯既戡黎。”**臣鍇曰：**《爾雅》：“堪，殺也。”慳南反。

---

① 注音依《廣韻》古寒切。

【校】今《書》作“戡”。○堪，殺也，按:《釋詁》云:“堪，勝也。”又云:“戡、殺，克也。”鍇當從“克”訓。“堪”當作“戡”。

戕 槍也。他國臣來弑君曰戕。從戈，爿聲。**臣鍇按**:《春秋左傳》:“邾人戕鄫子。”賤忘反。

【校】“鄫子”下當補“爿非聲，當云牀省聲，見‘牀’注”。

戮 殺也。從戈，翏聲。粟菊反。

戡 刺也。從戈，甚聲。**臣鍇曰**: 今以此爲戠也。慳南反。

戭 長槍也。從戈，寅聲。《春秋傳》有檮戭。異展反。

㦻 傷也。從戈，才聲。**臣鍇曰**: 哉、裁、裁、載、栽之類字從此。走該反。

戩 滅也。從戈，晉聲。《詩》曰:“實始戩商。”子善反。

【校】戩商，《詩》作“翦商”。作“戩”與傳意不合，疑是“俾爾戩穀”之譌。

戔 絶也。從从持戈。一曰田器，古文。讀若咸。一曰讀若《詩》云“攕攕女手”。**臣鍇曰**: 從二人也。會意。戩從此。精廉反。

【校】“田器，古文”下當有“以爲銛字”四字，故《廣韻》亦訓“戔”爲“銛”。金部云“銛，臿屬”。或云當作“古田器”，與畱部“甽”注同。

武 楚莊王曰:“夫武定功戢兵，故止戈爲武。”文甫反。

戢 藏兵也。從戈，咠聲。《詩》曰:“載戢干戈。”臻邑反。

戠 闕。職從此。古職字。古之職役皆執干戈。**臣鍇曰**: 闕者，不知所以從音也。章直反。

【校】鉉本“闕”下有“從戈從音”四字，而無“職從此”以下十四字。按: 虞氏《易》“合簪”作“合戠”，又《尚書》“赤埴”作“赤戠”，則此字有數聲。

戔 賊也。從二戈。《周書》曰:“戔戔巧言。”**臣鍇曰**: 兵多則殘也。會意。自閑反。

【校】賊也，按鍇説，當作“殘也”。○“戔戔巧言”下當補“也”字。
按：今《秦誓》作“截截善諞言”，《公羊傳》引作“諓諓善竫言”，
賈逵注：“諓諓，巧言也。”則此“戔戔”爲引《書》，而“巧言”爲注。

文二十六　重一

【校】（文二十六）“武”篆音仍鉉，而“切”作“反”。

戉 冰 大斧也。從戈，乚聲。《司馬法》曰：“夏執玄戉，殷執白
戚，周左杖黄戉，右把白旄。”凡戉之屬皆從戉。臣鍇曰：乚音
厥。今作鉞，鉞音劇。于厥反。

【校】右把白旄，鉉作“右秉白髦”。○“音劇”下當補“非斧戉字，
今誤借也”八字。

戚 㦜 戉也。從戉，尗聲。千益反。

文二

我 🥊 施身自謂也；或説我，頃頓也。從戈、手。手，古文垂
也。一曰古文殺字。凡我之屬皆從我。臣鍇曰：所以從戈者，取
戈自持也。或説則爲傾側之俄，故云垂也。顔左反。

【校】我，頃頓也，按鍇説，“頓”字疑衍。人部“我，頃也”[①]，正與此合。

　　㦴 㦴 古文我。

義 義 己之威儀也。從我從羊。臣鍇曰：《通論》詳矣。魚智反。

　　羛 羛 墨翟書義從弗。魏郡有羛陽鄉。讀若錡。今屬鄴，本内
黄北二十里鄉也。

　　【校】惠氏棟云今《墨子》無此字。○“今屬”上當補“臣鍇按”
三字，鉉誤入許書。

文二　重二

亅 亅 鉤逆者謂之亅。象形。凡亅之屬皆從亅。讀若橜。臣鍇曰：

———————
① 人部作“俄，行頃也”。

鉤喙之曲芒，今曰逆須。𠄌從此。瞿月反。

jué

乚乚 鉤識也。從反亅。讀若窶。臣鍇曰：鉤柄之表識，𠄌戉從此。俱越反。

【校】讀若窶，鉉作"讀若捕鳥罬"。

文二

qín

珡(琴)琴 禁也。神農所作。洞越，練朱五弦，周加二弦。象形也。凡珡之屬皆從珡。臣鍇曰：君子所以自禁制也，越竅也。巨今反。

鋈鋈 古文珡從金。

sè

瑟瑟 庖犧所作弦樂也。從珡，必聲。臣鍇曰：弘，廣也，季札觀樂，曰聖人之弘也。《史記》："黃帝使素女鼓五十弦瑟，黃帝悲……乃分之爲二十五弦。"然則五十弦，庖犧所爲也。師詑反。

【校】弦樂，按鍇說，則此本當作"弘樂弦"。蓋鉉所正，後人既依鉉改鍇，下注遂不可解。○黃帝，當作"太帝"，注謂伏羲也。《漢書》作"黃帝"。○黃帝悲，"黃"字衍。

爽爽 古文瑟。

文二　重二

yǐn

乚乚 匿也。象迟曲隱蔽形。凡乚之屬皆從乚。讀若隱。依謹反。

zhí

直(直)直 正見也。從十、目、乚。臣鍇曰：乚，隱也。今十目所見是直也。《春秋左傳》曰："叔向，古之遺直也。"會意。陳力反。

㯰㯰 古文直或從木如此。

【校】鉉作 㯰。

文二　重一

wáng

亾(亡)亾 逃也。從入、乚。凡亡之屬皆從亡。臣鍇曰：乚，音

隱。魯昭公逃於齊，稱亡人也。會意。勿強反。

乍 止也，一曰亡也。從亡、一。一，有所礙也。臣鍇曰：出
亡得一則止，暫止也。指事。愁亞反。

【校】止也，一曰亡也，當作“止亡也”三字，鍇説可證。

望 出亡在外，望其還也。從亡，朢省聲。臣鍇曰：朢音望。
聞誆反。

霖（無） 亡也。從亡，霖聲。臣鍇曰：霖音武。文區反。

无 奇字無。通於无者，虛無道也。王育説：天屈西北爲
无。臣鍇曰：无者，虛無也。無者對有之稱，自有而無。无謂
萬物之始，未始有有始也。道者象帝之先，道者，始初之爲
也，實無也。無則不容立言，故強名之曰道。強者非得意而樂
受之言，欲明其趣，故強引而名之，以爲立言之本。夫天地之
初，天動而上，地成而下，水流溼，火就燥，誰使之然哉？故
歸之自然。無動而生有，無者有初也。夫謀事在治其始，及其
中也，則不足以治之矣。故道每貴於无，无則易治，是以聖人
尚簡。《易》乾以易知，坤以簡能者，據其初也。若治器先治
其鑛璞，故曰通於无。虛無，道也。《淮南子》曰“天不滿西
北”，至此屈曲也，不滿則无也。若如初説，則中橫畫直。如
王述説，中橫畫垂。俱指事也。

【校】通於无者，无，鉉宋本作“元”。按鍇説，宜從“元”。○
虛無道也，鉉無此四字。○王育，當作“王述”，鍇説可證。宋
刻《易》釋文亦作“王述”，“育”蓋鉉所正。王育有《史篇注》。
○无謂萬物之始，“无謂”當作“元爲”。○象帝之先，象，當作
“爲”。○通於无，當作“通於元”。

匃 气也[1]。亾人爲匃。逯安説。臣鍇曰：伍子胥出亡，匃食于

---

[1] 《慧琳》卷十六《阿彌陀經》、卷三十一《佛説如來智印經》、卷四十五《長壽王經》、卷
四十七《彌勒菩薩所問經論》、卷八十一《南海寄歸内法傳》“乞匃”及卷三十三《佛
説長者子制經》“匃食”皆引《説文》作“乞也”，可證今本“气”乃“乞”字形誤。

吳市也。溝艾反。

文五　重一

匸　ㄷ　袤徯有所俠藏也。從乚，上有一覆之。凡匸之屬皆從匸。讀若徯同。臣鍇曰：徯猶立也，象形。亦啟反。

【校】俠藏，疑當作"挾藏"，段云當作"夾"。〇猶立也，疑當作"猶待也"。

區　區　踦區，藏隱也。從品在匸中。品，眾也。臣鍇曰：張衡云①："神皋隩區。"凡言區者，皆有所藏也。器于反。

【校】神皋隩區，《文選》作"奧區神皋"。

匿　匽　亡也。從匸，若聲。讀若羊驖箠。尼測反。

【校】"羊驖箠"下疑當有"鷙"字，蓋讀"匿"如"鷙"也，見金部。

匢　匢　側逃也。從匸，丙聲。一曰匢，箕屬。臣鍇曰：側幽也。《楚辭》曰："隱思君兮陫側。"陋從此。勒豆反。

【校】側逃，《玉篇》作"側匢"。〇丙聲，按：鉉曰"丙非聲，當從內，會意"，而鍇無説。疑鍇篆本作匢，內聲。

匽　匽　匿也。從匸，晏聲。臣鍇曰：《周禮》：宮人掌"井匽"。匽，霤下聚水處也。偃、鼹從此。依遠反。

匹　匹　四丈也。從匸、八，八牒一匹，八亦聲。臣鍇曰：會意。篇七反。

【校】八牒，鉉作"八揲"。段云：揲，閱持也，猶更迭以人兩臂度之也。

医　医　盛弓弩矢器。從匸、矢，矢亦聲。《春秋國語》曰："兵不解医。"臣鍇曰：會意。殹從此。伊閒反。

【校】今《齊語》作"翳"。

文七

――――――――――

① 見《西京賦》。

fāng

匚 受物之器。象形。凡匚之屬皆從匚。讀若方。**臣鍇曰**：正三方也。府昌反。

匚 籀文匚。

jiàng

匠 木工也。從匚、斤。斤，所作器也。自障反。

【校】"作器"上當依鉉補"以"字。

qiè

匧 械藏也。從匚，夾聲。輕帖反。

【校】械藏，鉉無"械"字。

篋 匧或從竹。

kuāng

匡 (匡) 飯器也。筥也。從匚，㞷聲。**臣鍇曰**：㞷音皇。區昌反。

筐(筐) 匡或從竹。

suǎn

匴 盝米籔也。從匚，算聲。**臣鍇曰**：籔，水中盝米竹器也。蘇纂反。

【校】盝，鉉作"淥"。

gòng

匔 小杯也。從匚，贛聲。卷控反。

槓 匔或從木。

fěi

匪 如篋。從匚，非聲。《逸周書》曰："實玄黄于匪。"斧尾反。

cāng

匓 古器也。從匚，倉聲。竊陽反。

tiáo

匠 田器也。從匚，攸聲。笛遼反。

yì

匴 田器也。從匚，異聲。以即反。

hū

匫 古器也。從匚，㗖聲。**臣鍇曰**：㗖音忽。呼兀反。

tóu

匬 甌匬器也。從匚，俞聲。特婁反。

【校】甌匬，鉉無"匬"字。

guì

匱 匣也。從匚，貴聲。求位反。

xiá

匣 匱也。從匚，甲聲。侯甲反。

dú

匵 匱也。從匚，賣聲。陁谷反。

匯 匯 器也。從匚，淮聲。苦罪反（kuǐ）①。

柩 柩 棺也。從匚、木，久聲。其究反。

【校】《玉篇》作“医”，而以“柩”爲或體。

　　匶 匶 籀文柩如此。臣鍇曰：今《周禮》或用此字。

匰 匰 宗廟盛主器也。從匚，單聲。《周禮》：“祭祀共匰主。”得干反。

匜 匜 似羹魁，柄中有道，可以注水酒。從匚，也聲。臣鍇曰：《春秋左傳》曰：“奉匜沃盥。”以爾反。

文十九　重五

【校】（文十九）“匰”篆音仍鉉，而“切”作“反”。

曲 曲 象器曲受物之形也。凡曲之屬皆從曲。或説曲，蠶薄也。牵六反。

【校】鉉下有重文 ∟。

豊 豊 𩰚曲也。從曲，玉聲。臣鍇曰：𩰚音委。牵六反。

甾 甾 古器也。從曲，舀聲。偷牢反。

【校】按：鉉本、汪本俱作𩰚。影鈔作此，則從匚不從曲矣，疑誤。

文三

甾 甾 東楚名缶曰甾。象形也。凡甾之屬皆從甾。側持反。

　　𠙹 𠙹 古文甾。

䶡 䶡 斛也②。古田器。從甾，韭聲。臣鍇按：《爾雅》：“斛謂之䶡。”注謂：今俗鍬鍤與此異③。楚貶反④。

【校】斛謂之䶡，“斛”當依《爾雅》作“劇”。按：許書斗部所引與

① 注音依《廣韻》胡罪切。
② 斛，斗部作“斛”。
③ 《爾雅·釋器》：“斛謂之䶡。”注：“皆古鍬鍤字。”
④ 注音依《廣韻》楚洽切。貶，待考。

此同，鍇説蓋謂"斛、劀"異文也。

畚 畚（běn）蒲器也。斛屬，所以盛種。從甾，弁聲。補忖反。

【校】盛種，鉉作"盛糧"。

缾 缾（píng）䁝也。從甾，并聲。杜林以爲竹器，揚雄以爲蒲器。讀若軿車。頻丁反。

【校】竹器，鉉作"竹筥"。

盧（盧）盧（lú）甄也。從甾，虍聲。讀若盧同。臣鍇曰：盧字從此。論孤反。

【校】甄，鉉作"罌"。

　　罏 罏 籀文盧如此。

　　罏 罏 篆文。

文五　重三

瓦 瓦（wǎ）土器已燒之總名。象形也。凡瓦之屬皆從瓦。臣鍇曰：象乙乙交相任受也。五寡反。

瓬 瓬（fǎng）周家搏埴之工也。從瓦，方聲。讀若抝破之抝。臣鍇曰：搏，團也；埴，黏土也。《周禮》：搏埴之工：陶也、瓬也，陶人爲甒，瓬人爲簋。夫兩反。

【校】抝破之抝，鉉作"捬破之捬"，當作"放乎此之放"，見《考工記》注。前鄭讀"甫始之甫"，許當同後鄭。"抝、捬"二字，字書無考。○搏，團也，按：鄭注云"搏之言拍也"，字當爲"摶"，《釋文》引"李音團"，未是。○瓬也，今《周禮》誤文如此，當依此作"瓬"。

甄 甄（zhēn）匋也。從瓦，垔聲。臣鍇曰：甄，化之也。居然反（jiān）[1]。

甍 甍（méng）屋棟也。從瓦，夢省聲。臣鍇曰：所以承瓦也。没彭反。

───────────

[1]《廣韻》又側鄰切。

zèng
甑 甑　甗也。從瓦，曾聲。子孕反。

鬵 鬵　籀文甑從鬲。

yǎn
甗 甗　甑也。從瓦，鬳聲。一曰穿也。讀若言。臣鍇曰：《春秋左傳》："紀公之甗。"擬件反。

【校】一曰穿也，當作"一曰甑一穿也"。《釋名・釋山》曰："甗，甑也，甑一孔者甗。"按：甑■七穿，甗爲無底甑，故云一穿也。

yí
瓵 瓵　甌瓿謂之瓵。從瓦，台聲。臣鍇曰：按《史記》："鹽豉千瓵。"寅之反。

【校】千瓵，今《貨殖傳》作"千合"①，注："或作台。"當作瓵。

dàng
甖 甖　大盆也。從瓦，尚聲。晏亢反（àng）②。

ōu
甌 甌　小盆也。從瓦，區聲。殷婁反。

wèng
瓮 瓮　罌也。從瓦，公聲。烏洞反。

jiāng
瓨 瓨　似罌，長頸，受十升。從瓦，工聲。讀若翁。侯降反（xiáng）③。

【校】翁，鉉作"洪"。

wǎn
𥁕 𥁕　小盂也。從瓦，夗聲。烏管反。

líng
瓴 瓴　甕也，似瓶。從瓦，令聲。臣鍇曰：《史記》云："高屋之上建瓴水也。"連丁反。

pí
甂 甂　罌謂之甂。從瓦，卑聲。頻兮反。

biān
甂 甂　似小瓿，大口而卑。從瓦，扁聲。辟涓反。

【校】"而卑"下鉉有"用食"二字。

bù
瓿 瓿　甂也。從瓦，音聲。盆某反。

----

① 合，今《史記》作"答"。
② 注音依《廣韻》丁浪切。
③ 注音依大徐本古雙切。

róng

瓵 𤬃 器也。從瓦，容聲。與封反（yóng）。

pì

甓 𤮺 瓵瓵也。從瓦，辟聲。《詩》云："中唐有甓。"讀若甓。臣鍇曰：塼也。萍覓反。

【校】瓵瓵，鉉作"瓵甓"，非是。

zhòu

甃 𤮅 井壁也。從瓦，秋聲。側秀反。

qì

㽼 𤯺 康瓠，破罌也。從瓦，臬聲。臣鍇曰：康之言空也，破則空也。賈誼曰："寶康瓠兮。"魚滅反（niè）①。

㽼 𤯽 㽼或從埶。

chuǎng

甀 𤯄 磋垢瓦石也。從瓦，爽聲。臣鍇曰：以碎瓦石甀去瓶内垢。《山海經》有"玄碑"。叉爽反。

【校】玄碑，按：《北山經·京山》《中山經·華陽山》皆作"玄碥"。舊本或作"碑"也，唯《西山經·錢來山》"洗石"郭注有"可以碑體"。《江賦》"奔溜之所碑錯"，義亦與此合。

liè

甄 𤯫 蹈瓦甄也。從瓦，奭聲。零帖反。

【校】蹈瓦甄也，甄，鉉作"聲"。段云當作"蹈瓦聲甄甄也"。

hán

䃋 𤬝 治橐𦝼也。從瓦，今聲。侯貪反。

【校】治橐𦝼，𦝼，鉉作"榦"，段以《廣韻》訓"排囊柄"改"冶橐榦"。

suì

甀 𤮸 碎也。從瓦，卒聲。蘇内反。

bǎn

瓪 𤬏 敗瓦也。從瓦，反聲。補綰反。

【校】敗瓦，鉉無"瓦"字。按：《玉篇》"瓪，牝瓦也"。

文二十五　重二

【校】（文二十五）"甀、瓴、瓵"三篆音仍鉉，而"切"作"反"。

gōng

弓 弓 以近窮遠也。象形。古者揮作弓。《周禮》六弓：王弓、弧弓，以射甲革甚質；夾弓、庾弓，以射干侯鳥獸；唐弓、大

————————

① 注音依《廣韻》去例切。

弓，以授學射者。凡弓之屬皆從弓。**臣鍇曰**：揮，黄帝臣也。《周禮》：弓“往體多、來體寡，謂之夾、庾之屬”，合五成規，此弱弓也；“往體寡、來體多，謂之王弓之屬”，合九而成規，强弓也；“往體、來體若一，謂之唐弓之屬，利射深，合七而成規也”。堅終反。

【校】甚質，今《周禮》作“椹質”。○干侯，《周禮》作“豻侯”。

彄 畫弓也。從弓，䩵聲。**臣鍇曰**：所謂雕弓也。得昏反。

弭 弓無緣，可以解轡紛者。從弓，耳聲。**臣鍇曰**：緣者，綵纏飾之也。《春秋左傳》：“右執鞭弭。”面侈反。

【校】綵纏飾，當作“絲纏束”。○右執，當作“左執”。

㕽 弭或從兒。

弲 角弓也。雒陽名弩曰弲。從弓，肙聲。火玄反。

弧 木弓也。從弓，瓜聲。一曰往體寡來體多曰弧。**臣鍇曰**：《易》曰：“弦木爲弧。”魂徒反。

弨 弓反也。從弓，召聲。《詩》曰：“彤弓弨兮。”**臣鍇曰**：弓弛强而體反也。充招反。

【校】弛强，當作“弛弦”。

弮 弓曲也。從弓，雚聲。衢員反。

彄 弓弩端，弦所居也。從弓，區聲。可留反。

㺞 弓便利也。從弓，繇聲。讀若燒。延朝反。

張 施弓弦也。從弓，長聲。竹陽反。

彏 弓急張也。從弓，矍聲。俱縛反。

弸 弓彊兒也。從弓，朋聲。普騃反。

彊 弓有力也。從弓，畺聲。其央反。

彎 持弓關矢也。從弓，䜌聲。**臣鍇曰**：《春秋左傳》曰：“將

注，則又關矣。"烏關反。

引 引 開弓也。從弓，丨聲。臣鍇曰：丨音袞。以朷反。

【校】丨聲，鉉無"聲"字。

弙 𢎛 滿弓有所鄉也。從弓，于聲。臣鍇曰：《山海經》曰："人有方弙弓射黃蛇。"哀都反。

【校】人有，當作"有人"。

弘 𢎛 弓聲也。從弓，厶聲。臣鍇曰：厶，肱字也。户明反。

弛 𢏩 弓解也。從弓，也聲。臣鍇曰：去弦也。書爾反（shǐ）。

　　𢎺 𢏩 弛或從虒。

弢 𢎁 弓衣也。從弓、㩉。㩉，垂飾；與鼓同意。臣鍇按：《春秋左傳》曰："中項，伏弢。"偷勞反。

弩 𢎝 弓有臂者。從弓，奴聲。《周禮》四弩：夾弩、庾弩、唐弩、大弩。接户反。

彀 𤛜 張弩也。從弓，㱿聲。臣鍇曰：漢金吾㱿騎，騎執弓矢也，弩待射而爲亂。又《山海經》曰："非仁羿莫能上。"與澀舟之羿別，羿爲主射之官，居此官者不一也。格漚反。

【校】弩待射，當作"張弩所以待射"。○"而爲亂"以下至"不一也"爲"羿"注錯簡，當移置"羿"下。

彉 𢎲 滿弩也。從弓，黃聲。讀若郭。昆霍反。

彈 彈 射也。從弓，畢聲。《楚辭》曰："夫羿焉彈日也？"卑聿反。

【校】夫羿，"夫"字衍，鉉本無。○羿，今作"羿"。

彈 彈 行丸也。從弓，單聲。特丹反。

　　弾 𢎘 或説，彈從弓打丸如此。

【校】打丸，鉉作"持丸"。按：《汗簡》有弓字，爲"彈"古文，云出《説文》，疑即功甫用鉉説所造字也，《集韻》從之，《韻會》則引《集韻》不云《説文》。段改"弾"作弓，未是。

yì
芎 芎 帝嚳射官也，夏少康滅之。從弓，幵聲。《論語》曰："芎善射。"逆桂反。

【校】今《論語》作"羿"。○"善射"下當補"臣鍇按：堯時有芎，以善射彈日；夏時有芎，恃射而爲亂。又《山海經》曰：'非仁芎不能上。'則與篡夏之芎别。蓋芎爲主射之官，居此官者不一也"。

fā
發 發 射發也。從弓，癹聲。方伐切。

xǐ
彃 彃 弛弓也。從弓，璽聲。斯氏切。

文二十七　重三

【校】（文二十七）"發、彃"二篆作切音，次立補，當例補次立説。

jiàng
弜 弜 彊也。從二弓。凡弜之屬皆從弜。闕。其繈反。

【校】闕，鉉無此字。

bì
弼（弻）弼 輔也；重也。從弜，丙聲。**臣鍇曰：** 丙。皮密反。臣次立按：《説文》引徐鍇云："丙，舌也，非聲。舌柔而弜，剛以柔，從剛，輔弼之意。"

【校】"臣鍇曰丙"四字衍。

　　弻 弻 古文弼如此。

　　㢸 㢸 亦古文弼。

　　㪿 㪿 弼或如此。

文二　重三

xián
弦 弦 弓弦也。從弓，象絲軫之形。凡弦之屬皆從弦。**臣鍇曰：** 軫，重也。形先反。

【校】重也，當作"戾也"，見《方言》及《淮南子》注。戾者，弦急亙之也。

lì
盭 盭 弼戾也。從弦省，從盩。盩，引戾之也。讀若戾。**臣鍇按：** 《漢書》用此爲戾字。婁惠反。

【校】盩，引戾之也，鉉無此五字。

yāo

抄 抄　急戾也。從弦省，少聲。於堯反。

yì

竭 竭　不成，遂急戾也。從弦省，曷聲。讀若瘞葬。於計反。

文四

xì

系 系　繫也。從糸，厂聲。凡系之屬皆從系。臣鍇曰：厂音曳。異契反。

【校】繫也，段云當作“縣也”，“系”與“縣”爲轉注。“繫，惡絮也”，非此義。

孫 孫　籀文系從爪、絲。

鱉 鱉　系或從毄、處。

sūn

孫 孫　子之子也。從子、系，續也。臣鍇曰：會意。素昆反。

【校】“從子”下當補“系”字。

mián

縣 縣　聯微也。從系、帛。名連反。

yáo

繇（繇）繇　從隨也。從系，䚩聲。延朝反。

【校】從隨，鉉作“隨從”。

文四　重二

說文解字

宋王伯厚《玉海》云:《繫傳》舊缺二十五卷，今宋鈔本以大徐所校定本補之。

【校】此卷舊缺，用鉉校定本補。

銀青光祿大夫守右散騎常侍上柱國東海縣
開國子食邑五百戶臣徐鉉等奉敕校定

①

糸 細絲也。象束絲之形。凡糸之屬皆從糸。讀若覛。**徐鍇曰**：一蠶所吐爲忽，十忽爲絲。糸，五忽也。莫狄切。

糸 古文糸。

繭 蠶衣也。從糸從虫，芇省。古典切。

【校】芇省，按：當作"芇聲"。艸部"芇"讀若宀，鍇云"繭從此"可證。

絸 古文繭從糸、見。

繅 繹繭爲絲也。從糸，巢聲。穌遭切。

繹 抽絲也。從糸，睪聲。羊益切。

緒 絲耑也。從糸，者聲。徐呂切。

緬 微絲也。從糸，面聲。弭沇切。

純 絲也。從糸，屯聲。《論語》曰："今也純，儉。"常倫切。

綃 生絲也。從糸，肖聲。相幺切。

---

① 按，此處原闕部數、字數。

【校】"生絲" 下《韻會》有 "繒" 字。

kǎi

緒 緒　大絲也。從糸，皆聲。口皆切。

huāng

絖 絖　絲曼延也。從糸，巟聲。呼光切。

hé

紇 紇　絲下也。從糸，气聲。《春秋傳》有臧孫紇。下沒切。

dī

紙 紙　絲滓也。從糸，氐聲。都兮切。

huà

絓 絓　繭滓絓頭也；一曰以囊絮練也。從糸，圭聲。胡卦切。

【校】練，段云當作 "湅"。

yuè

爍 爍　絲色也。從糸，樂聲。以灼切。

suì

繀 繀　箸絲於箄車也。從糸，崔聲。穌對切。

jīng

經 經　織也。從糸，巠聲。九丁切。

【校】織也，《御覽》引作 "織從絲也"。蓋從爲經，衡爲緯也。

zhī

織 織　作布帛之總名也。從糸，戠聲。之弋切。

　　弒 弒　樂浪挈令織從糸從式。臣鉉等曰：挈令，蓋律令之書也。

rèn

紝 紝　機縷也。從糸，壬聲。如甚切。

　　絍 絍　紝或從任。

zòng

綜 綜　機縷也。從糸，宗聲。子宋切。

liǔ

絡 絡　緯十縷爲絡。從糸，咎聲。讀若柳。力久切。

wěi

緯 緯　織橫絲也。從糸，韋聲。云貴切。

yùn

緷 緷　緯也。從糸，軍聲。王問切。

huì

繢 繢　織餘也。從糸，貴聲。胡對切。

【校】《韻會》引有 "一曰畫也" 四字，當補入 "貴聲" 下。

tǒng

統 統　紀也。從糸，充聲。他綜切。

jì

紀 紀　絲別也。從糸，己聲。居擬切。

【校】絲別,《詩正義》引作"別絲"。

jiǎng
繈 絲 㧀纇也。從糸,强聲。居兩切。

【校】㧀,當作"䋶",見角部。

lèi
纇 纇 絲節也。從糸,頪聲。盧對切。

dài
紿 紿 絲勞即紿。從糸,台聲。徒亥切。

nà
納 納 絲溼納納也。從糸,内聲。奴荅切。

【校】"内聲"下《韻會》引有"一曰入也"。

fǎng
紡 紡 網絲也。從糸,方聲。妃兩切。

【校】網絲,段云當作"紡絲"。

jué
絶 絶 斷絲也。從糸從刀從卩。情雪切。

𢇍 𢇍 古文絶。象不連體絶二絲。

jì
繼 繼 續也。從糸、𢇍。一曰反𢇍爲繼。古詣切。

【校】《韻會》引有"或作𢇍,反𢇍爲𢇍",應是"繼"字重文,則"繼"篆當作"繼",從糸、𢇍,會意。蓋鍇分鉉并,段氏從《韻會》補正。

xù
續 續 連也。從糸,賣聲。似足切。

賡 賡 古文續從庚、貝。臣鉉等曰:今俗作古行切。

zuǎn
纘 纘 繼也。從糸,贊聲。作管切。

shào
紹 紹 繼也。從糸,召聲。一曰紹,緊糾也。市沼切。

綤 綤 古文紹從邵。

【校】按注當作綤,《玉篇》作"綤",則當從"卲"作綤。

chǎn
繵 繵 偏緩也。從糸,羑聲。昌善切。

tīng
綎 綎 緩也。從糸,盈聲。讀與聽同。他丁切。

綎 綎 綎或從呈。

zòng
縱 縱 緩也;一曰舍也。從糸,從聲。足用切。

shū
紓 紓 緩也。從糸,予聲。傷魚切。

繎 繎 絲勞也。從糸，然聲。如延切。

【校】絲勞，《玉篇》作"絲縈"。

紆 紆 詘也。從糸，于聲。一曰縈也。億俱切。

絳 絳 直也。從糸，幸聲。讀若陘。胡頂切。

纖 纖 細也。從糸，韱聲。息廉切。

細 細 微也。從糸，囟聲。穌計切。

緢 緢 旄絲也。從糸，苗聲。《周書》曰："惟緢有稽。"武儦切。

【校】今《書》作"貌"。

縒 縒 參縒也。從糸，差聲。楚宜切。

【校】"參縒"下當依《韻會》補"絲亂皃"三字，見四支"差"注。

繙 繙 冕也。從糸，番聲。附袁切。

【校】冕，當依《玉篇》作"冤"；冤，煩曲也。

縮 縮 亂也。從糸，宿聲。一曰蹴也。所六切（sù）。

紊 紊 亂也。從糸，文聲。《商書》曰："有條而不紊。"亡運切。

級 級 絲次弟也。從糸，及聲。居立切。

總 總 聚束也。從糸，悤聲。臣鉉等曰：今俗作揔，非是。作孔切。

纍 纍 約也。從糸，具聲。居玉切。

約 約 纏束也。從糸，勺聲。於略切。

繚 繚 纏也。從糸，尞聲。盧鳥切。

纏 纏 繞也[1]。從糸，廛聲。直連切。

---

[1] 唐寫本《玉篇》"纏"："《說文》：纏，約也。"又《慧琳》卷一《大般若波羅蜜多經》"纏擾"、卷五《大般若波羅蜜多經》及卷三十二《如來莊嚴智慧佛境界》"纏裹"、卷十四《大寶積經》"纏裹"、卷五十一《成唯識寶生論》"重纏"、卷六十六《集異門足論》"纏壓"、卷六十九《阿毗達磨大毗婆沙論》"縈纏"引《說文》皆作"約也"。

^{rǎo}
繞　**繞**　纏也。從糸，堯聲。而沼切。

^{zhěn}
紾　**紾**　轉也^①。從糸，參聲。之忍切。

^{xuàn}
繯　**繯**　落也。從糸，睘聲。胡畎切。

^{biàn}
辮　**辮**　交也。從糸，辡聲。頗犬切。

^{jié}
結　**結**　締也。從糸，吉聲。古屑切。

^{gǔ}
絹　**絹**　結也。從糸，骨聲。古忽切。

^{dì}
締　**締**　結不解也。從糸，帝聲。特計切。

^{fù}
縛　**縛**　束也。從糸，尃聲。符钁切。

^{bēng}
繃　**繃**　束也。從糸，崩聲。《墨子》曰："禹葬會稽，桐棺三寸，葛以繃之。"補盲切。

【校】今《墨子》作"緘"。

^{qiú}
絿　**絿**　急也。從糸，求聲。《詩》曰："不競不絿。"巨鳩切。

^{jiōng}
絅　**絅**　急引也。從糸，同聲。古熒切。

^{pài}
紙　**紙**　散絲也。從糸，辰聲。匹卦切。

^{luò}
纗　**纗**　不均也。從糸，羸聲。力臥切。

^{jǐ}
給　**給**　相足也。從糸，合聲。居立切。

^{chēn}
綝　**綝**　止也。從糸，林聲。讀若郴。丑林切。

^{bì}
繹　**繹**　止也。從糸，畢聲。卑吉切。

^{wán}
紈　**紈**　素也。從糸，丸聲。胡官切。

^{zhōng}
終　**終**　絿絲也。從糸，冬聲。職戎切。

【校】絿絲，段疑"繀絲"之譌。按："絿"不誤；絿，急也，引伸爲極盡之義。

---

① 唐寫本《玉篇》"紾"："《說文》：紾，縛也。"可證今本"轉"爲"縛"之誤。

𡖉𡖉 古文終。

緝 ^{jí} 緝 合也。從糸從咠。讀若捷。姊入切。

【校】讀若捷，宋刊“捷”作“撻”，非是。

繒 ^{zēng} 繒 帛也。從糸，曾聲。疾陵切（céng）。

綷 綷 籀文繒從宰省。揚雄以爲漢律祠宗廟丹書告。

絹 ^{wèi} 絹 繒也。從糸，胃聲。云貴切。

絩 ^{tiào} 絩 綺絲之數也。漢律曰：“綺絲數謂之絩，布謂之總，綬組謂之首。”從糸，兆聲。治小切（zhào）①。

綺 ^{qǐ} 綺 文繒也。從糸，奇聲。祛彼切。

縠 ^{hú} 縠 細縛也。從糸，縠聲。胡谷切。

縛 ^{zhuàn} 縛 白鮮色也。從糸，專聲。持沇切。

【校】白鮮色，色，王氏念孫《廣雅疏證》引作“卮”，説本《衆經音義》引《篆文》“白鮮支，絹也，一名縞”，段從之。按：“卮”即木部“梔”字，所以染黄絹，如麥稍，色當在黄白之閒。而此“縛”字即《周禮》“展衣”之“展”，與“縞”皆爲白色，何以兼“卮”爲言？姑存疑可也。

縑 ^{jiān} 縑 并絲繒也。從糸，兼聲。古甜切。

綈 ^{tí} 綈 厚繒也。從糸，弟聲。杜兮切。

練 ^{liàn} 練 湅繒也。從糸，柬聲。郎甸切。

縞 ^{gǎo} 縞 鮮色也。從糸，高聲。古老切。

【校】鮮色，段改“鮮卮”。按：當作“白鮮支”。

繩 ^{shī} 繩 麤緒也。從糸，璽聲。臣鉉等曰：今俗別作絁，非是。式支切。

――――――――――

① 注音依《廣韻》他弔切。

綢 紬 _{chóu} 大絲繒也。從糸，由聲。直由切。

綮 綮 _{qǐ} 致繒也；一曰徽幟，信也。有齒。從糸，啟聲。康禮切。

【校】致，疑當作“緻”。《莊子》“肯綮”爲筋肉密緻處，此引伸也。○“啟聲”當作“啟省聲”。

綾 綾 _{líng} 東齊謂布帛之細曰綾。從糸，夌聲。力膺切。

縵 縵 _{màn} 繒無文也。從糸，曼聲。漢律曰：“賜衣者縵表白裏。”莫半切。

繡 繡 _{xiù} 五采備也。從糸，肅聲。息救切。

絢 絢 _{xuàn} 《詩》云：“素以爲絢兮。”從糸，旬聲。臣鉉等按：《論語注》：“絢，文兒。”許掾切。

繪 繪 _{huì} 會五采繡也。《虞書》曰：“山龍華蟲作繪。”《論語》曰：“繪事後素。”從糸，會聲。黃外切。

緀 緀 _{qī} 白文兒。《詩》曰：“緀兮斐兮，成是貝錦。”從糸，妻聲。七稽切。

【校】白文，《韻會》引作“帛文”。○今《詩》作“萋”。

絖 絖 _{mǐ} 繡文如聚細米也。從糸從米，米亦聲。莫禮切。

絹 絹 _{juàn} 繒如麥稍。從糸，肙聲。吉掾切。

綠 綠 _{lù} 帛青黃色也。從糸，录聲。力玉切。

縹 縹 _{piǎo} 帛青白色也。從糸，票聲。敷沼切。

綃 綃 _{yù} 帛青經縹緯；一曰育陽染也。從糸，育聲。余六切。

絑 絑 _{zhū} 純赤也。《虞書》丹朱如此。從糸，朱聲。章俱切。

纁 纁 _{xūn} 淺絳也。從糸，熏聲。許云切。

絀 絀 _{chù} 絳也。從糸，出聲。丑律切。

絳 絳 _{jiàng} 大赤也。從糸，夅聲。古巷切。

wǎn

綰 綰 惡也，絳也。從糸，官聲。一曰絹也。讀若雞卵。烏版切。

【校】惡也，"也"字衍。○絹，當作"纁"。

jìn

縉 縉 帛赤色也。《春秋傳》"縉雲氏"，《禮》有"縉緣"。從糸，晉聲。即刃切。

【校】縉緣，《禮經》無"縉"字。段云《玉藻》"錦緣"，疑古爲"縉緣"。按："縉"有"箭"音，疑是《儀禮·喪服》"縓緣"之古文，故許不入"縓"注。

qiàn

綪 綪 赤繒也。以茜染，故謂之綪。從糸，青聲。倉絢切。

tǐ

緹 緹 帛丹黃色。從糸，是聲。他禮切。

祇 祇 緹或從氏。

quàn

縓 縓 帛赤黃色。一染謂之縓，再染謂之經，三染謂之纁。從糸，原聲。七絹切。

zǐ

紫 紫 帛青赤色。從糸，此聲。將此切。

hóng

紅 紅 帛赤白色。從糸，工聲。戶公切。

cōng

繱 繱 帛青色。從糸，蔥聲。倉紅切。

gàn

紺 紺 帛深青揚赤色。從糸，甘聲。古暗切。

【校】揚赤色，"揚"當作"陽"。《詩》曰"我朱孔陽"，此意也。

qí

綥 綥 帛蒼艾色。從糸，畁聲。《詩》："縞衣綥巾。"未嫁女所服。一曰不借綥。渠之切。

【校】此鉉本也。按錯攼部"畁"注，篆當作綦，畁聲。

綦 綦 綥或從其①。

【校】鉉補十九文之一。

zǎo

繰 繰 帛如紺色；或曰深繒。從糸，喿聲。讀若喿。親小切

---

① 四庫本作"綪"。

(qiǎo)[①]。

【校】繒色，宋刊作“紺色”，是。○深繒，疑當作“深紺”。○讀若枭，枭，疑當作“劋”，故或用爲縴縛意。

緇 緇 帛黑色也。從糸，甾聲。側持切。

纔 纔 帛雀頭色；一曰微黑色，如紺。纔，淺也。讀若讒。從糸，毚聲。士咸切。

【校】讀若讒，“讒”疑當作“才”，故可借爲始初意。

繻 繻 帛騅色也。從糸，剡聲。《詩》曰：“毳衣如繻。”臣鉉等曰：今俗別作毯，非是。土敢切。

【校】剡聲，當作“菼省聲”。○如繻，當作“如菼”，今《詩》作“菼”，“菼、菼”古今字。此引《詩》釋“從菼省”之義。菼，一名“騅”，皆蒼白色名。

綟 綟 帛艾艸染色。從糸，戾聲。郎計切。

【校】艾艸，宋刊本作“戾艸”，此或依《韻會》改也。按：“戾”當作“莫”，見艸部，注云“可以染留黃”。

紑 紑 白鮮衣皃。從糸，不聲。《詩》曰：“素衣其紑。”匹丘切。

【校】素衣，《詩》作“絲衣”。

綅 綅 白鮮衣皃。從糸，炎聲。謂衣采色鮮也。充彡切。

【校】“白鮮衣皃”四字涉上而誤，當作“衣采色鮮也”，見《玉篇》。○“謂衣采色鮮也”六字當刪。

繻 繻 繒采色。從糸，需聲。讀若《易》“繻有衣”。臣鉉等曰：《漢書》“傳符帛”也。相俞切。

【校】繻有衣，證以“絮”篆注，當作“需有衣絮”。此後人誤以今《易》改也。“讀若”無正字，或云“讀若”二字衍。按：許說非《易》義，卜氏《易》“繻”或爲“襦”，許用孟《易》也。

<ruby>縟<rt>rù</rt></ruby> 繨 繁采色也^①。從糸，辱聲。而蜀切。

<ruby>纚<rt>xǐ</rt></ruby> 纚 冠織也。從糸，麗聲。所綺切。

【校】"麗聲"下《韻會》引有"謂以緇帛韜髮"六字。按：此當是鍇説，故鉉本無之，當依補。

<ruby>紘<rt>hóng</rt></ruby> 紭 冠卷也。從糸，厷聲。户萌切。

【校】"冠卷"下《玉篇》有"維"字，"冠卷"即《玉藻》"縞冠玄武"之"武"也。"紘"屬於"武"，所以"維冠"。

　　　　紭 紭 紘或從弘。

<ruby>紞<rt>dǎn</rt></ruby> 紞 冕冠塞耳者。從糸，尤聲。臣鉉等曰：今俗別作髧，非是。都感切。

【校】"冕冠"下當補"縣"字。《國語》韋注："紞，所以縣瑱當耳者。"○今俗別作髧，按："髧"爲"鬒"之異體，與"紞"無涉，鉉説非是。

<ruby>纓<rt>yīng</rt></ruby> 纓 冠系也。從糸，嬰聲。於盈切。

<ruby>紻<rt>yǎng</rt></ruby> 紻 纓卷也。從糸，央聲。於兩切。

<ruby>緌<rt>ruí</rt></ruby> 緌 系冠緌也。從糸，委聲。儒隹切。

【校】系冠緌，當作"冠緌系"，蓋維者爲"纓"，垂者爲"緌"也。

<ruby>緄<rt>gǔn</rt></ruby> 緄 織帶也。從糸，昆聲。古本切。

<ruby>紳<rt>shēn</rt></ruby> 紳 大帶也。從糸，申聲。失人切。

<ruby>繟<rt>chǎn</rt></ruby> 繟 帶緩也。從糸，單聲。昌善切。

<ruby>綬<rt>shòu</rt></ruby> 綬 韍維也。從糸，受聲。殖酉切。

<ruby>組<rt>zǔ</rt></ruby> 組 綬屬。其小者以爲冕纓。從糸，且聲。則古切。

【校】冕纓，《文選》注作"冠纓"。段云："冕用紘，冠用纓。"

---

① 唐寫本《玉篇》"縟"："《説文》：繁采飾也。"又《慧琳》卷九十四《續高僧傳》"縟錦"、卷九十八《廣弘明》"挂縟、愈縟"引《説文》皆作"繁采飾也"，可證今本"色"字誤。

guā
綳 綳 綬紫青也。從糸，咼聲。古蛙切。

【校】綬紫青也，也，當作“色”。

nì
縌 縌 綬維也。從糸，逆聲。宜戟切。

zuǎn
纂 纂 似組而赤①。從糸，算聲。作管切。

niǔ
紐 紐 系也；一曰結而可解。從糸，丑聲。女久切。

guān
綸 綸 青絲綬也②。從糸，侖聲。古還切。

【校】“青絲”上《文選》注引有“糾”字。

tīng
綎 綎 系綬也。從糸，廷聲。他丁切。

【校】系綬，系，按《篇》《韻》當作“絲”。

huán
絙 絙 緩也。從糸，亘聲。胡官切。

【校】緩也，《玉篇》作“綬也”。

suì
繐 繐 細疏布也。從糸，惠聲。私銳切。

bó
暴 暴 頸連也。從糸，暴省聲。補各切。

gōu
緱 緱 刀劍緱也。從糸，侯聲。古侯切。

【校】此篆宋刊本次“繚、緊”之閒，不知何以移置於此。

jīn
紟 紟 衣系也。從糸，今聲。居音切。

　　綊 綊 籀文從金。

yuàn
緣 緣 衣純也。從糸，彖聲。以絹切。

pú
襆 襆 裳削幅謂之襆。從糸，僕聲。博木切。

kù
絝 絝 脛衣也。從糸，夸聲。苦故切。

---

① 唐寫本《玉篇》“纂”：“《說文》：似組而赤黑也。”《慧琳》卷六十二《根本毗奈耶雜事律》“纂集”注：“《說文》云：纂，似組而赤黑也。”二引證今本脫“黑也”二字。

② 唐寫本《玉篇》“綸”：“《說文》：糾青絲綬也。”《文選・西都賦》李善注、《急就篇》《漢書・景帝紀》顏師古注、《後漢書・班彪傳》李賢注、《太平御覽》八一九“布帛部”引《說文》皆作“糾青絲綬也”，可證今本脫“糾”字，宜據補。

qiāo
繑 綺紐也。從糸，喬聲。牽搖切。

bǎo
緥（褓） 小兒衣也。從糸，保聲。臣鉉等曰：今俗作褓，非是。博抱切。

zūn
繜 蔵貉中，女子無绔。以帛爲脛空，用絮補核，名曰繜衣。狀如襜褕。從糸，尊聲。子昆切。

bō
紴 絛屬。從糸，皮聲。讀若被，或讀若水波之波。博禾切。

tāo
絛 扁緒也。從糸，攸聲。土刀切。

【校】扁緒，段云當作“偏諸”，引《賈誼傳》注爲證。

yuè
絨 采彰也；一曰車馬飾。從糸，戉聲。玉伐切。

zōng
縱 絨屬。從糸，從從省聲。足容切。

xún
紃 圜采也。從糸，川聲。詳遵切。

chóng
緟 增益也。從糸，重聲。直容切。

ráng
纕 援臂也。從糸，襄聲。汝羊切。

xié
繼 維綱中繩。從糸，巂聲。讀若畫，或讀若維。戶圭切。

【校】或讀若維，維，段疑“絓”之譌。

gāng
綱 維紘繩也。從糸，岡聲。古郎切。

【校】維紘繩也，《棫樸》詩疏作“網紘也”。

松 古文綱。

yún
縜 持綱紐也。從糸，員聲。《周禮》曰：“縜寸。”臣鉉等曰：縜，長寸也。爲贇切。

jīn
綅 絳綫也。從糸，侵省聲。《詩》曰：“貝冑朱綅。”子林切。

【校】絳綫，“絳”字衍。此或因《詩》“朱綅”而補也。

lǚ
縷 綫也。從糸，婁聲。力主切。

xiàn
綫 縷也。從糸，戔聲。私箭切。

線 紤 古文綫。

xué
統 紤 縷一枚也。從糸，穴聲。乎決切。

féng
縫 繙 以鍼紩衣也。從糸，逢聲。符容切。

qiè
緁 緁 緶衣也。從糸，妾聲。七接切。

緝 緝 緁或從習。

zhì
紩 紩 縫也。從糸，失聲。直質切。

ruǎn
緛 緛 衣戚也①。從糸，耎聲。而沇切。

zhàn
組 組 補縫也。從糸，旦聲。丈莧切。

shàn
繕 繕 補也。從糸，善聲。時戰切。

xiè
絬 絬 《論語》曰："絬衣長，短右袂。"從糸，舌聲。私列切。

【校】此篆不詳其義，段用《篇》《韻》"堅"訓，補"衣堅也"三字。
○絬衣，今《論語》作"褻裘"。古今異説，不知出自誰氏，今不可
考矣。

léi
纍 纍 綴得理也；一曰大索也。從糸，晶聲。力追切。

lí
縭 縭 以絲介履也。從糸，离聲。力知切。

yī
繄 繄 戟衣也。從糸，殹聲。一曰赤黑色繒。烏雞切。

【校】赤黑，當依《周禮》"巾車"注作"青黑"。

shān
繖 繖 旌旗之游也。從糸，參聲。所銜切。

【校】"之游"下段補"所屬"二字。"巾車"注"正幅爲縿"，則"縿、
游"非一物也。

huī
徽 徽 衺幅也；一曰三糾繩也②。從糸，微省聲。許歸切。

――――――――――

① 唐寫本《玉篇》"緛"："《説文》：衣蹙也。"段玉裁認爲"戚"乃今之"蹙"字。
② 唐寫本《玉篇》"徽"："《説文》：耶幅也；一曰參糾繩也；一曰大索也。"《文選・西
征賦》李善注引《説文》："徽，大索也。"是古本有此一訓，宜據補。唐寫本"耶"
當爲"邪"字之誤，"邪"爲"衺"字之俗。

bié

絜 𦃇 扁緒也；一曰弩腰鉤帶。從糸，折聲。并列切。

【校】扁緒，説見前"條"篆。

rèn

紉 𦀗 繹繩也。從糸，刃聲。女鄰切（nín）。

【校】繹繩，繹，段作"單"，依《御覽》所引《通俗文》"合繩曰糾，單展曰紉"之説。

shéng

繩 𦃇 索也。從糸，蠅省聲。食陵切。

zhēng

緈 𥾾 紆朱縈繩；一曰急弦之聲。從糸，爭聲。讀若旌。側莖切。

【校】朱縈，宋刊本作"未縈"，毛初刻作"朱"，蓋誤以"綪、緈"爲同義也。"未"義爲是。

yíng

縈 𦃝 收轡也。從糸，熒省聲。於營切。

【校】轡，《韻會》作"卷"。

qú

絇 𦃠 纑繩絇也。從糸，句聲。讀若鳩。其俱切。

zhuì

縋 𦃫 以繩有所縣也。《春秋傳》曰："夜縋納師。"從糸，追聲。持僞切。

juàn

縳 𦃬 攘臂繩也。從糸，弄聲。居願切。

jiān

緘 𦃗 束篋也。從糸，咸聲。古咸切。

téng

縢 𦃅 緘也。從糸，朕聲。徒登切。

biān

編 𦃝 次簡也。從糸，扁聲。布玄切。

wéi

維 𦃝 車蓋維也。從糸，隹聲。以追切。

bèi

紱 𦃙 車紱也。從糸，伏聲。平祕切。

茯 𦃡 紱或從艸。

鞴 𦃝 紱或從革，葡聲。

zhēng

紅 𦃝 乘輿馬飾也。從糸，正聲。諸盈切。

xié

綊 𦃝 紅綊也。從糸，夾聲。胡頰切。

fán

緐（繁）緐　馬髦飾也。從糸，每聲。《春秋傳》曰："可以稱旌緐乎？"附袁切。

【校】每聲，段云"聲"字衍。

繎緐　繁或從舁。舁，籀文弁。

jiāng

繮繮　馬紲也。從糸，畺聲。居良切。

fēn

紛紛　馬尾韜也。從糸，分聲。撫文切。

zhòu

紂紂　馬緧也。從糸，肘省聲。除柳切。

qiū

緧緧　馬紂也。從糸，酋聲。七由切。

bàn

絆絆　馬縶也。從糸，半聲。博慢切。

xǔ

頮頮　絆前兩足也。從糸，須聲。《漢令》：蠻夷卒有頮。相主切。

【校】蠻夷卒有頮，當作"蠻夷卒有罪頮之"。此引《漢令》，當與"殊"注同也。

zhèn

紖紖　牛系也。從糸，引聲。讀若弛。直引切。

【校】弛，疑當作"朕"。

xuàn

縼縼　以長繩繫牛也。從糸，旋聲。辭戀切。

mí

縻縻　牛轡也。從糸，麻聲。靡爲切。

絼絼　縻或從多。

xiè

紲紲　系也。從糸，世聲。《春秋傳》曰："臣負羈紲。"私列切。

【校】系也，按《左傳》服注"犬韁曰紲"，則當作"犬系也"。

緤緤　紲或從枼。

mò

纆纆　索也。從糸，黑聲。莫北切。

gēng

絚絚　大索也；一曰急也。從糸，恆聲。古恆切。

yù

繘繘　綆也。從糸，矞聲。余聿切。

繠繠　古文從絲。

繘繘　籀文繘。

gěng
綆 綆 汲井綆也。從糸，更聲。古杏切。

ǎi
絠 絠 彈彄也。從糸，有聲。弋宰切，又古亥切（gǎi）。

zhuó
繳（繳）繳 生絲縷也。從糸，敫聲。之若切。

【校】"從糸"上當補"繳矰矢以繳射"六字，見《文選·文賦》注。

bì
繴 繴 繴謂之罿，罿謂之罬，罬謂之罟；捕鳥覆車也。從糸，辟
聲。博戹切（bò）①。

mín
緡 緡 釣魚繴也。從糸，昏聲。吳人解衣相被謂之緡。武巾切。

【校】釣魚繴，繴，錢鈔作"系"。

xù
絮 絮 敝緜也。從糸，如聲。息據切。

luò
絡 絡 絮也；一曰麻未漚也。從糸，各聲。盧各切。

kuàng
纊 纊 絮也。從糸，廣聲。《春秋傳》曰："皆如挾纊。"苦謗切。

絖 絖 纊或從光。

zhǐ
紙 紙 絮一笘也。從糸，氏聲。諸氏切。

【校】絮一笘也，段改"笘"爲"箈"，謂"箈，潎絮簀，造紙之器"。
按：當作"絮，笘也。笘，所以寫書器，竹爲之。紙則以絮爲之，故
曰絮笘"。

fú
絘 絘 治敝絮也。從糸，音聲。芳武切。

rú
絮 絮 絜縕也；一曰敝絮。從糸，奴聲。《易》曰："需有衣絮。"
女余切。

【校】需有衣絮，今《易》"需"作"襦"，"絮"作"袽"。

jì
繫 繫 繫繘也；一曰惡絮。從糸，毄聲。古詣切。

【校】繫繘，疑當作"縡縞"。《廣韻》先、齊韻"縡、縞"兩見，皆
曰"惡絮"。或以許書無"縡"而改也。"縞"注同。

___

① 《廣韻》又北激切。

纚 繼 繫纚也；一曰維也。從糸，屚聲。郎兮切。

緝 緝 績也。從糸，咠聲。七入切。

紨 絘 績所緝也。從糸，次聲。七四切。

【校】"績所"下《廣韻》有"未"字。

績 績 緝也。從糸，責聲。則歷切。

纑 纑 布縷也。從糸，盧聲。洛乎切。

紨 紨 布也；一曰麤紬。從糸，付聲。防無切。

繐 繐 蜀細布也。從糸，彗聲。祥歲切。

絺 絺 細葛也。從糸，希聲。丑脂切。

綌 綌 麤葛也。從糸，谷聲。綺戟切。

帣 帣 綌或從巾。

縐 縐 絺之細也。《詩》曰："蒙彼縐絺。"一曰蹴也。從糸，芻聲。側救切。

【校】細也，也，當作"者"。○蹴，當作"蹙"，見《偕老》詩箋。

絟 絟 細布也。從糸，全聲。此緣切。

紵 紵 檾屬。細者爲絟，麤者爲紵。從糸，從宁聲。直呂切。

【校】麤者爲紵，按《周禮》"典枲"注當作"白而細疏者爲紵"。此蓋後人誤以"疏"爲"粗"而删易也。○從宁，"從"字衍。

緒 緒 紵或從緒省。

緦 緦 十五升布也；一曰兩麻一絲布也。從糸，思聲。息兹切。

【校】十五升布也，當作"十五升布抽其半者"，見"典枲"注，與《雜記》《儀禮》皆同，此有脱文也。

絲 絲 古文緦從糸省。

【校】從糸省，當作"從思省"。

緆 緆 細布也。從糸，易聲。先擊切。

鶙 鶲 緆或從麻。

tóu
緰 緰 緰貲，布也。從糸，俞聲。度侯切。

【校】緰貲，《急就篇》作"緰幣"。

cuī
縗 縗 服衣。長六寸，博四寸。直心。從糸，衰聲。倉回切。

【校】"服衣"上當有"喪"字。

dié
絰 絰 喪首戴也。從糸，至聲。臣鉉等曰：當從姪省，乃得聲。徒結切。

【校】喪首戴也，疑當作"喪服首戴者"。

pián
緶 緶 交枲也；一曰緶衣也。從糸，便聲。房連切。

huà
縠 縠 履也；一曰青絲頭履也。讀若阡陌之陌。從糸，户聲。亡百切（mò）①。

【校】"履也"上當有"麻"字，見《方言》。〇阡陌之陌，當作"仟佰之佰"。

běng
緁 緁 枲履也。從糸，封聲。博蠓切。

liàng
緉 緉 履兩枚也；一曰絞也。從糸從兩，兩亦聲。力讓切。

jié
絜 絜 麻一耑也。從糸，韧聲。古屑切。

móu
繆 繆 枲之十絜也；一曰綢繆。從糸，翏聲。武彪切。

chóu
綢 綢 繆也。從糸，周聲。直由切。

【校】"繆也"上當有"綢"字。

yùn
緼 緼 緋也。從糸，昷聲。於云切。

fú
紼 紼 亂系也。從糸，弗聲。分勿切。

【校】亂系，疑"亂索"之譌。

bēng
絣 絣 氐人殊縷布也。從糸，并聲。北萌切。

————————

① 注音依《廣韻》胡瓦切。

紕 bǐ　氐人繝也。讀若《禹貢》"玭珠"。從糸，比聲。卑履切。

繝 jì　西胡毳布也。從糸，罽聲。居例切。

縊 yì　經也。從糸，益聲。《春秋傳》曰："夷姜縊。"於賜切。

【校】經也，當作"絞也"，與"絞"轉注。

綏 suī　車中把也。從糸從妥。徐鍇曰：禮：升車必正立，執綏，所以安也。當從爪，從安省。《説文》無妥字。息遺切。

【校】車中把，把，《篇》《韻》俱作"靶"。

彝 yí　宗廟常器也。從糸；糸，綦也。収持米，器中實也。彑聲。此與爵相似。《周禮》六彝：雞彝、鳥彝、黃彝、虎彝、蜼彝、斝彝。以待祼將之禮。以脂切。

【校】彑聲，《韻會》引作"從彑，象形"四字。

蠡

𢇍　皆古文彝。

緻 zhì　密也。從糸，致聲。直利切。

【校】鉉補十九文之一。

文二百四十八　重三十一

素 sù　白緻繒也。從糸、𡴆，取其澤也。凡素之屬皆從素。桑故切。

𬘓 jú　素屬。從素，収聲。居玉切。

約 yuè　白約，縞也。從素，勺聲。以灼切。

𦃇 lù　素屬。從素，率聲。所律切（shuò）[1]。

【校】素屬，疑當作"索屬"，字亦作"繂"。繂，索之大者。《采菽》詩傳："紼，繂也。"篇首𦃇字無考，"素屬"亦疑"索屬"之譌。

---

[1]《集韻》又劣戌切。

^{chuò}
辥 繎 綴也^①。從素，卓聲。昌約切。

綽 綽 辥或省。

^{huàn}
綩 綩 辥也。從素，妥聲。胡玩切。

緩 綩 緩或省^②。

文六　重二

^{sī}
絲 絲 蠶所吐也。從二糸。凡絲之屬皆從絲。息茲切。

^{pèi}
轡 轡 馬轡也。從絲從軎。與連同意。《詩》曰："六轡如絲。"兵媚切。

^{guān}
緢 緢 織絹從糸貫杼也。從絲省，卝聲。古還切。臣鉉等曰：卝，古礦字。

【校】從糸，疑"以絲"之譌。

文三

^{shuài}
率 率 捕鳥畢也。象絲冈。上下其竿柄也。凡率之屬皆從率。所律切（shuò）^③。

文一

^{huǐ}
虫 虫 一名蝮。博三寸，首大如擘指。象其臥形。物之微細，或行，或毛，或羸，或介，或鱗，以虫爲象。凡虫之屬皆從虫。許偉切。

【校】"或行"下《爾雅音義》引有"或飛"二字。

^{fù}
蝮 蝮 虫也。從虫，复聲。芳目切。

^{téng}
螣 螣 神蛇也。從虫，朕聲。徒登切。

^{rán}
蚦 蚦 大蛇。可食。從虫，冉聲。人占切。

① 綴，於義不洽，當據大徐、段注及字次改"緻"。
② 緩，依例當作"緻"。
③ 《廣韻》又所類切。

【校】"可食"上疑有"膽"字。

蟣 蠶 ^{qǐn} 蟎也。從虫，菫聲。弃忍切。

蟎 蠟 ^{yǐn} 側行者。從虫，寅聲。余忍切。

【校】側行，按《考工記》注，當作"卻行"。

蚓 蚓 蟎或從引。

蝓 蠟 ^{wēng} 蟲在牛馬皮者。從虫，翁聲。烏紅切。

蝬 蠟 ^{zōng} 蝓蝬也。從虫，從聲。子紅切。

蠁 蠟 ^{xiǎng} 知聲蟲也。從虫，鄉聲。許兩切。

蛦 蚋 司馬相如：蠁從向。

蛁 蠟 ^{diāo} 蟲也。從虫，召聲。都僚切。

蟝 蠟 ^{zuì} 蟲也。從虫，叙聲。祖外切。

蛹 蠟 ^{yǒng} 繭蟲也。從虫，甬聲。余隴切。

蛫 蠟 ^{guī} 蛹也。從虫，鬼聲。讀若潰。胡罪切（huì）^①。

蛔 蠟 ^{huí} 腹中長蟲也。從虫，有聲。户恢切。

蟯 蠟 ^{náo} 腹中短蟲也。從虫，堯聲。如招切（ráo）。

蜼 蠟 ^{suī} 似蜥蜴而大。從虫，唯聲。息遺切。

虺 蠟 虺以注鳴，《詩》曰："胡爲虺蜥。"從虫，兀聲。臣鉉等曰：兀非聲，未詳。許偉切。

【校】虺以注鳴，按《考工記》注，以爲"精列屬"，與許異說。○虺蜥，今《詩》作"虺蜴"。

蜥 蠟 ^{xī} 蜥易也。從虫，析聲。先擊切。

蝘 蠟 ^{yǎn} 在壁曰蝘蜓，在艸曰蜥易。從虫，匽聲。於殄切。

蝘 蠟 蝘或從蚰。

---

① 《廣韻》又居追切。

蜓 ^{diàn} 蝘蜓也。從虫，廷聲。一曰螟蜓。徒典切。

蚖 ^{yuán} 榮蚖，蛇醫，以注鳴者。從虫，元聲。愚袁切。

【校】以注鳴者，按《考工記》注，當作"以胸鳴者"。

蠸 ^{quán} 蟲也；一曰大蟹也。讀若蜀都布名。從虫，藋聲。巨員切。

【校】蜀都布名，此與女部"嬽"篆注同，疑亦當同"荃"音。

螟 ^{míng} 蟲食穀葉者。吏冥冥犯法即生螟。從虫從冥，冥亦聲。莫經切。

【校】穀葉，按《爾雅》，當作"穀心"。

蟘 ^{tè} 蟲食苗葉者。吏乞貸則生蟘。從虫從貸，貸亦聲。《詩》曰："去其螟蟘。"臣鉉等曰：今俗作貳，非是。徒得切。

【校】段云當作"蟘"，貣聲。貣，從人求物也。今《詩》作"螣"。

蟣 ^{jǐ} 蝨子也；一曰齊謂蛭曰蟣。從虫，幾聲。居稀切。

蛭 ^{zhì} 蟣也。從虫，至聲。之日切。

蜼 ^{róu} 蛭蜼，至掌也。從虫，柔聲。耳由切。

蛣 ^{jié} 蛣蚰，蝎也。從虫，吉聲。去吉切。

蚰 ^{qū} 蛣蚰也。從虫，出聲。區勿切。

蟫 ^{yín} 白魚也。從虫，覃聲。余箴切。

蛵 ^{xíng} 丁蛵，負勞也。從虫，巠聲。戶經切。

蛤 ^{hàn} 毛蠹也。從虫，名聲。乎感切。

蟜 ^{jiǎo} 蟲也。從虫，喬聲。居夭切。

蚝 ^{cì} 毛蟲也。從虫，找聲。千志切。

【校】《爾雅音義》引有"讀若笧"三字，當補"找聲"下。

蝸 ^{wā} 蠤也。從虫，圭聲。烏蝸切。

蚳 ^{qí} 蝸也。從虫，氏聲。巨支切。

蠆 chài　毒蟲也。象形。丑芥切。

　　蠆 蠆或從蚰。

蝤 qiú　蝤蠐也。從虫，酋聲。字秋切。

蠐 qí　蠐蠆也。從虫，齊聲。徂兮切。

強 qiáng　蚚也。從虫，弘聲。徐鍇曰：弘與強聲不相近，秦刻石文從口，疑從籀文省。巨良切。

　　疆 籀文強從蚰從彊。

蚚 qí　強也。從虫，斤聲。巨衣切。

蜀 shǔ　葵中蠶也。從虫，上目象蜀頭形，中象其身蜎蜎。《詩》曰："蜎蜎者蜀。"市玉切。

【校】葵，當依《爾雅音義》引作"桑"。〇今《詩》作"蠋"。

蠲 juān　馬蠲也。從虫、目，益聲。ㄟ，象形。《明堂月令》曰："腐艸爲蠲。"古玄切。

【校】從虫、目，益聲，ㄟ，象形，段改"從虫、罒，象形，益聲"。〇今《月令》作"螢"。

蝒 bī　齧牛蟲也。從虫，匕聲。邊兮切。

蠖 huò　尺蠖，屈申蟲也。從虫，蒦聲。烏郭切（wò）。

蝝 yuán　復陶也。劉歆説：蝝，蚍蜉子。董仲舒説：蝗子也。從虫，彖聲。與專切。

【校】復陶，《爾雅》作"蝮蜪"。

螻 lóu　螻蛄也。從虫，婁聲。一曰螫天螻。洛侯切。

蛄 gū　螻蛄也。從虫，古聲。古乎切。

蠪 lóng　丁螘也。從虫，龍聲。盧紅切。

【校】丁，《爾雅》作"朾"。

蛾 yǐ　羅也。從虫，我聲。臣鉉等按：《爾雅》："蛾，羅。蠶蛾

也。"① 蚰部已有蠢，或作蠢，此重出。五何切（é）②。

【校】鉉以此爲重出字，非也。按：許書"蛾"與"蠹、螘"相次，則"蛾"爲"蟻"甚明。古書以"蛾"爲"蟻"，見《禮記》《史記》諸書。陸氏《爾雅音義》"螘"字下亦引《説文》"蟻，羅也"，則知郭異許説，而初非《爾雅》以"蛾、羅"爲"蠶蛾"也。"我"與"義"古雙聲通用，故《尚書》"義民"爲"俄民"。

蟻　蚍蜉也。從虫，豈聲。魚綺切。

蚳　蟻子也。從虫，氏聲。《周禮》有蚳醢。讀若祈。直尼切。

　　蚳　籀文蚳從蚰。

　　蚳　古文蚳從辰、土。

蟠　臼蟠也。從虫，樊聲。附袁切。

蟀　悉蟀也。從虫，帥聲。臣鉉等曰：今俗作蟀，非是。所律切（shuò）。

蠠　馬蜩也。從虫，面聲。武延切。

蟷　蟷蠰，不過也。從虫，當聲。都郎切。

蠰　蟷蠰也。從虫，襄聲。汝羊切。

蜋　堂蜋也。從虫，良聲。一名斫父。魯當切。

【校】斫父，《爾雅音義》引作"斫父"，蓋以釋郭注"有斧"之義。盧氏刻改"斫父"，義未是。

蛸　蟲蛸，堂蜋子。從虫，肖聲。相邀切。

蚈　蟠蝱，以翼鳴者。從虫，并聲。薄經切。

【校】蟠蝱，按：《考工記》注"翼鳴，發皇屬"，其字同聲異形。

蟠　蟠蝱也。從虫，矞聲。余律切。

---

① 《爾雅·釋蟲》："蛾，羅。"注："蠶蛾。"
② 注音依《廣韻》魚綺切。

huáng
蟥 蟥 蟥蟥也。從虫，黃聲。乎光切。

shī
螔 螔 蛄螔，强芈也。從虫，施聲。式支切。

【校】强芈，《爾雅》作“强蚌”。《音義》云“《説文》本作羊”，則此疑後人所改。蓋郭謂“建平人呼蚌子音同楚芈姓”，則其正音當爲“羊”明矣。

zhān
蛅 蛅 蛅斯，墨也。從虫，占聲。職廉切。

【校】墨，《爾雅》作“螺”。

hé
蝎 蝎 蝤齏也。從虫，曷聲。胡葛切。

【校】宋刊本此篆在“齏”下“强”上，不知何以移置於此。

xiàn
蜆 蜆 縊女也。從虫，見聲。胡典切。

féi
蜰 蜰 盧蜰也。從虫，肥聲。符非切。

jué
蜐 蜐 渠蜐；一曰天社。從虫，卻聲。其虐切。

【校】天社，《廣韻》作“天柱”。

guǒ
蜾 蜾 蜾蠃，蒲盧，細腰土蠭也。天地之性，細要，純雄，無子。《詩》曰：“螟蛉有子，蜾蠃負之。”從虫，𦭝聲。古火切。

【校】《詩》作“蜾”，《爾雅》作“果”。○螟蛉，《詩》《爾雅》俱作“螟蛉”。

蜾 蜾 蜾或從果。

luǒ
蠃 蠃 蜾蠃也。從虫，蠃聲。從虫，一曰虒蝓。郎果切。

líng
蠕 蠕 螟蠕，桑蟲也。從虫，需聲。郎丁切。

jiá
蛺 蛺 蛺蜨也。從虫，夾聲。兼叶切。

dié
蜨 蜨 蛺蜨也。從虫，疌聲。臣鉉等曰：今俗作蝶，非是。徒叶切。

chī
蚩 蚩 蟲也。從虫，之聲。赤之切。

bān
蚆 蚆 蚆蝥，毒蟲也。從虫，般聲。布還切。

máo
蝥 蝥 蚆蝥也。從虫，孜聲。臣鉉等曰：今俗作蟊，非是。蟊即蠿蟊，蜘蛛之別名也。莫交切。

【校】俗作蟊，按：螌蝥，《本艸》作"斑猫"，不作"蟊"。蓋"蝥"有二音，"螌蝥"爲正，"食根蟲"爲借，亦非重出，鉉説非是。

蟠 鼠婦也。從虫，番聲。附袁切。

【校】鼠婦，《爾雅》作"鼠負"。

蛜 蛜威①，委黍；委黍，鼠婦也。從虫，伊省聲。於脂切。

【校】蛜，當作"蚚"，《詩》作"伊"。

蜙 蜙蝑，以股鳴者。從虫，松聲。息恭切。

【校】"從虫"上當補"揚雄説，舂黍也"六字，見《螽斯》詩《音義》。

蚣 蜙或省。臣鉉等曰：俗作古紅切，以爲蜈蚣蟲名。

蝑 蜙蝑也。從虫，胥聲。相居切。

蟅 蟲也。從虫，庶聲。之夜切。

【校】蟲也，按《方言》，當作"螽也"。此亦蝗屬，即今俗語"蚱蜢"之"蚱"。

蝗 螽也。從虫，皇聲。乎光切。

蜩 蟬也。從虫，周聲。《詩》曰："五月鳴蜩。"徒聊切。

蝤 蜩或從舟。

蟬 以旁鳴者。從虫，單聲。市連切。

蜺 寒蜩也。從虫，兒聲。丑雞切②。

螇 螇鹿，蛁蟟也。從虫，奚聲。胡雞切。

【校】螇鹿，鹿，《爾雅》作"螰"。

蚗 蚗蚗，蛁蟟也。從虫，夬聲。於悦切。

【校】蚗蚗，《方言》作"蛥蚗"。

蛧 蚗蚗，蟬屬。讀若周天子叔。從虫，丏聲。武延切。

──────────

① 蛜，段注改作"蚚"。

② 丑，當作"五"。《廣韻》五稽切，疑母。

【校】"蚅蛦"下當有"也"字，謂"蛥"即"蚅蛦"也。按："蛥"當即《爾雅》之"蝒"，所謂"馬蜩"也。上文"蝒"疑即此重文，或後人誤分而失其次。

蛚 蜻蛚也。從虫，列聲。良薛切。

蜻 蜻蛚也。從虫，青聲。子盈切。

蛉 蜻蛉也。從虫，令聲。一名桑根。郎丁切。

蠓 蠛蠓也。從虫，蒙聲。莫孔切。

【校】蠛，當作"蔑"，猶言細也。

蟓 聶蟓也；一曰蜉蝣。朝生莫死者。從虫，祭聲。离灼切。

蜹 秦晉謂之蜹，楚謂之蚊。從虫，芮聲。而銳切。

蟰 蟰蛸，長股者。從虫，肅聲。穌彫切。

蜻 蟲也。從虫，省聲。息正切。

蜦 商何也。從虫，寽聲。力輟切。

【校】商何，商，《爾雅》作"蝄"，《音義》引《字林》作"蝄"。

蜡 蠅胆也。《周禮》："蜡氏掌除骴。"從虫，昔聲。鉏駕切 (zhà)①。

蝡 動也。從虫，耎聲。而沇切。

蚑 行也。從虫，支聲。巨支切。

【校】"行也"下《文選·琴賦》引有"凡生之類，行皆曰蚑"八字②。

蠉 蟲行也。從虫，睘聲。香沇切。

蜫 蟲曳行也。從虫，中聲。讀若騁。丑善切。

蟒 螸醜蟒，垂腴也。從虫，欲聲。余足切。

【校】螸醜蟒，《爾雅》作"螸醜奮，蠥醜蟒"，《音義》"蠥，施本作螸"，

---

① 注音依《廣韻》七慮切。
② 今本《文選》注引《説文》："蚑，徐行。凡生類之行皆曰蚑。"

與此合。

蝙 蝙　蠅醜蝙，摇翼也。從虫，扇聲。式戰切。
shàn

【校】《爾雅》作"扇"。

蛻 蛻　蛇蟬所解皮也。從虫，稅省聲。輸芮切（shuì）①。
tuì

【校】稅省，疑當作"挩省"。"挩，解挩也"，兼形聲。

蜼 蜼　螫也。從虫，若省聲。呼各切。
hè

螫 螫　蟲行毒也。從虫，赦聲。施隻切。
shì

蝁 蝁　蛥也。從虫，亞聲。烏各切。
è

蛘 蛘　搔蛘也。從虫，羊聲。余兩切。
yǎng

【校】搔蛘，段云當作"騷蛘"。"蛘"擾人，故云"騷"。

蝕 蝕　敗創也。從虫、人、食，食亦聲。乘力切。
shí

【校】"人食食"三字，按：當作"飤飤"二字。

蛟 蛟　龍之屬也。池魚滿三千六百，蛟來爲之長，能率魚飛。置
jiāo
笱水中，即蛟去。從虫，交聲。古肴切。

【校】龍之屬也，《韻會》引作"龍屬，無角曰蛟"。○"率魚"下《韻
會》有"而"字。

螭 螭　若龍而黄。北方謂之地螻。從虫，离聲。或云無角曰螭。
chī
丑知切。

虯 虯　龍子有角者。從虫，丩聲。渠幽切。
qiú

【校】有角，《韻會》引作"無角"，《甘泉賦》注亦作"無角"。

蜦 蜦　蛇屬，黑色。潛于神淵，能興風雨。從虫，侖聲。讀若戾
lún
艸。力屯切。

【校】能興風雨，當作"能興雲致雨"，見《甘泉賦》注。

　　螡 螡　蜦或從戾。

———————

① 《廣韻》又他外切。

蠊 𤎩 海蟲也。長寸而白，可食。從虫，兼聲。讀若嗛。力鹽切。

蜃 𢍰 雉入海化爲蜃。從虫，辰聲。時忍切。

【校】雉入海化爲蜃，《韻會》引作"大蛤雉入海所化"。按："海"當依《夏小正》作"淮"，《月令》"大水"，鄭亦曰"淮也"。

魤 𧉆 蜃屬。有三，皆生於海。千歲化爲魤，秦謂之牡厲。又云百歲燕所化。魁魤，一名復累，老服翼所化。從虫，合聲。古沓切。

【校】千歲化爲魤，按《爾雅》釋文，當作"魤屬，千歲雀所化"。○又云，《爾雅》釋文作"海魤"二字。如陸氏所引，則三者方備。

蠯 𧒓 陛也。脩爲蠯，圜爲蟥。從虫，庳聲。臣鉉等曰：今俗作蜅，或作蠯，非是。蒲猛切（bèng）[1]。

【校】陛，《爾雅》作"蜌"。

蝸 𧎯 蝸蠃也。從虫，咼聲。古華切（guā）。

【校】蝸蠃也，《韻會》引無"蝸"字。

蚌 𧊒 蜃屬。從虫，丰聲。步項切。

蠣 𤃷 蚌屬。似蠊，微大，出海中。今民食之。從虫，萬聲。讀若賴。力制切。

蝓 𧎧 虒蝓也。從虫，俞聲。羊朱切。

蜎 𧏎 蜎也。從虫，肙聲。狂沇切（juàn）[2]。

【校】蜎也，《韻會》引作"井中蟲也"。按：當作"蜎蜎，井中蟲也"，此有脱文耳。

蟺 𧒯 夗蟺也。從虫，亶聲。常演切。

蚴 𤍯 蚴蟉也。從虫，幽聲。於虯切。

蟉 𧓠 蚴蟉也。從虫，翏聲。力幽切。

---

① 《廣韻》又符支切。

② 《廣韻》又烏玄切。

蟄 蟄 藏也。從虫，執聲。直立切。

蚨 蚨 青蚨，水蟲。可還錢。從虫，夫聲。房無切。

蛣 蛣 蛣蜣，詹諸。以胆鳴者。從虫，匊聲。居六切。

【校】以胆鳴，《考工記》注：“胆鳴，蚔蜼屬。”“蛣蜣”蓋蚔蜼屬也。

蝦 蝦 蝦蟆也。從虫，叚聲。乎加切。

蟆 蟆 蝦蟆也。從虫，莫聲。莫遐切。

蟼 蟼 大蛙也。以胃鳴者。從虫，巂聲。户圭切。

【校】胃鳴，按《考工記》釋文“胸鳴”，賈、馬作“胃鳴”。賈云“靈蟼也”，許用賈説，從其師學。

蠵 蠵 司馬相如説：蟼從夐。

蜤 蜤 蜤離也。從虫，漸省聲。慈染切。

【校】蜤離，蜤，《漢書·司馬相如傳》作“漸”。

蟹（蟹） 蟹 有二敖八足，旁行。非蛇鱓之穴無所庇。從虫，解聲。胡買切。

鱗 鱗 蟹或從魚。

蛫 蛫 蟹也。從虫，危聲。過委切。

蜮 蜮 短狐也。似鼈，三足。以气射害人。從虫，或聲。于逼切。

【校】短狐，狐，諸經史注或作“弧”，或作“狐”，無定字。以名射工、名水弩言之，當以“弧”爲正。

蟈 蟈 蜮又從國。臣鉉等曰：今俗作古獲切，以爲蝦蟇之別名。

蝁 蝁 似蜥易，長一丈。水潛，吞人即浮。出日南。從虫，屰聲。吾谷切。[①]

蜽 蜽 蜽蛧，山川之精物也。淮南王説：蜽蛧，狀如三歲小兒，赤黑色，赤目，長耳，美髮。從虫，网聲。《國語》曰：“木石之怪：

---

① 谷，當從四庫本、四部叢刊本作“各”。

夒、蜽蜽。"文兩切。

^{liǎng}
蜽　蜽　蜽蜽也。從虫，兩聲。臣鉉等曰：今俗別作魎魎，非是。

良奬切。

^{yuán}
蝯　蝯　善援。禺屬。從虫，爰聲。臣鉉等曰：今俗別作猨，非

是。兩元切^①。

^{zhuó}
蠗　蠗　禺屬。從虫，翟聲。直角切。

^{wèi}
蜼　蜼　如母猴。卬鼻，長尾。從虫，隹聲。余季切。

^{gǒu}
蚼　蚼　北方有蚼犬，食人。從虫，句聲。古厚切。

【校】蚼犬，《山海經》作"蜪犬"，郭注云"或作蚼"。

^{qióng}
蛩　蛩　蛩蛩，獸也；一曰秦謂蟬蛻曰蛩。從虫，巩聲。渠容切。

^{jué}
蹷　蹷　鼠也；一曰西方有獸，前足短，與蛩蛩巨虛比，其名謂之

蹷。從虫，厥聲。居月切。

【校】蛩蛩巨虛，《爾雅》作"邛邛距虛"。

^{biān}
蝙　蝙　蝙蝠也。從虫，扁聲。布玄切。

^{fú}
蝠　蝠　蝙蝠，服翼也。從虫，畐聲。方六切。

^{mán}
蠻　蠻　南蠻。蛇種。從虫，縊聲。莫還切。

^{mǐn}
閩　閩　東南越。蛇種。從虫，門聲。武巾切（mín）。

^{hóng}
虹　虹　螮蝀也。狀似蟲。從虫，工聲。《明堂月令》曰："虹始見。"

戶工切。

【校】似蟲，當作"似虫"。

蚞　蚞　籀文虹從申。申，電也。

^{dì}
螮　螮　螮蝀，虹也。從虫，帶聲。都計切。

【校】今《詩》作"蝃"。

---

① 兩，當從四部叢刊本作"雨"。

蝀 dòng　蠕蝀也。從虫，東聲。多貢切。

蠥 niè　衣服、歌謡、艸木之怪，謂之䄏；禽獸、蟲蝗之怪，謂之蠥。從虫，辥聲。魚列切。

文一百五十三　重十五

蚰 kūn　蟲之總名也。從二虫。凡蚰之屬皆從蚰。讀若昆。古魂切（gūn）。

蠶 cán　任絲也。從蚰，朁聲。昨含切。

【校】任絲也，毛本作"吐絲蟲"。按：當作"任絲蟲"，言此蟲以絲爲事也。

蛾 é　蠶化飛蟲。從蚰，我聲。五何切。

　蚔 或從虫。

蚤 zǎo　齧人跳蟲。從蚰，叉聲。叉，古爪字。子皓切。

【校】"叉，古爪字"四字當刪。許書"爪，丮也"，自爲部，"叉"爲手足甲，入又部，截然二字。

　蚤 蚤或從虫。

蝨 shī　齧人蟲。從蚰，卂聲。所櫛切。

螽 zhōng　蝗也。從蚰，夅聲。夅，古文終字。職戎切。

　蟓 螽或從虫，眾聲。

蹍 zhǎn　蟲也。從蚰，展省聲。知衍切。

蠽 jié　小蟬蜩也。從蚰，戠聲。子列切。

蠿 zhá　蠿蟊，作网蛛蟊也。從蚰，𢇍聲。𢇍，古絶字。側八切。

蟊 máo　蠿蟊也。從蚰，矛聲。莫交切。

蠥 níng　蟲也。從蚰，寍聲。奴丁切。

蠤 cáo　齏蠤也。從蚰，曹聲。財牢切。

蠶　蠶　螻蛄也。從蚰，盇聲。胡葛切（hé）^①。

蟲　蟲　蟲蛸也。從蚰，卑聲。匹標切（piāo）^②。

蜱　蜱　蟲或從虫。

蠭　蠭　飛蟲螫人者。從蚰，逢聲。敷容切。

𧒀　𧒀　古文省。

蠠　蠠　蠭甘飴也；一曰螟子。從蚰，鼏聲。彌必切。

蜜　蜜　蠠或從宓。

蟁　蟁　蟁蟵也。從蚰，巨聲。强魚切。

蟁　蟁　齧人飛蟲。從蚰，民聲。無分切。

蟁　蟁　蟁或從昏，以昏時出也。

蚊　蚊　俗蟁從虫從文。

蝱　蝱　齧人飛蟲。從蚰，亡聲。武庚切。

【校】齧人，當作“齧牛”，《史記》曰“搏牛之蝱”。

蠹（蠹）蠹　木中蟲。從蚰，橐聲。當故切。

螙　螙　蠹或從木，象蟲在木中形。譚長説。

蠡　蠡　蟲齧木中也。從蚰，彖聲。盧啟切。

【校】按豕部注，則此篆當作蠡，彖聲。

𧔥　𧔥　古文。

蝵　蝵　多足蟲也。從蚰，求聲。巨鳩切。

蝤　蝤　蝵或從虫。

蠹　蠹　蚍蠹也。從蚰，橐聲。縛牟切。

蜉　蜉　蠹或從虫從孚。

蠲　蠲　蟲食也。從蚰，雋聲。子兗切。

---

① 注音依《廣韻》胡瞎切。

② 注音依《廣韻》符支切。

chǔn

蠢 𧍱 蟲動也。從蚰，春聲。*尺尹切*。

載 𢽳 古文蠢從戈。《周書》曰："我有載于西。"

【校】《周書》蓋《大誥》文，許𣜈栝其辭也。今作"蠢"。

文二十五　重十三

chóng

蟲 𧉗 有足謂之蟲，無足謂之豸。從三虫。凡蟲之屬皆從蟲。直弓切。

máo

蟊 𧏚 蟲食艸根者。從蟲，象其形。吏抵冒取民財則生。徐鍇曰：唯此一字象蟲形，不從矛，書者多誤。莫浮切。

【校】艸根，按《爾雅》，當作"苗根"。○象其形，《韻會》引作"𦥔，象形"。

蝥 𧏒 蟊或從敄①。臣鉉等按：虫部已有，莫交切，作蝥蝥蟲，此重出。

蛑 𧒃 古文蟊從虫從牟②。

pí

蠯 𧑌 蚍蜉，大螘也。從蟲，𣬈聲。房脂切。

蚍 𧒦 蠯或從虫，比聲。

lìn

蟉 𧑑 蠹也。從蟲，㒵聲。武巾切（mín）③。

fèi

蟦 𧒟 臭蟲，負蠜也。從蟲，非聲。房未切。

【校】負蠜，按《爾雅注》，當作"負盤"。又按：《春秋》有"蜚"，劉歆《五行志》以爲"負蠜"。然一"蟦"字，可爲"臭蟲"名，亦可爲"負蠜"名，不得謂"臭蟲"即"負蠜"也。段云當作"臭蟲也；一曰負蠜也"，則兼存二說，亦通。

蜚 𧒏 蟦或從虫。

gǔ

蠱 𧒵 腹中蟲也。《春秋傳》曰："皿蟲爲蠱。"晦淫之所生也。臬

---

① 蟊，依例當作"蠹"。
② 蟊，依例當作"蠹"。
③ 注音依《廣韻》良刃切。

桀死之鬼亦爲蠱。從蟲從皿。皿，物之用也。公戶切。

【校】梟桀，當作“梟磔”，見《封禪書》注。○“物之用也”上段云當有“蠱”字。

文六　重四

風 **fēng** 風 八風也。東方曰明庶風，東南曰清明風，南方曰景風，西南曰涼風，西方曰閶闔風，西北曰不周風，北方曰廣莫風，東北曰融風。風動蟲生，故蟲八日而化。從虫，凡聲。凡風之屬皆從風。方戎切。

　　凮 凮 古文風。

liáng 飆 飆 北風謂之飆。從風，涼省聲。呂張切。

xuè 颰 颰 小風也。從風，术聲。翾聿切（xù）①。

biāo 飆 飆 扶搖風也。從風，猋聲。甫遙切。

　　颮 飆 飆或從包。

piāo 飄 飄 回風也。從風，票聲。撫招切。

sà 颯 颯 朔風也。從風，立聲。穌合切。

【校】朔風，宋刊本譌作“翔風”，《文選·風賦》注引作“風聲”，疑當作“朔風聲也”。

liú 飂 飂 高風也。從風，翏聲。力求切。

hū 颮 颮 疾風也。從風從忽，忽亦聲。呼骨切。

wèi 颹 颹 大風也。從風，胃聲。王忽切②。

yù 颶 颶 大風也。從風，日聲。于筆切。

yáng 颺 颺 風所飛揚也。從風，易聲。與章切。

lì 颲 颲 風雨暴疾也。從風，利聲。讀若栗。力質切。

---

① 注音依《廣韻》許劣切。

② 注音依《廣韻》于貴切。《廣韻》又王勿切，四部叢刊本同。

飉 飉 烈風也。從風，列聲。讀若列。良薛切。

【校】讀若列，列，當作"烈"。

文十三　重二

它 它 蟲也。從虫而長，象冤曲埀尾形。上古艸居患它，故相問"無它乎"。凡它之屬皆從它。託何切（tuō）。

蛇 蛇 它或從虫。臣鉉等曰：今俗作食遮切（shé）。

文一　重一

龜 龜 舊也。外骨內肉者也。從它，龜頭與它頭同。天地之性，廣肩無雄；龜鼈之類，以它爲雄。象足甲尾之形。凡龜之屬皆從龜。居追切。

龜 龜 古文龜。

𪓶 𪓶 龜名。從龜，𡨄聲。𡨄，古文終字。徒冬切。

𪓰 𪓰 龜甲邊也。從龜，冉聲。天子巨𪓰，尺有二寸；諸侯，尺；大夫，八寸；士，六寸。汝閻切。

【校】"天子巨𪓰"四字，按《漢書·食貨志》，當作"天子玄龜距𪓰"六字。蓋所謂長尺二寸者，從背兩邊甲緣相距度之也。

文三　重一

黽 黽 鼀黽也。從它，象形。黽頭與它頭同。臣鉉等曰：象其腹也。凡黽之屬皆從黽。莫杏切。

【校】"凡黽之屬皆從黽"七字，當移置"與它頭同"下。○"臣鉉等曰"下當有"白"字。

鼁 鼁 籀文黽。

鼈 鼈 甲蟲也。從黽，敝聲。并列切①。

黿 黿 大鼈也。從黽，元聲。愚袁切。

---

① 并，當據大徐本作"并"。

鼃 鼃 蝦蟇也。從黽，圭聲。烏媧切①。

【校】蝦蟇也，也，《韻會》引作“屬”，見佳韻。

鼀 鼀 岂鼀，詹諸也。其鳴詹諸，其皮鼀鼀，其行岂岂。從黽從岂，岂亦聲。七宿切。

鱦 鱦 鼀或從酋。

䵝 䵝 鱦䵝，詹諸也。《詩》曰：“得此鱦䵝。”言其行䵝䵝。從黽，爾聲。式支切。

【校】鱦䵝，今《詩》作“戚施”。

鼉 鼉 水蟲。似蜥易，長大。從黽，單聲。徒何切。

【校】長大，按：《御覽》引作“長丈所”，“所”猶“許”也。○魚部“鱓”下有“皮可爲鼓”四字，此當兼存于“從黽”上。

䵹 䵹 水蟲也。蔵貉之民食之。從黽，奚聲。胡雞切。

䵷 䵷 䵹屬，頭有兩角。出遼東。從黽，句聲。其俱切。

蠅 蠅 營營青蠅。蟲之大腹者。從黽從虫。余陵切。

䵶 䵶 䵶鼃，蟈也。從黽，矤省聲。陟离切。

【校】“䵶鼃”下當補“鼃字，一名䵶鼃，一名鼃蟈也”。

蜘 蜘 或從虫。

鼄 鼄 䵶鼃也。從黽，朱聲。陟輸切。

蛛 蛛 鼃或從虫。

鼂 鼂 匽鼂也。讀若朝。揚雄：匽鼂，蟲名。杜林以爲朝旦，非是。從黽從旦。臣鉉等曰：今俗作晁。直遙切。

【校】“揚雄”下當依宋刊本補“說”字。

鼂 鼂 篆文從皀。

【校】“篆文”當作“古文”。

---

① 鳥，當據大徐本作“烏”。

文十三　重五

卵 ^{luǎn} 卵　凡物無乳者，卵生。象形。凡卵之屬皆從卵。盧管切。

【校】段氏此篆後補重文“卝”。《五經文字》云：“卝，《説文》以爲古卵字也。”

殸 ^{duàn} 鷻　卵不孚也。從卵，段聲。徒玩切。

文二

說文解字通釋卷第二十六

繫傳二十六

文林郎守祕書省校書郎臣徐鍇傳釋

朝散大夫行祕書省校書郎臣朱翱反切

十一部　文二百二十六　重四十八

二 ^{èr} 二 地之數也。從偶一。凡二之屬皆從二。臣鍇曰：《通論》備矣。仁至反。

　　弍 弍 古文二。臣鍇曰：義與一同。

亟 ^{jí} 亟 敏疾也。從人、口、又、二。二，天地也。臣鍇曰：承天之時，因地之利，口謀之，手執之，時乎時不可失，疾也。會意。气至反（qì）①。

恆（恆）^{héng} 亙 常也。從心、舟在二之閒。上下一心以舟施，恆也。臣鍇曰：二，上下也。心當有常，《易·恆》曰："四時變化而能久成。"注曰：長陽長陰，合而相與，可久之道也。胡瘝反。

【校】上下一心，鉉無"一"字。

　　亙 亙 古文恆從月。《詩》曰："如月之恆。"

亘 ^{xuān} 亘 求亘也。從二從回，古文回。象亘回形。上下所求物也。臣鍇曰：宣字從回，風回轉所以宣陰陽也。詢全反。

【校】古文回②，當作"回，古文回"。○"宣字從"下脫"此"字。

---

① 注音依《廣韻》紀力切。

② 按，正文作"古文回"。

竺 竺 厚也。從二，竹聲。臣鍇曰：二，厚也。得酷反。

凡 尺 最括而言也。從二；二，其偶也。從弋。弋，古文及字。
臣鍇曰：一一，垂及字也。符芰反。

【校】最，段改“冣”，非是。最，“撮”之省文也。○垂及字也，字，
當作“之”。

文六　重二

土 土 地之吐生萬物者也。二，象地之下、地之中。丨，物出形
也。凡土之屬皆從土。臣鍇曰：《通論》詳矣。

【校】地之下，下，《韻會》引作“上”。

地 坔 元气初分，輕清陽爲天，重濁陰爲地，萬物所陳列也。從
土，也聲。臣鍇曰：《通論》詳矣。田至反。

墬 墬 籀文地從自、土，彖聲。

坤 坤 地也；《易》之卦也。從土、申。土位在申。苦敦反。

垓 垓 兼垓八極地也。從土，亥聲。《春秋國語》曰：“天子居九
垓之田。”苟孩反。

【校】兼垓，當作“兼晐”，“晐、垓”疊韻爲訓也。○天子居九垓之田，
《鄭語》曰“王者居九畡之田”，《楚語》曰“天子之田九畡”，此引疑
肊記之譌。

墺 墺 四方上下可居者。從土，奧聲。臣鍇按：《尚書》曰：“四
墺既宅。”嘔報反。

【校】四方上下可居者，《韻會》引作“四方土可居也”。《文選·西都賦》
注引作“四方之土可定居者也”，依《文選注》爲是。○四墺，今《尚
書》作“四隩”。

壿 壿 古文墺如此。

堣 堣 堣夷，在冀州暘谷。立春之日，値之而出。從土，禺聲。
《尚書》曰：“宅堣夷。”元無反。

【校】今《書》作"嵎"。○暘谷，鉉作"陽谷"，山部"暘"注引《書》作"暘谷"。○立春之，"之"當依鉉作"日"。

坶　朝歌南七十里地也。從土，母聲。《周書》曰："武王與紂戰坶野。"臣鍇按：《爾雅注》：百里之國，十里爲郊。王畿千里，郊當百里。《尚書》曰："奮于商郊。"門逐反。

【校】奮于商郊，《泰誓》文無"奮"字。

坡　阪也。從土，皮聲。臣鍇曰：謂坡陀也。浦何反。

坪　地平也。從土，平聲。皮命反（bìng）[1]。

【校】平聲，當作"平亦聲"。

均　平，徧也。從土，勻聲。堅鄰反。

【校】勻聲，當作"勻亦聲"。

壤　柔土也。從土，襄聲。臣鍇按：孔安國曰："無塊曰壤。"爾往反。

墝　堅不可拔也。從土，高聲。臣鍇曰：所謂墝埆之地也。口肴反（qiāo）[2]。

墩　磽也。從土，敫聲。臣鍇曰：磽謂多小石地。口肴反。

壚　剛土也。從土，盧聲。臣鍇曰：《尚書》："下土墳壚。"然則壚，黑也。論孤反。

【校】"剛土"上《韻會》引有"黑"字。

垶　赤剛土也。從土，觲省聲。悉并反。

【校】今《周禮》作"騂"。○觲省聲，按《疑義》鍇説，當作"騂省聲"，此或依鉉改也。

埴　黏土也。從土，直聲。臣鍇曰：埏埴用黏土也。神息反。

① 注音依《廣韻》符兵切。
② 注音依《廣韻》苦角切。

塿 塿 ^{lǒu}

塿 塿 摩土也。從土，婁聲。臣鍇曰：爬塿之使歷歷然。勒兜反(lóu)①。

【校】摩土，鉉作“靡土”，説不同，次亦異。

坴 坴 ^{lù}

坴 坴 土塊坴坴也。讀若速。一曰坴，梁地。從土，圥聲。臣鍇曰：按，史奉使賈人贅壻伐南越，略取坴梁之地也②。圥音六。栗菊反。

【校】讀若速，速，鉉作“逐”。○坴，梁地，鉉無“地”字。○史奉，當作“《史記》”。○“伐南越”三字衍。○坴梁，《史》作“陸梁”，注：“嶺南人多處山陸，性强梁也。”

壼 壼 ^{hún}

壼 壼 土也。從土，軍聲。洛陽有大壼里。户昆反。

【校】土也，當作“土囱也”。古“囱、壼”或通用。○大壼里，《漢書·王子侯表》注作“土軍里”。

墣 墣 ^{pǔ}

墣 墣 塊也。從土，菐聲。臣鍇按：《國語》：楚靈王出亡，野人枕之以墣。披岳反。

【校】野人枕之，當作“涓人疇枕王”。

圤 圤 墣或從卜。

凷 凷 ^{kuài}

凷 凷 墣也。從土、凵。凵，屈，象形也。臣鍇曰：指事。苦配反。

【校】“凵屈”二字當作“凵土爲凷”四字。鉉譌更甚。

塊 塊 俗凷從土、鬼。

堛 堛 ^{pì}

堛 堛 凷也。從土，畐聲。披式反。

堫 堫 ^{zōng}

堫 堫 種也。從土，㚇聲。一曰内其中。臣鍇曰：種，内子於土中也。子紅反。

塍 塍 ^{chéng}

塍 塍 稻田畦也。從土，朕聲。臣鍇曰：言其直應繩也。時興反。

---

① 《廣韻》又郎斗切。

② 《史記·秦始皇本紀》：“發諸嘗逋亡人、贅壻、賈人略取陸梁地。”正義：“嶺南之人多處山陸，其性强梁，故曰陸梁。”

【校】稻田畦也，《韻會》引作"稻中畦圢也"。按：當作"稻田中畦
圢也"。

坺 坺 治也；一曰臿土謂之坺。《詩》云："武王載坺。"一曰塵
兒。從土，友聲。**臣鍇曰**按：今《詩》作伐字。步拔反。

【校】一曰臿土，《廣韻》作"一臿土"。○載坺，今《詩》作"載旆"。
○今《詩》作伐字，按：今《詩》"武王載旆"，《荀子》及王伯厚《詩
考》引《韓詩外傳》"旆"俱作"發"。"發"猶"起也"，"坺"爲"發
土"，故相通借。"旆"爲毛傳之異説，不聞有作"伐"者，此有脱文
也。當作"今《詩》作旆字，《周禮》作伐字"。蓋"坺"即俗"垡"字，
《周禮》"一耦之伐"，"伐"爲發土，即"坺"字也。

垼 垼 陶竈窻也。從土，役省聲。**臣鍇按**：《儀禮》曰："爲垼于
西牆下。"今俗作堡。與僻反。

基 基 牆始也。從土，其聲。居而反。

垣 垣 牆也。從土，亙聲。**臣鍇曰**：垣猶院，周繞之意。羽元反。

　　𤛘 𤛘 籒文垣從𩫖。

圪 圪 牆高兒也。《詩》曰："崇墉圪圪。"從土，气聲。其
乞反（jí）[1]。

【校】今《詩》作"仡"。

堵 堵 垣也。五版爲堵。從土，者聲。**臣鍇曰**：一版五赤也。得
古反。

【校】一版五赤，赤，同"尺"。按：《毛詩傳》以一丈爲版，與古《周
禮》、古《春秋》説同。《韓詩》以八尺爲版，與戴《禮》、何休《公
羊注》説同。鄭《詩箋》以六尺爲版。説各不同，而鍇云"五尺"，
未知何據。

　　𪐛 𪐛 籒文堵從𩫖。

---

① 注音依《廣韻》魚迄切。

壁 ^{bì} 壐 垣也。從土，辟聲。卑僻反。

𡡉 ^{liào} 𡎁 周垣也。從土，尞聲。臣鍇曰：按《西都賦》：“𡡉以周垣。”力照反。

【校】𡡉以周垣，今《文選》作“繚以周牆”。

塌 ^{yè} 塌 壁閒隙也。從土，曷聲。讀若謁。魚滅反。

埒 ^{liè} 埒 庳垣也。從土，寽聲。臣鍇曰：晉王濟馬埒，謂於外作短垣繞之也。錄設反。

【校】“馬埒”上當有“金”字。○於外，當作“編錢”。

堪 ^{kān} 堪 地突也。從土，甚聲。臣鍇曰：地穴出也。借爲不堪字。慳南反。

【校】地突，疑當作“地突”，突厚，故能載物。○地穴出也，當作“地窋也”。窋，深穴也。

堀 ^{kū} 堀 突也。從土，屈聲。《詩》曰：“蜉蝣堀閱。”臣鍇曰：《詩傳》謂掘閱，蜉蝣之堀地，使開閱之也。瞿弗反（jué）[1]。

【校】突，疑當作“突”。穿地爲穴，使突也。○屈聲，鉉作“屈省聲”。按：部末有“堀”篆，當與此相合。“堀”當爲正篆，“堀”當爲“堀”之或體，鍇本舊當如是，後人或依鉉本離之也，故“屈聲”尚仍其舊。考《韻會》已分引，知沿譌已久。○《詩傳》，當作“《詩箋》”。○蜉蝣之堀地使開閱之也，當作“蜉蝣初生掘地，解閱而出也”。

堂 ^{táng} 堂 殿也。從土，尚聲。徒郎反。

　　坣 坣 古文堂如此。

　　臺 臺 籀文堂從尚，室省聲。

　　【校】臺，當作“京”。

垛 ^{duǒ} 垛 堂塾也。從土，朵聲。臣鍇曰：謂堂前兩階垛也。兜果反。

【校】堂塾也，按《爾雅》“門側之堂謂之塾”，則“堂”上當有“門”

---

① 《廣韻》又苦骨切。

字。○堂前兩階尙，當作"正室兩門旁"。

坫 diàn 坫 屛也。從土，占聲。臣鍇曰：《論語》："有反坫也。"丁念反。

壠 lǒng 壠 塗也。從土，瀧聲。亡弄反（mèng）[1]。臣次立按：徐鉉云："水部已有，此重出。"

【校】從土，瀧聲，當作"從土、水，龙聲"。此篆以土部爲正，宜刪水部之複。

垷 xiàn 垷 塗也。從土，見聲。易顯反（yǎn）[2]。

墐 jìn 墐 塗也。從土，堇聲。臣鍇按：《詩》曰"塞向墐戶"也。其襯反。

墍 jì 墍 仰塗。從土，既聲。臣鍇按：《尚書》曰："惟其塗墍茨。"許意反（xì）[3]。

【校】鉉本作墍。

堊 è 堊 白塗也。從土，亞聲。臣鍇曰：堊，白善土也。遏泊反。

【校】白善土，善，疑當作"色"。

墀 chí 墀 塗地也。從土，犀聲。禮："天子赤墀。"臣鍇按：漢制：青瑣丹墀，後庭玄墀釦砌。墀，階上地也。纏伊反。

墼 jī 墼 瓴適也；一曰不燒。從土，毄聲。堅歷反。

【校】瓴適，瓦部"甓"下作"瓴甋"。○"不燒"二字當依《韻會》引作"未燒甎也"。

坌 fèn 坌 棄坲除也。讀與糞同。從土，弁聲。翻文反（fēn）。

【校】"棄"字衍，蓋是複出"坌"之譌文耳。

埽 sǎo 埽 棄也。從土，帚聲。臣鍇曰：會意。思討反。

───────────

① 注音依《廣韻》力踵切。
② 注音依《廣韻》胡典切。
③ 《廣韻》又具冀切。

【校】棄，當作"霈"。

在 牡　存也。從土，才聲。此與坐同意。前采反。

【校】此與坐同意，鉉無此五字。

坐 坒　止也。從畱省，從土所止也。臣鍇曰：會意。徂可反。

【校】"從土"下當補"土"字。○"所止"下鉉有"此與留同意"五字。

　　坐 坐　古文坐如此。

坁 坁　著也。從土，氏聲。臣鍇按：《春秋左傳》曰："物乃坁伏。"真彼反。

【校】著也，《韻會》引作"著止也"。

填 塤　塞也。從土，真聲。臣鍇曰：《毛詩》傳箋曰：填與鎮同。陟陳反（zhēn）[1]。

坦 坦　安也。從土，旦聲。他但反。

坒 坒　地相次坒也。衞大夫貞子名坒。從土，比聲。臣鍇曰：鄰比，若今人言毗田也。頻至反。

【校】次坒，鉉作"次比"。○貞子，當作"聲子"。聲子，褚師比也，北宫貞子名喜。此蓋肛記之譌。○鄰比，若今人言毗田也，義不可曉，疑當作"今人言比鄰，田舍相比次也"。

堤 堤　滯也。從土，是聲。昐米反。

壎 壎　樂器也。以土作，六孔。從土，熏聲。吁袁反（xuān）[2]。

封 對　爵諸侯之土也。從土、之、寸。寸，其制度也[3]。公侯百里，伯七十里，子男五十里。臣鍇曰：此會意，各之其土也。敷容反。

　　牡 牡　籀文封從丰、土。

　　圭 圭　古文封省。

---

① 注音依《廣韻》徒年切。

② 注音依《集韻》許云切。

③ 下"寸"字，大徐本作"守"。

^{xǐ}
璽　璽　王者印也。所以主土。從土，爾聲。*宵此反*。

　　璽　璽　籀文璽從玉^①。

^{mò}
墨　墨　書墨也。從土、黑。臣鍇曰：會意。*没黑反*。

^{huàn}
垸　垸　以桼和灰丸而鬌也。從土，完聲。一曰補垣也。*户岸反*。

【校】灰丸，鉉無“丸”字。

^{xíng}
型（型）　型　鑄器之法也。從土，荆聲。臣鍇曰：鑄器之範，俗謂之撲。*賢星反*。

【校】撲，當作“模”。

^{zhǔn}
埻　埻　射臬也。從土，享聲。讀若準。臣鍇曰：所謂埻的也。今多借準。*主閔反*。

^{shí}
塒　塒　雞棲於垣爲塒。從土，時聲。臣鍇曰：《爾雅》云：“鑿垣而棲也。”*神持反*。

^{chéng}
城　城　以盛民也。從土、成，成亦聲。臣鍇按：《古今注》曰：“城，盛也，所以盛受人物。”此會意。*示征反*。

　　　籀文城從畗。

^{yōng}
墉　墉　城垣也。從土，庸聲。臣鍇曰：通呼曰城，築土壘甓曰墉。*與封反*。

　　畗　畗　古文墉如此。

　　【校】此篆已見部首，爲今城郭之“郭”，此又爲“墉”，疑是“鏞”泐文。

^{dié}
堞　堞　城上女垣也。從土，葉聲。*田篋反*。

^{kǎn}
坎　坎　陷也。從土，欠聲。*口糝反*。

^{diàn}
墊　墊　下也。從土，執聲。《春秋傳》曰：“墊隘。”臣鍇曰：《尚書》曰：“下民昏墊。”*丁念反*。

---

① 璽，依例當作“璽”。

坻 埊 小渚也。從土，氐聲。《詩》曰："宛在水中坻。"纏伊反。

【校】小渚，按《爾雅》，當作"小沚"。

汷 埘 坻或從水從夂。

渚 澢 坻或從水、者。

塈 埖 下入也。從土，槼聲。長立反。

垎 垎 水乾也。從土，各聲。一曰堅也。行赫反。

【校】水乾，《篇》《韻》皆作"土乾"。

垐 塖 以土增大道上。從土，次聲。臣鍇曰:《字書》云：此即今瓷字。疾咨反。

聖 𡋹 古文垐從土、即。《虞書》曰："龍，朕聖讒説殄行。"聖，疾惡也。

增 增 益也。從土，曾聲。走稜反。

埤 埤 增也。從土，卑聲。頻移反。

坿 坿 益也。從土，付聲。符注反。

塞(塞) 廩 隔也。從土，窽聲。叟代反。

圣 圭 汝潁之閒謂致力於地曰圣。從又、土。讀若兔鹿窟。臣鍇曰:又，手也。會意。怪字從此。誇訥反。

垍 垍 堅土也。讀若臮。從土，自聲。其冀反。

俶 俶 气出於土也；一曰始也。從土，叔聲。昌伏反。

埵 埵 𤲬土也。讀若朵。從土，垂聲。兜果反。

壥 壥 地也。從土，侵省聲。七林反。

【校】"地也"上《集韻》有"壥"字。

聚 𦥔 土積也。從土，聚省聲。臣鍇曰:今《爾雅注》書聚字多如此。寂煦反。

壔(壔) 壔 保也；一曰高土也。讀若毒。從土，冩聲。得早反。

【校】一曰，鉉無此二字。

培　^{péi}塘　培敦，土田山川。從土，音聲。臣鍇按：《春秋左傳》："分之土田、培敦……命以伯禽封於少昊之虚。"注："培，增也。"《詩》曰："錫之山川，土田附庸。"此總兩説也。步雷反。

【校】"山川"下鉉有"也"字。培敦，今《左》作"陪敦"。

埩　^{zhēng}埻　治也。從土，爭聲。臣鍇曰：若今人言屏淨也。寂逞反（jìng）①。

【校】屏淨，淨，疑"挣"之譌。

墇　^{zhàng}墇　擁也。從土，章聲。止向反。

堲　^{cè}堲　遏遮也。從土，則聲。察色反。

垠　^{yín}垠　地垠也。從土，艮聲。一曰岸也。語殷反。

【校】"地垠"下《文選·七發》注引有"堮"字。

圻　圻　或從土、斤。

墠　^{shàn}墠　野土也。從土，單聲。臣鍇按：《周禮》："除地爲墠。"石遣反。

【校】"《周禮》"下當有"疏"字。

垑　^{chǐ}垑　恃也。從土，多聲。尺氏反。

【校】恃也，《廣韻》作"恃土地也"。

壘　^{lěi}壘　軍壁也。從土，畾聲。柳水反。

【校】畾聲，當作"畾省聲"，《説文》無"畾"字。

垝　^{guǐ}垝　毀垣也。從土，危聲。《詩》曰："乘彼垝垣。"句委反。

陒　陒　垝或從皀。

圮　^{pǐ}圮　毀也。從土，己聲。《虞書》曰："方命圮族。"方鄙反。

醉　酵　圮或從手、配省，非聲。

————————

① 注音依《廣韻》側莖切。

(yīn) **堙** 塞也。從土，西聲。《書》曰：“鯀堙洪水。”**臣鍇按：**古賦多呼西爲先叶韻，故得與堙爲聲。伊倫反。

【校】今《書》作“陻”。○“《書》曰”上當有“商”字，以《洪範》爲《商書》，見歺部“殬”下。

　　陻 堙或從𨸏。

　　𡋢 古文堙如此。

(qiàn) **塹** 阬也；一曰大也。從土，斬聲。七驗反。

(kuàng) **壙** 塹穴也；一曰大也。從土，廣聲。困盎反。

(gěng) **埂** 秦謂阬爲埂。從土，更聲。讀若井汲綆。根横反。

(kǎi) **塏** 高燥也。從土，豈聲。**臣鍇曰：**所謂爽塏也。刻海反。

(huǐ) **毁** 缺也。從土，毇省聲。吁委反。

　　毁 古文毁從壬。

(yā) **壓** 壞也；一曰塞補也。從土，厭聲。烏甲反。

(huài) **壞** 敗也。從土，褱聲。胡介反。

　　𢻹 籒文壞從攴。臣次立按：徐鉉云：“攴部有𢻹，此重出。”

　　𡊅 古文壞省。

(kě) **坷** 坎坷也。從土，可聲。梁國寧陵有坷亭。**臣鍇曰：**坎坷，不通也。刻箇反。

【校】不通，當作“不平”。

(xià) **㙤** 坼也。從土，虖聲。吼迓反。

　　𨻵 㙤或從𨸏。

(chè) **𡓳(坼)** 裂也。從土，㡿聲。《詩》曰：“不𡓳不疈。”敕赫反。

【校】疈，今《詩》作“副”。

(ǎng) **坱** 塵埃也。從土，央聲。隱唱反（yàng）①。

---

① 注音依《廣韻》烏朗切。

塺 méi

塺 塵也。從土，麻聲。臣鍇按：《楚辭》曰："涉氛霧兮如塺。"莫播反（mò）[1]。

【校】涉氛霧兮如塺，《九歎》"涉"作"愈"，"兮"作"其"。

坋 fèn

坋 塵也。從土，分聲。一曰坋，大防也。臣鍇曰：防，隄也。敷粉反。

靟 fèi

靟 塵也。從土，非聲。符既反。

埃 āi

埃 塵也。從土，矣聲。遏開反。

瑿 yī

瑿 塵埃也。從土，殹聲。幽雞反。

坘 yìn

坘 澱也。從土，听聲。臣鍇曰：按《爾雅》："澱謂之坘。"注云："澤澱也。"疑靳反。

【校】澤澱，澤，當作"滓"。

垢 gòu

垢 濁也。從土，后聲。講吼反。

壼 yì

壼 天陰塵也。《詩》云："壼壼其陰。"從土，壹聲。伊閉反。

【校】天陰塵，當作"風雨塵"，與雨部"霫"同義。○今《詩》作"曀"。

坏 pī

坏 丘再成者也；一曰瓦未燒。從土，不聲。臣鍇曰：《爾雅》云也。普杯反。

【校】再成，《爾雅》作"一成"，《水經注》引許慎、呂忱同，則此當作"一成"也。僞《書傳》則作"再成"，後人或依改耳。

垤 dié

垤 螘封也。從土，至聲。《詩》曰："鸛鳴于垤。"臣鍇按：《晉史》王湛乘王濟馬於螘封中試之是也。亭結反。

坥 qū

坥 益州部謂蟓場曰坥。從土，且聲。臣鍇曰：蟓場謂曲壇所吐樓地。且渠反。

埍 juǎn

埍 徒隸所居也；一曰女牢；一曰亭部。讀若眷。從土，肙聲。激犬反。

---

① 注音依《廣韻》莫杯切。

【校】讀若夐，鉉無此三字。

嶅 囷突出也。從土，叡聲。痕札反（xiá）①。
kū

堋 喪葬不下土也。從土，朋聲。《春秋傳》曰："朝而堋。"
bèng
《禮》謂之封，《周官》謂之窆。《虞書》曰："堋淫于家。"亦如是。
比懵反。

【校】不下土，不，疑當作"才"。○堋淫，今《書》作"朋淫"。

瘞 幽薶也。從土，痪聲。於計反。
yì

垗 畔也，爲四時界，祭其中。從土，兆聲。《周禮》曰："垗
zhào
五帝於四郊。"臣鍇曰：今《周禮》作兆，假借。池沼反。

【校】四時，鉉作"四時"，段改"四畔"，"時"爲是。時，基止也，
四時猶云四止。

塋 墓也。從土，營省，亦聲。玄經反②。
yíng

【校】墓也，當作"墓地"。

墓 丘也。從土，莫聲。莫度反。
mù

墳 墓也。從土，賁聲。扶云反。
fén

壟 丘壟也。從土，龍聲。呂恐反。
lǒng

壇 祭壇場也。從土，亶聲。特丹反。
tán

圯 東楚謂橋③。從土，巳聲。臣鍇按：《史記》：張良所見老父
yí
"墮其履圯下"。寅之反。

場 祭神道也；一曰山田不耕者；一曰治穀田。從土，昜聲。
cháng
臣鍇按：應璩書述祈雨云："拜請靈場。"又《詩》曰："九月築場
圃。"宙良反。

---

① 《廣韻》又苦骨切。

② 《廣韻》余傾切。

③ 大徐本"謂橋"下有"爲圯"二字。

【校】治穀田，當作“治穀地”，築場在圃不在田也。○拜請靈場，今作“拜起靈壇”，見《與岑文瑜書》中。

垂（垂）埀　遠邊也。從土，烝聲。是吹反。

圭　圭　瑞玉也。上圓下方。公執桓圭，九寸；侯執信圭，伯執躬圭，皆七寸；子執穀璧，男執蒲璧，皆五寸。圭以封諸侯。從重土。楚爵有執圭者。臣鍇按：《周禮注》：桓圭作雙柱，或以爲雙瓛形。信圭蓋刻爲人形，躬圭亦爲人形。穀璧、蒲璧皆爲穀蒲形。所謂五玉，亦曰五瑞，既分之土田，又以玉爲信也。涓兮反。

【校】雙柱，《周禮注》作“雙植”。○雙瓛，疑當作“雙鑱”，見玉部“瓛”注。

珪　珪　古文圭從玉。

堀　堀　兔堀也。從土，屈聲。臣鍇曰：《文子》：“兔走歸堀。”閒字從屈，此堀字從屈。九勿反（jué）。

【校】兔走歸堀，堀，今《文子》作“窟”。○“閒”字衍。○按：此篆當移置“堀”前，刪此注，而移“堀”注入此篆下，改“堀”注爲“或省作”三字，方如許書之舊。

文一百三十二　重二十五

【校】（文一百三十二）鉉一百三十一，實核符鉉數。“堂、坦、坅”三篆音仍鉉，而“切”作“反”。

（重二十五）實核二十七。

垚　垚　土之高也。從三土。凡垚之屬皆從垚。臣鍇曰：累土，故高也。研枭反。

【校】土之高也，《韻會》引作“土高皃”。

堯　堯　高也。從垚在兀上，高遠也。臣鍇曰：帝堯。堯，德高遠之意也。會意。研枭反。

㧂　㧂　古文堯。

文二　重一

qín

堇 𦰩 黏土也。從黄省，從土。凡堇之屬皆從堇。**臣鍇曰**：黄土乃黏也，今人謂水中泥黏者爲堇。伎殷反。

　　𦰩 𦰩 古文堇。

　　荼 𦱫 亦古文。

【校】段改𦰩，云見"難"篆重文旁。

jiān

艱 𦰩 土難治也。從堇，艮聲。互閑反。

　　囏 𦰩 籀文艱從喜。

文二　重三

lǐ

里 里 居也。從田從土。一曰士聲也。凡里之屬皆從里。**臣鍇按**：《尚書》曰："百姓里居。"六矣反。

xī

釐 𨤲 家福也。從里，𠩺聲。**臣鍇按**：《史記》曰："受釐，坐宣室。"利之反（lí）①。

yě

野 𮤻 郊外也。從里，予聲。拽者反。

　　埜 𣏾 古文野從林。

文三　重一

tián

田 田 陳也。樹穀曰田。象四口。十，阡陌之形制也。凡田之屬皆從田。笛前反。

tǐng

町 𭰀 田踐處曰町。從田，丁聲。**臣鍇曰**：言平訂訂也。王充《論衡》曰："町町若荆軻之間。"他挺反。

ruán

堧 𭷁 城下田也；一曰堧，卻也。從田，耎聲。**臣鍇按**：《史記·申屠嘉》："侵廟堧垣。"汝綿反。

【校】卻也，當作"卻地也"。○"申屠嘉"下當補"傳鼂錯"三字。○堧，今《史記》作"壖"。

chóu

畤（疇）𭹝 耕治之田也。從田、𫞤，象耕田溝詰屈也。陳收反。

───────────

① 注音依《集韻》虛其切。

畕 畕 畮或省。

畱 畽 燒種也。從田，翏聲。漢律曰："畱田休艸。"里由反。

畬 畬 三歲治田也。從田，余聲。《易》曰："不菑畬。"以虛反。

【校】三歲，《爾雅》《毛詩傳》、馬融《易注》同，而《坊記》注、虞翻《易注》皆作"二歲"，《易音義》引《說文》亦作"二歲"，此疑後人依《爾雅》改也。

輮 輮 和田也。從田、柔，柔亦聲也。鄭有輮，地名也。臣鍇按：《國語》曰："依、輮、歷、華。"四邑名也。然尤反。

畸 畸 殘田也。從田，奇聲。臣鍇曰：謂田奇零也。斤離反。

畦 畦 殘田也。從田，差聲。《詩》曰："天方薦瘥。"沒也。昨何反。

【校】"殘"下《韻會》引有"薉"字。○薦瘥，今《詩》作"薦瘥"。○沒也，當作"病也"。

畝 畝 六尺爲步，百步爲畝；秦田二百四十步爲畝。從田，每聲。莫厚反。

畮(畮) 畮 畝或從十、久。臣鍇曰：十，其制。久聲。

甸 甸 天子五百里內田。從田，包省聲。臣鍇曰：所謂五百里甸服。庭硯反。

【校】包省聲，當作"從勹"。

畿 畿 天子千里地。以逮近言之，則言畿。從田，幾省聲。巨希反 (qí)。

【校】逮近，鉉作"遠近"，非是。

畦 畦 田五十畝。從田，圭聲。勻迷反①。

畹 畹 田三十畝。從田，宛聲。臣鍇按：《楚辭》曰："余既滋蘭之九畹。"蔚遠反。

畔 畔 田界也。從田，半聲。臣鍇按：《列子》曰：聽遊於疆畔

---

① 《廣韻》户圭切 (xié)。

者。蒲腕反。

界 畍 境也。從田，介聲。苟差反。

【校】鉉作 畍。

畍^{gāng} 畍 境也；一曰陌也。趙魏謂陌爲畍。從田，亢聲。格康反。

畷^{zhuì} 畷 兩陌閒道也。廣六赤。從田，叕聲。臣鍇按：《西都賦》曰："畛畷無數。"《禮》大蜡祭："郵表畷。"誅説反（zhuō）^①。

【校】《西都》，當作"《吳都》"。

畛^{zhěn} 畛 井田閒陌也。從田，㐱聲。支允反。

略^{lüè} 略 經略土地。從田，各聲。臣鍇按：《春秋左傳》曰："封畛土略。"又曰："侵敗王略。"留腳反。

當^{dāng} 當 田相值也。從田，尚聲。得郎反。

畤^{zhì} 畤 天地五帝所基止祭地也。從田，寺聲。右扶風雍有五畤。好畤、鄜畤，皆黄帝畤祭。或云秦文公立。臣鍇曰：祭地，所祭之地也。直里反。

【校】黄帝畤祭，祭，《韻會》引作"築"。

畯^{jùn} 畯 農夫也。從田，夋聲。臣鍇曰：《詩》曰："田畯至饎。"子閏反。

【校】饎，《詩》作"喜"。

甿^{méng} 甿 田民也。從田，亡聲。臣鍇曰：按《詩》曰："甿之蚩蚩。"沒宏反。

【校】今《詩》作"氓"。

疄^{lìn} 疄 轢田也。從田，粦聲。里刃反。

畱（留）畱 止也。從田，丣聲。臣鍇曰：田猶土也。里由反。

【校】"猶土也"下當補"此與坐同意"五字。鉉采入"坙"下。

---

① 《廣韻》又陟衛切。

畜 **畜** 田畜也。淮南王曰：“玄田爲畜。”**臣鍇曰**：畜養起於微也。敕六反。

【校】畜養，當作“畜積”。

蓄 **蓄**《魯郊禮》畜從茲、田。茲，益也。

疃 **疃** 禽獸所踐地處。《詩》曰：“町疃鹿場。”從田，童聲。土卵反。

【校】地處，當依鉉作“處也”。

暢 **暢** 不生也。從田，昜聲。**臣鍇曰**：今借此爲暢茂字。丑向反。

【校】不生，當作“才生”。從昜聲之字無“不生”意。《月令》“仲冬日暢月”，亦“充滿”意，非“不生”之謂。

文二十九　重三

畕 **畕** 比田也。從二田。凡畕之屬皆從畕。闕。九商反。

【校】闕，鉉無此字。

畺 **畺** 界也。從畕；三，其界畫。**臣鍇曰**：今《周禮》畺字如此，指事。九商反。

疆 **疆** 畺或從土，彊聲。

文二　重一

黃 **黃** 地之色也。從田，茨聲。茨，古文光也。凡黃之屬皆從黃。戶荒反。

𡗓 **𡗓** 古文黃。

㰥 **㰥** 赤黃也；一曰輕易人㰥姁也。從黃，夾聲。曉鹽反。

黗 **黗** 黃黑色也。從黃，耑聲。土變反[1]。

䕷 **䕷** 青黃色也。從黃，有聲。**臣鍇按**：陳壽《三國書》吳有士䕷。呼猥反（huǐ）[2]。

---

[1]　注音依《廣韻》他端切。
[2]　注音依《廣韻》榮美切。

tiān
黇 白黄也。從黄，占聲。**他兼反**。

xié
䵨 鮮明黄也。從黄，圭聲。**匀迷反**[1]。

文六　重一

nán
男 丈夫也。從田、力，言男用力於田也。凡男之屬皆從男。**臣鍇曰**:《通論》詳矣。**年覃反**。

jiù
甥(舅) 母之兄弟爲甥，妻之父爲外甥。從男，臼聲。**伎酒反**。

shēng
甥 謂我甥者，吾謂之甥。從男，生聲。**色行反**。

文三

lì
力 筋也。象人筋之形。治功曰力，能禦大灾也。凡力之屬皆從力。**臣鍇曰**: 象人筋竦其身作力勁健之形。**留直反**。

【校】禦，鉉作"圉"，古通用。

xūn
勳 能成王功也。從力，熏聲。**臣鍇曰**: 按《周禮・司勳職》"王功曰勳"注"輔成王業，若周公";"國功曰功"注"保全國家，若伊尹";"人功曰庸"注"法施于人，若后稷";"事功曰勞"注"以勞定國，若禹";"治功曰力"注"制法成治，若臯陶";"戰功曰多"注"克敵出奇，若韓信、陳平也"。**詡君反**。

【校】人功，當作"民功"，鍇避唐諱改也。下"法施于民"同。

　　勛 古文勳從員、力。**臣鍇曰**: 古文《尚書》作此。

gōng
功 以勞定國也。從力，工聲。**君聰反**。

zhù
助 佐也。從力，且聲。**牀詛反**。

lǜ
勴 助也。從力、非，慮聲。**留御反**。

lài
勑 勞勑也。從力，來聲。**臣鍇按**:《詩・序》曰:"勞來安集

① 注音依《廣韻》户圭切。

之也。"勒柰反。

劼 劼 慎也。從力，吉聲。或曰非力，刀也。《周書》曰："劼毖殷獻臣。"讀若覃。起八反（qià）。

【校】或曰非力，刀也，鉉無此六字，疑"劼"或作"剞"。○讀若覃，鉉無此三字。按："覃"當作"䩉"。

務 𦟀 趣也。從力，敄聲。**臣鍇曰**：言趣赴此事也。勿赴反。

劂 劂 强也。從力，厥聲。瞿月反。

【校】强也，鉉作"劈也"。按：當作"彊力也"，彊力猶勉力也。

勱 勴 勉力也。從力，萬聲。《周書》曰："用勱相我邦家。"讀與厲同。謀敗反。

【校】邦家，今《書》作"國家"。

勍 劤 强也。《春秋傳》曰："勍敵之人。"從力，京聲。虔迎反。

勁 𠢧 强也。從力，巠聲。居正反。

勉 勯 强也。從力，免聲。美選反。

【校】强也，段改"劈也"，非是。勉，自彊也；劈者，已不可，而人迫之使爲也，非一義。

劭 劭 勉也。從力，召聲。讀若舜樂韶。食要反。

勖 勖 勉也。從力，冒聲。《周書》曰："勖哉夫子！"**臣鍇曰**：勉其事冒犯而爲之也。喧六反。

勸 勸 勉也。從力，雚聲。區怨反。

勝 𦟝 任也。從力，朕聲。失稱反。

勶 勶 發也。從力、徹，徹亦聲。恥列反。

勠 勠 并力也。從力，翏聲。**臣鍇按**：《春秋左傳》曰："戮力一心。"力竹反。

【校】勠力一心，見《國語》，《左傳》作"勠力同心"。

xiàng
劇 劇　鼷緩也。從力，象聲。讀若演。以象反（yǎng）[1]。

【校】讀若演，鉉無此三字，此同母齲也。

dòng
動 勳　作也。從力，重聲。待總反。

　　　運 運　古文動從辵。

lèi
勵 勵　推也。從力，畾省聲。臣鍇曰：書史謂於城上推木石下摧敵謂之勵。魯內反。

liè
劣 劣　弱也。從力、少。臣鍇曰：會意。録設反（lüè）。

láo
勞 勞　劇也。從力、熒省。熒，火燒宀也。用力者勞。臣鍇曰：會意。闌刀反。

【校】劇，段云當作“勮”。

　　　勞 勞　古文勞如此。

jù
勮 勮　務也。從力，虞聲。求許反。

kè
劾 劾　尤劇也。從力，克聲。臣鍇按：《春秋左傳伐例》：“得雋曰克。”[2]謂用力多也。慳黑反。

【校】尤劇，鉉作“尤極”，段改“尤劇”。○雋，《左》作“儁”。

yì
勩 勩　勞也。從力，貰聲。《詩》曰：“莫知我勩。”予契反。

jiǎo
勦 勦　勞也。從力，巢聲。《春秋傳》曰：“安用勦民。”即召反。

juàn
券 券　勞也。從力，券聲。臣鍇曰：今用倦字，無復作此也。具便反。

qín
勤 勤　勞也。從力，堇聲。伎殷反。

jiā
加 加　語相增加也。從力、口。臣鍇按：史曰：“惡聲之加人也。”會意。閒巴反。

【校】增加，段改“譜加”，“譜”猶誣也，與上“語”字合。

――――――――――

① 《廣韻》又徐兩切。

② 伐例，疑當作“條例”。

劋 勢 健也。從力，敖聲。讀若豪。顏叨反（áo）[1]。

勈（勇）勈 气也。從力，甬聲。臣鍇曰：《通論》詳矣。與恐反。

　　恿 惥 古文勇從心。

　　戜 柙 勇或從戈、用。

勃 勪 排也。從力，孛聲。臣鍇曰：勃然興起，有所排擠也。步咄反。

勡 勡 劫也。從力，票聲。臣鍇曰：今人言剽劫。匹妙反。

劫 劫 人欲去，以力脅止曰劫。或曰以力去曰劫。臣鍇曰：會意。居怯反。

【校】 或曰以力去，鉉作"以力止去"。按：止，當作"敊"。《荀子·修身篇》楊注："劫[2]，敊去也。"○"臣鍇"上當依《韻會》補"從力、去"三字。

飭 飭 致堅也。從人、力，食聲。讀若敕。臣鍇按：《周禮》曰："審曲面勢，以飭五材。"飭，修整之也。修飾從巾，今俗人多同之，由不曉故也。暢陟反。

【校】 從人、力，食聲，疑當作"從力，飤聲"。

劾 劾 法有辠也。從力，亥聲。侯耐反（hài）[3]。

募 纂 廣求也。從力，莫聲。莫度反。

勥 勥 迫也。從力，強聲。己賞反[4]。

　　勥 勥 古文勥從彊。

文四十　重六

劦 劦 同力也。從三力。《山海經》曰："惟號之山，其風若劦。"

---

① 注音依《廣韻》胡刀切。

② 劫，今本《荀子》作"刦"。

③ 《廣韻》又胡得切。

④ 《廣韻》又其兩切（jiàng）、巨良切（qiáng）。

凡劦之屬皆從劦。羊帖反。

【校】惟虢之山，其風若劦，《玉篇》引同。按:《北山經》"錞于母逢之山，北望雞號之山，其風如飈"。"惟"蓋"雞"之譌，"劦"作"飈"，則後人所增入。

協 ^{xié} 恊　同心和也。從劦、心。臣鍇按:《尚書》曰:"三后恊心。"羊帖反。

【校】"同心"下當依鉉補"之"字。

勰（勰）^{xié} 勰　同思之和。從劦、思。臣鍇曰:《春秋左傳》曰:"謀勰乃行。"本此字也。羊帖反。

【校】謀勰乃行，按:當作"謀協以故兆詢"。

協 ^{xié} 協　眾之同和。從劦，十聲。羊帖反。

【校】眾之同和，當作"眾同之和"。

叶　叶　古文協從口、十。

旪　旪　叶或從曰①。臣鍇曰:音越，亦發言也。已上五字皆會意。

文一　重五

---

① 叶，依例當作"協"。

說文解字通釋卷第二十七

繫傳二十七

文林郎守祕書省校書郎臣徐鍇傳釋
朝散大夫行祕書省校書郎臣朱翱反切

九部　文三百四十一　重二十四

金〔jīn〕金　五色金也。黃爲之長。久薶不生衣，百鍊不輕，從革不違。西方之行。生於土。從土，左右注，象金在土中形。今聲也。凡金之屬皆從金。臣鍇曰：黃、白、赤、青、黑也。今掘地得黃金者，發土則色見，不爲土污也。《通論》詳矣。居斟反。

　　全　古文金。臣鍇曰：以上皆象金形。

銀〔yín〕銀　白金也。從金，艮聲。言陳反。

鐐〔liáo〕鐐　白金。從金，尞聲。臣鍇曰：《爾雅》："其美者謂之鐐。"梨桃反。

鋈〔wù〕鋈　白金也。從金，沃聲。臣鍇按：《詩》曰："陰靷鋈續。"腕毒反。

【校】 沃聲，鉉作"茨省聲"。

鉛〔qiān〕鉛　青金也。從金，㕣聲。與川反（yuán）。

錫〔xī〕錫　銀鉛之間也。從金，易聲。臣鍇曰：銀色而鉛質也。星激反。

鈏〔yìn〕鈏　錫也。從金，引聲。臣鍇曰：《爾雅》云也。異印反。

銅 銅　赤金也。從金，同聲。田風反。

鏈 鏈　銅屬也。從金，連聲。臣鍇按：《史記》曰“長沙出連、錫”，即此也。鄰延反。

【校】銅屬，《漢書》應劭注同。《史記》徐廣注“連，鉛未鍊者”，與此異說。

鐵 鐵　黑金也。從金，㦰聲。聽切反。

鐵 鐵　鐵或省。

銕 銕　古文鐵從夷。

鍇 鍇　九江謂鐵曰鍇。從金，皆聲。臣鍇曰：張衡《南都賦》曰：“銅錫鉛鍇。”南陽與九江雖遥，俱爲楚地也。《字書》曰：鐵好也；一曰白鐵也。夫鐵精則白。肎駭反。

銚 銚　鐵也；一曰彎首銅也。從金，攸聲。臣鍇曰：今人言銚鍇也。延秋反（yóu）①。

鏤 鏤　剛鐵也。可以刻鏤。從金，婁聲。《夏書》曰：“梁州貢鏤金也。”一曰鏤，釜也。勒丑反。

鐼 鐼　鐵類也。從金，賁聲。讀若訓。父文反。

【校】讀若訓，訓，鉉作“熏”。

銑 銑　金之澤者也。從金，先聲。一曰小鑿；一曰鐘下兩角其閒謂之銑。臣鍇按：《國語》曰：“夬之以金者銑，寒甚矣，胡可恃也。”注曰：“銑猶洒也。”洒然寒皃，言無和潤也。思典反。

【校】鐘下兩角其閒謂之銑，按《考工記》注，當作“鐘口兩角謂之銑”，“其閒”二字衍。○金者銑，當作“金銑者”。

鑒 鑒　剛也。從金，臤聲。臣鍇曰：淬刀劍刃使堅也。經硯反。

---

① 注音依《廣韻》徒聊切。

【校】剛也，按鐯説，當作"剛刃也"。

鑗 鑗 ^{lí} 金屬也；一曰剝也。從金，黎聲。里西反。

錄 錄 ^{lù} 金色。從金，录聲。臣鍇曰：借爲領録字。劣束反。

【校】領録，疑當作"省録"。

鑄 鑄 ^{zhù} 銷金也。從金，壽聲。支處反。

銷 銷 ^{xiāo} 鑠金也。從金，肖聲。息超反。

鑠 鑠 ^{shuò} 銷金。從金，樂聲。書卻反。

鍊 鍊 ^{liàn} 冶金也。從金，柬聲。郎電反。

【校】冶金，《韻會》引作"治金"。

釘 釘 ^{dīng} 鍊餅黃金也。從金，丁聲。的冥反。

錮 錮 ^{gù} 鑄塞也。從金，固聲。臣鍇曰：鑄銅鐵以塞隙也，後漢法有黨錮，塞其仕進之路也。骨度反。

鑲 鑲 ^{ráng} 作型中腸也。從金，襄聲。臣鍇曰：鑄鐘鏞屬，使内空者，於型範中更作土模，所以後卻流銅也。又若果實之穰。《釋名》云："鉤鑲兵也，兩頭曰鉤，中央曰鑲，或推鑲，或鉤引也。"臣鍇按：《晏子》云"直兵將推之，曲兵將鉤之"，即此也。然莊反。

【校】晏子曰，當作"《韓詩外傳》曰"，辨見句部"鉤"下。

鋏 鋏 ^{jiá} 可以持冶器鑄鎔者也。從金，夾聲。讀若漁人筴魚之筴。一曰若挾持。臣鍇曰：今鐵夾持鑄鍋者。居狹反。

【校】筴魚之筴，疑當作"業漁之業"。鉉本"筴"作"莢"，段改"夾"，皆未是。

鎔 鎔 ^{róng} 冶器法也。從金，容聲。臣鍇曰：亦模範也。古言鎔裁出於此。與封反（yóng）。

鋌 鋌 ^{dìng} 銅鐵朴也。從金，廷聲。笛頲反。

【校】朴，鉉作"樸"。按：朴，木皮也；樸，木素也。一謂外裹，一謂内質，義異而實同。

鍛 鍛 duàn
小冶也。從金，段聲。臣鍇曰：椎之而已，不銷，故曰小冶。都半反。

鐃 鐃 xiǎo
鐵文也。從金，曉聲。喜杳反。

鏡 鏡 jìng
景也。從金，竟聲。居竟反。

銘 銘 chǐ
曲銘也；一曰鷺鼎也。從金，多聲。讀若摘。一曰若《詩》曰"侈兮"之侈，同。臣鍇按：《爾雅》："鷺，銘也。"注："涼州呼曰銘。"昌嫜反。

【校】摘，鉉作"擿"。○"之侈同"三字鉉作"哆兮"二字。

銒 銒 xíng
似鐘而頸長。從金，开聲。賢星反。

【校】鐘，當作"鍾"。銒，酒器也，或作"經"。

鍾 鍾 zhōng
酒器也。從金，重聲。之松反。

鑑 鑑 jiàn
大盆也。從金，監聲。一曰鑑諸也，可以取明水於月。臣鍇按：《周禮》曰："春始治鑒。"注曰："如甄，大口。"鑒諸，鏡也；一曰石也。各撕反。

【校】一曰鑑諸也，"鑑"下脱"方"字。○鑒諸，鏡也；一曰石也，當作"方諸，鏡也；一曰大蛤也"。按：《周禮·司烜氏》注曰"鏡屬"，《淮南子》高注云"大蛤也"，無言"石"者。至許書厂部"厱諸"，亦作"礛諸"，其石可以治玉，可爲弩鏃，與此無涉。

鐈 鐈 qiáo
似鼎而長足。從金，喬聲。伎昭反。

鐩 鐩 suì
陽鐩也。從金，隊聲。臣鍇按：《周禮》："司烜氏掌以夫遂取明火於日，以鑑取明水於月。"注云："夫遂，陽燧也。鑒，鏡屬也，取水者，世謂之方諸。"夕位反。

鋞 鋞 xíng
溫器也。圜直上。從金，巠聲。臣鍇曰：所以燠物。賢星反。

【校】"直上"上當有"而"字。○燠，疑當作"煥"。

鑴鑴 鐎也。從金，巂聲。户迷反。
<small>xí</small>

鑊 鑊 鑴也。從金，蒦聲。户廓反。
<small>huò</small>

鍑 鍑 釜而大口者。從金，复聲。分副反。
<small>fù</small>

【校】"釜"下當有"屬"字，見鬲部"鬴"注。

鍪 鍪 鍑屬也。從金，敄聲。莫浮反。
<small>móu</small>

錪 錪 朝鮮謂釜曰錪。從金，典聲。聽銑反。
<small>tiǎn</small>

銼 銼 鍑也。從金，坐聲。泉和反（cuó）^①。
<small>cuò</small>

鑼 鑼 銼鑼也。從金，羸聲。魯戈反。
<small>luó</small>

鉶（銒）鉶 器也。從金，刑聲。臣鍇曰：鉶，羹器也。賢星反。
<small>xíng</small>

鎬 鎬 溫器也；從金，高聲。武王所都鎬在長安西上林苑中。字亦如此。侯抱反。
<small>hào</small>

【校】都鎬，當作"都鄗"。此説或以"鎬"爲"鄗"也。

鏖 鏖 溫器也。一曰金器。從金，麈聲。讀若奧。阿高反。
<small>āo</small>

【校】讀若奧，鉉無此三字。按：奧，疑當作"燠"，同母相龤也。

銚 銚 溫器也。從金，兆聲。一曰田器。臣鍇按：《詩傳》曰："錢，銚也。"延朝反。
<small>yáo</small>

鎠 鎠 酒器也。從金，𠉕象器形。徒斗反。
<small>dòu</small>

　　𠉕 𠉕 鎠或省金。

鐎 鐎 鐎斗也。從金，焦聲。臣鍇曰：《史記》注"刁斗"云："以銅作鐎器，受二升，晝炊飯，夜擊持行也。"煎昭反。
<small>jiāo</small>

【校】二升，按《史記》注，當作"一斗"。

鋗 鋗 小盆也。從金，胃聲。火玄反。
<small>xuān</small>

鍵 鍵 鉉也。從金，建聲。一曰車轄。其獻反。
<small>jiàn</small>

———————————

① 《廣韻》又麤臥切。

鑴 鑴 （wèi）鼎也。從金，巂聲。讀若慧。于歲反。

鉉 鉉① （xuàn）舉鼎具也。從金，玄聲。《易》謂之鉉，《禮》謂之鼏。預顯反。

【校】《禮》謂之鼏，考《儀禮》"設扃鼏"注："今文扃爲鉉。"段云，"扃"古作"鼏"，與"鼏"字異，此當作"鼏"，各本作"鼏"，誤也。按：許書"鼏、鼏"無兩篆，鼎部"鼏"蓋即"鼏"之譌。《儀禮》"扃鼏"，古當作"鼏幂"。"幂"以覆物，鼎蓋即覆鼎物，不必別有"鼏"字。自譌"幂"爲"鼏"，後人以二字無別，遂以同聲之"扃"改"鼏"字。即《考工記》之"大扃、小扃"，古亦作"鼏"，許引可證。段氏書鼎部有鼏、鼏二篆，恐與許意不合。

鋊 鋊 （yù）可以句鼎耳及鑪炭也。從金，谷聲。讀若浴。一曰銅屑。余足反。

鎣 鎣 （yíng）器也。從金，熒省聲。讀若銑。玄經反。

【校】器也，疑當作"洒器也"，故"讀若銑"。"銑"猶"洒"也，謂以水滌器，使瑩然也。

鑯 鑯 （jiān）鐵器也。從金，韱聲。一曰鐫。精廉反。

【校】"一曰鐫"下當補"臣鍇按：《公羊傳》曰：眡而鑯其版"十二字。今《公羊》"鑯"作"鍐"，《音義》云"本亦作鑯"，今錯出下"釬"篆注，當移正。

鐙 鐙 （dēng）錠也。從金，登聲。臣鍇按：《爾雅》："瓦桓謂之鐙。"注："即膏鐙也。"臣鍇以此《楚辭》所謂"蘭膏明燭，華鐙錯"。丹增反。

【校】瓦桓謂之鐙，今《爾雅》"桓"作"豆"，"鐙"作"登"。○"臣鍇以此"四字當作"臣鍇以爲此即"六字。

錠 錠 （dìng）鐙也。從金，定聲。顛定反。

鏶 鏶 （jí）鍱也。從金，集聲。牆揖反。

---

① 鉉，四部叢刊本小篆作鉉。

鍓 鎺 鍱或從耳。

chǎn
鏟 鐟 鍱也。從金，產聲。一曰平鐵。**臣鍇曰**：鮑昭賦云^①：“鏟利銅山。”*初簡反*。

ye
鍱 鍱 鍱也。齊謂之鍱。從金，枼聲。**臣鍇曰**：今言鐵葉也。*亦接反*。

lú
鑪 鑪 方鑪也。從金，盧聲。*論孤反*。

xuàn
鏇 鏇 圜鑪也。從金，旋聲。*似戀反*。

tí
鏾 鏾 器也。從金，虒聲。*敵圭反*。

lǔ
鑛 鑛 煎膠器也。從金，虜聲。*勒古反*。

kòu
釦 釦 金飾器口。從金、口，口亦聲。**臣鍇曰**：若今金銀稜器也。*懇走反*。

【校】稜器，當作“錂器”。

cuò
錯 錯 金塗也。從金，昔聲。**臣鍇曰**：《詩》曰：“約軧錯衡。”*操各反*。

yǔ
鋙 鋙 鉏鋙也。從金，御聲。**臣鍇曰**：鉏鋙猶犬牙也。*疑舉反*。

【校】“犬牙”下當補“相錯”二字。

鋙 鋙 鋙或從吾。

yǐ
錡 錡 鉏鋙也。從金，奇聲。江淮之閒謂釜錡。**臣鍇曰**：《春秋左傳》：“筐筥錡釜之器。”注：“有足曰錡。”*魚倚反*。

chā
鍤 鍤 郭衣鍼也。從金，臿聲。*丑輒反*。

shù
鉥 鉥 綦鍼也。從金，术聲。**臣鍇曰**：刺綦之鍼也。綦履，履底也。*常出反*。

【校】綦鍼，《管子》房注、《玉篇》皆作“長鍼”。○綦履，當作“履綦”。按：“綦”繫於“履”，即《周禮》所謂“絇”也。如鍇說，則爲

_____

① 見《蕪城賦》。

“繶”矣。繶者，底牙相接之緣，亦不專言底也。鍇説未詳何據。若以爲“綴底鍼”，則亦“長鍼”也。

zhēn

鍼　鍼　所以縫也。從金，咸聲。正沈反。

pī

鈹　鈹　大鍼也。從金，皮聲。一曰劒而刀裝者。臣鍇按：《春秋左傳》曰：“夾之以鈹。”杯皁反（bēi）[①]。

chán

鑱　鑱　銳也。從金，毚聲。岑啣反。

niǔ

鈕　鈕　印鼻也。從金，丑聲。女有反。

　　珥　珥　古文鈕從玉。

qiōng

銎　銎　斤斧穿也。從金，巩聲。臣鍇曰：柄孔受柯處。《六韜》曰：“大柯斧銎長八寸。”曲恭反。

zī

鈭　鈭　鈭錍，斧也。從金，此聲。即宜反。

bēi

錍　錍　鈭錍也。從金，卑聲。賓而反。

zàn

鏨　鏨　小鑿也。從金、斬，斬亦聲。昨三反。

juǎn

鐫　鐫　破木鐫也。從金，雋聲。一曰琢石也。讀若瀸。津宣反。

záo

鑿　鑿　穿木也。從金，鑿省聲。自莫反（zuó）。

xiān

銛　銛　臿屬也。從金，舌聲。讀若棪。桑欽讀若鎌。先廉反。

【校】棪，鉉作“桬”。

chén

銚　銚　臿屬也。從金，尤聲。讀若沈。池心反。

guǐ

銟　銟　臿金也。從金，危聲。一曰銟瑩鐵也。讀若毀行。溝委反。

【校】毀行，鉉作“跛行”。

piē

鐅　鐅　河内謂臿頭金也。從金，敝聲。僻喈反。

jiǎn

錢　錢　銚也。古者田器。從金，戔聲。《詩》曰：“庤乃錢鎛。”一

---

① 注音依《廣韻》敷羈切。

曰貨也。自僊反（qián）①。

【校】一曰貨也，鉉無此四字。

鑺 鑺 大鉬也。從金，矍聲。俱躍反。 *jué*

鈐 鈐 鈐鐯，大犁也；一曰類耜。從金，今聲。勤潛反。 *qián*

鐯 鐯 鈐鐯也。從金，隋聲。特妥反。 *duò*

鏺 鏺 兩刃，有木柄，可以刈艸。從金，發聲。讀若撥。普末反。 *pō*

鉵 鉵 耜屬也。從金，蟲省聲。杜冬反。 *tóng*

【校】"省聲"下鉉有"讀若同"三字。

鉏 鉏 立薅所用也。從金，且聲。蟬於反。 *chú*

【校】立薅所用，《廣韻》引作"立薅斫"。

鑺 鑺 耜屬也。從金，罷聲。讀若嬀。彼移反。 *bēi*

鎌 鎌 鍥也。從金，兼聲。力鹽反。 *lián*

鍥 鍥 鎌也。從金，契聲。經節反。 *jié*

鉊 鉊 大鎌也。從金，召聲。鎌或謂之鉊，張徹說。真遙反。 *zhāo*

銍 銍 穫禾短鎌也。從金，至聲。**臣鍇按**：《爾雅》曰："鍥也。" *zhì*
知疾反。

【校】《爾雅》曰"鍥也"，當作"《詩傳》曰'穫也'"。按：《爾雅》云"挃挃，穫也"，"挃"與"銍"稍異，當引《臣工》詩傳。

鎮 鎮 博壓也。從金，真聲。陟陳反。 *zhèn*

鉆 鉆 鐵鉬也。從金，占聲。一曰膏車鐵鉆。敕淹反。 *chān*

鉵 鉵 鉆也。從金，耴聲。**臣鍇曰**：猶爾也。陟聶反。 *zhé*

鉗 鉗 以鐵有所劫束也。從金，甘聲。勤潛反。 *qián*

釱 釱 鐵鉗也。從金，大聲。**臣鍇按**：《字書》：在足曰釱。笛計反。 *dì*

---

① 注音依《廣韻》即淺切。

鋸 ^{jù} 鋸 槍唐也。從金，居聲。飢御反。

鐕 ^{zān} 鐕 可以綴著物者。從金，朁聲。祖堪反。

錐 ^{zhuī} 錐 銳也。從金，隹聲。專唯反。

銳 ^{ruì} 銳 芒也。從金，兌聲。與歲反。

剟 剟 籀文銳從剡。

【校】"從剡"下當補"厂"字。

鏝 ^{mán} 鏝 鐵杇也。從金，曼聲。臣鍇曰：所以泥也。沒圍反。

【校】所以泥，泥，當作"涂"。

槾 槾 鏝或從木。臣次立按：徐鉉云："木部已有，此重出。"

鑽 ^{zuàn} 鑽 所以穿也。從金，贊聲。祖半反。

鑢 ^{lù} 鑢 錯銅鐵也。從金，慮聲。臣鍇曰：摩錯之也。留御反。

銓 ^{quán} 銓 衡也。從金，全聲。七沿反。

銖 ^{zhū} 銖 權十分黍之重。從金，朱聲。臣鍇曰：二十四銖爲一兩也。船區反（shú）。

【校】"之重"下當依《韻會》補"十黍爲絫，十絫爲銖"八字，去八字則"十分黍"不可通矣。許意蓋以"一絫"爲"一分"也。

鋝 ^{luè} 鋝 十銖二十五分之十三也。從金，寽聲。《周禮》曰："重三鋝。"北方二十兩爲鋝。錄設反。

【校】十銖，當依《書音義》引作"十一銖"。○"五分"下當補"銖"字。○"二十兩爲"下當補"三"字。按：康成以六兩太半兩爲鋝，則二十兩乃三鋝也。

鍰 ^{huán} 鍰 鋝也。從金，爰聲。《虞書》曰："罰百鍰。"戶刪反。

【校】《虞書》，當作"《周書》"。

錙 ^{zī} 錙 六銖也。從金，甾聲。側持反。

【校】六銖也，按：《儒行》鄭注作"八兩"，《淮南·詮言訓》注作"六

兩曰錙，倍錙曰錘"，《風俗通》曰"銖六則錘，二錘則錙"，皆與此異。唯《淮南·説山訓》注"六銖曰錙，八銖曰錘"，當是許君舊注。

錘 銼　八銖也。從金，垂聲。*chuí*　直垂反。

鈞 鈞　三十斤也。從金，匀聲。*jūn*　堅鄰反。

　　　　鋆 鋆　古文鈞從旬。

鈀 鈀　兵車也。從金，巴聲。一曰鐵也。*bā*　《司馬法》曰："晨夜内鈀車。"不奢反。

鐲 鐲　鉦也。從金，蜀聲。軍法：司馬執鐲。*zhuó*　**臣鍇按**：《周禮注》："形如小鍾，軍行鳴之，以爲鼓節。"术渥反。

【校】"司馬"上按《周禮》當補"公"字，"公司馬"謂伍長也。

鈴 鈴　鈴釘也。從金，令聲。*líng*　連丁反。

【校】鈴釘，鉉作"令丁"。

鉦 鉦　鐃也。從金，正聲。似鈴，柄中，上下通。*zhēng*　真名反。

【校】從金，正聲，當移置"上下通"之下。

鐃 鐃　小鉦也。從金，堯聲。軍法：卒長執鐃。*náo*　獳交反。

鐸 鐸　大鈴也。從金，睪聲。軍法：五人爲伍，五伍爲兩，兩司馬執鐸。*duó*　騰莫反。

鏞 鏞　大鐘謂之鏞。從金，庸聲。*yóng*　與封反。

鎛 鎛　大鐘，淳于之屬，所以應鐘磬也。堵以二，金樂則鼓鎛應之。從金，薄聲。*bó*　匹各反（pò）①。

【校】"大鐘"上當有"似"字。《周禮注》："鎛似鐘而大。"〇二金，當作"二全"，言兩堵爲全，一肆也。

鈁 鈁　方鐘也。從金，方聲。*fāng*　府昌反。

鐘 鐘　樂鐘也。秋分之音也，物穜成。從金，童聲。*zhōng*　古者垂作

---

① 《廣韻》又傍各切。

鐘。之松反。

【校】"物穜成"下段補"故謂之鐘"四字。

　　　鋪鎬 鐘或從甬。

bó
鎛 鐘 鎛鱗也。鐘上橫木上金華也。從金，尃聲。一曰田器也。《詩》曰："庤乃錢鎛。"臣鍇曰：鐘筍上飾，今儀制令所謂博山也。又《詩傳》曰："鎛，鎒也。"本泊反。

huáng
鍠 鍠 鐘聲也。從金，皇聲。《詩》曰："鐘鼓鍠鍠。"戶荒反。

【校】今《詩》作"喤"。

chēng
鏘 鎗 鐘聲也。從金，倉聲。測彭反。

zhēng
錚 錚 金聲也。從金，爭聲。測彭反（chēng）。

tāng
鏜 鏜 鐘鼓之聲也。從金，堂聲。《詩》曰："擊鼓其鏜。"吞匡反。

cōng
鏓 鏓 鏦鏓也。從金，悤聲。一曰大鑿平木者。麤中反。

【校】大鑿平木者，按：《文選·長笛賦》注引作"大鑿中木也"，"中"讀去聲。蓋"鑿"非平木之器，當依改。

qìng
鑋 鑋 金聲也。從金，輕聲。讀若《春秋傳》曰"鑋而乘他車"。牽宵反。

【校】鑋，今《左》譌作"鑋"，失字義矣。

xín
鐔 鐔 劍鼻也。從金，覃聲。臣鍇按：《莊子》曰："周宋以爲鐔。"劍鐔，鼻也，人握處之下也。移金反。

【校】劍鐔鼻也，當作"注：劍珥也"，見《音義》。

mò
鏌 鏌 鏌鎁，大戟也。從金，莫聲。臣鍇曰：又劍名。門落反。

【校】大戟，鉉無此二字，誤删也。

yé
鎁 鎁 鏌鎁也。從金，牙聲。延車反。

shā
鎩 鎩 鈹有鐔也。從金，殺聲。臣鍇按：嵇康曰："鸞翮有時鎩。"

師壞反（shài）^①。

【校】"嵇康"上當補"顏延年詠"四字。

鏢 鑣 刀削末銅也。從金，票聲。臣鍇曰：削音肖，刀匣也。片妖反。

鈒 鎯 鋋也。從金，及聲。臣鍇曰：鈒，戟也。飾吸反（sè）^②。

鋋 鎃 小矛也。從金，延聲。示川反。

鈗 鎼 從侍臣所執兵。從金，允聲。《周書》曰："冕執鈗。"與準反。

【校】今《書》作"銳"。

鉈 鉈 短矛也。從金，它聲。臣鍇曰：今又音蛇。《晉書》曰："丈八鉈矛左右盤。"示牙反。

鏦 鏑 矛也。從金，從聲。取蚣反。

  鏦 鎽 鏦或從彖。

錟 鎁 長矛也。從金，炎聲。讀若老聃。杜南反。

鋒 鏻 兵耑也。從金，逢聲。甫蛩反。

錞 鐻 矛戟柲下銅，鐏。從金，辜聲。《詩》曰："厹矛沃錞。"臣鍇曰：柲，柄也。得昏反（dūn）^③。

【校】沃，今《詩》作"鋈"。

鐏 鑸 柲下銅也。從金，尊聲。徂寸反。

鏐 鑗 弩眉也。從金，翏聲。一曰黃金之美者。里由反。

鎧 鎧 甲也。從金，豈聲。苦蓋反（kài）^④。

釬 釬 臂鎧也。從金，干聲。臣鍇曰：《管子》曰："桓公方田，

---

① 《廣韻》又所八切。

② 《廣韻》又蘇合切。

③ 注音依《廣韻》徒猥切。

④ 《廣韻》又古亥切。

弛弓脫釬。"① 《公羊》曰："睋而鍥其版。" 侯旰反。

【校】"《公羊》"以下八字，"鑯"篆注脱簡也，此當作"《莊子》曰：有緩而釬。注：急也"。

錏 _{yǎ}　錏鍜，頸鎧也。從金，亞聲。歐瓜反。

鍜 _{xiá}　錏鍜也。從金，叚聲。痕加反。

鐧 _{jiàn}　車軸鐵也。從金，閒聲。**臣鍇按**：《釋名》曰："鐧，閒也，閒釭軸之閒，使不相摩也。"溝鴈反。

釭 _{gāng}　車轂中鐵也②。從金，工聲。君聰反（gōng）③。

鍟 _{shì}　車樘結也。從金，折聲。讀若誓。一曰銅生五色。時制反。

【校】樘，當作"樬"。

釳 _{xì}　乘輿馬頭上防釳。插以翟尾鐵翮，象角，所以防网羅釳去之也。從金，气聲。疑瑟反（yì）④。

鈇 _{fū}　莝斫刀也。從金，夫聲。甫及反。

【校】莝斫，《尹翁歸傳》引作"斫莝"。

鑾 _{luán}　人君車，四馬鑣，八鑾鈴。象鸞鳥之聲，和則敬也。從金，鸞省聲。**臣鍇按**：《古今注》作"朱鳥口銜鈴"，《禮》所謂"行前朱雀"也。臣鍇以爲行步中度，則聲和也。魯剜反。

【校】"鑣"上當有四字"每鑣二鑾"也。○"和則敬"上當補"聲"字。

鉞 _{huì}　車鑾聲也。從金，戉聲。《詩》曰："鑾聲鉞鉞。"**臣鍇曰**：戉即古之斧鉞字，今皆用此鉞。虎會反。

---

① 今《管子·戒》："桓公明日弋在廩，管仲、隰朋朝。公望二子，弛弓脫焊而迎之。"

② 《玄應》卷七《等集眾德三昧經》"車釭"注：《說文》：釭謂車轂口鐵也。"卷十一《雜阿含經》"因釭"注：《說文》：釭，轂口鐵也。"卷十九《佛本行集經》"輞釭"注：《說文》：轂口鐵也。"《慧琳》卷十二《大寶積經》"車釭"注：《說文》：車轂口上鐵也。"諸引有異，然皆作"轂口"，可證今本"轂中"爲"轂口"之誤。

③ 《廣韻》又古雙切。

④ 注音依《廣韻》許訖切。

【校】今《詩》作"𤧗"，與鉉見作"鑲"本又異。

錫　鐊　馬頭飾也。從金，陽聲。《詩》曰："鉤膺鏤鍚。"一曰鑛車輪鐵也。臣鍇按：刻金華當馬額也。《淮南子》曰："鍜鐊文鏡，乍晦乍明。"猶良反。

【校】今《詩》作"鍚"。○鍜鐊文鏡，按：《淮南子·本經訓》作"鍜錫文鏡"，一本作"鍛錫文鐃"，高注譌舛，義不可曉。豈鍇見本"錫"又作"鐊"歟？

銜　銜　馬勒口中也[1]。從金、行。銜者，行馬者也。臣鍇曰：馬銜所以制馬之行也。會意。侯彡反。

鑣　鑣　馬銜也。從金，麃聲。彼消反。

　　觼　觼　鑣或從角。

鉣　鉣　組帶鐵也。從金，劫省聲。讀若劫。居怯反。

鷙　鷙　羊箠也。端有鐵。從金，執聲。讀若至。張利反。

【校】當依鉉作"鷙"，執聲。

釣　釣　鉤魚也。從金，勺聲。的糴反。

鋃　鋃　鋃鐺，鎖也。從金，良聲。勒當反。

鐺　鐺　鋃鐺也。從金，當聲。得郎反。

鋂　鋂　大鎖也。一環貫二者。從金，每聲。《詩》曰："盧重鋂。"莫追反。

【校】大鎖，按《詩正義》引，當作"大環"。

鍡　鍡　鍡鑘，不平也。從金，畏聲。塢賄反。

鑘　鑘　不平也。從金，畾聲。落浼反。

鎎　鎎　怒戰也。從金，氣聲。《春秋傳》曰："諸侯敵王所鎎。"許

---

① 《慧琳》卷十一《大寶積經》"口銜"注："《說文》云：馬口中勒也。"許書古本當如是，今本竄誤，致文句難通。

意反。

【校】今《左傳》作"愒"，後人所改也。《傳》意謂諸侯當王所怒而與之戰耳。段疑《左傳》本作"愒"，未是。

鋪 鋪　箸門鋪首也。從金，甫聲。噴模反。

【校】鋪首，《文選·舞賦》注引作"拚首"。

鐉 鐉　所以鉤門户樞；一曰治户器也。從金，巽聲。七沿反。

鈔 鈔　扠取也。從金，少聲。側嘲反①。

【校】扠取，鉉作"叉取"。按：疑當作"掠取"。

錔 錔　以金有所冒也。從金，沓聲。他合反。

銛 銛　斷也。從金，昏聲。古獺反。

鉻 鉻　鬏也。從金，各聲。勒託反。

鐔 鐔　伐擊也。從金，亶聲。旨闡反。

鏃 鏃　利也。從金，族聲。作木反。

鈌 鈌　刺也。從金，夬聲。縈節反（yuē）②。

鏉 鏉　利也。從金，欶聲。色透反。

鎦 鎦　殺也。從金，留聲。**臣鍇按**：《春秋左傳》"虔劉我邊陲"，本此字。里由反。

【校】鉉本引鍇曰："《説文》無劉字，偏旁有之。此字又史傳所不見，疑此即劉字也。從金從卯從刀，刀字屈曲，傳寫誤作田尔。"按：此增改《疑義》説也，段改篆作鐂以合鍇説。

錉 錉　業也。賈人占錉。從金，昏聲。**臣鍇曰**：謂使自隱度其家之所有也。《史記》曰："楊可方爲告錉。"眉均反。

【校】楊可方爲告錉，按《史記》，當作"張湯出告錉令"。今《史記》

---

① 注音依《廣韻》楚交切。
② 注音依《廣韻》古穴切。

作"緁"。

鉅 鉅 大剛也。從金，巨聲。臣鍇曰：《商子》論兵曰："怨如鉅鐵。"求許反。

鏜 鏜 鏜銻，火齊也。從金，唐聲。臣鍇按：火齊如珠，黃色，揭之葉葉起也。特郎反。

銻 銻 鏜銻也。從金，弟聲。敵圭反。

鈋 鈋 鈋圜也。從金，化聲。臣鍇按：《史記》項羽封諸侯，"印刓弊，忍不能與"，本此字也。五他反。

【校】鈋圜，鉉作"吪圜"。

鐜 鐜 下垂也；一曰千斤椎。從金，敦聲。都魁反。

鍒 鍒 鐵之耎也。從金，柔聲。然尤反。

銵 銵 鈍也。從金，周聲。特豪反。

鈍 鈍 銵也。從金，屯聲。徒寸反。

錤 錤 利也。從金，𠂤聲。讀若齊。徂泥反。

錗 錗 側意也。從金，委聲。女至反。

鏑 鏑 矢鋒也。從金，啻聲。顛狄反。

鍭 鍭 矢，金鏃翦羽謂之鍭。從金，侯聲。乎鉤切。

文一百九十七 臣次立按：《説文》曰："文一百九十七。"補遺"鍭"一字。 重十二

【校】（文一百九十七）補"鍭"已見次立注。又"鑠、鑣、鎌、鎦、錘、鐏、鏃"七篆音仍鉉，而"切"作"反"。

开 开 平也。象二干對構，上平也。凡开之屬皆從开。臣鍇曰：开但象物平也。無音義。激賢反。

文一

勺 勺 挹取也。象形。中有實，與包同意。凡勺之屬皆從勺。臣

鍇曰：《禮》曰："今夫水，一勺之多。"少也。真若反。

与 与 賜予也。一勺爲与。此即與同。**臣鍇曰**：不患少而患不均，故從一勺。尹汝反。

【校】此即與同，按《袪妄》，當作"此與予同意"。

文二

几 几 踞几也。象形。《周禮》五几：玉几、雕几、彤几、鬃几、素几。凡几之屬皆從几。**臣鍇曰**：人所凭坐几也。謹美反。

【校】鬃，今《周禮》作"漆"。

凭 凭 依几也。從几從任。《周書》曰："凭玉几。"讀若馮。**臣鍇曰**：會意。皮凌反。

【校】今《書》作"憑"。

尻 尻 處也。從尸得几而止也。《孝經》曰："仲尼尻。"閒尻如此。**臣鍇曰**：會意。九魚反。

【校】"仲尼尻"下當依鉉補"尻謂"二字。今書傳皆借"居"爲之。

処 扤 止也。從夊得几而止。**臣鍇按**：《詩》曰："爰居爰處。"以爲居者定居，處者暫止而已。會意。嗔佇反。

處 鼎 處或從虍聲①。

文四　重一

且 且 薦也。從几，足有二横；一，其下地。凡且之屬皆從且。七貫反（qiě）②。

　　𠄞 𠄟 古文以爲且，又以爲几字。

　　【校】鉉無此篆。

俎 俎 禮俎也。從半肉在且上。**臣鍇曰**：指事。側所反。

————————

① 處，依例當作"処"。

② 注音依《廣韻》子魚切。

zù
𪉐𪉐 且往也。從且，虘聲。**昨怒反。**

文三　重一

jīn
斤斤 斫木斧也。象形。凡斤之屬皆從斤。**臣鍇曰：**厂象木也。**幾欣反。**

【校】斫木斧，鉉無"斧"字。〇"象木"下當依《韻會》補"丅象斧"三字。

fǔ
斧斧 斫也。從斤，父聲。**浮甫反。**

qiāng
斨斨 方銎斧也。從斤，爿聲。《詩》曰："又缺我斨。"**倩常反。**

【校】爿聲，鍇當曰"牀省聲"。

zhuó
斫斫 擊也。從斤，石聲。**真若反。**

qú
斪斪 斫也。從斤，句聲。**臣鍇按：**《爾雅》："劬斸謂之鋸。"[①] 注："鉏屬。"**群吁反。**

【校】鋸，《爾雅》作"定"。

zhú
斸斸 斫也。從斤，屬聲。**輟蜀反。**

zhuó
斲斲 斫也。從斤，𠁁聲。**輟角反。**臣次立曰：𠁁，徒斗切，非聲。又按徐鉉曰："𠁁，器也，斤以斲之。"

　　𣃔𣃔 斲或從丮、畫。

　　【校】《玉篇》作"𣃔"。

yǐn
釿釿 劑也。從金從斤。**宜謹反。**

【校】劑也，鉉作"劑斷也"。

suǒ
所所 伐木聲也。從斤，户聲。《詩》曰："伐木所所。"**師阻反**(shǔ)。

【校】所所，今《詩》作"許許"。

sī
斯斯 析也。從斤，其聲。《詩》曰："斧以斯之。"**息移反。**

---

① 劬，《爾雅・釋器》作"斪"。

斲 斲 斬也。從斤，斤聲。臣鍇曰：《尚書》曰：“斲朝涉之脛。”
側削反。

斷（断）斷 截也。從斤、𢇍。𢇍，古文絶字。都件反。

　　𢫵 𢫵 古文斷從𠃊。𠃊，古文叀。《周書》曰：“𢫵𢫵猗，無佗技。”
【校】按𠩺部重文，此當作𢽁，未審孰是。○𢫵𢫵猗，今《書》作
“斷斷兮”。

　　剬 剬 亦古文斷。

斫 斫 柯擊也。從斤，良聲。勒可反。

新（新）新 取木也。從斤，亲聲。息鄰反。

所 所 二斤也。闕。臣次立按：《説文》曰：“從二斤。”語斤切。

文十五　重三

斗 斗 十升也。象形，有柄。凡斗之屬皆從斗。都厚反。

斛 斛 十斗也。從斗，角聲。胡谷反。

斝 斝 玉爵也。夏曰醆，殷曰斝，周曰爵。從斗、冂，象形。叩
與爵同意。或説斝受六升。臣鍇曰：然則叩亦象形也。格雅反。
【校】醆，鉉作“琖”。○“冂象形叩”四字當作“𠃐，象形”三字，
鍇説可證。

料 料 量也。從米在斗中。讀若遼。梨桃反（liáo）[1]。

斞 斞 量也。從斗，臾聲。《周禮》曰：“求三斞。”臣鍇曰：《周
禮·考工記》之言，注曰：“未聞。”勻取反。
【校】求，當作“桼”，今作“漆”。

斡 斡 蠡柄也。從斗，倝聲。揚雄、杜林説：皆以爲軺車輪斡。
臣鍇曰：蠡所以抗也。烏末反。

---

[1] 《廣韻》又力弔切。

魁 ^{kuí} 羹斗也。從斗，鬼聲。臣鍇曰：謂斗杓爲魁，柄爲標也。庫摧反。

斠 ^{jiào} 平斗斠量也。從斗，冓聲。臣鍇曰：斠量之，今作較。江岳反（jué）^①。

【校】斠量之，之，當作“也”。

斟 ^{zhēn} 勺也。從斗，甚聲。止沈反。

斜 ^{xié} 杼也。從斗，余聲。讀若荼。似車反。

【校】杼，當作“抒”。

斞 ^{jū} 挹也。從斗，臾聲。臣鍇按：張衡《思玄賦》曰：“斞白水爲漿。”卷朱反。

【校】“白水”下當補“以”字。

料 ^{bàn} 量物分半也。從斗，半亦聲。晡漫反。

斺 ^{pāng} 量物溢也。從斗，旁聲。破郎反。

【校】量物，鉉無“物”字。按：當作“量旁”。

斣 ^{juàn} 杼滿也。從斗，戀聲。俱戀反。

【校】杼，當作“抒”。

斣 ^{dòu} 相易物，俱等爲斣。從斗，蜀聲。昌六切（chù）^②。

斢 ^{tiāo} 斛旁有斢。從斗，㡿聲。一曰突也；一曰斢，利也。《爾雅》曰：“斢謂之䮫，古田器也。”臣鍇按：《漢書》：量，其旁有斢。注：“耳也。”《周禮》：“耳三寸，實一升。”《爾雅》所謂斢，今俗作鍬字。土彫反。

【校】從斗，㡿聲，按：許書無“㡿”字，段以《漢書》“斢”作“㡿”，改“㡿”爲“厑”，云是“窊”之古文，未詳何據。疑當作“從斗、厂，兆聲”。“厂”象山旁，此爲量旁也。○注耳也，按《漢志》注，鄭氏

云"庣，過也"，小顏曰"庣，不滿之處"，無言"耳"者。而鍇引栗氏"耳"證之"量耳"左升右合龠，鍇説疑誤。○斛謂之𣌡，今《爾雅》"斛"作"䚦"。

升 𣂰 十龠也。從斗，亦象形。失稱反。

【校】十龠，當作"十合"。《漢志》云："合龠爲合，十合爲升。"

文十七 臣次立曰：今文十六，補遺"斠"一字。

矛 𣠽 酋矛也。建於兵車，長二丈。象形。凡矛之屬皆從矛。臣鍇曰：鉤兵也。酋矛，長矛也。ㄕ，矛也。ㄇ，其上所注旄屬。建者，邪迤立之也。《周禮》："酋矛常有四尺。"十六尺爲常也。莫浮反。

　　𢦻 𢧵 古文矛從戈。

㮦 𣟌 矛屬也。從矛，良聲。勒當反。

㮫 𣟎 矛屬也。從矛，昔聲。讀若筴。臣鍇按：《史記》曰："㮫魚鼈。"測索反。

【校】《史記》，當作"《國語》"。

矜 𣤄 矛柄也。從矛，今聲。臣鍇按：《史記》曰："鉏櫌棘矜。"機仍反（jīng）。

狃 𣤀 刺也。從矛，丑聲。女有反。

𥎊 𥎏 矛屬。從矛，害聲。恆夬反（hài）①。

文六 重一

車 車 輿輪之總名也。夏后時奚仲所作。象形。凡車之屬皆從車。臣鍇按：《周禮》曰："一器而工聚者，惟車爲多。"《山海經》："番禺生奚仲，奚仲生吉光，吉光是始以木爲車。"注云："父子共作也。"稱梛反。

―――――――――

① 注音依《廣韻》苦蓋切。

轈 轈 籀文車。

軒 軒　xuān　曲輈轓車也。從車，干聲。臣鍇曰：載物則直輈軒，大夫以上車也。轓，兩旁壁也。忻元反。

【校】曲輈，《左傳·定九年》疏引作"曲斿"。○直輈，當作"直輈"。

輜 輜　zī　輧車前，衣車後也。從車，甾聲。臣鍇曰：所謂庫車。側持反。

【校】"車後"下當補"曰輜"二字，見《文選·廣絶交論》注引。○庫車，疑當作"屏車"，屏車猶帷車也。蓋輜、輧皆名"衣車"。

輧 輧　píng　輜車也①。從車，并聲。頻寧反。

【校】"輜車也"下《韻會》引有"重曰輜，輕曰輧"六字。按：《釋名》曰"有邸曰輜，無邸曰輧"，即輕重之分也。

轀 轀　wēn　臥車也。從車，昷聲。塢門反。

輬 輬　liáng　臥車也。從車，京聲。柳昌反。

軺 軺　yáo　小車也。從車，召聲。廷朝反②。

輕 輕　qīng　輕車也。從車，巠聲。牽幷反。

輶 輶　yóu　輕車也。從車，酋聲。《詩》曰："輶車鑾鑣。"延秋反。

【校】鑾，今《詩》作"鸞"。

輣 輣　péng　兵車也。從車，朋聲。臣鍇曰：《史記》曰："淮南王造輣車。"部行反。

【校】兵車，《後漢書·光武紀》注引作"樓車"。○淮南王造輣車，當作"衡山王使客陳喜造輣車"。

軘 軘　tún　兵車也。從車，屯聲。徒論反。

幢 幢　chōng　陷陣車也。從車，童聲。臣鍇曰："臨衝閑閑"，衝假借。

----

① 鉉本作"輜車也"。

② 廷，四庫本、四部叢刊本作"延"，是。

朱重反。

轈 轈　兵高車加巢以望敵也。從車，巢聲。《春秋傳》曰："楚子登轈車。"事交反。

【校】兵高車加巢，《左傳正義》《音義》引皆同，惠氏棟曰："當作'兵車高如巢'。"○今《左傳》作"巢"。

輯 輯　車和輯也。從車，咠聲。牆揖反。

【校】車和輯也，按：殷敬順《列子注》引作"車輿也"。

輿 輿　車輿也。從車，舁聲。**臣鍇按**：輿，車底也。以虛反。

轋 轋　衣車蓋也。從車，曼聲。悶半反。

軓 軓　車軾前也。從車，凡聲。《周禮》曰："立當前軓。"浮檻反。

【校】立當前軓，戴氏震曰："此即上公之立當車軓也。"或以爲"立當前疾者"，非是。"疾"本作"疾"。

軾 軾　車前也。從車，式聲。**臣鍇按**：《周禮·兵車》："軾高三尺三寸。"人所凭也。申力反。

輅 輅　車軨前橫木也。從車，各聲。**臣鍇曰**：《史記》："婁敬脫輓輅。"勒妒反。**臣次立按**：徐鉉云："各非聲，當從路省。"

較 較　車輢上曲銅也。從車，爻聲。**臣鍇按**：《古今注》：車較，車耳也，在車輢上，重起如牛角。《詩》曰："猗重較兮。"江岳反。

【校】曲銅，《文選·西京賦》李注引作"曲鉤"。○今《詩》作"較"。

軓 軓　車耳反出也。從車，反聲。府晚反。

轛 轛　車橫也。從車，對聲。《周禮》曰："參分軹圍，去一以爲轛圍。"**臣鍇按**：《周禮注》："軹之植者、衡者。"又曰車軨輿立者爲轛，橫者爲軹。轛，以其向人爲名。追類反。

【校】"車橫"下鉉有"軨"字。○車軨輿，當作"車輿軨"。

輢 輢　車旁也。從車，奇聲。於綺反。

zhé

輒 輒　車兩輢也。從車，耴聲。陟聶反。

chūn

輴 輴　車約輴也。從車，川聲。《周禮》曰："孤乘夏輴。"一曰下棺車曰輴。臣鍇曰：約謂爲節約，刻飾之也。今人俗作軘。丑巡反。

【校】夏輴，今《周禮》作"夏篆"。○俗作軘，"軘"當作"輴"，説《禮》家皆以喪車爲"輴"。

sè

轖 轖　車籍交錯也。從車，嗇聲。臣鍇按：枚乘《七發》曰："中若結轖。"疎憶反。

【校】車籍交錯，《文選・七發》注引作"車籍交革"。按：當作"車革交錯"。蓋"轖"之言結也，"革"所結以固車也。

líng

軨 軨　車轖閒橫木也。從車，令聲。連丁反。

轠 轠　司馬相如説：軨從霝。

yǐn

輑 輑　軺車前橫木也。讀若群。從車，君聲。一曰讀若褌。愚蘊反。

zhěn

軫 軫　車後橫木也。從車，㐱聲。支引反。

bú

轐 轐　車伏兔也。從車，菐聲。《周禮》曰："加軫與轐焉。"巴伏反。

mǐn

轘 轘　車伏兔下革也。從車，㥸聲。㥸，古文昏字。讀若閔。眉引反。

【校】昏，當作"婚"，見女部。

zhóu

軸 軸　持輪也。從車，由聲。陳六反。臣次立按：《説文》引徐鍇曰："當從胄省。"

【校】持輪也，"也"當作"者"。

fù

輹 輹　車軸縛也。從車，复聲。《易》曰："車脱輹。"方菊反。

【校】車脱輹，今《易・小畜》作"輿説輻"，《大畜》作"輿説輹"。

róu

輮 輮　車輞也。從車，柔聲。臣鍇曰：車輪外㒺木，一曰牙，一曰渠。如紂反。

【校】車輞，當作"車罔"。《考工記》注："牙，世或謂之罔。"鉉作"車輞"，非是。〇罔木，當作"罔也"。

gǔ

轂　輻所湊也。從車，殼聲。孤速反。

qióng

䡼　車輮規也；一曰一輪車。從車，熒省聲。讀若煢。葉名反。

lún

輪　有輻曰輪，無輻曰輇。從車，侖聲。呂辰反。

gǔn

輥　轂齊等皃也。從車，昆聲。《周禮》曰："望其轂，欲其輥。"孤損反。

【校】今《考工記》作"眼"。

qí

軝　長轂軝也。以朱約之。從車，氏聲。《詩》曰："約軝錯衡。"翹移反。

【校】"長轂"下鉉有"之"字。

軝　軝或從革。

zhǐ

軹　車輪小穿也。從車，只聲。真彼反。

【校】車輪，按《考工記》，當作"車轂"。

wèi

軎　車軸耑也。從車，象軎之形。杜林説。臣鍇曰：指事。于歲反。

【校】"象軎"上當補"〇"字。

轊　軎或作彗。

fú

輻　輪轑也。從車，畐聲。方菊反。

dì

軑　車輨也。從車，大聲。笛計反。

guǎn

輨　轂耑鐏也。從車，官聲。古椀反。

yuán

轅　輈也。從車，袁聲。羽元反。

zhōu

輈　轅也。從車，舟聲。陟求反。

轝　籀文輈。

jú

輂　直轅車轝也。從車，具聲。臣鍇曰：載物之車。俱燭反。

【校】車轙,《韻會》引無"轙"字,與鍇説合。蓋"轙"爲"暴",與"暈"異義,當是後人增竄。

軏 軏　車轅耑持衡者。從車,元聲。臣鍇曰:重縛在衡上也。元伐反。

【校】今《論語》作"軏"。

軶 軶　轅前也。從車,戹聲。晏索反。

輯 輯　軶軥也。從車,軍聲。户昆反。

軥 軥　軶下曲也。從車,句聲。臣鍇按:《春秋左傳》:"射其下兩軥而還。"格漚反(gòu)①。

【校】曲也,鉉作"曲者"。○其下兩軥,"其下"二字衍。

轙 轙　車衡載轡者。從車,義聲。臣鍇曰:《爾雅》:"軶上鐶,轡所貫也。"②研之反。

鑀 鑀　轙或從金、獻。臣鍇按:《爾雅》:"鑣謂之鑀,載轡謂之轙。"然則鑀與轙異,疑此《説文》本脱誤。

輔 輔　《春秋傳》曰:"輔車相依。"從車,甫聲。人頰車也。浮甫反。

【校】"人頰車也"四字當删。按:鉉本無所引《左傳》八字,以"人頰車也"列"從車"之上,蓋鉉所改也。不知"輔"是車上之器,《詩》所稱"無棄爾輔"是也。頰車,當作"酺"字,自在面部,或借"輔"爲之,非"輔"專訓"頰車"也。《左傳》之諺,上句以器言,下句以身體言,亦不必皆指人體。則"人頰車也"四字,乃後人依鉉增耳。

軜 軜　驂馬内轡繫軾前者。從車,内聲。《詩》曰:"鋈以觼軜。"奴合反。

轑 轑　蓋弓也;一曰輻也。從車,尞聲。臣鍇曰:車橑也,乘車二十八。勒抱反。

① 注音依《廣韻》其俱切。
② 《爾雅・釋器》:"載轡謂之轙。"郭注:"車軶上環,轡所貫也。"

【校】"車椽也"下當補"其數三十"四字。"乘車"二字當作"蓋弓之數"四字。鍇蓋上説"輻"，下説"蓋弓"也。

juàn

⿲彳車亍 車摇也。從車，從衒省聲。**古縣反**。

【校】從衒省，衒，鉉作"衍"。

chéng

⿱丞車 軺車後登也。從車，丞聲。讀若《易》"拯馬"之拯。**臣鍇曰**：從後上也。**視澄反**。

zài

載 乘也。從車，𢦏聲。**則代反**。

jūn

軍 圜圍也。四千人爲軍。從包省，從車。軍，兵車也。**俱勳反**。

【校】四千人，按《周禮》，當作"萬二千五百人"。《衆經音義》指爲吕忱之誤，疑此或依《字林》改也。〇軍，兵車，當作"車，兵車"。

fàn

範 範軷也。從車，范省聲。讀與犯同。**浮檻反**。

bá

軷 出將有事於道，必先告其神。立壇四通，樹茅以依神爲軷。既祭，犯軷，轢牲而行爲範軷。從車，犮聲。《詩》曰："取羝以軷。"**彭札反**。

niè

⿰車獻 載高皃也。從車，獻聲。**臣鍇曰**：何晏《景福殿賦》曰："反宇⿰車獻⿰車獻。"**顔過反**（è）[①]。

【校】反宇⿰車獻⿰車獻，按：何晏賦作"反宇⿰車獻以高驤"，張衡《西京賦》曰"飛檐⿰車獻⿰車獻"。此蓋肊記之譌。

xiá

轄 車聲也。從車，害聲。一曰轄，鍵也。**閑刮反**。

zhuàn

轉 還也。從車，專聲。**智箭反**。

【校】還也，鉉作"運也"。按：此"還也"不誤。"專聲"下當補"一曰車運轂也"，則從車義見，與水部"漕"注亦合。

shū

輸 委輸也。從車，俞聲。**臣鍇曰**：以車委輸也。**施迂反**。

---

① 《廣韻》又魚列切。

zhōu
輖 輖　重也。從車，周聲。隻留反。

bèi
輩 輩　若軍發車百兩爲輩。從車，非聲。補配反。

yà
軋 軋　輾也。從車，乙聲。尼戛反（niè）①。

niǎn
輾 輾　轢也。從車，戻聲。尼展反。

lì
轢 轢　車所踐也。從車，樂聲。連的反。

guǐ
軌 軌　車徹也。從車，九聲。臣鍇曰：古車徹，從車也。俱彼反。

【校】“古車徹”下當有“不”字，鍇謂古無“轍”字也。

zōng
蹤 蹤　車跡也。從車，從省。臣鍇曰：今俗作蹤。子龍反。

yì
軼 軼　車相出也。從車，失聲。臣鍇按：《春秋左傳》：“懼其侵軼
我也。”移七反。

kēng
輷 輷　車輷鈃聲也。從車，真聲。讀若《論語》“鏗爾舍瑟而作”。
一曰讀若擎。苦閑反（qiān）②。

【校】鈃，鉉作“釽”。《集韻》作“軯”爲是。

zhì
輊 輊　抵也。從車，執聲。臣鍇曰：潘岳曰：“如輊如軒。”③軒，
舉也。陟利反。

【校】當依鉉作“輊”，執聲。○抵也，疑是“低也”之譌。

kuáng
軭 軭　車戾也。從車，匡聲。倦匡反。

rèn
軔 軔　礙車也。從車，刃聲。臣鍇曰：止輪之轉，其物名軔。揚
雄賦曰④：“車不安軔。”爾各反。

【校】礙車也，也，當作“者”。

chuō
輟 輟　車小缺復合者也。從車，叕聲。誅劣反⑤。臣次立按：徐鉉

―――――――――――――

①　注音依《廣韻》烏黠切。
②　注音依《廣韻》口莖切。
③　《射雉賦》：“如轄如軒。”
④　見《長楊賦》。
⑤　今讀 chuò。

曰:“网部輟與罬同，此重出。”

qǐ
軫 礙也。從車，多聲。溪禰反。

jí
轚 車轄相擊也。從車、毄，毄亦聲。《周禮》曰“舟輿轚互者”也。己惠反。

【校】舟輿，《周禮》作“舟車”。〇者也，“也”字衍。

shuàn
⿱算車 治車軸也。從車，算聲。率眷反。

kē
軻 接軸車也[①]。從車，可聲。可貨反（kè）[②]。

kēng
⿱殸車 車堅也。從車，殸聲。墾耕反。

rǒng
軵 反推車令有所付者。從車、付。讀若胥。**臣鍇按:**《春秋後語》鬼谷子曰:“牽受推軵，儀不如秦也。”[③] 乳恕反（rù）[④]。

【校】付者，鉉作“付也”。〇胥，鉉作“茸”。

chuán
輇 藩車下庳輪也。從車，全聲。讀若饌。一曰無輻也。**臣鍇曰:** 無輻謂直斫木爲之，若推輪乎? 丑句反。

【校】若推輪乎，當作“若椎輪然”。

ní
輗 大車轅耑持衡者也。從車，兒聲。**臣鍇曰:**《論語》所謂“大車無輗”。擬西反。

⿰車宜 輗或從宜。

棿 輗又從木。

dǐ
軧 大車後也。從車，氏聲。的米反。

zhēn
轃 大車簀也。從車，秦聲。讀若臻。側詵反。

---

① 唐寫本《玉篇》“軻”:“《説文》: 梭軸也。”又《慧琳》卷二十七《妙法蓮華經》“如珂”注:“有作軻。《説文》: 接軸也。”卷七十六《法句譬喻無常品經》“轗軻”注:“《説文》: 接軸也。”據三引，今本衍“車”字，當删。

② 《廣韻》又苦何切。

③ 此節引，原文作“秦之與儀一體也，然拊地後索、矯尾厲角，含吐縱，抵掌推鑣隧内，儀不如秦也”。

④ 注音依《廣韻》而隴切。

^{fén}
轒　轒　淮陽名車穹隆，轒。從車，賁聲。臣鍇按：《六韜》曰：“夫攻城圍邑則有轒輼、臨衝。”輼作輼。扶云反。

【校】“臣鍇”以下二十字當移置“輼”篆下。

^{yuān}
輼　輼　大車後壓也。從車，宛聲。迂分反（yūn）^①。

^{jú}
輂　輂　大車駕馬也。從車，共聲。俱燭反。

【校】駕馬也，也，當作“者”。

^{chái}
輈　輈　連車也；一曰卻車抵堂爲輈。從車，從差省聲。讀若遟。

臣鍇按：《春秋左傳》曰：“輈車鮑點。”輈車，官名。士佳反。

【校】今《左傳》作“差”。

^{niǎn}
輦　輦　輓車也。從車、夫，在車前引之也。里典反（liǎn）。

【校】“夫”下當補“夫”字。

^{wǎn}
輓　輓　引車也。從車，免聲。武反反。

^{kuáng}
軖　（軠）軖　紡車也。從車，坓聲。讀若狂。一曰一輪車也。倦匡反。

^{huán}
轘　轘　車裂人也。從車，睘聲。《春秋傳》曰：“轘諸栗門。”戶刪反。臣次立按：徐鉉曰：“睘音渠營切，非聲，當從環省。”

^{zhǎn}
斬　斬　截也。從車、斤。斬法車裂。側減反。

【校】“車裂”下當有“也”字。

^{ér}
輀　輀　喪車也。從車，而聲。忍伊反。

^{hōng}
轟　轟　群車聲。從三車。臣鍇曰：會意。昏耕反。

文一百　重八　臣次立曰：今重六，補遺“輇、槻”二字。

---

① 《廣韻》又於袁切。

說文解字通釋卷第二十八

繫傳二十八

文林郎守祕書省校書郎臣徐鍇傳釋

朝散大夫行祕書省校書郎臣朱翺反切

四十二部　文　重[1]

duī
𠂤 小𠂤也。象形。凡𠂤之屬皆從𠂤。**臣鍇曰：**𠂤口象推之漸進也。都魁反。

niè
𡴀 危高也。從𠂤，屮聲。讀若蘖。**臣鍇曰：**辥字從此。知舌反（zhé）[2]。

【校】蘖，當作"槷"，鉉作"臬"。

guān
官 吏事君也。從宀從𠂤。𠂤猶眾也。此與師同意。**臣鍇曰：**按《國語》：天子"千品萬官"也。宀，在屋下也。師從𠂤，亦取義於眾也。會意。古安反。

【校】宀，在屋下也，當作"宀，屋也。𠂤在屋下也"。

文三

fù
𨸏 大陸。山無石也。象形。凡𨸏之屬皆從𨸏。**臣鍇曰：**彌高大也，故從三口。符九反。

【校】無石也，"也"當依鉉作"者"。

---

① "文、重"下原闕字數。

② 注音依《廣韻》魚列切。

𨸏 𨸏 古文𨸏。

líng
陵 陵 大𨸏也。從𨸏，夌聲。力膺反。

hùn
𨹟 𨹟 大𨸏也。從𨸏，鯀聲。胡本反。

lè
阞 阞 地理也。從𨸏，力聲。臣鍇曰：地之脈理也。泐字從此。郎忒反。

yīn
陰 陰 闇也。水之南、山之北也。從𨸏，侌聲。臣鍇曰：山北水南，日所不及。郁吟反。

yáng
陽 陽 高明也。從𨸏，昜聲。猶良反。

lù
陸 陸 高平地。從𨸏，坴聲。栗菊反。

𨽦 𨽦 籒文陸如此。

ē
阿 阿 大陵曰阿。從𨸏，可聲。一曰阿，曲𨸏也。罵何反。

bēi
陂 陂 阪也。從𨸏，皮聲。一曰沱也。彼移反。

bǎn
阪 阪 坡者曰阪。從𨸏，反聲。一曰澤障也；一曰山脅也。福產反。

【校】坡者，《爾雅》《詩傳》皆作“陂者”。

zōu
陬 陬 阪隅也。從𨸏，取聲。臣鍇按：《山海經》曰：“海內西北陬。”側丘反。

yú
隅 隅 陬也。從𨸏，禺聲。元無反。

xiǎn
險 險 阻難也。從𨸏，僉聲。香貶反。

xiàn
限 限 阻也。從𨸏，艮聲。一曰門榍。侯產反。

zǔ
阻 阻 險也。從𨸏，且聲。側所反。

duì
隊 隊 隊隗，高也。從𨸏，隹聲。臣鍇曰：京，高邱也。特賄反。

【校】高也，按鍇說，當作“京也”。

wěi
隗 隗 隊隗也。從𨸏，鬼聲。魚賄反。

yǔn

阮 𨸏 高也；一曰石也。從𨸏，允聲。與準反。

lěi

陏 𨸏 磊也。從𨸏，巫聲。落浣反。

qiào

陗 𨸏 陵也。從𨸏，肖聲。臣鍇曰：高竦也。《太玄》曰："豐牆

　阯。"七肖反。

【校】"豐牆"下當有"陗"字，今作"峭"。

jùn

陖 𨸏 陗高也。從𨸏，夋聲。蘇狗反（xùn）。

dèng

隥 𨸏 仰也。從𨸏，登聲。徒亙反。

lòu

陋 𨸏 阮陜也。從𨸏，丙聲。勒豆反。

xiá

陜 𨸏 隘也。從𨸏、夾。下夾反。

【校】"夾"下當有"聲"字。

zhì

陟 𨸏 登也。從𨸏、步。竹力反。

　　 㥹 𨸏 古文陟如此。

xiàn

陷 𨸏 高下也。從𨸏，臽聲。一曰陀。寒蘸反。

xí

隰 𨸏 阪下溼也。從𨸏，㬎聲。似集反。

qū

嫗 𨸏 敠也。從𨸏，區聲。器于反。

【校】敠也，疑當作"敠嫗也"，見危部。

tuí

隤 𨸏 下隊也①。從𨸏，貴聲。徒崔反。

zhuì

隊 𨸏 從高墮也。從𨸏，㒸聲。臣鍇曰：顛隊字本無土也。徒佩

反（duì）②。

---

① 唐寫本《玉篇》"隤"："《説文》：墜下也。"《文選・高唐賦》李善注引《説文》亦作
　　"墜下也"。又《慧琳》卷四十四《離垢慧菩薩問禮佛經序》"隤運"，卷六十四《四
　　分僧羯磨》、卷八十三《大唐三藏玄奘法師本傳》、卷八十八《釋法琳本傳序》"隤
　　綱"，卷六十九《阿毗達磨大毗婆沙論》"隤壞"，卷八十七《甄正論》"隤光"，卷
　　九十八《廣弘明集》"隤陀"引《説文》皆作"墜下也"。可證今本"下隊"二字誤
　　倒。"隊、墜"古今字。
② 注音依《集韻》直類切。

jiàng
降 𨽿　下也。從𨸏，夅聲。𠉧巷反。

yǔn
隕 𩔀　從高下也。從𨸏，員聲。《易》曰：“有隕自天。”雨牝反。

zhì
阤 𨼳　小崩也。從𨸏，也聲。臣鍇按：左思《吳都賦》曰：“崩巒
阤岑。”池倚反。

【校】阤岑，今《文選》譌作“弛岑”。

niè
陧 𨻬　危也。從𨸏，從毀省。徐巡以爲：陧，凶也。賈侍中説：
陧，法度也。班固説：陧，不安也。《周書》：“邦之阢 陧。”讀若
虹蜺之蜺。語挈反。

【校】阢，《書》作“杌”。

huī
陸 𨽹　敗城𨸏曰陸。從𨸏，㚟聲。臣鍇曰：今俗作墮。許規反。
臣次立按：徐鉉曰：“《説文》無㚟字。蓋二左也，衆力左之，故
從二左。”

　　墮 𨽻　篆文陸如此。

qīng
頃 𩔀　仄也。從𨸏，頃聲。屈呈反。

duò
陊 𨻣　落也。從𨸏，多聲。圖坐反。

kēng
阬 𨼴　閬也。從𨸏，亢聲。臣鍇曰：阬閬，高大而空。《楚辭》
曰：“導帝之兮九阬。”九州也。此亦阬塹字。看浪反（kàng）[1]。

【校】“閬也”上當有“阬”字，鍇説可證。

dú
隫 𨽷　通溝以防水也。從𨸏，賣聲。讀若洞。阤谷反。

【校】以防水，鉉無此三字。○讀若洞，洞，鉉作“瀆”，非是。“洞、
隫”以同母相鯔也。

　　𧷳 𨼺　古文隫從谷。

fáng
防 𨽎　隄也。從𨸏，方聲。臣鍇按：《春秋左氏傳》：“塹防門而守
之。”浮長反。

―――――――――

① 注音依《廣韻》客庚切。

堕𨺬 防或從土。

隄 𨻕 塘也。從自，是聲。旳齊反。^{dī}

阯 𨸚 基也。從自，止聲。只耳反。^{zhǐ}

址 𡉯 阯或從土。

陘 𨻄 山絕坎也。從自，巠聲。臣鍇按：《爾雅》："山絕，陘。"^{xíng}
注："連山中斷絕也。"堅經反（jīng）①。

附 𨸏 附婁，小土山也。從自，付聲。《春秋傳》曰："附婁無松^{bù}
柏。"臣鍇曰：今《左傳》作培，假借。户繡切 ②。

【校】附婁，今《左》作"部婁"，又異於鍇所見本。

阺 𨸰 秦謂陵阪曰阺。從自，氐聲。臣鍇曰：古言隴阺。的米反。^{dī}

阢 𨸞 石山戴土也。從自，兀聲。五忽反。^{wù}

隒 𨽍 崖也。從自，兼聲。讀若儉。牛檢反。^{yǎn}

阨 𨸮 塞也。從自，㕣聲。晏索反。^è

隔 𨽀 障也。從自，鬲聲。溝㕣反。^{gé}

障 𨻹 隔也。從自，章聲。止向反。^{zhàng}

隱 𨽏 蔽也。從自，㥯聲。依謹反。^{yǐn}

隩 𨽓 水隈厓也。從自，奧聲。嘔報反。^{ào}

隈 𨽎 水曲隩也。從自，畏聲。于枚反。^{wēi}

【校】水曲隩，《文選·西都賦》注引無"隩"字。

甽（畖）𨸼 甽商，小塊也。從㕅、自。臣鍇曰：遣字從此。溪善反。^{qiǎn}

𨻶 𨻶 水衡官谷也。從自，解聲。一曰小谿。臣鍇曰：古亦言𨻶^{xiè}
谷也。猴豸反。

―――――――――

① 注音依《廣韻》户經切。

② 四庫本作"薄口切"，與《集韻》同，今從。

lǒng
隴 隴 天水大阪也。從昌，龍聲。呂恐反。

yī
陙 陙 酒泉天陙阪。從昌，衣聲。於機反。

shǎn
陝 陝 弘農陝也。虢國王季之子所封也。從昌，夾聲。收儼反。

【校】"虢國"上鉉有"古"字。

wú
陙 陙 弘農陝東陬也。從昌，無聲。文區反。

juǎn
隌 隌 河東安邑陬也。從昌，卷聲。居遠反。

yī
陭 陭 上黨陭氏阪也。從昌，奇聲。於奇反。

【校】陭氏，今《後漢志》作"猗氏"。

shù
隃 隃 北陵西隃鴈門是也。從昌，俞聲。臣鍇按:《爾雅注》:"即鴈門山。"失喻反。

ruǎn
阮 阮 代郡五阮關也。從昌，元聲。讀若昆。擬遠反（yuǎn）。

【校】五阮，今《漢志》作"五原"。○鉉無"讀若昆"三字。

kǔ
陡 陡 大昌也；一曰右扶風郿有陡昌。從昌，告聲。骨僕反（gù）①。

zhēng
隕 隕 丘名也。從昌，貞聲。陟情反。

fù
陚 陚 丘名也。從昌，武聲。弗孺反。

dīng
阠 阠 丘名也。從昌，丁聲。讀若丁。旳冥反。

huī
隓 隓 鄭地坂也。從昌，爲聲。《春秋傳》曰:"將會鄭伯于隓。"喧垂反。

【校】今《左》作"鄢"。

zhǔ
陼 陼 如渚者丘。從昌，者聲。水中高者也。諸與反。

【校】"如渚者"下鉉有"陼"字。

chén
陳 陳 宛丘也。舜後媯滿所封也。從昌、木，申聲。值辰反。

① 《廣韻》又空谷切。

阤　𨸰　古文陳省木。

yán

阽　貼　壁危也。從阜，占聲。臣鍇按：謝朓曰 [1]：“阽危賴宗袞。”
羊廉反。

táo

陶　𨹐　再成丘也。在濟陰。從阜，匋聲。《夏書》曰：“東至于陶
丘。”陶丘有堯城，堯嘗所居，故堯號陶唐氏也。特豪反。

zhào

隉　𨺹　耕以耒浚出下墟土；一曰耕休田也。從土、阜，召聲。止
要反。

chú

除　除　殿陛也。從阜，余聲。臣鍇曰：王粲賦云 [2]：“循階除而下
降也。”陳諸反。

jiē

階　𨻏　陛也。從阜，皆聲。古諧反。

zuò

阼　𨽀　主階也。從阜，乍聲。昨怒反。

bì

陛　陞　升高陛也。從阜，坒聲。頻啟反。

gāi

陔　𨼏　階次也。從阜，亥聲。臣鍇曰：《禮》有“陔夏”樂。謂擊
鼓爲登階之節。笱孩反。

xì

隙　隙　壁際孔也。從阜，𡧕聲。起逆反。

【校】壁際孔，《文選·沈約〈月〉》詩注引無“孔”字。

jì

際　際　壁會也。從阜，祭聲。子歲反。

péi

陪　𨹬　重土也；一曰滿也。從阜，咅聲。一曰陪，臣陪備也。臣
鍇曰：諸侯之臣於天子曰陪臣。步雷反。

【校】“一曰”以下七字鉉本無。

zhuàn

隊　𨻷　道邊庳垣也。從阜，彖聲。徒亂反（duàn）[3]。

réng

陾　𨹢　築牆聲也。從阜，耎聲。《詩》曰：“捄之陾陾。”而冰反。

---

① 見《和王著作融八公山》。

② 見《登樓賦》。

③ 注音依《廣韻》持充切。

【校】段云當作"陑"，"而聲"。

^{pí}
陴 䤰 城上女牆俾倪也。從自，卑聲。頻移反。

䡄 䡄 籀文陴從喜。

^{huáng}
隍 䦻 城池也。有水曰池，無水曰隍。從自，皇聲。《易》曰：
"城復于隍。"臣鍇按：《尚書》曰"若納諸隍"也。戶光反。

【校】《尚書》曰"若納諸隍"，當作"《東京賦》曰'若己納之於隍'"。

^{qū}
阹 㐬 依山谷爲牛馬圈也。從自，去聲。臣鍇按：揚雄《羽獵
賦》曰："泰山爲阹。"遣如反。

【校】揚雄《羽獵》，當作"司馬相如《上林》"；泰山，當作"江河"。
此肊記之譌。

^{chuí}
陲 䞆 危也。從自，垂聲。是吹反。

^{wù}
隖 䧢 小障也；一曰庫城也。從自，烏聲。臣鍇曰：董卓爲郿
隖。隖，堡障也。宛古反（wǔ）。

^{yuàn}
院 䦭 堅也。從自，完聲。俱便反（juàn）^①。

【校】已見宀部，爲"寏"或體，此正義也。

^{chún}
阽 䪞 水自也。從自，辰聲。臣鍇曰：若湣岸也。是倫反。

^{lún}
陯 䧢 山自陷也。從自，侖聲。勞存反。

^{jiàn}
陵 䞈 水自也。從自，戔聲。慈衍切。

【校】水自，當作"小自"。戔，小意也。

文九十二　重十 臣次立按：《説文》文九十二，補遺"陵"一字。

^{fù}
餌 䦏 兩自之閒也。從二自。凡餌之屬皆從餌。闕。符救反。

【校】闕，鉉無此字。

^{jué}
䦏 䦏 自突也。從餌，夬聲。榮節反（yuē）^②。臣次立按：《説文》

———————————

① 注音依《廣韻》王眷切。

② 注音依《集韻》古穴切。

曰："從餰，決省聲。"

【校】今《詩》作"隘"。

䲤 **^{ài}** **䦤** 陋也。從餰，莽聲。臣鍇曰：《詩》曰："誕寘之䲤巷。"乙賣反。

　　隘 **隘** 篆文䲤從自。

䆳 **^{suì}** **䦳** 塞上亭守㷱火者。從餰從火從遂，遂亦聲。夕位反。

　　燧 **燧** 篆文䆳省。

文四　重二

厽 **^{lěi}** **厽** 累坺土爲牆壁。象形也。凡厽之屬皆從厽。臣鍇曰：叅字亦或從此。力委反。

【校】累坺，當作"絫坺"，鉉不誤。

絫 **^{lěi}** **絫** 增也。從糸、厽，厽亦聲。絫，十黍之重也。力委反。

【校】"絫，十黍"上當有"一曰"二字。

垒 **^{lěi}** **垒** 垒墼也。從厽從土。臣鍇曰：今但作壘。壘，壁壘也。力委反。

文三

四 **^{sì}** **四** 陰數也。象四分之形。凡四之屬皆從四。素次反。

　　卯 **卯** 古文四如此。

　　亖 **亖** 籀文四。

文一　重二

宁 **^{zhù}** **宁** 辨積物也。象形。凡宁之屬皆從宁。臣鍇曰：辨，分別也。宁象上隆四周之形。直與反。

【校】辨，或作"辦"，非是。古"辨"即"辦"。《周禮》"辨民器"，"辨，具也"。鍇以爲"分別也"，失之。

䑔 **^{zhù}** **䑔** 幑也。所以載盛米。從甾，甾，缶也；從宁，宁亦聲。臣

鍇曰：幡音椿。陟呂反。

文二

叕 㸚　綴聯也。象形。凡叕之屬皆從叕。臣鍇曰：交絡互綴之象。誅劣反。

綴 緤　合箸也。從糸，從叕亦聲。臣鍇曰：會意。誅稅反。

文二

亞 亞　醜也。象人局背之形。賈侍中說：以爲次第也。凡亞之屬皆從亞。恩罵反。

暜 曆　闕。恩罵反。

文二

五 𠄢　五行也。從二，陰陽在天地閒交午也。凡五之屬皆從五。臣鍇曰：交午，更用事也；二，天地也。隅古反。

【校】"陰陽"上當補"乂"字。

　　乂 乂 古文五如此。臣鍇曰：但象交午而已。

文一　重一

六 𠔹　《易》之數，陰變於六，正於八。從入、八。凡六之屬皆從六。臣鍇曰：𠆧象一變二也。呆菊反（lù）。

【校】從入、八，按鍇說，"入"當作"人"，意謂變陽爲陰也。

文一

七 七　陽之正也。從一，微陰從中衺出也。凡七之屬皆從七。秋日反。

【校】"微陰"上當補冫字。

文一

九 九　陽之變也。象其屈曲究盡之形。凡九之屬皆從九。臣鍇曰：

初畫起於東，東，陽气之始。屈曲究極，終歸西北，此乾位，陽
所歸。機柳反。

馗 九達道也。似龜背，故謂之馗。從九、首。臣鍇曰：一道
爲一首。權雖反。

【校】"從九"上鉉有"馗，高也"三字。

　　逵 馗或從辵、坴。馗，高也。從坴。臣鍇曰：坴，高土
也。會意。

文二　重一

内 獸足蹂地也。象形，九聲。《爾雅》曰："狐貍貛貉醜，其
足蹯，其跡内。"凡内之屬皆從内。臣鍇曰：厶，其指也。《爾雅
注》曰："内，指頭處。"如紂反（rǒu）。

【校】狐貍貛貉，今《爾雅》作"貍、狐、貒、貈"。

　　蹂 篆文内從足、柔。

禽 走獸總名也。頭象形，從内，今聲。禽、离、兕頭相似。
臣鍇曰：凶，頭象也。巨任反。

【校】走獸，按《白虎通》，當作"鳥獸"。

离 山神，獸也。從禽頭，從内，中聲。毆陽喬説：离，猛獸
也。臣鍇按：《春秋左傳》曰："魑魅离魅，莫能逢之。"丑離反。
臣次立按：徐鉉曰："從中，義無所取，疑象形。"

【校】山神獸也，當作"山神，獸形也"。○中聲，鉉無"聲"字。○
魑魅离魅，今《左》作"螭魅罔兩"。

萬 蟲也。象形，從内。舞飯反。

禺（禺）　周成王時，州靡國獻禺禺，人身，反踵。自笑，笑即
上脣弇其目。食人。北方謂之土螻。《爾雅》曰："禺禺，如人，
被髮。"象形，從臼從内。讀若費。一曰禺禺一名梟羊。臣鍇曰：
反踵，腳跟在前也。符既反。

【校】鉉本、汪本、錢鈔本皆作，此疑誤。○從臼、讀若費、一曰

闤闠，鉉無此九字。○梟羊，鉉作"梟陽"。○《爾雅》作"狒狒"。

禹 ᗪ　蟲也。象形，從内。臣鍇曰：牙齒蟲病，謂之齲齒。牙甫反。

yǔ

　　ᗑ ᗑ　古文禹如此。

离 ᗑ　蟲也。象形，從内。讀若偰。私列反。

xiè

　　ᗑ ᗑ　古文离如此。

文七　重三

禺 禺　犣也。象耳頭足内地之形。古文禺下从内也。凡禺之屬皆從禺。臣鍇曰：古文下從内，作䏪也。楮又反。

chù

獸 獸　守備也。從犬，禺亦聲。臣鍇曰：獸，守山也。詩救反。

shòu

【校】守備也，也，鉉作"者"。

文二

甲 甲　位東方之孟，陽气萌動。從木戴孚甲之象也。《大一經》曰："頭玄爲甲。"甲爲人頭。凡甲之屬皆從甲。臣鍇曰：甲在東北，甲子，陽气所起也。自内而起，故孚甲冒出地。孚，猶葭莩殼籜也，其字形亦取象人頭也。《漢書·律厤志》曰："出甲於甲。"溝呷反。

jiǎ

【校】位東方，鉉無"位"字。○《大一經》曰，鉉無"大、經"二字，非是。○頭玄，鉉本作"頭宜"。按：當作"頭空"，"空"猶腔也。○甲爲人頭，爲，當作"象"。

　　命 命　古文甲。始一，見於十，歲成於木之象。臣鍇曰：甲，一也。甲乙爲榦，其數十，成於東方。人，象木也。

【校】段氏書改上甲爲甲、此命爲命，非是。按：此命當作命。凡古彝器款識皆如此，故許君謂"始一見十"，義甚明也。淺人以其與成數"十"字相混，增益爲命。鉉本改"始于一，見於十"爲"始于十，見於千"，其說遂不可通矣。"戎、早"二篆皆從古文命，

故皆有↑，古文甲字之説尤顯證也。○始一，當作"始于一"。○
歲成，鉉無"歲"字。

文一 重一

乙 乀 象春艸木冤曲而出。陰气尚强，其出乙乙也。乙與丨同
意。乙承甲，象人頸也。凡乙之屬皆從乙。**臣鍇曰：**此與燕燕乞
之字，音、義皆別，亦宜有分。此甲乙字，下迂曲也。丨音徹，
同爲出也。乙乙，未展也。《律厤志》曰："奮軋於乙。"殷筆反。

乾 䒰 上出也。從乙；乙，物之達也。倝聲。**臣鍇按：**《易》曰：
"夫乾確然。"又曰："確乎其不可拔，潛龍也。""君子終日乾乾"，
自强不息也，故從乙。乙，冒難而出也。其延反。

䒏 䒏 籒文乾如此。

亂 亂 治也。從𤔔從乙。乙，治之也。**臣鍇曰：**乙者，治之難也。
魯彖反。

【校】治也，疑當作"治不治也"，古人有此語而後人刪之。

尤 尤 異也。從乙，又聲。**臣鍇曰：**乙者欲出而見閡，見閡則顯
其尤異。夫同焉皆忠，不知其所以殊；靡然皆悦，不知其所以異；
故必見閡。見閡而爲不已，然後彰其特出焉。羽秋反。

文四 重一

丙 丙 位南方也。萬物成，炳然。陰气初起，陽气將虧。從一、
入、冂。一者，陽也。丙承乙，象人肩也。凡丙之屬皆從丙。**臣
鍇曰：**陽功就，萬物皆成，炳然彰著。夫物極則衰，功成則去，
明盛而晦，陽極而陰。物非陰不定。夏之有秋，所以摰斂，焦殺
萬物使成也。冂猶門也，《易》曰："乾坤，其易之門邪？"天地，
陰陽之門户，陽功成，將去門也。《律厤志》曰："明炳於丙。"會
意。鄙永反。

【校】位南方也，"也"字衍。

文一

丁 ^{dīng} 个　夏時萬物皆丁壯成實。象形也。丁承丙，象人心也。凡丁之屬皆從丁。**臣鍇曰**：物挺然成立之皃。夫萬物方茂，非成之謂，衰殺乃見其成之也。方剛之謂，守柔乃見其剛。陰气盛於外，陽气營於内，故萬物炳然，非所謂成。得一陰之贊，摯斂之乃爲成，故盛於丙，成於丁。其形正中，故象心。《律厤志》曰：“大成於丁。”旳冥反。

【校】壯成，鉉無此二字。○成之也，“之也”二字衍。○方剛之謂，當作“任勇非剛之謂”。○大成於丁，《漢志》“成”作“盛”。

文一

戊 ^{wù} 戉　中宫也。象六甲五龍相拘絞也。戊承丁，象人脅也。凡戊之屬皆從戊。**臣鍇曰**：五土無定居，主在中，往來不相越，故曰拘絞。人脅亦相任也，亦在中，五象也。《律厤志》曰：“豐楙於戊。”莫遘反（mào）。

【校】亦相任也，當作“亦相拘絞也”。○五象也，《韻會》引作“土象也”。

成 ^{chéng} 戒　就也。從戊，丁聲。**臣鍇曰**：戊，中宫，成於中也。丁，成也。會意。示征反。

戚 戒　古文成從戊、午。**臣鍇曰**：午，南方，亦物成之義。

文二　重一

己 ^{jǐ} 己　中宫也。象萬物辟藏詘之形也。己承戊，象人腹也。凡己之屬皆從己。**臣鍇曰**：萬物與陰陽之气，藏則歸土。屈曲包含象人腹圜曲也；人腹，中央也。《律厤志》曰：“理紀於己。”訖耳反。

【校】詘之形，鉉無“之”字。按：當作“詘曲形”。

亡 己　古文己如此。**臣鍇曰**：《孔子家語》：“子夏聞讀史記曰‘晉師以三豕渡河’，曰：‘己亥也。’”然則彼之己字，當作此

亡字。

巹 謹身有所承也。從己從丞。讀若《詩》曰“赤舄己己”。己隱反。

【校】己己，當依《詩》作“几几”。

忌 長踞也。從己，其聲。讀若杞。暨己反。

文三　重一

巴 蟲也；或曰食象蛇也。象形。凡巴之屬皆從巴。**臣鍇按**：《博物志》：“巴蛇吞象，三歲出其骨，君子食之，無腹心之疾。”《山海經》曰：有玄蛇食麏鹿也。一，象所吞也。指事。不奢反。

【校】注中引《博物志》《山海經》當互易。

祀 摣擊也。從巴，帚聲。補寫反。

【校】帚聲，聲，鉉作“闕”。

文二

庚 位西方。象秋時萬物庚庚有實也。庚承己，象人臍。凡庚之屬皆從庚。**臣鍇曰**：《史記》曰：“大横庚庚。”堅強之兒，畫所會聚，如人之臍也。《律厤志》曰：“斂更於庚。”根横反。

文一

辛 秋時萬物成而孰。金剛味辛。辛痛即泣出。從一、辛。辛，辠也。辛承庚，象人股。凡辛之屬皆從辛。**臣鍇曰**：言萬物方盛，初見斷制，民難與慮始，故辛痛也。人股漸焦殺所介反，故象之辛，亦漸摯斂也。《律厤志》曰：“悉新於辛。”會意。息因反。

辠 犯法也。從自、辛。言辠人蹙自，辛苦之憂。秦以辠似皇（皇）字，改爲罪。**臣鍇曰**：會意。造浼反。

【校】蹙自，鉉作“蹙鼻”。按：“自”即“鼻”也。

辜 辠也。從辛，古聲。古乎反。

姑 姑 古文辠從死。

^{xuē}
辥 辪 辠也。從辛，𡴆聲。私列反（xiè）。

^{cí}
辤 辝 不受也。從受、辛。宜辤之也。臣鍇曰：會意。夕兹反。

【校】"從受、辛"下當補"受辛"二字。

辝 辝 籒文辤從台。

^{cí}
辭 辭 辭訟也。從𤔔、辛。𤔔，猶理辜也。臣鍇曰：會意。夕兹反。

【校】辭訟也，鉉無"辭"字。段云"訟"當作"說"。〇"猶理辜"上當補"辛"字。

嗣 嗣 籒文辭從司。

文六　重三

^{biàn}
辡 辡 辠人相與訟也。從二辛。凡辡之屬皆從辡。臣鍇曰：會意。皮緬反。

^{biàn}
辯 辯 治也。從言在辡之閒。臣鍇曰：察言以治之也，會意。皮緬反。

文二

^{rén}
壬 壬 位北方。陰極陽生，故《易》曰："龍戰于野。"戰者，接也。象人裹妊之形。承亥壬以子，生之敘也。壬與巫同意。壬承辛，象人脛。脛，任體也。凡壬之屬皆從壬。臣鍇曰：陽初生，陰陽交也。二爲陰，中一爲陽，起於中丨相交。辛，陰气成就乃能承陽以有生也，故曰承辛生子也。敘，次敘也。工、巫皆規榘也。人脛上承股，其任彌重也。《律厤志》曰："懷任於壬。"爾音反。

【校】承辛壬以子[1]，生之敘也，辛，鉉作"亥"。段云：坤上六爻辰在亥，故引"龍戰"。然以鍇説參之，則作"辛"爲是。

文一

---

[1] 按，此云"辛壬"，不知所據何本，底本、四部叢刊本、四庫本皆作"亥壬"。

癸 〔图〕 冬時水土平，可揆度。象水從四方流入地中形也。癸承壬，象人足也。凡癸之屬皆從癸。臣鍇曰：冬，萬物成焉，群動息焉，故可爲度。故冬至律黃鍾，初九度，量所起於黃鍾。秋，收潦而水清；冬，土反其宅，水歸其壑也。足最在下，故取象也。《律厤志》曰："陳揆於癸。"見水反。

【校】故可爲度，爲，當作"揆"。

癸 〔图〕 籀文癸從癶，矢聲。臣鍇曰：癶，足也。

文一　重一

子 〔图〕 十一月。陽气動，萬物滋。入以爲稱。象形也。凡子之屬皆從子。臣鍇曰：十一月夜半，陽气所起，人承陽，本其初，故以爲稱。《律厤志》曰："孳萌於子也。"《通論》詳矣。津矣反。

【校】入以爲偁，入，當作"人"，鍇説可證。

孚 〔图〕 古文從巛，髮也。

𡥀 〔图〕 籀文子從囟有髮，臂脛在几上也。

孕 〔图〕 裹子也。從子、几①。臣鍇曰：几音殊。艸木之實垂，亦取象於几，朵字是也。人裹姙似之也。會意。以證反（yìng）。

【校】從子、几，段云"几"當作"乃聲"，古音讀"乃"如"仍"也。

挽 〔图〕 生子免身也。從子、免。臣鍇曰：會意。美選反。

【校】鉉本引鍇曰："《説文》無免字，疑此字從𡣡省，以免身之義通用爲解免之免。晚、冕之類皆當從挽省。"按：此乃鉉用《疑義》篇説增改爲之，如"𡣡"字鍇作"娩"，不作"𡣡"也。又按：《説文》無"免"字，兔部有"𡔖"字，經傳不見，而義訓爲"疾"，疑即"免"字也。《孫子》云"後如脱兔，敵不及距"，"免"之義也。今許書之音當與"娩"篆互易，"娩"可作"飜"，則音當爲"弗孺反"，"𡔖"訓疾速走脱，則音當爲"符萬反"。古文省繁，凡從"𡔖"者皆

① 按，據小篆字形及"音殊"，本條"几"皆當作"几"。

作“兔”。後人不知“從毚省”之義，因以末筆有無定其聲義，其實許書“毚”即今“兔”也。

字 宇　乳也；愛也。從宀、子，子亦聲。臣鍇曰：《易》曰：“女子貞，十年乃字。”字，乳也。《春秋左傳》曰：大不字，小字，愛也。宀，覆之也。會意。慈伺反。

【校】愛也，鉉無此二字。

榖 嫛　乳也。從子，殼聲。或曰榖督。臣鍇按：《春秋左傳》曰：“楚人謂乳爲榖。故名子文曰榖於菟。”① 榖督，愚闇也。格漚反。

【校】今《左》作“穀”。

孿 羉　一乳兩子也。從子，䜌聲。臣鍇曰：孿，猶連也。妻眷反（luàn）。

孺 孺　乳子也；一曰輸也。輸尚小也。從子，需聲。臣鍇曰：《史記》：“孺子可教。”《禮》：“大夫妻曰孺人。”猶言小童也。閏務反（rù）。

【校】一曰輸也，輸尚小也，當作“一曰輸孺也。輸孺，奭劣也”。按：《方言》：“儒輸，愚也。”《荀子》曰：“偷儒憚事。”與上“榖督”，或作“溝猶”，或作“恂愁”，同爲一聲之轉。

季 孝　少偁。從子，稚省，稚亦聲。見翠反（guì）。

孟 𡥪　長也。從子，皿聲。莫更反。

　　𥝲　古文孟如此。

【校】按：此篆已見人部，爲“保”篆重文，此不當更爲“孟”之重文。考古鼎銘，“孟”作𥝲，是“孟”或從古文“保”也，此蓋脫“皿”耳。

孼 孼　庶子也。從子，辥聲。臣鍇曰：《通論》詳矣。魚滅反。

孳 孳　汲汲生也。從茲，子聲。臣鍇曰：人生在勤，故從子也。則斯反。

———————
① 《左傳·宣公四年》：“楚人謂乳榖，謂虎於菟，故命之曰鬭榖於菟。”

籀文孳從絲。

gū
孤 無父也。從子，瓜聲。**臣鍇曰:**《通論》詳矣。古乎反。

cún
存 恤問也。從子，在省。**臣鍇曰:** 在亦存也，會意。在坤反。

jiào
季 放也。從子，爻聲。**臣鍇曰:** 教從此。加肴反（jiāo）[①]。

【校】放也，鉉作“效也”。此“放”蓋同“倣”。

yí
疑 惑也。從子、止、ㅋ，矢聲。**臣鍇曰:** 幼子多惑也，止不通也。ㅋ，反比之也。矢聲。研之反。

【校】按：此篆當作，從子、止，矢聲。鍇説“ㅋ，反比之也”，當作“匕，變化不定也”。鉉本引鍇説羼入“矦，古文矢字”五字，則知匕部篆及注皆後人依鉉所改。蓋匕部篆本當作，從匕矢聲耳。後人因篆而誤增ㅋ，遂義無可尋。鉉以矦爲古矢字，於書無徵，不免肊説。正疑篆因補正矢篆之譌。

文十五　重四

liǎo
了 尥也。從子無臂，象形。凡了之屬皆從了。**臣鍇曰:** 尥音鳥，旁無輔，了尥然也。吕曉反。

jié
孑 無右臂也。從了，乚象形[②]。經節反。

jué
孓 無左臂。象形。從了，亅聲。俱越反。

文三

zhuǎn
孨 謹也。從三子。凡孨之屬皆從孨。讀若翦。**臣鍇曰:** 三人同行，必有師焉。君子慎獨，矢能三子同居而不散離，必謹守者也。職件反。

chán
孱 迮也。從孨在尸下。一曰孨聲。一曰呻吟也。**臣鍇曰:** 尸，屋象也。士閑反。

---

① 《廣韻》又古孝切。

② 乚，當作“レ”。

^{nǐ}　舂　𦣲　盛皃也。從孨從曰。讀若蘸。一曰若存。**臣鍇曰**：曰音越，曰，詞也。今音女立反。《靈光殿賦》曰：“芝栭欑羅以戢舂。”牛以反。

【校】鉉作𦣲，從日，則與重文相合。○讀若蘸，鉉本作“讀若蘸蘸”。

　　晉　𣊭　籀文舂從二子。一曰晉，奇字晉。

文三　重一

^{tū}　厶　𠫓　不順忽出也。從倒子。《易》曰：“突如其來如。”不孝子突出，不容於內也。厶即《易》突字也。凡厶之屬皆從厶。**臣鍇曰**：反爲人子之道也，故文從反子字。舜之事父，“烝烝乂，不格姦”，“瞽亦允若”，父求使之未嘗不在於側，求殺之未嘗得也。突然反道而出是悖也。他骨反。

【校】厶即《易》突字也，鉉移此六字入𪐗篆注。

　　𠫓　𠫓　或從倒古文子。

^{yù}　育　𠫓　養子使作善也。從厶，月聲。《虞書》曰：“教育子。”**臣鍇曰**：厶，不順子也。不順者尚教之，況順者乎？今《尚書》曰：“教胄子也。”融六反。

　　毓　𣫕　育或從每。

^{shū}　疏　𤴙　通也。從𠫓從疋，疋亦聲。**臣鍇曰**：《白虎通》：“書之教也。”疋，疏也。會意。色居反。

【校】白虎通，當作“疏通知遠”四字。

文三　重二

^{chǒu}　丑　𠃨　紐也。十二月。萬物動，用事。象手之形。時加丑，亦舉手時也。凡丑之屬皆從丑。**臣鍇曰**：｜，所執不出於手也。昧爽爲丑，人皆起有爲也。《律厤志》曰：“紐牙於丑。”敕紐反。

^{niǔ}　肚　𠕎　食肉也。從肉、丑，丑亦聲。女就反（niù）①。

---

① 注音依《廣韻》女久切。

羞 ^{xiū} 羞　進獻也。從羊，羊，所進也；從丑，丑亦聲。臣鍇曰：丑，手進也。會意。息抽反。

文三

寅 ^{yín} 寅　髕也。正月。陽气動，去黄泉，欲上出，陰尚强也。象宀不達，髕寅於下也。凡寅之屬皆從寅。臣鍇曰：髕，擯斥之意。人陽气上鋭而出，閩於宀也^①。臼，所擯也。象形。《律厤志》曰："引達於寅。"翼真反。

【校】人陽气上鋭而出，當作"人陽气鋭而上出"。〇閩於穴，穴，當作"宀"。

鼤 鼤 古文寅。臣鍇曰：重昜相次出於土也。

文一^②

夘(卯) ^{mǎo} 夘　冒也。二月。萬物冒地而出，象開門之形。故二月爲天門。凡夘之屬皆從夘。臣鍇曰：二月，陰不能制陽，陽冒而出也。天門，萬物畢出也。《律厤志》曰："冒茆莫保反於夘。"免狡反。

非 非 古文夘。臣鍇曰：開斥之象。

文一　重一

辰 ^{chén} 辰　震也。三月。陽气動，雷電振，民農時也。物皆生，從乙。七象芒達，厂聲也。辰，房星，天時也。從二，二，古文上也。凡辰之屬皆從辰。臣鍇曰：雷出奮豫之時也。七，化也；乙，艸木芒初出曲卷也。《爾雅》云："大辰，房、心、尾也。大火謂之大辰。""大火，心也。明者以爲時候，心在中最明，故時候主焉。"^③《尚書》曰："撫于五辰。"辰，時也。《律厤志》曰："振美於辰。"石倫反。

---

① 宀，四庫本、四部叢刊本作"穴"。按，據清人校記，底本或亦作"穴"，後依校修版。
② 按，"文一"後當補"重一"。
③ 此爲郭注"大火謂之大辰"之語。

【校】明者，疑當作“明箸”。

厎厎 古文辰。

辱^{rǔ}鳳 恥也。從寸在辰下。失耕時，於封畺上戮之。辰者，農之時也；故房星爲辰，田候也。臣鍇按：《國語》曰：“農祥晨正。”民於是耕。農祥，房星爲大辰也。儒曲反。

文二　重一

巳^{sì}𠂤 巳也。四月。陽气已出，陰气已藏。萬物見，成文章。故巳爲蛇，象形。凡巳之屬皆從巳。臣鍇曰：四月，純陽之月，故曰陰气已藏。象蛇之變化，有文章也。四月，巳主蛇。《律厤志》曰：“已盛於巳_{上巳音以，下巳音似}。”詳紀反。

𠂢（以）𠃌 用也。從反巳。賈侍中説：𠂢，意𠂢實。象形也。臣鍇按：《春秋》帥師例“能左右之曰‘𠂢’”。尤用之也。移里反。

【校】意𠂢，即“薏苡”。段改“己意”，非是，《類聚》可證。○𠂢尤用之也，當作“𠂢猶用也”。

文二

午^{wǔ}牛 牾也。五月。陰气午逆陽，冒地而出也。此與矢同意。凡午之屬皆從午。臣鍇曰：人爲陽，一爲地，丨爲陰气貫地，午逆陽也。五月陽極而陰生。仵者，正衝之也。矢，亦象衝逆也。《律厤志》曰：“咢布於午。”偶古反。

【校】仵，當作“午”。

牾^{wǔ}牾 逆也。從午，吾聲。臣鍇曰：相逢也。《楚辭》曰：“重華不可牾兮。”頑五反。

【校】今《楚詞·九章》作“遻”，逢也。《長笛賦》“菌距劫遻”，亦訓逆。

文二

未^{wèi}米 味也。六月。滋味也。五行木老於未，象木重枝葉也。凡

未之屬皆從未。臣鍇曰:《律厤志》曰:"昧薆於未。" 勿貴反。

文一

shēn

申 ^申 神也。七月。陰气成，體自申束。從臼，自持也。吏以餔時聽事，申旦政也。凡申之屬皆從申。臣鍇曰：七月三陰，故曰陰气成。九三陽成，君子終日乾乾。六三陰成。《律厤志》曰:"申堅於申。"式人反。

【校】"六三陰成"下當補"或從王事"四字。

　　帛 [?] 古文申。

　　昌 ^昌 籀文申。

yìn

𥄎 ^𥄎 擊小鼓，引樂聲也。從申，柬聲。《周禮》曰:"小樂事，鼓𥄎。"讀若引。臣鍇曰:《詩》曰:"應𥄎縣鼓。"異印反。

【校】今《周禮》作"柬"，《詩》作"田"，鄭《箋》云:"田，當作柬。"○《周禮》"以下十一字鉉本無。

yú

臾 ^臾 束縛捽抴爲臾。從申從乙。臣鍇曰：申，束縛也；乙，屈也。會意。羊朱反。

【校】"爲臾"下當有"曳"字，方與曳篆注合。

yè

曳 ^曳 臾曳也。從申，丿聲[①]。延世反（yì）。

文四　重二

yǒu

酉 ^酉 就也。八月。黍成，可爲酎酒。象古文酉之形也。凡酉之屬皆從酉。臣鍇曰：就，成熟也。《律厤志》曰:"留熟於酉。"夷酒反。

　　丣 ^丣 古文酉從丣。丣爲春門，萬物已出；丣爲秋門，萬物已入。從一、丣，閉門象也。

jiǔ

酒 ^酒 就也。所以就人性之善惡。從水從酉，酉亦聲。一曰造

――――――――――

① 丿聲，當作"厂聲"。

也，吉凶所造起也。古者儀狄作酒醪，禹嘗之而美，遂疏儀狄。杜康作秫酒。**臣鍇曰**：《周禮》五齊三酒："一泛齊，二醴齊，三盎齊，四緹齊，五沈齊。"三酒："一事酒，二昔酒，三清酒。"津酉反。

醟 醯 籬生衣也。從酉，冢聲。母東反。
méng

醓 醓 熟籬也。從酉，甚聲。移今反。
yín

釀 釀 醞也，作酒曰釀。從酉，襄聲。女向反。
niàng

醞 醞 釀也。從酉，昷聲。迂郡反。
yùn

畚 畚 酒疾熟也。從酉，弁聲。服萬反。
fàn

酴 酴 酒母也。從酉，余聲。讀若廬。**臣鍇曰**：此蓋酒之初和頭也。田吾反。
tú

醨 醨 酌也。從酉，鬲聲。**臣鍇曰**：酌甘美也。連的反。
lì

【校】酌甘美也，按：醨者，漉酒也，字或作"醨"，《玉篇》所謂"下酒也"。四字疑有誤。

釃 釃 下酒也。從酉，麗聲。一曰醇。**臣鍇曰**：釃猶籭也，籭取之也。疏此反（xǐ）①。
shī

酌 酌 醨酒也。從酉，肙聲。古縣反。
juān

醴 醴 酒一宿熟也。從酉，豊聲。**臣鍇按**：《史記》："楚元王爲穆生設醴。"②然則醴，甜酒。連弟反。
lǐ

醪 醪 汁滓酒也。從酉，翏聲。闌刀反。
láo

醇 醇 不澆酒也。從酉，𦎫聲。是倫反。
chún

醹 醹 厚酒也。從酉，需聲。《詩》曰："酒醴維醹。"然柱反。
rǔ

酎 酎 三重醇酒也。從酉，時省。《明堂月令》曰："孟秋，天子
zhòu

---

① 《廣韻》又所宜切。

② 今《史記》無此語。《漢書·楚元王傳》："初，元王敬禮申公等，穆生不耆酒，元王每置酒，常爲穆生設醴。"

飲酘。"臣鍇按:《春秋左傳》曰:"見於嘗酘。"《西京雜記》:漢制嘗以正月作酒,八月乃熟,以獻宗廟。長有反。

àng

醠 醠 濁酒也。從酉,盎聲。臣鍇按:《周禮》有盎齊。晏亢反。

nóng

醲 醲 厚酒也。從酉,農聲。女重反。

róng

醀 醀 酒也。從酉,茸聲。乳逢反。

gū

酤 酤 一宿酒也;一曰買酒也。從酉,古聲。臣鍇曰:謂造之一夜而熟,若今雞鳴酒也。《詩》曰:"無酒酤我。"古呼反。

【校】"酤我"下當補"則買也"三字。

zhī

醨 醨 酒也。從酉,矯省聲。珍移反。

làn

醂 醂 泛齊,行酒也。從酉,監聲。臣鍇曰:徧行以飲之也。盧闞反。

【校】行酒也,疑當作"滓酒也"。《周禮注》云"泛齊,滓泛泛然",則是未去滓之酒,詞賦家所謂"浮蟻酒"也。如鍇說,"行酒"上當有"一曰"二字。

gǎn

醶 醶 酒味淫也。從酉,贛省聲。讀若《春秋傳》曰"美而豔"。臣鍇曰:淫,長也。欲敢反(ǎn)①。

yǎn

酓 酓 酒味苦也。從酉,今聲。臣鍇曰:歆字從此。咽嗛反。

【校】鉉宋本無此篆,毛刻補入篇末。

kù

酷 酷 酒厚味也。從酉,告聲。闊毒反。

dàn

醰 醰 甜長味也。從酉,覃聲。臣鍇按:王褒《洞簫賦》曰:"良醰醰而有味。"徒紺反。

【校】甜長味也,鉉宋本作"酒味苦也",乃誤以"酓"注入"醰"下。此與《文選·洞簫賦》注引《字林》合,呂忱蓋用許説也。

zhǎn

醆 醆 爵也;一曰酒濁而微清也。從酉,戔聲。阻限切。

---

① 注音依《廣韻》古禫切。

酛 pò　酛　酒色也。從酉，宋聲。普末反。

配 pèi　酌　酒色。從酉，己聲。臣鍇曰：匹配字，古只作妃。浦妹反。

酏 yì　酏　酒色也。從酉，弋聲。以即反。

酌 zhuó　酌　盛酒行觴也。從酉，勺聲。真若反。

醮 jiào　醮　冠娶禮祭也。從酉，焦聲。子妙反。

【校】冠娶禮祭也，按：《禮》注“酌而無酬酢曰醮”，皆不言祭，疑“祭”爲誤衍字。或當作“冠娶禮也；一曰祭也”。漢有醮祀之典，或體從示，是其義也。

　　　醮　礁　醮或從示。

醋 jǐn　醋　歃酒。從酉，晉聲。臣鍇曰：以脣少呷之也。子荏反。

酳 yìn　酳　少少飲也。從酉，引聲。余振反。

醻（**醻**） chóu　醻　獻醻，主人進客也。從酉，壽聲。市柔反。

　　　酬　酬　醻或從州。

醋 zuó　醋　客酌主人也。從酉，昔聲。臣鍇按：《易》曰：“可以醻醋。”才各反①。

【校】可以醻醋，今《易》作“可與酬酢”，《釋文》引京房《易》“酢”作“醋”。

醆 mì　醆　飲酒俱盡也。從酉，盐聲。彌畢反。

釂 jiào　釂　飲酒盡也。從酉，爵聲。臣鍇按：《史記》：郭解姊子“與人飲酒，使之釂”。子妙反。

【校】今《史記》作“嚼”。

酣 hān　酣　酒樂也。從酉，甘聲。臣鍇曰：飲洽也。侯貪反（hán）。

酖 dān　酖　樂酒也。從酉，尤聲。臣鍇曰：酖酖然，安且樂也。覩貪反。

---

① 作調味液體時，《廣韻》倉故切（cù）。

醧 醧 私宴飲也。從酉，區聲。臣鍇曰：醧猶飀也。於遽反。

【校】私宴，段改“宴私”，用《楚茨》詩也。

醵 醵 會飲酒也。從酉，豦聲。臣鍇曰：《史記》曰：“歲時無以進醵。”其虐反（jué）[1]。

【校】無以進醵，當作“無以祭祀進醵飲食”。

酯 酯 醵或從巨。

酺 酺 王德布，大飲酒也。從酉，甫聲。臣鍇按：《史記》曰：“天下酺五日。”注：“秦法：吏民無故聚飲有刑，今特許之也。”盆乎反。

【校】天下，當作“賜民”。

醅 醅 醉飽也。從酉，音聲。讀若棘。盆帛反（pōu）[2]。

醺 醺 醉也。從酉，熏聲。《詩》曰：“公尸來燕醺醺。”臣鍇曰：飲有酒气熏熏然。許君反。

【校】來燕醺醺，今《詩》作“來止熏熏”。

醟 醟 酗也。從酉，熒省聲。臣鍇曰：酒失也。于柄反。

酗 酗 醉醟也。從酉，句聲。勳戍反。

醒 醒 病酒也；一曰醉而覺也。從酉，呈聲。臣鍇曰：《漢書・樂志》：“柘漿析朝醒。”直成反。

醫 醫 治病工也。殹，惡恣也，醫之性然；得酒而使，從酉。王育說。一曰殹，病聲。酒，所以治病。《周禮》有醫酒。古者巫彭初作醫。臣鍇曰：會意。於其反。

【校】治病工也。殹，惡恣也，醫之性然；得酒而使，從酉。鉉本“恣”作“姿”。按：殳部“殹，擊中聲”，不云“惡姿”，疑有譌脱，當作“治病工也。從殹，殹，擊中聲，醫之治病如擊中然；醫藥之性

---

① 《廣韻》又其據切。

② 《廣韻》又芳杯切。

得酒爲使，從酉。王育説。一曰殹從瘝省，瘝，病聲，酒所以治病”云云，其義方暢。

醨 醨 薄酒也。從酉，离聲。讀若离。鄰之反。

【校】讀若离，离，鉉作“離”。

醶 醶 酢也。從酉，韱聲。臣鍇曰：醶醶然酸。七漸反。

酸 酸 酢也。從酉，夋聲。關東謂酢曰酸。素攢反。

酸 酸 籀文酸從畯。

茜 茜 禮祭，束茅加于祼圭，而灌鬯酒，是爲茜，象神歆之也。從艸從酉。《春秋傳》曰：“爾貢苞茅不入，王祭不供，無以茜酒。”一曰楷上塞也。臣鍇曰：會意。色逐反。

【校】歆之，《韻會》引作“歆之”，與《周禮・甸師》注合。

戴 戴 酢漿也。從酉，𢦏聲。臣鍇曰：《周禮注》有“戴漿”。徒再反（dài）[1]。

醶 醶 酢漿也。從酉，僉聲。初減反（chǎn）[2]。

酢 酢 醶也。從酉，乍聲。臣鍇曰：今人以此爲酬醋字，反以醋爲酒酢，時俗相承之變也。倉去反。

酏 酏 黍酒也。從酉，也聲。一曰甜也。賈侍中以爲鬻清。臣鍇曰：猶今人言酒釃也。以爾反。

牆（醬） 牆 醢也。從肉、酉，酒以和醬也。爿聲。即亮反。

【校】“爿聲”下當補“臣鍇曰：牀省聲”。

牆 牆 古文醬如此。

牆 牆 籀文醬如此。

醢 醢 肉醬也。從酉，盍聲。呼乃反。

---

① 《廣韻》又昨代切。
② 注音依《集韻》魚窆切。

蘫 𧃰 籀文醢從鹵。

mú
䪴 𧂖 䪴酺，榆醬也。從酉，敄聲。莫透反（mào）①。

lèi
酹 醟 餟祭也。從酉，寽聲。勒會反。

tú
酳 醹 䪴酺也。從酉，俞聲。田候切（dòu）②。

bì
醳 醳 擣榆醬也。從酉，畢聲。避羇反。

jú
醹 醹 醬也。從酉，喬聲。涓聿反。

zuì
醉 酨 卒也。各卒其度量，不至於亂也；一曰酒潰也。從酉、卒。將遂反。

liàng
醸 醸 雜味也。從酉，京聲。力狀反。

jiàn
𩟣 𩟣 闕。昨冉反。

rǎn
𩟣 𩟣 闕。而琰反。

文六十七　重八　臣次立曰：補遺“醆”一字，計文六十八。

qiú
酋 酋 繹酒也。從酉，水半見於上。《禮》有大酋，掌酒官也。凡酋之屬皆從酋。臣鍇按：《國語》曰：“毒之酋臘，其傷人也必甚。”③然則酋，久酒也。酒久則水上見，謂糟少也。字由反。

zūn
尊 尊 酒器也。從酋，収以奉之也。《周禮》六尊：犧尊、象尊、著尊、壺尊、大尊、山尊，以待祭祀賓客之禮。臣鍇曰：會意。祖存反。

【校】犧尊，《周禮》作“獻尊”。

　尊 尊 尊或從寸。

文二　重一

xū
戌 戌 威也。九月。陽气微，萬物畢成，陽下入地。戌含一也。

———

① 《廣韻》又莫胡切。
② 《廣韻》又同都切。
③ 《國語·鄭語》：“毒之酋臘者，其殺也滋速。”

五行，土生於戌，盛於戌。從戌，一亦聲。凡戌之屬皆從戌。臣
鍇曰：土寄四季而王也。《律厤志》曰：“畢入於戌。”相聿反。

文一

荄也。十月。微陽起，接盛陰。從二；二，古文上字也。
一人男，一人女也。從乙①，象裹子咳咳之形也。《春秋傳》曰：“亥
有二首六身。”凡亥之屬皆從亥。臣鍇曰：言萬物之荄皆動也。十
月，坤之上六，陰極陽將生也。從上者，陽微在下也。十月之時，
陽气萌兆，盛陰感陽，萬物皆含育於內，象人之懷妊膜兆也。古
文質，豎上二畫於左，爲算家之二萬；乙字曲上豎下橫②，爲算家
六千；左人字曲之上橫下豎，爲算家之六百；右人字亦然。隔一
位爲算家之單六；中闕，六十也。故“亥有二首六身”。故晉士文
伯曰：“然則二萬六千六百有六旬也。”今按李斯所書碑，“亥”字
旁人皆作“丅”字形，史趙以其眾畫適爾類之，取説其字義，則
當“人”字也。《律厤志》曰：“該閡於亥。”候乃反。
【校】人字曲之，“曲之”二字衍。○“隔一位”三字當刪。○“單六
中闕”四字當刪，鍇蓋誤以“六旬”爲單數也。

古文亥。亥爲豕，與豕同意。亥生子，復從一起。臣
鍇曰：《家語》子夏云：三豕渡河，亥誤爲豕。當爲此开字也。
亥，豕也。二二，辰終也，故同意。天道終則復始，故亥生
子，子生丑，復始於一也。《易》“窮則變，變則通，通則久”
之義也。
【校】鉉作开。○與豕同意，鉉無“意”字。○亥生子，鉉作“亥
而生子”。○二二，當作“十二”。

文一　重一

① 從乙，四部叢刊本、四庫本皆作“從乙”。
② 乙，四部叢刊本、四庫本作“乙”。

説文解字通釋卷第二十九

繫傳二十九 [①]

文林郎守祕書省校書郎臣徐鍇傳釋

　　古者庖犧氏之王天下也，仰則觀象於天，俯則觀法於地，視鳥獸之文與地之宜，近取諸身，遠取諸物，於是始作《易》八卦，以垂憲象。及神農氏結繩爲治而統其事，庶業其繁，飭僞萌生 [②]，黄帝之史蒼頡 [③]，見鳥獸蹄迒之迹，知分理之可相别異也，初造書契。百工以乂，萬品以察，蓋取諸夬。"夬，揚于王庭"，言文者宣教明化於王者朝廷，君子所以施禄及下，居德則忌也。**臣鍇曰：** 按《易》："伏羲氏之王天下，始作八卦。"以田以漁。又曰："上古結繩以理，後世聖人易之以書契。"又曰："伏羲氏没，神農氏作……神農氏没，黄帝氏作。"説《易》者以伏羲爲上古，然則伏羲雖畫八卦，猶結繩以理諸書。皆云倉頡爲黄帝史，後世聖人即黄帝也。而孔氏《尚書序》云："伏羲氏之王天下，始畫八卦，造書契以代結繩之政，由是文籍生焉……伏羲、神農、黄帝之書謂之'三墳'。"蓋孔氏略述書起之由，言因伏羲畫八卦，視河洛之圖，而後文籍孳生，其抑文字始自黄帝爾，總述三皇之道，故并言之。説者言以結繩 [④]，大事以大結，小事以小結也。獸足通曰蹄，《爾雅》"狐貍迹内，麋迹躔，鹿迹速，狼迹

---

① 【校】繫傳二十九，此當作"通釋二十九"，而汪本於總標改題"敘目上"，於三十卷題"敘目下"。蓋三十卷鍇書原闕，次立依鉉割此十四篇以下充補。當仍合之二十九卷，而闕三十卷，以復鍇舊。

② 【校】飭僞，當作"飾僞"。

③ 【校】蒼頡，當〔作〕"倉頡"，下同。

④ 【校】言以結繩，"以"字衍。

远”①，是鳥獸之足迹各異也。作事在於謀始，謀始在于作契，契之不明，敭之所生也。故文字爲書契而作，止訟於未萌，然後百官理而萬事明也。夫以剛決柔，以易變会，三易初起，刜制，理敭之象也，故取法焉。蒼頡之初作書，蓋依類象形，故謂之文。其後形聲相益，即謂之字②。字者，孳乳而漫多也。箸于竹帛謂之書，書者，如也。臣鍇曰：如謂如其事也。以迄五帝三王之世，改易殊體，臣鍇曰：按：黃帝爲五帝首，蒼頡所作日月之字即其文，歷代必有改變，故周宣王太史籀作大篆，大體蓋不甚相遠。年代縣邈，不可盡知。按：齊蕭子良所僎五十二家書，又好奇者隨意增之。致遠則泥，皆妄穿鑿，臣不敢言也。封于泰山者，七十有二代，靡有同焉。臣鍇按：《白虎通》：“王者受命必封禪，因高以事天，刻石箸己之功業。”《史記・封禪書》：“自無懷氏而下則七十二君。”故其文字隨世不同也。

　　周禮八歲入小學，保氏教國子，先以六書：一曰指事，指事者，視而可識，察而可見，“上、下”是也；二曰象形，象形者，畫成其物，隨體詰詘，“日、月”是也；三曰形聲，形聲者，以事爲名，取譬相成，“江、河”是也；四曰會意，會意者，比類合誼，以見指撝，“武、信”是也；五曰轉注，轉注者，建類一首，同意相受，“考、老”是也；六曰假借，假借者，本無其字，依聲託事，“令、長”是也。臣鍇按：《周禮》司徒之屬，保氏下大夫，掌養國子以道，乃教之六藝，其五曰六書。□□古謂八歲初學甲子與方名，然後書計。小年所學，因謂文字爲小學。

　　及宣王太史籀，箸大篆十五篇，與古文或同或異③。至孔子書六經，左丘明述《春穐傳》，皆以古文，厥意可得而説。其後諸侯力政，不統于王，臣鍇曰：謂周之末世也。惡禮樂之害己，而皆去其典籍。分爲七國，田疇異畮，車涂異軌，律瀶異令④，衣冠異制，言語異聲，文字異形。

　　秦始皇帝初兼天下，丞相李斯乃奏同之，罷其不與秦文合者。

────────────

① 【校】狼迹远，按《爾雅》，“狼”當作“兔”。

② 【校】“謂之字”下當依《左傳・宣十五年》疏補“文者，物象之本”六字。

③ 【校】或同，鉉無此二字。

④ 【校】律瀶異令，鉉作“律令異瀶”。

斯作《蒼頡篇》，中車府令趙高作《爰歷篇》，太史令胡毋敬作《博學篇》，**臣鍇按：**《漢書·藝文志》：史籀大篆十五篇，至建武時亡六篇。《蒼頡》一篇，上七章，李斯作。《爰歷》六章，《博學》七章也。皆取史籀大篆，或頗省改，所謂小篆者也。是時，秦燒滅經書，滌除舊典，大發隸卒，興役戍，官獄職務繁，初有隸書，以趣約易，而古文由此絶矣。**臣鍇曰：**王僧虔云："秦獄吏程邈善大篆，得辠始皇，囚于雲陽，增減大篆體，去其繁複。始皇善之，出爲御史，名其書曰隸書。"按班固云："謂施之于徒隸也。"即今之隸書，而無點畫俯仰之勢，故曰古隸。杜陵䝤胡善古隸是也。

自爾秦書有八體：一曰大篆，二曰小篆，三曰刻符，四曰蟲書，**臣鍇曰：**按《漢書》注：蟲書即鳥書，以書幡信。首象鳥形，即下云鳥蟲是也。五曰摹印，**臣鍇按：**蕭子良以刻符、摹印合爲一體。臣以爲符者，内外之信，若晉鄙奪魏王兵符，又云借符以罵宋。然則符者，竹而中剖之，字形半分，理應別爲一體。摹印屈曲填密，秦璽文是。子良誤合之。六曰署書，**臣鍇按：**蕭子良云："署書，漢高六年蕭何所定，以題蒼龍、白虎二闕。"羊欣云："蕭何覃思累月，然後題之。"七曰殳書，**臣鍇按：**蕭子良云："殳書，伯氏之職，而古既記笏亦書殳。"[1] 臣以爲古盤盂有銘，几杖有誡，故殳有題，殳體八觚，隨其勢而書之也。八曰隸書。

漢興，有艸書。**臣鍇曰：**按：書傳多云張芝作艸，又云齊相杜操所作[2]。據《説文》則張芝之前已有矣，但不知誰所刱。蕭子良云：藁書者，董仲舒欲言災異，藁艸未上，即爲藁書。藁者，艸之初也。但《史記》言上官奪屈原藁。今云漢興有艸書，知所言藁，《繫傳》藁字并作藁[3]，艸是刱詞，非是艸書者。尉律：**臣鍇曰：**尉律，漢律篇名。學僮十七以上始試，諷籀書九千乃得爲吏[4]。又以八體試之，郡移太史并課，最者以爲尚書史；書或不正，輒舉劾之。今雖有尉律，不課，小學不修，莫達其説久矣。

孝宣皇帝時，召通《蒼頡》讀者，張敞從受之。**臣鍇按：**《漢書》：

---

① 【校】殳書，伯氏之職，而古既記笏，當作"殳者，伯氏之職，古者文既記笏"。

② 【校】杜操，《晉書》作"杜度"。

③ 【校】《繫傳》藁字并作藁，當作"《繫》傳札本造作藁"。汪本移置七字於注末，非是。"傅札本"猶云"副本"。

④ 【校】"九千"下鉉有"字"字。吏，《江式傳》作"史"。

"《蒼頡》多古字，俗師失其讀。宣帝時徵齊人能正讀者，張敞從受之。傳至外孫孫子杜林，爲作訓也。"涼州刺史杜業①、沛人爰禮、講學大夫秦近，亦能言之。孝平皇帝時，徵禮等百餘人，令説文字未央庭中，以禮爲小學元士，黃門侍郎揚雄采以作《訓纂篇》，凡《蒼頡》以下十四篇，凡五千三百四十字，群書所載，略存之矣。**臣鍇按：**《蒼頡》《爰歷》《博學》，通謂之"三蒼"，故并《訓纂》爲四篇。又按《漢書》：閭里師合三蒼，斷六十字爲一章，凡五十五章，并爲《蒼頡篇》。武帝時司馬相如作《凡將篇》，元帝時黃門令史游作《急就篇》，成帝時將作大匠李長作《元尚篇》，皆《蒼頡》中正字。《凡將》則頗有出入。雄《訓纂》者，順續《蒼頡》，又易《蒼頡》中緟複之字，凡八十九章。班固又續揚雄作十三章，凡一百二篇。

及亡新居攝，使大司空甄豐等校文書之部，自以爲應制作，頗改定古文。時有六書：一曰古文，孔子壁中書也；**臣鍇按：**前所言自秦興隸書，古文從此絶矣，故此古文是魯恭王壞孔子宅所得，世閒無之。二曰奇字，即古文而異者也；**臣鍇按：**蕭子良云：籀書即大篆，新臣甄豐謂之奇字，史籀增古文爲之，故與古文異也。三曰篆書，即小篆，秦始皇帝使下杜人程邈所作也；**臣鍇按：**《漢書》：李斯等作《蒼頡》《爰歷》，多取《史籀篇》，而篆體復頗異，所謂秦篆。然則斯等雖改《史篇》，而程邈復同作也。四曰左書，即秦隸書；五曰繆篆，所以摹印也；六曰鳥蟲書，所以書幡信也。**臣鍇曰：**此即前所謂蟲書也。壁中書者，魯恭王壞孔子宅，而得《禮記》《尚書》《春秋》《論語》《孝經》。又，北平侯張倉獻《春秋左氏傳》②，郡國亦往往于山川得鼎彝，其銘即前代之古文，**臣鍇曰：**若漢汾陰巫得鼎文。張敞云：栒邑得尸臣之鼎有文也。彝，宗廟之常器，尊罍是也。皆自相似。雖叵復見遠沬③，**臣鍇曰：**沬音昧。其詳可得略説也。

而世人大共非訾，以爲好奇者也，故詭更正文鄉壁，**臣鍇曰：**鄉音向。虛造不可知之書，變亂常行，以燿於世。諸生竟逐説字解經

---

① 【校】杜業，《漢書》作"杜鄴"。
② 【校】張倉，《漢書》作"張蒼"。
③ 【校】遠沬，鉉本作"遠流"。

誼①，稱秦之隷書爲蒼頡時書，云父子相傳，何得改易。乃猥—本作狠曰："馬頭人爲長""人持十爲斗""蟲者②，屈中也"。廷尉説律，至以字斷法，苛人受錢，苛之字，止句也。臣鍇曰：言不知而説之也。若此者甚眾，皆不合孔氏古文，繆於史籀。俗儒鄙夫，翫其所集③，蔽所希聞，不見通學，未常覩字例之條④，怪舊執而善野言，以其所知爲祕妙，究洞聖人之微恉。又見《蒼頡篇》中"幼子承詔"，因曰⑤：古帝之所作也，其辭有神僊之術焉。其迷誤不諭，豈不悖哉！

《書》曰："予欲觀古人之象。"言必遵修舊文而不穿鑿。孔子曰："吾猶及史之闕文，今亡矣夫！"蓋非其不知而不問，人用己私，是非無正，巧説邪辭，使天下學者疑。蓋文字者，經執之本，王政之始，前人所以垂後，後人所以識古。故曰："本立而道生"，"知天下之至賾而不可亂也"。

今敘篆文，合以古籀。博采通人，至于小大，信而有證。稽撰其説，將以理群類，解繆誤，曉學者，達神恉。臣鍇曰：恉音旨，意旨也。分別部居，不相雜廁也。臣鍇曰：謂分部相從，自慎爲始也。萬物咸覩，靡不兼載，厥誼不昭，爰明以諭。臣鍇曰：謂注中多引《詩》《書》爲證也。其偁《易》，孟氏；臣鍇按：《漢書》：《易》有施、孟、梁丘三家，又有周氏、服氏、揚氏、韓氏、王氏、丁氏之説。今慎取孟氏爲證，下同。《書》，孔氏；《詩》，毛氏；《禮》，周官；《春秋》，左氏；《論語》《孝經》皆古文也。其於所不知，蓋闕如也。

説文解字通釋第一

一 上 示 三 王 王 玨 气 士 丨

---

① 【校】竟逐，鉉本作"競逐"。○經誼，當作"經誼"。
② 【校】蟲，當作"虫"。
③ 【校】所集，當〔作〕"所習"。
④ 【校】未常，鉉本作"未嘗"。
⑤ 【校】因曰，鉉作"因號"。

説文解字通釋第二

卒 艸 蓐 茻

説文解字通釋第三

小 八 釆 半 牛 犛 告 口 凵 吅 哭 走 止 癶 步 此

説文解字通釋第四

正 是 辵 彳 廴 延 行 齒 牙 足 疋 品 龠 冊

説文解字通釋第五

品 昍 半 舌 只 商 句 丩 古 十 卅 言 誩 音 辛 丵

菐 收 龏 異 舁

説文解字通釋第六

臼 晨 爨 革 鬲 鬲 爪 丮 鬥 又 𠂇 史 支 聿 聿 畫 隶

臣 臤 殳 殺 几 寸 皮 攴 教 卜 用 爻 㸚

説文解字通釋第七

夏 目 朋 眉 盾 自 白 鼻 皕 習 羽 隹 奞 雈 𠁥 首 羊 羴

瞿 雔 雥 鳥 烏

説文解字通釋第八

華 冓 幺 玆 叀 玄 予 放 受 殘 歺 死 冎 骨 肉

筋 刀 刃 㓞 丯 耒 角

説文解字通釋第九

竹 箕 丌 左 工 珡 巫 甘 曰 乃 丂 可 兮 号

旨 喜 壴 鼓 豈 豆 豐 豐 虍 虎 虤 皿 凵 去

血

説文解字通釋第十

説文解字通釋第十一

説文解字通釋第十二

説文解字通釋第十三

説文解字通釋第十四

説文解字通釋第十五

説文解字通釋第十六

---

① 【校】亯、橐，書中"彔"前"克"後。

② 【校】米 部下失編 𣏟 部。

説文解字通釋第十七

説文解字通釋第十八

説文解字通釋第十九

説文解字通釋第二十

説文解字通釋第二十一

説文解字通釋第二十二

説文解字通釋第二十三

説文解字通釋第二十四

———————

① **今按**：書中"矢"前"天"後。

乁 匚 𠃊 𠙶 𠃊 卩 卪 卪 𢎛

説文解字通釋第二十五

𢇅 𢇅 絲 𡩟 𠃑 𢇅 𢇅 𠃑 𠃑 𢇅 𠃑 屮

説文解字通釋第二十六

二 土 𡉚 𡎴 里 田 畕 黃 𤲅 𠂤 𨸏

説文解字通釋第二十七

金 𠂹 𢎍 𠔀 且 𠂆 毛 帚 車

説文解字通釋第二十八

𠂎 𠂤 𨳇 品 四 𠨂 𠦬 亞 五 𠂇 七 九 𢎛 𠷰 中

乁 丙 个 戊 己 巴 𡩟 辛 辡 壬 𤼲 𠂤 巳 𦥑 古

甲 寅 卯 辰 巳 午 米 𢆶 酉 酋 戌 𠃑

說文解字通釋卷第三十

繫傳三十 ①

文林郎守祕書省校書郎臣徐鍇傳釋

後敘曰 ②：此十四篇，五百四十部也，九千三百五十三文，重一千一百六十三，解說凡千三萬三千四百四十一字 ③。其建首也，立一爲耑。臣鍇曰：耑音端。方以類聚，物以群分。同條牽屬，共理相貫。雜而不越，臣鍇曰："類聚"爲水部、水部相次 ④，"同條、共理"謂中之類，與中同從丨而貫之，雖雜而各有部分，不相踰越也。據形聯系。引而申之，以究萬原。臣鍇曰：據形聯系謂之部，因次以比部，從以究盡萬事之原也。畢終於亥，知化窮冥。臣鍇謂：亥生子，終則復始，故託於一，寄終於亥，亥則物之該盡，故曰窮冥也。

于時大漢，聖德熙明。承天稽唐，敷崇殷中。臣鍇曰：漢承堯後，故稽考唐堯之道。殷，正也；正，中也。遐邇被澤，渥衍沛滂。廣業甄微，學士知方。探嘖索隱，臣鍇曰：索音素。厥誼可傳。

粵在永元，困頓之年。孟陬之月，朔日甲子。臣鍇曰：永 ⑤，漢和帝年號。歲在子曰"困頓"。永元十二年，歲在庚子也。正月爲陬。

曾曾小子，祖自炎神。縉雲相黃，共承高辛。太岳佐夏，呂叔

---

① 【校】此卷當合上卷，辨見前。
② 【校】後敘，鉉本無"後"字。
③ 【校】千三萬，"千"當作"十"。今按：四庫本、四部叢刊本作"十"。
④ 【校】水部、水部，當作"水部、沝部"。
⑤ 【校】"臣鍇曰：永"下脫"元"字。今按：四庫本不脫。

作藩。俾侯于許，世祚遺靈。自彼徂召，宅此汝瀕。**臣鍇按**：許出神農之後，姜姓，與齊同祖，謂爲縉雲氏，於黃帝時後三世至高辛，世爲太岳，胤侯爲禹心膂之臣①，故封於呂。周武王封苗裔文叔於許，以爲太岳岳②。胤在潁川許昌縣。召謂汝南郡陵縣③，後世所居也。切印景行④，敢涉聖門。其弘如何，節彼南山，欲罷不能，既竭愚才，惜道之味，聞疑**臣鍇曰**：言疑則闕之也。載疑。演贊其志，次列微辭。知此者稀，儻昭所尤，庶有達者，理而董之。**臣鍇曰**：董，正也。

召陵萬歲里公乘⑤，**臣鍇曰**：漢因秦制二十等爵。公乘，第八也。艸莽**臣**沖稽首再拜，上書皇帝陛下：

臣伏見陛下，以神明盛德，承遵聖業。上考度於天，下流化於民。先天而天不違，後天而奉天時。萬國咸寧，神人以和。猶復深惟五經之妙，皆爲漢制。博采幽遠，窮理盡性，以至於命。

先帝詔侍中騎都尉賈逵修理舊文，殊藝異術，王教一耑，苟有可以加於國者，靡不悉集。《易》曰："窮神之化⑥，德之盛也。"《書》曰："人之有能有爲，使羞其行，而國其昌。"臣父，故太尉南閤祭酒慎，本從逵受古學。蓋聖人不空作⑦，皆有依據。今五經之道昭炳光明，而文字者其本所由生。自《周禮》、漢律皆當學六書，貫通其意。恐巧說衺辭使學者疑，慎博問通人，考之於逵，作《説文解字》。六藝群書之詁，皆訓其意，而天地鬼神，山川艸木，鳥獸蚰蚉⑧，雜物奇怪，王制禮儀，世間人事，莫不畢載。凡十五卷，十二萬，今《説文》作十三萬三千四百四十一字⑨。慎前以詔書校書東觀，

---

① 【校】胤侯，當作"胤呂侯"。
② 【校】太岳岳，衍一"岳"字。**今按**：四部叢刊本不衍。
③ 【校】"陵縣"上脫"召"字。**今按**：召謂汝南郡陵縣，四庫本作"召謂汝南邵陵縣"。
④ 【校】切印，鉉作"竊印"。**今按**：四庫本作"竊印"。
⑤ 【校】"召陵萬歲里"以下當提行別書。**今按**：原接排。所分段乃今整理者所爲。
⑥ **今按**：之化，《周易·繫辭》作"知化"。四庫本作"知化"。
⑦ 【校】不空，或作"不妄"。
⑧ 【校】蚰蚉，當作"蚰蟲"。**今按**：四庫本作"蚰蟲"。
⑨ 【校】"今《説文》作十三萬"七字當爲小字旁注，上當補"臣次立按"四字。

教小黃門孟生、李喜等，以文字未定，未奏上。今慎已病，遣臣齎詣闕。慎又學《孝經》孔氏古文說。古文《孝經》者，孝昭帝時魯國三老所獻，建武時給事中議郎衞宏所校。皆口傳，官無其說，謹譔具一篇并上。**臣鍇按：**《後漢書》：杜林嘗得古文漆書《尚書》，後以傳衞宏及徐巡，慎又從宏受也。

臣誠惶誠恐，頓首頓首，死皋死皋。臨首再拜，以聞皇帝陛下。

建光元年九月己亥朔，二十日戊午上。**臣鍇曰：**建光元年，漢安帝之十五年，歲在辛酉也。

召上書者汝南許沖，詣左掖門外。會令并齎所上書。十月十九日，中黃門饒喜，以詔書賜召陵公乘許沖布四十匹，即日受詔朱雀掖門。敕勿謝。

說文解字部敘卷第三十一

繫傳三十一 ①

一　天地之始也，一气之化也，
　　天先成而地後定。天者，
　　上也，故次之以

上　在上者莫若天。二 古文上字。
　　垂三光以示人，故次之以

示　□者三光也 ②，故次之以

三　通三才而後爲王，故次之
　　以

王　王者，君子所以比德也，
　　天地之精也，王者所服用
　　也，故次之以

一　天地之始也，一气之化
　　也，天先成而地後定。天
　　者，上也，故次之以

上　在上者莫若天，垂三光以
　　示人，故次之以

示　小者三光也，故次之以

三　通三才而後爲王，故次之
　　以

王　玉者，君子所比德也，天
　　地之精也，王者所服用
　　也，故次之以

----

① 【校】繫傳三十一，當作“部敘上”。○按：此卷及下卷譌舛特甚，有倒次，有脫部，有攙越。疑此《部敘》兩篇本非楚金所爲，乃次立等傅會《繫傳》之名而增竄。不知楚金命名之意在條繫通言，不必妄擬聖人《序卦》也，故其説多支離。然相承已久，姑用趙氏宧光本刪正附録，俾學者不致淆惑。至臥、身、冃、衣四部，書中列“重”後“裘”前，此列“尾”下“履”上，爲唐本舊次，或楚金本然，而次立依鉉移置也。又面、丏、首、縣四部，書中不誤，而《部敘》脫丏部，倒置首、縣，今正之。又睪、富、克、录，書中與鉉倒易，而《部敘》則同鉉，蓋屬鈔寫之譌。○葉口“部敘一”當作“部敘三十三”。今按：此卷及下卷《校勘記》與原文分欄對列，原文在左，校文在右。

② 今按：闕文，四部叢刊本、四庫本作“示”。

王　玉雙爲珏，故次之以

玨　山澤以出气，山澤之精，玉石以出也，故次之以

气　气象陶烝，人事以成，故次之以

士　士，事也，不可不一，道心惟微，故次之以

丨　丨，一也，自丨而起者中，故次之以

屮　中，艸之初也，故次之以

艸　艸之深爲蓐，故次之以

蓐　蓐之廣博爲茻，故次之以

茻　三者皆中之屬也。丨初分爲小，小才可分也，故次之以

小　八實分之，故次之以

八　采，分之明也，故次之以

采 音瓣　分者半也，故次之以

半　牲之大而分者莫若牛，故次之以

牛　犛，牛之屬也，故次之以

犛　牛勞則善仰而告人，故次之以

告　告必以口，故次之以

王　玉雙爲珏，故次之以

玨　玉者，山澤之精，山澤以出气，故次之以

气　气象陶烝，人事以成，故次之以

士　士，事也，不可不一，故次之以

丨　丨，一也，自丨而起者中，故次之以

屮　中，艸之初也，故次之以

艸　艸之深爲蓐，故次之以

蓐　蓐之廣博爲茻，故次之以

茻　三者皆中之屬也。丨初分爲小，故次之以

小　小之分，八實分之，故次之以

八　采，分之明也，故次之以

采　分者半也，故次之以

半　牲之大而可分者莫若牛，故次之以

牛　犛，牛之屬也，故次之以

犛　牛勞則仰而告人，故次之以

告　告必以口，故次之以

口開爲凵，故次之以

口犯反　開口而言必喧，故次之以

吅，哭聲也，故次之以

哭而亡之，故次之以

走必止，故次之以

止之刺撥，故次之以

音撥　止必安步，故次之以

步止於此，故次之以

止守此者居正也，故次之以

居正於是，故次之以

是而有行必慎，故次之以

辵，行且止也，慎者必安，故次之以

小安步也，安而引長之，故次之以

音引　引而有儀，有儀可觀，故次之以

丑僆反　延而後爲行，故次之以

窮下而上齒承之，故次之以

牙以齒屬，故次之以

口開爲凵，故次之以

開口而言必喧，故次之以

喧，哭聲也，故次之以

凡民有喪，匍匐救之，故次之以

走必止，故次之以

止必刺撥，故次之以

刺撥而節以安步，故次之以

步止于此，故次之以

止乎此者居正也，故次之以

居正則是，故次之以

是而有行必慎，故次之以

辵，行且止也，慎則安，故次之以

彳，小安步也，安而引長之，故次之以

引而有儀可觀，故次之以

延而後爲行，故次之以

窮下者必反上，齒承止，故次之以

牙亦齒屬，故次之以

𤝀 足亦止也，故次之以	𤝀 足亦承止也，故次之以
疋 古文足爲疋，故次之以	疋 古文疋爲足，故次之以
疋 _{雅、所二音} 疋亦疏也，疏通者必品之，故次之以	疋 疋亦疏也，疏通者必品之，故次之以
品 品，三竅也，故次之以	品 品，三竅也，故次之以
侖 册亦編竹，故次之以	侖 侖，編竹似册，故次之以
冊 册言之眾，故次之以	冊 册書之言眾，故次之以
㗊 _{音戢} 戢多言之，窮必卷舌，故次之以	㗊 言窮必卷舌，故次之以
舌 舌干口，故次之以	舌 舌干口，故次之以
干 干而谷，故次之以	干 干口則谷生，故次之以
谷 _{渠卻反} 欠口上上戇理也①。語必餘聲，故次之以	谷 谷，口上戇理也。口語有餘聲，故次之以
只 只，止而餘聲也。止則訥，故次之以	只 只，止而餘聲也。止則訥，故次之以
卨 止而訥者，言之句也，故次之以	卨 止而訥者，言之句也，故次之以
句 句之相糾也，故次之以	句 句又相糾也，故次之以
丩 _{己周反} 言相傳爲古，故次之以	丩 句相傳爲古，故次之以
古 古，積久也，故次之以	古 古，十口所傳也，故次之以
十 十之變爲	十 次之以

① **今按**：欠，四部叢刊本、四庫本作"谷"。

卅	所傳而積久者言也，故次之以	卅	卅，十之積也。傳而積久者言也，故次之以
䇀	二言必竞，故次之以	䇀	二言必競，故次之以
䚻	聲成文曰音，故次之以	䚻	聲成文曰音，故次之以
䇂	多言慎於愆，故次之以	䇂	多言慎愆，故次之以
辛	辛，愆也。艸之嶽丵猥出似辛，故次之以	辛	辛，愆也。艸之嶽丵猥出似辛，故次之以
丵	丵必猥叢，故次之以	丵	丵必猥叢，故次之以
叢	叢之眾猥必有廾，故次之以	叢	叢之眾猥必有収，故次之以
廾	或廾之，或㣇之，故次之以	廾	或拱之，或攀之，故次之以
㣇	之謂共，故次之以	㣇	拱攀相共，故次之以
芔	共者，合異謀，故次之以	芔	共合異謀，故次之以
異	矯異爲同，眾共力也，故次之以	異	矯異爲同，眾共力也，故次之以
舁	舁者臼之，故次之以	舁	次之以
臼	臼者，敬敕持之也。昧旦不顯，故次之以	臼	臼者，敬敕持之也。昧旦不顯，故次之以
晨	晨而炊，故次之以	晨	晨而炊，故次之以
爨	爨而新，故次之以	爨	爨，革故而取新，故次之以
革	爨新以鬲，故次之以	革	爨必以鬲，故次之以

鬲 鬲而烹飪，故次之以	鬲 次之以
鬻 力石反 和飪以爪，故次之以	鬻 鬻，以鬲和飪也，和飪以爪，故次之以
爪 爪所以戟持，故次之以	爪 爪所以撠持，故次之以
鬥 音戟 乱而不已必鬪，故次之以	鬥 乱而不已必鬥，故次之以
又 丁候反 能解爭者以一，一而有制，故次之以	又 能解爭者以手，故次之以
彐 又必有所佐，故次之以	彐 又必有左，故次之以
𠂇 左右以供史也，故次之以	𠂇 左右有史，故次之以
史 史，忠正也，中必有支，故次之以	史 史，手持中也，手持者不一，故次之以
支 手敏爲聿，故次之以	支 次之以
聿 敏於手者筆，故次之以	聿 聿持巾，支持竹，竹可爲筆，故次之以
聿 聿，筆也。筆所以規畫，故次之以	聿 聿，筆也。筆以規畫，故次之以
畫 畫界以相及，故次之以	畫 畫界相及，故次之以
隶 隶，及也。規畫所及以爲堅久也，故次之以口開反[1]	隶 隶，及也。規畫所及以爲堅久也，故次之以
臤 臤，堅。堅以事君曰臣，故曰臣堅也，故次之以	臤 臤，堅也。堅以事君曰臣，故次之以

---

[1] 今按："臤"篆反切誤倒置於字前，四部叢刊本不誤，四庫本無反切。

臣 臣必有所執，故次之以

弖 殳以示殺，故次之以

殺 殺之字從殳，殳從乚。王者三驅示殺，託於驅禽，故次之以

乚 音殊 几，鳥也。驅有法度，故次之以

寸 寸，法度也。皮革之飭以示法度，故次之以

段 柔韋曰鞄，故次之以

鬲 所以治者以攴，故次之以

攴 攴作教刑，故次之以

敎 卜筮，神以教民也，故曰爻效也。效，教也，故次之以

卜 卜而從乃可用，故次之以

用 爻以情言，故次之以

爻 爻，交也。交之積，故次之以

爻爻 力尒反 明而使人，故次之以

夏 夏，舉目使人也。目而使人，故次之以

目 左右察之，故次之以

臣 臣必有所執，故次之以

弖 殳以示殺，故次之以

殺 殺從殳，殳從几。王者三驅示殺，託於驅禽，故次之以

乚 几，鳥也。驅有法度，故次之以

寸 寸，法度也。皮革之飾以示法度，故次之以

段 柔皮曰鞄，故次之以

鬲 所以治皮者攴，故次之以

攴 攴作教刑，故次之以

敎 卜筮，神以教民也，故次之以

卜 卜而從乃可用，故次之以

用 用相交，故次之以

爻 次之以

爻爻 爻，交也；爻爻，爻之積也。物交則不明，不明不可以使人，故次之以

夏 夏，舉目使人也，故次之以

目 目左右察，故次之以

明	目之飭以眉，故次之以	明	目之飾以眉，故次之以
眉	所以蔽眉目者盾，故次之以	眉	所以蔽眉目者盾，故次之以
盾	盾亦通蔽眉、目、鼻，故次之以	盾	盾亦通蔽眉、目、鼻，故次之以
白	白亦自也，故次之以	自	自，鼻也；白亦自也，故次之以
白		白	次之以
	鼻，百出於白也。皕，二百也。故次之以	鼻	百出於白也，二百爲皕，故次之以
皕	鳥之習飛以气；白，气所由出也，故次之以	皕	鳥之習飛以气；鼻，气所由出也，故次之以
習	習而戲之，鳥之所以飛也。鳥之自戲習者羽，故次之以	習	習而戲之，鳥之所以飛也，習飛以羽，故次之以
羽	有羽者隹，故次之以	羽	羽短者隹，故次之以
隹	隹喜自奮，故次之以	隹	隹喜自奮，故次之以
奞	有角而奮者萑，故次之以	奞	有角而奮者萑，故次之以
萑	萑所以異者角，故次之以	萑	萑有毛角，故次之以
丫	丫，角也。目之角戾爲首，故次之以	丫	丫，角乖戾也，目戾爲首，故次之以
首 木音	獸之美角者羊，故次之以	首	角戾者羊，故次之以
羊	羊之臭羴，故次之以	羊	羊之臭羴，故次之以
羴 膻同	鳥之角鷹，鷹似於羊也，故次之以	羴	鳥有角鷹，能攫羊，故次之以

瞿 瞿，鷹隼之視也。鳥雙爲雔，故次之以

雔 音讎 鳥之群爲雥，故次之以

雥 音雜 鳥即隹也，故次之以

鳥 鳥，鳥之異者，故次之以

烏 烏之言雜，雜久必弃之，故次之以

華 音般 華，所以弃也，華除，然後交材以構，故次之以

冓 冓者，初也，故次之以

幺 幺而微，故次之以

幺幺 音幽 丝，小也，小謹爲叀，故次之以

叀 音專 幽而微爲玄，故次之以

玄 微而相成，亦相予而相承，故次之以

予 受予者多者逐，故次之以

放 放者，落也，故次之以

受 平表反 落必殘，故次之以

歺 音殘 歺而歹，故次之以

歹 歹者，死也，故次之以

冎 肉去則爲冎，故次之以

骨 冎而後骨，故次之以

瞿 瞿，鷹隼之視也，鳥雙爲雔，故次之以

雔 鳥群爲雥，故次之以

雥 次之以

鳥 鳥，鳥之屬，故次之以

烏 鳥鳥言雜，人將棄之，故次之以

華 華，所以棄也，除不材然後積材，故次之以

冓 冓者，始事也，事始於小，故次之以

幺 幺亦微也，故次之以

幺幺 丝，小也，小謹爲叀，故次之以

叀 謹則深遠，故次之以

玄 深遠之意可以相推予，故次之以

予 予而奪之，故次之以

放 放者，落也，故次之以

受 落必殘，故次之以

歺 歺而歹，故次之以

歹 歹者，死也，故次之以

冎 歹則肉銷，故次之以

骨 冎而後見骨，故次之以

骨　骨，肉之覈也，故次之以

肉　肉必有筋，故次之以

筋　筋，肉藏也，割藏以刀，故次之以

刀　刀以刃，故次之以

刃　刃所以爲功，韧，巧也，故次之以

韧 格八反　刀以斷艸，故次之以

丰 去械反　丰，艸之散亂也。耒所以耕，耕去艸，故次之以

耒　耒，曲木也。角亦曲骨也，故次之以

角　骨之堅者爲角，艸之堅者爲竹，故次之以

竹　竹以爲箕，故次之以

箕　丌，所薦也。故次之以

丌　箕薦所以佐，故次之以

左　左，然後有所爲，故次之以

工　欲知其工，必展視之，故次之以

珡 音展　珡，展也。巫者，虛無也，嫌其無規榘，故次之以

骨　骨，肉之覈也，故次之以

肉　束肉者筋，故次之以

筋　筋，肉藏也，割藏以刀，故次之以

刀　刀有刃，故次之以

刃　運刃以巧，韧，巧也，故次之以

韧　韧，以刀斷艸，故次之以

丰　丰，艸之散亂也。散亂者未除之，故次之以

耒　耒，曲木也；角，曲骨也，故次之以

角　骨堅者角，艸堅者竹，故次之以

竹　竹以爲箕，故次之以

箕　箕以盛物，丌以薦物，故次之以

丌　有基成於佐助，故次之以

左　得左然後有爲，故次之以

工　欲知其工，必展視之，故次之以

珡　珡，展也，展視不可誣，故次之以

工，規榘也。甘者美也，美而無守則亂，工一所守，故次之以

含道以言，故次之以

曰，言也。其言也詝，故次之以

乃，難言之也。乃而聲曲，故次之以

丂，曲也。曲必舒可，故次之以

可必有所稽，故次之以

兮，稽也。稽而遲留，留必舒，舒必形於聲，故次之以

号必舒，故次之以

于，舒也。言所以通旨，故次之以

旨通必喜，故次之以

喜而飾之以樂，故次之以

音駐　豆，樂也。樂之聞者莫若鼓，故次之以

師有功則豈樂，故次之以

巫，虛無也；虛無，道也。守道以一，故次之以

甘，口含一也，含道以爲言，故次之以

其言也詝，故次之以

乃，言之難也，難言則聲曲，故次之以

丂，曲也。曲必舒，故次之以

可必有所稽，故次之以

兮，稽也。稽遲而放聲必大，故次之以

号而後舒其气，故次之以

气平而言則旨遠，故次之以

旨，甘也，得甘必喜，故次之以

飾喜以樂，故次之以

豆，樂也。和樂以鼓，故次之以

擊鼓以奏豈樂，故次之以

豈，愷也。飲至以豆，故次之以

豆行豐，故次之以

豐尚豐，故次之以

器以匋，故次之以

盧，陶器，必文之，故次之以

音呼 虍，虎文也。獸之文者虎，故次之以

虎怒爲虤，故次之以

音顏 虎以飾彝器，故次之以

皿以稟於凵，故次之以

音袪 凵，去也。故次之以

去，相違也。相違則爭，爭必傷，傷則血，故次之以

血明白而箸也，故次之以

竹甫反 丶，箸也。丶之明者莫若丹，故次之以

丹而青，故次之以

青丹之不可移也若井，故次之以

井以供烹餁，故次之以

皮立反，又音香 皀，粒也。粒以爲皀，故次之以

豈旋飲至以豆，故次之以

豆行豐，故次之以

豐尚豐，故次之以

器尚陶匏，故次之以

盧，陶器，必文以飾，故次之以

虍，虎文也，故次之以

虎怒爲虤，故次之以

虎以飾彝器，故次之以

皿稟於厶，故次之以

厶，去也。故次之以

去，相違也。相違而爭必傷，傷則血出，故次之以

血流而注，故次之以

丶 血注色丹，故次之以

丹黫而青，故次之以

丹青之不可移也若井，故次之以

井以供烹餁，故次之以

皀，粒也。粒以爲皀，故次之以

𩚁，食類也，故次之以	粒以爲食，故次之以
食合眾者，故次之以	食合眾，故次之以
亼 音集　亼，合也；合，會也。故次之以	亼，合會也，故次之以
會而斂之曰倉，故次之以	會斂者倉，故次之以
倉主入，故次之以	倉主入，故次之以
入於缶，故次之以	出倉入缶，故次之以
矢亦所以主入，故次之以	矢亦主入，故次之以
矢及高迴，故次之以	矢及高，故次之以
山昌之高在於冂，故次之以	高遠者冂，故次之以
冂 冂字　在亶之外，故次之以	冂在郭外，故次之以
亯 音郭　京爲高丘，鄣之外也，故次之以	郭外高邱曰京，故次之以
高所以享，故次之以	王者京師受天下享獻，故次之以
亯 許丈反　亯必滿，故次之以	所享者滿而厚，故次之以
畗，滿也。滿厚，故次之以	次之以
𣆓 厚字　厚者斂而取之，故次之以	厚者斂而取之，故次之以
㐭 廩字　廩而受之，故次之以	廩而愛之，故次之以
嗇必有來，故次之以	嗇愛其來，故次之以
來，麥也。故次之以	來，麥也，故次之以

麥	周所降麥，天所來也，來若有行，故次之以	麥	周受天瑞麥，若行來也，故次之以
夊	夊，行遲也，遲而相背爲舛，故次之以	夊	夊，行遲也，夊而相背爲舛，故次之以
舛	艸之蔓延相背舞，故次之以	舛	艸之蔓延相舛者舞，故次之以
舞	相背者韋也，故次之以	舞	舛背者違也，故次之以
韋	韋，違也。制韋而次弟之，故次之以	韋	韋，違也。制韋有次弟，故次之以
弟	弟者，自後至也，故次之以	弟	弟自後至，故次之以
夂 竹几反	夂，在後也，有所致必夂，故次之以	夂	夂，在後也，有所致必夂，故次之以
久	違而久者礫也，故次之以	久	久違者礫之，故次之以
桀	桀，礫也。桀於木，故次之以	桀	桀，礫也。桀於木，故次之以
木	木生於東，故次之以	木	木生於東，故次之以
東	林，木之漸也，故次之以	東	林，木之盛也，故次之以
林	林以生材，故次之以	林	林生材，故次之以
才	才，木也。木之大者，海之若木焉，故次之以	才	才，小木也。木大者有若木，故次之以
叒 音若	木長有所之，故次之以	叒	若木亦有初生之時，故次之以
之	之者必反，反而帀，故次之以	之	反之爲帀，故次之以

币而復出，故次之以	币而復出，故次之以
艸木之出宋然而盛，故次之以	出則宋然而生气盛，故次之以
方末反　宋，生也，故次之以	次之以
葉出毛然翹出，故次之以	生气見於葉，故次之以
音讟　翹而垂，故次之以	葉生而烝，故次之以
垂者，艸木之華也，故次之以	芎亦烝者，故次之以
	次之以
木頭曲爲禾，故次之以	華重則木頭曲，故次之以
音稽　曲而稽留，故次之以	曲而稽留，故次之以
木之多曲者鳥所依，故次之以	木之多曲者鳥所依，故次之以
禾，木之類枲也，故次之以	鳥巢必茂林，枲林最茂，故次之以
木可用而束之，故次之以	林茂可束爲薪，故次之以
圂而束之，故次之以	次之以
橐，口之也，故次之以	橐亦圍束之也，故次之以
音韋　口而數之，故次之以	圍而數之，故次之以
物之庶者貝，故次之以	數之繁者貝，故次之以
邑有名數也，故次之以	邑之名亦繁數也，故次之以
兩邑相對，故次之以	兩邑相對，故次之以
音巷　物圜爲日，日，亦物也，故次之以	物之無兩者日，故次之以

日 日盛於旦，故次之以	日 日盛於旦，故次之以
旦 旦而光盛，故次之以	旦 旦而光盛，故次之以
倝 _{音幹} 倝，光盛也。光之流倨蹇，故次之以	倝 倝，光盛而流散，故次之以
㫃 _{音偃} 光盛則莫，故次之以	㫃 光散盡則冥，故次之以
冥 冥往則旦來，故次之以	冥 冥往則旦來，故次之以
晶 晶退而月繼，故次之以	晶 晶退而月繼之，故次之以
月 日月有食之，故次之以	月 日月有食之，故次之以
明 食必明，故次之以	明 食無損於明，故次之以
朙 明而夕，故次之以	朙 次之以
	囧 囧亦明也，明而夕，故次之以
夕 重夕爲多矣，故次之以	夕 重夕爲多，故次之以
多 日月避而其照逼也，多區而其气同也，故次之以	多 日月往來，始終通貫，故次之以
毌 艸木之成實者華ㄅ也，故次之以	毌 貫以函物，相積而ㄅㄅ然，故次之以
ㄅ _{音含} ㄅ之連累，故次之以	ㄅ ㄅ必連累，故次之以
東 _{呼南反} 東之結爲卤，故次之以	東 東之結爲卤，故次之以
卤 _{音咅} 禾麥之實先後必齊，故次之以	卤 卤實上齊，故次之以
齊 木之長齊，其剌均也，故次之以	齊 木齊而其剌均也，故次之以
朿 _{音刺} 木判之爲片，故次之以	朿 均而判之爲片，故次之以

片	析薪以灼，故次之以	片	析薪以灼，故次之以
鼎	鼏之鼎器之銘刻也，故次之以	鼎	鼎，器之銘刻也，故次之以
亯	克，刻也，成而录录然，故次之以	亯	克，刻也，刻而录录然，故次之以
彔	器成而食，故次之以	彔	录录而茂者禾也，故次之以
禾	禾之生必匀，故次之以	禾	禾之生必匀，故次之以
秝	秝，等匀也。禾之黏，黍，故次之以	秝	秝，等匀也。禾屬之黏者黍，故次之以
黍	黍稷馨香，故次之以	黍	黍稷馨香，故次之以
香	穀之精爲米，故次之以	香	穀之精爲米，故次之以
米	米而舂之，故次之以	米	米而舂之，故次之以
毇 音毀	穀以臼，故次之以	毇	穀以臼，故次之以
臼	地之陷者凶，故次之以	臼	臼，陷地，地陷則凶，故次之以
凶	凶，惡地也。地惡不理以埶麻，故次之以	凶	凶，惡地也。地惡不理以埶麻，故次之以
朮	朮，枲也，故次之以	朮	朮，剥枲也，故次之以
林 匹賣反	已理者爲麻，故次之以	林	未治爲朮，已治爲麻，故次之以
麻	枲，麻之屬也，故次之以	麻	枲，麻屬也，故次之以
尗	禾黍麻尗之屬，實在其耑，故次之以	尗	禾黍麻尗之屬，實在其耑，故次之以

耑之盛者韭，故次之以	耑之盛者韭，故次之以
盛而蔓者瓜，故次之以	盛而蔓者瓜，故次之以
瓠，匏瓜也，故次之以	瓠，匏瓜也，故次之以
瓠者亦施于宇，故次之以	瓠施于宇，故次之以
音緜　宀，深屋也，故次之以	宀，深屋也，故次之以
宫，律吕之中也，故次之以	宫，律吕之中也，故次之以
古者陶居而穴處，蕢桴而土鼓，故次之以	古者陶居而穴處，蕢桴而土鼓，故次之以
居深而寢安必㝱，故次之以	居深而寢安必㝱，故次之以
寢而安必有所倚，故次之以	寢而安必有所倚，故次之以
女戹反　或倚之，或覆之，故次之以	或倚之，而或覆之，故次之以
重覆之，故次之以	重覆之，故次之以
莫保反　冃者，所以冒首，故次之以	冃所以冒首，故次之以
兩者兼冒也，故次之以	冃者兼冒也，故次之以
网而襾覆之，故次之以	兩目相積者网，故次之以
	网以覆物，故次之以
火嫁反　所以覆者巾，故次之以	所以覆者巾，故次之以

巿　巿似巾而蔽膝者巿，故次
　　之以

巿 方勿反　帛爲巿，故次之以

帗　白帛之敝，故次之以

黹　㒼而黹之，故次之以

黹 音致

巿　巿似巾，故次之以

巿　巿以帛，故次之以

帗　帛色白，故次之以

白　白帛易敝，故次之以

黹　㒼而黹之，故次之以

黹

說文解字部敘卷第三十二

繫傳三十二①

文林郎守祕書省校書郎臣徐鍇撰

𠥓	人，天成地平，人生其閒，盈天地之閒惟人，人久則七，故次之以	𠥓	天成地平，人生其閒，故以象其形。人有變化，故次之以
𠤎	七而比之，久而不遺也，故次之以	𠤎	人相比敘，故次之以
𠤏	七比而相從，故次之以	𠤏	比而相從，故次之以
𠤢	反道相從爲比，故次之以	𠤢	次之以
𠈌	有比必有背，故次之以	𠈌	反道而比必相背，故次之以
𠓜	北，背也。背而求眾，故次之以	𠓜	北，背也。背而求眾，故次之以
𠂤 牛金反	似，眾也。眾依於丘，故次之以	𠂤	似，眾也。眾依於邱，故次之以
𠀠	丘，土之厚也，故次之以	𠀠	邱，土之厚也，故次之以
壬	壬者厚也，故次之以	壬	壬者厚也，故次之以

---

① 【校】繫傳三十二，當作"部敘下"。

褢 裹，衣之重也，故次之以

褻 童子不衣裘，故次之以

耂 老則毛髮先變，故次之以

毛 毳，細毛也，故次之以

毳 尸者毛所主也，故次之以

尸 尸者身也，以身爲尺度，故次之以

尺 尾，尸之後，故次之以

尾 寢不尸，故次之以

臥 臥以安身，故次之以

身 反身必有依，故次之以

<ruby>㐆<rt>音依</rt></ruby> 衣者身之飾，故次之以

衣 衣所以明禮，故次之以

履 履，禮也。履所以載人，故次之以

舟 大夫方舟，故次之以

方 舟在人之下，儿亦在下，故次之以

<ruby>化<rt>奇字人也</rt></ruby> 兄以口教其下，故次之以

兄 先，人所以飾也，故次之以

<ruby>先<rt>簮字</rt></ruby> 兂所以爲容，故次之以

兂 兂所以蔽兒，故次之以

褢 裹，衣之重也，故次之以

褻 童子不衣裘，故次之以

耂 老則毛髮先變，故次之以

毛 次之以

毳 尸者毛所傅也，故次之以

尸 尸者身也，身爲度，故次之以

尺 尾在尸後，故次之以

尾 寢不尸，故次之以

臥 臥以安身，故次之以

身 反身必有依，故次之以

㐆 衣者身所依，故次之以

衣 衣所以明禮，故次之以

履 履，禮也。履以載人象舟，故次之以

舟 大夫方舟，故次之以

方 方亦仁術也，故次之以

化 仁人所以長人，故次之以

兄 簮，人之上飾也，故次之以

先 簮所以爲容，故次之以

兂 蔽兒爲兂，故次之以

音古　擁蔽者有先也，故次之以	擁蔽者在前，故次之以
先者勞，故次之以	先者勞，故次之以
禿者有所見，故次之以	禿見於兒，故次之以
覞，並見也，故次之以	覞，並見也，故次之以
戈石反①　見而欲之，故次之以	見而欲之，故次之以
渴而飲。渴，欠也，故次之以	渴所欲者歙，故次之以
飲而次，故次之以	歙而次，故次之以
疾延反　歙食急而逆，故次之以	歙食急則气逆，故次之以
音既　充而頦其首，故次之以	气逆而頦其首，故次之以
音韻　百面俱首也，故次之以	百亦首也，故次之以
首，故次之以	首有面，故次之以
鳥之逆者梟其首，故次之以	面有擁蔽，故次之以
	面蔽必見其首，故次之以
公幺反　故次之以	不順者梟其首，故次之以
故次之以	首面有須，故次之以
須者，面之飾，故次之以	須爲面飾，故次之以
彡，飾也。羽旄，文事也，故次之以	彡，飾也。羽旄，文飾也，故次之以
	次之以

① 今按:《廣韻》弋照切，云母笑韻，四庫本弋召反，疑"戈石"乃"弋召"之誤。

彡 羽旄之髟，故次之以	彡 文飾彡彡然，故次之以
彣 備天下之飾者后，故次之以	彣 備飾者后，故次之以
后 后出令於内，臣司政於外，故次之以	后 后出令於内，臣司政於外，故次之以
司 臣節其政，卮節其酒，故次之以	司 臣節其政，卮節其酒，故次之以
卮 卮所以節，故次之以	卮 次之以
卩 印亦節制，故次之以	卩 印以節制，故次之以
印 人之節制在於容色，故次之以	印 人之節制在容色，故次之以
色 節而放之，故次之以	色 正色以制事，故次之以
卯 音卿　卯所以立法，故次之以	卯 卯以立法，故次之以
辟 法所以包束人也，故次之以	辟 法所以包并萬事，故次之以
勹 音包　勹，包也，故次之以	勹 次之以
包 包束之必亟，故次之以	包 包并萬事必敬，故次之以
苟 音亟　苟，敬也，敬近於事鬼，故次之以	苟 苟，敬也，敬以事鬼神，故次之以
鬼 鬼者，狀仿佛而私，故次之以	鬼 鬼狀仿佛而私，故次之以
甶 音弗　故次之以	甶 次之以
厶 音私　仿佛者景鬼然，故次之以	厶 仿佛者景鬼然，故次之以

嵬 嵬然而高者山，故次之以

山 故次之以

屾（音詵） 山屵然而高，故次之以

屵（音梼） 屵，山岸也，依山而居，故次之以

广 故次之以

厂 旁巖而居者，其地反仄，故次之以

厃 反仄而危，故次之以

石 形危者石，故次之以

長 石之久也，故次之以

勿 長而動搖者勿，故次之以

冄 勿，旗也，動而冄弱，故次之以

而 冄冄者人之鬣，故次之以

豕 而，鬚也，畜之多而鬣者豕，故次之以

希 希，其屬也，故次之以

彑（音悌） 豕之屬鼻卷，故次之以

彑（己例反） 豕性爲豚，故次之以

豚（豚字） 獸之長脊似於豚，故次之以

豸 豸，强獸也。獸之强者兕，故次之以

嵬 嵬然而高者山，故次之以

山 次之以

屾 山屵然而高，故次之以

屵 屵，山岸也，山岸可依居，故次之以

广 次之以

厂 旁巖而居，其地反仄，故次之以

厃 反仄者危，故次之以

石 形之危者石，故次之以

長 石堅耐久，故次之以

勿 長而動搖者勿，故次之以

冄 勿，旗也，旗動冄弱，故次之以

而 冄冄者人之鬣，故次之以

豕 而，鬚也，罟之多而鬣者豕，故次之以

希 希，豕屬也，故次之以

彑 豕之屬鼻卷，故次之以

彑 豕牲爲豚，故次之以

豚 獸之長脊者豕，故次之以

豸 豸，强獸也，兕亦强，故次之以

兕，野獸也，蟲獸之畏人者虒易，故次之以

野獸之大者象，故次之以

象者，大可像也。馬亦大獸也，故次之以

獸之神者廌，故次之以

鹿亦旅行群食，義獸也，故次之以

鹿之群行爲麤，故次之以

獸之善走兔，故次之以

丑略反　兔，兔屬也，故次之以

獸之以兔者萈，故次之以

音桓　萈善走，犬亦善走，故次之以

犬好爭，故次之以

魚斤反　犬以捕獸，獸之穴者鼠，故次之以

獸之强者能；能，熊之屬也，熊屬穴居，故次之以

故次之以

熊，陽物也，熊熊然火之盛也，故次之以

兕，野獸也，蜥易生於野，故次之以

法蜥易以爲書則有象，故次之以

象者大獸，馬亦大獸，故次之以

獸之神者廌，故次之以

鹿旅行群食，義獸也，故次之以

鹿群行爲麤，故次之以

獸善走者兔，故次之以

兔，兔屬也，故次之以

獸之似兔者萈，故次之以

萈善走，犬亦善走，故次之以

犬好爭，故次之以

犬以捕獸，獸穴居者鼠，故次之以

獸之强者能；能，熊之屬也，熊亦穴居，故次之以

次之以

熊，陽物也，熊熊然火炎盛也，故次之以

灬	故次之以
炎	炎，煙所箸者黑，故次之以
黑	通黑者囪，故次之以
囪 窗字	煙火之㷥，故次之以
焱 弋劍反	故次之以
炎	故次之以
赤	火者光炎大也，故次之以
大	大，人形也，故次之以
亦	亦，人掖也，掖蚌而側，故次之以
夨 音側	矢者，夭矯也，故次之以
夭	夭相交，故次之以
交	脛劣而尢，故次之以
尢 音尩	尢者气不至於足也。气在腹不通若壺，故次之以
壺	壺者，中抑鬱，故次之以
壹	壹以防盜，故次之以
㚔 汝涉反	㚔，盜也，奢爲盜夸，故次之以
奢	奢必亢，故次之以
亢	亢進之以

灬	故次之以
炎	炎煙所箸者黑，故次之以
黑	通煙而黑者囪，故次之以
囪	火盛㷥生而熱，故次之以
焱	次之以
炎	次之以
赤	赤者火光大也，故次之以
大	大，人形也，故次之以
亦	亦，人掖也，掖蚌首側，故次之以
夨	矢者，夭矯也，故次之以
夭	夭相交，故次之以
交	脛劣而交，故次之以
尢	尢者轉側不定，壺，轉側器也，故次之以
壺	壺之中壹鬱，故次之以
壹	壹以防盜，故次之以
㚔	盜多囂張，故次之以
奢	奢必亢，故次之以
亢	亢而上進，故次之以

夲 音滔　夲，進也，進而不已必放，故次之以

夰 工皓反　放髟而大，故次之以

介 介，古文大也。夰亦人形，故次之以

夫 三十而立爲丈夫也，故次之以

竝 雙立爲竝，故次之以

兇 竝者會也，頭蓋所會爲囟，故次之以

囟 音信　囟，气所通也，故次之以

思 思生於心，故次之以

心 心生疑，故次之以

惢 才規反　惢，疑也，心大火也。火，水之妃也，故次之以

沝 二水，故次之以

瀕 音頻　人不得濟而頻，故次之以

巛 水始於微，故次之以

乁 畎字　漸而之澮，故次之以

巜 澮字　濬畎澮距川，故次之以

夲，進也，進而不已必放，故次之以

放傲者自大，故次之以

大人爲丈夫，故次之以

三十而立爲丈夫，故次之以

雙立爲並，故次之以

並者會也，頭蓋之會爲囟，故次之以

囟，气所通也，故次之以

思通於心，故次之以

心生疑，故次之以

天象心爲大火。火，水妃也，故次之以

次之以

水深則不得濟而頻，故次之以

水始於微，故次之以

積畎爲澮，積澮爲川，故次之以

次之以

巛　出於山爲泉，故次之以

宋　故次之以

灥　音旬　長流爲永，故次之以

永　歧流分背爲辰，故次之以

派　匹賣反　水出於谷，故次之以

谷　山谷冰壯，故次之以

仌　水之烝液爲雨，故次之以

雨　雨而興雲，故次之以

雲　雲烝雨降魚生焉，故次之以

魚　故次之以

鱟　燕同尾，故次之以

燕　龍魚之長而能飛，故次之以

龍　故次之以

飛　故次之以

非　疾飛爲卂，故次之以

卂　飛卂者莫卂於乙，故次之以

乙　音軋　飛背而疾，若不復矣，故次之以

至　去必有所至，故次之以

巛　水源出於山爲泉，故次之以

宋　次之以

灥　長流爲永，故次之以

永　衺流爲辰，故次之以

派　水注谷，故次之以

谷　山谷冰壯，故次之以

仌　冰之烝液爲雨，故次之以

雨　雨自雲下，故次之以

雲　雲烝雨降而魚生，故次之以

魚　次之以

鱟　魚、燕同尾，故次之以

燕　喜嗜燕者龍，故次之以

龍　龍能飛，故次之以

飛　次之以

非　非，飛象也，疾飛爲卂，故次之以

卂　飛卂者莫若馭，故次之以

乙　飛而去則不復，故次之以

至　去必有所至，故次之以

至而棲，故次之以

西方所食者鹵，故次之以

鹵所以爲鹽口^①，故次之以

鹽者門到而戶食之，故次之以

故次之以

耳者，人之門也，故次之以

臣，耳之輔也，故次之以

臣指相應，故次之以

手臂所連爲垂，故次之以

_{古淮反} 垂在人之後，人之後隨人者也。女亦隨人，故次之以

女以一自守，故次之以

_{音無} 民人之蒙暗民陰也，女亦陰也，故次之以

民閒則自放，故次之以

_{音天} 天天然自融曳，故次之以

亦右曳也，故次之以

至而棲，故次之以

西方所食者鹵，故次之以

鹵所以爲鹽，故次之以

鹽，戶食者也，故次之以

二戶爲門，故次之以

耳，納聽之門也，故次之以

臣，耳之輔也，故次之以

臣指相應，故次之以

手臂連於垂，故次之以

垂在人之後。女，隨人後者也，故次之以

女以一自守，故次之以

男女皆民也，故次之以

民閒則自放，故次之以

天天然自融曳，故次之以

厂而右曳，故次之以

---

① 今按：口，四部叢刊本爲闕文。

乁音怡　土之附山將陁落爲氏，陁乁也。

氏　也，故次之以

乏　陁必有所止，故次之以氏。戈者戟之平頭，所以抵，故次之以①

戈　戈，戈之主也，故次之以

𢦏音鐵　戈所執以主斷，我亦所執稱也，故次之以

我　鈎啄也，所以鈎制留止也，故次之以

亅巨月反　琴所以自禁心之散也，故次之以

琴　制放心者，所以自隱約，故次之以

乚音隱　能隱亡者，故次之以

亾　亡必有所褱挾，故次之以

匸音徯　匸，褱挾也，有所褱者器。器有規榘，故次之以

匚音方　方所以爲曲器，故次之以

甾　曲之屬爲㠯，故次之以

乁　土之附山摇曳而欲陊落者氏，故次之以

氏　陊必有所止，故次之以

乏　氏者抵也，戈戟所以抵禦，故次之以

戈　戈，戈類也，故次之以

𢦏　戈主斷，主斷在我，故次之以

我　主斷而鋒芒生，故次之以

亅　鋒芒必斂，琴以禁之，故次之以

琴　琴，制心於隱，故次之以

乚　隱者亡名，故次之以

亾　亡必有所褱挾，故次之以

匸　褱挾者器也，器有所受，故次之以

匚　方所以爲曲器，故次之以

甾　曲器爲甾，故次之以

---

① **今按**：四庫本"乁"下"陁乁也"作"故次之以"，"氏"下"也"作"陁必有所止"，"氏"下無"陁必"以下十字，可參。

甾 音甾　甾亦瓦器，故次之以

瓦之穹隆狀弓，故次之以

故次之以

弜 音强　故次之以

弦者系，故次之以

系 音系　系者糸也口①，故次之以

糸 音冪　糸以爲素，故次之以

素 素，糸也，故次之以

絲 絲以爲网，故次之以

率 率，网也，體攣然相牽率
者虫，故次之以

虫 音虺　蚰，眾蟲虫之總也，
故次之以

故次之以

風動蟲生，故次之以

它之旁轉若回風，故次之以

龜以它爲雄，故次之以

黽 黿廣腰似龜，故次之以

蟲之化，故次之以

卵孚化，地之性也。地數
二，故次之以

甾 甾，瓦器也，故次之以

瓦之穹隆似弓，故次之以

次之以

弓系弦而彊，故次之以

次之以

所以系者糸也，故次之以

二糸爲絲，絲色素，故次
之以

次之以

絲可爲網，故次之以

率然者，常山之蛇，虫屬
也，故次之以

虫，蚰蟲之一，故次之以

次之以

風動蟲生，故次之以

它之旁轉若回風，故次之以

龜以它爲雄，故次之以

黿廣腰似龜，故次之以

蟲以卵化，故次之以

卵孚化，地之性也。地數
二，故次之以

---

① 今按：口，四部叢刊本爲闕文。

二　二，土也，故次之以

土　土之高，故次之以

垚（音堯）　土之黏，故次之以

墆　垚，高土也；堇，卑土也。卑高雜可以居人，故次之以

里　故次之以

田　田相比，故次之以

畺（音彊）　田色黃，故次之以

黃　田者男之事也，故次之以

男　力於田，故次之以

劦　力尚協，故次之以

鑙（音叶）　金生於土，力而取之，故次之以

金　金從衡量，故次之以

开（音肩）　开，上平。平者不失於圭勺，故次之以

勺　几亦平，故次之以

几　且者几也，故次之以

且　斤在俎，故次之以

斤　斤與斗者皆權量也，故次之以

矛　矛所以守，故次之以

二　次之以

土　土積而高，故次之以

垚　土性黏，故次之以

墆　垚，高土；堇，卑土也。高卑雜可以居人養人，故次之以

里　次之以

田　田相比，故次之以

畺　土色黃，故次之以

黃　力田者男也，故次之以

男　次之以

劦　力尚協，故次之以

鑙　金生於土，力而取之，故次之以

金　金從衡量，故次之以

开　开，上平也。平者不失於圭勺，故次之以

勺　几亦平，故次之以

几　且者几也，故次之以

且　几成於斤，故次之以

斤　斤與斗皆權量也，故次之以

矛　矛亦斤屬，故次之以

矛，車所建也，故次之以

𠂤，車所陛。故次之以

𨸏 丁回反　故次之以

𨺅 兩𨸏中爲道，故次之以

𨺅 絫，土𨸏之屬也，故次之以

厽 音累　厽，三絫也，故次之以

四 宁，四尚圍宁也，故次之以

𠨎 宁連叕周之，故次之以

叕 連叕者相亞也，故次之以

亞 亞，交午也，故次之以

五 至於

内 内者，九也，故次之以

禸 内，獸迹也，故次之以

嘼 火又反　嘼亦有甲，故次之以

甲 至於

矛，車所建也，故次之以

車有所陛，故次之以

次之以

兩阜中爲道，故次之以

阜，絫土，故次之以

層絫積之，自三而四，故次之以

宁，四圍也，故次之以

宁而連叕之，故次之以

連叕者相亞也，故次之以

亞，交午也，故次之以

以

以

至於

九，曲屈也，獸迹屈曲象之，故次之以

内，獸迹也，故次之以

嘼亦有甲，故次之以

自甲次

次

次

次

至於

己	己藏詘，蛇之象，故次之以	己	己藏詘，蛇之象，故次之以
巴	有所藏者實也，故次之以	巴	有所藏者實也，故次之以
庚	庚，木實也，至於	庚	自庚次
		辛	兩辛爲
		辡	自辛次
		壬	以至於
癸癸字	十二辰以配日，故次之以	癸	十二辰以配日，故次之以
子	至於	子	子象⿺尢包未分，故次之以
		了	子道尚謹，故次之以
		孨	不謹者逆子也，故次之以
		𠫓	子次而
		丑	而寅、卯、辰、巳、午、未、申、
		酉	酉，酒也，酒掌於大酋，故次之以
		酋	物酋急則將滅，故次之以
		戌	滅而根荄復生，故終次
亥	終矣。	亥	終則有始也。

說文解字通論卷上第三十三

繫傳三十三①

文林郎守祕書省校書郎臣徐鍇撰

　　昔在太初，決鬱吁渝，若埴在範，若金在鑪。不嬹不圯②，實爲太始。水澤火熹，各與類期，上屬於天，下絫於祇③，聖人知之；物見其質，神示其情，聖人謀之。於是畫一以象道，一者，妙萬物而爲形者也。生二以象兩，二者，偶也，偶，次也。天實先成，地實次之，人生其閒，故二生三。三者，參也，天成地平，人參其閒，然後萬物形而禮義昭矣。《易》曰："天一，地二。"《老子》曰："天大，地大。"故於文，一大爲天，天之爲言顛也，無所與高也。不

　　地者，迆也。迆而高也，山岳也，丘陵也，墳衍也；迆而卑，皋隰也，汙潢也。故曰地有二形，高下平。故於文，土迆爲地，坤以簡能，故省之也④；迆亦聲也。地

　　天地之分，精气爲人，煩气爲蟲。故於文，蟲煩而人省也。《春秋穀梁》：子曰：獨陽不生，獨陰不成，獨天不生，陰陽人必三合而生。故於文，人爲三岐，上一而下二也。儿

---

① 【校】繫傳三十三，當作"通論上"。按：此《通論》三篇文本連屬，無庸別出大篆以閒阻其文義。況別出之篆多有不應其次者，宜與《類聚篇》同例，將篆文提標篇首，以下皆連綴書之。而於"故於文，一大爲不""土迆爲地"，不、地等字用小篆書於行中，不必跨行作大字，方與體例合。**今按**：四庫本作"通論上"；跨行大字之小篆置於各文字前，與底本正反。

② 【校】嬹，當作"觘"。

③ 【校】絫，當作"絫"。

④ 【校】故省之也，之，當作"乏"。

　　古者聖人仰觀象於天，俯取法於坤，故仰睎於天，三光下臨；_{謂文上人爲三。}俯察於地，山谷相交，陰陽相午。中則於人，强弱相成，剛柔相形。故於文，人乂爲文，故曰：經緯天地謂之文。𠔏

　　王者則天之明，因地之義，通人之情，丨_{音衮}而貫之。丨，一也，一以貫之。故於文，丨貫三爲王。丨者，居中也，皇極之道也。三者，天地人也，天曰柔克，地曰剛克，人曰正直。王者抑剛而法柔，體於正直，故王之位居中而高，三之中，王者之位也。上附者居中而高也。《詩》曰："載色載笑，匪怒伊教。"夫登山者必下瞭焉，在谷者必仰窺焉，地使之然也。王者，人中之高也，則天以臨民，故曰聖人之大寶曰位也。王

　　皇者，大也，始也。天地既開，始爲君曰皇。故文^①，王自爲皇，自，始也，始爲王也。皇之爲言煌，煌然放道而趨，率姓而行^②，自然有合於道也，民無得而名。若觀火焉，不測其薪燎之本，但見其煌煌而已。皇

　　帝者，諦也，審諦於道也，秉枀糶也。故《書》："曰若稽古帝堯。"古者皇也，言順考上古三皇之道而效之，故《書》曰："耄期倦于勤。"故於文，二朿爲帝。二，古上也，朿_{千賜反}聲也。朿者，刺也，審諦之物也。帝

　　王者，天下之所歸往也，爲君之義同而體道之名減也。君者，尹也，正也，長民之通稱也，天下之所取表正也。表正則影正，表曲則影曲，口以出令也。晉悼公曰："臣之求君以出令也。"舜曰："惟口出好興戎，朕言不再。"狎侮小人，罔以盡其力；狎侮君子，罔以盡其心。故於文，口尹爲君，慎其口也。君，群下之所歸往也，大王不忍鬬其民，獨身率妻子避狄於岐山，百姓曰："有君如是其賢也。"從之者如歸市。居之一年成邑，二年成都，三年五倍其初也。君　古文𠨢口爲君，象坐形也。爲君者必先知百姓之艱難，

──────────

① 【校】故文，當作"故於文"。
② 【校】率姓，當作"率性"。**今按**：四庫本作"率性"。

然後深居高視以圖民事也。《書》曰"台小子舊學于甘盤，既乃遯于荒野，入宅于河，自河徂亳"是也。非高不能察微，非靚不能慮難，非神不能威亂，故深居高視神之以圖民也。堯舜垂衣裳而天下治，孔子曰："恭己正南面而已。"故 𦣻 象南面垂衣之形也。𦣻 下其口者，慮民也。

后之言後也，繼體君也。《書》曰："嗣先人宅丕后。"《易》泰之象曰："后以財成天地之道，輔相天地之宜。"言物富然後有禮①，禮，履也。有禮然後安，故受以泰，泰然後財成。既富而教，必世而後仁之義也。后者，繼體君也。又姤象："后以施命，誥四方。"夫益而不已必夬。夬，決也，決必有所遇，天地相遇，后以施令，亦嗣君也。《書》曰"王享國百年，耄荒，度作刑以誥四方"是也②。《易》變而不窮也，至屯、剥之後，萬物始復，復則不妄，非繼體之象，故无妄之象曰："先王以茂對時育萬物。"此夏桀之後，湯始育民之象也。故曰：先王於文，一口厂爲后。口，發號也，一令出，惟行不惟反也。厂，垂衣之象，旁達之形。天子之妃曰后，后，後也，王前妃後也。古謂官長曰后，《書》曰"汝后稷"是也。故於文，后偏也。𠕋

君，官也，天生烝民，君實官之。君不能獨治，故設百官，唐虞稽古，建官惟百，夏商官倍，以至于周，千品萬官。故於文，宀𠂤爲官。𠂤，堆也。堆，衆𠂤也。山以衆𠂤成其高，君以衆官成其聖。宀，深屋③，萬乘之君，憂勞於廟堂之上，公卿高議於巖廊也。𡱭

日，實也，陽德也，君道也。天無二日，故於文，〇一爲日，〇者轉而不窮，員以利轉也，轉而不一，不可以訓，故從一也。〇

月者，闕也，虧闕也，亦所以補陽之闕也，陰德也，臣道也。陰不可抗於陽，臣不可敵於君。故於文，闕者爲月。日員而月方，其中畫縱順以從上也。上，陽也。周員爲君，君德徧也，德施普

---

① 【校】物富，當作"物畜"。今按：四部叢刊本作"物畜"。
② 【校】誥四方，誥，當作"詰"。
③ 【校】"深屋"下脱"也"字。

也。關者爲臣，才有關也，臣能集衆方以成德^①，故曰：翕受敷施，九德咸事；臣能盡衆才以裨於君，故曰：人之有能有爲，使羞其行，而國其昌。臣者，司君之關也。

君子曰：在天者莫明於日月，故於文，日月爲明。《書》曰："惟我文考，若日月之照臨，光于四海，顯于西土。"明或從囧，囧亦明也，日之狀也^②。

在地者莫明乎水火，故於文，水青爲清。青者，精也。道書曰："積精成青。"《書》曰^③："亮彼武王，肆伐大商，會朝清明。"天明地清也。

火在人上則能光，故於文，火儿爲 。儿者，人也，火在上也。《書》曰："光宅天下。"言其光充滿天下也。故古文廿火爲光。廿，共也。

清光皆明也，水火皆在地也，故曰：在地者莫明乎水火，在人者莫明乎禮義。故於文，示豊爲禮。示者，明示之也，示日月星也。又古祇字也。豊者，禮器也。禮之祕也難覩，故陳籩豆、設簠簋爲之，揖讓升降趨翔以示之。禮者，履也，道明示人則履行之。禮者，示也，故古兩君相見，陳禮樂以相示也。明則易見也。

義者，事之宜也。《孝經》曰："天之經也，地之義也。"經，常也。言天有常道，其气一也。地從宜而化之，萬物異形也。義者，明也。尚斷謂之善，則斷而從之，故於文，羊我爲義。羊者，美物也；羊，祥也。大夫有羔羊之德，君子有比^④。我者，己也。人言之，己斷之。又，我者，俄也，定於俄頃也。君子所貴于賢者，有立斷焉。其於五行也，禮在南方，南方火也。義在西方，西方金也。金，炯燿也。是以禮義皆明也，故曰：古人者莫明乎

---

① 【校】衆方，當作"衆才"。**今按：**四部叢刊本作"衆才"。
② 【校】日之狀，日，當作"月"。
③ 【校】《書》曰，當作"《詩》曰"。**今按：**今本《詩經·大明》"亮"作"涼"。
④ 【校】君子有比，當作"君子比之"。

禮義也①。義

仁者，人也，人之行也；仁者，親也，仁者兼愛，故於文，人
二爲仁。仁 二亦聲也。 古文尸二爲仁。尸 尸，屈也②，覆也，兼
覆二也。尸 古文千心爲仁。忎 唯仁者能服眾心也。

智者，知也，知者必有言，故於文，白知爲智。白者，詞言之
气也。知不窮，气亦不窮也。智

君子先行其言，然後從之。子路單辭可以折獄，古者胥命而不
盟。鸚狌能言，不離禽獸，言而不信，非爲人也。故於文，人言爲
信。信

或曰：仁智信，何以不明也？曰：仁者不尸其功，智者自晦其
迹。《莊子》曰：智生而無以智爲也。是謂以恬養智。臧武仲“作
不順而施不恕”，任智之過也。大信不約，亦不自顯也。禮難見欲，
民之深曉義者斷割也，不明則民不服。其於五行也，仁在東方，東
方木也。水柔而晦③，智在北方，北方水也。水，晦也。信在中央，
中央土，亦柔昧明在內也。道書曰《黃庭內景》，黃者，中庭也，
故禮義尚明，而仁、智、信尚晦也。

道者，蹈也，人所蹈也。一達謂之道，二達曰歧旁，三代之
所以直道而行也。故夏后太康之弟述大禹之戒以歌曰：“唯彼陶唐，
有此冀方，今失其道，亂其紀綱，乃底滅亡。”此禹遵陶唐之道
也；堯舜同道，堯曰稽古，推可知矣，此夏道也；箕子作《洪範》
曰：“無有作好，遵王之道……無反無側，王道正直。”此殷之道也；
《詩》曰：“周道如砥，其直如矢。”此周道也。左道者，衺僻之徑也。
直道必循川涂，衺徑越山，便而行利速也。直道夷而遠，安而逸，
心泰而無慮，風气舒緩，其所負荷也多；衺徑險而速，危而逼，心
惕而多畏，不有跋躓之懼，必有虎狼之患，風气擁迮，其所負荷也

①【校】古人，當作“在人”。今按：四庫本作“在人”。
②【校】尸屈也，“屈”當作“屋”。今按：四庫本作“屋者”。
③【校】水柔而晦，當作“木柔也”。今按：四庫本作“木柔而晦”。

少。權道者，違經而合於道也。道，經也；權者，不久之名也，不得已而行也。若人之遇尊者於途，必歧道以避之。尊者過不旋踵，則復故道也。惟君子能行權。道，積之於雅素也，立身行道，當慎其始，積久則不能自返也。曾子曰："任重而道遠，仁以爲己任，不亦重乎？死而後已，不亦遠乎？"君子之行於世，兢兢業業，畏天之渝，不敢馳驅。故於文，辵首爲道。辵者，乍行乍止也。首，始也。𧗟

術者，方術也。一方之道也，猶五味之一也。輪之一輻，蓋之一轑，輻轑之不工，不能無害於輪蓋也。故邑中道而術^①，大道之派也。夫道大，非聖人不能盡，故道從辵，或行或止。方術小易，究必當精之乃爲術，故於文，行术爲術，术述聲也。行者，安行也，處之不宜^②，然後可以爲術也。大人體道以有術，禹之道山川也。賢者由術而至於道，輪扁之言是也。𧗬

悳者，得也，內得於己，外得於人。內得於己，天之性也；外得於人，人之佐也，取於人之言也。《禮》曰："舜好問。"《孟子》曰："禹聞善言則拜。"君子之於人也，無適也，無莫也，義之與比也，直其心則人歸之也。故《洪範》三德：一曰剛克，二曰柔克，三曰正直。先列剛柔，後斷以正直，言酌其剛柔之正也。故於文，直心爲悳。悳 或加彳。彳，小步也；德，升也，言漸進也。《書》曰："日宣三德。"又曰："日嚴祇敬六德。"又曰："德日新。"人生三月而咳，三年免於襁褓，八年數甲子、識方面^③，十五成童，二十而冠，三十而壯，四十而仕，五十而大夫，六十服官政，七十致仕，歸教其鄉里，國有疑議，輦而如公，言德與年長也。德

行者，行也，人所履行也。"君子言忠信，行篤敬，蠻貊之邦行也"，懷之曰行^④。《易》曰："果行育德。"又曰："多識前言往行，

---

① 【校】而術，當作"曰術"。今按：四庫本作"爲術"。
② 【校】處之，"之"當作"無"。今按：宜，四部叢刊本作"疑"。
③ 【校】方面，當作"方名"。
④ 【校】行也，懷之曰行，"行也、曰行"四字衍。

以畜其德。"行有小大深淺，小曰行，大曰德。故於文，彳亍爲行，彳亍，左右足相副而行也。德大，故彳漸進也。德在內，故主於心；行在外，故主於行。行，彳也①。術 通名曰道。道，鬃也，覆鬃之也。行之言莖也，若枝莖也。

真者，僊也，化也。人生而靜，物之性性而有欲②，性之害也。感於物而動，然後心術形焉。人不能反身，天理乃失，君子所以駴世。真人未嘗過而問焉，真親未笑而和③，真悲未泣而哀，魚目之賤也。今有人以千金之珠易魚之一目，魚不樂也，何者？貴而僞不若賤而真。智巧所以飾身也，巧智躱多，反以害其身。僊人者，反本脩古，重道延命，長世字民之道也，然必真乃能。故漢王方平，從後視鄰人之背曰："噫，子心衰不正，終不可教以僊。"是知學僊者，必正其心也。故於文，匕目乚八爲真。匕者，化也，反人爲匕。眾人熙熙，如登春臺，我獨泊兮，如無所歸；眾人或或，好惡積億，真人恬漠，獨與道息。人皆趍顯，我獨守默；人皆與彼，我獨守此，故反於人也。黃帝，聖人之真也。民利其教，百年而死；人畏其神，百年而亡；人由其教，百年而移。故曰：黃帝三百年。老聃，真人也，《莊子》曰：老子，古人之博大真人哉！夫子見之曰：吾見老聃，其猶龍也，不知其乘風雲而上。孔子顯其智，以化於民，民猶不知，故曰吾東家丘。子貢曰：夫子之言性與天道，不可得而聞也。故真從目，鹵莽不能識也。乚，隱也。八，其所乘也，乘風雲也。真人，其生也天行，其死也物化。真人之气，常存於天，非謂其身能上也。眞 古文匕一爲真，兜 亦所乘也，一，不二也，道也。兜

僞者，飾也，假也。聖人在，天下無爲而有守也，有爲則無好也④，有爲則患生，有好則詖起。爲者敗之，執者失之。堯雖日日爲

---

① 【校】行，彳也，當作"彳亍，行也"。
② 【校】物之性性，當作"物交之"。
③ 【校】真親，親，當作"歡"。
④ 【校】有爲則無好，當作"無爲則無好"。

政，不以爲爲事，猶無爲也。僞者，人爲之也，非天真也。故於文，人爲爲僞。𤕩

萬物之音爲聲。《詩》曰：“鶴鳴九皋，聲聞于天。”八音之中，惟石之聲爲精詣，入於耳也深，故《書》曰：“擊石拊石，百獸率舞。”孔子擊磬於衞，擁纍子聞之曰：“有心哉，擊磬乎。”故於文，耳殸爲聲。殸，古磬字也。𦕾

聲成文謂之音，人之音也，八音所以寫人之意也。五聲宮商角徵羽，自然有合音也。取五聲而比之以成文曰音。五聲雜紐，還相爲宮，以成一音。故於文，言含一爲音。言者，人之言也，五聲一，以和爲主也。一者成於一也，以一八器之聲，傳人意，故曰生於心。有節於外謂之旨[1]，心气無節，故以一八音曲折爲之節文也[2]。𥐟

樂竟曰章，故於文，音十爲章。十，數之終也。《詩・頌》十篇爲什也。𥫔

聲之外曰響，響猶悅也，悅悅然浮也，訌訌然大也。實而精者曰聲，朴而浮者曰響。響猶香也，虛之謂也。響之附聲如影之箸形。故於文，音鄉爲響。鄉猶向也，仿也。鄉亦響之聲也。𩢸

說文解字通論中卷第三十四

繫傳三十四^①

文林郎守祕書省校書郎臣徐鍇撰

在昔太始，萬物資起，飛揚積壒，各受其紀，或熾或冰，各以類凝，一不自固，故二生焉。二者，一之任也。土者，二之幹也^②。故於文，一偶爲土^③。土

土受化以生，天柔而地剛，剛柔相和，其精爲金，故金柔則可揉也，剛則可折也。剛柔和則能斷，故金可斷。斷者^④，成也，故金在西方。西方，成熟之方，物熟而見割必辛，故西爲辛。成則反質，質則不飾，故其色白。故於文，土左右注，上廉起銳以成爲金。金

金星爲奎、婁，婁爲溝，溝成則精^⑤，精爲水^⑥，故金生水。承金之斷，故水善利萬物，稟義，故不爭，幾於道，不顯其利，故水在北方。北方，晦方也。萬物之積，積必有生水究竟也。故於文，眾屈爲水，至柔，能攻堅，堅陽在内，柔陰衞其外，故莫之能勝，故水一其内也。水

一，中也。水非土不處，水土之气相謀而生木，故木含津，承水之究竟，故丕冒海隅蒼生。物之初生，常以柔弱，故曰荏苒柔

---

① 【校】繫傳三十四，當作“通論中”。
② 【校】一之任也土者二之幹，當作“一之偶也，地之數也。土者，地之幹”。
③ 【校】一偶爲土，當作“丨貫二爲土”。
④ 【校】可斷、斷者，兩“斷”字當作“鍛”。
⑤ 【校】“爲溝溝成”四字，當作“爲聚，聚”三字。
⑥ 【校】“精爲水”三字，當作“奎爲溝，溝爲水”六字。

木。稟水紆直，故木曲直，惟仁者能曲直而不失於道。仁者兼愛，故木枝榦扶疎；仁者不忘本，故木根荄遠①。故於文，上有枝榦，下有根荄爲木。米

仁者和而善成，和極則熱；火能孰物，故木生火。火曰炎上，故於文，上出爲火。火

名山含魄，五行具山，所以鎭地，出雲雨以宣地气，故曰"山，宣也"；故於文，形隆而高，疏宣爲山。山

山之坳宎爲谷，故曰竅於山川。谷亦以引水，故於文，ㅂ上水半見爲谷。尚

人因五方之風、山川之气以生，故曰性者生也②。既生有稟曰性，天命之謂性也。故《傳》曰：山气多男，澤气多女，平衍气仁，叢林气狂③。食艸者愚而善走，食穀者聰明而折④。故於文，心生爲性。性

命者，使也，天與之本曰性。性有善惡，命有吉凶，授之以性，配之以命。受气有善惡，天無可以柰何⑤，亦以吉凶之命配之，此定命也。故《書》曰："民罔不自厥初生，自貽哲命。"又曰："惟天陰隲下民。"我不知天之基命⑥、定命。基命，命之也；定命，定其命也。孟子曰：人之性善，嗜欲害之。人心不能守其善性，天亦隨其行，以愚凶短折配之。故《書》曰："我乃斷棄爾命。""天用勦絕其命。"言中道而鈔絕之也。性惡而能自致於善，天亦隨其行，以聰智吉考終命配之，故有隨命。湯，諸侯也，天以桀爲不足與，以湯有君民之德，回顧而命之，故《書》曰："皇天眷命。"眷，顧也，人生善惡皆微，不足以致吉凶，暴德不能制之，以及於危，故

① 【校】根荄遠，當作"根荄攢聚"。

② 【校】"故曰性"下當有"性"字。

③ 【校】叢林，按《淮南子》當作"邱阜"。**今按**：平衍气仁、叢林气狂，《淮南子・地形訓》作"衍氣多仁、邱氣多狂"。

④ 【校】聰明而折，當作"聰明而夭"。**今按**：《大戴禮記・易本命》有"食艸者善走而愚……食穀者智惠而巧，食氣者神明而壽"。

⑤ **今按**：柰，四庫本作"奈"。

⑥ 【校】我不知天之，當作"王如弗敢及天"。

有遭命。《易》曰："善不積不足以成名，惡不積不足以滅身。"遭命所以勵人，爲善使至於極也①。故於文，口令爲命。令者，使令也；口者，出令也。天不言，亦因窮寐禎祥告之也②。《史記》趙原過見三神於王澤曰"我霍太山陽侯，天使以告趙無恤"是也。以趙簡子世守鄭游吉之九言"無傲禮、無違同、無怙富"之類也。命

性者，人之陽氣也；情者，人之陰气，有欲者也。人，六情所以扶成五性也。性猶火也，情猶烟也，火盛則烟微，性盛則情微，君子以性抑情，企及者以情扶性也。故於文，心青爲情。情，青聲也③，情者亦精神之所生，積精成青也④。情

心者，人之本也，身之中也，與人俱生。故於文，心象人心之正中也，其中畫右向，歸於右也。心

臣者，牽也，心常牽於君也。《傳》曰："忠臣不忘其君，孝子不忘其親。"⑤《書》曰："雖乃身在外，乃心罔不在王室。"臣，堅也。漢光武曰："王常輔翊漢室，心如金石也。"《莊子》曰："擎跽曲拳，人臣之事也。"稽顙，服之甚也。肉袒，服之盡也。故於文，臣象人屈服之狀也。故漢陳平謝曰：王臣恐懼⑥，屈服之意也。故於文，君則正身以出令。君既正矣，臣擎跽曲拳以事之而已，無勞復諍也。臣

民者，氓也，萌而無識也。《詩》曰："氓之蚩蚩，抱布貿絲。"民者象其蒙然衣服憧憧而行之兒也⑦。天下有道，庶民不議，故民字無口也。民　古文民上爲髻形，下其足行⑧，中象蒙然衣被之狀，衣食而已。今文民象之也。庶

---

① 【校】使至，當作"使不至"。

② 【校】"窮寐"下當有"以"字。

③ 【校】"情，青聲"，當作"青，情聲"。

④ 【校】精成青，青，當作"情"。

⑤ 今按：出《韓非子·忠孝》。

⑥ 【校】王臣，當作"主臣"。今按：四庫本作"主臣"。

⑦ 【校】"蒙然"下當有"被"字。

⑧ 【校】足行，當作"足形"。

或曰:"人何以省,民何以煩?"荅曰:"人者其總名也,有精有麤①,舉其精也,民其別也。"②王者之牧民,必使衣食足而倉廩實,民在下嫌其不足③,故民字象其衣服充裕,形體豐實之形也。於文,君字正而民字偏也。

《易》之訟曰:"君子以作事謀始。"訟者,爭也,亂也。止爭在於作契,作契在於謀始,契之不明,亂之所生也。故有德司契而不責於人,猶有患焉,是以古之王者先民之心。"弦木爲弧,剡木爲矢,弧矢之利,以威天下",解民之睽④。故曰:"先張之弧,後脫之弧。"不至於用也。《易》曰:聰明神武而不殺者夫。及其後也,刑期於無刑,辟以止辟。兵者,刑也;刑者,俐也,一成而不變。刑者,形也,一受而不易。故於文,刀井爲荆。井者,法也,《易》曰:"改邑不改井。"王者改政不改刑,刑罰世輕世重而務所以生之一也。或曰:井者,井田也。古者百畝爲夫,九夫爲井,百畝爲公田。民田不熟則罰吏,公田不治則罰民,刀所以守也。掛

君子曰:鞭朴不可廢於家,刑罰不可廢於國。家人有嚴君焉,父母之謂也。故於文,又舉丨爲父,又者,手也。丨,杖也,舉而威之也。弓

母生之,於文,女垂乳爲母。母生之,父教之,母主愛而父尚嚴,故曰父義而母慈。義者,事之宜也。父雖愛之,猶當以義斷恩也。故曰:君子之遠其子也。疒

妻者,齊也,治內職也,故於文,女又中爲妻。又,持事也;中,所持也。妻者,判合也;夫者,天也。故於字,夫正而妻偏也。妻 《禮》曰:"姻不失其親。"⑤故古文肖女爲妻。肖,古貴字也。《詩》曰:"豈其食魚,必河之魴。豈其取妻,必齊之姜。"言所

---

① 【校】"有麤"下當有"人"字。
② 【校】其別,當作"其麤"。
③ 【校】"在下"下當有"不"字。今按:下,四部叢刊本作"不"。
④ 今按:睽,當作"睽"。
⑤ 今按:出《論語·學而》,作"因不失其親"。

貴者，貴其正也。《詩》曰："齊侯之子，衞侯之妻。東宫之妹，邢侯之姨，譚公維厶_{古文私}。"

對姑曰婦，婦，服也，服勤事也。故於文，女帚爲婦，執箕帚也。

古者女有辠爲妾，《周禮》曰：女子入爲隸妾。故於文，辛女爲妾，辛，愆字也。又曰："奔則爲妾。"奔亦辠也。

子者，孳也，孳息也。古者有胎教之法，先其未形也。《詩》曰："載弄之璋。"又曰："載弄之瓦。"故於文，并足爲子，并者，在襁褓也。生而知之爲上，故終其身以爲子，本其始也。若言生則賢矣。《傳》曰："子者，男子之美稱。""父母生之，續莫大焉。"① 故終身謂之子，不忘親也。

既壯而任力，故於文，力田爲男。男之爲言任也。地之可治曰田，《傳》曰："天子居九垓之田。"② 生而曰男者，命其崇也。

女者，如也，如男之教也。於文，女繁於人，女以深癒爲德，象其衣裳綢繆閉固之象也。故曰"女子衣則綢繆閉固"是也。不從力者，力在内不宣，歸於男也。

兄者，況也，能以言況其弟也。事有隱避，不可正言，則譬況之而已矣。故於文，口儿爲兄。儿者，人在下者也，以口教其下也。下，弟也。

弟者，弟也，相次弟也。古謂韋束之相次壓爲弟，言如積疊柔韋，順後前不相戾也。故於文，弟從韋。 又弟者，易也，順兄之教則易也。

夫者，扶也，既壯曰夫。於文，大貫一爲夫。大，人象也；一，其笄簪也。男子二十而冠，婦人十五而笄。箸一爲笄者，通言婦人也③。男子冠而成人，女子笄而成人，國君十五而冠則娶也。故

---

① 【校】"續莫"上當有"似"字。

② 今按：出《國語・鄭語》。

③ 【校】通言婦，婦，當作"成"。

《傳》曰：“國君十五而生子。”冠而生子，禮也，故曰：夫曰丈夫，仕曰大夫也；故曰夫人曰君夫人①，相扶以成家也。木

又曰壻。壻者，胥也。胥，有才智之稱也，知爲人父之道也。故於文，士胥爲壻。《詩》曰：“女也不爽，士貳其行。士也罔極，二三其德。”士者，夫也，故夫之從一，亦其義也。壻 或從女胥爲壻，胥者，長也。《周官》：“徒十人胥一人。”徒中有才智者，爲之長曰胥。古諸侯一娶九女，壻者，女之長也。媠

《太玄》曰：“女不女，其心予，覆夫謂。”謂，美也。男曰兒，女曰嬰。嬰者，纓也，又瘦也，皆擁於頸前之名也。故於文，女賏爲嬰。嬰，賏聲②。又胡人連貝以飾頸曰賏，女子之飾也。嬰

兒者，倪也，女曰嬰，其聲細嚶嚶然兒，猶譀其聲，倪倪然差壯大也。倪者，耑倪也，人之始也，如木之有耑倪也。又兒者，提也，兒則提攜之，女則擁抱之，從母言之也。於文，儿曰爲兒。兒 與古文齒相類，古文齒作，左右三屬；各二也。兒，囟未合之象也。貴曰子，或上從巛，巛，髮也。古文作。上有髮，下猶襁抱之兒者，疏鄙，故囟未合而足展也。貴而言之，故曰世子、公子、胄子；賤而言之，故曰羽林孤兒、健兒、乞兒也③。

咳者，小兒之笑也，咳咳然笑聲也，三月而咳。故於文，口亥爲咳。亥咳聲。或從子，亦同也。晐

孫者，遜也，彌遜順也，逮事於父，見其子道，遜順當續而行之。故於文，子系爲孫。系，繼也。《詩》曰：“無念爾祖，聿脩厥德。”④

嫡者，滴也，若欂櫨之滴，耑諦也，取貴於庶也⑤。至於女⑥，故

_____

① 【校】故曰，當作“故謂”。
② 【校】嬰，賏聲，當作“賏，嬰聲”。
③ 今按：四部叢刊本此下有篆文。
④ 今按：當從四庫本、四部叢刊本補。
⑤ 【校】“貴於庶也”下當補“故於文，商女爲嫡。商者，諦也。諦者，耑諦也”十六字。
⑥ 【校】至於，當作“出於”。

從女。《傳》曰：荀偃立後曰"鄭甥可"。子以母貴也。㛍

庶，眾也，嫡子一人，餘爲庶也。屋下眾爲庶。史曰："太任十子，周以宗强。"[①]叔向曰："吾母多而庶鮮。"言當眾也。故於文，广炗爲庶，炗，炗也。古光字。其光景眾也。《書》曰："庶殷丕作。"又曰："庶民子來，經始靈臺。"比屋爲庶。广，屋覆之也。庶者，恕也。嫡者當恕之也。庶

妾隸之子曰孽，孽之言櫱也。有莘之女，沒廢役之而已。得見於君，有所生，若木既伐而生枿，猶顛木之有由櫱也。母以子貴也，故從子。故於文，子辥爲孽。辥者，辠也。孽

少而無父曰孤。於文，子瓜爲孤，瓜聲也。《書》曰："予娶于塗山，辛、壬、癸、甲，啟呱呱而泣。予不子，惟荒度土功。"子不見父則泣呱呱也。孤

善事父母曰孝。故於文，子承老爲孝。孝子能錫其類，故過槁木，必趍之，見老者，必敬承之也。省之者[②]，省老之匕也，匕者變也，气壯則變白衰[③]，髮盛則變白[④]，衰又將化。孝子之心，不忍言其匕，故省之也。孝 經曰：父母之年不可不知，一則以喜，一則以懼。父在恆言不稱老也。

善兄弟爲友，又同志爲友。友，右也，相佐佑也。故於文，又又爲友，兩手相順也，兄弟之齒鴈行也。兩手相承爲收，異志相成也。兩手相順爲友，兄弟一體也。朋友雖切磋，其志歸於順也。《易》曰：天地暌而其道同也[⑤]。友

親九族曰睦。《書》曰：敦睦九族。睦從目，順之也。九族之內，心不一者猶當目順之也。《孟子》曰：象恆以殺舜爲事，舜恆

――――――――

① 【校】周以宗强，當作"周宗以强"。**今按**：《史記·太史公自序》："太任十子，周以宗彊。"

② 【校】"省之者"上當有"從老省"三字。**今按**：四部叢刊本作"從老省"三字。

③ 【校】則變白，"白"字衍。

④ 【校】髮盛，當作"髮黑"。

⑤ 【校】其道，當作"其事"。

欲見之，故源源而來，封之於鼻①，不及以政，猶欲見之。此敦睦之意也。《書》曰："虞賓在位，群后德讓。"帝朱亦德讓也②。彼丹朱者，淫放之人也，罔水行舟，晝夜頟頟，被堯之教，不及於亂，漸止其放心，但無聖人之才，百姓弗與能降心，以爲虞賓以濟其世，而能德讓，是亦和矣。故曰："堯能敦睦九族也。"故於文，目奉爲睦。奉，睦聲也。睦 古文囧兯爲睦。囧，古文目也。兯，奉省也。
奋

親於外姻曰姻。《爾雅》曰："壻之父曰姻。"《傳》曰："外姻至。"又曰："夫獨無族姻乎。"姻者，女之所因也，女因媒而親，父母因女而親也。《詩》曰："惟酒食是議，無父母貽罹。"故於文，女因爲姻。姻 古文女肙爲媼。肙，媼聲也。又肙，回水也。女子有歸宗之義，不忘本也。《詩》曰："泉原在左，淇水在右，女子有行，遠兄弟父母。""曷澣曷否，歸寧父母。"㛼

信於朋友曰任。任者，可保任也。君子既壯，名譽不聞，友之罪也，君亦當任用之。故於文，人壬爲任。物之犬牙相制爲壬也。任

振貧老曰恤。恤者，憂也，收也，心戚然而慘惻之也③。心哀痛而收之，若己身之有患焉。故於文，心血爲恤。血，恤聲也，血亦心之至也④。恤

通而先識曰聖，無所不通也。於文，耳呈爲聖。呈，聖聲也。又聖則萬物皆呈其情也。從耳者非任耳也，言心通萬物之情，若耳之通聲也。天子黈纊充耳，何任之有？或曰："聖人多能歟？"曰："聖人通天地之情，達人物之性，一以貫之，何多能之有？"百工之事也，皆聖之作也，又何不多能之有？聖人之多能，治其法也；小人之多能，爲其巧也。《傳》曰："如有博施於民而能濟眾者……必

---

① 【校】於鼻，當作"於有鼻"，《孟子》作"有庳"。
② 【校】帝朱，當作"丹朱"。
③ 【校】戚然，當作"戚然"。**今按：**四庫本作"戚然"。
④ 【校】心之至，至，疑當作"主"。

也聖乎，堯舜其猶病諸。"①所謂施者，非取而施之也。聖人在位，脩元精之本，練陰陽之和，均天地之利，出細大之用。行役不淹，笄冠不過，内無怨而外無曠，壽天得中。故父無泣子之痛，兄無哭弟之哀。夫山之諸也，手種手形，足植足形，太平之世，土地調矣，寒燠和矣，風氣徐矣，日月明矣，人力閑矣②，民心適矣，民手勸矣③。又合和氣以成其穀，穀則堅好而和沈④，君子食之以平其心，故壽考而無疾侵也。堯之骨節入耳⑤，年齒長而聰明衰，不及節民⑥，洚水而警予，倦勤而弗能治也。舜乃舉禹於皋人之家。禹親自操橐耜而九雜天下之山川⑦，大川三百，支川三千，畎澮無數。稷降播種，民於是乎粒食。禽獸多則害人民，踐禾稼，智吞愚，強捕小，皆不得自全，於是乎梁山槎木，驅其猛獸，取其眾者以佐民食⑧，民於是乎鮮食，至今賴之，此之謂博施。《易》曰："雲行雨施，品物流形。"言施普則萬物支泒以成其形也⑨。及至紂，釀民之膏澤以為藏，有年數矣。然武王散鹿臺之錢，人不得數文；傾鉅橋之粟，人不得數升，而民悦之曰："聚者猶散之，況復取乎？"此所謂大賚而天下服也。夫水之為沴也，人皆走丘陵，赴樹木，孰若乎無水；殄其父而任其子，孰若乎不殄。故曰：堯舜其猶病諸也。今天子睿明而不自有，通徹而不自任，罷聲色而樂典藝，斥苑囿而任民事。苟利於民也，不拘於細大，以為不一勞者不久逸，不暫費者不永寧。上下光明，宗枝膠固，有唐虞湯武之德，而無共鯀驩兜之凶，此聖人之才也賢於堯舜遠矣。聖

---

① 今按：出《論語·雍也》。
② 【校】人力閑矣，當作"人身閒矣"。
③ 【校】手勸，當作"力勸"。
④ 【校】和沈，"沈"疑當作"熟"。
⑤ 【校】骨節入耳，疑當作"眉有八采"。
⑥ 【校】不及節民，當作"不能理民"。
⑦ 【校】操橐耜而九雜，當作"操蔂垂以奠"。
⑧ 【校】眾者，疑當作"麋鹿"。
⑨ 【校】支泒，當作"沾澤"。

安君不念己危曰忠，公家之利，知無不爲曰忠[1]。忠，中也，匡救其君，使至中道也。君所謂可而有否焉，臣獻其否以成其可。君所謂否而有可焉，臣獻其可以替其否。《詩》曰："不競不絿，不剛不柔，布政優優，百祿是遒。"遒，盡也，盡中道也。君既安矣，臣必與焉，如是何危之有？故曰：安君不念己危也。思

不剛不柔曰龢，言若宮商之龢聲，五味之龢羹，以相濟也。禾者，五穀之龢气也，二月而生，八月而孰，得時之中和也。十一月一陽生，正月二陽生，三月三陽生，未五月而極，陰陽中分一歲，各一百八十三日。十一月一陽始生，故陰陽爭。正月二陽生，陽氣勝，二月陽氣雖盛，猶有陰氣存焉。微陰輔陽，生長萬物，陰陽適和，猶臣輔君以德政仁行施以養育天下[2]。天曰柔克之義，君道之美，莫尚於斯。至三月三陽生，陰氣盡，未五月而陽亢極。陽極則陰生，故五月夏至一陰生，陰陽爭，七月二陰生，陰气勝。八月陰气雖壯，猶有陽气存焉。微陽助陰，以成熟萬物，陰陽亦適和，猶君任臣以刑罰，行義以斷以化成天下[3]。地曰剛克之義，臣道之盛也。至九月三陰生，無復陽氣，未十一月而陰气盈溢。陰極而陽生，故十一月冬至一陽生，周而復始，違則爲沴。故《傳》曰："陰不孤立，陽不獨存。"故曰禾二月生，八月熟，得時之中和，中和而生，中和而成。夫和气動於中而形於言，鳳凰鳴矣，于彼高岡；梧桐生矣，于彼朝陽。莘莘、嘍嘍、嚯嚯、嗜嗜，艸木暢茂而鳥鳴和也。記曰："鷟鳥自歌，鳳鳥自舞。"言有所感動，和气浹其心，自然而舞也[4]。禹拜昌言，皋陶賡歌，九功之德，皆可歌也，人心和矣。故移之於金石，八音克諧，無相奪倫，金石和矣。故曰："笙鏞以間，鳥獸蹌蹌。"鳥獸和矣。故曰："《簫韶》九成，鳳皇來儀。"政之和必以人聲爲效，聲之和必以金石爲效，金石之和必以鳥獸爲

---

① 【校】"知無不爲曰忠"下當補"故於文，中心爲忠"七字。
② 【校】以德政仁行施，當作"以德行仁政"。
③ 【校】以斷，當作"用斷"。
④ 【校】"自然而"下當補"歌"字。

效，鳥獸之和必以鳳皇爲效。鳳者，羽族之長而天地之靈也。無所誘慕，非和不至。故不和其本而欲金石之和，伶倫不能爲也。故《傳》曰："得時之禾，機疏而穗大，其粟圜而穅薄，其米多而沃食之者强。"① 太平之世，人含和气，以食和穀。故於文，口禾爲和。和者，不可名也，謂之剛則柔矣，謂之柔則剛矣；言宮則含商矣，言商則存宮矣。察而聽之，莫此之調矣。爲辛則鹹矣，疑鹹則甘矣，舉而食之，莫此之宜矣，故曰和。《易》曰："黃者中之色也。"《淮南子》曰："色有五章，以黃爲主。"夫黃有近於白，舉火而視，黃似白也。可以青，可以朱，可以玄，故曰："黃裳元吉。"堯之盛也，不知天下之治歟，不治歟？百姓之願戴己歟，不願戴己歟？問於在朝，在朝不知；問於在野，在野不知，乃微服而之康衢，聞遊童子之歌於疆畔者，曰："立我烝民，莫匪爾極，不識不知，順帝之則。"問誰爲此？歌者曰："聞於長老。"問諸長老，曰："古詩也。"此和之極也，和之始也。損益之，切劘之，剛柔相諍②，推拊相應，宮商相變，金水相盪，和之言唱和音去聲也。故曰："以和萬民。"及其成也，同焉皆得，不知其所以得；同焉皆足，不知其所以足。忠名没矣，諍者息矣，故曰和。和之言同和音禾也。《易》曰："保合大和，利貞也。"不理其本而欲天下之和，伏羲不能爲也。六德以和爲成，故周大司徒教民六德，曰：智、仁、聖、義、忠、和。和者，德之成，故最在後，以包通之也。𤳡

---

① 【校】而沃，當作"沃而"。今按：出《吕氏春秋·審時》。
② 【校】相諍，當作"相劘"。

說文解字通論下卷第三十五

繫傳三十五^①

文林郎守祕書省校書郎臣徐鍇撰

昔在太素，清濁既敘，三光宣其精，五行播其形。參居鼎次，亦各有成。人者，天地之化也，力與天地并，故於文，一偶二爲三。天地之和，人實敘之，弗躬弗親，庶民弗信，詞之繹矣，民之莫矣。人與天地同功，故叞成，故於文，一一人口又爲叞^②。又，手也。叞

哀樂者，萬物之本性也。樂則思散越之，故曰烏烏之聲，樂鍾鼓管磬，所以飾喜也。故於文，口豈爲喜。豈，箸竹樹反陳樂立而上見也^③。喜

小言之曰喜，大言之曰樂；獨言之曰喜，眾言之曰樂。樂者出於人心，布之於管弦也。樂彌廣則備鼓鼙，故於文，木 縱 爲樂。白象鼓形，似白字，蓋象鼓形，非白黑字。絲，左右之應棘也。應，和也；棘，引也。小鼓挂在大鼓之旁，爲引爲和也。夏后氏足鼓，殷人楹鼓，周人縣鼓，樹鼓也。縱 在木上，足之樹之之象也。鼓者器之最大者也，樂主於喜，喜生於仁；鼓，東方之象也，故二月女夷擊鼓以司天^④，和春分之音也。仁之聲也，萬物之始生也，故樂字象鼓也。鍾者，金也，金斷而有制，樂而無節則亂，故以金斷制之。《太

---

① 【校】繫傳三十五，當作"通論下"。**今按**：四庫本作"通論下"。

② 【校】一一人，當作"二人"。

③ 【校】豈箸，當作"豈者"。

④ 【校】擊鼓，當作"鼓歌"。

玄》曰：“庚斷甲。”庚，金也，義也；甲，木也，仁也。庚斷甲，
義斷仁也。《書》曰：“笙鏞以閒。”言閒隔其聲，爲之曲折之句也①。
《詩》曰：“既和且平，依我磬聲。”磬，石也，石有廉隅聲，實而墜，
切而詣，故以磬爲之準也。立春則萬物畢出，熙熙然、汎汎然，若
將過溢焉。至秋皆合於節制也，金秋也，文王受命，始爲靈臺，萬
民悦之，故其《詩》曰：“經始勿亟，庶民子來。”人民喜之也。又
曰：“經之營之……不日成之。”不日，猶言不及浹日也；無風雨之
暴以沮之，天喜之也。又曰：“麀鹿攸伏……白鳥翯翯……於牣魚
躍。”鳥獸喜之也。文王，諸侯也，民物皆喜而從之，將有僭擬之
事矣。王於是乎作辟雍以教之，爲鼓韜以和之，擊金石以節之，明
臣節也。故其《詩》曰：“於論鼓鍾，於樂辟雍。鼉鼓逢逢，矇瞍奏
公。”論者，倫也，言於是人心有倫理乎此辟廱也②。故曰：小而言
之曰喜，大而言之曰樂。又喜者主於心，樂者無所不被也。🎵

悦者，彌小也，悦猶説也，拭也，解脱也，若人心有鬱結能解
釋之也。《易》曰：“悦以先民，民忘其勞；悦以犯難，民忘其死。”
《傳》曰：“陽門之介夫死，司城子罕哭之哀，而民悦。”③本非無悶，
已而心悦之也。《春秋傳》曰：“殺子叢以説。”行事有失，以此自解
説之，自開釋其心也。又曰：公孫强獻白鴈，曹伯陽悦之，未形於
言也。故於文，心兑爲悦。《易》曰：“兑，説也。”決也，心有不
快，忽自開決也。《詩》曰：“蜉蝣掘閱。”掘閱者，蜉蝣之掘土使解
悶也④。故曰悦在心。䣃從心非。

悦而不已，見於言貌，故喜從口。《詩》曰⑤：“嗟嘆之不足，故
詠歌之；詠歌之不足，不知手之舞之，足之蹈之。”故舞從足，不
知者，不自覺知也。手足之煩不可久，故形於金石，君子無故不徹

---

① 【校】之句，當作“倨句”。
② 【校】乎此，當作“樂此”。
③ 今按：出《禮記·檀弓下》。
④ 【校】“蜉蝣”二見，蝣，當作“蝣”。○解悶，當作“解開”。
⑤ 【校】《詩》曰，當作“《詩序》曰”。今按：四部叢刊本作“《詩序》”。

縣也，故曰悦主於心。悦而不已見於貌，見於貌爲喜，喜而不已發於聲。故曰：歌聲之不足以盡，故成於詠，詠者，長言之也，配之於詩也①；詠之不足，則舞之蹈之。故於文，舛無爲舞。無，舞聲也；舛，兩足左右也，兩足左右蹈厲之也。又無者，廡也，舞者巾袖繁廡也。《周禮》："有人舞，帗舞也。"或曰："手舞足蹈，舞何以獨從足也？"曰："略其可知也。心見於貌，貌化於口，口聲於言，言飾於詞，詞宣於手，手及於足，由中以出，自上而下，足猶蹈之，手可知矣，故略之也。"或曰："喜之言何也？"曰："喜，嚭也，披也。人心之悦，則其面目粹然而變矣。及其喜也，嚭然面目皆披釋也。"舞

怒者，恚也，武也。《春秋傳》曰："奮其武怒。"又努也，若强弩之發也。人心之怒則面目皆張起也。《莊子》曰："伏而喜，仰而怒。"②《詩》曰："王赫斯怒，爰整其旅。"《孟子》曰："武王一怒而安天下之民。"心有所恚，突然而發，無所漸也。武王怒不爲暴，退而整其旅，故能安天下之民，此君子之怒也。申舟爲戮於宋，楚莊王"聞之，投袂而起，屨及於窒皇，劍及於寢門之外，車及於蒲胥之市"。不及納屨而走，故不能成霸中國。釋宋而歸，師徒已困，此小人之怒也。怒當以心節之，故於文，心奴爲怒。奴，怒聲也。怒

哀者，閔也，閔痛之形於聲也。故於文，口衣爲哀。衣，哀聲也，狀其聲也。人有所痛，聲自然而出，無復思慮，此天性也，故取法焉。《莊子》曰："强悲者雖哭不哀。"魯哀公曰："寡人生於深宫之中，未嘗知哀。"孔子對曰："宗廟之中，仰視榱桷，俯察几筵，其物具在，其人已亡，以此思哀，哀可知矣。"《詩》曰："明發不寐，有懷二人。"此文王之哀也。桓魋奔宋，宋公閉門泣之，目盡腫，此亂君之哀也。哀

---

① 【校】配之，當作"託之"。

② 今按：《列子・黄帝》："衆狙皆起而怒……皆伏而喜。"

哭無聲曰泣。泣，哭之細也。微子過於殷墟，欲哭則不可，欲泣則以其似婦人。故於文，水立爲泣。水，淚也；立，泣聲也。哭主於哀，宣於外也；泣主於悲，滯於内也。《詩》曰：“不見復關，泣涕漣漣。”故曰似婦人也。

悲者，亦痛也，在内，故於文，心非爲悲。非，悲聲也。又，心之所非則悲矣。《淮南》曰：得之則喜，失之則悲。

恖者，惠也，心恖之，欲惠之也。《詩》曰：“視爾如荍，貽我握椒。”故於文，心旡爲恖。旡，恖聲也。歙食气逆，不得息曰恖。人有所愛，急食之則气擁恖也①，心有所恖亦如之也。又恖，唈也，气咽也。《詩》曰：“如彼遡風，亦孔之恖。”向風而行則恖嘖唈也，故從恖②。今人气擁則嘖也，今文恖加女③，女，恖聲。《詩》曰：“子惠思我，褰裳涉溱。子不我思，豈無他人。”恖而思之也。

慕亦恖也，恖在内而慕在外。慕猶模也，習也，愛而習翫，模範之也。《史記》曰“司馬相如慕藺相如之爲人，以其名爲名，常模範之”是也④。於文，心莫爲慕。莫，慕聲也。莫本音慕也，莫亦模也，愛者直愛之而已，無所放也。《禮》曰：“愛之，斯録之也。”

好者，好也，好，上聲。愛而不釋也。女子之性柔而滯，有所好則愛而不釋也。小子之性亦然，好附著者也。故於文，女子爲好。孔子曰：“有顔回者好學。”《傳》曰：“生，好物也。”未有輕而捨其生者。⑤好物者控搏之，好學者亦不捨也。

惡者，惡也。惡，憎也。《傳》曰：“死，惡物也。”未有輕而迫死地也。亞者，醜也，故於文，心亞爲惡也。

---

① 【校】曰恖、擁恖，“恖”疑皆當作“旡”。

② 【校】故從恖，當作“故從旡、心”。

③ 【校】“恖加女”下當補“作㥯從”三字。

④ 今按：《史記·司馬相如列傳》：“司馬相如者，蜀郡成都人也，字長卿。少時好讀書，學擊劍，故其親名之曰犬子。相如既學，慕藺相如之爲人，更名相如。”

⑤ 今按：四部叢刊本“好”篆在“不捨也”下。

欲者，貪欲也。欲之言續也，貪而不已也。《傳》曰："人之所惡[1]，其氣焰以取之。"《書》曰："無若火始焰焰。"言人抑其欲，若火之初發，乍起乍伏，進退之時也。又曰："天生烝民，有欲無主乃亂。"言君牧民救其欲也。《六韜》曰："義勝欲則從，欲勝義則凶。"故於文，欠谷爲欲，欠者，開口也；谷，欲聲。𣣍

多才曰賢。賢者，賢臣也。臤者，執事也；貝者，貨也，可以爲用而寶之，故曰財，賢者亦用而寶之，故於文，貝臤爲賢。臤者，臣執事也。《書》曰："所寶惟賢，則邇人安。"《外傳》曰："趙簡子問於王孫圉：楚之白珩猶在乎？其爲寶也幾何歲矣？"[2] 對曰："楚之所寶，觀射父、左史倚相……白珩，先王之玩也，非寶也。"𧵍

愚者，戇也，戇猶椿也，無所施爲也。愚之言寓也，無所爲若寄寓然也。禺屬，獸之愚者，猨猴之類是也，愚者之心似之。故於文，禺心爲愚。《傳》曰："蟲莫智於龍。"《莊子》曰："鳥莫智於鷾鴯。""驥不稱其力，而稱其德。"[3] 由是言之，則獸有愚智者也。古之愚也直，故曰惷愚。惷猶春，若惷物直春之，無回慮。故於文，心春爲惷，春亦聲。《周禮》三宥，一宥曰惷愚[4]。賢者猶有過舉，況在於愚，故其過失所當宥者也。今之愚也，詐謂反覆，回沉以行詐，故殺之不以聽也。愚

勇者，氣也，力也；勇者，用也，供用之謂勇；勇則害上，不登於明堂，勇而不義，亂也，非勇。冉有用矛刺齊師，故能入其軍。孔子曰"義也"，言能以義勇也。夫子力翹門關，不以力聞，夾谷之會，威攝大國，可謂勇矣。故於文，甬力爲勇。甬，勇聲也。勇 古文心甬爲勇，見義而爲也，心主於義，士不尚力也。愚

---

① 【校】惡，《左傳》作"忌"。
② 【校】幾何歲，今《國語》無"歲"字，此與玉部"珩"注同。
③ 今按：出自《論語·憲問》。
④ 今按：《周官·司刺》："三赦曰惷愚。"

多畏曰狴。狴，脅也。爲人以威脅之，不能動也①。犬性警而多畏，駑犬之見猛獸，垂尾而不能去。故於文，犬去爲狴。去，狴亦聲②。𢖪 或心去爲怯，怯主於心也。𢙇

敬者，肅也，於文，苟攴爲敬。苟者，亟也，自急敕也。攴者，執事也。魏絳曰："軍師不武，執事不敬，罪孰大焉。"𢼄

恭亦肅也，於文，共心爲恭。非獨心而已，皃亦當恭。共恭也，共，恭亦聲也③。語曰："恭在皃，敬在心。"《洪範》："皃曰恭。"《書》曰："接下思恭。"恭者取其供用，敬者取其自警，故曰："恭在皃，敬在心。"或曰："敬在心，何以從攴？恭在皃，何以從心？"曰："恭者，龔愨其事。釋曰：見恭者皃，行恭者心。儻恭不由於心，則幾於邍蕛矣，嫌其在皃故從心。敬者自儆，嫌其愨於心而已，故從攴。攴以執事也。君子之心，皃當相副，所謂在皃在心，有多少之差爾，恭不得離心，敬不得無用，錯舉而名也。"蕁

《洪範》曰："作肅。"執事振敬爲肅。故於文，聿肅爲肅。聿，執事也；肅，深水也，回流也。《爾雅》曰：振者，拭也。亦振勵也。《詩》曰："戰戰兢兢，如臨深淵，如履薄冰。"肅之意也。肅之爲言夙也，早也。恆夙興也，言日之早，萬物莫不肅然。孫子曰："朝氣銳，晝氣惰，暮氣歸。"又肅之言束也，自申束也④。肅 心卪爲肅。卪，節也，節其心也。經曰：節以制度，高而不危，滿而不溢也。肅

慎者，謹也，慎之言身也，恆存於身也。故於文，心真爲慎，真其心不鹵莽也。真亦聲也。慎 古文中火日爲慎。中，艸也；日暵之下有火，故當慎之也。𢖎

慈者，愛也，廣愛也，上安下之詞，故曰養老慈幼。玆者，滋廣也。故於文，心玆爲慈。慈之言字養之也。玆亦慈聲也。慈

---

① 【校】不能，當作"而易"。
② 【校】去狴，"狴"字衍。
③ 【校】共恭，"恭"字衍。
④ 【校】"自申束也"下當補"古文"二字。

　　心者直心而已，心有所之爲志，詩者志之所之也。天下之人，其志不同，各有所之也，故於文，心之爲志也。㞢

　　見之於外曰意。季子佩寶劍見於徐君，徐君欲而不言，情見於色，此意也。故於文，心音爲意。意猶抑也，含其言欲出而抑之。古詩曰："盈盈一水閒，脈脈不得語。"此畜意也。《楚詞》曰："蓄怨兮積思，心煩憺兮忘食事。願一見兮道余意，君之心兮與余異。車既駕兮揭而歸，不得見兮我心悲。倚結軨兮太息，涕潺湲兮霑軾。忼慨絕兮不得，中瞀亂兮迷惑，私自憐兮何極。"意之謂也。又心音者，察音以知其心也。䙡

　　出於口爲言，言行，君子之所愼也。《詩》曰："哀哉不能言，匪舌是出，惟躬是瘁。"唯君子能"言滿天下無口過"。孔子曰："余欲無言也。"故於文，口辛爲言。辛，愆也，言出禍入，直言曰言，無委曲，故深戒之也。《禮》曰："王言如絲，其出如綸。王言如綸，其出如綍。"《書》曰："朕言不再。""惟口起羞也。"言

　　論難曰語。語者，午也，言交午也，故於文，言吾爲語。《詩》曰："于時言言，于時語語。"吾，語聲也。言者直言，語者相應答也。《易》曰："亂之作也，則言語以爲階。"階，漸也，起於言，漸至於語也。䛡

　　詞者，音內而言外，在音之內，在言之外也。何以言之？惟也、思也、曰也、兮也、斯也，若此之類皆詞也，語之助也。《詩》曰："惟此文王。"又曰："在城闕兮。"又曰："神之格思，不可度思，矧可斁思。"《書》曰："曰雨曰霽。"《詩》曰："今我來斯。"皆詞也。聲成文曰音，此詞直音內之助，聲不出於音，故曰音之內；聲成文之內一助聲也。言之外者，直言曰言，又一字曰言。惟、思、曰、兮、斯之類，皆在句之外爲助。《楚詞》曰："魂兮歸來些。"些，亦詞也，在句之外也。故曰音之內言之外爲詞。故於文，司言爲詞。司者，臣主事於外也。詞

辭者，訟也，所以理也。屬者，亂也，亂理也。於文①，冂，坰也，外內之象也。ㄗ乙相引爲亂也。乎，以理之也。𤔔《傳》曰："兵作於外爲寇，於內爲亂也。"辛者，辠也，屬辛猶理辠也。

《吕刑》曰："明清于單辭。"又單穆公曰："告以文辭，董之以武師。"又孔子曰："晉爲霸，鄭入陳，非文辭不爲功，慎辭也哉。"又晉趙盾伐邾，欲立邾，捷菑率車八百乘以伐，入國。邾人拒之曰："齊出貜且長。"趙盾曰："其辭順，犯順，不祥。"乃去之。《詩》曰："詞之輯矣，民之洽矣，詞之懌矣，民之莫矣。"又屈原雖放，忠厚之至，猶欲進言以救其國亂，楚人録其意，謂之《楚辭》。辭之言孜也，孜孜爲辭也。《詩》曰："匪手攜之，言示之事，匪面命之，言提其耳。"故《楚辭》之文下諷上也。周公之作《大誥》，上提其下之耳也。或曰："辭達而已，夫《楚辭》何爲其豔也？"曰："是非知之言也②，玉之在佩，必合於宮商③，君子之言，必成於文④。天何言哉？星辰粲焉，雲霞蔚焉。言之無文，行之不遠。楚人之俗，剽而疾，險而激；其艸木也，秀而麗；其君子也，炳而潔，故因其俗以諷之，使至於道也。君子之文因麗以導其質，故味而逾實，故雖麗而無害也。小人之文反質以行其麗，故味而逾虚，故雖質而無救也。此深淺之分，厚薄之別，焉可同也。"辤 籀文屬司爲辭，司者，主於理亂也。𤔲

應知難詰⑤，首尾以終，其事曰論⑥。論，倫也⑦，同歸而殊塗，一致而百慮，語各有倫而同歸於理也。倫，理也。𥫃

著於心成己之性曰志，志有所牽曰思。思，絲也，猶物之牽輓也。

---

① 【校】"於文"下當補"屬辛爲辭"四字。
② 【校】知之，當作"知者"。
③ 【校】合於，"於"字衍。
④ 【校】必成於文，當作"必成文章"。
⑤ 【校】應知難詰，當作"應詰難揭"。
⑥ 【校】"事曰論"下當補"於文，言侖爲"五字。
⑦ 【校】"倫也"上當補"侖"字。

於文，心囟爲思。囟，人之頭囟信也①。囟，通氣也。（𤔌）

　　思有所圖曰慮，慮猶縷也，如絲之有縷以成文也。故於文，思虍爲慮。虍，慮聲也。（慮）

　　憂者，愁也。《傳》曰："痛心疾首。"《詩》曰："維憂用老。"故於文，心頁爲惪。頁，首也。心惪則髮白，顏回思慮聖道，心惪而髮白；謝莊繫荆，一宿髮盡白，惪生也。（惪）　今文惪從夊②，和之利也。《詩》曰："布政憂。"③優優④，和也。《書》曰："皋陶邁種德。"邁，行也，行布其德也。和气亦行也，和緩行遲，故從夊。夊夊者，足有物曳之行遲⑤。（憂）

　　患，憂之深也，有患必憂。患之言貫也，貫於心也。憂者幽也，子州支父有幽憂之病，未任治天下是也。憂之來幽，幽然沈滯也。患者慣也，急慣人心也。《語》曰："擇福莫若重，擇患莫若輕。"⑥患關人心，故於文，心上串爲患也，重患也。《傳》曰："猶有患焉。"不早除之，至於重累，乃爲患也。魏武帝詩曰："明明如月，何時可掇。憂從中來，不可斷絕。"此憂患也。（患）　古文心臼臼爲患，臼搝人心也。（患）　又，心門卯爲患。門，患之聲也。卯者慣也，關者心也⑦。（悶）

　　洗心曰齋。齋戒，潔也。於文，示齊爲齋。示，明也，祇也。齊者，萬物之潔齊也。（齋）　籀文齋從襞者，襞⑧，禱也，齋心以禱也。子曰："丘之禱久矣，能潔其心，神據之也。"子之所慎，齋、戰、疾也。（禱）

　　防患曰戒。戒，警也。《書》曰："儆戒無虞。"君子思患而豫防

---

① **今按**："信"字疑當爲注文。
② 【校】"今文"下當補"憂從"二字。
③ 【校】"政憂"下當補"憂"字。
④ 【校】優優，當作"憂憂"。
⑤ 【校】夊夊者，足有物曳之行遲，當作"夊者，足曳物行遲也"。
⑥ **今按**：出《國語・晉語》。
⑦ 【校】慣也，關者，當作"關也，關於"。
⑧ 【校】從襞者襞，當作"作襞，襞者"。**今按**：者，四庫本作"省"。

之。《莊子》曰：“寇莫憯於陰陽，而鎮鈃爲下。”[1]義者，金也。金，兵戈也，以義斷情欲爲戒。若藥家之用甘艸爲國老，大黄爲將軍是也。故於文，戌持戈爲戒。𣍳

　　諫者，閒也。君所謂否而有可焉，臣獻其可以閒隔之也，猶白黑相閒以成文也。故於文，言柬爲諫。柬者，分別也，能分別善惡以陳於君也，太史克之對魯宣公是也。惟聖人能納諫，宣公中庸以下，里克能諫以止之，此諫之善者也。讕

　　諂者，陷也，陷君於惡也。始則陷於人，陷於人者必及其身，故於文，言臽爲諂。臽，陷也。𧮂　又言閻爲調，閻，諂聲也[2]。讕

　　諛者言如物之腴也。腴，鳥獸腹之甘美者也，諛者必以甘言入於君而已。故《莊子》謂之“導諛焉”，諂言求進而有陷於人也。故於文，言臾爲諛。臾，諛聲也。讕

　　譖者，愬也。《論語》：“公伯寮愬子路於季孫。”誣告之也，意主於害人者也。譖者，簪也，若簪之箸物切至也。故《易》曰：“勿疑，朋盍簪。”盍，合也；簪，諓也[3]，簪猶譖也。故於文，言暜爲譖。讕

　　佞者，巧諂高才也。祝鮀之佞，有才者也。有小才，不以正道近其君曰佞也。《詩》曰：“媚兹一人，應侯順德。”媚愛其君，惟順德而已。小慈大慈，賊也。老子謂陽朱曰：“彼其小言，盡人毒也。”佞者女子之仁，故於文，女仁爲佞。佞

　　恩者，因也，有所因也，故於文，心因爲恩，因亦聲也。恩

　　讎者，怨也，害起於微也。《易》曰：“亂之興也，則言語以爲階。”《詩》曰：“亂之又生，君子信讒。”言必讒也，故於文，言雔爲讎。雔者，鳥之雙也，人之讎怨不顧禮義者，則如禽鳥之爲也。兩怒而有言在其閒，必溢惡之言也，若禽鳥之聲也。范蠡之對公孫

---

① 今按：《莊子·庚桑楚》：“兵莫憯於志，鏌鋣爲下；寇莫大於陰陽，無所逃於天地之閒。”

② 今按：依上下文例，“諂”當爲“調”。

③ 【校】諓也，當作“銳也”。

雄曰："吾雖靦然人面，其猶鳥獸，孰知是譾譾者乎。"儺怨之謂也。儺亦讙之聲也。🐝

善者，吉也，美也，繕也，若物之已繕治者也。《文子》曰："聽善言便計，愚者知悦之。"故於文，言羊爲善。羊者，美物也，《語》曰[①]："爾愛其羊。"《傳》曰："人之欲善，誰不如我。"善《易》曰："出其言善，千里之外應之。"故善從二言。🔣 齊桓公謂畎丘之鄉人曰："至德不孤，善言必三。"故古文善亦或從三言。🔣篆文善從一言。一，壹也，吉也。《傳》曰"一言而善"也。

否者，不也，否音痞也。心有不可，口必言之，故於文，口不爲否。🔣

---

① 【校】"《語》曰"上當有"論"字。

説文解字袪妄卷第三十六

繫傳三十六[①]

文林郎守祕書省校書郎臣徐鍇撰

《説文》之學久矣！其説有不可得而詳者，通識君子所宜詳而論之。楚夏殊音，方俗異語，六書之内，形聲居多。其會意之字，學者不了，鄙近傳寫，多妄加"聲"字。篤論之士所宜隱括，而李陽冰隨而譏之，以爲己力，不亦誣乎！自《切韻》《玉篇》之興，《説文》之學湮廢泯没，能省讀者不能二三。弃本逐末，乃至於此。沮誦逾遠，許慎不作，世之知者有可以振之可也[②]。前代學者所譏文字，蓋亦有矣。中興書闕，不可得盡。此蓋作者之冠冕，而後來之妄。故臣今略記所憶，作《袪妄篇》。

𨗠　《説文》云："導，禾。司馬相如曰：導一莖六穗於庖犧。"[③]顔之推作《家訓》，云：導，擇禾也，故光武詔曰"非徒豫養導擇之勞"是也。而《説文》云"導，禾名"，乃引《封禪書》"導一莖六穗於庖，犧雙觡共抵之獸"爲證，無妨自當有禾名導，非相如所用也。"禾一莖六穗於庖"，豈成文乎？縱使相如天才鄙拙，强爲此語，則下句當云"麟雙觡共抵之獸"，不得云犧也。吾嘗笑許純儒，

---

① 【校】繫傳三十六，當作"袪妄篇"。按：此篇專矯李陽冰之説，而不免過於深文。如：陽冰以"叀爲墨斗""未爲上小""午從半竹"，説近穿鑿，辨之是也。若謂"矢引爲弢""三丩爲州"，亦是聲義相兼耳，而楚金指爲用反切法成文，在六書之外，抑亦過矣。至"龍從反半弱"之説，陽冰自有意義。楚金乃云："反弱則不弱，何得夭矯？"是幾忘"夭矯"即"不弱"之意。論古者平心參之。**今按**：四庫本作"袪妄"。

② 【校】有可以，可，當作"所"。**今按**：四部叢刊本作"所"。

③ 【校】庖犧，"犧"字衍。**今按**：四庫本、四部叢刊本作"庖"。

不達文章之體，如此之流，不足爲馮信^①。此皆之推之言也。**臣鍇以爲**："導"訓"擇治"，乃從寸，故《漢書》有導官，字不從禾也。相如云"導一莖六穗於庖"，猶言此禾也，則有"一莖六穗在庖"；此"犧"也，則有"雙觡共抵之獸"。雖今之作者對屬之，當何以過此，況在古乎！上句末有"於庖"字，乃云"禾一莖六穗於庖"，下句末有"之獸"字，所以云"犧雙觡共抵之獸"，猶言殺此"雙觡共抵之獸"，交互對之爾。若依之推云"導，擇也"，則是"擇一莖六穗於庖，麟雙觡共抵之獸"，非徒鄙陋，乃不成文，豈相如之意哉。屬對允愜，文字相避，近自陳隨爾。《封禪書》又云："招翠黃乘龍於沼，鬼神接靈圉，賓於閒館。"如此者不可勝數，豈鄙拙乎。

弌　陽冰曰："弌，質也。天地既分，人生其閒，皆形質已成，故一、二、三，質從弋。"^②**臣鍇以爲**：弋之訓質，《蒼》《雅》未聞，既云"天地既分，人生其閒，皆形質已成"乃從弋，則一、二之時形質未成，何得從弋？其謬甚矣。

毒　《說文》："從中，毐聲。"陽冰云："從中、母，出地之盛；從土，土可制毒。非取毒聲，毒，烏代反。"**臣鍇按**：顏師古注《漢書》"毒，音與毒同"，是古有此音，豈得非聲？母何得爲"出地之盛"？方說毒，而言"土可制毒"，爲不類矣。

斯折　《說文》云："斷艸，籀文從手。"^③陽冰云："斯折各異，斯，自折；折，人手折之。"**臣鍇按**：古字"令令""長長"皆同用；自毀爲壞，人毀爲壞，音怪，字亦不異；衣服爲衣，被此衣爲衣，去聲，亦復不殊。自折、人折何可遽別？此爲謬矣。

路　《說文》："從足，各聲。"**臣鍇以爲**：古之音字或與今殊，蓋亦不甚切，或多聲字。可言各者，路各別之意。陽冰云："非各

---

① **今按**：此段文字出自《書證篇》，文字與今本略有不同。
② **今按**：質，四庫本作"皆"。
③ **【校】**籀文從手，按：艸部籀文作藜，篆文從手，"籀"當作"篆"。

聲，從足，輅省。”臣今按：《周禮》“車輅”字多借“路”字，然則先有“路”字，後有“輅”字，不得云“路從輅省”也。

龠　《説文》云：“樂竹管，以和眾聲[1]。從品、侖，侖，理也。”陽冰云：“從亼、册。亼，古集字，品象眾竅，蓋集眾管如册之形而置竅爾。”**臣鍇按：**《詩》：“左手執龠。”是龠以和樂也。又曰：“於論鼓鍾。”注云：“論，倫也。”品實三口，象龠三管，於義何害？何必妄拆“侖”字也。

羊　《説文》云：“掔也。倒入一爲辛，入二爲羊，言稍甚也。”陽冰云：“干一爲辛。”**臣鍇以爲：**掔，稍密深也，故云入一爲干，入二爲羊，二，重深也。何必須言“干一爲辛”，欲作何訓乎？

興　《説文》云：“從臼，自臼[2]，交省聲。”**臣鍇曰：**臼，持也。人身頸腰皆關節要害，所以自秉持其身，猶竹木之節交要實聲。許不言象形，此義明了，不可强以爲形故也。陽冰所見爲淺近焉。

叚　《説文》從又從𠄌、㔾，闕。陽冰云：“從㔾。㔾，予也。𠄌，器也。又，手也。手持器爲求之於人，人與之也。”**臣鍇以爲：**陽冰之言𠄌音夷，以此爲與，是强名也，此義亦疏。

皮　《説文》云：“剥獸謂之皮。從又，爲省聲。”李云：“從又持皮襜然。”**臣鍇以爲：**剥獸之皮，則又爲手以剥皮。剥皮所以飾物，豈空持之而已，萬物皆可以持，豈獨皮而持之乎？

隹　《説文》云：“鳥之短尾總名。”陽冰云：“鳥之總稱。《爾雅》：長尾而從隹。知非短尾之稱。”**臣鍇以爲：**本注當言“亦總名”，脱“亦”一字爾，不然者，許慎豈如此之疏乎？

叀　《説文》：“叀，小謹也。從幺省；中，才見；中亦聲。”陽冰云：“墨斗，中形象車軸頭書墨之形[3]，上書平引，不從中也。”**臣鍇以爲：**以書爲墨斗，其義毋取，安得不從中。

---

① 【校】樂竹管，以和眾聲，按：龠部注“竹管”下有“三孔”二字。

② 【校】自臼，按：臼部興篆注云“象自臼之形”，而此鍇説謂“許不言象形”，則後人用李説改也。

③ 【校】“墨之形”上當有“盛”字。

   《説文》："小也。象子初生之形。"陽冰云："厶，不公也。重厶爲幺，蒙昧之象也。會意，非象形。"**臣鍇按**：《爾雅》："幺，幼也。"真是幼小之稱，非爲蒙昧，陽冰安矣。

   《説文》云："閡也。從叀，引而止之。"陽冰云："車前重不前合，從車，宜上畫平，不從中明矣。"**臣鍇以爲**：此則《毛詩》"狼跋其胡，載疐其尾"字，言狼進則躐其胡，退則閡其尾。凡專謹者事多閡，故從叀而引止之。疐之名不主於車也，陽冰安矣。

   《説文》："刃，刀之堅利處，象有刃之形。"陽冰曰："刀面曰刃。一，示其處所也，此會意。"**臣鍇以爲**：刃在刀前即是象形，縱使以一示其處，即爲指事，非會意也。

   《説文》曰："冬生艸。"陽冰云："謂之艸，非也。"**臣鍇以爲**：竹類於艸近，於木遠，今言艸之冬者即當矣。若不言"冬生艸"，可謂之"冬生木"乎？非木非艸，復是何物？陽冰之妄！

   《説文》曰："豆之豐滿者。象形。"陽冰云："山中之半，乃豐聲也。"**臣鍇以爲**：象豆滿形足矣，山是何義字。

   《説文》曰："血，祭所獻也。從皿，一，血也。"陽冰云："從一聲。"**臣鍇以爲**：人身之血無可以象，故象血在此，但見於器[①]，若言"一聲"，則惟有皿在此，但見器爾，豈關血乎？陽冰此義最謬。

   陽冰云："凵象膏澤之氣，土象土木爲臺，氣主火之義。會意。"**臣鍇以爲**：鐙火之臺不得言土，膏澤下流亦不上出。象形，非會意。

   《説文》云："參合也。從入、一，象三合形。"陽冰云："入者合集之義，自一而成乎億萬。入者集之初，故從入從一。"**臣鍇以爲**：集，合也，故象三合。人三爲眾，眾合乃爲集。入一爾，豈得言集？集者象眾集，豈言其初？陽冰安矣。

---

① 【校】但見於器，但，當作"一"。

� 《説文》云："詞也。從矢，引省聲。矢者取詞之初所之。"① 陽冰云："蒼頡作字，無形象者則取音以爲之訓，矢引則爲矧，其類往往而有之，矢字是也。" **臣鍇以爲**：《周禮》六書，無形象者莫過聲字，則取法於耳；又介字，則取象氣散。皆有以象之，不爾則會意亦虛象也。今言矢引爲矧，在左右皆音，六書所未聞。六書之中欲附何處？若有全以音爲字，則是七書，不得言六書，此淺俗之甚。

米 《説文》云："從屮，下象其根。"陽冰云："象木之形。木者五行之一，豈取象於屮乎？" **臣鍇按**：《周易》云："百果艸木皆甲坼。"是艸木同言"甲坼"。屮，甲坼之象。合抱之木，生於豪末，木象於屮，何足非乎？

才 《説文》云："艸木之初也。從丨貫一，將生枝也。一，地也。"陽冰曰："才，木之幹也。木體枝上曲，今去其枝，但有槎枿。" **臣鍇按**：古人多以此爲才始，若云材木，木爲良材者，將節目盡去，豈存其槎枿乎？

日 《説文》曰："陽精不虧。從囗、一。"陽冰云："古人正圓象日形，其中一點象烏，非囗、一。蓋篆籀方其外引其點爾。" **臣鍇云**：無妨，古文自有日中作烏者，日中含一，不足致譏也。

齊 《説文》云："禾麥吐穗上平。象形。"陽冰云："二物相并，乃如齊平。"② **臣鍇以爲**：上三物相齊，不勞其下更爲"二"字。"二"實地形，陽冰妄矣。

米 《説文》云："穬粟實也③。象禾實之形。"陽冰云："象在穗上之形。" **臣鍇以爲**：天降嘉穀，一稃二米，此象稃穀坼開米出見也。米者已去稃裹之名，若穗上則粟穀矣。陽冰爲妄。

未 《説文》云："象菽生形。"陽冰云："父之弟爲叔。從上、

---

① 【校】取詞之初所之，按：矢部 𠂉 篆注云"取詞之所之如矢"，疑後人所改。
② 【校】乃如，"如"當作"知"。**今按**：四庫本作"知"。
③ 【校】穬粟實也，按米部注，鍇無"粟"字，鉉無"穬"字，依此當并存。

小，言其尊行居上而已小也。"臣鍇以爲：菽有歧蔓，此上象之。叔者，長幼之名，叔猶季也。叔之言蹙也；蹙，退也，在後之稱。又夫之弟爲叔。叔并幼小之名。父之弟，古爲季父、叔父，是叔與季同義。今單言叔父爲叔，淺近之言，非可引證。見尊行在上而已小者①，非徒叔父也。

弔　《説文》云："古者葬之中野，以弓驅禽獸，人遇弓爲弔。"②陽冰云："弔從二人往返，相弔問之義。"臣鍇以爲：相弔，所以哀人之疚也。一人弔一人。若二人相弔問，則須二人俱有故乃得用此弔字，不亦迂乎！

裒　《説文》云："從衣，𧶠省聲形。"③陽冰云："從衣、中、口，非𧶠省。"臣鍇以爲：𧶠音丑善反，豈得不爲袁之聲？不知陽冰所謂也。

禿　《説文》云："人無髮也。從禾。王育説：蒼頡出，見禿人伏禾中，未知其審。"陽冰云："從穆省聲。"臣鍇以爲：禾有實，梢垂，如禿者髮種種然。記伏禾中者，博異聞爾。從穆而省，無乃臆説。

欠　《説文》云："張口氣語也④。象氣從人上出之形。"陽冰云："上象人開口，下象氣，昨從人⑤，所謂欠去，許氏擅改作㒫⑥，無所據也。"臣鍇以爲：陽冰作㒫⑦，蓋按李斯等象⑧，古文多互體，雖有從彐者，其下亦是人字，且人之欠去，氣并上出不下流，安得氣在彐下？陽冰在許慎之後，所見雖博，猶應不及於慎。今之所説，無

---

① 【校】見尊，"見"當作"且"。今按：四庫本作"且"。
② 【校】遇弓，當作"持弓"。
③ 【校】𧶠省聲形，"形"字衍。按：衣部 裒 篆注作"𧶠省聲"，鍇云"𧶠音專"，而此又云"𧶠音丑善反"，何不相符也？疑衣部或依鉉改。
④ 【校】氣語，當作"氣悟"。今按：語，四部叢刊本作"悟"。
⑤ 【校】昨從人，當作"非從人"。今按：昨，四部叢刊本作"非"。
⑥ 【校】㒫，當作㒫，此許書字也，標題大篆當如此。書作禿，誤也。
⑦ 【校】㒫，當作㒫，陽冰上從開口，下與𠑹篆同。
⑧ 【校】象，當作"篆"。今按：四庫本、四部叢刊本作"篆"。

乃偏執之論乎！

　　覍《説文》如此。陽冰云：“覍當作覍。”①**臣鍇按：**李斯書實如陽冰所作，然陽冰不了其義，許慎言其所由李斯小篆，所異者少，李斯隨事書之，筆力微變，未足譏評也。

　　弓《説文》云：“象弓相合分之形。”②陽冰云：“官字從弓而生，一重爲弓，二重爲目③，三爲官。”**臣鍇以爲：**弓自瑞信，自自堆官④，不相因也。

　　冤《説文》：“從兀從匕，從倒人。”⑤陽冰云：“非倒人聲，倒人，不人也。”**臣鍇以爲：**《説文》傳寫實多聲字，非慎之過，陽冰非所致譏。又陽冰作冤，與許慎小異，并如頁字解中也。

　　豸《説文》：“獸長脊行豸豸也。”陽冰云：“從肉、力。”**臣鍇以爲：**此象長脊。陽冰以爲猛獸，妄云“肉、力”，且無足之蟲亦謂之豸，豈是力乎？

　　金古法字。陽冰云：“注一所以驅人之正。”**臣鍇以爲：**上人爲入字，非人字，此入、正可爾。人音集，不得言人。

　　狀陽冰云：“象形之中，犬字象似文之尤者，故狀從犬。”**臣鍇以爲：**犬動止多狀，曉人之意，人所易審，故狀從犬。若陽冰之言，迂闊而無當也。

　　州《説文》：“九州，地之高者。從重川爲州。”陽冰云：“三丩爲州。”**臣鍇以爲：**水中可居曰州。九州之義，在水之上，其州高處亦復有水，故重川之言允矣。若云丩與州爲聲，何必三乎？

　　仌《説文》云：“象水凝冰形。”陽冰云：“象冰裂之形。”**臣鍇以爲：**冰之初結，其狀如此，豈有不象冰之結而象其隙罅？其妄甚矣！

----

① 【校】頁當作覍，當改“覍，當作頁”。
② 【校】合分，按弓部注無“分”字。
③ 今按：目，當作“自”。
④ 【校】自自堆官，當作“自官自堆阜”。
⑤ 【校】“倒人”下疑當有“聲”字。

飝 《説文》:"象肉飛之形。"陽冰云:"右旁反半弱,象夭矯飛騰形。"臣鍇以爲:肉飛自可,三則其鬐鬣,豈有反半弱? 反弱則是不弱矣,何得夭矯乎?

兆 《説文》云:"背違也。從飛下兩翅,取其相背。"[①] 陽冰云:"兩手相背也。"臣鍇以爲:兩翅自可相背,不必從𠦝,此亦異體也。

直 《説文》:"正見也。故從十、目、乚。"陽冰曰:"正視難見,故從乚[②],音隱。"臣鍇曰:正直爲直,乚者,能見其曲隱處,陽冰所言安矣。

率 《説文》:"捕鳥畢也。象絲罔,上下其竿柄也。"陽冰云:"率,車也。玄,牽省,系系相牽之義[③]。入,集也。八八,眾象也。十,十人也,作捕鳥之具,許氏誤用。"臣鍇以爲:《爾雅》"緋,繂也",率古蓋同[④],安得非畢罔。陽冰云車,未見此訓,餘亦臆説。

土 《説文》:"二,象地之下、地之中;丨,物出也。"陽冰云:"土數五,成數十,取成數。下一,地也。"臣鍇以爲:士字從十從一,陽冰無異義。今云土字從十、一,則士字復何以處之? 其安甚矣!

𡎓 《説文》:"從留省,從土。土,所以止,此與在同意。"陽冰云:"從卯,卯時人不臥。"臣鍇以爲:人君未明求衣,昧旦不顯,卿士當夙夜浚明,庶人宵興,日出而作,豈至卯時方起乎?

封 《説文》:"爵諸侯之土。從之、土、寸,寸,其制度。"陽冰云:"從古文𡉙,古文𡉙從𡉙、一。'之下土'音皇,非封。"臣鍇以爲:之者,受命而往,各之其國土也。𡉙音皇字[⑤],之土兩字合之;封字,之土寸三字合之,較然有分,非所譏也。

金 《説文》:"從土,左右注,象金在土中形,今聲。上古

---

① 【校】背違也,從飛下兩翅,按:非部注無"背"字、"兩"字。

② 【校】"從乚"下當補"乚"字。

③ 【校】玄牽省系系相牽,當作"從牽𡉀系省,系而相牽"。

④ 【校】"蓋同"下當有"繂"字。

⑤ 今按:"音皇"二字疑當爲注文。

文。"陽冰云:"當作金,許慎金體非。"**臣鍇以爲**:金古文,蓋古篆如此。金爲正體,陽冰合之,妄矣。

勺 《説文》:"把取也。象形,中有質[1],與包同意。"陽冰云:"古文不從屈一之體,并從勺。勺一爲勺,二爲勻。一,少也;二,漸多也。兩均之義。許氏同俗輩云'一勺爲與',便謂中畫屈一,則與与字同部。又云'包同意',此正勺也,豈得爲同意哉?移入勺部,之略反。大小篆勺如此,許氏勺如此。"**臣鍇以爲**:勺,一勺也,《禮》云:"今夫海一勺水之多。"實少也。與包同意,則勺外之勺與勺蓋不相遠,與陽冰之所勺異者微[2],無足致議也。

与 《説文》:"賜予也。一勺爲與,與予皆同。"[3]陽冰云:"中畫盤屈,兩頭各鉤,物有交互相與之義,與互同意。許云一勺,甚涉迂誕,與屈中爲虫何殊?"**臣鍇以爲**:勺,取也,謂把取而與之。一而與之,無或二、三也。言與則直與爾,何必交互乃爲相與。雖篆有今古,筆有省便,義無踰於慎也。

矛 《説文》:"酋矛也。篆形。"[4]陽冰作矛,然無所説。**臣鍇以爲**:矛戟之字直如許慎所作。丨,其柄也;上勺,其首也;勺,亦其枝也;丿,其建衣也。陽冰所作矛,本出蟊賊字,蟊字上非矛字,亦不成文。中丨直象苗之莖,勺象蟲緣繞,自下而上食其葉端。今人見此,因書中矛戟字與之同,妄矣。

巳 《説文》:"蛇食象形。"[5]陽冰云:"從已中一,不合次已下。"**臣鍇以爲**:已亦屈伸可象巴蛇。陽冰妄矣。

庚 《説文》云:"秋時萬物庚庚有實也。"陽冰云:"從干、門,象人兩手把干立庚庚然,《史記》'大橫庚庚'是也。"**臣鍇按**:《史

---

① 【校】有質,當作"有實"。**今按**:四庫本作"有實"。
② 【校】所勺,當作"勺所"。**今按**:四部叢刊本作"勺所"。
③ 【校】"與予皆同"下當有"意"字。勺部勺篆注譌作"此即'與'同"。**今按**:一勺爲與,當從正文作"一勺爲与"。
④ 【校】篆形,當作"象形"。**今按**:四庫本作"象形"。
⑤ 【校】"食象"下當補"象"字。標題大篆當作巳。作巳,陽冰體。

記》:“漢文帝卜得兆正橫[1]，其繇曰：大橫庚庚。”然則庚庚，橫貌也。木實亦橫著樹。陽冰云“兩手把干立爲庚庚”，立則豎矣，豈得庚庚乎！又按：李斯篆庚字正如許慎，則知陽冰妄矣。

𠫓 《説文》:“不順忽出也。從倒子，不孝子突出也。”陽冰云：“疏、流二字并從古𠫓。疏通流行也。豈不順哉！”**臣鍇以爲**：疏、流非取不順，蓋取出之速疾爾。子之事父，出必告，今不順，故忽然自出，故速也。冰所言煩蕪，今不復載之也。

午 《説文》:“啎也。五月，陰氣午逆陽，冒地而出。與矢同意。”陽冰云：“五月筍成，竹之半枝出地。”**臣鍇以爲**:《説文》十幹十二辰皆取象天地及气之出入，或取物之大者，豈取半竹乎？五字既陰陽交午，此午則象陰之衝陽，陽上冒而未徹，矢亦象上射，象射以徹春氣。又五月屮木并盛，銜華載實者眾，豈獨竹乎？

戌 《説文》:“九月，萬物畢成，陽下入地，從戊含一也，五行土生於戊，盛於戌。從戌[2]，一聲。”陽冰曰：“戊，土也；一，陽也。陽氣入地，一固非聲。”**臣鍇以爲**：一自與戌爲聲，不勞入地也。

亥 《説文》曰：“二，古上字。一人男一人女。乙象懷子侅侅之形。”[3]陽冰曰：“古文本象豕形，諸義穿鑿之爾。”“亥，古文亥從豕。”陽冰曰：“本象豕，減一畫爾，篆文乃從二首六身。”**臣鍇以爲**：二首六身，丘明所記，史趙所言，豈得謂之穿鑿？蓋古文、篆文文體互變。謹按:《孔子家語》:“子夏聞讀史‘三豕渡河’，知己誤爲三，亥誤爲豕。”然則古文亥當作亥也。及史趙所云“亥有二首六身”則爲篆文亥矣。杜預注云“下亥上二畫豎置身旁”，則如算之六也。按：士匄云：“二萬六千六百有六旬矣。”[4]今據李斯書亥字亥如此[5]。然則二畫豎則算家之二萬，乚曲次之，則似算家之六千，丁象

① 【校】得兆正橫，當作“兆得大橫”。

② **今按**：戌，當從卷第二十八説解改“戊”。

③ 【校】侅侅，按：亥部注作“咳咳”。

④ 【校】六旬矣，“矣”當作“也”。

⑤ 【校】書亥字亥如此，當作“書亥字作亥”。

算家之六百，又丁則算家之隔位六矣①。此蓋史趙以亥字布畫，偶有此形，因舉言之，亦不言亥字之義，則如許慎所説。陽冰妄非趙、許，不足言也。

臣鍇以爲：文字之義，無出《説文》，而古來學者，尠能師尚，輕薄之徒，互矜字義。六書既未能曉，《蒼》《雅》曾不經懷。蔡邕，漢末碩學，而云"色絲爲絶"，殊不知"絶"字糸旁爲刀，刀下爲卩。而又況不及蔡者乎？魏祖以"合"爲"人一口"，吳人云"無口爲天，有口爲吾"，曾不知"吳"從"矢"。梁武書"貞"字爲"與上人"，取會嬉戲，無顧經典矣。庾肩吾方述書法，乃云"土力爲地"；隨文帝惡"隨"字爲走，乃去之成"隋"字。"隋，裂肉也"，其不祥大焉②。殊不知"隨"從辵，"辵，安步也"，而妄去之者，豈非不學之故？將亦天奪其明乎？及顏元孫作《干祿字書》，欲以訓世，其從孫真卿書之于石，而"鼇"字改"末"爲"牙"，"冕"字轉"冂"爲"门"；鄰，正體也，而謂之訛，隣，俗謬也，反謂之正。蓋爲病矣。又，國子司業張參作《五經文字》，"秫"爲古"殺"字，而刊石作"畷"；腦字，巛旁匘，轉寫者以巛在右，乃作"剒"，云"匘"字，不亦疏乎？又，圖讖之興，興于兩漢。自唐堯申四岳之命，箕子陳五行之書，《河圖》《洛書》聖人則之，此天所以陰隲下人而聖人知命之術也③。自仲舒、劉向博極其學，其餘諸子多非兼才，其陳説圖讖，皆玄契將來。然離合文字，本非其術，至使所作符命文字，皆俗體相兼。顏之推論之詳矣。又童謠讖亦天所以告俗人，或時之讖占候者隨事而作，以傳俗聞，未可以文字言也。君子於其言，無所苟而已矣，況文字乎？又點畫之法，著自前聞，蓋博物君子，優游端粹，援豪布墨，寫其心素，寬閒由其樂易，精粹自其端平。規旋矩折，如中繩墨。蕭何題署，張芝章

---

① 【校】隔位六矣，"隔位"二字衍，"六"下當補"十"字。
② 【校】"大焉"上當有"莫"字。
③ **今按**：下人，四部叢刊本作"下民"。

草，筆跡輕重，著在縑緗。而後之學者棄本逐末，爭求點畫之妙，不測布置之由，乃至刪除點畫，加減隨意。是有杶幹之才，而不得棟宇之法，豫章杞梓，得無枉屈之嘆乎？目巧之室，臣所不取。又梁武帝觀鍾繇書，云"損補巧密"。臣以爲"損"謂字闊則畫短，間狹則點微；"補"謂字狹則畫盈，字疏則點壯爾。古謂善結字者，謂布置也。點畫雖多，善布置者不覺其密；點畫雖少，能結字者不見其疏。此乃可稱爾。若多則師心以減，少則任意以增，以求平滿，則誰實不能？事不師古，亦臣所恥，今文字可謂訛矣。陛下神襟勝氣，獨冠皇流，多才多藝，俯弘小學。以虞舜好問之德，兼漢宣乙夜之勤。蓋太山起於一拳，巨海由乎一勺，將裨事業，無遺幽介，臣亦何者而不上其所見哉！

說文解字類聚第三十七

繫傳三十七①

文林郎守祕書省校書郎臣徐鍇撰

一二三四五卝ㄅ八九十百千

夫物生而後有象，象而後有滋，滋而後有數。昔伏羲氏繼天而興，爲百代倡，德首於木，天地之始也。帝出于震，萬物之原也，於是始作《易》，觀龜魚之文，以畫八卦，以類萬物之情。龜，象也。筮，數也。八卦之畫，書之原也。是以 一二三 皆數而畫之也。積多則煩，故自 四 皆象也。四方之分，故象天地之分。五者，午也，故象交午者，陰陽之爭也。陰陽爭必伏，故 卝 象陽之入伏陰也。伏而不已必升，故 ㄅ 象陽之升也。其出地也礙，故衺曲也。八亦陰也，陰彌長，無復陽，故象陰之分列而已也。九者，陽之極也，陽久則屈曲，究竟放肆闡緩之象也。十 則數已終也，四方具焉。百者亦成數也，故從一從 白；白，詞語也。千 者數之彌大可舉也，故從 人 持 十 爲千。此數之略也。

於番朮兄乎曰兮丂粵乎可曾狀系和

右皆詞也。詞者，語之助也，始或先之，終或送之。聲之大者莫大乎雷，息之大者莫大乎風。風之飄飄或先之也，雷之隆隆將遣之也。窱者、汙者，風之曲折也；翁也、激也，气之將轉也。《春秋》曰"於越入吳"，《詩》曰"曆不畏明"，皆語之先也。《語》曰"於從政乎何有"，《騷》曰"山中人兮芳杜若"，此皆气之轉也。

---

① 【校】繫傳三十七，當作"類聚篇"。今按：四庫本作"類聚"。

《詩》曰"母也天只，不諒人只"，《語》曰"吾無隱乎爾"，此皆語之餘也。文者心之圖，以曲盡爲能也。君子之言也，舒其節也。審聽其音息而知其意，況聞其言乎！聞其鳴嘆，足以感人之性，況觀其行事乎！是故周人觀晉使曰"客容猛，非祭焉"，而周公善聽不言之説也。屰者，始也；古之烏字也；異盛气以發言也。故象气之烏聚。今試言烏，則气自口出而分散且眾。曰者，詞言之气，從鼻出，與口相助。故象口之氣左右出而上合也。尚也者，亦辭之助，故從之。宋者，詞之必然，猶云如此也。若《禮》曰"鼎鼎爾、猶猶爾"，在句之下，故象入而丨左右分。今試言爾，則口气直出旁四散而盡也。只音枳者，語已辭也，故象口气下引之形，在句之外。今試言只，則下脣收而气下出而微也。乃者，曳詞之難，若《春秋》曰"公至河有疾乃復"，又曰"郊牛之口傷，乃免牲"，皆中有事而改，非便止，故加"乃"以緩之，容有謀也。故象气之出難。今試言乃，則气緩而迂也。屮，詞也。故從口、乚。乚，氣上出也。與粵異。粵，於也，上有所連，曰直發端而已，故气自上出無所閡。粵從于，于上閡於一也。故《虞書》之首云"曰若稽古帝堯、帝舜"也。或難曰："漢《洪範》云'曰雨曰霽'[1]，豈是上無所連？"臣應之曰："豈得不然。此先言卜，五占用二，總舉其綱紀，然後別發端云'曰雨曰霽'，每一曰則文斷而自爲首也。粵，於也，故曰'粵若來三月'，皆連上文。"難者曰："王延壽云'粵若稽古，帝漢'，粵字豈有所連？"臣又應曰："延壽之賦，實模引《尚書》，本當作'曰'，相承假借爲'粵'，非實字也。"丂者，气欲舒出勹上，閡於一也。古文以爲巧字。今試言丂，則气出口而上其聲，上而不遠，故欲舒而上閡也，故今兮字從之。兮者，詞之所考也，若言"美人兮、西方之人兮"。慎疑審事，言必稽考，用駐其詞，義近於粵，在句之中，語之曲折也。今試言兮，則气越出而稽留，故從丂上八。八，气之稽留也。乎者，於也，象气之舒。于從一，象

---

① 【校】漢《洪範》，"漢"字疑衍。**今按**：四庫本無"漢"。

其气平。今試言于，則气在口鬱紆，既口平直而往上，若有所制
也。夫事無所疑則直言于，若言"嬪于虞"，謂已歷試降于虞，無
所疑也。"于時言言，于時語語"，言者室既處之而已，亦無所疑也。
粤者，于之審慎也，故《書》曰"粤三日丁亥"，又曰"粤若來三
月"，君子無易猶言，將形於舌，必隱於心，外言粤以續其聲，使
無斷絶，心實內數其日月以言之也，故從宷審字也。又曰"亦越我
武王"，又曰"對越在天"，皆當作粤，借越字也。粤者會意，故無
出口之象也。乎者，語之餘也。若《詩》曰"宣其然乎"，傳曰"其
是之謂乎"，在句之外。今試言乎，則聲出口而揚，舉缸而大，故
乎從兮。兮者有所稽考，乎者若有所疑問，皆相類，故乎從兮而復
象气之越揚也。丂，气也。丂者，气欲舒而有閡。今試言丂，則其
气自口而下，去口不遠。反丂爲㝵，音詞，則气薆而無閡。㝵猶詞
也，故可從㝵。可，肯也，既可則聲薆而通也；故可從口、㝵，以
言可之也。曾者，詞之舒也。《詩》曰"曾是莫聽"，曰者，詞也。
今試言曾，則气直出口而分，故象之也。弞者，詞之況也。《書》曰：
"弞内史友，外史友。"況譬當勁疾，故從矢，弞亦抽引之詞，故從引
省。今試言弞，則气直激而疾也。矣者，語已詞也。《詩》曰"何嗟
及矣、誰昔然矣"，《語》曰"賓不顧矣"，皆事之訣絶，無所柰何者
也[1]。矢者，亦所以訣絶，不復返之意也。今試言矣，則气亦直而出
也。凡此數者皆虛也，激去不返而尤疾也。知者，謂也[2]，憭也，覺
也。覺知之，欲其速，故從矢。心術之深，非明者不能見，故以
口則易知也。今試言知，則气亦直而激也。凡此數者皆虛也，無
形可象，故擬其口气之出入、舒疾、高下、聚散以爲之制也。若
夫其，緩詞而象於箕；云，發語而本於气；巿 音扶爲民夫之借；舃
有烏鳥之名；且 同人體；㒓 兼禺屬；阿 爲負儋；斯 則析薪；己
爲薏以；它 爲蛇巳。若此之類，皆兼實名，則取象自別也。然則

_____

① 柰，四庫本作"奈"。
② 【校】謂也，當作"詞之"。今按：四部叢刊本作"詞也"。

詞之虛立，與實相扶，物之受名，依詞取義。"云"之出气則紛然雲撓，"其"之發口則哆矣箕張。推此求之，餘可知矣。此皆詞之類也。

𣱟 火 金 木 土 米

此六府也。昔伏羲之卦，文之初也。蒼頡、沮誦知結繩之不可以久也，仰觀俯察始爲文，蓋皆象形，此六者是也。五行者，天之五佐，德之大者也，故皆象之。米，人所以生也；木 則穀也；木 者，麻之類也，人所以衣也，故專象之。𣱟 之 人 則無復詰屈而流，故犆象其凝結之形也。火 則無變矣。合抱之木，生於豪末，故 木 生於 屮。中，木之初也。土 爲陰，陰數二，土以重厚爲德。張華曰："凡土三尺已上爲壤，三尺已下爲土。"故土必重。所以名土者，吐也，能生萬物，故象二之有所出也。金 生於土，左右注皆金也。米 者，象左右粟粒也，不從於 屮，所以貴也。此六者有形之主，而六者之孳益不可勝載也。後之賢者隨義而益之，故有字。凡物之大者略已象之爲文矣，後之字皆孳合而爲之，亦不能及遠故也，是之謂六府之類也。

山 巛 厂 广 井 宀

夫地之所載，土之自出。山，土之鎮也，萬物之育也，精氣之宅也，故象之。山 巛 出雲，以利天下。河潤九里，餘三百步，澤之大也，故亦象之。改邑不改 井，八家共井，所以養也，故犆象也。厂 者，山崖之可居也。古始變穴居，或依山而居，重人之所居，广 亦同象之。宀 亦宮室之象也。此五者之孳化，亦不可勝載也，是之謂地類也。

日 月 云 雨

夫仰則觀象於天，日 月 是已。云 雨 皆不獨存，皆上屬於天，雲象其決鬱，回復於天之下。雨亦象其自雲而下也。故犆象之，是之謂天類也。

屮 𡳿 𣏌 勿 𤓰 目 月 自

夫有生莫靈於人，故 🔣 🔣 皆象之。🔣 亦象也，覆者用爪，仰則見掌，故反爪爲 🔣。🔣 亦象其冠帶之形。🔣，人之日月也。🔣，人之體也。🔣，人之元也，故牨象之，是之謂人類。凡四者之類出之也。

🔣 🔣 🔣 🔣 🔣 🔣

夫 🔣 者，羽族之通名也，中有牨焉。🔣，日中之禽也，感孝而至。🔣 者，知歲之所在。歲者，福也。俚語曰“干舄噪則行人至”，然則祥鳥也。🔣 者，識啟閉之候。🔣 者，百禽之長，膺仁、背義、腹信、翼順，擇地而翔，有德而下，延首奮翼，五光備舉。《詩》曰“鳳凰于飛，翽翽其羽”，故象其羽翼森纏沃若之形也。🔣 出江淮之際，亦奇禽也，則未知今爲何鳥焉。皆鳥之貴也，故取象之，是之謂羽族之屬。凡羽族之類出之也。

🔣 🔣 🔣 🔣 🔣

🔣 者，蟲之長也，君子有比焉，故從肉以象其神，而飛騰撓弱，不可制之象也。🔣 者，虫之別也，故牨象之。🔣，蟲之異也。天生神物，聖人用之，故象其外骨之形。🔣，水屬也，大者千里，未有知其修者，象其振鬣掉尾之形也。🔣，天之气也。陰陽之表以生，形似於蟲，水激暘亦能生之，古今見者多言其有首尾，非可貴也，故附於蟲。🔣 者，晻昧而疑於雲，故附於雨。是之謂水族之類。凡此皆以水族之類出之也。

🔣 🔣 🔣 🔣 🔣 🔣 🔣 🔣

🔣 者大物，故曰一元大武。🔣，所以守 🔣。🔣，宗廟之牲也。🔣，所服用也。🔣，神物也，能識不直。🔣 與牛羊特驚異，視其解角以知其時，故象之。有 🔣 爰爰，獸之趨狡也，以豪爲用。🔣，毛族而穴處，疑於蟲獸，故謹而象之。是謂獸類。凡厽者之類出之也。

🔣 🔣 🔣 🔣 🔣 🔣

🔣 者，民之所貴也。🔣，麥也，天降嘉種，敬而象之。🔣 者，穀而異，象其出土，旁引蔓。🔣 者，菜之有益者也，得气之和，故

一種而久。《尚書》曰："包匭菁茅。"菁，韭也。艸者，陰而含陽，非艸非木，故謹而象之。竹叢生，故并兩。𥏫，蔓茅也，菖華赤者也，連茹而生，艸之秀異，故從舜，以言其根連若行，亦非植象之也。是之謂禾竹之類，凡禾竹之類出之也。

甲乙丙个戊己庚辛壬癸

十日者治厤之本也。甲象東北十三月之時，陽始欲出，正其體然，上有所冒。乙者，二月之後，軋然已出矣。冒險而出，其出難，故乙然詰屈也。丙爲四月，已出而内外皆照，炳然而正。∩，内外之分也。个爲五月，其體丁壯，象其正身，無所屈撓。戊己爲六月，戊象居中，五方相句，絞相成也。己，正身在中，四顧望也。庚爲七月，萬物成實，故象實之著乎枝幹也。辛爲八月，物已成而未熟，陰气未極，陽气未萌，無復象似，萬物將收縮，白露制物，故取辛①，萬物之見焦殺，若獲皋然也。壬者，十月十一月之交也，陰陽初交壬，象物之上下相交受也。癸者，十二月之時也，土反其宅，水歸其壑，土縮其壞，水收其潦，故象水自四方流入内也。此十幹之類也。

子丑寅卯辰巳午未申酉戌亥

右十二次也。人含陽以生子者，人之初也。象陽之初起於歲十一月。子，嬰兒之象也。丑爲十二月，陽气彌長，有爲之時也。天造艸昧，建侯而不寧，象人之手有爲。陽用力爲之，陰用力以制之，皆象用手也。寅爲十三月，陽謀成而出，陰惡甚而力擯之。西伯戡黎之時耶，故象陽衝陰而出，上有冒也。卯爲二月，陽逾强，陰不能制，故象陽開出也。辰爲三月，陽气長而未盛，無可以象，故從乙。乙，物出也，人人加功之時也。二，上也，星在上也。二，古文上字，上畫短，下畫長，厂爲聲，此形聲字也。巳爲四月，巳爲蛇，蛇之變化成文章。正陽之月，文明之時，故象蛇形也。午爲五月，陰之初生，迕逆陽气。一，地也；人，陽也；丨象

---

① 【校】"取辛"下當補"一"字。今按：四部叢刊本有"一"。

陰出衝午之也。（图）爲六月，艸木盛於五月，故聚畜百藥，木气之盛也。味主在和。五月木雖盛，純陽而已，味一而未和；至六月得陰气，委殺乃盛，成而有味，故象之。（图）爲七月，陰生三月矣。三月一時，陰體成矣。成則自申固而收束，故象之。（图）爲八月，萬物負陰而抱陽，陽气將潛，萬物隨之以入，故象門之閉也。與（图）同意。（图）爲九月，陽气將滅，土生於戌，盛於戌，言陽將入於土也。故從戌、一，亦象之也。（图）爲十月，盛陰接陽，絪緼搆精，化育之象。十一月而子生矣，故象之也。此十二支也，故以配日曰榦也。

天地絪緼，萬物化生，天感而下，地感而上，陰陽交泰，萬物咸亨。陽以經之，陰以緯之，天地經之，人實緯之，故曰經天緯地之謂文。

說文解字錯綜卷第三十八

繋傳三十八[①]

文林郎守祕書省校書郎臣徐鍇撰

　　昔聖人之作書也，觀象於天而生文，觀變於陰陽而爲字，幽贊於神明而河出圖、洛出書，極數於萬物而秬秠降，測實於幽冥而鬼哭。察於無聲，著於無形，曲而因之，隨而模之，一而繩之，所以窮高遠而徹幽隱者也。止戈而爲武，交條而爲文。武者，救患於未萌；文者，陶鈞於既成，其治之大乎！君子曰："作書者其知後世之患乎？其聖人之留神乎？"君子人者[②]，若能修之，善人勉焉，淫人聳焉。故畫一以極其本，加二以致其變，屈曲究竟以盡其意，孳而胤之以窮其機。故萬物舛形，剛柔分情，隆弛其德，更貿其迹。一著於筆，如置金石，刻於彝器，罔敢或二。故定天下之糾紛，成萬物之精華者，莫大於書。非天下之至精，其孰能作之。逝者没也，來者進也，没則瀎滅，進則過溢。往者著之，來者平之，追往而迎來，立中而定之，以爲萬世法。非天下之至正，其孰能作之。民心不齊，世變風移。夸而自巧以誣國，寶器不中法謂之悖道。故立匸音方以爲器，正矩以爲工。人君若能察之，大化得焉，萬民一焉。非天下之大智，其孰能作之。是以君子所樂而玩者，文之質也；所取而馮者，字之意也。以行事者取其義，以作器者尚其規。故曰：皿蟲爲蠱，反正爲乏，非天下之至神，其孰能作之。其稱名也小，其取義也大，其著於人也深。精則簡，麤則繁，故人獸異也。精者

---

① 【校】繋傳三十八，當作"錯綜篇"。今按：四庫本作"錯綜"。

② 今按：君子人者，四部叢刊本作"君人者"。

象而龘者譬，故日月丘陵殊也。古者聖人之心在於書乎？故著而行之。是以古之王者立中而天下治，正家而天下定，南面而治，垂衣裳而已矣，蓋著於王。王字也。天無私覆，地無私載，日月無私照，人君法之，故背私而爲公，蓋著於公。八，背也；厶，私也。王者之道，廣覆兼愛，無適也，無莫也，蓋著於衣。衣下覆二人之象。爲上者正身以出令，蓋著於君。古文君爲𠺞，今文尹、口。尹，正也。爲下者鞠躬以事其上，蓋著於臣。曲身之狀。君子居於正，故能久，蓋著之立①。天不能獨運，地以佐之；君不能獨治，臣以佐之。交修可否，以成其德，故令出而不擁，蓋著於行。彳，兩彳相佐佑。殺者所以立法也，故務於去惡。去惡而善行矣，蓋著於荆。荆從井，井，法也。古者制器有象，成象有矩，蓋著於工。古者敬鬼神而遠之，人不易物，惟德繁物，故神不享，其珍而享。其德無法則煩，煩則黷，黷則無福，蓋著於巫。巫從工。工，法也。古者制民畢力於田，蓋著於男。其有德則爲官長，正車服，衣冠而臨之，蓋著於夫。古之制以其所有易其所無，交易而退，各得其所。區而別之，交而不爭，蓋著於市。市從丩几乙及也。丩，其中分界也②。唯口出好興戎，尚口乃窮，是以古之君子信心而後行。故令行而不逆，隱括而後語，故語出而遠應。喋喋之辭，君子慎之，蓋著於言。言從口、辛。辛，愆字。天得一以成，地得一以寧，故天地之動，貞夫一者也。古之君子得一善則拳拳服膺而不捨，《書》曰："安汝止。"得一而止之，大中之道也，蓋著於正。正者，直也，古之君子一其心而事君。夫子曰"一以貫之"，"三代之所以直道也而行也"，蓋著於德。與悳字同。古之君子則天以臨民，剛以經之，柔以緯之，陽以繩之，陰以緷之，寬以濟之，猛以糾之。故文武之道，一弛而一張，文陽而武陰，蓋著之明。明從日從月，陰陽之象也。

---

① 【校】著之，當作"著於"。

② 【校】注有譌脱，當作"市，從冂從丩，從之省。丩，古及字；冂，其中分界也"。

說文解字疑義卷第三十九

繫傳三十九 [①]

文林郎守祕書省校書郎臣徐鍇撰

　　古者文字少而民務寡，是以古字多象形、假借。後代事繁，字轉滋益形聲，實象則不能紀遠故也[②]。始於八卦，瞻天擬地，日盈月虧，山拔水曲，金散土重，木挺而上，艸聚而下，皆象形也。無形可載，有勢可見，則爲指事。上下之別，起於互對，有下而上，上名所以立；有上而下，下名所以生，無定物也。故立“一”而下上引之，以見指歸，故曰指事。會意者，人事也。無形無勢，取義垂訓，故作會意。載戢干戈，殺以止殺，故止戈則爲武。君子先行其言而後從之，去食存信，故人言必信[③]。無形可象，無勢可指，無意可會，故作形聲。江河四瀆，名以地分；華岱五岳，號隨境異；逶迤峻極，其狀本同。故立體於側，各以聲韻別之。六書之中，最爲淺末，故後代滋益多附焉。屬類成字，而復於偏旁訓，博喻近譬，故爲轉注。人毛匕音化爲老，壽、耆、耋亦老，故以老字注之。受意於老，轉相傳注，故謂之轉注。義近形聲而有異焉。形聲江河不同，灘涇各異；轉注考老實同，妙好無隔。此其分也。五者不足，則假借之，古人簡易之意也。出令去聲所以使令平，或長平於德，或長上聲於年，皆可爲長，故因而假之。若衣平在體爲衣去，巾平車爲巾去之類也。此聖人制字之大倫。而中古之後，師有愚智，學有工

---

① 【校】繫傳三十九，當作“疑義篇”。**今按**: 四庫本作“疑義”。

② 【校】實象，疑當作“比附”。

③ 【校】人言必，“必”當作“爲”。

拙，智者據義而借，令長之類是也；淺者遠而假之，若《山海經》以“俊”爲“舜”，《列子》以“進”爲“盡”也。又有本字湮没，假借獨行。若《春秋》“苫盟”，本宜作“隷”，今則爲“苫”省者是也①。減“婚”之字本當從女，今之婚字，世所不行。從便則假借難移，論義則宜有分別。今於《通釋》之内，各於本注注之，以省疑釋滯，成一家之説。

𣂴 案：《説文》有劉、瀏等字而無此字，疑脱漏。臣鍇以爲《爾雅》“劉，殺也”，《尚書》曰“重我民，無盡劉”，當云“從刀、金，丣聲”，或曰“從刀，鎦省聲”。

志 案：《説文》有誌字而無此字，亦脱誤。臣鍇據《詩序》“在心爲志，發言爲詩”，當云“從心，之聲”，當在心部。

驛 案：《説文》埅字注云“從土，驛省聲”而無驛字②，亦脱誤。

希 案：《説文》有稀、莃等字而無此字，亦脱誤。或疑稀字從禾從爻從巾，爻巾皆象歷歷然稀疏皃；莃字從稀省，亦未審也。

崔 案：《説文》有摧、漼等字而無此字，此當是崔字之省也③。

冕 案：《説文》有挽、晩等字而無此字，脱誤。

由 案：《説文》有油、宙、軸等字而無此字，亦脱誤。李陽冰云“即缶字同”④，今按：古有由字，亦未審也。

右據偏旁有之，而諸部不見，此蓋相承脱誤，非著書之時本所無，故記於此。

右皆《説文》字體與小篆有小異者。文字之興，自伏羲始。八

---

① 【校】“是也”二字當在前行末“省者”之上。
② 【校】埅注“驛”，按：土部埅篆注作“從隓省”，蓋後人所改。
③ 【校】崔，字當作“崔”字。
④ 【校】即缶，當作“即𠙴缶”。按：此擬補七字，鉉采“志、崔”羼入許書，次立又依鉉補此本。

卦兆其原，鳥迹著其體。帝王迭興，改物刱名。河出圖，洛出書，符命異形，民物異聽①，文字多品，誰能一之。然自三代已前，人事未備，天所制也。故曰：道不貸三代，法不過三王。貸而過之，謂之變古，故三正迭用，不是過矣。典謨前志，帝王之榘矱也；訓誥號誓，國家之杓秉也。文字者，矩矱之區宅而號令之鐘鼓也。一有而不可廢，則其爲用也大矣哉！故立象以盡意也，象可忘而不可弃。乾坤毀而無以見《易》，文字滅則無以見經；無以見經則聖人之道或幾乎隊矣。天子之制，車同軌，書同文，一民之耳目必也，無訟之端也。故《周禮》保氏掌教國子六書，又曰：司寇之屬，掌通諸侯，“八歲屬瞽史，諭書名”②。此皆所以制天下、御諸侯之經也。故古者以鳥迹爲始，即古文也。書有工拙，或引筆爲畫，頭重而尾纖，取類賦名，謂之科斗，孔子壁書、滕公墓銘是也。大篆，史籀所作，所謂籀文是也。字體繁複，蓋與古文并行，故孔子時經復行古文也。秦政嚴急，務趣約易，李斯頗删籀文，謂之小篆，會稽山銘及今之篆文是也。苛暴尤甚，篆復不足以給，故程邈作古隸以自贖，字畫曲折，點綴易成，即今之隸文，但無八法而已。凡此五者，皆正文也。而鳥書、蟲書、刻符、殳書之類，隨事立制，同於圖畫，非文字之常也。然而愚智不同，師説或異，豪端曲折，不能不小有異同。許慎所解，解其義也，點畫多少，皆案程式。李斯小篆，隨筆增減，所謂“秦文或字”，體或與小篆爲異，其中亦多云“此篆文”“此古文”是也。如“衣”之類本以“覆二人”爲義，𧘇本從三屬，𧝑本從倒亡，皆本如此。而小篆引筆乃有小異。而李陽冰一改之，使依秦刻石，不亦疏乎？今有所書寫，則可依秦文者依之，至於連篇按部，一歸之《説文》本體。故臣所書字體與小篆不異者或依小篆，如𠷎字中畫本直，小篆上偃之類。其陽冰所説與《説文》乖異者，并入《袪妄篇》。又《穆天子傳》《山海經》、諸子

---

① **今按**：聽，當作“德”。

② **今按**：八，今本《周禮・秋官司寇》作“九”。

所有異字，本皆篆體相承，隸書重紕貤謬，未始有極，《古文尚書》足以證矣。既未可深考，所不取焉。五體之外，漢魏以來，縣鍼、倒䪫、偃波、垂露之類，皆字體之外飾，造者可述。而齊蕭子良、王融、韋仲、庚元威之徒隨意增益，妄施小巧，以異爲博，以多爲貴。至於宋景之史、秋胡之妻皆令撰書，厚誣前人，以成己學。是以王融作七國時書皆成隸字，其爲虛誕，不言可明。是以一百二十文體，臣所不敢言也。

説文解字系述卷第四十

繫傳四十 [①]

文林郎守祕書省校書郎臣徐鍇撰

《説文》之學遠矣，時歷九代，年移七百。保氏弛教，學人墮業，聖人不作，神旨幽沫。故臣附其本書，作《通釋》第一至三十。

分部相屬，因而繹之，觸類而長之，以究竟天下之事，久則不昭，昧則無次。抽其緒，作《部敘》第三十一至三十二。

文字者，聖人之所以極深而研幾也，天地日月之經也，忠孝仁義之本也，朝廷上下之法也，禮樂法度之規也。人君能明之，立四極包四海之道也；人臣能明之，事君理下之則也。字別有義，具之則繁，沿流索潤，以反其原。舉其要，作《通論》三十三至三十五。

字指澄深，學者不曉，譏者皆妄，作《袪妄》第三十六。

稟受有義，朋友有群，譬諸艸木，區別是分，萬類紛糅，不相奪倫，作《類聚》第三十七。

文有不得盡言，言有不得盡意，曼者失真，拘者多滯，或同或異，推極其情，"皦如也，繹如也，以成"，作《錯綜》第三十八。

書闕簡脱，傳者異詞，述者不明，後人洞疑，作《疑義》第三十九。

昔在伏羲，設卦興統去聲，黄帝作書，蒼頡沮誦。周宣中興，

---

① 【校】繫傳四十，當作"系述篇"。**今按**：四庫本作"系述"。

史籀是承。爰及許慎，維綱振繩，勒成一家，大義以弘。傳非其人，訛偽相仍。聖皇紹祚，粵若稽古，通幽洞冥，萬物咸覩。實生下臣，是經是綸，作《系述》第四十。

跋 [1]

熙寧己酉冬，傳監察王聖美本，翰林祇候劉允恭等篆，子容
題時領少府，并詳定天下印文。允恭等，案吏也

司農南齊再看，舊闕二十五、三十，共二卷，俟別求補寫

嘉祐中，予編定集賢書籍。暇日，因往見樞相宋鄭公，謂予
曰："知君校中祕書，皆以文字訂正，此正校讎之事也。"又曰："文
字之學，今世罕傳。《說文》之外，復得何書？"予以徐公《繫傳》
爲對。公曰："某少時觀此，未以爲奇。其後兄弟留心字學，當世所
有之書，訪求殆遍。其間論議，曾不得徐公之彷彿。其所據 [2]，以今
所得校之，十不及其五六。誠該洽無比也。"又問予曰："小徐學問、
文章、才敏皆優於其兄，而後人稱美出其兄下，何耶？"予曰："信
如公言。所以然者，楚金仕江左，少年早卒；鼎臣歸朝，公卿皆與
之遊，士大夫從其學者亦眾，宜乎名高一時也。"公再三見賞，相
謂曰："君之評論，精詣如此，當書錄以遺，異日修史者不能出此說
也。"因校此書畢，追思公言，聊志諸卷末。己酉十二月五日子容
題。

---

① **今按：** 底本無題，此題爲整理者所加。下同。
② **今按：** 四部叢刊本"據"上有"引"字。

跋

　　余暇日整比三館亂書，得南唐徐楚金《説文繫傳》，愛其博洽有根據，而一半斷爛不可讀。會江西漕劉文潛以書來，言李仁甫託訪此書，乃從葉石林氏借得之。方傳録，未竟，而余有補外之命，遂令小子㮚於舟中補足。此本得於蘇魏公家，而訛舛尚多，當是未經校理也。乾道癸巳十月廿四日尤袤題。

跋

　　道光丁酉之歲，淳父先生祁公奉命視學江蘇，其駐節在江陰縣。而兆洛適爲其邑書院主講，以同館故得奉謁先生。先生見，即問小徐《説文繫傳》行世者何本？別有佳本否？兆洛對以此時通行者惟歙汪氏啟淑本，訛漏不足馮。現在蘇州汪氏有宋槧不全本，顧氏有影宋鈔足本，皆佳。先生立命往借之，至即勾工梓之，命兆洛爲之校理。閱一年刻成。兆洛按：二徐之于《説文》，功力并深，才亦相逮。宋人所以重《繫傳》者，徒以《繫傳》所坿“《通論》”諸篇，原本《説文》，旁推交通，致爲妍美。而《通釋》視大徐雖時出新意，而不及大徐之淳確；又其引書似都不檢本文，略以意屬，亦不若大徐之通敏。惟兄弟祖述鄮氏，重規疊架，毋敢逾迤，實足發明叔重遺業，訂正其所不及。故學者推崇之，不能偏廢也。讀書之道，莫先識字，居今日而欲求三代之遺，舍鄮氏奚所適從哉？學者不知師古，向壁虛造，焉、烏莫辯，惟稍窺鄮氏書，庶幾足以救之。昔朱竹君先生督學安徽，病士子字跡乖戾，翻刻毛氏汲古閣本大徐《説文解字》以示之準。今先生拳拳《繫傳》，亦此意夫！又先生時時偁《朱子小學》，欲求善本刊之，分賜多士，使爲瀍守。是皆爲學之本，致治所先，誠當務之急也。故識其概，以諗來者。李兆洛識。

　　汪氏字閬原，候補道。顧氏字澗薲，諸生，以故，其孫瑞清能世其業。汪本，人誇爲北宋本，甚精雅可喜。而按《通論》卷中脊字缺筆，則亦是南宋本耳。今刻款式依以爲式，無者則以宋鈔本足之。閬原所藏，舊見澗薲所借，尚有《通釋》數卷，今止借得《部敘》《通論》等共六卷，復往借，則堅距不肯出矣。寫楷字者蘇州蔣芝生；篆文則江陰承培元、吳江吳汝庚；校之者則河閒苗夔，江陰承培元、夏灝，吳江吳汝庚也。李兆洛附識。

《説文解字繫傳校勘記》後跋

　　文字之義以訓詁而明，訓詁之學以形聲而定，自有書契以來，未有離形聲而得訓詁者也。許氏《説文》，形聲之書也，而訓詁備焉。于一字定一義，水之原、木之本也。而引證經傳，博采通人，如水出一原，而四瀆百川、溝渠く巜廓析焉；如木生一本，而側萌旁蘗、直幹樛枝畢達焉。如"某，某也""從某，某聲"，此正義也；"一曰某""或曰某"則引申旁通也；"古文以爲某字""某説以爲某字""某書以爲某字"則聲義通借也。

許書解字，通例如此，後人或妄爲移易。爲許氏之學者，亦由形聲而得訓詁，由訓詁以證經義，溯原通流，循本究末，于古今疑義可以派別條分矣。乃自唐宋以降，學許書者紛紛以形聲相聚訟，唐李陽冰，宋戴侗、郭忠恕，明趙宧光皆是。如一在木上爲末，一在木下爲本，指事也，而戴侗云"木上爲末，木下爲本，會意"；己中一爲巴，而陽冰云"不從己，從巳"。其實指事、會意非有異義，己象屈曲，亦具蛇形，不必信此疑彼也。學者可以類推。不啻溯其原而反壅之，循其本而故歧之。甚且疑許氏之學無與于經義，而傭耳僦目，是流而非原，信末而疑本。于是，非之者妄加穿鑿，疑之者縱尋斧斤，許氏之書日益喪其真。即形聲之學日益昧，無怪訓詁乖戾，經義割裂矣。

　　許書之存于今者，唐以前無完本，僅散見于經史百家疏注音義之中。唐以後所傳唯二徐本。楚金多仍舊書，其失也不免承譌蹈譌。鼎臣多所正是，其失也在襍采陽冰、楚金之説羼亂許書。然則非楚金無以正鼎臣之失，非唐人疏注所引無以正楚金之失也。無如楚金之書以艸槀傳，校梊者未能詳覈，譌踳參錯，展卷皆是。且習于鼎臣，意主先入，轉取鼎臣以增删楚金，而許書剥鑠殆盡矣。

　　淳甫先生鑒其失之日甚也，于視學吳中之日，求楚金書舊本，得影宋鈔于蘇州顧氏，梊而行之。復爲《校勘記》三卷，正其譌踳參錯，俾學者下糾鼎臣之紕繆，上泝許君之真原。且即其《通釋》

所引經史百家，以通貫訓詁，文字圭臬，不于是在哉？培元得與校
讎，仰承泝原求本之恉。按：是書貴其能通辨經字，故《記》中于説經處，校勘
尤詳。其他所引子、史、文集、説部諸書，鍇每恃肊記，多有與原書違背及書名參錯者，
今《記》中皆條辨之。其爲古今異文者，則曰“今某書作某”；其一事見兩書而所引參錯
者，則兩援以證之；其爲槼栝經傳語者，則正其字而置其文；其不箸書名者，則正其字
而以見某書證之；其爲許所引書而鍇已辨明者，則不復述；其有疑義不可通者，姑存之
以俟續考。○《記》中不能詳載全句，唯摘取譌誤處數字，證以當作某某，於文義或不
免割裂，而專以簡明爲主。○書中遺脱甚多，又古人複字多加注識于首字之下，石鼓文
可證。是書複字多闕，蓋由鈔寫者遺所注識耳，《記》中言“某下當補某某”者皆是。其
鈔寫陵亂者則云“某某當移置某某下”，或云“當在某下”。○唐人疏注及《玉篇》等字
書所引《説文》多異鉉、鍇本，且有所引字不見鉉、鍇本者，《記》中不能備載，取其義
勝者存録數條，凡言“某書引作某者”皆是。○許書每篇字次各以類從，而鉉、鍇編次，
多有不同，有爲鉉、鍇之舊異者，有爲後人鈔寫陵亂者，段氏書已詳辨之。或有爲段所
未及者，《記》中略存一二，以備參考。附書簡末，以志欣幸。道光己亥季
冬，承培元謹識。

部首字檢字表

　　本表收入《説文解字繫傳》五百四十部首字，按筆畫多少爲序排列；筆畫數相同者按起筆筆形一丨丿丶一的順序排列；起筆筆形同者按次筆筆形順序排列，以此類推。部首字後注明漢語拼音和所在頁碼，拼音折合規則見本書凡例。

一畫

一	yī	001
丨	gǔn	030
亅	jué	834
丿	piě	829
丶	zhǔ	315
乀	yí	830
乙	yǐ	952
乙	yà	775
乚	yǐn	835
〈	quǎn	753

二畫

二	èr	885
丁	dīng	953
十	shí	144
厂	hǎn	614
𠂇	zuǒ	192
丂	kǎo	300
七	qī	949
匚	fāng	838
匸	xì	837
丄	shàng	002
卜	bǔ	206
冂	jiōng	330

厂	yì	830
人	rén	520
入	rù	325
八	bā	077
九	jiǔ	949
儿	rén	566
几	jǐ	926
勹	bāo	597
匕	bǐ	543
几	shū	198
七	huà	542
冖	mì	503
丩	jiū	143
了	liǎo	958
凵	kǎn	099
厶	qū	312
乃	nǎi	300
刀	dāo	271
力	lì	904
厶	sī	601
又	yòu	188
夊	yǐn	125
巜	kuài	753
马	hàn	449

三畫

三	sān	013
干	gān	141
亏	yú	302
土	tǔ	886
士	shì	029
工	gōng	297
才	cái	395
寸	cùn	198
开	jī	296
大	dà	672
尢	wāng	675
夨	zè	674
去	tū	959
小	xiǎo	077
口	kǒu	084
囗	wéi	402
冃	mǎo	503
山	shān	603
巾	jīn	509
毛	zhé	399
彳	chì	121
彡	shān	588
亼	jí	324

亾	wáng	835
丸	wán	616
久	jiǔ	341
勺	zhuó	925
夂	zhǐ	340
夊	suī	335
夕	xī	447
广	yǎn	609
宀	mián	477
之	zhī	396
卂	xùn	774
尸	shī	561
己	jǐ	953
巳	sì	961
弓	gōng	842
子	zǐ	956
屮	chè	032
卩	jié	594
女	nǚ	809
刃	rèn	276
与	jì	626
幺	yāo	249
巛	chuān	754

四畫

王	wáng	014
井	jǐng	316
夫	fū	681
木	mù	342
朮	pìn	472
五	wǔ	949
巿	fú	516
帀	zā	396
支	zhī	193
丏	miǎn	587
不	fǒu	775
犬	quǎn	644
牙	yá	130
戈	gē	831
先	zēn	567
比	bǐ	544
瓦	wǎ	840
止	zhǐ	106
攴	pū	200
冃	mào	504
冄	rǎn	622
日	rì	431
曰	yuē	299
水	shuǐ	704
内	róu	950
午	wǔ	961
手	shǒu	787
牛	niú	080
毛	máo	560
气	qì	029
壬	rén	955
壬	tǐng	546
夭	yǎo	675

片	piàn	452
斤	jīn	927
爪	zhǎo	186
丯	jiè	277
兮	xī	301
仌	bīng	757
从	cóng	544
爻	yáo	208
凶	xiōng	472
月	yuè	444
氏	shì	830
勿	wù	622
欠	qiàn	572
丹	dān	316
殳	shū	195
亣	dà	680
六	liù	949
文	wén	589
冗	gāng	679
方	fāng	566
火	huǒ	655
斗	dǒu	928
户	hù	778
心	xīn	684
尺	chǐ	563
丑	chǒu	959
巴	bā	954
卯	qīng	596
収	gǒng	171
予	yǔ	250
𠬝	pān	173
毌	guān	449
毋	wú	829

五畫

玉	yù	015
未	wèi	961
示	shì	005
正	zhèng	110
甘	gān	299
古	gǔ	143
可	kě	301
丙	bǐng	952
左	zuǒ	297
石	shí	617
夲	tāo	679
乔	gǎo	680
厺	qù	312
疒	nè	493
戊	wù	953
戉	yuè	834
北	běi	545
𠁁	guǎi	232
歺	è	252
延	chān	125
且	jū	926
旦	dàn	439
目	mù	210
甲	jiǎ	951
申	shēn	962
号	hào	302
田	tián	900
冊	cè	139
只	zhǐ	142
兄	xiōng	567
户	è	608
皿	mǐn	310
四	sì	948

冎	guǎ	255
生	shēng	398
矢	shǐ	327
禾	hé	454
丘	qiū	545
禾	jī	400
白	bái	517
白	zì	220
瓜	guā	476
用	yòng	207
印	yìn	595
氐	dǐ	831
句	gōu	143
包	bāo	598
立	lì	681
玄	xuán	250
半	bàn	079
宁	zhù	948
穴	xué	486
它	tā	882
永	yǒng	755
丰	niè	193
司	sī	593
民	mín	829
疋	shū	137
米	pò	397
出	chū	396
皮	pí	199
𤴐	bō	108
矛	máo	930

六畫

耒	lěi	277
㓞	qià	277
开	jiān	925

旡	jì	577	血	xuè	313	華	bān	248	谷	jué	141
帀	sà	144	囟	xìn	683	臣	yí	787	豸	zhì	627
老	lǎo	560	后	hòu	593	克	kè	454	角	jiǎo	278
耳	ěr	784	行	xíng	125	巫	wū	298	卵	luǎn	884
共	gòng	173	辰	pài	756	車	chē	930	系	xì	846
臣	chén	195	月	yī	547	束	shù	401	言	yán	145
亞	yà	509	舟	zhōu	565	豆	dòu	305	彣	wén	589
束	cì	451	叐	biào	251	酉	yǒu	962	辛	xīn	954
戌	xū	968	危	wēi	616	辰	chén	960	冎	bì	518
有	yǒu	445	旨	zhǐ	303	百	shǒu	587	弟	dì	340
而	ér	622	舛	chuǎn	337	豕	shǐ	623	次	xián	577
死	sǐ	255	多	duō	448	步	bù	108	乑	mǎo	960
至	zhì	776	色	sè	596	奴	cán	252	**八畫**		
朱	shū	475	亦	yì	674	貝	bèi	406	玨	jué	029
此	cǐ	109	交	jiāo	675	見	jiàn	568	青	qīng	316
虍	hū	307	衣	yī	548	里	lǐ	900	長	cháng	621
虫	huǐ	866	辛	qiān	169	足	zú	130	亞	yà	949
曲	qū	839	劮	yǎn	439	男	nán	904	林	pài	473
吅	xuān	099	亥	hài	969	邑	yì	412	林	lín	393
吕	lǚ	485	羊	yáng	233	网	liǎng	505	來	lái	333
叟	shǐ	193	米	mǐ	467	肉	nà	142	東	dōng	393
屾	shēn	608	聿	yù	194	囧	jiǒng	446	叀	zhuān	249
网	wǎng	505	弜	jiàng	845	告	gào	084	臥	wò	547
肉	ròu	258	艸	cǎo	033	我	wǒ	834	臤	qiān	195
缶	fǒu	326	劦	xié	907	禿	tū	568	雨	yǔ	758
先	xiān	568	羽	yǔ	222	臼	jú	175	狀	yín	652
舌	shé	141	厽	lěi	948	身	shēn	547	牽	niè	677
竹	zhú	282	叒	ruò	395	皀	bī	317	非	fēi	773
兇	gǔ	568	乩	jǐ	186	兒	mào	567	虎	hǔ	308
臼	jiù	471	糸	mì	847	囪	chuāng	669	門	mén	779
似	yín	545	絲	yōu	249	匠	zhī	594	易	yì	629
自	zì	220	**七畫**			辵	chuò	111	林	zhuǐ	751
曲	fú	601	走	zǒu	100	采	bàn	079	隹	zhuī	226
自	duī	940	赤	chì	670	谷	gǔ	756	帛	bó	517

晨	chén	175	齊	qí	451	雔	chóu	236	**十九畫**
鼠	shǔ	653	熊	xióng	655	䶃	fù	947	瀕	pín	752
雩	xū	399	**十五畫**			龍	lóng	773	**二十畫**
會	huì	324	犛	lí	084	彌	lì	184	㙩	mèng	491
腞	tún	626	嗇	sè	333	**十七畫**			**二十二畫**
裘	qiú	559	齒	chǐ	126	豊	lǐ	306	鱟	yú	772
廌	zhì	640	畾	chù	951	香	xiāng	467	**二十四畫**
辟	bì	596	稽	jī	400	龜	guī	882	鹽	yán	777
十四畫			歙	yǐn	577	龠	yuè	138	雥	zá	236
壹	yī	677	履	lǚ	564	稾	guō	331	**二十七畫**
覞	yào	571	**十六畫**			**十八畫**			蠡	xún	755
皀	xiàng	430	燕	yàn	773	稾	gǔn	402	**三十畫**
箕	jī	295	蕚	huā	400	豐	fēng	306	爨	cuàn	176
鼻	bí	221	舜	shùn	337	瞿	jù	235	**三十三畫**
誩	jìng	168	䑞	yán	310	蟲	chóng	880	麤	cū	643
丼	biàn	955	毇	huǐ	471	羴	shān	235			

音序檢字表

　　本表收入《説文解字繫傳》卷一至卷二十八所立字頭（含重文），按字頭處所注漢語拼音字母順序排列；同音字按筆畫由少到多排列。重文字後標△。注音爲方便閱讀和檢索而設，不對讀音作嚴格考證，折合規則見本書凡例。腳注所列今讀或又音同時收入本表。

bài				
拜△ 789	絆 861	倸△ 520	**běi**	**bēng**
退 117	（辨） 273	飽 322	北 545	祊△ 009
敗 204	辦 273	窨△ 481	**bèi**	陑△ 607
猈 645	瓣 477	餮△ 322	孛 398	崩 607
捭 788	**bāng**	（褓） 858	邶 418	絣 864
稗 457	邦 413	鴇 242	貝 406	嗙 094
粺 468	峀△ 413	緥 858	狈 081	榜 380
韠△ 788	**bàng**	駂△ 242	俖△ 528	鬃 009
𥱸△ 204	蚌 875	餜△ 322	苃△ 860	繃 851
bān	棓 380	寶 481	背 260	**běng**
華 248	傍 533	**bào**	（菩） 208	拜 024
攽 202	徬 123	勽 597	倍 536	菶 060
班 029	謗 168	豹 627	被 555	琫 090
䑶△ 566	髟 592	褒 552	菩 042	琫 021
般 566	**bāo**	報 678	萄 208	樹 864
頒 581	勹 597	（暴） 437	備 528	**bèng**
瘢 171	包 598	鮑 771	牬 860	堋 898
瘢 499	郖 423	暴 679	愂 702	**bī**
蠻 871	苞 048	暴 437	鞁 180	皀 317
斒 308	胞 598	瀑 739	跘 134	榧 383
辬 590	襃 553	麿△ 437	犕 083	畐 222
bǎn	（褒） 553	爆 659	輩 937	楅 389
阪 941	**báo**	**bēi**	糒 469	陛 774
䰀 842	雹 760	陂 941	鞴△ 860	螕 869
販 436	穀 623	卑 192	癙 496	**bí**
版 452	暜 162	桮 375	**bēn**	鼻 221
bàn	雹△ 760	悲 698	（奔） 675	**bǐ**
乎△ 079	**bǎo**	碑 618	奔 675	匕 543
半 079	𠤎 543	椑 256	**běn**	比 544
伴 526	禾△ 520	錍 916	本 357	妣 512
扶 681	保 520	匰△ 375	笨 283	妣△ 812
姅 828	（保） 520	顀 588	畚△ 357	𢾾△ 544
料 929	宲 481	鑼 917	畚 840	疕 495
	葆 075			姃 812

彼 122	**bì**
祂 009	必 078
柀 348	㘈 594
秕 461	坒 892
俾 535	佖 524
紕 865	庇 612
啚 333	㞷 518
啚△ 333	邲 419
筆 194	妼 595
鞁 206	苾 066
鄙 413	庳 673
箄 287	畀 297
踔△ 256	泌 727
髀 256	彆△ 845
貏 466	珌 021
	祕 380
	怭 544
	祕 008
	陛 946

勃 907	**bò**	瓿 841	**cǎn**	（册）139	幝△ 297
亳 330	檗 352	錇 326	朁 300	菄 049	幝 297
悖△ 158	擘 802	篰 284	惨 698	曶 299	鏈 839
蔇 037	譒 153	**cāi**	嬠 826	救 206	鍤 915
鮊 596	欂 468	赵 103	憯 698	旻 337	**chá**
博 144	**bū**	偲 526	黲 667	笧△ 139	耗 465
搏 790	逋 117	猜 648	**càn**	側 530	庛 612
嚊 087	誧△ 117	**cái**	奻 821	圳 895	詧 149
駁 632	誧 153	才 395	粲 467	策 291	察 480
欂 542	鋪 321	材 363	謲 156	測 729	**chà**
跁 131	鏽△ 321	财 406	**cāng**	側 698	妊 810
誖 158	**bǔ**	裁 548	仓△ 325	萴 070	**chái**
趠 105	卜 206	尌 335	倉 325	猎 930	柴 363
踣 135	卟△ 207	**cǎi**	匡 838	籱 806	豺 627
駮 639	捕 805	采 386	蒼 063	鸁 127	祡 008
薄 064	哺 087	倸 693	滄 747	**cén**	犨 939
鑮△ 158	捗 805	**cài**	雞△ 243	尖 325	褋△ 008
暴 857	補 556	菜 064	鶬 243	岑 605	儕 529
駮 243	曝 240	蔡 064	**cāo**	涔 741	齹 127
欂 369	**bù**	**cān**	操 790	梣 346	**chǎi**
簿 294	布 516	飡△ 321	**cáo**	梣△ 346	茝 039
鎛 920	步 108	傪 525	（曹）300	鰽 768	**chài**
鏄 181	附 944	餐 321	曹 073	**céng**	蠆 869
髆 256	佈 790	謲 156	漕 750	曾 078	瘥 502
襮 550	怖△ 702	驂 635	槽 381	鄫 427	蠱△ 869
纛 466	荹 069	**cán**	褿 557	層 563	**chān**
礴 186	哺 087	奴 252	䎬 300	**chā**	延 125
鑮 919	部 417	殂 255	蠶 878	叉 189	姑 818
鱑 129	怖 702	戔 833	**cǎo**	扱 804	痕△ 499
bǒ	膗 267	殘 254	艸 033	杈 358	梴 392
庮 676		擊 796	草 075	臿 472	脠 267
跛 135		慙 702	懆 698	（差）297	痁 499
簸 296		嶘 309	**cè**	插 791	婆 818
		蠶 878	冊 139	嵾 448	鉆 917

縩 855	鏟 915	暢 903	媋 825	澂△ 738	**chéng**
箈 291	纃 849	蕩 061	徹 200	霓 761	朾 387
襜 552	閳 781	蟣 339	徶△ 200	諶 149	成 953
chán	調 155	**chāo**	篿 905	麎 642	(丞) 171
夭 658	醶 967	弨 843	儳 529	農 443	呈 091
孱 958	**chàn**	訬 163	**chēn**	曟 325	郕 426
鋋 921	硟 620	超 101	彤 565	鷐 244	承 792
儃 530	羼 235	鈔 924	郴 423	廳 643	丞 171
廛 611	**chāng**	嘮 094	賝△ 215	廳△ 643	城 893
塹 619	昌△ 436	**cháo**	棽 393	**chèn**	成△ 953
澶 711	昌 436	漅 726	膍 270	疢 500	宬 480
黿 643	倀 536	巢 401	綝 851	趁 101	宬△ 341
蟬 872	倡 538	鄛 422	瞋 215	齔 127	盛 310
儳 538	菖 047	樔 386	舚 570	闐 784	崝 607
劖 275	閶 779	(潮) 726	讖 164	櫬 480	淨 722
酁 424	**cháng**	轈 932	**chén**	襯 391	根 379
嚵 086	尢△ 621	晿 883	臣 195	讖 146	程 464
纏 850	兵△ 621	晿△ 883	卮△ 961	**chēng**	瘷 341
躔 132	長 621	**chǎo**	芡 054	泟△ 671	塍 888
纔 855	萇 040	鬻 185	辰 960	靪△ 670	誠 149
讒 168	常 511	**chào**	沈 740	再 249	乘 936
鑱 916	場 898	朓 264	忱 688	湕△ 670	酲 966
chǎn	腸 259	**chē**	陙△ 946	晴 607	澂 730
阐 031	嘗 303	車 930	邖 424	偁 531	澄 686
蚕 873	裳△ 511	轗△ 931	茞 037	琤 023	橙 342
狻 646	償 532	**chě**	宸 479	浧 107	懲 703
産 398	鱨 767	(趚) 105	陳 945	經 670	騬 638
鯼 570	**chǎng**	趚 105	晨△ 443	稱 464	䶃△ 893
滻 710	敞 202	**chè**	(晨) 175	樘 365	**chěng**
幝 514	**chàng**	屮 032	訦 149	䞓△ 670	逞 119
辴 082	昶 318	(坼) 896	鈂 916	橕 352	徎 121
詽△ 155	唱 089	聅 786	湛 738	竀 489	裎 557
燀 658	悵 698	硳 620	晨 175	鎗 920	騁 637
繵 856	瑒 019	墌 896	煁 658		鞕 180

chī

郗	418
脝	269
离	950
蚩	871
崒	225
眵	217
瓷	292
摛	791
嗤	228
絺	863
螭	874
鴟△	229
魑	467
黐	502

chí

汦△	894
弛	844
茋	055
坻	894
泜	714
治	713
遅△	115
持	789
茌	062
荎	055
墀	107
蚔	068
匙	543
蚳	870
萐	069
徲	122
馳	637
趍	104

渚△	894
溚△	068
遲△	115
號△	844
藜	726
墀	891
篪	293
遲	115
揵△	870
簅△	139
趨	105
蝅△	870
謘	156
鱺	138

chǐ

尺	563
姼△	813
侈	537
垑	895
凼△	127
姼	813
恥	702
攲	475
烾	663
攱△	475
廖	611
袳	554
誃	158
鉹	912
齒	126
褫	557

chì

彳	121
叱	094
(斥)	613
赤	670
屁	380
扶	804
弑	529
枊△	380
庉	613
(翅)	223
昳	218
眙	219
菽	223
觓	223
敕	202
烾△	670
湞	724
跐	134
飭	907
啻	091
湁	730
憏	697
觢	278
刺	275
魅	599
餩△	320
瘈	796
瘛	501
翟	222
趩	104
戫	664
熾	663
趩	106
糦△	320
饎	320

chōng

充	567
沖	728
忡	700
舂	471
傭	527
(衝)	126
憧	694
罿	508
衝	126
韇	931

chóng

盅	312
崇	608
種	454
緟	858
蟲	880

chǒng

寵	482

chōu

吜△	218
抽△	800
妯	823
搊△	800
瘖	217
搊	800
瘳	502
犨	082

chóu

臭△	901
怞	690
惆	698
殶	196
紬	853

稠	346
酬△	965
幬	512
稠	455
愁	700
訓	157
疇	900
薵	092
幬	221
綢	864
鄹	423
雔	236
潨	749
敿	205
醻	965
(幬)	512
簫	690
(敿)	205
(斠)	196
(疇)	900
(幬)	221
籌	294
(醻)	965
讎	154

chǒu

丑	959
杽	390
醜	601

chòu

莥	062
殠	254

chū

出	396
初	272

芻	069
株	556
犓	083
樗	352
貙	627

chú

除	946
芻	069
蒢	043
殂	624
鉏	917
媰	811
犓	083
篨	286
廚	610
躇	134
雛	227
鶵△	227

chǔ

处	926
杵	374
柠△	354
處	926
楮	354
楚	393
褚	558
儲	528
齭	129
齼	519

chù

亍	124
豖	624
怵	701
欪	576

傗	527	chuàn		箑	291	娸	820	鶵	242	驄	631
畜	903	叕	206	錘	919	遄	119	鱭	320	cóng	
俶	894	鶨	240	傾	581	啜	086	cǐ		从	544
楝	368	chuāng		髺	592	惙	700	此	109	淙	730
絀	853	办	276	chūn		婼	824	佌	536	悰	686
俶	107	囪	669	杶	348	綽	866	峜	673	琮	018
都	418	囱	669	杻	348	趠	104	泚	728	潨	734
蓄	075	創	276	軐	933	輟	937	玼	022	悰	689
蓫	903	窻	669	萅	075	顇	866	越	103	賨	412
罜	951	萅	693	橁	348	歠	577	媨	634	叢	170
歜	574	窻	488	chún		cī		cì		藂	075
黜	668	龺	570	奄	673	赼	102	束	451	còu	
觸	279	chuáng		陙	947	疵	494	次	576	湊	738
chuà		牀	371	純	847	辈	234	刺	276	cū	
篡	667	橦	371	脣	258	趀	105	茦	576	粗	468
chuǎi		chuǎng		淳	748	縒	850	莿	049	麤	643
揣	794	甀	842	薄	068	蠀	127	覗	570	麁	069
chuān		chuàng		辜	332	cí		載	868	cú	
(川)	754	刱	317	湷	734	茨	067	廁	611	退	112
巛	754	滄	758	醇	963	垐	894	欶	863	徂	112
穿	487	愴	698	鉡	331	祠	009	諫	165	殂	253
chuán		chuī		顝	258	垩	894	賜	408	殊	253
船	565	吹	088	雦	230	詞	594	髪	592	遣	112
遄	113		573	(鶉)	230	粢	320	cōng		cù	
椽	367	炊	658	chǔn		辤	955	悤	669	促	539
輇	938	龡	138	偆	534	慈	687	蔥	071	猝	646
歂	573	chuí		萅	696	雌	230	廈	611	酢	967
篅	289	叝	399	輚	880	辟	955	璁	025	媨	827
橽	346	(垂)	899	蠢	880	資	320	樅	356	蔟	070
chuǎn		巠	399	chuò		薋	062	聰	785	醋	965
舛	337	陲	947	吷	577	濟	739	鏓	921	竈	883
喘	088	捶	805	辵	111	薺	049	鏓	920	蹴	132
踳	337	椎	380	叕	643	嗣	955	鏦	921	醮	883
		埀	899	龟	643	辭	955	繱	854		

cuán
欑 380

cuàn
篡 601
爨△ 176
竄 489
爨 176

cuī
崔 608
催 539
摧 801
榱 367
縗 864

cuǐ
漼 731
趡 106
璀 743

cuì
脆 269
萃 063
啐 094
淬 747
悴 700
毳 561
焠 661
粹 470
翠 223
蕝 049
顇 484
膬 269
憼 690
襊 010
頮 586
竁 490

cūn
邨 429

cún
存 958
蹲 135

cǔn
刌 272

cùn
寸 198

cuō
瑳 022
撮 802

cuó
娑 825
虘 307
眵 218
嵯 606
痤 497
鹺 424
瘥 901
蔖 777
麨 334
籑 128

cuǒ
髽 590

cuò
剉 274
挫 804
莝 069
厝 615
措 791
遳 113
銼 913
錯 915

dá
达△ 116
怛 698
荅 034
悬△ 698
炟 655
界 213
笪 292
(達) 116
達 116
逵 112
靼 177
樓 356
羍 666
鞑△ 177
龘 773

dà
大 672
(大) 680
亣 680

dài
代 533
汏 744
岱 603
隶 194
殆 254
待 123
怠 694
带 511
迨 115
绐 849
贷 407
戴△ 174
戴 174

隸 194
蹛 133
螣 668

dān
丹 316
曰△ 316
肜△ 316
眈 213
耽 784
酖△ 784
聃 784
酖 965
單 100
媅 820
匰 839
鄲 420
儋 527
覘 570
殫 255
襌 555
簞 287
膽 784

dǎn
抌 805
疸 500
紞 856
亶 333
黕 667
膽 259
黵 668

dàn
旦 439
但 540
迠△ 161

唅 087
啖 093
淡 746
舥 280
誕 161
窞 488
僤 525
撢 790
嘾 092
憚 701
鴠 238
澹 731
憺 691
禪 013
膻 263
癉 500
繵 469
蕣 053
醰 964
黮 668

dāng
當 902
儅 870
鐺 923

dǎng
㡴 429
黨 667
攩 793

dàng
宕 484
嘗 841
愓 694
碭 617
潒 726

懞 694
簹 289
瓅 715
盪 028
盪 312
蕩 282

dāo
刀 271
裯 551

dǎo
裯△ 010
裯 011
島 604
壔 894
導 199
(壔) 894
搗 800
蹈 132
禱 010
騲△ 012
纛△ 010

dào
到 776
菿 075
悼 701
道 120
盗 577
嚃△ 120
稻 457
儔 536
蹈 132
纛 462
翿 225
燾 664

dé			074	昑	432	琠	015	雕	228	婕	871

dé
寻△ 124
（寻）569
尋 569
得 124
悳 685
惪△ 685
德 121

dēng
登 108
弅 306
璒 025
籫△ 108
箮 291
鐙 914

děng
等 284

dèng
隥 942
鄧 421

dī
衼 673
祇 551
羝 233
隄 944
紙 848
滴 737
趆 106
鞮 676
鞮 178

dí
仢 529
狄 650
苖 046

　074
迪 114
柚 123
笛 293
炮 662
駒 632
葪 062
滌 746
嫡 820
翟 223
楠 368
敵 203
鏑 925
糴 325
鸐 245

dǐ
氐 831
邸 414
阺 944
抵 802
呧 093
坻 116
底 612
柢 357
牴 083
堤 892
軧 938
詆 165

dì
圭△ 340
地 886
坳 026
杕 362
迖△ 794

昑 432
弟 340
迡 120
帝△ 004
帝 004
軑 934
娣 812
釱 917
赿 104
柰△ 794
棣 353
睇 218
遞 114
褅 009
撍 794
蒂 061
遰 115
墜△ 886
懘 687
締 851
蝭 133
諦 148
嚔 088
蟪 877

diān
玷 784
滇 707
槙 359
瘨 494
趈 106
蹎 135
顛 580

diǎn
典 296

琠 015
敟 201
箟△ 296
蕇 071
點 667

diàn
刣 275
佃 536
甸 901
坫 891
杏 560
唸 095
鈷 327
蜓 868
奠 297
電 759
殿 197
墊 893
窴 485
屟 561
澱 745
霣△ 759
簟 286
霸 762
驔 668
驔 632

diāo
衭 558
凋 757
蛁 867
彫 589
琱 023
貂 628
鵰 215

雕 228
褭 554
鵰△ 228
鯛 771

diǎo
扚 804
玓 458
蔦 048
鵃△ 049

diào
弔 541
荍 068
掉 797
釣 923
寫 488
藋 041
燿 819

diē
跌 135

dié
芺 056
迭 116
垤 897
胅 264
耊 560
艓 476
膁△ 477
昳 831
戜 832
瓞 622
耴 786
詄 161
絰 864
牒 452

婕 871
墷 893
躲 239
諜 167
褋 554
褋 551
螯 133
疊 444

dīng
丁 953
阠 945
玎 023
釘 911
靪 178

dǐng
頂 580
鼎 453
顁△ 580
顪 580

dìng
定 480
訂 148
梃 360
鋌 911
錠 914

dōng
冬 758
苳 073
東 393
菄△ 758
凍 705

dǒng
董 049

dòng
挏 793
迵 116
敁 817
洞 730
凍 757
峒 212
動 906
棟 365
湩△ 906
硐 293
衕 126
湩 749
湅 878
駧 637

dōu
吺 093
兜 568
篼 290
䗇 571

dǒu
斗 928

dòu
豆 305
且△ 306
郖 417
逗 116
鬥 187
閠△ 913
梪 306
脰 258
䩐 181
斣 929
鋀 913

竇 487
鬭 188

dū
都 413
毭 196
督 216
裻 554
褚 551
闍 780
縠 623

dú
毒 032
薥 039
獨 649
匵 838
韣△ 032
隤 943
遺 112
瀆 735
嬻 822
櫝 372
殰 253
犢 080
牘 452
髑 256
韣△ 943
讀 146
贕 182
黷 668
讟 168

dǔ
竺 886
堵 889
睹 432

睹 213
覩 213
篤 332
䈞 636
韣△ 889

dù
杜 344
妒 822
度 192
剫△ 204
渡 737
𪉣 503
斁 204
螙△ 879
殬 255
(蠹) 879
蠹 879

duān
耑 475
剬 272
稥 458
端 682
褍 553
䑲 280

duǎn
短 329

duàn
段 197
剬△ 928
腶 928
緞△ 339
椴 884
鍛 912
碫 339

(斷) 928
斷 928

duī
𠂤 940
崔 609
鐜 925

duì
兌 567
役 196
陮 941
碓 621
淳 682
磓 619
對△ 170
對 170
憝 542
錞 921
憝 697
懟 697
塗 476

dūn
惇 686
諄 843
敦 203
蹲 135

dùn
庉 610
盾 220
笰 289
遁 121
鈍 925
頓 583
遯 117

duō
多 448
奓△ 448
咄 090

duó
掇 792
剟 273
敠 203
𧹞 579
痥 501
奪 231
(奪) 231
襗 553
鐸 919

duǒ
朵 360
垛 890
哆 085
媠 823
埵 894
楕 379
𩍅 679

duò
陊 943
袉 553
隋 264
惰△ 694
媠 694
憜 694
褐 551
墮 606
隓 608
鵽 917
鵽 241

鰪 763
鱁△ 764

ē
阿 941
婀 814
妸 813
娿 824

é
吪 096
囮 405
俄 538
莪 054
峨 607
涐 706
娥 814
硪 620
鈋 925
䖸△ 878
誐 152
額 580
(鵝) 241
睋 241
蛾 878
譌 162
㕮△ 405

ě
厄 595
閼 782

è
歺 252
戹 608
户△ 252
𡰪 778
阨 944

扼△ 800
呃 096
（咢）100
咅 093
姶 815
堊 891
啞 089
㓵 271
鄂 422
㔎△ 271
惡 697
軶 935
遏 118
蚅 876
遌 114
㖾 100
搹 800
搤 793
䬴 323
詻 147
蝁 874
餓 323
𤸷 499
頞 580
閼 782
鞥 181
貖△ 654
齸 654
齃△ 580

ēn

恩 687
衮 659

ēng

鞥 180

ér

而 622
兒 566
荋 064
洏 744
栭 366
胹 267
輀 939
鮞 764

ěr

尒 077
耳 784
迩△ 118
㚷 815
珥 020
爾 208
餌△ 185
薾 060
邇 118
䰯 185

èr

二 885
弍△ 885
刵 275
佴 530
貳 409
樲 351

fā

發 845

fá

乏 110
伐 540
姂 819
（罰）275
罸 275
瞂 220
橃 386

fǎ

㳒△ 641
法△ 641
灋 640

fà

須△ 590
𩑶△ 590
髮 590

fān

幡 513
藩 067
旛 442
颿 637
籓 286
瀿 730

fán

凡 886
𤰕△ 079
袢 559
棥 208
番 079
緐 861
煩 585
蕃 075
樊 173
𤢖 647
璠 015
蘩 074
薠 052
橎 355
燓 661
燔 656
（繁）861
䋣△ 861
蟠 872
翻 234
繙 850
蹞△ 079
鐇 670
蠜 870
蹯 476
𧢄 570
鐢 416
䪛 584
鱕 653

fǎn

反 191
㞋△ 191
彶△ 115
返 114
䡊 932

fàn

犯 648
氾 729
㛯 616
汎 728
芝 064
泛 738
范 073
軓 932
販 411
笵 284
娩 644
飯 320
畚 963
範 936
嬔 811
䉊 755

fāng

匚 838
方 566
邡 423
芳 066
汸△ 566
妨 823
枋 352
肪 259
匚△ 838
鈁 919
旊 227

fáng

防 943
房 778
埅△ 944
魴 766
鰟△ 766

fǎng

仿 527
俩△ 527
瓬 840
舫 565
紡 849
訪 148
鴋 239

fàng

放 251

fēi

妃 811
非 773
飛 773
婓 827
扉 778
䨽 211
騑 635
騛 633
裶 561

féi

肥 270
腓 262
痱 497
蜰 871

fěi

匪 838
菲 072
蜚 774
棐 392
輩 083
斐 590
翡 223
誹 157
篚 291
餥 320

fèi

吠 098
柿 386
肺 259
沸 734
茷 064
厞 616
費 219
萉 035
𡐇 897
屝 563

費 410	墳 898	咸△ 881	否 097	扶 789	烰 659
蜚△ 880	蕡 066	封 892	776	苤 059	涪 705
翡 223	幩 515	風 881	刜 271	佛 527	蝂 225
跰 136	鴌 246	峯 606	**fū**	孚 186	紨 863
廢 613	魵 768	徍 123	夫 681	泭 758	緋 864
癈 494	瀵 733	葑 049	邞 427	刜 275	菖 046
灃 183	鼢 653	楓 353	泭 737	枝△ 789	蹯 134
籛 281	鼖 304	豵△ 879	柎 382	拂 805	幅 510
鬃 593	轒 939	燹 664	枹 382	莆 066	罦 508
穖 455	豶 624	蓳△ 306	庯 615	枎 362	罦△ 508
巔△ 035	鐼 910	豐 306	怤 685	咈 092	蜉△ 879
(閩) 950	贆△ 304	鎽 921	衭 550	弣 607	鳧 198
蠹 880	**fěn**	鄷 416	荂 045	䑺△ 566	福 007
矕 950	粉 470	豐 479	尃 199	(服) 566	榑 363
fēn	粊△ 470	蠭 879	柎△ 459	佛 694	箙 292
分 077	黺 519	鱷 335	稃 459	柫 374	韍△ 516
芬△ 033	**fèn**	**féng**	鈇 922	(畐) 332	珊 029
衯 509	坋 897	捀 797	笒 285	(复) 335	髯 592
岎 033	扮 798	逢 114	(郛) 417	俘 540	趜 104
裗 554	忿 696	鄷 430	敷 201	采△ 186	蝠 877
紛 861	坌 891	縫 859	豧 624	郛 414	濮 683
枌 352	僨 539	**fěng**	麩 334	沸 657	輻 934
饙△ 319	憤 698	覂 509	(敷) 201	袚 010	韍 519
鐼 319	奮 231	諷 146	紨 772	蚨 876	韍 656
饙△ 319	膹 267	**fèng**	郛 417	芾 508	鰒 770
闐 188	(糞) 248	奉 171	麩△ 334	服 566	蠹 879
fén	黂 248	鳳 236	**fú**	富 332	**fǔ**
汾 710	幡 515	偪△ 237	乀 830	**fù**	医△ 288
枌 355	漢 743	鶝△ 237	市 516	浮 729	迀△ 793
氛 029	**fēng**	**fóu**	𠬝 191	蕗 037	甫 207
蚡△ 653	丰 398	紑 855	弗 830	桴 365	攼 203
羒 233	杜△ 892	**fǒu**	伏 539	符 285	拊 792
棼 394	夆 340	不 775	由 601	匐 597	斧 927
雰△ 029	坒△ 892	缶 326	(𦝠) 566	夏 335	府 609

gēng		宫	485	鹽	838	苃	056	縎	851	寡	483
庚	954	恭	687	贛	046	夵	673	鹽	311		guà
叜	202	躬△	486		gōu	呱	085	羂△	143	卦	207
耕	277	躳	486	句	143	沽	722	觳	934	挂	806
揯	799	觥△	280	刧	271	孤	723	瞽△	304	詿	159
緪	861	觵	280	鉤	143	孤	958	瞽	218	罣	157
羹△	184	靠	173	溝	735	姑	812	鹽	778		guāi
鮺	764	襲	173	緱	857	柧	387	鴰	238	苩	232
鷬△	184		gǒng	篝	285	罛	506	蠱	880	乖	808
鬻△	184	卅△	617	韝	338	菰	075		gù		guǎi
鬻	184	収	171		gǒu	蛄	869	固	405	宁	232
(更)	202	(巩)	187	苟	071	辜	954	故	201		guài
	gěng	巩	187	狗	645	酤	964	痼	501	(夬)	190
郠	425	拲△	171	珣	025	觚	281	菌	044	叏	190
埂	896	拱	789	耇	560	骷△	955	梏	390	怪	694
耿	784	供	702	蒟	051	箛	294	牿	082	敱	206
哽	093	巩△	187	蚼	877	嬏	821	梱	384		guān
梗	355	挚	789	笱	143		gǔ	錮	911	毌	449
綆	862	恭△	807	訽	167	古	143	顧	583	官	940
骾	257	拳	807		gòu	兘	568		guā	冠	503
鯁	770	砮	618	垢	897	杚	374	瓜	476	莞	042
	gèng	鞏	177	菁	249	谷	756	昏	097	倌	535
亙△	390	礦	617	訽△	167	汩	751	刮	274	絲	866
桛	389	礦	457	遘	114	股	261	苦	049	棺	391
	gōng		gòng	彀	844	骨	256	昏△	097	綸	857
厶△	189	共	173	毂	957	罟	509	銛	924	關	783
工	297	供	528	雊	227	羖	234	剮	274	鰥	765
弓	842	貢	407	訽	167	淈	731	綱	857	觀	569
厷	189	筡	287	媾	813	詁	150	骷	256	鑵△	569
公	078	羿△	173	構	365	鼓	304	鴣	243		guǎn
功	904	槓△	838	覯	570	鼓	204	騧	632	琯△	293
玏△	298	贛	408	購	412	賈	410	驧△	632	筦	285
攻	204	(贛)	408		gū	穀	354		guǎ	管	293
肱△	189	贛	408	夃	340	榖	462	冎	255	輨	934

館	323	邦	417	袍	008	鵰	406	祼	751	硱	842

虤	309	號	302	合	324	硌	894	**hōng**		**hóu**	
靬	560	嗥	098	苛	063	蚕	874	訇	160	庆△	329
蛤	868	獆△	098	和	089	賀	407	烘	658	（侯）	328
誌△	161	（豪）	625	秙	460	赫	671	訇△	160	疾	328
漢	709	貌	346	邰	416	叡	252	黌	255	喉	085
灘△	709	諕	162	匑	597	熇	657	儱	536	猴	651
暵	437	豪△	625	劾	907	褐	558	轟	939	瘊	223
頷	580	麞	625	河	704	鏊△	252	**hóng**		鍭	925
熯	657	**hǎo**		盍	314	騔	639	仜	525	餱	320
翰	222	好	816	曷	299	鶴	241	弘	844	鯸	771
頜	582	郝	416	迨	113	**hēi**		玒	016	**hǒu**	
骭	637	**hào**		紇	848	黑	666	宏	479	吼	593
鞻	227	号	302	（盍）	314	**hén**		泓	729	**hòu**	
譀	161	敆	810	荷	053	痕	500	宖	479	后	593
鶾	633	昦	680	盉	311	鞎	179	虹	877	郈	427
鶾	246	秏	457	涸	742	**hěn**		粎	470	厚	332
䕷	072	浩	728	鄗	429	很	124	洪	725	垕△	332
háng		晧	434	蒿	043	狠	646	紅	854	後	124
迒	120	鄗	420	楁	364	詪	161	訌	161	逅△	124
斻	566	滈	740	貈	628	**hèn**		浲	725	鄍	332
頏△	120	暤	434	詥	151	狠	646	紘	856	候	532
航	771	璥	025	蒵	334	恨	697	堆	230	鄇	419
hàng		號	307	碣	621	**héng**		峪	757	**hū**	
沆	728	鎬	913	蝎	871	巫△	885	蚛△	877	虍	307
hāo		顥	584	翮	224	（恆）	885	紭△	856	囘△	300
茠	076	鰝	771	藊	129	珩	028	関	780	呼	088
蒿	074	灝	746	闔	781	胻	262	瑪△	230	昒	432
薅△	076	**hē**		覈	509	恆	885	軦	179	智	299
撓	799	亡	301	餎	653	奧△	279	鴻	241	忽	694
藃	255	抲	796	鶍	245	橫	387	**hòng**		荸	679
薃	076	欱	575	靃△	509	衡	279	訌	161	匫	838
háo		訶	164	龢	139	**hèng**		澒	750	虖	308
郝	421	**hé**		**hè**		澋	737	闀	188	溜	733
勢	907	禾	454	何	527					榾	362

幠	625	**hǔ**		鸒△	230	鰥	767	莧	644	**huāng**
評	154	滸	733	**huā**		鼃	059	萑	231	肓	754
嫭	229	虎	308	（華）	400	譮△	151	絗	857	育	259
嘑	090	琥	018	蕚	400	鑊	767	貆	628	荒	063
寣	493	郖	429	諙	162	講	160	薞	043	㠰	511
歑	572	虝△	308	嫭	682	**huái**		萑	072	㿝	313
憮	514	廙△	308	**huá**		淮	719	還	115	絖	848
嚤	692	**hù**		茾	373	槐	354	環	018	詥	162
膴	266	互△	290	姶	819	踝	130	獂	624	稅	462
魗	600	户	778	釪△	373	裹	552	鍰	918	翸	446
颮	881	岵△	415	滑	732	褱	552	轘	939	駽	637
hú		苄	050	頢	582	滾	722	瓛	019	**huáng**
乎	302	居	615	欨	335	懷	688	**huàn**		坒	396
狐	652	栢	383	魕	129	**huài**		幻	251	崖△	396
弧	843	岵	605	**huà**		粣△	896	肒	264	皇	014
胡	265	怙	689	匕	542	壞	896	奂	171	翌	225
萑	330	床△	778	化	543	斀△	896	宦	482	黄	903
斛	928	罟	508	姻	187	**huān**		换	808	羹△	903
粘△	466	妒	823	㦿	864	酄	426	垸	893	隍	947
揃	803	祜	005	畫△	194	歡	572	渙	726	堇	338
壺	677	笎	290	畫	194	貛	628	浣△	748	喤	086
㷭	676	瓠	477	絓	848	讙	162	患	701	湟	709
湖	735	扈	415	稞	460	驩	634	逭	117	惶	702
瑚	028	姻	823	愧	600	貛	244	豢	624	瑝	024
搰	802	楛	351	魶	772	**huán**		闤	701	煌	663
煳	660	雇	229	觟	280	戉	611	緩△	866	稦	462
鹱	518	鄠	415	話	151	查	673	摖	799	潢	735
縠	852	穀	651	劃△	194	狟	648	愌△	701	璜	018
觳	281	鳸△	230	舉	605	洹	711	鯇	767	蝗	872
黏	466	縠	670	劃	274	院△	479	鑀	866	篁	284
鶚	322	嚛	087	檴	352	莞	042	瀚	748	蟥	871
鵠	241	譹	154	譋	162	桓	370	矔	140	簧	292
鸒	184	護	153	爐	816	奐	479	爠△	117	鍠	920
礥	654	鞲	182	檴△	352	馬	630			（雞）	338

羺 338	焜 655	諱 167	混 726	靃 236	覈 044
huǎng	毀 896	篲△ 192	焜 663	蠸 034	機 377
怳 695	毀△ 896	簫△ 192	溷 731	**jī**	擊 891
晄 432	娞 827	噦△ 090	慁 700	开 296	積 460
huàng	毇 471	繢 848	䰀 941	卟 207	朡 258
櫎 377	撃 805	翽 225	**huó**	禾 400	激 730
huī	燬 655	讀 153	佸 531	攰△ 295	擊 805
灰 658	**huì**	繪 853	活 727	芨 041	匱△ 296
恢 687	卉 071	闠 780	秳 011	吃 093	櫅 392
催 541	沫 747	譓 162	秮 460	肌 258	雞 227
娞 825	卶 207	韢 338	澔 727	岋△ 296	躋 104
揮 801	佮△ 324	嫿 825	**huǒ**	枅 366	羁 508
陮 943	恚 696	**hūn**	火 655	剞 271	饑 476
睢 214	彗 191	昏 434	邩 429	笄 285	譏 157
暉 434	晦 435	惛 696	婐 448	飢 323	饑 323
輝 663	惠 250	婚 810	**huò**	屐 564	躋 132
墮△ 943	喙 085	葷 036	捇 802	姬 809	鷄△ 227
徽 513	湏△ 747	殙 253	眅 213	基 889	鱭 766
禕 550	匯 839	閽 783	惑 754	其△ 296	齏 407
隳 945	賄 406	惷△ 810	貨 406	晷△ 295	鑑 600
撝 802	鐬 922	**hún**	惑 696	幾 249	齏△ 476
翬 224	會 324	韗 888	㾑 577	趹 105	羈△ 509
徽 859	詯 159	渾 730	禍 012	(毂) 196	**jí**
隳 163	蕙△ 250	蒐 599	臛 268	畸 901	乁△ 191
摩 807	嘒 090	(魂) 599	瀥 672	稘 465	亼 324
huí	誨 146	輝 373	獲 650	箕 285	及 190
囘△ 403	瘣 493	楎 389	濩 740	毄 196	弓△ 191
回 403	慧 686	轒 935	镐 756	箕 295	伋 522
洄 738	橞 391	驒 654	霩 762	機 527	吉 091
蚘 867	憓 717	**hùn**	曤 214	踑 131	彶 122
huǐ	蔧 063	俒 534	穫 459	譏 087	汲 748
虫 866	薈 062	圂 405	蠖 869	稽 400	极 383
虺 867	穗 351	掍 807	瀖 727	畿 901	忣 692
悔 697	殨 254	棍 389	鑊 913	璣 027	即 317

蔪	038	黰	666	葥	041	罾	903	佼	521	絞	675
閞△	782	**jiǎn**		楗	370	漿	746	郊	414	腳	262
閒	782	柬	401	腱△	271	畺	903	茭	058	勦	906
鬋	513	梘	402	蕲	065	蔣	056	莢	069	撽	804
湔	707	剪	272	榗	350	僵	539	鼻	588	撟	798
逮	120	揃	794	僭	536	（漿）	746	这	113	剿	274
兼	052	減	750	銜	126	橿	352	蛟	874	敫	202
械	375	絸△	847	漸	717	韁	082	焦△	661	璬	020
熞	676	戩	833	賤	411	薑	035	嘐	093	矯	328
煎	659	儉	534	踐	132	疆△	903	蕉	070	蟜	868
監	547	翦	223	箭	282	繮	861	膠	270	皦	518
箋	284	薫	667	劍△	276	**jiǎng**		澆	746	灔	311
鵑	244	棚	361	餞	152	獎	646	徼	122	瀥	745
瞷△	547	錢	916	澗	736	槳	907	燋	658	孈	818
緘	860	檢	382	薦	640	蔣	284	憿	695	攪	801
霓	760	塞	103	堅	910	講	154	鮫	243	**jiào**	
縑	852	蹇	135	鍵	913	槳△	907	鮫	770	叫	096
麗	641	繭	847	劍	276	繮	849	噭	090	孝	958
艱	900	簡	284	餞	323	**jiàng**		鐎	913	效△	206
鞬	181	簡	699	諫	151	匠	838	醮	587	訆	162
鬋	591	瀾	744	蜥	876	弜	845	飍	660	校	386
歼	574	襇	551	蘗△	066	降	943	驕	633	窌	488
艦	215	鹼	778	檻	391	洚	725	讎	239	（教）	206
懺	514	**jiàn**		灂	731	牰△	967	夔	661	教	206
黷	667	件	542	鐧	922	將	198	**jiǎo**		窖	488
瀸	732	見	568	醬	968	絳	853	角	278	敫	574
櫼	370	建	125	鑬	327	趮	102	疖	494	斠	929
殲	254	荐	066	鑑	912	漿	745	狡	645	跤	140
霯	761	栫	378	**jiāng**		槳	907	恔	686	硈△	206
鰜	766	俴	536	江	706	醬	967	姣	816	噍	086
蘢	773	健	525	瓨	841	櫃△	967	烄	657	潐	742
韉△	900	陵	947	泒△	746	（醬）	967	皎	517	嶠	084
鰔	128	笒	271	肸	789	**jiāo**		笅	290	徼	122
鐵	914	徤	123	姜	809	交	675	敽	658	譙△	965

鏡	912
競	168

jiōng

冂	330
冋△	330
坰△	330
肩	779
絅	851
駉	639
駫	634

jiǒng

囧	446
煚	664
迥	119
炯	663
窘	489
熲	657
褧	551

jiū

丩	143
勼	597
朻	361
赳	101
揂	797
啾	085
湫	743
摎△	340
樛	796
鳩	237
摎	804
鬏	143
樛	361
鬮	188
轆△	339

韲	339

jiǔ

九	949
久	341
奺	815
玖	024
灸	660
糾	143
赳	101
韭	476
酒	962
遒	111

jiù

臼	471
疚	483
咎	540
柩	839
臿△	610
俖	540
救	203
殷	197
廄	469
就	331
(舅)	904
朗	904
匓	598
廏	610
舊	232
鵂△	232
就△	331
鷲	771
麔	642
鮛	129

鷲	239
匶△	839

jū

且△	926
且	926
尻	926
耶	416
拘	143
苴	069
宜	613
沮	707
居	561
捄	803
罝	508
俱	529
疽	497
屣△	561
据	795
涺	724
琚	024
椐	349
跔	136
腒	267
菹	066
婋	219
裾	553
駒	630
置△	508
鴡△	508
椄	372
鞠	178
斪	929
鞫△	178

jú

厍	187
臼	175
局	099
匊	597
臭	645
挶	795
菊	036
郹	421
掬	794
梟	377
蒛△	051
華	939
絜	850
蜠	876
趜	104
暈	934
橘	342
欮△	678
蜀	597
難△	238
鳪	239
趉	104
蘜	051
醦	968
鱉	865
鮪	769
欮	484
蘜	054
鵙	238
攫	790
窲△	484
趨	104
籟	678

驧	638
鶪	238

jǔ

柜	353
咀	086
莒	036
枸	351
竘	682
秵	400
筥	287
蒟	057
耵	785
(舉)	808
舉	808
齟	128
篓	290

jù

豆△	298
巨	298
苣	070
邭	428
距	107
具	173
怚	692
柜△	318
眗	219
倨	525
寠	503
祖	556
堅	894
配△	966
距	136
虡△	308
鉅	925

(虡)	308
椇△	298
聚	545
愳△	689
寠	485
嫭	823
勮	906
羻	680
踞	135
據	790
遽	120
鋸	918
虞	308
屦	564
瞿	235
蘧	318
醵	966
鐻△	308
懼	689

juān

捐	807
涓	726
稍	461
酮	963
鐫	916
蠲	869

juǎn

卷	595
埍	897
陖	945
臁	267
煐△	267
蠨	879

敤 205
渴 742
潡 574
顆 582
kè
克 454
亮△ 454
刻 273
勀 906
客 483
尅△ 454
窓 689
磕 619
髁 256
礊 619
醲 559
kěn
肎 270
肻△ 270
（肯） 270
豤 624
齦 128
kēng
阬 943
岼 607
牼 083
硻 619
羥 234
摼 805
輷 937
鏗 938
kōng
空 487
涳 730
kǒng
孔 775
忎△ 701
恐 701
kòng
控 791
kōu
摳 788
彄 843
kǒu
口 084
叩 416
訂 160
kòu
扣 807
佝 537
敂 204
釦 915
寇 204
滱 723
敂 326
觳 246
kū
圣 894
刳 276
枯 363
殆 255
陪 945
哭 100
堀 890
頜 584
堀 899
鼪 898
綠 474
鼕 335
kǔ
苦 042
kù
胯 271
庫 610
焅 664
絝 857
酷 964
蕗 067
嚳 084
kuā
夸 672
咼 097
侉 539
誇 161
kuǎ
干 340
kuà
跨 132
蹳 135
kuǎi
蕨 047
kuài
巜 753
凷 888
快 685
邮 430
塊△ 888
鄶 425
噲 086
獪 648
廥 611
膾 269
旝 441
髓 257
kuān
寬 483
髖 256
kuǎn
（款） 573
款△ 573
歀 573
kuāng
（匡） 838
邼 419
匩 838
洭 716
恇 701
（筐） 838
筐△ 838
kuáng
（狂） 650
（忹） 650
狌 650
性△ 650
（軖） 939
軭 937
軴 939
誑 156
kuàng
況 728
絖△ 862
壙 896
曠 432
廣 688
纊 862
kuī
刲 274
荃 043
悝 695
烴 448
酡 220
窺 489
虧 302
虧△ 302
頵 581
闚 783
蘬 074
kuí
夆 172
奎 672
逵△ 950
倏 534
馗 950
郔 419
揆 798
葵 035
魁 929
戣 832
暌 213
踩 136
頯 580
騤 636
夔 337
蘷 570
kuǐ
跬 105
頍 583
魈 585
kuì
喟 088
愧△ 828
媿 828
蕢 069
聵△ 786
嘳△ 088
潰 732
聵 786
穭 460
瞶△ 786
饋 321
髕 257
鬒 592
kūn
坤 886
昆 438
琨 026
蚰 878
幝 511
髡 593
髮△ 593
禪△ 511
環△ 026
顒 584
罤 340
蘽 056
鵾 239
歠 575
kǔn
梱 369
悃 686
（壼） 403
稇 460

字	號	字	號	字	號	字	號	字	號	字	號
麗	066	丽△	643	醨	963	磏	617	涼	746	寮	487
雞	229	例	540	歷	619	憐	703	梁	385	簝	290
鑠	911	涖	732	癘	502	廉	052	椋	347	謬	756
驪	631	戾	649	灂△	738	嫌	874	量	547	廖	613
鱺	766	荔	072	螞	875	聯	785	惊	081	鐐	909
lǐ		砅	738	犡	081	謰	156	溧△	386	癢	501
瓥△	006	秒△	272	隸△	195	霖	761	筤△	332	鷯	240
杍△	343	珕	027	瓅	027	鏈	910	粱	467	**liǎo**	
李	343	鬲	182	櫟	354	鎌	917	輬	931	了	958
里	900	(栗)	450	麗	643	鎌	321	飆	881	鄝	429
焱	208	秝	465	瀝	745	簾	286	糧	469	蓼	035
郖	422	茘	041	樑	351	鬑	591	**liǎng**		憭	524
俚	525	笠	291	櫪	390	鰱	766	从	326	憭	686
理	023	粒	468	靂△	614	籤	288	网	505	燎	661
(豊)	306	厤	615	礫	618	醫	129	兩	505	繚	850
裏	550	罶	509	鰲	845	**liǎn**		脼	269	**liào**	
黎△	879	溧	758	酈	430	楝	376	蜽	877	旭	676
澧	719	蒚	043	欖	606	撿	789	**liàng**		料	928
豐	306	槀	450	欐	105	薟	050	嫽	578	(尞)	656
禮	005	隸	682	轢	937	鄻	417	眼	217	賿	656
鯉	765	溧	717	厤	564	斂	202	緉	864	撩	890
醴	963	琍	022	癃	497	薟	050	醂	968	獠	649
蠡	879	瓵△	182	觀	568	**liàn**		諒	145	嬲	815
邐	115	厲	614	鱳	769	湅	750	**liáo**		療△	502
戴△	201	喰△	468	覽△	450	楝	354	聊	785	鐐	670
鱧	767	繽	855	**lián**		煉	660	膋△	266	癢	501
欐	386	憗	700	連	117	練	852	漻	728	**liè**	
鱺	765	歷△	182	蓮	053	潄	201	憭	689	(列)	273
lì		歷	107	嗹	512	鍊	911	撩	791	劣	906
力	904	颲	881	廉	612	**liáng**		遼	119	歹	754
立	681	鴗	243	溓	741	曰△	332	敹	202	戾	251
吏	002	獼	184	覝	569	㠯△	332	嫽	657	𠛱	273
利	272	瓅	015	遱	703	良	332	璙	015	茢	053
呖△	643	隸	194	嫌	661	量△	547	膫	266	迾	118

鱸△ 840	路 137	戀 572	贏 639	膢 264	**mǎ**
簏 290	稑 455	灓 263	鑛 913	驢 640	馬 630
艫 565	勎 905	鑾 041	驢△ 640	**lǔ**	㺑△ 630
纙 863	箓△ 289	鸞 922	**luǒ**	呂 485	㺑△ 630
鑪 915	漉 745	鸞 237	砢 621	炶△ 442	**mà**
鑪△ 840	趢 105	**luǎn**	斫 928	梠 367	鄢 423
顱 579	觀 569	卵 884	蓏 033	旅 442	禡 011
臚 592	戮 833	嫏 817	(贏) 270	膂△ 486	罵 508
鱸 242	禁△ 394	孌△ 817	裸△ 557	褸 740	瘔 495
鹽 666	麗 507	變 822	贏 270	(履) 564	鬕 592
lǔ	穋△ 455	**luàn**	贏 871	履 564	**mái**
鹵 777	録 911	爰△ 251	贏 557	褸 550	薶 070
虜 449	潞 715	亃 251	瘰 255	縷 858	霾 215
菡△ 047	璐 016	亂 952	**luò**	顬△ 564	霾 762
樐△ 382	簏 289	敵 204	洛 710	**lù**	**mǎi**
魯 220	隴△ 941	**lún**	略 214	寽 252	買 411
虜 611	麓 394	侖 324	落 063	律 124	**mài**
蕏 047	簬△ 282	倫 529	荅 287	葎 049	脈△ 756
櫓 382	簵△ 282	陯 947	絡 862	臀 266	麥 334
鑥 915	騄 246	掄 792	零 760	綠 853	眽△ 756
鱸 768	露 762	淪 729	鉻 924	慮 684	衇 756
lù	巄△ 033	惀 689	雒 226	膟△ 266	勱 905
屵 033	爧 278	棆 345	犖 081	鑢 865	賣 397
坴 888	鷺 241	蜦 874	賂 176	鑢 918	邁 111
录 453	**luán**	蜦△ 874	駱 631	勴 904	霡 760
陸 941	圞△ 158	崙△ 324	鉻 765	**lüè**	講 161
菉 072	戀 158	輪 934	鵅 240	略 902	薶△ 111
鹿 641	孌 173	論 148	贏 683	蚅 873	**mán**
逯 116	欒 605	**luō**	濼 721	鋝 918	瞞 505
綠 822	孿 957	捋 791	纚 851	蟰 873	憪 694
祿 006	樂 353	**luó**	**lú**	**má**	樠 355
輅 932	臠 435	羅 507	鄜 422	麻 473	樠 369
賂 408	灓 737	覶 569	蔓 047	蟆 876	樠△ 918
睩 214	孿 800	蘿 054	閭 780		鞔 177

瀰 731
靡 774

mì

幂 503
糸△ 847
糸 847
汨 717
否 438
宓 480
峚 311
密 606
艴 309
蓂 055
幎 511
覛 756
覓△ 756
蓿 053
蜜△ 879
羃 453
濗 718
幭 516
醅 965
謐 152
鼏 879

mián

宀 477
芇 232
蚙 872
蝒 870
冪 220
(冪) 220
綿 846
寱 481
櫋 367

瞇 210
鬵 590

miǎn

丏 587
沔 709
勉 905
㹀 956
冕 504
湎 746
愐 690
偭 703
絻△ 504
緬 847
輀 181
鮸 768

miàn

宩 483
面 587
眄 218
偭 534
麪 335

miáo

苗 063
緢 850

miǎo

杪 360
眇 218
秒 458
篎 293
緲 239
藐 685

miào

庙△ 613
廟 613

miè

籹△ 185
莫 232
覕 571
搣 794
滅 750
蔑 232
薎 217
幭 514
懱 693
蠛 456
瀎 314
鱴 185

mín

民 829
旻 431
忞 690
珉 026
罠 507
兕△ 829
揾 794
緡 862
暋 604
鰵 924
鶥 240

mǐn

皿 310
敃 201
笢 283
敏 200
閔 783
(啟) 205
敏 205

憋 699
閩 877
愍△ 784
潣 731
黽 933

míng

名 089
明△ 446
冥 443
朙 446
酩 418
溟 739
嫇 817
鳴 246
瞑 216
螟 868
覭 569

mǐng

酩 486

mìng

命 089

miù

謬 162

mó

暮△ 148
蟇 827
摹 802
膜 268
摩 801
謨 148
䫉 257

mò

(妠) 191
末 358

昬 191
沒 739
(没) 739
玫 025
(珳) 025
劢 253
歿 253
(歾) 253
沫 707
首 232
眜 214
脈 214
覓 505
鄍 420
募 447
嘆 097
貉 628
餗 324
頛 583
漠 725
摹 253
墨 893
瘼 494
嫫 825
默 646
貘 627
瀎 744
鏌 920
縸 861
藦 047
蟇 635
糢 470
礴 621

móu

牟 082
侔 529
劺△ 148
眸△ 334
譽△ 148
謀 148
麰 334
瞴 212
鍪 913
繆 864

mòu

麰 041

mú

模 365
醭 968

mǔ

母 812
牡 080
拇 787
畝△ 901
(畮) 901
姆 813
晦 901

mù

木 342
目 210
(囬) 210
沐 747
坶 887
牧 206
莫 076
暮 589
霂△ 215

募 907
㮆 516
墓 898
幕 512
睦 215
慔 690
楘 383
慕 690
霂 760
穆 455
鞪 179

ná

拏 791
挐 806
袈 556

nà

囡 404
肭 142
柟 388
納 849
軜 935
貀 628
魶 772

nái

詉 160

nǎi

乃△ 300
乃 300
㕥△ 300

nài

柰 343
耐△ 623
耏 622
渿 740

䔳 453
䳁 435

nán

男 904
抩 790
南 398
峷△ 398
雔△ 240
難△ 240
鶧 240
䨔△ 240
𪆍△ 240

nǎn

（赧）670
㬉 437
湳 723
赧 670
戁 686

nàn

䰐 437

náng

囊 402

nǎng

曩 436

náo

呶 094
怓 696
狃 604
撓 799
蟯 867
夒 337
譊 155
鐃 919
獿 646

瓔 015

nǎo

𡿺 543
嫍 828
（腦）543
撓 799

nào

淖 732
婥 828
橈 361
臑 261

nè

疒 493
（疒）493
訥 154
䰯 547

néi

𢣷 515

něi

餧 323

nèi

內 325
諉 152
錗 925

néng

能 655

ní

尼 562
泥 723
屔 545
郳 428
倪 537
婗 811
棿△ 938

腝 267
蜺 872
輗 938
輨△ 938
觬 278
霓 762
鯢 767
麑 642
齯 128
鬻△ 267

nǐ

㣇△ 959
㹸 959
儗 537
擬 798
薿 060
檷 377
䰯 591
闟 188

nì

休 739
屰 141
昵△ 438
逆 113
匿 837
惄 691
睨 212
愵 700
暱 438
䵒△ 466
縌 857
䵑 466
膩 268

nián

（年）462
拈 791
邾 417
秊 462
鲇 322
鮎 767
黏 466

niǎn

（㞋）562
㞋 562
淰 745
輾 937
輦 939
撚 806
嫸 826

niàn

廿 144
㴎 724
念 685
嬈 810

niàng

釀 963
蘸 036

niǎo

鳥 236
嫋 817
蔦 048
嬈 826
褭 559

niào

（尿）564
尿 564

niè

不△ 388
聿 193
卒 677
㚔 107
𦣞 940
聑 202
臬 382
涅 733
隉 943
㮆△ 388
嵒 138
敜 204
䶂 397
䮗 636
聶 786
闑 781
嶭 604
孼 957
籋 291
櫱△ 388
䥽 129
蠥 878
櫱 468
瀲 750
櫳 387
躡 132
䡾 242
轙 936

níng

冰 757
寍 480
寧 301
蓥 063

瞁△ 100	齈△ 176	儺 524	**pā**	**pàn**	**pào**
齾 100	**nǒng**	**nuǒ**	㶸 518	判 273	奅 673
凝△ 757	癑 499	娜 818	葩 059	泮 750	皰 199
礙 044	**nòng**	**nuò**	**pá**	盼 211	麭 401
竉 878	弄 172	搦 801	杷 374	叛 080	**pēi**
níng	**nǒu**	稬 457	**pāi**	畔 901	肧 258
佞 823	㵢 724	諾 146	拍 792	辦 214	肧 313
甯 208	**nòu**	懦 692	**pái**	**pāng**	醅 966
濘 734	槈 372	**nǚ**	俳 538	滂 727	**péi**
niú	獳 647	女 809	排 801	斜 929	陪 946
牛 080	鎒△ 372	**nù**	**pài**	**páng**	培 895
niǔ	**nú**	朒 445	𣲳 756	夆△ 005	碩 581
忸 428	伮△ 814	衄 313	㤄 473	㕱 005	鄖 416
狃 647	奴 813	**nüè**	派 734	㝔△ 005	(裴) 555
扭△ 916	笯 617	虐 308	湃 722	(旁) 005	裴 555
朒 959	笯 289	瘧△ 308	纄 851	雱△ 005	邑 419
租 930	**nǔ**	瘧 498	潷 717	鄁 421	**pěi**
菈 034	弩 844	**ōu**	**pān**	膀 260	胚 444
纽 857	**nù**	甌 841	𠬠 173	磅 462	**pèi**
鈕 916	怒 697	謳 153	販 211	髈△ 260	郫 424
鈕 320	笯 289	鷗 243	潘 745	龐 612	沛 722
niù	**nuán**	**óu**	攀△ 173	**pāo**	怖 697
粗 469	奻 828	齵 127	(攀) 173	泡 711	帔 511
nóng	**nuǎn**	**ǒu**	**pán**	脬 259	佩 521
莀△ 176	澳 744	偶 541	幋 510	**páo**	配 965
(農) 175	煖 664	耦 277	槃 375	咆 098	斾 440
襛 645	煗 664	蕅 053	擎 798	庖 610	淠 720
濃 741	**nuàn**	歐 575	磐 214	炮 659	崏 609
膿△ 313	赧 641	毆 196	盤△ 375	袍 551	鮞 769
襛 554	**nuó**	(藕) 053	盤 375	匏 599	轡 866
盟 313	郍 423	齵 256	磐 177	鞄 177	**pēn**
醲 964	繷 616	**òu**	鬆 592	麅 642	噴 094
儂 175	挼 800	漚 748	蟠 668		歕 572
譽△ 176	㜵 601				

pén		pí		仳	540	駢	635	piě		苹	037
盆	311	皮	199	痞	500	蹁	135	丿	829	坒	887
pēng		芘	057	崥	609	諞	160	piè		凭	926
抨	804	枇	349	頼	585			嫳	824	豼△	303
怦	081	晨△	199	嚭	303	piàn		pīn		邢	429
péng		肶△	266	醅△	895	片	452	闐	188	泙	731
芃	061	蚍	880	pì		piāo		pín		并	045
輋△	074	郫	423	革	069	(票)	661	穷△	411	枰	388
倗	526	魾	684	副	273	摽	795	玭	027	瓶△	326
跰	137	疲	500	塀	888	嘌	090	貧	411	萍	751
弸	843	陴	947	閟△	781	漂	729	(頻)	752	溯	737
彭	304	埤	894	愊	686	嫖	825	賓	037	荓	071
棚	378	笢△	199	媥	452	麠	441	嬪	820	蚌	870
搒	807	豼△	627	媲	811	趣	102	矉	214	鉼	326
蓬	074	黊	042	潎	748	奰	661	瀕	752	馮	636
輣	931	椑	376	辟	615	忀	082	檳	351	軿	931
騯	634	甄	841	僻	537	鏢	920	蠙△	027	骿	840
pī		脾	259	濞	728	飄	881	嚬	160	騈	653
丕	002	椑	367	甓	842	piáo		獱	601	pìng	
坏	897	蚩	879	鷿△	273	瓢	477	鬢	752	娉	822
邳	426	膍	265	譬	147	樏	402	pǐn		聘	785
伾	526	騪△	655	闢	781	piǎo		品	138	pō	
披	796	貔	627	piān		慓	692	pìn		柿	793
秖	459	蠯	875	偏	536	膘	266	朩	472	坡	887
旇	442	蘢	057	媥	825	瞟	213	牝	082	癹	108
搋	801	羆	655	痛	499	縹	853	覲	570	頗	585
鈹	916	蠱	879	篇	284	piào		pīng		鏺	917
駓	632	蠻	304	翩	224	勡	274	甹	301	pó	
劈	273	鼙	324	pián		勳	907	俜	530	婆	821
魾	767	鞸△	947	便	533	僄	538	姘	828	鄱	423
鈹	766	蠶	880	楄	389	驃	632	肵	596	皤	518
額	588	pǐ		骿	256	piē		竮	123	額△	518
鼙	242	匹	837	筬	289	撆	800	píng		pǒ	
		妃	895	緶	864	瞥	217	平	303	駊	635
						鐅	916				

pò		pú										qì		qiān	

pò

宋 397
朴 358
迫 118
狛 652
怕 691
敀 201
洦 725
破 620
酺 965
胃△ 444
首 472
魄 599
膞 266
霎 761
轉 339
霸 444

pōu

剖 273

póu

抱△ 792
捊 792
掊 792
箁 283
髻 591

pǒu

婄 826

pū

攴 200
仆 539
痡 493
撲 804
鋪 924

pú

厊 336
匍 597
羑 170
蒲 043
酺 966
僕 170
濮 721
樸 392
蹼 171
纀 857

pǔ

圤△ 888
圃 404
浦 734
普 438
溥 725
墣 888
樸 363

qī

七 949
呇△ 445
妻 811
娸△ 811
郪 421
慽 617
萋 060
柒 401
戚 834
徛 124
凄 739
悽 698
娸 810
期 445

欺 576
攲 193
殢 255
猗 130
郗 427
傲 538
漆 709
憾 701
縷 853
踦 130
觭 279
諆 163
霋 762
顩 586
榔 355
鶈 239

qí

郂 414
祁 419
芪 055
岐△ 414
忯 687
奇 301
祈 010
祇 008
畁 172
疧 500
耆 560
蚑 873
圻 869
蚔 868
斿 440
趚 101
其 034

楑△ 415
軝 934
畦 901
跂 137
淇 715
萁 381
錤 925
祺 007
軝△ 934
頎 582
綦△ 854
齊 451
旗 439
綼 854
琪 021
碁△ 007
綦 045
鮨 770
齏 819
璂 021
騏 631
騎 635
（臍）261
齋 261
鑾 313
蘄 042
鯕 772
麒 641
齏 869
纃 305
齏 451

qǐ

邔 422
芑 073

屺 605
杞 354
启 091
起 103
豈 305
記△ 103
啟 200
榮 383
啓 433
薈 035
鈘 938
綮 853
綺 852
稽 587

qì

气 029
汥 543
企 521
芞 039
弃△ 248
汽 742
迟 116
泣 749
契 673
耴 090
企△ 521
眉 562
挈 277
訖 154
葺 067
棄 248
湆 742
愒 691
屬 562

啓 215
褉 550
甈 842
藝△ 842
緝 863
嫛 822
磧 618
瞭 213
器 141
蕲△ 248
憩 702
頬 585
螶 303
磬 327
聲 305

qià

扴 277
洽 751
硈 619
膌 218
撽 795

qiān

千 144
辛 169
汗 725
汧 709
臤 195
佥 573
栖△ 114
嫈 829
遷 118
牽 082
雅 229
掔 797

檠 380
鯨 766
黥 668

qǐng

高 329
廎△ 329
檾 746
請 145
謦 145
綮 473

qìng

凊 757
殸△ 620
硜△ 620
窒 487
慶 688
磬 620
罄 327
瀙 747
鑋 920

qiōng

芎△ 038
营 037
銎 916

qióng

邛 425
穹 489
桏 345
琁△ 016
趙 103
蛩 877
（睘）213
惸 774
瞏 213

（窮）490
璚△ 016
憌 700
藑 046
䆳 934
瓊 016
藭 038
竆 490
闒 176
竊 414
瓗△ 016

qiū

丘 545
邱 428
坵△ 545
秋 463
萩 054
楸 347
藠 044
篍 294
緧 861
趥 102
鳩 241
鶖△ 241
鰌 767
龝△ 463

qiú

仇 540
艽 071
囚 405
叴 094
肍 267
汓 738
求△ 559

虯 874
泅△ 738
郝 429
俅 521
觓 279
訄 168
酋 968
莍 058
逑 117
遒 118
球 017
梂 354
脙 263
遒△ 118
螀△ 879
（裘）559
裘 559
絿 851
賕 412
璆△ 017
蝤 869
鼽 221
觲 281
蠤 879

qiǔ

糗 469

qiù

恷 699

qū

厶 312
曲 839
伹 535
阹 947
坥 897

岨 605
狙 651
苗 070
祛 383
胠 261
胆 270
祛 552
蓲 067
區 837
蚰 868
豊 839
笶△ 312
趄 105
詘 165
嶇 942
瀘 723
毆△ 637
謳△ 165
鴡 244
鮭 764
𦐂 597
趨 100
軀 547
驅 637
鞠△ 469
籟 469
鰸 769

qú

朐 266
斪 927
痀 497
翑 224
渠 735
約 860

軥 935
麇 625
蘆 036
鼠 879
鴝 245
鼩 654
蠅 883
蘧 036
徿 121
灈 720
籧 286
鰈 243
臞 263
衢 126
趯 103
躍 131
鑺 771

qǔ

取 191
娶 810
竬 130
踽 131
齲△ 130

qù

（去）312
厺 312
房 779
蜡 873
趣 101
麩 335
覷 569

quān

悛 691
鐉 924

quán

仝 325
全△ 325
佺 528
荃 067
泉 755
恮 687
牷 082
拳 787
捲 804
奞 209
侖△ 326
絟 863
詮 151
觠 278
銓 918
鬈 590
虇 843
權 353
蘿 128
蠸 868
趯 105

quǎn

く 753
犬 644
甽△ 753
畎△ 753

quàn

券 276
䄇 339
縓 854
勸 905

quē

缺 327

蓐	076	叡	252	**sài**		纚	847	**shā**		葠	070
薅△	076	壡△	252	(塞)	894	騷	638	布△	198	潸	750
溽	733	**rún**		賽	688	鰠	770	沙	733	樹	348
溽	741	犉	082	簺	294	**sǎo**		沙△	733	縿	859
縟	856	瞤	214	塞	894	埽	891	殺	197	羴	235
ruán		**rǔn**		**sān**		(嫂)	813	敠△	198	羶△	235
瓀	900	稇	560	三	013	婙	813	殺△	198	**shǎn**	
ruǎn		**rùn**		弎	014	薮	050	殺	198	夾	674
阮	945	閏	014	毵	288	**sào**		樧	352	陝	945
朊△	200	潤	743	糝	081	梟	138	魦	769	閃	783
耎	681	**ruò**		**sǎn**		譟	155	儍△	198	陝	824
瑌△	200	焫	395	糁	468	**sè**		鍛	920	睒	212
偄	536	若	068	糝	468	色	596	**shà**		獮	646
緛	057	弱	589	糣△	468	涑	739	萐	034	覢	570
輭	827	叒△	395	饊	320	爽△	835	歃	575	**shàn**	
軟	200	箬	043	**sàn**		瑟	835	翣	224	汕	736
硬	617	溺	708	帴	511	薔	070	箑	290	姍	646
瓀	873	篛	283	(散)	269	(嗇)	333	篓△	290	疝	496
緛	859	腝	268	橵	473	硋	619	翜	225	訕	157
ruí		爇	656	繖	288	澀	108	**shài**		扇	778
桵	349	**sǎ**		散	269	嗇	333	曬	437	傓	526
狳	399	灑	748	撒	230	薔△	333	**shān**		(善)	168
綏	856	**sà**		**sāng**		薔	073	山	603	善△	168
蕤	060	帀	144	桑	395	濇	732	乡	588	姍	665
ruǐ		泧	744	喪	100	璱	022	邖	429	傓	538
蕊	703	跋	134	**sǎng**		穡	454	芟	066	鄯	414
ruì		釤	921	顙	580	窸	298	删	273	墠	895
芮	062	靸	178	**sāo**		轖	933	苫	067	擅	·798
汭	726	駃	636	搔	795	影△	596	姍	827	蟮	874
枘△	918	颯	881	傮	537	**sēn**		珊	028	膳	265
瑞	020	鏒	470	慅	699	森	394	挻	793	禪	011
蜹	873	鑕	122	(橾)	386	槮	507	店	498	嬗	821
睿△	252	**sāi**		梭	386	槮	362	笘	292	繕	859
鋭	918	鰓	278	臊	268	篸	283	挻	559	蟺	875

蕭 168
鱓 768

shāng
商 142
傷 539
啇△ 142
緆 329
惕 700
殤 253
賷 410
薈△ 142
屬△ 281
薹 183
觴 281
鬺△ 142

shǎng
賞 408
鍚△ 321
餳 321

shàng
丄 002
上△ 004
尚 078

shāo
捎 798
莦 062
梢 351
稍 463
箱 287
燒 656

sháo
韶 169

shǎo
少 077

邨 424

shào
卲 207
邵 595
邵 418
劭 905
郇 414
袑 553
娋 823
紹 849
緤△ 849

shē
奓 678
郤 429
奢 678
賒 410

shé
舌 141
折△ 071
斯 070
撽 790
斯△ 070
鉈 921

shě
捨 791

shè
社 012
舍 324
射△ 328
赦△ 203
涉△ 752
赦 203
袿△ 012
設 153

澹 724
貫 410
躲 328
揲 339
蔎 066
楸 752
轃 339
攝 790
(麝) 643
懾 701
麔 643

shēn
申 962
扟 799
屾 608
伸 535
身 547
呻 095
侁 531
昌△ 962
傪 542
胂 260
姺 810
牲 399
突 487
娠 811
晨 190
鼻△ 962
㑋 202
(深) 718
(參) 443
紳 856
㑴 568
蔘 041

詵 145
溗 718
蔘 043
參△ 443
駪 639
燊 669
曑 443
曑 360

shén
神 007
魆 599

shěn
吙 572
弞 329
宷 079
瘁 494
頤 584
讅 150
審△ 079
瞫 216
瀋 747

shèn
㕥 299
甚 299
脀△ 685
歆 575
裖 011
甚 057
腎 259
屒 875
慎 685
滲 731

shēng
升 930

生 398
牲 082
笙 292
甥 904
勝 905
聲 785

shéng
繩 860

shěng
告 216
渻 732
婿 824

shèng
聖 785
胜 377

shī
尸 561
失 799
敊 201
邿 425
施 441
屍 563
師 396
詘△ 146
誃 571
著 053
褩△ 396
詩 146
湤 742
蝨 871
蝨 878
䶄 129
籭 286
纚 852

釃 963
䉾 883

shí
十 144
什 531
石 617
岾△ 431
拾 792
食 319
祏 009
時 431
秖 465
湜 731
寔 480
塒 893
提 007
實 481
蝕 874
䶵 653
識 149

shǐ
帀△ 623
(史) 193
矢 327
吏 193
豕 623
芺 035
使 534
始 815
彖 626
菡 070
鰊 318

shì
士 029

尓△	005	試	150	獸	951	秫	456	尌△	357	**shuí**	
氏	830	誓	150	鏉	924	(孰)	187	漱	747	脽	261
示	005	逝	141	**shū**		璹	022	豎	195	誰	166
世	145	適	112	几	198	(璹)	022	澍	739	**shuǐ**	
仕	521	奭	222	殳	195	飚	187	樹	357	水	704
市	330	釃	922	疋	137	贖	412	豎△	195	**shuì**	
式	298	噬	086	朱	475	**shǔ**		驦	632	涗	744
柿	343	諟	148	抒	799	暑	437	**shuā**		稅	462
事	193	諡	166	姝	816	貶	412	刷	274	裞	558
侍	530	澨	737	枢	196	黍	466	叔	190	睡	216
(柿)	343	奭△	222	叔	191	署	508	唰	087	帨	510
是	110	螫	874	村△	191	蜀	869	**shuāi**		說	324
眂	212	識	149	姃	138	鼠	653	痩	502	毳	229
舐△	141	釋	468	姝	816	數	201	**shuài**		**shǔn**	
恃	689	釋	079	殊	253	襡	555	帥	509	楯	366
室	478	籂	285	倏	648	**shù**		帨△	510	**shùn**	
眡	318	**shōu**		書	194	戍	832	率	866	揗	792
眣	193	收	204	紓	849	束	401	達	111	順	583
逝	112	**shǒu**		梳	372	忞△	687	蟀	870	(舜)	337
眱△	568	手	787	鄃	420	劜	560	衛	126	蕣	057
昰△	110	守	482	淑	730	述	112	**shuàn**		𡤫△	338
眡	568	首	587	輸	512	沭	712	腨	262	舜	337
眡	133	(首)	587	艎	137	柔	349	膞	594	瞚	219
視	568	旹	587	舒	250	侸	531	籥	938	鬊	593
貰	410	擥△	787	疏	959	疠	500	**shuāng**		**shuō**	
徥	122	**shòu**		邞	131	恕	687	霜	762	說	151
弒	198	受	251	樞	368	莶	040	雙	236	**shuò**	
媞	819	狩	649	輸	936	術	125	鵝	237	妁	810
蒔	063	授	792	橾	383	庶	612	**shuǎng**		朔	444
軾	932	(壽)	560	箊	286	隃	945	爽	208	欶	575
賜	215	(瘦)	500	儵	668	尌	303	爽△	208	搠	788
嗜	093	瘦	500	䲞	309	裋	558	**shuī**		碩	581
(筮)	285	綬	856	**shú**		遬△	112	𩣡	182	箾	292
飾	514	壽	560	术△	456	鉥	915			獡	647

衰 558
娑 821
傞 538
趖 102
摍 799
縩△ 558
縮 850

suǒ

所 927
索 398
琐 406
惢 703
溑 724
索 484
璅 024
纅 334

suò

膇 268

tā

它 882
蛇△ 882

tǎ

獭 652

tà

少 108
沓 300
傘△ 233
夻 233
狧 647
搨 224
蹋 327
搨 802
潚 744
嫋 821

搭 356
磋 621
舚 141
撻 804
輺△ 305
諸 160
踏 134
鎝 924
蹋 132
濕 710
遝△ 804
闒 780
馨 305
馨 305
諜 159
鰨 764
嚃 167
譶 163

tāi

邰 414
胎 258

tái

炱 658
菭 058
臺 776
駘 638
箈 283
鮐 769
孍 826

tài

夳△ 749
泰 749
能△ 693

態 693

tān

(探) 800
貪 411
痑 501
摃 800
嘽 087
灘△ 736
瀼 736

tán

弾△ 844
倓 523
郯 427
惔 700
(覃) 332
倒△ 523
郯 428
蕈 044
談 145
潭 718
彈 844
壇 898
檀 368
覃 332
錟 291
錟 921
燂 662
檀 354
罈 332
薻△ 044
貚 627
鷤 332

tǎn

坦 892

肬 270
葵△ 052
蒫 052
嗿 091
醓 313
緂 855
襑 553

tàn

炭 658
嘆 096
撢 800
歎 574
歏△ 574

tāng

湯 751
蕩 715
鏜 920
鼞 305

táng

坣△ 890
唐 092
堂 890
棠 344
喝△ 092
踢 135
臺△ 890
鏜 925
鄌 429
闛 783

tǎng

帑 516
曭 212

tāo

夲 679

叨△ 323
癹 191
弢 844
牫 082
絛 858
搯 789
滔 726
慆 691
畐 839
謔△ 323
韜 338
駋 636
饕 323

táo

匋 326
咷 086
逃 117
洮 708
桃 343
陶 946
萄 073
裪△ 159
鞀 178
檮 083
鞉△ 178
詢 159
磬△ 178
檮 388
鋾 925
騊 640
(檮) 388
(幍) 083
鼗△ 178

tǎo

討 166

tè

忒 693
忐 692
貣 408
特 080
蟘 868

téng

勝 515
滕 728
縢 866
謄 860
籐 154
騰 639
驣 310

tī

梯 379
鷈 242

tí

荑 042
厗 615
提 791
(啼) 097
嗁 097
綈 852
褆 554
蕛 056
偍 124
鍗 925
騠 569
(蹄) 130
鵜 243
䠉 130

tí
題 580
鯷 915
鵜△ 243
騠 639

tǐ
祇△ 854
涕 749
緹 854
體 257

tì
戻 778
洟 749
剔 276
逖 119
逷△ 119
悐△ 702
惕 702
（替）683
睼 216
普△ 683
瞷 214
替 683
薙△ 065
替△ 683
髰 593
嚏 088
骴 257
褅 555
覿 570
鬄 593

tiān
天 002
黇 904

tián
田 900
畋 205
恬 687
甛 299
（甜）299
填 892
嗔 090
窴 489
闐 783

tiǎn
屮△ 254
忝 702
殄 254
悿 702
舔△ 265
腆 265
靦△ 587
覥 587
錪 913

tiàn
甴 142
囝△ 142
栝 381
瑱 020
靦△ 021

tiāo
佻 537
挑 795
桃 013
斛 929

tiáo
芀 053
苕 073
甌 838
鹵 450
條 358
蛁 872
越 106
蓨 046
跳 134
蜩 872
鋚 910
調 151
鰷 766
髫 590
蟲△ 450

tiǎo
朓 444
宨 490
誂 160
窱 490

tiào
朓 217
姚 852
覜 571
糶 470
糶 397

tiě
銕△ 910
鐵△ 910
鐵 910
驖 632

tiè
帖 513
飻 323
鉆 181

tīng
芛 056
汀 743
厅△ 743
桯 371
綎 857
經△ 849
絟 849
聽 785

tíng
廷 125
嵉 313
莛 059
亭 329
庭 609
筳 285
霆 759

tǐng
壬 546
町 900
侹 526
挺 800
娗 828
珽 019
梃 360
頲 582

tōng
侗 525
恫 698
通 114

tóng
同 503
彤 316
桐 355

痋 500
衕 126
童 169
樤 670
箈 289
詷 152
穀 197
僮 520
鉵 917
銅 910
潼 705
鮦 765
童△ 169
孃 882

tǒng
桶 382
統 848

tòng
痛 493

tōu
婾 823

tóu
投 795
殳 196
匬 838
艅 452
綸 864
頭 579
鋀 474

tǒu
妵 815
鈄 240
鯃 766

tòu
音 315
歆△ 315

tū
厹 959
禿 568
宍△ 959
突 489
稌 457
腯 265

tú
迀 111
郤 425
捈 806
荼 074
（徒）111
涂 707
悇 081
屠 563
箊 283
盦 608
瘏 494
鄐 417
酴 963
圖 403
釄 968
駼 640

tǔ
土 886
吐 092

tù
兔 644

tuān
湍 730

鷒 628	**tūn**	**tuǒ**	顙 582	妟 336	蜿 876
鷻 903	吞 087	嫷 816	額 585	貦△ 023	罳 505
tuán	涒 746	橢 376	**wān**	萬 950	**wàng**
剸△ 588	啍 088	**tuò**	智 214	擘 788	妄 823
摶 802	焞 662	（柝）363	婠 817	蔓 055	迋 112
團 403	**tún**	祏 552	登 306	墾 025	忘 694
篿 287	邨 429	唾 087	彎 843	甂 222	皇△ 546
黷 244	屍 562	涶△ 087	**wán**	鄤 423	望 836
饙 588	軘 931	榏 363	丸 616	薍 052	眮 436
tuǎn	豚△ 626	槀 362	刓 275	購 406	望 546
疃 903	朜 626	撁 064	芄 038	**wāng**	謹 165
躑 131	腨△ 562	檬 370	完 480	尢 675	**wēi**
tuàn	籘 292	**wā**	狠 646	（尪）676	危 616
彖 626	臋△ 562	哇 093	紈 851	（汪）727	威 812
tuī	**tǔn**	洼 735	頑 582	尳△ 676	倭 524
推 789	氽 667	娃 824	**wǎn**	泹 727	娃 658
蓷 043	**tuō**	窊 488	夗 447	**wáng**	逶 116
tuí	扚 806	聉 786	妴 817	亾 835	隈 944
雁 613	侂 541	窐 487	宛 483	（亡）835	矮 253
隤 942	捝 799	媧 814	妴 841	王 014	溾 739
魋 601	託 153	畫 868	盌 310	玉△ 014	楲 371
穨 568	梲 380	歄 575	菀 055	忘 368	椳 369
讕 162	脫 263	窪 735	晚 434	芒 048	微 122
tuǐ	涶 724	媧△ 814	脘 266	**wǎng**	瘘 498
僓 524	詑 156	黿 883	婉 817	囚△ 505	煨 658
tuì	魠 767	職 786	琬 018	网 505	覣 568
䞣△ 123	**tuó**	**wǎ**	惌 483	罔△ 505	薇 036
（退）123	佗 527	瓦 840	睕 901	（柱）361	餵 279
逯△ 124	沱 706	**wà**	輓 939	（往）121	蝸△ 116
復 123	鞀 182	明 786	綰 854	罔△ 505	巍 602
婉 816	橐 402	韤 339	**wàn**	徃 121	**wéi**
悈 691	鮀 768	**wài**	尥 616	戲 205	囗 402
蛻 874	驒 640	外 447	忨 695	迬△ 121	洈 716
駾 637	鼉 883	外△ 448	玩 023	桂 361	韋 338

蕪	063	物	084	歺	490	蜥	867	習	222	鏇△	473
璑	017	刎	565	吷	573	僖	534	蓆	066	壐	845
橆	393	敄	201	圂	776	誒	159	覡	298	纚	856
鷡	836	疤	494	菥	045	熄	658	榴	344	躧	136
wǔ		肳△	622	唏	089	錫	863	隰	942	䡅△	136
乂△	949	悟	689	息	684	(膝)	595	橀	383	**xì**	
五	949	害	483	奚	681	瘜	497	獥	623	匸	837
午	961	務	905	犀	562	瀹	728	觿	281	夎	262
伍	531	晤	432	娭	819	歚	574	騱	633	系	846
侮△	538	惡△	689	莃	205	熹	659	鰼	767	呬	088
武	833	阥	947	晞	438	橌	390	襲	551	忥	696
侮	538	啎	607	恩△	079	蜴	872	鸂	883	肸	144
珷△	337	婺	819	欷	574	錫	909	钁	913	盻	219
牾	961	雺△	762	悉	079	歙	576	襲△	551	咥	089
鄔	419	誤	159	淅	744	羲	301	**xǐ**		係	540
悮	690	寤	492	惜	699	禧	006	迉	114	郤	419
瑪	025	諏	163	棲△	777	暫	166	徙△	114	洫	720
舞	337	釜	909	覀	777	瞎	210	俙	539	欯	572
廡	610	騖	233	睎	213	谿	756	洒	746	裓	518
憮	719	霚	762	稀	456	蟖	495	枲	473	峪△	863
憮	690	(霧)	762	郋	421	蟊	900	(徙)	114	氣	470
嫵	815	鶩	637	翁	224	鬖	591	喜	303	鈊	922
鵡	245	鶩	242	莟	438	醯	311	屃	615	細	850
趙	103	癋△	492	腊△	438	譆	159	屣△	114	隟	946
麌△	610	**xī**		犀	083	鷼	864	豨	624	溪	123
儛	508	夕	447	髟△	592	驍	640	(屜)	178	憏	698
wù		兮	301	嬰	819	酅	427	歖△	303	綌	863
兀	566	(西)	776	晳	517	犠	084	譆△	167	傼	154
勿	622	吸	088	卻	595	纗	654	愢	153	鄎	429
戊	953	吁	095	虘	307	鱸	280	壐	893	槸△	470
阢	944	卤△	777	裼	557	**xí**		箷	287	憙	303
扤	803	(昔)	438	媐	813	郋	421	謑	167	縌△	846
汙	743	析	388	熙	665	囿△	515	壐△	893	歔	574
芴	072	卥△	777	熄	349	席	515	靾	178	歖	575

戲	832	點	667	攕	788	諴	151	獫	646	**xiǎng**	
蹊△	123	報	339	譣	150	瞷	217	羨	577	（享）	331
閲	188	騢	631	孅	817	癇	494	儥	526	亯	331
虩	309	鰕	771	騫	246	鹹	777	綫	858	亭△	331
鑢	923	齰	128	纎	850	麙	642	蚃△	760	蚃△	867
餼	470	蠚	879	蠡	772	騚	631	線	859	想	689
霼	571	**xiǎ**		**xián**		鵬	244	憲	685	餉	321
鬩	222	閜	781	弓	450	**xiǎn**		䰓	768	鬺	435
鬩△	846	**xià**		伭	537	洗	747	霰	760	蠁	867
盡	314	丅	005	次	577	毨	561	獻	650	饗	321
xiā		下△	005	弦	845	祿△	649	趰	102	響	169
呷	090	（夏）	336	咸	091	尟	110	賺	654	饟	321
xiá		唬	098	唌	096	跣	136	**xiāng**		**xiàng**	
匣	838	陜△	896	胘	265	枲	437	相	215	向	478
夾	626	塪	896	莶	045	銑	910	（香）	467	珦	016
囲△	391	龕△	336	憸	516	險	941	（鄉）	430	象	629
狎	647	鎼	327	涎△	577	獫	645	湘	717	項	580
柙	391	嫛	336	湤△	577	燹	655	箱	291	鉥	327
厌	616	**xiān**		敮	825	禰	013	薌	467	巷△	430
俠	530	仚	542	閑	390	玁	649	（襄）	555	像	541
洽	751	先	568		782	顯	586	膷	430	勨	906
陜	942	妠	818	慈	692	鼸	180	寠△	555	嚮	430
袷	009	䄟	013	械	375	**xiàn**		襄	555	樣	349
瑕	023	枯	356	嗛	086	臽	472	驤	635	襐	555
搳	795	思	677	慊	696	限	941	**xiáng**		鱩	782
暇	436		692	嫌	824	圽	891	夆	340	膷	430
轚	337	掀	797	衔	923	莧	036	庠	609	**xiāo**	
碬	618	僊	542	趏	102	哯	092	洋	712	枵	361
瘕	498	銛	916	賢	406	陷	942	样	381	哮	098
蝦	876	憸	691	稴	457	晛	433	祥	006	虓	309
跲	136	嬐	820	憪	693	睍	211	痒	495	消	742
轄	936	鐥	476	嫺	819	胘	270	翔	225	宵	482
鍜	922	鮮	769	燅	665	腎	211	詳	148	梟	392
瓗	025	獮	903	鹻△	665	蜆	871			痟	496

蛸 870　肖 262　（鞋）178　媟 822　欣 572　刑 276
綃 847　笑 295　嬲 908　絜 859　訢 151　邢 419
獝 650　效 201　（繱）908　楔 370　（新）928　邢 419
歊 573　皛 518　覸 182　偰 527　歆 576　行 125
霄 760　嘯 091　諧 151　巤△ 951　新 928　形 588
曉 095　歗△ 091　鞵 904　榍 369　廞 613　（型）893
賨△ 140　歊 574　擷△ 557　㵨 512　薪 070　型 893
銷 911　嘼 831　駭 635　勢 438　馨 467　洐 736
獢 645　獫 640　鞢 178　噧 094　　xín　　陘 944

蕭 054　　xiē　　蠮△ 876　解 944　鐔 920　莖 058
鸮 239　猲 645　襭 557　喋△ 861　　xìn　　娙 817
膮 268　歇 572　攜 791　薢 051　囟△ 684　銒 912
藃 062　　xié　　懱 695　魯 643　伈△ 149　蛵 868
蟰 873　叶△ 908　蠵 876　瀣 725　凶 683　（銒）913
簫 293　叶△ 908　纈 858　懈 694　信 149　鈃 913
囂 140　劦 907　擷 676　（謝）153　膌 264　滎 735
驍 633　協 908　鱚 139　爕 189　訫△ 149　鋞 912
蠨 038　奊 674　　xiě　　襄 555　脪△ 684　滎 477
鼾 183　拹 796　寫 482　糏 470　舋 176　錫 319

　xiáo　　頁 579　　xiè　　爕 665　　xīng　　　xǐng
洨 714　肵 212　灺 660　劦 273　星△ 443　省 219
侑 539　恊 908　恷 694　齘 127　胜 268　嵱△ 219
笅 290　挾 790　卸 595　蠏 876　觪 142　楈 374
毃 197　衺 557　衸 552　（蟹）876　猩 646　　xìng

　xiǎo　　脅 260　屑 561　謑 153　垶 887　杏 343
小 077　晉△ 212　屑 562　蠤 129　腥 268　（幸）675
朴 362　畦 901　妎 826　瓊 025　皨△ 443　性 684
筱 282　斜 929　（屑）562　廮 476　興 174　姓 809
曉 432　愶 697　械 390　蠏△ 876　鮏 770　荇△ 056
皢 517　瑎 025　离 951　　xīn　　臖 443　莕 055
鑮 912　綊 860　偰 522　心 684　觲 279　悻 675

　xiào　　膎 269　緤 861　辛 954　鵆 429　悭 692
芍 054　歇 572　渫 748　忻 686　　xíng　　婞 824
孝 560　頡 584　屟 563　昕 432　荊 317　緈 850

旻 209
烕 664
嗀 097
颰 881
謔 161
𥨍 488

xūn

葷 036
勛△ 904
熏 033
櫛 349
勳 904
壎 892
薰 039
纁 853
醺 966

xún

旬 597
巡 111
旬△ 597
郇 420
帕 511
洵 724
恂 688
紃 858
珣 016
循 122
（尋）199
馴 638
樳 353
鄩 417
㝷 199
潯 731
𧾷 102
鱘 767
蟳 755

xùn

卂 774
汛 749
迅 113
徇 124
侚 523
（徇）124
巺 297
訓 146
訊 149
浚 745
梭 351
（巽）297
巽△ 297
巺△ 297
遜 117
愻 688
蕈 057
詢△ 149
駿 245
鄋 296

yā

窨 490
閘 781
錏 922
壓 896

yá

牙 130
芽 058
枒 354
厓 614
㕯△ 130
崖 608
猚 227

yǎ

庌 610
雅 226

yà

乚 775
襾 509
穵 488
迓△ 154
亞 949
軋 937
訝 154
揠 800
䧹△ 775
晉 949
闒 782
齾 128

yān

咽 085
烟△ 662
焉 247
淹 708
猒 299
腌 269
堙△ 662
鄢 430
煙 662
猒△ 299
蔫 064
漹 723
羥 234
閹 783
𪚊△ 662
壓 816
鄢 428
懕 691

yán

延 125
言 145
阽 946
姸 824
郔 425
炎 665
沿 737
研 620
狠 646
琂 025
訮 160
嵒 606
筵 286
揅 801
碞 620
䖗 310
閻 780
檐 367
顏 579
壛△ 780
嚴 100
顲 581
灡 749
巖 642
爓 663
闤 779
巘△ 579
嚴△ 100
囆 095
巖 606
鹽 777
礹 619
齞 127
簷 295

yǎn

广 609
㕣 099
㫃 439
㫄△ 439
沇 715
奄 672
沿△ 716
匽 837
衍 726
弇 171
郾 426
剡 272
掩 803
容△ 099
眼 210
偃 539
酓 964
算△ 172
琰 019
揜 792
棪 346
渰 739
隒 944
媕 820
罨 506
裺 550
焱 665
演 726
褗 550
暥 216
蝘 867
戭 833
餤 665
檿 354
齗 128
鰋 767
鶠 240
齴 127
甗 841
黤 667
鰋△ 767
蝘△ 867
儼 525
顩 581
黶 666

yàn

晏 821
豜 650
彦 589
（彥）589
晏 433
唁 097
俺 526
宴 480
郾 421
䜩 213
趼 137
婩 827
硯 621
雁 229
焱 669
傿 536
嫣 817

鴈 241	**yǎng**	夶 151	**yào**	業 170	繄 859
燕 773	卬 543	堯 899	旭 676	襄 558	檹 362
臙 657	仰 531	䡞 931	突 490	厭 616	醫 966
鴈 183	抰 805	摇 797	覞 571	傑 523	黟 668
鸎 681	羕 320 △	嗂 091	嶢 650	鄴 419	鷖 242
讌 154	紻 856	傜 538	藥 066	篆 284	繄 666
遜 118	蛘 874	媱 817	燿 663	皣 400	**yí**
鴳 246	鞅 182	瑶 026	顤 582	謁 145	乁 830
嬿 814	養 320	榣 361	鷂 244	曅 434	台 091
䜩 433	**yàng**	僥 542	覝 570	鍱 915	圯 898
釅 967	怏 698	銚 913	**yē**	厴 791	夷 674
驗 634	恙 699	歊 573	喝 437	饁 321	臣 787
驠 633	羕 756	嶢 607	噎 092	爗 663	沂 712
醶 306	詇 147	窯 486	**yé**	嶭 170 △	互 482
yāng	煬 660	繇 477	邪 427	**yī**	酏 787 △
央 330	漾 708	蹂 134	枒 053	一 001	狋 647
泱 739	瀁 708 △	(繇) 846	釾 920	弌 001 △	怡 687
殃 254	鍚 666	繇 846	**yě**	伊 523	(宜) 482
秧 461	**yāo**	蘨 065	也 830	肙 547	柂 373
鴦 241	幺 249	猺 843	壄 830 △	衣 548	庡 577
yáng	枖 359	**yǎo**	冶 758	依 529	咦 088
羊 233	要 175	夭 675	野 900	陭 945	徥 123
昜 622	抄 846	㐌 435	埜 900 △	㹠 523 △	𠤬 542
陽 941	妖 822	抭 472 △	**yè**	婼 815	迻 114
揚 808	祅 013	杳 364	曳 962	㘅 872	姨 813
崵 605	葽 057	宎 478	抴 806	陭 945	瓵 841
楊 352	夒 175 △	舀 472	夜 447	猗 645	肥 787
敭 808 △	**yáo**	窅 211	葉 389	揖 788	栘 347
暘 433	爻 208	窈 490	掖 808	(壹) 677	移 353
禓 012	肴 265	殀 472 △	液 746	椅 353	宧 478
瘍 495	垚 899	宨 490	擖 890	壹 677	窏 482 △
颺 881	姚 810	䫟 441	枼 059	堅 897	珆 024
鍚 923	珧 027	齩 128	暍 096	嫛 811	移 457
	苃 899 △	鷕 245	厲 613	旖 441	痍 499

詒 156
羠 234
暆 434
鈶△ 373
飴 319
䔟 060
㰻 573
螔△ 865
疑 958
䔱△ 482
遺 117
儀 533
篒△ 319
鄯 427
頤△ 787
頥△ 787
觺△ 373
檥 364
嶷 604
彝 865
轙 935
欙 346
彝△ 865
鸃 245
钀△ 935

yǐ

乙 952
（以）961
匜 839
目 961
迆 117
攺 205
矣 329
苢 044
酏 967
倚 529
扆 779
偯 699
蛾 869
㥯 699
敧 182
輢 932
螘 870
錡 915
顗 584
齮 128

yì

𠂆 830
乂 829
弋 830
刈△ 830
仡 525
肊 260
圪 889
忔 703
归 595
亦 674
异 172
妷 813
忍 697
抑△ 595
投 889
杙 349
医 837
邑 412
邑 430
伿 537
佚 538
役 197
呭 090
易 629
佾△ 197
兗△ 554
泄 721
泆 732
帠△ 625
帟 625
弜 845
弈 173
奕 680
疫 501
怈 690
玴 024
挹 799
酏 965
㕈 615
眙 409
欭 575
傷 539
虓 309
益 311
浥 733
悒 692
羿 224
（執）187
栧 374
毆 197
毅 624
锥 230
異 173
逸 644
意△ 689
翊 224
羛△ 834
䖠 187
軼 937
殔 254
暘 433
敡 203
號 309
敡 205
劓 275
詍 159
啬 146
竬 480
豙△ 625
匽 838
嗌 085
睪 678
（ 肄 ）△ 193
肄△ 193
詣 154
瘍 500
裔 554
意 684
義 834
溢 746
壹△ 253
蒜△ 085
勩 906
蓂 071
廙 612
豪 625
蜴 846
潩 710
肄 193
墷 897
撎 788
駃 637
蔷 042
橥 362
睨 569
（億）534
誼 152
瘞 898
（毅）197
熠 663
㚤 596
檍 348
殪 253
噫 435
羿 172
嶧 604
圛 403
劓△ 275
瘱 686
薏 689
澺 720
縊 865
翳 225
嶷 086
斁 203
臆△ 260
謚 168
寱 492
翼△ 773
鷊△ 243
檥△ 362
億 534
毅 197
肄△ 193
豷 624
鶃 243
繹 847
懿 677
饐 323
譯 167
議 148
瀷 718
饗 773
鷁△ 243
（懿）677
虉 050
驛 639
鷧 244
邐 103
齸 129
蘙 068

yīn

㐺△ 763
因 404
侌△ 763
捆 802
茵 069
垔 896
音 169
姻 811
殷 547
隂△ 896
陰 941
喑 086
湮 738
婣△ 811

邮 417	羑 602	鮋 654	崳 604	**yǔ**	雽 761
曳 449	莠 034	圞△ 404	畬 901	与 926	慂 691
攸 203	庮 613	蘲 045	逾 112	予 250	禦 011
沈 724	羑 601	**yū**	腴 261	异△ 174	籞 295
汝△ 203	欨 576	迂 120	溈 713	宇 479	趣 103
肮 263	脜 192	扜 807	渝 750	羽 222	鋙 915
油 718	歐 574	紆 850	愒 691	雨 758	齬 129
遒△ 442	誘 602	菸 064	愉 693	那 422	**yù**
卣 300	樞 389	淤 745	瑜 016	俣 525	玉 015
郵 414	牗 452	瘀 496	榆 355	禹 951	丠△ 015
猷 327	鮋 766	**yú**	虞 307	㐱△ 951	芋 036
(䌛) 327	譳△ 602	(于) 302	愚 693	圄 405	聿 194
訧 166	黝 667	亏 302	棽△ 079	瓜 477	昱 754
游 442	**yòu**	邘 418	漁△ 773	敔 205	弄 172
蕕 073	又 188	伃 523	窬 489	圉 678	或 832
楢 344	右 091	玗 025	褕 549	鄅 425	郁 415
斿 441	189	余 078	鰤 875	庾 611	欥 576
猶 651	幼 249	盂 310	餘 322	萬 042	育 959
蝣 045	疢 496	臾 962	諛 155	斞 928	禺 601
輶 931	侑 821	(衧) 553	璠 234	寙△ 479	昱 437
黓△ 264	柚 342	竽 292	踰 131	瑀 024	狳 649
覦 570	囿 404	舁 174	覦 570	楀 347	浴 747
鳌 028	疣△ 585	俞 565	謣△ 162	與 174	域△ 832
櫾 357	宥 482	表 553	媀 815	傴 540	菁 057
邎 111	祐 007	罤△ 762	璵 016	衙 126	怂 692
yǒu	姷 821	娛 819	輿 932	釪△ 295	欲 573
友 192	盍△ 310	黄 058	歟 572	爾△ 758	減 727
有 445	盫 310	雩 762	螢 873	語 145	淯 710
酉 962	褏△ 389	魚 763	諤 162	鋙△ 915	馭△ 124
丣△ 962	狖 629	隅 941	旟 440	窳 488	棫 349
泑 705	趙 102	堣 886	舉 797	頨 584	歟 572
怮 699	煩 585	揄 798	鱟 772	噳 099	遇 113
羑△ 192	櫙 389	軒 181	瀤 724	貐 627	噅 091
羑 235	櫙 389	楰 356	灨 772	褕 558	御 124

鈗	921	灾△	661	**zǎng**		諑	155	**zéi**		**zhá**	
隕	943	災△	662	駔	639	（竈）	486	賊	832	札	382
靭	679	哉	090	**zàng**		窄△	486	**zēn**		霅	759
預	581	裁	661	奘	681	**zé**		先	567	蠿	878
磒	619	**zǎi**		奘	647	迮	113	簪△	567	**zhǎ**	
霣	759	宰	482	葬	076	則	272	**zèn**		羨	658
隕	581	崊	786	**zāo**		（責）	410	譖	157	鮺	771
鬒△	759	**zài**		傮	541	嘖	155	**zēng**		**zhà**	
韗	128	再	249	遭	113	笮	286	綪△	852	乍	836
yùn		在	892	糟	661	潪	737	增	894	吒	094
孕	956	洅	741	棘	393	嗣△	272	憎	697	栅	370
鄆	418	栽	364	糟	469	蕡	410	曽	659	詐	163
肻	494	載	936	醩△	469	嘖	095	曽	506	榕	388
愠	697	戴	967	**záo**		嗣△	272	繒	328	誆	156
惲	686	戴	428	鑿	916	幘	510	增	683	**zhāi**	
運	114	飱	187	**zǎo**		媜	820	繒	852	摘	795
蘊	064	**zān**		早	431	譜	155	譜	161	齋	008
縕	864	鐕	918	蚤△	878	擇	793	**zèng**		饢△	008
緷	848	**zǎn**		棗	451	嗣△	272	甑	841	**zhái**	
醖	963	寁	483	璪	021	澤	732	贈	408	厇△	478
覨	569	**zàn**		璪	024	簀	286	甑	183	宅	478
餫	323	暫	436	蝨	878	鄹△	769	鬵△	841	窄△	478
韗	177	趲	106	澡	747	讀△	095	**zhā**		**zhài**	
韗△	177	鏨	916	璪	021	齚△	128	挓	799	鄹	417
zā		贊	407	薻	072	鰂	769	柤	369	瘵	494
帀	396	灒	749	藻	072	齰	128	溠	716	**zhān**	
噆	096	孱	817	繰	854	**zè**		齘	190	占	207
zá		瓚	016	**zào**		厌	674	樝	342	沾	715
雜	556	饡	321	造	112	仄	615	鮺	280	旃	441
儸	236	**zāng**		皁	138	庂△	615	諸	156	蛅	871
zāi		牂	233	艁△	112	昃	674	譇	154	飦△	184
甾	755	臧	195	燥	664	庴	434	齇	127	詹	078
烖	833	墼△	195	竈	486	（庂）	434			霑	761
秵△	662			趮	101	萴	047			鍵△	184

zhěng		鶺	240	旨	303	郅	420	寠	250	刦	030
抍	797	晉	964	阯	944	帙	512	戠	672	仏	523
撜△	797	織	848	址△	944	制	275	製	558	汷	724
整	201	籧	883	坻	892	夘	594	銍	917	苆	045
zhèng		zhí		抵	805	炙	659	舮△	281	峀△	030
正	110	拓	799	厎	614		669	滯	742	忠	685
㾾△	110	(直)	835	沚	734	挃	803	摯	797	烅△	852
疋△	110	直	835	泜	742	茝	068	摰	790	衷	556
政	201	姪	813	晋	303	庤	613	鞊	179	㠹△	511
証	150	值	541	抧	794	㢜	612	矯△	221	終	851
鄭	416	埴	887	祉	006	陟	942	稺	455	憁	511
證	165	執	678	指	787	杘△	275	鶙△	227	鍾	920
zhī		植	368	枳	353	桎	390	質	410	螽	878
之	396	殖	255	洔	732	致	336	璏	021	歔△	654
支	193	跖	130	恉	685	秩	460	矯	221	鍾	912
汁	747	稙	454	咫	564	狾	650	墊	776	蝀△	878
芝	034	罼	638	砥△	614	時	902	緻	865	鬷△	654
祎△	193	摭△	799	疧	499	偫	528	摘	795	鐘	919
巵	594	藁	835	紙	862	舮△	281	櫛	372	zhǒng	
汥	735	慹	702	軄	934	裹△	512	舳	278	冢	598
枝	358	樴	379	嵦	518	痔	498	鞏	937	(冢)	598
知	329	堘	894	䁞	164	室	489	嚍	088	徸	124
肢△	262	繺	638	稙	400	紩	859	㴴△	669	歱	106
胑	262	檷	368	鼔	204	蛭	868	鷙	923	腫	264
胝	263	職	785	襧	557	巋	626	觶	280	踵	133
祗	007	蹢	134	zhì		撤	803	隲	630	zhòng	
隻	226	蹢	133	阤	943	(戴)	672	趠	102	仲	522
脂	268	潪	732	至	776	菣	065	鷨	306	重	546
雉	230	蠾	128	志	684	置	508	鷙	638	眾	545
䊨	833	䗪	335	至△	776	雉	227	䑖	129	憧	703
絘	848	zhǐ		豸	627	儨△	942	鷙	245	㠩△	499
馶	634	夂	340	炙	659	膈	640	躓	134	種	454
榰	366	止	106	忮	693	潗	719	zhōng		瘇	499
蜘△	883	只	142	迣	118	勢	820	中	030	靈	760

叕 949	糕 460	棨 456	秭 464	稷 347	屨△ 679
炪 656	篧 289	蓄 065	痄 500	稷 464	**zū**
捉 793	斣 654	鄑 424	第 286	縱 858	租 462
倬 526	濁 712	嗞 095	梓 347	輕 937	菹 067
剢 273	窜 087	孳 957	𡧛 270	艐 565	蒩△ 067
椓 346	窶 822	滋 733	啙 109	瘲 494	蒩 313
朘 269	飌△ 927	貲 412	紫 854	螃 867	蒩△ 067
叕 507	擢 796	觜 280	葘 068	潙 623	蒩 313
輟△ 507	斀 205	資 406	訾 159	瀔 183	**zú**
輟 937	穛 400	鈭 916	渽 745	**zǒng**	足 130
糕 467	濯 748	緇 855	榟△ 347	熜 660	卒 558
zhuó	楂 374	蕭 453	虉△ 956	總 850	秋 573
勺 925	礳 621	輜 931	**zì**	**zòng**	捽 806
叱△ 740	繁 862	錙 918	白 220	從 544	崒 605
汋 730	鱡 772	鶿 244	芓 071	綜 848	族 442
灼 660	(繳) 862	鎡△ 453	自 220	縱 849	猝 253
茁 058	蠗 877	霣 761	字 957	**zōu**	槭 352
斫 927	瀌 728	穦 459	囟△ 220	郰 426	踂 131
酌 965	斀 555	頿 588	伈 530	陬 941	踤 133
舉 169	鐲 919	觜 654	歂 574	掫 807	嗺△ 573
浞 741	篧△ 289	齍 310	挐 796	菆 075	蹴 132
窋 489	鷟 237	齋 456	恣 694	椒 389	鏃 924
啄 098	籗 289	齋 558	蔵 269	鄒 425	歒 573
涿 740	**zī**	虀 958	欼 255	諏 148	鷩 128
脮 279	仔 534	**zǐ**	漬 748	廏 474	**zǔ**
媁 824	圉△ 839	子 956	胔 257	騶 639	阻 941
琢 023	孜 201	秭 398	積 234	𩨂 127	俎 021
斱 928	甾 839	学△ 956	**zōng**	齺 127	俎 926
椓 387	娿 821	姊 812	宗 485	**zǒu**	祖 009
敪 205	咨 089	秄 459	嵏 337	走 100	組 856
焯 662	姿 823	胏△ 270	稯△ 464	**zòu**	葅 035
窡 489	兹 062	仳 794	堫 888	叴 595	詛 157
斲 927	甾△ 065	茈 047	葼 060	奏 679	禣 013
	兹 250	呰 093	嵕 607	敳 679	

筆畫檢字表

　　本表收入《説文解字繫傳》卷一至卷二十八所立字頭（含重文），按筆畫多少爲序排列；筆畫數相同者按起筆筆形一丨丿丶一的順序排列；起筆筆形同者按次筆筆形順序排列，以此類推。重文字後標△。

一畫		七	949	乃	300	兀	566	久	341	互	626
一	001	匸	838	刀	271	尤	675	凡	886	幺	249
丨	030	匚	837	力	904	与	926	勺	925	巛	754
亅	834	上	002	丩△	254	叵	595	及	190	**四畫**	
丿	829	卜	206	厶	601	乎	340	夊	340	三△	948
丶	315	冂	330	又	188	矢	674	夂	335	丰	398
乀	830	卜△	207	辵	125	弋	830	夕	447	王	014
乁△	191	厂	830	巜	753	去	959	广	609	井	316
乀	830	乂△	949	马	449	上	004	（亡）	835	天	002
乙	952	乂	829	**三畫**		少	108	宀	477	夫	681
乚	775	人	520	三	013	小	077	之	396	元	002
乚	835	入	325	于	124	口	084	卂	774	无△	836
乙△	189	八	077	（于）	302	口	402	尸	561	云△	763
乚	835	九	949	干	141	且△	926	己	953	弋	001
く	753	儿	566	亏	302	月	503	巳	961	亞	301
㇉△	300	几	926	土	886	山	603	弓	842	亞△	953
ㄅ△	763	勹	597	士	029	巾	509	子	956	弓△	191
二畫		匕	543	工	297	千	144	孑	958	廿	144
二	885	几	198	才	395	毛	399	屮	032	木	342
丁	953	匕	542	下△	005	（川）	754	卪	594	丕△	005
丅	005	一	503	寸	198	彳	121	孓	958	不△	388
十	144	屮	143	丌	296	彡	588	也	830	爪	186
厂	614	了	958	丈	144	亼	324	女	809	朮	472
ナ	192	凵	099	大	672	凵	835	刃	276	五	949
丂	300	厶	312	（大）	680	丸	616	叉	189	丐△	298

只	142	付	530	犯	648	尻	562	医△	288	扚	804
(史)	193	禾	400	外	447	尼	562	邦	413	扱	804
央	330	代	533	外△	448	(反)	562	打	023	迁	111
兄	567	仢△	149	处	926	民	829	正△	110	扟	799
叱	094	亿	525	冬	758	弗	830	弘	025	圮	895
目	961	仢	529	夗	447	邗	422	式	298	圯	898
叫	096	伋	522	包	598	弘	844	歪△	015	地	886
邝△	416	白	517	主	315	疋	137	迁	118	耳	784
叨△	323	白	220	市	330	阢	944	迂	120	芋	036
(冉)	622	仔	534	(广)	493	庐	615	开	925	芐	050
尸	608	伩△	814	立	681	宋	397	荆	317	共	173
皿	310	仞	521	邝	417	出	396	刑	276	芇	232
犮	325	(斥)	613	玄	250	凷	607	邢	419	芅△	295
帆	604	瓜	476	半	079	发	191	邦	419	芃	061
帜	512	仝	325	羊	141	阤	943	邽	427	芄	038
同△	330	仝△	325	户△	252	妸△	812	刉	275	芍	054
郈	429	亦	077	汀	743	奴	813	祁	425	芨	041
屿△	415	仚	099	汁	747	加	906	扞	807	芒	060
囚	405	企	542	氿	705	召	089	扞	801	芝	034
四	948	乎	302	氻	734	皮	199	圭	899	芎△	038
囜△	505	乎△	079	氾	729	孕	956	扛	798	芭	073
回△	403	仌	589	宁	948	圣	894	寺	198	芋	071
凸	255	令	594	穴	486	弁△	567	氒	577	杍	387
図	404	令△	763	它	882	台	091	扤	803	朽	254
生	398	用	207	宄	484	癸	108	冊	144	朴	358
失	799	朋	260	宂	481	矛	930	吉	091	机△	288
矢	327	印	595	尼	778	母	812	扣	807	机	356
乍	836	氏	831	必	078	幼	249	青	503	杣	361
辛△	340	句	143	永	755	**六畫**		圪	889	杦	351
禾	454	叴	094	聿	193	弎△	014	(考)	204	朸	363
刉	273	夙	198	司	593	(匡)	838	考	560	亘	885
丘	545	匃	836	支	190	耒	277	珎△	298	臣	195
仕	521	(册)	139	巴△	521	圂△	839	老	560	吏	002
仁	525	(卯)	960	尻	926	剏	277	(巩)	187	再	249

异	172	燊	395	圻△	895	苇	045	极	383	応	615
弘△	844	冞	186	折△	071	芮	062	杞	354	奄	673
弜	845	糸	847	扴	795	芞	039	杍△	343	㐬△	445
弛	844	絲	249	坋	897	芼	062	李	343	奔	673
改	815	夗	754	扮	798	芙	045	杝	370	夾	674
阱	317	巡	111	抈	803	芹	048	初	356	夾	672
阮	945	孚△	956	扺	892	芥	071	权	358	夯	005
邪	428	**七畫**		抵	805	芩	050	松△	858	(尫)	676
阯	944	牡△	892	孝	560	芬△	033	求△	559	厓	187
收	204	玕	027	坎	893	芝	064	字	398	尨	645
阪	941	玗	025	均	887	芪	055	車	930	豕	623
艸	033	玒	016	抑△	595	芴	072	甫	207	尬	676
阬	943	弄	172	坄	889	茦	051	匣	838	戎△	834
防	943	玓	026	投	795	茚	052	(更)	202	肘△	743
孓△	300	玖	024	抗	805	芨	066	束	401	忒	693
(丞)	171	廷	112	扰	805	芳	066	吾	089	迒△	154
阢	942	戋	833	忐△	701	芜	054	豆	305	狐△	439
迪	117	夭	658	巩	187	芊	059	迪	112	坐	892
奸	828	匜	837	抉	795	臣	787	邧	424	至△	776
妣	813	形	588	把	791	克	454	酉	962	坙	754
如	820	戒	172	抒	799	芋	040	斋△	193	邨	418
妊	810	吞	087	劫	907	杆	369	医	837	芈	233
奻	815	扶	789	毐	829	杜	344	辰	960	步	108
妁	810	坛	796	華	248	杠	371	居	615	述△	794
妃	811	扺	793	耴	784	材	363	乑△	962	迊	114
好	816	技	802	芫	056	林	362	邭	426	刜	275
妠	828	坏	897	邯	420	杖	379	否	097	卤△	777
忍	697	瓨	841	芸	049	杙	349		776	奴	252
劦	907	址△	944	芰	051	秋△	662	百△	221	肖	262
禾△	520	走	100	苿	059	朴	362	百	587	旰	434
采△	957	延	125	苣	070	杏	343	戻△	329	旱	435
羽	222	抃	797	芽	058	杚	374	庇	614	呈	091
牟	082	攻	204	芘	057	巫	298	囟△	220	貝	406
厶	948	赤	670			构	375	会	673	見	568

许	733	完	480	弨	572	妒	822	玪△	023	抉	805
汽	742	宋	484	忌	696	㤪△	687	盂	310	刧	905
(沃)	737	㝑	483	攺	810	妷	825	亞△	643	拥	790
沂	712	宏	479	陡	947	卧	207	电	030	垌△	330
汲	721	㽺	482	阿	941	邵	595	恭	317	扶	804
泠△	738	牢	082	壮	030	邵	418	彤	316	坿	894
汾	710	究	491	孜	201	劭	905	刡	317	拊	792
泛	738	穷△	411	妆	822	忍	703	扶	681	者	221
泒	742	公	481	坒	396	甬	450	扻	789	(坼)	896
沸	716	灾△	661	坓△	892	邲	414	忑	702	劳	560
次	577	良	332	阰	946	矣	329	長	621	坴	888
没	739	戾	778	岋	033	叕	335	刲	274	弄	172
(没)	739	启	091	阻	941	巼△	901	邦	417	炙	335
汶	713	圮△	787	阹△	946	叟	626	拑	790	㧎	894
沆	728	初	272	阼	946	灾△	662	扺	806	抵	802
汸△	566	社	012	附	944	**八畫**		邿	425	拘	143
沈	740	礽	009	㞍	033	郖	419	坷	896	抱△	792
沁	715	祀	008	阺	944	邽	423	抲	796	拉	803
决	737	(窂)	506	陀	944	奉	171	拓	799	(幸)	675
沺	743	邟	419	敉	201	珏	024	拪	790	扡	806
渤	741	邜	595	陂	941	珏	029	坡	889	抗△	472
沇	715	君	089	姘	819	玩	023	拔	800	抿△	800
(任)	650	即	317	妍	824	玭	027	抨	804	拂	805
忼	695	屄	380	姄	810	武	833	坫	891	抽	802
怖	697	(尿)	564	妓	821	香△	303	拈	791	招	793
怾	693	(尾)	564	妞	812	青	316	㳄	111	坡	887
忧	699	屁	562	妊	811	玱	019	坦	897	披	796
忡	700	㞑△	200	姄	822	玲	024	坦	892	抙	798
忻	686	局	099	姈	818	(表)	549	坤	886	亞	949
忺	699	甹	960	妭	819	玹	025	抽△	800	坶	887
怟	687	巡	120	娀△	813	(玦)	025	块	896	拇	787
忙	686	改	202	姊	812	玫	027	拭	794	聀	275
忧	688	攻	205	妛	816	玦	029			取	191
快	685	刜	275	妨	823	珏	916			苷	040

咼	097	使	534	依	529	奼	207	股	261	咎	540
郘	417	佲△	448	佟	523	矜△	303	肪	259	姓	447
抙△	171	佰	531	併	529	忿	694	肬	270	匊	597
郏	422	侑△	821	俅△	203	氕	833	胅	261	夘	594
刱	271	侉	539	侒	530	効	206	胐	264	炙	659
制	275	例	540	臭	681	炎	208	胆	959		669
知	329	臾△	069	郎	421	拏△	233	肥	270	帗	515
迭	116	臾	962	帛	517	采	386	(服)	566	婆	817
氛	029	兒	566	卑	192	坒	546	周	091	京	331
氖	696	版	452	迫	118	受	251	旬△	597	卥	454
怵	081	岱	603	昌	940	爭	251	咸△	881	(享)	331
迮	113	郇	425	咢	313	乳	775	昏	434	卥	333
(垂)	899	优	536	卹	314	会△	763	延	116	廢	612
牧	206	侗	525	保	520	彔△	577	迹△	118	夜	447
牻	083	侃	755	侔	529	欥	573	阜	544	庢	613
物	084	俍△	197	所	928	念	685	郁	420	府	609
刮	274	侁	531	欣	572	胃△	597	兔	644	底	612
秆△	461	凭	926	郒	427	敂	202	匊△	643	庖	610
和	089	侹	526	征△	111	忿	696	狝	647	疛	496
季	462	佸	531	徂△	112	瓮	841	匋	326	疝	496
耗	465	侐	530	衄	123	肺	259	狉	648	疲	501
秅	460	侗	536	(往)	121	肢△	262	臽	472	卒	558
秄	458	佾	536	彼	122	肧	258	狙	651	郊	414
季	957	俅	528	所	927	肰	270	狒	647	忞	690
秄	459	佮	532	削	565	胅	263	智	432	庚	954
委	818	佻	537	舢△	566	肱	189	狛	652	尭△	554
竺	886	佩	521	金△	641	腩	258	狐	652	匋	005
秉	191	侚	523	舍	324	肶△	266	忽	694	音	315
忒	529	佟	537	金	909	肭	445	狗	645	妃△	682
佳	523	隹	226	侖	324	肝	319	狦	646	姜	169
侍	530	侂	541	命	089	胗	144	匌	597	盲	218
佶	525	佼	521	郶	416	胅△	449	狂	645	瓶	840
佀	530	佽	530	肴	265	胏△	270	匈	597	放	251
供	528	佽	530	危△	697					刻	273

於△	247	洰	737	悅	695	祇	008	斳	927	娿	813
郯	428	（沠）	737	性	684	役	196	孤	958	虷	199
劾	907	沠	723	怍	702	祊△	009	羋△	192	坴	891
斻	566	涔	732	怕	691	煅	196	峀△	431	那	422
育	959	泠	717	恨	696	建	125	欨	573	覉	079
呡	829	泜	714	怫	694	录	453	巹	885	柔	349
弆△	852	沿	737	恢	696	隶	194	坒△	396	叕	949
邢	429	沿	716	怪	694	帚△	625	陁	895	希	625
券	276	泡	711	怡	687	尋△	139	降	943	胣△	148
券	906	注	737	怮	699	逞	115	陊	943	糾	143
卷	595	泣	749	宗	485	届	562	（函）	449	畄	839
炊	658	泫	727	定	480	居	561	陕	945	剄	273
炕	664	洋	750	宦	484	屍	562	陔	946	**九畫**	
炎	665	沈	728	（宜）	482	刷	274	限	941	契	673
沫	707	沱	706	宙	485	叔	190	盇	171	奏	679
沫	747	泌	727	官	940	屄	336	妹	812	弮	845
泜△	671	泳	738	空	487	（屈）	564	姑	812	珇△	020
法△	641	泥	723	歩	490	尾	564	妸	814	珇	021
泔	745	沸	734	穸	489	屎	329	妭	813	珍	023
泄	721	泓	729	宛	483	曶△	845	娀	825	玲	023
沽	722	油	731	宲	485	弧	843	姑	818	珣	025
沐	712	沼	735	宓	480	弦	845	姐	812	珊	028
河	704	波	729	宖	479	彂	844	妯	823	玼	021
泙	731	治	713	郎	426	弨	843	姎	825	珉	026
沴	744	渤	705	牀△	778	承	792	娜	428	毒	032
沾	715	怯△	648	庆	649	舁	172	姌	817	（型）	893
沮	707	怙	689	肩△	260	孟	957	姓	809	型	893
油	718	怵	701	房	778	陋	942	姁	812	匦	838
泱	739	恓	700	衦	556	林	371	姍	827	垚	899
況	728	怖△	702	（衧）	553	狀	647	娃	815	挂	806
洞	747	怛	692	祆	013	戕	833	姘	828	封	892
泅△	738	怚	698	祉	009	牀△	746	始	815	持	789
泗	711	怞	690	祉	006	胩	789	帤	516	奜	674
洗	732	快	698	祈	010	胑	844	弩	844	拮	803

拱	789	垑	895	苘△	576	桞	345	（柿）	343	威	812
垣	889	埩	895	茱	058	㭕	383	柆	388	匧	838
挋	793	垓	886	莛	059	枯	363	柠△	354	研	620
拪△	114	按	791	苦	049	柯	380	柲	380	頁	579
挀	792	垠	895	茠△	076	柄	380	柅△	380	厚	332
城	893	拹	796	茯△	860	柘	355	[illegible]	348	砅	738
垤	897	茉	065	茷	064	柭	379	柫	374	斫	927
挃	803	某	356	荏	035	柩	839	柮	388	砭	621
批	794	甚	299	[illegible]	073	枰	388	枷	374	面	587
政	201	荊	058	茩	051	枮	356	柖	361	耐△	623
赴	101	茥	043	荇△	056	柤	369	柀	348	耎	681
赳	101	茿	073	荃	067	相	215	枱	373	耏	622
昦	674	茸	075	荅	034	柙	391	郲	429	[illegible]△	515
挏	793	革	176	[illegible]△	058	枵	361	秀△	005	戚△	953
捆	802	茞	037	茖	040	柚	342	郣	428	奎	672
壴	303	茦	049	茤△	051	枳	353	勃	907	查	673
哉	090	茵	068	茟	063	柍	345	軌	937	庢	615
挺	800	茜	048	茭	069	柷	382	郙	430	奃	673
括	802	茬	062	茨	067	梠	373	戟	831	郟	421
耆	560	荐	066	荒	063	枏	343	郠	425	奓△	678
挻	793	荋	064	荄	061	栖	374	匽	837	[illegible]	577
朾△	670	荂△	399	荓	045	柞	350	刺	402	盇	314
郝	416	荆	053	荌	045	柎	382	（畐）	332	羍	233
垍	894	枼	389	故	201	柏	356	部	427	[illegible]△	685
垢	897	茣	042	胡	265	（柝）	363	郖	417	[illegible]△	907
耇	560	茀	053	勊	906	柧	387	垔	896	[illegible]	676
拾	792	荎	055	荍	041	桴	350	要	175	虺	867
垗	898	茱	058	荵△	070	柃	374	速△	111	[illegible]	255
挑	795	茈	047	茹	070	柢	357	叜	202	迥	118
垛	890	菲	232	荔	072	枸	351	柬	401	殂	253
垝	895	草	075	南	398	柵	370	庯	615	殃	254
指	787	苗	070	[illegible]△	334	（柳）	352	咸	091	殄	254
垎	894	莒	036	[illegible]△	900	枹	382	[illegible]	616	殆	254
挌	807	茵	069	柰	343	柱	365	庬	615	昌△	962

采△	186	狟	648	庭	609	粔	470	洄	738	恔	686
郛	414	茝△	610	麻△	389	迷	116	洙	711	恀	702
食	319	風	881	疕△	585	（前）	107	洗	747	恨	697
瓴	841	猺	647	彥	589	酋	968	活	727	恊	908
建	107	狡	645	疥	497	（首）	587	洦	744	㤄△	478
爰	337	狩	649	疷	500	豕	078	洫	735	宣	478
盆	311	舢	279	疢	500	逆	113	洶	720	宦	482
胈	261	狠	646	疫	501	兹	062	洐	736	宥	482
胆	270	曶	299	疢	500	炳	662	派	734	成	480
胂	260	狸	650	疾	495	炨	658	洽	751	室	478
胑	262	尪	168	痕△	499	炟	655	洮	708	宋	480
胜	268	匐	160	庠	609	炯	663	染	749	宧	478
胅	264	廸	616	屏	611	炮	659	洈	716	宫	485
胙	264	逑	114	庤	613	炫	663	洵	724	穾△	317
胗	263	怨	841	迚	113	沸	657	洶	730	突	489
胝	263	怨	696	垚	894	炶	656	洚	725	穿	487
胸	266	（急）	692	咨	089	洭	716	洛	710	窀	490
胞	598	怵△	523	姿	823	妴	823	洨	714	窆	490
胘	265	胤	262	音	169	洼	735	洋	712	突	487
胖	079	衷	553	咅	093	洔	732	洝	744	客	483
脒	265	訂	148	（彥）	589	洪	725	（津）	737	恖△	484
胉	444	計	151	帝	004	洹	711	恓	701	窆	189
胎	258	訆	162	盇	313	洏	741	恃	689	冠	503
匍	597	訒	149	施	441	洓	739	恄	702	軍	936
矦	328	迼△	161	紗	846	洒	746	（恆）	885	屋	779
昏△	097	亯	331	（差）	297	洦	725	恢	687	扁	139
咠△	542	哀	097	美	234	洧	720	愧	690	扃	779
負	409	亭	329	羑	235	洒	744	恫	698	袄	550
龟	643	庤	613	羑△	602	洴	743	恬	687	祖	555
敏	204	度	192	姜	809	洌	730	恤	691	衽	550
斦	927	庢	612	叛	080	洟	749	恮	687	袎	552
欨	572	弈	173	希	514	泚	728	恍	695	衯	554
勉	905	奕	680	料	929	洗	728	恂	688	祇△	854
尳	542	迹	111	（送）	115	洞	730	恉	685	袂	552

（盍）	314	茵	055	梾	347	哥	301	雈△	676	畢	248
埃	897	莪	054	桎	390	速	113	圁	838	眮	219
挨	804	莠	034	桃	387	皐△	546	逐	117	眹	218
挼	789	菇	052	桐	355	鬲	182	烈	656	財	406
耿	202	荷	053	椙	367	逗	116	殊	253	眕	213
聆	787	莜	068	株	358	（栗）	450	郕	421	退	117
明	786	莛	036	梃	360	罛	509	東	450	眵	409
耿	784	茶	074	栝	381	袷	517	致	336	尋	569
耽	784	荸	045	栝	381	敇	206	貣	408	眠△	568
恥	702	莝	069	椻	392	酎	963	晉	433	眩	210
耶	426	荸	045	栓	372	酜	965	鬥	187	眝	216
（華）	400	荞	061	桃	343	酌	965	攱	475	眇	212
筠	061	菰	034	勑	904	酒	118	欨	573	眙	219
茝	039	莝△	074	桅	356	配	965	欥	574	哮	098
荙	055	蒽	048	桻	381	酗	967	耇	107	思	677
菜	058	莎	071	格	362	（翅）	223	柴	363		692
莆	074	莞	042	移	353	辱	961	挲	796	眬	432
菩	073	茛	057	校	386	唇	094	峎△	130	哺	087
茜	967	（真）	542	核	378	厝	615	剆△	928	哽	093
莀△	176	軐	439	栟	347	厥△	084	桌△	454	閃	783
莆	074	莙	043	（栚）	376	威	664	鹵	300	晕	332
（菁）	208	蔓	069	根	357	厞	616	虔	307	唊	094
栾△	807	畞△	901	栩	349	（夏）	336	羋	169	剔	276
恭	687	毘	787	逑	117	砢	621	敉	518	唬	096
拳	807	莊	033	索	398	盍△	310	貟	406	逞△	124
莢	060	蒽	040	軒	931	砥△	614	郖	429	咳	438
莽	076	桂	344	軑	934	破	620	际△	568	晏	433
聖	892	栳	376	書	934	恶	702	眛	217	晜	224
莖	058	桔	350	軔	933	厘	614	眛	214	趴△	136
莎	069	郴	423	軓	932	厡	615	皐△	110	跋	134
菁	062	桓	370	連	117	原△	755	賊	213	畠	903
莫	076	栳	378	軔	937	盉	615	時	431	（昔）	944
莧	036	栭	366	專	199	剞	271	逞	119	眕	902
董	040	桝	366	逋	117	郫	426			晏	337

狋	650	高	329	剖	273	欸△	496	海	725	害	483
狢	649	亳	330	部	417	兗△	829	逅	897	宸	479
逖	119	（郭）	427	峋	682	娃	658	涂	707	家	477
狼	651	袠	549	竝	683	烘	658	浴	747	宵	482
卿	596	席	515	衺	659	炟△	665	浮	729	宲	481
猋	604	庫	610	（旁）	005	迸	115	涣	726	宴	480
狻	650	盾	613	涵	758	烟△	662	浣	749	窆△	192
逢	114	敇△	203	旃	440	烆	663	浲	725	突	487
桀	341	痁	501	旌	442	烄	657	流△	752	宦	211
（留）	902	疬	500	旈	440	剡	272	浼	744	宷	490
晉	214	痀	494	脅△	622	郯	427	涕	749	宙△	606
盎	310	病	493	旅	442	涑	670	浣△	748	盍	486
芻	069	痁	498	旂	441	浙	706	浪	708	寀	079
清	757	疽	500	欰	575	洪	737	涒	746	宨	488
訐	163	疽	497	殺	197	洭	725	浬	727	容	481
訏	164	痕	499	畜	903	浦	734	涌	730	宭	488
訌	161	痈	499	兹	250	涷	748	浹	733	宿	489
討	166	疾	493	羖△	320	浯	713	浚	745	窈	490
訓	160	府	496	粉	233	酒	962	悈	688	寃	479
訕	157	疹△	263	殺	234	滝	724	悖△	158	宯△	482
訖	154	痀	497	羑	658	涇	708	悑	702	宰	482
託	153	疵	494	羞	960	涉△	752	悟	689	寽△	189
訊	146	痂	497	羔	233	娑	821	悭	692	宧	479
訊	149	疲	500	恙	699	消	742	悄	701	宭	481
記	153	（脊）	808	瓶△	326	涅	733	悍	693	案	375
訒	154	效	201	粜	379	淇	722	悝	695	冢	503
凌△	757	衮	558	拳	787	泿	741	悁	697	（朗）	444
凍	757	离	950	敉	203	涠	724	悓	692	冣	503
袞	557	衮	548	粉	470	涓	726	悤△	650	宸	779
衰	558	紊	850	料	928	浥	733	悔	697	軍	779
（畝）	901	唐	092	粗	469	涔	741	悛	691	（冢）	598
勍	905	凋	757	益	311	浩	728	害	484	扇	778
衷	556	恣	694	兼	466	峨	706	宦	478	廖	864
富	332	奓△	341	朔	444	淀	731	宭	311	袪	552

祐	552	刷	271	陷	942	通	114	珒△	028	捫	790
祓	558	弲	843	陪	946	能	655	(責)	410	揩	802
祖	556	曹	219	陮	945	圅	449	理	023	埵	894
祖	556	弱	589	胥	263	癸△	956	彭	589	捶	805
袖△	552	弰△	845	烝	657	逡	116	琁△	016	捜	800
袗	549	賦	945	娸	822	務	905	玲	028	赦	203
祇	551	敃	205	姬	809	桑	395	琂	025	(報)	670
袍	551	陼	945	娾	820	劙	273	琅	027	推	789
祥	559	陸	941	娠	811	彖	626	桲	205	堆	230
袳	553	陵	941	姣	826	盟△	913	甗△	288	頂	580
祒	553	陬	941	娸	826	絥	855	晉△	212	埤	894
被	555	陳	945	娙	817	紘	856	棻	402	捭	805
祜	011	嬰	824	娟	823	純	847	規	681	掀	797
裕	009	粦	681	娉	822	紕	865	堵	889	悊△	089
祧	013	陭	945	挐	806	納	849	稜	804	悊	686
袍	008	牂	233	恕	687	紝	848	捌	807	捨	791
祥	006	孨	956	娛	819	給	857	措	791	捵	790
冥	443	孫	846	娥	814	紛	861	埴	887	(執)	187
萑	330	畚△	959	娒	813	紙	862	堮△	886	逮△	950
冤	644	陵	947	娷	825	紡	849	域△	832	揄	792
盇	311	迣△	121	娧	816	統	856	馬	630	授	792
書	194	蚩	871	娣	812	紉	861	掎	801	堋	898
妻	660	陥△	896	娓	820	紐	857	掩	803	掤	807
剥	274	崇	225	帤	617	紓	849	捷	807	播	794
帬	511	崇	012	娭	819	絲	866	排	801	(教)	206
录△	600	陲	947	哿	301	旹	587	椒	894	碧	618
聖△	894	陮	941	匏	199	邕	754	焉	247	埻	893
展	562	陴	947	甂△	200	**十一畫**		掉	797	掖	808
辰	562	牽△	398	脅	260	彗	191	趙	101	捽	806
(屑)	562	圇	947	聖	225	鄭	414	趌	104	培	895
屍△	561	陰	941	羍	224	舂	471	趒	102	掊	792
履	564	隭△	607	叛	223	琟	024	趋	103	接	793
屛	564	斳	070	觚△	223	球	017	趚	104	執	678
犀	562	陶	946	觚△	223	珜	028	掍	807	捲	804

揞	789	黃	903	淲	068	梣	346	（曹）	300	殺	624
控	791	敔	054	落	073	棻	352	救	202	豝	623
（探）	800	莿	049	落	058	梏	390	欶	575	梨	461
埲	891	菛	505	菅	042	梅	343	副	273	殢	253
据	795	蝐	874	菀	055	椴	374	區	837	畣	757
堀	890	菶	034	菿	034	棽	401	敢	205	盛	310
掘	803	萋	060	茣	041	麥	334	堅	195	雩	762
殼	620	菁	075	乾	952	梣	351	娶	829	（雪）	759
掇	792	莉	075	菉	072	桴	365	豉	475	晨	190
堊	891	菲	072	萏	067	梭	349	欷	315	頃	543
聃	784	菋	055	弦	045	椆	367	毀	196	匯	512
聃	784	萌	058	菌	053	梓	347	（票）	661	畱	130
聊	784	菡	044	褀	012	梳	372	鄄	424	愛	336
聅	786	菌	057	梣	356	梲	380	酞	965	崔	230
捧	060	萎	070	械	390	梣	376	酧	966	臽	186
基	889	黃	058	彬	524	梯	379	酌	965	圭	897
聆	785	萑	075	婪	826	梡	389	酖	965	蚩	774
尌	144	草	069	梾	354	稂	360	殹	197	斐	827
聊	785	萆	050	梗	355	梖	344	脣	258	棻	468
聅	786	萁	296	棟	368	桶	382	欲	575	逴	213
堅	894	菜	064	梧	355	梭	351	戚	834	祟	008
娶	810	菢	035	桓	306	救	203	帶	511	眥	210
菁	037	菔	037	梇	415	（軒）	939	戛	832	葡	208
舐	299	萄	073	柳	352	軑	935	硈	619	連	119
萇	040	菰	075	梧	375	軘	931	盇	310	离	951
其	034	菊	036	梜	387	戜	832	碰	620	鹵	777
萛	075	萃	063	楂	383	軜	935	瓠	477	羍	252
菻	054	菩	042	樫	371	斬	939	匏	599	素	506
萊	072	萋	056	梢	351	軓	932	奢	678	容	099
逑	040	菸	064	程	371	較	932	匬	838	（虛）	545
菫	900	菁	057	楻	373	軝	934	奞	231	盧	307
靪	178	菼	052	樗	343	專	199	爽	208	（庸）	840
勒	181	萍	751	梱	369	鄄	421	㤲	701	虛	545
逜	113	萡	067	桂	361	戜	754	豜	623	虖	308

彪	309	卦	144	蛄	871	眾	545	笨	283	御	538
處△	926	啳△	155	蚰△	877	粜	506	笘	292	崒	808
虑	307	啚	333	蛃	866	崔	608	笡	292	偭	531
臯△	962	閉	780	圉	678	帷	512	笛	293	貨	406
雀	227	閉	782	蛉	873	釜	606	笙	292	進	112
雒	219	覔	505	蚳	870	崩	607	笮	286	傞	538
堂	890	睍	433	蛚	877	(崞)	605	符	285	俊△	189
常	511	勖	905	蛇△	882	崒	605	笒	291	俥	522
戞	832	量△	547	蚰	868	崇	608	笱	143	偏	536
敦	202	問	089	蛁	867	崛	606	箝△	139	皖△	472
敡△	828	婁	826	唬	098	羂	629	笉	271	梟	392
賊△	215	曼	190	豊	839	嵫	516	笠	291	鳥	236
唪	090	晧	434	劚	271	峩	607	范	284	參	589
郰	421	晦	435	鄂	422	崩	446	笧	287	兜	568
㬥	437	晞	438	唱	089	恩△	079	笈△	199	皎	517
晰	432	冕	504	國	403	圈	404	筀	283	假	532
匙	543	晚	434	患	701	過	112	笯	289	鄅	425
晤	432	啄	098	唾	087	晤	961	笞	292	鄖	419
晌	212	遏△	119	唯	089	鉆	327	敏	200	偓	528
晨△	443	欨△	270	唅	088	覞	571	偈	522	偋	535
(晨)	175	畾△	333	唸	095	牻	081	偆	534	偉	524
脈	214	畦	901	燹△	295	牼	083	偓	539	偖	524
貶△	023	時	902	喁	093	牿	082	偭	534	恩	669
眺	217	異	173	啗	087	犐	081	偎	536	僕	534
敗	204	敊	097	啍	088	將	081	(鄭)	420	術	125
販	411	趼	137	啐	094	(甜)	299	偕	529	猗	124
貶	411	跂	137	啖	093	(梨)	342	悠	700	徙	123
眗△	214	距	136	啜	086	(犁)	083	側	530	(徙)	114
略	214	跀	136	睛	607	秷	460	倣	202	得	124
眵	217	趾	133	帳	512	稅△	464	偶	541	從	544
眭	217	跗	137	崍△	511	移	457	偲	526	衒△	126
眼	210	趹	137	崖	608	透	116	逝	118	犖△	787
野	900	略	902	崩	272	動	906	傀	523	舳	565
啞	089	蛄	869	崚	511	笒△	312	偫	528	船	565

庝	476	脟	260	崰	543	痏	499	羕	756	淒	739
敘	206	脝	259	訮	160	痍	499	羛△	834	渠	735
斜	929	臽△	160	訧	166	疵	494	眷	216	淺	732
悆	692	脫	263	訝	154	疾△	493	棶△	185	淑	730
釪△	373	脘	266	訬	163	疸	500	粘	466	淖	732
釬	921	腶	444	訥	154	瘁△	501	粗	468	婆	818
釭	922	彫	589	許	145	疼	501	粙△	459	濾	727
鈥	917	臿	597	訢	151	痰	498	粒	468	祼	751
釦	915	覝	570	訡△	095	痒	495	卷	469	混	726
釳	922	魚	763	訩△	164	痕	500	剪	272	湋	720
釣	923	象	629	訟	164	康△	461	敆	203	涸	742
釵	921	逸	644	設	153	庸	208	敝	518	潛	744
郶	420	翎	224	訪	148	鹿	641	涓	662	漱△	577
欻	574	猜	648	訛	149	槃△	456	焅	664	湮△	087
教	206	悉	695	意	689	襃	552	炮	662	湮	724
奄	270	覂△	598	訦△	149	羕	343	烰	659	混△	577
悉	079	猗	645	詘△	146	章	169	垩△	670	淮	719
欲	573	㺄	646	夏	335	竟	169	焜	655	淦	724
飯	187	猲	648	亭△	331	産	398	焌	655	淦	738
敤	252	雅	227	（孰）	187	崢	682	清	731	淪	729
愛△	251	猈	645	表	512	翊	224	渚	714	淫	732
狉△	627	猝	646	庶	612	商	142	淩	721	淨	722
飫△	184	愁△	702	劇△	204	旌	440	淇	715	渜	724
會	964	舩	279	劇	273	族	442	淯	737	淰	745
貪	411	舭△	281	盾	288	旋	442	淈	711	溯	737
貧	411	斛	928	庿	613	旋	442	湞	724	洎	741
脈	263	猛	648	麻	473	望	836	淖	726	溜	733
脯	266	猋△	903	庇	612	袠	551	淋	748	涼	746
胵	258	媧	616	庚	611	率	866	淅	744	淳	748
脂	587	馗	950	廇	611	牽	082	淶	723	液	746
豚△	626	鳳△	318	雇	613	羝	233	凍	705	淬	747
脛	262	婙	448	庫	612	羏	233	減	727	涪	705
脢	260	耆	151	痔	498	菊△	599	淹	708	淩	724
脬	264	祭	008	痳△	263	麹	601	涿	740	淤	745

浩	710	寇	204	晝	194	隗	941	嫪	224	綏	858
淡	746	寅	960	畫△	194	隃	945	惪△	907	給	849
淙	730	寄	483	逮	115	（隆）	398	欸	574	巢	401
涫	744	寁	483	逯	116	隊	942	郪	419	**十二畫**	
悾	730	道	117	殻△	252	隊	946	絀	679	桂	277
（深）	718	宿	482	（敢）	252	婧	818	毳△	395	勞△	271
淈	724	（宿）	482	（尉）	660	婷	824	（參）	443	貳	409
淠	731	窒	487	屠	563	娸	810	毆	196	絮	864
涵	741	窒	489	扁	761	婼	824	貫	449	琫	021
梁	385	窅	490	屋△	563	媌	816	（鄉）	430	（琴）	835
情	684	窕	490	扉	563	媕	827	紝	860	瑛	017
悵	698	窔	490	張	843	婕	815	紺	854	琳	028
惜	699	郊	420	異	954	婥	828	繼	861	琢	023
惏	695	密	606	弰△	843	媒	818	絨	858	琥	018
悰	885	寁	459	艴	596	姻	823	組	859	琨	026
悽	698	斯	928	弸	843	婚	821	組	856	琠	015
悼	701	鄆	418	弴	843	嫣	814	紳	856	瑅	025
惕	702	啟	200	彀	825	婬	828	紬	853	琤	023
怏	702	启	415	奘	647	娩	811	細	850	琱	023
悃	686	祜	557	隋	264	妌	825	紲	856	琰	019
悸	695	祩	556	牆△	967	婢	813	絧	851	琮	018
惟	688	綖	559	郿	415	婬	828	紩	859	琯△	293
惀	689	裕	555	陝	946	姻	815	紨	863	琬	018
悋	693	裼	554	朡	279	婚	810	絻	851	琚	024
惆	698	祴	011	將	198	媿	644	紙	848	勞	907
惛	696	祾	013	階	946	婠	817	絢	860	雅	229
怊	700	禂△	389	陾	945	婉	817	終	851	梁	359
惇	686	祳	011	陻	944	綠	822	絆	861	（替）	683
悴	700	祿△	649	陽	941	婦	811	紵	863	（款）	573
恢	700	視	568	隅	941	裵	556	統	859	趺	622
悰	686	祫	009	隈	944	綴	824	紼	864	珏	298
悚	691	祜	012	敫△	198	絜	862	紘△	856	堯	899
恓	692	禋△	010	隍	947	燹	225	紬	853	畫	868
懷	700	算△	172	陼	943	習	222	紹	849	堪	890

摙	801	揗	803	鄗	429	葛	047	蒬	062	楸	649
摸	790	插	791	揆	798	莫	232	葭	072	樺△	388
握	800	探	805	搔	795	葺	067	喪	100	棚	378
堛	888	塊△	888	惡	697	曾	074	辜	954	椆	346
馴	630	煮△	186	搽	792	萬	950	葦	072	榴	362
鄢	423	槑△	794	耶	786	葛	055	葰	043	楷	346
駁△	124	菪	620	聑	785	葴	042	菱	038	椋	347
搣	801	揹	792	某	381	菌	070	葵	035	(椁)	391
項	580	靭	187	斯	927	萩	054	菽	062	棓	380
越	101	揄	798	期	445	葆	075	根	379	椄	381
趄	105	揙	792	欺	576	堇△	338	楮	354	椋	346
(趑)	105	畬△	215	惎	702	蒐	048	棱	387	棺	391
趁	101	援	799	尌	049	葭	070	椒	389	椌	382
趀	104	埈	888	甚	057	葩	059	楷	351	楗	370
趄	104	掏	794	葉	059	萬	042	植	368	棣	353
超	101	蛩	877	軒	181	葰	038	森	394	椐	349
貢	407	塝	896	軒	176	葎	049	楸	473	極	365
堤	892	裁	548	報	178	蔆	060	棽	393	遮	119
提	791	(達)	116	(散)	269	賁	045	棽	394	棳	346
堲	895	報	678	斮	928	敬	599	棟	365	㝾	397
場	898	揃	794	菖	046	嵐	063	械	349	軻	938
揚	808	揩	797	葽	057	萷	041	椅	353	載	936
揖	788	捸	799	葴	047	落	063	椓	387	軸	933
博	144	挼	808	革△	176	泛	071	樓△	777	軹	934
堨	886	揮	801	葵	057	薄	075	棧	378	軼	937
搵	806	韋	888	葬	076	萱△	037	梱	384	軵	938
堨	890	(壹)	677	貫	410	營	037	槅	383	軫	933
揭	797	揙	806	雷	902	葷	036	楝△	380	軨	933
載	868	壺	677	蕾	065	萹	039	楧	356	軝	938
尌	303	壹	677	葴	047	菹	035	梲△	938	軥	935
喜	303	摡	803	葽	069	惹	685	椎	380	鮀	935
彭	304	握	790	萷	047	(載)	832	椑	376	報	937
揣	794	堷	030	鄭	420	(朝)	439	楡	345	軺	931
戠	269	揹	803	募	907	遑△	191	棴	208	惠	250

罯 508
買 411
罾 505
罦△ 508
罱 509
嵑 605
嵎 604
嵬 602
幡 515
幨 512
嵱△ 235
嵏 607
嵯 606
幝 511
幃 514
嵕 606
盥 446
圚△ 882
黑 666
罥△ 444
圍 405
骭 257
骫 257
甥 904
（無）393
（無）836
鈱 327
鉼 326
短 329
锐 309
毳 561
犅 080
甡 568
犉 081
犉 082
梗△ 457
稍 463
稈 461
程 464
稅△ 456
稍 461
稌 457
稀 456
黍 466
稃 459
稯 400
黎 342
稅 462
稂△ 034
逋△ 906
喬 675
（筐）838
等 284
筑 294
策 291
筒 293
筥 287
筞 292
筳 285
筵 286
筋 271
筞 292
筍 283
箸 287
答 287
筊 290
筆 194
須 579
頌 584
傲 525
備 528
傅 529
傆 532
斛 928
皒 205
舄 247
臬 469
貸 407
順 583
遄 115
晳 217
條 858
絛△ 848
豰△ 679
巠 899
傈△ 520
傑 522
集△ 236
雋 230
焦△ 661
候 539
傜 699
傍 533
遊△ 115
徬△ 523
傛 541
傓 526
剔 275
皐 546
躾 328
鄍 421
鬿△ 775
甁 841
軗 206
彪 600
侵 532
鄡 419
臭△ 600
衇△ 756
齔 137
能△ 693
粵 302
（奧）478
傒 537
虒 309
遁 121
街 125
徥 122
衕 126
御 124
徸 124
復 121
循 122
徧 123
假 123
徠 121
須 588
衂 756
龠△ 326
舒 250
畬 901
鈃 912
鈇 922
鉅 925
釾 920
鈍 925
鈙 205
鈔 924
鈋 925
釿 927
鈐 917
鈽 925
欽 572
鈞 919
鈁 919
鈂 916
鈌 924
釦 909
鈕 916
鈀 919
鈗 921
弑 198
逾 112
畜 875
翕 224
殺 197
番 079
倉 219
釜△ 183
昝 438
敎 658
禽 950
爲 186
（舜）337
貁 629
貀 628
貂 628
亂 251
創△ 276
飪 319
飭 907
飯 320
飪 320
雂 229
敜 204
腊△ 438
腩 269
腌 269
腓 262
腆 265
腄 263
腴 261
腣 261
脾 259
腒 270
腤 267
賸 757
勝 905
腱△ 271
腒 267
腏 269
（敨）205
覝 570
飮 575
猩 646
猲 645
猥 646
（獀）645
猴 651
猹 646
猣 645
猵 652
船 280
觚 281

寉	229	費	410	絮	862	絓	848	瑚	028	遄△	117
補	556	慈	692	媰	825	結	851	瑓	016	搞	800
裋	558	（異）	297	（嫂）	813	組	857	頊	583	戟	967
裖△	549	異△	297	嫋△	811	絅	862	瑎	025	彉	632
裎	557	弜	845	媿	828	綺	857	瑒	019	馴	638
裕	556	舁△	297	媮	823	經	864	瑨	019	馼	632
祝	558	疏	959	媕	820	絩△	862	瑞	020	馭	636
（裙）	511	違	116	媛	822	銖	853	瑝	024	馳	637
祺	007	隔	944	媄	816	綎	857	瑰	027	搣	794
裸	009	隌	943	嫡	814	絬	859	瑪	024	撠	803
禍	012	牋△	033	婼	827	紙	860	瑜	016	鄂	430
裯	011	槳	646	燦	820	絏	851	瑗	018	趌	105
禄	006	漿	746	媛	813	絟	863	瑳	022	趌	103
鄆	418	陵	824	媥	825	給	851	瑕	023	趄	106
詑	503	堊	195	媁	825	姚	852	瑂	025	趚	105
覘	571	隙	946	媚	815	絢	853	瑫	095	趙	102
惢	703	隀	943	婿△	030	絳	853	瑤	605	趣	102
逮	120	敭	191	嬲	828	絡	862	瑤	021	越	103
（尋）	199	靮	679	賀	407	絯△	861	璖	021	越	106
畫	194	崿	942	喬	963	絶	849	璓	865	趍	104
壽△	194	隝	947	辝△	955	絞	675	邁	114	趍	105
敫△	252	舜	076	登	108	歀	863	勢	274	掳	799
祀	954	隘△	948	發	845	綄	848	暓	190	壻	893
晵△	192	陳	944	豫△	629	統	848	厯	685	（戴）	672
墅	891	媒	810	喬	142	絣	864	頑	582	損	798
尉	660	媓	820	幣	516	綵	853	覔	599	遠	119
屟	563	媟	822	嫯	607	絲	866	（魂）	599	摑	802
屎	564	婿△	694	婆	819	幾	249	髡	593	鼓	304
犀	083	媻	827	禓	930	**十三畫**		髢△	592	鼓	204
屬	562	媀	824	絷	948	糕△	278	（肆）	621	戴	428
孱	958	媞	819	毚	626	耡	278	搸	788	塏	896
弾△	339	媚	822	豢△	625	羂	278	填	892	赨	670
（弼）	845	媪	812	詧△	148	舂	696	載	936	赧	670
强	869	媌	812	絾△	848	瑟	835	搏	790	掮	801

絷	860	斡	181	蒟	057	想	689	楄	389	酬△	965
摇	797	軝△	934	蓄	075	楫	386	椵	350	頍	583
搯	789	靷	178	蒹	052	楣	369	楃	371	屢	875
摺	800	靽	180	蓟	052	楬	391	樟	344	感	699
塙	887	靶	180	蒲	043	根	369	楣	367	碩	581
摛	791	蒿	043	蓂	041	盇△	357	楈	345	挈	801
搒	807	薂	070	莘	068	楇	379	楹	365	憅	701
垯	887	蔄	076	蒙	072	楸	347	樸	346	屪	615
搕	793	薜△	076	蓂	055	榎	377	棥	394	磈	621
搷	795	蔍	060	萑	071	(槈)	386	楸	343	碓	621
揳	800	蕚	939	菀	047	槐	354	橡	367	碑	618
搭	797	巷△	430	鄩	429	楀	347	蛮△	879	磔	619
(壼)	403	薉	065	嬰	819	槌	376	(裘)	559	碎	620
殻	097	茵	073	蒻	043	楯	366	軭	937	甂	842
殼	844	蒔	063	蔭	061	晢	517	軾	932	椉△	396
毄	957	墓	898	蒸	070	楡	355	輈	934	奫	231
摧	805	暮△	148	薽△	076	(蔷)	333	軨	938	賽	656
搦	801	幕	512	荔	041	剌	275	輅	932	厰	614
痿	312	募	447	膌△	270	郪	427	軹	938	狼	624
號	309	蔂	827	楔	370	郲	595	軿	931	頒	585
聖	785	荳	035	款△	573	㮰	016	奭	219	殟	253
聘	785	蔽△	036	楳△	343	櫩	364	(毃)	196	爐	676
蓁	062	夢	447	搭	356	爽△	208	劃△	588	匯	839
裁	833	蓮	062	禁	013	楥	378	圛	838	鄂	415
歇	575	葙	066	楚	393	樱	347	畺	903	電	759
斟	929	薇	062	楋	351	楓	353	晿	164	零	760
蒜	071	蓨	046	楅	389	檊	363	斝	183	雹	760
蓍	053	蔓	231	楝	354	楈	366	緊	619	霣△	762
軜△	051	菓	055	械	375	槎	388	腎	211	殣	130
蓋	067	蓏	033	槭	371	栖	344	剽	274	頓	583
鄞	424	蒼	063	楷	343	楾	350	勳	907	晢	211
勤	906	蓬	074	楨	363	榀	389	甄	840	督	216
蓮	053	蒿	074	楷	374	楼	386	賈	410	甃	200
靳	180	蓆	066	楊	352	樺	373	賁	410	歲	108

暉	106	睜	214	跪	131	署	508	稇	460	鼠	653
貲	412	睒	212	路	137	睪	678	稗	457	牒	452
觜	280	睩	214	跟	130	置	508	稔	462	牖	452
訾	159	暗	216	圌	404	罧	507	稠	455	傾	530
詔△	928	嗜	093	遣	115	（罨）	213	鷔	842	媮	452
鹵△	300	嗑	094	蜎	873	罷	506	搫△	340	牖	452
槀	450	嗔	097	蛺	871	罪	506	擊	796	傿△	942
塴△	896	嗔	090	蜓	868	罩	506	愁	700	傻	540
粲	467	鄙	413	蛸	870	屬	219	筭	295	僑	968
虞	307	閜	781	蜆	871	粊△	896	箟	285	賃	411
廖	625	暘	433	蜎	875	遜	112	（筮）	285	傷	539
（虞）	308	嘷	087	蛾	869	翟	230	筤△	332	傺	527
虞	307	閘	781	蜉	873	蜀	869	篰	288	傿	399
鄘	424	暍	437	蜉△	879	嬲	507	筱	282	像	541
戲	190	閟	781	蛻	874	瓣	416	筰	290	愧	600
虜	449	開	780	蜋	870	慊	512	筌	283	僜	538
鄜	429	黽	882	畹	901	憀	516	筝	285	傭	527
業	170	鄭	422	蛹	867	憀	514	筋	271	躬	486
掣	788	愚	693	畷	902	幎	511	筊	285	皋	954
當	902	盟△	447	（豊）	306	圓	403	筤	288	鄒	420
睹	213	煦	662	（農）	175	幝	512	節	283	梟	198
睦	215	歇	572	廆△	697	胃	259	筮	289	魃	600
睞	217	睲	434	嗣	139	牌	256	絿	861	魁	929
趖	110	暉	434	枭	138	歆	575	與	174	敫	251
（嗷）	095	暇	436	嗥	098	架△	298	僞	536	歆	574
睗	215	號	302	嗝	097	雉	227	僅	533	臂	266
睡	216	照	663	嗂	091	蠡△	878	傳	535	廖	540
睨	212	畸	901	嗙	094	歃	575	傮	541	傪	525
睢	214	跨	132	嗌	085	稙	455	傴	540	頋	582
賊	832	跌	136	嗛	086	稘	465	僄	538	衙	936
賉	211	跧	132	斲△	070	稙	454	毀	896	衙	126
賄	406	跧	132	歅	573	稑	458	晨	175	遞	114
賂	408	跲	134	崔	609	遡△	112	（舅）	904	微	122
赩△	808	跳	134	嵼	609	稞	460	睗	904	微	122

溧	717	憮	702	褐	557	愍	699	縶	849	碧	026
潯	733	慔	690	神	556	彈	844	畬	840	瑪	025
滅	750	慎	685	袾	550	虒△	844	奭	224	瑤	026
塗	748	慺	699	裯	551	敬	203	翏	429	瑲	023
	891	愷	305	裾	553	隁	942	勠	905	葵	647
溼	742		685	祺	011	裝	557	殘	832	熬	659
潰	724	憪	698	福	007	遜	117	䆩	930	斠	929
湞	720	慺	689	裡	008	陠	943	粲	383	覡	569
濶	731	憪	699	褠△	008	舂	959	綠	851	嫛	819
微	740	慆	691	禎	006	辇	337	練	862	髢△	593
滌	746	愴	698	褆	007	陛	774	綊	860	髦	590
瀹	745	愕△	301	楊	012	陴	896	經	848	髹	592
準	743	慉	689	祿△	599	敫	251	綃	847	臺△	563
濾	714	慊	696	褅	009		397	綎	849	撍	793
滔	726	懰	700	褚	011	隆	398	緄△	847	墐	891
滄	747	窘△	481	煩	580	際	946	絹	853	搏	802
瀚	739	(塞)	894	劃△	194	障	944	綈	863	摳	788
溘△	068	索	484	畫	193	叠	936	綌	863	摰	805
溜	718	家△	478	肅	193	嫩	828	綏	865	摽	795
滴	740	觳	197	頍	581	媾	813	統△	504	駁	634
潮	722	窠	488	裠△	511	嫕	825	綷△	852	駔	639
滂	727	寋	478	羣	234	嬽	814	綿	852	罥	638
溢	746	窨	488	(群)	234	媲	811	綬	858	駍	638
溓	741	窣	489	槩	374	媱	817	崶△	951	駁	632
滗△	738	窾	489	愍	690	嫡	813	剒△	120	馴	635
溁	718	窓	689	獄△	299	嫡	811	鄭	422	駛	639
溶	730	壺△	483	鄘	417	嫉	539	勤	906	摒	794
滓	745	寐	492	殿	197	嫶	816	甯	948	趙	104
溟	739	甄	841	屢△	679	嫌	824	**十四畫**		趕	103
潍	741	啻	215	屈	564	嫁	810	耤	277	趔	102
溺	708	褚	558	辟	596	嬪	817	瑢	024	通	106
湛	719	裺	550	遲△	115	婉	820	瑱	020	趖	105
淨	741	褬	550	屣	114	嫋	817	璪	022	墟	896
粱	467	裸△	557	敨	205	翟	229	瑣	024	慂△	250

塿	888	擽	804	鄝	422	楮	366	鞹	939	厭	616
搜	796	職	787	冀	071	榅	376	墊	896	碩	581
嘉	304	綦△	854	蕫	869	模	365	輓	939	碀	617
臺	776	聚	545	薩	036	榃	350	遘	703	厝	614
摧	801	蔫	064	蔑	232	槙	359	輗	933	碭	617
赫	671	菲	043	甍	840	楝	376	敲	201	碣	617
嫠	670	蓺	061	藹	057	榑	363	匱	838	碟	619
鳹△	230	堇	071	蒌	060	榍	383	歌	573	碥	618
翥	224	蕲	065	蔦	048	尌△	357	遭	113	砠△	587
誓	150	尃	068	蔥	071	榡	372	嘼	403	願	686
銎	916	鞊	181	蔡	064	樺	351	遨△	113	戩	672
摭△	799	鞎	177	蔲	066	榎	358	匭	839	爾	208
墉	893	鞅	182	蔗	044	榍	389	監	547	劈	905
墇	895	鞄	177	葦	048	槐	349	墅	546	（奪）	231
撓	805	靼	182	蔟	070	榿	367	敲	182	臧	195
摘	795	鞑	179	蔽	063	槎	375	瓵△	182	猵	624
墊	893	靰	179	菱	050	樕	352	緊	195	豥	625
幣	510	鞀	178	藻	043	覡	298	鄡	430	豨	624
埶	820	鞁	180	黇	045	尌	335	鄣	428	殠	255
搚	799	曹	073	蜜	053	荄	334	柬	542	殢	254
毄△	029	藍	044	翰	364	榣	361	醭	966	猷△	590
穀	354	堊△	054	輓	832	槍	369	醒	966	需	763
觳	651	蔈	059	乾	560	槐	353	醑	963	霝△	759
壹	677	蔕	061	斡	928	槤	367	酷	964	霆	759
臺△	253	蒜△	085	熙	665	榜	380	醶	963	霂	761
慇	685	勘	906	蔚	054	槏	368	酹	968	零	760
（壽）	560	賈	410	（兢）	567	梓△	347	酸	967	霈	763
墴△	943	藺△	047	蝦	143	權	385	䎶	962	戩	833
摺	796	慕	253	蕳	060	榍	369	贋△	580	蜚△	880
摎	804	慕	690	蔣	056	宦	250	墍	897	（裴）	555
揭	312	摹	802	橐△	835	輒	933	嫛	811	翡	223
蜭	874	蔓	047	蓼	035	輔	935	厲	614	閡	188
瞀	949	勛	905	榛	348	輕	931	遷	115	裻	554
摜	794	蔓	055	構	365	轂	196	彰	583	雌	230

字	號	字	號	字	號	字	號	字	號	字	號
鋻	916	嘆	096	蜕	872	署	508	箝	291	箞	131
歐	574	闈	780	蜼	877	幔	512	箸	287	個	526
毆	252	聞	785	蜦	874	幪	511	箕	295	債	524
睿△	252	闅	877	蜩	872	嶂	605	箬	283	僤	525
叡	252	閶	780	蛤	868	幤	512	箈	290	僭	154
遯	111	閣	780	蜘	876	圖	403	箋	284	僑	524
遮△	112	閤	781	蜾△	874	嚞	141	算	295	僁△	297
虘	229	閡	782	蜴	900	劀△	668	箅	286	僞	537
厱	840	遘	118	噓	088	爾△	758	箂	296	僕	536
對△	170	嘌	090	嘍	090	舞	337	箇	289	僮	520
嘗	303	暭	434	暥	901	鯻	420	箘	282	僎	538
夢	448	熭	437	貤	406	鹹	327	箄	291	僯	116
裳△	511	韎△	504	團	403	製	558	箪	287	僔	541
嘈	090	暝	900	粿△	357	鋯	326	箏	294	甀	842
暟	438	踁△	120	鄅	420	煬	329	箛	292	鼻	221
膩	218	踈	134	罊△	941	氈	560	箈△	290	舃	604
暴	850	跤	131	暠	620	犒	083	箔	290	蜃	879
噴	095	跟	134	暈	443	犗	083	管	293	魄	599
敲	204	踊	136	參△	443	犠	081	箓	289	魅	600
睼	216	踗	136	咠	140	犨	082	箛	294	魃	600
愳△	689	跬	131	鳴	246	犝	083	毓	959	魈	599
睸	212	踊	132	噴	091	暍	141	胥△	262	魅	599
（膄）	218	暘	903	愳	700	秫	462	僥	542	歌	575
賕	412	蜻	873	嘛	094	稸	400	債	539	僎	521
賑	406	蜡	873	喉	098	稯	457	僖	534	嵞	314
賏	412	蜥	867	啐	087	稭	461	傲	538	幾	527
賒	410	蜙	872	嚚	430	褐	458	僳	523	蔽	220
暖	211	蜙	878	嘮	093	稀	458	僦	527	歍	573
覞	571	蜮	876	幘	510	種	454	僵	542	銜	126
睽	218	蝄	877	敳	202	程	462	僚	524	徹	513
暉	211	蜨	871	標	513	稱	464	毀△	896	衙	923
劀△	272	蜾△	871	敷△	546	稷	464	僭	536	愬	699
瞑	213	蝸	875	（罰）	275	槩	456	僕	170	槃	375
堅	025	嵯	901	罰	275	熏	033			擎	798

過	721	賓	409	鼐	453	嫗	812	緺	864	賴	585
漁△	773	寡	483	鄍	417	嫖	825	綺	852	耦	277
潊	726	寠	485	劃	274	嫭	823	緁	859	臺△	790
潡	742	姂△	482	盡	312	嫚	825	緓	853	橏△	464
漉	745	窬	489	頤	580	嬌	824	綫	858	瑧	693
漳	715	窣△	355	暨	439	嫡	820	綽△	866	瑨△	021
漖	745	甀	842	屬	092	嫔	819	緄	856	瑾	016
漣	710	窨	486	裔	221	嫜	816	緆	863	璜	018
滴	737	察	480	（屝）	178	嫪	823	綱	858	璃	023
潃	751	康	479	彊	844	嫟	826	綌	857	斑	029
漾	708	蜜△	879	彄	843	嘯	453	綾	856	靚	571
漱	748	寧	301	懃△	784	頗	585	維	860	璀	024
滮	723	寤	492	勥	907	瀒	108	綊△	857	璁	025
演	726	寡	493	陝	203	歉	572	綸	857	璋	019
窪	735	實	481	靫	338	翟	223	縱	858	璆△	017
漏	750	肇	831	靹△	516	翠	223	綏	856	瓛△	026
漻	728	肇	200	隋	606	娶	225	綷	860	璘	024
滲	731	縈	853	隨	111	皆	435	綢	864	璆	726
慪	694	褕	551	牄	325	熊	655	緒	862	犛	084
慒	689	褪	550	愸	688	態	693	絽	848	氂	084
慓	692	褙	551	鼓	204	鄧	421	綌	862	毵	590
慽	701	褆	554	隨	942	剷	274	綃	853	慈	700
慢	694	褐	558	歌	573	瞀	215	緂	855	鴇	244
慯	700	褍	553	頓	584	榺△	626	綜	848	奭	222
慹	694	複	554	隖	945	緤	193	綰	854	輦	939
惰	694	（裸）	858	隩	944	暫	927	縌	855	撫	797
慴	701	褕	549	隔	945	遺	112	緑	853	截△	880
慒	689	褌△	511	舞△	173	綪	854	綴	949	髮	590
慘	698	褊	555	舜	143	緋	854	緇	855	髯	592
寋△	696	褘	550	隥	942	緒	847	鉼	840	髵	592
寒	688	禡	011	墜△	886	綾	853	**十五畫**		髮	592
賓△	409	禎	006	嫔	820	綷	850	豎△	306	髤△	591
寴	485	褫	006	嫣	817	緇	850	慧	665	隸	621
寬	483	褔	010	嫥	820	綝	851	慧	686	撓	799

墳 898
撻 804
𡒄 897
撎 788
𡐓 893
擖 795
撢 800
駓 632
駔 639
駉 639
駟 635
駃 637
駙 635
駗 638
駒 630
𩢔 637
駐 638
駜 634
駊 635
駘 638
撅 806
𡑞 890
撩 791
趣 101
趞 102
趜 102
趠 104
𧼫 104
𧽒 102
趡 106
趛 103
𧼮 104
𧽌 105
趢 105
𧽈 102
墣 888
撲 804
撮 802
頡 584
墠 895
撣 790
賣 397
撫 793
撟 798
赭 671
覞△ 213
墺 886
鋻 922
𡓼△ 842
熱 663
播 803
撝 802
鞏 177
撚 806
撞 801
暬 438
摯 790
慹 702
墫 030
增 894
𢸁 800
殼△ 620
穀 462
墕 894
墀 891
𣪧 746
撜△ 797
撥 799
聥 785
暜 161
蕘 070
蕢 066
歎 574
（鞋） 178
鞇△ 069
鞈 181
韐△ 305
鞉△ 178
鞊 179
𩋖 176
鞎 179
𦐔 223
蕈 057
蔛 067
蓳△ 900
蕨 071
蔨 059
蕤 060
䖑 043
邁 111
蕡 069
蕇 071
蓸 232
蕪 063
蕛 056
蒪 061
蕉 070
薁 047
蕧 046
蕃 075
蓶 072
蔦 054
蕣 057
蕕 045
蓳 049
蒈 042
蓴 068
蓫△ 458
䕬 039
蕅 053
薀 064
蕩 067
蕍 054
蕾 046
藎 063
蕁 044
翰△ 216
蔽 049
蕟 306
蔆 050
蔞 041
蕝 067
䰛 453
谻 187
橧 391
槸 362
橫 387
樠 355
槽 381
樕 346
樞 368
標 360
檦 389
槭 352
樗 352
樐△ 382
樝 342
樘 365
樓 368
槾 369
槾△ 918
槶 379
樢△ 049
樅 356
樊 173
𥟒 333
賚 408
親 569
𥟒△ 333
麩 334
麫 335
麮 334
樜 352
樀 368
樆△ 346
樇 376
槢 344
樛 361
壄△ 900
槮 362
櫟 386
輢 932
輥 934
輗 938
槧 382
暫 436
摲 796
慙 702
輪 934
𨍫 937
輣 931
輖 937
輬 931
𨍭△ 938
輨 934
輐 939
輟 937
輟△ 507
輜 931
（敷） 201
戭△ 174
甌 841
敺△ 637
歐 575
毆 196
頤 584
𧪴△ 547
豎 195
賢 406
遷 114
醋 965
醆 964
𨠖 968
醇 963
醉 968
醅 966
營 687
磕 619
𥓓 621
磊 621
憂 336
磒 619
磑 620

礫	341	戠	832	踔	133	罦	951	毽	561	箭	282
磏	617	賞	408	踝	130	嘽	087	靠	774	篇	284
鴈	241	瞋	215	踒	136	噱	086	犘	082	籭	286
廢	615	暈	934	踔△	256	噍	086	頍	582	篒	283
儀	614	暯	437	踔	133	嚥	090	慘	081	篆	283
甂	842	（暴）	437	踣	135	喊△	573	頡	582	箹	293
遼	119	畁	680	踞	135	噂	090	積	455	僵	539
廗	615	暖	216	遺	117	嘮	094	稽	400	賚	412
豬	623	腈	214	螘	867	嘯	094	稷	455	晏△	826
殣	254	賦	411	蝠	877	嘰	087	劼△	466	覞	569
熿△	499	賤	411	蝒	870	嶢	607	稻	457	牖	452
殤	253	賜	408	蝡	873	幀	515	耋	418	鑒	910
震	759	暗	216	蜪	873	棧	606	黎	466	詟△	696
霄	760	瞑	216	蝎	871	嶌	609	榜	462	償	523
霓△	760	嘵	095	蝖△	626	罵	508	糕	460	儉	534
雪	759	噴	094	蟲	875	褱	213	穄	457	臗	808
霂	760	噎	092	蝮	866	罶	507	稼	454	堲	297
霅	761	嘵	094	蝗	872	罷	508	稈	455	優	527
羳△	788	糦	346	蝹	867	幝	514	魏	568	儋	527
遷	118	閟△	701	蝓	875	幠	514	篚△	838	緹△	227
葷	937	闇	147	蝑	871	幡	513	箣	284	僵	530
薑	419	閱	783	蝯	877	嶜	606	箱	291	（億）	534
劇	273	閫	781	蝤	869	樷	752	範	936	儀	533
遺△	119	闤	782	蝙	877	圐△	505	箋	292	魶	397
齒	126	鄲	422	蝦	876	墨	893	筐△	838	皣	400
聲△	786	數	201	蝣	872	圙△	504	箭	292	鼻	220
槀	450	嘾	092	蠍	908	舭	257	篷	293	（臭）	220
敹	202	嘈	096	蟒	868	骷	256	箉	293	髮	242
勵	906	嘼	435	蟓	869	骼	257	箉	289	魴	239
歐	574	踖	131	鼎△	405	骸	257	篇	289	皚	518
膚△	258	踦	130	巽△	100	骹	257	籰	294	縣	846
慮	684	踐	132	賈△	140	骿	256	篏	289	皛	518
歎	572	踂	136	噴△	088	矯△	221	篁	284	皭	518
鄲	419	踦	131	劏	274	矮△	493	管	332	樂	382

澂	730	審△	079	隖	608	槧△	879	畿	901	趣	106
潿	718	窳	490	（漿）	746	緎	864	鼫	684	趨	103
澖	731	（窮）	490	牆	967	緒△	863	**十六畫**		避	105
潕	719	窊	488	險	941	緤△	861	橭	423	趙	102
鋈	909	窯	486	觯	944	練	852	賴	278	據	790
潐	742	寫	479	嬈	826	緘	860	璬	015	歕	572
潒	724	寁	484	嬟	821	緗	847	璙	015	操	790
澳	736	窨	181	嬃	826	緓	859	瑽	024	歕△	303
潏	728	頵	580	嬠	815	緒	848	璓△	017	歗	574
潘	745	翩	224	嫻	819	緹	854	靜	316	熹	659
潼	705	鳻△	230	嫼	825	緝	863	璑	017	憙	303
鋆	022	褕	557	嫵	815	縕	864	璠	015	擇	793
潾	721	褀△	007	嫣	810	絹	852	瑪	022	擐	799
澇	709	禔	013	嫡	817	緫	863	澄	025	頰△	670
潯	731	褉△	008	嫐	811	絹	851	璚△	016	墩	887
潚	729	鳩	246	燃	810	縄	858	璘	021	撒	804
憒	698	晝	313	嬉	824	緞△	339	璣	027	毿	665
憭	686	親	569	爐	816	緱	858	薰	667	撿	789
慴	698	槁	626	駕	635	縆	864	髻	592	喬	560
憫	693	槳△	470	（玁）	908	線△	859	髽	592	壇	898
憬	703	蝨	878	頖	584	緱	857	髮	592	擅	798
慣	696	慰	690	翟	222	緧	860	敲	206	（擁）	798
憚	701	遲	115	甗	222	繪	864	擭	798	觳	326
憮	690	嬖	596	猴	223	緩△	866	撡△	790	觳	852
憧	694	劈	273	戮	833	締	851	駓	634	鄯	423
憐	703	（履）	564	疊	224	縒	850	駉	637	堀	899
憎	697	履	564	麀△	655	緧	861	駏	631	磬	620
憕	686	屧	561	蝨	878	繎	857	駚	639	磬△	178
憍	695	鳾	239	蝨	116	緬	861	駱	631	覬	570
寰	412	層	563	蝨	871	緷	848	駮	639	裛	551
戭	833	彌△	845	蝨△	880	編	860	駊	637	醳	786
寫	482	彈	844	摯	233	緯	848	駭	637	薛	048
褪	482	選	115	禚	930	繵	849	駢	635	夢	046
寊	489	駄△	517	豫	629	緣	857	趜	104	藕	039

嚎	089	憑	692	儔	634	鋼	911	餧	323	鮍	766
嘆	099	犝△	081	儒	521	鋯	924	餚	874	鮐	769
嚠	901	雖	229	嬰	827	錘	919	館	323	鮂	766
頤	584	替△	683	嫩△	245	錂	925	鍵△	184	鴰	245
器	141	積	460	睿	944	錐	918	餾	324	獲	650
戰	832	穆	455	毈	471	錦	517	盫	312	穎	458
嚣	100	貊	466	甽	654	錍	916	頷	582	蜀	597
喝	085	稵	456	嫩△	654	鋼	925	膩	268	餤	665
噬	086	穇	460	倒	542	鎺	924	膮	268	颲	881
嗷	084	穆△	455	徽△	198	憝	700	膞	267	獷	645
噲	086	勳	904	蚕	326	錞	921	膫	266	猨	648
鴌	241	敵	202	儗	537	鋑	921	膴	266	獨	649
噫	087	篝	285	雔	236	錠	914	膿	269	獫	645
嘯	091	筐	291	僑	529	鍵	913	膾	267	獪	648
霁	172	篤	636	儐	528	錄	911	膳	265	艉	279
還	115	箾	287	劓△	275	鋸	918	賸	866	鰓	278
罳	681	築	364	魤	221	錙	918	縢	860	艑	280
嶬△	508	籔△	678	翱	225	粲	470	騰	258	艀	281
嬰△	507	篡	601	駟	241	觬	570	雕	228	鰕	884
麗	507	筆	294	駮	243	劒	276	鴎△	229	穎	580
尉	508	簸△	283	駃	239	歆	576	魯	643	絲	477
縕△	508	簏△	139	駌△	242	斂△	803	鮚	764	矬△	665
嶧	604	簝	283	腊	947	覦	569	鮞	771	鴛	241
皋	606	篰	284	徼	122	畾	839	鮏	767	謨△	167
圍	403	篘	291	衡	279	屦△	281	鮁	772	謀	148
園	403	篧△	289	衛	126	頰	567	鮎	767	諶	149
盟△	447	(舉)	808	艙	570	鍴	628	鮭	770	諱	166
默	646	興	174	螞	871	鹐	627	穌	463	誇△	162
黓△	264	盟	312	錏	922	敵	204	鮒	766	諜	167
黕	667	舁	174	錯	915	緜△	846	鮑	769	諫	151
黔	667	夒△	175	錡	915	餗	318	鮼	771	誠	151
默	667	嚣	605	錢	916	餕	324	鮑	771	諧	151
骾	257	學△	206	錫	909	餞	323	鮀	768	諧	151
嶠	221	儔	536	鍫	913	餳	319	鮋	771	謔	161

驅	636	擯△	528	斳	166	檥	364	磿	619	曋	162
騃	632	縠	670	蘁	070	檕	348	斲	929	顊	582
騂	637	縠	934	薆	046	檞	362	璽	893	瞤	214
騁	637	縠	623	薿	060	戀	690	邁	118	瞯	217
駶	631	縠	281	薕	062	輚	938	壂△	195	瞵	215
馽	635	聲	785	薺	049	輚	934	獮	624	瞳	212
駼	640	罄	327	薬	064	輨	937	貕	623	矙	412
駝	637	擢	796	薀	313	轄	936	殬	255	嬰	821
駿	636	藉	066	薰	072	繫	377	霻	761	瞵	211
騃	636	聰	785	薋	037	擊	805	霜	762	嚏	088
駿	633	顊	586	幹	671	歔	575	霬△	759	闈	780
擩	798	聯	785	（韓）	340	憨	702	霝	760	闌	782
匱△	375	蔂	045	盍	040	橐	402	雷	761	闉	209
趧	106	蘇	044	藋	041	饗	547	霥	761	壘	443
越	105	艱	900	隸	194	臨	547	霧	762	嫠	443
趡	106	鞬	181	檉	352	罍△	195	鵝	243	闍	782
趚	103	鞞	179	樽	369	蒱	183	養	320	闇	782
趉	103	鞠	178	樓△	352	醨	963	搗	241	闊	783
趣	105	鞜	180	欁	355	醢	967	齔	127	闋△	781
趨	100	鞕△	179	檀	352	醳	968	鴦	244	闅	779
壜	894	鞬	181	檜	347	醢	964	紫	767	闋	783
戴	174	鞚	182	操	383	醨	967	槀△	546	曑	434
縶	009	輟	181	檀△	368	酸	963	覰	570	暴	679
壕	892	鞋	904	檈	375	醢	965	齒△	415	蹎	135
螯	874	蔪	903	檉	356	醨	965	餕	898	蹋	132
擬	798	薳	052	櫛	372	嫛	225	墼△	252	蹺	130
壙	896	藍	037	橄	383	繄	859	彭	308	蹈	134
摘	795	藍	067	檢	382	鹼	445	戲	832	蹈	132
擠	801	蕭	060	檜	356	藤	582	虞	308	蹊△	123
盩	678	蕎	061	歛	574	磽	620	虧	302	蹡	131
螫	876	蕈	232	舞	334	壓	896	斁	519	蹐	135
褻	554	薯	217	檣	367	屢	816	暟	210	勵	906
摯	234	薰	039	檣△	838	鄴	421	曋	216	螿	867
縶△	638	舊	232	檀	354	磻	621	難△	238	蟥	871

字	頁	字	頁	字	頁	字	頁	字	頁	字	頁
襃	555	犢	234	濱	726	覬	569	績	863	鬏△	622
飆	881	蕾	777	濟	714	歟△	091	縛	852	翹	223
（襄）	555	煮	771	瀁△	708	歜	574	縹	853	擷	557
亳	331	糟	469	潭	734	斀	204	縷	858	攢△	173
亶△	893	（糞）	248	濯	748	褧	556	縵	853	騏	631
豪△	625	穄	470	澤	733	舛	596	維	848	騍	633
就△	331	穇△	468	濰	713	檗	352	繃	851	騎	635
氈	561	鹹	787	懁	693	氈	842	繀	861	騑	635
磨	787	蕈	462	懦	692	壁	107	總	850	騚	632
糜	469	鳶	244	懝	693	臂	261	縱	849	騧	632
縻	861	氅	650	塞	103	擘	802	縰	861	騮	633
廒△	610	燥	664	蹇	135	屨	564	縮	850	雛	631
（膺）	260	燭	660	寏	008	蟲	879	繀	859	騧	640
（應）	685	燬	655	窺	489	孺	957	繆	864	（擾）	799
蠹	875	燮	665	寮	487	隤	943	縿	859	匨△	296
癍	495	肇	934	竅	490	隴△	941	繲	847	趣	106
癘	502	薈	966	復	486	報	339	彝△	956	趨	102
療△	502	謦	155	邃	490	牆	333	**十八畫**		邊	104
癇	494	瀞	744	窬	488	斁	680	顏	585	趨	106
癉	500	鴻	241	襄	492	邆	111	竅	570	藪	304
瘺	495	濊	744	鴳	246	頤	580	（璹）	022	嚞△	089
瘇	499	濫	729	賽△	176	孀	826	璟	021	謦△	304
癆	502	澺△	738	顧	584	嬭	827	璿	017	瞽	218
癈	494	澜	731	褻	551	嬬	825	競	567	螫	303
頜	586	濡	714	襋	550	嬪	820	瓊	016	遺	112
塵	643	濬	757	襧	557	嫿	819	瑾	025	鵝△	243
膽	642	澩	028	禪	555	翼△	773	璦	025	鼀	883
糜	641	盪	312	襧	553	隸	194	麬	866	鞫	937
鄳	417	濕	710	襑	555	孟	878	釐	900	鷙	133
罿△	169	濱	747	襘	553	釐	913	甌△	226	謷	156
罾	683	漳	717	禠	558	覨	225	鬢	591	（鼓）	205
齋	008	濮	721	禱	553	覷	571	鬐	590	（鼖）	196
齏	819	濞	728	禭	550	嚮	867	鬒	591	熹	664
廫	441	濿	720	禮	005	繃	863	鬈	590	聲	938

鎮	917	鯁	766	璽△	835	甓	423	屬	564	繑	861
鏈	910	鯉	765	鄭	429	燹	663	彝△	907	巒	313
鎛	920	鰕	767	鄲	427	鄷	429	襾△	237	（斷）	928
鎒△	372	鮸	768	釐	625	棻	473	鞿	339	雛	229
鎧	921	鯀	765	廳	688	鎣	914	鞍	339	邋	118
鎮	923	鯑	768	膠	613	燿	663	鞾△	177	**十九畫**	
鎴	695	鯇	767	癏	499	鶏△	243	報	339	瓃	022
鏶	915	卿△	769	雜	556	瀔	747	甓	163	瓅	027
鍛	920	蠅	883	離	228	瀆	735	（醬）	967	瓊△	524
鎗	920	颺	881	釀	642	瀤	737	燈	131	贅	582
縫	921	颶	881	麿	641	漫	741	隸	195	穀	866
鎦	924	艨	280	凜	757	瀑	739	騷	867	霖	393
鎬	913	艟	281	毅	197	漸	732	劈	273	藜	084
鎊	925	獵	649	繍	682	濼	721	隴	945	鬈	593
鎌	917	餘	846	辯	590	瀧	742	嬪	822	鬍	592
鎔	911	鍊△	669	辨	692	瀏	727	嬸△	810	鬆	590
霏	248	雞	227	顏	579	濾	741	鞏	179	鬎	591
鵠	245	讀△	095	齊	261	騅△	193	髼	591		
繆	756	謹	149	齋	659	瀋	747	彝	865	鼀	883
顙	582	謳	153	贏	683	瀠	183	繞	851	騚	635
貙	627	譖	156	旛	442	竄	298	繐	857	騠	639
貓	627	謼	162	旛	442	寫	481	繚	850	騩	631
雞	227	譴	154	旋	440	竄	489	繢	848	颿	637
雛△	243	譸	154	羮	235	窮	490	繹	856	騊△	012
鼘	319	護	156	蟠	234	竅	487	繦	861	騢	631
鎰	321	漫	156	糙△	320	禮	554	繘	858	騧	633
鎧	322	謫	164	構	467	禪	553	繰	852	騤	636
鎮△	470	謹	165	糧	469	襠	555	繙	850	騷	638
餾	319	識	161	糌△	468	繪	551	然	850	蹺	102
鎌	321	詔	156	糧	469	襜	552	織	848	趣	101
臑	261	謬	162	糕	467	禱	010	繕	859	趜	101
（臍）	261	謗	156	顙	582	襧	013	縛	858	趚	104
鯁	770	襄	549	鵔	240	縈	703	繒	852	趨	104
鰛	766	瀬	758	鼇	133	璧	018	繩	849	壚	887

錫	923	譊	155	壟	898	額△	579	（繳）	862	馨	467
鏐	921	譆	159	靠	173	窺	480	繪	853	璨△	786
鶼	640	講	161	盦	310	寵	482	繿	158	藕	054
貚	627	譖	157	齋	456	襠	551	繾	849	蘽	059
覷	569	調△	166	贏	871	襦	555	繡	853	鞰	178
辭	955	讀	153	贏	557	屬	878	斷	928	蕾	433
饉	323	譙	165	贏	234	襞	556	**二十畫**		耑	903
餳△	321	譀	153	旟	440	孿	468	瓏	018	蓋	056
餘	321	譒	153	膽	441	繫	862	鬢	592	蔫	635
離	230	謂	162	膚△	441	鷗	237	鬒△	589	蘭	038
臘	264	識	149	（甕）	326	疆△	903	鬚	593	薰	056
鵩△	228	譜	161	羶△	235	轎	338	髮	592	藍△	313
鶹	240	譔	147	顙	581	（韓）	399	髻	592	蒲	051
櫱	476	證	165	羹△	184	辣	450	氂	591	薇△	050
劖	275	誦	163	類	650	轉	339	氊	593	囊	037
鄭	424	譏	157	釋	468	轔	338	騶	633	虘	039
麒	772	襃△	551	顠	581	韜	338	騻	638	（藍）	067
鰔	768	鄭	422	鑒	916	隳	630	騊	636	翰	633
鰷	772	（鶉）	230	爆	659	孼	957	騵	640	藶	055
鯤	767	廬	474	瀳	727	鏊	912	騮	631	樣	351
鯢	767	靡	774	瀟	731	嬿	814	驑	639	檄	230
鯛	771	爛△	864	瀨	733	嬾	826	騯	634	樸	370
鮨	768	盧	609	瀝	745	嬡	816	駮	640	檟	390
鰳	771	應	685	瀕	752	嬿	816	騅	639	櫩	351
鮞	769	癡	502	潤	749	雛	228	趜	102	櫨	366
鯨△	770	龐	612	瀞△	736	鶩	637	趩	101	櫄	355
鯪	769	麒	641	滾	722	額	580	趯	103	爒	334
獺	652	廲△	642	瀱	719	歠	577	趣	102	槻	391
鱡	279	麂	642	瀧	740	鷄	241	趟	103	櫂	391
觸△	285	麇	642	灄	311	繮	861	趖	101	轞	933
觶	280	麖△	642	懷	688	繩	860	攙	788	轒	939
（蟹）	876	麛△	437	歖	484	繰	854	壤	887	轑	935
鎜	281	辮	214	竄	414	繹	847	攘	788	鼙	938
遼	120	瓣	477	寵	486	繾	851	懿	677	轕	300

䧴 230
糵△ 388
𨼰 941
躄 476
𡣍 818
孅 817
孃 827
龔 773
韖△ 473
鶩 242
鶲 240
𦗟 555
饗 321
響 169
盭 845
繶 854
繻 855
纁 853
纀 857
續 862
繼 849

二十一畫

齧 129
蠢 880
瓘 015
瓔 025
夔△ 659
辯 865
鬻 183
𥗼 622
鬘 590
𩯂 401
顦 582
攝 790
驅 637
驃 632
驄 631
騮 633
驂 635
趯 101
擢 790
鼙 304
鼛 304
攜 791
驚 638
鷇 246
爨 335
攤 798
韇△ 304
韣 177
蘘 075
邋△ 111
歡 572
蘬 074
蘨 065
蘺 039
鶾 246
權 353
檽 368
欃△ 176
櫼 370
蠜 870
類 334
櫾 357
櫄 391
轟 939
轛 932
麣 308
蠡△ 867
覽 569
鷊△ 243
（醻） 965
醶 964
醹 963
醺 966
酈 430
𡚋 296
贎 583
礲 620
醮 587
飆 881
殲 254
霸 444
露 762
霰△ 509
霬 761
霧 762
蹯 476
闠 188
闟 188
齰 128
齛 128
𪗋 129
𪗲 129
𪗒 129
齩 128
齦 128
齜 127
亹 332
罍△ 017
㘍 210
嚻 145
顢△ 580
闒 779
闢 781
顥 584
曩 436
躋 132
躍 132
鬮△ 404
罍△ 376
纍 859
囂 140
躚 430
巏 606
黮 668
黭 666
黵 668
黯 666
黰 668
𩪘 256
髖 257
髏 257
邁 116
𨞡 413
貓 466
簞 938
籑 320
籔 286
篡 283
籀 284
籓 286
擧 797
矍△ 238
儺 524
儷 535
儼 525
儹 529
顤 586
燻 660
鬖△ 948
鷉 242
衢 121
鐵 910
鑊 913
鑢△ 308
鑥 915
鐺 923
鐸 919
鐲 919
鐿 924
鑣 913
饆 324
顬△ 518
鷂 244
鷄△ 227
鶬 243
饛 322
饖 323
饘 320
䑋 262
鰱 766
鰨 764
鰾 765
鰳 768
鰝 771
鰖 766
鰟△ 766
鰜 766
鰫 764
鰣 772
彲△ 596
獿 649
艘 281
邃 111
鶺 240
鷀△ 227
譸 157
譹 165
譺 157
譶 167
飆 187
寳△ 555
麙 641
（麝） 643
䴡 609
辯 955
顤△ 579
齎 407
旟△ 441
顥 584
齧 128
纇 849
夔 337
爛 664
爚 657
爝 664
鶯 245
縈△ 906
醬 968
灖 707
灈 720
灃 722
灛 744

瀼 640
瀿 730
灕 711
懾 701
懼 689
懏 695
鶱 246
𡫸 894
覼 570
豐 479
（竈）486
竆△ 484
寱 492
顧 583
襱 553
禳 011
鶴 241
屬 564
羼 235
囂 184
𧖴 843
韢 338
鷊 239
燚△ 033
孎 825
蠡 879
續 849
纅 848
纏 850
𤼭 600

二十二畫

龓 773
瓗△ 016
鬜 593
鬢 592
驍 633
驔 632
𩦁 631
驛 640
驕 633
驈 632
攖 799
邊 102
趮 105
趲 104
韾 305
韽 304
歡 573
鶩 245
（懿）677
聽 785
黐 836
蘺 057
蘺△ 656
蘻 050
鷨 240
韄 182
鞠△ 469
韇△ 177
蘼 066
蓠 050
藥 347
蘿 054
驚 637
巑 654
欇 359
鵞 239
覾 570
鬻 416
鶵 335
欑 346
韱△ 931
鑿 920
轢 937
囊 402
鷗 243
酇 183
邐 115
鷖 242
櫳 445
鷞 237
臢 146
玁△ 592
𩕄 676
鶚△ 230
霰 760
覽 571
靈 028
霾 762
霽 761
齬 129
矔 211
鷃 244
贖 412
饔 323
躓 134
躔 132
躐 131
壘△ 140
嚴△ 100
囈 095
鷺 245
鼉 882
齜 305
巊 515
巖 606
甗 667
體 257
髑 256
髖 257
鑮 327
罏△ 840
穰 461
穬 455
籟 469
籮 285
籟 293
籗△ 289
籧 286
籚 290
籠 290
鬻 755
鱭 128
鷿 654
鷅 222
鱅 243
鱢 243
艫 565
顱△ 564
黨 668
鑄 911
鑑 912
龢 139
頷 581
龕 773
籲△ 943
羅 325
饎 322
饡△ 320
鶬△ 230
臞 263
臘 668
鱒 765
鰸 769
鱐 766
鰻 766
鱟 772
鱄 769
鰽 763
鰼 767
玃 646
觻 278
鱄△ 923
蠭 879
讀 146
讔 166
欒 173
巒 605
彎 843
孿 957
孌△ 817
孌 822
襲 555
軀△ 889
軄△ 893
顫 585
瘻 495
癬 497
麞 642
聾 785
龔 173
蠪 869
襲 551
鷨 245
虋 451
囍△ 142
鷟 237
（饕）319
歡 574
齇△ 883
鷟 245
灘△ 736
灑 748
瓚 749
灢 724
（竊）471
覿 571
襸△ 553
臀△ 562
屭 564
囂 185
鬻 845
蟲 880
囂 184
韣 339
韄 399
牆△ 333
蠻 878
蘖 468
孅 817
鷚 238
纛△ 865
縊 866
纑 863

二十三畫		讏	160	鷥	636	變	202	纔	855	鼕	752
瓔	015	讖	127	顳	653	戀	572	纕	858	鹹	128
瓚	016	齰	128	臁	654	彎	929	**二十四畫**		齫	127
驌	632	齮	128	鑑	654	鷟	239	瓛	019	齸	129
驦△	632	齯	128	鑦	654	顱	035	鬞	590	齲△	130
驛	639	齰	128	儻	531	摩	807	鬚	591	鹼	128
驗	634	齗	129	罐	154	廉	660	鬢	590	鹼	778
驔	638	辥	128	髑△	580	廖	466	驟	636	鷺	241
趲	102	竈	476	騳	244	癗	499	趲	105	蠵	876
趱	102	蘆	307	雦	239	癱	497	擓	104	羈△	509
趰	102	欒	310	皽	244	麟	641	邐	103	顬	579
攢	793	黸	519	徽	668	麠	643	鼕	305	巽	681
攪	799	曡	437	戇	133	顈	585	贛	182	纞	505
攬	801	曬	437	钁	918	翰△	408	難△	240	罎	883
聻	786	鸐	244	钁	917	讐	163	蠹	869	邊	288
囍△	900	顯	586	鑠	911	齋△	476	藺	045	鷾	238
戀	686	蠸	868	鑠	911	贏	639	薾	038	鷺	238
轡△	180	蠮	871	鑛	923	鸞	185	觀	569	蠱	879
欑	380	蠱	880	爟	117	蠋	869	欌	387	轟	236
聻	764	蠰	870	籠	757	灘	745	纇	584	臞	221
蠻△	469	嚚	140	雞	883	灙	750	轤△	933	驟	242
饕	281	黲	668	鱏	767	覿	601	鬤△	846	艤	245
蠹	878	黔	667	鱖	768	竊△	486	（蠹）	879	辮	242
祿	559	髖	256	鱔	768	襧	551	鹽	777	韊	948
戮	201	髕	256	鱓	768	瀨	008	釅	967	臉△	764
鷖	666	鑪	327	鱗	770	灑	443	醹	965	衢	126
轆	679	懷	083	鱒	764	囂	186	釀	963	鑄	919
驚	244	雠	229	玃	650	覆	843	礦	619	鑪	915
鷓	240	鷫	245	鶛△	237	轞	339	礫	621	鏡	912
殲	255	籡	678	調	155	襲△	013	靈△	028	覦	570
羈	338	籣	291	欒	353	鸄	242	霾	236	玃	628
巍	600	籤	284	巒	435	纘	856	蠶	878	纚	767
靁	758	籤	288	欒	737	纗	865	囕	188	鱸	770
霺△	759	籭	290	攣	800	纖	850	鬮	188	鱛	768

矗	880	驦△	640	**三十畫**		鸞	185	龘	773	矚△	246
鑶△	935	蘡	034	驫	640	**三十一畫**		黸	773	廲	643
钁	917	鬱	393	矚△	347	鸞	183	麤△	451	鸞	185
讟△	166	糷	335	籬△	240	纞△	861	爨	236	**三十八畫**	
廳	642	蠱	879	籥	289	**三十二畫**		鱻	772	靋	759
戇	693	廲	755	曡	176	醤	129	廲	643	襲△	551
鸄△	186	鬪	950	鼊	766	犫	180	**三十四畫**		**三十九畫**	
蠱△	869	鼻△	174	鱣△	765	矚△	759	驫	360	欚△	643
鸄△	841	鯉	771	鸄	237	矚△	376	**三十五畫**		攮	179
牆	333	讟	168	盞△	314	籲	586	齹	128	齾△	163
二十九畫		癵	496	饢	008	鬮	948	**三十六畫**		**四十畫**	
驪	631	黌△	958	鸞	185	鱻	765	齉	069	矚△	759